KB252319

스펄전설교전집
누가복음 I

스펄전설교전집
누가복음 I

역자 + 고성대

크리스찬
다이제스트

국립중앙도서관 출판시도서목록(CIP)

스펄전설교전집. 22, 누가복음 1 / [저자: Charles
Haddon Spurgeon] ; 역자: 고성대. -- 고양 : 크
리스챤다이제스트, 2012
    p. ;   cm

원표제: Treasury of the Bible
원저자명: Charles Haddon Spurgeon
영어 원작을 한국어로 번역
ISBN 978-89-447-2222-6 94230 : ₩35000
ISBN 978-89-447-2200-4(세트) 94230

누가 복음[--福音]
설교집[說教集]

235.2-KDC5
252-DDC21   CIP2012005691

차례

■ 누 가 복 음 Ⅰ

누가복음 I

누가복음

제
1
장
—

차이 있는 구별

—

"사가랴가 천사에게 이르되 내가 이것을 어떻게 알리요"
— 눅 1:18

"마리아가 천사에게 말하되 … 어찌 이 일이 있으리이까"
— 눅 1:34

사가랴와 처녀 마리아, 이 두 사람은 하나님께서 아주 귀하게 여기시는 사람들이었기에, 고귀한 영광과 큰 사랑을 받았다고 할 수 있습니다. 이 둘은 서로 닮은 점이 많았습니다. 사가랴는 주의 모든 계명과 규례대로 흠이 없이 행하였으며(눅 1:6), 마리아 역시 은혜롭고 경건하였다는 점에서 두 사람 모두 뛰어난 성품을 지니고 있었습니다. 또한 두 사람 모두 천사의 방문을 받았으며, 두 사람 모두 놀라운 출생의 고지(告知)를 받는 은혜를 입었습니다. 그들이 천사에게 대답한 말이 바로 오늘 우리가 읽은 두 개의 본문 말씀입니다. 언뜻 보기에 이 두 말씀은 비슷해 보입니다. 이 두 말씀을 처음 보아서는 두 사람 중에 누가 더 믿음이나 불신이 덜 한지를 알 수 없습니다. 어쨌든 그럼에도 불구하고, 사가랴는 어떤 허물로 벌을 받아 한동안 말을 못하게 되었습니다. 반면에 마리아는 천사의 설명을 듣고서 기뻐하였습니다. 그런 후에 친족 엘리사벳을 통해 말씀하시는 성령님의 칭찬을 듣게 되었습니다. "믿은 여자에게 복이 있나니 주께서 그녀에게 말씀하신 그 일들이 반드시 이루어지리라"(눅 1:45, KJV). 그러므로 하나님께서는 우리가 별 차이를 느끼지 못하는 곳에서도 어떤 차이를 보고 계신 것이 매우 분명해 보입니다. 비록 두 사람은 아주 비슷하게 행동하였고, 그들의 입에서 유사한 표현들이 나왔음에도 불구하고, 그들의 기질과 영은 판이하게 달랐을 수 있습니다. 여러분이나 저는 이 두 사람을 보고서 "이들은 비슷한 사람들이다"라고 말하겠지만, 하나님께서는 그 차이를 보십니다. 우리는 보고 듣는 것으로 판단하지만, 주께서는 영(靈)들을 달아보십니다(잠 16:2[the Lord weighs the spirits], KJV). 여러분은 하나님 말씀의 다른 부분들을 통해서도 이 사실을 틀림없이 알고 있을 것입니다. 저는 아브라함의 생애 가운데서 두 가지 예를 여러분께 말씀드리고자 합니다. 롯은 소돔을 쳐다보지 말라는 명령을 들었습니다. 하지만 롯의 아내는 뒤를 돌아보았기에 소금 기둥이 되고 말았습니다(창 19:26). 그런데 아브라함은 그 아침에 일찍이 일어나 여호와 앞에 서 있던 곳에 이르렀고, 그곳에서 소돔을 바라보았다(창 19:28, KJV)고 특별히 기록되어 있습니다. 롯이 바라봐서는 안 될 바로 그것을 아브라함은 바라보았던 것입니다. 바라본다는 것에서는 동일한 행동이었습니다. 여러분이 잠시만 생각해 봐도 분명히 알 수 있겠지만, 롯이 뒤돌아 본 것은 다시 돌아가고픈 미련을 뜻하는 것이었다면, 아브라함이 바라본 것은 그런 것과는 전혀 관계도 없고 악한 의도도 없이 바라본 것이었습니다. 아브라함은, 불길로 하늘이 붉게 타오르고 난 후에 자욱한 구름으로 뒤덮여 어둡게 되더니, 옹기 가마의 연기같이 치솟는 연기를 보고서, 지극히 높으신 분의 의를 엄숙히 경외하며 찬양하였고, 그 불타는 성을 그저 바라보았습니다. 외형적으로 보아 바라본 이 행동은 동일했습니다. 그러나 실제로는 완전히 달랐습니다. 주 하나님께서는 밖으로 드러난 우리의 행동을 주시하기보다는 오히려 행동으로 이끄는 동기와 실천하게 하는 영혼을 주시하십니다.

아마도 좀 더 주목할 만한 예는 아브라함과 그의 아내 사라의 경우일 것입니다. 이들이 각각 이삭을 낳게 될 것이라는 분명한 약속을 받게 되었을 때, 아브라함은 얼굴을 대고 엎드려 웃었습니다(창 17:17, KJV). 그런 다음 우리가 좀 밑으로 내려와 읽어보면, "사라가 속으로 웃고"(창 18:12)라고 되어 있습니다. 그런데 아브라함이 웃은 것에 대해서는 책망을 받았다는 것을 찾아볼 수 없습니다. 아브라함은 바르게 웃었던 것입니다. 아브라함의 웃음은 경이와 놀라운 기쁨을 드러내는 자연스러운 표현이었습니다. 이 웃음은 거룩한 웃음이었기에, 아브라함은 책망을 받지도 않았고, 이에 대한 책임 추궁도 받지 않았던 것입니다. 그러나 주님께서는 아브라함에게 "어찌하여 사라가 웃느냐?"(창 18:13)라고 말씀하셨습니다. 아브라함에게는 아주 바른 일이었고 시정할 필요도 없었던 바로 그 행동으로 인해 사라는 책망을 받았습니다. 아브라함과 사라, 두 사람 다 웃었습니다. 그러나 한 사람은 옳았고, 한 사람은 틀렸습니다. 어떻게 된 것일까요? 이 두 사람 사이에는 치명적인 차이가 있었기 때문입니다. 사라의 웃음은 불신앙의 웃음이었습니다. 사라는 자기도 나이 많아 노쇠하였고 자기 주인도 늙어서 아들을 낳을 수 없을 것이라 생각하였습니다(창 18:12). 사라는 바로 이 생각으로 웃었습니다. 즉, 아무리 생각해도 그것은 말이 안 되는 것처럼 여겨졌고, 완전히 웃기는 이야기로만 들렸던 것입니다. 경건한 여인이었다 해도 사라는 그 약속을 하신 하나님께 마땅히 돌려드려야 할 경외심을 잠시 잊은 채, 웃어 버렸던 것입니다. 아무리 나지막하고 조용히 "속으로" 했던 것이라 해도 말입니다. 그러나 아브라함은 하나님의 약속이 이루어질 것을 믿었습니다. 아브라함의 웃음은 자신의 상속자이자 그 언약의 후계자가 될 아들이 그가 사랑하는 아내 사라로부터 태어나는 것을 볼 수 있다는 생각으로 가득한 기쁨의 웃음이었습니다. 아브라함의 영혼은 이런 기쁨에 겨워 속으로 춤을 추었습니다. 왜냐하면 아브라함은 주님께서 하신 말씀을 모두 믿었기 때문입니다. 겉으로 드러난 행동들이 둘 다 너무 똑같기 때문에, 만약 두 행동 중에서 어느 하나를 정죄해야 한다면, 다른 행동도 그와 똑같이 정죄해야 한다고 여러분은 생각할 것입니다. 그러나 하나님은 그렇지 않습니다. 하나님이 보는 것은 사람과 같지 않아서, 사람은 외모를 보지만 여호와 하나님은 중심을 보시기(삼상 16:7) 때문입니다.

우리는 이 위대한 진리를 우리 자신에게 적용할 수 있습니다. 우리 모두는 지금 동일한 멜로디로 동일한 찬송가를 부르지만, 하나님의 귀에는 이 사람에게서는 찬송으로 들릴 수도 있고, 저 사람에게서는 조롱으로 들릴 수도 있습니다. 우리는 지금 똑같이 두 눈을 감고 머리를 숙이고서 기도를 합니다. 우리의 모습을 보고서 어떤 사람은 우리가 모두 똑같이 하나님께서 받으시는 기도를 드리고 있다고 생각하겠지만, 주님께서는 어느 기도가 온갖 공허한 산들을 헤매고 다니는 마음으로 하는 기도인지, 또 어느 기도가 온 힘을 다해 살아 계신 하나님께 간절히 간구하는 영혼으로 하는 기도인지를 아십니다. 사랑하는 성도 여러분, 여러분 자신을 판단해 보십시오. 눈에 보이는 대로(전 6:9, KJV) 여러분 자신을 판단하지 마십시오. 외형적으로 모든 것이 바르다고 해서 스스로 만족하지도 마십시오. 여러분은 종교적으로 틀에 박힌 순서에 따라 외형적인 형식에 기계적으로 참여하고 있을 뿐이기 때문입니다. 자세나 들리고 보이는 것 등에 만족하지 마십시오. 문제의 핵심은 영혼이기 때문입니다. 여러분은 마음을 살피고 하나님께 간구하십시오. 그리하여 하나님께서 여러분을 살피시고 여러분의 그 은밀한 부분들과 숨겨진 부분들을 정결하게 하시어 여러분이 지혜를 알게 되도록 말입니다. 이렇게 간구하지 않는다면, 여러분은 하나님의 백성들이 하듯이 기도하는 집을 드나들면서 심지어는 가장 영광을 받는 성도들처럼 행세하게 될 것입니다. 저 엄청나게 무시무시한 날 나팔 소리가 울려 퍼지면서 하나님의 백성들은 하나님 우편에서 영원히 축복을 받아 누리는 반면, 여러분은 염소들과 함께 왼편으로(마 25:33) 이송되어 저주로 말라비틀어질 때까지도, 여러분은 하나님의 백성들과 떨어지지 않으려는 그 행세를 계속 하게 될 것입니다. 분명히 옳고 그른 것 가운데서도 외형적인 유사성이 있을 수 있으며, 외형적인 유사성 가운데서도 내적이고 실제적인 차이점들이 있을 수 있다는 사실을 우리 모두 기억해야 합니다. 실제적인 것은 내적인 것이지 외적인 것이 아니며, 비천한 것들이 귀하고 순수한 다이아몬드보다 아무리 아름답게 보인다 해도, 위대한 재판장께서는 귀한 것과 비천한 것 사이를 살피시고 시험하셔서 구분해 내실 것이기 때문입니다.

사랑하는 성도 여러분, 이제 일반적인 총론은 뒤로 하고 오늘의 본문 말씀으로 여러분을 초대하고자 합니다. 저와 동행하면서 사가랴와 처녀 마리아 이 두 사람 사이에 우리도 알아차릴 수 있는 그런 차이점들이 과연 있었는지 살펴보고자 합니다. 저는 우리가 예상했던 것보다 훨씬 더 많은 서로 다른 차이점들을 우리가 발견하게 될 것으로 생각합니다. 한 편의 설교로 전체 내용을 다 다룰 수는 없기 때문에, 몇몇 두드러진 점들만 다루려고 합니다. 바라기는 여러분에게도 흥미롭고 유익하기를 원합니다.

1. 먼저, "내가 이것을 어떻게 알리요?"라고 말한 사가랴의 경우를 살펴보겠습니다.

말씀을 시작하면서 이렇게 가정해 봅시다. 사가랴와 마리아가 말한 두 표현은 모두 동일한 것이고, 모두 동일한 생각을 표현한 것으로, 두 사람 모두가 잘못을 저지른 것이라고 가정해 보는 것입니다. 만일 그렇다 해도 두 사람 중 사가랴가 더 큰 잘못을 저질렀다는 사실에 주목해야 합니다. 왜냐하면 사가랴는 제사장이었기 때문입니다. 제사장은 그 직무상 따로 구별되어 하나님의 말씀을 연구하고, 혼자서 책임을 지고 백성들을 위하여 특별히 하나님께 가까이 나아가는 사람이었습니다. 반면에 마리아는 소박하고도 보잘것없는 시골 처녀였습니다. 사실 마리아도 왕족의 후손이긴 했지만, 그녀의 집안은 세상에서 잊혀가고 있었습니다. 그녀는 강한 정신력을 가지고 있기는 했지만, 다른 사람들로부터 구별될 만한 그런 직책을 가지고 있지는 않았습니다. 제사장으로서 사가랴는 비천한 처녀인 마리아보다 자신의 신앙 수준에 알맞은 더 고상한 행동을 해야 할 의무가 있었습니다. 제사장의 입술은 지식을 지켜야 했고(말 2:7), 많은 사람들을 가르쳐야 했습니다. 제사장들은 백성들을 가르치고 연약한 자들을 도우며, 무지하고 외골수인 자들을 인도하도록 따로 구별되었던 것이 아닙니까? 따라서 제사장들은 모든 면에서 귀감(龜鑑)이 되어야만 했습니다. 천사의 고지를 마리아도 믿지 못했고, 사가랴 역시 믿지 못했습니다. 그러므로 만약 믿지 못하는 이 두 행동이 동일한 것이라면, 사가랴의 경우가 더 큰 잘못이라고 할 수 있는 것입니다. 왜냐하면 사가랴가 부름 받은 직무 그 자체가 비천한 처녀보다 더 큰 은혜를 드러내야함을 요구하기 때문입니다. 사랑하는 성도 여러분, 이러한 사실들을 저와 여러분에게 적용해야 하지 않겠습니까? 형제와도 같은 목회자 여러분, 우리가 아무리 믿음이 없다고 해도, 우리의 믿음 없음으로 인해 우리는 성도들처럼 그리 쉽사리 죄를 짓지는 않습니다. 우리는 말씀을 연구할 더 많은 시간을 가지고 있습니다. 그러므로 우리는 말씀을 더욱더 잘 알고 있고, 또 더욱더 잘 알아야만 합니다. 우리는 신적인 것들을 더 잘 알고 있으며, 또한 우리는 이 신적인 것들의 믿음을 창조하는 영으로 더욱더 풍성하게 충만해야 합니다. 만약 주님께서 주님의 성도들을 다스리는 목자장 아래의 목자들로 우리를 세우시기를 기뻐하셨다면, 우리는 그 양무리의 본이 되어야할 의무가 있는 것입니다(벧전 5:3-4). 우리의 높은 지위는 우리가 일반 성도들로부터 기대할 수 있는 것보다 더 큰 은혜의 수준을 드러내 보이도록 우리에게 요구합니다. 물론 일반 성도들도 하나님이 귀히 여기는 백성들이긴 하지만, 지도자들처럼 따로 구별되지는 않았습니다. 이런 식의 논증이 우리 주 예수님의 종들 각자에게 적절히 적용될 것입니다. 주님의 종들에게는 그들이 받은 은혜의 분량대로(엡 4:7) 다른 사람들보다 더 많은 것들이 기대됩니다. 사랑하는 여성도 여러분, 여러분은 젊은 사람들을 가르치고 있습니다. 여러분이 가르치는 그 사람들이 여러분을 지켜보고 있으며 여러분에게서 멋진 모범을 보고자 기대하고 있음을 기억해야 합니다. 더 나아가, 교사 혹은 어머니의 자리에 여러분을 서게 하신 하나님께서는 하나님의 은혜로 다른 사람들이 우러러볼 만한 어떤 것, 즉 젊은 초심자들이 여러분으로부터 배울 만한 어떤 것이 여러분 가운데 있기를 의도하셨습니다. 여러분이 의심하는 것 때문에 그들이 불신을 배우지 않도록 주의하십시오. 잠잠히 하나님을 신뢰하지 못하는 그 염려, 그 불안, 그 초조함을 그들이 여러분에게서 절대 보지 못하도록 하십시오. 그들이 여러분에게서 받아들이는 것은 무엇이든지 간에, 배울 만한 가치가 있는 것을 배울 수 있도록 하십시오. 하나님에 대한 믿음보다 더 좋은 교훈이 있을 수 있겠습니까? 사랑하는 성도 여러분, 여러분은 교회 안에서 설교자가 되고 장로가 되고 집사가 되고 다른 사람들을 가르치는 교사가 되었습니다. 여러분의 삶과 말들이 불신앙을 키우고 있지는 않은지 살펴보십시오. 저는 특히 이 점에 대해서 제 자신에게 말하고 있습니다. 왜냐하면 저는 영적으로 많은 훈련을 받았음에도 불구하고, 혹시라도 여러분 중 누군가에게 의심하게 하거나 불안하게 하는 것은 아닌지, 아니면 여러분을 더 의심하고 불안하도록 부추기는 것은 아닌지 두렵기 때문입니다. 다른 사람들을 지도하는 우리 같은 사람들이 불신과 의심으로 하나님의 이름을 더럽히고 있지는 않은지 살펴보십시오. 우리 같은 지도자들의 불신은 유별나게 눈에 띄는 허물이며, 만약 양무리 가운데 있는 연약한 자들의 허물이라면 하나님은 못 본 체하시겠지만, 지도자들의 허물은 분명히 문책하실 것이기 때문입니다.

다시 사가랴의 경우로 돌아갑시다. 사가랴가 구별된 것은 그의 직책 때문만이 아니라, 그가 연륜이 있는 사람이기도 하였기 때문입니다. 사가랴와 그의 부인에 대해 "두 사람의 나이가 많더라"(눅 1:7)라고 성경은 말씀하고 있습니다. 이제 하나님이 행하신 일들을 오랫동안 체험한 사람, 많은 기도의 응답을 받아본 사람, 고통 가운데 구원의 도움을 많이 받아본 사람, 인생의 광야 길을 지나는 오랜 여정 가운데서 자신을 구원하는 하나님의 손길을 보아온 사람은, 최근에 하나님의 이름을 알게 된 젊은 사람보다 하나님으로 말미암아 훨씬 더 강한 믿음을 보여줄 것으로 기대됩니다. 여기에 저보다 훨씬 연장자이신 많은 분들에게 말씀드립니다. 그분들은 저보다 먼저 그리스도 안에 계신 분들입니다. 제가 이렇게 말씀드리는 것을 그분들이 양해해 주시길 바랍니다만, 그분들은 주님의 신실하심과 진리를 끊임없이 체험한 그 오랜 세월의 연륜으로 인해 저보다 더 많은 믿음을 가지게 된 것이 틀림없다고 저는 감히 말씀드립니다. 그러나 지금까지 상당한 세월 동안 주님을 알아온 제가 최근 몇 달 사이에 회심한 사람들보다도 못한 사람으로 제 자신을 여기고, 그들보다 변변치 못한 신앙을 가졌다고 말해서도 안 될 것입니다. 만일 주님을 믿는 참신한 계기들이 날마다 우리 안에 생겨나지 않는다면, 우리는 모두 누구든 수치를 당할 것입니다. 진정으로 매순간, 우리는 주님을 어린아이처럼 더 전적으로 믿어야 할 이유들로 가득 차 있어야 합니다. 사랑하는 여성도 여러분, 주님께서는 어떤 도우심으로 그렇고 그런 곤경으로부터 여러분을 건지셨습니까? "나는 이제 더 이상 주님을 의심하지 않겠다"고 여러분이 말한 것을 여러분은 기억하지 못합니까? 이렇게 말했음에도 불구하고 여러분은 여전히 의심했습니다. 아, 그러한 의심들이 여러분의 은혜로우신 주님께 얼마나 비통한 일이겠습니까! 저는 여러분이 단번에 구원받지 못했다고 생각하는 것을 알고 있습니다. 하지만 여러분은 여러 깊은 수렁들에서 은혜로 건짐을 받았습니다. 여섯 번의 곤경으로부터 여러분은 건짐을 받았으며, 일곱 번째는 어떤 악도 여러분을 건드리지 않았습니다. 그런데 이제 새로운 시련이 다가온다고 해서, 여러분은 여러분의 하나님을 믿지 않으려고 합니까? 저 가련하고 어린 여인 마리아는 불신 뒤에 바로 구세주를 알게 되었지만, 만약 여러분이 하나님을 믿지 않는다면, 마리아가 처음으로 직면한 갈등에서 하나님을 불신했던 것보다도 더 심하게, 여러분은 분명히 아주 무거운 죄를 자초하고, 하나님의 거룩한 영을 괴롭혔을 것입니다(사 63:10). 은혜 가운데 있는 아기들이 의심하지는 않겠지만, 설령 그 아기들이 의심한다 해도, 그 불신앙은 이스라엘 조상들의 불신앙처럼 그렇게 완고하지는 않습니다. 군대에서 부상당한 가련한 일반 병사가 넘어지는 것도 비탄한 일이지만, 군대의 기수가 넘어진다면 중대(重大)한 재난일 것입니다. 이 점에 있어서 나이 많은 사가랴가 범한 잘못은 나이 어린 마리아가 범한 잘못보다 더 크게 비난받아야 합니다.

아래에서 살펴볼 두 가지 쟁점이 이제 아주 분명해졌습니다. 그렇지 않습니까? 여기서 좀 더 나아가, 사가랴가 아기의 **출산**을 기도제목으로 삼았다는 사실을 살펴보겠습니다. 제 생각에 마리아의 경우에는 전혀 아기의 출생을 기도제목으로 삼지 않았을 것으로 보입니다. 메시야의 어머니가 된다는 것이 모든 히브리 여인들의 일반적인 바람이라는 사실을 넘어서서, 처녀 마리아는 천사의 인사가 그녀에게 고지한 이런 쪽으로는 아마 한 번도 생각해 보지 않았을 것 같습니다.

마리아는 결코 아기의 출산을 기도제목으로 삼지 않았다고 장담할 수 있습니다. 그러나 사가랴는 당연히 아기의 출산을 기도제목으로 삼았습니다. 13절 말씀을 읽어보겠습니다. "천사가 그에게 이르되 사가랴여 무서워하지 말라 너의 기도가 상달되어 네 아내 엘리사벳이 네게 아들을 낳아 주리니"(KJV). 이 약속은 그가 기도한 것에 대한 분명하고도 명확한 응답으로 온 것이었습니다. 그럼에도 불구하고 사가랴는 물었습니다. "내가 이것을 어떻게 알리요?" 자, 보십시오. 이렇게 말한 것은 잘못이었습니다. 그것도 아주 큰 잘못이었습니다. 사가랴는 아기의 출산을 위해 기도해 오고 있었습니다. 그러다가 그 응답이 왔을 때, 그는 그것을 믿지 못했던 것입니다. 아, 사가랴여, 당신은 정말 이 부분에서 죄를 범하고 말았습니다. 만약 이런 일이 마리아의 경우처럼 전적인 놀라움으로 다가왔던 것이라면, 당신은 의심에 대해서 어떤 변명이라도 할 수 있었을 것입니다. 그러나 이것은 당신 자신이 지금까지 간구해 온 것에 대한 응답, 즉 강렬한 요구에 대한 은혜의 허락이었기에, 당신이 내뱉은 그 믿지 못하는 질문은 중대한 허물이 되고 말았습니다. 만약 놀라움에 사로잡혀서 마리아처럼 의심했던 것이라면 자연스러워 보이기라도 했겠지만, 사가랴 당신의 경우에는 "너의 간구함이 들린지라"라고 천사가 말했음에도 불구하고, 도대체 어떻게 아기의 출산에 대해 의심할 수 있었다는 말입니까? 응답된 기도들에 대한 놀라움은 하나님의 진실하심에 대한 경이(驚異)인데, 이처럼 응답된 기도에 대해 의심한다는 것은 주님께서 무심결에 이 기도제목을 알게 되셨다고 하는 저속(低俗)한 생각만을 드러낼 뿐입니다. 그런데 저는 종종 이런 생각도 해봅니다. 주님께서는 자기 종들을 놀라게 하시려고, 주님께서 마땅히 행하시는 모든 일들도 그 종들의 기도에 대한 응답으로 행하시는 것이 아닐까 하는 생각 말입니다. 주님께서 그렇게 그의 종들에게 지속적으로 응답하시기에, 결과적으로 이 사람 저 사람이 이렇게 말하는 것을 여러분은 듣게 됩니다. "이거 정말 놀랍지 않아? 너도 알잖아. 어떤 축복을 받으려고 우리가 만나서 기도회를 가졌었잖아. 그랬더니, 주님께서 우리가 기도한 간구들에 응답하셨어. 정말 대단한 일이지 않아?" 가령 여러분이 친구의 집에 가서 앉아 있는데, 그 친구의 아들들이 여러분을 놀라게 하기 위해서, 그 아버지가 아들들에게 말로 약속한 것들을 여러분에게 말해주는 그런 경험을 다들 해보셨습니까? 그 자녀들은 아버지가 진실을 말한 것에 대해 놀라움을 가지고 살고 있는 것이 아닙니까? 저는 주님의 자녀들도 그 정도로 살아갈 수 있기를 바랍니다. 그러나 슬프게도, 주님의 자녀들은 주님의 진실성을 증명하는 대부분의 사실들조차도 보지 못하고, 그분의 신실하심을 대수롭게 않게 여깁니다. 그러다가 평소보다 영적인 상태가 좋을 때에야 비로소 주님의 신실하심과 그 말씀하신 것을 대단한 놀라움으로, 즉 주님께서 기도를 들으시고 그분이 하신 말씀을 이루신 것으로 받아들입니다. 꼭 이래야만 합니까? 하나님께서 기도를 들으신 것이 놀라운 일로 여겨져야만 합니까? 하나님의 신실하심이 우리에게 놀라운 일로 여겨질 정도로 우리가 저속한 마음 상태에 빠져 있는 것입니까? 누군가 "놀랍지 않습니까?"라고 말할 때에, "글쎄요, 놀랍기는 한데, 그리 대단한 것은 아니지요. 그게 바로 하나님이 일하시는 방식이니까요. 꼭 하나님다우신 바로 그 방식입니다"라고 대답한 어느 훌륭한 나이든 부인과 같은 마음을 우리가 갖는다면 얼마나 좋겠습니까! 하나님의 크신 긍휼하심이 주는 다정함에 우리가 놀라는 것은 당연하겠지만, 하나님께서 자기 백성의 부르짖음을 주시하시어(시 106:44, KJV), 하나님께서 하신 약속을 지키시고 선을 행하시는 것을 신기하게 여겨서는 안 됩니다. 사랑하는 성도 여러분, 주님은 참되고 신실하며 기도를 들으시는 하나님이라는 사실을 우리가 알고서, 주님께서 우리의 기도를 듣지 않으실 때, 우리는 놀라야 합니다. 여러분이나 저나 우리의 마음에 무겁게 짓누르는 문제들을 하나님 앞에 거듭거듭 반복해서 마치 사가랴가 틀림없이 행했던 것처럼 그렇게 내려놓는다면, 우리 주님의 은혜로운 응답을 반드시 얻게 될 것입니다. 우리는 친구들한테 편지를 써도 답장 받기를 기대하지 않습니까? 그런데 왜 기도의 응답을 기대하지는 않습니까? 하나님께서 우리에게 응답하시는데도, 우리는 축복의 진실성마저 문제 삼으면서 기도에 대해 의심하는 것입니까? 이마저 의심한다면, 우리는 분명히 죄를 짓고 있는 것입니다. 주님께서 우리의 요구에 은혜로 응답하셨음에도 불구하고, 우리가 그것을 믿지 않고서 "내가 이것을 어떻게 알리요?"라고 말한다면, 우리의 불신은 이 일로 하나님의 노를 격발케 할 정도로 특별한 수위에 이르게 되며, 이로써 우리는 징벌을 받게 되리라 예상할 수 있습니다. 이것이 바로 사가랴의 경우였습니다.

사가랴에 관한 두 번째 쟁점은 천사가 주님의 이름으로 고지한 그 사실을 사가랴가 의심하였다는 사실입니다. 사가랴는 "내가 이것을 어떻게 알리요?"라고 말했지만, 마리아는 그 사실을 의심하지 않았습니다. 마리아는 어떻게 그 사실이 가능한지를 알고 싶어했습니다. 그리고 그녀는 그 사실이 이루어질 것을 믿었습니다. 마리아는 믿었습니다. 그래서 천사가 "믿은 여자는 복이 있도다"(눅 1:45, KJV)라는 말을 마리아에게 했던 것입니다. 그러나 이 훌륭한 남자는 믿지를 않았습니다. 그래서 천사는 사가랴에게 "네가 내 말을 믿지 아니함이거니와 때가 이르면 내 말이 이루어지리라"(눅 1:20)라고 말했습니다. 자, 보십시오. 사랑하는 성도 여러분, 우리가 감히 하나님의 약속마저 의심하게 되는 이 지경까지 이르게 된다면, 이것은 아주 중대한 죄악이지 않겠습니까? 만약 여러분의 자녀가, 즉 여러분이 그토록 오랫동안 사랑하고 그렇게 다정하게 대해온 여러분의 친자녀가 친아버지인 여러분을 믿지 못할 정도의 마음 상태가 되었다면, 여러분은 아주 특별한 비통함을 느끼지 않겠습니까? 여러분은 자녀를 사랑하는 것밖에 몰랐고, 생전에 자녀들에게 한 약속은 절대 어기지 않았고 항상 여러분이 한 약속은 충실히 지켰다고 자신 있게 말할 수 있으며, 자녀가 원하는 것이면 무엇이든 거듭거듭 약속해 주었건만, 자녀들에게서 아직도 "아버지, 저는 아버지를 믿을 수 있었으면 좋겠어요"라는 말을 듣는다면, 여러분은 이런 자녀들의 말에 가슴을 도려내는 듯한 아픔을 느끼지 않을 수 있겠습니까? 여러분을 믿을 수 없다는 자녀들의 유감스런 이야기가 진지하면 할수록, 여러분의 고통은 더욱더 쓰라릴 것입니다. 아들이 아버지에게 할 수 있는 최악의 끔찍한 말이 바로 이 말이지 않겠습니까!"저는 아버지를 믿을 수 있었으면 좋겠어요." 여러분의 영혼까지 서글퍼진 상황에서 여러분은 속으로 이렇게 말할지도 모릅니다. "내 아들이 도대체 나에 대해 어떻게 생각하는 걸까? 도대체 나를 믿을 수 없다니, 내 아들이 뭐에 홀린 건 아닐까? 나를 믿지도 않는다고 말할 뿐 아니라, 할 수만 있으면 나를 믿으려고 하지 않고 내가 진실하다고는 도저히 생각할 수 없다고 말하는 그 아이가 바로 내가 사랑하는 내 자녀라니, 원수라면 내가 참을 수 있었을 텐데. 그 아이가 마음 깊은 곳으로부터 진지하게 말하는 것을 보니, 얼마나 철천지원수 같은 원한이 그 아이 속에 사무쳐 있는지, 내 사랑을 그토록 불신하도록 만든 그 악이 얼마나 절망적인지 이제야 내가 알 것 같구나." 아, 사랑하는 성도 여러분, 이제 이에 대한 제 자신의 생각을 유보해야겠습니다. 저는 이에 대한 여러분의 생각도 유보한 채, 우리가 때때로 호들갑떨면서 이야기하는 것, 즉 의심과 두려움 안에 틀림없이 존재하는 죄의 그 깊은 차원들을 자세히 살펴보고자 합니다. 의심과 두려움은 어떤 사람들이 몽상(夢想)하듯 사소한 것들이 아닙니다. 의심과 두려움은 신성한 진리에 대한 끔찍한 신성모독이며, 순결한 선하심을 모욕하는 반역이며, 무한한 사랑에 대해 무시무시한 독설을 퍼붓는 것입니다! 이러한 공격을 한다고 해서 선하신 하나님에게 무슨 해를 끼칠 수 있을까요? 하나님의 친자녀들이 이렇게 욕설을 퍼붓는다고 해서 하나님께 정말 모욕이 될까요? 여러분의 자녀가 여러분에 대해 의심할 수 있습니다. 그리고 이런 일은 자녀에게는 사소한 일일 수 있습니다. 하지만 그런 의심을 받는 아버지나 어머니인 여러분의 마음은 거의 죽음입니다. 여러분은 이것을 예민하게 느낄 수 있을 것입니다. 이와 마찬가지로 의심과 두려움이 사소한 것이라고 여러분은 생각할 수도 있습니다. 그러나 여러분의 하늘 아버지께서는 그렇게 생각하지 않으십니다. 불신은 하늘 아버지에게 상처를 주며, 하나님의 성령을 근심하게 하는 것입니다(엡 4:30). 주님께서 하시는 말씀을 들으십시오. "언제까지 그들이 나를 믿지 않겠느냐?"(민 14:11, KJV). 히브리서 3장에 나온 사도의 경고 말씀을 잊지 마십시오. "하나님이 사십 년 동안 누구에게 노하셨느냐? … 또 하나님이 누구에게 맹세하사 그의 안식에 들어오지 못하리라 하셨느냐 곧 순종하지 아니하던 자들에게가 아니냐?"(히 3:17-18). 사가랴는 믿지 않았습니다. 그래서 이 불신에 대한 벌을 받을 수밖에 없었습니다. 하나님의 말씀 안에 분명히 기록되어 있는 약속을 우리가 보고 이 약속이 분명히 우리의 상황에도 적용된다는 것을 알고서도, "내가 이것을 어떻게 알리요?"라고 말하면서 우리도 불신한다면, 여러분이나 저는 사가랴와 마찬가지로 벌을 받게 될 것입니다.

덧붙여 말씀드리겠습니다. 사가랴는 선한 사람이었습니다. 사가랴가 은혜로운 사람인 것을 저는 의심하지 않습니다. 오히려 사가랴는 아주 은혜롭고 뛰어나게 경건한 사람이었다고 말씀드림으로써 제가 이 설교를 시작했다는 점을 기억해 주시기 바랍니다. 아마도 그는 우리 중 어떤 사람보다도 더욱 훌륭한 사람이었으며, 어떤 측면에서는 마리아보다도 훨씬 더 은혜로운 사람이었을 것입니다. 심오한 체험도 하였고, 풍부한 지식과 담대한 용기와 그밖에도 많은 탁월한 재능과 은혜를 가지고 있었습니다. 그런데 그는 이 모든 것에도 불구하고 바로 이 점에서 넘어졌습니다. 즉 사가랴는 그의 주님을 의심했던 것입니다. 그리고 "내가 이것을 어떻게 알리요?"라고 말하며 징조를 요구함으로써 자신의 불신을 드러냈습니다. 사가랴는 천사가 말한 것이 사실이라는 징조나 표적을 원했습니다. 마리아의 경우, 이와는 달랐습니다. 마리아는 설명을 구한 것이지 표적을 구한 것이 아니었습니다. 그렇다면, 표적을 요구한 것이 잘못일까요? 장담하건대,

표적을 구했다고 해서 모두 잘못은 아닙니다. 아하스의 경우처럼 징조를 구하지 않아서 죄가 된 경우도 있었으니 말입니다. 제가 말씀을 읽겠습니다. "여호와께서 또 아하스에게 말씀하여 이르시되 너는 네 하나님 여호와께 한 징조를 구하되 깊은 데에서든지 높은 데에서든지 구하라 하시니 아하스가 이르되 나는 구하지 아니하겠나이다 나는 여호와를 시험하지 아니하겠나이다 한지라 그가 이르되 다윗의 집이여 원하건대 들을지어다 너희가 사람을 괴롭히고서 그것을 작은 일로 여겨 또 나의 하나님을 괴롭히려 하느냐?"(사 7:10-13, KJV). 아하스의 경우에는 징조를 거부한 것이 죄가 되었지만, 사가랴의 경우에는 징조를 요구한 것이 죄가 되었습니다. 여기서 저는 제가 설교를 시작하며 말씀드렸던 곳으로 돌아가서, 앞서 전한 내용을 다시 상기시키고자 합니다. 즉, 동일한 일이라 하더라도, 그 동기에 따라서 이 사람에게는 옳은 일이 될 수도 있고, 저 사람에게는 그른 일이 될 수도 있다는 것입니다. 아주 묘하게도 아브라함 역시 사가랴가 한 말과 거의 동일한 말을 했습니다. 아브라함은 이렇게 말했습니다. "내가 이 땅을 유업으로 삼을 줄을 무엇으로 알리이까?"(창 15:8, KJV). 분명히 아브라함은 주님에게 징조를 요구하였습니다. 그런데 이 요구는 주님을 슬프게 하는 요구가 전혀 아니었습니다. 왜냐하면 주님의 종인 아브라함이 징조를 요구한 것은 전적으로 겸손함과 어린아이 같은 믿음에서 비롯된 것임을 주님께서 아셨기 때문입니다. 아브라함과 사가랴의 차이를 바로 보여드리겠습니다. 사가랴는 징조 없이는 믿으려고 하지 않았습니다. 반면에 아브라함은 이미 믿고 있었고 그 약속의 성취를 오랫동안 기다리고 있었기에, 어떤 징조가 자신을 위로해 주리라고 느꼈던 것입니다. "너희는 징조와 이적을 보지 못하면 도무지 믿지 아니하리라"(요 4:48, KJV) 하신 이 말씀은 위대한 믿음의 조상에게는 상관없는 별 의미 없는 말씀이지만, 사가랴에게는 책망의 말씀일 수도 있습니다. 아브라함에게는 확고한 믿음이 있었기에, 그가 어떤 표적을 바라는 것은 죄가 된다기보다는 오히려 자연스러운 것이었습니다. 이것은 많은 징조를 요구했던 기드온에게도 마찬가지라고 할 수 있습니다. 여러분도 아시다시피 기드온은 바로 처음부터 믿었고 그 믿음 위에서 행동하였습니다. 하지만 그의 믿음은 연약했기에 그는 두려워 떨었습니다. 그래서 그는 그의 확신을 견고하게 하기 위해 징조들을 요구하였습니다. 진정으로 그는 주님을 불신한 것이 아니었습니다. 단지 말씀하는 분이 주님인지 아닌지를 의문시한 것이었습니다. 기드온은 말했습니다. "이제 내가 주의 목전에 은혜를 얻었으면 주께서 나와 말씀하시고 계시다는 한 징조를 내게 보여주소서"(삿 6:17, KJV). 여러분도 아시다시피 이 질문은 하나님의 진실하심에 관한 질문이 아니라, 참으로 주님께서 말씀하셨는지를 묻는 질문이었습니다. 그런데 사가랴는 전적으로 불신하는 질문을 하였습니다. "내가 이것을 어떻게 알리요?" 사가랴는 그가 믿을 수 있는 전제조건으로서 징조를 원했던 것입니다.

여러분이 "주여, 은총의 표적을 내게 보이소서"(시 86:17)라고 기도하는 것도 아주 합당한 기도일 수 있습니다. 하지만 여러분이 표적을 받기 이전에 여러분은 믿어야 합니다. 그리고 여러분의 믿음이 그 표적에 의존하지 않도록 주의해야 합니다. 먼저 믿고서 그 이후에 기운을 내게 하는 어떤 증거를 구하는 것과, 징조와 이적을 요구하고서 "내가 표적을 보지 않고서는 잘 믿지 못하겠다"라고 말하는 불신의 완고함과는 차이가 있습니다. 그것도 엄청난 차이가 있습니다. 도마가 이런 잘못에 대한 실례(實例)가 됩니다. 도마는 "내가 그의 손의 못 자국을 보며 내 손가락을 그 못 자국에 넣으며 내 손을 그 옆구리에 넣어 보지 않고는 믿지 아니하겠노라"(요 20:25)고 말했습니다. 그러나 그의 선생님은 도마의 연약함을 굽어보시고, 아주 의미심장한 말씀을 하셨습니다. "도마야, 너는 나를 본 고로 믿느냐 보지 못하고 믿는 자들은 복되도다 하시니라"(요 20:29). 여러분이 증거를 가졌든 갖지 못했든, 여러분에게 가장 큰 축복은 여러분이 여러분의 하나님을 믿는 것으로 만족하고서, 마음에 어떤 희열이나 황홀함이나 영적인 환상(spiritual visitations, 영적인 방문[찾아오심, 임재]. 대표적으로 시 8:4[KJV], 눅 1:68, 78 등을 근거로 볼 때, 하나님께서 성도들을 찾아오시고 방문하신다고 주장하며, 실제로 이런 방문을 체험했다고 말하기도 한다 — 역주)이 없이도, 하나님의 이 말씀을 전적으로 충분한 근거로 삼는 바로 그것입니다. 그 어떤 이적도 일어나지 않고, 그 어떤 징조도 주어지지 않더라도, 우리 하나님은 참되신 분입니다. 이 사실을 우리 마음에 새겨서 절대로 의심이 틈타지 못하게 하십시오. 오 성령님, 이 일에 우리를 도와주옵소서.

이 모든 것이 보여주는 것은, 사가랴의 잘못은 불신이었다는 사실과, 그가 받은 징벌은 우리가 진지하게 주목해 볼 가치가 있다는 사실입니다. 사가랴는 자신의 불신으로 징벌을 받았습니다. 왜냐하면 주님께서 그를 사랑하셨기 때문입니다. 사가랴의 고난은 하나님의 분노로 주어졌다기보다는 오히려 하나님의 사랑으로 주어졌던 것입니다.

사가랴는 징조를 요구했었고, 그 징조로 징벌을 받았습니다. 때때로 하나님은 우리에게 작은 나뭇가지들을 모아 오라고 하십니다. 그러고는 그 나뭇가지로 회초리를 만들어 우리를 때리기도 하십니다. 우리가 지은 죄들은 우리에게 고통을 주는 가시(고후 12:7)들입니다. 사가랴는 징조를 구하였습니다. 그래서 그는 이런 징조를 받았습니다. "네가 말 못하는 자가 되어 능히 말을 못하리니 이는 네가 내 말을 믿지 아니함이거니와 때가 이르면 내 말이 이루어지리라"(눅 1:20). 몇 달 동안 그는 단 한 마디 말도 할 수 없었습니다. 그의 입은 다른 사람들에게는 비록 닫혀 있었지만, 자기 자신에게는 열려 있었을 것입니다. 말 못하게 된 자신의 입으로 자기 자신에게 설교하면서 이렇게 말했을 것입니다. "너는 주님이 너에게 하신 말씀을 믿지 않았어. 그래서 지금 너는 다른 사람들에게 이 일을 되풀이하여 말할 수도 없어. 왜냐하면 주님께서는 불신하는 전달자(메신저)는 쓰지 않으시기 때문이야. 하나님의 천사가 말을 해도 네가 믿지를 않았으니, 이제 너는 스스로 말을 못하게 될 거야." 제가 걱정하는 바는 오늘날에도 수많은 벙어리 기독교인들이 불신 가운데서 자신의 입을 봉하고 있다는 사실입니다. 주님께서는 그들을 구원하시고 그들에게 많은 기쁨을 주셨으나, 그들에게 말하도록 하지는 않으셨습니다. 그들이 아주 빈약한 믿음을 가지고 있었기 때문입니다. 사가랴는 틀림없이 자기 아기가 태어날 것이라는 기대에 부풀어서 아주 기뻐했을 것이라 확신합니다. 그리고 지극히 높으신 이의 선지자(눅 1:76)라 일컬음을 받을 요한이 태어날 날과 자신의 언어능력이 회복되는 날을 간절히 고대하였을 것입니다. 그러므로 그렇게 오랜 시간 동안 완전한 침묵 가운데 있게 된 것은 틀림없이 아주 고통스러운 일이었을 것입니다. 사가랴는 자신이 말하고 찬양할 수 있게 되기를 얼마나 간절히 갈구했는지 모릅니다. 제가 장담할 수 있는 것은 많은 사람들이 수줍음이나 얌전 때문이라고 하는 불신 속에서 자신의 신앙을 증거하는 일을 외면하고 있다는 사실입니다. 주님께서 말씀하십니다. "나는 너를 설교자로 결코 쓰지 않을 것이다. 너의 동료에게 복음을 전하는 일에도 나는 너를 쓰지 않을 것이다. 개인적인 대화를 통해 그리스도께로 사람들을 인도하는 일에서도 너를 돕지 않을 것이다. 왜냐하면 네가 가진 믿음이 너무 보잘것없기 때문이다. 너는 나를 의심하였으므로, 지금부터 너는 때가 이를 때까지 벙어리가 되어야 한다." 여러분 중에도 이런 경우가 있다면, 저는 여러분의 침묵이 곧 끝나게 되기를 원합니다. 주님, 주님께서 그들의 입술을 여시어, 그들의 입술이 주님을 찬양하게 하옵소서. 사랑하는 성도 여러분, 주님께서 여러분의 혀를 차츰차츰 풀어 주시기를 바랍니다. 여러분의 마음이 바른 상태에 있다고 한다면, 주님께서 여러분의 영혼에 행하신 일을 여러분이 선포할 수 없다는 것은 너무나 고통스러운 일이기 때문입니다. 그러나 어떤 사람들은 여전히 벙어리인 채로 머물러 있을 것입니다. 왜냐하면 그들은 여전히 믿지 않고 있기 때문입니다.

게다가 사가랴는 말을 못하는 동시에 귀까지 들리지 않는 고통을 동시에 겪었습니다. 사가랴가 귀머거리가 된 줄을 제가 어떻게 알았을까요? 그가 귀머거리가 된 것은 아주 분명합니다. 누가복음 1장 62절에 보면 그의 아들이 태어났을 때 "그의 아버지께 몸짓하여 무엇으로 이름을 지으려 하는가 물으니"라고 기록되어 있기 때문입니다. 당연한 말이겠지만, 만약 사가랴가 들을 수 있었다면, 굳이 몸짓으로 물을 필요가 없었을 것입니다. 사가랴는 말을 할 수도 없었을 뿐만 아니라, 더 이상 들을 수도 없었습니다. 그는 귀먹고 말 못하는 이중의 고통에 시달렸습니다. 하나님을 찬양하는 그의 찬송(눅 1:64)에서 드러나는 바와 같이 말하는 은사를 받은 사람에게 이 고통은 적지 않은 십자가였습니다. 사가랴가 아무것도 들을 수 없었다는 사실은 주목할 만한 일이기도 하지만, 교훈적인 일이기도 합니다. 왜냐하면 저는 약속을 믿으려고 하지 않아서 영적으로 아주 심한 귀머거리가 돼버린 기독교인들을 알고 있기 때문입니다. 여러분은 이렇게 말합니다. "도대체 당신은 무슨 말을 하는 것입니까? 어떻게 그 사람들이 귀머거리가 되었다는 말입니까?" 한번 들어보십시오. 그러면 그들이 하는 말을 알아듣게 될 것입니다. "나는 아무개의 말을 통 알아들을 수가 없어." 아무개는 지금까지 그들이 기뻐하며 말씀을 들어오던 목회자입니다. 동일한 목회자의 말을 그들이 알아듣지 못하겠다고 하는 것입니다. 하나님께서 축복하셔서 예전과 마찬가지로 변함없이 다른 사람들에게 은혜를 끼치고 있는 바로 그 동일한 목회자입니다. 어떻게 이런 일이 일어날 수 있을까요? 다른 사람들은 말씀에 빨려 들어가 정신없이 듣고 있는데, 이 가련한 귀머거리들은 이렇게 말합니다. "도대체 어떻게 된 건지 모르겠지만, 어쨌든 우리는 우리 목자의 말씀을 알아들을 수가 없어." 맞습니다. 여러분은 믿지를 않았습니다. 그래서 알아들을 수 없는 것입니다. 여러분은 그 목회자의 메시지를 받아들이지 않았습니다. 그 메시지를 기뻐하지도 않았습니다. 그러니 알아들을 수 없게 된 것입니다. 이것이 바로 끔찍한 귀먹음입니다. 만약 여러분이 신체적인 귀먹음으로 고생한다면, 집음기(集音機, horn, 현대

전기식 보청기는 19세기말에 개발되었다)를 구입할 수도 있고, 또는 기술이 있는 이비인후과 의사를 찾아가서 도움을 받을 수도 있을 것입니다. 게다가 듣지는 못한다 해도, 읽을 수는 있을 것입니다. 그러나 여러분이 영적으로 귀가 먹었다면, 제가 알고 있는 한에서, 여러분에게 닥칠 수 있는 징벌 가운데 이보다 더 치명적인 징벌은 아마 없을 것이며, 또한 다른 사람들에게도 이보다 더 큰 해는 없을 것입니다. 오, 사랑하는 성도 여러분, 주님이 하신 선한 말씀을 믿으십시오. 마음에 심어진 말씀을 온유함으로 받으십시오(약 1:21, KJV). 그 말씀을 의심하지 말고, 주님을 노엽게 하지 마십시오(고전 10:22). 여러분이 그 말씀을 하나님의 말씀으로 받아들이지 않은 것 때문에, 여러분이 더 이상 그 말씀을 들을 수 없을 때가 올지도 모릅니다. 그 때는 여러분이 갖고 있던 청력의 유익이 완전히 사라질 것이며, 예전에는 음악으로 들리던 그 목소리가 전혀 매력적으로 들리지 않게 되고, 예전에는 여러분의 마음을 기뻐 뛰게 했던 그 복된 진리가 아무런 영향력도 끼치지 못하게 될 것입니다. 마리아는 말하지 못하거나 듣지 못하는 형벌을 받지 않았습니다. 왜냐하면 마리아는 천사를 통해 그녀에게 말씀하신 주님의 말씀을 믿었기 때문입니다. 오, 우리도 믿음으로 말미암는 전적인 순종을 통해서, 불신에 따르는 이러한 형벌들을 피할 수 있습니다. 우리는 불신에 대해 슬퍼해야 합니다. 그러나 우리 자신의 이런 허물 때문에 크게 슬퍼할 이유는 없습니다. 우리가 기꺼이 순종하기로 하면, 다른 한편으로 믿음은 우리에게 안식과 평화를 가져다줍니다. 사가랴에 관해서는 이 정도로 말씀드리고자 합니다.

2. 이제 우리의 시선을 마리아에게로 돌려봅시다.

마리아는 사가랴와 매우 동일한 말을 하였지만, 사가랴와 동일한 방식으로는 말하지 않았습니다. 마리아는 천사에게 물었습니다. "어찌 이 일이 있으리이까?"

그녀를 살펴볼 때, 천사가 말한 바를 마리아는 믿었다는 사실을 맨 먼저 주목할 수 있습니다. 사실상, 마리아는 "내가 이것을 어떻게 알리요?"가 아니라, "나는 이 사실을 믿습니다. 어찌 이 사실이 있으리이까?"라고 말했던 것입니다. 그녀가 불신하지 않았다는 것은 의문의 여지가 없습니다. 그렇게 확신하는 이유는, 그 일이 있은 후 얼마 지나지 않아서 마리아가 현명한 친족인 엘리사벳으로부터 "믿은 여자에게 복이 있나니 주께서 그녀에게 말씀하신 그 일들이 반드시 이루어지리라"(눅 1:45, KJV) 하는 칭송을 받았기 때문입니다. 마리아는 천사의 말을 믿었던 것이 분명합니다.

마리아는 징조를 요구하지 않았습니다. 마리아는 어떤 표적도 구하지 않았습니다. 천사의 음성만으로도 그녀는 만족하였습니다. 그녀의 영혼 안에 있는 하나님 사랑의 고요하고도 작은 음성으로도 충분했습니다. 마리아는 믿고서 그 문제에 대해 가르쳐주기를 요구했을 뿐, 그녀에게는 그 어떤 징조나 보증도 필요치 않았습니다.

마리아는 기꺼이 모든 위험들까지도 감수하고자 하였습니다. 이 문제는 제가 아주 신중하게 말씀드리겠습니다. 기억하십시오. 처녀가 우리 주님의 어머니가 된다는 것은 아주 진지한 문제였습니다. 오늘날까지도 불신자들은 그들의 비열한 혀로 여자들 가운데 복이 있는(눅 1:42, KJV) 마리아가 중대한 범죄를 자행했다면서 교묘하게 비판해 왔습니다. 마리아는 자신이 사실을 증언해 봐야 모든 사람들이 믿지도 않을 것이라는 것과 자신에 관해 가혹한 많은 말들을 할 것이라는 것도 틀림없이 잘 알고 있었을 것입니다. 주님께서 그녀를 지켜주지 않으셨더라면, 그녀를 포기했을 그녀의 약혼자인 남편에 관해서도 참으로 두려워했을 것입니다.

그러나 요셉은 일류 신자답게 고귀하게 행동했으며, 가장 진실한 성도들의 반열에 오를 만한 사람이었습니다. 그 처녀도 마찬가지였습니다. 순결하고 우아하지만 그럼에도 대담한 신앙의 진가를 알 수 있는 모든 사람들로부터 최고의 찬사를 받기에 충분한 사람이었습니다. 어떤 위험이 있을지라도, 그녀가 감당해야 할 영광이 너무나 크기에, 그녀는 조금도 주저하지 않는 것처럼 보였습니다. 그러면서 마리아는 말했습니다. "주의 여종을 보소서. 당신의 말씀대로 그 일이 내게 이루어지리이다"(눅 1:38, KJV).

제 생각에 마리아의 질문은 부분적으로 놀라움, 즉 불가피한 경이(驚異)로부터 비롯된 것 같습니다. 우리가 위대하신 주님의 긍휼하심에 압도되어 놀랐을 때 주님께 하게 되는 모든 말들에 대해 주님은 그 한 마디 한 마디에 무게를 두지 않으시며, 비록 그 말들이 자세히 보면 불신하는 것처럼 들린다 해도, 그 말들로 인해 우리를 심판하지 않으실 것입니다. 주님께서는 자녀들의 체질을 아시며 우리가 단지 먼지뿐임을 기억하십니다(시 103:14). 하나님의 자녀들이 재 가운데 앉아서(욥 2:8) 고통 받는 욥처럼 고난가운데 있을 때 내뱉은 많은 말들은, 그 말

들을 내뱉을 때 나오는 숨처럼 그렇게 날아가 버리도록 해주셨으면 하고 저는
바랍니다. 물론 욥에게 닥친 상황 속에서 끝까지 욥은 당당히 인내했지만, 그래
도 제정신이 아닌 가운데 무심코 나온 욥의 그 무익한 말들에 대해 주님은 욥에
게 정말 거의 아무 말씀도 하지 않으셨습니다. 이와 마찬가지로, 물론 불신은 없
었지만, 마리아의 말들 가운데 불신하는 것 같은 무언가가 설령 있다손 치더라
도, 그 불신의 요소들은 마리아가 기도조차 하지 않았던 기이하고도 예기치 못
했던 긍휼하심에 놀란 나머지 그렇게 말한 것으로 주님께는 비춰졌던 것입니다.
마리아의 말 속에는 불신이 없었습니다. 단지 그렇게 엄청난 은사 앞에서 크나
큰 놀라움과 당황함과 감탄만이 있었습니다. 이런 일이 마리아에게 어떻게 일어
나게 된 것일까요? 마리아는 어떻게 그렇게 큰 은총을 입은 자(highly favoured,
눅 1:28, KJV)가 되었던 것일까요? 마리아의 영혼은 이렇게 말했을 것 같습니다.
"어찌하여 이런 일이 나에게 일어났을까? 비천하여 이름도 알려지지 않은, 지위
나 민족도 완전히 잊힌 한 여종에 불과한 내가 육체를 따라(갈 4:29, KJV) 구세주
의 어머니, 그분으로 말미암아 인류가 구원받게 될 그분의 인간적인 어머니가
되다니!"

마리아는 경이감으로 충만해졌습니다. 그 이후에 마리아는 질문하기 시작했습
니다. 이것이 바로 핵심입니다. 마리아는 이 일이 어떻게 된 것인지 알기를 원했
습니다. 그녀의 이런 바람에는 잘못이 없었습니다. 거기에는 책망할 만한 불신
도 없었습니다. 마리아는 그 놀랄 만한 약속을 믿었습니다. 그리고 나서 어떻게
그 약속이 실행될 수 있을지 그저 알고 싶었을 뿐이었습니다. 그러한 질문에는
불신의 요소가 충분히 있을 법도 합니다. 물론 꼭 그런 것은 아니지만 말입니다.
광야에서 생활하던 이스라엘 백성들에게 하나님께서 먹을 고기를 주겠다고 약
속하시자, "양 떼와 소 떼를 잡아 주시려는가?"(민 11:22)라고 말했듯이, 여러분
과 저 역시 이렇게 말할 수도 있습니다. 어떻게 이 일이 일어날지를 묻는 이스라
엘 백성들의 이 질문은 불신의 질문이었습니다.

그러나 여러분은 그 어떤 의심도 전혀 없는 상태에서, 어떻게 이 약속이 성
취될 것인지를 물을 수도 있습니다. 맞습니다. 약속이 성취될 것을 믿는 여러분
의 바로 그 믿음으로부터 질문이 제기될 수도 있는 것입니다. 제 영혼은 거듭거
듭 많은 질문들을 주님께 하고 있으며, 주님 또한 제 영혼에 대답하고 계심을 저
도 알고 있습니다. 우리가 하는 질문들이 죄악된 것이라면, 주님께서는 대답하

지 않으실 것입니다. 우리는 많은 위대한 것들에 관해 질문해야 합니다. 우리는 꼬치꼬치 캐묻는 거룩한 질문자들이어야 합니다. "주님께서 어떻게 우리를 선택하셨을까?"하고 우리가 묻는다면, 우리 주님께서는 이렇게 대답하십니다. "과연 그러하옵나이다. 아버지여, 그리하심이 아버지 보시기에 좋았나이다"(마 11:26, KJV)라고 말입니다.

그래도 여러분은 계속해서, 왜 저입니까? 왜 저입니까? 하면서 질문할 수도 있습니다. 왜냐하면 거룩한 감사의 마음이 이런 질문을 하게 하기 때문입니다. 하나님께서 그의 독생자 우리 주 예수 그리스도의 피로 우리를 구속하시다니, 이 일이 어떻게 된 일입니까? 그분이 우리를 다시 새롭게 하시는데, 이 일이 어떻게 된 일입니까? 그분께서 우리를 온전케 하실 것인데, 이 일은 또 어떻게 될 일입니까? 우리는 천국에서 거할 곳(요 14:2)을 가지고 우리 주님처럼 될 것이라는데, 어떻게 이 일이 가능한 것입니까? 우리가 부활할 것인데, 이 일은 또 어떻게 된 일입니까? 또 우리는 어떤 몸으로 변하게 될 것입니까? 수많은 질문들을 우리는 할 수 있습니다. 물론 불신의 질문이 아니라면 응답도 받을 것이며, 이를 통해 우리의 경건한 감사 제목들이 넘쳐나기도 할 것입니다.

이제는 마리아에 관해서 주목해 봅시다. 사가랴는 의심자였습니다. 그래서 주님께서는 그렇게 사가랴를 대하신 반면에, 마리아는 질문자였습니다. 그래서 주님께서는 그렇게 마리아를 대하셨던 것입니다. 주님께서 대하신 이 두 가지 방식의 차이들을 보십시오.

먼저, 마리아는 징조를 요구하지 않았습니다. 하지만 마리아는 징조를 받았습니다. 그 징조는 마리아에게 일어날 수 있는 최고의 기쁨 중 하나였습니다. 왜냐하면 그 징조는 바로 친족인 엘리사벳이었기 때문입니다. 엘리사벳이 바로 마리아의 징조였습니다. 자 보십시오. 수태하지 못한다고 하던 엘리사벳(눅 1:36)이 마리아를 만나 마리아를 위로할 것이라고 합니다. 사랑하는 성도 여러분, 여러분이 징조들을 원하지 않는다 해도, 주님께서는 여러분에게 징조들을 주실 방법을 알고 계십니다. 징조들을 요구하지도 않고, 확신을 주는 그 어떤 징조 없이도 자기 아버지의 말씀을 받는 것만으로도 만족하는 그런 사람들이야말로 가장 좋은 표적을 받은 것이라고 저는 믿습니다.

다음으로, 마리아에게서 주목할 만한 또 다른 한 가지가 있습니다. 마리아는 은혜롭게 가르침을 받았습니다. 사가랴는 징조를 구했습니다. 그리고 징조를 받았습니다. 하지만, 마리아는 가르침을 구했습니다. 그리고 가르침을 받았습니다. 잠시 말을 중단한 천사는 다시 마리아에게 말했습니다. "성령이 네게 임하시고 지극히 높으신 이의 능력이 너를 덮으시리니 이러므로 나실 바 거룩한 이는 하나님의 아들이라 일컬어지리라"(눅 1:35). 만약 여러분도 온유하게 그리고 믿음을 가지고서 여러분의 주님께 거룩한 일들에 관해 가르쳐 달라고 요구한다면, 주님께서 여러분에게 성령님을 보내서서 여러분을 모든 진리 가운데로 인도하시고(요 16:13), 가르쳐서 능히 여러분을 지혜롭게 하여 구원에 이르게 하실(딤후 3:15, KJV) 것입니다.

자, 결론은 이러합니다. 무엇보다도 우리는 사가랴처럼 그렇게 행동하지 맙시다. 사랑하는 성도 여러분, 지금 이 순간에도 어떤 약속에 대해 의심하고 계십니까? "내가 이것을 어떻게 알리요?"라고 말하고 계십니까? 절대 확실한 주님의 말씀을 더 이상 의심하지 말고, 주 안에서 안식하십시오(시 37:7, KJV). 그러면 성령님께서 여러분으로 하여금 믿게 하십니다!

한편, 여러분은 진리를 찾고 있는 죄인입니까? 그리스도께서는 자신을 쳐다보는 자는 누구든지(민 21:8) 구원을 받게 될 것이며, 그를 믿는 자는 누구든지 정죄를 받지 않을 것이라(요 3:18)고 선포하지 않았습니까? 그 어떤 표적도 구하지 말고 그리스도를 믿기만 하십시오. 그리스도 자신이 표적으로 충분합니다. 그리스도는 하나님이지만 인간이기도 하십니다. 그리스도는 죄를 대신하는 희생제물이 되어 피 흘린 어린 양이십니다. 그분을 믿으십시오. 그분을 믿으십시오. 그분을 믿으십시오. 그러면 여러분은 복을 받게 될 것입니다.

그리고 사랑하는 성도 여러분, 여러분은 하나님의 자녀들입니다. 만약 여러분이 성경 말씀에서 여러분의 상황에 분명히 딱 들어맞는 약속을 찾았다면, 그 약속에 대해 걱정이 된다고 해도, "내가 이것을 어떻게 알리요?"라고 말하지 마십시오. 성령님께서 그 약속을 말씀하실 때에는, 그럴 만한 충분한 이유가 있기 때문에 그 약속이 말씀 안에 있는 것입니다. 성경이 무엇을 말하든지 간에, 그 말씀을 확신하십시오. 왜냐하면 말씀은 이 세상에 있는 모든 지혜로운 자들이 증명한다고 해서, 좀 더 증명되는 것이 아니며, 그들이 모두 반박한다고 해서, 그 확실성이 떨어지는 것도 아니기 때문입니다. 저의 두 눈으로 하나님이 말씀 안에서 선포하신 것을 참된 것으로 본다고 해도, 저는 하나님의 말씀을 믿지, 제 두 눈을 믿지는 않을 것입니다. 적어도 제 눈을 믿어서는 안 됩니다. 이것이 바로 우리가 반드시 서야 할 입장입니다. 세상은 속일지 몰라도, 하나님은 속이실 수 없습니다. 참으로 하나님은 진실하시되 사람은 다 거짓말쟁이라 할 수 있습니다(롬 3:4, KJV). 이와 같이 여러분이 하나님께 나아와 하나님을 믿기만 한다면, 여러분은 물 있는 강가에 심은 나무 같이 그의 잎사귀 또한 시들지 아니하며(시 1:3 KJV), 더위가 오는 때를 알지 못할 것입니다(렘 17:8). 여러분의 인생 걸음(walk)이 아브라함(창 24:40, KJV)과 에녹(창 5:24)처럼 믿음의 걸음('하나님과 동행하다'에서 '동행'은 하나님과 함께 '걸음, 걷는다'[walk]는 의미이다 — 역주)이라면, 여러분은 숭고한 삶, 즉 숭고함으로 충만하고 영원하며 그리스도를 닮는 삶을 살게 될 것입니다. 그러나 만약 여러분이 하나님을 의심한다면, 여러분의 삶은 확고히 서지 못할 것입니다. 믿지 않는 자들은 회오리바람 앞에 굴러다니는 물건(사 17:13, KJV) 같을 것이며, 나무에서 떨어지는 시든 잎과 같고 사막의 히스 나무 같아서 좋은 일이 오는 때를 보지 못하는 사람(렘 17:6, KJV)과 같을 것입니다. 사랑하는 성도 여러분, 성령님께서 우리를 불신으로부터 구해 주시고, 우리가 하나님의 약속 안에서 안식을 누리도록 해 주시기를 바랍니다.

이제 두 번째로, 우리의 온 마음 다해 마리아를 본받도록 합시다. 우리 모두 더 알기 위하여 자주 묻고 원하며 깊이 살피고 추구하는 질문자들이 다 되자는 말입니다. 하나님의 약속은 "천사들도 살펴보기를 원하는 것"(벧전 1:12)이기 때문에, 우리가 너무 자세히 살펴본다고 해서 결코 지나치다고 할 수 없습니다. 그 약속이 말하는 의미를 확신해야 하는 것과 마찬가지로 여러분은 그 약속을 실감해야만 합니다. 그 때에야 비로소 여러분은 그 약속이 어떻게 실현될지를 자연스럽게 묻기 시작할 것입니다.

여러분의 질문 가운데서 모든 불신만 제거하도록 노력하십시오. 그리고 "어떻게 이 일이 되어갈지 나는 내 마음으로 알고 있습니다. 하나님께는 불가능한 일이 없습니다"(눅 1:37, KJV)라고 말하십시오. 이 모든 질문들에 대한 우리의 대답이 있습니다. "하나님께는 모든 것이 가능하니라"(마 19:26, KJV). 설령 제가 "하나님이 어떻게 나를 구원할 수 있으실까?"라고 묻는다 해도, 하나님께는 불가능한 일이 아무것도 없습니다. "하나님이 어떻게 나를 끝까지 지킬 수 있으실까?"라고 해도, 하나님께는 불가능한 일이 아무것도 없습니다. "하나님이 박해 속에서도 나를 보호해 줄 수 있으실까? 하나님은 어떻게 유혹으로부터 나를 지키시고, 세상과 육체와 악으로부터 나를 보호해 줄 수 있으실까?"라고 해도, 하나님께는 불가능한 일이 아무것도 없습니다. 하나님의 전능하심에 여러분 자신을 송두리째 내던지십시오. 그러면 여러분은 강건해질 것입니다. 그리스도를 위한 이 일을 여러분이 감당하도록 성령님께서 도우시기를 바랍니다. 아멘.

제
2
장

—

그가 큰 자가 되고

—

"그가 큰 자가 되고" – 눅 1:32

엄밀히 말해서, 오늘의 본문 말씀은 우리 주 예수 그리스도의 인성을 가리키는 말씀이라고 생각합니다. 그리스도가 마리아에게서 나셨다는 것 자체가 바로 그리스도의 인성을 말해주기 때문입니다. 오늘 본문의 앞뒤 문맥은 이러합니다. "보라 네가 잉태하여 아들을 낳으리니 그 이름을 예수라 하라 그가 큰 자가 되고 지극히 높으신 이의 아들이라 일컬어질 것이요 주 하나님께서 그 조상 다윗의 왕위를 그에게 주시리니 영원히 야곱의 집을 왕으로 다스리실 것이며 그 나라가 무궁하리라"(눅 1:31-33). 주의 천사도 "그 거룩한 이"(눅 1:35, KJV)의 인성에 관하여, 지극히 높으신 이의 능력이 은총을 입은 처녀를 덮으심으로써 태어나게 될 것이라고 말하였습니다. 그리스도의 신성에 대해서라면, 우리가 그리스도에 관하여 이와는 다른 방식으로 말해야 하겠지만, 한 인간으로서 그리스도는 처녀에게서 태어나셨고, 그리스도가 태어나기 전부터 그 처녀에게 "그가 큰 자가 되고"라고 미리 예언되었던 것입니다.

인간이신 예수 그리스도는 아주 극도로 낮아지셨습니다. 태어날 때부터 그의 신분은 큰 자가 아니었습니다. 그리스도는 자기 어머니 품에 의지할 수밖에 없는 아주 작은 자였습니다. 그 후에도 신분상 그는 큰 자가 아니었습니다. 오히려 멸시를 받았고 거부를 당했으며 십자가에 못 박히셨습니다. 참으로 그는 너무나 가난해서 머리 둘 곳조차 없으셨고(마 8:20), 그리스도를 "자네"(fellow, 마

12:24, KJV)라고 불렀던 사람들의 입방아 때문에 쫓겨나셨으며, 먹기를 탐하고 포도주를 즐기는 사람들 가운데 있는 자(마 11:19)로 언급되었고, 심지어는 귀신 들려 미쳤다(요 10:20)는 말로 고소당하기도 하였습니다. 이 땅의 위대한 자들이 보기에 "이 사람은 어디서 왔는지 알지 못하노라"(요 9:29)할 정도로 그리스도는 그저 무명의 갈릴리 사람이었습니다. 그리스도의 생애는 가난한 자들의 비천한 생활상으로 더 적절히 구성될 수 있지, 가이사(Caesar)의 시대를 대표하는 생활 상이나 귀족생활과는 잘 들어맞지 않습니다. 그리스도께 살아계실 당시에, 그의 원수들은 그를 경멸하기에 충분할 만한 근거를 단 하나도 찾을 수 없었습니다. 그는 재판과 유죄판결과 고난 과정 가운데서도 아주 천대를 받으셨습니다. 그리 스도는 핏방울 같이 된 땀(눅 22:44)으로 온몸을 적셨고, 노예 한 명 값에 해당되 는 돈에 팔렸으며(마 26:15), 그를 잡으러 올 때 호위대장은 마치 강도를 잡는 것 처럼 칼(마 26:55)과 등과 횃불(요 18:3)을 들고 나왔습니다. 도대체 누가 이런 그 리스도를 큰 자로 생각하겠습니까? 사람들은 그를 묶어서 마치 행악자(요 18:30) 인 것처럼 심판석으로 이송하였습니다. 도대체 누가 이런 그리스도를 큰 자로 생각하겠습니까? 비열한 자들은 그의 눈을 가리고 그를 때리며(눅 22:64, KJV), 그의 얼굴에 침을 뱉었습니다(마 26:67). 그는 채찍질을 당하였고(요 19:1), 십자 가를 진 채 거리를 끌려 다녔으며, 두 강도들 사이에서(마 27:38) 십자가에 달려 죽었습니다. 도대체 누가 이런 그리스도를 큰 자로 생각하겠습니까? 참으로 그 리스도는 심한 천대를 받으셨습니다. 자기의 거룩한 아들이 고통 받는 것을 보 았을 때, 그 어머니의 마음은 칼로 찔리는 것 같았습니다(눅 2:35). 아들이 죽어 서 남에게 빌린 무덤 안에 장사되었다는 것을 알게 되었을 때, 틀림없이 그 어머 니는 아들에 관해 하늘로부터 전해 들었던 말들을 쓰린 마음으로 곰곰이 되새겼 을 것입니다. 그리고 속으로 이렇게 생각했을 것입니다. "천사는 이 아들이 큰 자가 된다고 말하더니, 도대체 누가 내 아들이 당한 것 같은 그런 험한 꼴을 당했 겠는가? 천사는 이 아들이 '지극히 높으신 이의 아들'이라 일컬어질 것이라고 말 했는데, 이 어찌된 일이란 말인가! 내 아들은 사망의 티끌 가운데 있구나(시 22:15, KJV). 사람들이 그의 시신을 봉하고, 그의 이름을 악한 것으로 여겨 내버 리는구나(눅 6:22)."

아직까지도 저는 오늘의 본문 말씀이 그리스도의 인성에 가장 적절히 적용 될 수 있는 말씀이라고 생각하기에, 이런 찬송가를 생각하면 기쁨이 넘칩니다.

> "이 땅에 인간으로 알려지신 분,
> 우리 죄와 고통을 감당하시고,
> 지금은, 영원한 보좌에 앉으셔서,
> 영광의 하나님으로 다스리시네"

(영국의 성직자이자 찬송가 작사가로 노예선의 선장을 하다 회심한 존 뉴턴[John Newton, 1725-1807]이 작곡한 '피난처, 강, 교회의 반석'[The Refuge, River, and Rock of the Church] 이라는 찬송가의 1절 가사다 — 역주).

멸시를 받으며 침 뱉음을 당했던 바로 그 사람이 지금은 아버지의 보좌에 영광 가운데 앉아 계십니다. 인간으로서 그리스도는 "만왕의 왕이시며 만주의 주"(딤전 6:15)로 기름 부음을 받으셨습니다. 인간으로서 그리스도는 가장 낮은 곳으로부터 들림을 받아 가장 높은 곳에서 영원 영원히 다스리고 계십니다. 베드로와 여러 사도들은 "이 예수를 하나님이 살리신지라 우리가 다 이 일에 증인이로다 하나님이 오른손으로 예수를 높이시매"(행 2:32-33)라고 증언하였습니다. 스데반 역시 "보라 하늘이 열리고 인자가 하나님 우편에 서신 것을 보노라"(행 7:56) 하고 말하였습니다. 우리가 이 말씀을 믿고, 이 말씀으로 기뻐하는 한, 절대로 우리는 그리스도의 인성으로부터 그리스도의 신성을 분리해낼 수 없을 것입니다. 왜냐하면 그리스도의 신성과 인성은 한 위격(位, person)으로 이루어져 있기 때문입니다. 이와 관련하여 제가 꼭 말씀드려야 할 사실이 있습니다. 신약을 살펴보면 성령님은 그리스도에 관해 말씀하실 때 우리 주님의 위격 안에 있는 두 가지 본성들을 아주 엄격히 구분하여 말씀하지 않으신다는 것입니다. 두 가지 본성들은 그리스도의 위격 안에서 아주 완벽하게 하나가 되어 있기 때문에, 성령님은 신조를 작성하는 어떤 사람들처럼 그렇게 신학적인 엄밀성으로 주 예수님에 관해 말씀하지는 않으십니다. 하지만 성령님은 중보자로서 눈에 보이지 않는 한 위격에 대한 진리를 알고 기뻐하는 지각 있는 사람들에게는 엄밀하게 말씀하기도 하십니다. 예를 들어, 우리는 성경에서 "하나님의 피"라는 말씀을 읽을 수 있습니다. 사도 바울은 사도행전 20장 28절에서 이렇게 말하고 있습니다. "하나님이 자기 피로 사신 교회를 보살피게 하셨느니라." 자, 보십시오. 엄밀히 말해서, 하나님의 피라는 말은 있을 수 없습니다. 또한 이 표현은 두 가지 본성을 혼동하고 있는 것처럼 보입니다. 하지만 이 표현은 의도적이라고 볼 수 있습니다. 즉, 이 두 본성들이 서로 밀접히 연결되어 있다는 것을 우리가 분명히 알도록 하기 위한 것이었습니다. 그래서 성령님은 서로 다른 두 가지 본성의 차이들에 대한 세밀한 분석이나 자세한 설명을 중단하시고, 오히려 주님의 인성이나 신성에 엄밀히 적용되는 복되신 우리 주님의 하나 된 위격에 대해 말씀하고 계신 것입니다. 따라서 주님은 "우리의 구원자 하나님"(딤전 1:1, KJV)과 "사람이신 그리스도 예수님"(딤전 2:5), 이렇게 두 호칭으로 일컬어집니다. 하나님과 사람의 연합된 본성을 지니신 우리 주 예수 그리스도는 한 위격을 지닌 분이십니다. 하나님의 본성이든 사람의 본성이든 어느 한 본성이 행한 모든 행동들은 이 한 위격으로 소급됩니다. 그러므로 저는 개인적으로 이와 같은 찬송시들을 주저 없이 노래합니다.

> "면류관과 보좌를 버리신 그분께서
> 나무에 달리시어 피 흘리며 신음하셨네.
> 사랑의 왕자께서 숨을 거두시고,
> 영광의 임금님이 죽음 앞에 체념하셨네."

(아이작 와츠[Isaac Watts]의 「시편과 찬송」[The Psalms and Hymns] 37번에 나오는 '비할 데 없는 사랑의 선포' [Proclaim Unparalleled Love]라는 찬송가의 5절 가사다 — 역주).

> "인간을 위해, 피조물의 죄 때문에,
> 전능한 창조주이신 하나님께서 죽으실 때,
> 해도 당연히 어둠 속으로 숨고,
> 그 영광을 닫아버렸네."

(아이작 와츠의 「찬송과 영가」(Hymns and Spiritual Songs, 1707) 2권 9번에 나오는 '아, 나의 주님이 피를 흘리셨는가?' [Alas and Did My Savior Bleed]라는 찬송가의 4절 가사다. 2006년에 나온 21세기 찬송가 143장 '웬 말인가 날 위하여'의 3절 가사다. 거기에서는 "주 십자가 못 박힐 때 그 해도 빛 잃고 그 밝은 빛 가리워서 캄캄케 되었네"로 번역되어 있다 — 역주).

> "가장 비천한 상태로 모욕당하신 예수님이
> 얼마나 인내하며 서 계신지를 보라!

　　죄인들이 전능자의 손을 결박했고,

　　그들을 창조하신 분의 얼굴에 침을 뱉었다.”

(영국의 칼빈파 목사인 조셉 하트[Joseph Hart, 1712-1768]가 쓴 찬송가 '예수님이 얼마나
인내하며 서 계신지를 보라' [See how the patient Jesus Stands]의 가사다 ― 역주).

　　그러므로 우리는 신학적인 정확성을 기하려고 애쓰지 않을 것입니다. 단지
지금 이 시간에는 주님의 인성과 신성이 함께 있는 분으로서 우리 주님에 대해
자유롭게 말씀드리고자 합니다. “그가 큰 자가 되고”라고 말씀하신 그 거룩한 약
속을 선포하면서, 오늘 우리의 본문 말씀을 온전한 그리스도께 적용해 보고자
합니다.

　　제 동생(스펄전의 동생인 제임스 스펄전 목사[Rev. James Archer Spurgeon]는 1868년부터
협력 목사로 스펄전을 도왔다. 본 설교는 1883년 12월 2일에 행해졌다)이 저를 위해 기도하
고 있는 동안, 저는 이 밤에 말씀드릴 설교 주제를 전하기 위해서 사람의 방언과
천사의 말(고전 13:1)을 할 수 있었으면 하고 바랐습니다. 하지만 이제 그 바람을
접고자 합니다. 이 주제의 특성상, 제가 설명하는 말이 가장 일반적인 방식이라
해도, 다시 말해, 제가 하는 말들이 문법에 잘 맞지 않고 전체적으로 아주 세련된
방식이 아니라 해도, 이것은 전혀 중요한 문제가 되지 않을 것입니다. 왜냐하면
제가 어떤 방식으로 말씀을 전하든 어차피 제대로 설명할 수 없는 주제이기 때
문입니다. 이 주제는 모든 설명을 훨씬 뛰어넘는 저 너머에 있기 때문입니다. 예
수님이 바로 그러한 주제이십니다. 그 어떤 웅변으로도 그 높은 예수님의 영광
에 절대 이를 수 없습니다. 차라리 가장 단순한 말들이 그 장엄한 주제에 가장 잘
어울릴 수 있습니다. 형언할 수 없을 정도로 영광스러운 주님이라는 설명 외에
미사여구를 덧붙여봐야 그냥 천박해지고 말 뿐입니다. 그분은 큰 자라는 사실만
저는 말할 수 있을 뿐입니다. 제가 그룹들(cherubim)로 이뤄진 합창 교향곡으로
그분의 위대하심을 선포한다 해도, 이 위대한 주장의 높은 곳에는 이르지 못할
것입니다. 그 위대하심의 옷가에라도 제가 손 댈 수만(눅 8:44) 있다면, 저는 만
족할 것입니다. 하나님께서 우리를 반석 틈에 두시고, 우리로 하여금 그분의 등
부분만 보게 하시더라도(출 33:22-23), 우리는 그 모습에 압도될 것입니다. 예수
님도 이와 마찬가지입니다. 영광으로 충만하신 그분의 얼굴은 볼 수도 없을 뿐
더러, 설령 우리가 본다고 해도 묘사할 수 없습니다. 만약 우리가 셋째 하늘에 이

끌려 간다면(고후 12:2), 우리는 돌아왔을 때 거의 아무 말도 하려 하지 않을 것입니다. 왜냐하면 말하는 것이 허락되지 않은 것들을 우리가 볼 것이기 때문입니다. 그러므로 오늘 이 시간에 인자의 영광 가장자리에라도 손을 댈 수 있게 한다는 저의 가장 큰 목표가 이뤄지도록 제가 여러분에게 말씀드릴 수만 있다면, 조금도 제 체면이 깎이는 일이 아닐 것입니다. 지금은 그분께서 아주 명백히 드러나지 않은 때입니다. 주님께서 나타나실 그 날이 다가오고 있습니다. 그러나 인생의 절정기를 보내고 있는 자들에게는 그 빛이 비쳐지지 않습니다. 그분께서 재림하실 때는 좀 더 온전히 자신을 드러내실 것입니다. 그 때에 그의 백성들은 "자기 아버지 나라에서 해와 같이 빛날"(마 13:43) 것입니다. 왜냐하면 그분 또한 맑은 하늘에 "공의로운 해"(말 4:2)같이 떠올라 인류를 크게 축복하실 것이기 때문입니다.

1. 무엇보다도 그는 많은 관점에서 큰 자이시다라고 주 예수님을 찬양하는 말씀을 드리면서, 이 주제에 대해 최선을 다해서 여러분께 전하고자 합니다.

이 주제에 관해 제가 모든 관점을 다 다루어야 하겠으나, 이 주제는 한 번에 살펴보기에는 너무 방대한 진리여서, 우리의 마음으로 보나 삶으로 보나 시간으로 보나 모두 여력이 부족할 것 같습니다. 이 주제에 대한 무한한 묵상을 위해서는 영원하고 완전해야만 충족될 것 같습니다. 제가 잠시 동안 여러분에게 말씀드리고자 하는 관점에서 보자면, 주 예수 그리스도는 단연코 큰 자이십니다.

먼저, 그분의 본성이 완전하다는 점에서 큰 자이십니다. 사랑하는 성도 여러분, 생각해 보십시오. 우리가 극진히 사랑하는 자(아 1:13, KJV)와 같은 분은 아무도 없습니다. 그분과 견주거나 비할 만한 사람도 없습니다. 그분은 거룩하십니다. 그러므로 유일한 분이십니다. 그분은 "빛에서 나신 빛, 참 하나님에게서 나신 참 하나님"(Light of light, very God of very God, 니케아콘스탄티노플 신경에 나오는 내용이다 — 역주)이시며, 예수님은 참으로 하나님과 동등하시고, 아버지와 한 분이십니다. 오, 하나님의 위대하심이여! 여호와는 무한하시며, 측량치 못할 자이시며, 파악할 수도 상상할 수도 없는 분이십니다! 그분은 만물을 충만케 하는 분이시지만, 정작 자신은 만물로 다 채워지지 않는 분이십니다. 참으로 그분은 우리가 생각할 수 있는 그 어떤 위대한 관념 그 너머에 계신 위대한 분이십니다. 이 모든 것은 그 독생자에 관해서도 마찬가지입니다. "태초에 말씀이 계시니라

이 말씀이 하나님과 함께 계셨으니 이 말씀은 곧 하나님이시니라 그가 태초에 하나님과 함께 계셨고 만물이 그로 말미암아 지은 바 되었으니 지은 것이 하나도 그가 없이는 된 것이 없느니라"(요 1:1-3). "이는 만물이 주에게서 나오고 주로 말미암고 주에게로 돌아감이라 그에게 영광이 세세에 있을지어다 아멘"(롬 11:36). "또한 그가 만물보다 먼저 계시고 만물이 그 안에 함께 섰느니라"(골 1:17).

그러나 우리 주 예수님은 또한 인간이기도 하십니다. 이 사실이 바로 그분이 가지신 인성의 독특한 점입니다. 그분은 참으로 실제적인 인간이면서 동시에 완전하고 순전한 하나님이십니다. 그분은 신성화된 인성을 지닌 분도 아니시며, 그분은 인간화된 신성을 지닌 분도 아니십니다. 표현의 제약이 따른다는 것을 저도 알고 있습니다. 하지만 실제로 그분의 실체에 있어서는 그 어떤 혼동도 없습니다. 그분은 하나님이십니다. 그분은 인간이십니다. 그분은 전적으로 하나님 자신이시며, 그분은 전적으로 하나님께서 그분을 창조하신 그대로의 인간이십니다. 그분은 인간이 아닌 것처럼 그렇게 참으로 하나님이시지만, 동시에 그분은 하나님이 아닌 것처럼 그렇게 완전히 완벽한 인간이십니다. 이 놀라운 결합을 생각해 보십시오! 원죄나 자범죄의 흠도 없고 점도 없는(벧전 1:19, KJV) 완전한 인성을 지니셨지만, 여기에 영광스러운 신성이 결합되신 분! 제가 참으로 예수님만한 분이 없다고 말씀드리지 않았습니까? 그분은 큰 자들 중의 가장 큰 자가 아닙니다. 그분을 제외한 다른 모든 것들이 작고 오직 그분만이 큰 자이십니다. 그분은 모든 것 가운데 있는 어떤 것이 아니라, 다른 모든 것이 아무것도 아닌 곳에서 모든 것이 되신 분이십니다. 누가 그분과 견줄 수 있겠습니까? 그분은 하나님과 동등함을 강탈하지 않은(빌 2:6, KJV) 분이시며, 사람들 가운데서 모든 피조물의 처음 난 자(골 1:15, KJV)이시며, 부활한 자들 가운데서 죽은 자들로부터 그의 부활로 말미암아 처음 난 자(골 1:18, KJV)이시며, 영화롭게 된 자들 가운데서 그분은 영광의 원천이자 목표이십니다. 저는 그분의 본성을 충분히 파악할 수 없습니다. 누가 그분의 발생에 대해 단언할 수 있겠습니까? 그분은 우리와 함께 하는 분이시지만, 우리 너머에 계신 우리가 상상할 수 없는 분이십니다. 우리의 본성은 제한적이고 악하며 타락하였습니다. 하지만 그분의 본성은 제약이 없고 거룩하며 신성합니다. 여호와께서 우리를 바라보실 때 우리는 묻습니다. "사람이 무엇이기에 주께서 그를 깊이 생각하시나이까? 사람의 아들이 무엇이기에 주께서 그를 찾아오시나이까?"(시 8:4, KJV). 그러면 대답하십니다. "또다시 그분께서 그 처음 나신 분을 세상에 들어오게 하실 때에 이르시기를, 하나님의 모든 천사들은 그에게 경배하라"(히 1:6, KJV). 이제 그분의 본성에 대해서 진정으로 "그는 큰 자"라고 말할 수 있지 않겠습니까?

그분이 행하시는 직무의 웅장함에 있어서 그분은 큰 자이십니다. 그분은 우리를 위해 구속자가 되기로 자처하셨음을 기억하십시오. 사랑하는 성도 여러분, 여러분은 노예 상태에 있습니다. 여러분 중에 어떤 분들은 그 영혼까지 차꼬가 채워 있기도 합니다. 그런 노예 상태에 있는 우리를 그분께서 구원하기 위해 오셨습니다. 보십시오, 그분의 시온이 파멸되어 더미 위에 더미를 이루어 연기를 내며 전소(全燒)되었습니다! 그분은 그것을 다시 세우고 회복하기 위해 오셨습니다! 원수에 의해 허물어졌던 살아계신 하나님의 성전을 복구하고 예전에 폐허가 된 것들을 세우는 것, 이것이 바로 그분의 직무입니다. 이 직무를 수행하기 위해 그분은 우리의 제사장, 우리의 선지자, 우리의 왕으로 오셨습니다. 각 직무에 있어서 그 영광은 이루 비교할 수 없을 정도입니다. 그분은 우리의 구세주, 우리의 희생물(고전 5:7, KJV), 우리의 대속자, 우리의 보증(히 7:22), 우리의 머리(엡 5:23), 우리의 친구(요 15:15), 우리의 주님, 우리의 생명(요 14:5), 우리의 모든 것으로 오셨습니다. 그 직무들을 하나하나 쌓아올려 보십시오. 그리고 각각의 직무들이 오직 하나님만이 하실 수 있는 직무임을 기억하십니다. 할 수만 있다면 여러분이 그 직무들을 하나하나 말해 보십시오. 진정으로 여러분은 그 직무들을 모두 다 기억할 수 없을 것입니다. 왜냐하면 아버지 영광의 분명한 형상인 그분께서는 이 모든 종류의 직무에 착수하셔서 자기 백성을 완전히 구속하셨으며, 그 백성들을 영원히 자기 소유로 삼으셨기 때문입니다. 그 각각의 직무에서 그분은 영광의 극치를 얻으셨습니다. 그러므로 그분은 지금도 큰 자이시며, 앞으로도 큰 자가 될 것입니다.

여러분은 웨스트민스터 대성당에 어떤 위대한 전몰(戰歿) 용사가 안장될 때, 군대 의전관(儀典官)이 그에게 다양한 작위를 공포하는 것을 본 적이 있습니까? 그 용사는 그토록 용맹하게 싸웠던 것에 대해 여왕과 나라의 큰 명예를 얻게 됩니다. 이런 공로에는 왕세자(prince), 저런 공로에는 공작(duke), 또 다른 공로에는 백작(count), 그 외의 공로에는 자작(earl)을 수여하였습니다. 이런 작위들이 얼마나 많고 화려한지 모릅니다! 시가행진은 또 얼마나 대단합니까! "헛되고 헛되니 모든 것이 헛됩니다"(전 1:2). 귀족의 화려하고도 호화로운 문장(紋章, heraldry)을 가진 채 무덤에 안장되는 감각도 없는 진토(塵土)에게 이것이 무슨 유익이 있겠습니까? 그러나 저는 그리스도의 무덤에 서서, 최고로 장엄한 그리스도의 직무들을 말씀드리겠습니다. 그리스도의 직무들은 장사되지도 않았을 뿐 아니라, 그리스도는 죽은 자들 가운데 계시지도 않습니다. 그리스도는 살아나시어 그 충만한 광채 가운데서 여전히 그 명예들을 누리고 계십니다. 그리스도는 그의 백성들에게 지금도 여전히 모든 것이 되십니다. 그리스도는 여전히 모든 직무들을 수행하고 계시고, 왕국을 하나님 곧 아버지께 넘겨 드리실 때(고전 15:24, KJV)까지 계속 이 직무들을 수행하실 것이며, 그 때에 하나님께서 모든 것 안에서 모든 것이 되실 것입니다(고전 15:28, KJV). 오, 하나님이신 이 그리스도께서 지속하시는 능력의 직무들이 얼마나 빛나는지요! 그분은 수만 명들 가운데 기수(旗手)이십니다. 영원무궁토록 그분과 같은 이가 누구겠습니까? "그의 어깨에는 정사를 메었고 그의 이름은 기묘자라, 모사라, 전능하신 하나님이라, 영존하시는 아버지라, 평강의 왕이라 할 것입니다"(사 9:6). "호산나 다윗의 자손이여 찬송하리로다 주의 이름으로 오시는 이여!"(마 21:9). 이 밤 우리의 온 맘을 다해 그분께 찬양과 경배를 돌려드립시다. 왜냐하면 하나님이 그분께 풍성하게 맡기신 그 영광스러운 직무들로 인하여 그분은 큰 자이기 때문입니다.

그분의 본성과 직무들만 해도 방대한 주제가 될 것 같습니다. 그러나 사랑하는 성도 여러분! 주 예수님은 그분이 **훌륭**하게 성취하신 것들에 있어서도 큰 자이십니다. 그분은 직무를 맡으셔서 그 의무를 소홀히 하지 않으셨습니다. 오히려 그분의 이름은 충신과 진실(계 19:11)이십니다. 그분은 한가한 직위나 직무를 맡은 분이 아닙니다. 그분은 아버지가 그에게 하라고 명하신 것을 다 이루었다(요 19:30)고 하셨습니다. 그분은 위대한 일들을 맡으셔서 그분의 이름에 영광을 돌리고 그 일들을 성취하셨습니다. 그 백성들의 죄가 그분에게 지워졌고, 그분은 그 죄를 십자가까지 지고 가서 십자가 위에서 그 죄를 끝내버렸습니다. 그래서 죄가 더 이상 그 백성들에 대해 영원히 언급하지 않도록 하셨습니다. 그리고는 무덤으로 내려가 거기서 잠시 주무셨습니다. 그러나 그분은 무덤 빗장을 열어젖히고, 자기 발 아래 있는 죽어 있는 사망을 떠나, 자기의 부활로 말미암는 생명과 영원을 밝히셨습니다. 이것이 바로 그분의 고귀한 소명이었으며, 그분은 이 소명을 성취하셨습니다. 그분의 승리는 완벽했고, 원수도 완전히 쳐부수었습니다. "오 사망아, 너의 쏘는 것이 어디 있느냐? 오 무덤아, 너의 승리가 어디 있느냐?"(고전 15:55, KJV). 정한 날이 되자 그분은 무덤으로부터 솟아올라, 말씀에 기록된 대로, 그분은 모든 신자들에게 하늘 문을 열어주셨습니다. "길을 여는 자가 그들 앞에 올라가고 … 그들의 왕이 앞서 가며 여호와께서는 선두로 가시리라"(미 2:13). 그분은 황금 문들을 열고서 포로들을 사로잡아 이끌어 내고, 사람들에게 줄 선물들을 받아 그의 백성들 가운데서 가장 가난한 자들에게 왕의 하사품들을 아낌없이 내려주십니다. 그리하여 그 가난한 백성들은 부유하게 될 것입니다. 이것이 바로 그분의 목표였으며, 이 의도는 어떤 착오나 실수 없이 실행되어 왔습니다. 우리의 대표자로서 그분은 휘장 안으로 들어가 우리의 면류관과 보좌들을 취하셔서, 오늘날까지 자신의 십자가와 함께 이것들을 우리를 위해 간직하고 계십니다. 그분은 유업을 속량하고 유업에 부과된 엄청난 저당을 청산하여, 마지막 날에 우리의 분깃으로 받아 우리의 영혼이 거하게 될 가나안을 취하셨습니다. 그분이 큰 자라는 사실이 이제 증명되지 않았습니까? 정복자들도 큰 자입니다. 하지만 그분은 그 정복자들 가운데서도 가장 큰 자이십니다. 해방자들도 큰 자입니다. 하지만 그분은 그 해방자들 가운데서도 가장 큰 자이십니다. 세상을 구원한 자들도 큰 자입니다. 하지만 그분은 그 세상을 구원한 자들 가운데서도 가장 큰 자이십니다. 사람들에게 큰 기쁨을 주는 사람들도 참으로 큰 자입니다. 그렇다면 그의 백성에게 영원한 기쁨을 주시고 영원한 소금 언약(민 18:19)으로 그들에게 기쁨을 주신 그분에 대해서 제가 무슨 말을 더 할 수 있겠습니까? 오, 가브리엘 천사는 정말 잘 말했습니다. "그가 큰 자가 되고." 왜냐하면 진정으로 그분은 큰 자이기 때문입니다.

또한 그분은 공로의 효력에 있어서도 큰 자이십니다. 그리스도께서 행하신 그런 공로를 가진 사람은 아무도 없습니다. 그분의 삶과 죽음으로 말미암아 모든 신자들의 온 몸은 머리부터 발끝까지 율법에 대한 완전한 순종으로 감싸게 되었습니다. 그들은 임금님의 의복을 입게 되었습니다. 솔로몬의 모든 영광으로도 입은 것이 이 꽃 하나만 같지 못하였습니다(마 6:29). 그분의 피는 신자들을 날리는 눈처럼 희게 하였으며, 그분의 의로 말미암아 "그 사랑하시는 자 안에서 우리를 받아"(엡 1:6, KJV) 주셨습니다. 그분은 하나님께 그런 공로를 쌓았기에, 지극히 높으신 분께 무엇이든 구해도 될 만한 분이셨고, 그래서 그분은 자기 백성들을 위해 구하셨습니다. 자기 백성들이 영생과 온전하기에 필요한 모든 복들을 가지도록 구하셨습니다. 사랑하는 성도 여러분, 그분께서 우리 모두를 그분의 의로 옷 입히고, 우리 모두를 그분의 피로 씻기신 사실을 생각할 때, 참으로 그분은 큰 자이십니다. 우리뿐만 아니라, 그분의 구속함을 받은 수많은 성도들이 지금도 그분의 영원한 공로의 웨딩드레스를 입고 서서, 하나님 앞에서 절대 거절할 수 없는 간구를 하고 있습니다. 다시 말해, 항상 아버지의 마음을 기쁘시게 하는 완전한 순종을 하도록 하나님께 간구하고 있습니다. 오, 지옥으로 가야 할 우리를 변화시켜 천국으로 가게 하시고, 질병에 걸린 우리를 건강하게 바꾸시며, 거름더미에서 우리를 건져 올리셔서 그 백성의 왕자들 가운데 우리를 앉히시다니, 이 얼마나 놀라운 은혜입니까! 무한한 능력으로 죄악을 제거하시고, 우리를 받아 향기롭게 하시며, 의로 옷 입히시고(시 132:9) 복을 주시며, 성도들을 보호하시고 끝까지 구원하시는(히 7:25, KJV) 주 예수님이야말로 모든 큰 자들 너머에 있는 큰 자이십니다.

　　제가 너무 지쳐서 그렇지, 이런 주제는 결코 다함이 없을 것입니다. 우리 주 예수 그리스도는 그분이 구원한 사람들의 숫자에 있어서도 큰 자라는 사실을 저는 주저 없이 덧붙여 말씀드리겠습니다. 작은 그리스도, 작은 천국, 보좌 앞의 작은 무리들, 구원받게 될 소수의 사람들, 저는 이런 것들을 믿지 않습니다. 여러분, 제 말씀을 들어보십시오. 저는 은혜의 교리를 맹렬히 비판하는 사람들이 마지막 수단으로 종종 언급하는 거짓말에 대해 기꺼이 대답하고자 합니다. 그 사람들은 하나님이 피조물의 대부분을 멸망할 자로 내버려 두시고, 소수의 선택받을 자만을 자의적으로 정하셨다는 사실을 우리가 믿고 있다고 그렇게 말합니다. 우리는 그들이 말하는 대로 그런 생각을 절대 해본 적이 없습니다. 우리가 믿고 있는 바는, 주님께서 많은 수를 선택하셨고, 그 선택받은 자의 수는 아무도 헤아릴 수 없을 정도로 많은 숫자일 것이라는 점입니다. 이것이 우리의 기쁨이며 즐거움입니다. 그들은 이렇게 말합니다. "오, 당신들은 당신이 모여서 예배를 드리는 작은 베델(little Bethel)이나 살렘(Salem)의 성도들만이 하나님으로부터 선택받은 소수라고 생각하고 있습니다"('작은 베델'이나 '살렘' 등은 스펄전 당시에 자칭 '하나님의 사랑을 받는 사람들'[God's dear people]이라고 주장하는 개신교 사람들의 모임이나 공동체를 지칭한 명칭들로서, 이들은 자신들의 교회만이 진리를 가지고 있다고 주장하였다. 단 9:17의 설교와 렘 33:3의 설교를 참조하라 — 역주). 여보시오. 그런 생각은 당신네들이 스스로 착각해서 지어낸 생각일 뿐, 우리는 그런 말을 한 마디도 하지 않았소. 우리는 하늘의 별과 같이, 또 바닷가의 모래 같이(창 22:17) 많은 수의 허다한 무리들을 위해, 그리스도께서 자신의 귀중한 피를 흘리시고 그들을 효과적으로 구원하기 원하셨다는 사실을 기쁨으로 믿고 있는 사람들입니다. 제가 고개를 들어 거룩한 자들이 있는 하늘을 바라볼 때, 제 마음의 눈은 소수의 무리가 선택을 독점한 채 서로 함께 지내는 것을 보는 것이 아니라, 구원받은 자들의 빛나는 얼굴로부터 각기 밝게 빛나는 무수한 빛들로 인해 눈부셨습니다. 말하자면, 그 영광스럽게 된 성도들이 지극히 높으신 분의 이름을 자신의 이마에(계 22:4) 써서 다니기 때문에 그렇게 밝게 빛나는 것입니다. 제가 눈을 돌려 하늘의 대로(大路)에 몰려든 크나큰 무리들이 넓은 곳에 모여 밤낮없이 어린 양의 피로(계 7:14) 구속 받은 것을 찬양하는 것을 볼 때, 제 마음은 얼마나 기쁜지 모릅니다. 그들이야말로 그들의 옷을 씻은 자들, 즉 어린 양의 피에 그 옷을 씻어 희게 한 자들(계 7:14)이지 않습니까? 우리 주님은 이 모든 면에서 탁월하시기에, 그분을 따르는 자들의 수에 있어서도 당연히 탁월하실 것입니다. 이 점에서도 그분은 자기의 철천지원수를 이기신 것입니다. 그분으로부터 구속을 받은 자들은 구름처럼, 또 창가에 있는 비둘기들처럼 그렇게 날아다닐 것입니다. 그분이 능력으로 임하시는 날에 그의 백성들은 무수한 아침 이슬방울처럼 나타날 것입니다. 영광 가운데 그분을 따르는 무리들 가운데서 그분은 큰 자가 될 것입니다.

지금 이 시간에도 이 땅의 수많은 무리들이 자신의 천성 길을 찾아 올라가고 있으며, 더 많은 무리들이 이들을 따르게 될 것입니다. 하나님의 백성들이 엄청나게 증가하여 우리가 지금 보고 있는 수를 훨씬 넘게 되는 그 날이 되면, 하나님의 백성들은 물가에 있는 풀이나 버들처럼 순식간에 솟아오를 것이며, 시내물의 흘러가는 소리를 들었던 시냇가의 조약돌들이 모두 사람으로 변화되기라도 한 것처럼 될 것입니다. 주 예수 그리스도의 씨앗들은 그 어떤 산수나 계산으로도 전혀 헤아릴 수 없을 정도로 번성하게 될 것입니다. 그분은 큰 자이십니다. 큰 죄인들로 이루어진 큰 무리의 큰 구세주로서 그분의 구원하는 팔로 그들을 안전하게 안아서 무한히 영광스러운 그분의 오른편으로 틀림없이 우리를 인도하실 것입니다. 육적인 이스라엘 족속들이 엄청나게 증가한 것처럼, 영적인 이스라엘도 엄청나게 증가할 것입니다. 주님은 자신의 시온이 마치 양 무리들처럼 그렇게 사람들의 무리로 번성하게 하실 것이며, 그리하여 이스라엘의 왕으로 큰 자가 될 것입니다.

　　사랑하는 성도 여러분, 주 예수 그리스도는 그 백성들이 보내는 찬사(讚辭)에 있어서도 큰 자이십니다. 이 밤에 제가 저의 주님을 가장 높은 하늘에까지 울려 퍼지도록 찬양하고자 한다면, 성도들 역시 당연히 저를 따라 잡아 우리 주님을 더욱더 찬양할 것입니다. 그러면 저는 자리에서 일어나서, 저의 주님과 하나님을 위해 더 높은 찬양을 할 때까지 쉬지 않을 것입니다. 그러면 사랑하는 성도들 역시 하나님 찬양을 다시 기쁜 일로 여기고 저를 다시 능가하여 찬양하려고 할 것입니다. 그러면 저는 틀림없이 세 번째로 일어나서 예수님을 제 마음껏 찬양하고 경배하며 이 경건한 경쟁을 계속할 것입니다. 만약 주님께서 허락만 하신다면, 우리는 중단하지 않을 것입니다. 왜냐하면 저는 주 예수님을 찬양하는데 있어서 어느 누구에게도 지고 싶지 않기 때문입니다. 그의 백성 중 어느 누구도 자신이 남들보다 최고로 은혜를 입었다는 겸손한 마음을 가지고 서로 지고 싶어 하지 않을 것이라 확신합니다. 여러분 각자는 이렇게 말할 수도 있습니다. "그분께서 다른 사람에게는 결코 행하지 않으시고 오직 제게만 행하신 어떤 것이 있습니다. 그분이 당신에게보다 제게 더 크신 분이 되는 몇 가지 견해가 있습니다." 사랑하는 성도 여러분, 그분이 저보다도 여러분에게 더 크신 분이라는 많은 견해들이 있다는 것을 저도 인정하기는 합니다. 하지만 제게 있어 그분은 하늘보다도 더 높고, 영원보다 더 광대하며, 낙원보다 더 기쁘고, 축복 그 자체보다도 더 복되신 분입니다. 제 영혼이 하고 싶은 대로 마음껏 그분에 대해 말할 수 있다면, 제가 어쩔 수 없이 사용해야 하는 소문자 이텔릭 강조체가 아니라, 큰 대문자 강조체로 말하고 싶습니다. 제가 할 수만 있다면, 바람과 파도를 나의 웅변가로 삼고, 우주 전체가 입을 벌려 임마누엘 주님을 찬양하며 선포하도록 했으면 좋겠습니다. 모든 영원한 것들이 말을 한다고 해도, 이 또한 하나의 혀에 불과할 뿐이며, 그분의 사랑이 지닌 모든 매력과 그분의 신실함과 그분의 진리가 가진 확실성을 선포할 수도 없을 것입니다. 우리는 이런 연속(連續)을 어디에선가 중단해야겠지만, 진정으로 그분에 대한 우리의 평가가 최고조에 이르렀다 해도, 우리는 그분의 명예와 탁월함과 달콤함에 대한 우리의 벅차오르는 감정을 결코 다 표현할 수 없을 것입니다. 오, 호흡이 있는 모든 피조물들로부터 찬양을 받으신 그분! 오, 그분의 면류관을 매순간 다른 보석으로 장식할지어다! 오, 호흡이 있는 모든 영혼들은 할 수 있는 모든 찬양을 받기에 합당하신 그분께 호산나와 할렐루야만을 계속 외치도록 하여라! 여러분은 하늘에서 울려 퍼지는 큰 무리의 음악소리가 들리십니까? 그 소리는 엄청난 물과 바다의 강한 파도들(시 93:4, KJV)이 내는 소리 같습니다. 이것은 모두 그분을 위한 것입니다. 여러분은 "거문고 타는 자들이 그 거문고를 타는"(계 14:2) 매력적인 곡조를 알아들을 수 있습니까? 그들이 거문고를 타는 것도 모두 그분을 위한 것입니다. 여러분은 영화롭게 된 자들의 이루 말로 형언할 수 없는 기쁨을 상상이나 할 수 있습니까? 그분의 명예를 기리는 찬송이야말로 영원히 누릴 지극한 복입니다. 하늘과 땅은 아직도 그분의 영광의 광채로 충만합니다. 한낮의 높은 곳에 있는 해를 누가 정면으로 쳐다볼 수 있겠습니까? 누가 하나님 아들의 그 한량없이 크심을 다 말할 수 있겠습니까? 그분께서 우리의 영혼을 피로 구속하셨고(계 5:9), 포로 된 자들을 자유하게 하셨으니(눅 4:18), 그분에게, 오직 그분에게만 모두 찬양을 돌리십시오. 그분은 또 하나님 앞에서 우리를 왕과 제사장으로 삼으셨으니(계 5:10, KJV), 우리는 그분과 함께 영원무궁토록 다스릴 것입니다. 참으로 그분은 큰 자이시며, 영원히 큰 자이실 것입니다.

오, 사랑하는 성도 여러분, 그리스도는 하늘 영광 가운데서 분명히 얼마나 큰 자이겠습니까! 우리는 한 번도 보지 못했으나, 우리 가운데 어떤 이들은 곧 온전히 보게 될 것입니다.

> "우리는 경계선에 있기에,
> 하늘나라는 바로 가까이에 있으며,
> 우리와 안식 사이에는 오직 한 걸음 차이뿐,
> 이제 우리는 복 받은 자들과 사귀겠네."

하늘나라에서 그리스도의 크심을 보는 것이야말로, 분명 우리가 하늘나라에 가기를 열망하는 장엄한 광경이며, 거기에서 우리는 그분의 영광을 볼 것입니다. 그분의 영광은 "세상이 있기 전에 아버지와 함께 가졌던 그 영광"(요 17:5)과, 여기 이 땅에서 아버지를 섬기면서 얻으신 영광입니다. 그분은 "아버지여 내게 주신 자도 나 있는 곳에 나와 함께 있어 아버지께서 창세 전부터 나를 사랑하시므로 내게 주신 나의 영광을 그들로 보게 하시기를 원하옵나이다"(요 17:24)라고 말씀하지 않았습니까? 그분이 다스리는 제국의 도시에서 우리의 왕세자를 두르고 있는 영예와 위엄은 어느 정도이겠습니까! 이 도시는 무엇입니까? 어디서 그 밝은 빛이 나옵니까? 해도 어두워지고, 달도 더 이상 비출 필요가 없습니다. "이는 하나님의 영광이 그 도시를 밝혀 주었고 어린양께서 그 도시의 등불이시기 때문이라"(계 21:23, KJV). 그 도시 전체가 구속자의 영광으로 빛나고 있기 때문입니다. 그리고 무리지어 황금 길을 거니는 사람들은 누구입니까? 각 사람들마다 살아 움직이는 해처럼 밝게 빛나는 이들이 누구입니까? 새벽 별(계 2:28)처럼 밝게 빛나는 이들은 다 누구입니까? 그들의 밝은 빛이 어디서 나오는지 그들에게 물어보십시오. 그러면 그들은 그리스도의 영광이 그들 위에 임하여(사 60:1, KJV), 마치 달이 해의 눈부신 광채를 반사하듯이, 자신들은 그분의 밝은 빛을 반사하고 있다고 여러분에게 말할 것입니다. 만약 여러분이 밝게 빛나는 이 사람들과 함께 앉는다면, 그 사람들은 여러분에게 문제의 핵심을 말해 줄 것입니다. "우리에게가 아니라, … 우리를 사랑하신 그분께 … 영광과 능력이 있기를"(계 1:5-6, KJV)이라고 말입니다. "나를 사랑하사 나를 위해 자신을 주신 분"(갈 2:20, KJV). 이것이 바로 모든 증거의 요지일 것입니다. 그들은 이 말씀을 강조해서 이렇게 말할 것입니다. "그분이 나를 사랑하사, 그분이, 큰 자이신 그분이." 그들은 그분의 영광에 주목하면서 이 말씀을 이렇게 읽을 것입니다. "그분이 나를 사랑하사, 이토록 미천한 나를." 오, 그들은 자신의 목소리를 매우 낮추어 경이와 놀라움으로, 과거에 그토록 무가치했던 자신들을 그분이 사랑해 주신 것에 대해 감탄해 마지않을 것입니다.

아버지의 보좌에 앉아 계신 그리스도의 영광에 대해서는 제가 이제 더 감히 다루려고 해서는 안 될 것 같습니다. 그리스도의 영광에 대해 글을 쓴 위대한 신학자들이 죽어서 하늘나라에 갔다고 합니다. 제가 장담하건대, 아마도 그 신학자들 중 절반이 다시 이 땅으로 돌아오고 싶어 할 것이라 생각합니다. 자신이 썼던 글 중에서 가장 빛나는 부분을 수정하기 위해서 말입니다. 아, 무지(無知)한 자가 전지(全知)한 자에 대해 무슨 말을 할 수 있겠습니까? 눈을 깜박이는 올빼미들이 한낮에 대해 무엇을 알겠습니까? 우리처럼 가련하고 유한한 피조물이, 어제 갓 태어난 아기들이, 무한하신 분(시 147:5, KJV)에 대해, 옛적부터 계신 이(단 7:9, KJV)에 대해, 지극히 높으신 이의 오른손(시 77:10, KJV)에 있는 맏아들로부터 생겨나는 그 빛에 대해 무엇을 알겠습니까? 이런 것들을 알기 위해서는 우리에게 이 지식을 말해 줄 천사가 필요할 것이며, 설령 천사가 말해 준다 해도, 우리가 이해하지도 못할 것이며, 설령 우리가 이해한다고 해도, 그 지식이 우리를 압도하여 우리는 주님 앞에서 죽은 것처럼 쓰러지고 말 것입니다. 하늘도 우리 주님의 영광을 선포하지만(시 19:1), 영원토록 선포한다 해도 그 영광의 절반도 선포하지 못할 것입니다. 찬양받으실 우리 주 예수님에 관해 제가 확실히 말씀드릴 수 있는 것은 "그가 큰 자가 되고"라는 말씀이 참된 말씀이라는 것입니다.

**2. 이제 여러분이 허락하신다면, 방향을 약간 바꾸어서
이 주제를 다른 측면에서 살펴보고자 합니다.**

"그가 큰 자가 되고." 예, 맞습니다. 그분은 큰 자가 되셨습니다. 그분은 큰 일들을 처리하시기 때문입니다.

그분은 구세주이며 큰 분이십니다. 제가 이미 말씀 드린 대로, 그분이 이 땅에 회복하러 오신 것은 큰 폐허 때문이었습니다. 심연으로부터 바람이 일어 인간성(人間性)이라는 집의 구석구석을 강타하였습니다. 그로 인해 그 집은 무너지고 산산조각이 나고 말았습니다. 마귀들은 하나님이 만드신 작품이 망가지는 것을 보면서, 웃으며 승리의 개가(凱歌)를 불렀습니다. 인간의 본성은 망신을 당했고, 에덴 동산은 황량해졌습니다. 죄악이 승리했고, 에덴 동산의 문에는 불 칼을 있어(창 3:24) 우리가 들어가지 못하게 되었습니다. 이것은 끔찍한 폐허였습니다. 그러나 그리스도가 오시면서, 그분은 큰 구원을 가져다주셨습니다. 그분은 더 좋은 낙원을 준비하시고, 그 낙원에 더 좋은 생명나무(창 2:9)를 심으셨으며, 과거보다 더 나은 그 낙원에 대한 평생 소유권을 우리에게 주려고 오셨습니다. 오, 그분은 큰 구세주이십니다. 그분은 타락의 혼동 속에서도 역사하시어 아담이 망쳐놓은 것들을 회복하셨습니다!

사랑하는 성도 여러분, 이렇게 우리는 큰 죄에 싸여 있던 자들이며, 우리 중 몇몇은 특히 더욱 그러합니다. 하지만 "그가 큰 자가 되고"라는 말씀대로, 그분은 큰 죄를 재빨리 해치워 버리고 말았습니다. 그분이 큰 자여서 큰 죄인인 여러분을 구원하러 오셨고, 여러분을 둘러싸고 괴롭히던 그 큰 어려움들을 처리하셨다는 사실을 생각한다면, 큰 죄인인 여러분에게 이것은 큰 기쁨이 되지 않을 수 없습니다. 여러분이 지은 죄가 아무리 크다 해도, 그것이 그분에게 무슨 문제가 되겠습니까? 죄를 제거하기 위한 준비 역시 큰 일이었습니다. 갈보리(Calvary, 눅 23:33, KJV. '골고다'[해골, calva]의 라틴어 이름)의 그곳을 바라보십시오. 눈물이 눈앞을

가려 차마 여러분이 눈 뜨고 볼 수 있을지 모르겠으나, 단번에 제물로 드려 죄를 없이하시려고(히 9:26) 한 것을 바라보십시오. 옛 회막과 그 불완전한 모습을 눈여겨 보십시오. 아론은 수소를 헌물로 삼아(레 16:13) 분향하였지만, 이로써는 그 어떤 결실도 얻을 수 없었습니다. 아론은 어린 양과 염소와 숫양을 잡아 그 동물들의 피를 제단 아래에 버렸습니다. 회막의 모든 흙이 수소와 염소의 피로 흥건해졌지만, 이로써는 그 어떤 결실도 얻을 수 없었습니다. 이 모든 행위로도 죄를 제거할 수 없었습니다. 이제 예수님께서 드리신 큰 희생 제사를 보십시오. 흠 없는 자신을 하나님께(히 9:14) 드려, 우리에게 있는 큰 대제사장(히 4:14 KJV)이 되신 그분은 참으로 큰 자이십니다! 보십시오. 그분의 큰 제단 위에서는 더 이상 하늘로 올라가는 짙은 향을 사르거나 동물을 죽이는 번제를 드릴 필요가 없습니다. 미리 정하신 대속물의 몸과 혼이 인간들을 위한 희생 제물로 드려졌기 때문입니다. 단번에 영원히 죄악을 없앤 그 대속적 희생의 장엄함을 적절하게 파악할 수 있는 사람은 우리 가운데 아무도 없습니다. 이 사실을 면밀히 하나하나 생각해 보십시오. 그분은 아버지와 동등한 분이시며, 하나님과 사람의 두 가지 본성에서 순전하고 완전한 분이십니다. 그분은 우리를 위하여 저주를 받은 바 되사(갈 3:13), 우리를 대신하여 죄가 되셔서(고후 5:21, KJV), 우리를 위한 의의 희생으로 자신을 드리셨습니다. 이 사실을 가볍게 여기지 마십시오. 이것이야말로 놀라운 일들 가운데 가장 놀라운 일이며, 아주 평범한 사실 너머에 있는 것을 기적이라고 한다면, 이 일은 기적 훨씬 너머에 있는 기적과도 같습니다. 해 받으신 그분께서 해 끼친 자의 죄를 속죄하시고, 완전한 그분께서 형벌로 고난을 받으시며, 전적으로 선한 그분이 죄가 되시고, 전적으로 사랑인 그분께서 사랑의 하나님으로부터 버림을 받으시다니, 이런 생각들은 알프스 산보다 더 높은 생각들입니다. 그분의 영광스러운 헌신에 나타난 그 공로와 위엄이 얼마나 대단합니까! 우리의 죄도 크지만, 이보다 더 큰 것이 바로 그분의 희생입니다. 그분의 속죄는 죄악을 덮었을 뿐만 아니라, 죄를 덮고도 남을 만큼 충분히 의로웠습니다.

　　사랑하는 성도 여러분, 우리에게 이러한 대제사장이 있다는 것이 얼마나 큰 은혜인지 모릅니다. 이 밤에도 여러분이나 저나 우리가 지은 큰 허물로 마음에 짐이 있다면, 우리가 큰 용서를 받을 수 있기 때문입니다. 그 큰 용서는 실제로 죄를 없이해주는 용서이며, 그 큰 용서로 말미암아 죄는 여호와의 등 뒤로 버린 바(겔 23:35, KJV) 되어, 죄용서의 기쁨과 평화의 곡조가 영혼 속에서 영원히 울려 퍼지게 됩니다.

> "그분은 용서하시고, 우리는 죄를 짓고 ―
> 크고도 크신 용서.
> 우리의 병을 치유하신 그 크신 그분의 선하심,
> 우리의 증오를 죽이신 그 크신 그분의 사랑."

이토록 큰 구원을 우리에게 베푸신 그분이야말로 참으로 큰 자이십니다.

사랑하는 성도 여러분, 이제 여러분과 저는 그 큰 희생으로 말미암아 큰 용서를 받고서 가나안을 향해 가는 광야 여정 중에 있습니다. 우리에게는 매일 우리를 짓누르는 큰 **궁핍**들이 많이 있습니다. 우리는 빈곤 그 자체이기 때문에, 오직 모든 것이 넉넉한(고후 9:8, KJV) 사람이 우리의 필요를 공급할 수 있으며, 이런 일은 예수님에게서만 가능합니다. 크고 많은 음식이 필요할 때, 진 주변에 하늘에서 내려온 떡이 있었고, 각 사람은 자신이 필요한 대로 채울 수 있었습니다 (출 16:18). 우리가 생수의 강(출 17; 요 7:38)을 구한다면, 반석을 쳐서 끊이지 않는 물, 즉 결코 마르지 않는 시내를 우리에게 주실 것입니다. 우리의 요구가 커도, 그리스도는 크게 공급하십니다. 우리는 여기와 천국 그 중간에 살면서, 우리가 지금까지 알고 있던 것보다 아마 더 많은 것들이 궁핍해질 수도 있습니다. 하지만 처음부터 광야의 모든 휴게소는 충분히 준비되어 있고, 가축의 여물도 따로 마련되어 있으며, 여행자들을 위한 진수성찬까지도 준비되어 있으며, 빠뜨린 것은 아무것도 없습니다. 영원한 식량보급부대 또한 절대적으로 완벽합니다. 베헤못(욥 40:15, '하마'로 볼 수도 있음)이 한 번에 요단 강을 다 들이마시는 것처럼, 여러분도 그렇게 은혜에 목말라있음을 느끼십니까? 요단 강물 보다 더 많은 은혜가 여러분이 마실 수 있도록 준비되어 있습니다. 마음껏 마시세요. 하나님의 모든 충만하심으로 여러분을 채우기 위해, 그리스도께서 깊이를 알 수 없는 은혜의 바다를 예비하셨기 때문입니다. 그러므로 공연히 여러분 스스로 그것을 아까워하지도 말고, 여러분의 구세주를 의심하지도 마십시오. 왜 여러분은 이스라엘의 거룩하신 이를 제한(시 78:41, KJV)하려고 하십니까? 모든 것이 넉넉하신(고후 9:8, KJV) 그분을 여러분이 크게 체험하시고, 그분이 아낌없이 주신 것에 대해 여러분은 크게 찬양하십시오. 그러면 여러분은 천국에서 감사의 큰 보화들을 그분의 발 아래에 영원무궁토록 쏟아 놓게 될 것입니다.

그렇습니다. 그분은 크게 준비하는 그리스도이십니다. 그분은 지금도 보좌 앞에서 백성들을 위한 큰 천국을 준비하느라 여념이 없습니다. 큰 천국은 큰 구원, 큰 평화, 큰 안식, 큰 기쁨, 큰 승리, 큰 발견, 큰 교제, 큰 휴거(携擧, rapture, 살전 4:15-17 참조), 큰 영광 등으로 이루어질 것입니다. 그분이 구속하신 자들을 위해 준비하고 계시는 것은 빈약한 연회나 편협한 기쁨 등이 있는 작은 천국이 아닙니다. 그분은 큰 창조주이기에 큰 무리가 영원무궁토록 큰 기쁨을 누릴 큰 낙원을 창조하고 있는 중이십니다. "그가 큰 자가 되고." 그분이 선택하신 이루 헤아릴 수 없이 많은 자들의 큰 기쁨 가운데서 그분은 큰 자이십니다. 우리가 언젠가 진주로 된 천국 문(계 21:21)으로 들어가 황금 길을 걷게 된다면, 그는 큰 자가 된다고 이 밤에 고백한 것에 대해 우리가 수치를 당하지 않을 것이며, 그분의 거룩한 천사들 앞에서 우리는 그분께 영광을 돌리게 될 것입니다. 만약 찬양으로 그분을 크게 할 수 있다면, 우리는 밤낮 아주 큰 소리로 찬양이 울려 퍼지게 할 것이며, 수만의 영화롭게 된 성도들도 영원히 할렐루야로 그분께 찬양하며 동참할 것입니다. 그분은 모든 세상이 생기기 전부터 우리를 사랑하셨고, 모든 세상이 끝날 때까지 우리를 사랑해 주실 분이기 때문입니다. "그가 큰 자가 되고." 그분은 분명히 큰 자이십니다. 우리가 살아 있는 한, 그 처녀처럼 찬양하는 것이 우리의 일이 되어야 할 것입니다. "내 영혼이 주를 찬양하며 내 마음이 하나님 내 구주를 기뻐하였음은"(눅 1:46-47).

3. 마지막 요지에 대해 몇 말씀드리고 저는 설교를 끝맺으려고 합니다.

그 요점은 이것입니다. 그분의 크심이 곧 드러날 것입니다. 사람들은 지금 인간의 흐릿한 눈으로 그분의 크심을 의혹의 눈길로 보고 있습니다. 사람들은 자신의 모호하고 헛된 생각으로 그분을 여전히 작은 분으로 여기고 있습니다. 그러나 항상 그러하지는 않을 것입니다. 여기에서 바로 지금은 그분의 영예와 관련하여 한밤중이라 할 수 있습니다. 한밤중은 아니라 해도, 상황은 지금과 크게 다르지 않을 것입니다. 사람들의 눈이 너무 멀어서 제대로 보지 못하기 때문입니다. 그러나 어둠은 오래 지속되지 않을 것이며, 인간의 마음의 눈도 영원히 멀어 있지 않을 것이기 때문입니다. 저는 두 눈으로 여명(黎明)을 내다보고 있습니다. 지금 방금 울린 클라리온(clarion, 클라리넷과 같은 명쾌한 음색을 지닌 관악기의 일종)

소리를 여러분도 들으셨습니까? 지금 제가 꿈꾸고 있는 것이 아닙니다. 육신의 귀로는 그 소리를 아직 듣지 못하지만, 믿음의 귀로는 들을 수 있습니다. 나팔 소리가 아주 크고 길게 울려 퍼지고, 그 후에 사람들이 이렇게 말하는 소리가 들립니다. "보라, 신랑이로다! 너희는 그를 맞으러 나오라"(마 25:6). 여러분은 군대들이 외치는 소리가 들리지 않습니까? "보라, 그분께서 오신다! 보라, 그분께서 오신다! 보라, 그분께서 오신다!" 저는 그 소리를 듣고서 매우 기뻤습니다. 세상이여!, 기쁨의 노래를 울려 퍼지게 하여라. 그분께서 오십니다. 그 나팔 소리는 그분의 오심을 선포하고 있습니다. 저는 지금 예언된 사건들이 어떻게 일어나는지를 순서대로 말씀드리고 있는 것이 아닙니다. 제가 알고 있는 것은 바로 이것입니다. 주님께서 영원 영원히 다스리신다는 사실입니다. 그분은 만주의 주요 만왕의 왕(계 17:14)이십니다. 할렐루야! "그가 큰 자가 되고", 모든 나라들이 그분의 발 아래 경배할 것입니다. 반역을 일삼았던 원수들도 그분을 왕으로 인정할 것입니다. 온 우주가 하나님의 영광으로 충만할 것입니다. 그분의 빛이 비취지 않는 곳은 이 우주공간에 한 곳도 없게 될 것입니다. "그가 큰 자가 되고", "모든 무릎이 그분에게 꿇을 것이요 모든 혀가 하나님께(롬 14:11) 예수 그리스도를 주라 시인하여 하나님 아버지께 영광을 돌리게"(빌 2:11) 하셨습니다.

사랑하는 성도 여러분, 오늘날 세상에 떠돌아다니는 거짓 교리 때문에 초조해하지 마십시오. 그리스도께서 패배하신 것처럼 마음 조리지 마십시오. 그분은 실수로 쏜 화살까지도 막아낼 수 있는 탁월한 갑옷을 입고 계십니다. 그분은 독수리 같은 눈으로 언덕 위에서 전장(戰場)을 살피면서 잠시 시간을 끌고 있는 중이십니다. 그분은 자기의 불쌍한 종들이 얼마나 연약한지를 알아보기 위해, 전쟁 당일에 그들이 거의 퇴각(退却)하기 직전까지 내버려 두기도 하십니다. 그분은 육신의 군대가 얼마나 연약한지를 하늘과 땅이 보도록 하십니다. 사랑하는 성도 여러분, 그러나 힘을 내십시오! 임마누엘 왕자께서 앞장서십니다! 여러분의 귓가에 길을 나선 그분의 말발굽 소리가 들립니다. 그분께서 가까이 오고 계십니다. 그분께서 뽑은 자들이 백마를 타고 뒤 따르며, "이기고 또 이기려고"(계 6:2, KJV) 진군합니다. 전쟁은 여호와께 속한 것인즉 그가 원수를 우리 손에 넘기실 것입니다(삼상 17:47). 주님께서 영원 무궁히 다스리실 것입니다. 만왕의 왕(계 17:14)! 할렐루야! 모든 원수를 자기 발아래 두실 때까지 그분께서 반드시 통치하십니다(고전 15:25, KJV).

복음의 강력한 진보로 그리스도께서 사람들 가운데 큰 자가 되실 날이 다가오고 있습니다. 그 때가 되면 여러분이 듣기를 고대하던 잠자던 죽은 자들을 깨우는 다른 나팔소리를 들을 필요가 없게 됩니다. 부활하신 분께서 내려오십니다. 부활이 바로 가까이에 있습니다! 심지어 목이 베여 죽게 된 자들까지도 포함해 모든 자들이 자기 무덤을 떠나는 그 시간이 되면, 오, 그리스도의 그 크심이 얼마나 대단하겠습니까! 그분은 부활의 첫 열매들인 그들 가운데서 영광스럽게 되실 것이며, 그분의 부활에 힘입어 부활한 자들 가운데서 빛나는 자가 될 것입니다. 오, 그날에 그분께서 받게 될 영광이 어느 정도이겠습니까! 예수님, 당신은 부활한 무수한 모든 자들 가운데서 죽음을 이긴 분이시며, 이를 본 성도들의 찬양을 받기에 합당하신 분이십니다. 예수님 당신이 바로 그분이십니다.

이후에, 심판이 있을 것입니다. 오, 그분께서 보좌에 앉아 의의 저울을 가지고, 그 몸으로 행한 것을 따라(고후 5:10) 각 사람을 심판하실 그 날에, 사람들의 눈에 비친 그리스도는 얼마나 큰 분이시겠습니까! 제가 확실히 말씀 드릴 수 있는 것은, 그 날에는 아무도 그분의 하나님 되심을 부인하지 못할 것이라는 사실입니다. 그 두려운 시간에는 아무도 자신을 그분의 대적자로 선포하지 못할 것입니다. 땅은 비틀비틀하며(사 24:20), 하늘은 부스러지며, 별들은 떨어지고(계 9:1), 해는 어두워지고, 달은 머리털로 짠 상복같이 검게 되고(계 6:12, KJV "해가 머리털로 짠 상복같이 검게 되고"), 예수님은 보좌에 앉아 계십니다! 그분을 대적하던 모든 원수들이 외치는 소리가 들려옵니다. "산들아 우리를 숨겨라 바위들아 우리 위에 떨어져라 그분의 얼굴에서 우리를 숨겨라"(계 6:16 참조). 그분의 얼굴은 고요하고 조용하며 전쟁에서 이긴 얼굴이지만, 그들에게는 끔찍한 얼굴로 비쳐질 것입니다. 그들은 두려워하며 이렇게 외칠 것입니다. "보좌에 앉으신 이의 얼굴에서와 그 어린 양의 진노에서 우리를 가리라"(계 6:16). 그러나 그들은 가려질 수 없습니다. 그들이 어디로 도망치든, 진노의 불길보다 더 두려운 사랑의 눈길이 그들을 따라다닐 것입니다. 기름이 아무리 부드럽다 해도, 불이 붙으면 최고로 맹렬히 불타오릅니다. 이 불타오르는 사랑이 바로 지옥입니다. 일단 사랑이 거룩함과 진리를 위한 분노로 커진다면, 먹잇감 앞에 선 사자보다 더 맹렬해지는 것이 바로 이 사랑입니다. 그분의 사랑을 아는 자들은 그 날이 되면 그분을 한량없이 존경할 것입니다. 또한 그분의 진노를 알고 있던 자들도 "그분은 크신 자"라는 사실을 느끼게 될 것입니다. 그분의 사랑이 그들에게 지옥처럼 느껴진다 해도, 그들을 철장으로 부수고 토기장이의 그릇같이 산산조각 내실(시 2:9, KJV) 그 때가 되면, 그분처럼 크신 분이 없다는 것을 그들도 알게 될 것입니다. 그분의 무서운 위엄 앞에 서게 될 때, 그들은 후회와 절망으로 소리치면서, 예수님은 큰 자라는 사실을 겁에 질린 온 우주에 선포하게 될 것입니다. "그 아들에게 입 맞추십시오. 그리하지 아니하면 그분께서 분노하사 그 진노가 조금이라도 타오를 때에 여러분이 길에서 망할 것입니다. 그분을 신뢰하는 자들은 다 복이 있을 것입니다"(시 2:12, KJV).

마지막으로, 그분이 택한 자들을 모두 그분 주위로 모으실 때, 그분은 큰 자가 될 것입니다. 그 때가 되면, 피로 구속함을 받은 모든 영혼들이 경배하기 위해 그분의 궁전 문 안으로 모일 것입니다. 그분이 궁전 중앙에 계시고, 그분을 중심으로 동서남북 사방 끝까지 그분의 영광으로 인해 영광스럽게 된 아주 밝게 빛나는 허다한 무리들이 모두 그분의 보좌와 그 주위로 아주 큰 원을 이루어 하나님의 아들 앞에서 엎드려 경배하며 찬양하면서 "할렐루야"를 외치고 있습니다. 오, 이런 광경을 보게 될 때 얼마나 대단하겠습니까! 거기에서는 아무도 그분을 의심하지도 않고, 대적하지도 않을 것입니다. 모두가 그분을 마음껏 찬양할 것이며, 모든 심장이 그분을 경외하는 사랑으로 벅차오를 것이며, 모든 혀가 그분의 명예를 더 높이 외칠 것이며, 더 이상 구분이나 불화나 부조화가 없을 것이며, 오로지 허다한 무리들이 한마음이 되어 사랑하는 주님을 찬양하고 반복해서 "할렐루야"를 말하며, 그 찬양의 향기는 영원무궁토록 하늘로 올라갈 것입니다. 오, 이런 광경을 보게 될 때, 얼마나 대단하겠습니까! "할렐루야! 할렐루야! 주 하나님 곧 전능하신 분께서 통치하십니다"(계19:6, KJV). 그분의 아드님은 높음을 받으시어 그분의 영광의 보좌에 앉아 그분과 함께 영원무궁토록 앉으실 것입니다." 오, 최고로 장엄하게 이렇게 외치고 있습니다. 참으로 그분은 큰 자가 될 것입니다.

오, 불쌍한 죄인들이여, 이 밤에 그분을 믿음으로써 그분을 큰 자로 받아들이십시오! 사랑하는 하나님의 자녀 여러분, 그분을 갈구함으로써 이 밤에 그분을 큰 자로 받아들이십시오. 여러분이 식탁을 대할 때면, 그분을 배고파함으로써 그분을 큰 자로 받아들이십시오. 그분과 함께 먹고 마시는 것을 더할 나위 없는 기쁨의 큰 특권으로 여기십시오. 그분을 향한 큰 배고픔과 큰 목마름으로 나아오십시오. 와서 그분을 여러분의 참된 자아 안에 받아들이십시오. 그리고 말하십시오. "그분은 나의 양식, 그분은 나의 음료, 그분은 나의 생명, 그분은 나의 모든 것." 여러분의 영혼이 찬양하며 살아가는 동안, 여러분의 몸 안에 있는 모든 맥박이 그분께 영광 돌리게 하십시오. 여러분의 손과 마음과 혀를 이 찬양에 맞추십시오. "할렐루야, 할렐루야, 할렐루야! 우리를 사랑하사 우리를 위해 죽으시고, 다시 살아나신 그분께 영원무궁토록 영광을 돌릴지어다!"

> "죽임을 당하신 어린 양께 모든 영광을,
> 셀 수 없이 많은 면류관을 그분의 머리에 씌워드리고,
> 복과 영광과 부와 능력을,
> 빛의 천사들 옆에 계신 분께 더욱더 돌려드려라."(계 5:12 참조)

제
3
장

—

엄선된 소네트의 으뜸 운율

—

"내 영혼이 주를 찬양하며" — 눅 1:46

마리아는 혼자서는 그 전체의 길이와 넓이를 거의 이해할 수 없는 하늘로부터 내려온 놀라운 고지(告知)를 받았습니다. 마음으로는 거의 깨달을 수 없었지만, 그녀는 믿음으로 그 위대한 약속을 파악하였습니다. "주의 여종이오니 말씀대로 내게 이루어지이다"(눅 1:38)라고 말한 그녀의 기도는 기쁨의 순종과 어린아이 같은 확신을 보여줍니다. 그리고 이것이 그녀로 하여금 인내하는 소망의 복을 받은 복 있는 자가 되게 하였습니다. 하나님의 인도로 그녀는 친족 엘리사벳을 만나고자 서둘러 산골 마을로 갔습니다. 엘리사벳으로부터 마리아는 천사가 말해준 놀라운 소식에 대한 확증을 얻게 되었습니다. 주님은 엘리사벳을 돌아보시고 그녀로부터 수태하지 못한다는 비난을 제하여주셨습니다. 따라서 엘리사벳 자신도 위로부터 은혜를 받은 자(눅 1:28)였습니다. 많은 다른 엄선된 말들 가운데서도 엘리사벳은 마리아에게 이렇게 말했습니다. "주께서 하신 말씀이 반드시 이루어지리라고 믿은 그 여자에게 복이 있도다"(눅 1:45). 친구로부터 이런 말을 듣고서 마리아는 위로를 받았고, 영혼이 고양되었습니다. 그녀의 확신이 확증을 얻게 되자, 마리아는 주님께 가장 달콤한 찬양을 하기 시작했습니다. "내 영혼이 주를 찬양하며"라고 말입니다. 자, 만약 여러분이 다른 어떤 사람과 좋은 시간을 가졌다면, 다시 말해 어떤 나이 많은 성도와 함께 교제 나누고서 여러분의 확신이 더욱 강해졌다면, 이에 대해 확실히 주님께 찬양을 돌려드리도록 하십시오. 여러분의 마음이 고양되었다면, 주님의 이름을 높이십시오. 그분께서 여러분을 높이신다면, 그분을 높이십시오. 아마도 처녀 마리아는 주님을 찬양할 만한 아주 특별한 이유가 있었을 것이라고 말씀하실 분들이 있을 것입니다. 그렇다면 제가 대답하겠습니다. 분명히 마리아는 찬양할 만한 특별한 이유가 있었습니다. "네가 여자들 가운데 복이 있도다"(눅 1:28, KJV)라고 말씀하고 있으니까요. 마리아는 분명히 복 있는 사람이었습니다. 하지만 그녀가 받았던 특별한 영예를 우리도 가졌다는 사실에 대해서 우리가 주저해서는 안 됩니다. 참으로 그녀는 복 받은 사람이었으며, 아주 큰 은혜를 입은 사람이었습니다. 그러나 주님으로부터 특별한 은혜를 받지 않은 참된 신자가 어디 있겠습니까? 방에 앉아 조용히 생각해 보십시오. 주님으로부터 하나님 사랑의 특별한 증거로 은혜를 받지 않은 성도가 어디 있겠습니까? 하나님 사랑의 그 증거들은 각 신자들의 상황에 따라 모두 다 특별한 것이라고 생각합니다. 우리가 가진 그 사랑의 증거가 다른 성도들의 증거와 똑같은 것은 단 하나도 없습니다. 왜냐하면 하나님의 은혜가 드러날 때는 아주 다양하게 나타나며, 각자의 경우가 더 대단해 보이는 면이 있기 때문입니다.

　사랑하는 남녀 성도 여러분, 여러분이 받은 독특한 기쁨은 다른 곳에서는 나타나지 않는 것이고, 다른 누구도 알 수 없는 것입니다. 여기 계신 그리스도 안에 있는 많은 여자 성도들에게 "안녕하세요. 당신은 아주 큰 은혜를 입은 자입니다. 주님께서 당신과 함께 하십니다. 당신은 여자들 가운데 복이 있습니다"라고 말하고, 여기 계신 많은 남자 성도들에게 이와 똑같이 "안녕하세요. 당신은 아주 큰 은혜를 입은 자입니다. 주님께서 당신과 함께 하십니다. 당신은 남자들 가운데 복이 있습니다"라고 말한다고 해서, 제가 성경에 있는 말들을 왜곡한 것은 아닐 것입니다. 그러나 사실 마리아에게는 우리와는 글자 그대로 비교할 수 없는 한 가지 중요한 점이 있습니다. 마리아는 우리 주님의 인간적인 육체의 어머니가 되어야 했습니다. 이 점을 제외하고는 우리 각자의 경우와 유사한 고귀한 신비, 즉 좀 더 영적인 신비가 주는 특권을 우리도 공유하고 있습니다. 왜냐하면 성령님께서 우리 각각의 신자들 안에 거하고 계시기 때문입니다. 성령님은 성전 안에 거하시는 것과 마찬가지로, 우리 안에도 살아 계시면서, 마치 왕궁 안에 계신 것처럼 우리 안에서 다스리고 계십니다. 만약 우리가 성령님께 참여한 자(히 6:4)라면, 하나님으로부터 은혜를 입는 것 이상으로 무엇을 더 바라겠으며, 그보다 더 큰 어떤 영예가 우리에게 주어질 수 있겠습니까? 말씀이 육체로 오신 것(요일 4:2)은 마리아를 통해서이지만, 그 하나님의 말씀이 우리의 삶에서 가시적(可視的)으로 분명히 드러난다면, 말씀이 육체로 오신 것은 또한 우리를 통해서이기도 합니다. 우리가 하나님의 말씀에서 발견한 은혜와 진리(요 1:14)의 영광스러운 성령님이 실제적이고 분명한 분으로 인간 자손들이 여기도록 하는 것은 우리가 할 일입니다. 우리 주님께서 그의 제자들에게 하신 말씀은 진심으로 하신 말씀이었습니다. "내 어머니와 내 동생들은 … 이 사람들이라"(눅 8:21). 처녀 어머니와 예수님의 관계가 가까운 것만큼이나 우리도 그리스도와 가까운 관계입니다. 그래서 우리는 마리아가 그리스도와 관련하여 육신적으로 가졌던 위치와 동일한 위치를 영적으로 가지게 됩니다. 바라기는 그리스도께서 우리 안에 영광의 소망을 품게 하셔서, 유모가 아기를 돌보듯, 마리아가 어린 그리스도를 세상에서 돌보고 보살핀 것 같이, 우리도 그 젖먹이가 성숙해지도록 애쓰는데 우리의 시간과 힘을 써야 합니다. 우리가 그 아기를 소중히 여길 때에, 칼이 우리 자신의 마음을 찌르듯 하겠지만(눅 2:35), 그래도 우리는 이 일을 우리가 해야 할 일로 여겨야 합니다.

이제, 마리아의 **마그니피카트**(Magnificat, 마리아의 찬가, 눅 1:46-55에 나오는 마리아의 찬송으로, 라틴어 '마그니피카트'[magnificat, 찬양하다]로 시작된다 — 역주)를 여러분에게 소개하면서, "내 영혼이 주를 찬양하며"라고 마리아가 한 이 말을 곰곰이 생각해 보고자 합니다. 간절히 바라기는, 우리 가운데 많은 사람들이 거짓말이 아니라 떳떳하게 이 말들을 자신의 것으로 삼아, "내 영혼이 주를 찬양하며"라고 말한 마리아처럼 진심으로 말할 수 있었으면 합니다. 만약 여러분 가운데 오늘 밤에 이 말을 할 수 없는 사람이 있다면, 골방에 들어가 무릎을 꿇고서 마리아가 했던 이 찬송을 여러분도 할 수 있도록 도와달라고 주님께 간구하십시오. 하나님을 찬양할 수 없다면 그 사람은 더 이상 천국에 합당한 사람이 아닙니다. 왜냐하면 천국은 하나님을 찬양하는 것이 모든 축복받은 영혼들이 영원토록 해야 할 일이기 때문입니다. 만약 여러분이 하나님을 찬양할 수 없다면, 아마도 그것은 여러분이 여러분 자신을 지금 찬양하고 있기 때문일 것입니다. 바라기는 주님께서 자아를 넘어뜨리셔서 여러분을 아무것도 아닌 자로 만들었으면 좋겠습니다. 그래야 여러분은 그분을 전부로 여길 것입니다. 여러분 자신이 낮게 평가될 때, 그때에야 비로소 하나님이 여러분보다 높게 평가될 것입니다. 성령 하나님께서 그리 해 주시기를 원합니다.

1. 이 말씀을 대하면서 저는 "내 영혼이 주를 찬양하며"라는 고백을 할 수 있느냐 없느냐의 시험은 모든 은혜 받은 사람들이 해야 할 일이 무엇인지를 우리에게 제시하고 있음을 알게 되었습니다.

마리아의 이 고백이야말로, 주님을 알고 주님의 가족으로 태어나게 된 우리 모두를 위한 일입니다.

잘 살펴보십시오. 이 일은 어떤 사람이든 따를 수 있는 그런 일입니다. 이 겸손한 여인은 자신의 낮은 처지(눅 1:48, KJV)를 말하면서도 주님을 찬양할 수 있었습니다. 어떤 지위와 상황에 처한 신자라 해도 모두 이 일에 동참할 수 있습니다. 여러분이 할 수 없는 일들도 있기는 있습니다. 하지만 이 일은 은혜 받은 마음이라면 누구나 할 수 있고, 또 기쁨으로 반드시 해야만 하는 일입니다. 그것은 한 마디로 주님을 찬양하는 일입니다.

이 일은 어느 곳에서도 따를 수 있는 그런 일입니다. 여러분은 주님을 찬양하기 위해서 만남의 집(meeting house, 영국 비국교도의 예배당)에 올라갈 필요가 없습니다. 여러분은 집에서 주님을 찬양할 수 있습니다. 여러분은 자신의 작고 조용한 방에서 굳이 나올 필요가 없습니다. 여러분은 계속 앉아서 혼자 주님을 찬양할 수 있습니다. 여러분은 바다 폭풍우에 밀려 요동(욕 1:6)할 수도 있지만, 그분의 이름을 믿고서 잠잠히 그분을 찬양할 수도 있습니다. 설령 여러분이 자신이 태어난 마을 밖으로 100미터도 채 나가보지 않은 여행자라 해도, 여러분은 다음과 같이 주님을 찬양할 수 있습니다.

> "우리가 그분을 어디에서 찾든 그분은 그곳에 계시며,
> 모든 곳은 거룩한 땅이라네."

(영국의 시인이자 찬송가 작사가인 윌리엄 쿠퍼[William Cowper, 1731-1800]가 작사한 '당신의 백성이 어디에서든 만날 수 있는 예수님' [JESUS, WHERE'ER THY PEOPLE MEET]이라는 찬송가의 1절 가사다. 21세기 찬송가에는 207장 '귀하신 주님 계신 곳'으로 실렸으며, 거기에서는 "귀하신 주님 계신 곳 그 백성 함께 모이네 다 함께 주를 만나니 그 곳은 거룩하도다"로 되어 있다 — 역주).

모든 곳에서 이 거룩한 일을 행할 수 있으며, 최소한 우리가 "내 영혼이 주를 찬양하며"라고 말하는데 방해받지 않을 만한 곳이라면 어디서든 항상 우리는 이렇게 말할 수 있습니다.

이 일은 성도들이 함께 모여야 할 수 있는 일도 아닙니다. 이 일은 혼자서도 충분히 할 수 있습니다. 제 생각에 처녀 마리아의 이 소네트는 이를 듣는 오직 한 사람, 즉 마리아의 친족인 엘리사벳이 있는 가운데서 불렸습니다. 오직 한 사람만 있더라도 하나님을 찬양하는 안건에 충분한 정족수가 됩니다. 그리고 하나님을 찬양하는 안건에 두 사람만 동의해도, 이 찬양은 대단히 감미로운 찬양이 됩니다. 아, 사랑하는 여자 성도 여러분, 여러분은 수천 명 앞에서 감히 말할 엄두가 나지는 않을 것입니다. 그리고 지금 이 자리에 많은 남자 성도들 역시 대중들 앞에서 주님을 찬양해야 한다면, 아주 당황할 것입니다. 이런 일로 괜히 걱정하지 마십시오. 찬양을 하는 데는 두 명이나 세 명도 꼭 필요하지 않습니다. 오히려 고요한 밤에, 또는 사람들이 많이 다니는 곳을 피해 수풀이 우거진 한적한 곳에서, 여러분의 영혼은 이 복된 일을 날마다 시간마다 계속해서 찬양할 수 있습니다. "내 영혼이 주를 찬양하며."

사랑하는 성도 여러분, 이 일은 돈도 필요치 않은 일입니다. 마리아는 가난한 여종(눅 1:48)이었습니다. 마리아는 금이나 은이 없었지만 감미롭게 말했습니다. "내 영혼이 주를 찬양하며." 이 세상의 보화를 주님을 위해 내놓아 다른 사람에게 맡기는 것도 영예로운 일입니다. 교회에는 일시적으로 필요한 것들이 있으며, 그 필요를 채울 수 있는 특별한 여건이 되는 사람 역시 기쁨을 누립니다. 하지만 주님을 찬양하는 이 일은 돈이 없는 어린이나 먹을 양식을 스스로 구할 도리가 없는 여자 노동자도 할 수 있는 일입니다. 이 일은 구빈원(救貧院)에 있는 가난한 사람이나 병원에서 임종을 앞두고 숨을 몰아쉬는 가난한 자도 할 수 있는 일입니다. "내 영혼이 주를 찬양하며." 이 일은 귀족뿐만 아니라 극빈자들도 할 수 있는 적합한 일입니다. 오! 비록 그들이 "은과 금은 내게 없거니와"(행 3:6)라고 말할지라도, 이들이 "내 영혼이 주를 찬양하며"라고 말하는 찬양은 황금 선율이며, 이런 선율을 사용하는 사람들은 마치 옛날의 크리소스톰(John Chrysostom, [c. 349 - 407] 콘스탄티노플의 대주교로서, 뛰어난 설교자로 유명했던 초대교부 중의 한 사람이다. 사후에 그리스어로 '황금 입'을 뜻하는 '크리스토모스'라는 성을 받게 되었다)이 가졌던 입처럼 황금 입을 가진 사람들입니다.

사랑하는 성도 여러분, 지금 여기 있는 모든 분들에게 이 일을 권하는 이유는 이 일을 하는데 대단한 재능이 필요치 않기 때문입니다. 바보라도 "내 영혼이 주를 찬양하며"라고 노래할 수 있습니다. 우리 모두는 각자 한 영혼을 가지고 있으며, 그 영혼이 은혜로 새로워졌다면, 당연히 주님을 찬양하는 이 복된 일을 추구하기 마련입니다. 아마도 여러분은 마리아만큼 능력이 없을지도 모르겠습니다. 왜냐하면 마리아는 분명히 상당한 수준의 교양을 갖춘 여인이었기 때문입니다. 마리아 앞서 주님을 찬양했던 구약의 한나(Hannah)처럼 말입니다. 한나의 노래(삼상 2:1-10)를 마리아는 부분적으로 차용하였습니다. 제가 보기에 한나는 구약에서 가장 뛰어난 재능을 가진 여인들 중의 하나이며, 그녀에 대해서는 다른 사람들보다 좀 더 많은 관심을 가지고 살펴볼 가치가 있다고 여겨집니다. 여러분이 찬송가 가사를 쓸 수 없고, 그렇다고 시를 지을 수도 없고, 그런 쪽으로는 전혀 재능이 없고, 물론 노래는 더더욱 할 수 없다고 해도 괜찮습니다. 사실 우리 가운데 몇몇은 우리가 앞으로 결코 들어보지 못할 정도의 갈라진 목소리를 가지고 있는 이들도 있고, 이 자리에 있는 남자 성도 한두 분은 당분간 귀가 잘 안 들려서, 그분들이 제 설교를 들을 수 있도록 다른 사람 모르게 제가 설교 원고를 주기도 하였습니다. 오늘밤에도 그렇게 했습니다. 이런 일로 괜히 걱정하지 마십시오. 우리의 영혼은 주를 찬양할 수 있습니다. 이 일은 목소리나 어떤 재능에 좌우되는 것이 전혀 아닙니다. 비록 사람들의 귀에는 최악의 노래처럼 들린다 해도, 어쩌면 하나님의 귀에는 최고의 노래로 들릴 수 있습니다. 내세울 것 하나 없는 변변치 못한 능력을 가졌다 해도, 따뜻한 마음과 헌신의 열정이 있다면, 하나님은 그분의 이름을 찬양할 만한 최고의 능력을 지닌 것으로 판단하십니다.

"내 영혼이 주를 찬양하며." 사랑하는 성도 여러분, 저는 여기 계신 여러분 모두가 살아 있는 동안에 이 일을 여러분의 일로 삼고 절대로 중단하지 않기를 권면하고 싶습니다. 아니, 죽음이 이 일을 잠시 동안 정지시킨다 해도, 여러분은 하나님을 찬양하십시오. 여러분이 천국에서 다시 이 일을 시작하여 영원히 하나님을 찬양하는 것은 전혀 새로운 일이 아닐 것입니다.

사랑하는 성도 여러분, 주님을 찬양하는 것이 모든 기독교인들이 해야 할 일이라고 해서, 우리가 결코 이 일을 만만히 생각해서는 안 됩니다. 주님을 찬양하는 일은 우리 죽을 인간들이 행하는 가장 장엄한 일입니다. 제가 이미 말씀 드렸다시피, 이것은 하늘의 일이기 때문입니다. 지극히 높으신 이의 성도들이(단 7:18)

영광된 상태에 들어가면 주님을 찬양하는 것 외에는 달리 할 일이 없습니다. '찬양하다'(magnify)라는 이 말은 라틴어 형태에서 앵글로 색슨어로 옮겨진 말인데, "하나님을 크게 한다"는 뜻을 담고 있습니다('찬양하다'는 뜻의 라틴어 '마그니피카레'[magnificare]는 '크기를 크게 하다'를 첫째 뜻으로 갖는 영어 '매그니파이'[magnify]라는 동사로 번역된다). 실제로 우리가 하나님을 더 크게 할 수는 없습니다. 단지, 그분의 크심을 설명해 보여줄 따름입니다. 우리는 그분을 크게 보이도록 할 수 있습니다. 우리는 다른 사람들로 하여금 하나님을 더 크신 분으로 생각하게 할 수 있습니다. 우리가 하나님을 찬양할 때가 바로 그 때입니다. 우리 스스로 하나님을 크고도 크신 분으로 생각할 수 있으며, 그로 인해 우리가 과거에 그분에 대해 알던 것보다 그분을 더 크신 하나님으로 파악할 수도 있습니다. 이런 일은 결코 천박한 일이 아닙니다. 왜냐하면 장래에 천국에서 모든 구속받고 완전케 된 영혼들도 이렇게 할 것이기 때문입니다. 이 땅에서도, 이 일은 모든 것의 목적입니다. 기도는 설교의 목적입니다. 설교를 하는 자와 듣는 자가 설교를 통해서 그리스도께로 인도되고 기도하게 되지 않으면 설교는 그 자체로 아무것도 아닙니다. 하지만, 그렇다고 해서 기도가 그 자체로 목적이 되는 것도 아닙니다. 찬양이 기도의 목적입니다. 기도가 밀의 줄기라면, 찬양은 밀의 열매입니다. 찬양은 수확 그 자체입니다. 하나님이 찬양을 받으실 때, 우리는 최종목표에 도달한 것입니다. 다른 모든 것들은 찬양을 목표로 계획된 것들입니다. "이는 그가 사랑하시는 자 안에서 우리에게 거저 주시는 바 그의 은혜의 영광을 찬송하게 하려는 것"(엡 1:6)입니다. 즉, 우리는 이 목적을 위해 구원받은 것입니다. 우리는 우리 자신을 위해 구원받은 것이 아닙니다. 성경이 얼마나 자주 이런 뜻에서 말씀하고 있는지요. 때로는 이렇게까지 말씀하십니다. "주 여호와의 말씀이니라 내가 이렇게 행함은 너희를 위함이 아닌 줄을 너희가 알리라 이스라엘 족속아 너희 행위로 말미암아 부끄러워하고 한탄할지어다"(겔 36:32). 하나님께 영광 돌리는 것이 최고의 목적입니다. 이것은 분명히 제 존재의 제일 되는 목적입니다(웨스트민스터 신앙 고백서 소요리문답 제1번 문답). 그러므로 사랑하는 성도 여러분, 설령 여러분이 밖으로 나가 말씀을 전하지 못한다 해도, 다시 말해 여러분이 처한 모든 환경을 살펴볼 때 여러분이 아프다거나 혹은 다른 조건들이 잘 맞지 않아서 적극적인 봉사를 하지 못하고 어쩔 수 없이 침상에만 있게 된다 해도, 절대로 여러분이라는 존재가 해야 할 최고의 목적도 하지 못하는 그런 쓸모없는 사람이라고 생각하지 마십시오. 여러분은 고통의 침상에 누워서도 인내로 주님을 찬양함으로써 최대의 목적을 실천할 수 있습니다. 여러분은 정원에 있는 백합꽃들이 그 황금빛 수술과 우윳빛처럼 흰 꽃잎들로 정원을 장식하고 있는 모습을 본 적이 있습니까? 그 백합꽃들이 얼마나 하나님을 찬양하고 있는지 모릅니다! 하지만 그 백합꽃들은 소리 내어 노래하고 있지는 않습니다. 여러분이 들을 수 있는 소리는 꽃잎이 바람에 살랑거리는 오직 그 소리뿐이지만, 그래도 그 백합들은 여전히 선 채로 오직 그렇게 존재함으로써 하나님을 찬양하고 있습니다. 말하자면, 그저 햇빛과 이슬을 즐기면서, 하나님이 하실 수 있는 것들을 보여주면서 말입니다. 참된 기독교인이라면 고통과 질병으로 비록 말은 못한다 해도, 하나님이 사랑하는 자녀가 된 것으로써, 하나님의 사랑을 받아들인 것으로써, 그리고 하나님의 은혜로부터 나오는 눈에 띄는 거룩한 인격을 매일의 삶에서 드러내 보이는 것으로써 하나님께 영광을 돌릴 수 있습니다. 이 일은 우리 모두가 추구하기에 얼마나 고귀한 일인지 모릅니다!"내 영혼이 주를 찬양하며." 자, 보십시오. 여러분은 이 밤에 무엇을 하고 있습니까? 여러분은 오늘도 투덜대면서 불평 불만하였습니까? 이제 그런 일은 그만두고, 찬양을 시작하십시오. 여기 농사를 짓는 분들도 있을 것입니다. 그런 분들은 틀림없이 날씨 때문에 불평을 할 것입니다. 이런 불평이 이상하다고 생각하지는 않습니다. 그러나 이제부터는 더 이상 날씨 때문에 불평하지 않았으면 합니다. 오히려 하늘과 토양과 구름과 농작물에 대해서 하나님이 여러분보다 더 잘 알고 계신다는 사실을 믿기 바랍니다. 만약 우리가 날씨를 주관한다면, 장담컨대, 우리는 아주 멋지게 날씨를 주관할 수 있을 것이라고 생각들 합니다. 하지만 우리가 날씨를 주관한다면 오히려 모든 창조물들을 더 망쳐 버리지는 않을까 하는 의심이 듭니다. 우리의 위대하신 주님이자 주인이신 분은 모든 것을 주관하는 법을 알고 계십니다. 그분께서 행하신 바에 대한 모든 비판을 중단하고 이렇게 말합시다. "내 영혼이 불평하지 않으며, 내 영혼은 불만하지 않으며, 이것보다 더 좋은 일을 이제부터 시작하고자 합니다. '내 영혼이 주를 찬양하며'라는 이 고백은 마리아가 결코 중단하지 않을 것이라고 말한 일종의 서약입니다."

**2. 두 번째로 오늘의 본문을 다른 관점에서 본다면,
이 말씀은 자화자찬에 대한 처방을 우리에게 제공하고 있습니다.**

우리 중에 누구라도 처녀 마리아처럼 구세주의 부모가 되는 은혜를 입게 된다면, 그 사람은 아주 으스대는 마음이 들지 않겠습니까? 당연히 마리아도 교만할 만했겠지요. 그러나 마리아가 겸손했던 것이 자신에게는 더 은혜로웠습니다. 마리아는 자신을 찬양하는 대신, 주님을 찬양하였습니다. 마리아에게 닥친 일은 엄청난 일이었기 때문에, 누군가는 이에 대해 찬양을 받아야만 했습니다. 마리아의 본성은 이렇게 말했을 것입니다. "마리아야, 너 자신을 찬양해라." 하지만 은혜는 이렇게 말했습니다. "마리아야, 주님을 찬양해야지." 주님께서 아주 큰 은혜를 베푸셨다면, 우리는 그 큰 은혜로 인해 극도로 사악해질 헛된 영광의 교만에 쉽게 빠져듭니다. 그런 상태에서 우리가 벗어날 수 있는 유일한 방법은 아주 다른 방향으로 우리의 감정들을 발산하는 것입니다. 마리아가 자신의 비천한 신분으로 어떻게 하나님의 크심을 돋보이게 했는지 이제 눈치 채셨습니까? "능하신 분께서 큰 일들을 내게 행하셨으니"(눅 1:49, KJV). 마리아는 "내게"라고 말합니다. "이 일들은 큰 일들이며, 그분은 능하신 분이시다. 그런데 그 큰 일들이 내게 일어났다. 그분께서 자신의 여종의 비천함을 보살펴 주셨다(눅 1:49, KJV)"라고 말한 것입니다. 여러분을 향한 하나님의 선하심이 얼마나 위대한지에 대해 말하려면, 반드시 여러분 자신의 미천(微賤)함과 무가치함을 대조시키십시오. 주님이 여러분을 구속하시고, 부르시고, 의롭다 칭하시고, 성화시키시고, 교회에 두시며, 그 백성들 가운데서 여러분에게 이름과 지위를 주지 않으셨습니까? 여러분이 자기의 돛대를 높이 세우고 모든 깃발들을 내걸고서 여러분의 육신에게 영광을 돌리려는 마음이 생길 때, 여러분은 자신이 누구이며 어떤 사람인지를 회상하면서, 여러분이 쪼개져 나온 반석과 여러분이 파헤쳐 나온 구덩이의 구멍을 보십시오(사 51:1, KJV). 그리고 "왜 저입니까, 주님? 왜 저입니까?"라고 말하십시오. 그러고는 주님의 이름을 찬양하기를 시작하십시오. 이렇게 함으로써 교만의 유혹에 치명타를 가할 수 있을 것입니다.

마리아는 **특별**했습니다. 그 누구도 우리 주님의 어머니가 될 수는 없으니 말입니다. 그런데 사실은 우리도 특별합니다. 주님의 선택적인 사랑으로 우리를 택하셨기 때문입니다. 주님은 많은 사람들을 스쳐 지나가셨지만, 우리에게는 특별한 사랑으로 대해 주셨습니다. 그렇다고 해서, 우리가 우리 자신에게 영광을 돌릴 정도로 그렇게 그 주님의 사랑에 대해 기뻐할 수만은 없습니다. 왜냐하면 이 선택은 그분의 주권적인 뜻에 따른 것이지, 우리의 뜻에 따라 이루어진 것이 아니기 때문입니다. 그러므로 내 영혼은 그 특별한 구속과 영원한 사랑을 베풀어 주신 주님을 찬양합니다. 이 큰 은혜를 왜 제게 베풀어 주십니까? 제가 무엇이기에, 제 아버지의 집이 도대체 무엇이기에, 오, 주님 당신께서 저를 선택해 주십니까?

마리아는 자신이 유명해질 것도 알았습니다. "모든 세대가 나를 가리켜 복이 있다 하리로다"(눅 1:48, KJV). 마리아가 자신의 유명세와 다른 사람의 유명세를 어떻게 조화시키고 있는지 눈여겨보시기 바랍니다. 마리아는 "그의 자비하심은 그를 두려워하는 사람들에게 대대로 있을 것입니다"(눅 1:50)라고 말합니다. 마리아는 주님의 이름을 찬양하였습니다. 주님께서는 마리아에게 상당한 명예를 주셨지만, 마리아는 그 명예를 주님의 발 아래에 내려놓았습니다. 여러분도 이같이 하도록 명심하십시오. 작은 성공에 헛되이 우쭐하지 마십시오. 우리 모두는 이 인격의 시험을 통과하였습니다. 하지만 도가니에서 불 같은 시험을 아무 손실 없이 견뎌낸 사람이 우리 가운데 얼마나 적은지 모릅니다! 아마 여러분도 지금까지 설교를 해왔을 것이고, 하나님께서 설교를 축복해 주셔서, 성도들이 늘어나고 많은 사람들이 모여들고 있습니다. 그러면 분명히 마귀는 이렇게 속삭입니다. "당신은 탁월한 설교자요. 아주 잘하고 있소! 당신은 당신의 논점을 감탄하리만큼 아주 잘 제시하고 있소. 하나님께서 당신을 축복하고 있소. 당신의 인격과 능력에는 감탄할 만한 무언가가 분명히 있소." 물러가거라, 물러가거라, 너 구덩이의 마귀야! 너는 파멸의 교만이구나! 사랑하는 성도 여러분, 한 번 생각해 보십시오. 여러분이 자신의 성공을 회상하고 있다는 것을 마귀가 안다면, 그 마귀는 물러가지 않을 것입니다. 그럴 때는 마귀에게 이렇게 말하십시오. "내 영혼이 주를 찬양하며." 여러분처럼 그렇게 보잘것없고 형편없는 도구를 사용하시는 주님의 이름을 찬양하십시오. 어떤 명예나 영광이 있다면, 모든 명예와 영광을 그분께 돌려드리십시오. 그리고 나서 그 철천지원수가 도망갔는지 살펴보십시오. 마귀는 하나님 찬양을 제일 싫어하기 때문입니다.

주님께서 여러분에게 어떤 명예를 주셔서 그 능력으로 주님을 섬길 때, 여러분은 주님으로부터 받은 모든 것을 주님께 다시 드려야 한다는 생각을 잊지 마십시오. 주님께 되돌려드리는 일을 부지런히 정성들여 하십시오. 왜냐하면 이 부분을 도둑질하는 것은 치명적이기 때문입니다. 주님께서는 자신의 영광을 다른 이가 가로채는 것을 원치 않으십니다. 만약 우리가 주님께 돌려드려야 할 찬양을 조금씩 훔치기 시작한다면, 우리의 주인은 우리를 신실하지 않은 종으로 간주하고 우리를 해고하실 것입니다. 만약 우리가 우리의 힘을 자랑한다면, 주님은 우리가 가진 힘을 우리에게서 빼앗으실 것입니다. 그래서 우리는 자신의 머리카락이 잘린 삼손처럼 밖으로 나가 자기 몸을 흔들 수밖에(삿 16:20, KJV) 없을 것입니다. 자존심으로 높아진 마음은 곧 진흙탕에 자빠질 것입니다. 하나님께서 우리 인간에게 은혜를 주시는 것은 우리 자신을 찬양하도록 하기 위함이 아니라, 우리가 하나님을 찬양하도록 하기 위함이라는 사실을 마리아는 알고 있었습니다. 그래서 마리아는 자신이 아는 대로 행동했던 것입니다. 사랑하는 성도 여러분, 만약 여러분이 은혜를 받고서도, 그 받은 은혜로 여러분이 교만해진다면, 여러분은 그 은혜를 무례하고 건방지게 낭비하고 있는 셈입니다. 광야생활 당시에 이스라엘 각 집에서 안식일 아침까지 보관한 만나(manna)에서는 냄새도 나지 않고 벌레도 생기지 않았습니다(출 16:24, KJV). 하지만 교만이라는 벌레처럼 빨리 부패하게 하는 것도 없을 것입니다. 여러분은 주님의 무기를 맡은 자로서 여러분의 명예를 방패로 가지고 다니십시오. 여러분이 가지고 있는 것 중에서 그분의 소유가 아닌 것이 하나도 없다는 사실을 기억하십시오. 이 모든 것을 그분을 위해 사용하고, 그 모든 것으로 인해, 그 모든 것 안에서 그분께 영광을 돌리십시오. 그렇게 하는 것이 잘하는 것입니다. 그러므로 저는 오늘의 본문 말씀을 교만에 대한 처방으로 여러분에게 권합니다. "내 영혼이 주를 찬양하며."

3. 세 번째로 각 요지에 대해서 간략하게 언급하고자 합니다.

오늘의 본문 말씀은 거룩한 감정에 대한 풍부한 표현입니다. "내 영혼이 주를 찬양하며"라는 이 말은 분명히 충만한 영혼이 흘러넘쳐서 나온 말입니다.

이 거룩한 여인의 마음은 엄청난 감정의 소용돌이 가운데 있었음이 분명합니다. 따라서 이 몇 마디 말 안에는 그녀가 지닌 모든 감정들이 다양하게 표현되어 있습니다. 이 감정들은 서로 상반되는 성격이지만, 이 한 문장으로 모든 감정들이 표현된 것입니다. 그녀의 마음은 놀라움으로 가득 찼음이 분명합니다. 그녀의 사려 깊은 영혼은 묻습니다. 이렇게 엄청난 일이 어떻게 나에게 이루어질 수 있겠는가, 지극히 높으신 분의 아드님이 시골 여종의 아들로 태어나게 되겠는가, 하고 말입니다. 오, 비하(卑下)의 기적이여! 경이(驚異)로 마음이 혼란스러웠으나, 이것은 흔히 경이에 수반되는 불신이 아니라, 약속된 놀라운 일에 대한 기대였습니다. 마리아는 자신에게 말해진 그 일들이 주님에 의해 이루어질 것을 믿었으며, 하나님께서 자신이 한 약속을 그녀에게 지키실 것을 보았습니다. "내 영혼이 주를 찬양하며"라는 이 짧은 말 속에 들어 있는 놀라움과 기대의 두 감정이 얼마나 감미로운지요! 이것은 마리아가 이렇게 말한 것과 같습니다. "저는 제게 약속하신 은혜를 이해할 수 없습니다. 그럼에도 나의 주 하나님께서 베풀어 주신 그분의 은혜가 얼마나 영광스러운지 모릅니다! 저는 그 축복을 기대합니다. 저는 그 축복을 확신합니다. 주님은 참된 분이시기 때문입니다! 그러므로 저는 이를 인하여 주님을 찬양합니다." 마리아의 찬송, 이 문장에는 두 가지 분명한 색채가 감돌고 있습니다. 놀라움의 주홍빛과 소망의 푸른빛입니다. 이 두 빛깔이 함께 조화롭게 어우러집니다. 이런 이유로 마리아의 찬송이 그토록 경이로운 것입니다.

이제, 서로 다른 두 가지 마음의 상태를 살펴봅시다. 첫 번째 마음의 상태는 마리아의 **믿음**입니다. 마리아는 주님의 말씀을 의심하여 벙어리가 되는 징계를 받아야 했던 사가랴와는 달랐습니다. 마리아는 믿음을 가졌지만, 그와 동시에 그 계시로 인해 **두려움**에 휩싸였습니다. 지극히 높으신 분의 아드님을 낳아야 한다는 사실에 마리아는 압도되었고 당황하였습니다. 바로 여기에 두 가지 마음 상태가 있습니다. 믿음과 두려움입니다. 믿음은 "천사의 메시지가 사실인 것을 나는 압니다. 그러므로 내 영혼이 주를 찬양합니다"라고 말합니다. 두려움은 "하나님께서 제 품안에 거하게 되다니 이 얼마나 장엄한 일인가! 내 영혼이 주를 찬양합니다"라고 말합니다. 이리하여 마리아의 찬송 안에는 확신과 경외가 같이 만나고, 다짐과 찬양이 서로 입 맞추고 있습니다(시 85:10 참조). 바로 여기에 친밀함을 갖춘 믿음과 경건한 두려움을 갖춘 헌신이 있습니다.

여기서 여러분은 두 가지의 또 다른 거룩한 감정을 분명히 느끼실 것입니다. 마리아의 **겸손**은 명백한 사실입니다. 본문 말씀이 이렇게 질문하는 듯합니다. "어떻게 이런 일이 나에게 일어날 수 있을까? 비천한 목수와 약혼한 이토록 보잘것없는 여인이 내 주님의 어머니가 되는 이런 일이 어떻게 가능할까?" 여기서 겸손은 감춰진 제비꽃처럼 향기를 발합니다. 마리아는 이렇게 말하는 듯합니다. "그 영광을 감당하기에 저는 부족합니다. 저는 안 됩니다! 내 영혼이 주를 찬양합니다." 그러나 겸손은 하나님으로부터 물러나 움츠러들거나 꽁무니를 빼는 것이 아닙니다. 왜냐하면 그 겸손은 분명히 사랑과 결합되어 있기 때문입니다. 마리아는 또 이렇게 말하는 듯합니다. "나는 은혜로우신 내 주님을 기뻐합니다. 나는 그분을 찬송합니다. 나는 그분을 사랑합니다. 나는 그분을 노래합니다. 내 영혼이 주를 찬양합니다. 나는 그분께서 약속으로 오실 만한 그런 가치 있는 사람이 아닙니다. 하지만 내게 이 일이 이루어지기를 원합니다. 무한한 비하의 이 일이 내게 이루어지기를 원합니다. 나는 내 하나님을 사랑합니다. 그러므로 나는 그분께 가까이 나아갑니다. 내 영혼이 주를 찬양합니다."

사랑하는 성도 여러분, 마음에 떠오르는 모든 좋은 표현들 중에서 가장 좋은 표현이 오늘의 본문 말씀임을 가끔 느낄 수 있을 것입니다. 많은 다정한 열정들이 어린 새들처럼 날개를 접고서, "내 영혼이 주를 찬양하며"라는 잘 갖춰진 하나의 둥지에 함께 깃들여 있는 모습입니다. 벌들이 꿀을 저장하러 벌통에 모여들듯이, 이 말씀을 중심으로 거룩한 감정들이 무리지어 일어날 것입니다. 곰곰이 돌이켜 생각해 볼 때, 오늘 말씀에 깃든 그 마음은 마치 향신료들이 그 자체의 향을 내뿜는 것처럼 제 안에서 널리 발산되고 있습니다. 그래서 저는 "내 영혼이 주를 찬양하며"라고 외칩니다.

저는 이 말들에서 감탄과 조용한 사색이 복합된 하나의 감정, 즉 놀람이 없는 경이를 느끼게 됩니다. 복된 처녀 마리아는 앞서 말씀드린 바와 같이 이러한 일들이 자신에게 일어나는 것에 대해 분명히 경이로 압도되었습니다. 하지만 이것은 망연자실한 경악의 경이가 아니라, 사전에 세심히 사색한 결과로 생긴 놀라움이었습니다. 마리아는 예언과 약속들을 깊이 생각했습니다. 그리고 이 예언과 약속들이 마리아 자신의 씨를 통해 성취될 것임을 알게 되었습니다. 그래서 마리아는 54절과 55절에서 이렇게 노래하였습니다. "그분께서 자신의 긍휼을 기억하사 자신의 종 이스라엘을 도우셨으니 이것은 곧 그분께서 우리 조상들과 아브라함과 그의 씨에게 영원히 말씀하신 것과 같도다"(KJV). 마리아는 마음으로 이 문제에 대해 곰곰이 생각했습니다. 그러고는 이렇게 결론을 내렸습니다. "그분께서 말씀하셨으니, 그분께서 이 일을 이루실 것이다. 이 일은 그분께서 말씀하신 그대로이다." 여러분도 여러분에게 주어진 은혜를 받을 때에 종종 처음에는 놀랐다가도 후에는 이렇게 말하게 될 것입니다. "이 일은 주님께서 나에게 약속한 것과 아주 똑같다. 새로운 일을 주님께서 그의 종에게 행하신 것이 아니다. 내가 놀란 것은 내가 단지 잊고 있었기 때문이다. 주님께서는 나를 도우시고 나를 구원하시고 내가 필요로 하는 모든 것을 나에게 주시겠다고 약속하지 않으셨는가? 주님께서 이 일을 이처럼 놀라운 방식으로 행하셨기에, 그 경이로운 은혜에 대해, 그리고 예수 그리스도 안에서 예와 아멘이 되시어(고후 1:20 참조) 사랑의 언약인 옛 약속을 신실하게 지키신 그분에 대해, 내 영혼은 주를 갑절로 찬양합니다." 저는 다시 여러분에게 말씀드립니다. 오늘의 본문 말씀을 여러분의 감정을 표현하는 말로 삼으시기를 권합니다. "내 영혼이 주를 찬양하며." 이 얼마나 감미로운 말입니까! 이 말은 다방면으로 충만한 자연스러운 말이며, 더군다나 아주 영적인 말입니다.

4. 네 번째로, 이 말씀은 소망의 이유로 사용될 수 있으리라 생각합니다.

　　모든 일과 관련하여 이런 마음으로 가득 차 있으면 좋겠습니다. "내 영혼이 주를 찬양하며"라고 우리에게 노래할 것을 명하는 마음 상태는 수없이 유익한 소망으로 가득한 마음 상태입니다. 예를 들어, 우리 자신에 대한 섭리의 조건에 관해서도 주님을 찬양합시다. 온갖 어려움에 에워싸여도 확신을 가지고 나아갑시다. 왜냐하면 우리의 위대하신 하나님은 모든 비상사태에 대비해 만반의 준비를 하는 분이시며, 산은 깎아 내리고 계곡은 메우는(사 40:4) 분이시기 때문입니다. 수고하고 무거운 짐 진 자들(마 11:28)과 너무 궁핍하게 헐벗은 자들이여, 변함 없이 즐거운 마음을 유지하도록 합시다. 왜냐하면 능력 있고 후한 선물(고후 9:5, KJV)을 주시는 영원하신 여호와, 즉 모든 것을 충분히 채우시는(고후 3:5, KJV) 하나님을 그 이름으로 갖는 그분을 우리가 찬양하기 때문입니다. 위험이 불안으로 확대(magnified)될 때, 믿음으로 하나님을 찬양(magnified)하도록 합시다(영어 매그니파이[magnify]를 이용한 스펄전의 재담(才談) — 역주). 우리 마음의 문제가 커질(enlarged) 때, 우리가 주님으로부터 받을 기대 또한 커지도록(enlarged) 합시다.

　　이처럼 하나님을 찬양하는 마음은 미래를 바라보는 우리의 시각도 주의하게 합니다. 만약 우리가 미래를 바라보는데 온전히 집중한다면, 우리는 아주 쉽게 하나님을 찬양할 수 있을 것입니다. 아! 우리는 앞으로 우리에게 어떤 일이 닥칠지를 알고 싶어 합니다. 기꺼이 우리는 스크린 뒤를 몰래 훔쳐보고 싶어 하고 저마다 알고 싶어 합니다.

"어떤 암울한 선이 나에게 그어지고,
또는 어떤 암담한 상황이 벌어질는지."
(아이작 와츠[Isaac Watts]가 작사한 '모든 피조물들아 조용히 하여라' [Keep silence, all
created things]의 7절 가사다).

대부분 사람들의 마음에는 하나님께서 그토록 현명하게 미래 저 너머에 쳐
두신 커튼을 열어젖히고자 하는 바람이 있습니다. 이것은 우리에게 아주 잘못된
일이며, 비난받아 마땅한 매우 일반적인 바람이기도 합니다. 우리는 모두 이따
금씩 예언자가 되는데, 예언을 할 때마다 악한 것을 예언합니다. 그러므로 우리
가 우리의 미래에 대하여 마리아의 영혼을 가지고서 "내 영혼이 주를 찬양하며"
라고 예언한다면 훨씬 더 좋을 것입니다. 왜 우리는 하늘의 징조들을 우리의 흐
릿한 눈으로 걱정하며 바라봅니까? 우리가 하늘의 징조들을 엿보고 추측하고 궁
리해야 한다면, 왜 우리는 우리의 더 현명한 능력들을 사용하지 않고, 우울한 눈
빛의 소망으로 하늘의 깃발들만 조사하고 있는 것입니까? 우리가 미래의 일들에
관여한답시고 어떻게 감히 주님의 이름을 더럽히는 것들을 예언할 수 있겠습니
까? 우리가 미래에 어떤 일이 일어나게 될지를 기록해야 한다면, 쓰라린 일들이
우리 자신에게 일어나도록 기록해야지, 거짓된 일들이 그분에게 일어나도록 기
록해서는 안 됩니다. 우리가 어떤 식으로든 미래를 예언한다면, "내 영혼이 주를
찬양하며"라고 노래 부르는 마음으로 예언하도록 합시다. 우리가 미래에도 그분
을 위대하신 하나님으로, 크게 선하시고 놀라우리만치 은혜로우시며 자비하심
이 확대된 분으로 알게 되리라 확신하도록 합시다. 우리는 고난을 겪겠지만, 우
리 영혼은 주님을 찬양합니다. 왜냐하면 우리의 영혼은 우리가 배의 키를 잡으
신 예수님과 함께 모든 폭풍우를 이겨내고서 안전하게 항구로 돌아올 것을 미리
내다보기 때문입니다. 우리의 근심어린 눈빛은 궁핍함을 내다보겠지만, 우리의
영혼은 주님을 찬양합니다. 왜냐하면 우리의 영혼은 다윗의 보화를 여실 황금
열쇠(계 3:7)를 가지고서 우리의 영혼이 필요한 것을 모두 공급해 주실 그분을
보기 때문입니다. 우리의 고난 받는 귀는 이리의 울음소리를 듣겠지만, 우리의
영혼은 주님을 찬양합니다. 왜냐하면 우리의 영혼은 "주님은 나의 목자시니(시
23:1), 주님께서 나를 지켜 주실 것이다(시 32:7)"라고 노래할 것이기 때문입니
다. 여러분이 임종을 앞두고 누워있을 때라도, 여러분은 이 마음으로 굽이치는

요단 강물을 내다보며 살아 계신 하나님을 찬양할 수 있을 것입니다. 만약 여러분이 정신이 혼미해져서 "아! 이제 나는 승리의 죽음을 맞지 못할 거야"라고 말하기 시작한다면, 여러분은 주님을 확대(magnify, 찬양)하기는커녕, 오히려 축소시키고 있는 것입니다. 여러분은 그분을 크신 분으로 만드는 것이 아니라, 작은 분으로 만들고 있는 것입니다. 이렇게 한번 말해 보십시오. "죽어가는 벌레 같은 나에게 앞으로 펼쳐질 그분의 은혜를 보여주시다니, 이 얼마나 놀라운 분이신가! 오, 나처럼 두려워 떠는 불쌍한 영혼이 험한 물결을 헤쳐 가면서도 노래를 부르는 그 노랫소리를 듣기 위해 강둑에 무리지어 모인 천사들 앞에 그분이 함께 계시다니, 이 얼마나 놀라운 일인가! 그 날에 나의 하나님은 크신 분이시며, 그 때 그분께서는 자신의 팔을 드러내셨으니(사 52:10, KJV) 나는 해를 두려워하지 아니할 것입니다. 왜냐하면 그분이 나와 함께 계시기 때문이며, 그의 지팡이와 막대기가 나를 위로할 것이기 때문입니다(시 23:4, KJV). 하나님께서 행하신 크신 일들을 생각하십시오. 하나님을 크게 하십시오. 여러분이 미래를 내다 볼 때마다, 그분의 이름을 찬양하십시오. 여러분의 하나님이 지닌 위대함과 선하심을 손상시키는 그 어떤 상상이나 예감들을 절대 마음에 담아두지 마십시오.

여러분의 동료들의 구원문제를 대할 때에도 이와 동일한 방식으로 판단하십시오. "은혜의 수단들에 동참하지 않는 저런 사람들은 권해봤자 소용도 없어. 그 사람은 하나님께 벌 받을 소리를 하는 망나니라고! 그들이 이번 주에 설교를 들으려고 하는 이유는 고작 자기들이 들은 그 설교를 다음 주에 비판하려는 게 전부라고. 말씀을 듣고서 비웃을 게 뻔한 그런 사람을 받아들일 믿음이 내게는 없어." 여러분이 지금 하고 있는 이러한 믿음 없는 이야기는 하나님을 작게 여기는 막말입니다. 그렇지 않습니까? 하나님의 복음이 가장 부패한 마음에는 미치지 못할 것이라고 생각하는 것이 하나님의 이름을 더럽히는 것이 아니고 무엇입니까? 왜 그런 생각을 합니까? 누군가가 일곱 귀신도 아니고 칠천 귀신이 들렸다 해도, 복음은 그 귀신들을 모두 쫓아낼 수 있다고 저는 믿습니다. 선포되는 말씀을 죄인들이 접하도록 하십시오. 그들의 죄가 중하면 중할수록, 때때로 하나님께서는 그 죄의 세력을 넘어뜨리는 하나님 은혜의 그 크신 사랑을 더욱더 많이 보여주십니다. 하나님께서 행하시는 크신 일들을 믿으십시오. 솔직한 심정으로 저는 이렇게 말씀드릴 수 있습니다. 하나님께서 저를 구원해 주셨으므로, 다른 사람들도 구원해 주시는 그분의 능력을 저는 의심하지 않습니다. 하나님께서는 저를 그분의 발 아래 앉히시고 지금까지 사랑하는 자녀로 삼아 주셨습니다. 이 사실만 보아도, 하나님에게는 모든 것이 가능합니다. 사랑하는 성도 여러분, 하나님을 크게 하십시오. 다시 말씀드립니다. 하나님을 크게 하십시오. 중국도 하늘나라의 한 지방이 될 수 있음을 믿으십시오. 인도도 그 재물을 예수님의 발 아래에 던져버릴 수 있음을 믿으십시오. 둥근 세상은 그리스도의 손가락에 끼울 반지에 박힌 진주가 될 것임을 믿으십시오. "세상은 바뀌지 않을 거야. 이 세상은 산산조각 날 가련한 난파선이고, 우리는 물에 젖어 낡은 폐선(廢船)의 여기저기를 덧대고 있을 뿐이야"라고 말하는 사람들의 낙담과 절망과 나약하고 비기독교적인 생각들에 동조하지 마십시오. 사랑하는 성도 여러분, 우리는 가만히 서서 하나님께서 행하시는 영원한 파멸을 보기만 하면 된다고 그렇게 생각하지 마십시오. 우리 하나님이 쓰시는 구식 방법으로는 이길 수 없으니, 반드시 출전(出戰) 전략에 변화가 필요하다는 생각은 꿈도 꾸지 마십시오. 하나님께서는 복음 전파나 성령님의 사역을 통해서 세상을 구원하실 수 없기에, 세상을 구원하기 위해서는 주님께서 반드시 재림해야 할 필요가 있다고 말해서도 절대 안 됩니다. 저도 주님께서 오실 것을 믿고 있습니다. 그분의 이름을 찬송합니다(시 72:19). 하지만 주님이 성령 안에서 시작하신 이 전투에서 주님은 예전 방식으로 끝까지 싸우실 것이며, 바로 이 방식으로 자신이 시작한 이 전쟁을 승리로 끝내실 것임을 저는 믿고 있습니다. 하나님께서는 전도의 미련한 것으로 믿는 자들을 구원하기를 기뻐하십니다(고전 1:21). 죄와 사망과 지옥을 멸하신 하나님의 은혜를 찬양하는 할렐루야 소리가 온 세상에 널리 울려 퍼질 때까지, 하나님은 자신이 지은 피조물 중에 가장 연약한 자들의 옆에 서서 계속하여 전도의 미련한 것으로 믿는 자들을 구원하기를 기뻐하실 것입니다. 너무 낙담해 있지도 말고, 여러분의 불신과 게으름을 변명하려고 예언에 대해서 반쯤 정신이 나간 이론들을 따라 무모하게 행동하지도 마십시오. 손에 든 무기를 던져 버리면서 승리하게 되어 있다는 주제넘은 생각을 하는 것은 망상이나 몽상에 지나지 않습니다. 우리는 같은 이름과 같은 무기를 가지고 끝까지 싸워야 합니다. 하나님의 은혜와, 구식이지만 효과적인 하나님의 말씀과 성령 하나님이라는 무기로써, 우리는 아직까지도 여전한 마귀들을 이 세상에서 쫓아낼 것입니다. 그분의 사랑하시는 아들(골 1:13, KJV)의 복음이 승리할 것을 믿음으로써 하나님을 크게 하십시오. 하나님의 이름을 확대(magnify, 찬양)하십시오.

가까운 미래에 대해서는, 하나님께 영광을 돌리지 않는 예언이라면, 어떤 사람이 예언을 하든 절대로 믿지 마십시오. 하나님이 행하시는 크신 일들을 기대하지 않고, 하나님께 영광을 돌리지 않는 어떤 예언이든, 그런 예언은 말도 안 되는 것으로 결론 내리십시오. 어떤 사람은 이렇게 말합니다. "오! 이 나라는 다시 가톨릭으로 돌아가고 말 거예요. 복음의 빛은 이제 영국에서 사라질 것입니다." 아, 제 말을 들어보십시오! 어떤 형제들은 이런 예측을 아주 좋아합니다. 사랑하는 성도 여러분, 하지만 저를 항상 위로해 주는 하나의 사실이 있습니다. 즉, 하나님은 죽지 않으셨다는 사실과 로마 교황이 와도, 아니 로마 교황 50명이 와도 하나님을 이길 수 없다는 사실입니다. 하나님은 당연히 승리하실 것입니다. 항상 용기를 가지십시오. 승리는 하나님의 뜻이며, 승리는 하나님의 손 안에 있습니다. 그리고 하나님의 장중(掌中)에 있는 것만으로도 충분히 안전합니다. 여러분이 지금 무엇을 하고 있는지 살펴보십시오. 여러분은 하나님의 손을 믿을 수 없기 때문에, 여러분 자신을 믿고 있습니다! 여러분은 하나님의 특별한 사역을 방해하기 위해서 여러분의 불경한 팔을 펼치는 것입니다. 여러분은 지금 무엇을 하고 있습니까? 여러분은 하나님의 궤를 더럽히려고 하고 있습니다. 웃사 왕의 이야기를 한번 생각해 보십시오(삼하 6:6-7). 여러분의 손을 다시 거두어 하나님의 궤를 그냥 놔두십시오. 주님이 여러분에게 하라고 명하신 일들을 여러분이 감당하도록 주님은 여러분을 도우실 것입니다. 주님은 여러분을 제국의 군주나 섭리의 감독자로 세우지 않으셨습니다. 주님의 영원한 은혜로운 뜻에 따라 주님께서 주권적으로 다스릴 수 있도록 하십시오. 그리고 그 뜻에 의지하십시오. 주님께서는 온 세상을 예수님의 발 아래에 두실 것입니다. 그리스도께서 친히 오실 것입니다. 그분을 위해 매시간 일하면서, 여러분은 그분을 날마다 찾고 변함없이 그분을 섬기십시오. 그분이 그의 장로들 앞에서 영광스럽게 통치하실 것(사 24:23, KJV)과 그리스도께서 멸시당하고 거짓 예언자들이 다스렸던 유대 광야 가운데서도 역시 다스리실 것이며, 또한 유대인과 이방인들이 영원히 복되신(삼하 7:29, KJV) 그분의 이름에 찬양과 경배를 돌릴 것을 믿으십시오. 여러분에게 다시 말씀드립니다. 온 마음을 다해 주님을 찬양하십시오. 하나님을 크게 하십시오. 하나님을 확대(magnify, 찬양)하십시오. 미래에 일어날 큰 일들을 기대하고, 확신에 찬 함성을 지르면서 영원무궁토록 승리의 주인공이 되신 그분을 위해 전장으로 나아가십시오.

5. 한 가지만 더 말씀드리겠습니다.
오늘의 본문 말씀은 우리의 신학 지침으로 사용되어야 합니다.

이 말씀만 드리고 설교를 마치고자 합니다. 하나님의 말씀을 공부하기 시작한 젊은 제자들이 제대로 공부를 하고 있는지의 여부를 알 수 있는 유용한 검사 기준이 바로 "내 영혼이 주를 찬양하며"라는 말씀에 있습니다. 여러분이 이 말씀에 따라 행하기만 한다면, 이 말씀은 여러분을 오류로부터 구해주고 진리로 인도할 것입니다. 인간을 중요하게 여기는 가르침들이 있습니다. 이런 가르침은 인간의 자유의지와 능력과 재능과 천부적인 존엄성 등에 대해서 많은 말들을 합니다. 이런 가르침은 분명히 인간을 만물의 중심이자 목적으로 삼고 있으며, 하나님을 자신이 만든 피조물을 섬기는 위치에 두고 있습니다. 타락에 대해서는 이렇게 설명합니다. 조상 아담이 미끄러져서 자신의 새끼손가락을 부러뜨린 정도로 가볍게 생각하며, 이런 신학은 그 타락의 결과로 어떤 큰 파멸도 없었다고 봅니다. 구원에 대해서는 이렇게 설명합니다. 구원은 작은 질병에 대한 약간의 치료일 뿐, 우리가 그렇게 중시할 정도의 무한한 은혜는 결코 아니라고 말합니다. 사랑하는 성도 여러분, 이런 신학을 선호하는 사람은 그냥 내버려 두고, 여러분은 그런 신학을 집게로도 건드리지 마십시오. 그런 신학은 인간에게 소용이 없는 것입니다. 왜냐하면 그것은 인간의 지위를 착각하고 있으며, 인간이 교만하도록 부추길 뿐이기 때문입니다. 인간의 자리는 보좌 위가 아니라, 십자가 아래입니다. 이제 이와는 다른 신학에 귀 기울여 보십시오. 이 신학에서는 죄인이 낮은 지위에 처해지며, 인간의 죄성이 폭로되고, 인간의 타락이 드러납니다. 그리스도의 구속이 찬양되고, 값없는 은혜가 칭송을 받고, 성령님이 경배를 받습니다. 이것이 바로 여러분을 위한 신학입니다. 이 신학을 믿으십시오. 이것이 바로 성경이 말하는 신학입니다. 이 신학을 받아들이십시오. 하나님께 영광을 돌리는 신학은 옳고, 하나님께 영광 돌리지 않는 신학은 틀린 것으로 여러분이 판단 기준을 삼는다면, 여러분은 자주 헤매지 않을 것이라 생각합니다.

하나님의 말씀을 접하다 보면, 때로는 여러분이 이해하지 못하는 어떤 가르침을 분명히 보게 됩니다. 여러분도 아시다시피, 성경이 그 교훈을 가르치고 있기는 하지만, 그 교훈이 다른 진리와 잘 일치하지도 않는 것 같고, 또 그 교훈이 하나님께 과연 영광 돌리는 것인지도 잘 모를 때가 있습니다. 사랑하는 남녀 성도 여러분, 그럴 때는 그 가르침을 단순히 믿음으로써 하나님께 영광을 돌리시기 바랍니다. 여러분이 가진 알량한 이성으로, 여러분이 참인 것으로 파악한 가르침만을 믿겠다는 것은 전혀 훌륭한 생각이 아닙니다. 하늘에 해가 있는 것이 분명하듯이 그렇게 분명한 것만 믿어서는 하나님께 그 큰 영광을 절대로 돌려드릴 수 없습니다. 어떤 진리가 여러분을 흔들리게 할 때, 그 진리를 믿는 것이 하나님께 큰 영광을 돌려드리는 것입니다. 오, 이 얼마나 은혜로운 믿음입니까! 오, 이 얼마나 복된 믿음입니까! 여러분은 아마도 고프 씨(Mr.Gough, John B.Gough[1817-1886]는 영국 태생의 미국 대중 연설가이자 신앙 간증자로, 금주(禁酒)운동 중심의 사회개혁적인 강연을 주로 했다. 스펄전과 개인적인 친분이 있어, 1877년 미국 '금주의 날'에 무디[D. L. Moody]와 함께 보스턴에서 회합을 가졌다)가 말한 예화를 기억하실 것입니다. 예화에서 어린 소년이 이렇게 말합니다. "엄마가 말한 것은 안 맞아도 맞아." 그 어머니에 대한 자녀의 믿음이 바로 이런 것입니다. 마찬가지로, 우리가 하나님께 반드시 행해야 할 믿음도 바로 이런 것입니다. 사실이 내 눈에 보이지도 않고, 나는 그것을 전혀 파악할 수도 없지만, 하나님께서 그것이 맞다고 말씀하시면 나는 그분을 믿습니다. 세상에 있는 모든 철학자들이 성경을 반박한다고 해도, 그들이 반박하면 할수록 그들의 상황만 더 나빠질 뿐, 그들의 반박이 우리 신앙에는 전혀 영향을 끼치지 못합니다. 낟알 반 개 정도의 무게를 지닌 하나님의 말씀은, 수천 톤의 무게를 지닌 이 지구상의 모든 현대 신학자들과 철학자들과 과학자들의 말이나 사고보다도 우리에게 더 비중이 있습니다. 왜냐하면 하나님께서 친히 만드신 것들에 대해서 그 사람들보다 하나님이 더 잘 아시기 때문입니다. 그들은 단지 생각해 볼 뿐이지만, 주님은 알고 계십니다. 철학자들은 특히 자신들의 사고방식을 바꾸지도 않은 채, 자신들이 간섭해서는 안 되는 진리들에 관해서 판단하기 때문에, 그들은 아예 판단 자격이 없는 것입니다. 그들은 하나님의 교회에 있는 가장 불쌍한 사람만큼도 자격이 없는 사람들이며, 아니 그 불쌍한 사람의 반만큼도 전혀 자격이 없다고 할 수 있습니다. 가장 뛰어난 학식을 가진 자라 해도, 중생하지 않았다면 죄 가운데 죽은 자인데, 그런 사람이 하나님 자녀가 갖는 살아 있는 일들에 관해서 도대체 무엇을 알겠습니까? 그들의 판단을 믿느니, 차라리 방금 회심한 소년과 소녀들의 판단을 믿는 것이 더 나을 것입니다. 이 소년 소녀들은 거룩한 것들에 대해서 무언가를 알고 있지만, 육적인 철학자들은 이 거룩한 것들에 관해서 아무것도 알지 못하기 때문입니다. 사랑하는 남녀 성도 여러분, 흔들리지 마십시오. 오히려 하나님을 경외하고, 하나님께 영광을 돌리고, 하나님께서 옳다고 선포하셨기에 여러분도 참인 것으로 알게 된, 여러분의 지혜 너머에 있는 그 헤아릴 수 없는 것들과 위대한 것들을 믿음으로써, 그분을 찬양하십시오. 여러분은 하나님의 말씀 그 자체(ipse dixit, '그분께서 친히 그것을 말씀하셨다'는 뜻의 라틴어로, 이 용어는 논증으로 증명되어서는 안 되고 오로지 말하는 자에 대한 믿음을 기반으로 받아들여져야 하는 교의적인 언명을 가리킬 때 주로 사용된다 ― 역주)를 모든 이성의 자리, 다시 말해 참으로 가장 고상하고 가장 순수한 이성의 자리에 두십시오. 왜냐하면 결코 오류가 없으신 하나님은 틀림없이 참인 것을 말씀하시기 때문입니다.

이렇게 해서 저는 제가 출발했던 곳으로 다시 돌아오게 되었습니다. 이제 우리가 나가서 실제적으로 주님의 이름을 찬양하도록 노력합시다. 집으로 돌아가서 그분의 이름을 칭송하십시오. 여러분의 자녀를 모아서, 그분이 얼마나 선하시고 위대하신 분인지를 그들에게 말해 주십시오. 여러분 가운데는 젊은 성도들을 맡고 계신 분들이 있습니다. 여러분이 그 젊은 성도들에게 여러분이 지금까지 지내온 고난의 때에 하나님이 얼마나 선하신 분이었는지를 반 시간 정도 말해준다면, 그 이상으로 더 유익한 시간을 갖기는 힘들 것입니다. 여러분의 자녀들에게 감사라는 가보(家寶)를 물려주십시오. 그 자녀들의 아버지에게 주님이 얼마나 선하신 분이었는지, 그리고 그 자녀들에게도 주님이 얼마나 선하신 분이실지를 그들에게 말해 주십시오. 여러분의 종이나 여러분과 함께 일하는 동료나 여러분이 대하게 되는 사람은 누구에게든지 주님이 얼마나 복되신 하나님이신지를 말해 주십시오. 저로서는 찬양받으시기에 합당한 그분의 이름을 더 이상은 충분히 말씀드리지 못할 것 같습니다. 그분은 스승 가운데 최고의 스승이시며, 그분을 섬기는 것은 큰 기쁨이 됩니다. 그분은 아버지 가운데 최고의 아버지이시며, 그분이 명하시는 것은 즐거움이 됩니다. 우리 원수들도 스스로 그렇게 판단합니다(신 32:31, KJV). 우리 하나님과 같은(시 48:14, KJV) 신이 어디 있겠습니까?

여러분의 얼굴을 밝게 함으로써 그분의 이름을 찬양하십시오. 주 안에서 기뻐하고(빌 3:1) 즐거워하십시오. 여러분이 슬픔 가운데 금식할 수밖에 없을 때에도 사람들에게 금식하는 듯이 보이지 말고, 여러분의 얼굴에 기름을 바르고(마 6:17) 고요히 미소를 머금으십시오. 왕의 종들은 평생토록 근심하지 않는다는 것을 세상이 알도록 하십시오. 여러분이 섬기는 하나님이 얼마나 위대하신 분이며, 얼마나 복되신 그리스도 구세주이신지를 세상이 느끼도록 하십시오. 그리하여 여러분의 영혼이 더욱더 주님을 찬양하도록 하십시오. 여러분이 그렇게 할 수 있는 은혜를 하나님께서 내려 주시길 기원합니다. 예수님의 이름으로 기도드립니다. 아멘.

제
4
장

—

우리 하나님의 다정한 긍휼

—

"그분의 백성에게 그들이 지은 죄들의 용서를 통하여 구원
을 얻게 하는 지식을 주리니 이것은 우리 하나님의 다정한
긍휼로 말미암은 것이라. 이로써 동트는 때가 높은 곳에서
부터 우리를 찾아와 어둠과 사망의 그늘에 앉은 자들에게
빛을 주고 우리 발을 화평의 길로 인도하셨도다 하니라."
— 눅 1:77-79, KJV

우리 하나님의 다정한 긍휼하심에 대한 가장 탁월한 여러 증거들 가운데 하
나인 사가랴의 기쁜 노래(눅 1:67-70) 가운데서, 사가랴가 죄의 용서를 어떻게 찬
양하고 있는지 살펴보십시오. 사가랴는 불신에 대한 징계로 잠시 동안 말을 하
지 못했습니다. 그러다가 말하는 능력이 회복된 후에, 그 회복된 언어 능력으로
용서의 긍휼을 노래하고 있습니다. 용서 없이는 그 어떤 구원도 불가능합니다.
그래서 사가랴는 이렇게 말합니다. "그분의 백성에게 그들이 지은 죄들의 용서
를 통하여 구원을 얻게 하는 지식을 주리니"(눅 1:77, KJV). 주님은 의를 근거로
해서는 그들을 용서하실 수 없었습니다. 그래서 주님은 그분의 다정한 긍휼로
그들을 용서하셨습니다. 즉, 은혜 언약('행위 언약'에서는 죄 용서에 합당한 행위가 요구
되지만, '은혜 언약'에서는 값[대가] 없는 은혜로 죄 용서를 받는다)으로 친히 "우리 하나님"
이 되신 우리 하나님의 다정한 긍휼로 그들을 용서하셨습니다. 하나님께서는 긍
휼을 베풀기를 기뻐하시기 때문에, 그 백성의 허물을 간과하십니다. 처음부터

제가 바란 것은, 여기 있는 분들 가운데 죄 짐을 지고 있는 영혼이 있다면 죄의 용서를 믿고, 하나님께서 은혜 베풀기를 기뻐하신다는 사실을 믿는 것이었습니다. 왜냐하면 하나님은 사랑이시고, 그 손으로 친히 만드신 피조물들을 향해 매우 다정하시기 때문입니다. 하나님은 불쌍히 여기는 마음이 많으셔서 죄인들을 정죄하는 것을 좋아하지 않으시고, 오히려 친히 자신의 진노를 돌이켜 그들에게 호의를 베풀고, 그들을 회복시킬 수는 없을까 하며 그들을 염려하고 돌보십니다. 하나님께서 죄를 용서해 주시는 이유는 바로 이것 밖에 없습니다. 죄 용서는 우리의 현재나 미래의 어떤 공로로 말미암아 우리에게 주어지는 것이 아닙니다. 오직, 우리 하나님의 다정한 궁휼하심과 이 궁휼하심에서 나오는 사랑의 놀라운 찾아오심(눅 1:78, KJV)으로 말미암아 죄 용서는 우리에게 주어집니다. 하나님께서 우리 죄를 용서해 주실 만큼 충분히 은혜로우시기만 하다면, 이런 일은 이루어질 수 있습니다. 죄 용서를 위한 모든 준비가 이미 완료되었기 때문입니다. 주님은 이 죄 용서뿐만 아니라 모든 일에 대해서도 충분히 은혜로우십니다. 예수 그리스도 안에 계신 그분을 바라보십시오. 거기서 우리는 동정심이 많으신 (시 78:38, KJV) 그분을 바라봅니다. 그래서 우리는 바로 지금 아주 진실 되게 이런 찬양을 부릅니다.

> "다정하신 그분의 마음,
> 사랑으로 녹이는 그분의 마음"
>
> (아이작 와츠의 찬송가 '기쁨으로 우리는 그 은혜를 묵상합니다' [WITH JOY WE MEDITATE THE GRACE]의 1절 가사다).

오늘 이 아침의 주요 핵심은 "우리 하나님의 다정한 궁휼"(눅 1:78, KJV)이라는 짧은 말씀을 부각시키는 것입니다. 제게는 이 말씀이 온화한 빛으로 빛나고 있습니다. 저는 이 말씀 속에서 천국 문에 박힌 진주(계 21:21)가 더할 나위 없이 빛을 발하는 것과 마찬가지로 부드러운 빛이 발하고 있는 것을 봅니다. 제 마음과 귀에는 "다정한"과 "궁휼"이란 단어가 각각 음표가 되고, "다정한 궁휼"에서 각각의 음표가 이루어낸 화음이 최고의 멜로디가 되어 들립니다. 특히 이 멜로디는 마음이 상한 자(시 34:18)에게는 더 그렇게 들립니다. 낙담하고 절망한 자들에게 이 말씀은 죽은 자 가운데서 살아나는 것(롬 11:15) 같은 말씀입니다. 양심의 가책으로 많이 상처를 입은 큰 죄인들은 이런 멜로디에 귀를 기울이고 이렇게 소리칠 것입니다. "다정한 긍휼이란 말이 나오는 그 감미로운 음악을 다시 한 번 제게 들려주십시오." 이런 다정함을 하나님과 연관지어 생각해 본다면, 여러분은 순간적으로 놀라움에 충격을 받을 것입니다. 그토록 위대하신 분이 그토록 다정하실 수 있다는 사실 때문이지요. 다시 말해, 보통 전능하다고 하면 때려 부수는 힘을 가지고 있는 것으로서, 작고 연약하고 고통 받는 일들은 전혀 고려하지 못하는 것으로 생각하기 때문입니다. 그러나 다시 한 번 생각해 보면 이런 놀라움은 사라질 것이며, 전능하신 분이라면 작고 연약하고 고통 받는 일들도 반드시 돌봐야 한다는 새로운 감탄으로 놀라게 될 것입니다. 사람들 중에도 참으로 위대한 사람은 대개 머리와 손재주도 대단할 뿐 아니라 마음씨도 위대한 다정한 사람들입니다. 참으로 위대한 영혼은 항상 온화합니다. 이와 마찬가지로 하나님은 너무나 끝없이 위대하신 분이기 때문에, 그분 또한 당연히 다정하십니다. 우리는 자녀들을 향한 그분의 온화함과 다정함을 성경을 통해 알고 있습니다. 또 우리는 이런 온화함과 다정함이 우리를 구원한 복음 안에 충만히 제시되어 있음을 압니다. "우리 하나님의 다정한 긍휼"이라는 이 말씀은 매우 분명한 사실입니다.

자, 이 말씀에 해당하는 헬라어 원문은 "우리 하나님의 심장의 긍휼"로 되어 있습니다. 복음서 기자들은 헬라어로 기록하긴 했지만, 그 의미를 전달할 때는 히브리어 관용어구로 표현하였습니다. 그래서 헬라어를 쓴 누가복음 기자는 "다정한 긍휼"로 표현된 우리 번역본(스펄전 당시에 성경은 흠정역[KJV]이었으며, 이 흠정역에서는 형용사 '다정한'이 수식어가 되어 '다정한 긍휼'[tender mercy]로 기록되어 있다. 반면, 한글 개역개정에서는 '다정한'이 없이 '하나님의 긍휼'로 되어 있다)과는 달리 형용사를 사용하지 않았습니다. 헬라어 기자들은 (수식어로 형용사가 아니라 명사를 사용하여) 하나님의 창자의 긍휼, 혹은 하나님의 내장의 긍휼, 하나님의 심장의 긍휼 등으로 말했습니다. 죄의 용서 안에 "하나님의 심장의 긍휼"이 보입니다. 그리고 "돋는 때가 높은 곳에서부터" 우리에게 임하는 것처럼, 하나님의 사랑의 찾아오심 안에도 "하나님의 심장의 긍휼"이 보입니다. 거룩한 긍휼의 다정함은 위대하십니다.

이제, 여러분은 헬라어 원문 독법(讀法)에 주목해 주시기 바랍니다. 왜냐하면 이 원문의 뜻은 '다정한'이란 뜻을 의미할 뿐만 아니라, 훨씬 더 많은 것을 의미하는 것으로 보이기 때문입니다. "하나님의 심장의 긍휼"이란 물론 하나님의 위대한 다정함의 긍휼, 하나님의 끝없는 온화함과 숙고(熟考)의 긍휼입니다. 하지만 벌들이 벌통에서 쏟아져 나오듯, 이 표현으로부터 수많은 다른 생각들이 무수히 떠오릅니다. "하나님의 심장의 긍휼"은 하나님 자신의 바로 그 영혼의 긍휼을 뜻합니다. 심장은 생명의 자리이며, 생명의 중심입니다. 긍휼은 하나님에게 있어, 하나님 자신의 생명과도 같습니다. "죽는 자의 죽는 것을 내가 기뻐하지 아니하노니"(겔 18:32, KJV). 하나님은 사랑이십니다. 하나님은 사랑이 있는 분일 뿐 아니라, 사랑 그 자체이십니다. 긍휼은 하나님의 본질입니다. 심장이 없는 하나님은 있을 수 없습니다. 그리고 긍휼은 하나님의 심장 안에 있습니다. 하나님은 자신의 긍휼을 자신의 존재와 묶어 두셨습니다. 그러므로 하나님께서 살아 계시는 한, 하나님은 하나님께로 돌이키는 자들의 죄를 용서하여 주실 것입니다.

이것이 다가 아닙니다. "하나님의 심장의 긍휼"은 '하나님의 마음에서 우러나오는 긍휼', '긍휼을 베풀기를 충심으로 기뻐하시는 하나님'이라는 뜻도 있습니다. 죄의 용서는 주님께서 자신의 심혈을 기울이시는 일입니다. 주님께서는 강렬한 의지와 자발적인 영혼으로 용서하십니다. 하나님은 손가락으로 하늘(시 8:3)과 땅을 만드셨고, 죄인들을 구원하실 목적으로 심장으로 아들을 낳으셨습니다. 영원한 하나님께서는 자신의 온 영혼을 인간을 구원하는 일에 바치셨습니다. 만약 여러분이 가장 하나님다운 하나님의 모습을 보고 싶다면, 하나님이 죄를 용서해 주시는 것과 인간을 구원하시는 모습에서 볼 수 있습니다. 만약 여러분이 대문자로 기록된 하나님의 성품을 읽고 싶다면, 그의 사랑하는 아들의 인성 안에 있는 하나님의 사랑의 찾아오심을 연구하고, 또 그 사랑으로부터 솟아나는 무한한 은혜의 놀라운 모든 사역들을 연구해야 합니다. 하나님께서 "내가 이제 일어나리라"(시 12:5, KJV)라고 말씀하실 때, 하나님을 진지하게 바라보는 것은 엄청난 장관입니다. 하나님께서 자신의 팔을 드러내실 때(사 52:10, KJV), 우리는 경외심으로 그분을 바라봅니다. 그러나 그 힘 있는 충만한 능력은 그분이 하시는 일이 은혜의 사역일 때 가장 잘 드러납니다. 그분께서 자신의 능력을 발휘하시어 우리에게 다가오셔서 우리를 구원하시고, 우리에게 복을 주시기 위해 그분의 존재 중심으로부터 강력하게 행동하실 때, 우리는 참으로 은혜를 입습니다. 하나님의 심장의 긍휼은 우리에게 유익을 끼치기 위한 바라봄이며, 우리에게 복을 주시기 위한 열심입니다. 이것이 바로 하나님의 심장의 긍휼이 뜻하는 바입니다. 하나님 심장의 긍휼은 다정함뿐만 아니라 강렬함, 마음에서 우러나옴, 열심, 기쁨, 그리고 능력의 집중 등이기도 합니다. '하나님의 심장의 긍휼'이 뜻하는 이 다양한 것들은, 하나님께서 죄인들을 찾아오시어 그들의 죄를 용서해 주실 때 죄인들을 대하시는 모습 속에서 드러납니다.

우리가 예배 시간에 찬송을 부르려고 할 때, 어떤 경우에는 찬양인도자가 소리굽쇠를 쳐서 음을 맞추는 경우가 있습니다. 찬양에 앞서 음을 맞춘다는 생각으로 저는 여기까지 서론에 해당되는 말씀을 드렸습니다. "다정한 긍휼"은 오늘 드릴 말씀의 으뜸음입니다. 여러분의 귓속에 이 으뜸음을 늘 간직하셨으면 합니다. 오늘 본문 말씀에서 어떤 멜로디가 흘러나오더라도, 하나님께서 우리에게 보여주신 '하나님의 다정하고도 마음에서 우러나온 강렬한 긍휼'이 주선율이 될 것입니다.

1. 첫 번째로, 하나님께서는 우리를 찾아오실 의도로 이 다정한 긍휼을 보여주셨다는 사실을 살펴보겠습니다.

"이것은 우리 하나님의 다정한 긍휼로 말미암은 것이라. 이로써 동트는 때가 높은 곳에서부터 우리를 찾아와"(KJV).

하나님께서는 멀리서 우리를 보고 불쌍히 여겨, 야곱이 보았던 그런 사닥다리를 내려 보내서(창 28:12) 우리를 구원하신 것이 아닙니다. 하나님께서는 친히 우리를 찾아오셨습니다. 이 본문을 설교하기 위해서 전문적인 헬라어가 필요하지는 않을 것 같습니다. 본문에 표현된 그 자체로도 거룩한 생각들이 가득하기 때문입니다. 하나님께서 찾아오심, 도대체 무슨 말이 더 필요하겠습니까! "사람이 무엇이기에 주께서 그를 깊이 생각하십니까? 사람의 아들이 무엇이기에 주께서 그를 찾아오십니까?"(시 8:4. KJV). 여왕이 여러분을 찾아오기만 해도, 여러분의 대다수는 평생토록 잊지 못할 것입니다. 그리고 반 정도는 여러분 자신이 마치 귀족이나 된 것처럼 느낄 것입니다. 그런데 하나님께서 찾아오시다니요. 이에 대해 무슨 말씀을 더 드릴 수 있겠습니까? 하나님께서 친히 다스리시던 그 위엄과 높은 보좌를 떠나 낮아지시어 우리처럼 보잘것없는 자들을 찾아오시다니 말입니다. 이 성경은 바로 그분이 보내신 편지이기에, 우리는 이것을 정금보다 더욱더 소중히 여깁니다. 하물며 하나님께서 친히 실제로 찾아 오신다는데, 이러한 은혜에 대해 우리가 무슨 말을 더 할 수 있겠습니까?

그럼 어떤 방식으로 주님은 우리를 찾아와 주시는 그 다정한 은혜를 보이셨을까요?

첫째로, 하나님께서 우리에게 행하신 위대한 찾아오심은 구세주이신 복되신 우리 주 예수 그리스도의 성육신입니다. 하나님은 이전에도 인간들을 여러 번 찾아오셨습니다. 여러분께서 성경을 읽어보면 아시겠지만, 이 모든 방문 가운데서 가장 놀라운 찾아오심은 그분께서 이 땅에 오셔서 30년이 넘도록 머무시면서 우리의 구원을 이루어 내신 그 방문입니다. 그토록 위대하신 하나님이 그렇게 가까이 우리를 찾아오시어 실제로 우리의 본성을 취하신 것이 "다정한 긍휼", 마음에서 우러나온 긍휼, 강렬한 긍휼이 아니라면 도대체 무엇이란 말입니까? 왕들은 그의 백성들을 찾아갈 수는 있지만, 설령 찾아가더라도 백성들의 가난과 질병과 슬픔을 스스로 취할 생각은 하지 않습니다. 설령 그런 마음이 있다 해도 그렇게 할 수 없으며, 또한 그렇게 할 수 있다 해도, 그렇게 하려고 하지 않을 것입니다. 실제로 왕들은 우리의 기대보다 훨씬 못할 것입니다. 하지만 우리의 거룩하신 주님은 여기에 우리의 육체로 오셨습니다. 그분은 자신의 신성을 투박한 인간의 진흙 옷으로 감추셨습니다. 오, 사랑하는 어린이들에게 말합니다! 주님께서는 아기가 되어 여러분을 찾아오셨습니다. 그 후에는 부모와 함께 거하는 어린이가 되어, 그 부모님께 순종하며 키가 자라갔습니다. 어린이 여러분과 틀림없이 똑같았습니다. 오, 사랑하는 노동자 여러분들에게 말씀드립니다! 주님은 목수의 아들이 되어 여러분을 찾아오셨습니다. 그래서 여러분의 수고와 피로와 심지어는 여러분의 배고픔과 노곤함까지도 모든 것을 알고 계십니다. 오, 온 인류에게 말씀드립니다! 죄가 없으신 예수 그리스도께서는 모든 점에서 우리와 똑같이 시험을 받으면서까지(히 4:15, KJV) 여러분을 찾아오셨습니다. 그분은 실제로 우리의 본성을 취하셨습니다. 그 정도로 그분은 우리에게 아주 가까이 찾아오셨습니다. 그분은 우리의 연약한 것을 친히 담당하시고 우리의 질병을 짊어지셨습니다(마 8:17, KJV). 이런 유의 방문은 한없이 다정하시고 긍휼을 베푸시는 하나님이 아니고서는 그 누구도 감히 할 수 있을 것이라 생각조차 할 수 없습니다. 그분은 우리와 가장 가까운 친족(민 27:11)이며, 어려운 때를 위해 태어난 형제(잠 17:17, KJV)입니다. 우리가 당하는 모든 고난 속에서 그분도 고난을 받으셨습니다. 그런 그분이야말로 다정함 그 자체이십니다.

그분은 우리의 본성을 취하셨을 뿐만 아니라, 죄와 슬픔의 이 세상에서 우리 가운데 거하셨음을 기억하십시오. 이 큰 군주(단 12:1)께서 우리 땅에 오셨습니다. 이 누추하고 허름한 곳에 오셨다 해도 과언이 아닐 것입니다. 바로 이런 곳을 고향삼아 주님은 우리의 비천한 인성을 잠시 가지셨습니다. 창조주께서 여기에서 인간의 모습으로 머무르실 동안, 우리의 이 작은 행성은 다른 행성들인 많은 별들 가운데서 더 밝게 불타올랐습니다. 그분은 사마리아인의 땅을 밟으셨고(눅 17:11), 유대 언덕을 가로질러 가셨습니다. 그분은 "두루 다니시며 선한 일을 행하셨습니다"(행 10:38). 그분은 조금의 주저함도 없이 사람들과 섞이셨으며, 그분의 인품은 순수함으로 인해 죄인들과 분리될 수밖에 없었지만, 그럼에도 불구하고 모든 사람들을 찾아오셨습니다. 그분은 죄인들을 용납하고 그들과 함께 식사를 하였습니다. 죄인들과의 식사 중에서도 가장 놀라운 일은 한 바리새인과 했던 식사(눅 11:37)였을 것입니다. 타락한 여인과 대화를 하실 때도 그분은 우물가에서 너무 멀리 떨어져 앉지 않으셨습니다(요 4:7). 그분의 눈에는 너무나 비천해서 도저히 돌볼 수 없을 만큼 가난하고 무지한 자는 한 사람도 없었습니다. 그분은 우리의 뼈 중의 뼈요, 살 중의 살이었습니다(창 2:23). 그러므로 우리를 찾아오신 그분의 방문은 우리를 찾아오는 여러 방문들 중에서 가장 친밀한 방문이었습니다. 그분은 사람의 그 어떤 비천함도 멸시하지 않으셨으며, 그 어떤 죄악도 외면하지 않으셨습니다.

이것도 기억하십시오. 그분은 우리를 찾아 우리와 대화하고 우리를 가르치시며, 제가 앞서 말씀드린 바와 같이 더 이상 비할 데 없는 은혜 속에서 고귀하고도 거룩한 본을 우리에게 보이기 위하여 우리를 찾아오셨을 뿐만 아니라, 정죄함을 받은 우리 가운데 내려오셔서 그 정죄함으로부터 우리를 구원하기 위해서도 우리를 찾아오셨습니다. "나무에 달리는 모든 자는 저주 받았느니라"(갈 3:13, KJV)라고 기록된 바와 같이, 그분은 우리를 위해 저주를 받으셨습니다. 그분은 우리가 진 빚들을 친히 자신에게로 돌리시고, 그 빚들을 대신 갚아주셨습니다. 바로 자신의 심장으로 갚을 돈을 마련하신 것입니다. "그분은 자신의 피와 생명을 주셨다"라고 말해도 부족할 것입니다. 그분은 우리를 위해서 자신을 주셨습니다. 다시 말해, 그분은 자기 자신을 전부 내주셨던 것입니다. 그분은 우리를 찾아오셔서, 우리의 질병은 가져가시고, 모든 좋은 것들은 남겨두셨습니다. 이제까지 그분은 우리의 본성에는 들어오지 않으셨기에, 죄의 모든 결과로부터 자신을 지킬 수 있었습니다. 또한 이제까지 그분은 우리의 세계에 들어오지 않으셨기에, 우리의 세계에 거주하는 일반사람들보다 더 뛰어난 지위를 유지할 수 있었습니다. 그런데 그런 그분께서 많은 인간들 가운데 하나의 인간이 되시더니, 하나님의 길에서 벗어남으로 인해 인간 본성에게 떨어졌던 그 일련의 모든 화들을 감당하셨습니다. 그분은 실로 우리의 질고를 지고 우리의 슬픔을 당하였습니다(사 53:4). 왜냐하면 여호와께서 우리 모두의 죄악을 그에게 담당시키셨기 때문입니다(사 53:6). 우리 주님은 이렇게 우리를 찾아오셔서 우리의 보증(히 7:22)과 우리의 대속물(마 20:28)이 되셨습니다. 이것이야 말로 진정으로 다정한 긍휼의 놀라운 한 부분입니다. 이 긍휼은 모든 개념과 언어를 뛰어넘기 때문에, 지금 이 순간에도 이에 대해 말로 다 표현할 수 없을 정도입니다. 비록 지금 고통 속에 있지 않다 해도, 이러한 주제는 저를 사로잡습니다. 만약 여러분 가운데 성육신하신 하나님께서 이 세상에 찾아오셨다는 이야기를 처음 들은 분들이 있다면, 하나님께서 친히 이런 일을 행하면서까지 진정으로 낮아지셨다니, 하면서 영원무궁히 지속될 이 놀라움에 충격을 받을 것입니다. 하나님의 아들이 성육신하여 이 땅에 거하다가 자신을 희생제물로 하나님께 드린 바 되셨다는 이 비교할 수 없는 사실이 바로 복음의 핵심입니다. 이 사실에 대해 여러분은 장황하게 말할 필요가 없습니다. 이 꾸밈없는 사실을 듣고서 단지 기뻐 뛰기만 하면 됩니다. 하나님은 복수의 화신으로 혹은 불 칼을 든 그룹(창 3:24)의 모습으로 우리를 찾아오신 것이 아니라, "어린아이들이 내게 오는 것을 허락하라"(마 19:14, KJV)라고 말씀하실 정도로 낮은 자 가운데서도 가장 낮고 온화한 인품으로 우리를 찾아오셨습니다. 이 모습에서 우리는 우리 하나님의 다정한 긍휼을 보게 됩니다. 하나님께서 슬픔의 사람(사 53:3, KJV)으로 나타나신 것보다 더 큰 다정함은 있을 수 없을 것입니다.

　　저는 하나님의 이 다정한 긍휼의 방문이 오직 한번 뿐이라고 주장해서는 안 된다고 생각합니다. 왜냐하면 오늘 본문을 개정판 성경(RV. Revised Version, KJV에 대한 최초의 공식적인 개정판으로 1879년에 착수하여 외경이 나온 1895년까지 간행되었다. 신약은 3만여 곳이 변경되었으며, 그중 5천여 곳은 더 나은 헬라어 원문에 따라 변경되었다. 스펄전은 1881년에 출판된 신약본문을 참고하여, 1886년에 본 설교를 행하였다 ― 역주)에서는 미래형으로 번역하고 있기 때문입니다. 곧, "우리 하나님의 다정한 긍휼이 동트는 높은 곳에서부터 우리를 찾아올 것이라"로 말입니다("The tender mercy of our God, with which the Dayspring from on high **shall** visit us." KJV에서는 과거형으로 '찾아왔다'[hath visited]로 번역하고 있다). 오늘날에도 하나님은 다른 방식으로 우리를 찾아오고 계십니다. 그러나 그 긍휼하심은 똑같습니다. 어떤 나라에게나 어느 개인에게나 **복음 선포**는 바로 이 긍휼을 베푸시는 하나님의 찾아오심입니다. 여러분이 와서 복음을 들을 때마다, 이 사실을 명심하십시오. 여러분이 이 다정한 긍휼을 받아들이든 받아들이지 않든 간에, 하나님의 나라는 여러분에게 가까이 왔습니다(눅 10:9). 여러분이 귀를 막고 하나님의 다정한 긍휼을 받아들이지 않으려고 해도, 하나님께서는 그 다정한 긍휼로 여러분을 찾아오십니다. 이 복음 안에 구원의 길이 있고 죄 용서의 계획이 있다는 사실을 하나님은 그 다정한 긍휼로 여러분에게 말씀하십니다. 인간들이 죄를 지었고, 하나님은 그 죄를 용서해 줄 방도를 마련하기 위해 그토록 애를 썼음에도 불구하고, 인간들이 그러한 하나님의 용서의 사랑을 받아들이기를 거부하다니, 도대체 이런 기괴망측(奇怪罔測)한 죄가 어디에 있겠습니까? 인간들이 저지르는 이런 죄는 거의 기적에 가까운 아주 희한한 일이라고 밖에 말할 수 없습니다. 오, 사랑하는 성도 여러분, 왜 여러분은 그렇게도 어리석습니까? 여러분 자신의 영혼을 그토록 미워하는 이유가 무엇입니까? 은혜 가운데 여러분을 찾아오신 그 사랑을 거부할 정도로 그렇게 완악한 피조물들이 존재한다는 사실을 마귀들도 처음에는 믿지 않으려고 하였습니다. 마귀들조차도 이 정도로 거부하지는 않았습니다. 사심 없이 선하신 분의 구애(求愛)를 인간들이 외면하고, 또 죽기까지 우리를 사랑하신 분으로 말미암는 구원을 인간들이 거부할 때, 인간들은 하나님께 죄를 지은 것은 물론 자신의 유익에도 해를 끼친 것입니다. 하나님의 사랑하는 아들이 우리를 위해 죽는 은혜 가운데서 하나님께서 그렇게 다정하고도 진심으로 행하신 것들을 우리는 간절히 받아들여야 합니다. 그런데 여러분은 왜 이 사실을 받아들이려고 하지 않습니까? 사랑하는 성도 여러분, 여러분은 값없는 은혜의 이 좋은 소식을 듣는 축복을 받았습니다. 여러분은 하나님께서 이 크고 다정한 긍휼로 여러분을 찾아오셨다는 사실을 알지 못한 채로, 오늘 이 아침에 이곳을 떠나서는 안 됩니다. 예수님은 여러분을 찾고 계시는데, 여러분은 그분을 찾지 않으시렵니까?

그러므로 그분의 이름을 찬송합니다(시 113:2). 그분께서는 지금도 놀라운 방법으로 우리 가운데 있는 몇몇 분들을 찾아오셨습니다. 그분은 성령으로 우리 마음에 들어오셔서, 우리의 인생의 흐름을 바꾸어놓으셨습니다. 그분은 우리의 판단력을 밝히셔서 옳은 것에 애정을 갖도록 우리를 변화시키셨습니다. 우리가 죄를 고백하도록 인도하셔서, 대속의 피로 말미암는 그분의 긍휼을 우리가 받아들이도록 하셨습니다. 이렇게 해서 그분은 참으로 우리를 구원하셨습니다. 이 얼마나 대단한 방문입니까! 성령님께서 우리 가운데 거하시려고 이렇게 찾아오신 것은 대단히 자기를 낮추신 것입니다. 하나님 아들의 성육신과 성령님의 내주(內住)하심 가운데서 어느 것을 더 찬양해야 할지 잘 모르겠다고 저는 종종 말씀드렸습니다. 성령님의 내주하심은 대단한 낮추심입니다. 왜냐하면 성령님께서는 자신의 순전한 몸을 취하지 않으시고, 우리의 몸을 성령의 전으로 삼으셨기 때문입니다(고전 6:19). 그분은 우리 한 사람 한 사람 안에 계실 뿐만 아니라 수만 명 가운데도 계시며, 30여년의 시간에도 거하실 뿐만 아니라 신자의 전 생애에도 거하십니다. 그분은 우리가 하나님을 격노케 하는 행위나 반역에 불구하고 우리 안에 거하십니다. 우리와 '함께'라는 말과 함께 우리 '안에'라는 말을 항상 잊지 마십시오. 오, 이 얼마나 다정한 긍휼입니까! 누가 이 다정한 긍휼을 묘사할 수 있겠습니까? 상냥하신 성령님, 온화하신 성령님, 어떻게 당신이 우리와 함께 거하실 수 있는지요? 오, 비둘기 같이 하늘로부터 내려오신 성령님(요 1:32), 어떻게 저 같은 영혼 안에 둥지를 트실 수 있습니까? 그러나 당신이 우리 안에 계시지 않는다면, 우리는 멸망하게 됩니다. 당신께서는 우리가 그 맏아들의 형상을 본받기까지(롬 8:29) 우리에게 그토록 은혜롭게 행하시고 그토록 오랫동안 참으셨습니다. 그러므로 우리는 그 다정한 긍휼을 찬양합니다. 우리는 성령님의 사랑으로 누그러졌고, 성령의 교통하심(고후 13:14)으로 말미암아 주님께서 우리를 찾아오셨습니다.

    주님께서 우리를 처음 방문하신 이래로, 매우 자주 우리는 그분으로부터 특별한 방문을 받아왔다고 저는 믿습니다. 그분께서 우리를 찾아오실 때마다, 우리에게 큰 기쁨과 둘도 없는 구원과 셀 수 없는 복들을 가져다주셨습니다. "우리에게 주신 성령으로 말미암아 하나님의 사랑이 우리 마음에 넓게 부은 바"(롬 5:5, KJV) 되었습니다. 주님은 우리를 밤에 찾아오셨습니다. 그분은 우리의 영에 가까이 오셔서 우리를 보호하셨습니다. 우리는 아버지와 그의 아들 예수 그리스도와 가까이에서 사랑스러운 교제를 누려 왔습니다. 우리는 지금까지 그런 교제를 누리지 않았습니까? 큰 어려움에 처했을 때마다 이런 친밀한 교제가 자주 있었습니다. 우리가 영적으로 낙담했을 때, 우리가 일상적이지 않은 염려로 힘들어할 때, 즉 사랑하는 이를 여의고서 가슴이 찢어지는 슬픔 가운데 있을 때든지 이런 일들이 일어난 바로 그 때에, 우리 하나님의 긍휼은 동트는 때가 높은 곳에서부터 우리를 찾아오셨습니다. 그리고 그 속에서 우리는 그분의 다정하심을 보았습니다. 하늘이 별들로 인해 환해지는 것처럼, 우리의 삶은 이러한 찾아오심으로 밝아졌습니다. 이 매력적인 주제에 대해서 저는 더 이상은 말씀드릴 수 없습니다. 이 주제는 여러분의 생각에 맡기고자 합니다. 오, 사랑하는 성도 여러분, 여러분의 체험이 이 본문에 대한 최고의 설교가 될 것입니다! 하나님께서 그의 자녀들을 이렇게 찾아오시는 것이, 바로 그분의 긍휼하심은 강렬하고 마음에서 우러나온 것이며 다정하다는 증거입니다. 하나님께서 찾아오신 그 방문을 지금까지 가장 잘 누리신 여러분들이 이에 대해서 말씀해 주십시오!

2. 이제 두 번째 대지를 말씀드리겠습니다.

저를 주목해 주시기 바랍니다. 이 대지에서는 마치 배를 끌고 가야 할 곳이 너무 많아 어디로 키를 돌려야 할지 모르는 그런 상황입니다. 하나님께서는 동트는 때가 높은 곳에서부터 우리를 찾아오셨다는 말씀으로, 하나님은 그분의 다정한 긍휼을 보이셨습니다. 이 말씀은 동쪽으로부터의 여명, 즉 해가 떠오르면서 동이 트기 시작하는 것을 뜻합니다. 이것은 그분이 그리스도로 오시든 혹은 성령님으로 오시든 우리에게 오실 때, 폭풍우처럼 바란 산에서 수만 성도와 함께 불 같은 율법을 들고(신 33:2, KJV) 웅장하고 화려하게 오시는 것이 아니라, 온화한 영광 가운데 온 세상을 기쁨으로 흘러넘치게 하는 환한 아침처럼 우리를 찾아오신다는 말입니다.

이러한 복음의 방문은 율법의 방문보다는 확실히 화려하지는 않습니다. 하지만 그 효과나 참된 영광에 있어서는 결코 뒤떨어지지 않습니다. 하나님은 우리의 어둠이 힘을 얻기에는 충분할지 모르지만 어둠을 동트는 새벽으로 바꾸기에는 역부족인 그런 촛불을 들고서 우리를 찾아오신 것이 아닙니다. 다윗은 기뻐하며 "주께서 나의 등불을 켜심이여"(시 18:28)라고 말했지만, 이 점에 있어서 우리는 다윗보다 훨씬 우위에 있습니다. 우리는 등불이 필요하지 않습니다. 주님께서 동트는 새벽으로 우리를 찾아오셨기 때문입니다.

더구나 그분은 이내 사그라질 불꽃으로 오신 것이 아니라, 우리가 사는 날

동안, 아니 영원토록 지속되는 빛으로 오셨습니다. 우리를 비참하게 하던 그 춥고 긴 어둠과 밤 이후로, 주님께서는 가장 적합하고 효과적인 방식으로 찾아오셨습니다. 다시 말해, 번개도 아니고 등불도 아니고 불타는 별똥별로도 아니라, 동을 트게 하는 태양으로 오신 것입니다.

주님께서 우리를 찾아오시는 것은 동이 트는 것과 같습니다. 왜냐하면 동이 트는 것이 우리 눈에 적합하기 때문입니다. 자연계에서 눈이 빛에 얼마나 잘 맞는지, 또 빛은 눈에 얼마나 잘 맞는지 살펴보십시오. 이 관계는 은혜의 영역에도 잘 맞습니다. 동쪽에서 처음으로 동이 터 올 때는 그 빛이 정오의 작열하는 빛처럼 그렇게 불타오르지 않다가, 우리도 모르는 사이에 회색빛에서 서서히 완전한 낮으로 밝아집니다. 주 예수 그리스도께서 오심도 이와 같았습니다. 처음에 베들레헴에서는 어두컴컴했습니다. 그러다가 조금 조금씩 아버지의 모든 영광으로 밝아지셨습니다. 성령 하나님도 점진적으로 발전하면서 우리에게 오셨습니다. 하나님의 은혜와 마음 사이에, 또 하나님의 은혜와 새로워진 마음 사이에는 서로 간에 잘 맞는 기분 좋은 관계가 있습니다. 그분께서는 우리에게 모든 지혜와 신중함을 풍성하게 주셨습니다. 한 사람 한 사람 개인에게 주시는 하나님의 계시는 그 은혜 입은 자의 상황과 능력에 따라 다정하게 배려하여 각자에게 맞는 형식과 방식으로 주어진 것입니다. 저는 때로 복음이 정확하게 제 경우에 딱 맞도록 만들어졌다는 생각이 들기도 합니다. 여러분도 저와 똑같은 생각을 할 때가 있지 않습니까? 새벽빛은 다른 어떤 피조물보다도 여러분의 눈에 가장 잘 맞습니다. 하나님의 다정하심도 이와 마찬가지입니다. 주님은 자신의 방문을 우리의 슬픔과 심지어는 우리의 질고(疾苦)에까지도 잘 맞게 하셨습니다. 하나님은 우리에게 너무 밝은 빛이 비추어서 우리가 완전히 압도되지 않을 정도의 기쁨만을 주십니다. 이와 마찬가지로 하나님은 자신을 우리에게 적합한 정도로만 보여주십니다. 그분은 처음부터 우리에게 나중에 보여주실 그 은혜의 위엄을 보여주면서 오실 수도 있었지만, 처음에 우리가 그 위엄을 감당할 수 없었기에 스스로 참으셨던 것입니다. 전에는 그분이 우리에게 아기들에게 적합한 젖을 주셨지만, 이제는 우리가 그분과 함께 단단한 음식을 먹을 준비가 되자(히 5:12), 우리에게 어른이 먹는 음식을 주셨습니다. 하나님께서 우리를 찾아오신 모든 방문은 하나님이 긍휼을 베푸신 것입니다. 그러나 은혜의 여명 가운데 찾아오신 것을 통해, 우리는 그분의 긍휼뿐만 아니라 그분의 다정하심까지 보게 됩니다.

하나님의 찾아오심은 동트는 것과 같습니다. 왜냐하면 우리의 어둠을 끝내기 때문입니다. 동이 트면 밤은 추방됩니다. 동이 트면 어떤 소리나 수고도 없이, 칠흑 같은 어둠이 제거되고, 이 땅에는 동양 진주(Orient pearl, 담수성 연체동물에 의해 만들어지는 '담수 진주'와는 달리 미묘한 색의 변화가 있는 '해수성 진주'를 일컫는 말로, 스펄전은 새벽 '이슬'을 이 '진주'에 비유했다)의 씨앗이 뿌려집니다. 밤은 그 박쥐의 날개를 펼치고는 어디론가 사라집니다. 밤은 다가오는 태양의 화살(햇살)을 피해 날아가 버립니다. 예수님께서 우리에게 오심도 이와 같습니다. 예수님은 실제로 우리의 마음에 오셔서 무지와 슬픔과 경솔함과 두려움과 절망의 어둠을 제거하십니다. 예수 그리스도 안에서 우리를 찾아오시는 하나님을 바라보는 그 순간에 우리의 밤은 즉시 끝나게 됩니다. 우리의 낮은 구름이 낄 수는 있어도, 결코 밤으로 돌아가지는 않을 것입니다. 오, 사랑하는 성도 여러분, 여러분이 가장 어두운 한밤중을 보내고 있다 해도, 여러분이 그리스도의 모습을 볼 수만 있다면, 여러분에게 곧 아침이 다가오지 않겠습니까? 그 어느 곳에도 여러분을 위한 다른 빛은 없습니다. 이 사실을 우리 함께 믿읍시다. 여러분이 예수님을 믿음으로 바라볼 수만 있다면, 여러분은 인간의 확신이라는 등불도 필요 없으며, 느낌이나 감정의 불꽃도 필요하지 않을 것입니다. 그리스도를 바라보는 것만으로도 여러분에게 임한 모든 밤들을 끝낼 수 있기 때문입니다. "그들이 그분을 바라보고 빛을 받게 되었으며 그들의 얼굴이 부끄러움을 당하지 아니하였도다"(시 34:5, KJV).

저는 그리스도께서 새벽빛처럼 그렇게 세상에 오신다고 생각하는 것이 좋습니다. 왜냐하면 그분은 측량치도 못할 무한한 축복, 다시 말해 엄청난 현세의 축복을 가지고 오시기 때문입니다. 어떤 사람들은 항상 그리스도를 측량하려고 듭니다. 하지만 그들은 절대 그분이 얼마나 크고 대단한지 짐작조차 할 수 없을 것입니다. 진정으로 우리 주님은 그분께서 택하신 자들을 구원하러 오셨습니다. 저 또한 이 사실을 진심으로 믿고 있습니다. 그런데 어떤 친구들은 그 수많은 빛들을 보면서 그 빛을 누리고 있는 사람들의 숫자로 빛의 수를 제한하고 있습니다. 그 빛을 보고 있는 눈들의 수만 측량해서 말입니다. 사랑하는 성도 여러분, 그래서는 안 됩니다. 예수님은 온 세상의 빛이십니다. 그분은 높은 곳에서 온 세상 우주에 빛을 비추기 위해 오셨습니다. 태양이 하늘 이쪽 끝에서 저쪽 끝으로 움직일 때, 그 빛의 열기로부터 피할 수 있는 것이 아무것도 없는 것(시 19:6)과 같습니다. 그분은 세상에 있는 모든 사람을 비쳐주는 빛으로 나타나셨습니다.

다른 빛은 없습니다. 이 빛을 받고자 하는 자는 누구든지 마음껏 값없이 이 빛을 받을 수 있습니다. 그렇습니다. 그분은 눈먼 자들에게도 빛을 비추십니다. 이 빛은 이 빛을 싫어하는 자들에게도 비추고 있습니다. 그러므로 그들에게는 변명의 여지가 없습니다. "빛이 어둠에 비치되 어둠이 깨닫지 못하고"(요 1:5), "그 정죄는 이것이니 곧 빛이 세상에 왔으되 사람들이 자기 행위가 악하므로 빛보다 어둠을 더 사랑한 것"(요 3:19)입니다. 주님께서 사람들에게 오실 때, 그 축복들은 무한합니다. 햇빛의 길이와 넓이를 여러분이 측량해 보고자 시도한 것과 마찬가지로, 우리 주 예수 그리스도의 계시 안에 있는 우리 하나님의 다정한 긍휼의 길이와 넓이를 계산해 보는 것도 좋을 것 같습니다.

주님께서 우리를 찾아오신 것은 동이 트는 것과 같습니다. 왜냐하면 장차 올 더 큰 영광의 소망을 우리에게 가져다주셨기 때문입니다. 그리스도의 초림은 모든 것을 단번에 드러낸 것이 아니었습니다. 동은 텄지만 아직 정오는 아닌 것입니다. 그러나 동이 튼 것은 정오가 된다는 확실한 보증이 됩니다. 초림도 이와 마찬가지로 앞으로 드러날 영광에 대한 담보가 됩니다. 해가 떴다가 잘못해서 갑자기 져버리는 경우는 절대 없습니다. 해는 자기 침소에서 나와서 경주하려는 힘센 자(시 19:5, KJV)가 자기의 경주를 완수하듯이, 한 번 뜨면 자신의 운행을 완수합니다. 주님께서 우리를 찾아오실 때, 그 주님의 방문은 우리에게 책망이 될 수도 있고, 확실치 않은 소망이 될 수도 있습니다. 하지만 우리는 인내해야 합니다. 새벽이 왔다면 계속해서 빛은 더욱 많아질 것이며, 이전에 있었던 죄악의 어둠 속으로 다시 사라져버릴 두려움은 더 이상 없기 때문입니다. '거룩하고 높은 영원한 정오'(영국 비국교도 지도자이자 교육가이며 찬송가 작사가인 필립 도드리지[Philip Doddridge, 1702-1751]가 작곡한 '안식일의 주님, 우리 기도를 들어주소서'[LORD OF THE SABBATH, HEAR US PRAY]라는 찬송가의 5절 가사다)야말로 눈으로 그리스도를 보고서 그분의 빛을 기뻐하는 모든 자들의 운명입니다.

자, 이 모든 것들이 하나님의 다정한 긍휼에 대한 놀라운 사례입니다. 여러분은 그렇게 생각하지 않으십니까? 주님께서 그 빛을 이처럼 점진적으로 아낌없이 적절하게, 그러면서도 효과적으로 비추면서 이렇게 오셨다는 것을 생각할 때, 여러분의 마음은 감사로 충만해지지 않습니까? 모든 어린 새들은 해가 뜰 때 기뻐합니다. 하나님께서는 저 거대한 천체가 저토록 은혜롭게 떠오르도록 만드셨습니다. 그러면서도 참새 한 마리까지도 그 광경 앞에서 두려워 떨게 하지 않으시고, 오히려 확신에 찬 기쁜 찬양으로 짹짹거리게 하셨습니다. 저 거대한 태양이 그 빛으로 하늘을 흘러넘치게 해도, 작은 꽃들조차 두려워 떨지 않습니다. 오히려 하나님은 해를 뜨게 하셔서, 모든 꽃들의 작은 꽃받침들이 꽃봉오리를 활짝 열어 그 황금빛 햇살을 마음껏 마시게 함으로써, 꽃들이 다시 신선해지도록 하셨습니다. 그리스도의 오심도 우리에게 이와 같습니다. 우리 가운데 가장 작고 연약한 자에게도 이것은 마찬가지입니다. 그리스도께서 우리에게 오심은 그 거대한 무게로 우리를 압도하는 엄청난 축복도 아니고, 그 심오함으로 우리를 어리둥절하게 하는 신비로운 계시도 아닙니다. 오히려 그리스도의 오심은 단순함 그 자체이고 온화함 그 자체입니다. 그렇다 해도 그리스도의 오심은 매우 간단하고 다정해서, 가장 위엄 있고 숭고한 것이 됩니다. 하나님께서 우리를 찾아오신 사실과 동트는 때가 높은 곳에서부터 우리를 찾아오셨다는 사실에 대해 오늘 이 아침에 하나님을 찬양합시다.

3. 세 번째로, 주님께서는 우리가 가장 비천한 상태에 있을 때에 우리를 찾아오신다는 사실이 바로 크신 다정함의 또 다른 사례라 할 수 있습니다.

본문 말씀을 읽어 보겠습니다. "그분의 백성에게 그들이 지은 죄들의 용서를 통하여 구원을 얻게 하는 지식을 주리니." 이 말씀에서 하나님은 우리가 죄 가운데 있을 때에 우리를 찾아오신다는 사실이 드러납니다. 하나님의 구원계획이 만약에 우리가 먼저 우리 자신의 죄를 제거하고 난 후에야 비로소 하나님이 우리에게 오신다는 계획이라면, 이 구원계획은 긍휼로는 충분할지 몰라도, 다정한 긍휼에는 미치지 못할 것입니다. 다음의 성경말씀을 절대 잊지 맙시다. "우리가 아직 연약할 때에 정하신 때가 되어 그리스도께서 경건하지 않은 자를 위하여 죽으셨도다"(롬 5:6, KJV). "우리가 아직 죄인 되었을 때에 그리스도께서 우리를 위하여 죽으심으로 하나님께서 우리에 대한 자기의 사랑을 확증하셨느니라"(롬 5:8). 하나님께서 아무 자격도 없고, 혹 자격이 있더라도 형편없는 자격으로 지옥에나 가기에 딱 알맞은 죄인들을 찾아오셨다는 이 복된 주제를 생각할 때면, 저는 항상 마음이 편안해집니다. 하나님께서 행하신 이 구원의 방문은 은혜로부터, 즉 우리 인간에게 그 어떤 공로나 요구도 전혀 바라지 않는 순수한 은혜로부터 나온 것입니다. 하나님은 새벽처럼 우리에게 오셨습니다. 새벽은 인간을 기다려주지도 않고, 인류를 기다리게 하지도 않습니다. 우리 가운데 구제와 관련하여 만연된 모습이 있습니다. 저는 그런 구제에 대한 생각을 도저히 참을 수가 없습니다. 구제를 무분별하게 해서는 안 됩니다. 그럼에도 구제는 아낌없이 관대하게 해야 합니다. 많은 사람들이 소리칩니다. "우리는 도울 가치가 있는 사람들만 도와야 한다"고 말입니다. 만약 하나님께서 이런 규칙을 채택하셨다면, 여러분과 저는 어디에 있어야 할까요? 병원과 관련해서 낮은 목소리로 이렇게까지 투덜거리는 사람들도 있습니다. 자활을 위해 스스로 살길을 찾아야 할 사람들이 병원을 이용하고 있기 때문에, 정작 후원을 받고 도움을 받아야 할 사람은 이들을 위해 애쓰고 있는 의료인들이라고 말입니다. 그럴 수도 있습니다. 하지만 그러한 비판이 제기하는 완악하고 인색한 마음을 저는 좋아하지 않습니다. 그런 이야기는 아예 꺼내지도 마십시오. 이런 이야기는 야만인들에게나 어울릴 법한 지껄이는 말에 불과합니다. 하나님의 다정한 긍휼을 아는 사람들은 회상할 것입니다. 우리에게 그 어떤 선한 것도 없었을 때에 하나님의 다정한 긍휼은 우리를 찾아오셨습니다. 마치 해가 의로운 자와 의롭지 않은 자 위에 똑같이 떠오르듯이 말입니다(마 5:45 참조). 그분은 아무런 가치가 없는 사람들에게도 기꺼이 주셨습니다. 하나님께서는 자신이 주신 것에 대한 대가로 우리에게서 아주 보잘없는 공로를 요구하심으로써, 그분의 선하심이 보여주는 그 장엄함을 훼손하지는 않으실 것입니다. 그분은 자신의 풍성한 은혜를 따라(엡 1:7, KJV) 우리에게 값없이 주셨습니다. 그분은 비를 내려 주실 때 친절하고 관대한 자들의 밭뿐만 아니라 구두쇠와 심술쟁이의 밭에도 물을 대어 주시는 것처럼, 사람들 중에 가장 악한 자에게도 아낌없이 내주십니다. 이 사실을 깨닫고 우리도 이것을 본받아야 합니다. 그래야만 우리가 하나님의 다정한 긍휼을 알 수 있기 때문입니다. 하나님의 사례를 따라하는 것이야말로 그 사례를 이해할 수 있는 가장 확실한 방법이기 때문입니다.

　게다가 우리 하나님께서는 우리가 어둠 속에 있을 때 우리를 찾아오십니다. 다시 말해서, 우리가 어둠 속에서 아무것도 알지 못하고, 아무것도 보지 못하고, 아무것도 믿을 수 없고, 아무것도 소망할 수 없을 바로 그 때에, 주님의 긍휼이 우리에게 다가온다는 것입니다. 이것이 진정으로 다정한 것이지 않습니까? 어떤 사람은 이렇게 말합니다. "한 사람에게 어느 정도까지는 교육을 받게 하십시오. 그러면 그 이후에는 하나님의 은혜가 그 사람에게 임할 것이라고 기대할 수 있습니다." 무슨 수를 써서라도 사람이라면 교육을 받게 하십시오. 그러나 하나님은 전혀 교육을 받지 않은 사람들에게도 찾아가실 수 있음을 기대하십시오. 또 어떤 사람은 이렇게 외칩니다. "문명의 발전을 따르십시오. 그리고 야만인들 속에서 선교하는 위험한 일들은 피하십시오." 그러나 절대 그렇지 않습니다. 우리의 파송 명령은 "모든 피조물에게 복음을 선포하라"는 것입니다(막 16:15, KJV). 복음은 문명에 앞서고 문명을 생산합니다. 어둠 속에 앉아 있는 자들에게 주님은 높은 곳에서부터 기꺼이 돋트게 하십니다. 빛이 있는 곳에 빛을 보내는 것은 불필요한 일입니다. 뉴캐슬에 석탄을 보낸다는 그런 말이 있지 않습니까?(carry coal to Newcastle, 뉴캐슬은 영국의 최초 석탄 수출항이다. 이 말은 '제주도에 감귤을 보낸다'와 비슷한 의미로 쓸데없이 불필요한 일을 한다는 뜻이다). 하나님께서 우리에게 은혜를 주시는 것도, 하나님이 보시기에 우리가 은혜를 받을 만한 그 무언가를 가지고 있기 때문에 주시는 것이 아닙니다. 오히려 하나님의 은혜가 우리를 향해 기대하고 준비하고 있습니다. 그분은 사랑 안에서 이런 준비와 기대를 가지고 그분의 빛과 생명을 전혀 알지 못하는 자들에게로 오십니다. 그들은 어둠 안에 있고, 그분은 그들에게 낮을 창조해 주셨습니다.

"어둠에 앉은 자들에게"라고 기록된 말씀을 여러분은 눈여겨보셨습니까? 이 말씀은 어둠에 있다는 것 그 이상을 의미하고 있습니다. 어둠에 앉아 있는 사람은 자신의 상황에 전혀 희망이 없다고 느끼고 뭔가를 해볼 생각조차 단념한 사람입니다. 길을 가다 날이 저물어 갈 길을 찾아보았으나 너무 어두워 자신이 어디로 가야 할지 모른 채, 결국 길을 잃은 나그네로서 마땅히 쉴 곳을 찾지 못하고 바위를 잠자리 삼아 절망 가운데 바닥에 웅크리고 누워 있는 그런 사람입니다. 끔찍한 무기력 속에서 꼼짝도 하지 않고 낙담해 있던 자들에게 그분께서 찾아오십니다. 이것이 바로 우리 하나님의 다정한 긍휼의 한 단면입니다. 희망을 잃은 자들이야말로 참으로 잃어버린 바 된 자들입니다. 그런 자들을 구원하기 위해서 구세주께서 오셨습니다.

그 다음에 "사망의 그늘에"라는 말씀이 나옵니다. 여러분은 이 사망의 그늘을 느껴본 적이 있습니까? 이 그늘은 끔찍한 영향력을 가지고 있습니다. 이 사망의 그늘은 냉랭하고도 차갑게 뼛속까지 얼게 하고, 핏줄 속에 흐르는 생명의 온기마저 차단해 버립니다. 사망은 인간을 협박합니다. 비록 사망의 손길이 우리를 내려치지는 않는다 해도, 그 그늘은 늘 우리의 기쁨을 음울하게 만들고, 소망을 꺾어버리며, 마음을 완악하게 하고, 생명 그 자체를 죽은 상태로 만들어 버립니다. 사망의 그늘은 혼란된 마음과 낙담한 영혼과 미지에 대한 두려움과 과거에 대한 공포와 미래에 대한 무서움 등으로 나타납니다. 여러분 중에 지금 이 시간에도 이 사망의 그늘에서 낙담하고 있는 분들은 없습니까? 지옥이 입을 쫙 벌리고서 여러분을 삼키고자 그 턱을 열어젖히고 있지는 않습니까? 여러분은 절망 속에서 사망과 결탁하거나 지옥과 언약을 세우지는 않았습니까? 그리하여 주님께서 "사망과 맺은 너희의 언약이 무효가 되며 지옥과 맺은 너희의 합의가 서지 못하여"(사 28:18, KJV)라고 말씀하셨던 것입니다. 왜냐하면 사로잡힌 자를 건져내고 사망에 처한 자들을 구원하기 위하여, 그의 사랑하는 아들이 사람이 되어 여러분을 찾아오셨기 때문입니다. 주님은 여러분의 죄악을 알고 계십니다. 그럼에도 불구하고 주님은 이 아침에도 여러분을 찾아오셔서 여러분에게 주님을 쳐다보도록 명령하고 계십니다. "보라 세상 죄를 지고 가는 하나님의 어린 양이로다"(요 1:29). 여러분도 지금 그분을 바라보고 살아나십시오. 바라보십시오. 그러면 지금 여러분에게 드리워진 그 어떤 끔찍한 사망의 그늘에서라도 여러분은 지금 당장 건짐을 받게 될 것입니다. 저는 잃어버린 자들에게 베푸시는 하나님의 이 다정한 긍휼을 생각만 해도 마음이 정말 기쁩니다. 찾아야 할 잃어버린 자들이 있으며, 그들은 나중 된 자로서 먼저 될 자(마 19:30)들입니다. 하나님이 여러분을 잃어버린 것처럼 여러분이 느끼고, 소망의 명부에서 여러분의 이름이 빠진 것처럼 여러분이 느낀다 해도, 바로 그런 상태에 있는 여러분에게, 즉 "어둠과 사망의 그늘에 앉은 자들에게 빛을 주기 위하여" 예수님은 오셨습니다. 이것이 바로 다정한 긍휼이 아니고 무엇이겠습니까? 만약 그분께서 이런 자들에게 빛을 비추기 위해 오지 않으셨다면, 저는 결코 구원받지 못했을 것입니다. 명랑한 자들을 위한 복음이었다면, 저와는 맞지 않았을 것입니다. 저는 절망한 자들을 위한 복음을 원했습니다. 만약 복음이 훌륭한 인품을 지닌 자들이나 자신 안에 천부적인 종교적 성향을 지닌 자들에게만 해당되는 그런 복음이었다면, 여긴 계신 몇몇 분들은 틀림없이 멸망했을 것입니다. 죄인의 구세주는 그렇게 멸망당했을 몇몇 분, 아니 참으로 어느 누구에게나 해당되는 유일한 분이십니다. 선한 사마리아인은 상처 입은 사람에게 이렇게 행했습니다. 바로 "그가 있던 곳에 왔습니다"(눅 10:33, KJV). 이와 마찬가지로 예수님은 파멸당한 우리에게 오셨습니다. 상처 입은 자를 도운 그 선한 사람은 가만히 서서, "여기로 와서 내 짐승 위에 올라타시오. 그러면 이 짐승이 당신을 주막으로 데리고 갈 것이오"라고 말하지 않았습니다. 오히려 그는 거의 반쯤 죽은 것처럼 누워 어찌할 수 없는 지경에 이른 그 불쌍한 사람에게 가서, 한 발자국도 움직일 수 없고 손발도 전혀 움직일 수 없게 된 그 상처에 기름과 포도주를 부었습니다. 그러고는 그 상처들을 싸매고 그를 자기 짐승에 태워서 주막으로 데리고 갔습니다(눅 10:34-35). 이것이 바로 다정한 긍휼입니다. 예수님도 우리에게 이런 식으로 행하셨습니다. 그분은 아주 태초부터 우리를 위해 모든 것을 하셨습니다. 그분이 오메가임에 틀림없는 것처럼, 그분은 알파이십니다(계 1:8). 그분은 어둠 속 음침한 사망의 그늘 아래 있는 우리에게 오셔서 우리를 향한 그분의 사랑을 계시해 주셨습니다. 이것이 우리 하나님의 다정한 긍휼을 보여주신 것이 아니고 무엇이겠습니까? 이제 시간도 부족하고 여력도 없습니다. 그러므로 오늘의 본문에서 우리가 생각해 볼 네 번째 대지로 이 말씀을 마치고자 합니다.

4. 그분께서 우리를 찾아오신 결과
우리에게 놀랍고 기쁜 일들이 일어났습니다.

다시 말해, 그 결과는 이것입니다. "어둠과 사망의 그늘에 앉은 자들에게 빛을 주고 우리 발을 화평의 길로 인도하셨습니다." 이 점에서 우리 하나님은 그분의 다정한 긍휼을 보여주셨습니다. 한 장의 그림을 스케치하는 것으로도 충분할 것 같습니다. 제가 밑그림을 그릴 테니 여러분께서 잘 따라오시기 바랍니다. 사막에서 길을 잃은 지 오래되어 배가 고프기 시작한 한 무리의 대상(隊商)을 상상해 보십시오. 해가 떨어진지는 오래되었고, 어둠은 모든 사람들의 마음에까지 드리우고 있습니다. 주위에 그들을 감싸고 있는 것은 온통 모래로 뒤덮인 황무지와 애굽의 어둠(Egyptian darkness, "캄캄한 흑암", 출 10:22)뿐입니다. 길의 이정표를 찾지 못한다면, 거기 그대로 남아 죽을 수밖에 없는 상황입니다. 배고픔과 목마름으로 스스로 두려운 상황을 감지한 그들은 영혼마저 혼미해져갑니다. 그들은 두려움으로 잠조차 잘 수 없습니다. 밤은 무겁게 그들을 내리누르고, 장막 위의 축축한 습기는 여행자들의 영혼마저 냉기로 소름이 돋게 합니다. 이런 상황에서 무엇을 할 수 있을까요? 예, 파수꾼을 세우면 얼마나 좋습니까! 아, 그러나 애통하게도 그들을 위로해 줄 별 하나 보이지 않습니다! 그러다가 마침내 파수꾼이 소리칩니다. "새벽이 온다." 새벽은 모래 바다를 헤치고 넘어 옵니다. 그러나 이보다 더 좋은 것은 새벽이 사막 길의 이정표로 세워둔 흙무더기를 드러나게 해서, 여행자들이 길을 찾도록 해 준다는 점입니다. 파멸될 수밖에 없었던 그들은 순식간에 동이 터 올라 화평의 길을 발견하여 구원을 받게 됩니다.

우리가 그린 이 그림의 핵심은 이것입니다. 주 예수 그리스도께서 우리를 찾아오셨을 때, 그분은 실제로 우리의 어둠에 빛을 가지고 오셔서, 현실적으로 길을 인도하시고 그 길이 우리에게 화평의 길이 되도록 하셨다는 것입니다. 이 모든 것을 종합하여 주님께서 여러분을 위해 행하신 것들을 기억하십시오. 만약 예수님께서 그의 성령으로 동트는 것처럼 여러분을 찾아오지 않았다면, 여러분은 일찍이 그 길을 몰랐을 것이며, 세상에 있는 모든 설교로도 이 사실을 알지 못했을 것입니다. 설령 여러분이 그 길을 알았다 해도, 여러분 혼자서 그 길을 알게 된 것이 아닙니다. 여러분이 멀리서 그 길을 보았다 해도, 여러분 스스로 그 길에 들어설 수는 없었습니다. 예수님이 가까이 오셔서, 실제로 여러분의 발을 그 길로 인도하셨던 것입니다. 그분께서 여러분의 발을 반석 위에 두시고 여러분의 가는 걸음을 굳게 세우셨습니다(시 40:2). 주님께서는 여러분이 가는 길이 완전한 화평의 길이 되도록 여러분에게 그토록 사랑스럽게 빛을 비추어 주셨습니다. 만약 주님께서 그렇게 빛을 비추어 주지 않으셨더라면, 그 자체로 선한 그 길이 여러분에게는 의심과 두려움과 망설임의 길이 되었을 것입니다. 오늘 본문에 나오는 화평이라는 말은 번영, 풍성, 안식, 기쁨이란 뜻입니다. 사랑하는 성도 여러분, 여러분은 화평이란 말 속에 이런 뜻이 있다는 것을 알고 계셨는지요? 주님께서 여러분을 찾아와 주셨습니다. 그러므로 여러분은 화평으로 인도함을 받아 기쁨으로 살아가야 하지 않겠습니까?

자, 이제 저는 이 모든 말씀의 결론으로 실제적인 문제를 말씀드리고자 합니다. 하나님께서 하나님의 다정한 긍휼로 우리를 찾아오셔서, 제가 다 말씀드릴 수도 없고, 또 여러분이 다 들을 수도 없을 만큼 엄청나게 많은 일들을 우리를 위해 행하셨다면, 우리는 그 다정한 긍휼을 우리의 동료들과의 관계에서 보여주도록 합시다. 어떤 사람이 자신은 기독교인이라고 자처하면서도, 속을 들여다보면 조금도 기독교인이 아닌 그런 영혼을 가지고 있다면, 이 사람은 아주 비참한 사람입니다. 구원받아 살면서, 천국에 이르는 삶을 살면서, 그리고 믿음을 누리며 살면서도, 다른 사람들을 축복하거나 신음하는 세상의 비참함을 덜어주는 삶을 살지 않는다면, 이것도 아주 끔찍한 삶입니다. 자신의 영혼만을 구원하는 이

기적인 영적 거래의 수단으로 믿음을 생각한다면, 이런 생각은 전혀 말도 되지 않는다는 것을 여러분은 알지 못합니까? 여러분이 사랑하는 법을 알게 되기까지 화평을 기대한다는 것은 부질없는 일입니다. 전쟁과 싸움이 사랑의 결핍에서 생기는 것이 아니라면, 도대체 어디에서 생겨난다는 말입니까? 여러분의 믿음이 여러분을 자아로부터 떼어내어, 여러분으로 하여금 자신의 영적인 유익보다 더 고귀한 무언가를 위해 살도록 하지 않는다면, 여러분은 아직까지도 어둠을 벗어나 하나님의 빛으로 나아가지 못한 것입니다. 이기심을 극복하는 유익한 길이 바로 화평의 길입니다. 그러므로 저는 오늘 여러분에게 간청합니다. 불쌍한 모든 사람들을 아주 다정하게 대해 주십시오. 지금은 불경기입니다. 자신이 실제로 필요한 것보다 더 많이 가진 자들은 바로 지금 도움을 절실히 필요로 하는 아주 궁핍한 자들을 도울 준비를 항상 하십시오.

오늘 이 아침에 우리가 드리는 헌금은 병원을 돕고자 하는 헌금입니다. 병원은 프랑스에서 "하나님의 집"(주교좌 도시에 설립된 비영리 병원의 옛 이름으로, 현대의 프랑스 시립병원도 아직까지 이 이름으로 불리고 있다)으로 불리고 있습니다. 병원은 설립 의도를 볼 때 하나님의 의도와 참으로 비슷합니다. 내일 병원에 있지 않으리라 장담할 수 있는 사람은 여기 아무도 없습니다. 여러분은 부유하다 생각하십니까? 부유하다 해도 여러분은 길거리에서 마차에 치일 수도 있고 졸도할 수도 있습니다. 병원문은 여러분을 향해 열려 있습니다. 이런 일은 거지에게만 일어나는 것이 아니라, 귀족에게도 얼마든지 일어날 수 있습니다. 병원은 피난처가 되는 셈입니다. 엄청나게 부유한 자들이라도 불이나 물로 인한 사고나 기타 사고 등으로, 혹은 갑작스런 질병 등으로 상처를 입게 되면 병원으로 실려 올 수밖에 없습니다. 저는 여러분의 이기심과 명예에 호소합니다. 여러분이 감당해야 할 몫을 공공의 후원기관인 병원에 기부하십시오.

저는 여러분이 좀 더 높은 곳에 서기를 애원합니다. 지난 해 동안 정확히 몇 건의 사고인지는 모르나, 여하튼 수천 건의 사고 부상자들이 병원에서 치료를 받았습니다. 아주 놀라운 숫자입니다. 병원에서는 절대로 그 환자가 누구이고 출신 성분이 어떤지를 묻지 않고 모든 환자들을 받아들입니다. 대형사고 때마다 사고 현장에 가까운 병원은 엄청난 액수의 경비를 감당하게 됩니다. 그런 안타까운 상황이 병원에 벌어질 때마다, 어떤 특별한 독지가들이 나타날 것이라고 기대하는 것은 좋은 생각이 아닙니다. 이런 고귀한 기관들이 어떻게 유지되고 있는지 생각하는 사람도 거의 없습니다. "오, 부자들이 그런 기관들을 도우면 되겠네!"라고 생각하는 것은 안타까운 일입니다. 부자들은 이 기관들을 자주 잊고 있습니다! "음, 그러면 일반적인 모금을 통해서 이 일을 감당하면 되겠네!"라고 해서도 안 됩니다! 모금으로 채워지는 기부금은 보통 애처로울 정도의 액수이며, 그 액수로는 병원에 별 도움이 되지 않습니다. 그래서 이런 기관들이 빚더미에 앉게 되기도 하고, 병원의 재산을 쓰다가 병실이 텅 비어버리기도 합니다. 이런 비영리 병원의 문제를 지금 당장 너무 강하게 제기할 수도 없는 상황입니다. 그리 내키지는 않지만, 저의 바람은 정부가 이 병원들을 맡아서 운영하면 어떨까 하는 생각도 듭니다. 물론 정부가 맡아서 경영하게 되면, 사람들을 마음으로 느끼면서 대하던 사립 운영자들만큼 그렇게 잘 운영되리라는 확신은 없지만 말입니다. 그럼에도 어떤 조치가 취해져야 하는 것은 분명합니다. 우리는 훨씬 더 많이 기부해야 합니다. 모금 액수 또한 우리 국교회와 비국교회 교회들이 지금까지 감당하던 액수보다 최소 두 배는 더 감당해야만 합니다. 만약 여러분이 어떤 사람이 마차에 치여서 그의 뼈가 부러지는 소리를 듣는 현장에 있다면, 여러분은 주머니에 손을 넣어 돈을 꺼내거나 아니면 여러분의 능력으로 그 사람을 도울 수 있는 어떤 일을 하려고 할 것입니다. 저는 잠시만이라도 그런 재난의 현장에 여러분이 있는 것처럼 느끼게 하고 싶습니다. 그렇게 해서라도 여러분의 마음과 손을 감동시켰으면 합니다. 질병은 항상 집 밖에 득실거리며, 수천 명의 사람들이 도움을 받으려고 병원으로 이송되고 있습니다. 저는 여러분을 병동으로 데리고 가서 여섯 개의 병상에서 나오는 이런저런 이야기들을 듣게 하고 싶습니다. 질병, 얼마나 안타까운 일입니까! 질병으로 인한 가난은 또 얼마나 안타깝습니까! 고통을 참아야 하는 그 몸은 또 얼마나 불쌍합니까! 오, 오십시오. 와서 그들을 도우십시다! 그들을 간호하는 자들과 그들을 구하기 위해 최선을 다하는 사람들을 돕는 일에 후원합시다. 누가 이 일을 감당할 수 있겠습니까? 우리 하나님의 다정한 긍휼로 저는 여러분에게 엄명합니다. 이 위대한 사역에 마음껏 후원하십시오. 헌금함이 여러분 앞에 돌아갈 때, 이 헌금함은 달랑 동전 세 개를 넣을 그런 헌금함이 아님을 기억하십시오. 여러분 가운데 부유한 분들은 배서(背書)와 함께 수표를 끊어서 우리 재정위원에게 건넬 수도 있습니다. 우리의 소망과 생명이 동터오는 그 다정한 긍휼하심을 위해서 모든 일을 아낌없이 행해야만 합니다.

제
5
장

—

그리스도를 위한 방이 없는 여관

—

"그녀가 자기의 맏아들을 낳아 포대기로 싸서 구유에 뉘었
으니 이는 여관에 그들을 위한 방이 없었기 때문이더라."
— 눅 2:7, KJV

우리 주님께서 유다 자손이라는 사실은 논란의 여지 없이 명백히 입증되어
야 할 필요가 있습니다. 그리고 하나님께서 그의 종 미가를 통해 말씀하신(미
5:2) 대로, 우리 주님이 베들레헴 에브라다에서 태어나실 수밖에 없었다는 사실
도 함께 입증될 필요가 있습니다. 첫 번째 문제는 혈통에 관한 것으로, 신원 미상
의 한 목수와 전혀 알려지지 않은 한 처녀의 혈통이 어떻게 공적으로 확인될 수
있는가 하는 것입니다. 호적을 정리하는 자들이 무슨 이득을 보겠다고 그처럼
비천한 두 사람의 이름을 호적에 기록해 두었던 것일까요? 또, 두 번째 문제는
출생지에 관한 것입니다. 마리아는 갈릴리의 나사렛에서 살았습니다. 따라서 마
리아는 나사렛에서 우리 주님을 출산했을 개연성이 아주 높아 보입니다. 그런데
실제로는 출산일이 다가오자, 마리아가 어떤 절대적인 강요가 아니고서는 절대
로 떠나지 않았을 여행, 즉 유대 땅의 서쪽 지역으로 가는 멀고도 지루한 여행을
떠났던 것입니다. 어떻게 혈통과 출생지라는 이 두 문제를 함께 제대로 정리할
수 있을까요? 어떻게 한 번에 두 마리 토끼를 잡을 수 있을까요? 그렇게 할 수 있
어야 하고, 또 그렇게 해야만 합니다! 그 결과 로마 제국은 오시는 다윗 자손의
혈통으로 기재하여 공식 직인을 찍을 것이며, 베들레헴은 그의 나심을 보게 될

것입니다. 어떤 측면에서 독립적인 정신을 보이기도 하는 소군주인 헤롯은 대군주인 아구스도(눅 2:1)를 화나게 하였습니다. 그로 인해 아구스도는 더 이상 헤롯을 친구로 대하지 않을 것이고 앞으로는 봉신(封臣)으로 대할 것이라고 말했습니다. 헤롯은 아주 비참하게 굴욕적으로 복종하였고, 그의 친구들은 로마 법정에서 헤롯을 변호했습니다. 그럼에도 불구하고 아구스도는 분노의 표시로 모든 유대인들을 대상으로 한 인구조사를 명령하였습니다. 이것은 조세 징수의 목적으로 고려된 것이었지만, 실제로 조사 후에 몇십 년이 지나도록 이 조사에 따른 조세 징수는 시행되지 않았습니다. 군주의 의지란 바람과 파도보다도 더욱 변덕스러울 때가 있습니다. 하지만 폭풍우를 다스리는 분은 그러한 황제들의 완고한 마음까지도 어떻게 다스려야 하는지 잘 알고 계십니다. 우리 주 하나님은 가장 사나운 군마(軍馬)를 위한 재갈과 가장 무서운 리워야단(leviathan)이라도 끌어낼 낚시(욥 41:1)를 가지고 계십니다. 전제군주인 가이사들도 눈에 보이지 않는 줄로 움직이는 꼭두각시일 뿐입니다. 만왕의 왕(계 17:14)의 일들을 꾸준하게 열심히 행하는 사람들일 뿐입니다. 아구스도가 헤롯에게 화를 낸 것은 분명해 보입니다. 그는 유대 백성들에게 조세를 강요했고, 칙령을 내려 조세 등록을 하게 했던 것입니다(눅 2:1, KJV). 불편하고 가혹하고 무모한 이런 규정이라 해도 그것이 공포된 이상 어쩔 수 없이 모든 사람들은 소위 자신이 속한 마을에 가서 호적을 정정해야만 했습니다. 그래서 마리아도 예수 그리스도께서 태어나기로 예언된 베들레헴으로 갔던 것입니다. 더구나 예수 그리스도의 어머니가 베들레헴으로 갔다는 사실만으로도 예수 그리스도께서 다윗의 혈통을 지닌 다윗의 자손이라는 사실이 공적으로 인정된 셈입니다. 마리아가 베들레헴에서 머물다가 다시 갈릴리로 돌아갔다는 그녀의 주장은 의심의 여지 없는 분명한 사실입니다. 만약 그 당시에 어떤 사람이 불쑥 나타나서 분명한 예언들을 통하여 그 지역에 거주하는 소수의 출산을 앞둔 여인들 가운데서 메시야가 탄생될 것이라고 주장했다면, 그 가문에 속한 모든 여인들의 시기심을 자극했을 것입니다. 여기서도 섭리의 하나님께서 가지신 지혜가 얼마나 대단한지에 주목하시고, 모든 일들이 질서정연하게 되어가고 있음을 믿으십시오.

  이렇게 해서 다윗 가문의 모든 사람들이 베들레헴으로 오게 되었습니다. 그때 이 작은 마을의 숙박시설은 곧 다 차 버리고 말았습니다. 분명히 그 지역에 사는 사람들은 자기 집이 미어터지도록 친구들을 집으로 맞았을 것입니다. 하지만 요셉은 그 정도로 호의적인 친척이 그 마을에 없었습니다. 모든 마을에는 대상(隊商)들이 자유롭게 투숙할 수 있는 대상들을 위한 숙박시설들이 마련되어 있었습니다. 하지만 이마저도 꽉 차 버렸습니다. 멀리서, 그것도 해산을 앞둔 터라 어쩔 수 없이 천천히 여행할 수밖에 없었던 이 초라한 부부는 그날 밤 늦게야 마을에 도착했습니다. 사각 벽돌로 지은 큼지막한 방들은 이미 다른 가족들로 가득 차 버렸습니다. 출산을 앞둔 여인이 묵을 곳으로는 짐 부리는 짐승들에게나 어울릴 법한 누추한 공간 외에는 더 나은 곳이 남아 있지 않았습니다. 나귀들의 마구간이 그 아기가 태어날 수 있는 유일한 장소였습니다. 마구간 앞쪽에 커튼을 치고, 아마 동물들을 바깥쪽으로 밧줄로 잡아매 통로를 막은 후 필요한 공간을 만들었을 것입니다. 바로 여기서 이 마구간에서 영광의 왕(시 24:8)이 태어나셨습니다. 이 구유 안에 그분이 뉘어 있었습니다.

오늘 아침에 제가 할 일은 여러분이 베들레헴의 이 마구간을 묵상하도록 인도해서, 여러분이 이 대단한 광경, 즉 구세주께서 구유에 계신 광경을 보고, 그분이 이렇게 비천한 침상에 뉘어 있어야 했던 이유를 여러분이 생각해 보도록 하는 것입니다. "이는 여관에 그들을 위한 방이 없었기 때문이더라."

1. 그리스도께서 구유에 뉘어 있어야 했던
또 다른 이유들이 있었다는 사실로 이 말씀을 시작하고자 합니다.

1. 이것은 그분의 겸손을 자세히 보여주고자 하는 의도가 있다고 생각합니다. 그분은 예언대로 "사람들에게 멸시를 당하고 거부되었으며 슬픔의 사람이요, 고통을 잘 아는 자"(사 53:3, KJV)입니다. 그분은 "마른 땅에서 나온 뿌리 같아서 고운 모양도 없고 풍채도 없는"(사 53:2) 분이셨습니다. 십자가에서 벌거벗은 채로 죽어야 할 사람이 태어날 때는 홍포에 싸여 있었다면 어울렸겠습니까? 빌린 무덤에 장사되어야 했던 구세주께서 가장 남루한 헛간이 아닌 다른 곳에서 태어났더라면, 그리고 가장 비천한 집이 아닌 다른 곳에서 사셨더라면 어울렸겠습니까? 구세주께서 이 땅에서 사시는 동안 두 극단에 서 있는 구유와 십자가는 가장 잘 어울리는 것 같으며, 양자가 서로 조화를 이루는 것 같습니다. 그분은 평생토록 농부의 복장을 하고 다니셨고 어부들과 어울리셨습니다. 비천한 자들이 그분의 제자들이었고, 차가운 산이 그분의 유일한 침대가 되기도 하였습니다. 그분은 "여우도 굴이 있고 공중의 새도 거처가 있으되 인자는 머리 둘 곳이 없다"(마

8:20)고 말씀하셨습니다. 그러므로 그분께서 자신의 모든 영광을 버리시고 자기 위에 종의 형체를 취하셔서(빌 2:7, KJV) 가장 비천한 상태에까지 낮아지셨던 바로 그 치욕의 때와 그가 구유에 뉘어 있어야 했던 때는 더할 나위 없이 잘 어울리는 안성맞춤이라고 할 수 있습니다.

2. 구유에 뉘이심으로, 그분은 가난한 자들의 왕으로 선포되셨습니다. 의심할 바 없이 가난한 자들은 그러한 그분의 처지를 통해서 그분이 자신들과 맺고 있는 관계를 즉시 알아차릴 수 있었습니다. 천사들이 목자들에게 "너희가 가서 강보에 싸여 구유에 뉘어 있는 아기를 보리니 이것이 너희에게 표적이니라"(눅 2:12)라고 말했을 때, 목자들은 마음속에서 가장 다정한 형제 같은 친밀한 감정이 뜨겁게 올라왔을 것이라고 믿습니다. 가난한 자들은 황제의 옷을 입은 사람을 보고서 어떤 매력을 느끼기가 힘들지만, 자신들과 같은 옷을 입은 사람을 보면 신뢰하게 됩니다. 노동자들은 그들과 같은 계층의 지도자에게 강한 애착을 가지며, 어떤 일이 있어도 그를 믿습니다. 왜냐하면 그런 지도자는 노동자들의 수고를 알고 있고, 그들의 슬픔에 동감하며, 그들의 모든 관심사에 흥미를 느끼기 때문입니다. 위대한 사령관은 자신을 각 병사들의 계급에 속한 자로 여기면서 그 병사들의 입장에서 느끼는 여러 어려움과 불편함을 공유하는 것으로 병사들의 마음을 얻습니다. 인류의 왕이신 그분은 베들레헴에서 태어나셔서 어린 시절부터 가난한 자들이 겪는 일반적인 어려움을 다 겪으셨습니다. 아니, 그분의 몫은 그 가난한 사람들보다 더욱 열악했습니다. 구유에 나신 것에 대해 목자들(눅 2:8)이 서로 이야기하는 소리가 들리는 듯합니다. 한 목자가 친구 목자에게 이렇게 말합니다. "아! 이제 이 분은 폭군 헤롯과는 같지 않겠구나. 그분은 구유를 기억하셔서 가난한 자들의 마음을 통감하시겠구나. 자기 스스로 뭔가를 어떻게 할 수 없는 불쌍한 아기, 그 아기가 벌써부터 사랑스러워지는구나. 이 차디찬 세상이 세상의 구세주에게 이런 비참한 방을 내놓았구나. 오늘 나신 분은 가이사가 아니야. 오늘 나신 분은 우리의 들판을 군대로 짓밟고, 자기의 부하들을 위해 우리의 양 떼들을 마구 도살하는 그런 분이 절대로 아닐 거야. 그분은 가난한 자들의 친구가 되어주고, 백성들을 위한 왕이 되어주실 거야. 또한 그분은 우리 목자들의 왕이신 하나님의 말씀에 따라 백성들 중에 가난한 자들을 위한 재판을 해주실 것이며, 궁핍한 자들의 자녀들을 구원하실 거야." 확실히 목자들과 이 땅에서 가난한 부류의 사람들은 여기 누워 계신 그분이야말로 서민을 위한 왕이라는

사실을 즉시 알아차렸을 것입니다. 그분은 고귀한 혈통으로서 "백성 중에서 택함 받은 자"(시 89:19)라고 주님께서 칭하신 바로 그분이었습니다. 위대하신 평강의 왕(사 9:6)이셨습니다! 그 구유는 왕이신 당신의 요람이었습니다! 그 구유 안에 당신께서 계셨으며, 온 인류의 왕이신 당신 앞에 모든 민족들이 서 있습니다. 당신 앞에서는 야만인이나 스구디아인이나 종이나 자유인이 차별이 있을 수 없습니다(골 3:11). 왜냐하면 당신은 만유의 주(행 10:36)이시기 때문입니다. 이 세대의 왕들이 영광의 주를 알았더라면(고전 2:8), 그들이 가진 금과 은을 그분에게 아낌없이 바쳤을 것입니다. 하지만 그들이 그분을 알지 못했으므로, 그분은 스스로 나타나심으로(고전 2:4, KJV) 백성들의 지도자와 증인으로 선포되셨습니다. 그분 아래에서는 존재하지도 않던 것들이 존재하는 것들을 무(無)로 만들어 버리며, 하나님께서 택하셨으나 무시를 받던 것들이 그분의 통치 아래 인간이 대단하게 생각하던 권력과 교만과 위엄을 산산조각 낼 것입니다.

3. 더 나아가 이렇게 뉘어 있음으로, 그분은 가장 비천한 자라도 그분에게 올 수 있도록 초대하신 것입니다. 우리가 보좌 앞으로 나갈 때는 두려울 수도 있겠지만, 구유 앞으로 나아갈 때는 두려워하지 않을 것입니다. 만약 길 위에 깔린 옷들과 뿌려진 종려나무 가지들과 "호산나!"(마 21:9) 하며 외치는 사람들의 소리 가운데, 예루살렘 거리를 위풍당당하게 말을 타고 입궐하듯이 들어오시는 주님의 모습을 우리가 처음부터 보았더라면, 우리는 그분이 우리가 가까이 다가갈 만한 분이 아니라고 생각했을지도 모릅니다. 물론 주님께서 위풍당당하게 오셨다 해도 우리가 그분에 대해 그렇게 생각하는 것이 잘못이지만 말입니다. 참으로 주님은 예루살렘에 입성하실 때도 나귀 새끼 곧 어린 수나귀 위(마 21:5, KJV)에 앉으셨습니다. 주님은 그 정도로 온유하게 낮아지셨습니다. 어린아이들이 그분의 주위로 모여들며 천진난만한 목소리로 "호산나!" 하고 외쳤습니다. 그리스도만큼 가까이 할 수 있는 사람은 아무도 없을 것입니다. 도움을 청하는 불쌍한 자들을 거친 경호원들이 밀쳐내는 일도 없습니다. 귀찮게 졸라대는 과부나 자기 아들을 고쳐 달라고 아우성치는 사람들이 접근하지 못하도록 뒤에서 모르게 활동하는 그런 무리들도 없습니다. 아픈 백성들이 만질 수 있도록 그분의 옷자락은 길게 만들어 항상 끌리게 되어 있고, 그분의 손은 어떤 질병이라도 안수해 줄 준비가 되어 있으며, 그분의 귀는 고통으로 신음하는 가냘픈 소리라도 들을 수 있으며, 그분의 영혼은 태양의 광선이 지구 자체를 넘어서 모든 곳에 비취듯이 어

디에서든 궁휼의 빛을 비추십니다. 구유에 뉘이심으로써 그분은 자신이 사람들 중에서 택함을 받은 제사장(히 5:1)임을 입증하셨습니다. 그 제사장은 우리의 형제처럼 고난을 받음으로써 우리의 연약함을 동정하는(히 4:15, KJV) 그런 분이십니다. 그분에 대해 사람들은 이런 말들을 하기도 했습니다. "세리와 죄인들과 함께 먹고 마시느냐?"(막 2:16), "이 사람이 죄인을 영접하고 음식을 같이 먹는다"(눅 15:2)고 말입니다. 갓난아기 때부터 구유에 뉘이더니, 죄인들의 친구(눅 7:34)로까지 비춰졌던 것입니다. 수고하고 무거운 짐 진 자들이여(마 11:28), 그분께 나아가십시오! 상한 심령(시 51:17)과 풀이 죽은 영혼들이여(시 57:6), 그분께 나아가십시오! 여러분 자신을 경멸하고 다른 사람들로부터 경멸을 받는 자들이여, 그분께 나아가십시오! 세리와 창기들이여, 그분께 나아가십시오! 도둑과 술꾼들이여, 그분께 나아가십시오! 그분께서 누이신 구유는 여러분이 아무리 만져도 막을 자가 없고, 여러분이 아무리 바라보아도 막을 자가 없습니다. 무릎을 꿇고 하나님의 아들에게 입 맞추십시오. 그분을 여러분의 구세주로 맞아들이십시오. 그분께서는 여러분이 가까이 다가올 수 있게 하려고 구유 안에 뉘이셨기 때문입니다. 솔로몬의 보좌는 여러분으로 하여금 경외하게 할지는 몰라도, 다윗의 자손(마 1:1)이 뉘이셨던 그 구유는 분명히 여러분을 초대하고 있습니다.

　4. 여기에는 또 다른 신비가 아직 있다고 생각합니다. 사랑하는 성도 여러분, 그 곳은 모두에게 무료였음을 기억하십시오. 그곳은 여관이었습니다. 숙박과 제공되는 음식에 대해 요금을 지불해야 하는 우리 시대의 호텔과 그 곳의 여관은 전혀 달랐습니다. 단순한 세상에서 살았던 초기의 선조들은 모두 낯선 사람을 대접하는 것을 영광으로 생각했습니다. 그러다가 차츰 여행이 일반화되면서, 많은 사람들은 그 영광과 기쁨을 그 이웃들과 함께 나누고 싶었습니다. 손님접대라는 아주 귀한 일을 독점하고 싶지 않았던 것입니다. 그렇게 시간이 흘러, 각 동네와 마을마다 한 사람을 지정하여 낯선 사람을 동네 사람 모두의 이름으로 접대하게 했습니다. 그러다가 또 시대가 흘러 세상이 더욱 복잡해지면서, 초기의 그 뜨겁던 형제 사랑이 식어가자, 대안으로 마련된 유일한 것이 큰 사각형의 건물을 짓는 것이었습니다. 그곳에 여행자들을 위한 방들을 배치하고, 아래층에는 짐승들을 위한 공간을 마련해서 물을 마련하고, 또 어떤 경우에는 여물로 건초를 제공하기도 했습니다. 여행자들은 가능한 한 안락하게 지낼 수 있었습니다. 여행자들은 그렇게 대상(隊商)을 위한 숙박시설에 들어가기 위해서 돈을 지

불할 필요가 없었습니다. 그곳은 모두에게 무료였으며, 특히 마구간은 더 그렇게 사용할 수 있었습니다. 자, 사랑하는 성도 여러분, 우리 주 예수 그리스도께서는 그분께 나아오는 모든 자들이 전혀 값없이 무료로 나아올 수 있다는 사실을 보여주기 위해, 여관 안에 있는 마구간에서 태어나신 것입니다. 복음은 모든 피조물들에게 전파되며 아무도 소외하지 않습니다. 성경의 초대 말씀을 우리는 이렇게 말할 수 있습니다.

> "스스로 자신을 제외하는 사람 외에는
> 아무도 제외되지 않는다.
> 배운 자나 품위 있는 자나
> 무식한 자나 무례한 자나 기꺼이 맞아주신다.
>
> 예수님의 은혜는 왕들을 구원하기도 하지만,
> 가난한 자들도 자신의 구원에 참여할 수 있다.
> 죽을 인간이 아무리 의로운 척해도
> 절망 가운데 멸망할 뿐이다."

(아이작 와츠[Isaac Watts]의 「찬송과 영가」[Hymns and Spiritual songs] 1권 34번에 나오는 '아무도 소망에서 제외되지 않는다' [None excluded from hope]라는 찬송가의 3절 가사다).

이 초대에 거부되는 특정 신분이 있는 것도 아니고, 특권을 누리는 어떤 계급이 있는 것도 아닙니다. 마구간에 들어가는데 그 어떤 예절이나 교양도 요구되지 않습니다. 공공시설인 대상(隊商)을 위한 숙박시설에 있는 마구간에 들어가는 것은 예의에 어긋나는 일도 아닙니다. 그러므로 여러분이 그리스도에게 나아가기를 원한다면, 지금 있는 모습 그대로 그분께 나아갈 수 있습니다. 여러분은 지금 나아갈 수 있습니다. 여러분 가운데 누구든지 그리스도를 믿고 싶다는 마음만 간절하다면, 그리스도를 믿는 것 또한 무료입니다. 예수님은 여러분에게 무료(free, '아낌없는 분'이라고도 옮겨질 수 있다)이십니다. 그분은 여러분을 받아주실 것입니다. 그분은 기쁨으로 여러분을 맞아주실 것입니다. 그리고 구유 안 요람에 뉘어 있는 이 어린 아기의 모습을 여러분에게 보여주시리라 생각합니다. 죄인들은 스스로 자신들이 소외되었다고 생각하는 것을 종종 봅니다. 가책을 받은 양심은 자신에 대한 내용을 신랄하게 써놓고는, 하나님의 긍휼의 창고 안에 있는 자신이 받을 부분과 몫을 자주 거부합니다. 사랑하는 성도 여러분, 하나님께서 여러분을 소외하지 않았다면, 여러분도 자신을 소외하지 마십시오. 성경에서 여러분 같은 사람은 그리스도를 믿어서는 안 된다고 하는 구절을 발견한다거나, 그분은 여러분 같은 사람은 구원하실 수 없다고 적힌 명확한 구절을 인용할 수 있기 전까지는, 성경에 기록된 이 말씀을 받아들이라고 여러분에게 간청합니다. "그분은 또한 자기를 통하여 하나님께 나아오는 자들을 끝까지 구원하실 수 있느니라"(히 7:25, KJV). 이 약속을 한번 과감히 믿어보십시오. 이 약속이 주는 능력과 믿음 안에서 그리스도에게로 나아오십시오. 그러면 여러분은 자기에게 나아오는 모든 자들에게 무료로 아낌없이 주시는 그분을 발견하게 될 것입니다.

　　5. 왜 하나님의 아들이 구유에 뉘이셨는지에 대한 이유를 우리는 아직 다 살피지 못했습니다. 짐승들이 먹이를 먹는 곳이 바로 구유였습니다. 지친 짐승들이 먹이를 먹는 그곳에 구세주께서 누워 계셨다니, 바로 여기에 신비가 있습니다. 아, 죄악으로 너무 잔인해진 사람들이 있습니다. 그들은 욕망으로 인해 완전히 타락해서 자신의 양심뿐만 아니라 인간다운 것들마저 모두 죽여 버렸습니다. 하지만 그런 자들에게도 위대한 의사이신 예수님의 치료는 효력을 발휘합니다. 우리는 구제불능이라 불리는 사람들에 관한 이야기들을 신문을 통해서 끊임없이 읽고 있습니다. 요즘에는 이런 사람들을 아주 혹독하게 다루어야 한다는 살기 띤 요구가 늘고 있는 추세입니다. 몇 년 전만 해도 잔인한 범죄자들은 엄벌로 다스려봐야 별 소용도 없고 더 완악해지기만 하므로, 사랑으로 교정해야 한다고 아우성을 쳤었습니다. 그 때는 온 세상이 가짜 인간애로 제정신이 아니었습니다. 그런데 이제는 그런 추세가 변하여, 모두가 현행 형벌체계를 바꿔야 한다고 요구하고 있습니다. 저는 범죄자들을 점잖게 다루어야 한다고 주장하는 것이 아닙니다. 그들이 지은 죄에 대해서는 당연히 그에 따른 공정한 형벌이 가해져야 하고, 어떻게든 범죄자들은 교정되어야 합니다. 여러 수단들이 강구될 수 있도록 기도합시다. 발작 증세와도 같은 이 교수형 제도도 언젠가는 없어질 날이 올 것입니다. 그리고 지금까지 성공적으로 수행되어왔던 그 위대하고도 선한 사역(온정주의적 형벌방식)을 어리석게도 우려하면서, 위험하게 이 사역을 방해한 것에 대해 얼굴을 붉힐 정도로 놀라며 부끄러워할 그 날도 올 것입니다. 현행 형

벌체계는 시정되어야 할 몇 가지 오류들이 분명히 있습니다. 그러나 차츰 그 오류들이 시정되어가고 있으며, 이 점에서 이 체계는 칭찬할 만합니다. 이 현행 체계에서 범죄는 거듭 감소되고 있는 추세이며, 형기를 마친 범죄자들의 총 숫자도 실질적으로 감소되어 온 것이 사실입니다. 1844년에는 18,490명의 기결수들이 구속 송치된 반면, 1860년에는 인구의 자연증가분도 있음에도 불구하고 그 숫자가 11,533명이었습니다. 가출옥 제도(假出獄, ticket-of-leave system, 조건부로 죄수들의 형기를 감하거나 면제하여 석방증을 발부할 수 있는 조건부 사면권을 부여하는 제도로 현대의 가석방 제도에 해당한다 — 역주), 즉 사회가 수형자를 받아들여 그에게 갱생의 기회를 제공하는 이 제도는 크게 효과적이어서, 한 해에 1퍼센트 남짓만 다시 기결수가 되고 있으며, 지금까지의 매년 통계를 살펴보면 단지 5퍼센트만이 다시 범죄를 저지르고 감옥에 재수감된다고 합니다. 자, 이제 생각해 봅시다. 5퍼센트의 사람들이 어떤 유익도 얻지 못하고 도리어 더 악해졌다고 해도, 나머지 개선된 95퍼센트에 대해 고려해야 할 필요가 있지 않을까요? 범죄자에 대한 우리의 복수심이 쏠리는 대로 내버려 두어, 예전의 그 인정사정없는 잔인한 형벌에 대해 보여줬던 소망의 긍휼이 담긴 기독교 체계를 바꾸기 전에, 잠시 유보해야 할 필요가 있지 않을까요? 주의하십시오. 사랑하는 시민 여러분, 인간은 개선의 여지 없이 죄를 지을 수 있다는 옛 사고가 다시 살아나지 않도록 주의하십시오. 그렇지 않으면, 여러분은 현재 우리를 괴롭히는 죄인들보다 더 악한 죄인들을 양산하게 될 것입니다. 드라코(Draco, 기원전 7세기 경 고대 아테네의 최초 입법자로서, 그의 법은 엄벌주의로 범죄의 경중에 관계없이 사형에 처하도록 하여 "잉크로 쓰인 법이 아니라 피로 쓰인 법"이라는 평가를 받았다 — 역주) 법은 분명히 실패할 수밖에 없지만, 기독교 정신이 제안한 계획들은 궁극적으로 승리할 것입니다. 두려워하지 마십시오. 잠시 제가 오늘의 주제와는 벗어나는 말씀을 드렸습니다. 이로써 갑자기 공포를 느껴 참된 인류애에 역행하는 죄를 지을 뻔한 사람들을 제가 구해냈다고 생각합니다.

이제 다시 구유와 아기에게로 돌아가 보겠습니다. 우리 주님께서 짐승들이 먹이를 먹는 구유에 뉘이신 것은 짐승 같은 자라도 그분에게 나아와 살 수 있다는 사실을 보여주기 위한 것이라고 믿습니다. 그 어떤 피조물이라도 그리스도께서 들어올릴 수 없을 만큼 그렇게 타락할 수는 없습니다. 그 피조물이 설령 떨어진다 해도, 즉 지옥으로 떨어진 게 아주 분명해 보인다 해도, 그리스도의 크고도 강한 팔은 그 피조물이 있는 가장 절망적인 타락에까지 닿을 수 있기 때문입니다. 한 줄기 소망도 없는 명백한 절망 속에 있다 해도 그분은 그 피조물을 끌어올릴 수 있습니다. 사회로부터 거부당하고 자신마저도 자신을 거부하고 싶어 할 정도로, 오늘 아침까지도 그런 절망 속에서 방황하던 분들이 혹시 여기에 있다면, 짐승들과 함께 마구간에 계시던 주님께서 그런 분들에게 자신을 드러내실 것입니다. 그분은 야비한 자들 중에 가장 야비한 자라도 구원하실 수 있으며, 지금까지 있었던 모든 악한 자들 중에 가장 악한 자라도 받아들일 수 있는 분으로 나타나실 것입니다. 그분을 믿으십시오. 그러면 그분께서 여러분을 새로운 피조물(고후 5:17)로 만들어 주실 것입니다.

　　6. 짐승들이 먹이를 먹던 그곳에 그리스도께서 뉘이셨다 해도, 그리스도께서 가시고 난 후에는, 다시 그곳에서 짐승들이 먹이를 먹었으리라고 쉽게 짐작할 수 있을 것입니다. 그 구유를 영광스럽게 하는 것은 오직 그분의 임재뿐이었습니다. 여기서 우리가 배우게 되는 것은, 그리스도께서 떠나시면, 이 세상은 다시 이전의 미개한 어둠으로 되돌아가 버린다는 사실입니다. 예수님을 믿는 종교가 사라져버린다면, 문명 자체가 소멸해 버릴 것입니다. 적어도 사람을 문명인으로 만드는 그 힘은 사라져버릴 것입니다. 만약 그리스도께서 인간의 마음에서 떠나신다면, 가장 거룩한 것들이 다시 타락할 것이며, 천사들과 친하던 자들이 곧 마귀들과 관계를 가진 것으로 드러나게 될 것입니다. 제가 말씀드리고자 하는 것은 이것입니다. 영광의 주님께서 떠나시면, 그 구유는 여전히 짐승들이 먹이를 먹는 구유가 된다는 것입니다. 그리스도께서 일단 은혜를 거두시고 우리를 홀로 남겨두신다면, 우리는 다시 우리의 죄악과 욕망 속으로 돌아가게 될 것입니다. 지금까지 말씀드린 이러한 이유들로 인해, 그리스도께서는 구유에 뉘이셨다고 생각합니다.

2. 그런데 여전히 성경은, 여관에 그분을 위한 방이 없었기 때문에 구유에 뉘었다라고 말씀하고 있습니다.

　　이 말씀은 우리로 하여금 그리스도를 위한 방이 없었던 그 여관 외에, 과연 또 다른 곳은 없었는지의 문제를 살펴보게 합니다. 두 번째로 이에 대해 살펴보겠습니다.

　　황제들의 궁궐과 왕들의 전당(殿堂)에는 이 낯선 왕(그리스도)을 위한 피난처가 없었던 것일까요? 아! 사랑하는 성도 여러분, 웬만해서는 궁궐에 그리스도를 위한 방이 있을 수 없습니다. 이 땅의 왕들이 어떻게 주님을 맞을 수 있겠습니까? 그분은 평강의 왕(사 9:6)이지만, 이 땅의 왕들은 전쟁을 즐기는 자들입니다(시 68:30)! 그분은 활을 꺾고 창을 동강내며(시 46:9, KJV), 그들의 병거들을 불로 태우십니다(수 11:6). 왕들이 어떻게 겸손하신 구세주를 받아들일 수 있겠습니까? 왕들은 웅장하고 화려한 것을 좋아하지만, 그분은 전적으로 단순하고 온유한 분이십니다. 그분은 목수의 아들이요, 어부들의 친구이십니다. 왕들이 어떻게 새로 탄생하신 군주를 위한 방을 마련할 수 있겠습니까? 그분은 무엇이든지 남에게 대접을 받고자 하는 대로 너희도 남을 대접하라(마 7:12)고 가르치셨습니다. 그런데 이런 가르침은 정치에서 횡행하는 못된 계교와 움켜진 야망의 음모가 판치는 왕들에게는 받아들이기 힘든 것입니다. 오, 이 땅의 위대한 자들이여, 너희들은 너희들의 영광과 기쁨과 전쟁과 의논 중에 있다가 기름 부음 받은 자를 잊고, 만유의 주(행 10:36)를 추방하였다. 나는 이에 대해 별로 놀라지 않노라. 왕들에게는 그리스도를 위한 방이 없습니다. 현재 이 땅에 있는 나라들 중에 다음과 같은 참된 말씀에서 아직도 예외가 되는 나라가 있는지 여기저기 살펴보십시오. "땅의 왕들이 스스로 나서며 치리자들이 함께 의논하여 주와 그분의 기름 부음 받은 자를 대적하는"(시 2:2, KJV) 나라들에서 제외된 나라 말입니다. 하늘에서 우리는 여기저기에서 그런 군주들을 보게 될 것입니다. 그런데, 아! 그 수가 얼마나 적은지 모릅니다. 참으로 어린아이라도 그들에 관해 "육체를 따라 위대한 자가 많지 아니하고, 택함을 받아 강한 자도 많지 않다"(고전 1:26, 참조)고 쓸 수 있을 것입니다. 의전실(儀典室), 내각(內閣), 왕좌가 있는 접견실, 왕궁 등의 근처에 그리스도께서 거의 잘 가지 않으신 것은, 마치 신중한 여행가가 인도의 정글이나 늪지대를 잘 가지 않는 것과 같습니다. 그리스도께서 왕들이 사는 곳보다 시골집에 더 자주 가시는 이유는 왕들이 사는 전당에는 예수 그리스도를 위한 방이 없기 때문입니다.

> "영원한 분께서 하늘에서 굽어보시고
> 땅에 있는 것들을 찾아오실 때,
> 하나님은 거룩하신 경멸의 눈빛으로,
> 거만한 왕들이 세운 높은 것들에서

눈길을 돌리신다.

그분은 두려운 병거를 이끌라 명하사
아득한 하늘에서 아래로 내려오셔서,
모든 겸손한 영혼들을 찾아오시어
반가운 눈길로 바라봐주신다."

(아이작 와츠의 「찬송과 영가」 189번에 나오는 '영원한 분께서 하늘에서 굽어보시고'
[When the Eternal bows the skies]라는 찬송가의 1, 2절 가사다).

의회 의원들도 있고, 정치적 논의를 위한 토론장도 있으며, 백성의 대표들이 법을 만드는 장소도 있었지만, 거기에 그리스도를 위한 방은 없지 않습니까? 아! 사랑하는 성도 여러분! 오늘날까지 의회 안에는 그리스도를 위한 공간이 아주 조금이 아니라, 전혀 없었습니다. 정치인들이 종교를 얼마나 인정하려고 하지 않는지 모릅니다! 물론 국교가 있기는 합니다. 그러나 만약 국교가 가난하고 무기력하며 권력 없는 단체가 되는 것에 동의한다면, 국교는 마치 모든 이빨이 뽑히고 모든 갈기가 잘려나가고 모든 발톱이 깎여나간 사자처럼 되고 말 것입니다. 에, 바로 그런 모습이 되기를 바라는 것이겠지요. 그러나 참되신 그리스도와 악한 세대 사이에서, 모든 것을 무릅쓰고라도 그분의 법에 순종하며 따라가는 자들을 위한 방은 도대체 있기나 한 것일까요? 그리스도와 그의 복음, 오! 이것은 분파주의를 야기하는 것으로서 경멸할 가치조차 없는 것으로 여겨집니다. 의회 안에서 도대체 누가 예수님을 위해 변호하겠습니까? 예수님을 믿는 종교는 분파주의라는 이름 아래, 모든 정당들에게 큰 공격을 가한다고 생각하지 않겠습니까? 도대체 누가 그분의 황금률(마 7:12)을 내각의 수반들을 위한 지침으로 인용하거나, 그리스도께서 행하신 용서를 국가 정책의 규범으로 설교하겠습니까? 한두 사람이야 그분을 칭송할 수도 있겠지만, 주 예수님의 말씀에 순종해야 할 것인지 말 것인지의 문제를 두고 투표에 부친다면, 찬성 다수로 가결되기까지는 많은 날들이 소요될 것입니다. 정당들이나 정책들이나, 또 어떻게든 관직을 얻어 보려는 자들이나 쾌락을 추구하는 자들 모두, 이 땅의 대표자들은 모든 곳에서 천국의 대표자들을 제외시키고 있기 때문입니다.

소위 상류 사회라 불리는 곳에도 그리스도를 위한 방이 없지 않았을까요? 베들레헴에도 일반 대중과는 거리를 유지하면서 아주 존경받던 사람들이 있지 않았겠습니까? 명성과 지위를 가진 사람들 말입니다. 그들에게서 그리스도를 위한 방을 찾을 수 있었습니까? 아! 사랑하는 성도 여러분, 소위 상류 사회라 불리는 곳에서도 그분을 위한 방이 전혀 없는 경우가 너무나 비일비재합니다. 사람들이 스스로를 얽어매기에 딱 맞는 갖가지 형태의 유치하고 하찮은 방들, 즉 에티켓이라는 헛된 고상을 떨기 위한 방이라든가, 쓸데없는 대화를 나누기 위한 방이라든가, 육체를 칭송하는 방도 있더군요. 그리고 이런저런 것들을 맞춰보면서 시간을 죽이는, 시간이 우상이 된 그런 방도 있습니다. 하지만 그리스도를 위해서는 작은 방 하나도 없습니다. 주님을 전적으로 따른다는 것은 전혀 요즘의 추세가 아닙니다. 그리스도의 재림은 이 들뜬 사회가 결코 바라지 않는 일일 것입니다. 그분을 사랑하는 입술로 그분의 이름을 언급하기만 해도 이상한 센세이션을 불러일으킬 것입니다. 많은 모임에서 여러분이 그리스도에 관한 일들을 말하기만 시작해도, 여러분은 즉시 가까이하지 못할 사람이 되고 말 것입니다. "그 사람이 한 번만 더 자기 종교 얘기를 꺼낸다면, 다시는 내 집에 그 사람을 들이지 않을 거야"라는 식으로 말이지요. 어리석음, 화려함, 신분, 명예, 보석, 반짝임, 천박함, 유행 등은 모두 그들이 사는 곳에 예수님을 위한 방이 없다는 사실을 말해 줍니다.

그렇다면 거래소에는 그분을 위한 방이 마련되어 있습니까? 그분이 상점에는 들어가실 수 있을까요? 여기에는 소상인(小商人)들로 구성된 나라(nation of shopkeepers, '영국'을 이르는 말로, 아담 스미스[Adam Smith]의 「국부론」에 나온다)에 사는 소상인들이 있습니다. 여기에도 그리스도를 위한 방이 있지 않겠습니까? 아! 그러나 사랑하는 성도 여러분, 여기에서도 그리스도의 영과 생명과 가르침은 찾아보기가 너무 힘듭니다! 무역업자들은 너무 양심적이어서는 힘들다는 것을 깨닫게 되고, 도매상들도 부자가 되기 위해서는 종종 자신의 양심을 팔아야만 한다는 것을 깨닫게 됩니다. 그들은, 글쎄요, 대놓고 거짓말이라고 말하기에는 좀 그렇고, 그렇다고 전혀 아니라고 하기에도 좀 그런, 그런 말들을 합니다. 제가 좀 꾸밈없이 말하는 게 나을 것 같군요. 그들은 은근 슬쩍 아주 심한 거짓말을 얼마나 많이 하고 있는지 모릅니다! 마차를 타고 가다 보면, 수많은 거짓말쟁이들이 거리에 널려있다는 것을 누구나 알 수 있지 않습니까? 거의 모든 상점마다 '런던 최저가 판매'라는 광고를 붙여 놓은 것을 볼 수 있지만, 실제로는 그럴 수가 없으니까요. 분명히 모든 상점들이 다 최저가 가격이 될 수는 없지 않습니까? 그들은 분명히 교활한 사기행각을 벌이고 있는 것 아닙니까? 과대광고나 허위광고이지 않습니까? 얼마나 교묘하고 재빠른 속임수인지 모릅니다! 주님께서 여러분의 가게 진열장을 살펴보시거나 계산대 뒤에 서서 여러분을 지켜보신다면, 얼마나 크게 화(禍)를 선포하실지 모르겠습니다! 파산, 사취(詐取), 속임수 등이 너무 난무하게 횡행하는 시장과 상점에는 예수님을 위한 방이 없습니다.

　　다음으로 철학자들의 학교가 있습니다. 분명히 이곳에서는 그분을 호의로 맞이할 것 같습니다. 지혜 있는 자들은 그분에게서 성육신하신 지혜를 발견하게 될 것입니다. 어릴 때부터 박사들의 교사가 되어, 그들과 함께 앉아 그들에게 묻기도 하고 그들의 대답을 듣기도 한 분이시니, 분명히 그분께서는 그리스 현인들 가운데 바로 방을 찾으실 것이고, 지각 있는 사람과 지혜로운 자들은 그분에게 명예를 돌려드릴 것입니다. "소크라테스와 플라톤이여, 그분을 위한 방을 마련해드리시오! 스토아학파와 에피쿠로스학파들은 저리 물러나고, 이스라엘의 선생들인 여러분은 여러분의 자리를 비우고 나가시오. 이 아이를 위한 방을 마련하기 위해 방을 빼야 한다면, 바로 여러분의 방을 빼도록 하시오. 여러분 모두를 내보내는 한이 있어도, 우리는 그분을 이 철학 학교에 맞아들여야겠소"라고 하면서 말입니다. 그러나 그렇지가 않습니다. 사랑하는 성도 여러분, 현실은 절대 그렇지 않습니다. 모든 단과대학과 종합대학교에는 그리스도를 위한 방이 거의 없습니다. 학문 영역에는 그분을 위한 방이 거의 없습니다. 학문이 얼마나 자주 사람들로 하여금 그리스도를 반역하게 하는지 모릅니다! 너무나 자주 학문은 그리스도를 십자가에 못 박는 못이 만들어지는 대장간이 됩니다. 너무나 자주 지혜 있는 인간들은 철공의 장인(匠人)이 되어, 예리한 창과 창 자루를 만들어서 그리스도의 심장을 찔러댑니다. 이 말씀을 꼭 드려야겠습니다. '철학'이라는 이름은 그 뜻이 왜곡되어 불려 왔습니다. 왜냐하면 철학을 제대로 하는 참된 철학은 그리스도의 친구가 되어야 할 것이기 때문입니다('철학[philosophy]'은 사랑(PHILOS)과 지혜(SOPHIA)의 합성어이다. 그리스도는 우리에게 '지혜'가 되신 예수님[고전 1:30]이시므로, '지혜 사랑'인 철학과 예수님은 서로 친구가 된다는 의미로 해석된다 ─ 역주). 이렇게 그 뜻이 왜곡되어 불려온 철학은 그리스도의 큰 뜻을 섬기기는커녕 오히려 그리스도에게 해만 끼쳐왔습니다. 탁월한 재능을 가진 소수의 사람들, 박학다식(博學多識)한 소수의 사람들만이 베들레헴의 그 아기의 발치에서 어린이들처럼 순수하게 경배하고 영광을 돌려드렸습니다. 하지만 대다수의 사람들은 자신의 지식을 자신하고서 스스로 그 지혜에 속아 뻣뻣해지고 완고해졌습니다. 그래서 "도대체 그리스도가 누구인데, 우리가 그를 인정해야 하는가?"라고 말하기까지 합니다. 학교에서도 그분을 위한 방은 찾지 못했습니다.

그래도 그분께서 틀림없이 가실 수 있을 만한 곳이 하나 있었습니다. 그곳은 바로 장로들이 앉아 있는 산헤드린(Sanhedrin, 신약시대에 예루살렘의 정치 종교의 최고 의결기구이다. 복음서에서는 '공회'로 번역되었다)이었습니다. 여기 외에도, 제사장들과 레위인들이 함께 모이는 제사장들의 회의실 같은 곳에 그분을 모실 수 있었을까요? 성전이나 회당에는 그분을 위한 방이 있었을까요? 전혀 없었습니다. 그분은 거기에서 쉴 만한 곳을 전혀 찾지 못했습니다. 성전이나 회당은 그분이 평생 동안 철천지원수들만 만나게 되는 그런 곳이었습니다. 그분의 죽음을 선동한 것은 일반 대중이 아니라 바로 제사장들이었습니다. 제사장들이 백성들을 사주하여 "이 사람이 아니라 바라바라"(요 18:40)라고 말하도록 했으니까요. 제사장들은 대중들이 그렇게 말하도록 돈을 주어 매수하였습니다. 그 후에 그리스도께서는 죽음으로 내몰렸습니다. 그분이 다니는 교회 안에는 틀림없이 그분을 위한 방이 있어야만 했습니다. 하지만, 없었습니다. 성직자들이 있는 교회가 일단 인정을 받고 위엄을 갖추게 되면, 그런 교회에는 너무나 자주 그리스도를 위한 방이 없어져 버립니다. 지금 어떤 특정한 교단을 염두에 두고 말씀드리는 것은 아닙니다. 저는 기독교의 전반적인 모습을 말씀드리고 있습니다. 주님께서 자기의 백성에게 오셨는데도, 자기의 친 백성들이 그분을 받아들이지 않는 것이 이상할 따름입니다. 참 종교의 가장 악랄한 원수는 참 종교를 옹호하는 척하는 사람들이었습니다. 계시로 알려진 대중적인 신앙의 내용을 주교들이 훼손하는 것은 이제 그리 놀랄 일도 못됩니다. 신앙을 훼손하는 이런 죄는 그들이 처음으로 범한 것도 아니고 또 마지막으로 범하는 죄도 아닐 것입니다. 도대체 누가 순교자들을 불태워 죽였으며, 스미스필드(Smithfield, 영국 런던의 한 지구로, 종교개혁자들과 비국교도들의 계속된 처형으로 피의 역사를 가지고 있다)를 피의 필드(field, 들판)로 만들었고, 지극히 높으신 하나님의 위대한 제단인 극렬히 타는 풀무불(단 3:20 KJV)이 되게 하였습니까? 누구긴 누구겠습니까? 주님의 기름 부음을 받았다고 공언하는 자들, 삭발한 정수리에 영국 성공회의 축성을 받은 자들이지요. 누가 존 번연(John Bunyan)을 투옥시켰습니까?(존 번연은 '마녀, 예수회 회원, 노상강도' 등

으로 모함을 받고, 무자격자 설교금지 위반 등으로 국교회의 핍박을 받아 10년 넘게 투옥되었
다). 도대체 누가 오웬(John Owen)이나 청교도들을 강단에서 내쫓았습니까? 도
대체 누가 맹약자들(Covenanters, 17세기 스코틀랜드 장로교파 운동의 헌신자들)을 산
위에서 약탈하였습니까? 사랑하는 성도 여러분, 하늘의 사자와 하나님의 제사장
이라고 스스로 공언하는 자들이 아니라면, 도대체 누가 이런 일들을 했겠습니
까? 모든 나라에 있는 세례 받은 성도들을 추적하고, 많은 유럽 대륙에 망명까지
한 성도들을 끝까지 추적하는 자들이 도대체 누구입니까? 바로 성직자들입니다.
성직자들이 그런 일들을 했습니다. 바알의 선지자들, 바벨론의 종들에게는 그리
스도를 위한 방이 없습니다. 거짓 삯꾼은 그리스도의 목자도 아니고, 양도 제 양
처럼 사랑하지 않기 때문에(요 10:12-13), 그들은 우리 하나님과 그리스도에게
지금까지 철천지원수들이었습니다. 그분의 이름이 장엄한 찬송가로 찬양되고,
그분의 형상이 향의 연기(계 8:4, KJV) 가운데 드높여지는 그런 곳에는 그분을
위한 방이 없습니다. 여러분이 어디를 가더라도, 평강의 왕(사 9:6)을 위한 공간
은 없습니다. 오직 그분께서는 은혜로 내주하기로 예비하신 겸손하고도 회개하
는 심령에 함께 하십니다.

3. 이제 세 번째로 여관 그 자체에 그분을 위한 방이 없었다는
사실을 말씀드리고자 합니다.

이것이 바로 그분이 구유에 누이셔야 했던 주된 이유였습니다.

현대에는 이 여관 자리에 무엇이 서 있는지 확인해 볼까요? 누구나에게 자유
로운(free, 무료인) 여론이 있습니다. 이 자유국가에서 사람들은 자신이 원하는 대
로 말하며, 모든 주제에 대해 대중적인 견해들이 형성됩니다. 그리고 여러분도
아시다시피, 이 나라에서는 모든 것에 대한 자유로운 관용이 있습니다. 이런 말
씀을 드려 죄송하지만, 그리스도를 제외한 모든 것에 관용이 있는 것 같습니다.
박해의 영은 지금도 여전히 도처에 널려 있습니다. 기독교에 대한 조롱을 최고
의 유행으로 여기는 사람들도 여전히 있습니다. 요즘에는 기독교인이라고 해서
비웃지는 않습니다. 자신의 명예가 실추될 것을 우려해서, 기독교인이라는 그
존경스러운 직함을 가지고 비웃지는 않습니다. 요즘에는 기독교인이라는 명칭
을 가지고 조롱하지는 않습니다. 그러나 예수님을 따르는 자들에 대해서는 여전
히 조롱하는 말을 합니다. 절대 기독교인이라는 명칭으로 조롱하지 않습니다.

그 대신 비판적이면서도 좀 더 안전하게 조롱하는 방식을 찾아냈습니다. 현대인들이 개발한 멋진 말이 있는데, 정말 너무 멋진 말입니다. 그것은 바로 '분파주의자'(sectarians, 국교를 옹호하는 쪽에서는 비국교도를 하나 된 전체를 나누는 '분파'[sect, 分派]로 지칭하며, 국교를 비판하는 쪽에서는 자신들을 비국교도[nonconformist] 혹은 국교에 의존하지 않은 독립파[independent] 등으로 지칭한다)라는 명칭입니다. 이 말이 무슨 뜻인지 아십니까? 분파주의자라는 말은 참된 기독교인이라는 뜻입니다. 이들은 양심을 지킬 수 있는 자들이며, 이를 위해 고난도 마다하지 않는 사람들입니다. 그리고 이 낡은 책에 있는 것은 무엇이든지 믿으며, 이를 실천하고, 이 일에 열심을 품은 자들입니다. '분파주의자'라는 말을 듣기로 마음먹은 자들이야말로 그리스도를 참으로 따르는 자들이라고 믿습니다. 그리고 여러분이 항상 읽거나 듣고 있는 비웃음과 조롱과 말이 안 되는 모든 것들은 실제로 기독교인을 겨냥한 것, 다시 말해 참된 기독교인을 겨냥한 말들이며, 분파주의자라는 말은 참된 기독교인이라고 말해 주기 싫어서 따로 부르는 별칭이라고 생각합니다. 만약 여러분이 종종 그런 별명을 얻지 못한다면, 저는 여러분의 신앙생활에 조금도 상관하고 싶지 않습니다. 여러분은 마치 녹슨 못처럼 꼼짝달싹도 하지 않을 것이기 때문입니다. 하나님의 말씀이 그 미세한 것까지도 모두 참되다고 한다면, 우리는 이 말씀에 따라 행해야 합니다. 주님께서 어떤 것을 명하시든지 간에, 우리는 부지런히 지키고 순종해야 합니다. 누구든지 이 계명 중의 지극히 작은 것 하나라도 버리고, 또 그같이 사람을 가르치는 자는 천국에서 지극히 작다 일컬음을 받을 것(마 5:19)이라고 하신 우리 주님의 말씀을 기억하면서 말입니다. 우리는 구세주의 율법 가운데서 아주 세세한 것까지도 순종하기 위하여, 여주인의 손을 바라보는 여종의 눈 같이(시 123:2) 우리의 눈으로 그분을 바라보면서, 이 일에 몹시 마음을 쓰며 아주 꼼꼼하게 임하고 이 일을 크게 열망해야 합니다. 그런데 만약 여러분이 이대로 행한다면, 여러분은 결과적으로 포용력이 없다는 평을 듣게 되고, 사회에서 냉대를 받게 될 것입니다. 열심 있는 기독교인은 구레네 시몬(마 27:32)의 때처럼, 요즘도 충실하게 십자가를 지고가야 한다는 것을 알게 될 것입니다. 여러분이 입을 다물어 죄인들이 멸망하도록 방치하고 자신의 신앙을 전하기 위해 노력하지 않으며 진리에 대한 모든 증거에 대해 침묵한다면, 그리고 실제로 여러분이 기독교인으로서 가져야 할 모든 성품들을 포기하고 기독교인으로서 마땅히 해야 할 모든 것들을 그만둔다면, 그 때 세상은 이렇게 말할 것입니다. "아, 바로 그거야. 이게 바로 우리가 원하는 종교야"라고 말이지요. 그러나 만약 여러분이 믿고, 굳게 믿고, 여러분의 믿음이 삶에서 살아 움직이게 하며, 여러분의 믿음이 아주 대단해서 그 믿음을 널리 전하지 않으면 안 되겠다고 느껴진다면, 그 때 여러분은 다른 모든 것은 다 받아들이는 여론이라는 여관이라 해도, 그 여관 안에는 그리스도를 위한 방이 없다는 사실을 즉시 깨닫게 될 것입니다. 믿음을 저버려 보십시오. 그러면 아무도 여러분을 얕잡아보지 않을 것입니다. 그러나 기독교인이 되어 보십시오. 그러면 많은 사람들이 여러분을 경멸할 것입니다. "이는 여관에 그분을 위한 방이 없었기" 때문입니다.

일상의 대화에서도 여관과 마찬가지로 그리스도를 위한 방이라고는 전혀 찾아볼 수 없습니다. 우리는 많은 것들에 관해서 이야기를 합니다. 요즘 사람들은 자기가 원하면 어떤 주제라도 말할 수 있습니다. "여러분이 하는 말을 엿듣고 있는 스파이가 있어서, 여러분이 하는 말을 중앙의 권력기관에 보고할 것이요"라고 협박하면서, 아무도 누군가가 이야기하려고 하는 것을 못하게 막을 수 없습니다. 이 땅에서는 매우 자유롭게 말할 수 있습니다. 그런데 이러한 일상의 대화에서도 그리스도를 위한 방이라고는 전혀 찾아볼 수 없습니다! 심지어 주일 오후에 신앙 고백을 한 기독교인의 가정에서 행하는 대화에서도 그리스도를 위한 방이라고는 전혀 찾아볼 수 없습니다. 그들은 목회자들에 관해서 이야기를 할 것입니다. 목회자들에 관한 알려지지 않은 일화에 대해 말하기도 하고, 아마 어떤 이야기는 새로 만들어 내거나 아니면 옛날에 있었던 이야기들을 각색하고 보태기도 하면서, 조금 더 대단한 이야기로 만들기도 합니다. 그들은 주일학교에 대해서도 이야기하고, 교회와 관련된 다양한 기관들에 대해서도 이야기할 것입니다. 하지만 그리스도에 관해서는 거의 이야기하지 않습니다! 그러다가 만약 어떤 사람이 대화 중에 "이제 우리가 우리 주 예수 그리스도의 신성, 인성, 그분이 다 이루신 일과 의, 승천이나 재림 등에 대해서 이야기를 나누면 어떨까요?"라고 말한다면, 그 말을 들은 사람들, 즉 그 사람과 마찬가지로 그리스도를 따른다고 신앙 고백까지 한 사람들은 고개를 꼿꼿이 세우고서 이렇게 말할 것입니다. "그런데 말이지, 저 친구는 너무 광신적이야. 그렇지 않고서야 어떻게 일상적인 대화에서 저런 주제들에 대해 거론할 생각을 하겠어?" 이렇게 말하는 많은 사람들을 우리는 왜 보고만 있어야 합니까? 일상의 대화라는 여관에 그분을 위한 방은 없습니다. 전혀 없습니다. 오늘날까지도 그분은 일상의 대화라는 그 여관에 접근조차 하실 수 없습니다.

여기 있는 많은 노동자 여러분에게 말씀드립니다. 여러분은 날마다 수많은 기술자들 가운데 고용되어 일하고 있습니다. 사랑하는 성도 여러분, 일터에는 그리스도를 위한 방이 전혀 없다는 사실을 제가 보기엔 여러분도 알고 있을 것 같은데, 정말로 여러분은 모르고 계십니까? 다른 모든 것을 위한 방은 있습니다. 욕설을 위한 방도 있고, 술 취하기 위한 방도 있고, 음담패설을 위한 방도 있고, 정치와 비방과 불신앙을 위한 방도 있습니다. 하지만 그리스도를 위한 방은 없습니다. 노동자들 가운데 너무 많은 사람들이 종교는 전혀 도움이 안 되는 구속(拘束)이며, 자신에게는 비참한 감옥과 같은 것이라고 생각합니다. 그들은 자주 극장에 가기도 하고 강연회에 가서 귀를 기울이기도 하지만, 정작 하나님의 집은 너무 따분하다고 여깁니다. 제가 정말 이런 말씀까지는 드리고 싶지 않았지만, 드려야겠습니다. 참으로 우리의 공장과 일터와 주물 작업장에는 그리스도를 위한 방이 없습니다. 세상은 더 많은 방을 마련하기 위해 인정사정없이 밀어붙이고 있습니다. 베들레헴의 아기가 뉘일 수 있는 한 쪽 구석도 남지 않을 때까지 계속해서 말입니다.

현대의 여관들의 경우도 살펴봅시다. 도대체 누가 거기서 그리스도를 발견할 것이라 생각할 수 있습니까? 여행자들을 위한 숙박시설로 호텔이나 길가에 있는 집들의 목록을 제시할 때 보면, 술집과 맥주 집들도 함께 나옵니다. 우리에게 이보다 더 큰 화가 어디 있겠습니까? 이보다 더 큰 지옥문이 어디 있겠습니까? 이런 술집들은 모든 길거리의 구석진 곳마다 가스등을 너울거리면서 자리하고 있습니다. 도대체 누가 그런 곳에 그리스도를 찾으러 가겠습니까? 이것은 무저갱(계 20:3)에서 그분을 찾을 것이라 기대하는 것과 같습니다! 화려하게 꾸민 싸구려 술집에서 그리스도를 찾는 것은 지옥에서 천사들을 찾는 것과 마찬가지입니다! 죄인들로부터 구별된 자라면, 바커스(Bacchus, 그리스 신화에 나오는 술의 신)의 악취 나는 신전에서는 적당하게 어울릴 수 없는 법입니다. 그 여관 안에는 예수님을 위한 방이 없습니다. 어리석은 자들의 돈이나 불쌍한 자들이 힘들게 번 수입이나 누더기를 걸친 아이나 핼쑥한 여인의 돈을 갈취해서 하루하루 연명하기보다는, 차라리 썩어 까마귀들의 먹이가 되는 것이 더 낫다고 생각합니다. 수많은 술집 주인들이 인간의 살과 뼈와 피와 영혼으로 살이 찐 게 아니라면 도대체 무엇으로 살이 쪘겠습니까? 악덕의 소산으로 부하게 된 자들은 도살을 위해 준비된 짐승입니다. 참으로 에브라임의 술 취한 자들(사 28:1, KJV) 가운데서는 그리스도를 위한 방이 없습니다. 그리스도와 관련된 사람들은 주님의 이 말씀을 들어야 합니다. "너희는 그들 가운데서 나와 분리하고 부정한 것을 만지지 말라. 그리하면 내가 너희를 받아들여 너희에게 아버지가 되고 너희는 내 아들딸이 되리라"(고후 6:17-18). 요즘은 대중들이 많이 모여드는 곳에서도 그리스도를 위한 방을 찾을 수 없습니다.

4. 이제 제가 말씀드릴 네 번째 대지는 모두가 잠시 생각해 봐야 할 가장 적절하고도 필수적인 문제입니다.

여러분은 그리스도를 위한 방을 가지고 있습니까? 과연, 여러분은 그리스도를 위한 방을 가지고 있습니까?

궁궐에도, 토론장에도, 여관에도, 그리스도를 위한 방은 없었으며, 대중들이 많이 모여드는 곳에서도 그리스도를 위한 방은 없었습니다. 여러분은 그리스도를 위한 방을 가지고 있습니까? 어떤 사람은 이렇게 말합니다. "글쎄요. 저는 그분을 위한 방을 가지고 있긴 합니다만, 그분께서 과연 제게 오실지 모르겠어요. 저는 그럴만한 사람이 못되거든요." 아! 저는 자격이 되는지의 여부를 물은 것이 아닙니다. 그분을 위한 방을 가지고 있는지를 물은 것입니다. 어떤 사람은 또 이렇게 말합니다. "오, 제 마음은 세상이 채워줄 수 없을 정도로 텅 비어 있습니다." 아! 그런 사람도 그분을 위한 방을 가지고 있다고 할 수 있습니다. "오! 그런데 제 마음에 있는 방은 너무 비천합니다!" 구유도 그랬습니다. "그런데, 너무 남루해요!" 구유도 남루했습니다. "아! 그런데 제 마음은 너무 더럽습니다!" 아마 그 구유도 그랬을 것입니다. "오! 하지만 아무리 봐도 그리스도를 위해서는 전혀 적절하지 않은 것 같아요." 구유도 그분을 위해 적절하지 않은 곳이었습니다. 그래도 거기에 그분께서 뉘이셨습니다. "오! 그런데 저는 너무 큰 죄인이었습니다. 제 마음은 지금까지도 짐승들과 마귀의 소굴처럼 느껴져요!" 괜찮습니다. 구유도 짐승들이 먹이를 먹던 곳이었습니다. 여러분은 그분을 위한 방을 가지고 있습니까? 과거가 어땠는지 신경쓰지 마십시오. 그분은 과거를 잊고 용서해 주는 분이십니다. 여러분이 이에 대해 애통해하고 있다면, 그것은 현재의 상태와는 아무런 관계가 없는 것입니다. 여러분이 그리스도를 위한 방만 가지고 있다면, 그분은 오셔서 여러분의 손님이 되어주실 것입니다. 여러분에게 간청합니다. 절대로 이렇게 말하지 마십시오. "저도 언젠가는 그분을 위한 방을 갖게 되기를 바랍니다"라고요. 이제 그분께서 막 태어나려고 하는데, 마리아가 수개월이나 수년을 기다릴 수는 없는 노릇입니다.

오! 죄인인 여러분, 만약 여러분이 그분을 위한 방을 가지고 있다면, 오늘 그분께서 여러분의 영혼에 태어나도록 하십시오. "오늘 너희가 그의 음성을 듣거든 격노하시게 하던 것 같이 너희 마음을 완고하게 하지 말라"(히 3:15)고 말씀하시며, "보라 지금은 은혜 받을 만한 때요 보라 지금은 구원의 날이로다"(고후 6:2)라고 말씀하십니다. 예수님을 위한 방이 있어야 합니다! 바로 지금 예수님을 위한 방이 있어야 합니다! 그런데 어떤 사람은 이렇게 말합니다. "오! 저는 그분을 위한 방을 가지고 있습니다. 그런데 그분께서 오실까요?" 예, 참으로 그분은 오십니다! 여러분은 마음의 문을 활짝 열어 놓기만 하십시오. 그리고 이렇게만 말하십시

오. "주 예수님! 전적으로 자격도 없고 깨끗하지도 못한 제가 당신을 바라봅니다. 오셔서 제 마음에 거하여 주옵소서." 그러면 그분께서는 여러분에게 다가오셔서, 여러분의 마음의 구유를 깨끗하게 하시고, 그 마음을 황금 보좌로 바꾸시어, 거기 좌정하사 영원 무궁히 다스리실 것입니다. 오! 저는 오늘 아침에 이렇게 아낌없이 자유로우신 그리스도를 여러분에게 전하고 있습니다! 제가 그분을 좀 더 잘 전할 수 있었으면 좋겠습니다. 저는 예수님의 그 고귀한 사랑을 전하고 있습니다. 그분은 친히 쉴 곳으로 겸손한 마음을 원하고 계십니다. 그런데 도대체 어찌 된 일입니까! 오늘 아침에 이 자리에서 그분을 모셔드릴 마음을 가진 사람이 아무도 없지 않습니까? 여러분이 앉아 계신 자리를 그냥 슬쩍 보기만 해도, 여러분 가운데 아직 그분을 모시지 않은 사람들이 많이 보입니다. 그런데 아무도 "오시옵소서, 오시옵소서"라고 말하는 사람이 없지 않습니까? 오! 만약 여러분이 두 팔로 그분을 맞아 이스라엘의 위로(눅 2:25, KJV)로 영접할 수만 있다면, 여러분에게 오늘은 참으로 기쁜 날이 될 것입니다! 그 때 여러분은 죽음까지도 기쁨으로 기다리면서 시므온처럼 "주여, 이제 주의 말씀대로 주의 종이 평안히 떠나도록 허락하소서. 내 눈이 주의 구원을 보았나이다"(눅 2:29-30, KJV)라고 말할 것입니다. 주님은 방을 원하십니다! 그분을 위한 방을 마련합시다! 여기에 저의 왕이신 주님이 계십니다. 여러분은 그분을 위한 방을 가지고 있습니까? 여기에 하나님의 아들이 육체로 계십니다. 여러분은 그분을 위한 방을 가지고 있습

니까? 여기에 모든 죄를 용서해 주시는 분이 계십니다. 여러분은 그분을 위한 방을 가지고 있습니까? 여기에 기가 막힐 웅덩이와 진흙 수렁에서(시 40:2, KJV) 여러분을 끌어올리는 분이 계십니다. 여러분은 그분을 위한 방을 가지고 있습니까? 여기에 한 번 들어오시면 절대 다시 나가지 않으시고 여러분의 마음을 기쁨과 즐거움이 있는 천국으로 변하게 하시며 영원토록 여러분과 함께 거하실(요 14:16, KJV) 분이 계십니다. 여러분은 그분을 위한 방을 가지고 있습니까? 여러분에게 드리고 싶은 질문은 여기까지입니다. 여러분이 지닌 공허감, 무력감, 부족한 사랑, 부족한 선, 부족한 은혜 등, 이 모든 것들이 오직 그분을 위한 방이 될 수 있습니다. 여러분은 그분을 위한 방을 가지고 있습니까? 오! 성령 하나님, 많은 사람들이 "예, 제 마음은 준비되었습니다"라고 말할 수 있도록 인도하옵소서. 아! 그러면 그분이 오셔서 여러분과 함께 거하실 것입니다.

> "기쁘다 구세주 세상에 오셨네
> 오랫동안 약속된 구세주,
> 모두 마음으로 보좌를 예비하고,
> 모두 소리 높여 찬양하여라."

(아이작 와츠의 '기쁘다 구주 오셨네' [21세기 찬송가 115장]와 영국 비국교도 지도자인 필립 도드리지[Philip Doddridge]의 '기쁜 소식 들어라' [HARK, THE GLAD SOUND]라는 두 찬송가의 1절 가사가 혼용되어 인용되었다).

5. 이제 이 말씀을 드리고 설교를 마치고자 합니다.

만약 여러분이 그리스도를 위한 방을 가졌다면, 오늘 이후부터 세상에는 여러분을 위한 방이 없다는 사실을 기억하십시오. 왜냐하면 오늘의 본문은 그분을 위한 방이 없었다고 말할 뿐만 아니라, "그들을 위한 방이 없었기 때문이더라" 하고 말씀하기 때문입니다. 아기를 위한 방뿐만 아니라 요셉과 마리아를 위한 방도 없었습니다. 그분의 말씀을 받고 지키는 자 외에 누가 그분의 아버지, 어머니, 자매, 형제이겠습니까?(마 12:50 참조). 복되신 처녀 마리아를 위해서도, 그리고 아버지라 불리는 사람을 위해서도 방은 없었습니다. 이와 마찬가지로 이제부터는 그리스도를 진정으로 따르는 어느 신자를 위해서도 이 세상에는 방이 없다는 것을 기억하십시오. 여러분이 마음껏 쉴 수 있는 방은 없습니다. 그런 방은 이 세상에 없습니다. 여러분은 이제 십자가 군병이 되었으므로, 한평생 모든 싸움에서 편히 쉴 수 없을 것입니다. 여러분이 친히 획득한 것에 만족하며 앉아서 쉴 만한 그런 방은 없습니다. 여러분은 나그네로서 뒤에 있는 것은 잊어버리고 앞에 있는 것을 잡으려고 달려가십시오(빌 3:13-14). 여러분이 여러분의 보물을 숨길 방은 없습니다. 왜냐하면 여기는 좀이 먹고 녹이 슬기(마 6:19, KJV) 때문입니다. 여러분을 신뢰하는 방도 없습니다. "사람을 신뢰하며 육체를 자기 무기로 삼는 자는 저주를 받으리라"(렘 17:5, KJV)고 말씀하셨기 때문입니다. 오늘부터는 세상의 선한 여론 가운데서도 여러분을 위한 방이 없을 것입니다. 세상은 우리를 찌꺼기(고전 4:13)처럼 여길 것입니다. 세상의 공손한 사회 안에서도 여러분을 위한 방은 없습니다. 여러분은 그분의 치욕을 짊어지고 진영 밖으로(히 13:13) 나아가야 하기 때문입니다. 이 시간 이후부터, 여러분이 그리스도를 위한 방을 가지고 있다면, 세상은 여러분을 위한 관용의 방을 치워 버릴 것입니다. 이제부터 여러분은 비웃음 당하리라 예상해야 합니다. 이제부터 틀림없이 여러분은 사람들로부터 광대 같은 취급을 당할 것입니다. 그리고 여러분이 걷는 순례의 길 바로 그 출발부터 여러분은 틀림없이 이 찬양을 할 것입니다.

> "예수님의 십자가를 내가 지고,
> 모든 것을 버려두고 예수님을 따르네.
> 벌거벗겨지고, 가난해지고, 멸시받고, 버림받아도,
> 이제부터 예수로 나의 모든 것 삼겠네."

세상적인 사랑 안에는 여러분을 위한 방이 없습니다. 모두가 여러분을 칭찬해주기를 기대한다거나, 여러분이 행한 선한 행동에 박수쳐 주기를 기대한다면, 여러분은 크게 실수하고 있는 것입니다. 그리스도를 위한 방을 가진 사람에게는 이 세상에 방이 없습니다. 어떤 사람이 세상을 사랑하면 아버지의 사랑이 그 속에 있지 않습니다(요일 2:15, KJV). "모든 사람이 너희를 칭찬하면 화가 있으니"(눅 6:26), "이는 내가 세상에 속하지 아니함 같이 그들도 세상에 속하지 아니하기"(요 17:14) 때문입니다. 하나님께 감사하십시오. 여러분은 세상으로부터 호의를 요구할 필요가 없습니다. 세상은 여러분에게 기껏해야 연극 무대를 제공하고, 한 시간 정도 잠잘 무덤을 빌려줄 뿐입니다. 이것으로 여러분에게 필요한 모든 것이 끝난 셈입니다. 여러분은 여기에서는 영원한 거처를 요구할 수 없습니다. 왜냐하면 우리는 다가오는 도시를 찾으며(히 13:14, KJV), 그것의 건축자와 만드신 분은 하나님이시기(히 11:10, KJV) 때문입니다. 나그네가 낯선 땅을 서둘러 둘러보는 것처럼, 여러분은 이 세상을 바삐 둘러보고 있는 중입니다. 비록 여기서는 여러분이 외인이고 이방인이지만, 이제 여러분은 더 이상 외인도 나그네도 아니고 오직 성도들과 더불어 동료 시민으로서 하나님의 집안에 속한 자들입니다(엡 2:19, KJV).

젊은 장병(將兵) 여러분, 지금까지 말씀드린 이런 조건으로 주님의 군대에 입대하는 것은 어떻습니까? 이후로는 여러분을 위한 방이 없어지고, 세상에서 알고 지내던 모든 사람들과 영원히 끊어지며, 육체의 신뢰로부터 영원히 단절된다고 해도, 그래도 여러분은 그리스도를 위해 기꺼이 방을 마련하겠습니까? 이 모든 것에도 불구하고, 여러분은 그 나그네(예수님)를 기꺼이 받아들일 수 있겠습니까? 여러분이 그렇게 할 수 있도록 주님께서 도우십니다. 그분께 영원무궁토록 영광을 돌립니다. 아멘.

제
6
장

—

하나님의 성육신, 두려움의 끝

—

"천사가 그들에게 이르되, 두려워하지 말라" — 눅 2:10

주의 천사가 그들에게 임하고 주의 영광이 그들의 주위를 두루 비추자마자, 그들은 심히 두려워하였습니다(눅 2:9, KJV). 하나님께서 큰 기쁨의 소식들을 전하시려고 그의 사랑하는 사자들을 보내셨을 때, 사람들은 마치 죽음의 천사가 칼을 빼어들고 나타난 것처럼 놀라움에 사로잡혔습니다. 밤의 고요함이나 적막한 어둠은 목자들의 마음을 두렵게 하지 못했으나, 기쁨에 찬 하늘의 사자가 가장 온화한 은혜의 영광을 입고 나타났을 때 그들은 크게 무서워하였습니다. 이것 때문에 그 목자들이 아주 어리석다거나 무지하다는 식으로 비난할 수는 없습니다. 왜냐하면 그들은, 그 당시의 사람들이라면 모두 그런 상황에서 그렇게 했을 법한 행동을 했을 뿐이기 때문입니다. 그들이 두려워하며 놀란 것은 그들이 단순한 목자들이어서가 아닙니다. 설령 그들이 제대로 교육받은 선지자들이었다 해도, 목자들과 마찬가지로 동일한 감정을 나타냈을 것입니다. 성경에 기록된 많은 사례들에서도 볼 수 있듯이, 하나님께서 특별한 방식으로 자신을 드러내며 강림하실 때는, 그 시대의 가장 탁월한 사람들이라 해도 무서워 떨며 큰 어둠의 두려움(창 15:12, KJV)을 느꼈습니다. 사실 하나님에 대해 우리가 종으로서 갖는 두려움은 너무나 일반적인 것이어서, 이런 두려움으로부터 한 전통이 생겨나게 되었고, 이 전통은 진리에 버금가는 보편적인 것으로 받아들이게 되었습니다. 모든 초자연적인 현현(顯現)은 급사(急死)의 한 징조로 보는 것이 일반적인 믿음이었습니다. "우리가 하나님을 보았으니 반드시 죽으리로다"(삿 13:22)라고 한 마노아(Manoah)의 말은 마노아의 개인적인 결론일 뿐만 아니라, 그 시대를 사는 대부분의 사람들의 결론이기도 하였습니다. 참으로 마노아의 아내 같은 소수의 사람들만이 낙관적인 마음을 지니고 있어서 "여호와께서 우리를 죽이려 하셨더라면 … 이 모든 일을 보이지 아니하셨을 것이며"(삿 13:23)라고 더욱 멋지게 추론해서 표현할 수 있었던 것입니다. 지혜로운 자나 단순한 자나 선한 자나 악한 자나 모든 사람들에게 하나님의 현현은 기쁜 일이라기보다는 오히려 몹시 두려운 일이라는 것이 기정사실로 되어버렸습니다. 심지어 야곱도 "두렵도다 이 곳이여 이것은 다름 아닌 하나님의 집이요 이는 하늘의 문이로다"(창 28:17)라고 말했을 정도입니다.

　　이런 전통을 만든 생각은 틀림없이 율법 제도에 의해 더욱 조장되었을 것입니다. 율법 제도는 기뻐하는 자녀들보다는 두려워 떠는 종들에게 더 어울립니다. 율법 제도는 여종(갈 4:23, KJV)에게서 난 것이며, 종의 근성을 낳습니다. 율법이라는 위대한 제도가 제정된 밤은 장엄한 밤이었으며 두렵고 떨리는 밤이었습니다. 사망은 양들이 도살된 그곳에 있었고, 피는 집에서 눈에 띄는 곳에 뿌려진 그곳에 있었으며, 불은 양을 태운 그곳에 있었고, 모든 심판의 상징들은 두려움으로 엄습하였습니다. 비장한 가족들이 모인 은밀한 회의가 열린 때는 문이 굳게 닫힌 한밤의 무서운 시간이었습니다. 객들도 불안한 자세로 서서 공포에 짓눌려 파멸의 천사들이 그 집을 지나가는 날개 소리를 마음으로 들을 수 있었습니다. 그 이후에 이스라엘 백성들이 광야생활을 하는 가운데 율법이 선포되었을 때도, 백성들은 멀리 서서(출 20:18), 산 위에 경계가 정해지고, 산을 침범하는 동물까지도 돌로 쳐 죽이거나 화살로 쏘아 죽이도록 했다는 말씀(출 19:12, 13)을 읽을 수 있지 않습니까? 하나님께서 불 가운데서 그들에게 말씀하실 때는 두렵고 떨리는 날이었습니다. 하프와 솔터리(psaltery, 14-15세기의 현악기의 일종)와 덜시머(dulcimer, 기타 비슷한 민속 악기)의 소리처럼 마음이 누그러지는 음악소리도 없이, 하나님의 율법이 백성들의 귀에 들렸습니다. 메시지를 전해주는 천사들의 온화한 날갯짓도 없고, 율법이 마음에 전해질 때 감화를 받도록 하는 하늘의 화창한 미소도 없이, 우레와 나팔 소리 가운데, 번쩍이는 번개 가운데, 시내 산 전체에 연기가 자욱한 가운데(출 19:16), 율법이 주어졌습니다. 율법의 음성은 "이리로 가까이 오지 말라!"(출 3:5, KJV)는 것이었습니다. 시내 산의 정신은 두려움과 떨림입니다. 율법이 주어지는 예식은 신뢰를 낳는 것이 아니라, 오히려 두려움을 자아내는 예식이었습니다. 성전에서 제사를 드리던 자들은 연초부터 연말까지 피 흘림을 보아야 했습니다. 아침은 양의 피를 흘리는 것으로 시작되었고, 제단에 피를 다시 붓지 않고서는 저녁 어스름조차 깔리지 않습니다. 하나님은 진영의 한가운데에(민 2:17, KJV) 계셨지만, 구름 기둥과 불 기둥은 그분께 가까이 다가갈 수 없는 장막이었습니다. 그 영광의 상징은 청색 자색 홍색 실과 가늘게 꼰 베 실로 짜서 휘장(출 26:31) 너머에 감추어져 있었고, 그 너머로는 일 년에 한 번씩(출 30:10) 오직 한 사람만 넘어갈 수 있었습니다. 사람들은 이스라엘의 하나님에 대해서 숨을 죽이고 고요하고도 엄숙한 목소리로 말해야 했습니다. 그들은 "하늘에 계신 우리 아버지여"(마 6:9)라고 말하도록 가르침을 받지 못했습니다. 그들은 양자의 영(롬 8:15)을 받지 못했고, 아빠 아버지(Abba, 롬 8:15)로 부를 수도 없었습니다. 그들은 종의 영(롬 8:15) 가운데 괴로워하면서, 주님께서 그들 가운데 어떤 특별한 방식으로 임재하실 때도 크게 두려워하였습니다. 이 모든 종들의 두려움의 바탕에는 죄가 있습니다. 아담이 낙원에서 순종하는 피조물로 살았던 동안에는 하나님을 두려워한다거나 하나님의 어떤 현현을 두려워하는 모습을 보이지 않았습니다. 그러나 그 운명적인 열매를 만지자마자 그들은 자기들이 벗은 줄 알고 스스로 숨었습니다. 그 날 서늘한 때에 동산에서 거니시는 주 하나님의 음성(창 3:8, KJV)을 듣고서, 아담은 놀라 동산의 나무들 속으로 주 하나님의 임재를 피해 숨었습니다. 죄는 우리 모두를 비참한 겁쟁이로 만듭니다. 예전에는 자기를 만드신 분과 즐거운 대화를 나눌 수 있었지만, 이제는 그분의 음성을 무서워하며 숲으로 슬그머니 숨는 이 사람, 마치 자신의 죄를 알고서 재판관을 만나기가 두려운 흉악범과 같은 이 사람을 보십시오.

사랑하는 성도 여러분, 두려움의 지독한 영향력으로 인해 영혼의 가장 숭고한 열망들이 모두 억압을 받고 있습니다. 인간성의 깊은 곳으로부터 나오는 이 끔찍한 악몽과도 같은 종의 두려움을 제거하고자, 우리 주 예수 그리스도께서 육체로 오셨습니다(요일 4:2)! 이 종의 두려움은 마귀가 하는 여러 일들 중의 하나로서, 그리스도께서 오셔서 멸하신 것입니다. 천사들은 하나님께서 성육신하여 오신다는 기쁜 소식을 전하러 왔고, 그들이 부르는 노래의 바로 첫 소절은 그분이 오셔서 그분을 맞아들이는 모든 사람들에게 주어지는 감미로움을 미리 맛보여주는 듯합니다. 천사들은 "두려워하지 말라"고 말했습니다. 두려운 시간이 지나고, 기쁨과 소망의 날이 왔다는 것처럼 말입니다. 이것은 두려워 떨고 있는 목자들에게 하신 말씀일 뿐만 아니라, 여러분과 저를 향한 말씀이기도 합니다. 그렇습니다. 모든 민족들을 향한 큰 기쁨의 소식이기도 합니다. "두려워하지 말라." 여러분은 종의 두려움을 갖지 마십시오. 하나님으로 하여금 더 이상 종의 두려움의 대상이 되게 하지 마십시오! 그분으로부터 더 이상 멀리 떨어져 있지 마십시오. 말씀이 육신이 되셨습니다(요 1:14). 하나님께서는 하나님과 인간 사이에 있는 불타는 울타리와 입을 크게 벌린 구렁텅이(눅 16:26)를 제거하시러, 인간들 가운데 있는 장막으로 내려오셨습니다.

오늘 아침에 저는 하나님의 도우심으로 이런 주제들을 전하기 원합니다. 저는 이 주제가 가치 있다는 것도 잘 알고 있으며, 이 주제의 진가가 분명히 드러나도록 제가 다 설명할 수 없다는 것도 잘 알고 있습니다. 저는 하나님께 간절히 간구하여, 고요한 가운데 묵상하면서 그리스도의 성육신이라는 이 황금 잔을 마시게 되는 기쁨을 누렸습니다. 성령님께서 여러분도 이 황금 잔을 마시도록 해 주시기를 기원합니다. 제가 사랑하는 성도들에게도 이보다 더 많은 기쁨을 누리게 할 수 있는 것은 없을 것입니다. 두려움의 해독제로 이 주제보다 더 탁월한 해독제는 없습니다. 이 해독제는 한밤의 노래이며, 크리스마스 캐럴 중 최초의 찬양이자 최고의 찬양이며, 그 첫마디부터 마지막 선율까지 "두려워하지 말라"로 시작하며 울려 퍼지는 감미로운 메시지입니다.

> "주님, 당신의 인성이 지닌
> 그 은혜로운 진리를 묵상하는 것이
> 지금 제가 누리는 가장 달콤한 위로이며,
> 이 위로는 앞으로도 영원히 그러할 것입니다.
>
> 오, 이 기쁨! 우리의 육신으로 앉으셨네,
> 빛의 보좌 위에,
> 인간의 어머니가 낳은 자 중에,
> 완전한 신성이 밝게 빛나는 분!
> 땅의 기초는 요동하여,
> 가장 깊은 곳으로 내려가지만,

흔들리는 모든 우주는
파괴되어 모조리 쓸려가지만,

영원한 하나님이자 영원한 사람이신
나의 예수님은 변함이 없으시리,
그분께 내 마음을 정하리니,
내 소망은 영원히 안전하리로다."

사랑하는 성도 여러분, 먼저 제가 이미 언급한 두려움에 대한 몇몇 말씀에 대해 주목하고자 합니다. 다음으로는 천사들이 와서 전한 치료법을 진지하게 주목해 보려고 하며, 그 다음 세 번째로는 시간이 허락하는 대로, 이 치료법을 다양한 경우에 적용해 보려고 합니다.

1. 오늘 본문에 나오는 두려움에 대해서는, 먼저 구별을 해 두는 것이 좋을 것 같습니다.

하나님께 대한 두려움 중에는 우리에게 없었으면 하고 바라서는 안 될 그런 두려움이 있습니다. 피조물이라면 창조주께, 신하라면 왕께, 그리고 자녀라면 부모에게 항상 마땅히 가져야 할 합당하고도 필요하며, 칭찬할 만하고 탁월한 두려움이 있습니다. 우리로 하여금 죄를 무서워하게 하고 하나님의 명령에 순종하도록 하는, 하나님에 대한 이 거룩하고도 자녀다운 두려움은 계발되어야 합니다. "우리 육체의 아버지들이 우리를 바로잡아도 우리가 그들을 공경하였거늘 하물며 영들의 아버지께 우리가 더욱 복종하고 이로써 살아야 하지 아니하겠느냐?"(히 12:9, KJV)는 말씀과 "주를 두려워하는 것이 지식의 시작이거늘"(잠 1:7, KJV)이라고 말씀하신 내용이 바로 이 두려움입니다. 가장 거룩하시고 바르시며 의로우시고 다정하신 우리의 부모에게 거룩한 경외심을 갖는 것은 자녀의 특권이지 종의 근성이 아닙니다. 하나님께 속한 두려움(히 12:28, KJV)은 "고통이 있는 두려움"(요일 4:18, KJV)이 아닙니다. 완전한 사랑은 두려움을 내쫓는 것이 아니라, 기쁜 마음으로 두려움과 함께 조화를 이루는 것입니다. 천사들은 완전하게 하나님을 사랑하면서도, 하나님께 다가갈 때는 거룩한 두려움으로 그들의 날개로 자신의 얼굴을 가렸습니다(사 6:2). 우리가 영광 중에 하나님의 얼굴을 뵈옵고, 그분의 모든 충만하심으로 우리도 충만해질 때, 우리는 무한히 존엄하신 분(히 1:3, KJV)을 겸손하고도 공손하게 쉬지 않고 찬양하게 될 것입니다. 거룩한 두려움은 성령님께서 행하시는 사역 중 하나입니다. 거룩한 두려움을 갖지 못한 자에게는 화가 있을 것입니다. 그가 하고 싶은 대로 자랑하도록 내버려 두십시오. 그가 "두려움도 없이 먹는"(유 1:12, KJV) 것은 자신의 위선을 드러내는 표시입니다.

우리가 피해야 할 두려움은 종의 두려움입니다. 이 두려움은 완전한 사랑도 내쫓습니다. 마치 사라(Sarah)가 여종과 그의 아들을 내쫓은 것(창 21:10)처럼 말입니다. 이러한 두려움은 하나님과 우리 사이에 모종의 거리를 두게 하고, 우리와는 함께 교제를 나눌 수 없는 어떤 영으로 그분을 생각하게 하며, 우리를 처벌하시는 것 외에는 우리에 대해서 전혀 관심 없는 분으로 그분을 생각하게 하고, 그래서 결과적으로 그분의 두려운 존전(尊前)으로부터 가능하면 도망가려고만 하게 되는 그런 두려움입니다. 이러한 두려움은 종종 오직 신적인 위대함만을 깊이 생각할 때, 사람들의 마음속에 생겨납니다. 광대하고도 무한한 심연을 오랫동안 자세히 들여다보고 있어도 그런 두려움이 생기지 않겠습니까? 영원하시고 스스로 존재하시며(출 3:13-14) 무한하신 분을 생각만 해도, 여러분의 마음은 처음에는 경외심으로 가득하다가 나중에는 두려움이 가득하게 되어 그분께 굴복하지 않을 수 있겠습니까? 나는 무엇입니까? 하나님 앞에서 제가 가진 의미보다는 차라리 장미꽃의 봉오리 위를 기어 다니는 한 마리의 진딧물이 더 의미 있는 존재일 것입니다! 나는 무엇입니까! 여호와 앞에 선 인간보다는 차라리 가장 정확한 눈금을 가진 저울에서도 무게를 잴 수 없는 먼지 한 알갱이가 더 큰 존재일 것입니다. 기껏해야 우리는 없는 것보다도 못하고, 공허보다도 못한 존재입니다. 사실 우리는 이보다도 훨씬 더 못한 것들입니다. 우리는 이 위대한 분의 뜻마저도 불순종한 뻔뻔한 자들이었습니다. 그러다가 이제 선하시고 위대하신 하나님의 본성은 흐르는 물살이 되어 악한 인간성으로 헛되이 싸우는 자들을 대적하십니다. 거스를 수 없는 급류는 반드시 제 갈 길대로 흘러 모든 원수들을 몰살시키기 때문입니다. 위대한 하나님이 우리에게 그리스도로 보이지 않는다면, 도대체 하나님은 어떤 이가 되어야 합니까? 우리를 압사시키려고 위협하는 거대한 바위나 우리를 삼키려고 달려드는 깊이를 알 수 없는 바다가 되어야 합니까? 신적인 위대함을 생각하기만 해도, 인간은 두려움으로 가득하고, 말할 수 없는 비참함에 빠지고 맙니다! 그분께서 땅을 흔들어 그것의 자리에서 떠나게 하시니 땅의 기둥들이 떤다(욥 9:6, KJV)고 말한 욥처럼 이런 주제들에 대해 오랫동안 깊이 생각하십시오. 그러면 여러분은 여호와 앞에 두려워 떨게 될 것입니다.

하나님의 좀 더 엄격한 속성들 하나하나가 이와 비슷한 두려움을 불러일으킬 것입니다. 하늘의 별들을 운행하시고, 여러분의 손을 여러분의 입으로 가져가게 하시는(삿 18:19) 그분의 능력을 한번 생각해 보십시오. 구름의 수를 세시며(욥 38:37), 하늘의 규례들을 아시는(욥 38:33, KJV) 그분의 지혜를 생각해 보십시오. 하나님의 이 모든 속성들 중에 어떤 것이라도 묵상해 보십시오. 특히 그분의 의로움과 그로 인해 죄를 대적하여 끊임없이 타오르며 집어 삼키는 불(사 30:30, KJV)을 묵상해 보십시오. 그러면 영혼이 두려움에 온전히 사로잡힌다 해도 그리 놀라지 않을 것입니다. 큰 쇠줄 채찍으로 죄 의식이 양심을 채찍질할 동안에는, 하나님이라는 생각만 해도 사람들은 두려워 떨 것입니다. 왜냐하면 이것이 바로 죄 지은 인간에게 들려오는 양심의 소리이기 때문입니다. "네가 순종하는 피조물이어도, 이 하나님은 여전히 너에게 두려운 분이시다. 왜냐하면 하늘들이라도 그분이 보시기에 깨끗하지 않고(욥 15:15, KJV), 자신의 천사들까지도 어리석다고 꾸짖으시기(욥 4:18) 때문이다. 인생이 어찌 하나님 앞에 의로울 수 있겠는가(욥 9:2, KJV)? 그러니 네가 그분에게 어떤 요구를 할 수 있겠는가? 너는 죄를 지었고, 그 무한한 위엄을 지닌 전능하신 분에게 반역의 손을 들지 않았는가? 너는 도대체 어떻게 되려고 하는가? 그분의 의로우신 진노의 기념비로 영원히 세워지는 것 외에, 네 몫(전 9:9)이 도대체 무엇이 될 수 있겠는가?"

이런 두려움은 생각만 할 수 있다면 아주 쉽게 생겨날 수 있는 그런 두려움이며, 사실 인간의 타고난 유산으로부터 생겨나는 것 같습니다. 죄의 결과는 이처럼 가장 서글프고 가장 해롭습니다. 신적인 존재에 대한 노예적 두려움이 있는 곳이면 어디에서나, 이 노예적 두려움은 인간을 그의 하나님으로부터 철저히 소외시키기 때문입니다. 우리의 악한 본성으로 우리는 하나님의 원수가 되며, 하나님은 잔인하고 가혹하며 무서운 분이라는 생각이 불난 우리의 적대감을 더욱 부채질합니다. 종(노예)의 두려움을 갖게 하는 대상을 우리는 사랑할 수 없습니다. 만약 여러분의 자녀가 어린 마음에 두려움이 가득해서 여러분의 발자국 소리만 들어도 무서워하고 여러분의 목소리만 들어도 경기(驚起)를 한다면, 그런 자녀에게는 부모에 대한 사랑을 보이라고 요구할 수도 없고, 또 실제로 부모를 사랑할 수도 없을 것입니다. 거대한 괴물이 무서워 그 괴물에게 복종할 수는 있어도, 그 괴물을 사랑하기는 불가능할 것입니다. 사탄이 증오에 찬 하나님 모습을 인간의 마음에 심어놓는 것은 사탄이 인간을 속이는 하나의 수법이며, 이 방법은 그의 여러 걸작들 중 하나입니다. 사탄도 알고 있습니다. 인간은 자신이 무서워하는 대상을 사랑할 수 없다는 것을 말입니다. 그래서 사탄은 은혜로우신 하나님을 왜곡하여, 하나님은 회개하는 자를 받아들이지도 않을 뿐만 아니라 슬퍼하는 자들에게 긍휼을 베풀지도 않는, 무정하고 용서할 줄 모르는 하나님으로 그려댑니다. 하나님은 사랑이십니다! 만약 사람들이 "하나님은 사랑이시라(요일 4:8)!"고 한 줄로 축소된 하나님의 은혜로운 모습이 얼마나 아름다운지를 보게 되는 은혜를 입기만 한다면, 틀림없이 그 하나님을 기꺼이 섬기려 할 것입니다. 성령님께서 하나님의 이러한 성품을 느낄 수 있는 마음을 주신다면, 그에게는 그분을 사랑하려는 마음이 생길 것이며, 그는 그 마음을 거부하지 못할 것입니다. 비록 인간들이 타락하여 비열하고 부패해졌지만, 그래도 위로부터 밝은 빛을 받아 하나님을 바르게 판단하게 될 때, 그들의 마음은 신적인 사랑의 온화한 빛으로 녹게 됩니다. 우리가 그분을 사랑함은 그분께서 먼저 우리를 사랑하셨기 때문입니다(요일 4:19, KJV). 그런데 여기에도 사탄의 걸작 같은 수법이 작동합니다. 즉, 사탄은 이성(理性)으로 하나님의 그 탁월한 성품을 느끼지 못하도록 만들 것입니다. 왜냐하면 인간은 이성(理性)으로 사랑스럽다고 느끼지 못하는 것을 마음만으로 사랑할 수는 없기 때문입니다.

    이 두려움은 인간의 마음을 하나님으로부터 소외시킬 뿐만 아니라, 하나님의 은혜의 복음에 대적하는 편견을 만들어 냅니다. 오늘 아침 이곳에는 사람이 종교적으로 변하면 비참해질 것이라고 믿는 분들이 있을 것입니다. 예수님을 신뢰하고 하나님께 순종하는 것이 모든 참된 종교의 핵심임에도 불구하고, 런던 시민의 절반은 이런 것 자체를 비참한 것으로 여깁니다. 이런 현상은 기정사실이 되어 버렸습니다. 세상 사람들은 "오, 내가 기독교인이 된다면, 내가 누리는 즐거움들을 포기해야만 할 텐데"라고 말합니다. 작금의 이런 생각은 지금까지 들어왔던 여러 비방들 중에서도 가장 사악한 비방 중 하나입니다. 그런데 이것이 도처에서 유행하는 신념이 되어 버렸습니다. 하나님과 원수 되는 것이 행복이고, 하나님과 친구 되는 것이 불행이라는 것이 바로 이 대중적인 신학입니다. 하나님을 사랑하는 것이 비참한 일이라고 믿는 판국인데, 도대체 사람들이 하나님에 대해 어떤 입장을 취하겠습니까! 오, 하나님을 섬기는 것은 종이나 하는 일이라는 생각 대신에 하나님이 얼마나 좋은 분인지를 이해하고 알기만 한다면, 그분의 친구가 된다는 것은 피조물이 차지할 수 있는 위치 중에 가장 고귀하고도 행복한 위치라는 것을 이해하게 될 것입니다.

어떤 사람들에게 이 종의 두려움은 언젠가는 구원받게 되리라는 모든 소망을 그들에게서 제거해 버립니다. 하나님을 인색한 분으로 생각하면서 그들은 그분과 거리를 유지합니다. 이따금씩 설교를 통해 모종의 달콤한 매력을 느끼기도 하고, 양심이 온화하게 누그러지기도 하지만, 그 선한 바람은 실제적인 결심으로까지는 결코 자라지를 않습니다. 그들은 "내가 일어나 내 아버지께 가야지"(눅 15:18, KJV)라고 절대 말하지 않습니다. 왜냐하면 그들은 그분을 아버지로 알지 못하고, 오직 "소멸하는 불"(히 12:29)로만 알기 때문입니다. 사람들은 보통 "내가 일어나 소멸하는 불 앞으로 가야지"라고 말하지 않습니다. 사람은 절대 그러지 않습니다. 오히려 사람들은 요나처럼 자기 뜻대로 했을 경우 지불해야 할 대가는 전혀 생각하지도 않은 채 기꺼이 자기 배 삯을 내고서, 여호와의 얼굴을 피하려고 일어나 다시스로 도망가려고 합니다(욘 1:3). 그러나 이런 한 사람의 불행은 많은 사람들에게도 영향을 미치게 됩니다. 그래도 그들은 하나님의 존전으로부터 달아나 축복 가운데 거닐 것으로 생각합니다. 하지만 그들은 하나님으로부터 도망칠 수 없습니다. 하나님이 계신 곳에 그들도 존재할 수밖에 없는 운명이기에, 그들은 자신들에게 비참함과 불행만 남아 있음을 깨닫게 됩니다. 불신앙으로 하나님을 두려워하면서 그들의 마음이 화인(火印)을 맞아(딤전 4:2) 강퍅케 되어 있는 한, 부드러운 자비의 경고도 우렛소리 같은 정의로운 경고도 그들에게는 아무 소용이 없습니다.

하나님에 대한 이러한 사악한 두려움은 자주 사람들을 극단적인 죄로 몰아갑니다. 사람들은 이렇게 말합니다. "나는 어떤 소망도 없다. 나는 하나님의 원수가 되어 치명적인 실수를 저질렀고, 그래서 돌이킬 수 없을 정도로 파멸해 버렸다. 내가 기쁨과 평강을 다시 회복할 가능성은 없다. 이제 나는 무엇을 해야 하는가? 내 목을 짓누르고 있는 구원의 열정이라는 고삐를 이제는 내던져 버리리라. 이제는 내 운명과 맞서 싸워서 성공하든 실패하든 어떻게든 한번 해보리라. 이제부터 나는 죄 가운데서 찾을 수 있는 기쁨을 찾아보리라. 어차피 하늘과 화해를 못할 바에는 차라리 지옥의 좋은 종이 되리라." 이렇게 해서 사람들은 하나님을 반역하는 악한 죄들을 고안해 내느라 지금까지 바쁜 것입니다. 그들의 마음은 증오심이 함께 뒤섞인 사탄의 불타는 두려움으로 하나님을 두려워하고 있습니다. 그들은 하나님의 위엄에 대적하는 반역을 더 많이 쌓아 놓지 않고서는 절대로 만족하지도 않고 흡족하지도 않은 것처럼 그렇게 행동하고 있습니다. 하나님은 여전히 반역하는 자들을 기꺼이 받아주시며 죄인들을 향해 애를 끓이고 계신다는 사실을 이해한다면, 또한 그분은 사랑이시고 악인이 죽는 것을 기뻐하지 않으시며 악인이 돌이켜 그 길에서 떠나 사는 것을 기뻐하신다(겔 18:23)는 사실을 믿기만 한다면, 틀림없이 그들의 인생행로는 바뀌게 될 것입니다. 그러나 이 세상의 신이 그들의 마음을 가리고 있어서(고후 4:4, KJV), 그들은 그분께 복종하는 것을 어리석은 일로 여기기까지 주님을 비방합니다.

　사랑하는 성도 여러분, 수천 가지의 질병을 일으키고, 이루 셀 수 없을 정도의 사악한 방식으로 작동하는 악이 있습니다. 이 악은 바로 하나님의 이름을 모욕하는 것입니다. 오, 빛이시며 어둠이 조금도 없으신(요일 1:5) 우리 하나님을 끔찍한 두려움의 대상으로 이해하는 것은 파렴치한 행동이며 극악무도한 짓입니다. 더이상 말로 다 표현할 수도 없습니다. 사랑의 하나님이신 여호와를 마귀로 표현한다는 것은 최고로 악마적인 행동입니다. 오, 하나님을 묘사하면서 용서하지 않는 분, 친절하지 않은 분, 다정하지 않은 분, 무정하고 잔인한 분, 특히 하나님은 사랑이시므로(요일 4:8) 다른 모든 것보다 더 뛰어나게 사랑이 많은 분임에도 불구하고 그렇게 묘사하지 않습니다. 이렇게 묘사하는 어둠의 왕자의 뻔뻔함과 그에게 찬동(贊同)하는 인간의 어리석음은 대단합니다. 그분은 의로우십니다(슥 9:9, KJV). 그분이 의로우시기 때문에 그만큼 더욱더 진정으로 사랑하십니다. 그분은 참되십니다. 그러므로 분명히 죄를 벌하십니다. 죄를 벌하지 않고 내버려 두는 것은 좋지 않기 때문에, 꼭 죄를 벌하십니다. 그렇게 많은 은혜를 받은 피조물인 당사자로서 그 은인(恩人, 은혜를 베풀어주는 분, 눅 22:25, KJV)을 비방한다는 것은 아주 비열한 배은망덕(背恩忘德)입니다.

　하나님께 자행한 이런 악은 인간에게 다시 되돌아옵니다. 왜냐하면 이런 두려움에는 고통이 뒤따르기 때문입니다. 하나님을 우리의 철천지원수로 생각하는 것보다 더 고통스럽고 비참한 것은 이 세상에 없습니다. 양자의 영(롬 8:15)을 잠시 잃었던 사랑하는 성도 여러분, 여러분은 하나님으로부터 멀리 떨어져 방황해 보았으므로, 주님께서 여러분을 버리시고는 다시 받아주지 않으실 것이라는 두려움보다 더 큰 고통은 없다는 것을 여러분도 알 것입니다. 배교자 여러분, 하늘에 계신 여러분의 아버지(마 6:14, KJV)를 두려워하는 것보다 더 그분과 멀어지게 되는 것은 없습니다. 그분은 여러분이 종의 두려움으로 두려워해야 할 분이 아니라는 사실을 여러분이 진정으로 알 수만 있다면, 여러분의 자녀들이 여러분에게 하듯이, 그렇게 여러분은 그분께 나아갈 것입니다. 그리고 이렇게 말할 것입니다. "나의 아버지여, 내가 잘못하였습니다. 나를 불쌍히 여겨주옵소서! 나의 아버지여, 나는 나의 죄로 말미암아 괴로워하고 한탄합니다. 나를 용서해 주옵소서. 당신의 두 팔로 다시 나를 안아주시고, 당신의 능하신 은혜로 나를 도와주옵소서. 이제부터 나는 당신의 계명대로 행하며, 당신의 뜻에 순종하겠나이다." 나의 사랑하는 성도 여러분, 여러분은 영적인 생명에 대해 조금이라도 알고 있습니다. 위로부터 여러분에게 불어넣어진 하나님에 대한 유쾌한 생각들과 여러분의 마음에 흡족히 부어진 여러분을 향한 그분의 특별한 사랑을 여러분은 느끼지 못했습니까? 그 때가 바로 여러분이 가장 거룩해질 때입니다! 도덕적으로나 영적으로나 여러분이 훌륭하게 자랄 수 있는 유일한 길은 여러분의 은혜로우신 하나님을 여러분이 최고로 존중하는 것과, 여러분의 마음에 타오르는 그분의 귀한 사랑을 여러분이 느끼는 것입니다. 여러분은 이 두 가지를 이미 알고 있지 않습니까?

하나님께서 그의 택한 자들에게 바라시는 것은, 그들이 어린아이처럼 되는 바로 그것입니다. 성령님께서 그의 택한 자들 안에서 역사하시는 것도 그들이 어린아이처럼 되도록 하려는 것입니다. 우리가 빛 가운데서 성도들의 기업에 참여하기 위해서 이루어야 할 것도 바로 어린아이들처럼 되는 것입니다. 어린아이들이 독사의 독과 대조되는 것만큼이나 어린아이와 같은 영은 종의 두려움과 대조적입니다. 무서움과 두려움은 우리 안에서 어린아이와 같은 것을 끄집어내는 것이 아니라, 어른 같은 것을 모두 끄집어냅니다. 왜냐하면 무서움과 두려움은 우리가 두려워하는 대상에게 저항하도록 우리를 부추기기 때문입니다. 하나님의 선하심에 대한 강한 확신만이 이 두려움을 내쫓고, 우리 안에 있는 어린아이 같은 모든 것을 드러내 줍니다. 한 어린아이가 크고 난폭한 사람을 단지 전적으로 신뢰하는 것으로써, 그 난폭한 사람을 누그러뜨리게 하는 모습을 보지 못했습니까? 그 아이는 그렇게 확실히 신뢰할 만한 근거가 없는 곳에서 스스로 신뢰의 근거가 되었던 것입니다. 바로 그 아이처럼 선하고 관대한 아버지를 단순하고 무조건적으로 신뢰하는 것은 고귀한 모습입니다. 불쌍하고 연약하고 힘없는 어린아이인 나는, 나 자신이 바로 그런 사람인 것을 의식하고, 내가 전적으로 어리석고 약한 사람인 줄 알고서 예수 그리스도를 통해 선하고 위대하신 내 하나님을 오직 믿고 나아가 그분을 신뢰하고 그분이 원하시는 대로 행하도록 나를 그분의 뜻에 맡기며, 그분이 친절하고 지혜로운 분이심을 믿는다면, 그리고 내가 그분의 사랑 안에서 전적으로 안식하고 그분의 뜻에 순종할 수 있다면, 그렇게만 된다면 나는 피조물이 이를 수 있는 최고의 경지에 다다르게 될 것이며, 성령님께서도 자신이 다 이루신 사역을 내 안에 행하실 것이고, 그로 인해 나는 천국에 합당한 자가 될 것입니다. 사랑하는 성도 여러분, 제가 천사와 마찬가지로 "두려워하지 말라"고 말씀드리는 이유는 이 두려움이 이러한 모든 것을 반대하고 못하도록 방해하기 때문입니다.

다소 괴로운 이런 주제를 다루어서 자칫 여러분을 따분하게 하지는 않을까 우려됩니다. 그래서 풍성한 이 주제가 허용하는 한에서 최대한 간략하게 말씀드리겠습니다.

2. 두 번째로, 천사들이 선포하게 된 이 두려움의 치료법에 주목하고자 합니다.

천사들의 선포는 이러합니다. "오늘 다윗의 동네에 너희를 위하여 구주가 나셨으니 곧 그리스도 주시니라"(눅 2:11).

> "육체로 오신 하나님을 내가 뵙기까지,
> 내 생각에 어떠한 위로도 없으며,
> 거룩하고, 의롭고, 신성하신 세 분은
> 내 마음에 두려운 분들이시네.
> 그러나 임마누엘의 그 얼굴 나타나시면,
> 나의 소망 나의 기쁨 시작되리니,
> 그분의 이름이 내가 가진 종의 두려움을 없이하고,
> 그분의 은혜가 나의 죄를 도말하네."

임마누엘, 우리와 함께 계시는 하나님(마 1:23), 육체로 오신(요일 4:2) 하나님이 바로 치료법입니다. 천사의 노래를 가지고 이 치료법에 대해 살펴보겠습니다.

본문에 따르면 무엇보다도 목자들은 두려워할 필요가 없었습니다. 왜냐하면 천사들은 그들에게 좋은 소식을 가지고 왔기 때문입니다. 본문에는 어떻게 나와 있습니까? "내가 … 큰 기쁨의 좋은 소식을 너희에게 가져왔노라"(눅 2:10, KJV)라고 되어 있습니다. 그렇다면 이 복음은 무엇이었습니까? 우리가 들은 바를 생각해 보면, 이 복음은 그리스도께서 태어나셨다는 사실이었습니다. 그래서 그리스도께서 태어나셨다는 사실, 즉 하나님께서 강림하시어 인성을 취하셔서 그리스도와 하나가 되셨다는 사실이 바로 좋은 소식입니다. 참으로 이 새로운 소식은 큰 기쁨의 소식입니다. 하늘을 만드신 그분께서 구유 안에 잠들어 계십니다. 그래서 어떻게 되었습니까? 이제부터는 하나님과 인간이 서로 원수가 될 필요가 없게 되었습니다. 여기 이 구유의 그리스도에게서 하나님이 실제로 인성을 취하여 신성과 연합되었기 때문입니다. 인성과 신성의 두 본성 사이에 더 이상 영원히 고질적이던 뿌리 깊은 적대감은 있을 수 없습니다. 달리 말해, 신적인 본성이 인성을 실체적(hypostatical, 實體的)으로 취하셔서 인성과 하나가 되셨다는 것입니다. 이 사실이 여러분에게 위로가 되지 않습니까? 여러분은 불쌍하고 실수 많은 연약한 인간입니다. 여러분으로 하여금 주님을 무서워하게 하는 바로 이 두려움은, 하나님과 인간 사이에 있는 바로 이 적대감 때문입니다. 하지만 이제부터는 그런 적대감이 존재할 필요가 없습니다. 왜냐하면 여러분의 창조주께서 실제로 인성을 취하셔서 그 자신과 하나가 되셨기 때문입니다.

이와 관련해서 또 다른 생각이 나지 않습니까? 영원하신 분은 우리와는 너무나 멀리 떨어져 계신 것 같습니다. 그분은 무한하시나 우리는 너무나 작은 피조물들입니다. 창조주와 피조물의 관계에서 비추어보아도, 하나님과 인간 사이에는 큰 구렁텅이(눅 16:26, KJV)가 있는 듯합니다. 하지만 자세히 살펴보십시오. 하나님이신 그분이 또한 인간이 되셨다는 것입니다. 하나님께서 천사의 본성을 취하셔서 자신과 하나가 되었다는 말을 우리는 들어본 적이 없습니다. 그러므로 하나님과 천사 사이에는 무한한 거리감이 여전히 존재할 수밖에 없다고 말할 수 있습니다. 하지만 이와 달리 여기 그리스도의 경우에는 하나님께서 실제로 인성을 취하여서 자신과 하나가 되셨습니다. 그러므로 큰 구렁텅이가 더 이상은 존재하지 않습니다. 그와 반대로 놀라운 하나됨이 존재합니다. 신성이 인성과 더불어 일종의 결혼 서약을 한 셈입니다. 오, 나의 영혼아, 이제부터 너는 멀리 떨어져 있어 너의 음성을 들을 수도 없는 너의 아버지를 찾아, 깊은 바다 건너 저 먼 곳을 향해 울부짖는 불쌍하고도 외로운 고아처럼, 그렇게 서 있지 말지어다. 그리고 이제부터 너는 자신을 낳아 준 부모가 너무 멀리 떨어져 있어서, 자신의 요구와 울부짖음을 들을 수 없는 벌거벗고 도와줄 손길 하나 없이 버려진 고아처럼, 그렇게 흐느끼며 한탄하지 말지어다. 절대 그럴 필요가 없습니다. 여러분을 만드신 창조주께서 여러분처럼 되셨기 때문입니다. 그 어떤 표현으로도 이것을 설명하기에는 역부족입니다! 만들어진 것 중에 그분 없이 만들어진 것이 하나도 없는(요 1:3, KJV) 바로 그분, 말씀이 육신이 되어 우리 가운데 장막을 치시고 거하신(시 78:60; 요 1:14, KJV) 그 동일한 말씀이, 이런 방식으로 육신이 되셨습니다. 모든 일에 우리와 똑같이 시험을 받으신 이로되 죄는 없으신(히 4:15) 그분께서 육신이 되셨습니다. 오, 인성이여, 이 같은 새로운 소식이 너에게 지금까지 있었던가! 가련한 인성이여, 먼지처럼 연약한 벌레이며, 천사들보다 엄청 낮게 만드신 존재여, 네 머리를 들고서 두려워하지 말라! 가련한 인성이여, 연약한 가운데 태어나 수고하고 살며 땀으로 뒤범벅이 되다가 마침내 벌레에게 먹혀 죽어갈 존재여, 스랍들(seraphs) 앞에서도 부끄러워하지 말지어다. 왜냐하면 하나님 다음이 인간이며, 천사장도 하나님과 인간 사이에 끼어들 수 없기 때문이로다. 아니 하나님 다음이라고도 말할 수 없음은, 하나님이신 예수님이 또한 인간이며, 영원한 하나님이신 예수 그리스도께서 우리와 똑같이 태어나셔서 사시고 죽으셨기 때문이로다. 이것이야말로 우리의 두려움을 내쫓을 첫 번째 위로의 말씀이로다.

　　두려움을 없애줄 두 번째 말씀은 인간이면서 동시에 하나님이신 이 분이 실제로 태어나셨다는 사실에 있습니다. 천사의 말을 자세히 살펴봅시다. "너희를 위해 … 태어나셨느니라"(눅 2:11, KJV).

　　우리 주 예수 그리스도는 어떤 의미에서는 아담보다 더 인간답습니다. 아담은 태어나지도 않았고, 유아기의 위험과 연약함도 시달리지 않았기 때문입니다. 아담은 어린아이의 작음을 알지 못했습니다. 그는 단번에 장성해졌기 때문입니다. 그래서 인류의 조상 아담은 유아기와 아동기를 거친 저 같은 사람을 동감할 수가 없습니다. 하지만 참으로 인간다운 예수님은 얼마나 대단하신지요! 그분은 비록 구유이지만, 우리처럼 요람에 뉘이셨습니다. 그분은 아담처럼 성인이 된 이후부터 삶을 시작하지 않았습니다. 오히려 유년기의 고통과 연약함과 질고들 속에서 우리와 함께 지내셨으며, 심지어는 무덤에까지 우리와 함께 하셨습니다. 사랑하는 성도 여러분, 이 사실이야말로 우리에게 크고도 다정한 위로가 됩니다. 지금 하나님이신 그분이 예전에는 어린아이였습니다. 그래서 나의 염려가 작고 심지어 사소해 보이며 상대적으로 유치한 것이라 해도, 나는 그분께 나아갈 수 있는 것입니다. 왜냐하면 그분도 예전에 어린아이였기 때문입니다. 이 땅의 위대한 자들은 궁핍한 아이들을 비웃으며 이렇게 말합니다. "너희들은 너무 미천하고, 너희들의 고민은 동정받기에는 너무 보잘것이 없다"고요. 하지만 저는 주님께서 누렸을 겸손한 기쁨을 회상해 봅니다. 바로 하늘의 왕(단 4:37)께서 한 여인의 가슴에 의지하여 포대기에 싸여 있었던 모습 말입니다. 그러기에 저는 그분에게 제 모든 슬픔들을 말씀드릴 수 있습니다. 그분은 어린아이이면서도 만유의 하나님이시라니, 얼마나 놀라운 일입니까! 영원히 찬양받으옵소서! 이제부터 저는 하나님을 두려워하지 않습니다. 나와 하나님, 즉 거룩한 어린아이였던 예수님과 나의 이 복된 관계로 인해 모든 두려움들이 사라졌기 때문입니다.

천사들이 그분의 태어나심뿐 아니라, 그분의 직무에 대해서도 말한 바를 자세히 살펴보십시오. "오늘 … 너희를 위하여 **구주가 나셨으니**"(눅 2:11)라고 되어 있습니다. 그분께서 태어나서 이 땅에 오신 목적이 바로 우리를 죄에서 구원하시기 위함이었습니다. 그렇다면 우리를 두렵게 한 것은 도대체 무엇이었습니까? 죄로 인해 우리가 멸망을 받았다고 느꼈기 때문에, 하나님을 두려워했던 것이 아닙니까? 정확히 그러합니다. 그렇다면 이 말씀은 기쁨 위의 기쁨이 되는 말씀입니다. 이 말씀은 주님께서 우리 가운데 인간으로서 오셨다는 사실 뿐만 아니라, 하나님과 인간을 분리하게 만든 그것으로부터 인간을 구원하기 위하여 인간이 되셨다는 사실도 전하고 있는 것입니다. 이 자리에도 있겠지만, 자신의 삶을 흥청망청 허비하면서 자신이 저지르는 악한 행실로 아버지이신 하나님으로부터 멀리 떠나 있는 사람들을 생각하면, 저는 지금이라도 눈물이 쏟아져 나올 것만 같습니다. 그들은 주께로 다시 돌아오는 것을 두려워하고 있습니다. 주님이 그들을 받아주지 않을 것이며, 자기 같은 죄인들에게는 긍휼이 없을 것이라고 생각하는 것입니다. 오, 오직 이 말씀만 생각하십시오. 예수 그리스도께서는 잃어버린 자를 찾아 구원하러 오셨습니다(눅 19:10, KJV). 그분은 구원하러 태어나셨습니다. 만약 그분이 구원하지 않는다면 그분은 헛되이 태어나신 것입니다. 왜냐하면 그분이 태어나신 목적은 구원이었기 때문입니다. 만약 그분이 구주가 아니라면, 이 땅을 향한 하나님의 사역도 그 목적을 상실했을 것입니다. 왜냐하면 그 사역의 목적은 잃어버린 죄인들이 구원받도록 하는 것이었기 때문입니다. 잃어버린 자들, 여러분 같은 잃어버린 자들을 구원하기 위해 천사가 온다 해도 그것은 새로운 소식이었을 것이며, 그 소식에 환호성을 질렀을 것입니다. 그러나 그보다 더 기쁜 소식이 있습니다. 바로 하나님께서 오셨다는 소식입니다. 무한하신 분, 전능하신 분께서 하늘 높은 곳에서 굽어 보사, 망하게 되어(사 6:5, KJV) 불쌍하고 쓸모없는 벌레 같은 여러분을 발견하셨습니다. 여기에 위로가 있지 않습니까? 관위에 드리워 있는 천처럼 인간을 감싸고 있는 그 끔찍한 두려움을 성육신하신 구주께서 걷어 주지 않으셨습니까?

천사들은 이 구주의 위격을 기술하는 것도 잊지 않았다는 사실에 주목하십시오. "구주가 나셨으니 곧 그리스도"(눅 2:11)라고 하는 여기에 그분의 인성이 있습니다. 인간으로서 그분은 기름 부음을 받았습니다. "주시니라"(눅 2:11)라고 하는 여기에 그분의 인성이 있습니다. 맞습니다. 이것이 바로 우리의 발을 굳게 내딛어야 할 견고한 진리입니다. 나사렛 예수님(막 10:47)은 하나님이십니다. 그분은 처녀의 태 안에 잉태되시어, 지금 베들레헴의 구유 안에서 태어나시고, 항상 만유 위에 계신 하나님이셨으며, 영원히 복되신 분이십니다. 그분이 하나님이 아니라면 복음도 존재하지 않습니다. 한 위대한 선지자가 태어났다는 소식을 말한다 해도 그것이 제게는 새로운 소식이 아닙니다. 예전에도 위대한 선지자들은 있어왔기 때문입니다. 그럼에도 세상은 단순히 진리를 증언하는 것만으로는 지금까지도 악에서 구원받지 못했으며, 앞으로도 계속 그럴 것입니다. 하나님께서 태어나셨다고 제게 말씀해 주십시오. 하나님께서 친히 우리의 본성을 가지시고 우리의 본성과 자신이 하나가 되셨다고 말입니다. 그러면 제 마음의 종은 기쁘게 울려 퍼질 것입니다. 하나님께서 저를 찾아와주셨으므로, 이제 저도 하나님께 나아갈 수 있기 때문입니다.

사랑하는 성도 여러분, 이제 여러분은 천사들이 간략하게 말해 놓은 핵심을 보게 될 것입니다. "너희를 위해"(눅 2:11)가 바로 핵심입니다. 여러분이 그분에 대해 개인적으로 관심을 가지기 전까지, 여러분은 그 성육신하신 구주로부터 결코 참된 위로를 얻지 못할 것입니다. 인간 그리스도는 인간의 대표였습니다. 인간을 완전히 대표하는 사람은 오직 두 사람뿐이었습니다. 첫째 대표는 아담입니다. 아담이 순종했다면 전 인류가 바로 섰겠지만, 아담의 불순종으로 전 인류가 넘어졌습니다. "아담 안에서 모든 사람이 죽은 것 같이"(고전 15:22) 되었습니다. 그리고 이제 인간 예수님이 두 번째 위대한 인간 대표가 되셨습니다. 그분은 전 인류를 대표하지 않으십니다. 그분은 아버지가 자기에게 주신 자들만 대표하십니다. 그분은 택한 무리들만 대표하십니다. 이제 여러분도 그분 안에 있는 자들 가운데 속하기만 하면, 그리스도께서 행하신 일은 모두, 그분이 여러분을 위해 행하신 것이 됩니다. 따라서 그리스도께서 할례 받으셨든 십자가에 못 박히셨든, 그리스도께서 죽으셨든 살아 계셨든, 그리스도께서 묻히셨든 다시 살아나셨든, 그리스도께서 행하신 이 모든 일과 그리스도께서 처하신 이 모든 상황에 여러분은 한 사람의 동참자가 되는 것입니다. 왜냐하면 여러분은 그분과 함께하는 한 사람으로 간주되기 때문입니다. 그러면 이제 그리스도의 성육신이 주는 기쁨과 위로를 보십시오. 인간 예수님은 인성으로서 하늘에 거처를 정하지 않으셨습니까? 그분께서는 저의 거처도 거기에 마련해 두셨습니다. 인류의 조상 아담이 넘어졌습니다. 그래서 저도 넘어졌습니다. 저 또한 아담 안에 있었기 때문입니다. 주 예수 그리스도께서 일어나셨습니다(rise, '부활하셨습니다'로도 번역할 수 있다). 그래서 그분 안에 있기만 하면 저도 일어납니다. 보십시오. 사랑하는 성도 여러분, 예수 그리스도께서 십자가에 못 박히셨을 때, 그의 택한 자들은 모두 십자가에 못 박혔습니다(갈 2:20 참조). 그래서 그들은 그분 안에서 고통을 받고 죽었습니다. 그분께서 무덤에 계실 때, 그의 백성들 모두 그분 안에서 무덤에 있었습니다. 왜냐하면 레위의 아들들이 아브라함의 허리에서 나온 것처럼(히 7:5, KJV), 그들도 예수님의 허리에서 나왔기 때문입니다. 그리고 그분이 일어나셨을 때, 그들도 일어났고, 미래에 있을 자신들의 부활에 대해 미리 맛보았습니다. 그분이 살아나셨으므로 그들 또한 살아날 것이기 때문입니다. 이제는 그분 자신의 보좌를 요구하기 위해 하늘 높은 곳에 올라가셔서, 그분 안에 있는 모든 영혼들을 위한 보좌를 요구하셨습니다. 오, 이것이야말로 참된 기쁨입니다! 그러므로 어찌 제가 하나님을 두려워할 수 있겠습니까? 한 사람의 가련한 가치 없는 죄인인 제가 오늘 믿음으로 예수님을 신뢰하고서 감히 말씀드립니다. 저는 하나님의 보좌에 앉게 된다고 말입니다. 우리가 너무 지나치게 말한다고 생각하지는 마십시오. 왜냐하면 그리스도의 위격 안에서 모든 신자들은 그리스도와 함께 높이 들려져서 천국에 함께 앉도록 되어 있기 때문입니다. 우리의 대표로 예수님이 거기에 계시기 때문에, 우리 각자도 그분 안에서 그곳에 있게 됩니다.

이 귀한 성육신의 교리를 제가 원하는 대로 제시할 만한 충분한 능력이 없어서 안타깝습니다. 이 교리에 대해 묵상하면 할수록 더 많은 기쁨이 있기 때문입니다. 실제로 하나님의 아들이신 예수님이 육체로 오신 것(요일 4:2, KJV)을 가장 중요한 진리로 여깁시다. 이것은 아주 중요한 진리라서, 이 땅에는 이미 이 진리를 제시하는 세 명의 증인이 있었습니다. 우리는 이미 여러 번 이곳에서 기독교 예배의 영성에 대해 주장해 왔습니다. 외적인 종교 형식은 그 자체로는 아무 소용이 없다는 것을 우리는 보아왔습니다. 위대한 것은 바로 그 내적인 영성입니다. 솔직히 말해서, 종종 저는 속으로 이렇게 말한 적이 있습니다. "이 세례가 무슨 소용이 있나. 그리고 이 성찬은 또 무슨 소용이 있나?" 하고 말입니다. 그렇다고 해서 제가 이런 성례들을 반대하는 것은 아닙니다. 물론 이 두 외적인 예식들은 탁월한 유익이 많습니다. 그럼에도 불구하고, 다른 어떤 주제들보다도 이 두 예식과 관련하여 지금까지 수많은 오류들이 생겨났습니다. 퀘이커 교도들(Quakers: 성령의 직접적인 내적 조명을 중시하기 때문에, 하나님 말씀의 외적 형태인 '성서'보다는 성령의 내적 음성을 더 중요하게 생각한다. 외형적인 성례의식을 인정하지 않고 오직 '성령세례'만을 인정하며, 성찬 예식의 외형적인 조건도 전혀 본질적인 것이 아니라고 주장한다 — 역주)의 가르침을 전적으로 따르고자 하는 성도들이 이렇게 말하는 것을 들은 적이 있습니다. "이런 외형적이고 가시적(可視的)인 것들을 왜 완전히 제거하지 않는 것인가? 물 세례 말고, 성령 세례를 시행하라. 빵과 잔이 아니라, 외적인 표지 없이 그리스도와 교통하도록 하라"고 말입니다. 솔직히 말해서 저는 이런 입장에 선뜻 동의하지는 않았습니다. 왜냐하면 저는 성경이 말하고 있는 명백한 증거들을 고수하고 싶기 때문입니다. 그래도 제 마음은 이런 유혹에 조금이나마 흔들렸습니다. 그래서 저는 혼잣말로 "사람들은 앞으로도 계속해서 이 두 가지 예식(세례와 성찬)에 대해서 다른 생각들을 많이 할 텐데, 그 사람들(퀘이커 교도) 생각대로 따라도 괜찮지 않을까?" 하고 말했습니다. 이런 문제로 갈등하다가, 저는 "땅에 증언하는 셋이 있으니 영과 물과 피라"(요일 5:8)는 성경말씀을 근거로, 이 예식들은 틀림없이 옳고 반드시 시행되어야 한다는 확신을 갖게 되었습니다.

그렇다면 이 세 가지가 증언하는 것은 무엇입니까? 이 말씀은 그리스도이신 예수님의 사명을 증언합니다. 다른 말로 하면 하나님의 참된 성육신을 증언한다고 할 수 있습니다. 그리고 이 말씀은 그리스도의 육체성(materialism, '물질성'으로도 번역될 수 있다)을 증언합니다. 사람들이 이 두 가지 외적인 예식을 포기할 때는, 말 그대로 "하나님이 육신이 되어"('말씀이 육신이 되어' 요 1:14, KJV) 하신 말씀들을 일반적으로 포기하는 경향이 있다는 것을 눈치채셨습니까? 그리스도께서 실제로 사람이었다는 문자 그대로의 사실이 일반적으로 의심받거나 의미가 퇴색될 때는, 이 두 가지 외형적인 예식이 포기되었을 때입니다. 이 두 가지 상징적인 예식들은 영적인 것과 물질적인 것을 연결해주는 예식으로, 예수 그리스도는 최고의 영광스러운 성령으로 우리와 똑같은 실제적인 피와 살을 가진 육체를 입은 한 인간이었다는 사실을 보여줄 의도로 제정된 것이라고 믿습니다. 그러므로 그분이 "나를 만져 보라 영은 살과 뼈가 없으되 너희 보는 바와 같이 나는 있느니라"(눅 24:39)고 말씀하신 것처럼, 그분은 만질 수 있고 대할 수도 있었습니다. 그리스도께서 실제로 한 인간이었다고 증언하시는 성령님을 생각할 때, 저는 그런 증언을 해 주신 성령님께 감사드립니다.

다음으로, 저는 물을 살펴보고자 합니다. 그리스도께서 요단 강에서 공적으로 세례를 받으셨다는 말씀(눅 3:21)을 읽었을 때, 저는 그분이 유령일 수가 없겠다고 생각했습니다. 그분은 단지 유령처럼 나타났던 게 아니었습니다. 왜냐하면 그분은 물로 침례(immersed)를 받으셨기 때문입니다. 그분은 실체적으로 확고히 한 인간이었음에 틀림없습니다. 세례라는 예식을 보존하는 것은 성육신하신 하나님의 실재성을 증언하는 것입니다.

다음으로 피를 살펴보겠습니다. 만약 그분이 유령이었다면, 골고다에서 피를 흘릴 수 없었을 것입니다. 만약 그분이 한갓 허깨비 같은 환영(幻影)이었다면, 창으로 그분을 찔렀을 때 그의 옆구리에서 피가 흘러내릴 수도 없었을 것입니다. 그분은 틀림없이 우리처럼 피와 살을 가지신 분이 분명합니다. 그리고 우리가 성찬식을 대할 때마다, 우리가 잔을 들 때마다 듣게 되는 "이 잔은 내 피로 세운 새 언약이니"(고전 11:25) 하는 말씀은, 예수님께서 참된 피와 살로 우리 가운데 나셨다는 사실을 이 땅에서 증언하는 세 번째 증거입니다. 이렇게 해서, 영, 물, 피, 이 셋이 그리스도는 하나님이시며, 또한 참으로 확실한 실체적인 인간이라는 사실을 하나님의 교회에 증언하는 영속적인 증거가 됩니다. 바로 이러한 이유 때문에 저는 이 예식들을 더욱더 기뻐하게 되었습니다. 이 두 예식들은 우리로 하여금 그리스도는 참으로 피와 살을 가진 분이시며, 기독교는 우리의 이 피와 살과도 어떤 관계가 있다는 사실을 기억하게 합니다. 바로 이 몸이 무덤에서 다시 일어날 것입니다. 예수님은 썩어질 이 불쌍한 몸을 구원하기 위해 오셨습니다. 그러므로 우리가 영적으로 최고의 상태를 유지해야 하는 동안에도, 이 물질적인 몸은 마치 악마의 몸처럼 내팽개쳐지지 않게 됩니다. 그리스도께서는 영적인 영역뿐만 아니라 물질적인 영역까지도 깨끗하게 하셨으며, 그리스도는 이 두 영역에서 승리로 다스리십니다. 이 말씀이 바로 우리에게 크나큰 위로가 됩니다.

3. 마지막으로, 우리가 다룰 이 치료법을 다양한 경우에 적용하는 방법에 관해서는 몇십 초 정도만 말씀드려야 할 것 같습니다.

하나님의 자녀인 여러분은 "오늘 나는 감히 하나님께 나아갈 수 없어. 내 느낌에 나는 너무 약해"라고 말합니다. 두려워하지 마십시오. 베들레헴에서 태어나신 분께서 이렇게 말씀하기 때문입니다. "상한 갈대를 꺾지 아니하며 연기 나는 심지를 끄지 아니하시며"(마 12:20, KJV)라고 말이지요. 또 어떤 사람은 "나는 절대로 천국에 들어가지 못할 거야"라고 하거나, "호의를 베푸시는 하나님의 얼굴을 나는 절대로 보지 못할 거야. 나는 너무나 많은 시험에 넘어졌어"라고 말합니다. 여러분, "두려워하지 마십시오"(눅 2:10, KJV). 여러분에게 있는 "대제사장은 우리의 연약함의 감정을 몸소 느끼지 못하시는 분이 아니요 모든 점에서 우리와 똑같이 시험을 받으신"(히 4:15) 분이시기 때문입니다. 또 다른 사람은 이렇게 말합니다. "그런데 나는 이 세상에서 너무 외로워. 나에게 관심을 가져주는 사람은 아무도 없어"라고 말이지요. 그러나 한 분이 계십니다. 그분은 어떤 형편에 처하든지 잘 돌봐주는 분이십니다. 여러분처럼 진실한 분이십니다. 그분은 여러분의 형제이시며, 여전히 그 외로운 영혼을 잊지 않으십니다.

이번에는 한 죄인이 이렇게 말하는 것도 들립니다. "오늘 이 아침에 나는 하나님께 나아가 나는 죄인이라고 고백하기가 두렵다"고 말입니다. 알겠습니다. 그러면 하나님께 나아가지 말고 그리스도에게 나아가십시오. 틀림없이 여러분은 그리스도는 두려워하지 않을 것입니다. 그리스도 밖에 있는 하나님이 아니라, 그리스도 안에 있는 하나님을 생각하십시오. 만약 여러분이 예수님을 알기만 한다면, 여러분은 당장 그분에게로 나아갈 것입니다. 여러분은 그분에게 여러분이 지은 죄들을 고하는 것을 두려워하지 않을 것입니다. 왜냐하면 그분께서 "가서 다시는 죄를 범하지 말라"(요 8:11)고 말씀하실 것을 여러분이 알고 있기 때문입니다. 어떤 사람은 "나는 기도할 수가 없어요, 나는 기도하는 게 두려워요"라고 말합니다. 여러분의 기도를 들으시는 분이 계시는데, 도대체 뭐가 두렵겠습니까! 여러분이 하나님의 면전에 선다면 무서울 수도 있습니다. 하지만 인간의 몸으로 오신 하나님을 보는데 무서울 이유가 없는 것입니다. 가련한 죄인이여, 나아가십시오. 예수님께로 나아가십시오.

어떤 사람은 "예수님께 나아가기에는 부족한 느낌입니다"라고 말합니다. 아마도 여러분은 하나님께 나아가기에 부족할지도 모릅니다. 하지만 예수님께 나아가기에 여러분은 결코 부족한 게 없습니다. 주님의 거룩한 언덕에 서기에는 여러분은 분명 부족합니다. 하지만 주 예수님께 나아가는데 있어서 꼭 필요한 뭔가가 부족하다는 것은 없습니다. 범죄한 자들, 잃어버린 자들, 멸망한 자들인 여러분이여, 있는 모습 그대로 나아오십시오. 바로 여러분의 모습 그대로 말입니다. 그러면 그분께서 여러분을 맞아주실 것입니다.

또 다른 사람은 "오, 나는 신뢰하지를 못하겠는데요"라고 말하기도 합니다. 여러분이 눈에 보이지 않는 그 위대하신 하나님을 신뢰할 수 없다는 것을 저도 이해는 할 수 있습니다. 하지만 사람의 아들(인자)이시며 또한 하나님의 아들이기도 하신 그분께서 피 흘려 죽으셨는데도, 여러분은 신뢰할 수 없다는 말입니까? 또 다른 사람은 "그런데 저는 그분께서 저 같은 자까지도 지켜봐 주실지, 그에 대한 소망이 없습니다"라고 말합니다. 그분은 세리와 죄인들까지 받아주셨고, 그들과 함께 식사도 하셨습니다(마 9:11). 심지어는 창녀들까지도 그분 앞에서 쫓겨나지 않았습니다. 오, 하나님께서는 이렇게 사람들을 대하시면서 그들과 친히 하나가 되셨습니다. 그러므로 두려워하지 마십시오! 지은 죄 때문에 하나님을 그토록 멀리 떠나 방황하며 하나님의 이름조차 생각하기를 두려워하는 자들에게 저는 다만 예수 그리스도가 어떤 사람으로 불렸는지를 말씀드리겠습니다. "죄인의 친구로다"(마 11:19). 저는 가련한 영혼들인 여러분에게 간청합니다. 그분을 여러분의 친구로 생각하십시오.

오! 성령 하나님께서 보지 못하는 여러분의 눈을 열어 주셔서, 여러분이 하나님을 멀리하는 이유가, 여러분이 그분에 대해서 스스로 잘못 생각하는 것, 바로 그 이유 밖에는 없다는 것을 보게 하소서! 그분의 능력으로 기꺼이 여러분을 끝까지 구원(히 7:25, KJV)하실 것을 여러분이 믿게 하소서! 여러분의 허물과 부정과 죄를 기꺼이 간과해 주시는 그분의 선하시고 은혜로우신 품성을 여러분이 이해하게 하소서! 그리고 다정한 은혜의 역사하심이 오늘 아침에 여러분이 그분께 나아가도록 강권하시기를 기원합니다! 하나님께서 도우셔서, 여러분 안에 영광의 소망(골 1:27)과 예수 그리스도의 형상(갈 4:19, KJV)을 이루어, 여러분이 기쁨으로 찬양하게 하소서. "가장 높은 곳에서는 하나님께 영광이요, 땅에서는 평화와 사람들을 향한 선하신 뜻이로다"(눅 2:14, KJV). 아멘.

제
7
장

—

베들레헴에서 태어난 기쁨

—

"천사가 이르되 무서워하지 말라 보라 내가 온 백성에게 미칠 큰 기쁨의 좋은 소식을 너희에게 전하노라 오늘 다윗의 동네에 너희를 위하여 구주가 나셨으니 곧 그리스도 주시니라 너희가 가서 강보에 싸여 구유에 뉘어 있는 아기를 보리니 이것이 너희에게 표적이니라 하더니." — 눅 2:10-12

우리는 때와 절기를 미신적으로 중시하지 않습니다. 옛날부터 교회가 제정하여 현재 성탄절(Christmas, 어원적으로 보면 '그리스도'[Christ]와 가톨릭의 '미사'[Mass]가 더해진 합성어이다)이라 불리는 것에 대해 우리는 확실히 믿지는 않습니다. 왜냐하면 첫째, 우리는 미사(mass)를 전혀 믿지 않기 때문입니다. 미사를 라틴어로 드리든 영어로 드리든 간에 우리는 미사를 거부합니다. 둘째, 어떤 특정한 날을 구주의 생일로 지키는 것에 대해서 성경적으로 정당화할 수 없기 때문입니다. 결국, 그런 특정한 날을 지키는 것은 신적 권위로 말미암은 것이 아니기 때문에 미신적인 행동이라 할 수 있습니다. 우리 구주가 언제 태어났는지를 밝힐 가능성이 전혀 없는데도 불구하고, 우리 구주께서 나신 날을 아주 실증적으로 확정한 것이 바로 미신입니다. 파브리치우스(David Fabricius, 1564-1617, 독일의 천문학자이자 신학자)는 이 문제에 관한 136개의 서로 다른 학문적인 견해들을 제시하고 있으며, 서로 다른 다양한 신학자들의 주장을 따르면, 그들은 1년 12달 가운데 달마다 성탄절이 있다는 비중 있는 논변들을 고안해 내고 있습니다. 3세기 중엽까지 동방 교회든 서방 교회든 어느 교회에서도 우리 주님의 탄생을 기념하지 않았습니다. 그러다가 서방교회가 한 날을 정하자, 그 후 오래지 않아 동방교회가 한 날을 정하게 되었습니다(동방교회의 성탄절은 1월 7일이다). 탄생일이 알려져 있지 않기 때문에, 미신적으로 그 날이 정해진 것입니다(12월 25일은 로마의 태양신 숭배일이자 가장 큰 축제일이었다). 그에 반해서 우리 구주께서 돌아가신 날은 아주 정확하게 정해졌습니다. 그러나 이 날(고난주간)을 지키는 날짜도 미신적으로 매년 변경됩니다(부활절은 춘분 후 만월(滿月) 지난 첫 주일로 매년 바뀐다 — 역주). 미신적인 광기에 무슨 방도가 있겠습니까? 성일들은 이교도의 축제일에 맞춰져 제정된 것이 아마도 사실일 것입니다. 구주께서 태어나신 날이 12월 25일이 아닌 것이 아주 분명하다면, 일 년 중에 어느 날이라도 구주가 나신 날로 삼아도 되지 않을까, 감히 말해봅니다. 하지만 이 모든 것에도 불구하고, 사람들의 생각은 이런 식으로 지금까지 흘러왔으며, 이런 사고의 흐름 그 자체가 악한 것이라고는 보지 않습니다. 그래서 저는 이러한 흐름을 따라, 여러분과 같은 방향으로 생각하고자 애쓰면서, 그런 생각에 대해 정당화하지도 않고 정죄하지도 않으려고 합니다. 단지 저는 그런 식의 사고들을 가지고 제가 전하고자 하는 말씀을 드리고자 합니다. 일 년 중 어느 날에라도 주님의 성육신을 묵상하는 것은 정당한 일이며, 심지어 칭찬할 만한 일이기도 합니다. 오늘 그러한 묵상을 한다고 해서 적절치 못한 것은 아니며, 다른 사람들과 마찬가지로 미신에 사로잡힌 것이라고 말할 수도 없습니다. 어쨌든 날에 상관없이 자신의 사랑하는 아들을 우리에게 선물로 주신 하나님께 감사를 드리도록 합시다.

오늘 본문에서 우리는 복음의 경륜상 첫 복음전도자의 설교를 대면하고 있습니다. 그 설교자는 천사였습니다. 사실 천사가 설교를 해야 어울립니다. 왜냐하면 가장 장엄한 최후의 복음들, 즉 부활 나팔이 울려 퍼지고 중생한 자녀들이 충만한 기쁨으로 일어나게 될 때 전해질 복음도 천사들이 선포할 것이기 때문입니다. 이 천사가 전한 복음의 으뜸 운율은 기쁨입니다. 천사는 "내가 큰 기쁨의 좋은 소식을 너희에게 전하노라"고 했습니다. 본성적으로 우리는 하나님의 임재를 두려워합니다. 목자들 또한 심하게 무서워하였습니다. 율법 자체가 이렇게 당황하는 자연적인 감정을 심화시키는데 일조합니다. 인간의 죄성을 보고서 율법은 죄를 드러내기 위해 세상에 왔으며, 이 죄의 경향성으로 인해 사람들은 어떤 신적 계시나 혹은 모든 신적 계시 앞에서 두려워하며 떨게 됩니다. 유대인들은 초자연적인 현현(顯現)을 보는 자는 누구나 반드시 죽게 될 것이라고 다들 믿었습니다. 자연적인 본성도 그렇게 말하고 있으며, 율법과 죄 아래에 있는 일반적인 신념들도 이런 두려움을 부추겼습니다. 하지만 복음의 첫마디가 이 모든 것을 끝장냈습니다. 천사가 전한 복음은 이렇게 시작되기 때문입니다. "무서워하지 말라 보라 내가 좋은 소식을 너희에게 전하노라." 이럼으로써 인간이 자신의 창조주께 나아가는 것은 더 이상 두려운 일이 되지 않습니다. 하나님께서 그 위엄의 영광을 드러내실 때 구원받은 인간은 두려워하지 않게 되었습니다. 왜냐하면 하나님은 더 이상 무서운 보좌 위에 앉아 있는 재판관이 아니라, 자기의 사랑하는 자녀들 앞에서 거룩한 친밀함을 지닌 편한 아버지로 나타나시기 때문입니다.

이 첫 번째 복음 설교자가 "내가 좋은 소식을 너희에게 전하노라"고 말했다고 해서, 그가 말한 기쁨이 그저 그런 일반적인 기쁨은 아니었습니다. 그 기쁨은 유일한 기쁨이었으며, 기쁨의 좋은 소식일 뿐만 아니라, "큰 기쁨의 좋은 소식"이기도 하였습니다. 각 단어들이 모두 강조되어 있습니다. 왜냐하면 복음은 모든 것 위에 뛰어난 것이라는 사실을 널리 드러내 보이기 위한 의도가 있기 때문입니다. 따라서 누구든 이 복음을 받아들이는 사람의 마음에는 사람의 마음에서 일어날 수 있는 가장 큰 기쁨이 가장 풍성하게 생겨날 것입니다. 인간은 현이 느슨해진 하프와 같습니다. 인간의 영혼에서 살아 울리는 현들은 불협화음을 만들어 내고, 그의 본성 전체가 슬픔으로 울부짖고 있습니다. 하지만 능하신 하프 연주가인 다윗의 아들이 오셔서 인간성의 화음을 다시 회복시키셨습니다. 그의 은혜로운 손가락이 현들 사이에서 움직이는 곳에서는 성육신하신 하나님의 손가락이 현에 닿자마자, 스랍들의 찬송만큼이나 풍성한 멜로디와 천체들의 음악 소리와도 같은 감미로운 음악이 흘러나옵니다. 하나님께서 모든 성도들로 하여금 이 하나님의 손길을 느낄 수 있도록 해 주셨으면 좋겠습니다.

오늘 아침에 우리는 이 천사들의 이야기 속으로 들어가려고 합니다. 다음의 세 가지 내용에 주목하고자 합니다. 먼저는 이미 말씀드린 기쁨과, 그 다음으로 이 기쁨을 받을 사람들, 그리고 셋째로는 이 목자들에게도 표적이 될 뿐만 아니라 우리에게도 마찬가지인 표적인 탄생과, 기쁨의 원천에 대해서 살펴보겠습니다.

1. 첫 번째는 오늘 본문에 언급된 기쁨에 관한 것입니다.

이 기쁨은 어디에서 옵니까? 그리고 이 기쁨은 무엇입니까?

이 기쁨은 "큰 기쁨"이라고 이미 말씀드렸습니다. 즉, "큰 기쁨의 좋은 소식"입니다. 이 땅의 기쁨은 작고 이 땅의 환희는 시시합니다. 하지만 천국은 우리에게 측량 못할 기쁨, 영원한 영혼에게나 어울릴 만한 그런 기쁨을 제공해 줍니다. 제약된 유효 기간도 없고, 또 때에 따라 바뀔지도 모른다는 암시도 전혀 없기 때문에, 우리는 이 기쁨을 영구불변(永久不變)한 기쁨, 즉 여러 세대에 걸쳐 계속해서 누릴 수 있고, 부활의 나팔 소리가 울려 퍼질 때까지 메아리가 들려오는 기쁨이라고 말할 수 있습니다. 그렇습니다. 이 기쁨은 앞으로도 계속해서 영원 무궁히 지속될 것입니다. 하나님께서 천사들을 보내어 그의 빛 가운데서 "내가 온 백성에게 미칠 큰 기쁨의 좋은 소식을 너희에게 전하노라"라고 말씀하셨을 때는, 그분께서 이렇게 말씀하신 것과 같습니다. "이 시간 이후부터, 사람의 아들들(시 4:2, KJV)에게 기쁨이 있을 것이라. 온 인류에게 평화가 있을 것이며, 가장 높은 곳에서는 하나님께 영광이 영원한 것과 마찬가지로, 사람들을 향한 선하신 뜻(눅 2:14, KJV) 또한 영원 무궁할 것이로다." 오, 이 얼마나 복된 생각이십니까! 베들레헴의 별은 결코 지지 않을 것입니다. 수만 명 가운데서 가장 어여쁜(아 1:8) 자이시며, 아름다운 자 가운데 가장 사랑스러운 예수님이 곧 영원한 기쁨이십니다.

이 기쁨은 "가장 높은 곳에서는 하나님께 영광이요"(눅 2:14, KJV)라는 말씀에서 볼 수 있듯이, 하나님의 영광과 특별히 관련되어 있습니다. 따라서 이 기쁨은 순수하고도 거룩한 기쁨이라고 매우 분명히 말할 수 있습니다. 천사가 다른 것은 전하려고 하지 않았을 것입니다. 참으로 다른 기쁨은 기쁨이 아니기 때문입니다. 소돔의 포도원에서 짜낸 포도주가 거품을 내며 흘러 넘쳐도, 그 끝 맛은 쓰고 그 찌꺼기는 죽음입니다. 오직 에스골 골짜기의 포도송이(민 13:24)로 짜낸 포도주만이 하나님과 사람의 마음을 기쁘게 하는 천국의 참된 포도주입니다. 여러분도 확신하는 바이겠지만, 거룩한 기쁨은 천국의 기쁨이고 기쁨 중에서 최고의 참된 기쁨입니다. 죄악의 기쁨은 불타는 불 못입니다. 그 불 못의 근원은 지옥의 불타는 땅이어서, 그 불 못의 불타는 술인 화주(火酒)를 마신 자들은 미쳐서 소멸하게 됩니다. 그러한 즐거움이라면 마시고 싶지 않습니다. 저주를 받아 죄악 가운데서 기뻐하며 사는 것이 최고로 좋지 않은 것입니다. 왜냐하면 죄악 가운데 비참하게 사는 것이 은혜의 시작이며, 죄악으로부터 완전히 벗어나서 죄악을 생각만 해도 몸서리치는 것이 은혜의 완성이기 때문입니다. 죄악과 비참함 가운데 살아가는 것이 지옥입니다. 죄악 가운데서 죄악이 주는 기쁨에 맞춰 살아가는 사람이 가장 저질의 삶을 살아가는 사람입니다. 하나님께서는 거룩하지 않은 평강과 기쁨으로부터 우리를 구원해 주십니다! 탄생을 알리는 천사가 전한 그 기쁨은 영구불변하는 기쁨이면서도 순수한 기쁨이며, 위대한 기쁨이면서도 거룩한 기쁨이었습니다. 그러므로 기독교라는 종교에 대해서 우리가 항상 믿어야 할 것은 이것입니다. 기독교는 그 자체 안에 기독교만의 기쁨을 가지고 있고, 기독교 자체의 순수한 영역 안에서 축제가 베풀어지고 있으며, 그 축제에 나오는 진수성찬의 음식들은 그 거룩한 땅에서 자라난 온갖 종류의 재료들로 만든 것이라는 점입니다. 우리는 항상 이 사실들을 믿도록 합시다. 내일이 되면(본 설교는 1871년 12월 24일에 행해졌다) 우리 구주의 탄생을 기억하면서 기쁨을 누리는 척하는 사람들도 있을 것입니다. 하지만 그들은 구주 안에서 자신들의 즐거움을 추구하지 않을 것입니다. 그들은 그 축제에 만족하지 못하고, 그 축제에 다른 것들을 추가로 요구하고 나서야 비로소 흡족해할 것입니다. 임마누엘 안에서 누리는 기쁨은 그들에게는 하찮은 기쁨일 것입니다. 이 나라에 살고 있는 사람들은 너무나 자주 마치 성탄절(Christmas)이라는 명칭을 모르는 사람들처럼, 성탄절 축제가 바쿠스(Bacchus, 그리스 신화에 나오는 '술의 신' — 역주)나 케레스(Ceres, 로마 신화에 나오는 '농업의 여신')의 축제인 줄로 믿고 있지, 거룩하신 주님의 탄생을 기념하는 날로 믿지 않는 게 틀림없습니다. 그럼에도 불구하고 주님 안에서 거룩한 기쁨을 누릴 이유도 충분하며, 사람들 가운데서 그분의 탄생을 미친 듯이 기뻐할 이유도 충분합니다. 대부분의 사람들이 그리스도 안에는 오직 진지함과 엄숙함만 있어서 결과적으로 외롭고 우울하고 불만만 쌓이게 된다고 생각해서, 결국 그리스도가 허용하신 범위 너머를 훔쳐보다가, 구주를 축하하여 열린 축제의 진수성찬을 사탄의 테이블에서 움켜쥐게 되지는 않을까 걱정입니다. 그런 일이 여러분 중에서는 절대로 일어나지 않도록 하십시오. 복음이 주는 기쁨은 다른 곳에서 빌려온 기쁨이 아니라, 그 자체의 정원에서 피어나는 기쁨입니다. 가장 감미로운 우리의 찬송가 중에서 한 곡의 가사를 우리는 진심으로 읊을 수 있습니다.

"이제 나는 기쁨을 찾아 멀리 나갈 필요 없네,

집에서 축제가 벌어지기에
내 한숨은 노래로 변하고,
내 마음의 방황은 끝이 나네.

축복의 비둘기 위로부터 내려와
내 가슴에 안기니,
그의 영원한 사랑을 증거케 하고
내 영혼이 안식을 누리게 하네."
(찰스 라일[J.C.Ryle]이 선별 정리한 찬송가인 「지상 교회의 찬송가」[Hymns For The Church On Earth, 1865] 153장에 실린 '성부 하나님께 영광' [Glory to God the Father be]이란 찬송의 3, 4절 가사다 — 역주).

주님께서 친히 파 놓으신 거룩한 샘으로부터 솟는 생명수를 우리의 기쁨으로 삼읍시다. 그분의 기쁨이 우리 안에 거할 때, 우리의 기쁨이 충만하게 될 것입니다. 그리스도의 기쁨은 우리가 아무리 누려도 지나치지 않습니다. 그분의 사랑이 포도주가 되어 우리가 마실 때에도 지나치게 마실까 두려워할 필요 없습니다. 오, 영적 기쁨의 이 순수한 시냇물에 첨벙 뛰어들 수만 있다면!

그런데 그리스도께서 세상에 오신 것이 왜 기쁨의 큰 행사가 되는 것일까요? 그 대답은 다음과 같습니다. 첫째, 하나님께서 인간과 연합하신다는 것은 영원한 기쁨의 사실이기 때문입니다. 하나님께서 진정으로 인성을 취하셔서 그의 신성과 하나 되시어, 신과 인간이 하나의 거룩하고 신비로운 인간을 구성하실 정도로, 이 연합은 매우 친밀하였습니다. 죄가 하나님과 인간 사이를 분리하였지만, 성육신이 이 분리에 다리를 놓았습니다. 이것은 속죄제의 서막에 불과한 것이지만, 이 서막은 가장 부요한 소망으로 가득한 서막입니다. 이제부터 하나님께서 인간을 바라보실 때는 그의 친아들이 인간인 것을 기억하실 것입니다. 오늘 이 후부터 하나님께서 죄인들을 바라보실 때는, 비록 그의 진노가 불타오를지라도, 그의 친아들이 인간으로서 죄인의 처지에서 죄인의 운명을 감당하고 있다는 사실을 기억하실 것입니다. 나라들 사이의 전쟁에 있어서도 상대 국가와 서로 결혼 조약을 맺음으로써, 그 극한 대립이 종결됩니다. 이와 마찬가지로 하나님과 인간 사이에도 더 이상 전쟁은 없습니다. 왜냐하면 하나님께서 인간과 자신이 친밀하게 연합하도록 하셨기 때문입니다. 이럼으로써 우리가 기뻐해야 할 이유가 생겼던 것입니다.

그런데 그 이상의 이유도 있었습니다. 오랜 세월 동안 신자들의 소망이자 위로가 되어왔던 오래 전부터 전해져 내려온 약속들이 있다는 사실을 목자들도 알고 있었습니다. 그런데 이 약속들이 지금 성취되었기 때문입니다. 에덴 동산이 막 시작되자마자, 우리 인류의 첫 죄인들에게 여자의 씨가 뱀의 머리를 상하게 할 것(창 3:15)이라는 옛 약속과, 믿음의 조상의 씨로 말미암아 땅의 모든 민족들이 복을 받을 것(창 18:18, KJV)이라는 또 다른 약속과, 세상이 시작된 이래로 존재하던 거룩한 선지자들의 입을 통해 말씀하신(눅 1:70) 것들을 약속하셨습니다. 지금, 주의 천사가 목자들에게 알려 준 것은 그 약속이 성취되었다는 선포였으며, 때가 찬 지금 하나님께서는 그분의 말씀을 이루시어, 이스라엘의 영광이며 세상의 소망이 되시기로 한 메시야가 이제 실제로 오게 하신 것이었습니다. 오, 하늘들이여 기뻐하고, 땅이여 즐거워하라! 주님께서는 이 일을 행하시고, 긍휼로 말미암아 자기 백성들을 찾아오셨습니다(눅 1:78, KJV). 주님께서는 자신이 하신 말씀을 폐하지 아니하시며(시 89:33, KJV), 자기 백성들에게 자기가 하신 약속들을 이행하셨습니다. 시온에 긍휼을 베푸실 때(시 102:13, KJV), 바로 그 때가 왔습니다. 보십시오. 이제 홀(笏)이 유다를 떠나 실로(the Shiloh)가 오셨습니다(창 49:10, KJV). 그 언약의 사자가 갑자기 그의 성전에 나타나셨던 것입니다!

그런데 천사들의 노래가 그 기쁨에 대한 더욱더 충분한 이유를 제시하고 있습니다. 즉, 베들레헴에 태어나신 우리 주님은 **구주**로 오셨다는 것입니다. "오늘 너희를 위하여 구주가 나셨으니"라고 말합니다. 하나님께서는 예전에도 이 땅에 오긴 하셨지만, 구주로 오지는 않으셨습니다. 해질 녘에 세 천사가 소돔에 갔던 그 끔찍한 오심을 생각해 보십시오. 주님께서 말씀하셨습니다. "내가 이제 내려가서 그 모든 행한 것이 과연 내게 들린 부르짖음과 같은지 그렇지 않은지 내가 보고 알려 하노라"(창 18:21). 그분은 인간의 죄를 증언하는 정탐꾼으로서, 그리고 하늘을 향하여 그의 손을 든(신 32:40, KJV) 복수자로서 오셔서, 빨간 불꽃을 내려 그 들판의 저주받은 도시들을 다 태우도록 명하셨습니다. 이와 같이 하나님께서 오셨을 때는 세상에 공포가 함께 임했습니다. 율법이 선포되었을 때 시내 산이 연기로 가득했을(출 19:18) 정도였다면, 율법을 위반한 자들을 처벌할 때는 온 땅이 녹아내릴 것입니다. 하지만 지금은 복수의 천사로 오신 것이 아니라, 긍휼을 베푸는 사람으로서 하나님이 오셨습니다. 우리의 죄를 염탐하러 오신 것이 아니라, 우리의 죄를 제거하기 위해 오셨습니다. 허물을 벌하러 오신 것이 아니라, 허물을 용서해주러 오셨습니다. 주님은 양 손에 번개를 들고 오실 수도 있었고, 엘리야처럼 하늘에서 불을 내릴 수도(왕하 1:10) 있었습니다. 하지만 그분은 그렇게 하지 않으셨습니다. 그분은 양손 가득 사랑의 선물을 가지고 오셨으며, 그분의 오심 자체가 은혜의 보증이었습니다. 구유에 나신 아기는 또 다른 눈물의 선지자로 나실 수도 있었고, 또 다른 우레의 아들(막 3:17)로도 나실 수 있었지만, 그분은 그렇지 않았습니다. 그분은 온유하심 가운데 오셨습니다. 그분의 영광과 우레 같은 것들은 잠시 뒷전으로 미뤄 놓은 채 말입니다.

> "죽을 운명에 처한 죄인들에게
> 그리스도가 친절한 심부름꾼으로 오셨을 때
> 보좌를 가득 채운 것은 긍휼하심이었으며,
> 진노는 옆에서 자고 있었다."
>
> (아이작 와츠의 「찬송과 영가」2권 103번에 실린 '행복한 영혼들아 나아와 너희 하나님께 다가가라' [Come, happy souls, approach your God]과 104번에 실린 '너희의 승리의 노래들을 올려드려라' [Raise Your Triumphant Songs]라는 찬송가의 4절 가사다 — 역주).

잃어버린 자라고 느끼는 여러분은 기뻐하십시오. 여러분의 구주께서는 여러분을 찾아 구원하기 위해 오셨습니다. 갇힌 자인 여러분은 힘을 내십시오. 여러분을 자유롭게 하기 위해 그분께서 오셨습니다. 굶주려 죽게 된 여러분은 기뻐하십시오. 그분께서는 여러분을 위해 떡집인 베들레헴을 성별하시고, 여러분의 영혼에 생명의 떡(요 6:48)이 되기 위해 오셨습니다. 오, 도처에 있는 죄인들이여 기뻐하십시오. 버림받은 자들의 회복자(룻 4:15)가 되시는, 타락한 자들의 구주께서 태어나셨습니다. 성도 여러분, 이 기쁨에 동참하십시오. 그분은 구원받은 자들을 수많은 위기에서 구원해 주시는 보호자이십니다. 그리고 그분은 보호해 주실 뿐만 아니라, 틀림없는 완성자이기도 하십니다. 예수님은 편파적인 구주가 아니시며, 어떤 일을 시작만 하고서 끝내지 않는 분도 아니십니다. 오히려 그분은 회복시키시고 유지시키면서, 점이나 주름이나 그런 것이 없는(엡 5:27) 상태가 되도록 구원받은 자들을 온전케 하여 아버지 보좌 앞에 서도록 하십니다. 너희 모든 백성들아 크게 기뻐하여라. 너희 언덕과 계곡들아 기쁨으로 소리쳐 울려라. 구원하는 능력이 있는(사 63:1, KJV) 구주께서 너희 가운데 태어나셨기 때문이다.

이것으로 거룩한 환희가 다 전달된 것은 아닙니다. 왜냐하면 오늘 본문에 나타난 그 다음 단어에도 충만한 기쁨이 또 들어 있기 때문입니다. "구주가 나셨으니 곧 그리스도시니라"라고 되어 있습니다. 그리스도는 기름 부음 받은 자라는 뜻입니다. 우리 주님은 인정도 받지 못한 채 사명을 감당하기 위해 하늘에서 내려오신 아마추어 구주가 아니었습니다. 그분은 택함을 받아 지명 받은 하나님의 기름 부음 받은 자였습니다. 그분은 "주의 영께서 내게 임하셨으니 이는 그분께서 내게 기름을 부으사"(눅 4:18, KJV)라고 진정으로 말할 수 있는 분이셨습니다. 바로 여기에, 구주를 필요로 하는 모든 사람들을 위한 큰 위로가 있습니다. 그리스도께서 구원하실 수 있는 권한을 하나님께서 친히 주셨다는 사실 때문에 구주를 필요로 하는 모든 사람들은 크게 안심할 수 있습니다. 중재자와 심판자 사이에 일어날 수 있는 잡음을 우려할 필요도 없고, 우리 구세주께서 하신 일이 받아들여지지 않을 위험도 전혀 없습니다. 왜냐하면 하나님께서는 자신이 하셔야 할 일을 그리스도께 위임하셔서 그리스도가 하도록 하셨기 때문입니다. 따라서 죄인들을 구원하는 사역에 있어서 그리스도는 그의 아버지께서 친히 원하신 바를 그저 이행한 것뿐입니다. 바로 이 점에서 그리스도는 "바로 그 기름 부음 받은 자"라고 불리는 것입니다. 그의 백성들 모두는 기름 부음을 받을 수 있었지만, 아론의 반차를 따라(히 7:11) 기름 부음 받은 자들은 제사장들이었습니다. 하지만 그분이야말로 바로 그 기름 부음 받은 자였습니다. "즐거움의 기름으로 주에게 기름을 부어 주의 동료들보다 뛰어나게 하셨습니다"(히 1:9, KJV). 너무나 풍성히 기름 부음을 받아, 마치 아론의 머리에 부어진 관유(레 8:12, KJV)처럼 교회의 머리에 부어진 거룩한 기름 부음은 풍부한 시내가 되어 흘러서, 그분의 옷 가장자리에 둘러 서 있는 것 같은 우리조차도 그 깊은 향내를 내뿜게 됩니다. 그분은 삼중적인 의미에서 "바로 그 기름 부음 받은 자"입니다. 능력으로 복음을 전하는 선지자로서, 제사를 드리는 제사장으로서, 통치하고 다스리시는 왕으로서 말입니다. 이 세 의미 중 어느 직분에서도 그분은 탁월하였습니다. 그분은 예전에는 결코 볼 수 없었던 교사였으며, 제사장이었으며, 통치자였습니다. 그분 안에서 이 영광된 직분들이 결합되었습니다. 한 사람 안에 선지자, 제사장, 왕의 이 세 직분이 결합되는 것은 사람의 아들들 가운데서는 그분 이전에도 없었고, 그분 이후에도 다시 없을 아주 유례 없는 결합이었습니다. 삼중직(三重職)으로 기름 부음 받은 그분은 멜기세덱의 반차를 따르는 제사장(히 5:6)이고, 모세와 같은(신 34:10, KJV) 선지자이며, 통치 가운데 그 나라가 무궁한(눅 1:33) 왕이십니다. 그리스도라는 이름으로, 기름 부음을 받은 성육신하신 하나님이 드러남으로써 성령님께서 영광을 받으시게 됩니다. 사랑하는 성도 여러분, 우리가 이 모든 것을 이해하고 우리 마음에 진심으로 받아들이기만 한다면, 주님의 기름 부음을 받은 구주가 우리를 위해 태어나셨다는 사실을 생각하고서, 이 주일 아침에 우리 영혼은 기뻐 뛰게 될 것입니다.

하나 더 말씀드리겠습니다. 이 소리가 가장 분명하게 들리는 소리이므로, 귀를 기울여 잘 들어보시기 바랍니다. "곧 그리스도 주시니라"에서 주라는 말은 퀴리오스(Kurios)라는 말입니다. 오늘 본문에서 이 '주'는 여호와와 같은 말입니다. 9절에서 이와 똑같은 단어가 2번이나 사용되었는데, 9절에서 보면 이 단어는 여호와를 뜻하기 때문입니다. 이것은 의심의 여지 없는 분명한 사실입니다. 9절을 들어보십시오. "보라, 주의 천사가 그들에게 임하고 주의 영광이 그들 주위를 두루 비추매 그들이 심히 두려워하더라"(눅 2:9, KJV)입니다. 이것으로 충분히 수긍이 되지 않는다면, 23절도 읽어보십시오. "이것은 주의 율법에 기록된 바, 태를 여는 모든 남자는 주께 거룩한 자라 불리리라 한 대로"(눅 2:23, KJV)로 되어 있습니다. 여기서 주라는 말은 분명히 한 분 하나님이신 여호와를 가리킵니다. 틀림없이 여기서 말하는 주는 하나님이신 여호와입니다. 우리 구주는 그리스도, 하나님, 여호와이십니다. 그분의 신성에 대한 어떠한 증거도 이보다 더 분명할 수 없으며, 이 사실은 논란의 여지가 없습니다. 이 사실이 우리에게 얼마나 큰 기쁨이 되는지 모릅니다. 만약 천사가 우리의 구주였다고 생각해 보십시오. 그 천사는 제가 지은 죄의 짐이나 여러분이 지은 죄의 짐을 질 수가 없을 것입니다. 혹은 하나님보다 못한 어떤 무엇이 우리 구원의 근거로 제시되었다고 한다면, 그 근거는 너무나 연약한 근거일 수밖에 없을 것입니다. 그러나 우리의 구원을 담당하시는 분이 다름 아닌 무한하고 전능하신 분이라면, 그분은 우리가 지은 허물의 짐을 자신의 어깨에 짊어지실 것이며, 우리의 구원이라는 엄청나게 큰 일도 그분의 사역을 통해 성취될 수 있을 것입니다. 그것도 아주 쉽게 말입니다. 왜냐하면 하나님께는 모든 것이 가능하며, 그분은 그분으로 말미암아 하나님께 나아오는 자들을 최고로 구원하실 수 있기 때문입니다. 사람의 아들들인 여러분, 여기서 여러분이 누릴 기쁨의 주체를 감지하시기 바랍니다. 하나님이 창조하셨으나 오히려 하나님을 향해 죄만 짓던 여러분을 바로 그 하나님께서 구원하기 위해, 하늘에서 내려오시어 친히 여러분의 본성을 취하셨습니다. 그분은 여러분을 구속하기 위해 그 충만한 영광과 그 무한한 긍휼하심 가운데 오셨습니다. 그런데도 여러분은 이 소식을 환영하지 않는 것입니까? 도대체 왜 그러는 것입니까? 여러분은 이런 사실이 감사하지 않습니까? 이 비길 데 없는 사랑에 마음이 감격하지 않습니까? 이 거룩한 구주가 아니었다면, 여기 있는 여러분의 삶은 비참해졌을 것이고, 여러분의 미래 모습은 끊임없는 고통 속에 있을 것입니다. 오, 여러분이 성육신하신 하나님을 찬양하고 신뢰하도록, 여러분을 위해 기도합니다. 이 기도가 응답된다면, 장차 올 진노에서 여러분을 구원해 주신 주님을 여러분은 찬송하게 될 것이며, 여러분은 예수님을 부여잡고 그의 이름 안에서 구원을 발견하고는, 여러분의 노래로 그분을 찬양하며 거룩한 기쁨으로 크게 기뻐할 것입니다. 이 기쁨에 대해서는 이 정도로 하겠습니다.

2. 다음으로 이런 기쁨을 받은 사람들에 관해서 간단히 말씀드리겠습니다.

저를 잘 따라 오십시오. 천사가 말을 어떻게 시작하는지 자세히 살펴보십시오. "보라 내가 큰 기쁨의 좋은 소식을 너희에게 전하노라 오늘 너희를 위하여 나셨으니"라고 되어 있습니다. 그러자 그 기쁨은 이 이야기를 들은 첫 번째 사람들에게서 시작되었습니다. 이 소식을 처음으로 들은 사람들은 바로 목자들이었습니다. 천사는 "너희에게"(To you), 또 "너희를 위하여(unto you, 영어의 전치사 'to'와 'unto'는 여격[~에게]과 목적격[~를]으로 통용된다) 나셨으니"라고 말했습니다. 제 설교를 듣고 있는 사랑하는 성도 여러분, 이 기쁨이 오늘 여러분에게서 시작되고 있습니까? 그리스도께서 태어나시고 그리스도께서 죽으신 것이, 여러분을 위해서 그리스도께서 태어나시고 그리스도께서 죽으신 것이 아니라면, 이런 사실들은 여러분에게 아무런 소용이 없습니다. 이런 사실들이 각 개인에게 적용되어, 개개인이 유익을 얻는 것이 주요한 문제이기 때문입니다. "그런데 저는 가난해요"라고 말하는 사람이 있습니다. 목자들도 가난했습니다. 오, 가난한 성도 여러분, 여러분을 위해 이 신비로운 아기가 태어났습니다. "가난한 자에게 복음이 전파되고"(마 11:5), "그가 가난한 백성의 억울함을 풀어 주며 궁핍한 자의 자손을 구원하며 압박하는 자를 꺾으리로다"(시 72:4)라고 성경은 말씀합니다. "그런데 저는 세상에 알려지지도 않았고, 더구나 미천한 사람입니다"라고 말하는 사람도 있습니다. 한밤중에 들에서 깨어 있던 자들도 마찬가지였습니다. 생고생을 하며 밤에 자기 양 떼들을 지키던 자들을 누가 알아주었겠습니까? 그러나 사람들은 몰라준다 해도, 하나님은 알아주십니다. 이것이 "너희를 위하여 한 아기가 나셨으니"라고 하신 말씀이지 않겠습니까? 주님은 인간들의 위대함을 대수롭지 않게 여기십니다. 하지만 비천한 자들은 중요하게 여기십니다. 그런데 여러분은 또 자기는 글을 잘 몰라서 이해할 수 없다고 말하기도 합니다. 정말 그럴 수도 있습니다. 하지만 그런 목자들을 위해서 그리스도께서 태어나셨습니다. 목자들의 그런 단순함이 그분을 받아들이는데 방해가 된 것이 아니라, 오히려 도움이 되었습니다. 여러분의 경우도 마찬가지입니다. 예수님 안에 있는 그 단순한 진리를 여러분도 기쁨으로 받아들이십시오. 주님께서는 백성 중에서 택한 자를 높이셨습니다(시 89:19, KJV). 저는 여러분에게 귀족적인 그리스도를 전하고 있지 않습니다. 오히려 백성들의 구주시며 세리와 죄인의 친구(마 11:19)이신 그리스도를 전하고 있습니다. 예수님은 참으로 "가난한 자들의 친구"이시며 "백성들에게 인도자와 지휘자로"(사 55:4, KJV) 주신 "백성의 언약"(사 42:6, KJV)이십니다. 여러분에게 예수님이 주어졌습니다. 오, 나를 위해 예수님이 태어나시다니, 각 사람의 마음은 이렇게 진심으로 말할 것입니다. 내가 진심으로 예수님을 믿는다면, 그리스도는 나를 위하여 태어나신 것입니다. 그래서 마치 천사가 나에게 이 사실을 말해준 것처럼, 나는 이 사실을 확신할 수 있는 것입니다. 내가 예수님을 믿는다면, 예수님은 나의 것이라고 성경이 나에게 말하기 때문입니다.

　천사는 "너희에게"라고 말한 후에, 계속해서 "온 백성에게 미칠"이라고 말합니다. 그런데 우리 번역(KJV)은 정확하지 않습니다. 헬라어 원문은 "그 백성 모두에게 미칠"로 되어 있습니다. 이것은 유대 민족을 가리키는 것이 틀림없습니다. 여기에는 의문의 여지가 없습니다. 누구든지 헬라어 원문을 본다면, 우리가 지금 보는 성경처럼 그렇게 포괄적이고 광범위한 표현이 아니라는 것을 알 수 있을 것입니다. 이 구절은 "그 민족 모두에게"로 번역되어야 합니다. 여기서 저는 유대인들에 대해 한 말씀 드리고자 합니다. 기독교회는 많은 민족들 가운데서 가장 명예로운 민족을 얼마나 오랫동안, 그것도 얼마나 악랄하게 경멸해왔는지 모릅니다! 소위 교회라는 곳에 의해서 자행된 이스라엘 민족에 대한 만행들은 얼마나 잔인했는지 모릅니다! 제가 로마에 있는 유대인 집단거주 지역(Jew's quarter)에 가서 들은 내용입니다. 가톨릭교회는 최근까지도 유대인들에게 무수히 많은 잔혹한 모욕들을 행했다고 들었습니다. 그것들을 들었을 때, 제 마음은 의분(義憤)으로 불타올랐습니다(스펄전이 펴낸 잡지 「검과 모종삽」[Sword and Trowel] 1865년 6월호에 따르면, 스펄전은 1865년 5월에 스위스, 알프스 등을 거쳐 이탈리아를 방문하였다 — 역주). 지금도 유대인 집단거주지로 들어가는 입구 오른편에는 교회가 세워져 있습니다. 어떤 때는 이 교회에 불행한 유대인들을 강제로 몰아넣고는, 이 교회 안에서 유대인들은 서명하도록 강요받았습니다. 그 서명이 어떤 서명이었는지 여러분은 잊지 마십시오. 눈에 보이지 않는 한 분 하나님을 경배하는 자들에게, 주님이 보시기에 나병만큼이나 가증스럽게 여기는, 가나안 족속들처럼 우상 숭배를 하는 그런 조직을 후원하겠다는 서명을 하도록 강요했던 것입니다. 이교나 가톨릭이나 둘 다 악했습니다. 그래도 둘 중에서 그나마 이교도가 가톨릭교도보다 나았습니다. 이 교회의 맞은편 문에는 유대인들의 말인 히브리어로 이렇게 적혀 있습니다. "(이스라엘에 대하여 이르되) 순종하지 아니하고 거슬러 말하는 백성에게 내가 종일 내 손을 벌렸노라"(롬 10:21). 이렇게 유대인들을 모욕하면서 어떻게 그들을 개종시키겠다는 희망을 가질 수 있겠습니까? 유대인들은 어디에서나 자기 영혼이 역겹게 여겼던 우상들을 보았고 그리스도라는 명칭마저도 질색을 하게 되었습니다. 왜냐하면 그들은 그리스도라는 명칭으로 우상 숭배를 연상했기 때문입니다. 저는 유대인들의 그런 행동이 이상하지 않습니다. 유대인들은 로마 가톨릭이 자신들에게 제시한 조잡하고도 악한 미신을 위해서, 자신들이 가진 단순한 유일신론(有一神論), 즉 유일한 참 하나님을 경배하는 것을 포기할 수 없었습니다. 저는 이 점에 대해서 유대인들은 찬사를 받을 만하다고 생각합니다. 유대인들이 기독교인이 아니라는 사실에 대해서 저는 기이한 불신앙이라고 생각하기보다는, 오히려 매력적인 이교주의에 대항해 자신의 믿음을 지키기 위하여 용기 있게 저항했다는 점에서 유대인들에게 경의를 표하는 바입니다. 로마 가톨릭이 기독교라면, 저는 기독교인도 아니고, 또 기독교인일 수도 없을 것입니다. 가톨릭이 정한 남신과 여신의 온갖 잡신들을 경배하고, 가톨릭에서 지금도 시행되고 있듯이 썩은 뼈와 죽은 자를 감싼 수의(壽衣)에 절하느니, 차라리 [유대교처럼] 한 분 하나님을 단순히 믿든가, 아니면 모든 종교에 대해 솔직히 회의론자가 되는 게 더 당당한 일일 것입니다. 참된 기독교회는 유대인들을 우호적으로 생각해야 하며, 그들을 진지하게 존중하는 마음으로 그들에게 참된 복음을 말해주어야 합니다. 교회의 미신들을 모두 청산하고, 하나님의 신적 하나됨 안에 있는 삼위일체 한 분 하나님의 은혜를 그 유대인들 앞에 제시해야 합니다. 이방인들을 위한 첫 사도들이었으며, 멀리 있는 우리를 위한 첫 선교사들이었던 유대인들이 다시 함께 모일 날은 아직 이르지 않았습니다. 그때가 이르기까지 교회는 충만한 영광에 이르지 못할 것입니다. 세상에 베풀어질 비길 데 없는 유익은 이스라엘의 회복과 밀접한 관계가 있습니다. 그들을 거두어들이는 것은 죽은 자가 생명을 얻는 것과 같을 것입니다. 구주이신 예수님은 모든 민족들의 기쁨이십니다. 그래도 택한 민족에 대한 특별한 시각과 함께 성경에 기록된 약속들 가운데 고유한 몫이 그들에게 돌아가도록 해야 합니다. 그들이 범한 죄악으로 인해 그들에게 내려진 화(재앙)가 두텁고 무거워도, 이와 마찬가지로 가장 부요한 축복도 그들에게 흘러넘치도록 해야 합니다.

　우리가 보는 번역 성경이 비록 문자적으로는 정확하지 않다 해도, 문맥에서는 하나의 위대한 진리를 분명히 제시하고 있습니다. 이제 한 걸음 더 나가보겠습니다. 그리스도의 오심은 온 백성들에게 기쁨입니다. 14절에서 "땅에서는 평화"라고 한 것처럼 말입니다. 이 말씀은 포괄적이고도 무제한적인 표현입니다. 이와 더불어서 유대인들을 위한 "선하신 뜻"(눅 2:14, KJV)이 아니라, "사람들"을 향한, 즉 모든 사람들을 향한 "선하신 뜻"입니다. 백성이라는 말은 모든 인류에 대한 포괄적인 말입니다. 그리스도의 오심이 모든 다양한 백성에게 기쁨을 가져다준다는 것은 의심의 여지가 없는 사실입니다. 심지어 기독교인이 아닌 사람들에게도 어느 정도 기쁨을 가져다줍니다. 그리스도께서는 가장 최고의 그리고 가장 참된 의미에서 그들을 축복하지는 않으시지만, 그래도 그리스도께서 가르치신 영향은 그 가르침을 받아들이지 못하는 열등한 사람들에게도 유익을 끼칩니다. 왜냐하면 복음이 선포되는 곳이면 어디든 그곳에 사는 모든 백성에게 적지 않은 축복이 임하기 때문입니다. 다음 사실에 주목해 주십시오. 성경이 펼쳐져 있고 복음이 선포되는 곳이면, 해 아래 어느 곳이든, 어떠한 독재라도 장기 집권할 수 없습니다. 그 독재자가 누구든, 교황이든 황제든 아무 상관 없습니다. 강단은 십자가에 못 박히신 그리스도를 전하는데 합당하게 사용되도록 하십시오. 성경은 모든 사람이 읽도록 펼쳐 놓으십시오. 그러면 그 어떠한 독재도 순조롭게 장기집권 할 수 없습니다. 영국은 자신이 누리는 자유에 있어서 성경에 빚을 지고 있습니다. 그리고 프랑스는 지금까지 너무 오랫동안 복음을 거부해 왔습니다. 프랑스가 복음을 존중하기까지는 결코 지속적이고도 제대로 수립된 자유를 가지지 못할 것입니다. 그리스도께서 임하신 곳이면 어디에서나 모든 인류에게 기쁨이 넘칩니다. 예수님을 믿는 종교는 사람들로 하여금 생각하게 합니다. 그리고 사람들이 생각하게 된다는 것 자체가 전제 권력을 위협하는 요소가 됩니다. 예수 그리스도를 믿는 종교는 사람을 미신으로부터 자유하게 합니다. 어떤 사람이 예수님을 믿게 된다면, 교황이 파문령을 내리든 말든, 사제들이 자신의 죄를 사죄해주든 말든 전혀 신경 쓰지 않을 것 아닙니까? 그 사람은 더 이상 굽실거리거나 머리를 조아리며 절하지 않습니다. 그는 더 이상 짐승처럼 코에 꿰어 끌려 다니지도 않을 것입니다. 오히려 스스로 생각하는 법을 배워 성인이 되어서, 예전에 자신을 노예상태로 만들었던 그 유치한 두려움을 경멸하게 될 것입니다. 이렇게 예수님께서 임하신 곳이면, 비록 사람들이 그분을 구주로 받아들이지 않아서 가장 충만한 기쁨을 얻지 못한다 해도, 어느 정도의 유익은 얻게 됩니다. 어디든 하나님의 복음이 선포되고, 수많은 사람들이 복음의 정신으로 행동하여, 모든 인류가 이전보다 더 나아지도록 하나님께 기도드립니다. 사람들이 그리스도를 받아들인다면, 더 이상의 압제는 없을 것입니다. 참된 기독교인이라면, 무엇이든지 남에게 대접을 받고자 하는 대로 남을 대접(마 7:12)할 것이기 때문에, 더 이상 계층 간의 다툼도 없고, 가난한 자의 얼굴을 맷돌로 가는(사 3:15, KJV) 일도 없을 것입니다. 기독교가 다스리는 곳에서는 틀림없이 노예제도가 막을 내리게 될 것입니다. 여러분은 기억해 두십시오. 가톨릭이 일단 망하기만 한다면, 참된 기독교가 모든 나라들을 다스리게 될 것이며, 전쟁은 그 자체로 종식을 고하게 될 것입니다. 이 책이 고발하고 있고, 또 모든 죄악들 중에서 가장 큰 죄로 여기는 것이 있다면, 그것은 바로 전쟁의 죄입니다. 여러분이 가진 칼을 칼집에 꽂으십시오(요 18:11). 그분께서 "너는 살인하지 말라"(출 20:13, KJV)고도 말씀하지 않으셨습니까? 이 명령의 뜻은 한 사람을 죽이는 것도 죄일 뿐만 아니라, 백만 명을 죽이는 영광 또한 죄라는 말씀입니다. 그리고 피 흘림은 그 규모가 크든 작든, 모두 죄라는 뜻입니다. 그리스도께서 다스리도록 하십시오. 그러면 사람들은 활을 꺾고 창을 동강내며 병거를 불태울 것입니다(시 46:9, KJV). 그리스도께서 태어나시고, 평강의 왕(사 9:6)께서 의로 다스리시는 것은 모든 나라의 기쁨입니다.

사랑하는 성도 여러분, 그러나 가장 큰 기쁨은 그리스도를 **구주로** 아는 자들에게 있습니다. 바로 이 부분에서 찬양의 선율이 더욱 고상해지고 더욱 웅장해집니다. 그분에 대해서 우리의 "구주가 나셨으니 곧 그리스도 주시니라"라고 우리가 말할 수만 있다면, 참으로 우리를 위해 아기가 태어난 것입니다. 저는 여러분 각자에게 개인적으로 몇 가지 질문을 드리고 싶습니다. 여러분이 지은 죄들은 그분의 이름으로 용서받았습니까? 여러분의 영혼 안에서 뱀의 머리가 상하게 되었습니까? 여자의 후손이 거룩하게 하는 능력으로 여러분의 본성을 다스리고 있습니까? 오, 그렇다면 여러분은 온 백성에게 미칠 가장 참된 형태의 기쁨을 소유하고 있는 것입니다. 사랑하는 남자 성도 여러분, 사랑하는 여자 성도 여러분, 주님이신 그리스도께 여러분이 더욱더 복종하면 할수록, 여러분은 더욱더 온전히 그분을 알게 되어 더욱더 그분을 닮게 되며, 여러분의 기쁨은 더욱더 충만해질 것입니다. 단순히 구주가 전파된 곳에 사는 사람들에게는 피상적인 기쁨만 있겠지만, 구주를 제대로 알고 그 기름 부음을 받은 분께 순종하며 주님과 친히 교제를 나누는 자들에게는, 환희로 빛을 내며 반짝이는 심오하고도 깊이를 알 수 없을 장엄한 기쁨이 있습니다. 그런 사람이야말로 가장 그리스도를 닮은 사람이며, 가장 큰 기쁨의 사람입니다. 어떤 기독교인들에 대해서 제가 바라는 것이 있습니다. 그것은 그분들이 좀 더 참된 기독교인이었으면 하는 것입니다. 그들은 기독교인이면서 또한 다른 어떤 사람들입니다. 말하자면 그들이 전적으로 기독교인이었으면 한층 더 좋겠습니다.

아마도 여러분은 성 아우구스티누스를 각성시킨 전설, 어쩌면 참된 역사적 사실일지도 모르는 이야기에 대해 알고 있을 것입니다. 아우구스티누스는 꿈에서 자기가 죽어 천국 문 앞에 이르렀습니다. 그러자 천국의 문지기가 아우구스티누스에게 물었습니다. "당신은 누구입니까?" 그러자 아우구스티누스는 "저는 그리스도인입니다"라고 대답했습니다(아우구스티누스는 설교에서 "Vobis enim sum episcopus, vobiscum sum Christianus"[여러분에게 저는 주교이지만, 여러분과 함께 저는 그리스도인입니다]라고 말했다. Agustine, Sermon 340.1). 그러자 문지기가 대답했습니다. "아닙니다. 당신은 그리스도를 따르는 그리스도인(Christian)이 아닙니다. 당신은 키케로(Marcus Tullius Cicero, BC 106-43, 로마시대의 정치가, 웅변가, 문학가, 철학자이다)를 따르는 사람(Ciceronian)입니다. 왜냐하면 당신이 가진 사고와 지금까지 행한 연구는 거의 대부분 키케로의 작품을 향해 있으며, 당신은 예수님의 가르침을 무시했습니다. 여기서 우리가 사람들을 판단할 때는 그 사람이 어디에 가장 많이 빠져 있는지에 따라서 판단합니다. 그러므로 우리가 판단하기에 당신은 그리스도를 따르는 그리스도인이 아니라, 키케로를 따르는 사람입니다." 아우구스티누스는 깨어난 후에 지금까지 자기가 연구한 모든 고전들과 목표로 삼았던 수사학들을 옆으로 제쳐 놓았습니다. 그러고 나서 아우구스티누스는 "이제부터 나는 한 사람의 그리스도인이자 신학자가 되겠다"라고 말했습니다. 그 이후로부터 아우구스티누스는 자신의 생각을 하나님의 말씀에 헌신했으며, 자신의 글과 말로써 진리 안에서 다른 사람들을 가르치는 일에 전념하였습니다(사실 이 '키케로를 따르는 사람'[Ciceronian]이라는 일화는 아우구스티누스의 일화가 아니라, 제롬[Jerome, 히에로니무스]이 374년 경에 안디옥에 갔을 때의 일화이다. NPNF(Nicene and Post-Nicene Fathers) 2, Volume VI. LETTER XXII. TO EUSTOCHIUM. 30. 「성경에 관한 전설들」[루이스 긴즈버그, 크리스챤다이제스트] 43쪽 참조 — 역주).

여러분 중에서도 이런 말을 듣는 사람이 없었으면 좋겠습니다. "글쎄요. 그 사람은 어느 정도는 기독교인일 겁니다. 그래도 그보다는 아주 돈을 밝히는 장사치가 더 맞지요." 저는 여러분이 이런 말들도 안 들었으면 좋겠습니다. "글쎄요. 그 사람은 아마도 그리스도를 믿기는 할 겁니다. 그래도 그 사람은 완전 프로 정치꾼이지요." 기독교인으로 보이는데, 과학, 농업, 공학, 승마, 채굴, 항해 또는 오락 등에 대해 말할 때 보면, 이런 쪽에도 아주 통달해 있습니다. 안 됩니다. 절대로 이래서는 안 됩니다. 성령의 능력으로 여러분이 주님을 여러분의 모든 것 안에서 모든 것을 행하시는(고전 12:6, KJV) 주인으로 모시고, 그분을 여러분의 기쁨의 샘으로 삼지 않는다면, 여러분은 예수님께서 영혼에 주신 그 충만한 기쁨을 결코 알지 못할 것입니다. "그분은 나의 구주, 나의 그리스도, 나의 주님이십니다"라는 이 고백을 여러분의 가장 큰 자랑으로 삼으십시오. 그 때에야 비로소 천사들의 노래가 인간에게 예언한 그 기쁨을 여러분은 알게 될 것입니다.

3. 이제 다음 대지를 말씀드려야겠습니다.

오늘 본문에 나타난 마지막 주제는 표적입니다. 목자들은 표적을 구하지 않았습니다. 그러나 은혜롭게도 표적이 그들에게 주어졌습니다. 때때로 우리는 하나님께서 베푸신 긍휼이 과연 우리의 믿음에 도움이 되는 것인지 아닌지를 보여 주는 증거를 요구하다가 죄를 짓기도 합니다. 고의적인 불신앙은 표적을 얻지 못하겠지만, 연약한 믿음은 불쌍히 여기는 도움을 얻게 될 것입니다. 세상의 기쁨이 임했다는 표적은 바로 이것이었습니다. 목자들이 구유에 가서 그리스도께서 그 안에 계신 것을 발견하는 것이었습니다. 그리스도가 그 표적이었습니다. 그러므로 모든 상황들이 교훈적입니다. 그 아기는 "강보에 싸여" 있었습니다. 지금 여러분이 이 어린 아기를 바라보고 있다고 생각해 보십시오. 여기에는 세상 권력의 힘이 조금도 드러나 있지 않습니다. 발버둥쳐보아도 전혀 움직이지 못하는 한 갓난아기의 아주 작은 두 팔을 눈 여겨 보십시오. 애석하게도 이 땅의 나라들은 군사력에서 기쁨을 찾고 있습니다. 도대체 어떤 수단으로 우리는 군사력이 강한 나라를 만들 수 있을까요? 아마도 프로이센(Prussian, 독일 북부의 옛 왕국으로 군사강국으로 유명하다) 방식이 바람직할 것입니다. 그러기 위해서는 대규모의 살상을 위한 수백만 명의 무장 군인과 대형 대포와 장갑 군함 등이 있어야 합니다. 거대한 군사력을 갖는 것이 한 나라의 자랑이지 않습니까? 어떤 애국자는 자기 나라가 다른 나라 군인들보다 더 빨리 살상할 수 있다는 것에 자부심을 느끼고서, 그 자부심에 상기되고는 합니다. 아, 어리석은 세대여, 그대들은 천국을 지옥 불길에서 더듬어 찾고 있으며, 그대들이 영광이라고 부르는 그 더러운 것을 찾기 위해 피와 뼈 사이를 뒤지며 헤매고 다니는구려. 한 국가의 기쁨이 결코 다른 나라의 불행에 있을 수 없습니다. 죽이는 것은 번영으로 향하는 길이 아닙니다. 대량의 군사 무장은 주변국들뿐만 아니라, 그 국가 자체에도 저주입니다. 유혈 전쟁으로 시냇물이 핏빛이 되어 흘러가는 핏빛 모래 땅 위에서는, 국가의 기쁨이 있을 수 없습니다. 그런 곳은, 한 강이 있어 그 강의 시내들이 하나님의 성을 기쁘게 하는(시 46:4, KJV) 곳이 아닙니다. 순종하는 온화한 연약함이야말로 참된 권력입니다. 예수님은 그의 영원한 나라를 권력 위에 세우지 않으시고 사랑 위에 세우셨습니다. 오, 그대 백성들이여, 여기에 있는 그대들의 소망을 볼지어다. 자기의 희생을 영광으로 삼는 온화한 평화의 왕이 우리의 참된 은인(눅 22:25, KJV)이로다.

　　다시 그 아기를 바라보십시오. 그러면 여러분은 여러분의 눈을 현혹시킬 정도로 그 아기에 허세(虛勢)가 없다는 것을 발견하게 될 것입니다. 그 아기가 홍포나 고운 세마포로 싸여 있었습니까? 아, 절대 그렇지 않습니다. 그 아기가 금으로 된 요람에 잠들어 있었습니까? 오직 구유만이 그 아기의 잠자리였습니다. 그 아기의 머리에는 왕관도 없었고, 그 어머니의 머리 둘레에는 코로네트(coronet,

금·보석 등으로 꾸며진 여성용 머리 장식품)도 없었습니다. 갈릴리의 한 소박한 처녀와 평범한 포대기로 감싸인 한 갓난아기가 여러분이 보고 있는 것의 전부입니다.

> "궁중에서 절 받는 재미나,
> 해처럼 빛나는 권력의 전당(殿堂)을
> 만끽하지도 않고,
> 바벨론을 서둘러 지나 거룩한 땅을 찾는다.
> 두로의 염료로 염색한 예복을 입은 채,
> 허세에 현혹되지 않고, 눈 하나 깜짝 않고 돌아서서
> 베들레헴의 오솔길을 지나 구유 옆에 선다."
>
> (영국의 성직자이며 시인인 존 케블[Rev. John Keble, 1792-1866]이 지은 「교회력: 한 해 주일과 성일을 위한 성시(聖詩) 묵상」의 대림절 셋째 주일을 위한 시다 — 역주).

애석하게도, 모든 나라들은 헛된 과시에 현혹되어 있습니다. 제국들의 허세나 왕들의 행렬이 그들의 기쁨입니다. 도덕과 순결과 진리 대신에 화려한 제복과 훈장과 계급만이 너무나 자주 부각되는 겉만 번지르르한 궁정을 어떻게 칭송할 수 있겠습니까? 어느 때가 되면 백성들은 유치한 행태에서 벗어날 수 있겠습니까? 어느 때까지 백성들은 영원토록 폭력을 조장하는 호전적인 군악(軍樂)을 갈망해야 하고, 과중한 국방비 징수로 인한 그들의 과도한 지출을 기쁨으로 여겨야 하겠습니까? 이러한 것들은 한 나라를 위대하게도 하지 못하며 기쁨이 넘치는 나라로 만들지도 못합니다. 말도 안 되는 짓거리입니다! 물거품은 저 해협 너머에서 어떻게 부서져 있습니까? 거품으로 이루어진 제국은 붕괴되었습니다. 수만 명의 군사들과 수백만 중(重)의 금들이 바벨탑의 보좌를 만드는데 쏟아 부어졌지만, 결국에는 한줌의 모래 바닥으로 드러나게 되었습니다(고대부터 전승되어 내려오는 탈무드 전설에 따르면, 니므롯은 자신의 악한 욕구로 무적의 전사들을 데리고 다니면서 자칭 신으로 군림했고, 하나님의 보좌를 본떠 자신의 금 보좌를 만들었다. 그가 저지른 범죄의 절정은 바벨탑을 쌓은 것이었다. 「성경에 관한 전설들」[루이스 긴즈버그, 크리스챤 다이제스트] 159-160쪽 참고 — 역주). 자신의 허세 가운데서 기쁨을 찾는 사람들은 허망한 사람들입니다. 기쁨은 진리와 의와 평화와 구원 가운데 있습니다. 농부 아들의 옷을 입은 저기 있는 갓난 왕자야말로 기쁨의 참된 상징입니다.

그리고 베들레헴에는 부요함도 보이지 않았습니다. 여기 이 조용한 섬나라에서는 대부분의 사람들이 상업과 제조업을 통해 편안히 앉아 수만 파운드를 벌어들이려고 합니다. 우리는 지각 있는 사람으로서 절호의 기회를 따르기는 하되, 부귀영화를 누려 보겠다는 생각에는 속아 넘어가지 말아야 합니다. 우리는 할 수 있는 한 많은 돈을 벌려고 합니다. 그러면서 다른 나라와 전쟁을 하며 그 많은 돈들을 허비하는 것에 대해 이상하게 생각하기도 합니다. 영국의 기쁨을 지탱해주는 중추적인 주된 기반은 누군가가 우리에게 말하듯이, 통합 공채(three-percents, 영국이 1751년에 각종 공채를 통합 정리하여 연금 형태로 전환시킨 공채), 식민지 소유, 기계의 발전, 자본의 점진적인 증가 등입니다. 이 정도면, 맘몬(Mammon, 눅 16:13, KJV) 신을 미소짓게 할 수 있지 않을까요? 그러나 여기 베들레헴에서 세계의 소망이신 분이 누워 계신 요람 안에는 부요함보다는 오히려 가난함만이 드러나고 있습니다. 반짝이는 금빛도 빛나는 은빛도 지각할 수 없습니다. 저는 오직 가난한 아기, 아주 가난하고 너무 가난해서, 구유에 뉘어 있는 아기만 지각할 수 있습니다. 그리고 실크 옷도 아니고 보석 장신구도 없는 한 목수의 아내이자 그 아기의 어머니만 지각할 따름입니다. 오, 영국민들이여, 여러분의 기쁨은 여러분이 가진 황금에 있지 않습니다. 모든 계층이 누리는 복음, 다시 말해 자유롭게 전파되며 기쁨으로 받아들여지는 그런 복음 안에 여러분의 기쁨이 있습니다. 예수님은 우리에게 영적인 부요함을 주시어 맘몬의 사슬로부터 우리를 구원해 주시고, 그 자유 안에서 우리에게 기쁨을 주십니다.

그리고 여기에는 미신도 없었습니다. 제가 알기로 예술가들은 하늘에 천사들을 그릴 때 천사 주위에 신비로운 빛이 들어간 장면을 삽입합니다. 그래서 한밤인데도 대낮같이 밝아졌다는 전통적인 거짓 표현이 생겨나게 됩니다. 이런 표현은 단지 꾸며낸 이야기일 뿐입니다. 거기에는 아마 마구간과 소들이 먹던 풀과 짐승 몇 마리가 있었을 것이고, 여느 다른 갓난아기와 같이 가장 평범하고 단순한 방식으로 싸여 있는 갓난아기만 있었을 뿐입니다. 그룹들(cherubs)은 보이지도 않았고, 어떠한 후광도 없었습니다. 이 기쁨의 탄생이 일어난 주위에는 그 어떤 미신도 없었습니다. 마귀도 감히 이 장엄한 광경에 자신의 어떤 계교나 가식으로 끼어들 수 없었습니다. 만약 그랬다면, 지성소에 들어온 어릿광대처럼 분명히 쫓겨나고 말았을 것입니다. 이 갓난아기를 쌌던 가장 일상적인 의복의 평범함처럼, 평범한 복음, 단순한 복음이야말로 오늘날의 사람들을 위한 유일한 소망입니다. 여러분이여, 현명하게 예수님을 믿으십시오. 그리고 로마 가톨릭의 모든 거짓말들과, 로마 가톨릭을 흉내내어 고안해 낸 가증스럽고도 혐오스러운 것들을 거부하십시오.

이 세상의 기쁨은 철학에도 있지 않습니다. 베들레헴에서의 탄생과 관련된 학자들의 논쟁에 여러분이 따라가려고 해도, 여러분은 그 논쟁을 따라갈 수 없을 것입니다. 거기에는 구유 안에 있는 한 아기와 그 아기에게 젖을 물리며 돌보고 있는 한 유대인 여인과 그 옆에 서 있는 목수 한 사람이 전부였습니다. 어떤 사람이 "이를 설명하기 위해서는 신학박사가 필요하고, 신학자들의 총회에서 이를 해명해야 한다"고 말할 만한 그런 형이상학적인 난제가 거기에는 없었습니다. 거기에 동방 박사들이 왔다는 것은 분명합니다. 하지만 그들이 온 것은 오직 경배하고 선물을 드리기 위해서였습니다. 모든 박사들이 그 동방 박사들처럼 현명했으면 좋겠습니다. 애석하게도 인간의 예리한 통찰력은 구유에 대해 논쟁을 벌였으며, 논리학의 용어로 혼란만 더욱 가중되었습니다. 하지만 이것은 인간들이 고안해 낸 것들 중 하나입니다. 하나님의 사역은 숭고할 정도로 단순했습니다. 바로 여기에 "말씀이 육신이 되어"(요 1:14) 우리 가운데 거하신 신앙의 신비가 있는 것이지, 한갓 논쟁거리가 있는 것이 아닙니다. 이것은 신비이지만, 지금까지 인간의 귀에 들렸고, 죽을 수밖에 없는 인간의 눈에 보였던 것 중에서 가장 단순한 것이었습니다. 바로 이것이 복음입니다. 그래서 사도 바울은 이 복음을 전하면서, "우리가 매우 평범한 말을 사용하고"(고후 3:12, KJV)라고 말했던 것입니다. 여러분의 학식 있는 설교도 버리십시오. 여러분의 고상한 대화도 버리십시오. 여러분의 허세부리는 철학들도 버리십시오. 이것들은 이 세상에서 조금의 기쁨도 줄 수 없는 것들입니다. 치밀한 이론들은 바보들을 현혹시키기에는 대단합니다. 하지만 실제적으로 사람들에게는 별 소용이 없습니다. 이론은 수고의 아들들을 위로해 주지도 못하고, 슬픔의 딸들을 격려해 주지도 못합니다. 이 가련한 세상에서 일상적으로 겪는 갈등과 눈물을 느끼는 상식적인 사람에게는, 참신한 신학과 새로운 학설이 줄 수 있는 것보다 더 풍성한 위로가 절실히 필요합니다. 단순한 그리스도 안에, 그리스도를 믿는 단순한 신앙 안에, 깊고도 지속적인 평안이 있습니다. 평범하고 가련한 인간을 위한 복음 안에는 이루 형언할 수 없는 기쁨과 환희가 있습니다. 이 기쁨은 수만 명의 사람들이 선포하고 증언하고 있기 때문에, 우리 또한 확신을 가지고 말할 수 있는 그러한 기쁨입니다.

그러므로 저는 여러분에게 말씀드립니다. 유일한 참 평안과 지속적인 기쁨을 알기 원하는 여러분이여, 베들레헴의 아기에게로 나아오십시오. 그분은 나중에 슬픔의 사람(사 53:3, KJV)이 되시며, 죄인을 위한 대속제물이 되신 분이십니다. 소년 소녀 어린이 여러분, 그분께 나아오십시오. 그분 또한 소년이셨습니다. "거룩한 아이 예수님"(행 4:30, KJV)은 아이들의 구주이십니다. 그래서 "어린아이들이 내게 오는 것을 허락하고 그들을 막지 말라"(막 10:14, KJV)고 말씀하셨던 것입니다.

젊은 여성도 여러분, 이리로 나아오십시오. 여러분은 여전히 인생의 아침 같은 아름다움을 지니고 있습니다. 마리아처럼 여러분의 구주이신 하나님을 즐거워하십시오. 처녀 마리아가 그분을 가슴에 품었던 것처럼, 여러분도 나아와 그분을 여러분의 가슴에 품고 이렇게 말하십시오. "한 아이가 우리에게 태어났고 한 아들이 우리에게 주신 바 되었다"(사 9:6, KJV)고 말입니다.

그리고 혈기 왕성한 젊은 남성도 여러분, 요셉이 그 아기를 어떻게 돌봤는지, 그 아기의 유년기를 경건하게 배려하며 어떻게 지켜봤는지를 기억하십시오. 그 아기로 인해 여러분은 아버지도 되고 조력자도 되십시오. 여러분이 가진 힘을 그분을 섬기는데 거룩히 사용하십시오.

그리고 연세가 많으신 여자 성도 여러분, 유부녀와 과부 여러분, 안나(눅 2:36)처럼 나아와 주님께 감사하십시오. 여러분은 이스라엘의 구원을 보았기 때문입니다. 그리고 시므온(눅 2:25)처럼 떠날 준비를 하고 있는 백발이 성성한 성도 여러분, 나아와서 구주를 여러분의 두 팔로 안고 그분을 여러분의 구주와 모든 것으로 찬양하십시오. 양을 치는 분들과 단순한 마음을 지닌 분들과 일용할 양식을 위해 수고하는 여러분, 모두 나아와 구주를 찬양하십시오. 경험과 숙고(熟考)로 심오한 진리를 꿰뚫어보는 학식 있는 여러분, 여러분도 뒤로 물러나 있지 마십시오. 나아와, 동방 박사들처럼 그분 앞에 고개 숙여 절하고 주님이신 그리스도께 여러분의 온 정성을 표하십시오.

제게 있어 성육신하신 하나님은 저의 소망이자 제가 의지하는 전부이십니다. 저는 세상의 종교들을 그 기원에서부터 보아왔으며, 제 마음은 깊은 곳에서부터 신음했습니다. 그러다가 하나님의 도우심으로 다시 설교하게 되었고, 인자(人子)의 단순한 복음을 더욱 진지하게 전하게 되었습니다. 주인이신 예수님, 당신은 영원히 나의 것입니다! 하나님의 풍성하신 은혜로 이 집에 있는 모든 성도들이 저와 동일한 고백을 하도록 인도해 주옵시고, 이들 모두가 당신이 다시 오실 그 날까지 위대하신 하나님의 아들인 당신의 것이 되게 하옵소서. 당신의 사랑으로 기도드립니다. 아멘.

제
8
장

—

첫 번째 크리스마스 캐럴

—

"가장 높은 곳에서는 하나님께 영광이요, 땅에서는 평화와
사람들을 향한 선하신 뜻이로다." — 눅 2:14, KJV

천사들을 숭배하는 것은 미신적이지만, 천사들을 사랑하는 것은 타당합니다. 가장 능력 있는 천사를 조금이라도 찬양한다면, 그것은 무거운 죄가 되며, 하늘에 있는 고등법원을 거스르는 비행이 될 것입니다. 그렇다고 해서 거룩한 천사에 대해 우리가 따뜻한 사랑의 마음을 조금도 가지지 않는다면, 이 또한 무정하고 보기 흉한 일이 됩니다. 사실, 천사들의 성품을 생각해 보고, 또 천사들이 인간들을 동정해서 행하는 많은 일들과 인간들을 향한 천사들의 인정어린 모습들을 눈여겨 본 사람이라면, 인간의 자연적인 충동, 즉 천사들을 향한 사랑의 충동을 억제할 수 없을 것입니다. 천사들이 행하는 역사 가운데 오늘의 본문이 언급하고 있는 이 사건은 천사들에 대해서 우리가 충분히 애착을 가질 만한 사건입니다. 천사들은 얼마나 시기심과 거리가 먼지 모릅니다! 천사들이 타락했을 때, 그리스도께서는 그들의 동료들을 구원하기 위해 하늘로부터 내려오지 않으셨습니다. 능력 있는 천사인 사탄이 하늘의 별 삼분의 일을 끌어갔을 때도(계 12:4), 그리스도께서는 그 천사들을 위해 자기 생명을 내놓으려고 보좌에서 내려오지 않으셨습니다. 오히려 그리스도께서는 그들을 큰 날의 심판 때까지 사슬로 묶어 어둠 속에 가두어두셨습니다(유 1:6, KJV). 그래도 천사들은 인간들을 시샘하지 않았습니다. 그리스도께서 천사들은 일으키지 않으시고, 아브라함의 자손

들만 일으키신다(마 3:9, KJV)는 사실을 기억했지만, 천사들은 불평하지 않았습니다. 그리고 복되신 주님께서 천사의 모습을 취하여 낮아지지 않으신 것에 대해서도 천사들은 섭섭하게 생각하지 않았습니다. 그래서 아기의 몸을 입으신 주님을 천사들이 보았을 때도, 그들은 기뻐했던 것입니다. 이렇게 기쁨을 표한 것에 대해서도 천사들은 자신의 품위를 떨어뜨리는 일로 생각하지 않았습니다. 천사들은 교만과도 얼마나 거리가 먼지 모릅니다! 그들은 비천한 목자들에게 소식을 전하러 가는 것을 부끄러워하지 않았습니다. 천사들은 마치 자신들의 주님으로부터 가이사의 궁정에 가서 찬송을 부르라는 명령을 받기라도 한 것처럼, 밤에 양 떼를 지키던 목자들에게 가서 무한한 기쁨에 겨워 봇물 터지듯 찬송을 불렀습니다. 교만에 사로잡힌 사람들은 왕과 왕자들 앞에서 설교하는 것은 좋은 일로 생각하고, 이따금씩 비천한 회중들을 대상으로 목회하는 것은 아주 선심이라도 베푸는 일처럼 생각합니다.

하지만 천사들은 절대로 그렇지 않았습니다. 밤에 들에 있던 목자들에게 성육신하신 하나님의 놀라운 이야기를 전해주려고, 천사들은 천상의 그 빛나는 자리를 기쁘게 박차고 일어나 기꺼이 그들의 날개를 펼쳤습니다. 이제 그 천사들이 얼마나 그 소식을 잘 전달했는지를 눈여겨보십시오. 그러면 틀림없이 여러분은 천사들을 사랑하게 될 것입니다! 자기는 관심도 없는 이야기를 하는 사람처럼 더듬거리며 말한 것도 아니고, 자기는 전혀 감정이 없는데도 다른 사람들을 감동시키려고 하는 가식적인 관심으로가 아니라, 오직 천사들만이 알 수 있는 그런 기쁨과 즐거움으로 그 이야기를 노래했습니다. 천사들은 길이가 긴 산문으로 말할 정도로 오래 머무를 수는 없었기 때문에, "가장 높은 곳에서는 하나님께 영광이요, 땅에서는 평화와 사람들을 향한 선하신 뜻이로다"라고 찬양했습니다. 아마도 천사들은 기쁨이 가득한 눈빛으로, 사랑이 불타는 마음으로, 인간에게 전해질 좋은 소식이 마치 자기들에게 좋은 소식인 것처럼 그렇게 기쁨이 가득한 마음으로, 이 노래를 불렀을 것 같습니다. 그리고 실제로 이 소식은 천사들에게도 좋은 소식이었습니다. 왜냐하면 공감하는 마음을 가진다면, 다른 사람에게 좋은 소식이 자신에게도 좋은 소식으로 여겨지는 법이기 때문입니다. 이래도 여러분은 천사들을 사랑하지 않을 수 있겠습니까? 여러분은 천사들 앞에 절을 해서는 안 됩니다. 그것은 여러분이 잘하는 일입니다. 그렇다고 해서 여러분이 천사들을 사랑해서는 안 되는 것일까요? 여러분은 천국에서 온전하게 된 의인들의 영혼과 함께 거할 뿐만 아니라 거룩한 천사들과도 함께 거하게 되리라 기대하고 있지 않습니까? 오, 이 거룩하고도 사랑스러운 존재들이 매시간 우리의 후견인이 된다는 생각만 해도, 얼마나 즐거운지 모르겠습니다! 천사들은 작열하는 한낮이나 깜깜한 한밤중에도 우리 주위에서 우리를 끊임없이 지키고 보호하고 있습니다. 천사들은 우리가 가는 모든 길에서 우리를 지키며, 우리의 발이 돌부리에 걸려 넘어지지 않도록 언제나 그 손으로 우리를 붙잡아줍니다. 그들은 구원의 상속자들인 우리를 쉬지 않고 섬깁니다. 낮이나 밤이나 천사들은 우리를 지키고 보호합니다. 여러분이 알고 있는 이 말씀처럼 말입니다. "여호와의 천사가 주를 경외하는 자를 둘러 진 치고 그들을 건지시는도다"(시 34:7).

천사들 자체에 대한 생각에서 이제 눈을 돌려, 천사들이 한때 부른 이 찬양을 생각해 보고자 합니다. 천사들의 찬양은 간단했습니다. 하지만 키토(영국의 성경신학자 존 키토[John Kitto, 1804-1854])가 아주 멋지게 표현한 대로, "천사들은 그 임신이 뜻하는 거의 숨막힐 듯한 충만한 의미를 예리하게 파악하고 있었습니다. 천사들은 이 가장 위대하고도 복된 진리를 아주 간단한 말로 표현하였습니다. 이것은 천사들의 아주 귀한 노래입니다." "가장 높은 곳에서는 하나님께 영광이요, 땅에서는 평화와 사람들을 향한 선하신 뜻이로다"(눅 2:14, KJV). 이제 우리는 성령님의 도우심을 기대하면서, 천사들의 이 말들을 사중적인 방식에서 살펴보고자 합니다. 먼저, 이 말들에서 제기되는 몇 가지 교육적인 측면들을 생각해 보겠습니다. 둘째로, 몇 가지 감정적인 측면들을 생각해 보고, 셋째로, 예언적인 측면에서 생각을 하고, 마지막으로, 한두 가지 교훈적인 측면을 생각해 보고자 합니다.

1. 첫 번째로, 오늘 본문에는 교육적인 측면에서 생각해 보아야 할 많은 점들이 있습니다.

천사들이 노래한 것은, 사람들이 이해하고자 한다면 이해할 수 있는 것이고, 마땅히 이해해야만 하는 것이며, 사람들에게 더욱더 유익할 만한 것이었습니다. 천사들은 바로 구유 안에서 태어나신 예수님에 관해 노래하였던 것입니다. 우리는 천사들의 노래가 이런 토대 위에서 나온 것이라는 사실을 알고서 살펴보아야 합니다. 천사들은 그리스도를 노래했고, 그분께서 이 세상에 오시어 이루신 구원을 노래했습니다. 그리고 그들이 이 구원에 대해 말한 것은 바로 이것입니다. 첫째, 이 구원은 하나님께 영광을 돌리는 것이며, 둘째, 이 구원은 사람에게 평화를 주는 것이며, 셋째, 이 구원은 인류를 향한 하나님의 선하신 뜻을 보이는 징표라는 사실들이었습니다.

1. 첫째, 이 구원은 하나님께 영광을 돌리는 것이라고 천사들은 말했습니다.

천사들은 위엄 있는 많은 때에 동참했으며, 그들의 전능하신 창조주를 찬양하는 수많은 장엄한 합창에 동참해 왔습니다. 그들은 창조 때도 있었습니다. 성경에 "그 때에 새벽 별들이 기뻐 노래하며 하나님의 아들들이 다 기뻐 소리를 질렀느니라"(욥 38:7)고 나오기 때문입니다. 그들은 여호와의 장중(掌中)에서 수많은 행성들이 조성되는 것과 그분의 영원한 손길로 무한한 우주공간에 운행되는 것을 보아왔습니다. 그들은 크신 분께서 창조하신 수많은 세계에 대해 장엄한 찬송을 불러왔습니다. 천사들은 창조 사역 안에 계신 그분을 증언하면서, "보좌에 앉으신 이와 어린 양에게 찬송과 존귀와 영광과 권능을 세세토록 돌릴지어다"(계 5:13)라고 분명히 자주 찬양하였으리라 우리는 의심하지 않습니다. 그리고 그들의 찬양은 여러 세대를 거쳐 그 영향력을 발휘하여왔다는 사실도 우리는 의심하지 않습니다. 천사들이 처음으로 창조되었을 때도 그들의 첫 호흡이 찬양이었듯이, 하나님이 창조하신 새로운 세계들을 천사들이 보았을 때도, 천사들은 또 다른 선율의 찬송으로 환영하였습니다. 천사들은 좀 더 고상한 온갖 선율로 찬양을 하였던 것입니다. 하지만 하나님이 그의 보좌에서 하감(下瞰)하시어 아기가 되시고 한 여인의 가슴에 안겨 있는 모습을 천사들이 보고서, 이번에는 천사들이 더욱더 높은 선율의 찬송을 하였습니다. 천사들이 할 수 있는 최고의 음악적 기량을 다 펼쳐서 찬양의 최고 신적인 선율에까지 이르러, 하나님께 드려질 더 이상의 좋은 최고의 찬양은 없다고 느꼈기에, 그들은 "가장 높은 곳에서는 하나님께 영광이요"라고 찬송하였습니다. 이렇게 해서, 그들은 하나님께서 하나님으로 행하신 최고의 행위에 대해 최고의 찬양을 하나님께 드린 것입니다. 여러 천사들이 가진 장엄함과 위엄의 차이에 따라 각 천사들에게는 충충이 그 등급이 올라가는 위계질서가 있다는 것이 사실이라면, 다시 말해 천상의 세계에 거주하는 이 복된 자들 가운데 "천사와 권천사와 능천사와 좌천사와 주천사" 등이 있다고 사도가 우리에게 가르친다면, 제가 추측하기로는, 이 정보는 하늘에서 내려 보다가 갓난아기를 보게 된 천상의 세계 외곽에 있던 천사들[9계급 천사 엔젤스]에게 처음으로 전해졌을 것입니다(위[僞]디오니시우스[Pseudo-Dionysius]가 500

년경에 쓴 「천상의 계층구조」[De Hierarchia Celesti]에 따르면, 천사 집단은 3개로 나누어지고 이는 다시 각각 3개의 서열로 나누어져서 총 9개로 구분된다. 이 천사론이 천사 9계층론(9품 천사론)의 기초가 되었다. 사도 바울이 말한 "모든 정사(principality)와 권능(powers)과 강력(mighty)과 통치(dominion)"[엡 1:21, KJV]라는 말씀도 이를 뒷받침하는 구절로 원용되기도 한다. 아홉 개의 계층은 맨 아래 제9계급 천사 엔젤스(Angels 天使), 제8계급 대천사 아크엔젤스(Archangels 大天使), 제7계급 권천사 프린시펄리티즈(Principalities 權天使), 제6계급 능천사 파워즈(Powers 能天使), 제5계급 역천사 버추즈(Virtues 力天使), 제4계급 주천사 도미니온즈(Dominions 主天使), 제3계급 좌천사 트로네스(Thrones 座天使), 제2계급 지천사 케루빔(Cherubim 智天使), 제1계급 치천사 세라핌(Seraphim 熾天使) 등이다. 이 천사론은 토마스 아퀴나스의 천사론에 지대한 영향력을 미치기도 하였다. 가톨릭교회는 745년 라테란 공의회에서 미카엘, 가브리엘, 라파엘 천사의 이름 외에 다른 천사들의 이름 사용을 금하고, 또한 수호천사의 기념일(10월 2일)을 제정하여 천사공경을 장려하였다 — 역주). 그래서 천사들은 이 기적이 처음으로 일어난 그곳으로 다시 소식들을 이렇게 노래하며 전했습니다.

> "영광 나라에 거하며
> 천지창조의 기사를 노래하던 천사들아,
> 땅 아래로 날아와,
> 지금 메시야 탄생을 선포하여라.
> 나아와 경배하라,
> 갓난 왕이신 그리스도께 경배하라."

(영국의 시인이자 찬송가 작사자인 제임스 몽고메리[James Montgomery, 1771-1854]가 쓴 찬송가 '영광 나라 천사들아' 의 1절 가사다. 21세기 찬송가[118장]에도 수록되어 있으며, 거기에는 "영광나라 천사들아 땅 끝까지 날면서, 하나님을 찬양하고 구주 나심 전하라. 경배하세 경배하세 나신 왕께 절하세"로 되어 있다 — 역주).

이 소식이 천사들의 위계질서에 따라 전달되어, 마침내 하나님의 면전에 있는 천사들, 즉 사방으로 눈이 가득한 바퀴를 가지고서(겔 10:12) 하나님의 보좌 주위에서 영원토록 지키는 그 네 케루빔(제2계급 지천사[智天使])에게 전달되자, 그 네 케루빔 천사들이 하위 천사들의 모든 노래들을 모아 최고의 찬양 선율에 하나님께만 드리는 절정의 화음을 배열해서 천군 천사들로 하여금 큰 소리로 찬양하게 하였습니다. "가장 높은 천사들이 당신을 찬양합니다." "가장 높은 곳에서는 하나님께 영광이요." 그 찬양이 얼마나 장엄한 찬양일지, 죽어야 하는 우리 인간으로서는 감히 상상할 수조차 없습니다. 한번 생각해 보십시오. 예전에 세계가 만들어질 때, 천사들이 크게 소리질러 찬양했다면, 이제 인간의 대속자로 오시어 동정녀 마리아에게서 태어나신 예수 그리스도를 그 천사들이 보았을 때, 그들의 할렐루야 찬송은 세계 창조 때와 같은 마음이지만 그래도 더욱더 충만하고 강렬하며 장엄했습니다. 그 찬송이 바로 "가장 높은 곳에서는 하나님께 영광이요"라는 찬송이었습니다.

천사들이 부른 찬양의 첫 음절인 영광("가장 높은 곳에서는 하나님께 영광이요"는 영어로 Glory[영광] to God in the highest이기 때문이다 — 역주)으로부터 우리가 교육적인 측면에서 배워야 할 교훈은 무엇이겠습니까? 왜 영광이라는 말이 맨 처음에 나왔을까요? 구원이 바로 하나님의 가장 높은 영광이 되기 때문입니다. 하나님은 아침 햇살에 반짝이는 이슬방울 하나에서도 영광을 받으십니다. 또한 하나님은 비록 보는 이 없이 혼자 붉게 피어 숲속에 감미로운 향기를 발하는 모든 나무 곁에 피어 있는 꽃들로부터도 찬양을 받으십니다. 하나님은 가지에서 지저귀는 모든 새들과 초원을 뛰어다니는 모든 양들로부터도 영광을 받으십니다. 바다에 있는 물고기들도 하나님을 찬양하고 있지 않습니까? 작은 물고기로부터 거대한 리워야단(욥 41:1)에 이르기까지, 물에서 헤엄치고 있는 모든 피조물들이 하나님의 이름을 찬양하고 경배하고 있지 않습니까? 모든 피조물들이 하나님을 크게 드높이고 있지 않습니까? 하늘 아래에서 인간처럼 하나님께 영광을 돌리지 않는 피조물이 또 어디에 있습니까? 별들도 자기의 황금빛 글씨로 파란빛 하늘에 하나님의 이름을 새기면서, 하나님을 찬양하고 있지 않습니까? 번개들도 한밤중의 어둠을 뚫고 나아가는 화살 빛처럼 그 빛을 번쩍이면서 하나님을 찬양하고 있지 않습니까? 천둥들 역시 행진하는 하나님의 군대에서 북을 치면서 하나님을 찬양하고 있지 않습니까? 실로 가장 작은 자로부터 가장 큰 자에 이르기까지(렘 42:1, KJV) 모든 만물들이 하나님을 찬양하고 있지 않습니까?

오, 너희 모든 우주 만물들아, 너희들이 찬양하고 또 찬양하여 스스로 지칠 때까지 찬양하여도, 성육신에 합당한 감미로운 찬양은 너희들이 결코 드릴 수 없을 것이로다. 온 천지만물이 찬양의 웅장한 오르간이 된다 해도, 그 오르간의 음역(音域)으로도 이를 수 없는 황금의 아가(雅歌)가 있나니, 그것이 바로 성육신이로다! 천지창조보다 이 성육신 안에 더 많은 것들이 있습니다. 구유에 누이신 예수님 안에 있는 음악 선율은, 지극히 높으신 하나님(창 14:18)의 보좌 주위에서 위엄을 떨치며 운행하는 이 세상 안에 그리고 이 세상 위에 있는 모든 만물이 내는 음악 선율보다 훨씬 더 풍요롭습니다.

　사랑하는 성도 여러분, 잠시 멈춰 서서 이것을 생각해 보십시오. 하나님의 모든 속성들이 이 성육신에서 어떻게 찬양받고 있는지 한번 살펴보십시오. 자, 보십시오. 성육신 안에 있는 지혜는 어떠합니까? 하나님께서 인간이 되시어, 하나님이 친히 의로운 자가 되셨으며, 또한 경건치 않은 자들을 의롭게 하는 분이 되셨습니다. 자, 보십시오. 능력은 어떠합니까. 성육신에서 드러난 능력과 같은 그런 위대한 능력이 또 어디에 있습니까? 하나님 되심(神性)이라는 옷을 친히 벗고 인간이 되시다니, 대단한 능력이지 않습니까? 자, 보십시오. 예수님께서 인간이 되시어 이처럼 우리에게 드러나셨는데, 그 사랑은 또 어떠합니까? 자, 보십시오. 여러분, 신실함은 또 어떠합니까! 하나님께서는 그 수많은 약속들을 오늘날까지도 지키고 계시지 않습니까? 그리고 이 시각까지도 그 약속으로 말미암은 무수한 책임들을 다 이행하고 계시지 않습니까? 예수님 안에서 드러나지 않은 하나님의 속성이 있다면, 한 속성이라도 말씀해 주십시오. 예수님 안에 있는 하나님의 이 모든 속성을 여러분이 지금까지 보지 못한 이유는 아마도 여러분의 무지 때문일 것입니다. 하나님의 모든 속성들이 그리스도 안에서 영광을 받으셨습니다. 하나님의 이름 중 몇몇은 우주에 적혀 있지만, 인간의 아들이면서 동시에 하나님의 아들이기도 한 그분은 이 성육신에서 가장 잘 읽을 수 있습니다.

　그런데 저는 여기서 이 문제와 관련하여 한 가지만 더 말씀드리고자 합니다. 오늘 본문을 통해서 우리가 분명히 알게 된 것은 이것입니다. 즉, 구원은 하나님께 영광을 돌려드리는 것이라는 사실과, 구원은 가장 높은 피조물인 천사들로 하여금 그분을 찬양하게 하는 것으로, 구원이야말로 최고로 그분께 영광을 돌려드려야 하는 주제입니다. 이와 관련하여 한 가지 더 생각해 볼 문제가 있습니다. 그것은 구원에 있어서 인간에게 영광 돌리는 그런 교리는 복음이 될 수 없다는 사실입니다. 왜냐하면 구원은 하나님께 영광을 돌려드리는 것이기 때문입니다. "가장 높은 곳에서는 하나님께 영광이요"라고 노래한 천사들은 아르미니우스주의자들(Arminians: 구원의 필수조건인 은혜가 불가항력적이라고 주장하는 칼빈파와는 달리, 아르미니우스주의자들은 인간의 자유의지로 이 은혜를 거부할 수 있다고 생각하며, 구원은 인간 죄인들의 자발적인 협력과 공헌이 하나님의 은혜와 함께 필요하다고 주장한다)이 아니었습니다. 그리스도에게서 면류관을 빼앗아 죽어야 하는 인간의 머리에 씌우는 그런 교리를 천사들은 믿지 않았습니다. 피조물에 의존하는 구원, 사실상 피조물을 찬양하는 그런 신앙 체계를 천사들은 믿지 않았습니다. 구원이 전적으로 인간의 자유 의지에 달린 것이라면, 인간이 스스로를 구원할 수 있다는 말과 다른 바가 전혀 없지 않습니까? 사랑하는 성도 여러분, 절대 그렇지 않습니다. 물론 인간을 찬양하는 교리를 설교하고 싶어하는 설교자들이 몇몇 있기도 합니다. 하지만 그들의 그러한 복음에 천사들은 기뻐하지 않습니다. 천사들로 하여금 찬양하게 했던 그 유일한 기쁜 소식은 피조물의 구원에 있어서 하나님이 처음이자 마지막이시며 중간도 되시어 영원토록 하나님이 주관하신다는 소식이며, 그 어떤 조력자도 없이 구원하시는 하나님의 머리에만 오로지 전적으로 면류관을 씌워드리는 기쁜 소식입니다. "가장 높은 곳에서는 하나님께 영광이요." 이것이 바로 천사들의 찬양이었습니다.

2. 천사들이 불렀던 이 찬양은 천사들이 예전에는 한 번도 부르지 않았던 찬양이었습니다.

천사들의 찬양 중 앞부분인 "가장 높은 곳에서는 하나님께 영광이요"라는 이 부분은 오래된, 아주 오래된 찬양이었습니다. 이 땅의 기초가 생기기 전부터 천사들이 불렀던 찬양이었습니다. 그런데 지금 천사들은 이 찬양을 새로운 찬양인 것처럼 하나님의 보좌 앞에서 부르고 있습니다. 왜냐하면 "땅에서는 평화와"라는 가사를 이 찬양에 덧붙였기 때문입니다. 천사들은 에덴 동산에서는 이런 찬양을 부르지 않았습니다. 거기에는 평화가 있었고, 평화는 당연한 것으로 여겨졌기에 굳이 찬양할 가치가 없었던 것입니다. 에덴 동산은 하나님께 영광을 돌리는 곳이었기에, 거기에는 평화 그 이상의 것들이 있었습니다. 하지만 인간들이 타락하여 그룹(cherubim)들이 불 칼로 인간들을 내쫓은(창 3:24) 그 날 이후부터는, 성육신하신 이 그리스도라는 생명수 샘(계 7:17)으로부터 평화를 얻은 몇몇 신자들의 가슴속 외에는 이 땅 어디에서도 평화가 없었습니다. 세상 끝에서부터 전쟁이 맹렬히 일어나, 인간들이 서로 살육하여 더미 위에 더미를 쌓았습니다(삿 15:16, KJV). 전쟁은 인간 외부뿐만 아니라 인간 내부에서도 일어났습니다. 양심이 인간과 싸웠으며, 사탄은 죄된 생각으로 인간을 괴롭혔습니다. 아담이 타락한 이후로 이 땅에는 평화가 없었습니다. 하지만 이제 새로 나신 왕께서 그 모습을 드러내셨으니, 그분이 누인 강보(포대기)는 평화의 상징인 흰 깃발이었습니다. 그분이 누인 구유는 평화조약이 체결된 장소였으며, 바로 그곳에서 인간의 양심이 자신에 대하여, 그리고 그의 하나님에 대하여 벌였던 전쟁이 종결되었습니다. "칼을 칼집에 넣을지어다. 오, 인간들이여, 칼을 칼집에 넣을지어다. 오, 양심이여, 하나님이 이제 인간과 평화하시며, 인간 또한 하나님과 평화하도다"라는 나팔 소리가 울려 퍼진 것이 바로 이 날이었습니다.

　사랑하는 성도 여러분, 하나님의 복음이 인간과 평화한 사실이 느껴지지 않습니까? 예수님의 메시지가 아니라면 도대체 어디에서 평화를 찾아볼 수 있을까요? 율법주의자들에게 가 보십시오. 가서 평화를 위해 수고하고 애써 보십시오. 아무리 애써도 평화를 찾을 수 없을 것입니다. 율법을 신뢰하는 여러분이여, 시내 산으로 가보십시오. 가서 모세가 보았던 그 불꽃(출 3:2)을 바라보십시오. 거기에는 두려워 떠는 절망만이 있을 뿐입니다. "이 사람은 평화가 되리라"(미 5:5, KJV)라고 미리 언급된 그분에게서가 아니라면, 그 어디에서도 평화를 찾을 수 없기 때문입니다. 사랑하는 성도 여러분, 그분이 주시는 평화가 얼마나 대단한 것인지 이루 다 말할 수 없습니다! 평화가 강 같고 의가 바다 물결 같을 것입니다 (사 48:18, KJV). 이 하나님의 평화는 모든 지각에 뛰어나며, 그리스도 예수님을 통해 우리의 마음과 생각을 지키시는(빌 4:7, KJV) 그런 평화입니다. 용서받은 영혼과 용서해 주시는 하나님 간에 맺어진 이 거룩한 평화, 즉 죄인과 (죄인을 심판하는) 심판자 간에 맺어진 이 기적적인 관계가, 바로 천사들이 "땅에서는 평화"라고 찬양했던 내용이었습니다.

　3. 다음으로, 천사들은 그들의 찬양을 마지막 선율로 지혜롭게 맺고 있습니다.

　천사들은 "사람들을 향한 선하신 뜻이로다"라고 말했습니다. 철학자들은 하나님께서 사람들을 향해 선하신 뜻을 가지고 있다고 말해 왔습니다. 하지만 저는 철학자들의 그러한 철학적인 주장으로부터 많은 위로를 받았다는 사람을 지금까지 한 명도 만나보지 못했습니다. 천지창조를 통해서 현인(賢人)들은 하나님이 사람들을 향해 선하신 뜻을 많이 가지고 계신다고 생각했습니다. 왜냐하면 하나님께서는 인간에게 많은 위로를 줄 수 있도록 천지 만물을 구성하여 만드셨다고 현인들은 생각했기 때문입니다. 그런데 현인들이 생각하는 것처럼 그런 희미한 소망에 자신의 영혼의 평화를 내맡긴 사람을 저는 지금까지 한 명도 보지 못했습니다. 그러나 저는 하나님께서 인간을 향해 선하신 뜻을 가지고 계시다는 사실을 확신하는 수천 명의 사람들이 있다고 들었을 뿐만 아니라, 그런 사람들을 알고도 있습니다. 만약 그들에게 그 이유에 대해 묻는다면, 그들은 충분하고 완전한 대답을 할 것입니다. 그들은 그분께서 자기의 아들을 주셨기 때문에, 사람들을 향해 선하신 뜻을 가지고 계신 것이 분명하다고 대답합니다. 창조주께서 자기 백성에게 보이신 사랑의 증거들은 많이 있습니다. 하지만 그 중에서도 가장 큰 증거는 바로 창조주께서 자기의 독생자이며 사랑하는 아들의 생명을 주셨다는 사실입니다. 천사들이 부른 찬양의 첫 소절(가장 높은 곳에서는 하나님께 영광이요)이 하나님을 향한 신적인 것이고, 둘째 소절(땅에서는 평화와)이 평화와 관련된 것이라면, 이 셋째 소절(사람들을 향한 선하신 뜻이로다)은 제 마음을 가장 누그러지게 하는 선율입니다.

어떤 사람들은 하나님을 생각하기를, 모든 인류를 증오하는 까다로운 존재인양 생각합니다. 또 어떤 사람들은 인간들이 하는 일에는 아무 관심도 없는 어떤 추상적 실체로 하나님을 묘사하기도 합니다. 하지만 여러분, 귀 기울여 들으십시오. 하나님은 "사람들을 향한 선하신 뜻"을 가지고 계십니다. 선하신 뜻이 무슨 말인지 여러분도 알 것입니다. 그러나 이 말이 뜻하는 것은 여러분이 알고 있는 것 그 이상입니다. 한 마디로 아담의 아들딸인 여러분을 하나님께서 받아들이신다는 뜻입니다. 하나님을 비방하는 자들이여, 여러분은 하나님을 저주했지만, 하나님은 그 저주가 여러분에게 일어나지 않도록 하십니다. 여러분이 하나님에 대해 선한 뜻을 가지고 있지 않다 하더라도, 그분은 여러분에 대해 선하신 뜻을 가지고 계십니다. 믿음 없는 자들이여, 여러분은 지극히 높으신 하나님을 거슬러 최고로 완악한 죄를 범하였습니다. 그래도 하나님은 여러분에게 가혹한 말을 하지 않으셨습니다. 왜냐하면 그분은 여러분에 대해 선하신 뜻을 가지고 계시기 때문입니다. 불쌍한 죄인들이여, 여러분은 하나님의 법을 어겼습니다. 하나님께서 여러분을 쫓아내시면 어떡하나 하는 두려운 마음 때문에 은혜의 보좌(히 4:16)로 섣불리 나아가지 못하고 있습니다. 여러분은 이 말씀을 듣고 위로를 받으십시오. 하나님은 여러분에 대해 선하신 뜻을 가지고 계십니다. 어느 정도로 선하신 뜻인가 하면, 하나님께서 친히 말씀하시고 맹세까지 하실 정도로 선하신 뜻입니다. "나의 삶을 두고 맹세하노니 나는 악인이 죽는 것을 기뻐하지 아니하고 악인이 그의 길에서 돌이켜 떠나 사는 것을 기뻐하노라"(겔 33:11)라고 말씀하십니다. 이뿐만 아니라 하나님은 자기를 낮추시어 이렇게까지 말씀하실 정도로 선한 의지를 가지고 계십니다. "오라 우리가 서로 변론하자 너희의 죄가 주홍 같을지라도 눈과 같이 희어질 것이요 진홍 같이 붉을지라도 양털 같이 희게 되리라"(사 1:18)고 말입니다. 그래도 만약 여러분이 "주님, 저를 향한 당신의 선하신 뜻이 있다는 것을 제가 어떻게 알 수 있을까요?"라고 말한다면, 그분께서는 저기 있는 구유를 가리키면서 이렇게 말씀하십니다. "죄인이여, 내가 너를 향한 선한 뜻을 가지지 않았다면, 내 아들이 죽도록 내버려 두었겠느냐? 내가 인류를 향한 선한 뜻을 가지고 있지 않았다면, 내 아들이 그 인간들 중의 하나가 되어 그 인간들을 죽음으로부터 구원하도록 내 아들을 포기했겠느냐?"라고 말이지요.

주님의 사랑을 의심하는 여러분이여, 저 둘러선 천사들에게 시선을 돌려서, 그 천사들의 빛나는 영광을 보고, 그들이 부르는 찬양을 들으면서, 그 감미로운 음악에 여러분의 의심이 잠잠해지고, 그 화음의 수의(壽衣)에 싸여 묻히십시오. 그분은 사람들을 향한 선하신 뜻을 가지고 계십니다. 그분은 기꺼이 용서해 주십니다. 그분은 부정과 허물과 죄를 간과하십니다. 그러나 주의하십시오. 이 때, 사탄은 여기에 이렇게 덧붙일 것입니다. "설령 하나님께서 선하신 뜻을 가지고 계신다 해도, 하나님은 자신의 공의를 범할 수는 없다. 그러므로 그분의 긍휼은 효력이 없게 되고, 너는 죽게 될 것이다"라고 말입니다. 이럴 때도 여러분은 천사들이 부른 찬양의 첫 소절인 "가장 높은 곳에서는 하나님께 영광이요"를 들으면서, 사탄과 그의 모든 유혹에 맞서십시오. 회개하는 죄인에게 하나님께서 선하신 뜻을 보이실 때는, 그 죄인의 마음에 평화가 있도록 하실 뿐 아니라 하나님의 모든 속성에도 영광을 돌리게 하시어, 하나님께서 자신은 물론 죄인들까지 의롭게 하시면서 하나님 자신을 영화롭게 하십니다.

천사들의 이 세 가지 선율에 담긴 교육적인 측면들을 모두 다 펼쳐보였다고 감히 말씀드릴 수는 없어도, 여러분이 한 주 동안 생각할 수 있는 일련의 묵상 재료들은 제공한 것 같습니다. 저는 여러분 모두 이 말씀의 능력을 힘입고 또 이 말씀이 주는 위로를 알고서, 한 주 동안 참으로 기쁜 성탄절을 보내기를 바랍니다. "가장 높은 곳에서는 하나님께 영광이요, 땅에서는 평화와 사람들을 향한 선하신 뜻이로다."

2. 다음으로, 저는 여러분과 함께
몇 가지를 감정적인 측면에서 생각해 보고자 합니다.

사랑하는 성도 여러분, 천사들이 부른 찬양인 오늘의 본문은 여러분의 마음도 기뻐하도록 부추기지 않습니까? 저는 이 말씀을 읽으며 천사들이 노래했다는 것을 알고 나서는, 속으로 이렇게 생각했습니다. '천사들도 복음의 위대한 주인공을 찬양으로 맞았는데, 나도 찬양으로 설교를 해야 하지 않을까? 그리고 이 설교를 듣는 성도들도 찬양으로 살아가야하지 않을까? 성도들의 마음이 기쁘고, 그 영혼은 즐거워야 하지 않을까?'라고 말이지요. 물론 얼굴에 미소를 짓는 것은 사악한 일로 여기고, 기독교인이 기뻐하고 즐거워하는 것은 적절치 않다고 생각하는, 마치 칠흑 같은 섣달 그믐날 밤에 태어나기라도 한 것 같은 그런 침울한 신앙인들도 있습니다. 아! 천사들이 그리스도에 관해 노래하는 것을 그런 점잖은 사람들이 꼭 봤으면 하는 바람입니다. 천사들이 노래했던 그리스도의 탄생이 비록 그 점잖은 사람들의 관심사가 아니라 해도, 틀림없이 사람은 자기가 살고 있는 한 그리스도에 대해 노래해야 하며, 자신이 죽을 때도 그리스도에 대해 노래해야 하고, 자신이 천국에서 영원토록 살아갈 때도 그리스도에 대해 노래해야 할 것입니다. 교회 안에서도 찬양이 있는 기독교를 더 많이 보았으면 하는 것이 저의 간절한 바람입니다. 지난 수년간 우리 가운데는 불평하고 믿음 없는 기독교가 자라나고 있습니다. 오늘날 저는 기독교의 신실성에 대해서는 의심하지 않지만, 기독교의 건전성에 대해서는 의심이 갑니다. 오늘날의 기독교는 충분히 진실하고 진지하다고 말할 수도 있을 것입니다. 그리고 제대로 실천하며 살아가는 사람들의 신실함에 반(反)하는 말을 하지 말도록 하나님이 금하기도 하십니다. 하지만 기독교는 현재 병들어 있는 상태입니다. 와츠도 이 문제의 정곡을 찔러 이렇게 표현했습니다.

> "기독교의 의도는
> 우리의 기쁨을 줄이려는 것이 아니었다."

(아이작 와츠가 쓴 찬송가 '시온을 향한 행진' [MARCHING TO ZION]의 2절 가사다. 21세기 찬송가에는 '주 사랑하는 자 다 찬송할 때에' [249장]로 수록되어 있다 — 역주).

기독교는 우리의 기쁨 중 어떤 것들을 없애려는 의도도 있지만, 제거된 그 기쁨을 충당하고도 남는 더 많은 기쁨을 우리에게 줍니다. 그래서 기독교는 기쁨을 줄이려고 하지 않습니다. 오, 여러분이여, 여러분은 그리스도 안에서 여러분의 의심을 자극하고 여러분의 두 뺨에 눈물만 흐르게 하는 주제들만 보고 있습니다. 오, 여러분이여, 여러분은 항상 이렇게 말하고 있습니다.

> "주님, 이 땅은 참으로 비참한 땅입니다.
> 이곳에서는 아무것도 자라지 않습니다."
> (아이작 와츠의 「찬송과 영가」 2권 53번에 나오는 '성도들의 순례길, 또는 땅과 하늘' [The Pilgrimage of the Saints; or, Earth and Heaven]이라는 찬송가의 1절 가사다 — 역주).

여러분은 이리로 와서 천사들을 보십시오. 천사들이 불평하고 흐느끼며 한숨을 내쉬며 말하고 있습니까? 아, 아닙니다. 천사들은 큰 소리로 외칩니다. "가장 높은 곳에서는 하나님께 영광이요"라고 말이지요. 사랑하는 성도 여러분, 지금 그 천사들을 따라해 보십시오. 만약 여러분이 참으로 신앙을 고백했다면, 항상 쾌활한 태도를 지니도록 노력하십시오. 다른 사람들은 슬퍼하도록 내버려 두고 말입니다. 그러나

> "왕의 자녀들이여, 왜
> 평생토록 슬퍼만 하고 있습니까?"
> (아이작 와츠의 「찬송과 영가」 1권 144번인 '증거와 성령의 인침' [The witnessing and sealing Spirit]이라는 찬송가의 1절 가사다 — 역주).

여러분 머리에 기름을 바르고 얼굴을 씻으십시오. 여러분이 금식하는 것이 사람들에게 보이지 않도록 하십시오(마 6:17-18, KJV). 주 안에서 항상 기뻐하십시오. 다시 말하노니 기뻐하십시오(빌 4:4). 특별히 이번 주간에는 기뻐하는 것을 부끄러워하지 마십시오. 기뻐하는 것을 사악한 것이라고 생각할 필요가 전혀 없습니다. 고행과 채찍질과 괴로움 등은 그 자체로 어쨌든 미덕은 아닙니다. 저주받은 자들은 괴롭겠지만, 구원받은 자들은 기뻐하십시오. 왜 여러분은 영원한 슬픔의 감정을 가지고서 버림받은 자들과 계속해서 교제하려 합니까? 오히려 천국의 기쁨을 기대하면서, 그칠 필요가 없는 영원한 노래를 부르는 것을 왜 이 땅

에서 시작하지 않는 것입니까? 우리의 마음속에 간직해야 할 첫 번째 감정은 이와 같은 기쁨과 즐거움의 감정입니다.

그렇다면 그 다음으로 생기는 감정은 어떤 감정입니까? 또 다른 감정은 확신이라는 감정입니다. 확신을 감정이라고 부르는 것이 바른 것인지 확신은 없지만, 그래도 제가 보기에는 확신이 감정과 비슷한 것 같아서 설령 틀렸다 해도 그렇게 지칭하려고 합니다. 자, 보십시오. 그리스도께서 이 땅에 오셨을 때, 만약 하나님께서 어떤 검은 피조물을 하늘에서 내려 보내셔서(정말 하늘에 그런 피조물이 있다면) 찌푸린 인상으로 말을 더듬으며 우리에게 "가장 높은 곳에서는 하나님께 영광이요, 땅에서는 평화와 사람들을 향한 선하신 뜻이로다"라고 그분의 메시지를 전하게 하셨다면, 그래서 제가 그 자리에서 그 얘기를 직접 들었다면, 저는 그 말을 믿어야 하나 말아야 하나 주저했을 것입니다. 아마 "이처럼 기쁜 소식을 당신처럼 말 더듬는 사람이 전하는 것을 보니 당신은 하나님께서 보내신 사자가 아닌 것 같군요"라고 말했을 것 같습니다. 그러나 그곳에 천사가 왔을 때 그 천사들이 말하는 진리를 의심하는 사람은 아무도 없었습니다. 왜냐하면 천사들이 그 진리를 믿고 있다는 것이 매우 확실했기 때문입니다. 천사들은 자신들이 믿고 있는 그대로 그 진리를 말했습니다. 그들은 기쁨과 즐거움에 가득 차서 노래하며 그 진리를 말했기 때문입니다. 예를 들어, 여러분에게 누가 유산을 남겨두었다는 소식을 들은 어떤 친구가 아주 근엄한 얼굴로 여러분에게 와서 마치 조종(弔鐘) 소리 같은 목소리로, "아무개가 당신에게 일만 파운드를 유산으로 남겨두었다는데 당신은 알고 있습니까?"라고 말한다면, 여러분은 아마 "아! 그럴지도 모르지"라고 말하면서, 그 친구의 면전에서 그냥 웃고 말 수도 있을 것입니다. 하지만 이번에는 여러분의 동생이 갑자기 여러분의 방안에 뛰어 들어와서는 환호성을 지르며 말하기를 "내가 무슨 말 하려는지, 형 알아? 이제 형은 부자야, 아무개가 형에게 일만 파운드를 유산으로 남겨 두었데!"라고 말한다면, 아마 여러분은 "내 동생이 저렇게도 기뻐하는 것을 보니, 사실일 것 같다는 생각이 드는군"라고 말할 것입니다. 자, 보십시오. 하늘에서 내려온 오늘 본문의 이 천사들도 자신들이 이 소식을 믿고 있는 것처럼 소식을 말했기 때문에, 비록 주님의 선하신 뜻을 사악하게 의심하던 사람이라 하더라도, 이 천사들이 노래하는 소리를 듣고서는 이 소식을 의심할 수 없게 될 것이라 생각합니다. 절대 의심할 수 없습니다. 저는 이렇게도 말씀드릴 수 있을 것 같습니다. "그 천사 자신들이 바로 진리의 증거들입니다. 왜냐하면 천사들은 그 소식을 하나님의 입에서 직접 들었을 것이기 때문입니다. 천사들은 이 소식을 의심하지 않았습니다. 왜냐하면 하나님 께서 이 소식을 얼마나 기쁘게 말씀하시는지 천사들이 보았기 때문입니다."

가련한 영혼을 가진 여러분이여, 여러분은 하나님께서 여러분을 멸망시키 지는 않을까 하는 생각으로 두려워하고 있습니다. 그리고 하나님께서 여러분에 게 은혜를 베풀지 않으시면 어떡하나 생각합니다. 그러나 저 찬양하는 천사들을 보고서도 여러분이 감히 그렇게 의심할 수 있겠습니까? 침울한 얼굴을 한 위선 자들이 있는 회당에는 절대 가지 마십시오. 거기에 비음(鼻音) 섞인 목소리와 고 통에 절은 얼굴을 가진 랍비들이 있다면, 그들이 하나님은 사람들을 향한 선하 신 뜻을 가지고 있다고 설교해도 듣지 마십시오. 그가 말하는 것을 여러분이 믿 지 않으리라는 것을 잘 압니다. 왜냐하면 그의 얼굴부터가 기쁨으로 설교하고 있지 않기 때문입니다. 그는 좋은 소식을 투덜대면서 전하고 있는 것입니다. 그 러니 그 소식을 받아들이지 않을 수밖에요. 여러분은 곧장 들판으로 나아가십시 오. 그곳은 베들레헴의 목자들이 밤에 앉았던 곳입니다. 거기에서 하나님의 은 혜로 복음을 노래하는 천사들의 찬양을 듣게 된다면, 여러분은 그 천사들이 분 명히 느꼈던 그 귀중한 소식을 믿지 않을 수 없게 될 것입니다. 천사 같은 피조물 이 여러분에게 다가와, 하나님께서는 사람들을 향한 선하신 뜻을 가지고 계시다 는 우리의 믿음을 확증해 주는 복된 성탄절이 되기를 축원합니다!

3. 이제 세 번째 대지를 말씀드리고자 합니다.

오늘 본문에는 몇 가지 예언적인 진술들이 포함되어 있습니다. 천사들은 "가 장 높은 곳에서는 하나님께 영광이요, 땅에서는 평화와 사람들을 향한 선하신 뜻이로다"라고 찬양했습니다. 그러나 주위를 둘러볼 때, 이 넓고 넓은 세상에서 우리가 보게 되는 것들은 무엇입니까? 저는 하나님께서 영광 받으시는 것을 결 코 보지 못했습니다. 제게는 이교도들이 그들의 우상 앞에 절하는 것만 보입니 다! 로마 가톨릭신자들이 썩어빠진 유물 쪼가리와 흉한 모습의 성상 앞에 고개 를 조아리는 모습이 두드러져 보입니다. 주위를 둘러보니, 인간의 육체와 영혼 위에 군림하는 폭군들이 보입니다. 하나님이 잊혀져가는 모습도 보이고요. 맘몬 (Mammon, 물질적인 부와 탐욕의 신)을 추구하는 세속적인 인간들도 보입니다. 몰 록(Moloch, 어린아이를 제물로 받으며 큰 희생을 요구하는 잔인한 신, 왕상 11:7)을 추구하는 피비린내 나는 인간들도 보입니다. 니므롯(Nimrod, 하나님을 대적하는 최초의 용사이자 권력자, 창 10:18)처럼 온 땅에 맹위를 떨치는 야망도 보입니다. 하나님은 잊혔고 하나님의 이름은 더럽혀졌습니다. 천사들이 찬양한 것이 바로 그런 모든 것들이었습니까? 천사들이 "가장 높은 곳에서는 하나님께 영광이요"라고 찬양한 것이 바로 그런 것들이었습니까? 아! 절대 아닙니다. 더 밝은 날들이 점점 다가오고 있습니다. 천사들은 "땅에서는 평화"라고 찬양하였습니다. 하지만 저는 여전히 전쟁의 나팔 소리를 듣고 있습니다. 무시무시하게 울리는 대포 소리들도 여전합니다. 천사들은 아직까지 칼을 쳐서 보습을 만들고 창을 쳐서 낫을(사 2:4) 만들지 않았습니다! 전쟁이 여전히 횡행합니다. 천사들이 노래한 것이 바로 이런 것들이었습니까? 세상 끝날까지 전쟁이 있는 것을 보는 한, "땅에서는 평화"라는 천사들의 찬양은 천사들의 단순한 기대였을 뿐이라고 믿어야 하는 것일까요? 아! 사랑하는 성도 여러분, 절대 그렇지 않습니다. 천사들의 찬양은 예언임과 동시에 위대한 것입니다. 천사들의 찬양은 영광과 함께 해산의 수고를 감당해야 하는 내용입니다. 수년만 지나면, 그 때까지 살아 있는 자들은 왜 천사들이 이렇게 찬양했는지를 보게 될 것입니다. 잠시 잠깐 후면 오실 이가 오시리니 지체하지 아니하실 것입니다(히 10:37). 그리스도 주님께서 다시 오실 것입니다. 그분께서 오셔서 그 우상들을 그들의 보좌에서 끌어내리실 것입니다. 그분께서는 모든 형태의 우상과 모든 모양의 이단들을 세차게 내던져버리실 것입니다. 그분께서는 땅 이 끝에서 저 끝까지 사정없이 흔드시며 다스리실 것입니다. 그분께서 다스리실 때는 저기 있는 저 푸른 하늘이 두루마리가 말리는 것 같이 떠나가게(계 6:14) 될 것입니다. 그 어떤 투쟁도 메시야의 통치를 거스를 수 없으며, 그 때가 되면 더 이상의 살육은 없게 될 것입니다. 쓸모없는 투구를 높이 걸어놓을 것이며, 더 이상의 전쟁연습은 없을 것입니다. 야누스(Janus, 시작과 변화의 신으로 1월[January]의 신)의 신전이 영원히 닫히고, 잔인한 마르스(Mars, 로마 신화에 나오는 전쟁의 군신[軍神])가 이 땅에서 쫓겨날 때가 다가오고 있습니다. 사자가 소처럼 짚을 먹을 것이며(사 65:25), 표범이 어린아이와 함께 누우며, 젖 먹는 아이가 독사의 구멍에 손을 넣고, 독사와 함께 장난 할(사 11:8) 바로 그 날이 다가오고 있습니다. 그 시각이 이미 다가왔습니다. 그 햇빛의 첫 빛줄기가 우리가 살고 있는 이 시대를 기쁘게 하였습니다. 보라, 그분께서 나팔소리와 함께 영광 중에 구름 타고 오고 계십니다. 우리가 기쁨으로 학수고대하던 그분께서 오실 것입니다. 그분의 오심은 그분으로 말미암아 구속받은 자들에게는 영광스러운 일이지만, 그분의 원수들에게는 큰 혼란이 될 것입니다. 오! 사랑하는 성도 여러분, 천사들이 이 찬양을 불렀을 때, 영광된 미래의 긴 통로에 이 찬양이 울려 퍼져 나갔습니다. 그 울려 퍼진 찬양은 바로 이것이었습니다.

　　"할렐루야, 주 그리스도
　　전능하신 하나님께서 다스리실 것이니."
(제임스 몽고메리[James Montgomery]가 쓴 '들어라! 희년의 노래' [HARK! THE SONG OF JUBILEE]라는 찬송가의 1절 가사다 — 역주).

맞습니다. 틀림없이 천사들은 믿음으로 이 찬송을 다 들었던 것입니다.

　　"들어라! 희년의 노래를
　　해변에 부딪힐 때 나는,
　　힘찬 천둥의 울려 퍼지는 듯한 큰 소리,
　　충만한 바다의 소리를."
(제임스 몽고메리의 '들어라! 희년의 노래' 라는 찬송가의 1절 가사다 — 역주).

　　"그리스도 주 하나님 전능하신 분께서 다스리시도다."
　　(계 19:6, KJV).

4. 이제, 저는 여러분을 위해서 구체적인 실례를 하나만 더 말씀드리고, 제 설교를 마치고자 합니다.

그것은 교훈적인 실례입니다. 모든 성도들이 올해 성탄절만큼은 천사들이 지켰던 것과 똑같이 지켰으면 하는 것이 저의 바람입니다. 성탄절에 대해 사람들은, 일 년에 하루인 이 날만큼은 종교의 모든 속박들을 벗어던져도 좋은 그런 날로 생각합니다. 마치 그리스도가 무질서의 주님인 것처럼, 그리스도의 탄생을 주신(酒神)인 바커스(Bacchus)를 축하하듯이 여기는 사람들이 많이 있습니다. 또 아주 종교적이어서, 이른바 장로들의 유전을 존중하여 성탄절을 주일 못지않게 거룩한 날로 여기고, 그 날 아침에 교회 가는 것을 결코 잊지 않는 사람들도 많이 있습니다. 하지만 성탄절 예배가 끝난 후의 시간 사용은 대부분이 아주 가관(可觀)입니다. 밤에 곧바로 잠자리에 들기 위해 침실로 올라가지 않습니다. 그렇게 하면 이상한 일로 생각합니다. 술통에 빠져 거의 인사불성이 될 때까지 술을 마시지 않으면, 성탄절을 제대로 지키지 못한 것처럼 받아들입니다. 한 집에 모여 기분 좋게 소리지르며 흥겨운 시간을 보내면서 거기다가 시끌벅적한 죄악의 여흥이 없다면, 그런 성탄절은 도저히 있을 수 없다고 생각하는 사람들이 많습니다. 사랑하는 성도 여러분, 생각해 봅시다. 우리는 청교도들의 후예로서, 어떠한 종교적인 이유가 있다 해도 어느 한 날을 떠받들고 지키지는 않을 것입니다. 결코 다른 날보다 어느 한 날에 더 많은 의미를 두지도 않으며, 우리가 알고 있는 것처럼 모든 날이 성탄절이 되어야 한다고 믿으면서, 모든 날이 그러한 성탄절이 되기를 바라는 사람들입니다. 하지만 우리는 가능한 한 다른 사람들에게 이 성탄절에 어떻게 행동해야 하는지 그 행동의 본이 되려고 애써야 합니다. 특별히 천사들이 하나님께 영광을 돌려드렸듯이, 우리도 천사들과 마찬가지로 하나님께 영광을 돌려드립시다.

한 번 더 천사들이 말했습니다. "사람들에게 평화"라고 말입니다. 다가오는 성탄절에 우리가 평화할 수만 있다면, 평화하도록 노력합시다. 자, 연세 많은 성도님들, 여러분은 속을 썩이는 자녀들을 받아들이고 싶지 않을 것입니다. 그러나 이번 성탄절에는 그런 자녀를 받아들이십시오. "땅에서는 평화"인 것을 여러분도 잘 알고 있지 않습니까? 이것이 바로 성탄절의 캐럴입니다. 여러분의 가정에 평화를 이루도록 하십시오.

자, 사랑하는 성도 여러분, 여러분은 어떤 형제에게 다시는 말도 하지 않겠다고 결심한 적이 있습니까? 그를 찾아가서 말하십시오. "오, 사랑하는 친구여, 우리 서로 해가 지도록 분을 품지(엡 4:26) 말았으면 하네"라고 말입니다. 그에게 다가가서 여러분의 손을 내미십시오. 자, 장사를 하는 성도들에게 말씀드립니다. 여러분은 장사를 하면서 원수 맺은 사람도 있을 것이고, 그로 인해 그에 관해서 최근까지도 아주 심한 말을 하기도 했을 것입니다. 이 문제를 오늘이나 내일까지 바로 해결하지는 못한다 해도, 할 수 있는 한 빨리 해결하십시오. 늦어도 성탄절까지는 해결하십시오. 이것이 바로 성탄절을 지키는 것, 즉 땅에서는 평화요 하나님께 영광을 돌려드리는 일입니다. 그리고 혹시라도 여러분의 양심에 조금이라도 거리끼는 것이 있어서, 여러분의 마음이 평화를 누리지 못하게 하는 무언가가 있다면, 골방에 들어가 평화를 달라고 하나님께 간구하면서 성탄절을 지키십시오. 왜냐하면 이것이 바로 땅과 마음에서의 평화이며, 여러분 자신 안에 있는 평화이고, 여러분과 함께하는 평화이며, 여러분의 동료와 함께하는 평화이고, 여러분의 하나님과 함께하는 평화이기 때문입니다. 여러분이 이렇게 말할 수 있어야 비로소, 여러분은 이 성탄절을 제대로 축하한 것이라고 생각하십시오. 오, 하나님,

> "제가 잠들기 전에,
> 저는 세상과 나 자신과 당신과 더불어 평화하겠나이다."
>
> (영국의 성직자이며 21세기 찬송가 1장에 실린 '만복의 근원 하나님' 의 작사가인 토머스 켄[Thomas Ken]이 지은 '나의 하나님 당신께 이 밤 영광을 돌립니다' [Glory to Thee, my God, this night]라는 찬송가의 2절 가사다 — 역주).

그리고 주 예수님께서 여러분의 평화가 되실 때는 또 다른 것이 여러분에게 주어진다는 것도 기억하십시오. 사람들을 향한 선하신 뜻이 바로 그것입니다. 사람들을 향한 선하신 뜻을 지키지 않고서, 성탄절을 지키려고 하지 마십시오. 여러분은 젠트리 귀족(gentleman)이어서 집에 하인들도 있을 것입니다. 음식을 준비하는 화덕 위에 그 하인들도 먹을 수 있도록 좀 더 푸짐하게 양질의 고기를 올려놓아 보십시오. 만약 여러분이 좀 더 넉넉하다면, 이웃에 사는 가난한 자들을 돌아보아, 그들이 어디에 사는지, 헐벗은 자들에게 입힐 옷은 뭐가 있는지, 굶주린 자들에게 먹일 음식은 뭐가 있는지, 슬픔을 당한 자들을 위로할 방법은 뭐가 있을지 등을 찾아보십시오. 이것이 바로 사람들을 향한 선하신 뜻이라는 것을 기억하십시오. 여러분이 할 수 있는 대로 힘껏 이 특별한 절기에 그런 사람들에게 선하신 뜻을 펼쳐 보이십시오. 이렇게만 한다면, 가난한 자들은 이런 성탄절이라면 일 년에 대여섯 번도 더 있었으면 좋겠다고 진심으로 말할 것입니다. 이 마음은 저도 마찬가지입니다.

우리 한 사람 한 사람은 이곳을 떠나기 전에 결심합시다. 만약 우리가 일 년 내내 화만 내고 살았다면, 오는 주간만이라도 일 년 중 예외로 살아갑시다. 만약 우리가 작년은 모든 사람에게 버럭버럭 소리만 지르고 살았다면, 이번 성탄절만큼은 다른 사람들에게 친근한 애정으로 대하도록 노력합시다. 그리고 만약 우리

가 지난 한 해 동안 하나님을 대적하며 살아왔다면, 하나님께서 우리에게 이 한 주간 하나님과 평화할 수 있도록 성령으로 말미암아 간구하겠습니다. 사랑하는 성도 여러분, 이렇게만 된다면 이번 성탄절은 우리 생애에서 지금까지 우리가 가져보지 못한 가장 즐거운 성탄절이 될 것입니다. 여러분은 아마도 아버지나 어머니, 혹은 자녀들이 있는 집으로 돌아가 그들을 보게 될 것입니다. 여러분 가운데 많은 이들이 일터를 떠나 집으로 돌아가기도 할 것입니다. 여러분은 제가 지금까지 성탄절 절기를 위해 설교한 이 말씀을 기억하시기 바랍니다. 여러분은 친구 집을 방문해서 주님께서 여러분의 영혼을 위해 지금까지 행하신 일들을 그들에게 말해 주십시오. 그러면 성탄절 화롯가에서 더 복된 이야기꽃이 만발하게 될 것입니다. 기도하는 집(마 21:13)에서 주님이 여러분을 어떻게 만나 주셨는지, 그리고 고향 집을 떠날 때 건방지고 과격하며 칼날 같던 성격을 지닌 여러분이, 이제 다시 돌아와서는 어떻게 여러분의 어머니가 사랑하던 그 하나님을 사랑하고, 여러분의 아버지가 즐겨 보던 그 성경책을 읽게 되었는지를 부모님께 말씀 드린다면, 오, 이렇게만 된다면, 이 얼마나 즐거운 성탄절이 되겠습니까! 이제 무슨 말을 더 할 수 있겠습니까? 하나님께서 여러분을 도우서서, 여러분이 여러분 자신과 화평하도록, 그리고 여러분의 모든 친구와 이웃들을 향한 선한 뜻을 하나님께서 여러분에게 주시도록 기원합니다. 그리고 하나님께서 여러분에게 은혜를 베푸서서, 가장 높은 곳에서 하나님께 영광을 돌려드리기를 기원합니다. 이제 제 설교를 마치고자 합니다. 다가오는 성탄절에 여러분 모두가 여러분 인생에 있어서 가장 기쁜 성탄절이 되기를 바라는 것 외에 제가 여러분에게 더 드릴 말씀은 없을 것 같습니다.

> "지금 천사들과 함께 보좌에 둘러서서
> 케루빔과 세라핌,
> 교회가 여전히 하나 되어,
> 장엄한 찬송을 드높이 부르세.
> 위대하고 스스로 계신 분께 영광을!
> 죽임당한 어린 양께 영광을.
>
> 찬양과 명성과 영광과 능력과

그리고 무한한 통치를
우리 주 아버지께,
성령과 말씀이 되신 분께,
모든 세상 이전과
현재와 영원토록 동일하신 그분께."
(영국 찬송가 작사자인 조시아 콘더[Josiah Conder]가 지은 '지금 천사들과 함께 보좌에 둘
러서서' [Now with angels round the Throne]라는 찬송가의 1절과 2절 가사다 ― 역주).

제
9
장
—

시므온의 노래*

—

"주여, 이제 주의 말씀대로 주의 종이 평안히 떠나도록 허락
하옵소서 이는 내 눈으로 주의 구원을 보았기 때문이니이
다." — 눅 2:29-30, KJV

오, 시므온이여, 당신은 복 있는 사람입니다. 당신에게 이를 알게 한 이는 혈
육이 아니요(마 16:17), 혈육으로서는 그렇게 기쁜 마음으로 이 세상에 작별을
고할 수 없었을 것입니다. 육은 땅에 달라붙어 있습니다. 왜냐하면 육은 흙이고
육이 취한 그 땅에 가까우며, 어머니 같은 대지로부터 분리되기를 싫어하기 때
문입니다. 아무리 병약한 노인이라 해도, 이 세상을 진정으로 떠나고자 하는 사
람은 없습니다. 우리는 본성적으로 끔찍하리만치 끈질기게 생명에 집착합니다.
우리는 인생의 해악에 대해 한숨을 쉬기도 하고 인생의 잔인함에 대해 불평하기
도 하면서, 어서 이 땅을 떠났으면 하는 바람을 가져보지만, 기꺼이 이 세상을 떠
나고자 하는 우리의 바람은 겉으로만 그러는 것일 뿐, 우리의 깊은 속마음에는
이 세상을 떠나고 싶은 생각이 전혀 없습니다. 마리아의 팔에서 건네받아 열렬
한 기쁨으로 안고 있는 이 아기에게서 시므온은 하나님의 구원을 보게 되었습니
다. 시므온에게 이를 알게 한 이는 혈육이 아니었습니다. 시므온은 하나님의 은
혜로 이 아기가 구세주라는 사실을 알게 되었습니다. 그와 동시에 이 땅에서 자

* 눙크 디미티스(NUNC DIMITTIS). '시므온의 노래'[눅 2:29-32]를 가리킨다. 전통적으로
'이제 떠나도록 허락하옵소서' 에 해당하는 라틴어로 불가타 역본에 사용되었다 — 역주.

신을 묶고 있던 줄들이 풀려지고, 이 땅보다 더 좋은 땅에 가까이 이르렀음을 깨닫게 한 것도 바로 이 하나님의 은혜였습니다. 은혜로 말미암아 천국에 들어갈 약속을 받고서 더 좋은 땅을 향해 기꺼이 이 땅을 떠나고자 하는 사람은 복 있는 사람입니다. 그런 사람은 스스로 그토록 큰 일을 행하신 주님을 찬양해야 합니다. "우리를 빛 가운데서 성도들의 유업에 참여하는 자가 되기에 합당하게 하신 아버지께 감사드리기를 원하였노라"(골 1:12, KJV) 하신 사도 바울의 말씀처럼 말입니다. 틀림없는 사실은, 우리 가운데 어느 누구도 이런 지위에 본성적으로 합당한 자는 없다는 것입니다. 이것은 시므온의 경우도 마찬가지였습니다. 존경받기에 합당한 사람이 되는 것도 모두 하나님이 손수 하시는 일이며, 하나님께서 예비해 두신 유업을 얻고자 하는 열망 또한 마찬가지입니다. 사랑하는 성도 여러분, 우리는 이 아침에 천국을 향한 성도들의 준비에 관해 생각해 보고, 그 다음으로 그렇다면 과연 우리는 마음속으로 반성들을 하고 있는지, 즉 우리로 하여금 이 땅을 떠날 준비를 하게 하는 그런 반성들을 하고 있는지 살펴보고자 합니다. 아버지로부터 보내심을 받은 성령 하나님께서 우리가 기꺼이 이 죽음의 해변을 떠나 우리 아버지 하나님께서 명하신 그 영원한 바다로 항해해 나아갈 수 있도록 우리를 도와주실 줄 저는 확신합니다.

이 아침에 우리가 살펴볼 것은 첫 번째로, 모든 신자는 평안히 이 세상을 떠날 수 있다는 확신을 가질 수 있다는 사실과, 두 번째로, 어떤 신자들은 이제는 떠날 특별한 준비를 해야 한다고 느끼게 된다는 사실입니다. "이제 … 주의 종이 평안히 떠나도록 허락하옵소서"(눅 2:29, KJV). 세 번째는, 우리로 하여금 기쁘게 떠날 수 있는 준비를 하도록 용기를 주는 말씀이 있다는 사실입니다. "주의 말씀대로" 이 세상과의 작별을 바라볼 때에, 우리는 가장 풍성한 위로를 얻을 수 있습니다.

1. 이제 첫 번째로, 위로로 가득한 위대한 일반 원칙으로 시작해 봅시다.

이 원칙은 모든 신자들은 평안히 최종적인 작별을 할 수 있다는 확신을 가질 수 있다는 것입니다. 이것은 시므온에게만 주어진 특별한 권리가 아닙니다. 이것은 모든 성도들에게 있는 공통적인 특권입니다. 왜냐하면, 이 특권이 기반으로 하고 있는 근거들은 시므온만이 독점하고 있는 것이 아니라, 우리 모두에게 해당되는 것이기 때문입니다.

첫째로, 모든 성도들은 이미 하나님의 구원을 보았으므로, 이들 모두가 틀림없이 평안히 이 세상을 떠날 것이라는 사실을 살펴보겠습니다. 비록 우리가 아기이신 그리스도를 우리 팔로 안아볼 수는 없지만, 그분은 "우리 속에 그리스도의 형상을 이루기까지"(갈 4:19) "영광의 소망"(골 1:27)이신 것이 사실입니다. 그리고 우리는 이 썩어 없어질 육신의 눈으로 그분을 바라볼 수 없었지만, 사망이 감히 어둡게 할 수 없는 죽지 않는 눈, 즉 성령 하나님께서 열어 주신 영의 눈으로 지금까지 그분을 봐 왔던 것도 사실입니다. 선천적인 육신의 눈으로 그리스도를 본다 해도 구원을 얻을 수는 없습니다. 왜냐하면, 그분을 직접 본 수천 명의 사람들이 "그를 십자가에 못 박게 하소서 십자가에 못 박게 하소서"(눅 23:21)라고 외쳤기 때문입니다. 당시 성전 안에는 그 아기를 본 많은 사람들이 있었습니다. 할례 예식을 행한 제사장들도 있었고, 그 무리 주변으로 모인 다른 관리들도 있었지만, 그들 가운데 아무도 하나님의 구원을 보지 못했다고 저는 생각합니다. 결국, 하나님께서 기름 부으신 그리스도를 참으로 본 사람은 바로 영적인 눈으로 본 시므온뿐이었습니다. 그는 믿음의 눈으로 보았던 것입니다. 다른 사람들은 거기서 부모가 데려온 작고 순진한 한 아기를 보았을 뿐, 그 어린 아기에게서 어떤 특별한 점도 보지 못했습니다. 성전 안에 있던 모든 사람들 가운데 아마도 시므온과 안나 이 두 사람만 하나님께서 참으로 기름 부으신 자가 연약한 어린 아기로 나타난 모습을 내면의 눈으로 보았을 것입니다. 물론 여러분과 저도 외면의 눈으로는 그리스도를 보지 못하고 놓쳤을 것입니다. 하지만 우리는 이에 대해 후회할 필요가 없습니다. 외면의 눈으로도 그분을 알아보는 특권은 이차적인 것에 불과합니다. 지금까지 우리가 내면의 눈으로 성육신하신 하나님을 보고서 그분을 우리의 구원자로 영접했다면, 우리는 거룩한 시므온과 마찬가지로 복 있는 자들입니다. 아브라함은 그리스도의 날이 채 밝기도 전에, 그리스도의 날을 보았던 사람입니다. 하지만 우리는 그 날이 이른 상태에서 그 날을 보았고, 믿음의 사람 아브라함과 함께 기뻐하는 것입니다. 우리는 그분을 바라보았습니다. 그래서 우리는 그분으로부터 빛을 받았습니다. 우리는 세상 죄를 지고 가는 하나님의 어린 양(요 1:29)을 보았습니다. 우리는 "멸시를 받아 사람들에게 버림"(사 53:3)받은 그 사람에게서 기름 부음 받으신 구세주를 보았습니다. 그리고 십자가에 못 박히고 장사지낸 바 되었다가 후에 다시 살아나시어 영광 가운데 승천하신 그 사람에게서 우리는 구원, 즉 충만하고 자유롭고 다 이루신 구원을 보았습니다. 그러므로 우리가 시므온보다 은혜를 덜 받았다고 생각할 이유가 도대체 뭐가 있겠습니까? 같은 원인에서는 같은 결과가 나올 것이므로, 우리도 평안히 이 땅을 떠나게 될 것입니다. 우리도 하나님의 구원을 보았기 때문입니다.

둘째로, 신자들은 시므온이 누린 것과 같은 평안을 이미 누리고 있습니다. 이미 평안히 살고 있지 않는 자는 아무도 이 땅을 평안히 떠날 수 없습니다. 생명이 있을 때에 평안을 누린 사람이 죽을 때도 평안을 누릴 것입니다. 그리고 죽음 이후에도 영원히 평안할 것입니다. "그러므로 우리가 믿음으로 의롭다 하심을 받았으니 우리 주 예수 그리스도로 말미암아 하나님과 화평을 누리자"(롬 5:1). 예수님께서는 "평안을 너희에게 끼치노니 곧 나의 평안을 너희에게 주노라"(요 14:27)고 말씀하시면서 우리에게 평안을 유언으로 남기셨습니다. "그는 우리의 화평이신지라"(엡 2:14). "성령의 열매는 … 화평과"(갈 5:22). 우리는 그 아들의 죽으심으로 말미암아 하나님과 화해하였습니다. 시므온의 가슴에 흘렀던 그 평안이 무엇이었든지 간에, 저는 그 시므온의 평안이 모든 참된 신자들의 가슴속에 살아 숨쉬는 평안보다 더욱 거룩한 특성을 가진 평안이 아니라고 확신합니다. 죄악을 용서받았다면, 싸움은 끝이 난 것입니다. 마찬가지로 속죄가 일어났다면 평안이 확립된 것이고, 그 언약으로 맺어진 평안은 영원히 지속됩니다. 지금 우리는 평안의 길로 인도받고 있습니다. 그러므로 "거기에는 사자가 없고"(사 35:9)라고 기록된 성경 말씀대로 우리는 왕의 큰 길(민 20:17)을 걷고 있습니다. 그리고 하나님께서는 우리를 푸른 풀밭에 누이시며 쉴 만한 물 가로 인도(시 23:2)하십니다. 비록 그분은 우리에게조차 "소멸하는 불"(히 12:29)이시지만, 우리는 하나님에 대해 종의 두려움은 전혀 느끼지 않습니다. 그래서 우리는 친히 우리의 아버지가 되신 그분의 임재 앞에 나아갈 때에도 더 이상 두려워 떨지 않습니다. 은혜의 자리(시은좌, 출 25:17) 위에 떨어진 그 보혈로 인해 우리에게는 그 보좌가 항상 의지할 안전한 곳이 되었습니다. 담대함으로 우리는 그 두려운 곳으로 나아가게 되었습니다. 하나님의 보좌가 예전에는 우리를 두렵게 했지만, 지금은 우리의 기쁨이 되었습니다.

> "예전에 두려운 진노의 자리에 앉아 계시어,
> 모든 것을 집어삼키는 불길로,
> '소멸하는 불'로 나타나신 우리 하나님,
> 그분의 이름은 보복이라."

그러므로 사랑하는 성도 여러분, 우리는 하나님과 화평을 누리는(롬 5:1) 자가 되었습니다. 그래서 우리는 "평안히 떠날 수" 있을 것이라 확신할 수 있습니다. 모든 위로의 하나님, 즉 친히 우리와의 사귐으로 이미 우리를 부요케 하시고, 예수 그리스도 안에서 평화가 되신 그분께서 결국에는 우리를 버리실 것이라 생각하면서 우리가 두려워할 필요는 없습니다. 오히려 그분은 우리가 아름다운 백조의 노래(swan song, 백조가 죽을 때 부른다는 아름다운 노래)를 부를 수 있도록 도와주시며, 우리의 장막 집(고후 5:1)을 품위 있게 거두시고, 요단 강 너머에 있는 아름다운 나라에 더욱 항구적인 집을 다시 세워 주실 것입니다.

셋째로, 우리가 참된 신자라면, 우리 또한 시므온과 동등한 하나님의 종들이므로, 시므온이 가졌던 것과 동일한 평안 가운데서 안식하게 될 것을 확신합니다. 오늘 본문에도 "주여, 이제 … 주의 종이 평안히 떠나도록 허락하옵소서"라는 말씀이 나옵니다. 그런데 이 시므온의 경우를 놓고 생각해 볼 때, 집안에 있는 어느 한 종은 나머지 다른 종들에 대해 어떤 특권을 주장할 수 없습니다. 하나님에 대해서 우리는 다 동일한 위치이며, 하나님으로부터 받을 상도 다 똑같습니다. 시므온도 한 명의 종이며, 사랑하는 성도 여러분, 여러분도 한 명의 종인 것입니다. 그분께서 시몬에게 "평안히 떠나라" 하신 말씀은 여러분에게도 하실 동일한 말씀입니다. 주님은 나이든 종들에 대해서도 늘 아주 사려 깊은 분이십니다. 그래서 그들의 기력이 쇠할 때에도 그들을 돌봐 주십니다. 구약에 보면 한 아말렉 사람에게 애굽인 종이 있었습니다. 그런데 그 종이 병들자, 주인은 종을 버렸습니다. 만일 다윗이 그 종을 불쌍히 여기지 않았더라면, 그 종은 멸망했을 것입니다(삼상 30:13 참조). 그러나 우리 하나님은 그런 식으로 종을 부리는 아말렉 사람 같은 주인이 아니십니다. 그분은 노쇠한 종들이라도 버리지 않으십니다. "너희가 노년에 이르기까지 내가 그리하겠고 백발이 되기까지 내가 너희를 품을 것이라 내가 지었은즉 내가 업을 것이요 내가 품고 구하여 내리라"(사 46:4). 다윗은 이것을 알고서, 하나님께 "하나님이여 내가 늙어 백발이 될 때에도 나를 버리지 마시며"(시 71:18)라고 기도하였습니다. 만약 여러분이 주님의 은혜로 옷 입고 그분의 뜻에 순종하기를 배운다면, 그분은 결코 여러분을 떠나지도 않으시고, 여러분을 버리지도 않으실 것입니다. 그분은 여러분을 원수의 손에 팔지도 않으시고, 여러분의 영혼이 멸망하도록 내버려 두지도 않으실 것입니다. 참된 주인이라면, 자기 종들을 보호하는 것을 자기가 해야 할 의무의 한 부분으로 여기듯, 우리의 위대하신 주님이며 왕이신 그분께서도 자기를 따르는 모든 자들 가운데 가장 미천한 자를 위해서도 친히 강한 능력을 보여주시며, 그들 모두를 자기 백성을 위해 예비한 안식으로 인도하실 것입니다. 여러분은 진정으로 하나님을 섬기고 있습니까? 여러분은 "누구에게 순종하든지 그 순종함을 받는 자의 종이 되는 줄을"(롬 6:16) 기억하십시오. 여러분은 사랑의 계명에 순종하는 것을 성령님에게서 배웠습니까? 여러분은 거룩함을 좇아 행하려고 애쓰고 있습니까? 그렇다면, 죽음을 두려워하지 마십시오. 죽음은 여러분에게 두려움이 되지 못할 것입니다. 하나님의 모든 종들은 평안히 떠나게 될 것입니다.

　　넷째로 생각해 보아야 할 또 다른 것이 있습니다. 이것으로 인해 모든 신자들이 평안히 떠나게 될 것이라는 우리의 확신이 더 강해질 것입니다. 우리가 생각해 볼 것은 지금까지 살펴본 신자들의 체험이 모두 하나님의 말씀대로 된 것이라는 점입니다. 시므온이 평안히 떠나게 될 것이라는 소망의 근거는 "주의 말씀대로"에 있었습니다. 분명한 사실은, 성경은 절대로 사사로이 풀 것이 아니며(벧후 1:20), 다른 사람들은 배제한 채 한 사람의 신자만을 위한 것으로 제한되어서는 안 되는 것입니다. 그렇지 않습니까? "예수 그리스도 안에서 예가 되고 아멘이 된"(고후 1:20, KJV) 하나님의 약속들은 모든 후손들에게 확실한 약속입니다. 그 약속은 몇몇 자녀들에게만 주어진 것이 아니라, 은혜로 거듭난 모든 자들, 즉 그 약속의 상속자들에게 모두 주어진 것입니다. 시므온과 옛날의 몇몇 성도들만을 위해 제한하고 따로 준비해 둔 그런 특별한 약속이란 없습니다. 하나님께서는 그리스도를 머리로 하여 연합되어 있는 모든 자들과 "더불어 영원한 언약을 세우사 만사에 구비하고 견고하게"(삼하 23:5) 하셨습니다. 그러므로 주님 안에 있는 한 사람의 신자로서 시므온이 평안히 떠날 것이라는 약속을 받았다면, 저 또한 그리스도 안에 있는 한 동일한 약속을 이미 받은 것입니다. 하나님께서 약속으로 말씀하신 것을 시므온이 붙잡을 때에 그 누구도 그에게 아니라고 말할 수 없었습니다. 이와 마찬가지로, 저 또한 받은 은혜를 기반으로 한 동일한 믿음으로 그 약속을 붙잡는다면, 도대체 감히 누가 저의 권리에 도전할 수 있겠습니까? 하나님께서는 자신의 약속을 자기 백성 모두에게 지키시지, 어떤 특정한 사람에게만 지키는 잘못을 범하지 않으실 것입니다. 그러므로 결과적으로 우리 차례가 되어 침상에서 발을 모으고 우리의 혼이 떠나게 될 때에도, 성경 말씀에 기록된 귀중한 말씀이 우리에게 지팡이와 막대기(시 23:4)가 되어 우리는 어떠한 해도 두려워하지 않게 될 것입니다.

오늘 본문을 통해 살펴본 이 네 가지 생각들로 인해, 모든 신자들은 자신의 임종 시에 평안히 떠나게 될 것이라는 확신을 네 배나 더 강하게 가질 수 있었을 것입니다.

짧은 시간이지만, 그 나이든 성도(시므온을 가리킨다)의 말을 더 주의해서 살펴보고자 합니다. 시므온이 한 말에는 많은 교훈이 들어 있습니다. 모든 신자들은 시므온의 경우와 같은 의미에서 죽음 가운데 떠나게 될 것입니다. 여기서 사용된 이 단어는 암시적이고 용기를 북돋워 줍니다. 즉, 이 말은 어떤 속박에서 벗어나거나 어떤 수고로부터 해방될 때 적용되는 말이기도 한 것입니다. 기독교인의 현재 상태는 새장에 갇힌 새와 같습니다. 다시 말해, 영혼이 몸에 갇혀 있는 상태입니다. 영혼은 하늘과 땅의 경계를 벗어나 물질과 공간과 시간의 한계들을 비웃어주고 싶은 게 사실입니다. 그러나 이 모든 바람에 비해, 육신은 그 번쩍이는 영혼에 걸맞지 않는 초라한 칼집이며, 왕 같은 영혼에 적절하지 않은 비천한 초가집이자 장애물이며, 짐이고 차꼬일 뿐입니다. 우리가 깨어 기도하기를 원할 때, 영혼은 원하지만 육신이 약하다(마 26:41)는 사실을 우리는 너무나 자주 깨닫게 됩니다. "이 장막[육신] 안에 있는 우리는 … 탄식하고"(고후 5:4, KJV) 있습니다. 사실 우리는 새장에 갇힌 새들입니다. 그러나 위대한 주님께서 그 새장 문을 열어주시고 그 갇힌 자들을 풀어주실 그 날이 다가오고 있습니다. 그 문을 여는 행위를 우리는 두려워할 필요가 없습니다. 왜냐하면 열린 그 문을 통해서 우리의 영혼에는 그토록 갈망하던 자유가 주어지고, 그렇게 되면 예전에는 비록 솥들 사이에 누워 지냈을지라도 지금은 그 날개를 은으로 입히고 그 깃을 황금으로 입힌 비둘기(시 68:13, KJV) 같이 되어, 상상할 수 없는 기쁨에 넘쳐 항상 노래를 부르며 창공으로 치솟아 오르게 될 것입니다. 시므온은 죽음을 자유롭게 되는 한 방식으로 보았습니다. 다시 말해, 지긋지긋한 감금으로부터의 구출, 포로상태에서의 탈출, 속박으로부터의 해방으로 생각했습니다. 이와 같은 구원이 우리에게도 일어날 것입니다. 내 영혼은 아직 부화되지 않은 병아리 신세와 같습니다. 얼마나 자주 내 영혼은 그 어둡고 불편하고 좁은 껍질 속에 갇혀 있다고 느끼는지 모릅니다! 그 껍질 속에 있는 생명은 그 껍질을 부수기 위해 힘든 수고를 합니다. 진리의 위대한 우주에 대해 조금 더 알기 위해서 그리고 무한한 하나님의 사랑을 좀 더 밝은 빛 가운데 보기 위해서 말입니다. 드디어 그 껍질이 깨져 그리스도의 형상에 완전히 도달한 영혼이 그를 위해 예비된 자유 속으로 들어가는 그 날은 얼마나 기쁜 날인지 모릅니다! 우리는 그 날을 바라봅니다. 우리는 그 날을 맞게 될 것입니다. 하나님을 닮기까지 거룩함과 신령함에 대한 갈망을 우리에게 주신 하나님께서는 우리를 우롱하기 위해 우리 속에 그러한 열망들을 심어 주신 것이 결코 아닙니다. 그분은 우리의 이런 거룩한 열망들을 충족시켜 주고자 하셨습니다. 그렇지 않았더라면, 그분은 우리에게 이러한 열망들을 부추기지도 않았을 것입니다. 오래지 않아 우리도 시므온처럼 떠날 것입니다. 이 말은 우리도 평안히 자유롭게 될 것이라는 뜻입니다.

　　떠난다는 이 말은 수고에서 벗어나는 것을 뜻하기도 한다는 것을 앞에서 이미 말씀드렸습니다. 시므온은 마치 자신의 주인을 시중드는 종처럼 주님의 식탁에 서 있었습니다. 주인은 자기 종에게 먼저 앉아서 식사하라는 말을 하지 않는 대신, 종이 "띠를 띠고 … 수종들고"(눅 17:8) 한다고 말씀하신 그리스도의 비유를 여러분도 알 것입니다. 자, 보십시오. 시므온도 저기에 서서 띠를 띠고 자기의 주인을 섬기고 있습니다. 그러나 머지않아 곧 결단의 때가 되면, 그분께서는 시므온에게 다음과 같이 말씀하실 것입니다. "이제 너는 떠나도 좋다. 네 식사를 하여라. 네가 할 일은 이제 다 끝이 났다." 우리는 또 다른 예를 들 수도 있습니다. 모르드개처럼 왕의 문에 앉아 있는 시므온을 한번 상상해 보십시오. 자신에게 내려진 어떤 일도 언제든 다 감당하다가 마침내 그 시중드는 일이 끝나자, 위대한 군주께서는 그에게 평안히 떠나라고 명을 내립니다. 또 다른 예를 들어 보겠습니다. 뜨겁게 내리쬐는 햇볕 아래에서 추수하느라 수고하는 일꾼 시므온을 생각해 볼 수 있습니다. 갈증으로 목마르고 수고로 몸이 지쳤을 때, 보십시오, 저기에 자기 종들에게 인사하기 위해 위대한 보아스가 들판에 나타났습니다. 그는 일꾼들에게 "당신들을 일꾼으로 고용한 시간이 다 되었소. 각자 품삯을 받고서 평안히 떠나시오"라고 말합니다. 이와 같은 일은 그리스도의 참된 일꾼들 모두에게도 일어날 것입니다. 그들은 "다시는 … 해나 아무 뜨거운 기운에 상하지도 않는"(계 7:16) 곳에서, 즉 자신들을 괴롭히는 그 어떤 시달림도 없는 곳에서 그들의 수고로부터 안식하게 될 것입니다. 그들은 그들 주인의 즐거움에 참여할(마 25:21) 것이며, 그들을 위해 예비된 안식을 누리게 될 것입니다. 우리가 이런 사실에 대해 묵상하고 생각하기만 해도, 큰 기쁨이 넘칠 것입니다.

　　시므온이 한 이 말들을 다시 한 번 주목해 봅시다. 그러면 여러분은 하나님의 자녀들이 떠나는 것은 주님께서 정해 놓은 것이라는 사실을 깨닫게 될 것입니다. "이제 … 주의 종이 … 떠나도록 허락하옵소서." 종은 원래 자기 주인의 허락 없이는 자기가 해야 할 일에서 떠나서는 안 됩니다. 그러지 않으면 그는 도망친 자이며 자기 직무에 명예롭지 못한 일을 한 자입니다. 착한 종은 자기 주인이 "평안히 떠나라"고 말하기 전까지는 조금도 움직여서는 안 됩니다. 시므온은 떠나라는 허락을 받을 때까지 불평하지 않고 기꺼이 기다렸습니다. 따라서 우리도 주님께서 정해 놓으신 그것을 기쁜 마음으로 묵묵히 기다려야 합니다. 그분께서 우리의 인생을 연장하시든 단축하시든 간에 말입니다. 주님의 뜻이 아니라면, 그 어떤 권세도 우리를 없앨 수 없다는 것은 분명합니다. 광야의 그 어떤 바람도 우리 영혼을 어둠의 땅으로 몰아넣지 못하며, 무시무시한 괴성을 지르는 그 어떤 원수도 우리를 무저갱 아래로 끌어내릴 수 없습니다. 그리고 한낮에 설치는 파멸이나 어둠 속에서 어슬렁거리는 역병이나 그 어떤 것도, 죽어야 하는 우리 인생을 급히 끝나게 할 수는 없습니다. 하나님께서 우리에게 "내 아들아, 네가 하던 수고의 일과 네가 살고 있는 이 좁은 장막에서 떠나 안식에 들어가거라"라고 말씀하시기 전까지 우리는 결코 죽지 않을 것입니다. 하나님께서 우리에게 떠나라고 명령하지 않는 한, 우리는 죽을 수 없으며, 그분께서 떠나라고 우리에게 명하실 때, 그때 우리는 기쁜 마음으로 이 세상을 떠나게 될 것입니다.

그리고 우리 앞에 놓인 이 말씀은, 신자들이 떠나는 것은 하나님께서 주시는 축복의 갱신과 동반된다는 사실을 분명히 보여주고 있음에 주목하십시오. "평안히 떠나라"고 하나님께서 말씀하십니다. 이 말씀은 우리가 친구에게 하는 것과 같은 작별 인사입니다. 이 말씀은 하나님의 제사장인 아론이 어떤 사람을 위한 희생이 받아들여졌음을 선포하는 그런 축복의 말이기도 합니다. 엘리 제사장은 한나에게 "평안히 가라 이스라엘의 하나님이 네가 기도하여 구한 것을 허락하시기를 원하노라"(삼상 1:17)고 말했습니다. 죽음을 앞둔 죄인의 침상 주변에는 폭풍이 거세게 몰아칩니다. 그도 그 영원한 폭풍이 내는 굉음을 듣습니다. 그 영혼은 깊은 곳에서 크게 울리는 저주의 천둥소리 가운데서나, 혹은 허리케인이 곧 불어닥칠 것 같은 그 끔찍한 고요함 가운데서 떠나게 됩니다. "저주를 받은 자들아 [나를] 떠나라"(마 25:41, KJV) 하는 무서운 소리가 그의 귓가에 들려옵니다. 그러나 의인은 그렇지 않습니다. 그는 아버지의 축복의 손이 자기 머리에 놓여 있으며, 그 영원하신 팔이 자신을 감싸고 있는 것을 느낍니다. 가장 좋은 포도주

(아 7:9, KJV)가 그와 함께 끝까지 있을 것입니다. 황혼이 되어도 빛이 있습니다. 그의 해가 저물어도, 그 해는 점점 더 영광스럽게 되어 하늘의 빛과 함께 모든 주위를 환히 비출 것입니다. 그때 거기 옆에 서 있던 사람들은 놀라며 외칩니다. "나도 의인이 죽는 것처럼 죽었으면 좋겠다. 나의 최후도 이 사람처럼 되었으면 좋겠다." 여호와로부터 "평안히 떠나라"는 얘기를 들은 그 순례자는 기쁜 여행을 출발합니다. 이것이 바로 온화한 아버지가 세상을 떠나는 자녀의 눈을 감겨주는 부드러운 손길이며, 이 손길은 다시는 눈에 눈물이 흐르지 않을 그곳에서 기쁘게 깨어날 것에 대한 보증입니다.

저는 이러한 말로써 여러분을 더 이상 지체하게 할 수 없습니다. 한 말씀만 더 드리는 것으로 충분할 것 같습니다. 즉, 이 축복으로 인해 시므온에게 속한 것이 무엇이든지 간에, 그것이 그에게만 특별한 것으로 간주되어서는 절대로 안 된다는 것입니다. 이것은 각각 자신의 분량대로 모든 신자들이 가질 수 있는 것들입니다. "이는 여호와의 종들의 기업이요 이는 그들이 내게서 얻은 공의니라 여호와의 말씀이니라"(사 54:17).

2. 이제 두 번째로, 어떤 신자들은 평안히 떠날 어떤 특별한 준비에 대해서 자각하고 있다는 사실을 여러분에게 말씀드리고자 합니다.

신자들은 언제 이러한 것을 느끼게 될까요? 첫째 대답은, 그들의 은혜가 활력이 넘칠 때입니다. 온갖 은혜가 모든 기독교인들에게 있겠지만, 그 은혜들이 모두 같은 분량으로 있는 것도 아니고, 그 은혜들이 항상 동일한 강도로 있는 것도 아닙니다. 어떤 신자들의 믿음은 강하고 활동적입니다. 자, 보십시오. 믿음이 "바라는 것들의 실상이요 보이지 않는 것들의 증거"(히 11:1)가 될 때, 그때 그 영혼은 확실히 다음과 같이 말할 수 있습니다. "주여, 이제 주의 말씀대로 주의 종이 평안히 떠나도록 허락하옵소서." 믿음은 에스골 골짜기의 포도(민 13:24)를 광야로 가져오는 것이며, 이스라엘 민족으로 하여금 젖과 꿀이 흐르는 가나안 땅을 동경하게 하는 것입니다. 옛 갈리아(프랑스 지역) 사람들은 이탈리아의 포도주를 마셔보고는, "이제 알프스 산맥을 넘어가서, 이렇게 감칠맛 나는 포도주를 생산하는 포도밭을 차지해 버리자"라고 말했습니다. 이와 같이 믿음이 우리에게 천국의 기쁨을 맛보여 줄 때, 그때 우리 영혼은 영광의 땅에서 보내온 신호를 보고서 곧 날아가기를 기다리고 서 있게 됩니다.

소망의 은혜, 즉 눈에 보이지 않는 것들도 보게 해주는 소망도 이와 같습니다. 소망은 영원한 도성의 황금 문을 우리 가까이에 가져옵니다. 모세처럼 우리의 소망도 비스가 산 꼭대기에 올라가서(신 3:27) 참 이스라엘 민족이 차지할 가나안 땅을 바라보는 것입니다. 모세는 느보 산 기슭에 올라가(신 34:1), 단에서부터 브엘세바까지 이르는 약속의 땅을 기쁜 마음으로 바라보았습니다. 이처럼 소망으로 우리는 그 멋진 땅과 레바논의 매력적인 장관을 만끽하고, 크게 기뻐하면서 "주여, 이제 주의 종이 평안히 떠나도록 허락하옵소서"라고 외치게 됩니다. 소망으로 인해 실현되고 또한 미리 예감되는 천국은 세상을 떠나는 것이야말로 가장 귀한 것이라는 생각을 우리 마음에 불러일으킵니다.

그리고 사랑의 은혜가 우리에게 끼친 결과도 이와 같습니다. 그 사랑은 우리의 마음을 희생제물처럼 제단 위에 올려놓고는 천국의 불을 가지고 와서 그 마음에 불을 붙입니다. 마음이 불붙기 시작해서 희생제물처럼 불타오르게 되면, 그 결과가 어떻게 될까요? 그 마음은 마치 연기 기둥처럼(아 3:6) 하나님의 보좌로 올라갑니다. 이것이 바로 우리가 사랑하는 사람에게 우리를 더 가까이 가게 하는 사랑의 본능입니다. 하나님을 향한 사랑이 영혼에 스며들 때, 그때 우리 영혼은 "내 사랑하는 자야 너는 빨리 달리라 향기로운 산 위에 있는 노루와도 같고 어린 사슴과도 같아라"(아 8:14) 하는 말씀대로 됩니다. 그러면 모든 두려움을 내쫓는 온전한 사랑(요일 4:18)이 "즉시 위로 올라오라"고 외칩니다.

> "당신 계신 그 곳에
> 내가 당신과 함께 있게 하옵소서.
> 나의 구세주이시며,
> 나의 영원한 안식이신 주님!
> 그렇게만 된다면,
> 간절히 바라는 이 마음에
> 충만하고도 영원한 복이 되겠나이다."

(영국의 여류 시인이며, 찬송가 작사가인 샬롯 엘리엇[Charlotte Elliott, 1789-1871]의 '당신 계신 그 곳에 내가 당신과 함께 있게 하옵소서' [Let me be with thee where thou art]의 1절 가사다 — 역주).

　　이런 식으로 저는 모든 은혜들에 대해 언급할 수도 있을 것입니다. 그 은혜들 가운데 한 가지만 빠져도 만족하지 못할 것입니다. 그러나 우리가 종종 빠뜨리게 되는 은혜가 있습니다. 그것은 오빌의 금(욥 28:16)만큼이나 귀한 겸손의 은혜입니다. 자신을 스스로 낮게 평가하는 사람이 하나님 앞에서 높임을 받는다는 것이 이상하지 않습니까? "심령이 가난한 자는 복이 있나니 천국이 그들의 것임이요"(마 5:3)라고 성경에도 기록되어 있지 않습니까? 시므온은 세상에서 자신이 중요하다고 자만하지 않았습니다. 만약 그가 자만했더라면, 아마도 다음과 같이 말했을 것입니다. "주님, 제가 이 땅에 더 머물러서 사도가 되게 하옵소서. 이제 막 시작된 이렇게 기쁘고도 중요한 시기에 틀림없이 제가 필요하지 않겠습니까?" 그러나 시므온은 그렇게 말하지 않았습니다. 오히려 그는 스스로를 너무나 작고 중요하지 않은 자로 여겼습니다. 그래서 지금 그는 자기 마음의 소원이었던 하나님의 구원을 보았습니다. 그리하여 그는 평안히 떠나고자 하였습니다. 우리 자신을 낮고 미천한 곳에 있게 하는 겸손은 우리가 하나님을 높으신 분으로 생각하도록 도와줍니다. 그 결과 우리에게는 하나님과 함께 하고 싶다는 마음이 간절해집니다. 오, 우리에게 이런 은혜가 흘러넘친다면, 우리는 언제든 이 세상을 떠날 준비를 하고서 기꺼이 우리 자신을 바치고자 할 것입니다. 우리에게 이러한 은혜가 없어서 문제이지, 만약 풍성한 은혜만 주어진다면, 그것은 새 예루살렘(계 21:2) 성 주위에 사는 것과 같은 것입니다.

　　이처럼 신자들이 이 세상을 떠날 준비를 하게 되는 또 다른 시기는 그들의 확신이 분명해졌을 때입니다. 가장 성숙한 기독교인들도 항상 확신이 분명한 것은 아니며, 진정한 성도들 가운데서도 아직 확신을 갖지 못한 사람들도 있습니다. 그들이 참으로 구원받았고, 참된 믿음을 가지고 있지만, 확신은 믿음의 크림(Cream, 우유를 숙성시켜 얻는 지방질)과 같은 것이어서, 이 크림을 얻기까지는 우유 상태에서 충분히 긴 시간을 들여야 합니다. 아직 그들은 확신이라는 꽃을 피우지 못했습니다. 왜냐하면 그들의 믿음이 아직 어린 나무와 같기 때문입니다. 누구에게든지 천국의 확신만 갖게 된다면, 그 사람은 열심히 천국을 누리게 될 것입니다. 사람은 이 땅에서 자신의 안전에 대해 의심하면서도, 여전히 이 땅에 머물고 싶어합니다. 그는 여기를 떠나기 전에 자신의 힘을 회복시켜 주시기를 하나님께 간구하는 시편 기자와 하나도 다르지 않습니다("내가 여기를 떠나 없어지기 전에 기력을 회복하게 하소서"[시 39:13, KJV]). 다윗 또한 아직 정리하지 못한 몇몇 일들이 있어서, 그 일들이 정리될 때까지 이 땅에 조금이라도 더 머물고 싶었을 것입니다(왕상 2:1-9 참조). 그러나 배에 모든 짐들이 다 실렸고, 승무원들도 배에 탔고, 닻도 이미 올라갔으니, 이제 순풍만 살살 불어오면, 그 돛배는 속도를 내며 항해를 시작할 것입니다. 자신의 항해 준비, 즉 이 세상을 떠날 준비가 다 된 사람은 이 안개 자욱한 계곡에 더 이상 오래 머물고 싶어하지 않습니다. 그는 위대한 임금님의 궁전이 서 있는 저 햇빛 찬란한 하나님의 산꼭대기로 올라가기를 갈망합니다. 그 사람으로 하여금 자신이 지금 그리스도의 귀한 보혈을 의지하고 있다는 것을 알게 하십시오. 그리고 성실한 자기 점검으로 자기 속에 있는 중생의 징표들을 인식하게 하십시오. 그리고 자기 영혼의 증언과 함께 증언하시는 성령님의 무오한 증언으로 자신이 하나님의 자녀로 거듭났다는 사실을 확증하게 하십시오. 그러면 그는 그에 따른 자연적인 결과로 다음과 같이 말할 것입니다. "이제 이 땅의 모든 것으로부터 저를 풀어 주시사, 제 자신의 것이 확실한 그 안식으로 제가 들어가게 하옵소서." 오, 게으르게 살았든, 죄에 넘어졌든, 아니면 다른 어떤 형태로든 다시 타락하게 되어, 자신의 확신을 잃어버린 여러분이여, 저는 여러분이 이 세상을 부둥켜안고 살아가는 것에 대해 이상하게 생각하지 않습니다. 왜냐하면 여러분은 이 땅에서 어떤 다른 분깃을 갖지 못할까봐 두려워하기 때문입니다. 그러나 하늘나라의 집에 분명하게 붙어있는 자신의 문패를 본 사람들은 그와는 전혀 다르게 살아갈 것입니다. 그들은 유배지 같은 이 곳에 조금 더 머물러 있게 해 달라고 간구하지 않을 것입니다. 그들은 방금 전에 우리가 부른 찬송을 마음 깊은 곳에서 부를 것입니다.

> "예루살렘, 행복한 나의 본향,
> 내게 항상 아름다운 그 이름,
> 언제쯤 내 모든 수고가 끝나,
> 기쁨과 평안 가운데 당신 품에 안길까?"
>
> (영국의 성직자이자 찬송가 작사가인 조셉 브롬헤드[Joseph Bromehead, 1748-1826]가 지은 '예루살렘, 행복한 나의 집'[Jerusalem, my happy home]의 1절 가사다 — 역주).

사랑하는 성도 여러분, 그 다음으로 성도들과 그리스도의 교제가 긴밀하고 다정한 관계일 때, 성도들은 세상을 떠날 준비의 필요성을 가장 절실하게 느낍니다.

다시 말해, 그리스도께서 자신을 숨기실 때는 우리가 죽음에 대해서나 천국에 대해서 말하기를 두려워하지만, 그분께서 창틈 사이라도 친히 모습을 보여주실 때는, "눈은 시냇가의 비둘기 같은데 우유로 씻은 듯하고 아름답게도 박혔구나"(아 5:12)라고 비유한 그 눈빛을 우리가 볼 수 있습니다. 탁한 유리를 통해 그분의 흐릿한 모습만 보아도 우리의 영혼은 녹아내릴 것입니다. 오, 그래서 우리는 본향에 이르기를 간절히 갈망하며, 우리 영혼은 그분이 계신 곳 멀리서라도 임금님의 아름다운 모습을 우리의 눈으로 볼 그 날을 바라며 울부짖고 있습니다. 여러분은 지금까지 천국에 대한 향수(鄕愁)를 느껴본 적이 없습니까? 천국에 가고 싶은 마음으로 여러분의 몸이 수척해진 적은 없습니까? 여러분이 마음으로 더할 나위 없이 아름다우신 신랑의 모습을 보았더라면, 틀림없이 여러분의 영혼은 그분이 보여주신 소중하고도 귀한 사랑에 매료되어 다음과 같이 말했을 것입니다. "언제 날이 새고 그림자들이 달아날까?(아 2:17) 그의 병거가 어찌하여 더디 오는가?(삿 5:28)"라고 말입니다. 또한 여러분이 그분을 있는 모습 그대로 보고 싶어하고 또한 그분을 닮기를 갈망한다면, 여러분은 그 귀한 구세주를 향한 상사병(相思病)으로 기절했을 것입니다. 그리스도의 아름다움에 비하면 이 세상은 암흑이며, 전적으로 우리를 사랑해 주시는 그분에 비하면 이 세상은 초라한 잿더미일 뿐입니다. 그 귀하신 그리스도께서 친히 우리 영혼에 나타나신다면, 우리는 예수님을 볼 수만 있다면 죽어도 여한이 없을 것이라 느낄 것입니다. 이 눈이 생긴 이후로, 눈으로 하는 일 중에서 그분을 바라보는 것 이상으로 더 좋은 일은 없습니다. 러더퍼드(Samuel Rutherford, 1600-1661. 스코틀랜드 장로교 신학자이자 저술가)는 "상상할 수 없을 정도로 밝고 영광스러운 주 예수님이 아니라면, 해도 어두운 해, 달도 어두운 달, 별도 어두운 별"이라고 말했습니다. 이 경건한 사람은 이런 유의 말을 얼마나 자주 했는지 모릅니다. "오, 내가 그분에게 이르기 위해서는 지옥을 일곱 개나 헤엄쳐 가야 한다 해도, 만약 그분께서 베드로에게 하신 말씀처럼 나에게도 '내게로 오라'('Come unto Me')고 한 말씀만 해 주신다면 나는 그분에게로 갈 것이다. 바다를 건널 뿐 아니라, 지옥의 끓어오르는 물길을 뚫고서라도 내가 그분에게 이를 수만 있다면, 나는 그분에게 갈 것이다." 여기서 잠시 제 얘기를 중단하고, 러더퍼드의 말을 여러분에게 더 전하고자 합니다. "당신께 고백하건대, 제 머리와 귀가 온통 그 사랑의 바다에 빠지기 전까지는 제게 안식도 없었고, 평안도 없었습니다. 기쁨의 샘이신 그리스도의 사랑이

제 바람대로 제게서 샘솟는다면, 오, 저는 마시고 또 마셔서 흡족하도록 마시겠습니다! 저는 그분의 부재(不在)가 제게 얼마나 잔인한 것인지 말하고 싶습니다. 그리스도의 얼굴에 쓰인 마스크와 베일은 잔인한 덮개입니다. 병든 영혼이 보아도 아름다운 모습, 그토록 아름다운 그 얼굴을 가리기 때문입니다. 제가 감히 그분을 나무라는 것이 아닙니다. 단지, 그분의 부재는 제 무거운 가슴에 철산(鐵山)을 얹어 놓는 것 같다고 말하는 것입니다. 오, 그렇게 기다리는 결혼식 날 새벽은 또 얼마나 길게 느껴지는지 모릅니다. 오, 사랑스러운 주 예수님이시여, 큰 걸음으로 오시옵소서. 오, 나의 주님이시여, 많은 산들을 한 걸음에 넘어오시옵소서! 오, 나의 사랑하는 자여, 향기로운 산 위에 있는 노루와도 같고 어린 사슴과도 같이(아 8:14) 오시옵소서. 오, 그분께서는 하늘을 모두 낡은 외투처럼 접으시고, 제 길을 가던 시간과 날들을 삽으로 파내시어, 친히 그 남편을 위해 어린 양의 신부를 서둘러 준비시키셨습니다! 그분께서 저를 보신 이후로, 제 마음은 제 것이 아닙니다. 그분께서 제 마음을 가지고 하늘로 가버리셨기 때문입니다” (영국 교회의 장로인 존 고든[Elder, John Gordon]에게 보내는 편지 중에서, 「러더퍼드 서한집」). 자신의 머리를 그분의 가슴에 기대고서 그분의 입맞춤을 받음으로써, 그리스도의 사랑에 흠뻑 젖은 영혼에게 이처럼 강렬한 고통이 일고, 그분에 대한 만족할 줄 모르는 열정으로 격렬한 괴로움에 사로잡힐 때, 바로 그때 그 영혼은 “주여, 이제 주의 종이 평안히 떠나도록 허락하옵소서”라고 말하게 됩니다.

사랑하는 성도 여러분, 성도들은 이 세상 안에 있는 모든 것들을 느슨하게 붙잡고 있을 때, 다시 그들의 돛을 높이 올리고 그들의 항해를 전개합니다. 보통 그런 때는 장차 다가올 세상을 그들이 최고로 확실히 붙잡는 때입니다. 많은 사람들에게 이 세상은 여전히 아주 달콤하고 아름다운 곳이겠지만, 하나님께서는 자기 자녀들의 컵에 쓴 것을 넣어두셨습니다. 다시 말해, 하나님께서는 자녀들의 둥지가 푹신하면 그들이 날고 싶은 마음이 들도록 그 둥지를 가시로 채우십니다. 아, 사실 그렇게 하는 것이 마땅합니다. 그럼에도 불구하고 몇몇 하나님의 종들은 마치 달빛 아래에서 서성거리며 안식을 취하기로 작정이라도 한 것처럼 보입니다. 그런 사람들은 그렇게 멍하니 있기를 바라는 정신 나간 사람들입니다. 역병에 시달리는 이 땅의 모든 집들은 낡아서 비와 바람에 시달립니다. 그러나 내 영혼은 오, 임마누엘 당신의 땅에 있는 상아궁전 가운데서 안식처를 찾고자 갈망하나이다.

사랑하는 성도 여러분, 우리에게는 종종 다음과 같은 일들이 일어납니다. 사랑하는 친구를 잃는다거나 우리가 믿었던 사람들로부터 배신을 당하고, 육신의 병고와 영혼의 침체 등을 겪습니다. 하지만 이런 것들로 인해 그동안 우리와 이 땅의 삶을 쇠사슬로 묶고 있던 것들이, 즉 우리가 단단히 붙잡고 있던 것들이 풀리는데 도움이 됩니다. 그때 우리는 다윗과 더불어 그가 지은 아주 귀한 작은 시편을, 즉 전체 시편 가운데서 제131편의 시를 노래할 수 있게 됩니다. "실로 내가 내 영혼으로 고요하고 평온하게 하기를 젖 뗀 아이가 그의 어머니 품에 있음 같게 하였나니 내 영혼이 젖 뗀 아이와 같도다"(시 131:2). 저는 이 시에서 다윗이 만약 "내 영혼이 지금도 젖을 먹고 있는 아이와 같도다"라고 말했더라면, 이런 묘사는 대다수 하나님의 백성들에 대한 모습과는 아주 동떨어진 모습이지 않을까 종종 저 혼자서 생각해 보곤 하였습니다. 왜냐하면 하나님의 백성들은 젖 뗀 아이처럼 이 세상의 젖을 완전히 뗀 사람들, 즉 이 세상의 위로로부터 전적으로 벗어난 사람들이기 때문입니다. 그래서 우리는 "주여, 이제 주의 종이 평안히 떠나도록 허락하옵소서"라고 부르짖게 됩니다. 시편 기자가 "주여, 이제 내가 무엇을 기다리겠나이까? 나의 소망은 주께 있나이다"(시 39:7 KJV)라고 한 말도 같은 말입니다.

또한 성도들은 그들이 해야 할 일이 거의 끝이 났을 때, 세상을 떠날 준비를 하려고 합니다. 하지만 이런 경우는 이 자리에 참석한 많은 이들보다는 아마도 시므온에게만 적용되는 경우일 것 같습니다. 연로하신 선한 분들에게 해당되는 말이라는 것입니다! 시므온은 헌신에 있어서 아주 시종여일(始終如一)하였습니다. 그러던 중에 그는 성전에 갔었고 거기서 오늘 본문에 기록된 대로 복되신 하나님인 그 어린 아기를 자기 팔에 안게 된 경우였습니다. 한 번 더 그는 자기 영혼으로 그 아기를 찬양하였습니다. 즉, 그는 천사들의 찬송과 더불어 한 번 더 자신의 찬양을 올려드렸던 것입니다. 자신이 해야 할 찬양을 다 한 후, 그는 공개적으로 자신의 믿음을 고백하였습니다. 모든 신자들이 해야 할 또 다른 중요한 일인 신앙 고백을 그는 다음과 같은 말로 하였습니다. "내 눈으로 주의 구원을 보았기 때문이니이다." 그는 어린 아기인 예수님을 공개적으로 증언하였으며, 그 어린 아기가 "이방을 비추는 빛"(눅 2:32)이 될 것이라 선포하였습니다. 이 일을 다 한 후 그는 그 어린 아기의 양친인 요셉과 마리아에게 아버지의 심정으로 축복기도를 해 주었습니다. 그는 그들을 축복하고서 마리아에게 이렇게 말했습니다. "보라 이는 이스라엘 중 많은 사람을 패하거나 흥하게 하며 비방을 받는 표적이 되기 위하여 세움을 받았고"(눅 2:34). 자, 보십시오. 다윗도 그의 세대를 섬길 일을 다 한 후에 영원히 잠들었다는 것을 우리는 성경에서 읽었습니다. 사람이 잠들 때에는 자기가 해야 할 인생의 일이 다 끝났을 때 바로 그 때입니다. 시므온도 자신이 해야 할 일이 모두 끝났다는 것을 느꼈습니다. 그리하여 그는 하나님을 찬양했고 자기 믿음을 선포했습니다. 그리고 그리스도를 증언했고, 경건한 사람들을 축복했습니다. 그래서 그는 "주여, 이제 주의 말씀대로 주의 종이 평안히 떠나도록 허락하옵소서"라고 말할 수 있었던 것입니다. 아, 그리스도를 따르는 사람들인 여러분, 만약 여러분이 게으르다면, 여러분은 결코 이 세상을 떠나고자 하는 마음을 가질 수 없을 것입니다. 만약 여러분이 침대에만 누워 있는 나태한 사람으로서 그리스도를 위해서는 하는 일이 거의 없거나 아예 아무 일도 하지 않는다면, 여러분은 게으른 종으로서, 여러분의 밭에는 잡초가 무성해질 것이며, 그럼으로 인해 여러분이 여러분의 주님을 전혀 만나고 싶어하지 않는다 해도 전혀 놀랄 일이 아닐 것입니다! 여러분의 게으름이 여러분을 고발할 것이며, 여러분의 게으름이 여러분을 겁쟁이로 만들 것입니다. 자신의 달란트로 양호한 이윤을 낸 자만이 자기가 하던 청지기 일에 대해 설명해 보려고 할 것입니다. 그러나 비록 어떤 공로도 내세울 수 없으나, 선한 싸움을 싸우고 자신의 달려갈 길을 마치고 믿음을 지킨(딤후 4:7) 자라는 자부심을 가진 자 또한 천국에 자신을 위해 예비된 면류관이 있다는 사실을 기뻐하며, 그 면류관 쓸 것을 갈망할 것입니다. 사랑하는 성도 여러분, 주님의 일에 여러분이 가진 힘을 쏟으십시오. 여러분의 힘이 하나도 남아 있지 않도록 온 힘을 그 일에 쏟으십시오. 여러분의 몸과 혼과 영을 온전히 하나님께 드림으로써, 여러분의 힘이 최대한으로 발휘되게 하십시오. 여러분은 낮에 해야 할 일을 완수하십시오. 마치 품삯을 받고 고용된 사람처럼 여러분이 낮에 해야 할 그 일을 서둘러 마치면 마칠수록, 그 날의 해거름이 길어지는 그 시각이 한층 더 기분 좋게 빨리 다가올 것입니다. 그러면 마침내 하나님께서 신실한 종에게 말씀하시듯, 여러분에게도 "평안히 떠나라"고 말씀하실 것입니다.

한 말씀 더 드리자면, 성도들이 하나님 교회의 부흥을 지금 바라보거나, 혹은 앞으로 부흥하게 될 것을 내다 볼 때에도, 성도들은 기꺼이 이 세상을 떠나고자 하는 마음을 갖게 된다고 저는 생각합니다. 선한 노인 시므온은 그리스도께서 이방을 비추는 빛(눅 2:32)이 되고 이스라엘의 영광이 될 것을 보았습니다. 그래서 그는 "주여, 이제 주의 말씀대로 주의 종이 평안히 떠나도록 허락하옵소서"라고 말했던 것입니다. 교회가 힘을 잃고 썩어가고, 교회의 사역이 무익해지고, 그 구성원들이 분열되는 것을 본 많은 경건한 집사들이 있다는 것을 저는 알고 있습니다. 그런데 오늘 본문에 기록된 이 귀한 노인은 이러한 고통을 하나님 앞에 쏟아놓았습니다. 그러고는 마침내 하나님께서 이스라엘의 선한 자를 찾기 위해 한 사람을 보내어 교회를 세우려 하시자, 그 노인은 매우 기뻤습니다. 그래서 그는 "주여, 이제 주의 종이 평안히 떠나도록 허락하옵소서"라고 말했던 것입니다. 이러한 모습은 종교개혁이 스코틀랜드 전역에 안전하게 정착되는 것을 보고서 죽은 존 녹스(John Knox)의 경우와 틀림없이 같은 경우입니다. 귀한 노인이었던 래티머(Hugh Latimer, 1487-1555, 영국의 종교개혁을 주도한 개혁자로서 순교로 생을 마감하였다) 또한 불붙는 장작더미에 서서도 기뻐하며 다음과 같이 말했습니다. "형제 여러분, 용기를 내십시오. 우리는 오늘 영국을 비추는 등불, 결코 꺼지지 않을 등불을 밝히게 될 것입니다." 다윗도 "예루살렘을 위하여 평안을 구하라"(시 122:6)고 말했습니다. 그렇습니다. 우리도 그렇게 하고 있습니다. 우리도 예루살렘의 번영을 열렬히 바라고 있습니다. 그래서 그리스도께서 영광을 받으시고, 오류가 타파되고, 진리가 세워지고, 죄인들이 구원받고, 성도들이 거룩하게 되는 것을 우리가 볼 수만 있다면, 우리는 예루살렘이 바라던 일이 이루어지게 되었다는 것을 영으로 느끼게 될 것입니다. 그 때 우리도 죽어가던 다윗이 기도한 것처럼 "온 땅에 그의 영광이 충만할지어다"(시 72:19)라고 기도하면서, 비로소 베개에 목을 젖히고 죽을 수 있을 것입니다. 왜냐하면 우리의 기도도 이새의 아들인 다윗의 기도처럼 끝이 났기 때문입니다. 우리도 이러한 평안과 번영을 위해 기도합시다. 그러면 우리가 죽음이 다가오는 것을 볼 때도, 그 죽음은 우리 영혼에 고요와 안식을 가져다줄 것입니다. 그로 인해 우리는 평안히 이 세상을 떠나게 될 것입니다.

3. 이제 세 번째 요지를 말씀드리겠습니다.

여러분은 잠시만 주목해 주시기 바랍니다. 우리가 이 세상을 기쁘게 떠날 준비를 하도록 우리에게 용기를 주는 말씀이 있습니다. 즉, "주의 말씀대로"라는 말씀입니다. 이제 우리는 성경으로 돌아가서 성경에서 취한 엄선된 일곱 개의 말씀을 전하고자 합니다. 이 말씀들은 세상을 떠나는 것을 바라보면서 우리 마음을 격려해 주기에 아주 적합한 말씀입니다.

첫째 말씀은 시편 23편 4절입니다. "내가 사망의 그림자(shadow)의 골짜기를 걸어 다닐지라도(walk) 참으로 해(害)를 두려워하지 아니하리니 주께서 나와 함께 계시며 주의 막대기와 지팡이가 나를 위로하시나이다"(KJV). "우리는 걸어 다닙니다"(We walk). 기독교인은 죽는다고 해서 자신의 걸음을 빠르게 걷지 않습니다. 또한 예전에 걸어가 보았기 때문에, 그는 사망을 두려워하지 않습니다. 그래서 기독교인은 조용히 계속해서 걸어갈 뿐입니다. 그리고 "그림자"(shadow)를 통과해 걸어갑니다. 사망은 실체가 없습니다. 사망은 단지 그림자일 뿐입니다. 도대체 누가 그림자를 두려워하겠습니까? 사망은 홀로 걷는 걸음이 아닙니다. "주께서 나와 함께 계시기" 때문입니다. 주님이 함께 하시므로, 그 걸음은 우리를 두렵게 하는 걸음이 아닙니다. "해를 두려워하지 아니하리니." 거기에는 해(害)가 없을 뿐만 아니라, 내가 죽는 시간을 암울하게 할 두려움도 없습니다. 우리는 충만한 위로와 함께 떠나게 될 것입니다. "주의 막대기와 지팡이"가 이중으로 표현된 것은 우리에게 충분한 위안이 될 것이라는 뜻입니다. "주의 막대기와 지팡이가 나를 위로하시나이다."

"주의 말씀대로"라는 지침에 따라 우리가 살펴볼 다음 말씀은 시편 37편 37절입니다. "완전한 사람을 살피고 올바른 자를 볼지어다 모든 화평한 자의 미래는 평안이로다"(KJV). 만약 우리가 완전하다면 신실할 것이고, 또한 우리가 올바르다면 그 마음은 정직할 것입니다. 그러므로 우리의 결국은 틀림없이 평안할 것입니다.

다음으로 살펴볼 말씀은 시편 116편 15절입니다. "그의 경건한 자들의 죽음은 여호와께서 보시기에 귀중한 것이로다." 성도가 죽는 것은 보통 일이 아닙니다. 이것은 하나님의 눈에는 기뻐할 만한 광경입니다. 왕들은 자신이 가진 진주와 다이아몬드들을 보고 기뻐하며, 이것들을 귀중한 것으로 여기듯, 성도들이 죽는 그 침상은 하나님께 귀중한 것입니다.

다음으로 살펴볼 말씀은 이사야서 57장 2절입니다. "그들은 평안에 들어갔나니 바른 길로 가는 자들은 그들의 침상에서 편히 쉬리라." 바로 여기에 성도들이 평안으로 들어가는 입구가 있습니다. 그것은 자신의 죽음을 맞이하는 침상에서의 안식, 무덤 속에서 자기 육신의 안식, 주님의 품 안에서 자기 영혼의 안식,

하늘에서 영원히 죽지 않을 바른 길로 가는 것으로 이어집니다. "주의 말씀대로" 말입니다. 오, 이 짧은 두 음절 가운데 얼마나 강력한 힘이 들어 있는지 모릅니다! 여러분이 이 하나님의 말씀을 전할 수 있을 때, 여러분은 틀림없이 승리할 것입니다. 세상에 있는 그 어떤 것도 성경의 말씀처럼 그렇게 골수와 기름진 것(시 63:5)은 없을 것입니다. 성경 말씀은 그 자체로 강력한 위로의 힘을 가지고 있습니다.

고린도전서 3장 22절 말씀도 살펴보겠습니다. "바울이나 아볼로나 게바나 세계나 생명이나 사망이나 지금 것이나 장래 것이나 다 너희의 것이요." 다시 말해, 만약 사망까지도 여러분의 것이라면, 여러분이 받을 유산의 한 부분으로 여러분에게 양도된 것을 여러분이 두려워해야 할 이유가 도대체 무엇이겠습니까?

고린도전서 15장과 특히 그 장의 54절을 살펴보겠습니다. "이 썩을 것이 썩지 아니함을 입고 이 죽을 것이 죽지 아니함을 입을 때에는 사망을 삼키고 이기리라고 기록된 말씀이 이루어지리라." "오 사망아, 너의 쏘는 것이 어디 있느냐? 오 무덤아, 너의 승리가 어디 있느냐?"(고전 15:55, KJV) "사망이 쏘는 것은 죄요 죄의 권능은 율법이라 우리 주 예수 그리스도로 말미암아 우리에게 승리를 주시는 하나님께 감사하노니"(고전 15:56-57). 이런 말씀들로 인해 우리는 이 세상을 떠나는 것에 대해 전혀 두려워할 필요가 없습니다.

그리고 또 다른 말씀이 있습니다. 우리가 인용할 일곱째 말씀입니다. 일곱이라는 숫자는 완전수이므로, 여기에는 완전한 증거가 들어 있습니다. 요한계시록 14장 13절 말씀입니다. "또 내가 들으니 하늘에서 음성이 나서 이르되 기록하라 지금 이후로 주 안에서 죽는 자들은 복이 있도다 하시매 성령이 이르시되 그러하다 그들이 수고를 그치고 쉬리니 이는 그들의 행한 일이 따름이라 하시더라."

자, 저는 여러분에게 감히 말씀드립니다. 여러분 대다수는 '나도 시므온처럼 내가 죽는 순간에 나를 격려해 주시는 말씀을 하나님으로부터 들으면 좋겠다'라고 속으로 생각하고 있을 것입니다. 그런데 그 격려의 말씀은 이미 여러분 앞에 놓여 있습니다. 방금 제가 여러분에게 봉독해 드린 이 일곱 말씀이 마치 어두운 곳을 밝히 비추는 빛처럼, 여러분이 주의해서 잘 받아들이기만 한다면, 가장 확실한 증거의 말씀이 될 것입니다. 이 약속들은 귀하신 우리 주 예수 그리스도 안에 있는 모든 신자들에게 해당되는 말씀입니다. 그러므로 두려워하지 마십시오.

다시 말씀드립니다. 절대로 두려워하지 마십시오. 오히려 "주여, 이제 주의 종이 평안히 떠나도록 허락하옵소서"라고 말하십시오.

이제 저는 설교를 마치고자 합니다. 하지만 여기에 덧붙여 말씀드려야 할 몇 가지가 있습니다. 그리스도를 믿는 신자이지만, 여전히 평안히 죽을 수 없는 몇몇 이들에게 딱 두 가지 말씀만 드리겠습니다. 여러분은 지금까지 하나님의 구원을 보지 못했습니다. 그 뿐만 아니라 여러분은 하나님의 종도 아닙니다. 그래도 저는 앞서 제가 성도들을 대했던 것과 마찬가지로 여러분을 대하려고 합니다. 저는 그 성도들에게 성경 말씀을 전했습니다. 왜냐하면 오늘 본문이 "주의 말씀대로"라고 말하고 있기 때문입니다. 따라서 저는, 아직 하나님의 구원을 보지도 못했고 하나님의 종도 아닌 여러분에게도 두 개의 성경 구절을 전하고자 합니다. 이 말씀은 평안히 떠나고자 하는 소망을 아직 갖지 못한 여러분에게 드리는 말씀입니다.

첫째 말씀은 부정적인 말씀입니다. 이 말씀은 누가 천국에 들어갈 수 없는지, 그래서 결과적으로 누가 평안히 이 세상을 떠날 수 없는지에 대해서 보여주고 있습니다. 고린도전서 6장 9절입니다. "불의한 자가 하나님의 나라를 유업으로 받지 못할 줄을 알지 못하느냐 미혹을 받지 말라 음행하는 자나 우상 숭배하는 자나 간음하는 자나 탐색하는 자나 남색하는 자나" "도적이나 탐욕을 부리는 자나 술 취하는 자나 모욕하는 자나 속여 빼앗는 자들은 하나님의 나라를 유업으로 받지 못하리라"(고전 6:10). 저는 이 말씀들을 읽기만 하겠습니다. 이 말씀 하나하나를 설명할 필요는 없을 것 같습니다. 그러나 이 자리에 있는 모든 이들은 이 하나님의 말씀이 휘두르는 채찍에 순종해야 합니다. "미혹을 받지 말라 음행하는 자나" — 이런 자들이 런던에 얼마나 많은지 모릅니다. "우상 숭배하는 자나" — 여러분은 나무나 돌로 만든 신을 섬길 필요가 없습니다. 이런 것들을 섬기는 자들은 우상 숭배하는 자입니다. 하나님 외에 어떤 것들을 섬기는 것, 그런 짓을 하는 여러분이 바로 우상을 숭배하는 자입니다. "간음하는 자나 탐색하는 자나 남색하는 자나, 도적이나 탐욕을 부리는 자나 술 취하는 자나" — 슬픈 일이지만 이 교회에도 이런 자들이 정기적으로 출석하고 있습니다. "모욕하는 자나" — 뒤에서 험담하거나 트집 잡는 사람이나 소문을 퍼뜨리는 사람이나 욕하는 사람들도 있습니다. "속여 빼앗는 자들"은 이십 퍼센트나 벌금을 매기는 여러분 같은 신사들을 말합니다! 그런 사람들은 하나님의 나라를 유업으로 받지 못할 것입니다. 단 한 사람도 받지 못할 것입니다. 만약 여러분이 이런 자들의 목록에 든다면, 하나님께서 여러분의 마음을 새롭게 하여 여러분을 변화시키지 않는 한, 천국의 그 거룩한 문은 여러분의 면전에서 닫힐 것입니다.

이제 전해드릴 둘째 말씀은 긍정적인 말씀입니다. 요한계시록 21장 7-8절입니다. "이기는 자는 이것들을 상속으로 받으리라 나는 그의 하나님이 되고 그는 내 아들이 되리라 그러나 두려워하는 자들과 믿지 아니하는 자들과 흉악한 자들과 살인자들과 음행하는 자들과 점술가들과 우상 숭배자들과 거짓말하는 모든 자들은 불과 유황으로 타는 못에 던져지리니 이것이 둘째 사망이라." "그러나 두려워하는 자들"은 겁쟁이들이고 그리스도를 부끄러워하는 자들로서, 그리스도를 위해서는 그 어떤 고난도 받지 않으려는 자들이며, 모든 것을 믿으면서도 아무것도 믿지 않는 자들입니다. 그래서 박해를 견딜 수 없기 때문에 진리를 부인하는 자들입니다. "두려워하는 자들과 믿지 아니하는 자들"은 구세주를 전혀 신뢰하지 않는 자들입니다. "흉악한 자들"(the abominable)은 흔히 볼 수 있는 자들로서, 가난한 자들 가운데도 이런 자들이 있고, 귀족들(Right Honorables, 후작(侯爵) 이하의 귀족에게 주어지는 경칭) 중에도 있는데, 특히 귀족들 중에 있는 이런 사람들은 흉악한 귀족(Right Abominables)이라고 불러야 마땅한 자들입니다. 그렇습니다. 이런 자들이 저지르는 악은 더 심각한 것이어서, 국가적으로도 흉악한 자들이라고 할 수 있습니다. 그리고 "살인자들"은 "그 형제를 미워하는 자마다 살인하는 자니"(요일 3:15) 하신 말씀대로, 그 형제를 미워하는 자입니다. "음행하는 자들과 점술가들"은 악마나 귀신들과 관계를 가지거나 그런 행세를 하는 자들로서, 여러분의 영혼을 대상으로 강신술(降神術)을 행하는 자들이며, 그런 무리들 전체를 가리킵니다. "우상 숭배자들과 거짓말하는 모든 자들"은 어디에서나 볼 수 있는 무리들로서, 이들은 인쇄된 책을 통해 거짓말을 하기도 하고, 음성으로 거짓말을 하기도 합니다. "거짓말하는 모든 자들은 불과 유황으로 타는 못에 던져지리니 이것이 둘째 사망이라."

자 보십시오. 이 말씀은 제 말이 아니라, 하나님의 말씀입니다. 만약 이 말씀이 여러분을 정죄한다면, 여러분은 정죄 받을 수밖에 없습니다. 그러나 여러분이 정죄를 받을 것 같다면, 당장 예수님에게로 달려가십시오. 그리하여 회개하고 돌이키십시오(행 3:19). 그러면 복음이 말하듯, 여러분은 예수 그리스도를 통해 용서받게 될 것입니다. 아멘.

제
10
장

—

그리스도, 그의 백성의 영광

—

"이방을 비추는 빛이요 주의 백성 이스라엘의 영광이니이다." — 눅 2:32

우리는 이 성경구절을 문자 그대로 읽어야 합니다. 왜냐하면 이 말을 한 시므온이 그것을 의도했기 때문입니다. 주 예수 그리스도께서는 한때 자신의 동족에게 멸시를 받고 거절을 당했지만, 그래도 그분은 하나님의 백성인 이스라엘의 큰 영광이며 광채이십니다. 어떤 한 가문과 혈통에서 특출한 사람들이 태어나게 되면, 이 일은 그 가문이 속한 해당 민족의 영광으로 여겨집니다. 하지만 이스라엘은 모든 나라들 위에서 종려나무 같은 영광을 요구할 수 있습니다. 왜냐하면 우리 주님이 유대 민족에서 나셨다고 이스라엘은 말할 수 있기 때문입니다. 그리스와 로마의 모든 영웅들과 유명한 사람들의 이름을 놓고 볼 때, 그리고 여기에 독일의 탁월한 문학들과 프랑스의 눈부신 아름다움이 더해지고, 영국의 밀턴과 셰익스피어와 베이컨과 뉴턴 등이 지닌 이 찬란한 명성들이 겸해진다고 해도, 이 모든 나라들의 영광은 유대 민족의 그 위대한 인간적인 영광과 놓고 볼 때, 족히 비교될 수 없습니다. 왜냐하면 이스라엘은 모세와 다윗과 여러 선지자들뿐만 아니라, 나사렛 예수(마 26:71)이자 유대인들의 왕(마 27:11)으로서 그 안에 신성의 모든 충만이 육체로 거하신(골 2:9) 분도 자랑할 수 있기 때문입니다. 애굽과 바벨론과 블레셋과 두로에 관해 언급될 때는 "이 사람이 거기서 태어났다"(시 87:4, KJV)고 하지만, 시온에 관해서 언급될 때는 "인자가 거기서 태어났다”(시 87:5, KJV)고 할 것입니다. 유대인에 대해 경멸조로 말하는 것은 마땅히 나쁜 일입니다. 기독교회가 이스라엘 자손의 회개에 대하여 낙담하거나 때로는 무관심한 것도 마땅히 나쁜 일입니다. 사랑하는 성도 여러분, 눈에서 비늘 같은 것이 떨어지고(행 9:18) 완악한 마음(막 16:14)이 벗겨져서, 아브라함의 아들들이 참된 메시야를 보고는 그분을 자신들의 영광이자 모든 것으로 영접할 그 날이 올 것입니다. 오랜 겨울을 보낸 후 맞게 되는 그 여름의 화창함이 얼마나 대단하겠습니까! 그 날이 바로 그러할 것입니다. 그들이 배척하여 이방인들에게 그토록 큰 축복이 주어졌다면, 그들이 함께 다시 모이는 것은 죽은 자들이 다시 생명을 얻는 것과 같지 않겠습니까! 신랑과 옛 신부가 오랫동안 서먹서먹한 관계에 있다가 화해한다면, 이 얼마나 황홀하고도 기쁜 일이겠습니까! 예수님과 유대인들이 화해하여 예수님에 관해 예언된 대로, 예수님이 자기 백성 이스라엘의 영광이 될 때, 이 땅은 기쁨으로 가득할 것이며, 유대 땅의 모든 강들은 하늘의 고유한 음악 선율에 따라 흘러갈 것입니다. 얼마나 대단한 일입니까!

> “메시야를 찬양하는 찬송 소리,
> 　시온에서 드높아지리라!
> 　사랑스런 그대의 이름 임마누엘,
> 　그 옛날 그 모습 그대로일세.
>
> 　이스라엘은 아직도 자신의 왕을,
> 　자신의 구원을 기다리고 있으니,
> 　언덕과 골짜기도 기뻐 노래하고,
> 　온 나라 문들도 찬송하네.
>
> 　오, 주님, 서둘러 주옵소서.
> 　온 이스라엘이 기뻐할 약속의 그 날,
> 　유대인과 이방인이 마음을 합해,
> 　한 목소리로 찬송하네.”

　(영국 건축가이자 찬송가 작사자인 제임스 에드메스턴[James Edmeston]이 지은 ‘시온의 하프야 깨어나라, 다시 깨어나라’ [Wake, harp of Zion, wake again]는 찬송가의 2-4절 가

사다).

오늘 본문의 일차적인 의미를 먼저 파악하지 않고서, 계속하여 이 본문을 사용하는 것은 잘못일 것입니다. 무엇보다 먼저 문자적인 의미, 즉 '이러이러한 것이 성령님의 본래 생각이다'는 것을 설명하지 않은 채, 다른 의도로 이 말씀을 사용할 권한이 우리에게는 없습니다. 주 예수님은 한때 어둠 속에 있던 이방인들을 비추는 빛이 되실 뿐만 아니라, 특별히 유대민족의 영광이 되실 것이라는 사실이, 오늘 본문에서 시므온의 입을 통해 말씀하시는 성령님의 생각인 것이 분명합니다.

이제 우리는 태생적인 이스라엘을 주님께서 택하신 자손의 한 유형으로 삼고자 합니다. 물론 예수 그리스도가 영적인 자손들, 즉 구속받은 백성의 영광이 되신다고 말한다 해서, 이 본문을 왜곡하는 것은 아닐 것입니다. 이 영적인 자손들은, 모형으로 보자면, 주님에게는 옛 이스라엘 백성과 같은 자들입니다. 예수 그리스도는 그의 백성, 즉 그의 영적 이스라엘 백성의 영광이십니다.

하나님의 성도들을 이스라엘과 비교하는 것이 어째서 적절하지 않을 수 있겠습니까? 분명히 하나님께서는 야곱과 언약하신 것과 똑같이 이 성도들과도 언약하셨기 때문입니다. 야곱은 사닥다리 밑에서 땅에서 하늘로 이르는 길을 보았습니다(창 28:12). 그러나 우리는 십자가 밑에서 이와 똑같은 환상을 보았습니다. 우리의 가련한 타락 상태로부터 여호와께서 거하시는 전적으로 영광된 곳에 이르는 길을 우리는 보고 있습니다. 그 밤에 언약이 야곱과 맺어졌습니다. 그리고 하나님과 우리 영혼 사이에는 주 예수님의 인성 안에서 이 땅의 옛 기둥들이 휘어진다해도 견고할 복된 약속이 맺어졌습니다. 그분은 우리의 하나님이 되고, 우리는 그분의 백성이 될 것입니다. 그분은 만물 가운데서 확실히 정하신 언약을 우리와 맺으셨습니다. 이것이 바로 우리가 가진 모든 위로의 위대한 원천이며, 우리가 가진 모든 소망의 토대입니다. 우리와 언약을 맺으신 하나님은 우리의 마음속 가장 깊은 곳에 있는 영혼의 기쁨이며, 우리의 산성이자 높은 망대이며, 우리의 태양이며 우리의 방패이십니다.

> "그분이 자신을 두고 맹세하셨으니(암 6:8, KJV),
>   나는 그 맹세를 의지하리라.

독수리 날개 쳐 올라가듯이,

나는 하늘 높이 날아가리라.

그분의 얼굴을 바라보고,

나는 그분의 능력에 경배하리라.

그리고 그분이 베푸시는 놀라운 은혜를

영원히 찬양하리라."

(토머스 올리버[Thomas Oliver]가 지은 '하늘 보좌에서 다스리시는 살아계신 하나님을 찬양하라' [Praise to the living God who reigns enthroned above]는 찬송가의 3절 가사다. 21세기 찬송가 14장에 '주 우리 하나님' 으로 수록되어 있다 — 역주).

우리는 다시 이스라엘(야곱)과 비교될 수 있습니다. 만약 우리가 하나님의 자녀라면, 우리는 천사와 씨름해서 이기는 법을 배웠기 때문입니다. 천국의 상속자가 지니는 한 가지 표징은 은밀한 기도의 가치를 이해하고 기도로 자신을 훈련하는 것입니다. 씨름 선수가 상대 선수를 바닥에 냅다 메치려고 애쓰는 것과 마찬가지로, 천국의 상속자들은 기도를 엄격하고도 피할 수 없는 실제적인 것으로 여깁니다. 말로 중언부언하는 것이 아니라, 하나님과 싸우기 위해, 비록 사랑의 복된 싸움이긴 하지만, 그래도 하나님과 싸움에 임하기 위해 인간으로서 가질 수 있는 온 힘을 정렬하는 것입니다. 그런 자세로 임하는 자들은 승리의 왕자들이라고 불리기에 부족함이 없을 것입니다. 사랑하는 성도 여러분, 만약 여러분이 은밀한 승리의 간구자라면, 여러분이 주님의 이스라엘 백성 중 한 사람이라는 사실을 의심할 필요가 어디 있겠습니까?

여러분이 이스라엘을 닮은 또 다른 한 가지는 여러분도 많은 시련을 겪고 있다는 사실일 것입니다. 어떤 사람들은 많은 시련을 겪는 것이 구원의 징표라고 확신 있게 말하지만, 사실 시련은 구원의 확실한 징표가 아닙니다. 그러나 그럼에도 불구하고 성경에는 "우리가 반드시 많은 환난을 거쳐 하나님의 왕국에 들어가야 하리라"(행 14:22, KJV)라고 기록되어 있습니다. 야곱의 사랑하는 자녀들이 하나하나 자기 곁을 떠나게 되자, 가련한 이스라엘은 이렇게 말했습니다. "이 모든 일들이 나를 대적하는도다"(창 42:36, KJV)라고 말이지요. 아마 여러분도 이와 같은 말을 할 정도의 시험을 받기도 할 것입니다. 이런 점에서 여러분은 야곱과 같다고 생각할지도 모릅니다. 그러나 여러분이 이런 생각에서 벗어났으면 하는 것이 저의 바람입니다. 여러분에게 다가오는 이 모든 악한 시험들을 대할 때, "하나님을 사랑하는 자들에게는 모든 것이 합력하여 선을 이룬다"(롬 8:28)고 하는 천국의 선포를 믿는 것이 여러분에게 훨씬 더 좋기 때문입니다. 믿음은 시련을 당해야만 합니다. 하나님에게는 죄 없으신 아들이 있습니다. 하지만 그분에게는 회초리를 맞지 않는 아들은 없습니다. "무릇 내가 사랑하는 자를 책망하여 징계하노니"(계 3:19).

우리의 믿음에 있어서 저는 우리 모두가 항상 야곱처럼 되기를 소망합니다. 때로는 믿음 없는 행동을 하기도 했으나, 그럼에도 그는 믿음의 거인이었고 히브리서에 기록된 전쟁 영웅전(히 11장)의 한 페이지를 장식했기 때문입니다. 야곱은 죽을 때에 그 지팡이 머리에 의지하여 요셉의 각 아들에게 축복하였으며(히 11:21), 임종 때도 자기 뼈를 위하여 명하였습니다(히 11:22). 그는 죽고 난 이후라도 자기 육체가 애굽에 안식하고 있는 것을 탐탁지 않게 여겼습니다. 그는 약속의 땅을 바라보았습니다. 거기에 오직 그 약속의 땅에 자신의 만년(晚年)의 육신이 무덤에서라도 머무르기를 원했습니다. 마치 죽어서라도 주님께서 자신과 그의 자손들에게 영원히 약속하신 그 유산을 얻고 싶었던 것처럼 말입니다. 여러분과 제가 이러한 믿음을 가졌으면 좋겠습니다. 믿음은 고센 땅의 모든 초원에도 만족할 수 없으며, 애굽의 곡물창고에도 만족할 수 없습니다. 오직 더 나은 상태, 즉 약속의 땅을 간절히 갈망합니다. 이 약속의 땅은 육신의 눈에는 보이지 않지만, 믿음의 눈에는 분명히 드러나 보입니다.

자, 잘 들어 보십시오. 영적으로 그리스도의 교회인 참 이스라엘은 오늘 본문에 따르면 주님의 백성이라고 불립니다. "그의 백성 이스라엘의 영광"이라고 말이지요. 사랑하는 성도 여러분, 여러분을 주님의 소유로 만든 그 끈들에 대해 저는 간단히 말씀드리고 싶습니다. 우리는 그분의 영원한 선택에 의해 오늘 이 밤에 그분의 소유가 되지 않았습니까? "내가 땅의 모든 족속 가운데 너희만을 알았다"(암 3:2)고 하신 것처럼 말입니다. 영원한 아버지께서는 타락의 파멸 가운데서 우리를 선택하고, 우리를 그리스도의 손에 맡기어, 우리로 하여금 그분의 몫(슥 2:12, KJV), 그분의 신부(계 21:2), 그분의 보석(말 3:17, KJV)으로 삼으신 것은 "창세 전에 그분 안에서 우리를 택하심"(엡 1:4, KJV)을 따라 된 것입니다. 그 다음으로, 구속으로 말미암아 우리는 그리스도의 소유가 되었습니다. 그분께서는 우리 자신에게 딱 맞는 특별하고도 개별적인 구속을 통해 여러 사람 가운데서 우리를 구원하셨습니다. 속전(贖錢)의 대가가 우리를 위해 지불되었습니다. 유효적절한 액수로 값을 치른 대상이기에 한순간도 절대로 잃어버릴 수 없습니다. "너희는 너희 자신의 것이 아니니, 주께서 값을 치르고 너희를 사셨느니라"(고전 6:19-20, KJV) 말씀하신 것처럼 말입니다. 성도들은 여러 사람들 가운데서 구속받은 사람들입니다. 그러므로 여러분은 이 이중의 끈으로 그리스도의 것이 되었습니다. 즉, 아버지의 은사와 그리스도 자신의 피의 속량으로 말입니다. 아버지께서 여러분을 예수님에게 맡기셨습니다. 그러므로 아무도 그의 전능한 손에서 여러분을 빼앗아갈 수 없습니다. 또한 여러분은 그리스도의 이김으로 이 밤에 그분의 것이 되었습니다. 여러분도 이 사실을 인정하실 것입니다. 그분은 여러분의 죄와 싸워서 그 죄악들을 극복하셨습니다. 말하자면 살아 계신 성령 하나님께서 마치 사자의 입에서 양을 빼앗아오듯, 여러분을 구해 내셨습니다. 여러분은 마귀에 포로로 잡혀 있었습니다. 그러다가 그리스도께서 마귀를 만나 치열한 결투 끝에 승리하셨습니다. 그리하여 예전에는 흑암의 권세에 자발적으로 잡혀 있던 자들이 지금은 그리스도의 몫이 되어 자유롭고 복된 삶을 누리고 있는 것입니다. 여러분은 이제 여러분을 이기신 자의 소유가 되었습니다. 왜냐하면 그분은 그분의 칼과 활로 여러분을 원수의 손아귀에서 건져내셨기 때문입니다. 여러분은 사망과 지옥으로부터 건져낸 전리품으로서 그리스도에게 속해 있는 것입니다.

　달리 말하자면, 그분을 향한 여러분의 자발적인 헌신에 의해 여러분은 그분의 것이 되었습니다. 사랑하는 성도 여러분, 한번 생각해 보십시오. 정말 그렇지 않습니까? 여러분은 이렇게 고백하지 않으시럽니까?

> "다 이루어졌다! 그 위대한 거래가.
> 나는 내 주님의 것이고, 그분은 나의 것.
> 그분께서 날 이끄시고, 나는 그저 따라왔네.
> 그 거룩한 음성에 매혹되어 고백했네."

(필립 도드리지[Philip Doddridge]가 작곡한 '내 마음을 정한 오 기쁜 날' [O HAPPY DAY, That Fixed My Choice]의 3절 가사로, 21세기 찬송가 285장에 '주의 말씀 받은 그 날' 이란 제목으로 수록되어 있다 — 역주)

만약 여러분이 이 찬송을 옳다고 느꼈다면, 여러분의 핏줄 속에 있는 피 한 방울까지도 예수님께 속한 것이며, 여러분의 머리에 있는 머리카락 하나까지도 그분의 것이라는 사실을 여러분은 고백할 것입니다. 인간의 섬 모두가 이제 예수님께 속해 있습니다. 그러므로 이제 여러분의 군주인 주님과 주인에게 속한 영역 안에 죄악이 있다는 것을 여러분은 치욕적인 수치로 여기게 될 것입니다. 여러분이 처한 혼, 영, 육의 삼중적인 왕국 안에서 여러분의 주님이신 예수님의 지배를 반대하는 모든 반역을 몰아내는 일에 여러분은 자신이 가진 모든 힘을 다 쓰게 될 것입니다. 여러분은 이 밤에 그분의 것이 됩니다. 이제 여러분이 누구인지 여러분도 알고 있습니다. 여러분은 책망 받는 것을 복된 것으로 알고 죄를 고백하기를 기뻐합니다. 그리고 사람들과 천사들과 마귀들 앞에서 그분에 대한 여러분의 헌신을 기꺼이 새롭게 합니다.

한 번 더 말하자면, 여러분은 정숙한 처녀로 그분과 결혼함으로써, 즉 부부의 연(緣)으로써 그분의 것이 되었습니다. 그분은 무한하신 사랑으로 시간이 시작되기도 전에 여러분을 배우자로 삼아 주셨으며, 그 사랑은 지금까지도 식지 않았습니다. 그분은 여러분을 자신의 신부로 주장하고, 여러분은 그분을 영혼의 남편으로 칭하며, 그런 관계에 대해 기뻐합니다. 그뿐만 아닙니다. 몸의 각 지체들이 머리와 연결된 것처럼, 여러분은 생사와 관련하여 그분과 연합되어 있습니다. 여러분은 하나님의 아들과 인격적으로, 치명적으로, 실제적으로 교감을 나누고 있습니다. 이렇게 해서, 여러분은 가장 완전하고도 절대적인 의미에서 그분의 것입니다. 오! 여러분은 그분과 하나 된 이 상태에서 돌이켜 되돌아가지 않을 것입니다. 오히려 완전히 굴복한 자의 모습에 더욱더 가까워져서, 그분께 일부분만 속한 것이 아니라 전적으로 속하여, 여러분은 그분에게 일종의 저당으로 잡힌 것이 아니라, 그리스도의 자유 자산, 즉 그리스도의 절대적인 재산이 되어, 여러분은 자신이 그리스도의 백성이라는 이 사실을 더욱더 강력하게 느끼고 싶어할 것입니다. 여러분은 몸에 주 예수의 흔적을 지니고 있습니다(갈 6:17). 그래서 지금 여러분은 그분의 것, 즉 영원토록 그분의 것이 되기를 원하는 것입니다.

자, 본문 말씀이 오늘 이 밤에 말하고자 하는 대상은 이스라엘 같은 자들과 그리스도에게 속한 바로 그런 자들입니다. 예수 그리스도는 그런 자들의 영광이십니다. 이제 잠시 한숨을 돌리고서, 오늘 말씀의 중심으로 뛰어 들어가 봅시다.

**1. 우리가 그리스도는 우리의 영광이라고 말할 때,
그 말은 우리가 얻는 모든 영광은 그리스도를 통해서 받는다는 뜻입니다.**

　　어떤 사람들은 영광을 얻기 위해서 학교로 가고, 또 어떤 사람들은 전쟁터로 가기도 합니다. 각기 다른 곳에서 사람들은 모두 명예를 추구하고자 합니다. 하지만 신자들은 말합니다. 그리스도는 금광이어서 여기에서 금을 캐낼 수 있으며, 또한 그리스도는 바다여서 거기에서 고기를 잡고 진주를 발견할 수 있다고 말입니다. 신자들은 다른 곳에서 찾는 모든 것을 포기한 채, 다른 곳이 아닌 오직 예수님 안에서 영광을 찾는 사람들입니다. 자, 사랑하는 성도 여러분, 찬양받으시기에 합당한 우리 주님이 우리의 영광이시라는 사실을 우리는 이 밤에 알게 되었습니다. 그렇다면 어떤 측면에서 그러합니까?

　　첫째로, 하나님이 우리를 세상 모든 사람들 가운데 선택하시어 구별된 백성이 되도록 하신 선택의 영광을 우리는 누리고 있습니다. 그 영광 앞에서는 황제의 영광도 무색해집니다. 이 영광은 예수 그리스도를 통해서 전적으로 우리에게 주어집니다. "곧 창세 전에 그리스도 안에서 우리를 택하사 거룩하게 하시려고"(엡 1:4) 했다는 말씀처럼 말입니다.

　　둘째로, 우리가 누리고 있는 영광은 우리가 구속받았다는 구속의 영광입니다. 하나님께서 인간을 너무나 사랑하셔서 하늘과 땅에 있는 그 어떤 것으로도 비길 데 없는 비싼 값을 지불하셨고, 우리의 구속을 위해 독생자를 주셨다는 사실을 우리 인간이 아는 것 자체가 결코 작은 명예가 아닙니다. 자, 사랑하는 성도 여러분, 우리는 예수 그리스도가 아니고서는 결코 구속받지 못합니다. 오늘날 우리가 해방되어 우리 발에 차여 있던 차꼬가 풀리고 우리가 주님께 속한 자유자들이 된 것이 우리의 영광이라면, 우리가 얻은 이 자유가 얼마만한 대가를 지불한 것인지 알 수 있습니다. 왜냐하면 우리는 모태로부터 자유롭게 태어난 자들이 아니기 때문입니다. 그렇습니다. 주님께 속한 자유자들이 누리는 영광은 자신의 피로 우리를 참으로 자유하게 하시는 성자 하나님이신 주 예수님께만 분명히 있습니다.

　　또 다른 영광은 하나님의 자녀로 입양된 기독교인이 누리는 영광으로서, 이 또한 오직 예수 그리스도를 통해서만 가능합니다. 우리는 그리스도와 공동 상속자(롬 8:17, KJV)입니다. 호적에 그분을 맨 앞에 적지 않고서는 우리 또한 아들로서 친족관계가 되지 못할 것입니다. 그분은 아들이고, 우리는 많은 형제(롬 8:29)

가 되었습니다. 이 모든 것이 그분께서 우리의 본성을 취하기까지 낮아지셔서 우리 가운데 맏아들이 되셨기 때문입니다.

사랑하는 성도 여러분, "나는 **의롭게 되었다**"라고 말할 수 있다는 것이 얼마나 큰 영광이며, 또 이 사실을 아는 것이 얼마나 큰 기쁨인지 모릅니다. 우리는 이 밤에 당당하게 서서 이렇게 말할 수 있습니다. "어떤 죄목으로든 누가 감히 나를 고발할 수 있으리요? 하늘 재판이 벌어지는 왕의 법정 앞에서, 우주의 대법관 앞에서, 누가 감히 나를 정죄하리요?'라고 말입니다. 하나님으로부터 용서받고 하나님으로부터 받아들여지는 것은 그 어디에도 비할 데 없는 특권입니다. 자, 보십시오. 예수 그리스도로 말미암지 않고서는 그 어느 누구도 진리로 의롭게 되었다고 주장할 수 없습니다. 왜냐하면 의롭게 되는 것은 처음부터 끝까지 예수 그리스도로 말미암아 이루어지기 때문입니다. 다시 말해 그리스도의 의가 인간에게 주어지며, 그리스도의 피가 그를 깨끗하게 하기 때문입니다. "누가 정죄하리요 죽으실 뿐 아니라 다시 살아나신 이는 그리스도 예수시니 그는 하나님 우편에 계신 자요 우리를 위하여 간구하시는 자시니라"(롬 8:34)는 말씀대로 말입니다. 사랑하는 성도 여러분, 이 사실을 기억하십시오. 우리는 받아들여졌습니다. 단순히 받아들여진 것이 아니라, 그 사랑하시는 자 안에서(엡 1:6, KJV) 우리는 받아들여졌습니다. 우리는 의롭게 되었습니다. 단순히 의롭게 된 것이 아니라, 우리는 그분의 의로우심으로 의롭게 된 것입니다. 우리는 하나님께 사랑받는 백성이 되고, 하나님께 가까이 나아가게 되었습니다. 이 모든 것이 예수 그리스도 안에 있습니다. 우리가 아름답다면, 그분께서 우리를 아름답게 보아 주시기 때문이며, 우리가 하나님의 면전에서도 안전한 것은 예수 그리스도 안에서 우리가 보호를 받기 때문입니다.

그리스도인으로서 누리는 영광의 또 다른 부분이 있습니다. 제 경우에는 살아가면서 더욱더 그리워하며 찾게 되는 것으로서, 그것은 바로 **영화롭게 되는** 영광입니다. 새로운 마음과 의로운 영을 가지게 되어 거룩함을 갈망하는 것이야말로 큰 영광입니다. 하지만 이것 또한 동일한 왕도(王道)를 통해 주어집니다. 우리는 예수님의 피로 말미암아 영화롭게 된 것이고, 성령님께서 이를 우리에게 적용하시기 때문입니다. 온 세상에서 참으로 영화로운 것은 그 크기가 티끌만큼 작은 것이라 해도, 십자가로부터 나오지 않는 것이 하나도 없습니다. 우리로 하여금 그리스도를 닮게 하는 모든 것은 우선적으로 그리스도로부터 나오는 것이지, 율법의 역사나 육신의 노력이나 철학의 가르침 등에서 나오는 것이 아닙니다. 오로지 전적으로 여기로부터 나옵니다.

> "물과 피로부터,
>   흘러내리는 찢겨진 옆구리로부터."
> (영국의 성직자이자 찬송가 작사자인 토플레디[Augustus M. Toplady, 1740-1778]의 찬송가인 '만세반석 내게 열리니'[Rock of Ages, cleft for me]의 1절에 나오는 가사다. 21세기 찬송가는 494장에 [만세반석 열리니]로 수록되어 있다 — 역주).

그러므로 우리가 영화롭게 된 영광을 누리고 있다 해도, 우리를 왕과 제사장으로 삼으신 그분(계 1:6, KJV)의 피가 없이는, 다시 말해 예수 그리스도 안이 아니라면, 우리는 감히 이런 영광을 누릴 수 없습니다.

그리고 사랑하는 성도 여러분, 자신의 구원이 확실하다는 것을 아는 것 자체가 인간에게 또한 큰 영광이 됩니다. 저는 우리의 아르미니우스주의 친구들을 진심으로 사랑합니다. 하지만 제가 그들 중의 하나가 되고 싶지는 않습니다. 왜냐하면 그들은 자신들이 궁극적으로 구원을 받았는지 아닌지를 알지 못하는 불확실한 구원관을 가지고 있기 때문입니다. 만약 그들이 신실하다면, 그들은 구원을 받게 될 것입니다. 하지만, 아! 만약이라는 이 불행한 구원관은 구원이 아직도 진행 중이라는 위험한 구원관이기에, 저처럼 겁이 많은 사람은 그런 허술한 주장에 저의 가련하고 믿음 없는 영혼을 내맡기지 못하겠습니다. 그들은 마치 여행의 목적지에 도달하기도 전에 부서져 버릴 것만 같은 마차 바퀴에 의지하여 여행하고 있는 것과 같습니다. 제가 지금까지 믿어왔고, 또 제가 그분께 내맡긴 모든 것을 구원의 그 날까지 지키시리라 확신해온 제가 알고 있는 하나님을 저는 찬양합니다. 좋습니다. 그러나 어떤 사람이 믿음으로 구원받는다는 사실을 알고서도 그 구원의 확실성을 예수 그리스도께서 다 이루신 요지부동의 반석이 아닌 다른 곳에서 찾는다면, 그의 지식은 근거 없는 억측에 불과합니다. "옳습니다. 그리스도께서 오늘이나 내일이나 저를 구원하실 수 있다고 믿습니다. 그리스도께서는 저를 위해 영원한 구원을 이미 이루셨기 때문입니다. 그분께서 언제나 저와 함께 하실 것이며, 심판대에서도 저의 이름을 잊지 않으실 것으로 저는 믿고 있습니다"라고 이렇게 말할 수 있는 사람이야말로, 예수님 안에서 의지하는 것이 무엇인지, 구원의 확실성과 관련하여 자신이 누리는 영광이 그리스도 안에 있는 영광이라는 것, 다시 말해 오직 그리스도 안에만 있는 영광이 무엇인지에 대해서 제대로 알고 있는 사람입니다.

이런 식으로 계속해서 저는, 기독교인이라면 누구나 가지고 있는 보화들 중의 단 하나도 그리스도로 말미암아 주어지지 않은 것이 하나도 없다는 사실을 여러분에게 보여드릴 수 있습니다. 기독교인은 하나님께 영광을 돌리는 것 외에 달리 할 일이 없으며, 이렇게 감미롭게 말할 수밖에 없습니다. "나는 이것을 골고다 시장에서 얻었습니다. 나는 이것을 구주의 고난이라는 금광에서 발견했습니다. 이 모든 것들은 피 흘리고 장사되었다가 부활하여 다시 오실 나의 주님을 통해 내게로 왔습니다. 내가 살아 있는 한, 그분은 이것으로 영광 받으실 것입니다"라고 말이지요.

2. 오늘 본문에는 두 번째 의미가 있습니다.

바로 우리가 그리스도 안에 있는 영광을 본다는 것입니다. 그리스도 안에 있는 이 영광은 마치 태양 빛이 다른 별들의 빛을 감춰 버리듯, 다른 모든 영광들을 삼켜 버립니다.

먼저, 참된 신자들은 그리스도의 인성 안에 있는 영광을 봅니다. 그리스도의 신성과 인성이 거룩하게 한데 어우러진 것을 묵상하면서, 그들은 자주 압도되곤 합니다. 그분의 모든 속성들이 그들에게는 영광스러운 것으로 비쳐집니다. 그분께서 땅 아래 이곳에 계실 때에 드러내 보이신 그분의 인품이나, 하늘 위에 보좌를 취하시기 전에 계시하신 모습을 생각할 때마다, 그들은 경이와 사랑과 찬양으로 경배하며 열광하지 않을 수 없습니다. 만약 어떤 사람들이 이런저런 박애주의자들이나 유능한 사람들의 영광에 대해 말한다면, 그 성도들은 이렇게 대답할 것입니다. "그리스도의 성품에서 비쳐지는 영광과 비교하면, 우리는 그분들로부터는 그 어떤 영광도 느낄 수 없었습니다"라고 말이지요. 오, 러더퍼드(Samuel Rutherford, 1600-1661. 스코틀랜드 장로교 신학자이자 저술가)는 감미로운, 이루 말할 수 없이 감미로운 주 예수님의 사랑에 얼마나 깊이 빠졌는지 모릅니다! 천상의 하나됨과 교제와 환희에 대해 그가 체험한 정도로만 저도 하나님에 대해 체험해 봤으면 좋겠습니다. 그가 사용한 표현들이 얼마나 대단한지 모릅니다! 그는 절대로 과장하지 않으면서도, 거침없이 펜을 움직여 강렬하게 써 내려갔습니다. 그런 일은 아무나 할 수 없는 거의 불가능한 일이었습니다. 우리를 향한 그리스도의 사랑은 아주 대단해서 우리는 이에 대해 한 마디도 제대로 할 수 없습니다. 왜냐하면 그분이 보여주신 사랑은 말할 수 없을 만큼 탁월하고도 무한히 귀한 사랑이기에, 아무리 충분하게 표현한다고 해도 그 절반에도 미치지 못하기 때문입니다. 그 사랑을 너무 지나치게 표현하는 것은 아닐까 하며 과유불급(過猶不及)을 우려할 필요조차 없습니다. 그렇습니다. 사랑하는 성도 여러분, 우리 주님의 인성에 대해서는 하나님께서 지으신 최고의 지적 존재인 천사들도 경탄하고 있습니다. 천사들이 십자가에 못 박히신 그리스도라는 위대한 학문을 수년 동안 배워왔음에도 불구하고, 그래도

> "빛의 맏아들들은
> 그 깊은 것을 보고자 열망했으나 소용없었네!
> 그 신비의 길이와 넓이와 높이에
> 그들은 이를 수 없었네."
> (찰스 웨슬리가 지은 '오 거룩한 사랑, 당신이 얼마나 다정하신지' [O LOVE DIVINE, HOW SWEET THOU ART]라는 찬송가의 2절 가사다 — 역주).

성육신하신 하나님은 이 천사들 너머에 계시며, 천사들이 자신을 찾는 것에 대해 싫증내지 않으시고 고요히 계십니다. 천사들은 하나님 교회의 발치에 앉아 있는 학생과 같습니다. 이는 교회로 말미암아 통치자들과 권세들에게 하나님의 각종 지혜를 알게 하려 하심입니다(엡 3:10, KJV). 오! 여러분이 한 번만이라도 눈으로 그분을 바라볼 수 있는 은혜를 입는다면, 그리고 한 번만이라도 사랑으로 가득한 그분의 가슴에 여러분의 머리를 기대볼 수 있는 허락을 받는다면, 그 사랑하시는 자의 인성처럼 그렇게 영광스러운 것을 앞으로 결코 보지 못할 것입니다. 사랑하는 성도 여러분, 우리 임마누엘 주님과 비교한다면 달도 한 점에 불과하고, 해(태양)도 다 타버린 숯덩이에 불과합니다.

성도들은 그리스도의 고난에서 위대한 영광을 보기도 합니다. 비천한 세상에서 멸시 받고 거부당할 때, 바로 그때가 회개하는 마음으로 더욱더 그리스도에게 확고히 매달릴 때입니다. 오, 피로 물든 그분의 주홍빛 옷은 얼마나 거룩해 보입니까! 가이사의 자줏빛 용포(龍袍)가 그 영광에 절반이라도 미치겠습니까? 그

분은 천국에서도 밝게 빛나십니다. 우리 영혼의 태양이시여, 영원토록 경배를 받으옵소서! 그런데 모든 곳 위에 뛰어난 한 곳이 있다면, 그곳은 바로 골고다 십자가입니다. 골고다 십자가에서 우리는 그분의 발에 입 맞추고, 우리의 눈물로 그 발을 씻어드리며, 그분을 최고로 사랑하게 됩니다. 그분께서 우리가 지은 죄짐을 지시고 신음하고 땀 흘리며 피 흘리고 고통스러운 가운데 자기 생명을 내주시는 모습을 생각할 때, 우리의 마음이 얼마나 불타오르는지 모릅니다! 이 눈먼 세상에서는 그분이 비록 마른 땅에서 나온 뿌리같이(사53:2) 보여도, 그분의 사랑을 받는 자로서 그분의 가장 깊은 마음의 신비가 허락된 우리에게 귀하신 우리 주님은 충만한 영광이십니다. 그분은 사랑의 기적이고 땅의 놀라움이며 하늘의 경이이고 우리 영혼의 모든 것 안에서 모든 것(엡 1:23, KJV)이십니다.

시간이 좀 있다면, 부활에서도 그분은 우리에게 영광이 되신다는 사실에 대해서 더 말씀드리고 싶습니다. 특별히 주님께서는 새로워진 생명 안에서 그분과 함께 부활할 것을 우리에게 가르쳐 주셨기 때문입니다. 승천에서도 그분은 우리에게 영광이 되십니다. 왜냐하면 그분은 아버지의 오른편에 앉아 계시기 때문이며, 특히 우리도 함께 일으키셔서 그분 안에서 하늘의 처소에 함께 앉도록 하셨기 때문입니다. 중보에 있어서도 그분은 우리의 영광이 되십니다. 이 영광된 흉패에 물릴 보석들 중 하나(출 28:29; 35:9)에 우리의 이름이 기록되어 있다는 것을 생각만 해도 우리에게 얼마나 큰 위로가 되는지 모릅니다! 재림에 있어서도 그분은 영광스럽습니다. 우리는 그분이 곧 오시기를 기대하고 있습니다. 이 기대는 지상 최대의 소망이며, 교회의 가장 열렬한 기도제목입니다. 주 예수여 속히 오시옵소서!(계 22:20). 당신을 볼 수만 있다면, 별들 아래 보이는 모든 것을 기꺼이 포기하겠습니다. 그 아름다운 차림을 하신 왕께서 거리로 행차하시는 모습을 볼 수만 있다면! 무지개 화관과 폭풍의 옷을 입으신 그분을 뵈옵기만 한다면! 그렇습니다. 멀리서나마 저 위대한 흰 보좌를 한 번 슬쩍 쳐다보기만 해도! 영원한 천국이 어떤지에 대해 그분이 하시는 말씀을 한 마디라도 들어보았으면, 한 번만이라도 그분을 뵐 수만 있다면, 한 번만이라도 그분의 말씀을 들을 수만 있다면! 단 한 번이라도 우리의 마음과 눈과 영혼으로 그리스도의 영광을 한 모금 듬뿍 마실 수만 있다면, 인간이 가진 수천 가지 시련을 충분히 감당할 수 있을 것입니다. 사랑하는 성도 여러분, 이런 생각이 계속될수록 우리의 영혼은 불타오르며, 우리는 경배와 찬양을 갈망하게 됩니다.

"만왕의 왕! 온 땅이여 그분을 찬양하여라.
　그분은 지극히 높으신 보좌 위에 계시니,
　무릎을 꿇을지어다. 너희 모든 나라들아,
　그분 앞에 무릎을 꿇어 경배할지어다.
　그분은 의로우신 홀(笏)을 가지신 분이니,
　모든 영광을 그분에게,
　오직 그분에게 돌릴지어다."

(영국의 찬송가 작사가인 에드워드 데니[Edward Denny, 1796-1889]가 지은 '그 모든 영광
의 면류관은 밝게 빛나고' 라는 찬송가의 4절 가사다 — 역주).

우리는 경배를 중단해서도 안 되고 머뭇거릴 필요도 없습니다. 예수 그리스
도께서 그 백성 이스라엘의 영광이시며, 그런 의미에서 이스라엘 백성들이 그분
께 영광을 돌린다는 사실은 증명할 필요조차 없는 참된 사실이지만, 그래도 우
리는 지금까지 충분히 이 사실을 모든 기독교인의 마음속에 입증하였습니다.

3. 세 번째로 오늘의 본문 말씀은 우리가 그분께 영광을 돌린다는 의미에서 참된 말씀입니다.

슬픈 일입니다! 통탄할 노릇입니다! 버젓이 예배를 드리는 장소에서, 그것도
개신교 교회라는 곳에서, 스스로 '사제'(priest, 영국 성공회의 성직자들을 지칭하는 용
어로, 스펄전은 영국 성공회의 친가톨릭적 성향을 비판하였다 — 역주)라고 지칭하는 깡패
집단에게 주어지는 영광을 보고 있노라면, 기독교인의 피가 끓어오르는 것 같습
니다! 만약 이 깡패 집단들이 가톨릭교회로 떠날 정도로 솔직했다면, 저는 그들
을 깡패라고까지 부르지는 않았을 것입니다. 우리가 살고 있는 이 나라에서 그
들은 자신들이 깡패가 아닌 것처럼 스스로를 속이기 위해 파렴치하고 뻔뻔스러
운 짓들을 해대고 있기 때문에, 저는 그들을 부를 만한 더 이상의 나쁜 단어를 찾
을 수가 없어서 깡패라고 부를 뿐입니다. 그들이 제단이라고 부르는 것 주위에
놋쇠로 만든 문 안에 있는 젠트리(gentry, 영국에서 중간 정도의 재산을 지닌 신흥 귀족
가문의 사람들로 향신 계층)들에게 도대체 무슨 존경과 경의를 표해야 합니까? 이 문
들은 일종의 성소(聖所)를 에워싸는 것으로, 불쌍한 평신도들이 그리로 절대 들
어가지 못하도록 하는 것이라 여겨집니다! 이런 사제들이 길에 나타나기라도 하

면, 우리는 엎드려 그들의 발바닥을 핥기라도 해야 할 것 같습니다. 예전에 무지 몽매했던 우리의 선조들이 로마의 그 앵벌이들 앞에 고개를 숙였던 것과 마찬가지로 말입니다. 로마의 성인이나 추기경들이 바티칸이나 성 베드로 성당 같은 곳에 서 있고 이들을 흠모하는 군중들이 그들 앞에 엎드려 경배하는 동안, 이들은 군중들에게 축복을 내리고 있는 그런 그림들을 볼 때, 여러분은 어떤 마음이 듭니까? 이럴 바에는 차라리 악마에게 경배하는 게 훨씬 더 낫겠다는 생각이 들지 않습니까? 우리는 하나님께 영광을 돌려야지, 인간이든 천사든 그 어떤 형상에게 티끌만큼의 영광도 돌려서는 안 됩니다. 수백 명의 군중들이 형상이나 잘 차려 입힌 인형들 앞에 엎드려 숭배하는 것을 제가 보지 못한 줄 압니까? 저는 그들이 뼈와 옛날 치아들을 숭배하는 것까지 다 보았습니다. 성 유골이라는 불리는 해골에게 오늘날의 옷을 입혀 놓고 숭배하는 것도 보았습니다. 이러한 우상 숭배로 지극히 높으신 하나님을 기쁘시게 할 수 있다는 이런 정신 나간 생각을 하는 사람을 보고서, 도대체 19세기에서 어떻게 이런 일들이 벌어질 수 있는지, 그저 놀랄 따름입니다.

사랑하는 성도 여러분, 그리스도를 알고 있는 하나님의 백성들인 우리는 이 쓰레기 같은 것들에게 영광을 돌릴 수 없습니다. 오히려 소름끼치는 무서운 마음으로 이런 것들에서 돌아서야 합니다. 우리는 그리스도에게, 오직 그리스도에게만 우리의 영광을 돌려야 합니다. 자, 여기에 여러분의 믿음을 시험해 볼 시금석(試金石)이 있습니다. 여러분이 기도할 때, 여러분은 누구에게 기도를 합니까? 누구를 통해서 여러분은 기도를 합니까? 여러분이 찬양을 할 때, 여러분은 누구를 찬양합니까? 여러분이 설교를 할 때, 누구의 영광을 위해 설교를 합니까? 여러분이 섬길 때, 그 섬김의 대상은 누구입니까? 여러분이 가난한 자들에게 나갈 때나 구제를 할 때, 또는 전도용 소책자(tract)를 나누어줄 때나 복음에 대해 말할 때도, 여러분은 이 모든 일들을 누구를 위해 합니까? 주님의 살아 계심을 두고 말씀드립니다. 만약 여러분이 이 모든 일들을 여러분 자신을 위해서 한다거나, 또는 주 예수님 이외의 어떤 다른 것을 위해 한다면, 여러분은 경건의 생명력이 무엇인지 전혀 모르는 사람입니다. 왜냐하면 오직 그리스도만이 기독교인의 위대한 목적이어야 하며, 기독교인은 그분께 더 큰 영광을 돌리기 위해 기꺼이 살아가야 할 뿐만 아니라 필요하면 이를 위해 죽을 각오도 해야 하기 때문입니다. 다른 모든 것은 낮추고, 낮추고, 낮추십시오. 하지만 그리스도의 십자가는 높이고, 높이고, 높이십시오! 여러분의 세례와 미사와 성례를 낮추십시오! 여러분의 사제 의식이나 관습이나 예전을 낮추십시오! 여러분의 정교한 음악, 허세, 예복, 의복 등, 여러분의 모든 형식들을 낮추십시오. 하지만 적나라한 십자가와 죽어가는 구주는 높이십시오. "나를 바라보라. 그러면(사 45:22, KJV) 살리라!" 하는 그리스도의 음성이 온 세상에 울려 퍼지게 하십시오. 십자가에 달리신 그분을 바라보는 것에 생명이 있습니다. 그분을 단순히 신뢰하는 것에 생명이 있습니다. 이외의 다른 어떤 것에도 생명은 없습니다. 하나님께서는 자신의 교회에 구주의 영광을 드높이는 죽지 않는 열정을 주셨습니다. 즉, 어떤 방법으로든 왕이신 예수님께서는 자신의 것으로 삼으신 자들을 취하시고 이 모든 영역들에서 다스리실 것이라는 바람과 동경을 주셨습니다. 이러한 바람은 고통스럽기는 하지만 그 어떤 것에 의해서도 넘어지거나 정복되지 않습니다! 그러므로 이런 의미에서 예수님은 지금도 그 백성의 영광이시며 또한 앞으로도 영광일 수밖에 없습니다.

4. 여기에는 그의 백성에게 주어질 모든 영광은 예수님으로부터 반사된 것이라는 의미가 있습니다.

그의 백성들은 많은 영광을 누리고 있습니다. 천사들이 보기에도 많은 영광이고, 분별력 있는 사람들의 눈에도 역시 많은 영광으로 보입니다. 이 모든 영광은 항상 구주의 영광이 반사된 것입니다. 저는 몇몇 거룩한 남녀 성도들을 알고 있습니다. 그들을 보면 저는 가장 깊고도 강렬한 존경심을 느끼지 않을 수 없습니다. 왜냐하면 그들의 주위에는 우리 주님의 수많은 영광들이 나타나기 때문입니다. 그들 가운데 몇몇과는 아무리 먼 길이라도 찾아가 대화를 나누고 함께 여행을 하고 싶은 마음입니다. 왜냐하면 그들의 대화는 항상 그리스도로 가득 차 있으며, 그들 또한 그리스도와 아주 가까이 살아가기 때문입니다. 만약 여러분이 청교도들이나 다른 신앙의 위인들이 쓴 고전들을 일부분이라도 읽어본다면, 그리스도를 사랑하는 여러분은 그 책의 저자들을 최고로 사랑하게 될 것입니다. 왜냐하면 그들은 그리스도에 관해서 말하는 사람들이기 때문입니다. 그런 책들을 중간쯤 읽다보면, 하나님의 그 거룩한 저자가 그리스도를 찬양하는 부분이 나타납니다. 그러면 여러분은 "이 사람이 비록 죽었지만, 그래도 내가 말하고 싶은 바로 그것을 말하고 있구나"라고 말할 것입니다. 젊은 성도 여러분, 만약 여러분에게 어떤 영광이 임하게 된다면, 여러분은 여러분 안에 그리스도를 모신 정도만큼 영광을 얻게 될 것입니다. 제가 말씀드리는 것을 믿으십시오. 어떤 기독교인이 예수님을 제쳐놓고 문학적으로 뛰어난 업적을 추구한다면, 그는 참된 영광에 이르지 못할 것입니다. 한층 더 높은 목적을 달성하려고 그에 맞게 애쓰면서도 정당하게 뛰어난 업적을 추구할 수 있습니다. 그렇다 해도 당연히 기독교인으로서 뛰어난 업적 추구는 자신의 영광을 위한 것이 되어서는 안 됩니다. 기독교인으로서 뛰어난 실업가가 되는 것을 자신의 영광으로 삼을 필요는 없습니다. 하지만 뛰어난 실업가가 되는 것도 좋은 일입니다. 그래도 이것 역시 자신의 영광을 목적으로 해서는 안 됩니다. 만약 여러분이 예수님을 제쳐놓고 어떤 다른 것을 여러분의 영광으로 삼는다면, 하나님께서는 그 영광을 뿌리째 먹어버릴 벌레(행 12:23)를 준비하실 것입니다. 여러분이 하나님의 소유인 한, 하나님께서는 여러분을 취하셔서 하나님 앞에 정결한 자로 만드실 것이며, 그로 인해 여러분은 그리스도 외에 다른 어떤 것을 영광으로 삼지 않게 될 것입니다.

사랑하는 성도 여러분, 여러분도 알다시피, 이것이 바로 우리 모두가 주의하며 애쓰는 점입니다. 왜냐하면 제가 종종 우려하는 것이기도 하지만, 우리는 우리의 목회에서 영광을 얻을 때도 있기 때문입니다. 그러나 만약 우리가 영광을 취한다면, 그때는 우리의 목회가 모두 부질없는 것으로 끝나고 말 것입니다. 우리는 예수님으로부터 영광을 받아야지, 우리의 목회로부터 영광을 받아서는 안 됩니다. 예수님의 제자들도 흥분된 마음으로 돌아와서 "오! 귀신들도 우리에게 항복하더이다"(눅 10:17, KJV)라고 말했습니다. 그러자 주님께서는 "아!, 그럼에도 불구하고 귀신들이 너희에게 항복하는 이 일로 기뻐하지 말고 오히려 너희 이름이 하늘에 기록된 것으로 기뻐하라"(눅 10:20, KJV)고 말씀하셨습니다. 여기에 핵심이 있습니다. 여러분도 그 자리로 돌아가야 합니다. 즉, 귀한 보혈로 여러분 자신이 개인적으로 구원받은 것에 대해 기뻐하는 자리로 돌아가야 한다는 것입니다. 여러분은 그분 안에서 기뻐해야 합니다. 그래야 여러분은 다음과 같이 생각하게 될 것입니다. "나의 목회가 내가 기대한 만큼 그렇게 성공적이지는 않다 해도, 그래도 나는 지금까지 그리스도에게 영광을 돌렸으니, 그것으로 나는 충분히 상급을 받을 것이다. 그리스도께서 조금이라도 높임을 받으신다면, 내가 길거리의 진흙탕에 빠지는 것 같은 곤경에 처한다 해도, 그건 전혀 중요하지 않다. 그리스도의 귀하신 이름이 빛나기만 한다면, 나는 어떻게 되든 상관없다. 아무도 나의 이름에 대해 긍정적으로 말해주지 않는다 해도, 그냥 내버려 두자. 왕이신 예수님께서 왕관을 쓰시고, 사람들이 '왕이여! 만세수를 누리소서!'라고 외치기만 한다면, 그의 종인 내가 한 마리의 개처럼 땅에 묻혀 잊힌다 해도 아무렇지도 않다." 오! 이것이 바로 기독교인의 위대한 열망입니다. 이로써 우리가 그리스도를 얻고(빌 3:8) 그리스도에게 영광을 돌리게 될 뿐 아니라, 지금까지 살아온 삶에 대해 하나님으로부터 평가를 받게 됩니다. 즉, 빛나는 가슴으로는 예수님을 위한 비이기적인 열정으로 살아왔고, 그의 이마에는 천국의 밝은 빛이 비치도록 밝은 삶을 살아왔으며, 그의 모든 생활을 통해 빛이 나는 삶을 살아왔다고 말입니다. 그러므로 모든 기독교인의 참된 영광은 모두 그의 주님의 것이며, 그 주님으로부터 참된 영광이 나옵니다.

5. 이제 한 가지만 더 말씀드리겠습니다.

오늘 본문은 이런 의미로도 읽혀질 수 있습니다. 그리스도는 그의 백성의 영광으로서, 그의 백성들은 그리스도께서 오실 때에 영광을 기대한다는 것입니다.

"우리가 장래에 어떻게 될지는 아직 나타나지 아니하였으나 그가 나타나시면 우리가 그와 같을 줄을 아는 것은"(요일 3:2) 우리의 영광이 간직되어 있기 때문입니다. 우리는 아직까지 우리의 주일 예복을 입고 있지 않습니다. 우리가 지금 입고 있는 이 모든 옷들은 주중에 입는 평상복으로 아주 때가 많이 묻고 흔한 옷이며, 우리의 불쌍한 육체도 많은 부분에서 너무 낡아져가고 있습니다. 그래서 여러분이 이렇게 원하는 것도 당연합니다.

> "이 옷을 벗을 저녁을 갈망함은
> 　하나님과 함께 안식하려 함이라."
> (아이작 와츠의 「찬송과 영가」 2권 61번에 나오는 '죽음과 영광에 대한 생각' [A thought of
> death and glory]이라는 찬송가의 5절 가사다 — 역주).

여러분이 잠에서 깨어났을 때는, 매우 빛나는 옷이 여러분을 위해 예비되어 있기 때문입니다! 오! 그토록 영광스럽고 아름다운 옷을 입게 된다면, 여러분도 자신을 거의 알아보지 못할 것입니다. 여러분은 지금의 여러분 모습과 전혀 다른 모습이 될 것입니다. 여러분은 그리스도처럼 될 것입니다.

"예수님이 나의 주님이 되시기에,
　나는 더 이상 육신의 옷을 벗는 것이 두렵지 않습니다.
　기꺼이 이 진흙으로 만든 옷을 벗어던집니다.
　예수님은 죽음의 길을 통해서도 영광으로 인도하시기에,
　주 안에서 죽는 것은 언약의 축복이 됩니다."

　여러분이 부활하신 예수님을 따라간다면, 얼마나 영광스러운 일이겠습니까! 그런데 우리는 이러한 영광에 관한 이야기를 시작해서는 안 됩니다. 왜냐하면 영광에 대해 말을 꺼내자마자, 그 모든 영광들에 대한 이야기를 중단할 수 없기 때문입니다. 그 영광들은 온전케 된 영광, 죄로부터 구원받게 된 영광, 승리의 영광, 사탄을 우리의 발 밑에 짓밟게 된 영광, 영원한 안식의 영광, 무한한 확신의 영광, 그리스도를 닮게 된 영광, 밀턴의 천사처럼(밀턴의 「실낙원」[*Paradise Lost*, 제3권]에 보면 하나님의 보좌 가장 가까운 곳에서 태양을 다스리는 일곱 천사 가운데 대천사인 우리엘[URIEL]이 언급되고 있다) 바로 태양 그 자체 안에서 하나님의 빛과 광채 가운데 있게 된 영광 등등입니다. 만약 여러분이 천국이 어떤지 알고 싶다면, 여러분은 천국을 단 두 글자로 쓸 수 있습니다. 그 두 글자는 이렇게 발음됩니다. "예수." 예수님이 바로 천국입니다. 보좌를 둘러선 천사들이 알고자 열망하는 모든 것이 바로 이 천국입니다. 천사들은 그분의 얼굴을 뵈옵고, 그분의 영광을 보고, 영원토록 그 영광 가운데 거하기를 바라고 있습니다. 천사들은 이것 외의 다른 것을 절대로 원하지 않습니다.
　지금까지 우리는 아주 귀한 진리들을 살펴보았습니다. 오늘 본문에 나타난 교리적인 측면은 이 정도로 다루겠습니다. 그러나 오늘 주제의 실천적인 취지에 대해서는 조금 더 말씀드리려고 합니다. 한 이삼 분 정도 더 묵상해 보겠습니다.
　딱 두세 가지만 여러분에게 말씀드리겠습니다. 여러분 중에 다른 곳에서 영광을 찾고 있는 이들에게 경고의 말씀을 드리고자 합니다. 설령 다른 곳에서 영광을 찾았다 해도, 여러분을 충족시킨 것은 일시적인 영광일 뿐이며, 그런 영광마저도 곧 잃게 될 것입니다. 여러분의 보화를 여러분이 도둑맞을 곳에 놔두는 것은 항상 잘못입니다. 자, 여러분이 여러분의 영광을 학식에서 찾는다고 생각해 봅시다. 글쎄요, 좋습니다. 괜찮습니다! 여러분이 죽고 난 후 시간이 흘러 교회 묘지 관리인이 여러분의 두개골을 끄집어낼 때, 도대체 무슨 학식이 그 안에 들어 있겠습니까? 또 그 뼈들이 갈색의 한 줌의 재가 되었을 때, 도대체 무슨 지혜가 그 안에서 드러나겠습니까? 죽음과 심판 때에 여러분이 가진 과학과 수학과 고전학의 지식이 도대체 여러분을 위해 무엇을 하겠습니까? 또 여러분이 명성이나 인기에서 영광을 찾는 사람이어서, 위대한 군인처럼 국가적으로 유명한 사람이 되는 경우도 생각해 봅시다. 묘를 파는 일꾼들이 뼈만 남은 당신의 유골을 묻을 때, 그러한 명성이나 인기가 도대체 무슨 의미가 있겠습니까? 물론 여러분은 큰 인기를 얻게 될 수도 있고, 또 사람들이 여러분에 관해 이런저런 말들을 할 수도 있을 것입니다. 그래도 벌레가 여러분의 유골을 갉아먹는 것을 인기가 막을 수 있겠습니까? 지옥에 있는 당신을 어떤 사람이 알아보고서, 이 땅에 있을 때 유명한 사람이었다고 말하는 것을 듣는다고 해서, 그런 인기가 여러분에게 한순간이라도 안식을 줄 수 있겠습니까? 위대한 사람이라 해도 지옥에서는 아주 별 볼일 없는 사람일 뿐입니다. 위대한 사람이라 해도 음부에서는 다른 사람들과 똑같이 고통을 당해야 합니다. 맞습니다. 위대한 자들은 그토록 위대했고 많은 책임들을 지고 있었기 때문에, 보통 사람들보다 더 많은 고통을 감수해야 합니다. 세상의 명예를 잡으려는 여러분은 그 영광을 쫓아 붙잡으려고 애쓰겠지만, 심판 날에 여러분이 깨어났을 때는 마치 잠을 자다가 꿈을 꾼 사람 같을 것입니다. 꿈에서는 많은 금을 얻게 되어 양손 가득 금을 움켜쥐지만, 깨어보면 돈 한 푼 없는 채로 좁은 다락방 같은 가난한 단칸방에서 잠이 들었던 것을 알게 됩니다. 아! 정말 그렇습니다. 여러분이 이 땅 어디에서든 여러분의 영광을 추구하여 일시적으로 그 영광을 얻을 수 있을지 몰라도, 여러분은 그 영광을 잃고 말 것입니다. 하지만 자신의 영광을 그리스도 안에서 가진 사람은 내생에서 눈을 떴을 때 그리스도를 보게 될 것이며, 그리스도의 영광이 확실하고 그분을 의지한 것이 헛된 일이 아니었음을 알게 될 것입니다. 그는 이렇게 말할 것입니다. "여기에 나의 보화가 있다. 나는 보화를 가졌다. 이 보화는 영원토록 나의 것이다." 이것이야말로 안전한 것입니다. 이런 안전성은 빗장이나 쇠로 만든 금고나 열기 힘든 원통자물쇠로도 얻을 수 없는 그런 안전입니다. 여러분의 보화들을 오직 그리스도에게 맡겨놓으십시오. 그러면 여러분의 그 모든 보화들이 안전할 것입니다. 지옥의 소매치기들도 여러분으로부터 그리스도를 훔쳐가지는 못할 것입니다. 만약 여러분이 그리스도를 얻는다면, 그리고 여러분의 보화를 그분 안에 둔다면, 여러분은 안전할 것입니다. 사랑하는 성도 여러분, 하나님께서 우리를 도우셔서 영원한 것에 대해서는 우리가 지혜롭게 하시고, 이외의 다른 지혜의 문제에 있어서는 어리석게 하셨으면 좋겠습니다.

한 가지 더 드릴 말씀이 있습니다. 이것은 일종의 책망의 말씀입니다. 우리도 아는 몇몇 설교자들이 있습니다. 제가 생각해 봐도 앞으로도 늘 이런 설교자들이 있을 것입니다. 이분들은 설교를 합니다. 또 설교를 하고, 계속 설교를 합니다. 하지만 이스라엘의 영광이 무엇인지에 대해서는 절대로 설교하지 않는 설교자들입니다. 이들은 그리스도를 빼놓고 다른 것들에 대해서 말을 합니다. 오! 이런 설교자들에 대해 기독교인들이 하는 불평들을 얼마나 자주 들어왔는지 모릅니다. "목사님, 우리 목사님은 재능이 있는 분이십니다. 전반적으로 볼 때 교리적으로도 건전하시고, 복음에 대해서도 참으로 많은 것들을 설교해 주십니다. 그런데 오! 우리의 바람은 우리 목사님이 복음에 관한 것이 아니라, 복음을 설교해 주셨으면 하는 것입니다. 복음 바로 그 자체에 대해서 설교해 주셨으면 좋겠습니다. 한 마디로 그리스도를 설교해 주셨으면 좋겠다는 것입니다!" 가장 좋은 설교는 그리스도가 충만한 설교입니다. 그리스도가 없는 설교는 무시무시하고 끔찍한 것입니다. 그런 설교는 텅 빈 우물이고, 비 없는 구름(잠 25:14)이며, 죽고 또 죽어 뿌리까지 뽑힌 나무(유 1:12)입니다. 설교를 하지만 예수님을 전하지 않는 설교는 가증스러운 것으로서, 떡을 달라는 성도들에게 돌을 주는 것이며(마 7:9), 계란을 달라는 성도들에게 전갈을 주는 것과 같습니다. 그리스도 없는 설교가 바로 그러한 설교입니다! 마치 빵 안에 밀가루가 하나도 없는 빵에 대해 말하는 것과 같습니다. 그런 빵이 어떻게 영혼의 양식이 되겠습니까? 설교 안에 그리스도가 없기 때문에 성도들은 죽고 멸망합니다. 그럼에도 불구하고 그리스도의 영광된 복음은 설교하기에 가장 쉬운 것이며, 설교하기에 가장 감미로운 것입니다. 복음 안에는 지극히 다양한 것들이 있습니다. 복음을 제외한 이 모든 세상에도 매력이 있습니다. 하지만 복음 안에는 더 큰 매력이 있습니다. 그럼에도 불구하고 많은 사람들은 해외로 나다니면서 골머리를 앓으면서까지 두꺼운 책들을 뒤적거리고 싶어합니다. 그러나 그들이 얻는 것은 그리스도께서 아직도 죽어 있다는 듯이, 무덤 입구를 막아 놓은 큰 돌처럼, 그리스도를 가두어 버리는 것보다 더 나을 것이 없는 무언가를 얻게 됩니다.

오, 사랑하는 성도 여러분, 비록 우리가 은빛 나는 트럼펫은 불지 못한다 해도, 양각 나팔(수 6:4)을 불어서 항상 그리스도, 그리스도, 그리스도만이 울려 퍼지게 하십시오! 높이 올라가신 구주의 귀하신 이름이 항상 모든 벽들에 울려 퍼지도록 항상 만듭시다. 어떤 다른 것에도 구원이 없으며, 오직 예수님 안에만 그들을 위한 구원과 생명이 있다는 사실을 사람들에게 말합시다. 그분 안에 지금 그들을 위한 생명이 있으며, 오직 예수님만을 의지하고 그분을 바라보는 모든 영혼을 위한 생명이 있습니다. 사랑하는 주일 학교 교사 여러분, 항상 어린이들에게 예수님에 관해 말해 주십시오. 어떤 모양으로든지 주님의 영광을 위해 애쓰는 사랑하는 성도 여러분, 바로 여기에 여러분의 주제가 있습니다. 옛 속담에 "구두 수선공아! 네 구두 틀에나 신경 써라"(Cobbler, stick to your last. 자신의 능력을 벗어나 주제 넘는 것에 신경 쓰지 말라는 것으로, 현학적이고 전문적 신학 내용보다 소박하게 성경 말씀에 충실할 것을 강조하는 말이다)는 말이 있습니다. 기독교인도 마찬가지로 "네 본문 말씀에나 신경 써라"고 하고 싶습니다. 그리고 그 본문이 예수 그리스도가 되게 하십시오. 화려한 것이나 과시하려는 유혹에 여러분이 넘어지지 않도록 하십시오. 여기에 시원한 레바논의 눈(렘 18:14, KJV)이 있습니다. 목마른 영혼을 조롱하는 미지근한 시냇물을 다시는 마시지 마십시오. 여기에 오빌의 금(욥 28:16)이 있습니다. 이처럼 귀중한 것은 어디에도 없습니다. 다른 것들은 찾지도 마십시오. 여기에 방목하기에 가장 넓은 풀밭이 있습니다. 이 영광된 주제가 바로 예수님이십니다. 예수님이십니다. 예수님이십니다! 예수님이야말로 이스라엘의 영광이시기에 그분만 설교하십시오.

여러분 가운데 몇몇에게만 마지막으로 드릴 말씀이 있습니다. 그것은 바로 예수 그리스도를 사랑하기는 하지만 사랑한다고 말하기를 부끄러워하는 사람들이 있다는 사실입니다. 예수 그리스도가 그 백성의 영광이신데도, 여러분이 그분을 여러분의 영광으로 삼지 않으면 어떡하나 하는 생각 때문에, 저는 지금 걱정이 많습니다. 그분과 그분의 큰 뜻에 대해 고백하는 것을 부끄러워하기보다는 오히려 이렇게 고백하는 것을 부끄러워한다는 사실 자체에 대해 더 부끄러워해야 할 것입니다. 그렇다면 여러분은 앞으로 나아와 이렇게 말해야 할 것입니다. "그렇습니다. 저는 저의 운명을 그 백성과 함께 하겠습니다. 그분은 그토록 복된 그리스도이십니다. 저는 결코 그분을 등지지 않겠습니다. 그분께서 저를 취하고자 하신다면, 제가 여기 있으니, 저를 드립니다. 교인명부에 제 이름을 올리겠습니다. 그분께서 세례를 받으셨듯이 저도 어떤 일이 있어도 세례를 받겠습니다. 그분의 성찬식에 나아가서 그분을 기억하며 이를 행하겠습니다. 그분은 귀하신 주님이기에, 제가 그분을 부끄러워한다는 인상을 남기고 싶지 않습니다"라고 말입니다.

이 모든 것을 여러분에게 강요하지 않겠습니다. 온화한 마음에는 한 마디 말로도 충분하기 때문입니다. 만약 여러분이 그분을 사랑한다면, 여러분을 앞으로 끌어당겨줄 그 어떤 것도 필요하지 않을 것입니다. 곧장 여러분은 이렇게 말할 것입니다. "오! 그분만이 저를 지키시고 신실하게 하옵소서. 제가 이렇게 말할 기회를 갖게 된 것이 정말 기쁩니다. 나는 그분의 편에 서 있습니다. 이제부터는 그분을 위해 살 작정입니다. 그분을 위해 필요한 일이라면 그분의 은혜로 저는 죽을 각오도 되어 있습니다"라고 말이지요. 그렇다면 이제 더 이상 미루지 마십시오. 교회의 장로들을 찾아뵙도록 하십시오. 장로들은 그 문제로, 다시 말해 여러분이 그리스도에게 속했는지의 여부를 확인하는 문제로 여러분을 만나는 일에 기뻐할 것입니다. 만약 여러분이 그리스도에게 속하지 않았다 해도, 정말 여러분이 그리스도에게 속하지 않았다고 그렇게 말하지 마십시오. 여러분이 그리스도께 속했다는 확신이 없다고 해서, 여러분이 그리스도께 속했다는 사실을 장로들 앞에 서서 말하기를 주저하지 마십시오. 그분께 속했다는 확신이 없는 여러분에게 말씀드립니다. 그런 사람들에게 꼭 드릴 말씀이 있습니다. 예수님은 간구만으로도 자신의 백성으로 삼아 주십니다. 여러분이 그분을 찾는다면, 그분께서도 여러분을 찾아 주실 것입니다. 이 밤에 여러분이 잠자리에 들기 전 꼭 이렇게 기도하십시오. "주님, 당신은 당신 백성의 영광이십니다. 나의 영광도 되어 주십시오. 당신 자신을 저에게 주십시오. 당신을 믿을 수 있도록 저를 도와주십시오." 이런 기도를 드린 다음에는 그분을 신뢰하십시오. 하나님께서 여러분을 축복해 주시기를 기원합니다. 예수님의 이름으로 기도드립니다. 아멘.

제
11
장

—

그가 동행 중에
있는 줄로 생각하고

—

"그가 동행 중에 있는 줄로 생각하고" ― 눅 2:44, KJV

작년 마지막 날 예배에 참석한 사람들은 모두 "그가 동산지기인 줄로 생각하고"(요 20:15, KJV. 1882년 12월 31일에 행한 설교 제목)라는 제목으로 우리가 묵상한 것을 분명히 기억할 것입니다. 그분을 동산지기인 줄로 생각한 것은 단지 추측일 뿐이었고, 분명한 착각이었습니다. 그럼에도 불구하고 그러한 추측과 착각은 우리에게 매우 유익한 생각들을 제공합니다. 여기에 또 다른 추측과 착각이 있습니다. 이번에는 이런 착각을 한 사람들에게 깊은 슬픔을 안겨다 준 착각입니다. 그러나 이런 착각조차도 성령 하나님의 손에 붙들린 바 되면, 이런 착각은 우리가 생각하는 그 이상으로 유익한 가르침을 제공해 줄 것입니다.

1. 이것은 아주 자연스러운 추측이었다는 사실을 말씀드림으로써 제 설교를 시작하고자 합니다.

아이 예수가 나사렛으로 돌아가는 일행과 동행할 것이라는 생각은 아주 당연한 일이었습니다. 서로 다른 동네 출신들인 유대인들이 일 년에 한 번씩 예루살렘으로 올라올 때, 출발하는 출발지에는 가족단위로 상경을 하다가, 길을 떠나는 노상에서는 가족들이 조금 더 큰 친족 그룹으로 섞이게 되고, 나중에는 좀 더 큰 그룹을 형성하게 됩니다. 그러다가 예루살렘에 점점 가까이 이르면, 이 사람들은 거의 사막의 대상(隊商)들처럼 큰 무리를 이루게 됩니다. 그래서 이들은 일행과 동행하여 하나님의 집에 올라가게 됩니다. 특별히 그러한 순례자들을 위해 기록된 것으로 보이는 '성전에 올라가는 노래들'(Psalms of degrees, 시편 120-134편을 일컫는다)이라도 불렀다면, 그 때는 분명히 더할 나위 없는 환희의 순간이었을 것입니다. 기도와 찬양과 거룩한 대화와 함께, 위대한 왕의 보좌인 예루살렘(렘 3:17)에서 회합(會合)한다는 기대감과 더불어, 그들은 틀림없이 행복한 순례자들의 무리였을 것입니다. 예루살렘에서의 모든 일이 끝난 후, 아이 예수가 집으로 돌아가야 한다는 것은 아주 당연한 일이었습니다. 그의 부모도 자기들이 돌아갈 준비를 해야 할 때를 알았고, 아이 예수도 부모와 함께 돌아갈 준비를 할 것으로 생각했습니다. 하지만 부모와 서로 만나지는 못했습니다. 그래서 부모는 아이 예수가 귀향 일행과 합류해 동행할 것이라 생각하고서, 나사렛으로 향했습니다.

예수님의 부모는 아이 예수가 혼자서 방황할 것이라 기대하지 않았습니다. 부모는 동행하는 일행들 가운데 아이 예수를 찾아보았습니다. 예수님은 사람들과의 친교를 좋아한 아이였습니다. 그는 금욕적이지도 않았고, 이기적으로 자기만 챙기지도 않았습니다. 예수님은 무뚝뚝하지도 않으셨고 친교를 꺼리지도 않으셨습니다. 그분은 특이한 척하지 않으셨습니다. 고귀한 의미에서 그분은 특이하셨습니다. 왜냐하면 그분은 "거룩하시고 악이 없으시고 더러움이 없으시고 죄인들로부터 분리되신"(히 7:26, KJV) 분이셨기 때문입니다. 그럼에도 불구하고, 그분의 전 생애를 놓고 볼 때, 옷이나 음식이나 말이나 행동 어느 한 면에서도 결코 특이한 것을 의도하지 않으셨습니다. 그분은 사람들 가운데서 한 인간으로 자라셨으며, 결혼식이나 장례식에서도 사람들과 함께 어울렸습니다. 그분은 참으로 인간적이셨습니다. 이런 점에서 그 어느 누구도 인간 예수 그리스도보다 더 인간적인 사람은 지금까지 없었습니다. 아이였던 예수님은 악이 없는 것만 빼고는 모든 점에서 다른 사람들과 똑같았다고 우리는 믿습니다. 예수님은 자신의 악한 행실 때문에 사람들로 하여금 예수님과의 사귐을 피하게 만드는 그런 사람이 아니었습니다. 오히려 자신의 다정한 심성 때문에 다른 사람들로부터 칭찬을 받았습니다. 사람들은 그분을 싫어할 수 없었습니다. 그래서 그는 아무도 모르는 사이에 그를 괴롭히던 사람들의 마음을 얻어 왕관을 쓰게 되셨습니다. 부모는 그 사랑스러운 아이의 성격과 그 다정한 심성의 사교성을 알고 있었습니다. 그래서 그가 일행과 동행하고 있을 것이라고 생각했던 것입니다. 이러한 추측은 우리가 더 쉽게 할 수 있습니다. 왜냐하면 아이 예수의 부모가 그에 대해 아는 것보다, 우리가 그에 대해 더 많이 알고 있기 때문입니다. 옛날에 그분의 기쁨이 인간의 아들들과 함께 하는 것이었음을 우리는 알고 있으며, 그분이 성육신 이전에는 천사의 모습으로 인간들 가운데 오신 것과 성육신하여 인간을 찾기 위해 이 땅에 오신 것도 우리는 알고 있습니다. 인간으로서 그분은 제자들 가운데 계실 때와 세리와 죄인들에게 둘러싸여 있거나 허기진 군중들을 먹이실 때만큼 가장 행복해하신 적이 없었던 것 같습니다. 그분은 인간을 너무나 사랑하셔서, 인간과 "동행"하기를 좋아하셨습니다. 그분은 이 모든 무수한 사람들과 함께 이런 도시에(마 2:23, KJV) 살면서 일하셨습니다. 도시의 죄악, 즉 도시의 반(反)종교성과 하나님을 무시하는 도시 등을 우리가 생각해 볼 때, 도시에 살면서 가지는 죄의 짐은 충분히 사람을 비통하게 하고도 남습니다. 이 땅에 계실 때 인간과 "동행"하기를 좋아하셨던 그분께서 분명히 찾아와 이 무리들을 축복해 주실 것이라는 사실이야말로 감미로운 소망입니다. 의사가 필요한 곳이 있다면, 그곳은 저 거대한 병원이며, 목자가 필요한 곳이 있다면, 그곳은 이 죽어가는 양들 가운데입니다. 예수님은 인간의 아들들을 그토록 사랑하셔서, 이들을 자신에게로 모으기를 그토록 원하셨습니다. 그분의 구속사역이 완성된 지금도 그분은 여전히 우리와 함께 계십니다. 그분은 높이 올라가셨지만, 지금 그분은 모든 사람들을 자신에게로 이끄십니다. 그러므로 우리는 이 무리들 가운데서 그분을 찾았으면 하고 기대하고 있습니다. 밀집한 인간 무리들 안으로 들어가는 사람들은 구원의 능력으로 충만한 예수님이 그들과 함께 하신다는 것을 기대해도 좋을 것입니다. 죽어가는 자들을 구해내십시오. 그러면 그분께서는 그 무리들 가운데 계실 것입니다. 예수님을 그 무리들 가운데서 찾을 수 있을 것이라 생각한 그 부모의 생각은 아주 자연스러운 추측이었습니다. 그분은 다정하고 친절하신 심성을 가진 분이었기 때문입니다.

　　그분이 어떤 좋지 않은 곳에서 발견될 것이라고 그들은 전혀 의심하지 않습니다. 예루살렘에는 좋지 않은 곳들이 여러 군데 있었습니다. 하지만 악의 소굴이나 공허한 모임 속에서 그분을 찾게 될 것이라고 그들은 전혀 생각조차 하지 않습니다. 우리는 죽어가는 무리들 속에서 그들을 찾아 구원하고 계시는 우리 주님을 만나게 될 것이라 정말 기대합니다. 시끌벅적한 웃음소리와 방탕한 환락 속에 기쁨을 찾는 사람들 가운데서는 그분을 찾을 수 없음을 우리는 알고 있습니다. 극장이나 술 마시는 요정 등에서 우리는 결코 예수님을 찾을 수 없습니다. 그분을 그런 곳에서 찾을 수 있다는 생각 자체가 불경스러운 일입니다. 도덕적인 문제가 제기될 수 있는 그런 곳에서는 그분을 결코 찾을 수 없습니다. 왜냐하면 그분은 더럽혀지지 않은 순결한 분이시기 때문입니다. 그의 백성들은 예배 가운데 그분을 만나게 되리라 기대합니다. 정직한 사람들이 자신의 일용할 양식을 위해 열심히 일하거나, 그 아버지의 뜻을 위해 고통을 감수하고 있는 그곳에서 우리는 그분을 찾을 수 있습니다. 세속적이고 육신적이며 악마적인 사람들이 장악하고 있는 그런 곳에서는 그분을 찾을 수 있을 것이라고는 꿈도 꾸지 않습니다. 그분이 보여주신 대로 따라갑시다. 우리 주님께서 가지 않았던 곳에는 절대로 가지 맙시다. 그분께서 가지 않으셨을 것이라고 생각하는 몇몇 곳들이 있습니다. 그런 곳에 우리가 갈 수 있다는 생각조차 하지 마십시오. 우리 거룩하신 주님과 함께 교제를 나누며 머무를 수 있는 곳과, 그분이 천국에서 갑자기 우리에게 오신다 해도 우리가 떳떳할 수 있는 그런 곳에만 가도록 합시다. 우리가 어디를 가더라도 "예수님께서 이런 곳에 가셨을까?"라고 스스로에게 물어보고 판단합시다. 그래서 만약 그분께서 가지 않으셨을 것 같으면, 그쪽 길로는 발걸음을 옮기지 맙시다.

2. 이제 두 번째로 이 추측은 그들에게 크나큰 슬픔을 가져다주었습니다.

이 사실을 놓고 볼 때, 주 예수 그리스도에 관해서는 아무것도 추측의 문제로 남겨두어서는 안 된다는 생각이 듭니다. 그분이 동행 중에 있는 줄로 생각했기 때문에, 그들은 그를 잃어버렸고, 슬퍼하며 사흘 동안이나 그를 찾아 헤맸습니다. 왜 그들은 그분을 전혀 보지 못했을까요? 왜 그들은 그분과 함께 있지 못했을까요? 지금 그들을 비난하자는 것이 아닙니다. 왜냐하면 그분께서도 그들을 비난하지 않으셨기 때문입니다. 그러나 어쨌든, 그들은 그분에 관해 무언가를 추측하면서 밤낮으로 고생을 했습니다. 예수님에 관한 것은 어떤 것이라도 절대 추측하지 마십시오. 그분의 성품, 그분이 가르침, 그분의 사역 등, 그 어떤 것이라도 추측하여 생각하지 마십시오. 그런 주제들에 관해 확실히 알아 두십시오. 예전에 저는 자기 혼자만의 생각으로 낙타에 대해 말하던 한 독일인을 본 적이 있습니다. 어떤 모습의 낙타였는지는 잘 기억나지 않습니다. 이렇게 많은 사람들이 자신의 상상만으로 그리스도에 대해 마음대로 말을 합니다. 그러지 마십시오. 만약 그랬다가는, 여러분 스스로 예수님과는 전혀 상관 없는 어떤 그리스도를 만들어 낼 수 있기 때문입니다. 그것은 단지 이미지만 비슷한 거짓 그리스도요 하나의 우상인 그리스도일 것입니다. 그 어떤 인간의 사고로도 우리 구주를 고안해낼 수는 없습니다. 이 말은 이렇게 질문하는 사람들 모두에게도 적용됩니다. 어떤 사람들은 네 개의 복음서가 기록된 영감을 의심하면서, 혹시 복음서 저자들이 우리에게 다섯 번째 복음서를 써 줄 수는 없었을까?, 복음서 저자들은 예수님이 행하신 사역들을 다른 사역들과도 맞아 떨어지고 또 순서도 동일하게 제시할 수 있지 않았을까?, 하고 질문합니다. 복음서 저자들은 그렇게 할 수 없습니다. 예수님에 대해 파악된 모든 것은 본래적으로 고유한 것이며 신적인 것입니다. 최고의 상상력을 가진 사람이라 해도 기록된 그리스도의 생애와 아귀가 들어맞도록 그렇게 무언가를 더 보탤 수는 없습니다. 만약 여러분이 예수님의 어린 시절에 대해 날조된 이야기가 적힌 **원복음서**(Prot-Evangelion, pre-Gospel, 선[先]복음서, 네 개의 복음서가 기록된 시기 이전의 예수의 생애에 관한 이야기들이 실린 위경의 하나)나 **유년기 복음서**(the Gospel of the Infancy, 도마복음서와 위[僞]마태복음서 등의 위경) 등을 읽을 기회가 생긴다면, 아마도 여러분은 이 책들을 불속에 집어던지고는 당장 이렇게 말할 것입니다. "이 책들은 참된 복음서 기자들의 기록과는 맞지 않아. 이 이야기들은 아이 예수님과는 터무니없이 다른 내용들이야"라고 말입니다. 사실, 정경의 한 부분인 것처럼 가장하는 모든 책들은 네 복음서를 완벽히 통달한 가장 평범한 독자에 의해 즉시 간파되어 거부당할 것입니다. 그러므로 예수님에 관한 것은 어떤 것이든 **추측하지 마십시오.** 오직 하나님의 말씀을 읽고, 그분에 관해 계시된 것들을 깨달으십시오. 왕이 만든 주화의 가장자리를 깎아내지 마십시오. 최고로 가장 순수하고 가장 귀하게 주조된 그대로 받아들이십시오(coin clipping, 주화의 무게가 통화로 사용되던 시절에 동전의 가장자리를 잘라 가볍게 만들어 이익을 보고자 했던 일이 성행했는데, 그런 죄로 사형에 처해지기도 했다 — 역주). 완벽한 말씀에 무언가를 더하려고 하지 마십시오. 그리하여 여러분에게 재앙이 더해지지 않도록 하십시오. 영원한 하나님의 아들이며 인간이신 예수 그리스도에 관해 성령님께서 기록하신 것을 모두 겸손히 받아들이십시오. 어떤 추측한 바를 가지고 여러분의 신학에 개입시키지 마십시오. 지금까지 이것이 바로 교회

분란의 주요 원인이 되어 왔습니다. 분쟁의 원인은 계시된 진리의 문제가 아니라, 상상으로 꾸며낸 가설이 문제였습니다. 내가 어떤 한 이론을 고안해 내면, 다른 사람은 또 다른 이론을 만들어 냅니다. 그리하여 우리는 자기가 만들어 낸 이론을 위해 서로 싸우게 됩니다. 가설은 성경의 영이 아니라, 성경의 자구(字句)에 의해(고후 3:6, KJV) 세워지고 지지됩니다. 그래서 곧장 사람들은 의견을 달리하고 논쟁하며 서로 나뉘게 됩니다. 이제 모든 추측들을 옆으로 제쳐놓읍시다. 이런 추측들은 결국에는 슬픔만을 안겨주기 때문입니다. 이제부터는 성경에 계시되고, 성령님께서 말씀의 거울을 통해 우리로 하여금 은혜 가운데 보도록 하신 그 참된 예수님만을 믿도록 합시다.

"그가 동행 중에 있는 줄로 생각하고." 이런 생각은 그들에게 큰 슬픔을 안겨다 주었습니다. 사랑하는 성도 여러분, 제가 다시 말씀드립니다. 예수님에 관한 것이라면 어떤 것이든 의도하지 않은 것이라 해도 함부로 생각하지 마십시오. 이 진리를 여러분이 그분과 맺고 있는 개인적인 관계에 적용해 보겠습니다. 예를 들면 이렇습니다. 그분이 여러분의 마음속에 계시다고 생각하지 마십시오. 여러분이 유아세례를 받았다고 해서, 여러분이 그리스도 안에, 그리스도께서 여러분 안에 계신다고 생각하지 마십시오. 이런 생각은 위험한 생각입니다. "그래도 나는 지금까지 공개적으로 신앙 고백을 한 세례 신자인데, 당연히 예수님이 내 마음속에 계시지"라고 절대 말하지 마십시오. 내적 은혜가 외적 표지에 매여 있지 않기 때문입니다. 물세례를 받는다고 해서 하나님의 성령을 받는 것이 아닙니다. 성령을 받고서 예식들을 자신에게 유익하게 사용할 수 있는 사람이 복된 사람입니다. 하나님의 은혜가 어떤 외적인 의식에 매여 있다고 생각하지 마십시오. 또 "나는 성찬식에 참여해 먹고 마셨으니, 당연히 예수님은 내 마음속에 계신다"라고도 말하지 마십시오. 여러분이 그분의 성찬식에 참여해서 먹고 마신다 해도, 여러분은 그분을 알지 못할 수 있습니다. 그러므로 그분도 여러분을 알지 못할 것입니다. 외적인 예식에 참여했다고 해서 은혜 없는 성도들에게 은혜가 주어지는 것은 아닙니다. 다들 여러분이 어떤 교회에 다닌다고 알고 있고, 또 일반적으로 성도로 용인된다고 해서, 그렇게 비춰지는 여러분의 모습이 여러분의 실제 모습인 것처럼 당연하게 생각하지 마십시오. 저는 여러분 중에 교인 명부에 자기 이름이 올라있는 것을 구원의 증명서로 생각하는 사람이 있지 않을까 심히 걱정하고 있습니다. 여러분이 생각하는 그러한 관점에서 여러분의 이름이

교인 명부에 올라가 있는 것은 아닙니다. 우리는 여러분의 행동과 신앙 고백을 호의적으로 판단했습니다. 하지만 우리는 여러분의 마음까지는 읽을 수 없습니다. 여러분은 스스로 아주 오랜 세월 동안 기독교인으로 신앙 고백을 해왔으므로, 여러분의 영혼 안에 반드시 은혜가 있을 것이라는 그런 추측은 생각조차 하지 마십시오. 많은 시간이 흘렀다고 해서, 거짓이 진실로 바뀌지는 않기 때문입니다. 위선이 얼마나 오래도록 지속될 수 있을지, 혹은 인간이 어느 정도로 자기 자신을 속일 수 있을지는 알기 힘듭니다. 오히려 엄청난 죄의 기만에 자신의 두 눈이 가려진 채 죽을 수는 있습니다. 여러분이 장로라서 또는 집사라서 또는 목사라서 예수님이 여러분의 마음속에 계실 거라는 생각은 하지 마십시오. 제 경우에도 그 어떤 추측도 하지 않으려고 합니다. 다른 사람들에게 말씀을 전한 후에 제 자신이 버림을 받는 그런 화를 제가 당할 수도 있기 때문입니다! 이런 일들이 예전에도 일어났었습니다. 유다는 열두 제자 중의 한 사람이었습니다. 인간의 음성은 달콤했지만, 인간의 마음은 쓰디쓴 것입니다. 사람들은 하나님 말씀의 자구(字句)만 배웠지, 영원하신 성령님의 능력을 알지 못했습니다. 그래서 그들은 멸망하였습니다. 진실로 저는 그리스도의 이름으로 여러분에게 말씀드립니다. 성령 하나님께서 실제로 우리 한 사람 한 사람의 마음속에 개인적으로 계시지 않는다면, 우리가 행하는 신앙 고백이나 우리가 참여하는 예식 때문에 그분께서 우리 마음속에 계실 것이라는 우리의 생각은 모두 헛된 생각일 뿐입니다. 왜냐하면 그런 생각은 멸망 받을 거짓된 생각이며, 우리로 하여금 치명적인 잠을 자도록 하는 자장가에 불과하기 때문입니다. 추측으로 우리의 두 눈이 가려진 채, 죽음의 형장으로 끌려간다면 이 얼마나 끔찍한 일이겠습니까!

사랑하는 성도 여러분, 다시 말씀드립니다. 우리가 이 교회에서 이렇게 만나고 있으니, 그리스도께서는 우리의 모임 가운데 함께 할 것이라는 그런 생각도 절대 하지 마십시오. 여러분이 예배드릴 장소에 올라간다고 해서, 거기에 예수님이 확실히 계신다고 그렇게 말하지 마십시오. 그분께서는 수일 동안이나 거기에 계시지 않을 수도 있습니다. 오늘도 수만 개도 더 되는 곳에서 예배 모임을 갖고 있는데, 예수님께서 함께 하시지 않는 곳이 너무나 많습니다. 이런 사실이 너무 슬프지 않습니까? 그분의 복음이 선포되지 않기 때문입니다. 아니면 선포되기는 해도, 성령님의 살아 있는 능력이 나타나지 않기 때문이지 않겠습니까? 그리스도는 자신에게 영광을 돌리지 않는 곳에는 계시지 않습니다. 여러분이 만든 모든 건축물, 여러분이 쓰고 있는 모든 화려한 장식의 모자, 여러분이 부르는 모든 음악, 여러분이 가진 모든 학식, 여러분이 말하는 유창한 화술 등, 이 모든 것들은 대단한 것이 아닙니다. 이 모든 것들이 풍성한 곳에서도 예수님은 안 계실 수 있습니다. 예수님이 안 계신 곳에서 여러분이 드리는 공적인 예배는 성대한 종교적 장례식에 불과할 뿐, 하나님의 영원한 생명과는 거리가 멉니다. 사람들이 이런 일들을 하면서도 그들 가운데 예수님이 반드시 계신다고 당연히 생각한다면, 이는 결국에는 교회에 큰 슬픔을 가져다줄 것입니다. 우리는 매주일 아침마다 이렇게 질문해야 합니다. "여러분은 도대체 어떻게 생각하십니까, 과연 그분께서 이 축제에 오실까요?"라고 말이지요. 왜냐하면 만약 그분께서 이 축제에 오지 않으신다면, 이 일들은 축제를 흉내 내는 것일 뿐, 주린 영혼들을 위한 식탁에는 아무 빵도 제공되지 않을 것이기 때문입니다. 그분의 일을 하기 위해 논의하고자 만나는 소모임과 우리의 가장 미약한 기도모임에도 그분께서 임재하시기를 우리는 갈망하고 있습니다. 만약 그분께서 성령의 능력으로 우리를 일깨우사 그분께서 우리의 공식적인 모임에 계시지 않았다는 사실을 우리가 알게 된다면, 우리는 그분의 아버지와 어머니가 그랬던 것처럼, 슬퍼하며 그분을 찾아 헤매야 할 것입니다.

한 번 더 말씀드립니다. 주 예수님은 우리가 행하는 기독교적인 수고 안에는 반드시 우리와 함께 하실 것이라고 당연하게 생각하지 마십시오. 우리가 선한 일을 하러 나아갈 때, 이런 일에는 반드시 예수님께서 우리와 함께 하실 것이라고 생각하고서, 특별한 기도도 없이 너무 자주 나가지는 않습니까? 이렇게 기도 없이 나가는 이유는 아마도 이런 것일 것입니다. 그분은 우리와 너무나 오랫동안 함께 하셨기 때문에, 또는 우리는 이 일을 감당하기 위한 충분한 자질을 갖췄기 때문에, 또는 그분께서 우리와 함께 하든 말든 우리는 신경을 쓰지 않기 때문이라는 등의 이유 말입니다. 이런 이유들은 위험한 생각입니다. 만약 예수님이 우리와 함께 하지 않으시면, 우리는 밤이 새도록 수고하였으되 아무것도 잡지 못하고(눅 5:5, KJV) 말 것입니다. 하지만 예수님이 우리와 함께 하신다면, 그분은 우리에게 어떻게 그물을 던져야 하는지를 가르쳐 주셔서, 수많은 물고기들을 잡게 하십니다. 만약 예수님이 우리와 함께 하지 않으신다면, 우리는 머리카락이 잘려나간 삼손처럼 되고 말 것입니다. 예전에 그가 했던 것처럼 이번에도 블레셋 사람들의 정강이와 넓적다리를 크게 쳐서 죽이리라(삿 15:8, KJV) 생각하며

내려갔지만, 결과는 와츠가 표현한 것처럼 되었습니다. 그는,

> "크게 놀라, 수족을 헛되이 흔들어보아도,
> 　싸움의 성과는 미미했고, 결국 두 눈만 잃었다."
> (아이작 와츠의 「찬송과 영가」 1권 15번에 나오는 '우리 자신의 약함과 그리스도 우리의
> 능력' [Our own weakness, and Christ our strength]이라는 찬송가의 5절 가사다 — 역주).

기운찬 하나님의 도우심 없이도 이제 우리는 승리할 수 있다고 생각한다면, 우리도 이와 같이 패배할 것입니다. 사실은 이러합니다. 기독교인으로서 아무리 작은 일이라 해도 그 일을 행하기 전에 기도로써 주님의 도우심을 간구해야만 합니다. 그래야 우리는 우리 생애에서 가장 중요한 결과를 기도를 통해 거두게 될 것입니다. 여러분이 앞으로 몸져누운 병약한 나이든 여성도를 심방하러 가거든, 먼저 "이스라엘의 위로자"(눅 2:25, KJV)가 함께 하시기를 간구하고 나서, 그 다음에 이 왕의 딸을 힘써 위로하십시오. 여러분은 오늘 오후에도 주일학교 교사로서 학생들을 가르치게 될 것입니다. 이런 가르치는 일들을 지금까지 너무나 많이 해봤기 때문에, 여러분은 저녁식사를 하고 나서는, 호흡을 하듯 너무나 자연스럽게, 주님의 도우심을 간구해야 한다는 당연한 생각조차 거의 하지 않고서, 주일학교로 냅다 걸어가지는 않습니까? 이것이 옳은 일입니까? 예수님을 위해 말할 수 있는 단 한 번의 주일 오후나, 단 한 번의 기회라도 여러분이 허비해서야 되겠습니까? 만약 그분께서 여러분과 함께 하지 않는다면, 그 기회는 허비되는 셈입니다. 여러분이 가르치는 아이들 중에 어떤 아이는 다음 주일이 오기 전에 죽을 수도 있고, 다시는 주일학교에 나오지 못할 아이도 있을 수 있습니다. 주님 없이는 단 한 번이라도 그들 앞에 서지 마십시오. 여러분이 명령해서 예수님을 부릴 수 있다고 생각한다거나, 여러분이 수고하는 것은 그분이 반드시 성공하게 해 주신다는 잘못된 확신을 가지고 있다면, 절대로 학생들을 가르치는 위치에 서지 마십시오. 만약 우리가 경솔하고도 기도 없는 습관에 빠진다면, 그분은 우리를 떠나실 것입니다. 왜 예수님은 나사렛으로 돌아오는 그날 그의 어머니와 함께 있지 않았을까요? 진실로 예수님은 하늘에 있는 아버지의 일을 행해야만 했습니다. 그렇다면 하나님은 왜 예수님의 육신의 어머니가 예수님을 잃어버리도록 허락하셨을까요? 예수님의 어머니라도 대부분의 우리들과 마찬가

지로 그분의 동행하심이 귀하다는 사실을 배워야 했기 때문은 아니었습니다. 아마 우리가 그분을 잃어버리지 않았다면, 우리는 그분이 얼마나 다정하신 분인지를 알지 못했기 때문이었을 것입니다. 예수님의 어머니 마리아가 그의 사랑하는 아들을 잃어버렸을 때, 눈물이 강이 되어 흐르는 모습을 저는 그려볼 수 있습니다. 이때 비로소 마리아는 나이든 시므온이 "또 칼이 네 마음을 찌르듯 하리니"(눅 2:35)라고 한 그 말의 뜻을 깨닫기 시작했을 것입니다. 칼이 그녀의 가슴을 찌르던 바로 그때가, 예수님의 죽음으로 더욱더 비통한 슬픔 속에 애통해야 할 또 다른 삼일을 미리 예비하도록 했던 것입니다. 마리아가 여기저기를 다니며 "너희가 그를 보았느냐?"라고 수소문하는 모습을 보십시오. 그녀의 이런 모습은 저로 하여금 아가서에 나오는 사랑하는 자를 찾는 연인의 모습을 떠오르게 합니다. "내 영혼이 사랑하는 이를 너희가 보았느냐?"(아 3:3, KJV)라고 하는 모습 말입니다. 그녀는 거리들을 헤매다가 하루가 저물자, "그를 찾았으나 만나지 못하였노라"(아 3:2, KJV)라고 말하는 모습이 보이는 듯합니다. 어디를 가든 그녀는 똑같이 "내 영혼이 사랑하는 이를 너희가 보았느냐?"(아 3:3, KJV)라고 물었지만, 그에 대한 아무런 소식도 들을 수 없었습니다. 그분을 찾기까지는 그녀에게 평화는 멀리 있었습니다. 그러나 오, 마침내 성전에서 그분을 발견했을 때, 그녀의 눈에 비친 그분은 얼마나 귀했겠습니까? 그 이후로 마리아는 예수님을 얼마나 더 잘 보살폈으며, 그녀의 그 사랑스러운 아들에게 별 다른 해가 생기지 않았던 것을 생각하며 얼마나 기뻐하며 지냈겠습니까!

우리가 드리는 예배 가운데, 여러분이나 저나 그리스도와의 사귐이 없었다면, 우리는 그분에게 가서 이렇게 간구해야 할 것입니다. "나의 주님, 저를 다시는 떠나지 마옵소서. 당신이 나의 지혜가 아니라면, 저는 얼마나 어리석은 자가 되었겠습니까! 당신이 나의 능력이 아니라면, 저는 얼마나 연약한 자가 되었겠습니까! 당신이 나의 입이 아니라면, 저의 말은 얼마나 침묵보다도 못한 것이 되었겠습니까? 당신이 내가 하는 모든 말의 영혼이자 생명이 아니라면, 내가 하는 말들은 얼마나 무정하며, 제 말을 듣는 사람들의 귀에 얼마나 따분하게 들렸겠습니까!" 오, 우리가 행하는 모든 설교와 가르침들이 우리의 거룩한 주님과 함께하는 능력에 사로잡힌다면, 우리의 이 사역들이 얼마나 달라지겠습니까!

그러므로 사랑하는 성도 여러분, 저도 배웠으면 하고 갈망하는 사실이지만 여러분도 이 사실을 배우십시오. 즉, 우리는 예수님에 관한 것은 어떤 것이든 당연한 것으로 여겨서는 안 된다는 사실입니다. 우리는 영원한 것들에 관해 확실히 알고 있어야 합니다. 우리가 이것들을 놓친다면, 우리는 과연 어디에 서야 할까요? 진리를 붙잡으십시오. 그리고 그것이 진리라는 사실을 아십시오. "만약에", "그래도", "나도 원하기는 하지만", "나도 믿기는 하지만" 같은 이런 말들에 절대로 만족하지 말고, 그리스도를 확실히 믿으십시오! 만약 여러분이 육신의 건강에 대해 확신이 없다면, 그리스도 안에서 여러분의 존재에 대한 확신을 가지십시오. 그러면 여러분의 영혼까지 건강해질 것입니다. 여러분이 다니고 있는 회사의 지불능력에 대해, 여러분이 가진 재산의 처분권에 대해, 여러분이 가진 결혼증명서 등에 대해 여러분이 확신이 없다면, 여러분의 마음속에 예수님이 계신다는 사실에 대해서는 적어도 확신을 가지십시오. 지금 이 순간에도 마음에 어떤 의심이 든다면, 예수님은 여러분의 편이라는 확신을 성령님께서 친히 여러분의 영혼에 인치실 때까지는, 두 눈을 감고서 잠을 자거나 졸지도 마십시오. 이상으로, 저는 예수님께서 우리의 모임과 수고 가운데 계실 것이라는 두 가지 추측에 대해서 말씀드렸습니다.

3. 이제 세 번째 교훈을 말씀드리겠습니다.

예수님의 부모인 선한 이 두 사람을 통해서 알 수 있는 것은, 추측도 우리에게 교훈이 된다는 사실입니다. 이번에도 "그가 동행 중에 있는 줄로 생각하고"라는 말씀에 의지해서 생각해 보겠습니다.

지금 이 설교를 듣고 있는 어린아이들에게 말합니다. 이 말씀은 여러분을 위한 말씀입니다. 예수님은 지금 여러분 나이와 마찬가지로, 그 당시 열두 살 정도의 어린아이였습니다. 그분은 나사렛으로 가는 일행과 동행 중이었습니다. 한 번 상상해 보세요. 나사렛으로 가면서 그분은 어떤 행동을 했을 것 같습니까? 여러분이 만약 예수님이었다면 어떻게 행동했을지 한번 생각해 보십시오. 온 일행들이 시편을 노래했을 때, 그 빛나는 눈동자를 지닌 소년도 가장 아름다운 목소리로 노래를 불렀을 것이라 저는 확신합니다. 예수님은 마음속 가장 깊은 곳에서 우러나오는 찬양을 아버지 하나님께 드렸을 것입니다. 하나님을 찬양하는 일을 예수님은 절대로 게을리하거나 지겨운 것으로 여기지 않았을 것입니다. 가장 경건한 경배자들을 뽑으라면 여러분은 이 어린 예수님을 넣었을 것입니다. 그러므로 사랑하는 어린이 여러분, 어린이 여러분이 하나님의 백성들과 함께 할 때마다,

여러분은 온 마음을 다해 경배하도록 하십시오. 우리와 함께 기도하고, 우리와 함께 찬양하십시오. 그리고 여러분의 귀에 들리는 진리의 말씀을 받아 마시려고 애쓰십시오. 그래야 어린이 여러분은 거룩하신 예수님처럼 자랄 것입니다. 소년 소녀 모든 어린이 여러분, 여러분도 예수님이 행하셨던 행동들을 할 수 있도록 하나님의 백성 가운데서 기도하십시오.

예수님을 발견했을 때, 그분은 분명히 거룩한 일들을 말하는 사람들의 이야기에 귀를 기울이면서 그 일행 중에 있었을 것이라 확신합니다. 특별히 그는 자신이 성전에서 보았던 것들을 설명하는 이야기에 더 열심히 귀를 기울였을 것입니다. 대화의 주제로 유월절 어린 양이 나오자, 자기 또한 "세상 죄를 지고 가는 하나님의 어린 양"(요 1:29)으로서 그 귀여운 어린이는 얼마나 더 귀를 쫑긋 세워 이야기를 들었겠습니까! 피 흘림에 대한 이야기가 나올 때는 상기된 얼굴로 더 열심히 듣고 있는 그 어린이의 모습이 눈에 보이는 듯합니다. 그는 분명히 "이 예식이 무엇을 뜻하나이까?"(출 12:26, KJV)라고 물었을 것입니다. 그 어린이는 그 날의 장엄한 의미들을 어른 성도들과 함께 나누고자 하였을 것입니다. 어린이 여러분도 하나님의 집에 올라올 때마다, 하나님의 말씀이 가르쳐 주는 모든 교훈으로부터 여러분이 취할 수 있는 모든 것을 배우고자 노력하십시오. 좋은 친구를 사귀도록 애쓰고, 이런 사귐을 통해 배우도록 하십시오. 악하게 말하는 자들의 이야기에는 귀를 닫고, 여러분의 하나님과 구주와 신앙과 그리고 여러분이 살게 되기를 소망하는 천국에 대한 모든 것에 대해서는 항상 귀를 열고 들을 준비를 하십시오.

그분이 집으로 가는 일행들과 동행 중이었다면, 그 일행 중에서 그분이 가장 마음씨가 자상하고 잘 도와주며 붙임성 있는 어린이였을 것으로 확신합니다. 만약 어떤 사람이 무거운 짐을 운반해야 할 일이 생겼다면, 이 열두 살짜리 소년이 제일 먼저 나가서 힘닿는 데까지 도왔을 것입니다. 친절을 베풀어야 할 일이 생겼다면 그가 제일 먼저 했을 것입니다. 그는 모든 사람의 종으로 내주도록 되었기 때문에, 하나님과 사람에게 더욱 사랑스럽게(눅 2:52) 자라났습니다. 마리아의 아들은 주위 모든 사람들로부터 사랑을 받았습니다. 왜냐하면 그는 매우 이타적이었고 친절했고 온유했으며 모든 일을 자발적으로 하려고 했기 때문입니다. 그는 다른 사람을 기쁘게 할 수 있는 일이라면 모든 일을 다 했습니다. 이런 교훈을 제대로 배우는 소년 소녀들은 모두 복된 어린이들입니다. 오, 사랑하는 어린이 여러분, 만약 여러분이 다른 사람들을 행복하게 하려는 마음으로 살아간다면, 여러분 자신도 행복해질 것입니다! 그러므로 여러분의 부모와 형제와 자매와 친구와 학교 동료들에게 이렇게 행동하십시오. 그러면 여러분은 이 점에 있어서는 예수님과 같게 될 것입니다.

제가 또 확신하는 바는, 예수님은 그 동행 중에 대다수의 소년들이 행하는 행동들은 절대로 하지 않았을 것이라는 사실입니다. 장난을 심하게 친다거나, 소란을 피운다거나, 떼를 쓴다거나 어른 말을 잘 듣지 않는 그런 행동들을 예수님은 절대로 하지 않았을 것입니다. 오히려 그분은 주변에 있는 모든 사람들에게 위로와 기쁨을 안겨다 주었을 것입니다. 그분은 분명히 그 일행 가운데서도 가장 활기차고 가장 명랑한 소년이었을 것입니다. 그럼에도 거칠거나 상스럽거나 제멋대로 하는 말썽꾸러기는 아니었습니다. 그분이 있는 곳에서는 어떠한 말다툼도 없었을 것이고, 어느 곳이든 그분이 있기만 하면 그와 함께 한 모든 어린이들 가운데 평화가 흘러넘쳤을 것입니다. 어린이 여러분, 예수님께서 어떤 일들은 행하셨고 또 어떤 일들은 행하지 않았을 것 같은지, 어린이 여러분이 한번 생각해 봤으면 합니다. 그리고 나서 예수님께서 행하셨을 것 같은 일들을 여러분도 행하십시오. 그렇게 행하는 어린이를 본다면 제게 큰 기쁨이 될 것입니다. 사랑하는 어린이 여러분, 간단하지만 이 말을 간직하고서 집으로 돌아가세요. 그리고 자주 이 말을 자신에게 물어보세요. "예수님은 어떻게 행하셨을까?" 하고 말입니다. 예수님께서 행하셨을 것 같은 그 행동이 바로 어린이 여러분을 위한 최고의 규칙이기 때문입니다.

이제 저는 어른 성도들에게 말씀드리겠습니다. "그가 동행 중에 있는 줄로 생각하고"라는 말씀처럼, 만약 여러분이 그 여행에 동행하고 있었더라면, 여기 있는 모든 아버지나 어머니인 사람들은 한 명도 빠짐없이 모두들 기꺼이 그분을 돌보았을 것이라고 저는 장담합니다. 여기에 결혼하신 모든 여성도들은 "어떤 일이 있어도 나는 그분을 내 품에 안고서 돌봤을 것입니다"라고 말할 것입니다. 여러분은 정직하게 말하고 있습니다. 그렇지요? 여러분은 허투루 말하지 않습니다. 당연하지요. 좋습니다. 이제 여러분은 여러분이 한 말의 신실성을 증명해 보일 수 있는 기회를 갖게 되었습니다. 왜냐하면 예수님은 여전히 우리와 동행하고 계시기 때문입니다. 여러분은 그분을 가난한 자들의 모습에서 찾을 수 있습니다. 만약 여러분이 그분을 잘 돌봐드리고 싶다면, 가난한 자들이 필요로 하는 것을 채워 주십시오. 이들 가운데 지극히 작은 자를 도와주십시오. 여러분이 도와준 그것이 바로 그분에게 행한 것입니다(마 25:40). 여러분은 그분을 병든 자들의 모습에서도 찾을 수 있습니다. 그들을 찾아 돌보십시오. 좀 더 많은 하나님의 백성이 병든 자들을 헌신적으로 돌보았으면 하는 것이 제 바람입니다. 외로운 자들을 찾아가고, 궁핍한 자들을 격려해 주십시오. 여러분은 스스로 예수님을 돌보고 싶다고 말했으니, 그분께서 "내가 병들었을 때에 너희들이 나를 돌보았고"(마 25:36) 하신 말씀을 기억하면서, 여러분이 한 말을 즉시 입증해 보이십시오. 만약 여러분이 예수님을 돌보기 원한다면, 어린아이를 돌봄으로써 여러분의 그 마음을 나타내 보일 수도 있습니다. 왜냐하면 모든 어린이들은 "어린아이들이 내게 오는 것을 허락하고 그들을 막지 말라"(마 19:14, KJV)고 말씀하신 그분의 보호자 같은 돌보심 가운데, 우리에게로 나아올 것이기 때문입니다. 축복해야 할 어린아이들을 찾으면서 여가를 보낸다면, 그는 그 동행 중에 아이 예수님을 돌보았을 것이라 입증하는 셈이 됩니다. 무엇보다도 고아들을 생각하십시오. 그 동행 중에, 예수님도 실제로 고아였을 것이기 때문입니다. 잠시였다 해도, 아버지와 어머니를 잃었었기 때문입니다. 여러분 중에 많은 사람들이 "이제 부모도 없는 그 똑똑하고 귀여운 남자 아이를 내가 꼭 돌봐야겠어. 부모를 잃어버린 게 분명해. 이리 오너라, 얘야. 이리 오너라!"라고 말할 정도로 정이 많은 어머니의 마음을 가지고 있을 것입니다. 여러분은 기쁨으로 그 어린아이에게 뽀뽀하면서 여러분 품에 안아주었을 것입니다. 도처에 있는 고아인 어린아이들을 돌봄으로써 여러분의 마음을 입증하도록 하십시오. 만약 예수님의 부모가 추측한 생각이 옳았다면, 그날의 예수님은 어떠했을지 여러분 각자 마음속으로 생각해 보십시오. 여러분이 성경을 읽을 때는 다음과 같은 점들에 유의하십시오. 즉, 여러분이 예수님에 대해 느끼는 그 사랑은 단순히 감정이나 감상적인 차원이 아닙니다. 그 사랑의 배후에는 실천적인 원칙들이 놓여 있습니다. 그러니 그 날의 교훈이 여러분의 삶과 행동에 영향을 끼치도록 하십시오. 이 문제와 관련해서는 이 정도로만 말씀드리겠습니다. 제가 드린 말씀이 조금이라도 유익이 되었으면 좋겠습니다. 성령 하나님께서 우리를 더욱더 도와주시기를 기원합니다.

**4. 지금부터는 이제까지 하던 생각의 흐름을
완전히 바꿔서 생각해 보고자 합니다.**

이제 어린아이 예수님은 생각하지 마십시오. 저는 충만한 능력을 지닌 예수님에 관해 몇 말씀 드리려고 합니다. 은혜로운 영향력으로 충만한 그분이 동행 중에 있는 줄로 생각한다면, 도대체 어떤 일이 일어나겠습니까? 사랑하는 성도 여러분, 이렇게만 된다면 그러한 동행은 첫째, 얼마나 기쁜 동행이 되겠습니까! 그리스도께서 그들과 함께 동행하고 있다는 것이 알려진다면, 성도들은 기뻐할 수밖에 없습니다. 어떤 순교자들이 감옥에 함께 앉아 있는 모습을 그린 그림을 본 적이 있을 것입니다. 이들은 한 사람씩 차례차례 화형을 당하게 되어 있지만, 서로를 위로해 주고 있습니다. 자, 보십시오. 그들은 그분이 동행 중에 있는 줄로 생각하고 있었습니다. 저도 의심 없이 그분께서 함께 하심을 믿습니다. 저도 그들과 함께 불에 타 죽는 희생을 치르더라도 거기에서 그들과 함께 했으면 좋겠습니다. 여러분은 그렇지 않으십니까? 이런 경우도 생각해 보십시오. 몇 명의 불쌍한 사람들이 함께 한 오두막집에 모여서 예수님에 관한 말들을 하고 있었습니다. 물론 요즘은 거의 볼 수 없는 모습이긴 하지만요. 예수님은 거기에 계시고, 거기에 함께 모인 성도들의 가슴은 활활 타올랐습니다! 그들이 얼마나 큰 사랑을 받았겠습니까! 이러지 않았다면, 그들의 마음에는 슬픔이 가득했겠지만, 그들은 그분이 그들과 동행 중에 있는 줄로 생각하였습니다. 슬퍼하던 모든 자들이 아주 큰 평화를 얻어 그들의 모든 짐들은 매우 가벼워졌으며, 상처받아 심히 아파하던 모든 마음들은 크게 기뻤습니다. 그분이 함께 하시는 가운데 기쁨이 충만했기 때문입니다. 가서 한 상에 둘러앉는 여러분의 가정에 그리스도를 모셔들이십시오. 그러면 그곳에 기쁨도 둘러앉을 것입니다.

다음으로, 예수님께서 동행 중에 있는 줄로 생각한다면 그의 백성들은 모두 얼마나 더 잘 연합하겠습니까! 기독교인들 사이에 불화가 일어나는 것은, 그들 가운데 예수님이 동행하지 않기 때문입니다. 사랑이 부족할 때마다, 인내가 부족할 때마다, 성도들이 서로 간에 결점을 찾고 헐뜯을 때마다, 제 마음은 이렇게 말합니다. "그분이 동행 중에 있는 줄로 생각했다면, 그들이 저렇게 행동하지는 않았을 거야"라고 말이지요. 그들은 그분을 바라보고서 즉시 서로를 용서했을 것입니다. 아니, 그들은 용서할 필요도 없었을 것입니다. 왜냐하면 그들은 서로 간에 무례하게 행동하지 않고, 그들의 마음도 서로 동일한 방향으로 함께 모일 것이기 때문입니다. 목자가 오기까지 양들은 언덕 여기저기에 흩어져 있습니다. 하지만 양들은 목자의 음성을 알고, 그분의 인격으로 인해 양들은 함께 모입니다.

예수님은 연합의 중심이자 원천입니다. 그래서 충만한 영광 가운데 계신 그분께서 교회의 한가운데서 다스리시도록 한다면, 우리의 모든 분열과 갈등은 끝나게 될 것입니다.

"그분이 동행 중에 있는 줄로 생각"한다면, 그들은 모두 얼마나 더 거룩해지겠습니까! 예수님께서 죄를 바라보실 때 죄는 사라지고, 인간의 변덕스러운 정욕들도 그분의 다정한 다스리심에 굴복하게 됩니다. "그분이 동행 중에 있는 줄로 생각"한다면, 모든 마음들은 얼마나 더 경건해지겠습니까! 기도도 더 열심히 하고, 찬양도 더 열심히 하지 않겠습니까! 예수님께서 우리와 동행하신다면, 주일 아침 예배에 허겁지겁 달려오지도 않을 것이며, 밤에 침대 머리맡에서 기도하다가 조는 일도 없을 것입니다. 우리는 마음으로 온종일 기도하게 될 것이며, 그분의 재림과 그분의 나라를 위해 계속 기도하면서 기뻐하게 될 것입니다.

예수님이 동행하신다면, 우리는 또 얼마나 더 배우게 되겠습니까! 성경책을 펼치고 우리 마음까지 열고서 말입니다. 게다가 우리는 달콤한 교제를 얼마나 더 누리게 되겠습니까! 우리의 영혼이 그분의 영혼을 향하고, 우리의 마음이 그분의 마음을 향하게 되어, 우리는 한 분이신 그리스도와 하나로 연합됩니다. 이 얼마나 대단한 일입니까! 예수님께서 그 안에 동행하신다는 생각은 얼마나 기쁘고 거룩한 것인지, 또 얼마나 연합을 이루게 하는지 모릅니다.

예수님이 동행하신다면, 우리 모두는 얼마나 더 생기가 넘치게 되겠습니까! 오늘처럼 포근한 이 아침에 기도하는 이 집에서조차 조느라 비몽사몽중이라니, 도대체 왜 그럴까요? "마음에는 원이로되 육신이 약하도다"(마 26:41)는 말씀처럼 말입니다. 하지만 예수님이 동행하신다면, 마음은 육신을 이길 것이고, 우리는 이 거룩한 예배에서 충만한 생명과 능력과 힘을 느끼게 될 것입니다. 그분의 말씀으로 인해 우리의 마음이 불타오른다면, 우리의 육신은 얼어 있을 수 없습니다. 그분이 함께 하심으로 영혼이 살아날 때, 바로 그 때 온 몸 전체가 깨어나게 됩니다. 해가 떠오르면, 들리는 소리가 없어도 잠자는 수천 명을 깨우듯이, 예수님의 미소는 잠자고 있는 교회를 깨워서 교회에 열정과 생기를 불어넣을 것입니다.

예수님이 동행하신다면, 우리는 얼마나 더 열심을 내게 되겠습니까! 그분의 영광을 위해 얼마나 더 열정적이 되겠습니까! 영혼들을 얻는 이 일에 얼마나 더 전념하겠습니까! 제가 우려하는 것은 이것입니다. 예수님께서 동행하지 않기 때문에, 많은 죄인들이 아무런 경고의 말씀도 듣지 못하고 그냥 우리를 스쳐 지나가도록 하고 있지는 않는지, 그래서 우리 주님을 섬길 좋은 기회들을 잃게 하고 있지는 않는지 하는 것입니다. 여러분은 아마도 거룩한 페이슨 씨(Mr. Payson, Edward Payson, 1783-1827, 미국 회중교회 설교자)에 대해 들어보았을 것입니다. 미국의 성직자이며 하나님과 동행했던 사역자입니다. 그가 하루는 한 부인의 심방 요청을 받아서, 형제 목회자와 함께 그 부인의 집으로 가게 되었습니다. 그 여인은 두 목회자에게 차를 들고 가라고 간곡히 부탁하였습니다. 그 부인은 기독교인이 아니었고, 또 페이슨 목사님은 다른 볼일도 있고 해서 정중히 사양했습니다. 그러나 그 부인은 아주 열심히 페이슨 목사님을 강권하였습니다. 그래서 페이슨 목사님은 잠시 앉아서 대화를 나누었습니다. 그런데 그 때 하나님의 축복이 임했습니다. 페이슨 목사님은 거룩한 기름 부음이 충만한 다정한 말씀을 전했습니다. 그래서 그 집에 있는 모든 사람들에게 은혜를 끼쳤습니다. 그 부인은 목사님을 크게 배려하며 섬겼습니다. 이제 떠나려고 일어나면서 목사님은 부인에게 이렇게 말했습니다. "부인, 부인께서 제게 베풀어주신 융숭한 대접에 감사를 드립니다. 그런데 제 주님은 어떻게 섬길 작정이십니까?" 이 질문으로 인해, 은혜의 역사가 그 부인에게 일어났습니다. 그녀는 예수님에게로 나아가게 되었으며, 자신의 집을 개방하여 설교하도록 하였고, 부흥의 역사가 뒤따라 일어나게 되었습니다. 자, 보십시오. 만약 예수님께서 페이슨 목사님과 동행하지 않았다면, 그 부인은 어떻게 되었겠습니까? 제가 우려하는 것이 이것입니다. 우리가 죽어가는 사람들 가운데 들락날락하면서도 그들이 멸망하도록 내버려 두지는 않을까, 다시 말해 아브라함에게 뿐만 아니라 우리에게도 "나는 전능한 하나님이라 너는 내 앞에서 행하여 완전하라"(창 17:1)고 말씀하신 그 음성에 우리가 전적으로 순종하지 않아서, 그들의 구원을 위한 그 어떠한 노력도 하지 않은 채 그들이 저주를 받도록 하는 것은 아닌지 말입니다. 우리가 그분의 임재를 자각하고서 행하지 않는 한, 우리는 하나님의 종으로서 결코 완전해질 수 없을 것입니다. 그러나 만약 우리가 그분 앞에서 행하고 그분께서 우리와 함께 하신다면, 우리는 영혼들을 얻는 일에 열심을 내게 될 것입니다.

　사랑하는 성도 여러분, 저는 확신합니다. 만약 예수님께서 우리와 동행하신다면, 우리는 확신을 얻게 되고 모든 의심들은 사라지게 될 것입니다. 우리는 '진리'이신 그분과 함께 교제하면서 살아가기 때문에, 얼마나 확고한 믿음을 갖게 되는지 모릅니다! 목자가 가까이 있다면 이리가 와도 양들은 안전한 것처럼, 우리는 모든 유혹들에 대해 얼마나 안전하게 보호를 받겠습니까? 우리가 천국의 삶으로 인도받는 것이야말로 얼마나 큰 축복인지 모릅니다! 예수님께서 항상 우리와 동행하시고, 가정, 직장, 우리의 수고와 휴식, 기쁨과 슬픔 가운데도 함께 계신다면, 우리가 이 땅에서 하늘나라로 올라가는 것은 틀림없이 그리 큰 변화가 아닐 것입니다.

5. 마지막으로, 저는 여러분의 양심에 호소하여 우리가 예수님을 보았든 혹은 보지 못했든 상관없이 예수님은 동행 중에 있었다는 사실을 묵상하면서, 아주 짧은 시간이나마 말씀드리고자 합니다.

전날 밤에 여러분이 어떤 사람과 논쟁을 할 때, 거기에도 그분은 계셨습니다. 거기에 그분이 동행 중에 있는 줄로 생각할 때, 그분께서는 과연 여러분과 동행하면서 무엇을 보셨을지, 지금 되돌아보기를 바랍니다. 맞습니다. 교리상의 한 쟁점이 대두되었고, 그래서 여러분은 그 점에 대해서 의견을 달리했습니다. 사랑하는 성도 여러분, 여러분은 얼굴을 붉히면서까지 아주 죽일 듯이 열을 내지 않았습니까? 여러분은 그 친구와 논쟁하다가 그를 증오할 지경에까지 이르러 이제 더 이상 상종 못할 친구라는 그런 생각까지 하지 않았습니까? 여러분이 한 행동에 대해서 여러분이 더 잘 아실 것입니다. 예수님께서 동행 중에 있는 줄로 생각한다면, 그분께서는 그런 논쟁에 대해서 결코 미소짓지 않으실 것입니다. 그 자리에 그분께서 계셨습니다. 여러분은 그분의 교리는 기억했지만, 그분의 정신은 잊었습니다. 그분께서는 여러분의 바로 그 모습에 슬퍼하셨습니다. 그 자리에 그분께서 계시다는 것을 여러분이 느꼈다면, 아마도 여러분은 여러분의 주장을 한층 더 다정하게 제시하고, 논쟁에서 여러분의 친구를 굴복시키려 하기보다는 오히려 그 친구를 가르쳐 주님께 영광 돌리도록 말했을 것입니다. 어떤 점에 대해서는 여러분이 양보를 해야 함에도 불구하고, 여러분은 양보하지 않았습니다. 여러분도 알고 있습니다. 어떤 시점에서는 여러분이 틀렸다는 것을 여러분도 알았습니다. 하지만 여러분의 친구가 여러분을 강하게 몰아붙이자, 여러분은 속으로 "그가 옳다는 것을 알지만, 그래도 나는 절대로 인정하지 않을 거야"라고 말했습니다. 주님이 오실 때까지, 우리는 많은 쟁점들에 관해서 서로 입장이 다를 것이라고 저는 생각합니다. 하지만 그럼에도 불구하고, 서로 다른 차이점들이 제기되었을 때도, 예수님이 동행한다면, 그 차이점들을 통해 거룩한 자비와 상호 간의 덕을 세우기 위한 정당한 기회들이 제시되어, 기꺼이 덕이 세워지게 될 것입니다. 다음에 우리가 논쟁을 하게 되면, 각자 이렇게 말하도록 합시다. "예수님께서 여기에 동행하고 계십니다. 그러므로 우리가 참이라고 믿고 있는 것을 주장할 때도, 사랑하는 마음으로 주장하도록 합시다." 우리의 주장에 사랑이 들어 있다고 해서, 우리의 주장이 결코 힘을 잃지는 않을 것입니다. 진리가 사랑과 동행할 때, 그 때가 바로 진리가 가장 강할 때입니다.

　자, 그럼 다시 조금 전까지만 해도 아무렇지도 않게 행해지던 일들에 대해 말씀드리겠습니다. 여러분 가운데는 제삼자가 보기에도 여러분과 세상 사람들 사이에 전혀 차이가 없는 방식으로 행동하는 사람들이 있습니다. 사업이나 거래 등의 이유로 여러분이 만나게 되는 많은 사람들 가운데는 자신의 이득만을 위해 애를 쓰는 사람들이 있습니다. 이런 사람들 때문에 여러분은 지치기도 합니다. 그런데 여러분 자신도 자신의 이익을 위해 애를 쓰고 있다는 것입니다. 지금 제가 여러분을 책망하고 있습니까? 신중하고 용의주도(用意周到)한 태도에 대해 말하는 것이 아닙니다. 그것이 너무 지나친 것은 아닌지 여러분이 자신을 점검해 보기를 바랄 뿐입니다. 제가 보기에 부정직하다고 할 만한 행동들을 여러분은 절대로 하지 않았습니다. 그러나 여러분은 위험하거나 불법적일 수도 있는 그런 아슬아슬하고도 끔찍한 행동을 하지는 않았습니까? 거짓말이라고 꼬집어 말하기는 뭐하지만, 그래도 여러분은 사실 그대로가 아닌 어떤 것을 말하지 않았습니까? 사업하는 사람들은 만나면 피차간에 부당이익을 취하는 것을 너무나 자주 그 목적으로 삼고 있습니다. 부당이익을 추구하는 면에 있어서 그들은 "다이아몬드로 다이아몬드를 자른다"(diamond cuts diamond)는 말처럼 서로 막상막하입니다. 때로는 이보다 더 심하기도 합니다. 기독교인들이 그 모든 거래에 있어서 예수님이 그들과 동행 중에 있는 줄로 생각한다면, 그들의 태도가 얼마나 달랐겠습니까? 여러분의 계산대를 마주하고서, 물건을 팔려는 자의 이쪽 편과 물건을 사려는 자의 저쪽 편에서 서로 예수님을 생각해 보십시오. 판매자와 구매자 양쪽 모두에게 그분의 임재하심이 필요합니다. 왜냐하면 속이려는 의도는 구매자나 판매자나 모두 마찬가지이기 때문입니다. 구매자는 상품의 제 가치보다 낮은 금액으로 물건을 구입하기 원합니다. 그래서 판매자는 미끼 상품으로 사람들을 낚으려고 합니다. 이런 식으로 상거래는 바로 부패해져갑니다. 책망은 어느 한편에만 할 수 없습니다. 사람들은 상품의 원래 제 가치보다 훨씬 낮은 금액으로 구입해야 한다고 생각합니다. 하지만 아주 멋져 보이는데 아무짝에도 쓸모없는 조잡한 물건으로 판명되는 상품을 샀다고 해서 그리 놀라서는 안 됩니다. 오, 여러분 같은 기독교인들은 항상 예수님이 여러분과 동행 중에 있는 줄로 생각해야 합니다. 예수님께서 보고 계시는데도, 가룟 유다가 요한을 속이다니, 저는 상상할 수 없는 일입니다(요 13:23, 26). 보리떡을 가진 아이와 거래할 생각을 빌립('안드레'를 착각한 것 같다. 요 6:8, 9 — 역주)이 하다니, 이 또한 생각할 수 없는 일입니다. 세상 사람들과 거래하며 살아갈 수밖에 없는 우리는 예수님이 인정하실 만한 거래를 해야 하지 않겠습니까? 그분은 우리를 다스리는 분이시며, 우리의 주님이십니다. 그분을 우리가 닮도록 합시다. 그분께서 보시기에 부끄러운 일들은 절대로 하지 맙시다.

이 아침에 저를 비난하지 말아 주십시오. 그래도 굳이 저를 비난하겠다면, 그 비난을 기꺼이 감수하겠습니다. 그 일이 옳다고 여겨진다면, 그렇게 해도 무방합니다. 전날에 여러분은 하나님을 모독하고 회의주의적인 분노를 발산하는 사람들과 함께 있지 않았습니까? 여러분은 그리스도의 제자로서 그들의 이야기를 들으며 도대체 무엇을 하셨습니까? 여러분은 진리를 위해 증언했습니까? 그들은 농담을 하였습니다. 그것도 아주 지저분한 농담이었습니다. 그런데도 여러분은 그런 농담을 듣고 웃었습니다! 여러분이 그렇게 하지 않았습니까? 그러나 애석하게도, 여러분은 주님을 위해서도 단 한 마디도 하지 않았습니다. 그분은 여러분과 동행하면서 이 모든 것을 보고 계셨습니다! 여러분에게는 진리와 거룩함을 위해 말할 기회가 있었습니다. 그럼에도 불구하고 여러분은 이에 대해 한 마디도 하지 않았습니다. 자, 예수님께서 동행 중에 있는 줄로 생각해 보십시오. 제 생각에 그분은 틀림없이 이에 대해 몹시 슬퍼하셨을 것입니다. 여러분의 주님은 분명히 '나를 대적하는 이 모든 말들에 대해, 내 피로 친히 구속한 그가 단 한 마디도 하지 않다니!'라고 생각하셨을 것입니다. 이것은 베드로가 주님을 거듭해서 부인한 것과 마찬가지이지 않습니까? 여러분은 베드로처럼 저주하며 맹세하여(마 26:74) 그분을 부인한 것은 아니지만, 그와 똑같은 비겁한 영이 여러분을 지배한 것은 분명합니다. 오, 여러분이 가진 참된 본색을 드러냈더라면 얼마나 좋았겠습니까! 여러분은 여러분이 가진 선을 위한 영향력을 모르고 있습니다. 만약 우리가 주 예수 그리스도를 항상 우리 앞에 모시고 있다면, 그분을 변호하는데 재빠르고 용감하게 증언하지 않겠습니까?

　　몇몇 친구들과 함께 모였던 그날 저녁을 한 번 더 생각해 보십시오. 그런 저녁시간은 종종 시간 낭비로 끝나지 않습니까? "그분이 동행 중에 있는 줄로 생각하고"라는 말씀처럼, 그분은 정말 거기에 함께 계시는데, 빈번하게 그런 저녁시간들을 갖는 것은 정말 시간낭비라고 생각하지 않습니까? 참으로 경건했던 찰머스 박사님(Thomas Chalmers, 1780-1847, 스코틀랜드 독립교회의 지도자이다)은 예전에 어떤 귀족의 집에서 보낸 저녁시간에 대해 말해 주고 있습니다. 그 집에는 각 분야의 다양한 친구들이 함께 모여서, 대화의 가장 적절한 주제인 극빈자 구호의 원인과 구제책에 대해 질문하며 대화를 나누었습니다. 그 일행 가운데 스코틀랜드 산악지대인 하일랜드 부족의 족장인 나이 지긋한 사람이 찰머스 박사님의 말에 지대한 관심을 가지고 들었답니다. 왜냐하면 찰머스 박사님은 이 문제에 정통한 전문가였기 때문이지요. 틀림없이 그 일행들은 그 저녁시간을 헛되이 낭비한 것이 아니었습니다. 그런데 그날 밤에 예상치 못한 소동이 벌어졌습니다. 극심한 고통의 신음소리마저 들렸습니다. 그 하일랜드 부족의 족장이 죽어가고 있었던 것입니다. 그렇게 몇 분이 지난 후, 그는 정말 죽어 버렸습니다. 찰머스 박사님은 그 죽은 족장의 곁에 서서 고통의 장면을 생생히 보았습니다. 찰머스 박사님은 울부짖었습니다. "안타까운 마음 금할 길이 없구나. 내 친구가 몇 분 사이에 저 세상 사람이 될 줄 알았다면, 그에게 아니, 당신에게 예수 그리스도, 십자가에 못 박히신 그분을 전해야 했었는데." 많은 기독교인들이 지나간 날에 그들이 나눈 대화로 인해 후회하게 되는 이유들이 각양각색으로 얼마나 많은지 모릅니다! 그 낭비해 버린 시간들을 되돌아볼 때, 얼마나 마음이 쓰린지 모릅니다! 예수님께서 동행 중에 있는 줄로 생각하십시오. 우리의 쓸데없는 대화를 들으시고, 그분께서 얼마나 자주 슬퍼하셨는지 모릅니다! 기독교인들인 우리가 만나기는 그렇게 자주 만나면서도 기도는 그렇게 하지 않는 이 엄청난 수치에 대해서, 여러분은 생각해 보셨습니까? 기독교인으로서 보낼 수 있는 가장 행복한 저녁시간은 바로 이런 것입니다. 세상적인 주제들에 대해 은혜로운 방식으로 대화를 시작하지만, 반드시 잊지 않고 좀 더 거룩한 주제에 대한 대화를 나누고서, 그 대화 가운데 기도와 감사를 겸하는 것입니다. 이런 식의 저녁 시간을 보낸 후에는 집에 돌아가서도, 예수님께서 인정하실 만한 저녁 시간을 보냈다는 생각이 드실 것입니다.

저는 지금까지 성도들로부터 많은 이야기들을 들어왔습니다. 그리스도를 위한 봉사를 이제 포기해야 할 것 같다고 말하는 기독교인 친구들도 있고, 또 어떤 친구는 자신이 파산할 것 같으니 예수님을 위한 더 이상의 거룩한 봉사는 하지 못하겠다고 말하기도 합니다. 어떤 사람은 수년 동안 봉사하던 주일학교를 이제 그만하겠다고 하고, 또 다른 사람은 절망 가운데 봉사하느라 지쳤기 때문에 와해되어 가는 약한 교회가 허물어져도 상관없다고 말하기도 합니다. 또 어떤 사람들은 "내 순서가 되어 나는 할 만큼 했으니, 이제부터는 다른 누군가가 이 일을 하도록 하라"고 말하기도 합니다. 예수님께서 동행 중에 있는 줄로 생각하십시오. 이러한 생각들이 그분을 기쁘시게 할 수 있으리라 생각합니까? 만약 예수님이 우리 가운데서 이 모든 것을 보고 계신다면, 이 전쟁의 날에 우리 가운데 누가 감히 등을 돌릴 수 있겠습니까? 사랑하는 성도 여러분, 그럴 수 없습니다. 예수님께서 우리와 함께 하십니다. 그러므로 우리가 살아 있는 한, 그분을 섬기도록 합시다. 존 뉴턴의 일화를 기억해 봅시다. 사람들이 존 뉴턴은 이제 너무 늙어 설교하지 못한다고 말했을 때, 뉴턴 목사는 이렇게 큰 소리로 말했습니다. "뭐라고? 이 아프리카 신성모독자의 몸에 아직도 호흡이 붙어 있는데, 설교를 그만두라고? 절대 그럴 수 없어!"(존 뉴턴이 너무 노쇠해 세인트 메리 울노쓰 교회의 계단을 올라가기도 힘들어하자, 그의 친구들이 설교를 그만하면 어떨까 하는 제안에 뉴턴이 대답한 말이다 — 역주) 이런저런 형태로 여러분이 계속해서 예수님을 섬기는데 어떤 어려움이나 질병이 생기더라도, 결코 괴로워하지 마십시오. 설령 여러분이 맡은 그 직분을 이제는 내려놓아야겠다고 느껴질 때라도, 그분께서 여러분과 동행 중에 있는 줄로 생각하십시오. 계속해서 행진해 나가십시오! 사랑하는 성도 여러분, 앞으로 나가십시오! 예수님께서 앞장서서 그 길을 인도하십니다! 앞으로 나가십시오. 그분께서 함께하시면 승리뿐입니다! 사랑하는 성도 여러분, 하나님께서 여러분을 축복해 주시기를 기원합니다. 하루 온종일 예수님이 동행하시어 여러분의 영혼에 이날이 거룩한 안식일이 되기를 축원합니다. 아멘.

제
12
장

—

공식적으로 기록된
예수님의 첫 번째 말씀

—

"그들이 그분을 보고 심히 놀라며 그분의 어머니는 그분께 이르되, 아들아 네가 어찌하여 우리에게 이렇게 하였느냐 보라, 네 아버지와 내가 근심하며 너를 찾았노라 하매, 그분께서 그들에게 이르시되, 어찌하여 당신들이 나를 찾으셨나이까 내가 반드시 내 아버지 일을 해야 함을 알지 못하셨나이까 하시니라." — 눅 2:48-49, KJV

이 말씀은 아주 흥미롭습니다. 이 말씀은 공식적으로 기록된 거룩하신 우리 주님의 첫 번째 말씀이기 때문입니다. 그분은 어린아이였을 때도 아주 찬양받을 만한 말씀들을 틀림없이 많이 하셨을 것입니다. 하지만 성령님께서는 우리에게 어린 시절은 의견을 표명하기보다는 오히려 준비하는 시기로서, 다소 수줍어하고 겸손해야 한다는 점을 가르쳐 주려는 듯이, 오늘의 본문에 나타난 이 두 말씀 외에는 어떤 것도 성경에 기록하지 않는 것이 적절하다고 보셨습니다. 우리는 거룩한 어린아이에 대해서는 들은 바가 거의 없는데, 이는 어린아이의 성품에서는 겸손이 귀중한 요소가 되기 때문입니다. 그러므로 우리는 이 두 말씀에 더욱 더 진지하게 주의를 기울여야 합니다. 이 말씀은 우리 주님의 가르치시는 사역에 있어서 맨 처음 말씀이기도 하며, 어떤 측면에서는 그분의 전 생애에 대한 예고이기도 하기 때문입니다. 이것이 열두 살 때 하신 말씀이기는 하지만, 우리는 그분의 이 말씀을 어린이 시절의 마지막 말씀이자 청년 시절의 첫 번째 말씀으로 볼 수도 있습니다. 여기 서양보다는 사람들이 더 빨리 성숙해지는 동양의 풍토상, 그 때 그분은 어린아이라고 불리던 시기를 막 벗어나고 있었습니다. 이제는 한 명의 청소년이자 율법의 한 아들로서, 성전에서 선생들과 함께 앉아 그들의 가르침을 받기에 적합한 나이가 되었던 것입니다. 청소년기의 초기는 아주 위험한 시기입니다. 왜냐하면 인생의 대부분이 종종 이 시기에 전적으로 형성되기 때문입니다. 일찍이 자신의 생애를 하나님과 함께 시작하고, 주님을 섬기는 일을 자신의 일로 선택하는 청소년은 참으로 복된 자들입니다. 우리의 모든 청소년들이 예수 그리스도 안에 있었던 마음과 동일한 마음을 품게 된다면, 그것은 성령 하나님께서 우리 자녀들 위에 지금까지 역사하셨고, 지금도 우리의 청소년들을 통해 말씀하려 하신다는 아주 분명한 증거가 되는 셈입니다.

예수님의 이 두 말씀은 마리아를 통해 누가복음서에 기록된 것이 틀림없다고 생각합니다. 그렇지 않다면, 어떻게 복음서 기자가 "그들은 그분께서 자기들에게 하신 말씀을 깨닫지 못하더라"(눅 2:50, KJV) 하는 말씀이나, 마리아는 "이 모든 말씀을 마음속에 간직하니라"(눅 2:51, KJV) 하는 말씀을 알 수 있었겠습니까? 마리아는 여기서 분명히 이 거룩한 어린아이의 말씀, 즉 마리아 스스로 거듭해서 곰곰이 생각했던 그 말씀들에 대해 말하고 있습니다. 마리아는 예수님의 입에서 떨어진 보석들을 우리를 위해 간직했던 것입니다. 이 말씀이 단순해 보여도, 마리아 자신과 아버지라 불리는 요셉도 전혀 이해하지 못했던 그런 말씀이었음을, 마리아는 우리에게 말하고 있습니다. 오직 여러분이 기억해야 할 것은, 마리아가 "이 모든 말씀을 마음속에 간직"했다는 말씀입니다. 여러분도 이성으로 이해가 되지 않는 말씀이 있다면, 그 말씀을 여러분의 사랑으로 간직해 두십시오. 하나님의 말씀 안에 극도로 어려운 것이 들어 있다 해도, 그 말씀을 거절하지 마십시오. 오히려 그 말씀을 장래에 연구하기로 하고 마음에 간직하십시오. 자녀와 아버지의 대화 속에는 자녀가 완전히 이해할 수 없는 것들이 틀림없이 많을 것입니다. 만약 현명한 아이라면 자기가 이해하지 못한 것이라 해도 장래에 사용할 것을 대비해 마음에 간직할 것입니다. 빛이 비쳐지면 서서히 밝혀질 것이라는 기대와 함께 말입니다. 자녀로서 자신이 가진 이해력으로 자기 아버지를 제한하려는 그런 자들 가운데 있지 마십시오. 만약 여러분이 그렇게 한다면, 여러분은 편협한 신앙을 갖게 되거나 아니면 과대망상에 빠질 것입니다. 왜냐하면 거만한 자존심만이 우리로 하여금 하나님이 계시하신 것 중의 십분의 일 정도는 우리가 얼마든지 이해할 수 있다고 믿게 하기 때문입니다. 십분의 일이라니요. 어림도 없습니다. 좀 더 말씀드리자면, 우리가 구원을 받을 정도로는 진리에 대해서 알 수 있겠지만, 진리의 그 충만한 깊이에 대해서는 어떤 인간도 이해할 수 없습니다. 그러므로 우리의 이해력으로 우리의 신앙을 제한하는 것을 원칙으로 삼는다면, 우리는 극도로 제한된 범위의 신앙만을 갖게 될 것입니다. 그래서는 안 됩니다. 이런 것들을 마음속에 소중히 간직합시다. 다이아몬드로만 잘려질 수 있는 이 다이아몬드들을 아주 귀하게 여깁시다. 이것들이 너무 딱딱하다고 해서 옆으로 제쳐놓지 맙시다. 왜냐하면 이것들이 너무 딱딱하다는 사실이 바로 진짜 다이아몬드임을 드러내는 증거일 수 있기 때문입니다. 성령 하나님께서 우리 주 예수님이 하신 이 첫 말씀을 우리에게 주셔서 우리는 감사하며, 비록 심오한 말씀이라 해도 어쨌든 우리는 그 말씀을 사랑합니다. 하나님의 아들이라 해도, 어린아이가 이런 신비로운 말씀들을 할 수 있다는 것에 우리는 놀라지 않을 수 없습니다. 성경 안에는 여러분이 이해할 수 없는 무수한 일들이 많이 기록되어 있는데, 하물며 그리스도께서 한 소년으로서 하신 이 첫 말씀이 이해되지 않는다고 해서, 이상할 게 무엇입니까? 이상하게 생각할 필요 없습니다. 그분을 양육하고 열두 해 동안 전적으로 그분과 함께 살면서, 이제는 그분의 말하는 방식이나 청소년기 언어의 특성을 잘 아는 그분의 부모들도 그리스도의 이 말씀을 이해하지 못했습니다. 마리아와 요셉조차도 이 말씀을 이해하지 못했는데, 하물며 우리가 감히 "나는 이 말을 꼭 이해해야해, 그렇지 않으면 이 말을 받아들이지 않겠어"라고 영원히 말할 수 있겠습니까? 그래서는 안 됩니다. 설령 이 말씀을 이해하지 못한다 해도, 우리는 이 모든 말씀을 마음에 간직하고 있기만 하면 됩니다. 왜냐하면 지금 우리에게 주신 바 되신 성령님의 가르침으로 말미암아 옛날의 가장 지혜로운 성도들에게도 감추어졌던 것들을 우리가 이해하게 되는 유리한 점이 우리에게 있기 때문입니다.

　　사랑하는 성도 여러분, 이 첫 말씀이 너무 단순해 보여도 그 안에 얼마나 위대하고 충만한 뜻이 들어 있는지 모릅니다. 여러분께서 이 말씀을 자세히 살펴보면 볼수록, 그 안에 들어 있는 충만한 의미에 여러분은 점점 더 놀라게 될 것입니다. 오직 천박하고 무식한 자들만이 이 말씀을 평범하게 여깁니다. 그러나 가까이에서 면밀히 연구하는 자들은 그 말에 함축된 심오한 뜻에 크게 놀랄 것입니다. 제가 이 주제를 묵상하는데 큰 도움을 준 스티어(Rudolf Ewald Stier, 1800-1862, 독일 개신교 성직자로 신비주의적인 주석을 많이 썼다)는 이 본문을 "30년간 봉인된 정원에서 홀로 핀 단년(單年)생 꽃 한송이"(「주 예수님의 말씀들, 제1권」[The words of the Lord Jesus, Volume 1], 1855, p.18)라고 칭했습니다. 그 꽃이 얼마나 아름다운 향기를 발하는지 모릅니다! 아직 봉오리만 피었을 뿐이지만, 얼마나 아름다운지 모릅니다! 예수님의 이 말씀은 성숙한 성인(成人)의 말이 아닙니다. 단지 청소년기를 막 접어든 한 소년의 질문에 불과합니다. 그래도 이 반쯤 개화된 꽃봉오리는 우리가 찬양하며 묵상할 가치가 있는 매력적인 향기와 기분 좋은 색들을 드러내고 있습니다.

우리는 예수님의 이 질문들에 대해 예수님 자신의 성품을 예언한 것이라 말할 수도 있고, 자기 인생의 계획을 언급한 것이라 말할 수도 있습니다. 오늘 이 본문에서 그분은 자신의 고귀하고도 고상한 본성을 계시하고, 자신의 영광스러운 사명을 드러내면서, 자신이 이 세상에 와서 해야 할 모든 것들을 그의 어머니에게 제시하신 것입니다. 이 구절은 그 속에 전체 복음이 압축되어 있기 때문에 루터는 이것을 하나의 작은 성경으로 부르고 싶어했습니다. 이 말씀을 장미꽃으로 만든 향수에 비유하면 어떨까요? 한 방울만 떨어뜨려도 모든 나라들과 세대들에 향기를 발하는 그런 향수 말입니다. 이 말씀을 "아름다운 말씀! 놀라운 말씀! 놀라운 생명의 말씀!" 등으로 치켜세운다 해도 괜찮을 것입니다. 그렇다면 누가 감히 이 본문을 대할 수 있을까요? 제가 감당할 수 있을까요? 저는 오늘 본문의 모든 의미들을 제가 드러낼 수 있으리라는 어떤 기대로 이 본문을 대하고 있지 않습니다. 다만 이 본문이 지닌 측량 못할 심오한 뜻을 여러분이 보게 하고 싶을 뿐입니다. 우리와 함께 하시는 임마누엘의 하나님은 청소년의 입을 통해서도 신적으로 말씀하십니다. 말씀이신 분(The Word)의 말씀은 모든 다른 말들을 넘어서 있습니다. 성령 하나님께서 그 말씀들을 우리에게 열어 주시기를 기원합니다.

이제 저는 이 본문 말씀을 살펴보고자 합니다. 이 본문에는 첫 번째, 거룩한 어린아이의 인식이 있고, 두 번째, 거룩한 어린아이의 집이 있으며, 세 번째, 거룩한 어린아이의 일이 있고, 네 번째, 우리 가운데 그를 찾고자 하는 자들을 위한 거룩한 어린아이의 교훈이 있습니다.

1. 이 본문에서 우리는 거룩한 어린아이의 인식을 봅니다.

첫째로 그분은 자신의 고귀한 관계를 아주 분명하고도 명확히 인식하고 있었다는 사실을 주목하십시오. 마리아는 "네 아버지와 내가 근심하며 너를 찾았노라"라고 말했습니다. 어린아이 예수님은 요셉을 자기 아버지로 불렀던 것으로 알려져 있고, 예수님 주변의 모든 사람들도 틀림없이 요셉을 예수님의 아버지로 다들 믿고 있었습니다. 예수님이 서른 살쯤 되셨을 때, 우리 주님에 대한 언급 중에 이런 말씀을 읽을 수 있습니다. "사람들이 생각하기에 이분은 요셉의 아들이신데"(눅 3:23, KJV)라는 말씀입니다. 이 거룩한 어린아이는 이를 부인하지 않았습니다. 하지만 그분은 요셉의 머리 너머를 보면서, 자기 어머니 마음에 다른 아버지를 생각하게 하였습니다. "내가 반드시 내 아버지 일을 해야 함을 알지 못하셨나이까?"(눅 2:49, KJV)라고 말입니다. 그분은 이 말에 대해 설명하지 않았지만, 그 때 자신의 인성과 위대하신 하나님 사이에 존재하는 놀라운 관계를 기억하고 있었던 것은 아주 분명합니다. 왜냐하면 그분은 인간의 일반적인 방식으로 잉태된 것이 아니었기 때문입니다. "네게서 나실 바 거룩한 이는 하나님의 아들이라 일컬어지리라"(눅 1:35, KJV)라고 마리아에게 말씀하신 그 방식대로 그분은 세상에 오셨습니다. 좀 더 고귀한 의미에서, 그리고 신적 존재로서, 그분은 지극히 높으신 분과의 부자(父子) 관계를 주장하셨습니다. 하지만 여기 오늘의 본문에서 그분은 한 인간으로서 분명히 말씀하셨는데, 그분은 자신의 신비로운 출생으로 인해, 우리가 하나님을 아버지로 부르는 것보다 더 고귀한 방식으로, 하나님을 "내 아버지"라고 불렀습니다. 여러분도 아마 눈치챘을 것입니다. 그분께서는 우리에게 하나님을 "우리 아버지"라고 부르라고 명하셨지만(마 6:9), 그분의 전 생애를 통해 볼 때 그분은 하나님을 "우리 아버지"라고 결코 부르지 않으셨습니다. 우리는 하나님의 자녀로서 예수님과 동일한 한 가족이지만, 우리가 기도할 때 우리는 "하늘에 계신 우리 아버지"라고 말하지만, 우리 주 예수님은 우리가 하나님과 맺은 부자관계보다 좀 더 특별한 부자관계에서, 하나님께 아뢸 때 좀 더 독자적으로 "내 아버지"라고 부릅니다. 예수님은 자신의 이러한 개인적인 관계를 스스로 분명히 주장하셨습니다. 그분의 이러한 관계에 대해 우리가 마뜩찮게 여기지 않으리라 확신합니다. 왜냐하면 하나님에 대한 우리 자신의 관계가 바로 이 예수님과 하나님의 부자관계에 의존하고 있기 때문입니다. 그분은 지극히 높으신 분의 아들이며, 우리는 우리의 역량에 따라 영원하신 분과 부자

관계를 맺을 수 있기 때문입니다. 어린아이 예수님은 자신이 지극히 높으신 분의 아들이라는 사실을 인식하셨습니다. 어린아이의 그 특유한 단순함으로 그분은 자기 어머니에게 이 비밀을 선포하였습니다. 물론 그의 어머니는 이미 이 사실이 얼마나 대단한 진리인지를 알고 있었지만 말입니다. 사랑하는 성도 여러분, 이 거룩한 어린아이의 인식이 우리에게 교훈이 되어야만 합니다. 하나님이 우리의 아버지도 되신다는 사실을 여러분과 저는 아주 분명하게 인식하고 있습니까? 우리는 그분과 관계가 없다거나 혹은 고아라거나 또는 하늘에 계신 우리 아버지는 죽었다는 이런 가설 위에서 종종 행동하고 있지 않습니까? 양자의 영의 영향력으로부터 벗어나 독자적인 영으로 제 마음대로 죄를 지으며 살려다가, 여러분 스스로 자제한 적은 없습니까? 이런 일은 결코 있어서는 안 됩니다. 예수님께서는 하나님과 맺은 자신의 고귀하고도 뛰어난 관계를 일찍이 인식하셨습니다. 이와 마찬가지로, 비록 우리는 은혜로 말미암아 하나님의 자녀가 된 것에 불과하다 해도, 우리도 마땅히 이 부자 관계된 사실을 인식해야 한다는 것을 이 복된 분으로부터 배우도록 합시다. 우리는 하늘에 계신 위대한 아버지와 부자관계라는 사실을 알아야 하고, 또한 이루 형언할 수 없을 정도로 귀하게 여겨야 합니다. 진리 가운데서도 이 진리가 모든 다른 진리들보다 우위에 있어야 하며, 우리는 하나님의 자녀라는 존재감으로 살고 움직이고 행동해야 합니다. 오, 성령님이시여, 우리에게 이 진리를 가르쳐주옵소서!

둘째로 이 거룩한 어린아이는 이 관계의 **구속력(拘束力)**을 인식했습니다. 그분은 "내가 반드시 내 아버지 일을 해야 함을 알지 못하셨나이까?"(눅 2:49, KJV)라고 말합니다. 여기서 "반드시"(MUST)라는 말을 큰 글씨로 적으십시오. 이것은 구주께서 항상 즐겨 사용하셨던 절박한 "반드시"가 처음으로 나타난 본문입니다. 그분에 관해 기록된 말씀 중에 이 말이 나오는 것을 자주 볼 수 있습니다. 그분은 친히 "반드시 사마리아를 통과해야 하겠으므로"(요 4:4, KJV)라고 말씀하셨고, "내가 반드시 다른 도시들에서도 하나님의 왕국을 선포하여야 하리니"(눅 4:43, KJV), 그리고 삭개오에게 "내가 반드시 네 집에 머물러야 하겠노라"(눅 19:5, KJV) 하셨으며, 또 "내가 반드시 나를 보내신 분의 일들을 하여야 하리라"(요 9:4, KJV), "인자가 반드시 많은 일들로 고난을 당하고 장로들과 대제사장들과 서기관들에게 버림받아"(눅 9:22, KJV), "인자가 반드시 들려야 하리라"(요12:34, KJV), "그리스도가 고난을 받고 셋째 날 죽은 자들로부터 일어나는 것이 마땅하며”(눅 24:46, KJV)라고 기록되어 있습니다. 아들로서 그분은 자신이 겪은 일들을 통해 반드시 순종을 배워야만 했습니다. 많은 형제 중에서 맏아들(롬 8:29)은 반드시 부자관계에 대한 모든 매력을 느껴야만 합니다. 이것은 거룩한 본성을 지닌 분의 성스러운 본능입니다. 따라서 그분은 반드시 자기 아버지의 일을 해야만 합니다. 이제 저는 이 문제를 다시 여러분에게 적용하고자 합니다. 왜냐하면 제게는 줄곧 실제적인 것이 필요하기 때문입니다. 여러분과 저는 이 거룩한 “반드시”를 우리가 마땅히 해야 할 것으로 느끼고 있습니까? 이 필연성이 우리에게도 부과된 것 아닙니까? 예, 맞습니다. 만약 우리가 우리의 거룩한 아버지를 섬기지 않는다면, 우리에게 화가 임할 것입니다. 우리가 그분을 애타게 갈망하여 그분에게 가까이 나아가고, 그분의 집에 들어가 그분 발 앞에 엎드려, 그분과 대화하며 그분의 음성을 듣고 그분을 대면해 보아야만 한다는 생각을 지금까지 해본 적이 있습니까? 만약 이러한 마음이 없다면, 우리는 그 아들의 영에 진정으로 순복한 것이 아닙니다. 하지만 우리의 아들 됨이 우리의 주요 관심사가 될 때, 우리는 비로소 이 거룩한 필연성을 느끼게 되고, 우리 아버지의 얼굴을 구하지 않을 수 없게 될 것입니다. 마치 불티가 위로 날아(욥 5:7, KJV) 그 불꽃의 중심으로 올라가듯이, 우리 또한 우리 아버지이시며 우리의 모든 것 되시는 하나님께 더 가까이 나아가야만 합니다.

이 거룩한 어린아이는 마리아와 요셉의 망각을 또한 인식하였습니다. 그리고 그분은 이상히 여겼습니다. 그분의 어머니와 요셉은 그분의 고귀한 출생과 그로부터 생기는 필연성 등을 인식하지 못하고 있다는 사실을 그분은 아셨고 이를 이상히 여겼습니다. 그래서 그분은 어린아이들이 말하듯, “어찌하여”라고 말했던 것입니다. “어찌하여 당신들이 나를 찾으셨나이까? 내가 반드시 내 아버지 일을 해야 함을 알지 못하셨나이까?” 그의 부모들이 그의 아들 됨을 인식하지 못할 뿐 아니라, 하나님이 그분의 아버지라는 사실을 알아차리지도 못한 것에 대해서 그분은 놀랐습니다. 마리아는 천사로부터 수태고지를 받을 때 들은 말들을 기억하지 못했던 것일까요? 마리아는 그분이 어떻게 태어났는지 알지 못해서, 그분과 하나님의 신비로운 관계를 기억하지 못했던 것일까요? 물론 마리아는 알고 있었습니다. 하지만 그녀도 한 사람의 여인이었습니다. 여느 어머니와 마찬가지로 마리아는 이 어린아이에게 젖을 먹이며 양육하였습니다. 어린아이를 키우며 아이와 다정하게 친숙해지면서, 그녀는 이 어린아이를 둘러싼 신비로운 일들을 잊기 시작했던 것입니다. 따라서 마리아는 이 어린아이의 의아함을 통해, 이 아이가 지극히 높으신 분의 아들이라는 사실을 잊고 있었음을 깨달을 필요가 있었습니다. 하나님의 자녀들인 사랑하는 성도 여러분, 여러분은 이러한 것들을 지금까지 인식하고 있었습니까? 여러분이 하나님의 자녀라는 사실을 왜 사람들이 모를까 하며 이상하게 생각해 본 적이 있습니까? 때로 여러분이 말할 때면, 사람들이 여러분을 바보나 광신도처럼 여겨서 비웃음을 당하지는 않았습니까? 그러면 여러분은 속으로 '하나님의 자녀는 어떻게 말하고 어떻게 행동하는지를 도대체 저 사람들은 왜 모르는 걸까?'라고 생각했을 것입니다. 성경은 우리에게 "그런즉 세상이 우리를 알지 못함은 세상이 그분을 알지 못하였기 때문이라"(요일 3:1, KJV)고 말씀합니다.

> "전혀 이상하지 않네.
> 우리를 알아주지 않는 것.
> 유대 세상도 그 왕을 알지 못했네.
> 하나님의 영원한 아들을."
> (아이작 와츠의 「찬송과 영가」 1권 64번에 나오는 '이 기이한 은혜를 보라' [Behold what wondrous grace]라는 찬송가의 2절 가사다 — 역주).

영적인 사람은 이해받지 못합니다. 그는 많은 사람들에게 기이한 사람으로 비쳐지기 때문입니다. 사랑하는 성도 여러분, 육적인 사람들이 여러분을 이해하지 못한다 해도, 결코 이상하게 여기지 마십시오. 그렇습니다. 그리스도 안에서 여러분의 친형제와 다름없는, 여러분의 아버지를 사랑하는 자들조차도, 여러분의 새로워진 마음에서 우러나오는 대로 단순한 행동을 했을 때, 때로는 여러분을 의아하게 생각합니다. 많은 기독교인들은 너무나 형식적이어서, 아버지의 집에 사는 자녀들처럼 행동하지 않습니다. 그들은 이방인처럼 굴거나, 아니면 빵이 풍족해서 나누어 줄 게 많은 아버지 집의 품꾼(눅 15:17, KJV)처럼 행동합니다. 그들은 자녀들이 아버지에게 말하듯이, 절대로 말하지 않습니다. 소수의 마음만이 그 거룩한 담대함을 가질 수 있으며, 그 다정한 친숙함으로 하나님의 자녀가 되는 것입니다. 여러분과 제가 "사랑하는 자들아, 이제 우리는 하나님의 자녀들이니라"(요일 3:2, KJV)라고 하신 말씀대로 이런 확신을 가지고서 세상 어디라도 간다면, 신앙 고백을 한 대다수의 성도들도 우리를 보고서 놀랄 그런 일들을 우리는 행하게 될 것이며, 우리 또한 그 대다수 성도들이 의아하게 여기고 놀라워하는 모습을 보고서 도리어 더욱 놀라게 될 것이라 저는 확신합니다. 우리의 마음속 깊은 본성이 우리에게 명하는 대로 행하기만 한다면, 우리는 얼마나 멋진 사람들이 되겠습니까! 이처럼 이 거룩한 어린아이는 자신의 영광된 아들 됨을 인식하였고, 자신 속에 역사하는 이 아들 됨의 구속력을 인식하였으며, 자기 부모가 자신의 감정을 파악하지 못했다는 사실도 인식하였습니다.

　　어린아이 예수님은 자신이 개인적으로 해야 할 일이 있다는 사실도 인식하기 시작했습니다. 그래서 그분은 이렇게 말씀하셨습니다. "어찌하여 당신들이 나를 찾으셨나이까? 내가 반드시 내 아버지 일을 해야 함을 알지 못하셨나이까?"라고 말이지요. 그분이 침묵을 지켜온 지가 12년이 되었습니다. 하지만 지금은 십자가의 그림자가 그에게 엄습해오기 시작했습니다! 그래서 그분은 자기 인생의 사역에 대한 부담감을 조금씩 느꼈던 것입니다. 그분은 단순히 목수의 일을 하기 위해서, 아니면 나사렛에서 농사꾼의 자녀로 살기 위해서 이 땅에 온 것이 아님을 인식하였습니다. 그분은 하나님의 영광을 드러내고 자기 백성을 건져내기 위하여, 즉 죄로부터 구원하여 피로 죄 씻음 받은 무리들을 위대한 하나님이 계신 하늘 보좌로 인도하기 위하여 이 땅에 오셨습니다. 그래서 그분은 마리아와 요셉이 이해할 수 있는 것보다 더 고귀한 능력을 가지셨음을 선포하셨던 것입니다. 그러나 그분은 다시 나사렛의 집으로 되돌아가야만 했습니다. 우리가 성경에서 읽은 대로, 그분은 그 후 18년 동안 전혀 공적인 사역은 하지 않으시고, 그 아버지의 일을 해야만 했습니다. 그분은 아버지의 말씀을 은밀히 들음으로써 그 아버지의 일을 해야만 했습니다. 그래서 그분께서 공생애를 시작하셨을 때, 제자들에게 이렇게 말씀하실 수 있었습니다. "내가 내 아버지께 들은 모든 것을 너희에게 알려 주었기 때문이라"(요 15:15, KJV)고 말입니다. 이렇게 해서 그분은 사람들에게 가르칠 만한 위대한 교훈을 배우게 되었습니다. 그분께서 하나님의 말씀을 충분히 배우는데 18년이라는 시간이 필요했고, 하나님은 그분의 귀를 열어 주시어 가르치는 자가 되기에 부족함이 없도록, 아침마다 깨우치시되 귀를 깨우치셔서 알아듣게 하셨습니다(사 50:4, KJV). 그래서 후에 그분은 이스라엘의 선생이요, 사도들과 복음 전도자들의 주님이자 선생으로 나타날 수 있었습니다. 사랑하는 성도 여러분, 여기서 다시 실제적인 문제를 말씀드리겠습니다. 여러분의 아들 됨과 더불어 여러분은 여러분의 부르심과 사역에 대한 분명한 인식을 가진 적이 있습니까? 여러분은 여러분 앞에 놓인 구원을 완성할 필요가 없습니다. 단지 그 구원을 멀리 그리고 널리 알리기만 하면 됩니다. 하나님께서는 모든 육체를 다스릴 능력을 그리스도에게 주셨습니다. 그래서 그리스도는 아버지께서 자신에게 주신 모든 자에게 영생을 주실 수 있는 것입니다. 이와 마찬가지로, 예수님께서는 그렇고 그런 육체들을 다스릴 능력을 여러분에게 주셨습니다. 그러므로 이 세상에는 여러분을 통하지 않고서는 결코 영생을 받을 수 없는 그런 사람들이 있습니다. 여러분의 입술을 통해 복음을 듣게 될 사람들이 정해져 있습니다. 여러분이라는 도구를 통해 하나님 나라에 들어오도록 된 자들이 하나님의 뜻으로 정해져 있다는 말입니다. 어쩌면 삼십 년, 사십 년, 오십 년 혹은 육십년 동안 살아온 여러분이나 저나, 이제는 "내가 반드시 내 아버지 일을 해야 함을 알지 못하셨나이까?"라고 말하면서, 우리 스스로 분발해야 할 때가 바로 지금이라고 생각하지는 않습니까? 다윗은 뽕나무 수풀 꼭대기에서 누군가가 가는 소리를 들을 때까지(삼하 5:24, KJV) 기다려야 했습니다. 누군가가 가는 소리가 지금 여러분에게 들리지 않습니까? 여러분은 여러분을 보내신 그분의 뜻을 행해야 하며, 그분의 사역을 완성해야 한다는 징표와 지침이 있지 않습니까? 아무도 일할 수 없는 그 밤이 다가오고 있습니다. 하나님의 자녀인 여러분, 그러므로 일어나서 거룩한 어린아이인 예수님을 따라 이렇게 묻기를 시작하십시오. "내가 반드시 내 아버지 일을 해야 함을 알지 못하셨나이까?"

이것이 바로 이 거룩한 어린아이가 인식한 것들이었습니다. 오, 이러한 인식이 우리에게는 주님의 인식보다는 작은 차원에서 강력하게 일어났으면 좋겠습니다. 우리는 하나님께로부터 난 자(요일 3:9, KJV)들이라는 사실을 우리가 인식하기를 바랍니다. "아빠 아버지"(롬 8:15)라고 우리가 부르짖음으로써 우리 안에 있는 성령님을 우리가 인식하기를 바랍니다. 우리가 놓인 처지의 절박성과 그 부르심에 대해 다른 사람들은 이해하지 못해도, 우리는 경탄을 했으면 좋겠습니다. 성령 하나님의 도우심으로 하나님의 부르심에 즉각 임하는 우리의 고귀한 소명감을 우리가 가졌으면 좋겠습니다.

2. 이제 우리는 이 거룩한 어린아이의 집에 대해 생각해 보고자 합니다.

여기서 저는 우리가 가진 성경의 번역을 약간 수정하고자 합니다. 저는 이렇게 수정하는 것이 옳다고 확신합니다. 개정판 성경(RV. Revised Version, KJV에 대한 최초의 공식적인 개정판으로, 신약은 3만여 곳이 변경되었으며, 그중 5천여 곳은 더 나은 헬라어 원문에 따라 변경되었다. 스펄전은 1881년에 출판된 신약본문을 참고하여, 1882년에 본 설교를 행하였다 — 역주) 또한 제 생각과 마찬가지로 변경되었기 때문에, 제 주장은 더욱더 힘을 얻을 것 같습니다. 이 본문은 이렇게 읽혀져야 합니다. "내가 내 아버지 집에 반드시 있어야 될 줄을 알지 못하셨나이까?(RV[눅 2:49])"라고 말입니다. 이 번역이 문자적으로는 정확하지 않을 수 있지만, 그래도 의미상 바른 번역입니다. 따라서 최종적으로는 이렇게 번역되어야 합니다. "내가 내 아버지의 안에(in My Father's) 있어야 될 줄을 알지 못하셨나이까?'라고 말이지요. 왜냐하면 "집"에 해당하는 말이 없기 때문입니다. 하지만 대부분의 언어에서 이런 소유격은 "집"으로 이해됩니다. 이런 말들을 우리가 얼마나 흔하게 사용하고 있는지 여러분도 알 것입니다. "나는 내 아버지의 집에 내려갈 예정이다"(I am going down to my father's)라든가, "나는 저녁시간을 내 형님의 집에서 보낼 거야"(I shall spend the evening at my brother's)라고 말하니까요. 소유격 때문에 집이라는 말이 없어도, 누구나 이것이 "집"을 뜻한다는 것을 알고 있으며, 이 본문에 해당하는 헬라어도 이와 마찬가지입니다. "내가 내 아버지의(My Father's) 안에 있어야 될 줄을 알지 못하셨나이까?" 여기서 "내 아버지의(My Father's)" 또한 "집"을 뜻합니다. 이 "집"이 바로 이 본문의 첫 번째이자 주된 의미입니다. 원문에는 "일"(KJV에는 "집"이 아니라 "일"(business)로 번역되어 있다)을 전혀 언급하고 있지 않습니다. 물론 우리는 "일"이라는 뜻이 당연히 그 안에 포함되어 있다고 이해는 하고 있습니다. 왜냐하면 예수님께서 그의 아버지의 집(in His Father's) 안에서 빈둥거리지는 않았을 것이 확실하기 때문입니다. 예수님도 "내 아버지께서 일하시니 나도 일한다"(요 5:17)고 말씀하셨으니까요. 마리아가 물었던 말도 주목해 보십시오. "네가 어찌하여 우리에게 이렇게 하였느냐? 보라, 네 아버지와 내가 근심하며 너를 찾았노라"라고 말합니다. 그러자 예수님이 "내가 내 아버지 집에 반드시 있어야 될 줄을 알지 못하셨나이까?'라고 대답하십니다. 솔직히 이 대답이 더 완벽하며, "집"이라는 말이 "일"보다는 더 자연스러운 대답으로 보일 것입니다. 만약 예수님께서 "내가 반드시 내 아버지 일을 해야 함을 알지 못하셨나이까?'라고만 말씀하셨다면, 예수님이 어디에 계셨는지에 대해서 그 부모에게 전혀 가르쳐 주지 않은 셈이 됩니다. 왜냐하면 예수님은 그의 생애 동안 줄곧 그의 아버지 일을 하셨기 때문이며, 또 아버지의 일을 한다고 해서 예수님께서 항상 성전 안에만 있었던 것은 아니기 때문입니다. 그가 우물가에 앉아서 사마리아 여인과 이야기를 나누실 때도, 그분은 그의 아버지 일을 하고 계셨습니다. 갈릴리 바다의 파도 위를 걸어가실 때도, 그분은 그의 아버지 일을 하고 계셨습니다. 그분은 어디에 있든지 그의 아버지 일을 하셨습니다. 그러니 그 부모의 질문에 대한 자연스러운 대답은 "어찌하여 당신들이 나를 찾으셨나이까 내가 내 아버지 집에 반드시 있어야 될 줄을 알지 못하셨나이까?"입니다. 본문 독해에 대해서는 이 정도로 말씀드리고, 이제 이 어린아이의 집에 대해 살펴봅시다.

예수님이 자기 아버지가 거하시는 곳이 아니라면, 도대체 어디에 계실 수 있었겠습니까? 열두 살이 되어 자기 아버지의 집에 올라갈 충분한 나이가 되자, 예수님은 유월절 식사를 간절히 하고 싶어했을 것이라는 확신이 듭니다. 그분은 한동안 성전을 하나님께서 특별한 방식으로 자신을 나타내시는 하나님이 거하시는 곳으로 여겼습니다. 그래서 거룩한 어린아이는 이 성전의 벽과 마당들을 자기 아버지 집처럼 기쁘게 여겼습니다. 성전에 이르렀을 때, 그분은 거기에 머무르는 것이 아주 자연스러운 것으로 여겨졌습니다. 예전에 그분은 이런 집에 실제로 머물러 본 적이 없었습니다. 나사렛은 그가 자라난 곳이었지만, 예루살렘 성전은 이 땅에 있는 그의 참된 집이었습니다. 이 복된 어린아이가 자기 아버지가 경배 받으시던 그 곳을 얼마나 사랑했을지 제 마음에 그려봅니다. 그분은 희생제물이 되어 죽임을 당한 양과 소들을 서서 바라보았습니다. 이 희생제물에 대해서는 그분이 비록 어린아이였다 해도, 장성하여 성인이 된 여러분이나 저보다 더 잘 이해했을 것입니다. 어린아이인 그분에게는 분명히 모든 것이 신기했을 것입니다. 저는 지금 하나님으로서 그분에 대해 말씀드리는 것이 아닙니다. 이 모든 것이 그에게는 틀림없이 놀라웠을 것이며, 깊은 인상을 주었을 것입니다. 여러 시편들이 울려 퍼지자, 그분은 다정한 젊은 목소리로 이 시편들을 얼마나 멋지게 불렀는지 모릅니다! 그분은 마음속으로 "나는 내 아버지를 찬양해야겠다"고 말했습니다. 엄숙한 기도가 행해지고 그분이 그 기도소리를 들었을 때, 하늘에 있는 자기 아버지에게 경배 드리는 사람들 중에, 그분처럼 그 기도소리를 경건하게 듣는 사람은 거기에 아무도 없었습니다. 자기 아버지의 왕궁에 있는 그분을 생각만 해도 감동이 됩니다. 그분은 비록 어렸지만 성전보다 더 큰 이(마 12:6)였습니다.

그곳은 특별한 의미에서 그분의 아버지의 집이었습니다. 왜냐하면 성전 안에 있는 모든 것이 하나님의 영광을 선포하고, 거기 있는 모든 것은 하나님께 경배 드리기 위해 만들어졌기 때문입니다. 거기는 그분의 아버지의 사역이 계속되는 곳이라는 의미에서, 성전은 그분의 아버지의 집이기도 합니다. 랍비와 제사장들이 하나님을 신실하게 따르기를 외면한 죄를 지었음에도 불구하고, 성전은 하나님의 능력이 발하는 장소였습니다. "아름다움의 완성인 시온으로부터 하나님이 빛을 비추셨도다"(시 50:2, KJV)라는 말씀처럼 말입니다. 또한 거기는 아버지의 진리가 선포되고, 그분의 규례들이 지켜졌던 곳입니다. 성전은 위대한 농부(요 15:1)가 경작하는 밭의 중심이며, 모든 일꾼들은 그리스도의 친 아버지 밭을 경작하러 나아가는 자작농(自作農)입니다.

성전은 그분에게 있어서 자기 아버지의 이름이 가르쳐지던 곳이었습니다. 그분은 희생 제사를 드리는 곳으로부터 재빨리 가르치는 곳으로 갔습니다. "제사와 예물은 주께서 기뻐하지 아니하시며"(시 40:6, KJV)라는 말씀대로 말입니다. 그래서 그분은 선생들에게로 갔습니다. 생각이 깊고 영적인 이 어린아이는 거룩한 모든 것에 관해서 알고 싶어했습니다. 그래서 그분은 배우는 자들 사이에 자리를 잡았습니다. 이 처음 본 "율법의 어린아이"가 성전 안에 있는 그 어떤 자들보다도 더욱 광범위한 생각을 한 것이 틀림없는 질문을 선생들에게 했을 때, 선생들은 놀랐습니다. 이런 질문들에 대답이 주어지자, 또 다른 무수한 질문들이 쏟아지듯 그 뒤를 이었습니다. 왜냐하면 그분은 좀 더 많은 것을 알기 원했기 때문입니다. 그러한 질문들이 어린아이의 머리에서 나온다는 사실에 선생들은 놀랐습니다. 이번에는 선생들이 그 어린아이에게 질문하였고, 그분은 대답을 잘 하셨습니다. 왜냐하면 그분은 특출한 지혜를 가지고 있었으며, 그의 어머니도 그분에게 귀중한 말씀을 가르쳤기 때문입니다. 그래서 그분은 율법과 선지서에 대해 잘 알고 있었습니다. 틀림없이 그분은 대답을 하면서, 이사야서나 예레미야서의 말씀들을 인용했을 것입니다. 이 어린아이가 거룩한 말씀들을 깊이 있게 보고 있다는 것을 알게 된 선생들은 완전히 놀랐습니다. 자, 사랑하는 성도 여러분, 다시 실제적인 말씀을 드리겠습니다. 하나님의 자녀들인 우리가 우리 아버지 집 외의 다른 곳을 우리의 집으로 삼아서야 되겠습니까? 우리도 우리의 삶에 있어서 이 어린아이의 영을 충분히 가지고 "내가 내 아버지 집에 반드시 있어야 될 줄을 알지 못하셨나이까?"라고 묻는 이런 감정을 가지고 있다고 생각합니까?

그 집이 바로 그분의 교회입니다. 신실한 자들 가운데 그분은 거하십니다. 하나님의 성도들은 성령님을 통해 하나님이 거하실 처소가 되기 위해 함께 지어져 (엡 2:22) 갑니다. 저는 자주 그분의 백성들 가운데 있을 것입니다. 왜냐하면 저는 반드시 내 아버지의 집에 있어야 하기 때문입니다. 제가 진정으로 하나님의 자녀라면, 하나님이 경배 받으시는 곳에 머무르기를 사랑해야 할 필요가 있지 않을까요? 아니, 마땅히 사랑해야 하지 않을까요? 아니, 사랑하게 되어야 하지 않을까요? 하나님의 집에서 나오는 찬송들이 저를 매혹하지 않을까요? 하나님의 백성들이 드리는 기도소리가 저를 기쁘게 하지 않을까요? 성도들의 기도모임에 제가 좀 더 열심을 내지 않을까요? 그들의 찬양 가운데 참여하는 것을 제가 즐거워하지 않을까요? 교제의 식탁과 하나님이 정하셔서 성도들의 경배를 받으시는 곳이면 어디든지 참여하는 것을 제 영혼이 기뻐하지 않을까요? 하나님의 사역이 진행되는 곳이면 어디든지 제가 사랑하지 않을까요? 복음이 선포되는 것을 듣는다면, "저도 거기 가겠습니다"라고 말하지 않을까요? 집에서 집으로 다니며 전도용 소책자를 배포할 일이 있다면, "할 수만 있다면, 저도 한 지역을 맡겠습니다"라고 말하지 않겠습니까? 주일학교에도 할 일이 있으면, "제 능력에 맞는 한 반을 맡아보겠습니다. 이런 거룩한 일에 저도 참여하겠습니다"라고 크게 말하지 않겠습니까? "내가 내 아버지 집에 반드시 있어야 될 줄을 알지 못하셨나이까? 내 아버지 일에, 내 아버지의 모든 관심사에 몰두한 채로 내 아버지 집에 반드시 있어야 될 줄을 알지 못하셨나이까?"라고 말해야 하지 않겠습니까? 복되고도 다정하며 저항할 수 없는 이런 충동이 지속적으로 우리에게 있어야 하지 않겠습니까? 하나님이 계시는 그곳에 저도 있어야만 합니다. 제가 병들어 그분의 백성들과 함께 하지 못한다 해도, 저는 내 아버지 집에 있어야만 합니다. 하늘에 있는 하나님의 큰 집에도 많은 주택들이 있을 뿐 아니라, 땅에 있는 하나님의 큰 집에도 많은 주택들이 있습니다. 그러므로 우리는 거리에서도 하나님과 함께 있을 수 있으며, 들에서 일할 때도 그분의 집 안에 있을 수 있습니다. 어찌되었든 우리는 우리 아버지 집 안에 있어야만 합니다. 우리는 하나님 곁을 떠나서는 참을 수가 없습니다. 하나님과의 교제를 잃는 것은 평화를 잃는 것이며, 또한 즐거움을 잃는 것입니다. 오, 하나님과의 교제를 갈망하십시오. 하나님과의 교제에 욕심을 내십시오. 하나님과의 교제를 지속하게 하는 것은 무엇이든 사랑하십시오. 하나님과의 교제를 못하게 하는 것은 무엇이든 미워하십시오. 땅의 연기가 하늘의 표면을 어둡게 하기 전에, 일찍 일어나 하나님과 교제하십시오. 이슬이 온 지면에 떨어질 동안 늦게까지 자리에 앉아 하나님과 교제하십시오. 여러분이 달리 할 일이 없게 된다면, 그냥 혼자서 쉬고 있지 말고, 밤에 일어나 여러분의 아버지 하나님과 교제를 나누십시오. 어린아이는 자기 아버지에게 말하기를 좋아하고, 또 자기 아버지가 자기에게 말씀하시는 것을 듣고 싶어하지 않겠습니까? 반드시 그래야만 합니다. 그렇게 될 것입니다. 우리의 찬양을 받으시기에 합당한 주님과 선생께서 단지 열두 살일 때 그러하셨듯이, 여러분 안에서 강한 아들의 영이 느껴진다면, 여러분도 그럴 수밖에 없을 것입니다.

3. 세 번째로, 거룩한 어린아이의 일을 생각해 봅시다.

제가 원문을 바르게 읽고자 "내가 반드시 내 아버지 일을 해야 함을 알지 못하셨나이까?"라고 번역된 본문을 거부했지만, 그럼에도 불구하고 이 어린아이는 그분의 아버지의 집에서 빈둥거리지 않았을 것으로 우리는 알고 있습니다. 틀림없이 그분은 한 명의 일꾼으로서 아버지의 집에 있었을 것입니다. 우리 아버지의 집은 일하는 집입니다. 그러므로 우리가 아버지의 집에 있다면, 우리 아버지의 일을 반드시 해야 하지 않겠습니까? 이것이 바로 오늘 본문의 말씀입니다. 일을 언급하는 번역은 의문의 여지가 있지만, 그럼에도 이 거룩한 어린아이의 일이 아버지의 일을 하는 것이었다는 사실은 충분히 정당한 이야기입니다. 그렇다면 그분은 어떤 일을 했습니까?

먼저, 그분은 배우고 질문하는 일에 시간을 보냈습니다. 어떤 젊은이는 "제가 선한 일을 얼마나 하고 싶어 하는데요"라고 말합니다. 여러분의 생각은 참으로 옳습니다. 하지만 여러분은 참아야 합니다. 교사들에게 가서 조금이라도 배우십시오. 여러분은 아직까지 가르칠 수 없습니다. 왜냐하면 여러분은 알지 못하기 때문입니다. 가르치려고 생각하기 전에, 가서 배우십시오. 뜨거운 영혼들은 자기들이 배우고 있을 동안에는 하나님을 섬기는 것이 아니라고 생각합니다. 그러나 배우지 않고 행할 때는 오류를 범하고 맙니다. 사랑하는 성도 여러분, 섬기는 일이 많아 괴로워하던(눅 10:40, KJV) 마르다보다 예수님의 발치에 앉아 있던 마리아가 오히려 더 칭찬을 받았습니다. 어떤 분은 또 이렇게 말합니다. "그래도 우리가 항상 설교를 들을 필요는 없다"고 말이지요. 아닙니다. 여러분 가운데 어떤 사람이 과연 설교를 들을 필요가 없다는 것인지 잘 모르겠습니다. 또 다른 사람은 "우리는 어떤 일이든지 즉시 시작해야 한다"고 크게 말하기도 합니다. 분명히 여러분은 그렇게 해야 합니다. 하지만 먼저 여러분은 그 일이 무엇인지를 배운 후에, 그 일을 시작해야 합니다. 회심한 모든 자들이 바로 가르치기 시작한다면, 우리는 곧 이단 사설에 휩싸이게 될 것이며, 숙고(熟考)되지도 않고 제대로 소화도 되지 않은 교리들을 가르쳐서, 유익은커녕 도리어 해만 끼치게 될 것입니다. 사자(使者)들이여, 달리고 또 달리십시오! 왕의 일은 신속하게 행해야 합니다. 절대로 조금도 중단하지 마십시오. 여러분은 전할 소식을 가지고 있습니다. 그렇다면 먼저, 전할 메시지를 배우십시오. 그런 다음 여러분이 원하는 대로 달리십시오. 메시지를 배울 시간이 반드시 필요합니다. 찬양받으실 우리 주님은 삼십 년을 기다리셨습니다. 그렇다면 그분은 삼십분도 기다릴 수 없는 열정적인 사람들에게 귀감이 되실 만합니다. 얼마나 가벼운 내용들이 전해지고 있는지 한번 살펴보십시오! 아무것도 모르면서 말하고 싶어하는 사람들의 열정은 또 얼마나 대단합니까! 자기들이 알지도 못하는 것을 말하고, 또 자기들이 보지도 못한 것을 증언하는 일에는 또 얼마나 재빠른지요! 이런 일은 지혜로부터 온 것이 아니라 오히려 미숙한 어리석음의 산물입니다.

　우리 같은 비국교도들을 비난하는 말들 가운데, 비국교도들은 예배를 드리러 교회에 가는 것이 아니라, 설교를 듣기 위해 교회에 간다는 그런 말이 있다고 들었습니다. 이 말은 사실이 아닙니다. 설령 이 말이 사실이라 해도, 제가 이 말씀은 꼭 드리고 싶습니다. 설교를 듣는 일은 천국에서 가장 거룩한 예배 행위 중 하나일 것입니다. 왜냐하면 마땅히 들어야 할 제대로 된 복음을 들음으로써 모든 신성한 열정들이 활동하게 되고, 우리의 새로워진 인성의 모든 능력들이 높은 곳에 계신 존엄하신 분(히 1:3, KJV) 앞에 경배하게 됩니다. 이 약속을 받아들임으로써 믿음이 생기고, 이 약속을 기뻐하고 사랑하게 되며, 이 약속의 성취를 기대하며 소망이 생깁니다. 설교의 주제가 높은 곳에 계신 존엄하신 분의 은혜로운 말씀일 때, 모두는 경배하게 됩니다. 생각, 기억, 이해, 감정 등 이 모든 것들이 설교에 사용됩니다. 겸손하고 단순한 마음을 가진 한 사람이 십자가와 자신의 회심에 대해 이야기하는 것을 들었을 때, 저는 하나님을 경배하였습니다. 그 때보다 더 진실하게 하나님을 경배한 적은 없었던 것 같습니다. 저는 두 눈에 주체할 수 없을 정도로 눈물을 흘리며, 사람들에게 복음을 주신 살아 계신 하나님을 찬양하면서 그 복음의 말씀을 들었습니다. 저는 그런 설교를 들을 특권을 좀처럼 갖지 못했습니다. 그래서 그런 귀한 설교를 듣게 되었을 때, 저는 거의 형언할 수 없는 강렬한 기쁨을 맛보는 기회를 갖게 되었습니다. 그 때 비로소 저는 그 어떤 설교를 들었을 때보다 더욱 하나님께 가까이 나아가게 되었습니다. 저는 이런 일들이 여러분에게도 일어날 수 있다고 생각합니다. 어떤 형편에서도 설교가 마땅히 전해져야 할 모습으로 제대로 선포되기만 한다면, 이런 일은 일어나기 마련입니다. 참된 들음이 경배를 낳습니다. 이 거룩한 어린아이는 정해진 선생들에게 단순히 질문하고 배우면서도, 그의 아버지의 일을 하고 있었습니다. 사실, 우리는 이런 우리 아버지의 일을 더 많이 하고 싶어합니다. 하지만 우리는 모자라고 메마르며 연약합니다. 왜냐하면 우리의 깊은 영혼에서 하나님의 진리를 듬뿍 마시기도 전에, 입에 거품을 물고서 너무나 많은 말들을 해대고 있기 때문입니다. 기억하십시오. 여러분에게 좋은 것이 들어가기 전에는 결코 여러분으로부터 좋은 것이 나올 수 없습니다. 그리고 만약 여러분이 가르침을 받을 시간이 없다면, 여러분에게서는 별 가치 없는 것들만 나오게 될 것입니다.

이 거룩한 어린아이는 자기 아버지 일을 하고 있었습니다. 왜냐하면, 그분은 자기 아버지 일에 몰두해 있었기 때문입니다. 그분은 듣는 것과 질문하는데 온 마음을 두었습니다. 번역되는 과정에서 의미가 상실되기는 했으나, 헬라어 원문으로 "~에 관하여"(about)라는 뜻을 가진 단어가 있습니다("내가 반드시 내 아버지 일을 해야 함을 알지 못하셨나이까?"[wist ye not that I must be "about" my Father's business?(KJV)]의 헬라어 원문에 있는 전치사 'en'을 '관하여'[about]로 번역하였다 — 역주). "내가 내 아버지 집 안에 반드시 있어야 될 줄을 알지 못하셨나이까?("Know you not that I must be 'in' my Father's?"[RV]에서는 헬라어 'en'을 '안에'[in]로 번역하였다 — 역주)라고 번역된 개정판에는 이와 관련된 헬라어 분석이 전혀 없습니다. 하나님을 경배하는 길은 그 안에 전심으로 들어가는 것입니다. "주 안에서 힘을 얻는 자는 복이 있나니 그의 마음 안에 그것들의 길들이 있나이다"(시 84:5, KJV)라는 말씀처럼 말입니다. 우리 설교자들은 설교를 할 때 종종 "저는 제 자신이 완전히 이 주제 안에 들어간 것처럼 느꼈습니다"라고 말합니다. 그리고 설교자가 그 주제 안에 실제로 빠져 들어가는 때가 언제인지 여러분도 알고 있습니다. 종종 설교자는 자기가 설교하는 본문의 얕은 물가에서 첨벙첨벙하기만 합니다. 그러다가 잘하면 발목까지 차는 물속으로 걸어가기도 합니다. 하지만 "안에 들어가 헤엄칠 정도의 물"(겔 47:5, KJV)로 뛰어 들어갈 때, 바로 그 때가 여러분에게 위대한 때입니다. 귀중한 진리의 강물에 설교자의 발까지 뜨게 될 때, 여러분도 머리를 물에 잠그고 설교자와 같이 헤엄치게 될 것입니다. 우리 주님 그분께서 성전 안에 들어가셨을 때, 그분은 성전에서 드려지는 예배와 가르침에 깊이 잠기셨습니다. 그래서 마리아에게 그렇게 대답하신 것입니다. 그분께서 다음처럼 대답하신 것은 아주 당연한 대답이었습니다. "제가 제 아버지 집에 열중하고 있을 줄을 알지 못하셨나이까? 저는 부모님께서 가신 줄을 몰랐습니다. 저는 부모님에 관한 것은 모두 잊고 있었습니다. 제 영혼이 아버지 집에 반드시 있어야 될 줄을 알지 못하셨나이까? 저는 박사들로부터 배운 것과 성전 안에서 본 것들에 열중하느라, 여기에 머물러 있을 수밖에 없었습니다. 부모님은 이런 내막을 모르셨습니까? 부모님도 저처럼 열중해 있지 않았습니까?" 그분은 그 부모도 자기처럼 성전에 대해 대단한 흥미를 가지고 있을 것으로 생각한 것 같습니다. 만약 그 부모도 그분이 하나님과 맺은 그런 관계를 하나님과 가졌더라면, 그분처럼 흥미를 가졌을 것입니다. 우리가 우리의 예배에 집중해야 한다는 것은 당연한 말입니다. 우리가 예배에 집중하느라 우리 옆 자리에 앉은 사람들에게 때로는 다소 무례한 행동을 한다 해도, 또는 조금 예의에 어긋나게 여기저기 돌아다닌다 해도, 또는 무의식중에 우리의 감정을 다소 발산해서 옆 회중석에 앉은 사람에게 성가신 존재가 되어 "도대체 이 사람은 무슨 문제가 있는 거 아니야?" 하는 그런 말을 듣는다 해도, 저는 전혀 이상하게 생각하지 않을 것입니다. 사랑하는 성도 여러분, 우리는 거룩한 일에 이미 뛰어들었습니다. 그러므로 우리는 우리 자신을 완전히 통제할 수 없습니다. 우리는 다른 사람들에게 "내가 내 아버지의 일과 예배와 진리를 감당해야 할 줄을 알지 못하셨나이까?"라고 말할 수 있을 것 같습니다. 우리는 성의 없이 지낼 수가 없습니다. 우리는 이 일이 매우 기쁘기 때문입니다. 우리는 완전히 깨끗해졌습니다. 우리는 우리의 거룩한 사역에 완전히 사로잡힌 게 분명하기 때문에, 적당히 조용하게 있을 수 없습니다. 여러분은 이런 사실을 알지 못합니까?

이외에도 이 거룩한 어린아이는 자신이 필연적으로 이 일을 해야 할 것으로 선포하고 있습니다. "내가 내 아버지 집에 반드시 있어야 될 줄을 알지 못하셨나이까?" 이것을 살펴보면, 그분은 스스로 어떻게 할 수가 없었음이 드러납니다. 그리스도께서는 성의 없는 학생이나 미지근한 예배자가 될 수 없었습니다. 그분이 그렇게 되는 것은 불가능한 일이었습니다. 그분은 아버지 일에 몰두할 수밖에 없었습니다. 그분은 복된 소용돌이 속으로 빠져들 수밖에 없었습니다. 그분은 아버지 일에 열중해서 자신의 모든 생각을 하나로 모아 그 일에 집중할 수밖에 없었습니다. 그래서 그분은 자기 어머니에게 "내가 내 아버지 집에 반드시 있어야 될 줄을 알지 못하셨나이까?"라고 말했던 것입니다. 다른 것들은 이 거룩한 어린아이의 관심을 끌지 못했으며, 오직 아버지의 일만이 그분을 사로잡았습니다. 여러분은 알렉산더의 이야기를 알고 있을 것입니다. 페르시아의 사절들이 자기 아버지의 궁정에 왔을 때, 어린 알렉산더는 그들에게 많은 질문들을 하였습니다. 그런데 그 질문들은 일반적으로 어린 소년들이 생각해서 물을 수 있는 질문들이 전혀 아니었습니다. 어린 알렉산더는 그들에게 상아 보좌가 어떠한지, 바벨론의 공중 정원(고대 바빌론에 세워진 계단 모양의 정원으로 세계 7대 불가사의 중 하나이다)이나 왕의 멋진 의복 등에 대해 묻지 않았습니다. 알렉산더는 페르시아인들이 전쟁에 사용하는 무기가 어떤 것인지, 페르시아인들은 어떤 형태로 행군을 하는지, 그들의 나라는 어디까지인지에 대해서 물었습니다(플루타르크가 쓴 영웅전에 이와 비슷한 내용이 나온다 — 역주). 왜냐하면 그 소년 알렉산더는 자기 속에서 성인 알렉산더를 느끼고 있었으며, 자기가 페르시아를 정복할 사람이고, 그들을 무찌를 전혀 다른 전투 방식을 보여줄 사람이라는 예감을 가지고 있었던 것입니다. 이 이야기는 오로지 아버지의 일에만 사로잡혔던 어린 예수님의 경우에 딱 들어맞는 예입니다. 왜냐하면 예수님의 경우에 그분은 자기 아버지의 일을 행하고, 아버지의 영광을 위해 살며, 끝까지 아버지의 목적을 완수해야 했기 때문입니다.

**4. 마지막으로, 우리 가운데 이 거룩한 어린아이를 찾고 있는
자들에게 주시는 교훈에 대해 배워 보겠습니다.**

제가 지금 그리스도를 시야에서 놓쳐 버린 하나님의 자녀들에 대해 말하고 있다는 것을 아시지요? 우리가 이 거룩한 어린 아이를 잃는 일은 종종 일어납니다. 우리가 사람들과 교제를 나누며 기뻐할 때, 더 빈번하게 이런 일이 일어납니다. 그래서 우리는 그분을 놓쳐 버리게 됩니다. 틀림없이 마리아와 요셉도 축제로 인해 마음이 들떠 기뻐하다가 예수님을 잊게 되었을 것입니다. 여러분과 저는 하나님의 집에 있을 때도 이 집에 계신 주님을 잊을 수 있습니다. 그분께서 친히 마련해 주신 식탁에서 그분을 놓친 적은 없습니까? 그분의 일을 한답시고 분주하게 보내다가 그분을 놓친 적은 없습니까? 거룩한 일들로 이것저것 바쁜 바

로 그 때, 여러분은 그분을 놓친 적이 없습니까? 여러분이 이렇게 그분을 놓쳤을 때도, 아마 여러분은 그분에게 이렇게 말할 것입니다. "주님, 저는 오랫동안 당신을 찾았습니다. 저는 당신의 친지들 가운데 있었습니다. 저는 하나님께서 사랑하시는 성도들에게 갔었고, 가서 그들에게 이렇게 말했습니다. '내 혼이 사랑하는 이를 너희가 보았느냐?(아 3:3, KJV) 나는 그를 잃어버렸노라'라고 말이지요." 그러자 그분께서 "어떤 이유로 너는 나를 찾았느냐?"라고 말씀하십니다. 그분을 갈망하는 자들은 그분을 잃어서는 안 됩니다. 그분께서 떠나계실 때도, 여러분은 그분을 믿을 수 있습니까? 심지어 여러분이 그분을 보지 못할 때도, 그분은 더할 나위 없이 믿을 수 있는 분이십니다. 그분께서 항상 미소짓지 않는다 해도, 그분은 우리를 끝까지 사랑하십니다. 설령 여러분이 주의 얼굴빛 가운데 걸어다니지(시 89:15, KJV) 않는다 해도, 여러분은 그분이 가진 사랑의 마음 안에 살고 있는 것입니다. 여러분이 그분을 보지 못할 때도, 예수님은 여러분을 보고 계십니다. 지혜의 근본이신 그분께서 자신을 숨기시는 데는 그만한 이유가 있는 것입니다.

사랑하는 성도 여러분, 여러분과 제가 우리 주님이 어디 계신지 찾고 싶다면, 우리는 이미 그분이 어디 계신지를 이미 알고 있다는 사실에 주목하십시오. 우리는 알고 있지 않습니까? 그분은 자기 아버지 집에 계십니다. 그분의 아버지 집으로 우리 나아갑시다. 우리의 아버지이시며 동시에 그분의 아버지이기도 한 그분께 나아갑시다. 만약 우리가 예수님과의 교제가 중단되었다면, 하나님과 이야기를 나누고 그분에게 예수님이 어디 계신지 물읍시다. 우리는 확신할 수 있습니다. 그분은 분명히 자기 아버지의 일을 하고 계신 중입니다. 우리는 이 사실을 확신합니다. 그분을 위해 다시 일하러 나아갑시다. "저는 지금 너무 우울해서, 기도조차 할 수 없어요"라고 말하지 맙시다. 지금은 우리가 반드시 기도해야 할 때입니다. "그래도 지금 저는 그분을 찬양할 기분이 아니에요"라고 말하지 맙시다. 바로 지금이 반드시 그분을 찬양해야 할 때입니다. 그리고 여러분이 찬양하려고 한다면, 찬양이 우러나오게 될 것입니다. 때때로 우리는 거룩한 활동을 할 마음조차 없을 때가 있습니다. 그러면 마귀가 와서 "하지 마라"고 속삭입니다. 나의 사랑하는 성도 여러분, 지금 성도들의 집회에 반드시 올라가십시오. 올라가다보면 가고 싶은 마음이 생깁니다. 기도 모임에 관심을 잃기 시작한 것은 아닙니까? 기도 모임에 관심도 갖기 전에 여러분은 그 모임을 중단하려고 합니까? 그러면 여러분은 무관심으로 죽게 될 것입니다. 나아와서 그 기도 모임을 다시 생각해 보십시오. 기도 모임을 자주 갖는 사람이 그 모임을 가장 사랑하는 자들입니다. 사탄은 개인 기도와 관련하여 "너에게는 기도의 영이 없어. 그러니 너는 기도할 필요가 없지 않겠어?"라고 말하지 않습니까? 여러분은 기도의 영을 얻기 위해 기도하려 한다고 마귀에게 말해 주십시오. 그리고 여러분이 이 기도의 영을 얻기까지 간구할 것이라는 말도 함께 해주십시오. 여러분이 기도할 수 없다는 것은 여러분이 아프다는 증거입니다. 그 정도가 되면 반드시 여러분은 의사를 찾아야 합니다. 사람이 평상시보다 더 많이 기도해야 할 때가 있다면, 그 사람이 거룩한 일에 무감각해 있거나 냉담해 있을 때입니다. 아버지 집에 계신 예수님을 가서 찾으십시오. 아버지의 일을 하고 계신 그분을 찾으십시오. 그러면 그분과의 교제를 상실했던 여러분은 교제를 다시 회복하게 될 것입니다. 여러분 말대로, 여러분은 주일학교를 맡아서 주일학교에 충분히 할 만큼 했기 때문에 이제는 그만두었습니다. 하지만 여러분이 주일학교를 다시 맡을 때, 그리고 여러분이 최근에는 하지 않았으나 이제 다시 여러분이 길 모퉁이에 가서 복음을 전할 때, 그리고 주님을 섬기는 일에 여러분이 다시 힘을 낼 때, 그 때 여러분은 찬양받으시기에 합당하신 그분을 다시 만나게 될 것입니다. 그분은 여러분이 자기 아버지 일을 하든 말든 상관 없이, 자기 아버지 일을 하고 계신 분이십니다.

　　한 말씀만 더 드리겠습니다. 이것은 지금 그리스도를 찾고 있는 죄인들에게 드리는 말씀입니다. 저는 지금 예수님을 찾고 있는 사람 중에 누구라도 낙담을 시키고자 이런 말씀을 드리는 것이 아닙니다. 그리스도를 찾는데 있어서 좀 더 높은 차원으로 이들을 인도하고 싶기 때문에, 이런 말씀을 드리는 것입니다. 그리스도께서 하신 말씀을 이들에게 읽어 준다면, 아마도 성령님께서 이들을 도우셔서 그리스도를 찾는데 있어서 좀 더 수준 높은 차원으로 이끄실 것입니다. "어찌하여 당신들이 나를 찾으셨나이까?"라는 말씀을 들으십시오. 진정으로 사랑하는 성도 여러분, 참으로 이 말씀은 우리의 일반적인 사고를 거꾸로 뒤집는 말씀입니다. 우리 주 예수님은 잃은 자를 찾아 구원하기 위해 이 땅에 오셨습니다. 그런데 잃어버린 자들이 그분을 찾고 있다니, 이것이야말로 이상한 일이지 않습니까? 잃어버린 자들이 그분을 찾는다는 생각은 모든 순서가 뒤바뀐 것입니다. 그분은 "어찌하여 나를 당신들이 찾고 있습니까?"라고 말씀하십니다. 자, 오늘 이 아침에 불쌍한 잃어버린 죄인인 내가 그리스도를 찾고 있는 중이라고 말한다면,

여기에는 무언가 큰 착오가 있는 게 틀림없습니다! 어떻게 이런 일이 있을 수 있습니까? 선후(先後)가 뒤바뀐 일을 제가 어떻게 바로잡을 수 있을까요? 여기에 목자를 찾는 한 마리 양이 있습니다. 또, 그 주인을 찾는 잃은 은화가 하나 있습니다. 정말 이런 양과 은화가 있을 수 있습니까? 먼저, 여러분이 예수 그리스도께서는 그렇게 멀리 계시지 않는다는 사실을 생각만 한다면, 모든 문제가 해결될 것입니다. 그분은 아버지의 집에 계십니다. "아버지의 집은 어디에 있습니까?"라고 물으시나요? 우리 주변의 모든 곳이 아버지의 집이지 않습니까! 위대한 아버지의 집은 모든 세계와 모든 별들까지도 다 포함하고 있습니다. 그분은 모든 곳에 계십니다. 그분은 이런 예배당이나 저기 있는 대성당같이 손으로 만든 성전에 거하지 않으십니다(행 7:48). 주 하나님께서는 여러분이 그분을 찾는 곳이면 바깥 들판이든 길거리든 어디든지 계십니다. 누가 그분을 찾기 위해 하늘에까지 올라가며, 누가 그분을 모셔오기 위해 깊음 속으로 헤엄쳐갈꼬? 하며 말하지 마십시오(롬 10:6-7). "말씀이 네게 가까이 있어"(롬 10:8, KJV)라고 성경은 말씀합니다. 여기 우리 가운데 그리스도께서 계십니다!

인간들이여, 여러분은 도대체 누구를 찾고 있습니까? 여러분은 지금 밤의 어떤 영이나 어둠의 유령을 찾고 있는 것은 아닙니까? 제가 아는 한 노인은 극심한 고통 가운데서 자기의 안경을 찾고 있었습니다. 사랑하는 성도 여러분, 만약 그 노인이 안경을 끼고 있지 않았다면, 그는 볼 수 없었을 것입니다. 그래서 그는 자신이 가지고 있던 여분의 안경을 가지고 주변을 둘러보면서, 결국 안경의 도움으로 안경을 찾게 되었습니다. 이와 마찬가지로, 많은 영혼들은 그들이 그분 안에서 이미 받은 은혜를 통해 그리스도를 찾고 있습니다. 예수님은 가까이 계십니다. 그분을 믿으십시오. 그리고 그리스도께서는 자기 아버지 일을 반드시 해야 한다는 사실도 기억하십시오. 그렇다면 아버지의 일이 도대체 무엇입니까? 죄인을 구원하는 일이지 않습니까! 이것이 바로 그 위대한 아버지의 기쁨입니다. 그분은 탕자들을 집으로 데려오기를 기뻐하십니다. 그분은 찾기도 힘들고, 우리의 음성도 거의 듣지 않으며, 그분의 도움도 받기 어려운 것처럼 우리는 착각하면서, 지금 예수님을 찾고 있는 중입니까? 그분은 지금 죄인들을 구원하느라 바쁘시지 않습니까! 예수님은 시온 산 언덕에 앉아 계십니다. 그는 여전히 불쌍한 죄인들을 영접하고 계십니다. 힘을 내십시오. 일가친척들 가운데서 그분을 찾으려고 하지 마십시오. 마치 그분이 여러분을 피해 숨어 있기라도 한 것처럼,

그를 찾다가 절망하여 쓰라린 눈물을 흘리고 울부짖으면서 돌아다니지 마십시오. 그분은 우리 가운데 누구에게서도 멀리 떨어져 계시지 않습니다. 그분은 여러분 앞에 서서 그분을 믿으라고 명하십니다. 그분을 바라보십시오. 그러면 구원받게 될 것입니다. 지금 보고 있습니까? 그렇다면 여러분은 구원받은 것입니다. 기뻐하며 여러분의 길을 계속 가십시오. 하나님께서 여러분을 축복하십니다. 아멘.

제
13
장

—

신발 끈 풀기

—

"나보다 능력이 많으신 이가 오시나니 나는 그의 신발 끈을 풀기도 감당하지 못하겠노라." ― 눅 3:16

요한이 해야 할 일은 자기를 따르는 자들을 자기에게로 이끄는 것이 아니라, 그들에게 예수님을 가리키는 것이었습니다. 요한은 자신에게 맡겨진 이 사명을 아주 신실하게 감당하였습니다. 요한은 자기 주님의 사자였으며, 그분을 아주 높이 평하였습니다. 그래서 그분께 하나님의 기름 부음을 받은 자로, 이스라엘의 왕으로 경의를 표하였습니다. 그 결과 요한은 그분의 경쟁자로서 자신을 높이는 그런 유혹에 빠지지 않았습니다. 요한은 기쁜 마음으로 "그는 흥하여야 하겠고 나는 쇠하여야 하리라"(요 3:30)고 선포하였습니다. 자신을 겸손하게 낮추는 과정에서 요한은 오늘 본문에 나타난 표현을 사용하고 있습니다. 각 복음서별로 병행 본문 간에 약간의 차이가 있는데, 이것은 복음서 기자들이 각자 기록했기 때문에 그렇습니다. 마태는 오늘 본문을 "나는 그의 신을 들기도 감당하지 못하겠노라"(마 3:11)고 기록했습니다. 여기에서 요한은 주님의 신발을 가져오기에도 적절치 않은 자라고 말한 것이겠지요. 마가는 "나는 굽혀 그의 신발 끈을 풀기도 감당하지 못하겠노라"(막 1:7)고 기록했습니다. 그리고 요한복음은 누가복음과 아주 비슷하게 기록하였습니다. 일반적으로 신발을 신기고 벗기고 또 신발을 치우는 이런 일들은 천한 종들에게 맡겨진 일이었습니다. 이 일은 아무 명성도 영광도 받지 못하는 일이었습니다. 그러나 세례 요한은 주 예수님의 천한 종이 되는 것조차 대단히 영광스러운 일로 여겼습니다. 하나님의 아들은 자신과 비교하여 무한히 탁월하신 분이기 때문에, 가장 천한 종이라도 그분께서 일꾼으로 삼아주시기만 한다면, 자신에게 영광스러운 것이라고 생각했습니다. 그는 사람들이 자신과 예수님을 비교하려고 하는 것을 용인할 수 없었습니다. 잠시라도 그렇게 비교하려는 사람을 절대로 용인할 수 없었습니다. 자, 주님과 비교하여 자신에 대한 이러한 솔직한 평가, 즉 그분과 전혀 비교 대상이 되지 않는다는 이런 생각은 우리가 크게 본받을 만한 일입니다. 요한은 이것으로도 찬사와 존경을 받을 만합니다. 더 나아가 우리가 요한을 꼼꼼히 살펴본다면, 요한은 더욱더 본받을 만한 사람입니다.

요한은 절대로 열등한 사람이 아니었다는 사실을 기억하십시오. 요한은 자기가 태어나기 전까지 여자가 낳은 자 중에 자기보다 큰 이가 없었던(마 11:11) 그런 사람이었습니다. 그는 많은 예언들의 주제였으며, 그가 맡은 직무는 특별히 고귀한 것이었습니다. 그는 위대한 신랑의 친구였으며, 신랑을 그 선택받은 신부에게 소개하는 일을 했습니다. 그는 복음의 날이 오기 전의 새벽별이었지만, 자신이 미리 알린 그 공의로운 해(말 4:2) 앞에서 자신은 결코 빛이 아니라고 여겼습니다. 요한의 기질은 굽실거리거나 아첨하는 성격이 아니었습니다. 그는 바람에 흔들리는 갈대(마 11:7)도 아니었고, 왕의 궁전에 적합한 기품 있는 체질도 아니었습니다. 절대 그렇지 않았습니다. 우리는 그에게서 엘리야의 모습, 냉혹한 사람의 모습, 우레의 아들(막 3:17) 등의 모습을 보게 됩니다. 그는 자신의 먹이 앞에서 울부짖는 젊은 사자 같았으며, 그 누구도 두려워하지 않았습니다.

어떤 사람들은 태어날 때부터 매우 유순한 마음을 갖고 있습니다. 그렇다고 해서 마음이 약하다는 말은 아닙니다. 어쨌든 그런 사람들은 본성적으로 누구를 추종하는 마음이 있어서, 다른 사람들을 자신의 지도자로 세웁니다. 그런데 그렇게 해서 지도자로 세워진 사람들은 자신을 낮추는데 있어서 실수를 범하기 쉽습니다. 그러나 요한은 여러모로 남자다웠습니다. 그의 위대한 영혼은 경의를 표할 가치가 있는 분 앞에서만 고개를 숙였습니다. 그는 하나님의 능력 안에 있는 철 기둥과 놋 성벽 같았으며, 주님의 뜻을 위한 영웅이었습니다. 그러면서도 그는 어린아이가 학교에서 자기 선생님 발 밑에 앉아 있듯 그렇게 예수님 앞에 앉아서 "나는 그의 신발 끈을 풀기도 감당하지 못하겠노라"고 외쳤던 것입니다.

더 나아가 요한은 위대한 능력을 부여받은 사람이었다는 사실도 기억하십시오. 이런 능력을 받은 사람들은 교만한 사람이 되기 아주 쉽습니다. 맞습니다. 그는 선지자였습니다. 하지만 선지자 그 이상이었습니다. 그가 말씀을 전하기 위해 광야에 섰을 때, 불타는 것 같은 그의 달변(達辯)으로 인해 곧 많은 사람들을 매혹시켰습니다. 예루살렘뿐 아니라, 주변 모든 성읍들에 있는 사람들이 그에게로 나아왔습니다. 그리하여 요단 강 강둑에는 수많은 무리들이 낙타털 옷을 입은(마 3:4) 사람의 가르침을 듣고자 모여들었습니다. 랍비들의 발 밑에 앉아 배우지도 않았고, 그 당시 학교의 교육체계를 좇아 웅변술을 배우지도 않았던 한 사람의 가르침을 듣기 위해 그렇게 수천 명의 사람들이 모여들었던 것입니다. 요한은 용감하고 솔직하고 인상적이며 언어 구사력이 훌륭한 사람이었습니다. 또한 그는 썩 훌륭하지 못한 이류 선생이 아니라, 이스라엘의 스승이었습니다. 그럼에도 불구하고, 그는 전혀 자만하게 뽐내지 않았으며, 가장 낮은 자리에서 주님을 섬기는 일마저도 자신에게는 너무 과분한 자리로 여겼습니다. 그는 위대한 설교자였습니다. 그 뿐만 아니라, 그는 군중들의 마음을 끄는 일이나 그들에게 세례를 베푸는 일에 있어서도 크게 성공한 사람이었다는 점을 여러분은 주목하십시오. 온 나라가 요한이 사역한 결과들을 느낄 수 있었으며, 그가 과연 예언자라는 것도 모두 알고 있었을 정도였습니다. 가을 들녘의 벼들이 부는 바람에 흔들리듯이, 모여든 무리들은 요한의 그 열정적인 말에 이리저리 흔들렸습니다(엡 4:14 KJV). 자기 주위의 수많은 사람들을 좌지우지할 그런 능력이 자신에게 있다는 것을 느낀 사람은 보통 높임을 받으려고 하거나 과도하게 기고만장(氣高萬丈)해지기가 아주 쉽습니다. 그러나 요한은 그렇지 않았습니다. 그래서 주님께서는 안심하고 그를 믿었습니다. 그 결과 그는 큰 대중적인 호응과 성공을 거두게 되었습니다. 그렇게 온갖 명성을 얻었음에도 불구하고, 그는 예수님의 발치에 겸손하게 앉아서, "나는 메시야 집에서 가장 천한 종의 자리까지도 감당하지 못하겠노라"고 말했던 것입니다.

또한 요한은 종교적인 지도자였으며, 만약 자신이 원하기만 했다면, 세력 있는 한 종파의 지도자가 될 수 있는 기회도 얼마든지 있었다는 사실을 생각해 보십시오. 사람들은 분명히 그를 따르고 싶어했습니다. 만약 요한이 "보라 하나님의 어린 양이로다"(요 1:36)라고 말하면서, 무리들에게 가서 확인해 보라고 명하지 않았더라면, 그리고 "나는 그리스도가 아니라"(요 1:20)고 거듭거듭 드러내어 말하지 않았더라면, 그리스도에게 가려고 하지 않은 사람들이 틀림없이 있었을 것입니다. 세례 요한이 죽은 지 수년이 흐른 후에도 여전히 그의 제자로 남아 있던 자들이 있다는 사실을 우리는 성경 말씀을 읽어서 알고 있습니다. 이렇듯, 그는 자신의 추종자가 되려고 하는 무리들을 부추겨서 사람들 가운데 자신의 이름을 내세울 수 있는 기회가 얼마든지 있었습니다. 그러나 그는 이 모든 것들을 경멸하였습니다. 주님에 대해 요한이 가진 고귀한 생각으로 인해, 그는 자기를 즐겁게 하는 지도자의 위치를 바라지도 않았으며, 스스로 주님의 군대의 우두머리 자리에 앉는 대신, 그 군대의 가장 미약한 병사 중 하나로 자처하였습니다. "나는 그의 신발 끈을 풀기도 감당하지 못하겠노라"고 말했기 때문입니다. 이처럼 요한이 항상 자신의 적절한 위치를 고수할 수 있었던 이유는 도대체 무엇이었을까요? 그것은 그가 주님에 대해 고귀한 생각을 가지고 있었고, 또한 그분에 대해 깊이 공경하는 마음을 가지고 있었기 때문이 아닐까요?

아, 사랑하는 성도 여러분, 우리가 그리스도를 대수롭지 않게 평하였기 때문에, 종종 주님께서는 우리가 가장 낮은 자리에 있다 해도 우리를 신뢰하기에는 불안하셨을 것입니다. 우리 대다수는 지금보다 열 배는 더 쓰임을 받을 수 있을 텐데, 그러지 못하는 이유는 하나님께서 우리를 그렇게 사용하실 정도로, 우리가 하나님을 안심시켜 드리지 못해서일 뿐이라고 저는 믿고 있습니다. 우리는 잘난 체하지 말았어야 했습니다. 하지만 우리는 "보라, 내가 지은 이 큰 바벨론을"(단 4:30 참조)이라고 말한 느부갓네살처럼, 자랑해 버리고 말았습니다. 그래서 수많은 사람들이 저 뒷줄에서 싸우며, 주님을 조금밖에 섬기지 못하면서, 조금의 성공밖에 누리지 못하고 있는 것입니다. 왜냐하면 그리스도를 충분히 경외하지도 않았고 충분히 사랑하지도 않았기에, 결과적으로 자아(自我)가 슬그머니 몰래 들어와 자신이 전복(顚覆)되고, 교회에 슬픔을 안겨주며, 급기야 주님의 이름까지 더럽혔기 때문입니다. 오, 그리스도를 높이 생각하고, 우리를 낮게 여겨야 하지 않겠습니까! 오, 예수님을 만물 안에서 만물을 충만하게 하시는 이(엡 1:23)로 본다면, 우리는 우리 자신을 그분 앞에서 아무것도 아닌 것으로 보아야 할 것입니다.

지금까지 저는 오늘 전할 주제에 대한 소개의 말씀을 드렸습니다. 이 아침에 우리가 목표로 하는 것은 세례 요한이 자신과 주님에 대해 오늘 본문과 다른 복음서에서 사용한 표현인 "나는 그의 신발 끈을 풀기도 감당하지 못하겠노라"는 말씀에서 교훈을 얻고자 하는 것입니다.

저는 이 말씀에서 다음과 같은 생각을 하게 되었습니다. 첫 번째, 거룩한 섬김은 어떤 모양이라도 경시되어서는 안 됩니다. 두 번째, 우리가 직면한 어떤 거룩한 사역이든지 간에 우리가 감당하지 못한다는 것은 분명합니다. 그러나, 세 번째로 우리가 이렇게 감당하지 못한다는 것을 느끼게 될 때, 우리는 이로 인해 낙담하기보다는 오히려 분발하여 행동하게 됩니다. 왜냐하면 세례 요한의 경우에 분명히 그렇게 작용했기 때문입니다.

1. 그렇다면, 첫 번째로 다음의 사실에 유의하십시오.

거룩한 섬김은 어떤 모양이라도 경시되어서는 안 됩니다. 그리스도의 신발 끈을 푸는 일은 아주 시시한 일로 보입니다. 지위도 있고 영향력도 가진 사람이 몸을 숙여서 종이 해야 할 일을 한다는 것은 자존심 상하는 일로 여겨질 수도 있습니다. 제가 왜 다음과 같은 정도로까지 낮아져야 한단 말입니까? 저는 그리스도를 배울 것입니다. 저는 그리스도를 위해서 무리 가운데서 떡을 나눌 것입니다. 저는 그리스도께서 말씀을 전하실 수 있도록 바닷가에 배를 준비시킬 것입니다. 저는 가서 나귀를 끌고 와 그분이 예루살렘으로 승리의 입성을 하실 때 타도록 할 것입니다. 하지만, 이렇게 제자가 한갓 천한 머슴이 되는데 이보다 더 필요한 게 뭐가 있겠습니까? 이러한 식의 질문은 하지 못하도록 금지된 것이고, 이렇게 질문하는 영혼도 실제로 책망을 받고 있습니다. 예수님께서 영광을 받는 일이라면, 제가 영광 받지 못하고 수치스럽게 된다 해도 아무 문제가 되지 않습니다. 주님께 영광을 돌리는 일이면서, 자신의 품위를 떨어뜨리는 그런 일은 없기 때문입니다. 어떤 경건한 일로 인해 우리의 위엄이 떨어지는 일은 있을 수 없습니다. 오히려 가장 비천한 섬김이라도 그 일을 진심으로 행하는 사람은 그 일로 인해 존귀하게 된다는 사실을 우리는 반드시 알아야 합니다. 그리스도를 섬기는데 있어서 가장 보잘것없고 가장 미미한 모양이라도 우리가 맡아 감당하기에는 매우 고귀하고 숭고한 일입니다.

자, 그리스도를 위한 하찮은 일들, 즉 신발을 가져오고 신발 끈을 푸는 등의 보잘것없는 일들 안에는, 종종 위대한 일을 할 때보다 어린아이와 같은 마음이 더 많이 들어 있다는 사실을 주목하십시오. 사람의 행실은 밖에서는 친절하고 행동이 바를 수 있습니다. 하지만 자식으로서 부모를 대하는 것은 그 집안을 자세히 들여다봐야만 알 수 있습니다. 어린아이는 그 아버지에게 돈을 빌려주거나 어떤 사업 문제를 놓고서 협상을 벌이거나 하지 않습니다. 그 대신 어린아이가 행하는 보잘것없는 행동들 속에서 자식다운 모습을 더 많이 볼 수 있습니다. 하루 일과가 끝났을 때, 아버지를 만나러 나오는 사람은 누구입니까? 어린 시절의 사랑을 종종 보여주는 행동에는 어떤 것이 있습니까? 아버지의 슬리퍼를 신고서 아장아장 걸어오는 아이, 아버지가 신발을 벗자 그 신발을 가지고 달아나는 아이를 상상해 보십시오. 어린아이들이 하는 행동은 작지만 사랑스럽고 자녀다운 행동들입니다. 이 어린아이들의 행동에는 어떤 종이 음식을 장만한다거나 잠자리를 준비한다거나 다른 본질적인 일로 섬기는 것보다 더 진한 자녀만의 사랑이 들어 있습니다. 비록 작은 행동이지만 큰 기쁨을 가져다줍니다. 어린아이들은 이런 행동으로 자기 사랑을 표현합니다. 하지만 내 자녀도 아니고, 또 이런 식으로 뭔가 특별하게 나를 사랑하지도 않는 사람은 그런 섬김으로 나에게서 뭔가 특별한 대우를 받겠다고 기대조차하지 않을 것입니다. 하찮은 행동이 어린아이의 능력에 맞는 행동입니다. 또한 그런 행동 속에는 어린아이의 수준에 맞는 애정 표현이라고 할 만한 것들이 있습니다. 이와 마찬가지로 예수님을 위한 하찮은 행동들에도 어떤 애정의 표현이 들어 있습니다. 때때로 세상의 어떤 사람들은 자기 돈을 그리스도를 위한 일에 내놓습니다. 선교를 위해서 혹은 구제를 위해서 거액의 돈을 기꺼이 내놓기도 합니다. 그러나 그들은 다른 사람들이 지은 죄 때문에 남몰래 슬퍼하지도 않고, 고난당한 성도에게 위로의 말 한 마디 건네지 않습니다. 자신과 하나님의 부자(父子) 관계는 빈민구호소를 많이 세우거나 교회에 거액의 헌금을 희사하는 것보다는, 가난하고 병든 성도를 심방하고, 어린아이들을 가르치며, 거리의 부랑인들을 교정(矯正)하고, 원수들을 위해 기도로 영혼의 호흡을 하며, 절망한 성도들의 귀에 작은 소리로 약속을 말해주는 등의 이런 일들을 통해서 더 잘 드러납니다.

그리스도를 위해 작은 일들을 행할 때 다음과 같은 사실을 항상 기억해야 합니다. 즉, 작은 일을 행하는 것도 위대한 일을 행하는 것만큼이나 꼭 필요하다는 사실 말입니다. 만약 그리스도의 발이 씻기지 않았더라면, 또한 그분의 신발 끈이 풀리지 않았더라면, 그분은 고통을 당했을 것이고, 그로 인해 발을 절게 되어 여행 일정은 단축되고, 많은 동네가 그분을 보게 되는 축복을 놓쳤을 것입니다. 다른 사소한 일들도 이와 마찬가지입니다. 모여든 수천 명의 무리들 앞에서 하나님의 진리를 공적으로 전하는 것만큼이나, 성도들을 위해 고요히 중보기도를 드리는 것도 아주 필요한 일입니다. 군주들이 죄 때문에 책망을 받아야 할 필요가 있듯이, 어린 아기들도 자기가 부를 작은 찬송가를 배워야 할 필요가 있습니다. 편자(말발굽에 대는 작은 쇳조각)를 고정시키는 못 하나가 빠져서 전투에 패했다는 옛 이야기를 우리는 알고 있습니다. 혹시 지금 이 순간에도 예수님을 위해 마땅히 해야 하는 어떤 사소한 일들이 무시되어서 교회가 그리스도를 위한 전투에서 지고 있는지도 모르겠습니다. 많은 교회들이 부흥하지 못하는 이유가 공적인 사역과 눈에 보이는 의식들만 중시하고, 유익한 일이지만 아주 작은 일들은 게을리한 결과로 드러난다 해도, 저는 전혀 놀라지 않을 것입니다. 많은 마차가 바퀴를 굴림대에 고정시키는 작은 핀에 무관심해서 불행한 사고를 일으킵니다. 아주 작은 문제로 화살은 과녁을 빗나갑니다. 어린아이들에게 '다정한 예수님'(찰스 웨슬리가 지은 '유하고 유순하신 다정한 예수님'[Gentle Jesus, meek and mild]이란 찬송가를 가리킨다)이란 찬송가를 가르치고, 그 어린 마음이 구세주를 바라보도록 하는 것이 사소하게 보일지도 모릅니다. 그러나 이것은 그 어린아이가 나중에 커서 신자가 되고 목회자가 되고 영혼들을 얻는 사람이 되는 신앙교육입니다. 그리고 이 은혜로운 사역에 있어서, 어린아이 교육은 가장 핵심적인 교육과정일 것입니다. 만약 여러분이 신앙교육의 그 첫 과정을 빠뜨린다면, 여러분은 한 생명을 외면하는 것입니다. 또 다른 예를 들어보겠습니다. 한번은 어떤 외진 마을에 한 설교자가 설교를 하기로 광고가 나갔습니다. 설교를 하기로 예정된 그 날 폭풍우가 심하게 불었지만, 그래도 그 설교자는 약속을 지켜 그 약속된 장소에 갔습니다. 그랬더니, 한 사람만 그곳에 있었습니다. 한 사람의 청중을 앉혀 놓고서도, 그 설교자는 마치 그 집이 성도들로 꽉 찬 것처럼 여기고서, 자신의 설교를 듣는 한 사람의 성도를 향해서 최고로 열심을 내어 말씀을 전했습니다. 수년 후에 그 설교자는 그 지역에 여러 교회들이 교구별로 세워진 것을 알게 되었습니다. 알고 보니, 그때 자기 설교를 듣던 그 유일한 성도가 그 날 회심을 하고서 온 지역의 복음전도자가 되었던 것입니다. 만약 그 설교자가 한 사람의 성도만 왔다고 해서 설교를 하지 않았다면, 아마도 그렇게 큰 축복을 받지 못했을 것입니다. 사랑하는 성도 여러분, 그리스도를 위해 신발 끈을 푸는 일을 절대로 게을리하지 마십시오. 인간의 운명은 종종 눈에 보이지 않을 정도로 아주 작은 것에 의해 좌우됩니다. 여러분은 마음속으로라도 "이것은 하찮은 것이다"라고 말하지 마십시오. 주님에게 하찮은 것은 하나도 없습니다. "그런데 이런 것은 하지 않아도 전혀 문제될 게 없어요. 확실해요"라고도 말하지 마십시오. 여러분이 그것을 어떻게 압니까? 만약 그것이 여러분이 감당해야 할 의무라면, 그 일을 여러분의 의무로 명하신 그분께서 어떻게 해야 할지를 알고 계실 것입니다. 여러분은 그분이 명하신 것들 중에 그 어떤 것이라도 조금도 게을리하지 마십시오. 왜냐하면 그분께서 명하신 모든 명령 가운데 완전한 지혜가 있으며, 여러분에게는 그 명령을 일점일획이라도 순종하는 것이 지혜이기 때문입니다.

그리고 그리스도를 위해 사소한 일을 하는 것이야말로 종종 우리 신앙의 진실성을 시험하는 최고의 시금석입니다. 사소한 일에 대한 순종은 종의 성격과 가장 큰 관련이 있습니다. 여러분이 여러분의 집에 어떤 종을 고용했다고 가정해 봅시다. 고용된 그 하녀는 착하든지 악하든지 간에 매일 자기가 해야 할 주된 의무들, 즉 식사를 준비하고 잠자리를 마련하고 집안을 청소하고 손님에게 문을 열어주는 등의 일들을 확실히 알고 있을 것이라 여러분은 알고 있습니다. 그러나 집을 행복하게 하는 종과 그 집의 골칫덩어리가 되는 종의 차이는 아주 작고 많은 사소한 일에서 생깁니다. 여러분은 그 세세한 것들을 종이에 다 기록할 수도 없을 것입니다. 그러나 어쨌든 집안을 아주 편안하게 하거나 아니면 집안을 아주 불안하게 하는 것으로 여러분은 그 종의 가치를 결정하게 됩니다. 이러한 평가는 기독교인의 삶에서도 마찬가지라고 저는 믿습니다. 여기 있는 우리는 대다수 율법의 중한 문제들은 게을리하지 않을 것으로 저는 알고 있습니다. 다시 말해, 기독교인으로서 우리는 고결하고 정직하게 행동하려고 노력하고 있습니다. 그리고 우리 가정에 속한 모든 식구들이 큰 문제들에 있어서 하나님을 두려워하도록 애쓰고 있습니다. 그러나 이런 순종의 마음은 작고 사소한 문제들에서 주님을 바라보는지의 여부에서 가장 잘 드러납니다. 마치 매일 해야 할 이런저런 명령들을 감당하기 위해 안 주인을 바라보는 하녀의 눈길처럼, 주님을 바라보는 우리의 눈길에서 우리의 순종이 드러납니다. 진정으로 순종하는 영혼은 모든 일에서 주님의 뜻을 알기를 원합니다. 그래서 설령 세상 사람들이 보기에는 사소해 보이는 문제라 해도, 순종하는 영혼은 그 문제가 사소해 보인다는 바로 그 이유 때문에, "나는 그분의 선한 뜻에 내 영혼을 맡기고자 한다. 그러므로 작은 일에서도 내 주님께 내 마음을 드러내보이고자 나는 그 작은 일에도 순종할 것이다"라고 말합니다. 작은 일들이야 말로 시련의 도가니이며, 우리의 믿음을 시험하는 시금석입니다. 위선자라 해도 모두 주일 예배에 참석할 것입니다. 그러나 위선자들은 기도 모임에 참석하거나 개인적으로 성경을 읽거나 하나님이 하신 일들을 성도들에게 개인적으로 말하지 않습니다. 위선자들은 이러한 것들은 사소한 것으로 판단하고서, 이런 것들을 지키는데 게으릅니다. 그래서 그들은 스스로 정죄를 받습니다. 깊은 신앙심을 가진 영혼은 기도를 사랑합니다. 얄팍한 신앙심을 가진 자들은 오직 공적인 예배 행위에만 신경을 씁니다. 여러분은 이와 같은 진리를 다른 일들 가운데서 발견하게 될 것입니다. 기독교인이 아닌 자들도 여러분에게 노골적인 거짓말은 하지 않을 것입니다. 즉, 흰색을 검정색이라고는 말하지 않을 것입니다. 그러나 그들은 흰빛 나는 갈색에 대해서는 간단히 흰색이라고 주저하지 않고 말할 것입니다. 자 보십시오. 그러나 기독교인은 어중간한 거짓말도 하지 않습니다. 아예 절대로 거짓말을 하지 않습니다. 기독교인은 아주 조금이라도 거짓말하는 것을 경멸합니다. 기독교인은 2,000파운드를 사기치지 않을 것은 물론이려니와, 단 돈 2펜스 파딩(farthing, 1961년에 폐지된 영국의 옛 화폐, 2,000파운드의 십만 분의 일 정도이다)도 속이지 않습니다. 기독교인은 사람들에게서 1미터는 물론 단 1센티미터도 빼앗지 않을 것입니다. 기독교인의 순전함은 작은 것에서 드러나야 합니다. 금세공업자들이 하는 품질 보증은 작은 일입니다. 하지만 여러분은 그 보증으로 순은(純銀)을 알 수 있습니다. 그리스도의 신발 끈을 기쁨으로 푸는 자와, 스스로 천한 일이라고 생각하고서 어떤 일에 몸을 구부리지 않으려는 자 사이에는 엄청난 차이가 있습니다. 바리새인들도 그리스도를 자기 집에 초대해서 그분과 함께 앉아 식사하기를 원했습니다. 다시 말해, 바리새인들도 위대한 종교 지도자를 자기식탁에 초대해서 대접하기를 원했다는 것입니다. 그러나 모든 바리새인들이 다 몸을 구부려서 그분의 신발 끈을 풀어 드린 것은 아닙니다. 왜냐하면 잔치를 배설한 그 바리새인도 그분에게 발 씻을 물을 가져다주지 않았고, 그분에게 환영의 입맞춤을 하지 않았기 때문입니다. 그 바리새인은 작은 일들을 간과함으로써 결국 자신이 베푼 환대가 무성의했음을 드러냈던 것입니다. 마리아와 마르다는 그분의 신발 끈 푸는 것을 잊지 않았으며, 나사로는 그분의 발이 씻겼는지 확인하는 것을 놓치지 않았다는 사실을 저는 여러분에게 말씀드려야 할 것 같습니다. 그러므로 저는 여러분에게 간청합니다. 기독교인으로서 여러분은 주목받지 못하는 일에서도, 사람들로부터 인정받지 못하는 일에서도, 그리고 영광 받는 것과 관련이 없는 문제에서도 그리스도를 섬기는 일을 살펴보십시오. 왜냐하면 이런 일들을 통해 여러분의 사랑이 시험을 받을 것이기 때문입니다.

그리고, 큰 일에서는 보이지 않았던 그리스도와의 개인적인 친밀한 사귐이 작은 일들 속에서 종종 일어난다는 점에도 유의하십시오. 예를 들어, 우리 앞에 있는 예로서, 그분의 신발 끈을 푸는 일로 인해 저는 그분과 접촉할 수 있습니다. 비록 그분의 발만 만진다 해도 말입니다. 만약 제가 귀신을 내쫓고 복음을 전파하고 병든 자를 낫게 하는 일과, 그분과 함께 머물면서 항상 그분의 신발 끈을 푸는 일 가운데 하나를 골라야 한다면, 저는 후자, 즉 그분의 신발 끈 푸는 일을 선택할 것이라고 생각합니다. 왜냐하면 앞의 일은 가룟 유다가 선택한 것이기 때문입니다. 가룟 유다는 열두 명의 제자들과 함께 다니면서 사탄이 하늘로부터 번개 같이 떨어지는 것(눅 10:18)을 보았지만, 그리스도께 접촉하는 일에 실패했기 때문에 멸망했습니다. 다시 말해, 그는 그리스도의 돈궤를 맡은(요 12:6) 도둑이었으며, 속임수로 그리스도에게 입맞춤을 하였습니다. 그리스도와 개인적으로 관계를 맺는 일에 실패하지 않은 사람은 건전한 사람입니다. 그 사람은 마음이 의롭다는 증거를 가진 자입니다. 한 여인이 귀한 향유 한 옥합을 가지고 나아와서 깨뜨려 그분에게 부었습니다. 하늘 아래에서 이 여인의 행동처럼 위대한 행동은 없었습니다. 비록 이로써 가난한 자들도 아무것도 얻지를 못했고, 병든 자들도 아무것도 개선되지 못했지만, 그럼에도 불구하고 이 행동은 분명히 그분을 향한 행동이었습니다. 그러므로 그 행동 속에는 특별한 아름다움이 들어 있습니다. 사람들은 종종 그 행동이 어떤 것인지 잘 몰라서 다른 사람들에게 권하지도 않고, 인간인 우리가 보기에는 별 큰 가치가 없는 것 같은 행동들이 있습니다. 옥합을 깨뜨린 여인의 행동과 유사한 행동들도 보통은 대수롭지 않게 취급됩니다. 하지만 그런 행동들이 그리스도를 위한 행동이란 것을 생각한다면, 그것은 인간으로 오신 복되신 그분의 죽음을 준비하려는 독특한 매력을 지닌 행동일 수 있습니다. 참으로 이런 일은 신발 끈을 푸는 일에 불과합니다. 그러나 그때의 신발은 바로 그분의 신발입니다. 이 사실로 인해 그 행동은 고귀한 행동이 됩니다.

그리스도를 따르는 사랑하는 성도 여러분, 제가 이 아침에 아주 멋진 말로 다 표현할 수는 없지만, 여러분은 제가 말하고자 하는 바를 알 것입니다. 제가 말하고자 하는 바는 바로 이것입니다. 만약에 제가 그리스도를 위해 할 수 있는 어떤 사소한 일이 있다고 합시다. 그 일에 대해서는 저를 지도하는 목회자도 모르고 집사나 장로들도 모르고 그것을 아는 사람이 아무도 없습니다. 또한 제가 그 일을 하지 않고 내버려 둬도 그 일로 인해 아무에게도 어떤 화가 임하지 않습니다. 하지만 제가 그 일을 해서, 그 일로 인해 나의 주님이 기뻐하시고, 나 또한 기뻐하게 된다면, 저는 그 일에 힘쓸 것입니다. 왜냐하면 그 일이 그분을 위한 일이라고 한다면, 그 일은 결코 사소한 일이 아니기 때문입니다.

대부분의 사람들이 사소하다고 평가하는 이 은혜로운 행동들에 대해서 한 번 더 주목하시기 바랍니다. 왜냐하면 하나님께서는 이렇게 사소한 일들 속에서 우리의 예배를 받으신다는 사실을 우리가 알 수 있기 때문입니다. 하나님께서는 자기 백성 중 어떤 사람에게는 수소를 가져오게 하시고, 또 다른 백성에게는 숫양을 가져와서 그분에게 바치도록 하셨습니다. 이들은 자신의 소 떼와 양 떼 가운데서 헌물을 바칠 수 있을 정도로 부유한 자들이었습니다. 그러나 하나님께서는 부자만이 아니라 가난한 자들에게도 산비둘기 두 마리나 집비둘기 새끼 두 마리를(레 5:7) 드리도록 하셨습니다. 저는 하나님의 말씀 가운데서 하나님께서는 수송아지의 희생제물을 더 좋아하시고, 산비둘기의 희생제물은 덜 좋아하신다는 것을 찾아보지 못했습니다. 영원토록 찬양받으실 주님께서 친히 이 땅에 계실 때, 그분은 어린아이들의 찬양을 더 좋아하셨다는 것을 저 역시 알고 있습니다. 어린아이들은 동방 박사들처럼 금이나 은을 가지고 오지 않았습니다. 그들은 "호산나"를 외쳤습니다. 주님께서는 그들의 호산나 환호성에 화내지 않으시고, 그들의 씩씩한 찬양을 받으셨습니다. 또한 그분께서는 한 가난한 과부가 와서 두 렙돈 곧 한 고드란트를 넣는 것을 보시고는, 그녀가 헌금함에 넣은 그 돈은 자기의 모든 생활비 전부였기 때문에(막 12:41-44), 그 헌금을 거부하지 않으시고, 오히려 그것을 기록하여 그녀를 명예롭게 하셨다는 것을 우리는 알고 있습니다. 우리는 지금 이 사건에 대해서 아주 익숙해져 있지만, 사실 이 사건은 전적으로 아주 놀라운 사건입니다. 무한하신 하나님에게 두 렙돈 곧 한 고드란트가 드려졌습니다! 만왕의 왕(딤전 6:15)께서 한 고드란트를 받으셨습니다! "내가 가령 주려도 네게 이르지 아니할 것은 세계와 거기에 충만한 것이 내 것임이로다"(시 50:12)라고 말씀하신, 하늘과 땅을 만드신 그분께서 한 고드란트를 받으셨습니다. 만유의 주(행 10:36) 되신 그분께서 두 렙돈을 기쁨으로 받으셨습니다! 그 돈은 바다 속에 떨어지는 한 방울의 물보다 더 작은 것이었지만, 그럼에도 그분은 그 돈을 크게 생각하셨습니다. 그러므로 사소하게 보이는 행동들을 인간의 저울과 잣대로 재려 하지 마십시오. 하나님께서 보시는 대로 그것들을 평가하십시오. 왜냐하면 주님께서는 백성들이 가진 마음의 중심을 보시기(삼상 16:7) 때문입니다. 그분은 그들이 하는 행동 자체보다, 그 행동이 유발된 동기들을 눈여겨보십니다. 그러므로 구세주의 신발 끈 푸는 일을 귀하게 여기시고, 작은 일의 날이라고 멸시하는 자(슥 4:10)가 되지 마십시오.

2. 자, 사랑하는 성도 여러분, 이제 저는 두 번째로 우리 자신은 감당할 수 없음에 대해서 여러분과 함께 생각해보고자 합니다.

이것은 우리가 실제적으로 기독교인의 섬김에 관한 현실적인 문제에 맞닥뜨리게 될 때마다 우리가 확실히 느끼게 되는 문제입니다. 대체적으로 볼 때, 아무것도 행하지 않는 사람은 스스로를 괜찮은 사람으로 생각한다고 저는 생각합니다. 가장 예리한 필체로 비평하는 비평가들은 정작 전혀 글을 쓰지 않는 자들이라는 사실을 여러분은 항상 잘 알고 있을 것입니다. 최고의 전쟁 평론가들도 실제 총과는 먼 거리를 신중하게 유지하고 있습니다. 미온적인 질서를 중시하는 기독교인들, 다시 말해 영혼들을 구원해보고자 한 번도 시도조차 해보지 않은 그런 자들은 우리가 말을 너무 거칠게 하거나 혹은 너무 경박하게 할 때면 우리에게 아주 민감하게 지적합니다. 그리고 우리의 행동이 무질서하거나 너무 열광적인 상태에 들어가면, 그들은 우리의 상태를 쉽게 간파합니다. 그들은 열광주의나 무질서와 같은 그런 상태에 대해서 아주 예민하게 반응합니다. 제 경우에는 제가 이런 신사들로부터 비난을 받을 때 비로소 저는 안도감을 느낍니다. 다시 말해, 그들이 우리를 정죄할 때 우리는 크게 잘못하고 있는 것이 아니라는 말입니다. 어떤 사람으로 하여금 주 예수님을 위한 일을 열정적으로 시작하게 해보십시오. 그러면 그는 그토록 영광스러운 그분께서 시키신 일 가운데 가장 비천한 일이라도 자신이 감당하지 못한다는 사실을 즉시 깨닫게 될 것입니다. 이 사실에 대해 잠시 생각해 봅시다.

사랑하는 남녀 성도 여러분, 우리가 과거에 어떤 자였는지를 생각해 볼 때, 우리는 그리스도를 위한 가장 작은 일이라도 감당하지 못할 자라는 사실을 틀림없이 깨닫게 될 것으로 저는 확신합니다. 사도 바울이 어떤 악을 행한 범죄자들의 사악함에 대해 어떻게 묘사했는지 여러분은 알고 있을 것입니다. 바울은 그 설명 이후에 다음의 내용을 덧붙였습니다. "너희 중에 이와 같은 자들이 있더니"(고전 6:11). 우리 중에 어떤 이들도 하나님을 향하여 얼마나 완악한 마음을 보였는지 모릅니다! 대단한 반역을 행했습니다! 엄청나게 완악했습니다! 얼마나 성령을 소멸(살전 5:19)했는지 모릅니다! 또한 얼마나 악을 사랑했는지 모릅니다! 도대체 그런 나를 위해 십자가에 못 박혔던 그 발의 신발 끈을 풀기 위해 제가 몸을 구부린다면, 저는 눈물로 그 못 자국을 적시면서 "나의 구세주여, 나 같은 자도 감히 당신의 발을 만질 수 있나이까?"라고 말하지 않겠습니까? 탕자가 만약 자기 아버지의 신발 끈을 풀게 된다면, 속으로 "어찌 돼지를 치던 이 두 손으로 할 수 있단 말인가! 이 두 손은 종종 창녀들로 인해 더럽혀지지 않았던가! 나는 불결한 삶을 살았고, 첫째가는 난봉꾼이었다가 나중에는 돼지 치는 사람이 되고 말았다. 그런데 이런 나로 하여금 이제는 그렇게 선하신 아버지를 섬기도록 허락해 주시다니 이 얼마나 놀라운 사랑인가"라고 틀림없이 말하게 될 것입니다. 한 번도 죄를 짓지 않은 하늘의 천사들도 그리스도를 위한 가장 작은 일을 하도록 허락받은 인간을 부러워할 것입니다. 오, 죄로 더럽혀졌던 우리가 죄 없으신 구세주를 섬기도록 부름을 받다니, 이 얼마나 엄청난 은혜인지 모릅니다.

그런데 이런 생각을 하다보면 또 다른 생각이 들기도 합니다. 즉, 우리는 우리의 과거뿐만 아니라, 우리의 현재도 생각하게 됩니다. 제가 말씀드리려는 것은 이것입니다. 비록 우리가 예수님의 보혈로 죄 씻음을 받고 새 마음과 의로운 영을 받았지만, 그럼에도 불구하고 우리는 우리 속에 거하는 타락된 마음 때문에, 마치 잘못 겨눈 활처럼 엇길로 나갈 때가 있습니다. 그래서 작은 믿음이라도 유지하는 것이 때로는 너무 힘듭니다. 우리의 마음에는 서로 상반된 두 가지 마음이 있어서 마음이 안정되어 있지 못합니다. 너무 뜨겁기도 하고 너무 냉랭하기도 하고, 너무 열정적이기도 하고 너무 게으르기도 합니다. 우리는 우리가 마땅히 해야 할 모든 것에서 벗어나 있습니다. 그러므로 그리스도께서 그분을 위한 가장 작은 일이라도 우리가 할 수 있도록 허락해 주신다면, 우리는 당연히 놀랍다는 생각만 들게 될 것입니다. 만약 그분께서 우리를 감옥에 가두고 거기에 있도록 하셨다 해도, 그분께서 실제로 우리에게 형을 집행하지 않는 한, 그분은 우리를 전적으로 내치지 않으시고, 그분의 긍휼하심에 따라 대우하고 계시는 것입니다. 그런데 그분께서 우리를 감옥에서 부르시어 우리로 하여금 그분을 섬기도록 하셨다면, 우리는 그분의 집에서 가장 작은 일이라도 행하는 것조차 감당치 못할 자라고 느끼게 될 것입니다.

더구나 사랑하는 성도 여러분, 아주 작은 일을 섬기기 위해서도 우리가 평소에 가졌던 마음 상태보다 더 나은 마음상태가 요구된다는 것을 우리는 느끼게 됩니다. 저는 다른 때보다도 이 자리에서 복음전파로 섬기는 사역을 하면서, 저는 정말 이 복음전파의 사명을 감당할 수 없는 자임을 더욱더 확실히 알게 됩니다. 만일 사람들의 악한 모습을 깨닫는 것이 은혜로운 일이라면, 저는 저로 하여금 복음을 전하게 하신 하나님께 감사를 드려야 합니다. 왜냐하면, 이 복음전파 사역을 하면서 저는 인간의 악한 모습을 보게 되었기 때문입니다. 가끔씩 우리는 예수 그리스도에 관한 말씀을 전하면서 그분을 영화롭게 하기도 합니다. 그래도 우리의 마음은 그분을 향해 뜨거워지지 않으며, 우리는 그분의 가치를 올바로 평가하지 않습니다. 우리가 전하는 그 성경말씀은 그분을 높은 보좌에 앉도록 하지만, 우리의 마음은 그분을 그곳에 모시지 않습니다. 그러고는 우리로 하여금 우리 앞에 놓인 이 영광스러운 진리와 하나 되지 못했다고 느끼게 하는 우리의 이 부패한 아편초(阿片醋, black drops)를 제거할 수만 있다면, 우리는 우리의 몸에서 마음을 떼어냈으면 좋겠다고 생각할 것입니다. 또 어떤 때는 우리가 죄인들을 초대해 놓고는 그들을 불쌍히 여기는 마음도 없이 그리스도에게로 인도하려고 합니다. 만약 그리스도께서 우리의 설교를 전하신다면, 그분은 그 설교를 눈물로 전하실 것입니다. 그런데도 우리는 거의 아무런 감정도 없이 바짝 마른 눈으로 말씀을 전하고 있습니다. 그래서 우리의 마음을 채찍질해보기도 하지만, 우리의 마음은 전혀 움직이지도 않고 감흥도 느끼지 못합니다. 이런 상황은 다른 의무들에서도 마찬가지입니다. 여러분은 지금까지 다음과 같이 느낀 적이 없습니까? "나는 오늘 오후에 가서 주일학교 어린이들을 가르쳐야 해. 그런데 나는 이 일에 합당한 사람이 아니야. 일주일 내내 신경 쓰면서 걱정했지만, 지금 내 마음 상태는 내 기대치에 전혀 미치지 못하고 있어. 나는 주님을 사랑하기를 소망했지만, 내가 정말 주님을 사랑하고 있는지 어떤지 잘 모르겠어. 이 주일학교 어린이들을 열심히 가르쳐야 하는데, 나는 열정이 없는 것 같아. 나는 생명도 없고 사랑도 없이 그저 앵무새처럼 앉아서 뜻도 모른 채 내가 가르쳐야 할 내용을 반복해서 가르치면서 시간을 보낼 것 같아." 그렇습니다. 하지만 여러분은 이 때 여러분이 주님의 신발 끈을 풀기에 합당치 못한 자라는 사실을 고통스럽게 느끼고 있는 것입니다. 여러분은 오늘 오후에 죽어가는 사람을 방문해서 그에게 천국으로 가는 길에 대해 이야기해 주려고 애쓰게 될지도 모릅니다. 그 사람은 회심하지 않은 사람입니다. 자, 여러분에게 필요한 것은 그에게 얘기할 불 같은 혀입니다. 하지만 여러분이 가진 것은 얼음처럼 차가운 혀입니다. 여러분은 다음과 같이 느낄 것입니다. "오 하나님, 저는 그 사람의 침상 옆에 앉아서, 만약 이 사람이 그리스도를 영접하지 않는다면, 아마도 일주일 내에 그가 지옥 불에 떨어지게 될 것이라고 생각할 것입니다. 그럼에도 저는 엄청나게 위험한 그 사람의 이런 상황을 아주 하찮은 결과를 초래하는 문제인 것처럼 냉정하게 다루고 있으니, 이를 어찌하면 좋겠습니까?" 맞습니다. 그렇습니다. 정확합니다. 우리는 수백 번도 넘게 우리 안에서나 밖에서나 우리가 어떤 일에 적합하지 않은 자라고 느꼈습니다. 만약 주님께서 주방의 허드렛일을 할 사람이 필요하시다면, 그분께서는 우리보다 더 나은 자를 사용하실 수도 있었습니다. 그리고 만약 그분께서 자기 집의 오물들을 삽으로 퍼낼 사람이 필요하시다면, 우리보다 더 잘하는 사람들을 찾으셨을 수 있었습니다. 우리는 그러한 주인의 종이 되는 것을 감당치 못할 자들입니다.

똑같은 감정이 다른 방향에서 생기기도 합니다. 사랑하는 성도 여러분, 우리가 지금까지 그리스도를 위해 행한 것들을 생각해 볼 때, 우리는 그런 행동들을 하면서 너무 많이 우리 자신을 바라보았다고 고백하지 않을 수 없습니다. 우리는 우리가 할 일들을 까다롭게 골라서 했습니다. 그리고 그렇게 까다롭게 고르는 것은 자존심이라는 본능에 의해서 결정되었습니다. 만약 우리 자신을 즐겁게 하는 일을 하도록 요청받았다면, 우리는 그 일을 행했습니다. 그리고 만약 우리가 박수를 받을 만한 그런 모임에 참석할 것을 요구받았다면, 즉 사회적인 기준으로 보아 우리를 높여주고 동료 기독교인들로부터도 칭찬을 들을 만한 그런 봉사를 해 달라는 요청을 받았다면, 우리는 마치 미끼를 보고서 날뛰는 물고기처럼 그 일에 덤벼들었습니다. 그러나 그 일이 우리에게 수치를 가져다주는 일이었다고 생각해 봅시다. 혹은 그 일이 우리의 능력보다는 우리의 무능을 공개적으로 드러내는 일이었다면, 우리는 그 일에 대해 자신을 변명하기 급급했습니다. 하나님께서 모세를 부르셨을 때, 모세가 느꼈던 마음이 어느 정도는 우리 대다수의 마음이기도 합니다. 어떤 사람은 "나는 그리스도를 위해 말해야 하는데도 불구하고, 우물쭈물 말을 더듬게 되는 사람입니다"라고 말합니다. 마치 하나님께서 유창한 입은 물론 더듬거리는 입도 만들지 않으신 것처럼, 또 하나님께서 모세를 선택하실 때 모세가 어떤 사람인지도 모르셨던 것처럼 대답합니다. 설령 모세가 말을 더듬는다 해도, 하나님께서 명하시면, 모세는 가서 하나님을 위해서 말을 더듬어야 합니다. 그리고 더듬거리며 말함으로써 하나님께 영광 돌려야 합니다. 그러나 모세는 그렇게 행동하지 않았습니다. 이와 유사한 경우들을 보아도 많은 사람들이 그 일을 감당하기에 충분한 은혜를 전혀 갖고 있지 못했습니다. 그렇다면, 내가 가진 열 달란트로 주님께 영광 돌리지 못한다 해서, 나는 내가 가진 한 달란트로 그분을 섬기는 것을 거부해야 할까요? 내가 천사처럼 강한 날개를 가지고 하늘 한가운데로 날아다니며 죽은 자를 깨우는 높고 날카로운 나팔을 불지 못한다고 해서, 하나님이 명하신 대로 작은 꿀벌이 되어 꿀을 모으는 것을 거부해야 할까요? 내가 리워야단(leviathan, 욥 3:8)이 될 수 없다고 해서, 나는 개미가 되기를 거부해야 할까요? 우리가 이렇게까지 비뚤어져 있다면, 우리는 어리석은 반역을 저지르고 있는 것입니다.

　그리고 만약 여러분이 어떤 거룩한 일을 행하고 나면, 곧이어 교만이 일어날 준비를 하고 있음을 여러분은 지금까지 알아차리지 못했습니까? 우리가 거만하게 거들먹거리지만 않는다면, 하나님께서는 우리가 어떤 일에서든 성공하게 하실 수 있습니다. 우리는 어떤 사람이 다음과 같이 말하는 것을 원치 않습니다. "오, 우리가 행한 이 일이 얼마나 잘 되었는지 모릅니다. 자, 보십시오. 그 일은 아주 지혜롭고 멋있게, 주도면밀하고 열정적으로 이루어졌습니다." 우리는 이 모든 말들을 자기 자신에게 하고는 거기에 다음과 같은 말까지 덧붙입니다. "그래, 너는 그 일에 열심이었어. 그래서 너는 많은 사람들이 행하지 못했던 그 엄청난 일을 해냈던 거야. 그리고 너는 그 일에 대해서 자랑하지도 않았어. 너는 그것을 다른 사람들에게 보여주려고 이웃사람들을 부르지도 않았어. 너는 그 일을 오직 하나님에 대한 사랑으로 했던 거야. 그러므로 너는 정말 평범하지 않은 특별하게 겸손한 사람이야. 아무도 네가 헛된 일을 했다고 말할 수 없어." 참으로 슬픈 일입니다! 이 얼마나 거들먹거리는 짓거리입니까! "만물보다 거짓되고 심히 부패한 것은 마음이라"(렘 17:9) 하신 말씀이 참으로 맞는 말씀입니다. 우리는 예수님의 신발 끈을 풀기도 감당하지 못하는 사람들입니다. 만일 우리가 감당할 만한 자라면, 우리는 속으로 이렇게 말할 것입니다. "우리는 얼마나 대단한 자들인가. 지금까지 우리에게 주님의 신발 끈을 푸는 일이 허락되었으니 말이다." 설령 우리가 그 일에 대해서 크게 기뻐하면서 다른 사람들에게 말하지 않는다 해도, 적어도 그 일에 대해서 마음속으로는 그렇게 말할 것입니다. 그러고는 스스로를 결국 대단한 사람이라고 느끼면서, 절대로 적은 명성을 누려서는 안 된다고 생각하게 됩니다.

사랑하는 성도 여러분, 우리는 그리스도를 위한 가장 낮은 일도 감당할 수 없는 자라고 여겨야만 합니다. 왜냐하면 우리가 가장 낮은 자리까지 내려간다 해도, 예수님은 항상 우리가 내려간 것보다 더 낮은 곳으로 내려가시기 때문입니다. 그분의 신을 드는 것(마 3:11)이 작은 일입니까? 그렇다면 그분께서는 제자들의 발을 씻어 주기도 하셨는데, 그분의 낮아지심은 도대체 무엇입니까? 까다로운 성격을 가진 형제에 대해 인내하면서 그와 더불어 온유하게 지내며 "나는 기독교인이기니 그에게 모든 것을 양보하겠어"라고 생각한다면, 그것은 아주 낮은 곳으로 내려가는 것입니다. 그런데 우리 주님께서는 우리를 위해 그보다 더 많은 짐을 지셨습니다. 그분은 자기 백성의 연약함을 담당하셨으며, 심지어 일흔 번씩 일곱 번이라도 용서해 주셨습니다. 설령 우리가 교회에서 가장 낮은 자리에 기꺼이 선다 해도, 예수님은 우리보다 더 낮은 자리에 계십니다. 왜냐하면 그분은 저주의 자리에 서셨기 때문입니다. 하나님께서 죄를 알지도 못하신 이를 우리를 대신하여 죄로 삼으신 것은 우리로 하여금 그 안에서 하나님의 의가 되게 하려 하심입니다(고후 5:21). 저는 때때로 영혼을 구원하기 위해 지옥문에라도 가고 싶다고 느낄 때가 있습니다. 그러나 구세주께서는 그보다 더 아래로 내려가셨습니다. 왜냐하면 그분은 영혼들을 위해서 하나님의 진노를 받으셨기 때문입니다. 혹시 이 자리에 있는 성도들 가운데, 너무나 겸손해서 자신에 대해서는 절대로 높게 생각하지 않고, 오히려 자기 형제들 가운데서 가장 낮은 자가 되기를 원하며, 그래서 은혜가 넘치는 자신의 삶을 드러내는 자가 있다 해도, 사랑하는 성도 여러분, 여러분은 그리스도께서 자신을 낮추신 것만큼 그렇게 자신을 낮출 수는 없습니다. 왜냐하면 그분은 "스스로 무명한 자가 되셨으나"(빌 2:7 KJV), 여러분에게는 아직도 어느 정도 유명세가 남아 있기 때문입니다. 그분께서는 스스로 종의 형체를 가지사 죽기까지 복종하셨습니다. 그런데 여러분은 거기까지는 아직 이르지 못했습니다. 여러분은 교수대 위에서 극악무도한 죄인이 사형을 당하는 것 같은 십자가의 죽음까지는 결코 이르지 못할 것입니다. 오, 자기를 낮추신 구세주의 사랑은 얼마나 놀라운 사랑인지 모릅니다! 그러므로 우리도 그분만큼이나 낮아져서 그분 옆에 나란히 있을 수 있을 정도로 낮아지기를 힘씁시다. 그러나 우리가 가장 낮은 자리에 내려갔을 때에도, 그분은 우리보다 여전히 더 낮은 곳에 내려가 계신다는 사실을 기억하십시오. 그래서 가장 낮은 곳이라도 우리에게는 참으로 높은 자리로 느껴질 수 있습니다. 왜냐하면 그분께서 여전히 더 낮은 자리로 내려가셨기 때문입니다.

사랑하는 성도 여러분, 이러한 일들을 실천적인 차원에서 말씀드린다면, 여러분 중에 누구든 단 한 명이라도 다른 사람에게 가서 그의 영혼에 관해 말을 건네는 것입니다. 이것은 여러분이 할 수 있는 아주 작은 의무일 것입니다. 만약 여러분이 백 명 정도 되는 사람들에게 설교해 달라는 부탁을 받는다면, 여러분은 기꺼이 하려고 할 것입니다. 저는 여러분에게 하나님의 이름으로 엄숙하게 부탁드립니다. 오늘 해가 지기 전까지 한 명이라도 좋으니 남자든 여자든 상관 없이 그 한 영혼에게 말씀을 전하도록 하십시오. 여러분은 그렇게 하고 싶지 않습니까? 그 일이 여러분에게는 너무나 작은 일입니까? 그렇다면 제가 여러분에게 솔직히 말씀드려야겠습니다. 여러분은 그 일도 감당하기 어려운 사람들입니다. 오늘 어린아이 몇 명에게라도 그 영혼에 관해서 말을 건네십시오. "오, 우리는 어린아이들에게 말을 건넬 수 없어요. 우리가 어떻게 우리 자신을 낮춰서 그 어린 애들에게 맞출 수 있나요? 우리는 그렇게 할 수 없어요"라고 말하지 마십시오. 그런 감정이 여러분의 마음 어느 구석에도 없도록 하십시오. 혹시라도 이 일이 주님의 신발 끈을 푸는 일이라면, 우리가 그 일을 하도록 합시다.

거룩한 데이비드 브레이너드(David Brainerd, 1718-1747, 뉴잉글랜드의 청교도 후손으로 미국 인디언들을 위한 최고의 선교사라는 평을 받는다 — 역주)는 그의 죽음이 다가오자, 더 이상 인디언들에게 설교를 할 수 없었습니다. 그래서 몇몇 어린 인디언 소년들을 자기 침상 옆에 오게 해서는 그들에게 영어 알파벳을 가르쳐 주었습니다. 그것을 본 어떤 사람에게 브레이너드는 다음과 같이 말했습니다. "그렇습니다. 지금까지 저는 제가 살아있는 한 유용한 사람이 되게 해 달라고 하나님께 기도했습니다. 그런데 지금은 제가 너무 연약해져서 더 이상 설교를 할 수 없습니다. 그래서 저는 이 불쌍한 어린이들이 성경을 읽을 수 있도록 이들에게 알파벳을 가르치고 있습니다"(29세의 젊은 나이에 결핵으로 숨을 거둔 브레이너드는 오랫동안 누운 채로 생활을 하였으며, 인디언들에게 영어를 가르치기도 하였다. 「데이비드 브레이너드의 생애와 일기」 1745년 4월 30일자 일기 참조). 우리가 어린아이들을 가르칠 때, 절대 우리의 수준이 낮아진다고 생각하지 맙시다. 설령 우리 자신이 낮아진다고 해도, 우리는 그렇게 우리 자신을 낮추도록 합시다.

아마도 여러분 가운데는 타락한 여인들에게 선을 베풀 수 있는 기회를 가진 이들이 있을 것입니다. 여러분은 그러한 일에 몸을 사리십니까? 많은 분들이 몸을 사리고 있습니다. 몸을 사리는 사람들은 자기들이 그런 타락한 여인들에게 말을 건네기보다는 어떤 다른 것을 할 수 있지 않을까 그렇게 느끼고 있습니다. 그런데 그들에게 말을 건네는 것이 여러분의 주님의 신발 끈을 푸는 일입니까? 만약 그렇다면, 그 일은 명예로운 일입니다. 사랑하는 성도 여러분, 한번 시도해 보십시오. 만약 여러분이 예수님을 위해서 그 일을 행한다면, 그 일은 여러분의 품위를 떨어뜨리는 일이 아닐 것입니다. 그 일은 여러분 중에 가장 대단한 자들도 할 수 없는 일입니다. 그 일은 여러분이 차마 감당할 수 없는 대단한 일입니다. 여러분의 집 주위에 아주 가난한 사람들이 사는 지역이 있을 수도 있습니다. 여러분은 그들이 사는 지역으로 가기를 좋아하지 않습니다. 그들은 더럽고, 어쩌면 질병에 감염되어 있을지도 모릅니다. 맞습니다. 가난한 자들이 그렇게 더럽다는 것은 안타까운 일입니다. 그런데 교만 또한 더럽습니다. 여러분은 "나는 거기에 갈 수 없어요"라고 말하십니까? 왜 갈 수 없습니까? 여러분은 그렇게 힘 있고 멋진 신사라서, 여러분의 손에 흙이 묻을까 우려하는 것입니까? 그렇다면 여러분은 여러분이 믿는 주님의 신발 끈을 풀어드리지 못할 것입니다. 주님은 가난한 자들 가운데 사셨으며, 그들보다 더 가난하셨습니다. 왜냐하면 그분은 머리 둘 곳이 없으셨기(마 8:20) 때문입니다.

오, 여러분 자신을 부끄러워하십시오. 주님은 자기를 낮추고 사랑을 베푸셨는데, 여러분은 그런 분의 사악하고도 교만한 종입니다! 여러분이 일하는 곳 주위에서 그분의 신발 끈을 직접 풀어드리십시오! 예수님을 위해 그런 일을 함으로써 여러분이 낮아진다는 착각은 아예 하지도 마십시오. 여러분에게 말씀드립니다. 그 일로 인해 여러분은 영광을 받게 될 것입니다. 그러나 사실대로 말하자면 여러분은 그 일에 합당한 자들이 아닙니다. 그 일로 인한 영광도 여러분에게는 너무나 과분한 것입니다. 그러니 그 영광은 여러분보다 더 나은 자들의 몫이 될 것입니다.

사랑하는 성도 여러분, 결과적으로 그리스도를 위해 할 수 있는 것은 무엇이든 매우 선한 것이기 때문에, 우리가 감히 행할 수 없는 것들입니다. 어떤 사람은 문을 지키기를 원했습니다! 어떤 사람은 뒷골목을 샅샅이 뒤지기를 원했습니다! 어떤 사람은 거칠고 난폭한 자들을 가르치기를 원했습니다! 어떤 사람은 사람들을 예배 장소로 초대하여 그들에게 자리를 내주고, 그들이 앉아 있는 동안 자신은 복도에 서 있기를 원했습니다! 좋습니다. 어떤 것이든 다 좋습니다. 저는 악인의 장막에서 가장 고귀한 자로 여김을 받는 것보다 차라리 주님의 집에 문지기나 신발의 흙을 터는 매트가 되고 싶습니다(시 84:10 참조). 예수님을 위한 어떤 일이라면, 낮으면 낮을수록 더욱더 좋은 것입니다. 예수님을 위한 어떤 일이면, 겸손하면 할수록 더욱더 좋은 것입니다. 예수님을 위한 어떤 일이라면, 깊은 곳으로 내려가면 갈수록, 즉 귀한 보석을 찾기 위해 팔꿈치까지 걷어 부치고 팔을 진흙 속으로 밀어 넣으면 넣을수록 더욱더 좋은 것입니다. 이것이 바로 기독교 신앙의 참된 정신입니다.

성가대원들 사이에 앉아 높은 곳에서 멋진 옷을 입고서 웅장한 스타일로 찬양하려고 하거나 주교의 복장을 하고서 설교하려고 하지 마십시오. 휘황찬란하고 눈길을 끄는 의식을 행하려고 하지 마십시오. 이 모든 것은 바벨론에 속한 것들입니다. 오히려 그리스도를 위한 전쟁터에 싸우러 나가기 위해 간소한 차림에 옷소매를 걷어 부치고서, 한 사람의 겸손한 일꾼으로 사람들 가운데 나아가 무슨 수를 써서라도 영혼들을 구원하겠다는 결심을 하십시오. 이것이 바로 여러분의 주님께서 여러분이 행하기를 바라는 것입니다. 왜냐하면 이것이 그분의 신발 끈을 푸는 일이기 때문입니다.

3. 이제 마지막 말씀을 드려야겠습니다.

즉, 이 모든 것은 우리를 낙담시키기보다는 오히려 자극하여 분발하게 합니다. 비록 우리는 이 일을 감당하지 못할 자들이지만, 바로 그 사실 때문에 그 겸손하게 하는 은혜를 우리가 잘 선용하게 됩니다. 이 은혜로 말미암아 우리는 우리가 행하는 일들로 명예를 얻게 됩니다. "나는 그의 신발 끈을 풀기도 감당하지 못하겠노라. 그러므로 나는 설교하는 것을 포기하겠노라"라고 절대로 말하지 마십시오. 오, 그렇게 해서는 안 됩니다. 더욱더 담대하게 말씀을 전해야 합니다. 세례 요한도 그렇게 행했습니다. 세례 요한은 하나님의 말씀을 전했을 뿐만 아니라, 경고의 말씀까지도 덧붙였습니다. 여러분도 사람들에게 말씀을 전할 뿐만 아니라, 경고의 말씀도 전하십시오. 그들에게 장차 올 심판에 대해 말해주고, 귀한 것과 사악한 것을 구분하도록 가르쳐 주십시오. 우리는 모든 다양한 방식으로 우리의 일을 감당해야 합니다. 그 가운데 조금 고통스러운 일들이 있다 해도 그것을 빠뜨려서는 안 됩니다. 하나님께서 우리에게 명하신 것은 무엇이든 해내야 합니다. 세례 요한은 그리스도를 증언하도록 부르심을 받았지만, 자신은 그 일을 감당하지 못할 자라고 느꼈습니다. 그럼에도 불구하고 그는 그 일을 피하지 않았습니다. "보라, 보라, 보라, 하나님의 어린 양이로다"(요 1:36). 이 외침은 세례 요한의 평생의 과업이었으며, 그는 이 과업을 열심히 수행했습니다. 그는 이 외침을 한 번도 중단하지 않았습니다. 그는 바쁘게 세례도 베풀었습니다. 세례는 새로운 시대를 시작하는 의식이었으며, 믿는 자들에게는 계속해서 침례(immersion)를 베풀었습니다. 세례 요한 만큼이나 지치지 않는 불굴의 일꾼은 없을 것입니다. 그는 자기 영혼 전부를 그 일에 쏟아 부었습니다. 왜냐하면 그는 스스로 그 일을 감당하지 못할 자라고 여겼기 때문입니다.

사랑하는 남녀 성도 여러분, 만약 여러분이 게으르다면, 그 일을 감당하지 못할 자라는 여러분의 자각으로 인해 여러분은 몹시 괴로울 것입니다. 그러나 하나님의 사랑이 여러분의 영혼 속에 있다면, 여러분은 "나는 최선을 다해도 결과가 그리 좋지 않기 때문에, 항상 최선을 넘어 최대한으로 온 힘을 쏟을 거야. 그렇게 온 힘을 다해도 만족한 성과가 나오지는 않기 때문에, 적어도 나는 최대한 온 힘을 다할 거야"라고 생각하게 될 것입니다. 내가 가진 모든 것을 그분께 드린다 해도, 다시 말해 나의 생명을 드리고, 내 몸까지 불사르게 내줄지라도(고전 13:3), 그것은 내가 맛본 그 놀랍고도 거룩한 사랑에 대한 작은 보답밖에 되지 않을 것입니다. 그러므로 내가 이 모든 것을 행하지 못한다 해도, 어쨌든 그것이 주 예수님을 위한 일이라면, 내가 할 수 있는 한에서 모든 일을 다 할 것입니다. 나는 내가 감당할 수 있는 모든 힘으로 그분을 사랑하고, 나는 내가 감당할 수 있는 모든 힘으로 그분에게 기도하고, 나는 내가 할 수 있는 모든 힘으로 그분에 관해 얘기하고, 나는 내가 할 수 있는 모든 힘으로 그분의 복음을 전파할 것입니다. 그분께서 요구하는 일이라면 아무리 작은 일이라도 저는 제 위신이 떨어지는 일로 여기지 않을 것입니다.

사랑하는 성도 여러분, 세례 요한은 힘들게 살았습니다. 그가 먹는 음식은 메뚜기와 석청(마 3:4)이었고, 그가 입는 옷은 왕궁에 사는 사람들이 입는 부드러운 옷이 아니라 거친 낙타털 옷이었습니다. 그는 그렇게 힘들게 살다가 죽을 때도 힘들게 죽었습니다. 그의 담대함으로 인해 그는 지하 감옥에 갇혔고, 그의 용감한 충성심 때문에 그는 순교자의 죽음을 맛보게 되었습니다. 바로 그가 자신을 부인하며 살다가 진리와 의를 증거하며 죽은 사람이었습니다. 이 모든 일은 그가 주님을 높은 분으로 여겼기 때문에 일어난 것입니다. 그리스도에 대한 우리의 평가가 점점 자라고 성장해서, 우리 모두 그리스도를 위한 일이라면 우리 인생에서 어떠한 일이든 기꺼이 참아내고, 그분의 이름을 위해서라면 우리의 생명까지도 내놓을 수 있는 그런 사람들이 되기를 기원합니다!

옛날에 노예제도가 있던 시절, 어떤 모라비안 선교사들이 복음을 전하기 위해 서인도 제도의 한 섬에 갔습니다. 거기서 그들은 자신들이 노예가 되지 않고서는, 다른 사람들을 가르칠 수 있는 허가가 나지 않는다는 것을 알게 되었습니다. 그리하여 그들은 노예가 되었습니다. 그들은 절대 다시 복권될 수 없는 노예로 자신을 팔았던 것입니다. 그들이 이렇게까지 한 것은 노예들의 영혼을 구원하기 위함이었습니다(1732년에 서인도 제도로 파송된 첫 모라비안 선교사인 도버[John Leonard Dober, 1706-1766]와 니츠만[David Nitschman, 1695-1772]의 일화이다 — 역주).

우리는 또 다른 유의 거룩한 이들에 관한 이야기를 들었습니다. 이들은 나병환자들이 있는 병원에 실제로 들어가 감금되기를 요청했습니다. 한 번 들어가면 다시는 병원 밖으로 나올 수 없다는 것을 알고서도, 그들은 나병 환자들의 영혼을 구원하기 위해 그렇게 하였습니다. 영혼들을 구원할 수만 있다면 나병에 걸려 죽어도 좋다는 생각으로 그들은 그 병원에 갔던 것입니다. 저는 토메 데 예수(Frei Thome de Jesus, 1529-1582, 포르투갈의 기독교 신비주의 작가 — 역주)의 글을 읽은 적이 있습니다. 그는 기독교 포로들의 틈에 끼어 아프리카 북부의 바르바리(Barbary)라는 곳에 가서 살면서, 노예 신분으로 유배생활을 하며 생을 마감했다고 합니다. 그곳에서 그는 다른 형제들을 격려하고 그들에게 예수님을 전하는 삶을 살았습니다. 사랑하는 성도 여러분, 우리는 그런 수준의 경건에는 아직 이르지 못했습니다. 예수님께서 받으실 만한 경건의 수준에 이르기에는 우리가 턱없이 부족합니다. 우리는 그분에게 작은 것을 드리고 있습니다. 우리는 감히 그분께 드리기에는 너무 작아서 부끄러운 것을 드리고 있습니다. 종종 우리는 하루나 이틀 정도 열심을 내다가 냉랭해져 버리고 맙니다. 우리는 갑자기 깨어났다가 다시 더 깊은 잠에 빠져 버립니다. 오늘은 마치 세상을 불 위에 올려놓을 것처럼 세상을 떠들썩하게 하는 것 같다가도, 내일이 되면 우리 자신의 등불조차도 잘 건사하지 못하고 맙니다. 한때는 우리 앞에 놓인 교회를 밀고 우리 뒤에 있는 세상을 끌어당기겠다고 맹세했지만, 머지않아 우리는 바퀴 빠진 바로의 병거처럼 똑바로 끄는 것조차 힘들어 하게 됩니다. 오, 그리스도를 향한 사랑의 불길이 우리의 영혼 속에 일어나기를 원합니다! 오, 살아 있는 불길이 골고다의 제단에서 발화되어, 우리에게 생명을 주시기 위해 자신을 내주신 그리스도를 향한 거룩한 열정으로 우리의 전체 본성에 불타오르기를 기원합니다! 이제 여러분은 엄숙한 열망으로 결단하십시오. 여러분 영혼의 깊은 곳에서 다음과 같이 결심하십시오. "저는 그분의 신발 끈을 풀겠나이다. 저는 작은 것들, 시시한 것들, 비천한 것들을 찾아서, 그 일들을 감당하되 사람을 보고 하는 것이 아니라 주님을 보고 하겠나이다. 그리하여 그분의 귀한 보혈로 저를 구원해 주신 것처럼, 그분께서 저를 받아주시기를 기원합니다." 아멘.

제
14
장

—

친구들에게 배척당한 나사렛 사람

—

"회당에 있는 자들이 이것을 듣고 다 크게 화가 나서 일어나
동네 밖으로 쫓아내어 그 동네가 건설된 산 낭떠러지까지
끌고 가서 밀쳐 떨어뜨리고자 하되 예수께서 그들 가운데로
지나서 가시니라." — 눅 4:28-30

예수님께서는 몇 해 동안 나사렛에 있는 아버지의 집을 떠나 계셨습니다. 예수님은 고향에서 틀림없이 유명했을 것입니다. 그분의 성품과 행실이 탁월했기 때문에 그분은 많은 이들의 주목을 받았을 것입니다. 때가 되어 그분은 나사렛을 떠나 요단 강에서 세례 요한에게 세례를 받고, 즉시 말씀을 전파하며 이적(異跡)들을 행하기 시작하셨습니다.

나사렛의 거민들은 의심할 여지 없이 서로 이러한 이야기를 나누었을 것입니다. "그는 분명히 고향과 부모에게로 돌아올 거야. 그가 오면 우리는 그 목수의 아들이 무엇을 말하는지 다 듣게 될 거야." 그 마을에서 소년 시절을 보냈던 사람이 설교자가 되면 그 설교자의 설교를 듣고 싶어하는 것이 상례입니다.

그리고 그분이 가버나움에서 행했던 이적들을 볼 수 있을 것이라는 희망 때문에 그 설교자에 대한 관심은 더욱 고조되었을 것입니다. 호기심으로 흥분한 모든 이들은 그분이 나사렛을 여러 지파들의 성읍 중에서 유명하게 만들 것이라고 바라고 믿었습니다. 아마 그분은 거기로 돌아와 정착하게 될 것이고, 수많은 이들을 몰려오게 할 것이며, 그렇게 되면 자기들의 상점에도 많은 이들이 물건

을 사가게 되리라 생각하였을 것입니다. 나사렛의 위대한 의사요, 기이한 대사(大事)를 행하는 그분 때문에 그리 될 것이라는 생각들을 하고 있었을 것입니다.

이렇듯 예수님에 대해 매우 기뻐하고 있을 때, 이윽고 그 유명한 선지자는 자기 고향으로 돌아왔습니다. 게다가 안식일이 가까워지면서 그분에 대한 관심은 더욱더 커져갔고, 사람들은 다음과 같이 묻기 시작했습니다. "당신은 어떻게 생각합니까? 내일 회당에 그가 올까요? 만일 그가 거기에 온다면, 무슨 수를 써서라도 그의 말을 들어야 합니다."

회당장은 다른 이들이 가진 이런 공통적인 생각에 공감하고 있었습니다. 그리고 회당에 나타난 예수님을 보자 그는 예배 중 적절한 시점에 거기 계신 예수님께 두루마리로 된 선지서를 펼쳐서 건네드렸습니다. 선지서의 한 대목을 읽고 나름대로 그 대목에 대한 생각을 말하도록 한 것입니다. 모든 이의 눈이 그분을 빤히 쳐다보고 있었습니다. 그날 아침 그 회당에는 졸린 눈을 가진 자가 한 사람도 없었습니다. 예수님께서는 두루마리를 들고 그 책에 익숙한 사람답게 두루마리를 펼치셨습니다. 그러고는 서서 그것을 읽으시면서 그 몸짓으로 말씀에 합당한 경의를 표하셨습니다. 그런 다음 예수님께서는 그 두루마리를 덮으시고 자리에 앉으셨습니다. 예수님이 할 말이 없어 앉은 것이 아니라 당시에는 설교자가 앉고 나머지 사람들이 그 말씀을 듣기 위해 서 있는 것이 좋은 관례였기 때문입니다. 어떤 의미에서는 오늘날의 방식보다 장점이 많은 관습이었다고 할 수 있습니다. 적어도 설교자의 다리가 불편하다거나 청중들이 졸릴 경우에는 그런 관례가 좋을 것입니다.

예수님께서 그들에게 읽어 주신 대목은 예수님 자신에게 딱 맞는 아주 적절한 대목이었습니다. 그러나 그 대목에서 가장 주목할 만한 요지는 예수님이 읽은 부분이 아니라 읽지 않은 부분이었습니다. 예수님께서는 한 문장의 중간 부분쯤에서 멈추셨습니다. 바로 "주의 은혜의 해를 전파하게 하려 하심이라"(눅 4:19)고 하신 그 대목에서 말입니다. 그 대목은 그 다음에 이어지는 "우리 하나님의 보복의 날"이라는 말씀을 더 읽어가지 않으면 완성된 문장이 될 수 없었습니다.

우리 주님께서는 지혜롭게도 그 말씀을 읽다가 중간에 멈추셨습니다. 그분이 전하셔야 하는 첫 번째 설교가 부드러워야 한다는 생각 때문에 그리하신 것 같습니다. 그 설교 속에 위협적인 말씀이 들어가지 않도록 하려고 말입니다. 그들에 대해 예수님이 마음으로 바라는 소원과 기도는 그들이 구원 받는 데 있었습니다. 예수님께서는 그 날이 하나님이 원수를 갚으시는 날이 아니라 주의 은혜의 해가 되기를 원하셨습니다. 그래서 그분은 책을 덮고 앉으셔서 자신의 사명을 열어 보여주는 것으로 말씀을 전하기 시작하셨습니다.

그분은 누가 눈먼 사람들이며, 누가 병들고 상처 받고 상한 이들인지를 설명하셨습니다. 그런 후에 하나님께서 어떤 종류의 은혜로 해방과 치료와 구원을 주시는지를 말씀하셨습니다. 그들은 놀라서 어쩔 줄을 몰랐습니다. 그들은 그렇게 유창하면서도 힘이 있고 단순하면서도 고상하게 말하는 사람을 본 적이 없었기 때문입니다. 모든 이들의 눈이 휘둥그레졌고, 모든 이가 그 말하는 이의 언변(言辯)과 내용에 놀랐습니다.

거기 회중들 속에서 금방 웅성거리는 소리가 들렸습니다. 각 사람마다 옆을 보면서 말했습니다. "이 사람은 목수의 아들이 아니냐? 그의 어머니는 마리아가 아니냐? 그의 형제들은 야고보, 요셉, 시몬, 유다이지 않은가? 그의 자매들이 다 여기 우리와 같이 있지 아니하냐? 어디서 이 사람이 이 모든 것을 알았느냐?'

그들은 놀라기도 하고 시기심도 났습니다. 그런 다음에 그 설교자는 자기 사역의 목적이 사람들을 놀라게 하는 데 있는 것이 아니라 그들의 마음을 감동시키는 것임을 인식하고서 설교의 주제를 바꾸었습니다. 그리고 그들의 양심을 거대한 힘으로 책망하셨습니다. 만일 사람들이 사역자에게 그들의 놀라워하는 모습만을 반응으로 보여준다면, 그들은 그 사역자에게 아무것도 보여주지 않는 셈입니다. 예수님과 마찬가지로 말씀을 전하는 우리도 여러분이 죄를 깨닫고 회심하기를 바랐는데 이에 못 미친다면 우리는 실패한 것이나 다름없는 것입니다.

예수님은 그렇게 사람들의 관심을 고조시키며 많은 복락의 열매를 맺을 수 있는 주제에서 돌이키셨습니다. 그들에게는 그것이 돼지 앞에 진주를 던지는 격이라는 것을 알고 계셨기 때문입니다. 그래서 주님께서는 그들 한 사람 한 사람에게 말씀하시듯 그들이 생각하는 바를 단호하게 간파하여 말씀하셨습니다. "너희가 반드시 '의사야 너 자신을 고치라' 하는 속담을 인용하여 내게 말하기를 우리의 들은 바 가버나움에서 행한 일을 네 고향 여기서도 행하라 하리라"(눅 4:23). 그런 다음 그분은 그들의 요청을 받아들이지 않겠다고 말씀하셨습니다. 그 지역에서 나서 그들과 함께 살았지만 그런 이유로 그들이 원하는 대로 능력을 보여주실 어떤 의무도 없다고 하셨습니다.

그분은 한 경우를 예로 들어 말씀하셨습니다. 엘리야("고아의 아버지시며 과부의 재판장"[시 68:5]이신 하나님이 한 과부에게 복 주실 때)는 이스라엘의 한 과부에게 보냄을 받은 것이 아니라 이방의 여인, 저주받은 가나안 족속의 한 여인, 곧 수로보니게 여인에게 보냄을 받았다고 말입니다. "내가 참으로 너희에게 이르노니 엘리야 시대에 … 엘리야가 그 중 한 사람에게도 보내심을 받지 않고 오직 시돈 땅에 있는 사렙다의 한 과부에게 뿐이었으며"(눅 4:25-26). 그런 다음 다시 그분은 엘리야의 종 엘리사를 거명하셨습니다. 엘리사가 나병환자들에게 치료의 능력을 베푸실 때에 그는 이스라엘의 나병환자들에게 베푼 것이 아니었고, 앗수르 군대가 도망쳤다는 좋은 소식을 가지고 온 나병환자들을 고친 것도 아니었으며, 오직 먼 나라에서 온 외인인 나아만을 치료했다고 지적하셨습니다. 이렇게 우리 구주께서는 주권적인 은혜의 교리를 제시하셨던 것이며, 또한 예수님께서는 원하시는 대로 하실 자유로운 분이심을 선언하셨던 것입니다.

그 설교로 인하여 이러저러한 면에서 전체 회중들이 분노하게 되었습니다. 그분을 처음에는 기이하게 쳐다보던 눈들이 이제는 짐승의 눈같이 번뜩였으며, 그분에게 찬사를 아끼지 않던 혀도 이제는 분을 내뱉기 시작하였습니다. 그들은 즉시 일어나 그 설교자를 죽이려 하였습니다. 어제의 호기심이 오늘의 분노로 변해 버린 것입니다.

몇 시간 전에 그들은 그 선지자가 자기 고향에 온 것을 환영하였습니다. 그런데 지금 그들이 생각하는 것은 "그를 십자가에 못 박으라! 십자가에 못 박아!"라는 외침이었습니다. 그렇게 해도 지금 예수님의 소행에 합당하다고 생각했습니다. 그들은 예수님을 회당 밖으로 끌어내고 드리던 예배를 파하였습니다. 그들이 그토록 놀라운 경의를 표했던 그 날의 거룩함도 망각한 채, 그들은 그분을 던져버리기 위해 끌어냈습니다. 그들이 때로 흉악한 자들을 높은 바위에서 던지거나, 성이 건설되어 있는 산 언덕의 벼랑에서 밀쳐 넘어뜨렸던 것처럼 예수님께 하려고 말입니다.

그러나 예수님께서는 그들을 피하여 거기를 빠져 나가셨습니다. 그런 특별한 시작이 그렇게 이상하게 끝나 버리다니! 최고의 설교자와 가장 바람직한 청중에 속할 이들이 만난 것인데 말입니다. 거기에 있던 사람들은 설교자에게 온통 관심을 집중시키고 있었고, 모든 귀가 열려 있었으며, 모든 입이 다 열려 있습니다. 더구나 그분과 그분이 하는 설교 양식과 그분이 말하는 것에 청중들은 놀라 있었습니다! 여기서 수를 헤아리기 힘들 정도의 많은 회심이 일어나겠다고 생각될 만하였습니다. 나사렛은 이제 기독교의 성채(城砦)가 될 것이라고, 새로운 믿음의 중심지가 될 것 같았습니다. 그러나 그러한 일은 전혀 일어나지 않았습니다. 인간의 본성은 그 정도로 왜곡되어 있습니다. 따라서 우리가 많은 것을 기대하는 곳이라 해도 적은 것 밖에는 얻지 못할 수 있습니다. 백배의 결실을 맺어야 마땅한 밭에서 가시와 엉겅퀴밖에 나지 않은 것입니다.

하나님께서 도우시는 대로 제가 여기서 의도하는 바는, 이 진술을 지금 여기 계신 어떤 이들의 마음과 양심에 적용하는 것입니다. 그들은 지금 이 나사렛 사람들이 예수님께 했던 방식대로 어느 정도 구주를 대했던 사람들입니다. 우리는 첫 번째로 그리스도를 배척했던 이들은 누구였는가를 알아볼 것이고, 두 번째로는 왜 이런 배척이 일어났는가를 살펴보고, 세 번째로는 그들이 예수님을 배척함으로 얻은 것이 무엇인가 하는 것에 주목할 것입니다.

1. 그리스도를 배척한 이들은 누구였는가?

제가 이러한 질문을 던지는 것은 그들이 어떤 사람들을 대표적으로 보여주는 자들이고, 오늘 여기 이 순간에도 그들을 본받아 따라하는 자들이 있다고 확신하기 때문입니다.

사랑하는 성도 여러분, 먼저 지적할 것은 그들이 구주와 가장 가까운 관계에 있는 사람들이었다는 점입니다. 그들은 예수님의 고향 사람들이었습니다. 일반적으로 말해, 고향 사람들은 어떤 다른 사람들보다도 가장 친절할 것이라 기대됩니다. 그분은 자기 고향 사람들에게로 가셨지만, 그 고향 사람들은 그분을 영접하지 않았습니다. 그들은 그분을 영접했어야 했지만, 기이하게만 생각했습니다. 그것이 문제였습니다.

자, 여기 이 아침에도 그리스도인이 아닌 자들이 이 예배당에 와 있습니다. 그들은 그리스도와 아무런 관계를 맺고 있지 않습니다. 그래서 그리스도를 대적하고 있습니다. 그러나 여전히 그들은 세상에 있는 어느 회심하지 않는 이들보다도 더 그리스도께 가까이 있는 자들입니다. 왜냐하면 그들은 어린 시절부터 하나님께 예배하는 곳에 참석하여 왔기 때문입니다. 그들은 찬송을 함께 불렀고 기도를 함께 드렸고, 주의 집에서 드리는 여러 예배에 참석하였습니다. 더구나 그들은 하나님 말씀의 진정성과 신성을 확신하고 있습니다. 또한 구주께서 하나님께로부터 보내심을 받은 구세주라는 데에 아무런 의심을 가지지 않습니다. 그분이 구원하실 수 있고, 구주로 지명되신 분이라는 사실도 전혀 의심하지 않습니다. 그들은 의심이나 회의론적인 생각들로 인하여 괴로워하지도 않고 혼란스러워 하지도 않습니다. 사실 그들은 아그립바 왕과 같은 이들입니다. 그들은 거의 그리스도인이 되었다 싶을 정도의 상태에 있는 자들이지만, 기독교인은 아닙니다. 여러분은 당연히 그런 사람들이야말로 설교하기에 가장 좋은 이들이라고 생각할 것입니다. 그러나 사실은 그렇지 않다는 것을 알게 됩니다. 제 경우를 볼 때, 그들은 설교하기에 가장 좋은 자들이 아니었습니다. 여기에 참석한 사람들 중에도 어떤 이들은 멀리 떨어져 있는 자들보다 더 믿음의 결심을 하기가 쉽지 않습니다. 여러분은 제가 어떠한 이들을 가리켜 말하고 있는지 알 것입니다. 여러분 중에 어떤 사람은 저를 똑바로 쳐다보고서 "목사님, 그렇게 말씀하시면서 우리를 책망하고 계신 거지요?"라고 생각할 것입니다.

또한 나사렛의 이 사람들은 그리스도에 대하여 가장 잘 아는 이들이었습니다. 그들은 그분의 어머니와 나머지 친족들에 대해서도 아주 잘 알고 있었습니다. 그들은 예수님의 계보(系譜)에 대해서도 잘 알고 있었습니다. 그들은 마리아와 요셉이 유다 지파라는 것도 즉시 말할 수 있는 자들이었습니다. 아마 그들이 왜 베들레헴에서 여기로 오게 되었는지도 말할 수 있었을 것입니다. 그리고 그들이 한때 애굽에 가 있던 적이 있었는데 어째서 그리했는지도 알고 있었을 것입니다. 기이한 어린아이에 대한 모든 이야기는 그들에게 다 알려져 있었습니다. 이 사람들은 기본적인 사항들에 대해 배울 필요가 없는 자들이었습니다. 믿음의 매우 기본적인 요소가 되는 것에 대해서도 배울 필요가 없는 자들이었습니다. 그들은 예수님께서 설교하기에 가장 바람직한 자들이어야 마땅했습니다. 그러나 안타깝게도 그들은 그렇지가 않았습니다. 저는 여기에 있는 많은 이들이 놀랍게도 그들과 같은 경우에 해당할 수 있다고 말씀드리는 바입니다.

여러분은 구주의 전체 이야기에 대하여 잘 알고 있습니다. 그리고 어린 시절부터 여러분은 그것에 대해 알았습니다. 아니 그 이상으로 복음의 교리들에 대해서 이론적으로 잘 이해할 뿐 아니라, 복음의 진리들에 대해서 토론도 할 수 있습니다. 더구나 그렇게 하는 것을 즐거워합니다. 왜냐하면 여러분은 그러한 교리들에 깊은 흥미를 느끼기 때문입니다. 여러분이 성경을 읽을 때, 성경은 어둡고 신비에 찬 책만은 아닙니다. 여러분은 그 성경을 다는 이해할 수 없지만, 다른 이들에게 진리의 초보는 가르쳐 말할 수 있습니다. 그 모든 사실에도 불구하고, 그 많은 것을 알고 있으면서도 실천하는 것은 그렇게 적다니 정말 얼마나 서글픈 일입니까! 저는 여러분 중에 어떤 이가 복음을 아주 잘 알고 있으면서도 바로 그 사실 때문에 복음의 능력의 많은 부분을 상실하고 있을 수 있다는 것을 두려움을 가지고 말씀드립니다. 복음은 몇 번이고 되풀이해서 이야기되는 동화(童話)처럼 잘 알려져 있기 때문입니다.

여러분이 그 복음을 처음 들었을 때 그 고귀한 복음은 여러분에게 충격을 주었을 것입니다. 그러나 여러분은 이제 그러한 흥미를 느끼지 못합니다. 횟필드(G. Whitefield)의 설교에 대해 하는 말들이 있습니다. 그의 설교가 성공하였던 이유 중에 하나는, 전에는 복음을 전혀 들어보지 못했던 자들에게 그가 설교하였기 때문이라는 것입니다. 복음은 횟필드의 시대에 수많은 영국인들에게 있어서 정말 대단한 것이었습니다. 정말 새로운 것이었습니다. 복음은 영국국교회와 비국교도 교회 강단에서 모두 추방된 상태였습니다. 복음이 머물러 있는 교회가 있더라도 교회 안에 복음을 믿는 이들은 아주 적었습니다. 그리고 그 밖에 많은 이들도 복음에 대해 전혀 알지 못했습니다.

"믿으라 그리하면 살리라"는 단순한 복음이 그렇게 놀랍도록 고귀했기 때문에 횟필드가 노천에 서서 설교할 때 1만여 명이 설교를 들었던 것입니다. 그들은 마치 새로운 계시가 하늘에서 내려오는 것같이 복음을 들었습니다. 그러나 여러분 중에 어떤 이들은 복음에 대해 아주 무뎌져 있습니다. 여러분의 귀에 복음을 새로운 모양으로 넣어 주는 것은 정말 불가능한 일입니다. 여러분은 주일마다 여기 이 교회당에 찾아옵니다. 오랫동안 여기 이 교회에 출석하였습니다. 여러분의 자리가 아예 정해져 있을 정도입니다. 그리고는 예배를 다 참고 견뎌냅니다. 그것은 마치 여러분이 아침에 일어나 옷을 입는 것처럼 그저 판에 박힌 일이 되어버렸습니다.

주님께서는 판에 박힌 그 일이 제게 어떠한 영향을 미치고 있는지 아십니다. 저는 여러분의 영혼을 다루는 데 어떤 고정된 형식에 매이지는 않을까 늘 두려워합니다. 저는 하나님께 기도합니다. 저와 여러분을 종교적인 틀에 박힌 규례의 무서운 효력에서 건져 주십사고 말입니다.

여러분 중에 어떤 이들은 예배 장소를 바꾸어 보는 것이 더 좋을 수 있습니다. 계속 그 예배 장소에서 조는 것보다는 다른 데에 가서 다른 사람이 설교하는 것을 듣는 것이 나을 수 있다는 말입니다. 만일 여러분이 제 설교를 오래 듣고도 아무런 복을 받지 못하였다면 다른 이에게 가서 설교를 들으십시오. 여러분을 깨우는 복음을 자장가처럼 듣고 지정석에 앉아서 하나님의 말씀 아래 멸망하기보다는, 다른 이들의 목소리가 여러분의 귀에 닿도록 하고, 다른 설교자를 통해서 하나님이 무엇을 하시는지 여러분의 눈이 보게 하십시오.

오, 하나님의 성령만이 여러분을 구원하십니다. 여러분이 다른 이의 설교를 듣고 구원에 이르든지, 제 설교를 듣고 구원에 이르든지 간에 제게는 동일한 기쁨입니다. 그럼에도 여기에는 문제가 있습니다. 사람들이 기독교와 가까운 관계를 맺고 있어서 그리스도에 관하여 그렇게 많은 것을 알고도 구주를 배척한다는 것은 정말로 서글픈 일입니다.

또한 이 본문에 등장하는 이들은 그리스도에게 요구할 권한을 가지고 있다고 상상하던 이들이었습니다. 그들은 주 예수님의 편에서 볼 때 자기들의 병을 고치시는 것은 정말 큰 자비가 아니라고 생각했습니다. 그들은 분명히 이러한 식으로 생각하고 있었습니다. "이 사람은 나사렛 사람이다. 그러니 물론 그는 나사렛 사람들을 도와야 하는 의무가 있다"고 말입니다. 그들은 일종의 특권을 가지고 있어서 자기들이 원하는 대로 예수님의 능력을 명할 수 있는 권한을 가지고 있다고 생각하였던 것입니다. 우리 구주께서는 그들의 그런 특권 의식을 거부하셨습니다. 예수님께서는 그들의 멍에를 메지 않으실 참이었습니다. 때때로 저는 경건한 부모의 자녀들이나, 교회에서 자기 자리를 정해 놓고서 예배를 드리는 자들이나, 교회에 여러 가지 헌금을 한 자들이 자기 마음으로 그렇게 생각할까봐 걱정입니다. 즉, 만일 어느 누가 구원 받아야 한다면 바로 내 자신이 구원을 받아야 한다고 그들이 당연하게 생각할까봐 걱정이라는 말입니다. 그러나 여러분은 그렇게 주장할 아무런 근거가 없음을 알기 바랍니다.

저는 그런 특권 의식을 가진 사람들만 구원 받는 것이 아니라 여러분 모두 구원에 이르기를 하나님께 기도합니다. 그러나 여러분이 은혜에 대한 어떤 특권을 가지고 있다고 생각하는 그 자체가 바로 여러분에게는 거침돌이 될 수 있습니다. 왜냐하면 여러분은 "다른 이는 멸망할지라도 예수님께서는 우리에 대해 은혜로운 시선을 던지실 것이 분명하다"고 생각하고 있기 때문입니다.

제가 그런 여러분에게 드리고 싶은 말씀은 이것입니다. 그리스도께서는 자기 백성에 대해 자신의 뜻대로 일하는 분이십니다. 어쩌면 서기관들이나 창기들이 여러분보다 먼저 천국에 들어갈 수도 있습니다. 여러분이 혼자서 긍휼에 대한 어떤 특권을 갖고 있다고 생각한다면 말입니다. 하나님의 자비는 하나님의 주권적인 선물입니다. 하나님께서 그러한 사실을 여러분에게 알게 하여 주실 것입니다.

우리 하나님께서는 마치 우레와 같은 소리로 다음과 같이 말씀하셨습니다. "내가 긍휼히 여길 자를 긍휼히 여기고 불쌍히 여길 자를 불쌍히 여기리라"(롬 9:15). 만일 여러분이 하나님의 주권을 거스르고 뒷발질을 한다면, 여러분은 거치는 돌에 부딪혀 깨지게 될 것입니다.

오, 그러나 만일 여러분이 하나님께 대하여 아무런 권리를 요구할 수 없다고 느낀다면, 또한 자신을 세리의 자리에 놓을 수만 있다면, 여러분은 하나님께서 그 존귀한 주권에 따라 복을 베푸시는 자리에 있게 될 것입니다. 그 세리는 감히 하늘을 향해 얼굴을 들지도 못하고 가슴을 치면서 이렇게 말하였습니다. "하나님이시여, 이 죄인에게 긍휼을 베푸시옵소서." 오, 은혜 받는 자리에 서십시오. 은혜를 구걸해야 하는 여러분이여, 그런 여러분이 어찌 은혜를 선택하는 입장에 있을 수 있겠습니까. 은혜를 구하는 자는 반드시 자기 하나님을 지시하는 자리에 서 있으면 안 됩니다. 구원 받으려고 하는 사람은 자신이 아무 가치가 없으나 그래도 하나님의 자비를 구하기 위해서, 주님의 사랑이 자신을 향해 나타나게 하기 위해서 겸허하게 탄원하는 자세로 하나님께 나아가야만 합니다. 여러분 중에도 오늘 본문에 나타난 자들의 심정을 가진 자들이 있지는 않을까 저는 두렵습니다. 만일 그러하다면 여러분은 그리스도를 배척한 자들과 같게 될 것입니다.

하늘이여 귀를 기울이라! 오 땅이여 들을지어다! 우리는 하늘과 땅을 증인으로 부릅시다. 그리스도인이라 불리며 복음을 문자로만 알고 있는 이들, 그래서 구주의 은혜를 받을 권리가 있다고 생각하는 자들, 그러면서도 여전히 "믿으라 그리하면 살리라"는 하나님의 명령에 불순종하고 있는 자들을 보십시오. 그들은 갑자기 화를 내며 뒤돌아서서 구주를 배척합니다. 그들은 생명을 얻기 위하여 그리스도께 나오지 않습니다. 하늘이여 땅이여, 이것을 듣고 놀랄지어다!

2. 그리스도를 배척하는 이유

두 번째로 우리는 어째서 그들이 그렇게 그리스도를 배척하였는지 그 이유들을 살펴보려고 합니다. 여기서 살펴볼 이유들은 여러분 중에 회심하지 않고 여기 앉아 있는 이들에게도 해당되는 것입니다. 때때로 하나님의 성령께서는 설교를 듣고 있는 사람을 감화시키는 능력으로 임하셔서, 그들을 겨냥한 이 진리를 그들이 느끼도록 하십니다.

그리스도 안에 있는 사랑하는 형제들이여, 바로 그런 일이 지금 일어나기를 위하여 기도하십시오. 예수님께 대한 적대감 때문에 아직도 회심하지 못한 친구들이 지금 우리의 관심 대상입니다. 바로 이들이 지금 그런 사람들에게 주어지는 이 충고에 깊은 인상을 받을 수 있도록 기도합시다. 그들은 왜 그리스도를 배척하였습니까? 제가 생각하기로, 그들은 뭔가 딱 하나의 경우로 설명하기에는 어려운 매우 복잡한 감정을 느끼고 있었습니다. 그들이 분노하고 적개심을 갖게 된 데는 여러 가지 요소들이 작용하였습니다. 그들의 분노에 불을 지핀 것은 몇몇 종류의 연료들이 들어갔기 때문입니다.

첫째, 그들의 불만이 자기들은 구주께서 사명을 주어 부르시는 대상이 아니라는 생각에서 비롯되었다는 사실에 저는 아연 실색하지 않을 수 없습니다. 18절에 보면, 주님께서는 "이는 가난한 자에게 복음을 전하게 하시려고 내게 기름을 부으시고"라고 말씀하셨습니다. 자, 회당에 있던 사람들 중에 가장 가난한 자들은 그 말씀을 듣고서 기분이 좋았을 것입니다. 하지만 사실 유대교 박사들의 격언들에는 대개 가난한 사람이 어떻게 되는지에 대해서 별 관심이 없었습니다. 왜냐하면 부자들 외에는 하늘나라에 들어갈 수 있는 자가 극히 적다고 보았기 때문입니다. 따라서 그 가난한 자들을 위한 이 복음 선포 자체는 그들이 보기에 지나치게 민주적이고 극단적인 소리로 들렸을 것이며, 그들의 마음속에 선입견을 갖게 하는 토대가 되었을 것이 분명합니다. 물론 예수님께서는 심령이 가난한 자들을 두고 말씀하셨습니다. 그들이 가난하든 아니든 간에 말입니다. 예수님께서는 심령이 가난한 자들에게 복을 주려고 오셨기 때문입니다.

그러나 예수님의 그런 표현 방식은 그들이 늘 익숙하게 들어 왔던 모든 것과는 모순이 되었기 때문에, 그들은 그 말씀을 들으면서 입술을 깨물었던 것입니다. 그들은 마음속으로 이렇게 말했습니다. "우리는 심령이 가난한 자들이 아니다. 하지만 우리는 율법을 지키지 않았던가?" 그들 중 어떤 이들은 이렇게도 말하지 않았을까요? "우리는 성구함(聖句函)을 매달고 다니지 않았던가?(신명기의 교훈을 지킨다 하여 성구를 적은 종이를 넣어 옷소매에 매달고 다니던 그들의 규례로, 옷단을 대거나 손을 씻거나 하는 것들도 다 그들이 만들어 지키던 규례들 중 하나이다 — 역주). 우리의 긴 옷 가장자리에는 옷단을 대지 않았던가? 반드시 손을 씻고 먹지 않았던가? 우리는 포도주에 대해서도 모든 주의사항들을 지키지 않았던가? 금식일을 지키고 절기를 지키며 긴 기도도 드리고 했는데 어째서 우리가 심령이 가난하다고 느껴야 하는가?" 따라서 그들은 그리스도께서 오셔서 자신들을 위해 하실 일은 없다고 생각했던 것입니다. 그리스도께서 상한 심령을 언급하실 때 자기들은 상한 심령을 가질 필요성을 인식하지 못하였습니다. 그들은 자신들의 마음이 온전하다고 느꼈고, 자만에 빠져 완전하다고 생각하였습니다. 그러니 설교자가 무슨 필요가 있었겠습니까?

여러분, 설교를 듣는 이들이 다 자신들은 회개하며 마음을 찢을 이유가 전혀 없다고 느끼고 있는데, 설교자가 상한 마음을 가진 자들에게 설교하는 것이 무슨 의미가 있겠습니까? 예수님께서 종노릇에 대하여 말씀하시니 자기들은 자유인으로 태어났고 남에게 종 된 적이 없다고 주장하였습니다. 그들은 조소어린 자세로 자기들에게 해방자가 필요하다는 개념 자체를 배척하였습니다. 자기들은 이미 자유로운 자들인데 무슨 해방자가 필요하냐는 식으로 말입니다. 또한 예수님께서 맹인에 대하여 말씀하시니 "뭐라고, 맹인이라고! 그런 설교는 가서 눈먼 부랑자들에게나 하라지. 우리가 어떤 사람인가 하면 우리는 모든 신비의 매우 깊은 곳까지 들여다볼 수 있는 사람이야. 우리는 저런 가르침을 받을 필요도 없고 눈을 뜰 필요도 없어"라는 식으로 말입니다.

결국에는 예수님께서 상처 받은 자들에 대해 말씀하시자, 그 상처 받은 자들이 그들 자신의 죄 때문에 얻어맞아 상처를 받았다는 듯이, 그들은 이렇게 말합니다. "우리에게는 얻어맞을 만한 죄가 없다. 우리는 존귀하고 정직한 자들이어서 율법의 채찍으로 징계를 당한 적이 없다. 우리는 상처 받은 자들이 해방되기를 원하지 않는다. 상한 죄수들을 위한 것이라면 몰라도 우리에게 주님의 은혜의 해라니 그게 무엇인가? 우리는 그런 사람들이 아니다."

얼른 보아도, 오늘날 예수 그리스도께서 교회에 다니는 그렇게 많은 이들에게서 배척을 당하시는 이유가 무엇인지 알 수 있습니다. 점잖은 자세로 예배에 참석하는 이들 가운데 그렇게 많은 이들이 은혜로 말미암는 구원을 거부하는 이유가 무엇인지도 알 수 있습니다. 그것은 구주의 필요성을 느끼지 않기 때문입니다. 그들은 사람이 그리스도를 만나기 전에는 어둠 속에서 행하고 눈멀어 있으며 전혀 빛을 보지 못한다는 것을 알지 못합니다. 자기들은 심령이 상해 있지 않습니다. 하나님께서는 그런 자들을 그대로 놔두십니다! 하나님께서 그들을 그대로 놔두시는 것은 그들을 상하게 해 보았자 아무런 가치가 없기 때문입니다. 그들은 갈수록 더욱 패역할 뿐입니다. 그들은 양심의 가책을 전혀 느끼지도 못하고 하나님의 율법이 두렵다는 것도 전혀 알지 못합니다. 그러므로 예수 그리스도는 그들에게 있어서 마른 땅에서 나온 연한 줄기일 뿐입니다. 그들은 예수 그리스도를 멸시합니다. 건강한 사람이 의사를 비웃듯, 부자인 자가 자비의 손길에 관심이 없듯 말입니다.

아, 그러나 사랑하는 성도 여러분, 저는 여러분에게 이 점을 상기시켜 드리는 바입니다. 만일 여러분이 구주의 필요성을 느끼지 못한다 해도 그 필요성은 여전히 존재한다고 말입니다. 여러분은 죄 가운데 태어났고 불의(不義) 가운데 자라났습니다. 세례수(洗禮水)로는 여러분의 더러움을 씻어낼 수가 없습니다. 더구나 여러분은 어릴 때부터 마음으로 죄를 지었을 뿐 아니라 말과 생각으로도 죄를 지었습니다. 그리고 여러분은 하나님의 아들을 믿지 않고 있기 때문에 이미 정죄를 받은 것입니다. 비록 여러분이 뻔뻔스러운 흉포한 악인이 아니라 할지라도 상기시켜 드리고 싶은 말씀이 있습니다. "악인은 하나님을 잊은 모든 열방과 함께 음부(지옥)에 들어가리라."

자, 이 마지막 목록표에 여러분이 포함되어 있습니다. 하나님을 잊고 복음을 믿기를 거절하며 자꾸 뒤로 미루고 사소한 문제에 빠져 있는 여러분, 더 편리한 기회를 기다리고 있는 여러분, 자기 앞에 복음이 늘 있음에도 불구하고 그 복음의 명령에 부응하지 않고 그저 자기 죄에 대하여 "나는 너를 너무 사랑해서 너를 포기할 수 없다"고 말하고는, 자기 의에 대하여 "나는 나의 의라는 이 기초가 너무 좋기 때문에 하나님께서 그의 사랑하시는 아들의 인격 속에 놓으신 그 기초 위에 서려고 나의 의라는 기초를 버리지 못하겠다"고 말하는 여러분 말입니다.

제 설교를 듣는 사랑하는 이들이여, 그것은 빈 가방임에도 불구하고 스스로 가득 찼다고 생각하게 하며, 굶주렸음에도 불구하고 실컷 먹고 배불렀다고 착각하게 만드는 자기기만입니다. 수천의 영혼들을 저주받게 하는 것이 바로 자기의(自己義)입니다! 이런 자기 확신에 넘쳐서 주제넘게 구는 것보다 더 자신을 파멸시키는 것은 없습니다. 저는 기도합니다. 주님께서 여러분으로 하여금 자신은 망하였고 아무것도 한 것이 없으며 버림받은 자라는 것을 느끼게 하시기를 말입니다. 그렇게만 한다면 여러분이 그리스도를 배척하지는 않을까 걱정할 필요가 없습니다. 완전히 파산한 사람은 구주를 받아들일 마음이 있기 때문입니다. 그는 자신이 아무것도 가진 것이 없기 때문에 십자가 앞에 납작 엎드려서 주 예수님이 쌓아 놓으신 모든 것들을 기쁨으로 받아들입니다. 예수님을 반대하는 사람들이 구주를 배척하는 가장 크고 첫째 되는 이유가 바로 자기 의인 것입니다.

그러나 둘째로, 나사렛 사람들이 그리스도께 분노한 것은 그리스도께서 자신을 아주 높게 내세우셨기 때문입니다. 그분이 "주의 성령이 내게 임하셨으니"라는 말을 하자 그들은 깜짝 놀랐습니다. 물론 예수님이 선지자라는 것은 그들도 기꺼이 인정할 수 있었습니다. 그래서 그가 만일 그러한 의미로만 말씀하신 것이었다면 그들도 아마 참았을 것입니다. 그러나 예수님께서는 "이는 가난한 자에게 복음을 전하게 하시려고 내게 기름을 부으시고"라고 말씀하셨으며, 이는 곧 자신이 다름 아닌 약속된 메시야라고 주장하신 것이었습니다. 그때 그들은 머리를 흔들고 불평하면서 이렇게 말했습니다. "너무 지나친 주장이군."

그리스도께서는 자신을 엘리야와 엘리사와 나란히 놓고서 그 유명한 자들과 같은 권한과 심령을 가진 자로 내세우셨습니다. 이 말은 결국 그 말을 듣는 이들을 엘리야 시대에 바알을 숭배하던 이들에 비교하는 꼴이 되고 말았습니다. 그래서 그들은 예수님께서 자신은 너무 높이고 자기들은 너무 낮춘다고 느꼈던 것입니다.

저는 여기서 다시 여러분 중에 그렇게 많은 선한 이들이(여러분도 그러한 이들로 여겨질 것입니다) 내 구주이며 주님이신 그분을 배척하는 또 다른 이유를 볼 수 있습니다. 그분은 자신을 매우 높이십니다. 여러분이 감당 못할 정도로 높이십니다. 그러면서 예수님은 여러분을 아주 낮추십니다. 그분은 여러분이 아무것도 아니라고 분명히 말씀하시고는 그분 자신이야말로 모든 것이 된다고 말씀하십니다. 그분은 여러분이 우상으로 섬기는 신은 물론 이 세상과 그 기쁨까지도 포기해야만 하고, 그분이 여러분의 주인이 되어야 하며, 여러분 자신의 의지대로 해서는 안 된다고 말씀하십니다. 그분은 여러분의 오른눈이 여러분을 실족하게 하면 그것을 빼라고 말씀하십니다. 그것이 여러분을 거룩하게 하는 길이라고 말입니다. 그리고 죄를 짓느니 오른손을 찍어 버리라고도 말씀하십니다. 또한 그분은 자기 십자가를 지고 영문 밖까지 자기를 좇으라고 말씀하십니다. 이 세상의 종교와 이 세상의 불신앙을 더 이상 본받지 말고 말입니다. 또한 그분은 더 이상 이 세상을 따르지 말고, 좀 더 신앙적인 차원에서 비국교도가 되어 모든 허영과 모든 관습과 죄에 대하여 죽으라고 여러분에게 말씀하십니다. 그분은 그분 자신이 여러분의 영혼 속에서 왕이 되어야 한다고 말씀하시고, 여러분은 기꺼이 그분을 섬기는 종과 사랑하는 제자가 되어야 한다고 말씀하십니다. 이것은 인간의 본성으로 볼 때 매우 고차원적인 것입니다.

그러나 그 요구들에 복종하지 않으면 더 나쁜 것이 기다리고 있음을 아시기 바랍니다. 아들에게 입 맞추라, 그분의 홀(scepter)에 입 맞추라고 저는 말씀드리는 바입니다. 머리를 숙이고 그분에게 절하십시오. 그러지 않으면 그분의 진노로 망하게 됩니다(시 2:12 참조). 금 홀에 입 맞추지 않는 이들은 철 막대기로 부스러뜨려질 것입니다. 사랑 가운데서 그리스도를 섬기지 못하는 이들은, 보응하시는 심판 날에 원수들의 피가 덮인 복수(復讐)의 옷을 입으신 주님 앞에서 공포의 노예가 될 것입니다.

오, 예수님을 자신의 피로써 여러분을 덮은 분으로 인정하십시오. 그렇지 않으면 심판 날에 여러분의 피로 그분의 옷이 더럽혀지게 될 때, 여러분이 인정을 받지 못할 것입니다! 영접할 만한 날에 그분을 영접합시다. 여러분은 불꽃 같은 눈으로 대적 원수들을 향하여 삼킬 듯이 바라보시는 심판의 주님을 피하여 달아날 수 없습니다! 아, 이것이 바로 사람의 아들들에게 주어지는 악행의 열매입니다. 그들은 임금이신 예수님을 온당하게 모시지 않고, 선뜻 영광의 주를 저 구석으로 밀어붙이려 합니다. 오, 비열한 마음들이여, 그렇게 사랑스럽고 위대하며 선하신 임금을 대적하여 발뒤꿈치를 들다니!

셋째로, 그리스도를 배척한 또 다른 이유는 그리스도께서 어떤 대단한 것을 보여주지 않으시면 우리가 그리스도를 영접하지 않았다는 사실 속에서 드러납니다. 그들은 이적을 탐하고 있었습니다. 그들의 마음이 병들어 있었기 때문입니다. 그들에게 필요했던 복음을 정작 그들은 받아들이려 하지 않았습니다. 그 대신 예수님께서 행하지 않기로 정하신 이적들을 그들은 열렬히 요구했습니다.

오, 오늘날에도 이적과 기사를 보아야 믿겠다는 이들이 얼마나 많은지요! 저는 그런 여러분에 대해 잘 알고 있습니다. 젊은 여성도들이여, 여러분은 마음으로 이런 작정을 하지 않습니까? "나는 존 번연같이 느껴야 해. 그가 느꼈던 양심의 공포와 영혼의 어둠을 느껴야 한다고. 만일 그렇지 않으면 나는 결코 예수님을 믿지 않을 거야."

그러나 만일 여러분이 그러한 느낌을 전혀 가지지 못한다면 어떻게 하겠습니까? 아마도 여러분은 그런 느낌을 갖기 어려울 것입니다. 그럼 여러분은 하나님을 욕하고 지옥에 갈 것입니까? 하나님께서 여러분에게는 다른 이들에게 행하신 대로 하지 않으셨으니 하나님을 욕해야 한다는 식의 자세를 가져야겠느냐는 말입니다. 저쪽에 있는 한 청년은 자신에게 이렇게 말했습니다. "만일 내가 이러저러한 꿈을 꾸거나, 섭리적으로 내게 매우 주목할 만하고 내 입맛에 맞는 그런 일이 일어나거나, 오늘 내가 전에는 알지 못했던 일로 갑작스런 충격을 받게 된다면, 그때 나는 믿을 것이다." 여러분이 이 청년과 같은 경우라면 여러분은 주님께서 여러분의 지시를 받아 일하시기를 꿈꾸고 있는 셈입니다!

여러분은 그분의 문 앞에서 긍휼을 구하고 있는 걸인들입니다. 그런데 예수님께서 여러분이 원하는 방식대로 긍휼을 베풀기를 원하고, 어떤 규칙과 규례를 정해 놓고 있다니, 말이 되지 않습니다. 여러분은 주님께서 그 요청에 복종하실 것이라 생각합니까? 내 구주께서는 관대한 심령의 소유자이십니다. 그러나 그분은 올바른 왕의 마음을 가지고 모든 지시를 내리며 주권적으로 일하는 분이십니다.

그런데 여러분은 어째서 이적과 기사를 탐하고 있는 것입니까? 예수님께서 여러분더러 나를 믿으라고 명하시고 그리하면 즉시로 구원을 받게 될 것이라고 약속하신 것 자체가 충분한 기사(奇事)이지 않습니까? 하나님께서 "믿으라 그리하면 살리라"는 지혜로운 복음을 제공하신 것 자체가 이미 충분한 표적이지 않습니까? "하나님이 세상을 이처럼 사랑하사 독생자를 주셨으니 이는 그를 믿는 자마다 멸망하지 않고 영생을 얻게 하려 하심이라." 바로 이 복음이야말로 이적 중에 이적이지 않습니까? "누구든지 값없이 와서 생명수 샘물을 마시라"고 하신 보배로운 말씀, "내게 오는 자는 결코 내쫓지 아니하리라" 하신 엄숙한 약속이 표적과 기사들보다 더 나은 것입니다. 진실하신 구주는 믿기에 합당한 분이십니다. 그분은 결코 거짓말을 하지 않으십니다. 어째서 거짓말을 하실 수 없는 이에게 그 진실성에 대한 증거를 대라고 요구하는 것입니까? 귀신들도 그분이 하나님의 아들이라고 선언하였습니다. 그런데도 여러분은 여전히 그리스도를 대적하려고 합니까? 불가항력적 은혜의 주권자시여, 오셔서 사람들의 마음속에 있는 이 악함을 물리쳐 주소서. 그리하여 그들이 기꺼이 예수님을 믿게 하소서. 그들이 표적과 기사를 보든지 보지 못하든지 간에 예수님을 믿도록 역사하소서.

지금 제 설교를 듣고 어떤 이들은 자기 머리에 못을 박는 것 같은 충격을 느낄 것입니다. 이 자리에 있는 많은 경우가 그런 것은 아니지만 말입니다. 나사렛 사람들의 마음에 일어났던 그 분노의 원인 중 하나는 바로 구주께서 선택의 주제에 대하여 설교하신 특별한 교리로 말미암은 것이었습니다. 저는 그 말씀 전체를 놓고 볼 때 정말 그들의 마음속에 아무런 찔림도 없었는지 궁금합니다.

하나님께서 자신의 뜻대로 은혜를 나누어 주실 권한이 있으심을 예수님께서는 전제하셨습니다. 하나님께서는 그러한 권한을 갖고서 사람들 중에 그런 은혜를 받기가 가장 어려워 보이는 대상을 선택하셨습니다. 예를 들면, 우상 숭배가 만연했던 멀리 시돈 땅의 한 과부가 그런 경우인데, 그녀는 기근 중에 궁핍한 것을 채울 수 있었습니다. 또 엘리사가 사역할 당시에 하나님께서는 한 나병환자를 고치셨는데, 이스라엘의 나병환자들은 죽게 내버려 두시고 우상을 숭배하는 앗수르 땅의 나병환자를 치료하셨습니다. 그리하여 림몬의 신당에서 절하기에 익숙하였던 자가 치료를 받게 되었던 것입니다.

이제 그 유대인들은 이런 예수님의 말씀이 듣기 싫었습니다. 지금 여기 있는 회중들 중에서도, 하나님의 주권에 관한 강한 주장들을 상당히 잘 알고 있고, 예정과 선택의 교리를 어느 교리보다도 제가 더 분명하게 설교하는 사람임에도 불구하고, 여전히 그 교리가 제기되면 불편해하면서 인간의 본성을 그렇게 거스르는 그 교리를 무엇 때문에 말하느냐고 죽일 것처럼 덤벼드는 자세를 취하는 이들이 있습니다. 로마가톨릭교회는 루터주의보다 칼빈주의를 배나 더 미워합니다. 칼빈주의의 핵심은 은혜의 교리이며, 그것이 교황에게는 독액과 같은 것이기 때문입니다. 하나님께서 원하시는 대로 구원하실 것이라는 진리를 로마가톨릭교회는 받아들이지 못합니다. 하나님께서는 구원을 사제들의 손에 맡기지도 않으셨고, 우리의 공로나 스스로 구원하려는 우리의 의지에도 맡기지 않으셨습니다. 하나님께서는 은혜의 보석 상자의 열쇠를 쥐고서 자신이 원하는 대로 나누어 주십니다. 바로 이 교리가 그들로 하여금 이에 대해 무슨 말을 해야 할지 모를 정도로 너무 화나게 하는 그 교리입니다.

그러나 사랑하는 성도 여러분, 저는 이 교리가 여러분이 예수님을 믿을 수 없게 만드는 이유가 되어서는 안 된다고 믿습니다. 만일 정말 그것이 이유가 된다면 그것은 가장 미련한 이유가 될 것입니다. 왜냐하면 이 교리가 진리인 반면에, 또 다른 진리가 우리에게 있기 때문입니다. 바로 "누구든지 예수 그리스도를 믿는 자는 멸망하지 않을 것이라”는 진리입니다. 주님께서 긍휼히 여길 자를 긍휼히 여기신다는 것이 진리인 반면, 그분께서 죄를 회개하고 예수님을 믿는 모든 영혼에게 긍휼을 베푸신다는 것도 동일한 진리입니다. 그러니 여러분이 이해하기 어렵다고 해서 그 하나님의 진리에 이의를 제기해서야 되겠습니까? 아무리 발로 차도 끄덕도 하지 않고 날카로운 가시채로 남아 있는데 무엇 때문에 계속해서 발길질하여 상처를 내는 것입니까?

만군의 여호와께서는 모든 자랑의 교만을 무색하게 만드시고 땅의 모든 탁월한 것을 경멸하실 목적을 가지고 계십니다. “그런즉 원하는 자로 말미암음도 아니요 달음박질하는 자로 말미암음도 아니요 오직 긍휼히 여기시는 하나님으로 말미암음이니라”(롬 9:16). 주님께서는 높은 나무를 넘어지게 할 것이고, 청청한 나무를 마르게 할 것이며, 마른 나무로 번성하게 하실 것입니다. 그래서 아무 육체라도 하나님 앞에서 자랑하지 못하게 하시고 자신의 이름만 높아지게 하실 것입니다. 주권적인 은혜를 베푸시는 전능자에게 고개를 숙이십시오! 그분이 임금이 아니라면 도대체 누가 다스릴 수 있겠습니까? 만일 그분이 임금이라면 정죄 받은 죄인을 용서할 권한이 있지 않겠으며, 그렇게 한 이유에 대해서 여러분에게 밝히지 않을 권한도 있지 않겠습니까?

그런 의문은 물론 그 외의 모든 의문들도 다 버리고 오직 예수님께로 나아오십시오. 그분의 열린 팔이 여러분을 초청합니다. “수고하고 무거운 짐 진 자들아 다 내게로 오라 내가 너희를 쉬게 하리라”(마 11:28). 만일 여러분이 모든 난제가 풀릴 때까지 기다린다면, 여러분은 결국 그리스도께로 나오지 못할 것입니다. 만일 여러분이 모든 신비를 이해하기까지 그리스도를 거절한다면, 여러분은 죄 가운데서 멸망할 것입니다. 문이 열려 있을 때 들어오십시오. 등불에 불이 밝혀져 있을 때 들어오십시오. 예수님께서는 “내게 오는 자를 내가 결코 쫓지 아니할 것이다”라고 말씀하셨습니다.

저는 이제 나사렛 사람들이 우리 주님과 다투게 된 또 다른 이유를 말하고자 합니다. 아마도 그들은 구주께서 그들에게 말씀하실 때 너무 쉽고 개인적인 어투로 말하는 것을 좋아하지 않았기 때문에 그런 것 같습니다.

청중들 중에는 설교자의 용어에 상당히 예민하게 반응하는 청중들이 있습니다. 그런 청중들은 ‘삽’ 을 삽이라고 부르면 안 되고, ‘농기구’ 로 불러서 설교자가 고상한 용어로만 말해야 한다고 생각합니다. 그러나 우리 주님께서는 듣기에 좋은 말만 사용하지 않으셨습니다. 그분은 쉽게 말씀하시는 인간 예수이셨기 때문에 사람들에게도 쉽게 말씀하셨습니다. 그분은 사람들이 지옥에 갈 것을 알고 계셨기 때문에, 할 수 있는 한 가장 쉽게 말씀하셨던 것입니다. 그렇게 함으로써 그들로 하여금 자기들이 설교자가 하는 말을 이해하지 못했다고 핑계대지 못하게 하셨습니다. 진리를 명백하게 밝히시어 진리를 이해하게 하셨을 뿐만 아니라, 아무리 애를 써도 오해하지 못하게 하셨습니다. 그분의 설교는 가장 개인적인 설교였습니다. "너희가 말하리라." 그분은 가버나움에 대하여 말씀하신 것이 아니라 나사렛에 대해 말씀하셨고, 이것이 나사렛 사람들의 화를 돋웠던 것입니다.

다시 한 번 예수님께서는 이방인들에게 복 주려 하신다는 암시를 내비치셨습니다. 엘리야와 엘리사는 이방인을 먹이고 치료하였습니다. 그러나 이 분명한 사실로 인해 유대인들은 이를 갈았습니다. 왜냐하면 유대인들은 하나님께서 이스라엘만 복되게 하는 일을 멈추시고 이제 은혜의 선물을 이스라엘 밖에 있는 다른 자손들에게 주시는 것은 아닐까 두려웠기 때문입니다. 이방의 개가 가족의 일원으로 받아들여지고, 자녀의 상에서 떨어지는 부스러기를 먹을 뿐 아니라 자녀의 신분까지 얻게 되니 말입니다. 유대인들은 바로 그 점을 참을 수 없었습니다.

자, 여기에 자기 의에 충만한 이들의 특성인 독점하려는 정신이 잘 나타나 있습니다. 저는 어떤 사람들이 다음과 같이 말하는 것을 듣고 얼마나 충격적이었는지 모릅니다. "오, 길거리에서 헤매는 소녀들을 선도하기 위해 집회가 열리고 있지만, 아무리 해봐야 모두 쓸모없는 일이다. 도대체 그들을 개혁시키려고 애써봤자 무슨 소용이 있단 말인가? 또 어떤 사람들은 더러운 빈민가로 빠져들고 있는 비천한 자들을 선도하려고 애쓰고 있다. 좋은 일이긴 하지만, 사람은 한 번 그렇게 빠지기 시작하면 거기서 빠져 나오지 못한다. 그렇게 선한 거라고는 하나도 없는 이들을 돌보느라고 우리 자신이 비천해질 수는 없는 일이다. 교회가 있어도 그들이 가려고 하지 않는다면 어쩔 수 없는 것이다."

어떤 이들은 아주 저급한 계층에 있는 자들을 돌본다는 생각 그 자체를 비웃어 버립니다. 이것이 바로 복음을 독점하려던 옛 유대인의 무서운 사고방식과 같은 것입니다. 이러한 사고방식을 가진 자들은 저급한 계층의 사람들이 죄와 가난으로 인해 자기들처럼 선하지 못하다고 생각합니다. 그렇게 생각하는 이들은, 비록 겉으로 드러난 악이 없다 해도, 있지도 않은 자기 의(義)를 자랑하는 교만한 사람들보다 조금도 더 나은 게 없을 만큼 혐오스러운 사람들입니다. 밖으로 드러나는 죄를 지은 죄인과, 겉으로는 선하게 사는 것 같지만 속으로는 교만으로 복음을 대적하는 사람, 이 둘 중에 하나님께서 누구를 더 크게 싫어하실지 저는 잘 모르겠습니다. 의사가 보기에는 피부 표면에 염증이 있든 피부 속 깊이 염증이 있든 별 차이가 없습니다. 오히려 피부 속 깊이 숨어 있는 염증을 더 나쁜 증상으로 여길 것입니다.

자, 우리 주 예수님께서는 여러분으로 하여금 알게 하실 것입니다. 여러분이 아무리 선하다 해도, 여러분은 가장 비열한 죄인이 예수님께 나오는 방식대로 나와야 한다는 것을 말입니다. 여러분은 의인으로 나올 수 없으며, 죄인으로 예수님께 나오지 않을 수 없습니다. 여러분은 예수님께서 씻어 주시기를 바라고 나와야 합니다. 그분이 여러분에게 의의 옷을 입혀 주실 것을 바라고 나와야 합니다. 혹시 나는 씻음 받지 않아도 된다고 생각하는 사람이 있습니까? 그것은 여러분이 나는 의의 옷을 입고 있고 이미 씻음을 받았으며 아름답게 보인다고 혼자 상상하는 것에 지나지 않습니다. 그러나 외적으로 존경스럽게 보이고 도덕적으로 보이는 겉꺼풀은 흔히 자신의 혐오스러운 나병을 가리기 위한 얇은 막에 지나지 않기가 십상입니다. 하나님의 은혜가 마음을 변화시키기까지는 그러합니다. 하나님께서는 내면에도 진리를 가지라고 요구하시며, 그 마음속에 숨은 사람, 즉 우리의 내면적 인격자에게도 지혜를 알게 하십니다. 그러나 피상적인 영국인들은 외적인 근사함으로 만족하고 있습니다. 마음은 썩을 대로 썩어 있는데도 말입니다. 살아 계신 하나님 앞에서는 그 어떤 가식도 통하지 않습니다.

여러분은 거듭나야 합니다. 이 교리 또한 사람들이 받아들이지 못하는 교리입니다. 사람들은 설교자에게 이런저런 곤란한 사정들을 모두 말하면서, 이런 이유로 그리스도를 거절합니다. 그러나 그렇게 함으로써 그들은 자신이 받을 긍휼도 거절하는 것이고, 유일한 하늘의 소망도 거절하는 것이며, 자신의 멸망을 스스로 낙인찍는 것입니다.

이러한 주제를 다룰 때는 시간이 빨리 지나가지 않았으면 좋겠습니다. 여기 있는 어떤 이들의 양심을 향해 저는 긴 손잡이가 달린 해머로 계속 내리치고 있습니다. 그러나 그렇게 해도 별 효과가 나타나지 않을까 두렵습니다. 왜냐하면 그런 사람들의 양심이 쇠처럼 차갑기 때문입니다.

오, 주께서 여러분을 용광로에 집어 넣으셔서 쇠를 녹이듯 여러분을 녹이시기 원합니다! 그런 다음에 복음과 율법의 망치로 함께 두들겨서 복음의 모양을 띠게 되고, 구원을 받게 되었으면 정말 좋겠습니다. 하나님의 팔은 충분히 힘이 있습니다. 자기 의(自己義)라는 쇠까지도 녹일 정도로 하나님의 불은 정말 충분히 맹렬합니다.

3. 파생된 결과

자, 그들의 그러한 자세에서 어떠한 행동이 나왔습니까? 먼저 그들은 구주를 회당 밖으로 밀쳐 냈습니다. 그러고는 언덕 위의 벼랑 아래로 던지려 했습니다. 이 사람들은 다 예수님의 친구들이었으며, 선하고 존경 받는 자들이었습니다. 그런 그들이 감히 그러리라고 누가 생각했겠습니까? 그렇게 아름답게 노래를 부르고, 그렇게 청종하여 듣던 선한 회중들이 각자 그들의 마음속에 죽이려는 생각을 갖고 있으리라 누가 상상했겠습니까? 그러한 이들은 살인할 기회만 있으면 살인을 자행합니다. 예수님을 낭떠러지 아래로 밀쳐 던지려 하였으니 말입니다. 우리 중 어느 누구의 마음속에 그렇게 많은 마귀가 있는지 정말 아무도 모릅니다. 만일 은혜로 우리가 새로워지고 변화되지 않는다면 우리도 다른 이들과 똑같이 진노의 상속자들일 뿐입니다. 로마서 2장에 나오는 그 무서운 묘사는 바로 아담의 모든 후손에게 다 해당되는 그림입니다. 겉으로는 존경스러워 보이고, 어린 양처럼 보일 수도 있습니다. 독사 굴에 어린아이가 손을 넣고 장난을 쳐도 아무 일도 일어나지 않을 것 같은 모습처럼 보일 수 있습니다. 그러나 정말 어린아이가 독사의 굴에 손을 넣고 장난을 하고 있다면 무서운 일입니다. 독사가 잠시 잠들어 있는 것일 수도 있기 때문입니다. 그러나 잠에서 깨어나기만 한다면 무서운 일이 일어날 것입니다.

죄는 영혼 속에 동면(冬眠)하고 있는 듯 누워 있을 수 있습니다. 그러나 죄가 일어날 때가 올 수도 있습니다. 영국에 그리스도의 옷자락을 붙들고 예배당에 참석하던 선한 이들이 실제로 핍박자들로 돌변할 때가 올 수도 있는 것입니다. 영국에서 그러한 일이 있었습니다. 헨리 8세의 통치 기간이 다할 무렵에는 복음을 듣곤 했으며, 에드워드 6세의 통치 기간 중에는 휴 래티머(Hugh Latimer)의 설교를 매우 좋아했던 사람들이 있었습니다. 그런 그들이 메리 여왕의 통치 기간 중에는 화형대를 만들어 놓고 주의 종들을 태워 죽이려고 안달하게 되었습니다.

사랑하는 친구들이여, 그리스도를 대적하는 여러분의 실상이 실제적인 행동으로는 나타나지 않을 수도 있습니다. 그러나 여러분이 회심하지 않는다면 여러분은 예수님께 대하여 원수들입니다. 이것을 부인하고 싶습니까? 그런 여러분에게 저는 어째서 여러분이 예수님을 믿지 않는 것인지를 묻고 싶습니다. 어째서 예수님을 신뢰하지 않습니까? 여러분은 그분을 반대하지는 않습니다. 그런데 어째서 그분에게 복종하지는 않는 것입니까? 그리스도를 신뢰하지 않고 있는 한 여러분은 그리스도께 원수라고 규정지어 말할 수밖에 없습니다. 여러분은 그리스도께 구원 받지 못할 수도 있다는 분명한 증거를 내보이고 있는 것입니다.

어떤 이가 물에 빠져 허우적거리고 있다고 합시다. 다른 이가 그 사람에게 손을 뻗어 주었습니다. 그런데 그 물에 빠져서 허우적거리던 사람이 "아니, 나는 너를 통해서 구원 받지는 않을 것이다. 나는 곧 물에 빠져 죽을 것이다"라고 말했다면, 자, 그것이 적대감의 분명한 표증이 아니고 무엇이겠습니까! 그보다 더 확실한 표증이 어디 있겠습니까? 바로 그 경우가 여러분의 경우입니다. 여러분은 그리스도의 은혜로 구원 받기를 거절하고 있습니다. 오, 마음속 깊은 곳에서 그리스도를 원수로 여기고 있다니!

그러나 그 결과는 어떠하였습니까? 그들은 예수님을 밀쳐 냈으나 "구주를 해할 수는 없었습니다." 해를 본 것은 그 자신들뿐이었습니다. 그리스도께서는 언덕에서 떨어지지 않으셨습니다. 그분은 기적을 행하는 능력으로 그곳을 피하셨습니다. 여러분이 복음을 받아들이지 않는다고 해서 복음이 해를 입는 것은 아닙니다. 복음을 거절하는 사람만 더 악해질 뿐입니다. 복음을 대적하는 자리에 자신을 놓는 사람은 정말 불쌍한 사람입니다. 네로와 디오클레티아누스 황제 시대의 박해들을 거치면서도 이 그리스도의 진리는 여전히 자기의 길을 갔습니다. 비록 메리 여왕의 화형과 엘리자베스 여왕의 교수형을 당했어도, 옛 선한 복음은 여전히 그 대적들에게 지지 않은 채, 클레버하우스의 존 그레이엄(국교도의 박해자 — 역주)과 그의 위협적인 기병들 사이를 유유히 통과하였습니다. 아니 복음은 오늘날까지도 여전히 같은 모습으로 남아 있습니다. 자신의 가장 독한 원수들의 모든 분노를 피하면서 말입니다.

그러나 그리스도를 대적한 이들은 어떻게 되었습니까? 그들은 그리스도를 배척하였고, 그리스도께서는 그들의 불신앙 때문에 그들을 치료하지 않고 그대로 놔두셨습니다. 만일 여러분이 그리스도를 아직도 믿지 않고 거절한다면 그와 똑같은 경우가 될 것입니다. 지금은 그로부터 1860년이 지났습니다(스펄전이 이 설교를 할 때를 기준하여 말한다). 이 나사렛 사람들의 모든 영혼들은 심판의 보좌 앞에 나타날 것입니다. 수년 내에 큰 나팔 소리가 울려 퍼지게 될 때 예수님을 벼랑 아래로 밀쳐 던지려 하였던 모든 이들은 예수님을 만나게 될 것입니다. 그리고 예수님께서 보좌에 앉아 계신 것을 보고는, 더 이상 그분을 잡지도 못하고 욕하지도 못하고 밀쳐 던지지도 못할 것입니다. 그 광경이 그들에게는 어떤 것일까요! 그들이 서로에게 "이 사람은 요셉의 아들이 아니냐?"고 말할까요? 예수님께서 영광의 보좌에 앉으신 것과 모든 거룩한 천사들이 그분을 모시고 있는 것을 보고는 "그의 어머니는 우리와 함께 있지 않느냐? 그의 형제들과 누이들이 또한 여기 우리와 함께 있지 않느냐?"고 말할까요? 그때에도 예수님께 "의사야, 너 자신을 고치라"고 말할까요?

그들의 구릿빛 이마에 얼마나 큰 변화가 나타나겠습니까! 자신들이 예수님을 조롱하였던 모든 경우가 생각날 때마다 그들은 얼굴을 붉히고 울며 애통하면서 이를 갈 것입니다!

이 설교를 듣는 여러분, 이와 같은 일들이 그리스도를 배척하는 모든 이들에게도 일어날 것입니다. 몇 년 내에 저와 여러분이 우리의 어머니들과 함께 땅에 묻히게 될 것이고, 그 다음에는 어느 때인가 모두 다 부활하게 될 것입니다. 훗날에는 우리가 살고 있는 이 땅에 우리 주님께서 구름 타고 오실 것입니다. 그러면 복음을 듣고 멸시하며 거부하던 자들이 무슨 말을 하겠습니까? 만일 여러분이 그리스도를 믿지 않은 것에 대한 변명할 이유를 가지고 있다면, 여러분은 어째서 여러분에게 곧장 심판이 내리지 않아야 하는지 그 이유를 먼저 말하라고 요구받을 것입니다. 여러분은 복음을 알지 못하였다고 말할 수도 없습니다. 아니면 복음을 거부한 결과에 대해서 경고를 들은 적이 없다고 말할 수도 없을 것입니다. 그 이상 무엇을 더 알 수 없을 정도로 여러분은 이미 그것에 대해 알고 있기 때문입니다. 그러나 여러분은 아는 것을 마음으로 받지 않았습니다. 주님께서 "너희 저주 받은 자들아 떠나가라"고 말씀하기 시작하실 때, 여러분은 무슨 권리로 그 저주받은 자의 수에 자신이 들지 않아야 한다고 강변하렵니까?

"우리는 주 앞에서 먹고 마셨습니다. 주님께서 우리 마을의 거리에서 가르치셨습니다"라고 말한다 해도 소용이 없을 것입니다. 하나님의 나라가 가까이 왔었는데도 그것을 받지 않은 것이 여러분에게 더 큰 화가 될 것입니다. 우레와 같이 큰 소리가 날 때, 한때 어린 양으로서 긍휼에 충만하신 그분은 유다 지파의 사자로서 빛을 발하시고 엄위로 충만하신 분으로 다시 오실 것입니다. 그때는 천둥번개가 특별한 힘을 발하여 다음과 같은 무시무시한 사실이 빠르게 전달될 것입니다. 여러분이 그리스도를 배척하고, 그분의 말씀을 들어도 귀머거리가 되어 그 큰 구원을 등한히 여기고 은혜의 성령을 무시했다는 그 무시무시한 사실 말입니다.

저는 하나님의 말씀보다 더 큰 힘을 가진 좋은 말을 발견할 수가 없어서, 여러분에게 말씀을 읽어드리는 것으로 이 설교를 마치고자 합니다. 이것이 여러분의 마음에 자리 잡기를 간절히 바랍니다.

잠언 1장 24절에서 33절의 말씀입니다. "내가 불렀으나 너희가 듣기 싫어하였고 내가 손을 폈으나 돌아보는 자가 없었고 도리어 나의 모든 교훈을 멸시하며 나의 책망을 받지 아니하였은즉 너희가 재앙을 만날 때에 내가 웃을 것이며 너희에게 두려움이 임할 때에 내가 비웃으리라 너희의 두려움이 광풍 같이 임하겠고 너희의 재앙이 폭풍 같이 이르겠고 너희에게 근심과 슬픔이 임하리니 그 때에 너희가 나를 부르리라 그래도 내가 대답하지 아니하겠고 부지런히 나를 찾으리라 그래도 나를 만나지 못하리니 대저 너희가 지식을 미워하며 여호와 경외하기를 즐거워하지 아니하며 나의 교훈을 받지 아니하고 나의 모든 책망을 업신여겼음이니라 그러므로 자기 행위의 열매를 먹으며 자기 꾀에 배부르리라 어리석은 자의 퇴보는 자기를 죽이며 미련한 자의 안일은 자기를 멸망시키려니와 오직 내 말을 듣는 자는 평안히 살며 재앙의 두려움이 없이 안전하리라."

하나님께서 그 저주에서 여러분을 구원해 주시기를 바랍니다.

제
15
장

—

보은(報恩)의 사역(使役)

—

"여자가 곧 일어나 그들에게 수종드니라." — 눅 4:39

베드로의 장모는 중한 열병에 걸려 있었고, 구주의 만져 주심과 말씀으로 말미암아 회복되었습니다. 하나님의 은혜는 우리가 전혀 시련을 만나지 않도록 막아주지는 않습니다. 베드로와 안드레의 집(그 집은 공동 소유의 집이었음)은 극히 은총을 받은 집이었습니다. 하나님의 은혜가, 다른 많은 집은 그냥 지나쳐 갔지만 이 집에 이르러서는 거기 머물렀기 때문입니다. 그럼에도 그 거처에 심한 질병이 찾아 왔습니다. 베드로의 장모가 열병에 걸려 누워 있었고, 거의 죽을 지경에 이르게 되었던 것입니다. 이로 인하여 그 집은 적지 않은 슬픔에 잠기게 되었습니다. 그러나 그 슬픔은 그들의 영구한 은택을 위해 주어진 것이었습니다. 하나님께서는 자신의 택한 백성들을 얼마나 사랑하시는지요. 그래서 그들이 징계가 없이는 살지 못하는 것입니다. 만일 하나님께서 우리를 덜 사랑하셨다면, 아마도 그분은 우리에게 오로지 기쁨만을 허락했을지도 모릅니다. 그러나 지혜로우신 우리 하나님 아버지께서는 자기 백성들이 환난을 통해서 얻는 거룩한 은택을 빼앗지 않으십니다. 질병은 그 집에 원수처럼 찾아 온 것이 아니라 친구처럼 찾아왔습니다. 왜냐하면 그것을 방편으로 해서 그리스도의 크신 능력이 그 가정에 분명하게 나타났으며, 그 능력으로 말미암아 하나님의 사랑이 분명하게 드러났기 때문입니다. 만일 베드로의 장모가 병에 걸려 꼼짝없이 누워 있는 상태가 아니었다면, 그들은 구속주의 능력을 맛보지 못하였을 것입니다. 그 열

병은 도시의 더러운 시궁창을 통하여 왔지만, 그 병은 그녀로 하여금 주님의 신
적인 능력을 밝히는 횃불의 역할을 하였던 것입니다.

가장 심한 병은 가장 좋은 복락을 우리에게 실어다 주는 검은 말이 되는 경
우가 흔합니다. 정말 베드로의 집이 구주의 본영이 되었다는 것은 베드로에게
있어서 적지 아니한 영예였습니다. 병든 사람들이 떼를 지어 베드로의 집 앞에
몰려들었습니다. 해가 지고 안식일이 끝나자마자 허다한 무리들이 각색 병든 자
들을 데리고 와서, 주님 앞에 가고자 애를 썼습니다. 그 집 안에서 드러난 치료의
능력은 마치 거대한 홍수의 물줄기처럼 그 집에서 흘러나왔고, 그 물을 마시는
사람들마다 모두 회복이 되었습니다. 그 집은 샘의 근원을 갖게 되었고, 그로 인
해 이루 말로 다 표현할 수 없는 영광을 입었던 것입니다. 분명히 그 집은 그 성
에서 가장 주목 받는 집 가운데 하나였을 것입니다. 그리고 확실히 그 집은 위대
한 의사의 집이라 불렸을 것입니다. 그 집은 앤트워프에 있는 옛집과 같지 않았
습니다. 그곳은 이교도에 대한 가톨릭의 종교재판이 있었던 소굴로 치가 떨리는
곳이었습니다. 그러나 베드로의 집은 긍휼의 병원, 복락의 궁전으로서 치료 받
은 사람들과 그들의 자손에게는 사랑스러운 집이었습니다. 사도들 가운데 베드
로는 특별한 영예를 얻었습니다. 왜냐하면 그와 관련된 모든 것들이 이런저런
방식으로 기적과 연관이 있었기 때문입니다. 그가 물 위를 걸었던 것도 하나의
기적을 통해서 일어났습니다. 또 이것으로 말미암아 그는 물에 빠져 죽을 지경
이 되었는데, 구주께서 손을 뻗치셔서 물결 위에 견고히 서라는 명령으로 인해
그가 살아날 수 있었습니다. 그것도 기적을 통해서 일어난 일이었습니다. 그의
배와 관련해서도 기적이 일어났습니다. 그는 배에서 기적적으로 수많은 물고기
들을 잡게 되었는데, 배가 너무 가득 차서 가라앉기 시작했습니다. 그로 인해 시
몬은 무릎을 꿇고 구주를 높이며 경배할 수 있었습니다. 베드로의 녹슨 칼과 연
관해서도 기적이 있었습니다. 그는 대제사장의 종의 귀를 잘랐습니다. 그러나
베드로가 무분별하게 방어해서 생긴 그 종의 상처를 우리 구주께서 기적적으로
치료해 주셨습니다.

자, 여기 이 경우에도 베드로의 장모에게 한 기적이 일어났습니다. 그 장모
는 주 예수 그리스도로 말미암아 큰 열병에서 벗어나 회복되었기 때문입니다.
모든 그리스도인마다 자기의 모든 것에 하나님의 손길이 임하기를 갈망해야 합
니다. 그리하여 그리스도인마다 자신의 가정을 바라보면서 그 집에 하나님의 섭

리가 임하는 것을 볼 수 있으면 좋겠습니다. 자기가 입은 옷을 바라보면서 그 옷을 사랑의 의복으로 여기고, 식탁에 놓인 음식을 보면서 매일 하나님께서 주시는 사랑의 선물로 볼 수 있기를 바랍니다. 신자는 자기가 살아온 길을 되돌아보면서, 하나님의 임재가 불꽃처럼 나타나 가장 비참한 상황을 아주 뛰어난 상황으로 만드신 그 밝은 면을 보게 될 것입니다. 그러나 무엇보다도 신자는 하나님의 손길이 자신의 친척들과 관련해서 잘 드러날 수 있게 해달라고 간절히 기도해야 합니다. 그러면 그 친척들 모두가 "주께서 그녀를 회복시키셨다"고 하거나, "주께서 내 기도에 응답하여 그 사람에게 영적인 생명을 주셨다"고 말할 것입니다. 내 남편과 아내와 종들과 모든 사람들이 그 사랑하시는 의사로부터 치료를 받을 수 있기를 바랍니다. 우리의 온 집이 주께 거룩해지기를 바라며, 모두 다 기쁨으로 노래하기를 바랍니다. 또한 주께서 그들을 위해 행하신 위대한 일을 기쁨으로 모두 노래하기를 원합니다.

우리가 오늘 아침에 전하려고 하는 이 일은 안식일에 일어났습니다. 안식일은 대체로 그리스도께서 아주 작정하고 일을 내는 날이었습니다. 바리새인들 사이에 엄격하게 준수되고 있던 안식일에 대한 미신적인 규례들을 파괴시키기 위해서 말입니다. 그래서 그 안식일은 거룩하신 구주의 가장 위대한 사역들을 보여주기 위해 특별히 정해진 거룩한 날처럼 보였습니다. 그 날도 안식일이었습니다. 그 가련한 환자는 아마 영혼 속에서 회당에 갈 수 없는 것을 탄식하며 누워 있었을 것입니다. 아니면 늘 기도하던 곳에 사람들과 함께 있지 못하는 안타까움을 가지고 누워 있었을 것입니다. 아마도 그녀의 열병은 그녀가 치료자인 그리스도를 전혀 기억하지도 못하고 그리스도께 기도하지도 못할 만큼 비참한 상황으로 그녀를 내몰았을 것입니다. 그러나 베드로와 안드레가 예수님께 가서 사정을 말씀드렸고, 예수님이 오셔서 그녀를 고쳐 주십사고 간청하였습니다.

사랑하는 나의 친구들이여! 여러분의 영혼이 병들었다 해도, 여러분을 위해 기도하는 일가친척 같은 성도들이 있다는 것, 즉 그 집안을 위해 기도할 때마다 여러분을 기억하며 여러분을 위해서 그리스도께 아뢰는 누군가가 있다는 것은 여러분에게 복된 일입니다. 절망과 낙담의 심령으로 말미암아 스스로 기도할 수 없다 할지라도, 여러분을 위해서 임금 되신 그분께 아뢸 수 있는 긍휼이 풍성한 친구들이 있다면 여러분은 복된 자입니다. 한 가정에 그리스도인이 하나만 있더라도 그 가정에 큰 복을 가져올 수 있습니다. 그러나 오늘 본문에 나오는 경우에는 두 사람이나 있었습니다. 시몬과 그의 형제 안드레가 함께 있었기 때문입니다. 만일 여러분 중 두 사람이 구주의 나라의 일에 관한 어떤 일을 함께 하기로 합의가 되어 있다면, 그 일은 이루어질 것입니다. 이 두 사람은 구주께 가서 간청하였습니다. 그 환자는 전혀 꿈도 꾸지 못했을 그 안식일에, 구주께서 그녀의 비천한 방에 오시어 무한한 동정심을 가지고 그녀를 내려다보셨습니다. 먼저 구주께서는 그 질병을 꾸짖는 왕다운 말씀을 하셨습니다. 그러고는 자신의 손으로 직접 그녀를 인자하게 일으켜 세우시자, 그녀는 건강을 완전히 되찾았다는 느낌을 갖게 되었습니다. 그녀가 자기에게 은혜를 베푸신 분에게 얼마나 놀라운 사랑을 느꼈겠습니까! 그녀의 마음속에 감사하는 심정이 넘쳤던 것은 아주 당연한 일이었습니다. 치료 받은 그녀는 즉시 일어나 자기를 치료하신 분을 섬기기 시작하였습니다. 그녀의 섬김의 사역은 회복되는 바로 그 시점부터 시작되었습니다. 우리는 지금 바로 그 섬김에 대해서 말하려고 합니다. "여자가 곧 일어나 그들에게 수종드니라."

1. 치료의 확실성

이제 이 회복된 여인이 그리스도와 그 제자들을 섬기기 시작했다는 사실은 무엇보다 먼저 그 치료가 확실하다는 것을 입증합니다. 우리의 회심이 철저함을 입증하는 방식 중에 그녀처럼 행동하는 것보다 더 나은 방식은 없습니다. 이 여인이 정말 회복되었음을 입증하기 위해 우리가 비평적인 자세로 그리스도의 처리 방식(modus operandi), 즉 주님께서 통상적으로 일하시는 방식을 상상해 보겠습니다. 또한 이 경우, 주님께서 늘 하시던 방식대로 일하셨다 가정해 보겠습니다. 사실 주님께 어떤 정해진 양식이 따로 있었던 것은 아닙니다. 만일 주님께서 치료하시는 자마다 꼭 사용하셨던 여러 의식들이 있었다면, 우리는 이렇게 말해야 할 것입니다. "아, 그분께서 이런저런 일을 하셨는데, 늘 하시던 대로군요. 그래서 그 여인이 치료를 받았나 봅니다." 하지만 이런 말은 전혀 결정적인 논증이 되지 못합니다. 그런데 많은 사람들이 그런 식으로 논증하고 있습니다. 즉, 어린아이일 때는 세례를 받고, 청년이 되면 견진례를 받고, 그 다음에 성찬에 들게 되면, 결국 이 사람이 세례로 중생하여 은혜 가운데 서게 된다는 식으로 말하는 것입니다. 의식을 바로 행했으니 그런 일이 일어난다는 식입니다. 어떤 사람들은 그런 식의 논증을 믿을 것입니다.

하지만 저는 정말 그들이 그런 식으로 믿는다는 것이 이해가 가지 않습니다. 제가 볼 때는 사람들이 은혜를 받았는지 받지 않았는지를 시험하는 훨씬 더 나은 방식이 있는 것 같습니다. 만일 세례로 말미암아 중생하였고 견진의 성례를 통해서 그 믿음이 확증되었다고 하는 사람들이 다른 사람들처럼 죄 가운데 살아간다면, 그들 속에는 하나님의 은혜가 전혀 없다고 밖에 말하지 않을 수 없습니다. 그들이 어떠하다 할지라도 그들은 은혜를 받은 시늉만 할 뿐이라고 저는 생각합니다. 만일 베드로의 장모가 여전히 열이 떨어지지 않고 열병의 증상들이 계속해서 나타났다면, 아무리 그녀가 "이러저러한 일이 일어났다"고 말한들 무슨 소용이 있었겠습니까. 그 여인은 치료를 받지 못했다고 보아야 합니다. 만일 사람들이 거듭나지 못한 죄인들처럼 살아간다면, 그것에 따라 그들 속에는 성령님께서 역사하지 않는다고 봐야 할 것입니다.

자, 이런 것을 상상해 봅시다. 그 환자가 누워 있는 상태에서 자기가 어떻게 느꼈고 얼마나 좋아졌는지를 말하기 시작했다고 상상해 보십시오. 또한 구주께서 질병을 꾸짖으실 때 이상하게 섬뜩한 느낌이 자기를 통과하고 지나간 사실에 대해 말하고, 그때 자기가 얼마나 이상하게 느꼈는지를 말하기도 하였다 합시다. 그런데 그런 말을 하는데도 불구하고 일어나지 못하고 여전히 누워 있다면, 그녀가 회복되었다는 증거는 하나도 없는 셈입니다. 어쨌든 저나 여러분이 판단할 수 있는 한에서는 그런 증거가 전혀 없다고 봐야 합니다. 이와 같이 우리도 누군가 자기들의 마음에 큰 변화를 느꼈다고 말하기도 하고, 또한 자기들이 이런 것을 누리고 저런 것을 사랑하며, 또 어떤 것은 미워하기 때문에 새롭게 된 줄로 안다고 말하면, 우리는 매우 고무적이 되어 그들이 말하는 것을 믿고 싶어합니다. 그러나 결국 나무는 그 열매로 알 수 있는 법입니다. 회심한 사람들은 자신들의 내면적인 체험에 대해 알고 있겠지만, 그 내면적인 체험을 우리에게 확신시킬 수는 없습니다. 우리는 그리스도를 섬기는 그들의 외적인 모습을 볼 수밖에 없습니다. 만일 그들의 행동이 거룩하고 그들의 삶이 정결하다면 우리는 그들이 새롭게 되었다는 것을 인정할 것입니다. 그 전까지는 그들에 대해 단정할 수 없습니다.

이 선한 여인이 계속 자기 침대에 누워 있으면서 이렇게 말했다고 가정해 봅시다. "저는 치료받고 싶어요"라고 하면서, 언젠가 건강이 회복되면 여러 일들을 행할 수 있을 것이라는 희미한 기대감을 드러냈다고 말입니다. 그런 경우라고 해도 그녀가 치료되었다고 말할 수는 없습니다. 그녀가 단순한 희망사항이나 기대감을 표명하는 것보다는 그 이상의 어떤 것이 필요합니다. 또 이렇게도 상상해 봅시다. 그녀가 흥분해서 침대에서 벌떡 일어나 거리를 질주하며 이상한 행동을 했다고 말입니다. 그렇다 해도 이것은 그녀가 회복되었다는 확실한 증거가 되지 못합니다. 그렇게 하면 우리로 하여금 그녀가 정신착란에 빠졌거나, 아직도 열병에 사로잡혀 있다는 느낌만 확신하도록 만들 뿐입니다.

그처럼 사람들이 거룩함을 실제적인 삶을 통해서 나타내지 못한다면, 우리는 그들이 구원 받았다고 믿을 수 없습니다. 신앙에 대해 열광적이기는 하나, 일상의 삶에서 하나님을 섬기지 않는다면, 우리는 그들이 과대망상 속에 빠진 정신착란의 상태에 있다고 생각하게 됩니다. 그리고 우리는 그가 위대한 의사이신 예수님의 손길로 고요하고 냉정을 되찾는 치료를 받았다고 여길 수 없습니다. 그 위대한 의사께서 열병을 내쫓은 영혼은 고요와 평온의 자리로 되돌아갑니다. 그 여인은 이런 어떠한 경우보다도 훨씬 더 나은 증거를 보여주었습니다. 이 점은 우리로 하여금 그리스도로 말미암아 영적으로 치유 받은 사실을 다른 사람들에게 보여주는 거부할 수 없는 오직 유일한 근거가 무엇인지를 생각하게 합니다. 그 유일한 증거는 바로 그들의 행실의 변화 속에서 발견되어야 합니다. 특히 치료 받은 이후에 그 사람이 삶에서 그리스도를 섬기고 그리스도께 복종하게 될 때, 우리는 그 확실한 증거를 확보하게 되는 셈입니다. 바로 이것이 시금석입니다. 그것에 미치지 못한다면 그 사람이 치유 받았다고 볼 만한 합당한 근거가 없는 것입니다.

한때 큰 죄를 저질렀던 사람 속에서 거룩한 삶의 모습을 발견한다면, 우리는 그리스도께서 그 사람을 치료했다는 확신을 가질 수 있을 것입니다. 왜냐하면 그 사람이 전에는 전혀 할 수 없었던 일을 시작하기 때문입니다. 아마 이 열병에 걸렸던 불쌍한 여인도 구주를 위해서 무엇인가를 하려고 약간은 들떠 있었을지도 모릅니다. 그러나 회심하지 않은 사람은 죄와 허물 속에서 죽어 있습니다. 신앙적인 모습을 띨 수는 있지만 참된 성결과는 무관하고 그것의 귀한 가치를 전혀 알지 못합니다. 하나님의 율법에 순종할 수도 없고, 그 율법을 대적하는 자리에 있기도 합니다. 그런 사람은 하나님의 계명들이 지시하는 길로 행할 수가 없습니다.

그러므로 그런 사람이 하나님의 계명의 길로 행하는 것을 보면 우리는 이렇게 소리칠 수 있습니다. "오! 여기 하나님의 손길이 임했다. 하나님께서 그 사람을 치료하셨다. 그렇지 않았다면 지금 살아가는 삶의 모습처럼 그는 결코 살아가지 못했을 것이다." 게다가 그 회심하지 않은 사람은 전에 거룩함을 미워했었습니다. 따라서 그의 삶이 순전하고 정직하게 되어 예수님을 섬기기 위해서 자기 시간과 몸을 드리는 것으로 변화되었다면, 여러분은 그 사람의 영혼 속에서 성령님의 역사가 틀림없이 일어났음을 알 수 있을 것입니다. 왜냐하면 처음에 그를 창조하신 바로 그 전능하신 분 외에는 그 어느 것도 그의 성품을 변화시킬 수 없기 때문입니다. 하나님의 손이 그 사람의 회심 속에 작용하고 있습니다. 그 사실은 그 사람의 외면적인 성품의 성결을 통해서 확증이 됩니다. 그 밖에도 우리는 죄인이 거룩한 것은 무엇이든지 싫어한다는 것을 알고 있습니다. 특히 구주를 멸시하고 구주의 사람들을 깔보기 때문에, 어떤 사람이 구주를 섬기는 쪽으로 변화가 되고, 그리스도 때문에 하나님의 자녀들에게 선을 행할 기꺼운 마음을 가지고 있다면, 그것은 그 사람 속에 분명히 기적이 일어났다는 확실한 표증이 되는 셈입니다. 그 존재의 깊은 샘을 건드리고 그를 철저하게 변화시킨 기적 말입니다. 그 여인이 일어나 우리 주님을 섬겼다는 사실은 건강이 회복되었다는 확실한 표증이었습니다. 그리스도를 섬기기 위해서 자신을 드리는 그 외적인 행실의 변화는 참된 구원의 틀림없는 증거입니다.

사랑하는 친구들이여, 저는 잠깐 동안 이 회복된 여인이 행한 행실의 성질을 주목해 보기를 원합니다. 왜냐하면 그 여인이 보여준 행실은 사람이 새롭게 되었는지를 판단하기 위한 가장 훌륭한 행동의 형태를 상징적으로 보여주고 있기 때문입니다. 그녀가 맡고 있는 의무들은 아주 비천한 것들이었습니다. 그녀는 아마 가정주부였을 것입니다. 그녀는 즉시 가정주부로서의 일을 감당하기 시작했습니다. 가정주부가 하는 일들은 사람들 앞에 대단하게 내세울 만한 것이 없는 그저 일상적인 보통의 것들이었습니다. 회심했다고 공언하는 많은 사람들은 그 즉시 설교를 하고 싶어 견딜 수 없어합니다. 그들에게는 강단이 아주 소중한 것이 되어 버립니다. 그들은 큰 회중들에게 설교하고 싶은 야망을 갖게 되고, 어떤 큰 일을 해야만 한다고 생각합니다. 또한 회중 속에서 자기가 중요한 위치를 점해야 된다고도 생각합니다. 그러나 이 선한 여인은 전혀 설교할 생각이 없었습니다.

여인들은 그런 생각을 하지 않는 것이 항상 최선입니다. 오직 그녀는 그리스도의 발을 씻고, 그리스도에게 필요한 음식을 만들어야겠다고 생각하였습니다. 그 일이 그녀가 할 합당한 임무였습니다. 그녀는 이렇게 친절하나 단순한 행동에 자신을 드렸습니다. 그 비천한 의무들에 주목하는 일은 높고 고차원적인 일에 대한 야망을 꿈꾸는 것보다 자기가 받은 하나님의 은혜를 드러내는 더 나은 표중입니다. 자기가 공적인 운동의 주도적인 역할을 감당하는 자로 유명해지기보다는, 하나님을 두려워하고 한 어머니로서 자기 자녀들을 사랑으로 키우면서 그리스도를 따른다면, 거기에 훨씬 더 큰 은혜가 있는 것입니다.

다른 사람들의 마음과 생각을 인도하는 위대한 지도자가 되고 싶어하기보다는, 자기에게 주어진 일상의 노동들을 감당하면서 동료 일꾼들에게 선을 행하려고 한다면, 그것이 바로 그리스도를 위해서 더 많은 봉사를 하는 것입니다. 물론 예외들도 있습니다. 드보라는 영광스러웠고, 그녀의 이름은 이스라엘에서 대단히 유명했기 때문입니다. 또한 하나님의 교회를 이끌도록 하나님의 보내심을 받은 자들에게는 반드시 그에 따르는 보상도 있을 것입니다. 그러나 그들도 개인적으로 은혜의 증거들을 찾아야 하는 경우에는 결코 감히 다음과 같이 말하지는 못할 것입니다. "우리가 복음을 설교하고 있으니 이것으로 내가 사망에서 생명으로 옮겨진 것을 알겠어요"라고 말입니다. 왜냐하면 유다도 결국 그들과 똑같은 일을 했음을 기억하고 있기 때문입니다. 또한 그들은 다음과 같이 말하지도 못할 것입니다. "하나님께서 우리를 통해서 큰 기사를 행하신 것을 보면 구원받은 게 확실해요"라고 말입니다. 왜냐하면 그들은 멸망의 자식들도 그들과 똑같은 경우일 수 있다는 것을 알고 있기 때문입니다. 오히려 그들은 더 비천한 사람들이 자기 신앙의 진실성을 입증하는 증거들로 돌아가서, 하나님이 선택한 모든 사람들에게서 드러나는 보편적인 증거들을 보며 기뻐할 것입니다. "우리가 형제들을 사랑하는 것을 보니 우리가 사망에서 생명으로 옮겨진 것을 알겠어요"라고 말입니다. 좀 더 겸손한 은혜들과 의무들이 가장 훌륭한 시금석들입니다. 외식하는 자들은 공적인 모든 의무들을 하겠다고 흉내를 냅니다. 그러나 그들의 개인적이고 감춰진 경건의 삶마저 위조할 수는 없습니다. 그들은 그들의 마법으로는 그런 일까지 할 수 없기 때문에, 개인적이고 감춰진 경건의 삶을 보여주면 애굽 사람들처럼 이는 분명히 하나님의 손길이라고 느낄 것입니다.

이 선한 여인이 가사를 돌보고 있음을 기억하십시오. 그녀는 그리스도를 영화롭게 하기 위해서 한 100미터 정도 떨어진 거리로 내려가지 않았습니다. 얼마가 지난 다음에는 그녀가 그렇게 했을 것이라고 저는 감히 말할 수 있습니다. 그러나 그녀는 제일 먼저 가정에서부터 섬김을 시작했습니다. 사랑은 가정에서 시작하고, 경건도 그러합니다. 가장 훌륭한 신앙은 가정에서 가장 훌륭하게 나타납니다. 가정을 중심으로 해서 미소를 띠는 은혜가 진정한 은혜입니다. 만일 여러분의 가정에서 여러분이 경건하다는 것을 볼 수 없다면, 다른 사람들도 여러분의 경건을 볼 수 없을 것입니다. 만일 부모나 자녀가 여러분의 믿음의 신실성에 대해서 의심한다면, 여러분도 자신의 믿음에 대해서 심각하게 의문을 가져야 한다고 저는 말씀드립니다. 베드로의 장모는 집에서 그리스도를 섬겼습니다. 그것은 그녀가 건강을 완전히 되찾았다는 분명한 증거입니다. 여러분도 여러분의 가정 속에서 예수님을 섬기고, 여러분의 집을 친절하고 선하며 거룩한 모든 것의 거처로 만들고 있다면, 그것은 여러분이 회심했다는 가장 훌륭한 증거인 셈입니다.

그녀는 자신에게 맞는 일로 수종을 들었습니다. 자기의 조건이나 성, 곧 여성으로서 부합한 일로 수종을 들었던 것입니다. 그녀는 하나님께서 의도하지 아니한 사람이 되려고 애쓰지 않았습니다. 자기가 할 수 있는 것을 했습니다. 그녀는 자연스러운 일들, 금방 생각나는 일들을 했지, 저 멀리 뜬 구름 잡는 일에 손대지 않았습니다. 그녀는 바로 거기에서 요구되는 일들을 하기 시작했습니다. 주님을 섬기기 위해서 1년 정도 기다리지도 않았습니다. 아주 자연스러운 방식으로 자기의 소임을 감당했습니다. 그와 다르게 뭔가 다른 일을 하는 것은 전혀 떠오르지도 않는 것처럼 말입니다. 만일 어떤 사람이 그녀를 보고 그리스도를 섬기는 당신이 대단하다고 말하였다면, 그녀는 오히려 그렇게 말하는 사람을 이상하게 보았을 것입니다. 그녀에게는 그렇게 하는 것이 가장 자연스러워 보였기 때문입니다.

사랑하는 영혼이여! 저는 감히 이렇게 말하겠습니다. 그녀는 병들어 침상에 누워 있는 동안 자기가 해야 할 일을 50가지도 더 생각했을 것입니다. 그런 경우에 어떤 가정주부가 자기 주위에 해야 할 일이 많이 쌓여 있는 것을 못 본 체하겠습니까? 그러나 예수님께서 거기 계셨고, 그녀는 자기 건강이 돌아왔다고 느끼자마자 즉시 일어나 감사가 담긴 환대의 일들을 감당하기 시작했습니다. 아주 당연한 일로 생각하고서 말입니다. 그녀가 예수님과 그분의 친구들을 시중드는 것 외에 또 어떤 일을 할 수 있었겠습니까?

자, 주목해 보십시오. 그리스도인 되었음을 입증하는 선한 일들을 하는 사람은 그것을 감당하면서 자랑하지 않습니다. 오히려 그 일들을 당연한 일로 생각하고, 뭔가 다르게 할 수 없다고 느낍니다. 오히려 다른 방식으로 일한다면 이상하게 느낄 판입니다. 하나님께 거듭난 사람입니까? 그렇다면 그는 구주에 대해서 다른 사람을 가르치고 싶어합니다. 그럴 수밖에 없습니다. 그의 혀는 예수님에 관해서 말하고 싶어합니다. 그는 자기의 소유를 가난한 사람에게 주기 시작합니다. 그러한 일이 그에게는 주목할 만하고 특이한 일로 여겨지지 않습니다. 그는 자기 말고 다른 누가 그런 불쌍한 사람들에게 자선을 베풀 수 있을까 하고 생각합니다. 그래서 사람들을 주일학교로 데려갈 수는 없을까 하고 궁리하게 됩니다.

또 그는 스스로 기독교와 관련된 다른 형태의 일에도 종사할 수 있습니다. 그가 그것을 하는 이유는 그렇게 할 수밖에 없다고 느끼기 때문입니다. 하나님의 성령께서 그 사람 속에 심어 놓으신 새로운 성품의 본능으로 그렇게 되는 것입니다. 속에 있는 거룩한 본능에서 우러나오는 자연스럽고 일상적인 일들은 그 안에 은혜의 역사가 일어났다는 가장 훌륭한 증거입니다. 그 일들이 순전하게 더 자연스러우면 자연스러울수록 더욱더 선하지 않을 수 없습니다. 부자연스러운 조건을 목표로 삼고 불필요한 방식의 독특성을 만들려고 하는 신앙은 헛된 것입니다. 거기에 무슨 특이한 복장을 하려고 한다거나, 멋진 말을 하려고 한다거나, 어떤 구별된 자리에 서려고 하는 것이 있을 수 있겠습니까? 이러한 것들은 우리의 허영을 부추기는 것입니다. 참된 경건은 자신의 명예를 목표로 삼는 것이 아니라, 많은 사람들 가운데 수고함으로 만족하고, 사람들 가운데 끼어서 살되, 다른 것이 아닌 성품에서 달라지기를 원하는 것입니다.

참된 소금처럼 수많은 사람들과 섞여 사는 것이 우리의 할 일입니다. 혼자 거만하게 따로 떨어져 있으려고 하지 마십시오. 우리는 사람들이지 수도사들이 아닙니다. 우리의 자매들은 여자들이지 수녀들이 아닙니다. 사람들에게 무엇이 유익한가가 우리의 관심거리입니다. 우리는 그리스도 예수의 형상을 본받음으로써 다른 사람들과 달라지기를 바랄 뿐입니다. 다른 사람들은 타락한 아담의 형상을 입고 있기 때문입니다. 하나님께서 우리가 일상생활에서 기독교를 사람들 앞에 드러내고, 매일 실질적으로 실제적인 기독교를 나타낼 수 있는 은혜를 허락해 주시기를 원합니다. 기독교는 은둔자와 함께 하는 것도 아니고, 수녀회

속에 있는 수녀들과 함께 하는 것도 아니며, 수도원에 있는 사제들과 함께 있는 것도 아닙니다. 그들은 삶의 전투를 멀리하는 겁 많은 군인들입니다. 그러나 참된 믿음은 주님을 사랑하고 삶의 넓은 평원에서 주님께서 맡기신 전투를 하는 모든 사람들의 기쁨과 능력입니다. 참된 신앙은 여러분의 가게와 집과 거리와 밭과 주부들의 일과 하인들의 일 속에서 드러나야 합니다. 이 수정 같은 꽃은 부자연스러운 은둔의 온실에서 가장 풍성한 향기를 나타내지 않고, 인생의 맑은 하늘 아래서 가장 부요한 향기를 뿜어냅니다. 왜냐하면 인생은 하나님께서 심은 자리에서 피어나는 꽃과 같기 때문입니다. "인생은 그 날이 풀과 같으며 그 영화가 들의 꽃과 같도다"(시 103:15).

이 대지를 끝내기 전에 저는 다른 핵심 사항을 지적하려고 합니다. 이 여인의 섬김이 자원하는 심정으로 진행되었듯이 그러한 일들은 마음속에서 자원하는 심정으로 행해질 때, 마음에 있는 은혜의 결정적인 증거가 되는 것입니다. 그녀는 그리스도를 위해서 어떤 것을 하라는 요청을 받은 적이 없습니다. 그러나 그러한 요청이나 명령이 없이도 그녀는 자기가 할 일을 즉시 생각해 냈습니다. 그녀의 일은 신속하게 진행되었습니다. 왜냐하면 그녀가 곧 일어나 그 일을 했기 때문입니다. 그녀는 일할 힘을 가지자마자 지체 없이 그 기회를 포착하였습니다. 기민함이야말로 순종의 혼이라고 할 수 있습니다. "주의 계명들을 지키기에 신속히 하고 지체하지 아니하였나이다"(시 119:60). 그녀는 기쁨으로 섬겼을 것임에 틀림없습니다. "그녀가 일어나"라는 말 속에는 기쁨에 찬 분위기가 가득 차 있습니다. 마치 활력 넘치고, 능동적이고, 간절하고, 기운차게 그녀가 그 일을 시작하였다고 본문은 보도하는 것 같습니다. 지체하지 않고 신속하게 행하는 것, 그것이야말로 하나님을 위한 최선의 섬김입니다. 자원하는 심정, 어떤 강압에 의하지 아니하고 기꺼운 마음으로, 억지로 하지 아니하고 관대함으로, 끌려가지 아니하고 마음에 기쁨을 가지고 행하는 일, 바로 그것이 하나님을 위한 최선의 섬김입니다. "이건 네가 해야 되고 너는 저거 해야 돼"라는 식으로 누가 우리에게 시켜서 하는 일이어서는 안 됩니다. 우리가 그렇게 하는 것이 좋아서 주님을 섬기는 것이 되어야 하고, 주님을 위해서 수고하는 것이 우리에게 기쁨과 즐거움이 되어야 합니다.

2. 섬김과 완벽한 치료의 상관관계

    이제까지 저는 설교의 첫 번째 대지를 다루어 왔습니다. 이제 매우 흥미 있는 두 번째 대지를 다루어 보겠습니다. 이 여인이 그리스도와 그 제자들을 섬긴 것은 그녀의 치료가 완벽했다는 것을 보여주는 것이었습니다. 이 사실에 대해 여러분이 조금도 놀랄 일은 없겠지만, 이에 관해 짚고 넘어가려고 합니다. 그녀는 열병을 앓고 있었습니다. 여기서 여러분이 이런 가정을 해보십시오. 여러분의 친구가 심한 열병에 걸려서 누워 있는데, 한 위대한 선지자가 여러분의 집에 와서 그 친구를 낫게 했습니다. 하지만 그 치료를 받은 사람은 한동안 침상에서 일어날 수가 없습니다. 열병이 극한 후유증을 남겨서, 열병 자체는 온전히 떠나갔지만 그 열병으로 몸져 누웠던 사람이 일상생활로 돌아가 업무를 감당하려면 두세 주간, 또는 그 이상의 요양 기간이 필요하기 때문입니다. 이런 상황은 충분히 가정할 수 있는 일이지 않습니까? 그러나 이 여인의 경우에는 진정으로 하나님으로부터 치료를 받았다고 볼 수 있습니다. 그것은 정녕 신적인 역사였습니다. 왜냐하면 그 여인이 얼마나 온전히 치료되었던지 그녀의 연약함이 모두 한꺼번에 사라져 버렸고, 아무 어려움 없이 자기 일을 신속히 수행할 수 있었기 때문입니다.

    사랑하는 여러분! 회심한 사람이 즉각적으로 그리스도를 섬기게 될 때, 그것은 그 영혼 속에 일어난 은혜의 역사를 분명히 드러낸 표증이 됩니다. 인간의 이론에서는 도덕적인 개혁이 일어나기 위해서 상당한 시간이 필요하다고 주장합니다. 한 명의 큰 범죄자를 되돌리려고 한다면, 여러분은 그 사람이 저지른 악을 하나하나 이겨나가도록 도와주어야 합니다. 일종의 교육 과정을 겪도록 해야 하는 것입니다. 그래서 그 사람이 자기가 익숙하게 해 왔던 일들이 자신에게 나쁘다는 것을 점차 자각하게 해야 합니다. 그리고 결국에는 정직과 진실이 자신의 유익을 위해서 최선의 방책임을 확신하도록 일깨워 주어야 합니다. 이렇듯 도덕적으로 사람을 개혁하려면 많은 시간이 요구됩니다. 그렇지 않으면 그 개혁을 발전시켜 나갈 수 없습니다. 한두 시간 안에 효과를 보겠다고 한다면 우스운 꼴이 되고 말 것입니다. 시간의 존재인 사람은 매우 불완전하게 자기 일을 이루는 데도 시간을 필요로 합니다. 그러나 영원하신 하나님께는 시간이 전혀 문제가 되지 않습니다. 그분의 기적들은 시간을 무색하게 합니다. 회심한 사람은 즉각적으로 그 죄에서 치료를 받습니다. 그 자리에서 죄악의 근본 뿌리가 당장에 뽑혀 나갑니다. 비록 몇몇 죄가 끈질기게 남아 있는 경우도 있지만, 그럼에도 불구하고 모든 죄는 치명적인 타격을 받게 됩니다. 사람이 믿어 거듭나게 되는 순간 그 속에 있는 악의 모든 나무뿌리를 잘라내기 위해 도끼가 준비되어 있습니다. 그래서 그 자리에서 당장 죄가 정죄를 받고 죽게 됩니다. 더욱더 놀라운 것은 한순간에 모든 은혜가 영혼 속에 심기어진다는 것입니다. 완전한 상태로 심어지는 것이 아니라 계속해서 자라나는 상태로 심어집니다. 그 모든 은혜는 한순간에 그 사람 속에 새싹의 형태로 심어집니다. 죄인이 거듭나는 데는 5분도 채 걸리지 않지만, 새롭게 된 죄인은 그 안에 하나님의 보좌 앞에 설 수 있는 완전한 성도의 배아를 가지고 있는 것입니다. 이것이 바로 그 역사가 신적임을 확증하는 여러 기이한 일들 중의 하나입니다.

사랑하는 여러분이여! 방금 회심한 사람들이라도 하나님께 예배하고, 하나님을 찬미하고, 하나님께 기도드릴 수 있고, 하나님을 사랑할 수 있습니다. 그때까지는 그러한 일들이 그 사람에게 낯선 것이었습니다. 하나님께서 받으셨던 가장 달콤한 예배 중에는 새롭게 중생한 사람들이 마음으로 드리는 예배가 들어 있습니다. 그리스도인의 귀에 음악처럼 들리는 가장 훌륭한 기도들 중에는 방금 구주를 만난 사람들이 상한 심령으로 드리는 탄원이 들어 있습니다. 저는 성숙하고 노련한 그리스도인들이 드러내는 믿음의 표현을 즐거워합니다. 그들은 아주 많은 교훈과 보배로운 믿음을 가지고 있습니다. 그러나 한 영혼이 처음으로 그리스도를 뵈었을 때, 처음으로 주님을 만지는 그 손길, 처음으로 예수님을 바라보는 그 눈빛, 처음으로 기뻐서 눈물을 흘리는 그 눈물, 성육신하신 사랑을 그 어디에도 비할 수 없이 아름답게 보면서 놀라 외치는 그 처음의 반응이여! 해 아래서 그보다 더 달콤한 열매는 없습니다.

그 여인은 즉시 일어나 그리스도를 섬겼습니다. 죄인도 마찬가지로 즉시 일어나 그리스도를 숭앙하기 시작합니다. 새롭게 회심한 죄인도 하나님에게서 거듭나자마자 자기 주님을 사랑할 수 있고 또 사랑한다고 제가 말씀드리지 않았습니까? 그런데 저는 제 말을 수정해야겠습니다. 그 사람은 사랑할 수 있고 사랑할 뿐 아니라, 모든 다른 사람들보다도 더 주님을 사랑합니다. 남자들은 자기 신부를 사랑하는 그 열정만큼 다른 누군가를 사랑하기가 곤란합니다. 그것을 첫사랑이라 부르기도 합니다. 이런 수준의 사랑이 즉시 우리 속에 심기어집니다. 꽃이 활짝 피어 있고 향기가 가득한 그러한 사랑 말입니다. 1분 전에는 그리스도를 미워했는데, 1분이 지나고 나서 그 마음이 그리스도의 사랑으로 풍성해진 것입니다. 한 시간 전에는 하나님께 원수였던 사람들이었습니다. 그러나 지금은 하나님의 복음을 변호하기 위해서 죽을 수도 있는 것입니다. 그렇게 그들의 성품이 변화됩니다. 이것은 신적인 역사임에 틀림없습니다. 만일 모든 불꽃을 다 꺼 버리는 물로 가득 찬 물통이 있는데, 그것이 갑자기 느부갓네살의 용광로처럼 벌겋게 달아오른다면, 그런 변화는 하나님만이 일으키실 수 있는 일일 것입니다. 격렬한 미움의 물줄기를 거룩한 사랑의 화염으로 바꿀 수 있는 분이 누구입니까? 전능하신 하나님이 아니고는 누가 그런 일을 하겠습니까? 만일 얼음 덩어리가 갑자기 벌겋게 달아오른 숯이 된다면, 위대한 기사들을 홀로 행하시며 기적을 일으키시는 그 전능하신 분이 아니고서야 누가 그러한 기사를 행할 수 있겠습니까? 우리가 그런 기사를 자주 볼 수 있음으로 인하여 하나님께 영광을 돌립니다. 하나님은 그 일로 찬양 받으셔야 합니다!

　　사람들이 회심하게 되면 언제 순전한 삶을 살게 됩니까? 즉시 순전하게 살게 됩니다. 그전에는 모든 악으로 더러워져 있었다 해도 말입니다. 우리는 삶을 살아오는 과정 속에서 내내 어떤 죄들과 싸워 왔을 수 있습니다. 그러나 새롭게 된 사람은 그 죄가 아무리 큰 것이라 할지라도 보통 아무런 어려움을 느끼지 않습니다. 예를 들자면, 그저 입을 열었다 하면 하나님을 모독하는 사람이 있었습니다. 그 사람은 소년 시절 이후로 욕이 들어가지 않은 말을 몇 번 한 적이 없을 성싶습니다. 그러나 그가 회심한 이후로는 그런 신성모독적인 습관들이 더 이상 그를 괴롭히지 않았습니다. 또 어떤 사람들은 자신의 사나운 기질 때문에 고통을 당해 왔습니다. 그 성질 때문에 마치 귀신들린 것처럼 행동하기도 하였습니다. 그러나 회심하는 순간부터 아주 신사답고 온유한 모습으로 변해 주목을 받았습니다. 또 아주 비참했던 사람이 즉시 아주 훌륭한 관용을 나타내는 것도 보았습니다. 도둑들이 놀라울 정도의 정직한 사람이 되기도 했습니다. 비록 옛 죄의 유혹을 다시 받기도 하지만, 큰 악에서 건짐을 받은 자들은 대부분 그 옛 죄를 언급만 해도 크게 역겨워하며 예전의 그 가증한 이름들을 대기만 해도 아주 싫어하였습니다. 하나님의 역사가 영혼 속에서 그렇게 나타났던 것입니다. 따라서 이 악들은 대번에 추방되고 멀리 사라졌습니다. 그런 다음에는, 예전에는 모든 형태의 악에 사로잡혔던 사람이 이제는 모든 면에서 거룩한 수고를 하는데 대단한 전문가가 됩니다. 그가 회심한 즉시, 신앙의 여러 전문적인 요점들을 꼭 집어 말할 수는 없었을 것입니다. 아마 그러지 못한 것이 더 나을 수도 있습니다. 그러나 이제 그는 믿음의 비밀과 믿음의 밑바닥까지 완벽하게 알게 되어 자기 모양과 방식으로 예수 그리스도를 위해서 일하게 됩니다. 그것을 알게 된 바로 그 첫 순간부터 놀라운 지혜와 비범한 기술로 말입니다.

우리가 알고 있는 가장 훌륭한 복음 전도자들 가운데 어떤 이들은 즉시 복음 전도하는 법을 배운 자들이 있었습니다. 그들은 하나님께 회심하고 나서 한 시간 안에 복음 전도법을 알게 되었던 것 같습니다. 마치 어린 백조가 강물을 타듯이 자기 내면에서 나오는 사랑으로 복음 전도를 감당합니다. 사람들의 영혼에 대해 말하는 가장 훌륭한 사람들 중에는 구주를 만나자마자 즉시 개인적으로 그런 일을 하기 시작합니다. 그래서 그런 이들은 거룩한 기술을 얻게 됩니다. 정말 그 기술은 복된 것입니다. 마치 그들은 순식간에 하나님의 손길이 임하여 하나님이 그들에게 바라시는 그 섬김을 위해 영감을 받은 사람들 같습니다.

자, 이제 이 두 번째 주제를 실제로 적용한다면 어떻게 해야겠습니까? 바로 이것이지 않겠습니까? 즉, 그녀가 곧 그리스도를 위해서 일할 수 있었다는 것이 그 치료가 진정 하나님이 하신 것임을 입증하였다면, 회심한지 얼마 되지 않은 여러분도 그리스도를 크게 존귀하게 함으로써 그 명예를 드러내야 하지 않겠습니까? 또 곧장 그를 영예롭게 하는 열매를 맺음으로써 여러분의 영혼 속에 그리스도의 은혜가 실재하고 있음을 입증해야 하지 않겠습니까? 여러분은 즉시 일어나 주님을 섬길 일은 없는지 살펴보십시오. 십자가 위에서 죽어 가던 강도처럼 열심을 내십시오. 그 사람은 그리스도를 알자마자 그리스도에 대한 신앙을 고백하였습니다. 죽어 가는 주님을 위해서 그가 할 수 있는 오직 한 가지 일이 바로 그것이었습니다. 그는 구주를 욕하는 다른 강도를 꾸짖었습니다. 오! 여러분이 예수님을 사랑한다면 그리스도인이 되고 나서 10년까지는 기다려야 한다고 하지 마십시오. 지금 즉시 주님을 섬기십시오. 죄에서 치료를 받았다면, 더 이상 체험을 기다리지 마십시오. 거듭나는 것 외에 어떤 체험이 없더라도 곧장 다른 사람들의 선을 위해 일하십시오. 이러한 전투를 하기 위해서는 오랫동안 영적인 기술을 연마해야 한다고 생각하지 마십시오.

여러분의 마음과 뜻과 정성을 다해, 새롭게 주어진 생명의 신선함 속에서 즉시 행진해 나가십시오. 여러분이 오래된 신자들보다도 더 큰 승리를 이룰 수 있습니다. 그러나 안타깝습니다! 오래된 신자들은 메말라 있고, 생기가 없습니다. 그들은 예수님을 믿고 나서 구원 받은 초기의 열심을 오래 전에 잊어버렸습니다. 또한 많은 그리스도인들이 꽃을 피우지 않은 복숭아나무 같은 모습을 보입니다. 꽃은 이미 그 순에서 말라 버렸습니다. 그들은 사랑도 없고 열정도 없습니다. 그들의 신앙은 시들고 누런 잎이 되고 말았습니다. 그러나 여러분의 심령은 여전히 아침 이슬과 같은 신선함을 가지고 있으니 그대로 나가십시오. 주님께서 여러분을 통해서 크고 은혜로운 어떤 역사를 이루실는지 알 수 없습니다.

3. 보은(報恩)의 섬김

자, 이제 세 번째 대지로 나가서 간단하게 다루어 보고자 합니다. 베드로의 장모는 그리스도를 섬김으로써 자기의 마음에 감사가 넘친다는 사실을 입증했습니다. 그녀가 섬긴 행위는 자신이 감사하고 있다는 것을 드러냅니다. 형제 여러분! 만일 우리가 그리스도께 감사하고 있음을 증거하고 싶다면, 그녀가 했던 방식보다 더 좋은 방식은 없습니다. 그녀가 예수님의 발 앞에 꿇어 엎드려 "주의 이름을 찬미하리로다"라고 말했다는 기록은 없습니다. 그렇게 했을 수도 있지만, 성경은 그 많은 거룩한 표현들을 다 담을 수는 없습니다. 물론 성경이 은혜로운 행동을 위하여 지면을 할애하는 경우도 있기는 하지만 말입니다. 그녀가 앉아서 찬송을 불렀는지 잘 모르겠습니다. 아마 그렇게 했을지도 모릅니다. 그녀 앞에 있는 다른 선한 여인들이 그렇게 했을 수도 있습니다. 저는 그 여인들도 그녀를 따랐으리라 기대합니다. 그러나 찬송이 어떤 찬송이었는지는 기록되어 있지 않습니다. 성경에는 선한 사람들이 부르는 모든 찬송을 기록할 만한 지면이 모자랍니다.

성경은 그들이 행한 행동들의 한 면만을 보여줍니다. 우리는 사도행전을 갖고 있지만, 그것을 통해서는 사도들의 신앙심이나 찬송이나 경건한 결심들에 대해 다 알지 못합니다. 이 선한 여인은 실질적인 행실을 통해서 감사하는 마음을 입증했습니다. 그녀는 스스로 "주님께서 나를 섬기셨으니 나도 주님을 섬기리라"고 다짐하지 않았을까요? 하나님의 은혜를 자각한 사람은 단순히 말로만 그 은혜에 대해 감사하는 것으로는 성에 차지 않습니다. 주님께서 치유의 결실을 맺게 해주셨는데도, 여러분은 그에 대한 보답으로 말이라는 나무에서 몇 개의 잎만 따서 드릴 수 있겠습니까? 그것은 정말 기괴한 일입니다. 잎사귀를 따서 드리십시오. 그러나 그 속에 열매를 싸서 드리십시오. 진실한 행동, 헌신된 섬김을 드리십시오. 왜냐하면 이것이야말로 감사하는 마음이 맺은 가장 합당한 열매이기 때문입니다.

　그녀가 치료받기 전에 그리스도께 수종을 들었다는 말이 없음을 주목하십시오. 먼저 열병에 걸린 환자가 회복되었고 그 다음에 섬기기 시작했습니다. 저는 여러분의 내면적인 생명이 그리스도로 말미암아 아직 새롭게 되지 않았음에도 불구하고 삶 속에서 그리스도를 섬기라고 절대 권하지 않습니다. 주님의 복되신 손길로 거듭난 마음이 있어야만 합니다. 그러지 않으면 그는 새롭게 된 사람의 모습을 흉내 내는 것이지, 그 새 생명을 진정으로 소유한 것은 아닙니다. 먼저 치료를 받고, 그 다음에 섬기십시오. 치료가 먼저입니다. 그러나 치료의 뒤꿈치에 섬김이 바짝 따라온다는 것을 잘 주목하십시오. 만일 여러분이 구원을 받았다면, 일어나 두렵고 떨림으로 여러분 자신의 구원을 이루어 나가야 합니다. 왜냐하면 여러분 속에서 자기의 기뻐하시는 뜻을 두고 행하게 하시는 분이 하나님이시기 때문입니다. 이제 등불이 켜졌으니 여러분 속에서 그 등불을 밝혀 나가야 합니다. 그리스도께서 여러분의 영혼 속에 생명수의 우물을 여셨으니, 그것이 여러분에게서 강물처럼 흘러나오게 해야 합니다. 그리하여 주님을 섬기고 동료들의 유익을 위해 섬기는 사람이 되어야 합니다.

　이 선한 영혼은 어떤 의도로 자기가 다시 일어나게 되었는지를 알았습니다. 그녀는 **누구로부터** 자기가 치료를 받았는지 알았습니다. 그 치료는 오로지 주님에게서만 가능한 것이었습니다. 그녀는 어디에서 자기가 회복되었는지 알았습니다. 그녀는 죽음의 입구에서 살아난 것이었습니다. 또한 무엇을 위해서 자기가 회복된 것인지를 알았습니다. 왜냐하면 자기에게 건강과 힘이 돌아온 것을 느끼자, 그녀는 자기가 무엇을 위해서 회복되었는지를 정확하게 생각했기 때문입니다. 곧 주님을 시중들기 위해서 그렇게 치유를 받았던 것입니다. 사랑하는 나의 형제여! 여러분은 지옥에서 구원을 받았습니다. 또한 여러분은 영적인 생명 가운데로 높이 들림을 받았습니다. 그리하여 여러분은 하늘의 상속자가 되어 존귀한 자가 되었습니다. 이러한 일은 여기 지상에서 여러분이 주님을 섬기고 내세에서 주님을 영화롭게 하도록 하기 위해 일어난 것이 아니고 무엇이겠습니까? 우리의 감사는 그 은혜를 주시는 하나님의 목적을 우리에게 가르쳐야 마땅합니다. 그리고 우리는 그 목적에 이르기 위해서 마음을 써야 합니다. 우리가 주님을 섬기게 할 의도가 아니었다면, 주 하나님께서 자기 아들을 죽이시는 대가로 우리를 구원하실 리가 없습니다. 이 점에 대해서 감사하는 마음을 가진 우리는 어떻게 이해하고 있어야 할까요? "만일 우리가 값을 주고 산 바 되었다면 우리는 우리 자신의 것이 아니다. 성령께서 우리에게 새 성품을 주셨다면, 그것은 우리가 새로운 삶을 영위하도록 하기 위함임에 틀림없고, 우리의 새로운 삶은 그 삶을 창조하신 분에게 마땅히 드려져야 하는 것이다"라고 이해해야 하지 않을까요?

　　사랑하는 친구 여러분! 참된 보은은 언제나 우리로 하여금 섬기게 만들고, 그 보은의 심정은 우리를 치료하신 주님을 우리의 섬김의 대상으로 뚜렷하게 만듭니다. 보은의 마음은 전면에 그리스도를 모십니다. "곧 일어나 그들에게 수종드니라." 먼저 주님께, 그 다음에 제자들에게 말입니다. 먼저 머리되신 주님을 섬겼고, 그 다음에는 그 머리되신 주님을 위하여 모든 지체를 섬겼습니다. 먼저 구속주에게 드렸고, 그 다음 구속주로 인해 구속 받는 모든 사람들에게 수종을 들었던 것입니다. 저는 그리스도로 말미암아 죄에서 치유 받고 영적인 죽음으로부터 구원 받은 여기 있는 각 사람에게 이러한 질문을 던지려고 합니다. 여러분은 여러분의 주님께 무엇을 드리고 있습니까? 주님을 위해서 무엇을 하고 있습니까? 주님과 함께 하십시오. 주님께 하듯이 그 일을 하십시오. 여러분이 주님 앞에서 행하며, 주님의 발 밑에 서 있다고 생각하고 행하십시오. 그렇게 하면 여러분이 주님의 백성들을 위해서 무엇인가를 하게 될 것입니다. 여러분은 주님의 불쌍한 사람들을 친절하게 대할 것이고, 죄에 빠진 사람들을 찾아 모을 것이고, 병든 자를 찾아 방문하고, 위로할 길 없는 주님의 백성들에게 위로를 전할 것이고, 아직 부름을 받지 못하고 방황하는 사람들을 찾아 나설 것입니다. 잃어버린 주님의 양들, 바로 그들을 위해서 염려할 것입니다. 여러분은 주님과 그 택한 백성들을 섬길 것이며, 그 몸의 모든 지체들도 섬길 것입니다. 형제 여러분은 무엇을 하고 있습니까? 자매 여러분은 무엇을 하고 있습니까? 제 자신의 이름으로 이 질문을 던지는 것이 아닙니다. 저는 여러분의 상전이 아니고, 또한 여러분도 저에게 회개할 필요가 없습니다. 다만 저는 여러분을 위해서 손이 찔리고 못 박히신 그분의 이름으로 이런 질문을 던집니다. 그분의 심장은 여러분의 구속을 위해서 군병의 창에 찔렸습니다. 오! 여러분은 그분을 위해서 무엇을 할 것입니까? 그분을 사랑한다면 그의 어린 양 떼들을 먹이십시오. 만일 여러분이 그분을 사랑한다면 섬기십시오. 그리고 만일 여러분이 섬긴다면, 먼저 주님을 섬기고, 그 다음에 그의 자녀들과 백성들을 섬기십시오. 그러면 여러분은 자신이 정말 주님의 은혜에 감사하고 있다는 것을 드러내는 셈이 될 것입니다.

4. 그 의사의 겸손함

이제 끝으로, 이 여인이 그리스도를 섬겼다는 것은 네 번째로 그 의사의 겸비함을 입증하였습니다. 열병에 걸린 그녀를 치료한 그분은 그녀의 섬김을 받을 필요가 없었습니다. 질병을 치료할 능력을 가지신 분은 분명히 인간의 섬김이 없이도 존재하시는 능력을 가지고 있었습니다. 만일 그리스도께서 그녀를 일으켜 세우실 수 있었다면, 그분은 분명히 전능하신 분이고 신적인 분이셨을 것입니다. 그런데 여인의 섬김이 무엇 때문에 필요했겠습니까? 그분은 구약의 저 장엄한 문체를 사용하여 "내가 가령 주려도 네게 이르지 아니할 것은 뭇 산의 가축이 다 내 것이요"(시 50:12)라고 말씀하지 않으셨을까요? 그러나 예수님은 그렇게 말씀하지 않으셨습니다. 모든 천사들을 거느린 능하신 구주께서는 겸비하게 자신을 낮추시고 이 불쌍한 여인으로부터 수종을 받으셨습니다. 그리스도께서 섬김을 받으셨다는 것은 그리스도 편에서 볼 때 대단한 겸손이었습니다. 그분이 자주 여인들의 섬김을 선택하신 것도 그분 편에서 볼 때는 대단히 온유한 일이었습니다. 그분은 지상에 오셔서 강보에 처음 싸이실 때, 한 여인의 손에 의해서 강보에 싸이셨고, 결국 죽으실 때도 그러하셨습니다. 왜냐하면 거룩한 여인들이 수의로 그분을 싸서 무덤에 뉘어 드렸기 때문입니다. 인간 존재의 섬김을 필요로 하신 예수님의 이 겸손은 정말 비할 수 없는 기이함입니다. 그분은 자신을 낮추어 죽을 인생으로부터 섬김을 받으심으로써 우리를 존귀하게 섬기셨던 것입니다.

베드로의 장모는 멸시 받는 가난한 사람 중의 하나였습니다. 그러나 예수님은 그녀를 영예롭게 높여 주셨습니다. 그녀는 어부의 아내에 불과했고, 어부의 장모에 불과하였습니다. 가난하고 별로 많이 배우지도 못하고 글도 모르는 가련한 여인이었습니다. 그럼에도 불구하고 그리스도께서는 그녀가 자기를 섬기도록 허락하셨습니다. 헤로디아 공주도 전혀 갖지 못했던 영예를 그녀에게 주셨던 것입니다. 오늘날에도 우리가 주님을 섬기도록 허락하시는 그 주님의 겸손으로 인해 그분은 우리에게서 마땅히 사랑을 받으셔야 합니다. 그분은 나 같은 사람, 여러분과 같은 사람도 믿음을 위해서 어떤 일을 하도록 허락하셨습니다. 그리스도께서 바울과 베드로와 요한으로 하여금 자신을 섬기도록 하신 것에 대해 저는 그리 놀라지 않습니다. 그러나 나 같은 자로 하여금 그 일을 하도록 하셨다는 것에 저는 놀랄 뿐입니다. 정말 그 일을 생각할 때마다 저는 놀라서 압도당합니다! 여러분도 그렇게 기이하게 여기고 있습니까? 복된 동정녀 마리아와 막달라 마리아와 다른 거룩한 여인들이 하나님께 존귀함을 입었다는 것은 충분히 인정할 만합니다. 그러나 사랑하는 자매여, 여러분이 주님을 섬기는 일을 담당하도록 허락 받았다는 것은 정말 놀라운 일이지 않습니까? 그렇다면 여러분은 정말 기쁨에 넘쳐 주님을 찬미하고 섬겨야 하지 않을까요? 여러분이 그런 큰 은혜를 받았다는 것을 알았으니 말입니다.

우리 주님께서 자신의 교회에 섬김의 여지를 남겨 주신다는 것은 참으로 은혜로운 일이지 않습니까? 자, 생각해 보십시오. 주님께서 자신의 모든 백성들로 하여금 부자가 되게 하셨다고 해 봅시다. 그러면 그 백성들은 관용을 베풀어 가난한 사람을 도울 여지가 전혀 없게 될 것입니다. 그리고 지금 여러분이 할 수 있는 것처럼 주님의 사랑을 입증할 기회도 전혀 갖지 못하게 될 것입니다. 또 이렇게 생각해 보십시오. 어떤 가르침도 없이 성령의 은밀한 사역으로 인해 그분이 선택한 모든 백성들이 회심했다고 해 보십시오. 그러면 주일학교에서는 당장 여러분을 원치 않을 것입니다. 또한 여러분의 가르침도 원치 않을 것입니다. 제가 설교하는 것도 원치 않을 것입니다. 그렇게 되었다면 우리는 그리스도를 위해서 전혀 할 일이 없었을 것입니다.

만약 그랬다면 아마도 우리는 아마 이렇게 신음하면서 울부짖었을 것입니다. "선한 선생님이여 당신을 위해서 어떤 일을 할 수 있도록 왜 허락하지 않으십니까? 우리가 생일을 맞아도 어린아이들은 아버지인 우리에게 무엇인가를 드리고 싶어합니다. 그것이 정원에서 꺾어 만든 꽃다발이든, 아니면 구멍 뚫린 몇 푼짜리 동전이든 말입니다." 아이들은 그렇게 함으로써 자신의 사랑을 보여주고자 하며, 현명한 부모라면 자기 아이들이 그렇게 하도록 분명히 허락할 것입니다. 하늘에 계신 우리의 위대한 아버지께서도 그러하십니다. 주일학교 교육이나 우리의 설교나 그 모든 것들은 무엇입니까? 그저 몇 푼짜리 동전에 불과하지 않습니까? 그 자체는 정말 아무것도 아닙니다. 그러나 주님께서는 우리를 향한 사랑으로 자신의 사역을 감당하도록 우리에게 허락하십니다. 우리를 향하신 주님의 사랑은 주님에 대한 우리의 사랑 속에서 감미로운 것이 됩니다. 교회 안에서 우리가 그렇게 여러 가지로 섬길 수 있는 여지가 있다는 것은 정말 감사한 일입니다.

어떤 형제들은 정말 너무 이상한 성질을 가지고 있어서 도대체 어떤 종류의 사람들인지 말할 수 없을 정도의 사람들도 있습니다. 그러나 그들이 하나님의 사람들이라면 그런 사람일지라도 영적인 성전에서 그들이 담당할 몫이 있다고 저는 믿습니다. 나무 재목을 사서 일을 하는 어떤 사람이 있었는데, 한번은 나무를 흥정하면서 아주 꾸부러진 나무를 발견하게 되었습니다. 그는 그것을 옆으로 제쳐놓으면서 그 아들에게 말했습니다. "존, 내가 이 나무로 무엇을 할는지 잘 모르겠구나. 내 생애에서 이렇게 못 생긴 것은 처음 봤다." 그러나 창고를 짓는 과정에서 그는 정확하게 그러한 모양을 한 재목이 필요하게 되었습니다. 어쩌나 그 재목이 잘 들어맞던지 "그 나무는 이 구석에 쓰라고 자란 것 같구나"라고 그는 말했습니다.

그와 같이 우리 주님께서도 그분의 교회를 세우실 때, 모든 구부러진 나무도 여기저기에 쓰이도록 하실 것입니다. 마치 주님의 오른손으로 그 나무를 심으신 것처럼 말입니다. 주님께서는 그 구부러진 나무를 어떤 목적을 가지고 만드셨고, 이것이 언제 그 목적에 맞게 사용될지를 알고 계십니다. 만일 "나는 할 수 있는 게 뭔지 잘 모르겠다"고 말하는 사람이 있다면, 그 사람은 바로 그 점 때문에 책망을 받아야 합니다. 사랑하는 형제여! 여러분은 각자 특별하게 할 일이 있습니다. 그것을 찾아내십시오. 너무 멀리서 찾지 마십시오. 조금만 생각하고 찾으면 금방 자기가 할 일이 무엇인지 생각날 것입니다.

이 사실이 하나의 예외도 없이 모두에게 분명하다는 사실에 감사하십시오. 영적인 의미에서 치료를 받은 하나님의 모든 자녀는 그리스도께 드릴 수 있는 섬김의 영역을 가지고 있습니다. 그러니 즉시 섬겨야 합니다. 주님께서 여러분 각자가 그런 식으로 주님의 은혜에 보답할 수 있는 길을 보여주시기를 바랍니다. 또한 그 일을 하고 있는 동안 항상 주님을 찬미하는 심정으로 "주여! 제가 주일학교에 가서 섬기도록 허락하여 주심을 감사합니다"라고 말하십시오. 자신의 일을 짐으로 여기지 마십시오. 오히려 "주여! 그 일을 하도록 허락해 주신 주님께 감사를 드립니다"라고 말하십시오. "오 하나님! 제가 이 작은 지역을 돌아다니며 그 가정들을 방문할 수 있도록 허락해 주신 것을 인하여 하나님께 찬미를 드리나이다." 성경을 공부하는 여성도들이여! 여러분이 성경공부반에 들어가게 하신 것을 하나님께 감사하십시오. 도시 선교를 하는 선교사 여러분, 도시 선교를 할 수 있도록 허락해 주신 하나님께 감사드리십시오.

어떤 사람은 이렇게 말할지도 모릅니다. "그런 모욕과 푸대접을 받고서는 그 일을 하기가 어렵습니다." 사랑하는 형제여! 하나님을 찬미하십시오. 주님께서 주의 이름을 위하여 고난 받기에 합당한 자로 여러분을 여기고 계시니 말입니다. 월터 롤리(Walter Raleigh) 경에 대한 이야기를 들어 보았을 것입니다. 엘리자베스 여왕이 하루는 길을 가는데 가다가 진흙탕을 지나가게 되었습니다. 그때 롤리 경은 자기의 외투를 벗어서 그 진흙탕에 깔고는 여왕이 밟고 지나가도록 하였습니다. 그렇게 한 것을 그가 후회했겠습니까? 아닙니다. 그는 그 일을 즐거워했을 것이고, 또 그러한 일을 할 수 있도록 그런 곳이 나타나기를 은근히 바랐을 것입니다.

오, 주님을 사랑하는 여러분! 그리스도를 위하여 길에 누울 각오를 하고, 주님의 이름을 위해 멸시를 받더라도 그 진흙탕 길을, 걸어가기에 좋은 길이 되도록 하십시오. 이러한 영예는 부끄러워할 일이 아니라 욕심을 낼 일입니다. 치료받은 자들이여, 일어나서 섬기십시오. 아직 치료를 받지 못한 이들은 만져 주심만으로 회복시킬 수 있는 그분을 믿으십시오. 그분은 구원하시기에 능하십니다. 그분을 믿으십시오. 그러면 살아날 것입니다. 아멘.

제
16
장

—

물고기들을 끌어올린 두 번의 경우

—

"말씀을 마치시고 시몬에게 이르시되 깊은 데로 가서 그물을 내려 고기를 잡으라." — 눅 5:4

"이르시되 그물을 배 오른편에 던지라 그리하면 잡으리라 하시니 이에 던졌더니 물고기가 많아 그물을 들 수 없더라." — 요 21:6

그리스도의 생애 전체는 한 편의 설교였습니다. 그분은 말과 행실에 있어서 능하신 선지자였습니다. 그분은 말씀뿐 아니라 행실로도 사람들을 가르치셨습니다. 그리스도의 이적은 자신의 사명을 입증한 더할 나위 없는 사실이었습니다(요 14:11 참조). 틀림없이 그 이적들은 그것을 보는 이들에게 그분이 하나님의 보내심을 받았다는 것을 분명히 입증하였을 것입니다. 그러나 우리는 그분께서 이적들을 행하신 더 큰 이유가 그 이적들이 담고 있는 교훈에 있음을 간과하지 말아야 합니다. 현재 세상에서는 그리스도의 이적들이 그리스도의 교훈보다 더 믿기가 어려운 상황입니다. 회의론자들은 그 이적들을 거침돌로 여기고 있습니다. 따라서 그들은 예수님의 놀라운 가르침에 대해서는 별다른 흠을 잡지 못하지만 이적들에 대해서는 기이하고 믿을 수 없는 것으로 치부하며 공격하고 있습니다.

불신앙에 심각하게 감염된 이들에게는 그런 이적들이 믿음에 도움을 주기보다는 오히려 믿음의 시험거리가 되고 있음을 저는 봅니다. 어떤 이들은 이적과 기사를 통해서 믿음을 갖기도 하지만, 그러한 이들은 아주 극소수에 지나지 않습니다. 이적이나 기사(奇事)를 보고 믿음을 갖는 것이, 영혼으로 하여금 자기 죄를 깨닫고 회심하게 만드는 복음적인 방식은 아닙니다. 살아 계신 말씀의 비밀스런 능력이 그리스도의 도구로 사용되기 때문입니다. 따라서 기사는 적그리스도가 만국을 미혹시킬 때나 사용하는 것으로 남겨지게 되었습니다.

은혜로 말미암아 믿게 된 우리는 그리스도의 이적들이야말로 증인들의 진정성을 인정하는 것이라기보다는 그리스도의 신성과 사명을 인증하는 주목할 만한 표지(標識)들로 여깁니다. 이적들 속에는 하나님께서 우리에게 주고자 하시는 은택이 들어 있는데, 만일 우리가 그 이적들을 그저 생명책에 찍는 도장쯤으로 여긴다면, 그 은택의 많은 부분들을 상실하게 될 것이 뻔합니다. 왜냐하면 그 이적은 생명책에 기록되는 한 과정일 뿐이기 때문입니다. 우리의 복되신 구주께서 행하신 기사들은 거룩한 교리를 담은 행동으로 전해진 설교들이었습니다. 구주께서 행하신 그 기사들은 우리에게 말로 하는 것보다 훨씬 더 생생한 많은 것을 제시해줍니다.

오늘 아침의 설교는 그리스도의 이적들이 행동으로 전해진 설교요, 눈으로 볼 수 있는 비유요, 구체화된 진리라는 전제를 출발점으로 해서 전해질 것입니다. 그 이적들은 사실 그리스도의 큰 교훈집에 실린 삽화와 같은 것입니다. 그 삽화를 통해서 그리스도께서는 우리의 어두운 눈에 빛을 번쩍이게 하신 것입니다.

어떤 목사들이 이 본문을 가지고 자주 설교를 했다는 말을 들었습니다. 하지만 그 목사들은 같은 본문이었다 해도 똑같은 강론을 한 적은 결코 없었다고 합니다. 물론 그리스도에 대해 비슷한 내용들이 전해졌을 수도 있습니다. 그리스도께서도 자주 같은 진리를 설교하셨습니다. 그러나 그 경우마다 정확히 똑같은 방식으로 진리를 전했던 것은 아니었습니다. 우리는 아까 읽은 두 개의 본문에서 두 개의 이적에 대한 보도를 접하게 됩니다(눅 5장, 요 21장). 아마도 거듭나지 못한 사람이 들으면 똑같은 내용이라고 생각할 것입니다. 그러나 주의 깊게 읽은 사람은 이 두 본문이 동일해 보여도, 예수님이 전하신 내용에서는 여러 가지 차이가 있다는 것을 알 수 있을 것입니다.

두 본문은 모두 물고기들을 기적적으로 잡아 그물로 끌어올린 경우였습니다. 이 두 번의 경우를 보도하는 본문의 목적은 복음을 전하는 성도들의 사명, 즉 복음의 그물로 사람들의 영혼을 잡아올리는 사역을 가르치는데 있습니다. 사람들의 영혼을 죄의 요소에서 건져내어 영원한 구원에 이르게 하는 사명 말입니다.

설교자는 어부에 비유될 수 있습니다. 어부는 정말 힘든 직업입니다. 따라서 목사의 사명을 감당하는 것이 힘들다는 것을 알지 못하는 이에게는 화(禍)가 있을 것입니다. 어부는 날씨가 어떠하든, 어떠한 난관이 기다리고 있든 간에 바다에 나가야 합니다. 만일 어부가 고요한 바다에서만 고기를 잡으려고 한다면 굶어 죽기 십상입니다. 그와 같이 기독교 사역자는 사람들이 말씀을 아주 즐겁게 받을 때든 화를 내며 받지 않으려 할 때든 자기의 사명을 감당해야 하며, 좋은 평판이나 위로를 기대하지 않겠다는 각오로 일해야 합니다. 어부의 일은 정말 거친 일입니다. 어부는 그물질을 하기 때문에 손이 성할 날이 없습니다. 정말 그 일은 신사가 할 일이 아닙니다. 그 일은 거칠고 무서움을 모르며 억세야 할 수 있는 일이기 때문입니다. 로프를 들어올리기도 하고, 타르(tar)가 발린 솔을 다루기도 하며, 갑판을 닦을 수 있어야 하니 말입니다.

복음사역이라고 하는 것은 시련이나 욕설이나 조롱이 없이 그저 우아하게 이 세상을 살아갈 안존(安存)한 사역자의 영혼이 감당할 일은 아닙니다. 그러한 일은 큰물과 바다에서 일할 줄을 알고 물결이나 물보라를 전혀 무서워하지 않는 이들이 할 일입니다.

어부의 소명은 정말 인내하며 감당해야할 일입니다. 한 번 그물을 던져 크게 행운을 잡는 일이 아닙니다. 부단하게 끝도 없이 그물을 던져야 합니다. 설교 한 편만 가지고 설교자가 되는 것이 아닙니다. 그저 멋지게 잘 준비된 웅변 한 편만 가지고 자기의 의사를 전달하는 것은 하나님의 사역자와는 관계가 없습니다. 그는 때를 얻든지 못 얻든지 간에 항상 설교를 준비하고 있어야 합니다. 어떠한 상황에서도 설교자는 어부같이 자기의 그물을 던져야 합니다. 그는 아침에도 일하고 저녁에도 손을 놓지 않아야 합니다. 어부가 된다는 것은 항상 낙담하게 될 상황을 예상해야 한다는 것을 의미합니다. 자주 그물을 던지나 그저 쓸데없는 해초만 그물에 걸려 나오는 일이 흔하기 때문입니다.

그리스도의 사역자는 낙심할 일이 으레 일어나리라 각오하고 있어야 합니다. 그는 낙심하게 되는 모든 경우에도 잘 지치지 않아야 합니다. 오히려 계속 믿음으로 기도하면서 일하고, 결국에는 자기의 상을 받으리라는 기대를 하고서 나가야 합니다. 여러분이 어부와 복음 사역자를 비교하는 일을 해 본다면, 금방 그 둘 사이에 유사성이 많다는 것을 발견하게 될 것입니다.

　　우리가 생각해 보려는 이 두 본문은 하나의 통일성을 이루고 있습니다. 그것이 바로 우리가 다루어야 할 첫 번째 요점입니다. 두 번째로는, 그러나 그 두 경우는 서로 전혀 닮지 않은 많은 점을 가지고 있습니다. 그런 다음 우리는 세 번째로, 이 두 본문이 각각 전해 주는 위대한 교훈들이 하나를 이루어 우리에게 가르치고 있는 점을 살펴볼 것입니다.

1. 두 본문의 통일성

　　첫 번째로 이 두 본문이 보도하는 이적들에는 서로 많은 공통점을 가지고 있습니다. 이 두 개의 이적은 다 그리스도의 나라가 확장될 방식에 대해 말하고 있습니다.

1) 도구가 사용되어야 함

　　먼저 이 두 이적을 통해서 우리는 도구가 사용되어야 했다는 것을 배우게 됩니다. 첫 번째 이적에서 보면 물고기가 자기를 잡아달라고 스스로 시몬의 배에 뛰어들었던 것이 아니었습니다. 또한 두 번째 이적에서도 물고기들이 바다에서 무리지어 올라와서 스스로 벌겋게 달구어진 숯불 위에 누워 어부로 하여금 잔치를 벌이게 한 것이 아니었습니다. 어부들은 배를 가지고 바다로 나가서 그물을 던져야 했습니다. 그물을 던지고서 해변으로 끌어올리든지, 아니면 두 배에 잡은 고기를 올려 넣든지 해야 했습니다. 모든 것이 인간을 도구로 해서 이루어졌습니다. 그것은 분명히 하나의 이적이었습니다. 그러나 어부든, 어부의 배든, 또는 어부가 고기를 잡은 것이든, 그 모든 것이 전혀 무시되지 않았습니다. 그러한 모든 요소들이 다 사용되었고 다 채용되었습니다. 영혼을 구원하시는 하나님은 어떤 도구들을 통해서 일하신다는 것을 우리는 알아야 합니다. 그러므로 현재에도 은혜의 경륜이 여전히 사용되고 있는 한, 하나님께서는 믿는 자들을 구원하시기 위해 설교(전도)의 미련한 것을 사용하기를 기뻐하십니다. 지금이나 예전이나 교회 안에는 하나님이 사용하시는 도구들, 즉 그분께서 지명하신 사역자들을 대적하는 부류의 사람들이 은근히 생겨납니다.

저는 아일랜드의 부흥의 기간 중에 그러한 일이 있었던 것을 잘 알고 있습니다. 정말 그 일을 저는 슬픔으로 지켜보았습니다. 저는 한 유수한 신문에서 극히 악영향을 미칠 수 있는 논평이 실린 것을 보았습니다. 그 논평에는 그 일에 어떤 사람도, 어떤 탁월한 설교자도, 어떤 열정적인 복음전도자도 관여하지 않았다고 하는 축하문이 실려 있었습니다. 그 논평은 전부 사람을 수단으로 삼지 않아도 모든 것이 잘되어 간다고 자랑하는 것이었습니다. 그러나 그것은 그 일이 부흥하기 어렵다는 것을 의미할 뿐, 그 일에서 강력한 부흥이 일어나기는 어렵다는 것을 내포하고 있습니다. 그렇게 해야 하나님께 더 큰 영광이 돌아간다고 말하는 이들도 있습니다. 그러나 그렇지 않습니다. 하나님께서는 도구들을 사용하실 때에 가장 큰 영광을 받으십니다. 물론 도구가 없이 일하실 때도 하나님은 분명히 영광을 받으십니다.

그러나 하나님께서는 자신이 가장 큰 영예를 얻으시는 방식이 무엇인지를 친히 잘 아십니다. 그리고 이 지상에서 가장 광대하게 자신의 영광이 드러나도록 꼭 필요한 수단들을 계획하셨습니다. 우리가 이 보배를 가지고 있습니다. 어떻게 말입니까? 우리 혼자서 말입니까? 이 땅에서 아무것도 이룬 것이 없는데요? 그러나 여러분이라는 질그릇 안에 그 보배가 있습니다. 무엇 때문에요? 하나님께서 덜 영광 받으시기 위해서입니까? 아닙니다. 오히려 그 질그릇 속에 보배가 있는 것은 "능력의 지극히 큰 것이 우리에게 있지 않고 하나님께 있게 하려" 함입니다. 하나님께서는 피조물의 연약함을 이용하여 창조주인 자신의 능력을 돋보이게 하는 분이십니다. 하나님께서는 스스로 아무것도 가지지 않은 사람을 붙잡아 주시고 그들을 통해서 찬연한 승리를 이루시는 분입니다. 삼손의 경우를 생각해 보십시오. 만일 삼손이 주먹으로 블레셋 사람들을 쳐부수었다면, 일하기에 정말 적합해 보이지 않는 나귀 턱뼈로 그렇게 많은 수천의 원수들을 물리쳐 무더기같이 쌓이게 한 경우보다 감동이 더 적었을 것입니다.

주님께서는 정말 형편없는 무기를 가지고 큰 일을 행하십니다. 주님께서 "빛이 있으라 하시매 빛이 있었다"는 것을 우리는 알고 있습니다. 아무 도구도 없이 그 일을 하셨습니다. 그때 하나님은 자신의 영광을 드러내셨습니다. 그러나 그렇게 하는 대신 주님께서는 사도들을 데려다가 다시 "빛이 있으라"고 말씀하시고는, 그 자신들마저도 어둠 속에 있었던 이들을 보내시어, 그들을 어두운 세상을 밝히는 수단으로 삼으셨을 때, 저는 하나님의 영광이 더 크게 나타났다고 생각합니다. 아침의 계명성이 새롭게 지어진 땅에 처음 빛을 보냈을 때 분명히 하늘의 천사들은 기뻐하였을 것입니다. 그러나 천사들은, 비록 인간들 자체가 갈수록 어둡고 암울해질 뿐이라 해도, 그런 인간들을 통해서 그 어두운 땅에 그렇게 빛이 흐르는 것을 보았을 때 더욱더 기뻐했을 것입니다.

하나님께서는 자신의 일에 특별하게 부르신 사람들을 도구로 삼아 일하십니다. 그러한 사역자들이 없이는 일하지 않는 것을 법칙으로 세우셨습니다. 플리머스 형제단은 목사직을 없애려고 애써 보았지만 그럴 수 없었습니다(이들은 별도로 세워진 목회자를 인정하지 않고 모든 형제들이 다 서로 간에 목회의 일을 나눌 수 있다고 생각한다. 따라서 설교자가 따로 정해져 있는 것이 아니라, 그날 예배에 먼저 깨달음을 얻은 사람이 설교도 하고 권면도 한다 ─ 역주). 주님께서는 자기의 마음에 드는 목회자들을 계속 교회에 보내실 것입니다. 목회자 없이 양들이 아무리 애를 써봐도, 양들의 영혼은 야위고 궁핍해질 것입니다.

그와 같이 한 사람이 목회 사역을 전담하는 것이 잘못이라고 하는 주장은 하나님에게서 온 것이 아닙니다. 오히려 교만한 자기기만에서 나온 것입니다. 아니면 가르칠 능력이 전혀 없으면서도 배우기는 원치 않는 이들에게서 나온 것입니다. 그런 사람의 본성은 스스로를 높이는 방향으로 나아가기 때문에, 그런 본성은 하나님의 선민인 이스라엘(영적 백성들)의 평안을 어지럽힙니다. 그런 사람들은 하나님께서 친히 세우셔서 지명하신 권위들에 자신들이 복종하는 일을 견뎌내지 못합니다. 또한 하나님의 성령으로 말미암아 "너희를 인도하는 자들에게 순종하고 복종하라 그들은 너희 영혼을 위하여 경성하기를 자신들이 청산할 자인 것 같이 하느니라 그들로 하여금 즐거움으로 이것을 하게 하고 근심으로 하게 하지 말라 그렇지 않으면 너희에게 유익이 없느니라"(히 13:17)고 하신 주님의 말씀을 견뎌내기가 어렵습니다.

사랑하는 형제자매 여러분! 지금 교회들 안에는 하나님께서 친히 세워 주신 사람을 끌어 내리려는 정신이 있습니다. 그렇게 하는 것은, 하나님께서 불을 담아 토하여 내라고 세워 주신 사람들의 입을 막고서, 자신들의 뜻을 따라 아무에게도 이롭지 못하고 결국 자기들의 수치로 돌아갈 쓸데없는 말을 하려고 하는 것에 불과합니다. 어쨌든 우리는 주 하나님께서 능하게 일하시도록 도구가 되는 사람을 인정하는 일을 멈추지 않을 것입니다. 우리는 하나님의 교회 안에 있는 하나님께서 세우신 그 어떤 사역도 방해하지 말아야 할 것입니다. 우리는 그 사역이 그 어느 때보다 더 풍성하게 나타나기를 바랍니다. 하나님께서 주님의 모든 종들로 하여금 선지자 되게 하시기를 원하나이다!

그러나 모든 이에게 허용되었다는 미명하(美名下)에 주님께서 특별하게 역사하실 때 사용하시는 도구를 옆으로 제쳐두는 그 정신에 우리는 엄숙하게 저항합니다. 주 하나님께서는 여전히 어부를 사용하사 그물을 던지게 하시고, 그 배를 가지고 바다로 나가게 하는 일을 하실 것입니다. 그물도 없이 물고기를 잡는다는 새로운 방식들, 즉 사역자도 없이 영혼을 구원한다는 새로운 방식은 결코 환영 받지 못할 것입니다. 그것은 하나님께로부터 나온 방식이 아니기 때문입니다. 그러한 방식을 시험해 보고서 무슨 열매를 맺었습니까? 저는 하나님의 도구를 무시했던 교회가 지금까지 현존하고 있다는 말을 들은 적이 없습니다. 그런 교회는 결국 수년 내에 교회분열과 부패로 인하여 사라졌습니다. 하나님께서 선택한 목회 사역자의 당위성을 무시하거나 거부한 교회가 이 세상에 50년 이상 존재하였던 예가 있었습니까? 그러한 교회가 있다면, '이가봇' 이라고 그 교회당 벽에 써 놓아야 할 것입니다. 하나님께서는 그러한 교회들을 퇴출(退出)시키십니다. 왜냐하면 하나님께서 일하시는 방식을 거부하는 교회이기 때문입니다. 그들의 노력은 그저 요리할 때 팬에서 일어나는 불꽃이고, 혜성이 떨어질 때 나타나는 섬광이며, 또한 새살에 돋아난 종기 같은 것이며, 오늘 있다가 내일이면 없어질 물거품과 같은 것입니다.

2) 도구 자체로는 아무런 효능이 없음

다시 이 두 본문에는 똑같이 드러나는 하나님의 또 다른 진리가 있습니다. 그것은 도구 자체로는 아무런 효능을 내지 못한다는 사실입니다.

첫째 본문의 경우에 베드로는 솔직하게 "주여 우리들이 밤이 새도록 수고하였으되 잡은 것이 없지마는"이라고 고백합니다. 둘째 본문의 경우에는 "애들아 너희에게 고기가 있느냐(너희에게 먹을 것이 있느냐)?"고 질문하시는 주님의 말씀에, 그들이 "없나이다"라고, 즉 서글프게 없다고 대답하는 모습을 보게 됩니다. 그들이 고기를 잡지 못한 이유가 어디 있었습니까? 그들은 어부로서 자신의 특별한 소명을 수행하고 있지 않았습니까? 그들은 고기 잡는 일에서 초보들이 아니었습니다. 그들은 그 일을 잘 이해하는 이들이었습니다. 기술이 없어서 헛수고만 했던 것입니까? 아닙니다. 그럼 근면하지 못했던 것입니까? 아닙니다. 그들은 열심히 일했습니다. 아니면 끈질기지 못하였습니까? 천만에요. 그들은 밤새도록 일하였습니다. 바다에 고기가 없었나요? 천만에 말씀입니다. 구주께서 오시자마자 그 고기들은 떼로 나타났습니다. 그러면 그 이유는 무엇이었을까요? 그리스도께서 함께 계시지 않은 채, 그들 혼자만으로는 능력이 없어서 그랬을까요? 도구를 무시하지 않는 이 위대한 사역자인 예수님께서는 다음과 같은 사실을 자신의 백성들이 알기를 원하셨습니다. 즉, 그분은 자신의 도구를 사용하시되, 그 도구를 영화롭게 하기 위한 것이 아니라 그분 자신을 영화롭게 하시기 위하여 도구를 사용하신다는 사실 말입니다.

하나님께서는 연약한 인간을 자기 손에 잡고 강하게 하시되, 연약한 인간 자체가 숭배를 받게 하기 위함이 아니라, 연약한 인간을 강하게 하는 그분의 능력이 찬양 받게 하려고 그렇게 하십니다.

형제자매 여러분! 교회의 지체들인 우리는 항상 명심하고 있어야 합니다. 그리스도 없이는 우리가 아무것도 할 수 없다는 것을 말입니다. "여호와께서 말씀하시되 힘으로 되지 아니하며 능력으로 되지 아니하고 오직 나의 영으로 되느니라"(슥 4:6). 사람들이 모여서 모임을 조직하면 그 자체로 무엇이 잘될 것이라고 믿지도 말고, 위원회를 만들어 일하면 그 자체로 잘될 것이라고 의지하지도 말고, 우리만이 할 수 있는 그것만을 통해서 무엇이 잘될 것이라고 믿지도 마십시오. 우리는 이 모든 일들이 우리 자신에게 달려 있는 것처럼 일합니다. 그러나 우리는 하나님께 나아가서 하나님을 의지하여야 합니다. 이 모든 것이 우리에게 달려 있는 것이 아니라 오직 하나님께만 달려 있다는 것을 명심하고서 말입니다. 우리가 이방의 땅에도 선교사들을 보냅시다. 또한 런던의 어두운 거리와 골목길에도 사람들을 보냅시다. 여러 전도지들도 뿌립시다. 또한 하나님의 말씀도 배포합시다. 그리고 우리의 선지 학교에서 배운 설교자들을 보냅시다. 그러나 이러한 일을 행할 때, 우리는 가만히 앉아서 "자 이제 이 모든 일이 잘되었으니 반드시 선한 결과가 올 것이라"고 말하지 맙시다. 주 하나님께서 높은 데서 강림하사 복을 주시기 전에는 우리가 아무리 애를 썼어도 소용이 없는 것입니다. 영원한 결과는 하나님께서 복 주지 않으시면 따라올 수 없기 때문입니다.

이 점이 저로 하여금 얼마나 자주 무릎을 꿇게 하는지요. 하나님께서 이 예배당과 관련하여 행하고 계시는 놀라운 일은 제 마음을 기쁨에 겹게 만듭니다.

그러나 여전히 하나님의 복 주심이 아니면 아무것도 아닌 것으로 결말이 난다는 사실을 생각할 때 저는 두렵습니다. 그래서 저는 제 심령을 낮추어 늘 기도하는 것입니다. 제가 두려움으로 말씀드리고 싶은 것이 있습니다. 여러분도 기억할 것입니다. 어느 형제가 감동이 되어 일전에 여기서 전한 설교들을 모아 만든 설교집을 옥스퍼드와 케임브리지의 대학생 모두에게 나누어 주었던 일이 있었습니다. 그 일이 진행되었고, 수천 편의 설교들이 배포되었습니다. 또 그는 의회의 모든 의원들에게도 그것을 배포하였습니다. 그리고 자기 같은 부류의 사람들에게도 다 나누어 주었습니다. 여러 귀족들과 영주들과 유럽의 황제들에게도 그것을 배포하였습니다. 그 모든 일을 하고 나서도 그는 배포 범위를 더 넓히려고 하고 있습니다.

이 설교집은 가난한 자들이나 부자들, 높은 신분이나 낮은 신분의 사람들, 이 나라의 모든 지역을 두루 돌아다니고 있습니다. 그래서 그것을 생각하면 제 마음이 흐뭇합니다. 그러나 그러한 경우라도 하나님께서 자신의 복락을 거두시게 되면, 그 일은 인간의 손을 통해서 인쇄가 되고 유포가 되지 않았던 것과 똑같은 결과가 되고 말 것입니다. 그러한 일들이 하나님께서 복 주지 않으신다면 무슨 선을 이룰 수 있겠습니까? 그물을 넓게 펴도록 합시다. 그러나 아무리 넓게 펴도 구주께서 오셔서 그 일을 인정하지 않으시면 밤이 새도록 수고하여도 아무것도 이룩하지 못할 것입니다. 그러니 우리는 언제나 하나님의 복 주심을 위하여 기도하여야 할 것입니다. 우리가 행한 것을 위하여 기도하기 전에는 우리는 아무것도 얻지 못할 것입니다. 우리가 땅에 심은 모든 씨앗들은 모두 벌레의 먹이가 되기 십상이라는 점을 알아야 합니다. 그래서 우리는 끈질긴 기도의 알곡들을 그 땅에 심어서 다른 알곡들이 살아나도록 해야 합니다. 우리가 추수를 위하여 하나님을 바라고 기다린다면 우리는 추수하게 될 것입니다. 그러나 우리가 토양이나 씨앗이나 심는 이만 바라보고 있다면, 우리가 아무리 잘 씨를 뿌렸어도 우리의 수고는 헛수고가 되고 말 것입니다.

3) 성공하게 하시는 이는 그리스도

셋째로, 여기 이 두 본문의 이적들은 성공을 불러온 것이 그리스도께서 함께 계심이었다는 사실을 가르치고 있습니다. 그리스도께서 베드로의 배에 올라 앉으셨습니다. 그리스도께서는 신비한 방식으로 물고기를 그물로 몰아넣으려는 뜻을 갖고 계셨습니다. 마치 그분은 각 그물의 주둥이마다 비밀스런 올가미를 가지고 있어서 물고기들이 마음대로 뛰지 못하고 한 중심을 향해 급하게 몰려갈 수 있도록 하신 것 같았습니다. 멀리 해변에서 수고하고 있는 제자들을 향해 "그물을 배 오른편에 던지라"고 하셨을 때는, 그분은 마른 땅에 계셨습니다. 제자들이 물고기를 잡을 수 있는 곳으로 물고기들을 몰았던 것은 바로 그분의 현존이었습니다.

오, 사랑하는 형제들이여! 우리는 이 점을 배워야 합니다. 즉, 교회의 능력은 그 교회 가운데 그리스도께서 현존하시는 데 있다는 점을 말입니다. 왜냐하면 교회 가운데 임금 되신 이가 소리치고 있기 때문입니다. 그리스도의 위대한 대리자이신 성령의 현존이 교회에 힘을 줍니다. "내가 땅에서 들리면 모든 사람을 내게로 이끌겠노라"(요 12:32). 끌어당기는 힘이 여기에 있습니다. 성령께서 그 능력을 주시며, 우리는 그 능력을 얻기까지 기다려야 합니다. 그 능력을 얻게 되면 우리는 헛되이 전도하지 않을 것입니다. 왜냐하면 우리는 듣는 이들에게 **생명**에 이르게 하는 **생명의 맛**이 될 것이기 때문입니다.

그리스도의 사람들이여, 그리스도께서 여러분과 함께 하시는 것이 여러분의 능력입니다! 그분과 많이 교제하십시오. 그분의 성령으로부터 많은 것을 받으십시오. 여러분이 어디로 가든지 간에 대적들이 인정하지 않을 수 없는 힘이 여러분과 함께 할 것입니다.

오, 교회인 우리 안에 더욱더 그리스도의 임재가 풍성하기를 원합니다. 그것을 위하여 여러분의 마음을 여십시오. 만일 그리스도께서 여기 계신다면, 우리는 그분을 슬프게 하지 맙시다. "예루살렘 딸들아 내가 노루와 들사슴을 두고 너희에게 부탁한다 내 사랑이 원하기 전에는 흔들지 말고 깨우지 말지니라"(아 2:7). 만일 그분이 여기에 계시지 않는다면, 우리는 게으름의 침상에서 떨쳐 일어나 그분에게 울며 구해야 합니다. "내 마음으로 사랑하는 자야 네가 양 치는 곳과 정오에 쉬게 하는 곳을 내게 말하라 내가 네 친구의 양 떼 곁에서 어찌 얼굴을 가린 자 같이 되랴"(아 1:7). 그리고 "이에 내가 일어나서 성 안을 돌아다니며 마음에 사랑하는 자를 거리에서나 큰 길에서나 찾으리라 하고 찾으나 만나지 못하였노라　성 안을 순찰하는 자들을 만나서 묻기를 내 마음으로 사랑하는 자를 너희가 보았느냐 하고　그들을 지나치자마자 마음에 사랑하는 자를 만나서 그를 붙잡고 내 어머니 집으로, 나를 잉태한 이의 방으로 가기까지 놓지 아니하였노라”(아 3:2-4).

4) 인간의 연약함을 더욱 드러낸 성공

두 경우에서 그리스도의 임재로 말미암고 도구를 대동한 성공은 인간적인 연약함을 더욱 부각시켰습니다. 우리는 인간의 연약함을, 성공하지 못했을 때보다는 성공했을 때 보게 됩니다. 첫째 경우에서, 여러분은 성공 속에서 드러난 인간의 연약함을 볼 수 있습니다. 그물이 찢어지고 배가 가라앉기 시작하자, 시몬 베드로는 “주여, 나를 떠나소서. 나는 죄인이로소이다”라고 엎드려 절하였기 때문입니다. 그는 만선(滿船)이 되기 전까지 자신의 연약함에 대해 많이 알지 못했습니다. 그러나 하나님의 풍성한 긍휼은 그로 하여금 자신이 아무것도 아니라는 것을 느끼게 하였습니다. 둘째 경우에도 고기가 너무 많아서 그물이 찢어질 정도가 되었습니다.

형제들이여! 만일 여러분이나 제가 완전히 무익한 존재인 것을 충분히 알게 된다면, 주님께서 우리에게 영혼들을 얻게 하는 성공을 허락하신다 해도, 우리는 금방 우리가 무익한 존재인 것을 깨달을 것입니다. 그러므로 우리가 한 사람을 인도하고, 그 다음에 또 한 사람을 인도하고, 그러다가 수십 명을 인도하고, 수백 명을 주 예수님께로 인도한다 해도, 우리는 “누가 나를 이렇게 낳으셨는가? 나를 통해서 어떻게 이런 기이한 일이 일어날 수 있는가?”라고 말할 것입니다. 그리고 하나님의 은혜의 주권 앞에 엎드리게 될 것이며, 우리는 그러한 기이한 은혜를 받기에 정말 합당하지 못하다고 고백할 것입니다. 하나님의 교회가 널리 퍼지게 합시다. 교회를 사랑하는 이들이 많아지게 합시다. 교회가 천국의 팔로 모든 지역을 품에 안게 합시다. 사람은 더욱 유명해지는 대신 더욱 낮아지고, 오직 주님께서만 더욱더 사람들에게 인식되게 합시다. 수년 동안 우리 교회들의 사역은 일반적으로 미미했습니다. 아주 적은 수의 교회들이 늘어났을 뿐입니다. 그러면서도 우리는 대단히 자축하면서 안주해 있으며, 이제는 아무 열매도 맺지 못하고 있습니다. 열매도 없이 거드름만 피우는 설교자들이 없는지 살펴보십시오.

주님께서 당신의 팔을 펴시옵소서. 그리하면 사람은 자신의 비천함을 깨닫고 겸손해질 것입니다. 왜냐하면 수백 명의 사람들이 모여든 것은 목사가 한 일이 아니라 하나님의 손이 하신 일이기 때문입니다. 사람이 풍성한 성공을 거두었을 바로 그때에 사람은 잊혀야 합니다. 주님만 그날에 높아져야 합니다. 하나님께서 영국의 교회들에서 당신의 모든 사역자들을 통하여 크고 엄청난 일들을 행하시옵소서! 그때에 사역자들은 자신의 연약함을 고백하면서 하나님의 이름만 영화롭게 하기를 원합니다. 여러분은 자주 다음과 같은 상황을 만나게 됩니다. 만일 누군가 영혼들을 얻는 데 성공하고 나면, "나는 그 사람이 거만하게 될까봐 두렵다. 어떻게 하면 그가 계속 겸손할 수 있도록 우리가 기도할 수 있을까!" 하는 상황 말입니다.

형제자매들이여, 이것은 누구에게든지 꼭 필요한 기도입니다. 그러나 그 기도는 성공하지 못한 사람보다는 성공한 사람들에게 더 필요합니다. 사실 자기는 다른 사람보다 교만하지 않도록 해 달라는 기도를 덜해도 된다고 생각하는 것같이 교만한 일은 없습니다. 교회가 번성하게 될 때 반드시 교만하게 된다고 생각하지 마십시오. 그렇지 않습니다. 배가 가득 차게 되어 가라앉기 시작하고, 이적이 풍성한 바로 그 시점에 우리는 더욱더 "이 일은 주님께서 하신다"고 외치게 됩니다. 왜냐하면 우리는 그것이 사람에게서 나온 것이 아니고, 그러한 기이한 일을 사람은 할 수 없다고 느끼기 때문입니다.

여기까지 두 본문의 이적 사건은 유사성에 있어서 병행을 이루고 있습니다. 분명히 도구들이 사용되었습니다. 그러나 도구만으로는 아무것도 하지 못합니다. 그리스도의 임재가 성공을 가져오기 때문입니다. 성공은 인간의 연약함을 드러내며, 그래서 "이 일은 주님이 하신다"고 외치게 됩니다.

2. 두 본문의 차이점

우리는 지금까지 두 본문의 유사성들에 대해 생각해 보았습니다. 이제 두 본문의 차이점들을 언급하는 것이 여러분에게 좀 더 흥미로울 것입니다.

저는 여러분에게 아예 결론부터 말씀드려야겠습니다. 첫째 본문의 경우는 지금 우리가 보는 하나님의 교회의 모습을 묘사하고 있습니다. 그리고 둘째 본문의 경우는 진정한 교회의 모습을 보여주고 있습니다. 첫째 본문은 보이는 교회를 그려 주고 있고, 둘째 본문은 보이지 않는 교회의 본질을 그려 주고 있다는 것입니다. 누가는 무리들이 무엇을 보았는지를 말해 주고 있으며, 요한은 그리스도께서 그의 제자들에게만 보여주신 것이 무엇인지를 말해 주고 있습니다. 전자가 허다한 무리들이 받을 수 있는 일반적인 진리라면, 후자는 영적인 마음을 가진 자들에게만 특별하게 계시된 비밀입니다. 우리는 두 본문이 가지고 있는 그 차이점들을 유의하면서 관찰해 보려고 합니다.

1) 그리스도께서 주신 명령의 차이

두 개의 본문은 각 경우마다 주님께서 주신 명령에서 차이가 납니다. 첫째 경우에는 주님께서 "깊은 데로 가서 그물을 내려 고기를 잡으라"고 하셨고, 둘째 경우에는 "그물을 배 오른편에 던지라"고 하셨습니다.

첫째 경우에 주님께서 주신 명령은 모든 사역자(목사)에게 내리신 명령이고, 둘째 경우는 말씀 안에 있는 성령의 은밀한 사역을 나타냅니다. 첫째 경우는 목회 사역이라는 것이 모든 곳에서 고기를 잡는 것과 같은 것임을 보여줍니다. 그리스도께서 목사의 설교에 대하여 내린 명령은 "깊은 데로 가서 그물을 내리라"고 하신 것입니다. 주님께서는 어떤 특이한 인물들에게만 설교해서는 안 된다고 하십니다. 목사는 모든 이에게 설교해야 합니다. 죄인임을 아는 죄인이든 모르는 죄인이든 말입니다. 목사는 살아 있는 영혼들에게 뿐만 아니라 골짜기에 있는 죽은 마른 뼈들에게도 설교해야 합니다. 그는 물고기가 어디 있나 찾지 않습니다. 그저 그물을 던질 뿐입니다. 주님께서 다음과 같이 말씀하신 대로 행하면서 말입니다. "또 이르시되 너희는 온 천하에 다니며 만민에게 복음을 전파하라"(막 16:15).

선택 받은 이들에게만 복음을 전해야 한다고 생각하는 이들은 이 점을 기억해야 할 것입니다. 우리의 할 일은 모든 종류의 물고기를 잡는 것입니다. 그리고 우리가 특별하게 어디로 갈 것인지를 정하지 말고 그저 그물을 첨벙첨벙 던져야 하는 것입니다. 우리가 소도시든 대도시든 또는 시골에 있으면 어떻습니까? 부자에게 가든, 가난한 자에게 가든, 학식 있는 자에게 가든, 문맹자에게 가든 무엇이 문제입니까? 도덕적으로 방종한 자들에게 복음을 전하든, 부도덕한 자들에게 복음을 전하든 무엇이 어떻단 말입니까? 그게 무슨 상관이 있습니까? 우리의 의무는 다음과 같습니다. "깊은 데로 가서 그물을 내리라." 그것이면 충분합니다. 그리스도께서 물고기를 찾으실 것입니다. 그것은 우리가 할 일이 아닙니다. 우리가 이러한 일을 할 때 주님께서는 어떻게 우리를 인도할지 알고 계신 것이 은밀한 진리입니다. 그리하여 우리로 하여금 "배 오른편에 그물을 던지게" 하십니다. 그것이 바로 성령의 은밀하고 보이지 않는 역사입니다. 그렇게 성령은 우리의 사역을 잘 이끄셔서 그 자체로는 평범한 일을 독특하고 특별하게 만드십니다. 우리는 모든 사람에게 말합니다. 그러면 성령께서 그 중 어떤 사람들에게 말씀하십니다. 우리는 나팔을 불어댑니다. 그러나 오직 파산한 심령만이 이 소리를 듣습니다. 참으로 하나님의 성령으로 난 자들만이 기쁨으로 그 소리를 듣고 즐거워합니다. 우리는 축복받은 이들을 끌어당기는 복음에 맡길 뿐입니다. 그러면 하늘의 자력(磁力)이 하나님께서 살리기로 한 어떤 심령들을 끌어당기게 되어 있습니다. 따라서 영생을 얻기로 작정된 자는 다 믿게 되는 것입니다. 사도들은 무리들에게 복음을 전하였습니다. 그러나 주 하나님의 성령께서는 당신의 택한 자들의 구원을 경륜적으로 정하셔서, 택하고 구별하신 그들에게 말씀을 힘 있게 보내시는 것입니다. 우리가 언제나 여기에서 선별된 회중들을 만나게 된다고 생각하니 얼마나 좋습니까! 주님께서 그들을 선별하셨기 때문입니다! 그들은 무차별적으로 무리지어 섞여 있습니다. 여기에는 선한 사람들이 모여 있고, 저기에는 악한 사람들이 모여 있으며, 모든 종류의 사람들이 함께 섞여 있기도 합니다. 그렇게 섞여 있어도 하나님께서는 그들을 자신의 영원한 뜻에 따라 인도하십니다. 하나님께서 자신의 말씀을 적용하시는 회중들의 모임 속에는 선택 받은 영혼들이 핵심적으로 자리하고 있습니다. 우리는 결국 배 오른편에 그물을 던지게 됩니다. 그리하여 그 그물을 가득 채우게 됩니다.

2) 독특한 복수(複數)

첫째 본문에서 여러분은 매우 독특한 복수 단어가 나타나 있는 것을 발견할 것입니다. 어부들은 그물들을 가지고 있었는데, 그물들은 복수입니다. 그들은 배들도 갖고 있었는데, 그것도 복수입니다. 고용된 일꾼들도 복수입니다. 각 사람마다 개별적으로 바다로 나갔던 것 같습니다. 그러나 둘째 본문에서는 복수가 아니라 단수입니다. 많은 사람들이 있었으나 다 한 배에 타고 있었고, 그들은 다 하나로 연합하여 그물을 끌어올렸습니다. 그물도 하나밖에 없었습니다. 거기에는 어떤 분열도 없었고 하나만 있었습니다. 이것이 바로 보이는 교회와 보이지 않는 교회의 모습입니다.

　　하나님께서 죄인들을 이끄시는데 사용하는 도구들에는 여러 가지가 있습니다. 때로 우리는 한쪽 배에 타고는 할 수 있는 한 모든 종류의 물고기를 잡으려고 애를 씁니다. 저 건너에 또 다른 배가 있고, 그들도 똑같이 애를 쓰고 있습니다.

우리는 서로를 파트너로 생각해야 합니다. 우리의 배가 가득 차게 되면 우리를 도우라고 요청해야 합니다. 우리와 모종의 경쟁을 벌이고 있고, 그들이 바닷속에 있는 모든 고기들을 다 잡는 것처럼 보여도 우리와 다른 형제들로 보아서는 안 됩니다. 그러한 파트너들이 많을수록 더욱 즐거워해야 합니다. 선을 행하는 이가 많을수록 주님의 이름은 더욱더 높아지기 때문입니다.

우리가 사는 도시에는 우리와 다른 많은 형제들이 있습니다. 그 형제들 중에는 "선한 사람들이라면 모두 한 예배당에 가야 한다"고 하는 사람도 있고, "예배당은 서너 개 정도 있는 것이 훨씬 낫다"고 하는 사람도 있습니다. 저는 교파들과 연관된 복수의 단체들이 큰 이익과 축복이 될지 되지 않을지는 잘 모르겠습니다. 그러나 최소한 저는 그들의 확신대로 일해 나가는 것을 방해하지 않고, 오히려 그들을 다른 배에 있는 동료로 보고 칭찬합니다. 교파적인 구별은 우리를 깨우치는 데 도움을 주며, 서로 간에 분발하게 하고 세상에서 더 많은 선을 베풀도록 부추기는 효과가 있습니다. 그런 경우라면 오직 명목적인 하나의 교회만 있는 것보다는 훨씬 좋습니다.

하나님께서는 여러 도구들을 마련하셨을 것입니다. 그래서 그물들도 여러 개이고, 어부들도 여러 사람이며, 그 어부들은 각기 다른 배들에 타고 있는 것이 분명합니다. 우리가 아는 한도 내에서는 바울도 있고 바나바도 있어야 합니다. 그 둘은 함께 한 배를 탈 수 없습니다. 사역적인 측면에서 보자면 늘 분명한 구분들이 있기 마련입니다. 저는 이러한 구분들을 변호하고 사랑하는 자입니다. 지난 주일에 말씀드린 바와 같이 저는 분파주의라 부르는 것을 비난하지 않고 지지합니다.

그러나 우리는 그 이면을 살펴보아야 합니다. 요한의 보도에 따르면 그들은 한 배에 모두 타고 있었습니다. 그들은 함께 고기를 잡고 함께 그물을 내리고 끌어올렸습니다. 오, 형제자매들이여! 사실은 이것이 바로 진정한 교회의 모습입니다. 우리는 그런 교회의 모습을 눈으로 직접 볼 수는 없습니다. 그러나 하나님의 모든 사역자들은 하나의 그물을 던지고 함께 끌어올리고 있습니다. 하나님의 교회는 모두 한 배 안에 있는 것과 같습니다. 이 달콤한 교리 때문에 저는 하나님을 찬양합니다! 이 하나 됨을 겉으로 드러나게 하려고 아무리 애써봐야 소용없습니다. 이 연합체는 우리가 절대 눈으로 볼 수 없습니다. 이 연합체가 가시화되는 것은 인간의 본성에도 맞지 않고 하나님의 뜻에도 합당하지 않습니다. 눈에 보이는 이 땅의 교회에 존재하는 다양성들을 비난하는 것은 무익합니다. 왜냐하면 저는 이런 차이들이 악하다고 보지 않기 때문입니다. 그러한 차이들은 유한한 인간의 특성에서 나온 자연스런 결과들입니다. 그 차이들은 역사의 마지막까지 계속 존재할 것입니다. 성령으로 하나 된 것이 바로 교회이며, 이 교회는 그리스도 예수 안에서 하나이고, 하나님이 우리에게 베푸시는 그 사랑 안에서 서로 사랑하며 하나가 됩니다.

우리는 이 사실에서 이 하나 됨을 배워야 합니다. 우리가 서로 차이가 있다 할지라도 하나님의 사역자들이라면 우리의 사역들은 다 하나임을 기억해야 합니다. 우리가 만일 하나님의 교회라고 한다면, 세상에는 오직 하나의 교회만 있습니다. 예수 그리스도의 신부는 오직 하나입니다. 하나의 양 우리 안에는 하나의 목자만 있습니다. 우리의 눈에는 항상, 두 척의 배, 아니 스무 척의 배도 보일 것이고, 두 개의 그물, 아니 쉰 개의 그물도 보일 것입니다. 그러나 모든 것을 더 잘 보시는 주님께는 그것이 모두 한 척의 배와 한 개의 그물로만 보일 것입니다. 그래서 그들은 모두 그 한 개의 그물을 끌어올리고 있는 것이며 해변까지 안전하게 도착할 것입니다.

3) 많은 고기들

셋째로 또 다른 차이들이 있습니다. 첫째 경우에는 물고기가 얼마나 잡혔습니까? "잡은 것이 심히 많으니"라고 되어 있습니다. 그러면 둘째 경우는 어떻습니까? 그 경우에도 많은 물고기가 잡혔습니다. 그런데 둘째 경우에는 몇 마리가 잡혔는지 분명하게 밝혀져 있습니다. "백쉰세 마리라."

누가는 분명하게 수를 밝히고 있지 않습니다. 왜냐하면 물고기의 수를 셀 만한 가치가 없었기 때문입니다. 그러나 요한의 경우에는 정확한 수가 기록되어 있습니다. "백쉰세 마리라"고 말입니다. 베드로가 그 고기를 센 목적이 어디 있었을까요? 그 목적에 대해 우리는 정확히 알 수 없습니다. 그러나 저는 주님께서 베드로에게 그 일을 하도록 하신 이유를 알 것 같습니다. 교회로 사람들을 모으는 외적인 수단들을 통해서 우리는 구원 받는 사람들의 수를 알고 있는 것 같지만, 사실 우리는 구원 받는 자의 수를 분명히 알 수 없습니다. 그러나 은밀하고 보이지 않으신 주님께서는 하나도 빼지 않고 그 구원 받는 자의 수를 세고 계십니다. 복음이라는 그물로 얼마나 많은 영혼들이 구원 받을 것인지 주님께서는 알고 계십니다.

말씀이 전파되는 곳에서 정말 허다한 무리가 인도함을 받습니다. 수천수만의 사람들이 각기 다른 그리스도의 교회로 들어와서는 믿음을 고백합니다. 눈에 보이는 그리스도의 교회가 던지는 그물에 잡힌 사람들의 수가 기독교 국가 전체를 통틀어 얼마나 되는지 계산도 할 수 없는 지경입니다. 그러나 형제들이여, 하나님께서는 얼마나 많은 이들이 구원을 받고 있는지 하나도 빠짐없이 잘 알고 계십니다. 지금 얼마나 많은 이들이 눈에 보이지 않는 교회에 들어와 있는지를 아신다는 것입니다. 그분은 이미 그들을 예정하사 미리 그 수를 정하고 확정하셨습니다. 따라서 제가 보기에 그 백쉰세 마리라는 수는 중요하게 확정된 수를 상징하는 것 같습니다. 그들은 다 하늘에 들어가게 될 것입니다. 사람들은 그 수를 헤아리지 못합니다. 왜냐하면 하나님의 선택한 백성들이 허다하기 때문입니다. 그러나 그 수는 하나님만이 헤아리십니다. 하나님께서는 자신의 백성이 누구인지 아십니다. 그 수에 더하지도 못하고 빼지도 못하게 되어 있습니다. 하나님의 정하신 뜻과 목적에 따라서 그 수가 확정된 것입니다.

저는 설교자로서 그 수가 얼마나 되는지 세는 일에는 상관하지 않습니다. 제가 할 임무는 허다한 무리를 주님께로 인도하는 것뿐입니다. 그저 그물을 던지고, 또 던지는 일입니다! 그 허다한 무리를 인도하도록 우리에게 인도하는 법을 가르치는 주님이시여! 그 허다한 무리들이 그 백쉰세 마리에 들어가게 하소서.

4) 잡힌 고기들의 행방

여전히 우리가 주목해야 할 차이점이 있습니다. 첫째 경우에는 온갖 종류의 물고기들이 잡혔던 것으로 나타납니다. 그리고 그물이 찢어졌기 때문에 그 물고기들 중의 일부는 분명히 밖으로 다시 달아났을 것입니다. 또 그물에 남아 있던 물고기들 중에는 먹을 수 없는 것들도 있어서 분명히 멀리 내던져졌을 것입니다. "그물에 가득하매 물 가로 끌어내고 앉아서 좋은 것은 그릇에 담고 못된 것은 내버리느니라"(마 13:48).

그런데 둘째 경우에는 크고 좋은 물고기만 가득하였습니다. 그것들은 모두 대단했고, 모두 먹기에 좋은 것이었습니다. 그 백쉰세 마리의 물고기 모두는 계속 보관할 만한 가치가 있었습니다. 그래서 한 마리도 깊은 물속에 던져 다시 들어가는 일이 없었습니다.

　첫째 경우에는 목회 사역에서 외적이고 눈에 보이는 효과를 묘사하고 있습니다. 우리는 그리스도의 교회로 큰 무리를 불러 모읍니다. 그리고 그 무리 중에는 항상 좋지 않은 사람, 즉 진정으로 하나님의 백성이라 불릴 수 없는 사람이 있기 마련입니다. 때로 우리는 교회 모임 안에서 그 나쁜 사람들을 멀리 던져버려야 할 때도 있습니다. 우리는 물고기들을 모으는 복된 모임들을 많이 갖고 있으며, 하나님께서는 엄청난 양의 물고기들을 우리에게 주셨습니다! 하나님의 이름에 영광을 돌립니다! 그러나 또 어떤 때는 우리가 자리에 앉아서 그 물고기들을 살펴보고는 그 중의 일부를 멀리 내던져야 하기도 합니다. 하나님이나 사람이나 모두 그들을 참아낼 수 없기 때문입니다.

　하나님의 보이는 교회 안에는 그와 같은 이들이 있습니다. 그러니 가라지가 곡식과 함께 자라는 것을 보더라도 놀라지 말아야 합니다. 그것이 일의 순서이며, 틀림없이 그러기 마련입니다. 우리 중 어느 누구도 양의 옷을 입고 있는 이리를 볼 때 놀라지 말아야 합니다. 그러한 일은 늘 있기 마련이기 때문입니다. 열두 제자들 가운데 유다가 있었다는 것을 기억하십시오. 마지막에 가면 우리 중에도 속이는 자가 있었다는 것을 알게 될 것입니다.

　그러나 보이지 않는 교회는 그러한 일이 전혀 없습니다. 그 교회는 교회 안의 교회이며, 성전 안의 지성소입니다. 거기에서는 아무도 내던져지지 않습니다. 결코 그러지 않습니다. 주님께서 그물로 잡아들인 그들은 모두 올바른 자들이었습니다. 주님께서는 한 사람의 외식자나 배도자도 잡아들이지 않았습니다. 그분은 정확하게 백쉰세 마리를 잡아들이셨기 때문에 그 중 단 하나도 다시 빠져나갈 수 없으며, 모두 그 그물 안에 담겨 있습니다. 왜냐하면 그 그물은 찢어지지 않기 때문입니다. 그들은 그리스도의 보이지 않는 은밀한 교회 안에 속한 자들로, 그 교회 밖으로 빠져 나갈 수도 없고, 또 기꺼이 빠져 나가려 하지 않습니다. 그들은 자신들이 가진 이름뿐인 직업을 포기할 수도 있고, 보이는 교회에서 쫓겨날 수도 있습니다. 그러나 그들은 자신이 가진 그 은밀한 것을 포기하지 않습니다. 그들은 모두 그 은밀하고 보이지 않는 교회에서 도망치지 않으며, 그물이 물가로 끌어올려지기까지 그물 안에 있을 것입니다. 그 구원 받은 이들의 수가 바로 153입니다!

5) 그물의 문제

다시 첫째 경우에서 그물이 찢어졌다는 것에 주목합시다. 그리고 둘째 경우에는 그러한 일이 일어나지 않았습니다. 자, 첫째 경우인 보이는 교회에서는 그물이 찢어지는 일이 있습니다. 나의 형제들이여, 여러분은 항상 "그물이 찢어진다"고 소리를 지릅니다. 그물이 찢어지는 것은 나쁜 일입니다. 그러나 그러한 일을 보고서도 여러분은 놀랄 필요가 없습니다. 그물이 가득 찼을 때는 당장 그물을 수선할 수가 없기 때문에, 그물은 찢어지게 마련입니다. 그물이 찢어지는 것은 우리의 됨됨이 때문에 필연적으로 일어나는 일입니다. 이것으로 우리는 무엇을 알 수 있습니까? 하나의 교파만 있지 않고 그 대신 이삼십 개나 되는 교파들이 있는 데는 다 이유가 있다는 것을 알 수 있습니다. 그물은 찢어집니다. 그것에 대해 저는 전혀 슬퍼하지 않습니다. 우리가 혈과 육을 가진 인간인 만큼 그러기 마련이라고 저는 생각합니다. 사람들이 모두 완전해진다면 몰라도, 그러기 전까지는 이런 분열을 만날 수밖에 없을 것입니다. 그물은 찢어져야 하고 찢어질 것입니다.

그러나 하나님께 영광을 돌리는 바입니다. 그 그물은 실제로 전혀 찢어지지 않기 때문입니다. 다시 말해서, 비록 보이는 교회는 산산이 찢어지는 것처럼 보여도, 눈에 보이지 않는 교회는 하나이기 때문입니다. 하나님의 선택한 백성들, 하나님의 부르심을 받은 백성들, 하나님의 살리심을 받은 백성들, 그리스도의 피로 산 백성들, 바로 그들은 마음과 영혼과 심령에 있어서 하나입니다. 비록 그들이 사람들 사이에서는 다른 명칭으로 불리지만, 그들은 여전히 하나님 앞에서 하나님 아버지의 이름을 자기 이마에 써 붙이고 다닙니다. 그들은 하나이고, 언제나 그럴 수밖에 없습니다.

형제자매 여러분! 제가 외적인 명목상의 연합을 추구하라고 충고하지 않는다는 것을 여러분도 아실 것입니다. 여러분이 그러한 연합을 추구하면 할수록 더 많은 분열이 생길 것입니다. 어떤 형제들은 우리 교파에서 떠나 분파가 아닌 한 교회를 형성하였다고 말합니다. 그러나 그들이 한 일은 고작 분파들 중에서 가장 분파주의적인 한 분파를 만든 셈입니다. 비록 그런 일에 아주 뛰어난 사람들과 훌륭한 그리스도인들과 이 시대의 가장 유능한 작가들이 몇몇 포함되어 있었다 해도, 그것은 가장 편협하고 독선적인 분파였습니다.

여러분은 눈에 보이는 하나의 연합체를 만들 수 없습니다. 그것은 여러분의 능력 밖의 일입니다. 그물은 찢어질 수밖에 없기 때문입니다. 그러니 이제 물고기를 돌보고 그물은 내버려두십시오. 그렇다 해도 우리는 여전히 완전한 성령의 띠로 하나 됨을 유지하고 있습니다. 여러분의 마음이 분리주의자가 되지 않도록 주의하십시오. 여러분의 영혼이 이단에 빠지지 않도록 주의하십시오. 그러면 여러분은 신실하게 주 예수 그리스도를 사랑하는 모든 이들과 하나가 된 것입니다.

이 사실로 여러분은 곧 그 그물이 찢어지지 않으며 그 성도들이 하나라는 것을 알게 될 것입니다. 아, 우리가 하나님의 백성들과 함께 있기만 하면, 그들이 어떤 사람이든 상관 없이, 우리는 그 그물이 찢어지지 않는다는 것을 금방 발견할 것입니다. 제게는 큰 기쁨으로 늘 교제하고 있는 경건한 영국 국교회 성직자들이 많습니다. 그렇게 교제하는 가운데 저는 그물이 찢어지지 않은 것을 알았습니다. 저는 모든 교파에 속한 형제자매들, 그 중에는 교리 문제나 어떤 감정적인 일로 서로 적대적인 관계에 있는 이들도 있었는데, 그들과 대화하고 교제하면서 확실하게 발견한 것이 있습니다. 그것은 그들 사이에 그물이 찢어지지 않을 만큼 진정하고 완벽한 마음의 조화를 이루고 있었다는 점입니다. 옛 이스라엘이 12지파로 나뉘어 있었듯이 교파별로 나뉘지 않았다면, 하나님의 자비가 그리스도의 교회 안에서 더 온전하게 이루어졌을 것이라고 저는 생각하지 않습니다. 내 견해대로 생각하는 형제를 사랑하는 것은 자비가 아닙니다. 내가 더 도울 수 있는 것이 없기 때문입니다. 어떤 점에서 나와 의견을 달리하는 형제를 사랑하는 것이 자비입니다. 거기에 내가 자비를 베풀 여지가 있기 때문입니다. 하나님께서는 믿음을 연단시키기 위해 시련과 고통을 남겨 놓으신 것같이, 우리가 사랑을 실천하게 할 목적으로 여러 교리적인 난제들 속에 우리를 그냥 두시는 것이라고 저는 믿습니다. 우리가 그리스도 예수의 장성한 분량이 충만한 데까지 이르도록 우리의 사랑을 실천하게 하려고 말입니다.

형제자매들이여! 이 그물은 찢어지지 않습니다. 그물이 찢어진다고 생각하지 마십시오. 여러분이 이런저런 교파에 관해 읽게 될 때에 여러 분파들이 있다고 해서 슬퍼하지 마십시오. 오히려 그러한 일로 인하여 하나님께 감사하십시오. 기억하십시오. 그것은 눈에 보이는 교회이며 그 그물은 찢어진다는 사실을 말입니다. 그러나 눈에 보이지 않는 교회에서는 그물이 찢어지지 않습니다. 우리는 그 교회 안에서 다 하나가 되어 있으며 영원히 하나로 있게 될 것입니다.

여기 두 경우에는 여러 다른 차이점들이 있습니다. 그러나 저는 그러한 차이들을 다 열거할 만한 시간이 없습니다. 그 차이들에 대해 암시만 하겠습니다. 첫째 경우에는 보이는 교회로서, 거기에서 여러분은 인간의 약점이 가장 강점이 되는 것을 볼 수 있습니다. 이미 배는 가라앉고 있고, 그물은 찢어지고 있으며, 거기 있는 모든 사람들은 지치고 놀라고 당황해서, 구주께 자기들을 떠나 달라고 요청합니다. 그러나 둘째의 경우에는 전혀 그러한 양상이 나타나지 않습니다. 인간의 약점이 드러나기는 하나, 여전히 그들 모두는 충분히 강합니다. 여러분도 눈치 챘겠지만, 그들은 힘이 남아돌 정도는 아니어도, 여전히 힘을 내기에 충분합니다. 그물은 찢어지지 않고, 배는 서서히 물고기들을 끌고 해변으로 들어오고 있습니다. 그러고는 결국 시몬 베드로가 물고기를 해변에 다 쏟아냅니다. 그는 강한 사람이었음에 분명합니다. 그들은 그 물고기를 해변으로 끌고 갈 만큼 충분히 강하였습니다. 눈에 보이는 그리스도의 교회에서는 인간의 약함으로 인해 애통하지 않으면 안 될 때가 있습니다. 그러나 눈에 보이지 않는 교회에서는 하나님께서 그의 종들을 충분히 강하게 만드실 것입니다. 그들이 잡은 물고기들을 해변으로 끌고 갈 수 있을 정도로 강하게 말입니다. 하나님께서는 그 도구와 수단과 방편들이 하늘에서 택한 모든 영혼들을 해변으로 끌어오기에 부족함이 없도록 하시어, 친히 영광을 받으실 것입니다.

또 주목해야 하는 것은 있습니다. 첫째 경우, 즉 눈에 보이는 교회의 경우에는 배를 깊은 곳으로 저어가야 했습니다. 둘째 경우에는 그 배가 해변에서 멀리 떨어져 있지 않고 조금 떨어져 있었다고 말합니다. 그와 같이 오늘날 우리의 설교는 우리에게 큰 폭풍우가 있는 깊은 곳으로 물고기를 잡으러 가는 것과 같습니다. 값진 영혼들을 이끌고 하나님의 나라에까지 무사히 안착하기 위해서는 우리의 갈 길이 멀게만 느껴집니다. 그러나 하나님이 보시기에 우리는 해변에서 그리 멀리 있지 않습니다. 한 영혼이 구원을 받게 되면, 그 영혼은 하늘나라에서 그리 멀리 있지 않은 것입니다. 우리가 볼 때에는 시험과 시련과 갈등의 여러 세월을 지나야 합니다. 그러나 지존하신 하나님께서 보시기에 그 일은 끝난 것입니다. "다 이루었다"는 말씀대로 말입니다. 구원받은 이들은 더 이상 해변에서 멀리 떨어져 있지 않습니다.

첫째 경우에는 제자들이 모든 것을 버려두고 그리스도를 좇아야 했습니다. 그러나 둘째 경우에는 주님께서 예비하신 우아한 멋진 잔치에 그분과 함께 앉아

즐겼습니다. 이와 같이 오늘날 눈에 보이는 교회 안에서는 우리가 그리스도를 위하여 자기를 부인하고 시련을 견뎌야만 합니다. 그러나 그것은 하나님께 영광이 되며, 우리는 믿음의 눈으로 우리가 곧 우리의 그물을 물가로 끌고 갈 것을 보게 됩니다. 그때에 주님께서는 "와서 먹으라"고 하실 것입니다. 우리는 하나님의 나라에서 그리스도 앞에서 아브라함과 이삭과 야곱과 함께 앉아 그 잔치에 참여하게 될 것입니다.

3. 두 본문이 주는 주요한 하나의 교훈

이제 시간이 다 되었습니다. 저는 이 본문에 기록된 이 두 경우가 공동으로 우리에게 가르쳐 주는 여러 가지 많은 교훈 가운데 하나를 지적함으로 설교를 마치려 합니다.

첫째의 경우를 보면 그리스도께서는 배 안에 계셨습니다. 오! 하나님을 찬미하리로다. 그리스도께서는 자신의 교회 안에 계십니다. 그 교회가 깊은 바다로 나간다 해도 말입니다. 둘째의 경우에는 그리스도께서 해변에 계셨습니다. 여기서도 하나님을 찬미합시다. 그리스도께서는 하늘에 계십니다. 그분은 여기 계시지 않고 부활하셨으며 우리를 위해 하늘의 높은 보좌에 오르셨습니다. 그러나 그분이 교회에 계시든 하늘에 계시든 간에, 주님 앞에서 우리가 밤이 맞도록 수고한 것은 부요한 상급으로 돌아올 것입니다. 그것이 바로 여기서 우리가 꼭 기억하고 지나가야 하는 교훈입니다.

어머니들이여! 여러분은 바로 이 교훈을 배워야 합니다. 여러분은 자녀들을 위해 정말 수고하고 있습니다. 그러나 아직도 여러분에게는 어두운 밤입니다. 그 자녀들에게는 아무런 은혜의 조짐도 보이지 않고, 오히려 죄의 여러 표징들만 많이 보이고 있습니다. 그래서 자녀들로 인해 마음이 아픕니다. 그러나 이 밤의 수고가 끝이 날 때가 올 것입니다. 결국 배의 오른편에 그물을 던져야 할 때가 올 것입니다.

주일학교 선생님들이여! 여러분은 부지런히 오래 수고하였습니다. 그러나 열매는 적습니다. 그러나 낙심하지 마십시오. 구주께서 여러분이 한 일을 헛되지 않게 하실 것입니다. 포기하지 아니하면 때가 이르매 열매를 거두게 될 것입니다(갈 6:9). 이 제자들이 바다에서 큰 수확을 하였던 것같이 여러분도 영혼들을 추수하는 영광을 안게 될 것입니다.

목회자들이여! 여러분은 불모지를 간 것과 같고, 기뻐할 만한 어떤 조짐도 보지 못하였습니다. 그러나 여러분은 의심할 여지 없이 다시 자기 쟁기를 가지고 와서 즐거이 일을 하게 될 것입니다. 그리고 오 하나님의 교회여! 여러분은 영혼을 얻기 위해 산통을 겪고, 매일 기도로 모이며, 사람들에게 그리스도께로 오라고 간청하지만, 그들은 아직도 구원받지 못하고 있습니다. 그러나 아침이 오고 있고, 밤이 많이 지났습니다. 구주께서 친히 곧 나타나실 것입니다. 비록 그분께서는 이 땅에서 믿음을 찾아보실 수 없겠지만, 그럼에도 그분의 강림으로 그분의 교회는 자신이 고대하던 성공에 이르게 될 것입니다. 아기가 태어난 기쁨으로 인하여 여인이 해산의 수고를 더 이상 기억하지 못하듯이, 그런 성공으로 인해 그리스도의 교회도 자기가 수고하고 애쓰고 기도한 것들을 더 이상 기억하지 못할 것입니다. 그리스도의 나라가 왔고, 그리스도의 뜻이 하늘에서 이루어진 것같이 땅에서도 이루어졌기 때문입니다.

사랑하는 친구들이여, 일하십시다! 만일 여러분 중에 일하지 않는 자가 있다면, 지금 시작하십시오. 만일 여러분 중에 아직 구원받지 못한 자가 있다면, 주님께서 허락하시어 말씀이 전해질 때 그 그물에 여러분이 사로잡히기를 기원합니다.

우리는 오늘 아침에도 그물을 던집니다. 오늘 밤에도 다시 그물을 던지기를 원합니다. "주 예수 그리스도를 믿으십시오 그리하면 구원을 얻을 것입니다." "믿고 세례를 받는 사람은 구원을 얻을 것이요 믿지 않는 사람은 심판을 받을 것이기"(막 16:16) 때문입니다. 그리스도께로 피하십시오! 임박할 진노에서 벗어나십시오! 성령께서 이 말씀을 여러분에게 적용하사 골고다 저 높은 언덕의 십자가 위에서 죽으신 구주의 피 묻은 손과 발이 보이는 데까지 여러분을 인도해 주시길 원하나이다! 그분을 한 번만 바라보아도 여러분은 구원을 받습니다.

그분을 우러러 보라, 죄인이여, 그리하면 네가 살리라! 하나님께서 그리스도 때문에 너를 구원하시는도다! 아멘.

제
17
장

—

"주의 말씀에 의지하여"

—

"시몬이 대답하여 이르되 선생님 우리들이 밤이 새도록 수
고하였으되 잡은 것이 없지마는 말씀에 의지하여 내가 그물
을 내리리이다." — 눅 5:5

단순한 순종으로 그 숭고한 일에 참여하는 것은 얼마나 영광스러운 일인지
요! 베드로는 그물을 거두어들이려고 갔지만, 그 그물을 다시 바다에 내리면서
가능한 한 자연스럽게 다음과 같이 말했습니다. "주의 말씀에 의지하여 내가 그
물을 내리리이다." 그때 그는 지적인 사람들 사이에서 원칙이 되어 있는 가장 큰
원리들 중 하나에 호소하고 있었습니다. 또한 그는 이 우주를 움직이는 가장 강
력한 세력에 의지하고 있었습니다. "주의 말씀에 의지하여."

위대하신 하나님이시여! 스랍들이 날고 그룹들이 경배하는 것도 다 "당신의
말씀을 의지함이니이다!" 능력이 탁월한 천사들이 당신의 말씀 소리에 청종하여
명령을 행하나이다. "당신의 말씀에 의지하여" 우주의 공간과 시간이 존재하게
되었고, 그 모든 것들도 있게 되었나이다.

"주의 말씀에 의지하여"라는 이 말씀에 모든 원인들의 제일원인이 있으며,
하나님의 창조의 시작이 있습니다. "주의 말씀으로 하늘이 지은 바 되었으며",
주의 말씀으로 말미암아 그 말씀 그대로 이 둥근 세상이 현재와 같은 모습을 이
루었습니다. 땅이 혼돈하고 흑암이 깊음 위에 있을 때에, 오 주여! 당신의 음성이
들렸나이다. "빛이 있으라" 하시니 "당신의 말씀에 따라서" 그 빛이 생겨 나왔습

니다. "당신의 말씀"에 낮과 밤이 열렸습니다. 그리고 "주님의 말씀에" 마른 땅이 드러나고 해와 달과 별들이 있게 되고, "그것들이 표징과 사시와 낮과 밤을 이루는 것들이" 되었습니다. "주님의 말씀에 따라서" 생물들이 바다와 공중과 땅에 충만하게 되었으며, 결국 사람이 나타나게 되었습니다. 이 모든 것들을 우리는 확신합니다. 우리가 믿음으로 온 세계가 하나님의 말씀으로 지어진 줄을 알기 때문입니다. 우리는 우리 주님의 말씀에 따라서 행동함으로 말미암아 우리 자신이 우주의 모든 힘과 조화를 이루어 존재하는 것처럼 느껴지고, 모든 것이 진정한 존재의 주요 궤도를 따라서 운행하고 있다는 느낌을 가지게 됩니다. 이런 것이 비록 우리의 일상생활 속에서 드러나고 있다 해도, 이것은 정말 장엄한 상황이지 않습니까?

주님의 말씀이 능력 있다는 것은 창조 세계에서만이 아닙니다. 섭리 속에서도 그 엄위하신 주님의 말씀의 능력이 나타납니다. 주님께서는 모든 것들을 자신의 권능의 말씀으로 붙잡고 계시기 때문입니다. 눈과 안개와 폭풍이 다 주님의 말씀에 따라서 움직입니다. 그분의 말씀은 매우 신속하게 달립니다. 서리가 내려 그 해의 농사를 망치려 할 때 주님께서는 말씀을 내리시고 그것들을 녹이십니다. 자연은 정말 주님의 말씀에 따라서 정지해 있기도 하고 움직이기도 합니다.

그와 마찬가지로 사실의 문제들과 역사 전체도 다 최고의 권위를 가진 주님의 말씀 아래 있습니다. 여호와께서는 만물의 중심에 서 계십니다. 만물의 주가 되신 주님은 영광을 받는 자리에 계십니다. 시대의 모든 사건들은 다 주님의 말씀에 따라서 진행됩니다. 그리고 그 모든 사건들이 주님의 주권적인 뜻에 복종하고 있습니다.

오, 하나님이시여! "당신의 말씀에 따라" 나라들이 서기도 하고 제국들이 번성하기도 하며, "당신의 말씀에 따라" 어느 민족은 번성하여 이웃 민족을 짓밟기도 하나이다. 그리고 "당신의 말씀에 따라" 왕조(王朝)가 망하고, 나라가 무너지고, 강한 성들이 광야가 되고, 사람들의 군대가 아침의 이슬같이 사라져 버립니다.

사람의 죄와 마귀의 광분에도 불구하고, 아담이 에덴의 문턱을 넘어 떠날 때부터 지금까지, 모든 일들은 숭고한 차원에서 만군의 주님의 목적과 뜻을 따라서 일어났습니다. 예언은 그 신탁(神託)의 말씀을 발하고, 역사는 그 역사의 페이지를 써 나가고 있되, 오 주여! "당신의 말씀을 따라서" 기록되고 있는 것입니다.

갈릴리의 어부가 자기의 그물을 모든 시대의 질서에 대해 완전한 조화를 이루는 방식으로 내려놓았다는 것을 생각하면 정말 놀랍습니다. 그의 그물은 온 천체를 주관하는 그 법에 순종하고 있습니다. 또한 그의 손은 아르크투루스(Arcturus) 별자리와 오리온(Orion) 별자리가 아무 생각 없이 하고 있는 일을 의식적으로 행하고 있습니다.

"주의 말씀에 의지하여"라고 베드로는 말하였습니다. 그가 신속하게 순종할 때 바다와 별들과 바람과 세계들이 다 이 암호를 되뇌이고 있었습니다. 이와 같이 만왕의 왕의 군대들과 보조를 맞추어 나란히 행진하는 것은 영광스러운 일입니다.

이 생각을 논리적으로 펼쳐 나가는 또 다른 방식이 있습니다. "주의 말씀에 의지하여"는 태초부터 지금까지 모든 선한 사람들의 군호(軍號)였습니다. 성도들은 이 세 마디의 말에 의지하여 행동하고 그 말 속에서 자기들이 행군할 방향을 발견했습니다. 방주가 마른 땅에서 지어지고 있었습니다. 상스러운 군중들은 그 반백의 족장한테 몰려와서 비웃었습니다. 그러나 그는 부끄러워하지 않았습니다. 왜냐하면 그는 얼굴을 하늘로 향하여 "저는 이 큰 배를 지었습니다. 당신의 말씀에 의지하여 지었나이다. 오, 여호와시여!'라고 말하였기 때문입니다. 아브라함은 자기의 어린 시절을 보냈던 고향과 가족들을 등지고 사라와 함께 알지 못하는 땅으로 갔습니다. 거기에 가기 위해서 그는 넓은 유프라테스 강을 건너야 했고, 가나안 사람이 점령하고 있는 땅에 들어가야 했습니다. 거기서 그는 이방인으로 지냈고 평생 순례자로 돌아다녔습니다. 그는 이삭과 야곱과 함께 장막에 거했습니다. 만일 어떤 이가 이렇게 안정된 생의 위로를 거부한 것에 관해 아브라함을 비웃었다면, 그는 조용하게 얼굴을 들고 하늘을 우러르며 주님께 대답할 것입니다. "그렇게 하는 것이 주의 말씀에 따라서 행하는 것이나이다."

아브라함의 이마에 깊은 주름살이 생기고 그 눈물샘에서 뜨거운 눈물이 솟구쳐 나오게 되었을지라도, 그는 칼을 들어 자기 아들의 심장을 찔러 꿰뚫을 각오가 되어 있었습니다. 어떤 이가 와서 그리하면 살인이 아니냐고 대들거나, 아니면 미치광이 취급을 할지라도, 그는 차분한 얼굴로 지존하신 엄위자를 향해서 "그것이 주의 말씀을 따라서 행하는 것이나이다"라고 말하였을 것입니다. 그는 하나님의 말씀을 듣고서 칼집에 다시 희생제사용 칼을 꽂아 넣었습니다. 그가 최선을 다하여 자기의 주 하나님의 말씀대로 할 마음을 드러내 보였기 때문에, 하나님께서는 그가 이삭에게 손을 대지 못하도록 하셨습니다. 만일 제가 여러분에게 믿음의 순종을 보인 충성된 자들을 천 명 정도 소개한다고 해도, 그들은 다 "주의 말씀에 의지하여" 그러한 일을 했노라고 말하면서, 자기 행동의 정당성을 입증하였을 것입니다.

모세는 오만한 바로 앞에서 "당신의 말씀에 의지하여" 자기의 지팡이를 들었나이다, 위대한 하나님이시여! 그가 여호와 하나님의 말씀에 의지하여 자기의 지팡이를 들 때마다 헛되이 든 적이 없었습니다. 그때마다 함의 자손들에게 재앙이 무섭고 힘 있게 떨어졌습니다. 그리하여 함의 자손들은 하나님의 말씀이 헛되지 않으며 그분의 뜻대로 이루어진다는 것을 알게 되었습니다. 그 말씀이 위협의 말씀이든, 약속의 말씀이든 말입니다. 모세는 애굽에서 곤궁에 처한 백성들을 인도하여 냈습니다! 그리고 어떻게 그가 홍해로 그들을 인도하였고, 어떻게 그들이 광야에 갇히게 되었는지 여러분도 알 것입니다. 그들은 정말 어찌할 바를 모르는 지경에 처하게 되었습니다. 사방에 우겨쌈을 당했던 것입니다. 애굽의 병거들은 뒤에 와 있었습니다. 어떻게 모세는 그런 어리석은 짓을 해서 그들을 여기로 데려왔던 것일까요? 애굽에 매장지가 없어서 홍해 해변에서 죽게 하려고 그랬던 것일까요? 모세의 대답은 자기가 그리한 것은 여호와의 말씀에 따른 것이라는 점을 조용하게 반영하고 있었습니다. 그리고 하나님께서는 그 말이 옳음을 입증하셨습니다. 홍해가 하나님의 택한 백성들을 위해서 갈라져 길을 내었기 때문입니다. 그들은 그 길로 기뻐하며 행진하여 나갔고, 다 건너서는 소고와 춤을 곁들여 영광스러운 승리를 거두게 하신 주님을 찬양했습니다.

그 후에 여러분은 여호수아를 보게 되는데, 여호수아는 여리고 성을 공격하지는 않고 그냥 그 성 주위를 돌아다니기만 하였습니다. 그러다가 나팔을 한꺼번에 불었습니다. 그가 그렇게 한 이유는 "하나님께서 말씀을 통해 그리 하라" 하셨기 때문입니다. 계속해서 더 나아가 삼손이나 입다와 바락에 대해 말하려면 시간이 모자랄 것입니다. 이러한 사람들은 "하나님의 말씀에 의하여" 그 일을 행한 것입니다. 그렇게 할 때 주님께서는 그들과 함께하셨습니다. 베드로가 배 저편에 던진 그물과 베드로에 대한 이야기는 그렇듯 숭고한 차원의 일들에 비하면 좀 우스운 일이라고 할 수 있지 않을까요? 오, 그렇지 않습니다. 우리가 믿고 순종함으로 숭고한 삶을 영위하지 않는 것이 바로 우스운 일입니다.

확실하게 말해서 베드로가 그물을 던진 것은 방주를 짓는 일이나 모세가 지팡이를 던진 일이나 양각 나팔을 분 것만큼 숭고한 일입니다. 믿음으로 행한 것이면 가장 단순한 행동이라도 숭고하고 위대할 수 있습니다. 물결이 베드로가 던진 그물을 덮고 지나간 것은, 홍해가 갈라진 상태에서 다시 복원될 때 굽이쳤던 홍해의 영광만큼이나 주님 앞에서 위대한 일일 수 있습니다. 세상을 한 방울로 보시는 하나님께서는 가장 작은 믿음의 행동을 기이하게 보십니다.

제가 여러분에게 바라는 것은 이것입니다. 숭고하거나 위대함의 여부를 자로 재서, 1마일이 몇 인치의 길이보다 훨씬 더 가치가 있는 것처럼 판단하지 말라는 것입니다. 우리는 지팡이나 사슬로 도덕과 영적인 것들을 측정하지 않습니다. 그리스도의 말씀에 따라서 고기를 잡은 그런 일상적인 행동이, 베드로로 하여금 모든 시대에 걸쳐서 하나님의 말씀을 자기들의 법으로 알았던 모든 고관들과 권세들과 세력들과 같은 수준에 서게 한 것입니다. "그가 말씀하시니 그 일이 이루어지고 그가 명하시니 그 일이 견고해졌나이다"(시 33:9). 만일 우리가 주의 말씀을 완전하게 순종하는 법을 배운다면, 우리도 역시 숭고한 자들과 어깨를 나란히 할 수 있을 것입니다.

"주의 말씀에 의지하여." 이것이 바로 모든 그리스도인들의 전 생애의 법칙이 되어야 합니다. 또한 이것이 바로 교회 안에서와 세상 안에서 우리를 주장하여야 합니다. 즉, 영적인 믿음과 우리의 세속적인 여러 가지 일들에서 그것이 우리를 인도해야 하는 것입니다. "주의 말씀에 의지하여." 저는 그렇게 되기를 소원합니다. 우리는 오직 성경만이 개신교도들의 신앙 대상이라고 자랑하는 소리를 듣습니다. 그러나 그것은 단지 자랑일 뿐입니다. 정직하게 그 주장을 되풀이할 수 있는 개신교도들은 소수에 지나지 않기 때문입니다. 그들이 존중하는 다른 책들이 있고, 다른 규칙들과 지침들이 있습니다. 심지어는 하나님의 말씀과는 서로 상반되는 원리도 아무 생각 없이 따르고 있습니다. 그래서는 안 됩니다. "주의 말씀에 의지하여"라는 단순하나 숭고한 원리로 돌아가기 전에는, 하나님을 기쁘게 하는 개인의 능력과 교회의 능력은 결코 온전하게 드러나지 않을 것입니다.

하나님의 도우심 속에서 저는 이 아침에 그 어구(語句)를 집중적으로 다루어 보려고 합니다. 이 원칙은 여러 가지 많은 국면에 적용될 수 있습니다. 첫 번째로, 저는 이 어구가 일상적인 생활에서 적용되어야 한다는 내용을 다시 한 번 언급하고자 합니다. 두 번째로, 그 원칙은 영적으로 유익하게 하는 일들에 적용되어야 한다는 점을 살펴보겠습니다. 그리고 세 번째로, 이것을 확대 적용하여, 사람들을 낚는 존재인 우리가 인생의 큰 문제들에서 이 원칙을 주요하게 적용해야 한다는 것을 설명하고자 합니다.

1. 이 원칙은 일상적인 일에 적용해야 한다.

"주의 말씀에 의지하여"라는 원칙은 일상적인 모든 일들에 적용되어야 합니다.

제가 의미하는 바는 첫째로 자기가 하는 일을 성의 있게 계속 하라는 말입니다. "각 사람은 부르심을 받은 그 부르심 그대로 지내라"(고전 7:20). 많은 이들은 현재의 위기 속에서 괴로워하며, 자기가 하는 일을 반은 포기할 준비를 하거나, 그 일에서 벗어나고 싶어합니다. 온 밤을 지새워 수고하였으나 아무것도 잡지 못하였기 때문입니다. 참으로 재정적인 적자의 밤이 계속 되었고 그 적자가 해소될 아침은 전혀 보이지 않습니다. 그러나 그리스도인들은 자기들의 지위에 불만을 품거나 그 지위를 버리지 말아야 합니다.

오, 시련을 당한 이들이여! 여러분이 하는 일을 계속해서 부지런히 하십시오. 그래서 모든 이들이 판단하기에 정직하게 일한다는 것을 보여주십시오. 소망을 가지고 일하십시오. 그리고 베드로처럼 말하십시오. "그럼에도 불구하고 주의 말씀에 의지하여 그물을 내리리이다." "여호와께서 집을 세우지 아니하시면 세우는 자의 수고가 헛되며"(시 127:1). 여러분도 그 진리를 잘 알고 있습니다. 그리고 또한 이 점도 알아야 합니다. 주님은 자기 백성들을 버리지 않으신다는 점 말입니다. 최선을 다해서 한다 해도 그 자체가 여러분에게 번영을 가져오지는 않습니다. 그렇다 해도 그러한 노력들을 게을리하지 마십시오. 하나님의 말씀이 여러분에게 권고하는 것은 남자답게 강건하고 허리에 띠를 띠고 진지하고 견고하게 서라는 것입니다. 여러분의 방패를 내려놓거나 확신을 포기하지 말고 오히려 전세(戰勢)가 달라지기까지 자기 자리에서 견고하게 서 있어야 합니다. 하나님께서 바로 그 자리에 여러분을 두신 것입니다. 그분의 섭리가 여러분을 거기서 불러내기까지는 움직이지 마십시오. 구름 기둥보다 앞서 뛰어서는 안 됩니다. 내일 아침 가게 문들을 열고 상품들을 진열하십시오. 낙담한 나머지 무분별하고 꼴사나운 일들을 해서는 안 됩니다. "그럼에도 주의 말씀에 의지하여 내가 그물을 내리리이다"라고 말하십시오.

만일 지금 일을 그만두고 자기 가족들을 부양하기 위해 필요한 소득을 얻을 수 있는 다른 일자리를 찾고 있는 자들이 저의 이 말을 듣고 있다면, 잘 듣고 신중하게 생각하십시오. 만일 어떤 사람이 자기의 가족을 부양하기 위해 최선을 다하고 있지 않다면, 그는 복음의 축복 아래 들어오지 못한 자입니다. 그는 이방 사람이나 세리보다 더 악하다는 말을 들어야 합니다. 우리 손으로 애써 일하는 것은 우리 모두의 의무이기 때문입니다. 그래야 우리를 의지하고 있는 가족들뿐만 아니라 궁핍한 자들에게도 줄 것을 가질 수 있습니다. 발이 부르트기까지 이 도시를 돌아다녔는데도 할 일이 없었다 해도, 그 다음 날 집에 앉아서 "내가 다시는 그렇게 하지 않을 것이다"라고 말하지 마십시오. 이 본문을 이 고통스러운 시련에 적용하여, 그런 상황에서도 베드로가 한 말같이 기운차게 소망을 가지고 말하십시오. "우리들이 밤이 새도록 수고하였으되 잡은 것이 없지마는 말씀에 의지하여 내가 그물을 내리리이다."

사람들로 하여금 그리스도인은 절망에 좀처럼 빠지지 않는다는 것을 알게 하십시오. 아니, 여러분의 멍에가 더 무거워졌을 때는 주님께서 자기 자녀들의 등에 그 짐을 질 만한 힘을 주신다는 것을 그들이 알게 하십시오. 만일 성령께서 여러분에게 조용하면서도 결연한 자세를 갖게 하신다면, 그것은 수다스러운 세련된 말이나 어떤 형식주의적이고 명목적인 모습을 보이는 것보다 더 하나님을 영화롭게 하는 것입니다. 일상의 삶은 진정으로 경건의 진리를 입증하고 하나님께 영광을 돌리는 참된 장소입니다. 어떤 특이한 일로 말미암지 않고 일상적인 경건을 통해서 그리스도인으로 알려지고 그의 종교가 존귀함을 받는 것입니다. 하나님의 말씀에 끝까지 붙잡히십시오. "여호와를 의뢰하고 선을 행하라 땅에 머무는 동안 그의 성실을 먹을거리로 삼을지어다"(시 37:3).

또한 여러분은 일상적인 삶 속에서 여러분이 하는 사업상의 기술을 얻으려고 부단히 애를 썼지만 성공하지 못했을 수도 있습니다. 아니면 여러분의 직업을 잘 수행하려고 더 많은 지식을 얻기 위해 노력했으나, 아직까지는 여러분이 원하는 만큼 성공하지 못했을 수도 있습니다. 그렇다 해도 여러분의 노력을 멈추어서는 안 됩니다. 그리스도인들은 게으름뱅이들이 아닙니다. 우리 주님께서는, 자기 제자들은 일종의 겁쟁이로서 대번에 성공하지 못하면 다시는 시도해 보지 않는다고 말씀하신 적이 없습니다. 우리는 영적인 은혜에서 뿐 아니라 도덕적인 행동에서도 본이 되어야 합니다. 그러기 위해서는 그리스도의 명령에 따라서 우리의 마음과 손이 함께 움직여야 합니다. 그리고 하나님의 복 주심을 늘 바라고 있어야 합니다. "주의 말씀에 의지하여" 한 번 더 그물을 내려놓아야 합니다. 그 시련은 축복을 받을 준비가 되어 있을 때에 크게 복 주시려는 하나님의 의도일 수 있기 때문입니다.

이는 자녀들을 훈련하는 일에 열심히 수고하는 이들에게 매우 밀접하게 적용될 수 있습니다. 여러분의 아이들에 대해 여러분은 아직 성공하지 못했을 수도 있습니다. 아들의 심령이 거칠고 거만할 수도 있습니다. 그리고 딸의 마음이 아직은 순종하거나 순복하지 못할 수도 있습니다. 아니면 여러분은 주일학교에서 일하거나 주간 학교에서 일하면서 어린이들을 아주 바르게 해주려고 애를 쓰다가 좌절했을 수도 있습니다. 그러나 가르치는 것이 여러분의 임무라면 낙담하지 마십시오. 예수님께서 "너희가 무슨 일을 하든지 마음을 다하여 주께 하듯 하고 사람에게 하듯 하지 말라"(골 3:23)고 하신 말씀을 여러분에게 하신 말씀이라 생각하고서, 꿋꿋이 일하십시오. 주님의 말씀을 의지하여 더욱 간절하게 그물을 다시 내리십시오.

사랑하는 친구 여러분! 저는 여러분이 손 대고 있는 모든 일이 선한 일이거든 있는 힘을 다해서 하라고 권고하는 바입니다. 만일 그 일이 선하지 않다면 아예 상관도 하지 마십시오. 여러분은 장성한 이들에게 도덕적인 진리를 가르칠 사명을 가지고 있을 수도 있습니다. 모든 세대의 개인들은 개혁을 수행하기 위해 부르심을 받았고, 진보를 촉진하기 위해 부르심을 받았습니다. 여러분은 여러분의 이웃을 자신처럼 사랑해야 합니다. 그러니 여러분은 기회가 되는 대로 모든 이들에게 선을 행해야 합니다. 만일 여러분이 노력을 했지만 그 말을 듣는 자가 하나도 없다 해도 낙심하지 마십시오. 만일 그것이 선한 일이고 여러분이 그리스도인이거든, 그 일에 대해 결코 두려워하거나 부끄러워하는 모습을 보여서는 안 됩니다.

저는 도예가인 팔리시(Palissy)를 보면서 감탄합니다. 그는 신앙적으로 핍박을 견뎌냈습니다. 그뿐만 아니라 도자기를 만드는 그의 일에서도 인내와 끈기를 보여주었습니다. 그는 마지막 남은 돈과 생명까지도 광택제나 색깔을 내는 유약을 발견하려고 했을 것입니다. 저는 그러한 신자들을 보기가 좋습니다. 저는 우리 주님을 따른다고 하면서도 삶의 일상적인 전투에서 승리하지 못하는 일단의 겁쟁이들을 보는 것이 괴롭습니다. 이런 이들이 어떻게 높은 곳에 있는 영적인 악의 영들과 싸움을 하는 주의 기사도(騎士道) 정신을 갖추었다는 말을 들을 수 있겠습니까? 우리는 평범한 일상의 삶 속에서 가장 용감한 이들이 되어야 합니다. 더 높은 데서 부르심을 받아 갈 때는 훨씬 더 위대한 행실이 필요한데, 그때에 우리는 더 높은 섬김을 위하여 잘 훈련된 자로 설 수 있어야 하는 것입니다.

여러분이 볼 때에는 강단에서 이런 말을 하는 것이 좀 어울리지 않는다고 생각합니까? 저는 그렇게 생각하지 않습니다. 구약에서 양과 생축, 그리고 밭과 선한 이들의 추수에 대하여 어떻게 말하는지 주목해 보십시오. 솔로몬에 의하면 현숙한 여인은 자기의 가족에게 잘한다고 묘사되어 있습니다. 잠언이나 전도서에서 보면 영적인 것들에 대해서는 거의 말하지 않고 건전하고 실천적인 상식에 대해서는 대단히 많은 것을 다루고 있습니다. 분명히 주님께서는 우리의 믿음이 회중석에 앉아 받아 적어야 할 것이 아니라, 일상적인 삶의 행로 속에서 실천되어야 할 것으로 보고 계십니다. 이 본문의 대 원칙은 일하는 사람의 입술에서 떨어진 것이고, 그 일하는 사람에게 저는 이 대 원칙을 되돌리고 있습니다.

이 말씀은 그물과 배, 즉 베드로가 일했던 도구들과 관련이 있었습니다. 그래서 저는 이렇게 일반적인 일들을 가지고 이 말씀에 연결해 보려고 했습니다. 그리고 이 악한 세대 속에서 주님을 섬기는 모든 이들에게 말씀드리려고 했습니다. 여러분이 하나님의 이름으로 어떠한 일을 하고 있다면 너무 낙심하지 말아야 하고, 이 일을 그만둘 정도로 절망해서는 안 됩니다. 한 번 더 정직하게 노력하면서 진행해 나가십시오. 그리고 베드로처럼 "내가 다시 그물을 내리리이다"라고 말하십시오. 이는 한때의 어려움으로 인하여 곤비해진 이들에게 아주 적절한 말씀입니다. 그 말씀이 팔에 힘을 주고 마음에 기운을 넣어 준다면 정말 좋겠습니다. 시련을 당하는 형제들이여! 하나님을 믿으십시오. "견실하며 흔들리지 말고 항상 주의 일에 더욱 힘쓰는 자들이 되라"(고전 15:58).

2. 이 원칙은 영적인 유익을 주는 일에 적용되어야 한다 .

우리는 이제 그리스도의 말씀에 의지하여 그 그물을 다시 내리는 일을 영적인 유익을 도모하는 일에 적용하여 보려고 합니다.

저는 먼저 이 요점을 우리 교회에 아주 많은 날 동안 출석해 왔던 사람들에게 말하고 싶습니다. 제가 믿기로 그러한 이들은 정말이지 구원을 받을 소망이 있는 자들입니다. 그런 사람들은 설교가 시작되기 전에 주께서 그 설교를 통해서 은혜를 주십사고 기도해 왔습니다. 자, 주목해서 들어주십시오. 저는 여러분을 전혀 이해하지 못합니다. 바로 이 순간 구원의 길이 여러분에게 열려 있기 때문에, 즉 "주 예수 그리스도를 믿으라 그리하면 네가 구원을 얻으리라" 하기 때문에, 저는 더 여러분을 이해할 수가 없는 것입니다. 여러분은 아무것도 기다릴 게 없습니다. 여러분이 기다리는 것은 전부 죄를 짓는 일입니다.

만일 여러분이 연못이 동하는 것을 기다려야 한다고 말한다면, 저는 그렇게 동할 연못이 전혀 없다고 말하렵니다. 그 연못을 동할 천사가 없습니다. 그 연못은 이미 오래 전에 말라 버렸습니다. 천사들은 이제 그와 같은 식으로 내려오지 않습니다. 우리 주 예수 그리스도께서 베데스다에 오셔서 거기 누워 있는 사람에게 "일어나 네 침상을 들고 걸어가라"고 말씀하셨을 때, 베데스다 연못은 폐쇄되었습니다. "일어나 네 침상을 들고 걸어가라"는 이 말씀이 예수님께서 지금 여러분에게 하시는 말씀입니다. 여러분은 이제 더 기다릴 것이 없습니다.

그러나 여러분이 지금도 그러한 자세를 버리지 못하고 있다면 저는 여러분에게 간절하게 호소합니다. 그리스도가 하시는 말씀의 초청에 응하라고 말입니다. 그분은 우리더러 모든 피조물에게 가서 복음을 전하라고 하셨습니다. 믿으면 살기 때문입니다. 다시 한 번 그물을 내려놓되, 이러한 방식으로 내려놓으십시오. 즉, "내 주여, 내가 믿나이다. 저의 믿음 없음을 불쌍히 여기시고 도와주소서"라고 말하면서 말입니다. 바로 지금 예수님께서 여러분을 받아 주시도록 기도하십시오. 그분께 복종하고, 지금 이 순간에 여러분의 구주가 되어 주십사고 간청하십시오. 그러면 주님께서 반드시 그 기도를 들어 주실 것입니다. 많은 물고기들이 믿음의 그물에 자신이 잡히기를 기다리고 있습니다. 주님의 말씀에 따라서 그물을 내리십시오.

이제 저는 자기 그물을 많이 던졌으나 아무 소용이 없었던 이들, 곧 끈질긴 기도를 드렸어도 여전히 아무런 응답이 없어서 고통당하고 있는 이들에게 말씀드리려고 합니다. 여러분은 친척이 회심하기를 기도해 왔고, 하나님의 뜻에 합당하다고 믿는 어떤 선한 일을 위하여 간청해 왔습니다. 밤에도 쉬지 않고 간청했습니다. 왜냐하면 그 일로 여러분의 심령이 슬펐기 때문입니다. 그런데 그런 여러분이 더 이상 간구해봤자 아무 소용 없다는 시험에 들 때가 있지 않습니까?

자, 그러한 경우라도 쉬지 말고 기도하고 낙담하지 말라고 하신 그리스도의 말씀에 의지하여 다시 그물을 내리고 기도해야 합니다. 그분은 "쉬지 말고 기도하라"고 말씀하셨습니다. 여러분의 주위 환경이 더 좋아져서가 아니라, 단지 예수님께서 여러분에게 명하시니 계속 기도하라는 것입니다. 바로 이때 여러분이 성공을 만나게 되는지 누가 알겠습니까!

혹시 여러분은 자신의 상황에 딱 들어맞을 약속을 성경에서 찾아보려고 애써 왔습니까? 여러분은 자기에게 힘을 주는 어떤 좋은 하나님의 말씀을 붙잡기 원합니까? 그런 고기 떼가 여러분의 배 주위에 있습니다. 성경이라는 바다에는 그런 고기들로 가득 차 있습니다. 바로 약속이라는 고기 말입니다. 그러나 안타깝게도 여러분은 그런 고기 떼들 중에서 한 마리도 잡지 못합니다. 그렇더라도 다시 한 번 노력하십시오. 오늘 오후에 집으로 가서 다시 기도하며 성경을 탐구하십시오. 그리하여 그 성경의 달콤함을 믿음으로 누리기를 바랍니다. 여러분이 소원하는 것을 바로 오늘 얻을는지 누가 알겠습니까? 여러분이 기대하였던 것보다 훨씬 더 큰 복락을 받아서 은총으로 충만하여 그물이 찢어지게 되는 일이 있을지 누가 알겠습니까?

또는 거룩한 성취를 위하여 오랫동안 애써 온 이들도 있을 수 있습니다. 그런 사람들은 성가시게 하는 죄를 극복하려고도 하고, 더 견고한 믿음을 행사하려고도 합니다. 또한 더 큰 열심을 내려고도 하고 더 유용한 사람이 되려고도 합니다. 그러나 이들은 그러한 소원을 이루지 못하였습니다. 그렇다 해도 이제 여러분은 모든 선한 일에 온전하게 되어 그분의 뜻을 이루는 것이 주님의 마음임을 알고, 그 목표에서 물러나지 말아야 합니다. 그리고 "주의 말씀에 의지하여" 다시 그 그물을 내리십시오. 절대 낙담하지 마십시오. 여러분의 그 육체적인 혈기가 언젠가는 정복될 것입니다. 여러분의 불신앙은 거룩한 믿음에 손을 들 날이 올 것입니다. 그러니 다시 그물을 내리십시오. 그 일에 모든 은혜가 작용하여 남은 여러분의 생애 동안 여러분이 원하는 바가 이루어지기를 원합니다. 다만 그리스도의 말씀에 의지해서 가장 좋은 것들을 위해 수고해야 합니다. 그러할 때에 주님께서는 여러분에게 가장 좋은 것들을 주실 것입니다.

또 여러분은 그리스도의 임재를 더욱더 가까이 체험하기를 항상 추구하고 있습니까? 그분과 더욱 가까운 교통을 원하고 있습니까? 그분의 얼굴빛을 간절하게 열망하고 있습니까? 아침 햇빛같이 빛나는 주의 얼굴빛 말입니다. 여러분은 주님의 잔치에 초대되어 주님의 사랑에 만족하게 되기를 소원하고 있습니까? 그런데 그 일을 위해서 부르짖어 보았지만 소용이 없었습니까? 그러면 다시 부르짖으십시오. "주의 말씀에 의지해서" 말입니다. 주님께서는 자기에게 나아오라고 말씀하셨습니다. 그분은 사랑스러운 음성으로 가까이 오라고 초대하고 계십니다. "주님의 말씀에 의지해서" 계속 앞으로 나가십시오. 그리고 다시 한 번 그물을 던지십시오. 그러면 말로 다 할 수 없는, 지금까지 체험한 모든 것을 능가하는 기쁨이 여러분을 기다리고 있을 것입니다.

이와 같이 우리는 우리의 영적인 은택을 위해 이 본문의 대 원칙을 바르게 적용하는 방법을 살펴보았습니다. 하나님께서 우리를 도우시어, 그분의 영광스러운 성령으로 말미암아 우리가 매일매일 이 일을 실행해 나갈 수 있게 하시기를 원합니다.

3. 이 원칙은 우리가 평생 해야 할 일에 적용해야 한다.

이 본문의 위대한 원칙은 우리가 평생 해야 할 임무에 적용되어야 합니다. 그렇다면 여기서 모든 그리스도인들이 해야 할 평생의 임무는 무엇이겠습니까? 바로 영혼을 얻는 일이지 않겠습니까? 우리가 다른 이들을 인도하여 그리스도를 믿게 하는 것으로 하나님을 영화롭게 할 수 있다는 것은 우리가 이 지상에 여전히 남아 있는 큰 목적이 되는 것입니다. 만일 그런 목적이 없다면 우리는 천상에서 부르는 노랫소리를 크게 하기 위하여 하늘로 올라갔을 것입니다. 우리가 여기에 머무르면서, 이 땅에서 방황하는 많은 양들을 위대한 목자이자 영혼의 감독자이신 그분에게로 인도하는 것이 그 양들을 위해서는 좋은 일입니다.

사람들을 그리스도에게로 인도하는 우리의 방식, 곧 우리 주님께서 상징적으로 말씀하신 대로 사람들을 낚는 방법은 복음의 그물을 내리는 것입니다. 우리는 거룩한 고기잡이를 위해 다른 방법을 배운 적이 없습니다. 사람들은 큰 욕심과 적은 지식을 가지고 사람들을 낚는 여러 가지의 기발한 방법들을 만들어 내고 있습니다. 그러나 제가 볼 때, 복음의 그물을 내리는 것 외에는 다른 방법이 없습니다. 그리스도 예수님 안에 있는 하나님의 사랑의 이야기를 사람들에게 들려주는 것 외에는 다른 방법도 없고 새로운 복음도 없습니다. 예수님께서는 새로운 복음을 우리에게 맡기신 적이 없습니다. 복음을 알게 하는 다른 새로운 방법을 인정해 주신 적도 없습니다.

우리 주님께서는 그 피로 인하여 값없이 용서하여 주시는 진리를, 자기를 믿는 모든 이들에게 선포하는 일을 위하여 우리 모두를 부르셨습니다. 그러므로 각 신자는 자기 이웃의 회심을 추구할 정당한 이유를 가지고 있는 것입니다. 사람은 모두 자기 형제가 불에 타고 있는 것을 보면 구하려고 애쓰지 않겠습니까? 그렇다면 예수님께서도 자기의 이웃을 그 영원한 죽음에서 건져내려고 애를 쓰는 사람을 보시면 미소짓지 않으시겠습니까? 그분께서는 "듣는 자는 오라 할 것이요"라고 말씀하지 않으셨습니까? 그러니 복음을 듣는 자는 누구든지 그리스도께로 오라고 초청해야 합니다.

　　그리스도의 말씀은 복음을 다른 이들에게 알려야 하는 정당성을 견지해 줍니다. 만일 우리가 침묵을 지키고 있거나, 아니면 복음이 아닌 다른 복음을 전하거나 설교하려고 한다면, 이는 정말 주님께 반란을 꾀하고 있는 셈입니다. 주님의 말씀은 사람이 복음에 복종해야 할 정당성을 입증하고 있습니다. 즉, 주님은 "왕의 말씀이 있는 곳에 권세가 있느니라"(전 8:3, KJV)라고 말씀하기 때문입니다. 우리에게 이보다 더 높은 무슨 권세가 필요하겠습니까?

　　어떤 이들은 말합니다. "그러나 단순하게 기본적인 은혜의 교리들만 말하기보다는 더 높은 수준으로 나아가야 합니다. 시대도 변하였으니 그에 맞게 사람들에게 수준 높은 것을 제시해야 하지 않겠습니까?' 예수님께서 우리에게 온 세상에 가서 모든 족속에게 복음을 전하라고 명하신 동안에는 우리가 그렇게 하지 않을 것입니다. 우리가 만일 주님께서 명하신 대로 하기만 한다면, 우리가 책임질 일은 없는 것입니다. 그것으로 인해 어떤 결과가 나오든, 우리가 명령에 복종했다면 우리는 책임지지 않습니다. 종은 자기 상전의 메시지가 정당하다는 것을 입증하는 것이 아니라 그 메시지를 그대로 전하기만 하면 되는 것입니다. 이래서 설교를 하되 "주님의 말씀에 의지하여" 설교하는 것이 기쁜 일입니다. 우리의 임무란 그리스도께서 우리에게 말씀하신 것을, 그리스도께서 우리에게 말씀하신 그대로, 전하는 것입니다. 우리의 호흡이 우리의 몸 안에 있는 한, 우리는 반복해서 이 일을 해야 합니다. "복음을 전파하라 모든 족속에게 복음을 전파하라"는 외침이 계속해서 들리고 있습니다. 십자가에 못 박히신 그리스도를 제시하고 모든 이들에게 부단하게 "믿으라 그리하면 살리라"고 종용하는 일의 정당성은, 베드로에게 바다 위를 걸으라 하시고 모세에게 반석을 쳐서 물을 내라고 명하신 바로 그 말씀 속에 있는 것입니다.

　　이 설교의 결과가 그것을 명한 주님이 옳다는 것을 입증할 것입니다. 결국 아무도 구주께 "당신의 종들에게 불가능한 일을 하라 하시고, 그 목적을 위해 쓸모 있는 결과를 내지 못할 도구를 주셨어요"라고 말하지 못하게 될 것입니다. 아니, 오히려 모든 일들이 끝나게 될 때, 선택 받은 자들이 구원을 받기 위해서는 그리스도께서 십자가에 못 박히신 일보다 더 좋은 일은 없었음이 드러나게 될 것입니다. 그리고 십자가에 못 박히신 구주를 알리기 위해서는, 성령의 능력을 힘입어 정직한 입술로 주의 말씀을 단순하게 선포하는 것보다 더 좋은 방법은 없었다는 것을 알게 될 것입니다. 전도(설교)의 미련한 것이 결국에는 하나님의 지혜의 위대한 증거로 드러나게 될 것입니다.

형제들이여! 복음 안에서 가르치든, 강단에서 설교를 하든, 여러 가지 전도 책자들을 배포하든, 개인적으로 다른 이에게 전도의 말을 하든지 간에, 여러분은 모든 비난을 무슨 지혜로 대처할 것인지, 무슨 지혜로 자신의 방식을 변호할 것인지 두려워할 필요가 없습니다. 여러분이 복음을 설교했다는 이유로 오늘날 여러분은 어리석은 자로 치부될 수 있습니다. 그러나 칼이 녹스는 것과 같이, 그러한 참소는 주님의 전쟁의 날에 무기로 사용하려 할 때는 아무 힘을 쓰지 못할 것입니다. 하나님의 말씀을 설교하는 것이 여러분을 대적하여 떠드는 모든 소리들을 금방 잠잠하게 할 것입니다. 말씀을 설교하지 않으니 그러한 시끄러운 소리가 일어나는 것입니다. 복음이 두 손으로 칼을 들고서 좌우로 내리치고 있는 곳에서는 아무도 복음이 나약하다고 말하지 못합니다. 강단이 실패하고 있다고 외치는 것에 대한 대답은 강단에 복음을 들고 들어가서 하늘에서 내려오신 성령과 함께 설교하는 것입니다.

실로 그리스도께서는 이 말씀으로 그물을 내릴 정당한 이유를 제공하신 것입니다. 그 말씀은 명령이기 때문에 우리가 복종하지 않으면 죄가 됩니다. 시몬 베드로가 "우리들이 밤이 새도록 수고하였지만 아무것도 얻지 못하였습니다. 그러니 당신의 말씀대로 할 수가 없습니다. 그물을 내리지 못하겠습니다"라고 말하였다고 가정해 보십시오. 만일 그랬다면 시몬 베드로는 주님께 불순종하는 죄를 짓고, 하나님의 아들을 모독한 죄를 지은 것입니다.

하나님께 부르심을 받았노라고 스스로 고백하고 스스로 그리스도의 제자로 자처하면서도 그물은 결코 내리지 않는 사람들에게는 제가 무슨 말을 해야 할까요? 여러분은 진리를 위해 아무것도 하는 일이 없어서 그런 것입니까? 아니면 전혀 복음을 전파한 적이 없어서 그런 것인가요? 자신을 세상의 빛이라고 부르면서도 전혀 빛을 비추지 못해서 그런 것인가요? 여러분은 씨를 뿌리는 자이지만 여러분이 씨망태를 가졌다는 사실을 잊어서 그런 것입니까? 제가 지금 이런 점에서 자신의 삶을 허비하고 있는 이 교회의 다른 지체들에게 설교하고 있는 것입니까? 사람들을 낚는 어부가 되는 것이 여러분의 평생의 일임을 고백하면서도 그물을 던지거나 그물을 해변으로 끌고 가려고 하지 않아서 그러는 것인가요? 여러분은 거짓된 위선을 가지고 우리 가운데 살고 있지 않습니까? 여러분은 결코 열매를 맺으려고 한 적도 없는 그 열매 없는 직업으로 하나님을 조롱하고 있지 않습니까?

저는 여러분을 정죄할 권세를 가지고 있지 않습니다. 다만 하나님께서 여러분의 양심이 제대로 작동하게 해 주시기를 바랄 뿐입니다. 주님께서 영원한 저주에서 구원하시는 기쁜 소식을 알게 하시고 그 복음을 맡기셨는데 그 사람이 침묵을 지키고 있다면, 그 사람에 대해 무어라고 말할 수 있을까요?

그 위대한 의사께서 여러분에게 병든 자를 치료할 명약을 맡기셨습니다. 그런데 여러분 주위에는 죽어가고 있는 자가 있습니다. 그러나 여러분은 그 약으로 치료를 받는 일에 대해서 아무 말도 하지 않습니다! 그 크신 임금께서 여러분에게 주린 자를 먹이라고 먹을 것을 주셨습니다. 그런데 여러분은 그것을 여러분의 창고에 넣어두고 잠가 놓았습니다. 거리에는 굶어 죽어가고 있는 사람이 많은데도 말입니다. 하나님의 사람이 그런 여러분을 보고 우는 것이 잘못입니까? 이 큰 런던은 정말 그 핵심부까지 점점 이교적으로 되어가고 있습니다. 우리 주님께서는 교회의 손에 복음을 맡기셨습니다. 그런데도 경건한 자들이 냉담한 이유는 무엇일까요? 만일 우리가 이 복음을 그저 우리만 가지고 있다면, 진실로 오는 여러 세대들은 우리가 우리의 후손들에게 잔인한 자들이었다고 비난할 것입니다. 후에 오는 여러 세대들은 우리 시대를 가리켜 이렇게 말할 것입니다. "도대체 어떤 종류의 사람들이었기에, 등불을 가지고 있으면서도 그것을 초롱 속에 가두어 놓고 켜지 않았단 말인가?"

다가오는 세기에 또 다른 이들은 이 런던 거리를 걸으면서 말할 것입니다. "목사들과 자기 임무를 다하지 못했던 사람들을 회고하는 것은 저주스런 일이다. 그들은 아주 중요한 시점에 이 나라에 있었지만 자신들의 소명을 전혀 알지 못하고 자기들이 존재하는 목적과 의미도 그렇게 몰랐다니 말이다!"

우리가 그와 같은 참화에서 벗어나기를 원합니다. 그렇습니다. 우리는 하나님의 진리를 두루 퍼지게 할 정당한 이유를 가지고 있으며, 이것은 하나의 정당한 이유를 넘어서, 우리가 하나님의 보좌로부터 받은 하나의 법령입니다. 만일 우리가 복음을 전하지 않으면 우리에게 화가 임하는 정말 단호한 명령 말입니다!

자, 형제 여러분! 그리스도께서 우리에게 주신 이 정당성은, 만일 우리가 시몬 베드로의 마음 상태를 갖게 된다면, 오늘 아침 우리에게 전능한 힘을 줄 수 있을 것입니다.

보십시오. 그는 크게 낙담한 상태였습니다. 그럼에도 그는 그물을 내렸습니다. "우리가 밤이 새도록 수고하였나이다." 어떤 사람은 이렇게 말합니다. "우리는 정말 복음을 전하기도 했고, 여러 부흥들을 경험하기도 했습니다. 그런데 결과는 아무것도 나오지 않더라는 것입니다." 저는 이러한 이야기를 많은 이들로부터 듣습니다. 그러나 그 사실들은 무엇을 의미합니까? 여러분이 이렇게 말합니다. "오! 목사님은 얼마 전에 큰 부흥이 있었던 것을 알고 계시지 않습니까?" 저는 그런 유의 부흥은 어떤 것이든 잘 모릅니다. 우리는 여기저기서 부흥의 섬광이 나는 것을 보기는 했지만, 그런 것은 너무나 미약한 것이어서 대단한 부흥이 일어났다고 하기에는 정말 불쌍할 정도입니다. 더구나 그런 부흥을 위해 우리가 했던 것이 얼마나 적은 것인지를 생각해 보면, 그저 복음이 전파되었다는 것이 신기할 따름입니다. 현재 인도에서 벌어지는 복음 사역을 보십시오. 사람들은 기독교 신앙이 확산되지 못하고 있다고들 말합니다. 그러나 저는 우리가 하는 수고와 드려지는 희생의 정도에 비하면 정말 놀랍게 복음이 확산되고 있다고 말할 수 있습니다.

만일 인도에서 일 페니를 사용하여 천 파운드를 얻는다고 한다면, 여러분은 "그게 뭐냐? 우리는 백만 파운드를 원한다"고 말할 권리가 없습니다. 만일 여러분이 그렇게 백만 파운드를 강요하고 싶다면, 그에 상응하는 행동으로 여러분의 신실함을 입증하십시오. 여러분의 지출을 늘려야 한다는 것입니다. 뿌려진 씨앗이 얼마나 적은지를 생각해 볼 때, 그 정도의 추수는 정말 놀라운 것입니다. 더 많은 수확을 원하면 더 많이 뿌려야 합니다. 교회는, 교회가 행한 그 적은 것에 비하면 정말 엄청나게 되돌려 받은 셈입니다. 영국에서는 간헐적인 부흥이 있었습니다. 그러나 그런 부흥으로 얼마나 되는 영혼들을 얻었습니까? 부흥의 섬광이 어떤 지역에 일어났던 것은 분명하지만, 그래도 아직 어둠이 이 나라 전체에 깔려 위세를 부리고 있습니다. 어떤 지역에서 큰 역사가 일어났다고 신문들은 보도했습니다. 그러나 만일 그 신문들이 전혀 부흥이 일어나지 않은 지역들에 대하여 보도했다면, 우리는 다른 관점을 가졌을 것입니다! 좋은 일을 보도하는 데는 신문 지면의 작은 구석이면 족했겠지만, 그런 상황의 어두운 면들을 보도하자면 많은 신문 지면이 필요했을 것입니다.

사실 교회는 오순절 이래로 보편적인 부흥의 상태에 있기가 매우 어려웠습니다. 그때나 지금이나 그리스도인들 사이에서는 부분적인 움직임만 있었을 뿐, 전 교회가 다 그 위대한 하나님 나라의 영광이 요구하는 것에 진지하게 불타오른 적이 없습니다. 오! 주님께서 교회 전체에 '불'을 지르시기를 원하나이다! 우리는 그 어떠한 상황 속에서도 절망할 이유를 가지고 있지 않습니다. 그러니 다시 그물을 내립시다. 그리고 더 이상 우리가 수고한 밤에 대하여는 말하지 맙시다.

다음으로 베드로에게 행한 이 명령은 안일을 사랑하는 베드로의 약점을 극복하게 하였습니다. 분명하게 말해서 "우리가 밤이 새도록 수고하였습니다"라고 말할 때에 그는 지쳐 있었습니다. 고기잡이는 힘든 일인 데다가, 특히 물고기가 잡히지 않을 때는 더 그러합니다. 이미 아무런 열매도 없는 일에 수고하여 너무 지쳐 있을 때는 더 수고하지 않을 구실을 대기 마련입니다. 저는 어떤 그리스도인들이 "목사님, 저는 주일학교에서 수년 동안 많은 시간을 드렸습니다. 하지만 그 일은 제 힘에 부쳤습니다"라고 말하는 것을 들었습니다. 분명히 그들의 노력은 대단한 것이었습니다. 젊었을 때의 열정을 그 정도 나이가 들어서까지 유지했으니 말입니다. 그런데 한편으로는 정말 그들이 그렇게 수고했을까 하는 의문이 들기도 합니다. 왜냐하면 그들의 노고가 어떠했는지를 보여주는 아무런 흔적이 없기 때문입니다. 바로 그 시점에 그들은 편한 일을 할 권리가 있다고 느끼게 됩니다. 왜냐하면 그들은 더 이상 자기들의 주님께 빚을 지고 있지 않다고 생각하기 때문입니다. 적어도 더 이상은 수고하고 싶지 않은 것입니다.

그러나 우리 중의 누가 주님의 손에서 지속적인 긍휼을 받고 있는 것이 분명한데도 그때 주님을 섬기지 않겠다고 한다면 되겠습니까? 분명히 그물을 던져야 하는 그런 경우라면 우리가 부끄럽지 않겠습니까? "진정하십시오." 곧, 아주 곧 여러분은 쉬게 될 것입니다. 무덤에 들어가게 되는 때가 오면 푹 쉴 것입니다.

그러니 지금 사람들의 영혼들이 멸망해 가고 있는데 우리의 노력을 느슨하게 하는 것은 악행입니다. 안 됩니다. 그래서는 안 됩니다. 베드로 같은 여러분이여! 여러분이 지금까지 밤이 새도록 수고하여 땀을 흘렸다 해도, 여러분은 그물을 다시 던져야 합니다. 베드로가 그렇게 하였습니다. 밤의 수고는 아무것도 아닙니다. 그는 분명히 낮에도 수고했을 것입니다. 그가 고기를 잡기만 한다면 말입니다.

더구나 그리스도의 명령은 베드로에게 너무나 권위 있게 들린 나머지 육신적인 논리로는 버틸 수 없는 그런 명령이었습니다. "만일 네가 온 밤을 지새웠는데도 고기를 잡을 수 없었다면 낮에도 분명 고기를 잡지 못할 것이다"라고 그의 이성은(理性)은 말하였을 것입니다. 밤은 게네사렛 호수에서 고기를 잡기에는 아주 특별한 때였습니다. 낮이 되면 태양빛이 물결 속까지 비추기 때문에 물고기들이 그물의 코들을 훤히 볼 수 있어서 그물 안으로 들어오지 않았습니다.

그러나 그리스도께서 명하시면 가장 그럴듯하지 못할 때가 가장 그럴듯한 때가 되고, 가장 희망이 없어 보이는 상황이 가장 희망이 있는 상황이 됩니다. 그리스도께서 명하실 때는 즉시 행동해야 합니다. 만일 그리스도께서 "가라" 말씀하시면, 생각할 것도 없이 즉시 가야 합니다. "아직 넉 달이 있어요. 그때 추수해요"라고 말해서는 안 됩니다. 그분은 "밭이 희어져 벌써 추수할 때가 되었다!"고 말씀하십니다. 베드로는 즉시 그물을 내렸습니다. 현명하게 "그리스도의 말씀에 의지하여" 그 일을 한 것입니다.

저와 여러분이 여기서 또 받아야 하는 교훈은 우리도 베드로처럼 순종해서 개인적으로 그물을 내리자는 것입니다. 베드로 사도는 "내가 그물을 내리리이다"고 말하였습니다. 형제들이여! 여러분은 자신의 마음이나 입술이나 온유한 심령으로는 스스로 뭔가를 할 수 없습니까? 어떤 사람은 말합니다. "저는 우리 주위에 있는 가난한 자들을 구제하려고, 위원회를 구성하기 위해 여섯 명의 친구를 확보하는 일에 대해 생각하고 있었습니다." 그렇게 해서는 아무것도 이룰 수 없습니다. 가난한 자들은 당장 수프 한 접시나 빵 한 덩이를 얻지 못하고 있습니다. 그러니 여러분 자신부터 이 일을 시작하십시오. "그러나 저는 열두 명 정도가 함께 모이면 단체를 조직할 수 있을 거라고 생각하는데요." 좋습니다. 그러면 하루 종일 결의하고 수정하고는 그것을 승인하기 위해 투표에 부쳐 보십시오. 하지만 그것보다는 여러분이 혼자서 먼저 일을 시작하는 것이 훨씬 더 낫다고 저는 생각합니다. 베드로가 했던 대로 말입니다.

그리고 여러분은 '즉시' 그렇게 하는 것이 더 좋다고 봅니다. 베드로도 즉시 그물을 내렸기 때문입니다. 깊은 데로 가자마자 곧장 말입니다. 다른 기회가 올 수 있다고 생각하지 마십시오. 여러분의 열정이 사그라질 수도 있습니다. 아니면 여러분의 생명의 날이 다 끝날 수도 있습니다. 어쨌든 베드로만이 한 개의 그물을 내렸고, 그것은 참으로 안타까운 일이었습니다. 만일 요한이나 야고보와 다른 모든 제자들이 함께 자기들의 그물을 내렸더라면, 그 결과가 훨씬 더 좋았을 것입니다. "어째서 그런가요?"라고 의문을 가지십니까? 그물을 하나만 내려서 그물이 가득 차게 되어 찢어졌기 때문입니다. 만일 모든 그물을 다 사용하였더라면, 그 모든 그물에 더 많은 물고기가 잡혔을 것이고, 그물도 찢어지지 않았을 것입니다. 얼마 전에 브라이턴 지역에서 고등어 잡이를 한 것에 대해 쓴 글을 읽었습니다. 그물이 가득 차게 되면 그물 속에 꽉 찬 고등어들의 무게가 너무 무거워서 끌어올릴 수가 없다고 합니다. 심하면 배가 전복될 위험이 있어서, 그물을 잘라내고 고기를 버려야 하는 경우도 있다는 것입니다. 배와 그물이 많았다면, 그들은 고기를 전부 다 끌어올릴 수 있었을 테지요. 그리고 그런 경우라면 그들은 그렇게 했을 것입니다. 그러나 그 당시 베드로의 사정으로는 그물이 찢어지는 바람에 많은 물고기들을 놓쳤다고 할 수 있습니다.

만일 교회가 깨어 있어서 성령의 능력으로 각 개인이 일을 시작하게 되고, 또 그 모든 개인이 연합을 하게 되면, 얼마나 많은 영혼들이 주 예수님께로 사로잡혀 오겠습니까! 허다한 영혼들이 복된 복음을 듣지 못하고 있는 것은 우리의 그물이 찢어져 있기 때문입니다. 또한 그물이 찢어져 있는 것은 우리가 거룩한 섬김 속에서 하나로 연합되어 있지 않기 때문입니다. 우리의 지혜가 부족해서, 우리 주님이 원하는 기대치에 이르지 못하는 것입니다. 목사들이 다 각자 자기들의 몫을 지고 수고한다면, 일로 인해 파김치가 되지는 않을 것입니다. 만일 다른 배들이 복된 짐을 나누어 싣는다면, 그 배는 가라앉을 염려가 없을 것입니다.

자, 사랑하는 형제자매 여러분! 저는 이제 이 말씀 하나를 더하고 설교를 마치려 합니다. 만일 제가 오늘 아침 하나님의 성령의 도우심으로 말미암아 무언가를 성취하기를 바란다면, 그것은 본문에서 이끌어 낸 섬김에 관한 다음과 같은 지침들을 여러분이 받아들일 준비를 하게 하는 것입니다. 하나님을 섬기는 방식은 하나님의 말씀에 의지하여 무슨 일을 하는 것입니다. 저는 우리 중 어느 누구도 주님을 섬기되 그저 습관적으로 섬기지 않기를 기도합니다. 우리는 설교해야 하고, 가르쳐야 하고, 그분의 이름으로 수고하여야 합니다. 하나님께서 그리하라고 명하셨기 때문입니다. 우리는 그분의 말씀을 의지해서 행동하여야 합니다. 그러한 경우라면, 여러분은 더 많은 믿음과 더 큰 열정과 성공할 가능성에 대한 더 큰 기대감을 가지고 일해야 합니다.

여러분이 그물을 던지고 있을 때에 그리스도께서 여러분의 배 안에 앉아 계신다고 하는 것은 축복입니다. 그분이 여러분을 지켜보며 미소를 짓고 계시고, 그것을 여러분이 보았다면, 여러분은 아마 진심으로 기꺼이 일하게 될 것입니다. 우리는 그분을 온전하게 의지하며 일해야 합니다. 설교나 가르치는 일도 우리가 옳다고 판단하기 때문에 하는 일이 되어서는 안 됩니다. 베드로는 그렇게 생각하지 않았습니다. 오히려 주님께서 말씀하시고 그분의 말씀이 법이기 때문에 그러한 일들을 해야 하는 것입니다.

여러분은 여러분이 탁월하게 일하기 때문에, 또는 여러분이 함께 일하는 사람들의 본성 때문에 그 일이 성공할 것이라는 기대를 가지고 일해서는 안 됩니다. 오히려 예수님께서 여러분에게 명령을 내리셨기 때문에 일해야 합니다. 비평가들이 무모하다고 조롱하는 일을 여러분이 하고 있다 하더라도, 여러분은 그 일을 예수님께서 명하셨기에 지혜로운 일로 여기면서, 모든 확신을 가지고 일해야 합니다.

어떤 형제들이 우리에게 늘 말하던 것을 잘 기억하고 있습니다. "목사님은 죽은 죄인들에게 복음을 설교합니다. 목사님은 죽은 자더러 회개하고 믿으라고 명하십니다. 그것은 마치 무덤에 있는 시체를 보고 손수건을 흔들면서 나오라고 외치는 것이나 마찬가지입니다." 정확하게 그렇습니다. 그들은 진리를 말하였습니다. 그래도 저는 무덤을 향하여 손수건을 흔들며 죽은 자들에게 명하기를 기뻐할 것입니다. 예수님께서 그리하라고 명하시기만 하였다면 말입니다. 만일 주님께서 그러한 소명을 주셔서 나를 보내신 것이라고 한다면, 저는 공동묘지가 열리고 거기서 사람이 살아 나오는 것을 보기를 기대할 것입니다.

우리 세대의 지혜로운 아들이 무모하게 복음을 내쫓으려 하면 할수록, 그들이 복음이란 능력이 없고 원하는 목적을 이루지 못함을 보여주기를 원하면 원할수록, 우리는 십자가에 못 박히신 예수님을 설교하는 우리의 옛 방식을 더욱더 견지할 것입니다. 이러한 우리의 결심은 그 어떠한 유의 논리에도 흔들리지 않아야 합니다. 우리는 결코 복음을 설교하는 것에 관해 논쟁하지 말아야 합니다.

복음을 전하는 것은 우리에게 주어진 명령이기 때문입니다. 그 명령에 따르는 우리의 행동은 우리 자신이 책임지는 것이 아니라 오히려 그리스도께서 책임을 지십니다. 저는 현대 학파에 속한 지혜로운 자가 되어 주님의 말씀을 멸시하느니 차라리 어리석은 자가 되어 그리스도께서 말씀하신 것을 행하렵니다. 또한 삶에서도 제 자신의 목적을 이루기 위한 삶을 영위하느니 차라리 자신의 말씀에 따라 살라고 하시는 주님의 발 앞에 제 목숨을 맡기고 일하렵니다. 내 자신의 어깨에 내 자신의 삶이 달려 있다고 느끼기보다는 차라리 주님께 다 맡기고 그리스도의 명령에 복종하기를 즐거워하며, 여러 가지 난관들도 기꺼이 참아 내면서, 바로 이 시간부터 새롭게 주님을 기꺼운 마음으로 섬기렵니다. 아멘.

제
18
장

—

네 사람이 메고 온 사람

—

"예수는 물러가사 한적한 곳에서 기도하시니라 하루는 가르치실 때에 갈릴리의 각 마을과 유대와 예루살렘에서 온 바리새인과 율법교사들이 앉았는데 병을 고치는 주의 능력이 예수와 함께 하더라 한 중풍병자를 사람들이 침상에 메고 와서 예수 앞에 들여놓고자 하였으나 무리 때문에 메고 들어갈 길을 얻지 못한지라 지붕에 올라가 기와를 벗기고 병자를 침상째 무리 가운데로 예수 앞에 달아 내리니 예수께서 그들의 믿음을 보시고 이르시되 이 사람아 네 죄 사함을 받았느니라 하시니 서기관과 바리새인들이 생각하여 이르되 이 신성 모독 하는 자가 누구냐 오직 하나님 외에 누가 능히 죄를 사하겠느냐 예수께서 그 생각을 아시고 대답하여 이르시되 너희 마음에 무슨 생각을 하느냐 네 죄 사함을 받았느니라 하는 말과 일어나 걸어가라 하는 말이 어느 것이 쉽겠느냐 그러나 인자가 땅에서 죄를 사하는 권세가 있는 줄을 너희로 알게 하리라 하시고 중풍병자에게 말씀하시되 내가 네게 이르노니 일어나 네 침상을 가지고 집으로 가라 하시매 그 사람이 그들 앞에서 곧 일어나 그 누웠던 것을 가지고 하나님께 영광을 돌리며 자기 집으로 돌아가니 모든 사람이 놀라 하나님께 영광을 돌리며 심히 두려워하여 이르되 오늘 우리가 놀라운 일을 보았다 하니라." — 눅 5:16-26

　　여러분은 오늘의 본문이 보도하는 내용을 마태복음 9장과 마가복음 2장에서도 만납니다. 영감된 세 사람의 글을 통해서 세 번이나 기록된 이 사건은 그만큼 참으로 중요하고, 우리에게 주밀한 숙고를 요구할 만한 것입니다. 우리는 교훈적인 사실을 주목해 보아야 합니다. 즉, 우리 구주께서 군중들이 비상하게 몰려오는 것을 보시고는 물러나 기도하기 위해서 특별한 시간을 보내셨다는 그 사실 말입니다. 그분은 광야로 물러나 아버지와 교통하셨습니다. 그 결과 기도를 끝내고 나오실 때는 치료하고 구원하는 능력으로 충만해 계셨습니다. 물론 주님께서는 스스로 하나님이시니 항상 그 능력을 한량없이 가진 분이셨으나, 우리를 위해서 그렇게 하셨던 것입니다. 즉, 하나님의 능력은 우리가 하나님을 가까이 하는 것만큼 우리에게 임한다는 교훈을 우리가 배우도록 하기 위해서 말입니다. 개인적인 기도를 게을리하는 것은 교회의 능력을 갉아먹는 메뚜기입니다.

　　우리 주님께서 기도를 마치고 돌아오셨을 때 그분은 대단히 많은 무리들이 자기 주위에 있는 것을 아셨습니다. 물론 군중들이 많았던 만큼 거기 온 사람들도 아주 다양하였습니다. 거기에는 신실한 신자들도 있었지만, 여전히 회의적인 생각을 가지고 관망해 보려는 사람들도 있었습니다. 어떤 사람들은 예수님의 치료하는 능력을 받고자 갈망하였고, 또 어떤 사람들은 예수님을 넘어뜨릴 기회를 찾으려고 애를 썼습니다. 교회에 모이는 모든 회중들도 그렇습니다. 그 설교자가 구주의 심령과 구주의 능력을 옷 입고 있다 할지라도, 교회에는 아주 다양한 사람들이 모이게 됩니다. 바리새인들과 율법교사들 같은 자들도 올 것이고, 예리한 비평적 시선을 가지고 틈만 있으면 공격하려는 사람들도 올 것이며, 허물을 찾기에 혈안이 되어 있는 냉혈적인 사람들도 올 것입니다. 그와 동시에 하나님의 은혜로 인도를 받은 하나님의 택한 백성들도 올 것입니다. 그 중에는 사람들 사이에서 그 능력을 드러내며 즐거워하는 독실한 신자들도 있을 것입니다. 또 어떤 구도자들은 스스로 치료를 하는 능력을 느끼고 싶어하기도 할 것입니다. 구주께서는 말씀을 듣고 있는 사람의 필요에 따라서 그 양식을 제공하는 원칙을 세우셨던 것 같습니다. 바리새인들은 주님을 지켜보면서 트집 잡을 만한 것들을 즉시 찾아냈습니다. 구주께서 쓰신 말들은 그 바리새인들과 율법교사들이 트집을 잡으려고 하면 얼마든지 잡을 수 있는 표현들이었고, 그래서 주님을 신성 모독자로 몰아세웠습니다. 그들이 가진 마음의 적대감은 금방 겉으로 드러났기 때문에, 구주께서는 그것을 지적하며 책망할 기회를 얻으셨습니다. 그들이 원하기만 했다면, 구주의 능력은 그들조차도 치료할 수 있었을 것입니다. 그들이 그러는 사이, 치료받기를 간절히 갈망하고 기도하면서 불쌍하게 떨던 사람들은 실망하지 않았습니다. 그 선한 의사께서 단 한 사람의 경우도 그냥 지나치지 않으셨기 때문입니다. 그와 동시에 주님을 새롭게 찬미할 기회를 찾고 있던 제자들은 완전한 만족을 얻게 되었습니다. 그들은 기쁨에 찬 눈으로 중풍병자가 회복된 것을 보았고, 그 죄가 사함을 받았다는 소리를 들었기 때문입니다.

이 본문이 우리에게 소개하는 경우는, 중풍에 걸려 쓰러졌던 사람입니다. 이 서글픈 질병은 오랫동안 그 사람에게 붙어 있었던 것 같습니다. 중풍은 서서히 육체를 죽이면서, 갈수록 더 절망적인 상태로 몰아가는 병입니다. 이 병에 걸린 사람은 신경 능력이 망가져서 움직이는 능력이 완전히 멈춰 버리기 때문입니다. 그러나 생각하는 기능은 남아 있습니다. 비록 그 기능마저도 매우 약해지고, 그 기능들 중의 몇 가지는 거의 잃게 되지만 말입니다. 어떤 사람들은 이 사람이 전신 마비라 불리는 중풍에 걸렸기 때문에 매우 급속히 죽을 것이라고 생각했습니다. 이런 이유로 네 명의 사람들은 그를 황급히 구주 옆으로 메고 가야겠다고 생각했을 것입니다. 우리는 이 사람이 처한 자세한 상황을 다 알지 못합니다. 그러나 확실한 것은 그가 중풍에 걸려 있었다는 것입니다.

그리고 제가 그 사람의 경우를 살펴보며 세 복음서의 기록을 연구해 봤을 때, 이 중풍 병자에 대해서 저는 매우 분명한 점을 인식할 수 있었습니다. 즉, 이 중풍 병은 어떻게 해서든 그의 죄와 연관이 있었다는 점입니다. 적어도 환자 자신의 판단으로 볼 때도 그렇고 말입니다. 그는 중풍에 걸려 있었을 뿐만 아니라 분명한 회개의 조짐을 보이고 있었습니다. 그의 마음은 육체만큼이나 심한 압박을 받고 있었습니다. 그런 그를 신자로 부를 수 있는지는 확실하지 않지만, 어쨌든 그는 죄책감에 시달리면서 하나님께서 자비를 베풀어 주시는 것밖에는 자기에게 다른 소망이 없다는 희미한 생각을 틀림없이 갖고 있었습니다. 마치 다 타버린 재 속에 들어 있는 하나의 불씨처럼 그가 그런 소망을 지탱하기는 참으로 어려운 일이었습니다. 하지만 그에게 그런 희미하고 가느다란 소망이 있었던 것은 사실이었습니다. 그의 친구들이 그를 불쌍하게 여겼던 점은 바로 그의 몸에 있었던 고통이었지만, 정작 그 자신은 자기 영혼 속에서 그보다 훨씬 더 격렬한 고통을 느끼고 있었습니다. 그 사람은 자신의 육체가 다시 회복되기를 바라는 소망보다는 영적인 복락에 대한 소망을 가지고 있었을지도 모릅니다. 그래서 그는 구주의 시선이 자기를 주목할 수 있게 하는 그 어떠한 과정에도 복종할 채비가 되어 있었습니다. 우리 구주께서 그를 보시고 "안심하라"고 말씀하셨다는 사실을 통해서 제가 유추하는 바는 그가 스스로 절망하고 있었고, 그의 심령은 깊이 침잠되어 있었다는 점입니다. 그래서 주님께서는 그에게 "일어나 네 침상을 들고 걸어가라"는 말을 먼저 하시는 대신, "아들아 네 죄 사함을 받았느니라"는 말씀을 먼저 하셨던 것입니다. 주님께서는 먼저 환자의 친구들이 구하지 않았던 복을 주셨습니다. 비록 말은 할 수 없었지만 그 환자는 사실 영혼의 침묵 속에서 바로 그 복락을 구하고 있었던 것입니다. 비록 고통을 당하고 있기는 하나 그는 주님의 한 아들이었습니다. 그는 능력이 임할 때 주님의 명령에 복종할 채비가 되어 있었기 때문입니다. 비록 자기 팔이나 발, 그 어느 하나도 까딱할 수 없는 상태였지만 말입니다. 그는 죄 용서를 위하여 갈망하였으나, 구주를 붙잡기 위해서 그 손을 뻗칠 수조차 없었던 것입니다.

저는 특별한 목적을 위해서 이 본문을 사용하고 싶습니다. 성령님께서 이 본문이 모든 듣는 자들에게 유용하게 적용되게 하시기를 바랍니다. 우리가 첫 번째 살펴볼 요점은 이것입니다.

1. 함께 일하는 적은 무리들의 도움이 필요할 때

첫 번째로 우리가 생각할 점은 온전히 구원받기 전에 몇몇 사람들이 함께 일하며 돕는 것이 필요할 경우가 있다는 것입니다.

이 사람은 복음서 기자인 마가가 말하는 대로 네 사람에게 떠메어 주님께 왔습니다. 네 사람은 그럴 필요가 있었습니다. 그가 누워 있는 침상의 네 귀퉁이를 각각 들어서 그를 메고 가야만 했기 때문입니다. 그리스도의 나라에 한꺼번에 들어오는 큰 무리들은 교회가 사용하는 사역의 도구들을 통해서 교회의 보편적인 기도로 말미암아 회심하게 됩니다. 아마 어느 교회든지 3/4 정도의 성도들은 이런저런 모양의 교회의 정기적인 가르침을 통해서 회심하게 되었을 것입니다. 교회의 성경학교, 교회의 설교 강단, 교회에서 발행하는 신문들이 그물 역할을 하여 그들을 잡았던 것입니다. 물론 개인적으로 드리는 기도도 이러한 도구로 사용되는 경우가 많습니다.

그러나 거의 대부분의 경우를 추적해 보면 주로 개인의 기도나 권면의 결과가 아닌 것을 발견할 수 있습니다. 이것은 하나의 법칙으로서 저는 이것을 주님께서 주셨다고 생각합니다. 주님께서는 자신의 사역자들을 통한 복음 선포 속에 있는 큰 축제의 나팔 소리를 통하여 수많은 사람들을 자신에게로 인도하십니다. 다시 말씀드리지만, 한 사람의 개인적인 노력을 통해서도 예수님께로 인도를 받은 사람들이 있습니다. 안드레가 자기 형제 시몬을 만났던 것처럼 어떤 신자는 다른 사람과 진리의 교통을 하다가 하나님의 성령을 통하여 회심하게 되기도 합니다. 한 회심자가 다른 회심자를 인도할 것이고, 그 사람은 또 다른 사람을 회심하도록 인도할 것입니다. 그러나 이 본문에서는 보편적인 진리를 나누다가 인도를 받거나, 아니면 한 사람을 도구로 해서 인도를 받는 경우가 아닌 다른 경우가 있음을 보여주는 것 같습니다. 이 경우를 보면 두세 사람, 또는 네 사람이 거룩한 짝을 이루어, 같은 심정을 가지고 영혼의 고뇌를 함께 느끼며 이 한 가지 목적을 위한 공동체를 형성할 결심을 하게 됩니다. 그리고 그 목적이 달성되어 자기 친구가 구원을 받기까지는 결코 거룩한 연대를 풀지 않겠다는 마음을 갖습니다. 이 환자는 한 사람을 통해서는 그리스도께로 인도를 받을 수 없었습니다. 네 사람이 힘을 합해 그를 메고 주님 앞에 나와야 했습니다. 그러지 않으면 그는 치료의 장소에 스스로 갈 수 없었습니다.

우리도 이 원리를 적용합시다. 저기 아직 구원받지 못한 가족이 있습니다. 그 아내는 구원 받지 못한 가족을 위해 오랫동안 기도해 왔습니다. 그러나 그녀의 기도는 아직 응답받지 못하였습니다. 착한 아내여! 하나님께서 그대와 함께 하나님을 두려워하는 한 아들을 주셔서 복되게 하셨습니다. 또한 그대는 그리스도를 믿는 딸이 둘이나 있지 않습니까? 자, 여러분 네 사람이여! 각자 이 병든 사람의 침상 한 쪽을 담당하여 거기 침상에 남편을 누이거나 아버지를 누이고, 구주께 나아갑시다. 또 다른 경우에는 남편과 아내가 함께 있습니다. 그 둘은 행복하게도 그리스도께로 인도를 받았습니다. 그러나 그런 여러분은 자녀들을 위해 기도하고 있습니다. 결코 그 간구를 멈추지 마십시오. 계속 기도하십시오. 아마도 여러분의 사랑하는 가족은 정말로 굉장히 완악한 마음을 가지고 있을 수 있습니다. 그럴 때는 또 다른 도움이 필요합니다. 자, 여러분에게는 주일학교 선생님이 세 번째 도움을 줄 수 있는 사람이 될 수 있습니다. 그 선생님이 침상의 한 쪽을 담당할 수 있습니다. 이 복된 협력에 저도 동참할 수 있다면 좋겠습니다. 그래서 그 침상을 나르는 네 번째 사람이 되기를 원합니다. 아마 가정의 훈육이나, 학교의 가르침, 목사의 설교가 합세할 때, 주님께서는 여러분의 자녀를 사랑스럽게 내려다보며 구원하실 것입니다.

사랑하는 형제여! 여러분은 여러분이 오랫동안 생각하며 기도했던 사람이 있습니다. 여러분은 그에게 말도 해보고 적절한 수단들을 다 써보지만, 아무 효력이 없습니다. 아마 여러분은 그 사람에게 너무 위로의 말만 했을 수도 있습니다. 그래서 그 사람의 양심이 요구하는 정확한 진리를 그에게 들이대지 못했을지도 모릅니다. 그러니 더 많은 도움을 구해야 합니다. 여러분이 단지 위로의 말만 했다면, 두 번째 협력자인 다른 형제가 가서 그에게 교훈적인 말을 할 수도 있습니다. 어쩌면 그 형제가 가르치는 교훈적인 말이 은혜의 방편이 될 수도 있기 때문입니다. 그러나 그 교훈마저도 위로보다 더 나은 효과를 내지 못할 경우가 있습니다. 그러니 세 번째 협력자를 요청할 필요가 있습니다. 세 번째 협력자는 권면을 통해서 인상 깊은 말을 하거나 경고를 할 수 있습니다. 이 세 번째 과정은 대단히 필수적인 과정일 수 있습니다. 이미 그 현장에 있었던 앞선 두 사람이 그에게 균형 잡힌 권면을 했을지도 모릅니다. 그래서 그 권면이 저절로 그 사람의 마음을 심하게 찔렀을 수도 있고, 아니면 그 권면만 듣고는 오히려 마음에 선입견이 생겼을 수도 있습니다. 이처럼 여러분 셋이 함께 주님의 손에 합당한 도구로 드려질 수 있습니다. 하지만 여러분 셋이서 행복하게 조합을 이루었다 해도, 아직 그 불쌍한 중풍병자에게 구원하는 효력을 가져오지 못할 수도 있습니다. 이 때 네 번째 사람이 필요합니다. 그는 여러분 셋보다 더 깊은 애정을 가졌거나, 아니면 여러분보다 그 환자의 경우에 더 잘 들어맞는 체험을 했을 수도 있습니다. 따라서 네 번째 사람이 와서 여러분과 함께 일한다면 좋은 결과를 얻어낼 수 있을 것입니다.

그 네 명의 동료가 합심해서 성령의 능력을 따라 한두 명이나 세 명이 합심하여 해낼 수 없었던 일을 성취할 수도 있습니다. 때로는 다음과 같은 일이 일어날 수 있는 것입니다. 한 사람이 바울의 설교를 들었습니다. 그러나 바울의 그 분명한 교리는, 그 사람의 지성을 밝혀 주기는 했지만 그의 양심을 깨우지는 못했습니다. 그는 또 아볼로의 설교를 들었습니다. 그 연설가의 유창하고 열정적인 호소는 그의 마음을 뜨겁게 했지만, 그의 교만을 꺾지는 못했습니다. 그 후에 그는 게바의 설교를 듣게 되었습니다. 게바가 거칠게 쏟아내는 문장들은 그를 함몰시켰고, 그로 하여금 자기의 죄가 무엇인지를 깨닫게 하였습니다. 그러나 믿음으로 말미암아 기쁨과 평안을 얻을 수 있기 위해서는, 요한의 달콤하고 애정 어린 말씀을 들을 필요가 있을 것입니다. 네 사람이 침상을 들고 기쁨에 찬 마음으로 그 중풍병자를 떠메고 주님께 왔을 때에야 비로소 그는 자비의 골목에 들어섰던 것입니다.

저는 이 교회에서 적은 수의 남녀 무리들이 영혼에 대한 열정적인 사랑을 가지고 서로 연합하는 경우들이 많이 일어나기를 간절히 바랍니다. 저는 여러분이 서로를 향해서 다음과 같이 말하기를 원합니다. "이 경우는 우리가 함께 관심을 가져야 한다고 생각한다. 우리 각자가 이 사람을 위해서 기도하기로 서약하자. 우리가 합력하여 그가 구원받도록 애쓰자." 우리 교회에 고정적으로 출석하는 사람들 가운데 어떤 사람은 제 목소리를 10년 내지 15년 동안 들었어도 아무런 인상을 받지 못했을 수 있습니다. 어떤 사람은 주일학교 과정을 수료했어도 구원받지 못한 상태에 있을 수 있습니다. 그러니 우리가 형제애를 발휘하여 네 사람이 한 조가 되어서 하나님의 도우심으로 이 사람들을 돌보도록 합시다. 한 사람의 자극을 받아 마음이 움직인 사람이 있다면, 그 사람 주위에 사방으로 에워쌉시다. 그래서 그 사람이 "네 영혼에 관심을 주는 사람은 한 사람도 없어"라는 말을 못하게 합시다. 분명한 목적을 앞세우고 합심하여 기도합시다. 그런 다음에 가장 그럴듯한 방식을 동원해서 그 목적을 추구하도록 합시다.

형제 여러분! 이런 일을 통해서 우리에게 얼마나 큰 복락이 임할는지 저는 잘 모릅니다. 그러나 제가 확실히 느끼는 점은 우리가 그 일을 하려고 애쓰기 전까지는 그 일에 대한 판단을 미리 말할 수 없다는 것입니다. 다시 말해서, 우리가 그들에게 선을 베풀기 위해 모든 가능한 수단을 다 써 보기 전까지는 그 사람들의 영혼에 대한 모든 책임에서 우리가 벗어나지 못한다는 것입니다.

큰 교회마저도 병든 자를 메고 갈 사람이 많지 않다는 것을 저는 심각하게 생각합니다. 많은 사람들은 그 계획이 참 놀랍다고 말하면서도, 정작 그 일을 자신은 하지 않고 다른 사람들에게 떠넘깁니다. 오늘 본문의 네 사람은 사랑의 수고에 하나가 되어, 사람의 구원에 대한 강한 애정을 가지고 그 일을 충실하게 해 냈음을 기억하십시오. 틀림없이 그들은 어려움 때문에 뒤로 물러설 사람들이 아니었습니다. 그들은 온 힘을 다 기울여 그 사랑스러운 침상을 어깨에 메었습니다. 그리고 그 일이 성공하기까지 그 자세를 견지했습니다. 그들은 강인할 필요가 있었습니다. 왜냐하면 그 짐이 무거웠기 때문입니다. 그들에게는 굳은 의지가 필요했습니다. 왜냐하면 그 일이 그들의 믿음을 시험했기 때문입니다. 또한 그들은 기도할 필요가 있었습니다. 그렇지 않으면 그들의 수고가 헛되었기 때문입니다. 그들은 마땅히 믿어야 했습니다. 그렇지 않으면 아주 쓸모 없는 일이 되고 말기 때문입니다. 그래서 예수님은 그들의 믿음을 보시고는 그들의 섬김을 받으셨던 것입니다. 그러나 믿음 없이는 그분을 기쁘시게 할 수 없습니다. 우리는 어디에서 이들과 같은 4인조 팀을 만날 수 있겠습니까? 주님께서 그들을 찾으시어, 오늘 여기에 중풍으로 누워 죽어 가는 죄인들에게 그들을 보내 주시기를 바랍니다.

2. 많은 생각이 필요한 경우들

이제 두 번째 요점을 살펴보겠습니다. 그것은 앞서 말한 경우처럼 계획이 완성되기 전에 많은 생각이 필요한 경우들이 있다는 것입니다.

한 영혼이 구원받기 위한 핵심적인 도구들은 분명히 충분합니다. 이 네 사람은 이 남자의 치료를 가능하게 할 방도가 무엇인지에 대해서 틀림없이 서로 의견이 일치했을 것입니다. 그들은 이 점에 있어서 만장일치였습니다. 즉, 그들은 그를 예수님께로 데리고 가야 한다고 생각했던 것입니다. 어떻게 해서든, 즉 끌고 가든 메고 가든 간에 구주께서 계신 곳으로 그를 옮겨야 한다고 생각했습니다. 그것은 의심할 여지 없는 사실이었습니다. 그러나 문제는 어떻게 그러한 일을 하느냐는 것이었습니다. 옛 속담에 "뜻이 있는 곳에 길이 있다"는 말이 있습니다. 영적인 일에 그런 속담을 빌려 쓴다 해도 별 문제가 없다고 저는 생각합니다. 주의하거나 가감할 것도 없이 말입니다. "뜻이 있는 곳에 길이 있습니다." 만일 하나님의 은혜로 말미암아 어떤 특별한 영혼을 위해서 깊은 염려를 하도록 부르심을 받은 사람들이 있다면, 그들은 그 영혼을 예수님께 데리고 갈 방도가 있음을 기억해야 합니다. 그러나 많은 생각을 하기 전까지는 그 방법이 저절로 나타나지는 않습니다. 어떤 경우에는 마음에 이런저런 방도가 인상 깊게 떠오를 수 있습니다. 또는 비상한 방식이 떠오를 수 있습니다. 즉, 일반적으로 잘 사용되지도 않고 성공할 것 같지도 않은 그런 방식 말입니다. 저는 감히 말합니다. 이 본문 속에 나오는 네 사람은 이른 아침에 이런 생각을 하였을 것입니다. "우리가 이 중풍병자를 구주께 데리고 가되, 정상적인 문을 통해서 집으로 들어가자"고 말입니다. 그러나 그들이 그렇게 하려고 그 집에 당도하였을 때는 이미 수많은 사람들이 길을 에워싸고 있어서 문턱을 넘어 들어갈 수가 없었습니다. "길을 좀 비켜 주세요. 병든 자를 위해서 길 좀 비켜 주세요. 저기 좀 물러나서서 이 불쌍한 중풍병자를 위해 양보해 주세요. 제발 조금만 자리 좀 내주세요. 이 병든 자가 치유하시는 그 선지자에게 다가갈 수 있도록 말이에요!' 그들은 탄원도 해 보고 간청도 해 보았지만 허사였습니다. 여기저기서 불쌍히 여기는 몇몇 사람들이 군중 틈에서 물러나기는 했지만, 많은 사람들은 움직일 수도 없었고, 또 그러려고도 하지 않았습니다. 그 많은 군중들도 그 네 명과 비슷한 용무를 가지고 있었고, 그들과 똑같은 이유로 그 집 안에 들어가려고 애쓰고 있었기 때문입니다.

그때 넷 중 한 사람이 이렇게 소리를 칩니다. "자, 내가 길을 내겠다." 그는 사람을 밀어 제치며 좁은 통로를 만듭니다. "자, 너희 세 사람 이리와!" 또 그가 소리지릅니다. "자 이리 따라와. 조금씩이라도 힘을 내라고." 그러나 그럴 수가 없었습니다. 그것은 불가능하였습니다. 불쌍한 환자는 두려워 죽을 지경이었습니다. 그 침상이 군중에 밀려 요동쳤습니다. 마치 파도에 밀려다니는 작은 배처럼 말입니다. 환자는 갈수록 겁을 먹습니다. 그를 메고 있는 자들도 낙담합니다. 그들은 그 군중들 틈에서 밖으로 나가 다시 생각하는 게 좋겠다고 여겼습니다. 평범한 방식으로는 그 환자를 그리로 들여보내는 것이 전연 불가능하다는 사실을 알게 된 것입니다. 그러면 어떻게 했을까요? "우리가 땅을 파고 들어갈 수도 없고 사람들 머리를 밟고 갈 수도 없으니, 이 환자를 높은 데서 달아 내릴까? 자, 계단이 어디지?" 흔히 동양의 집 구조는 지붕 꼭대기로 올라가는 바깥 계단이 있습니다. 이 집의 경우에도 계단이 있었는지는 확신할 수 없습니다. 그러나 계단이 없었다 해도 옆집이 그런 편의를 제공했을 수 있습니다. 그래서 결심한 그 네 사람은 옆집 지붕 꼭대기에 올라가서 이 지붕에서 저 지붕으로 건너갔습니다.

이 일에 대해서는 우리가 정확한 정보를 갖고 있지 않기 때문에, 대개는 추측으로 남을 수밖에 없습니다. 그러나 이것만은 정말 분명합니다. 즉, 그들은 어떤 수단들을 통해서 그들이 메고 있는 그 불행한 사람을 지붕 꼭대기까지 올렸고, 그를 달아 내리기 위해 필요한 밧줄을 스스로 준비했다는 점입니다. 구주께서는 다락방에서 설교하고 계셨던 것 같습니다. 왜냐하면 다락방이 없는 집은 아주 초라한 집이었기 때문입니다. 그 다락방은 아주 넓게 트여 있어서 많은 사람들이 들어갈 수 있었을 것입니다. 어쨌든 주 예수님께서는 지붕 아래 계셨습니다. 물론 그 지붕은 견고한 지붕이었습니다. 본문을 주의 깊게 읽는 사람들은 그 지붕이 부숴야 할 만큼 튼튼한 진짜 지붕이었다는 사실을 분명히 알 수 있습니다. 여기서 하나의 난제가 등장합니다. 즉, 지붕을 부쉈다면 지붕을 부술 때 지붕 아래에 있는 사람들에게 위험할 수도 있고, 크게 먼지가 일어나 고통스러울 수도 있기 때문입니다. 이 난제를 피하기 위해서 여러 사람들이 가정을 해 보았습니다. 구주께서 무엇인가로 머리를 가린 채 서 계셨다고 가정하는 사람도 있었고, 사람들이 그 지붕 아래에다 천막을 치고 있었다는 가정도 있었습니다. 또 어떤 사람들은 우리 주님께서 매우 가벼운 덮개를 씌운 베란다 아래 서 계셨을 것이라고 생각했습니다. 그래서 그 덮개를 사람들이 쉽게 벗길 수 있었다고 가정했습니다. 어떤 사람들은 천장에 통풍 문이 있었다는 식으로 생각하기도 했습니다.

그러나 그처럼 탁월하게 상상의 날개를 펴는 유명한 사람들의 이야기를 존중한다고 해도, 복음서 기자들의 말은 쉽게 정리되지가 않습니다. 우리가 읽은 본문에 따르면 그 사람은 "기와를 벗긴 사이로" 달아 내려졌습니다. 어떤 천막이나 가벼운 물질 사이로 달아 내린 것이 아니었습니다. 그 기와가 어떠한 종류이든 간에 그 기와는 진흙을 구워서 만든 것이었습니다. 왜냐하면 '기와' 라는 말의 본질 속에 그 점이 함축되어 있기 때문입니다. 마가에 따르면, 그들은 지붕을 벗긴 다음에, 제 생각에는 이 지붕을 벗겼다는 말이 '기와' 를 옮겼다는 의미로 보이는데, 지붕을 뜯어 구멍을 내고 "그 사람을 달아 내렸다"고 합니다. 그것은 천장에 구멍을 내는 것과 아주 비슷한 모습입니다. 마가가 사용한 헬라어는 '뜯고' 라고 번역되었는데, 이 단어는 매우 강조하는 말로서 어떤 것을 파거나 도려내는 것을 의미합니다. 그러므로 그 말은 어떤 물질을 제거하기 위해서 상당한 수고를 했다는 개념을 전달하고 있음에 분명합니다. 동양 사람들의 집은 지붕들을 흔히 큰 돌로 만든다는 이야기를 들을 수 있습니다. 아마도 그것이 일반적일 것입니다. 그러나 이 경우에는 그렇지 않았습니다. 이 집은 기와로 덮여 있었기 때문입니다. 그리고 먼지나 부스러기가 떨어지지 않았겠느냐는 의문에 대해서는 확실한 결론을 내릴 수가 없습니다.

그러나 아주 명백한 것은 계속 부단하게 파야만 구멍이 나는 견고한 지붕에 구멍이 생겼고, 그 구멍으로 침상에 누운 그 사람이 달아 내려졌다는 사실입니다. 아마 먼지도 났을 것입니다. 또한 위험 요소도 있었을 것입니다. 그러나 네 사람은 그 모든 위험을 무릅쓰고 자기들의 목적을 달성하기 위해 준비하였습니다. 그들은 어떻게 해서든지 병든 사람을 그리로 데려가야 했습니다. 그렇다 해도 다른 추측을 할 필요는 없습니다. 왜냐하면 의심할 여지 없이 네 사람은 주님과 주님의 설교를 듣고 있는 사람들에게 불편을 끼치지 않으려고 애를 썼을 것이기 때문입니다. 그들이 지붕을 뜯었을 때, 기와나 흙덩이는 평평한 지붕의 다른 평평한 곳으로 옮겨놓았고, 그 판자들도 그들이 뜯은 만큼 넓게 구멍이 났을 것입니다. 그리고 지붕을 받치고 있던 뼈대들을 충분히 넓게 벌려놓아 병든 사람이 누워 있는 그 좁은 침상이 내려가되, 주님이나 주님의 말씀을 듣고 있는 사람들이 자리에서 옮기지 않게끔 했을 것입니다.

하틀리(Hartley) 씨는 그의 여행기에서 이렇게 말합니다. "내가 아이기나(그리스 남동부의 섬 — 역주)에 살았을 때 나는 자주 내 머리 위의 지붕을 쳐다보았다. 그러면서 그 중풍병자를 위한 전반적인 과정이 어떻게 일어날 수 있었는지를 생각해보았다. 지붕은 다음과 같은 방식으로 만들어져 있었다. 즉, 갈대를 길게 잘라서 서까래 위에 얹어 여기에다 일정량의 풀숲 더미를 얹어 놓았다. 그런 다음, 풀숲 더미 위에 흙을 얹고 세게 다져 견고한 덩어리를 만들었다. 자, 그렇다면 처음에 그 흙을 제거하고, 그 다음에 풀숲을 걷어내고, 그 다음에 갈대를 제거하는 일은 얼마나 어려웠겠는가? 흙 위에 기와를 붙여 놓았다 해서, 더 힘들지는 않았을 것이다. 기와나 흙을 제거한다고 해서, 그 집안에 있었던 사람들에게 불편을 끼치지도 않았을 것이다. 왜냐하면 풀숲과 갈대는 다른 어떤 것들이 떨어지지 못하도록 막는 작용을 하였을 것이고, 가장 마지막에 그것을 제거했을 것이기 때문이다."

사람을 지붕을 뚫고 달아 내리는 것은 정말 기발하고 이상한 생각이었습니다. 그러나 이것은 오직 우리가 지금 지적해야 하는 요점을 가르쳐 주고 있을 뿐입니다. 그 요점은 만일 우리가 어떤 영혼들이 구원받기를 원한다면, 관례나 규칙이나 예절 등에 관해 너무 예민하고 세세하게 따지지 말아야 한다는 것입니다. 왜냐하면 천국은 침노를 당하기 때문입니다. 우리는 이 점을 명심해야 합니다. "부수고 부수어라, 영혼과 하나님 사이에서 장애가 되는 모든 것들은 다 산산조각내야 할 것이다. 기와가 깨져도 아무 문제없다. 지붕의 회반죽이 파헤쳐진다 해도 문제가 되지 않는다. 또는 지붕의 판자가 떨어져 나간다 해도, 우리가 그 일을 위해서 많은 수고와 많은 대가를 지불한다 해도, 그 영혼은 우리에게 있어서 너무 귀한 존재이기 때문에 매우 어려운 문제들 앞에서도 맞서지 않을 수 없는 것이다. 만일 어떤 방도로든지 어떤 사람을 구원할 수 있다면 그것이 바로 우리의 정책이다. 가죽으로 가죽을 바꾸는 것(욥 2:4 — 역주)이다. 우리가 가지고 있는 모든 것은 한 사람의 영혼에 비하면 전혀 비교할 것이 못 된다." 한 죄인의 영적 유익을 위하여 네 명의 참된 마음들이 모였을 때, 그들의 거룩한 갈망은 돌벽이든 집의 지붕이든 그 어떤 것도 깨뜨릴 것입니다.

분명히 그 중풍병자를 지붕 위에까지 떠메고 가는 일은 어려운 일이었을 것입니다. 지붕을 뚫고 조심조심하며 기와를 옮기고 하는 일도 대단히 수고로운 일이었고, 게다가 많은 기술을 요하는 일이었을 것입니다. 그러나 그 일은 착수되었고, 목표는 달성되었습니다. 우리는 어려움들 때문에 멈추어 서서는 안 됩니다. 그 일이 아무리 혹독하다 하더라도, 우리에게 있어서는 영혼을 구원하기 위해 자신을 모두 부인하며 수고하는 것보다 그 영혼을 멸망에 내버려 두는 일이 항상 더 어려워야 합니다.

그 중풍병자를 떠메고 온 사람들의 행동은 매우 보기 드문 일이었습니다. 누가 지붕을 뚫을 생각을 했겠습니까? 그 병든 자를 정말 사랑하고 그에게 진정한 유익을 끼치고 싶어 견딜 수 없는 사람들이 아니라면 누가 그런 생각을 할 수 있겠습니까? 오! 하나님께서 허락하시어 우리도 영혼을 구원하기 위해 그런 독특한 일을 하게 하소서. 교회 안에서 거룩한 독창력이 발휘되게 하소서. 사람들의 마음을 얻기 위한 일에 거룩한 창의력이 나타나게 하소서.

존 웨슬리가 고향인 엡워스 지역에서 자기 아버지의 무덤인 석관 위에 서서 설교한 일은 그 시대 사람들에게 있어서는 참으로 독특한 일이었습니다. 그가 그런 노천에서 설교할 용기를 가진 데 대하여 그는 하나님께 영광을 돌려야 합니다. 어떤 목사들이 극장에서 설교했을 때도 이것은 비범한 일로 보였습니다. 그러나 다른 모든 수단을 동원해도 만날 수 없는 죄인들을 그러한 변칙적인 방식으로라도 접촉할 수 있었다는 것은 기쁜 일이었습니다. 우리의 마음이 하나님을 향한 열정으로 가득해집시다. 그래서 영혼들을 사랑합시다. 그러면 우리는 다른 사람들이 비판할 수도 있으나, 예수 그리스도께서는 받아 주실 수단들을 얻게 될 것입니다.

결국 네 친구들이 택했던 그 방식은 그들이 할 수 있는 한도 내에서 가장 합당한 것이었습니다. 그들은 매우 강한 사람들이었을 것이라고 저는 생각합니다. 왜냐하면 그들에게는 그 짐이 그리 무겁지 않았기 때문입니다. 지붕을 뚫는 일도 그들에게는 비교적 쉬운 일이었습니다. 그 방식은 정확하게 그들의 능력에 맞는 것이었습니다. 그들이 병든 사람을 달아 내렸을 때 그들은 어떻게 했습니까? 그 장면을 숙고하면 감탄이 절로 나오지 않습니까? 본문에 보면 그들은 말한 마디 하지 않았습니다. 그들의 행동만으로도 충분했습니다. 그 경우에는 중풍병자를 운반하고 들어올리는 능력이 필수적이었기 때문입니다. 여러분 중에 어떤 사람은 이렇게 말할 것입니다. "아, 우리는 아무 데도 쓸모가 없는 사람들이에요. 설교라도 할 수 있으면 좋을 텐데"라고 말입니다. 하지만 이 네 명의 사람들은 설교를 할 수 없었을 것입니다. 왜냐하면 그들은 설교할 필요가 없었기 때문입니다. 그들은 중풍병자를 달아 내렸습니다. 그것이 바로 그들이 행한 전부였습니다. 그들은 설교를 할 수는 없었으나 줄을 붙잡을 수는 있었습니다. 오늘날 우리 기독교 교회 안에는 설교자뿐만 아니라 영혼을 얻는 자들도 필요합니다. 그 영혼을 얻는 자들은 자기 마음에 영혼을 품고서 엄숙한 부담감을 느끼는 사람입니다. 그들은 말할 수는 없으나 울 수는 있는 사람들입니다. 자기들의 말로 다른 사람들의 마음을 부술 수는 없으나 그들에 대한 연민을 가지고 자기들의 마음을 부술 수 있는 사람입니다.

우리가 살펴보고 있는 이 사람의 경우에는 "예수님, 다윗의 자손이여, 위를 쳐다보소서. 한 사람이 당신을 필요로 하여 내려오고 있습니다"라고 탄원할 필요가 없었습니다. 그 환자는 매우 여러 해 동안 앓고 있었다고 강조할 필요도 없었습니다. 그 환자 자신이 한 마디 정도 했는지는 잘 모르겠습니다. 그러나 무력하게 마비된 상태에 있던 그는 간구할 힘도 없었습니다. 그 네 사람은 거의 아무 생기도 없는 그 환자를 예수님 앞에 내려놓았습니다. 그것만으로도 충분한 호소력이 있었습니다. 그의 서글픈 상황은 말보다 더 큰 호소력이 있었습니다. 오! 죄인들을 사랑하는 마음을 가진 사람들은 예수님 앞에 그 타락한 사람들의 영혼을 가져다 놓습니다. 그 죄인들의 문제를 자기 문제처럼 여기고 구주 앞에 내려놓습니다. 만일 여러분이 말을 잘 하지 못한다면, 여러분은 마음으로라도 전달할 것입니다. 비록 여러분이 기도의 은사를 받지 못해서 여러분이 바라는 바를 그리스도 그분께조차 말할 수 없다 해도, 여러분의 그 강한 바람이 기도의 심령 속에서 나온 것이라고 한다면, 여러분은 실패하지 않습니다. 하나님께서 우리를 도우셔서 우리의 능력 안에 있는 이런 수단들을 우리가 사용할 수 있게 하시기를 바랍니다. 그리고 그냥 나태하게 앉아서 우리가 가지지 못한 능력들을 한탄하지 않게 하시기를 원합니다. 우리가 능력을 가지려고 탐하는 것은 위험한 일일 수 있지만, 우리가 가진 능력으로 하나님 앞에 헌신하는 것은 항상 안전할 것입니다.

3. 죄 사함 받지 못한 것이 영적 중풍의 뿌리

우리는 이제 중요한 하나의 진리로 나아갑니다. 우리는 본문 말씀을 통해서 다음과 같은 사실을 알 수 있습니다. 즉, 영적 중풍의 뿌리는 일반적으로 용서받지 못한 죄 속에 있다는 사실 말입니다.

예수님께서는 중풍병자를 치료해 주시려고 마음먹었습니다. 그러나 예수님께서는 그보다 먼저 "네 죄 사함을 받았느니라"는 말씀을 하고 나서 그 사람을 치료하셨습니다. 오늘 아침에도 영적으로 중풍에 걸려 있는 사람이 이 기도의 집에 있을지도 모릅니다. 그들은 눈으로 복음을 보고 있습니다. 그들은 귀로 그 복음을 듣습니다. 그것도 아주 주의 깊게 듣습니다. 그러나 그들은 중풍에 걸린 나머지 여러분에게 말합니다. 그것도 아주 솔직하게 여러분에게 말합니다. 그들은 하나님의 약속을 붙잡을 수 없다고 말입니다. 그들은 자기 영혼의 구원을 위해서 예수님을 믿을 수 없습니다. 만일 여러분이 그들에게 기도하라고 종용하면 그들은 말할 것입니다. "우리도 기도하려고 노력합니다. 그러나 기도에 응답이 없습니다." 만일 여러분이 그들에게 확신을 가지라고 요청하면, 그들은 여러분에게 말할 것입니다. 노골적으로 드러내지는 않아도, 절망하여 포기한 상태라고 말입니다. 그들의 애절한 노래는 이렇습니다.

> "노래하고 싶으나 할 수 없고,
> 기도하고 싶으나 기도할 수 없네.
> 내가 하려고 애쓸 때마다 사탄은 나를 찾아와 내 영혼을 놀라게 하네.
> 자주 애써 보아도 나는 하고 싶은 대로 할 수 없네.
> 예수님께서 부드럽게 녹여 주시기 전에는
> 이 돌 같은 마음 누그러지지 않네.
>
> 하나님의 사랑이 그렇게 강권하는 데도,
> 나는 사랑하고 싶으나 사랑할 수 없네.
> 그 여러 논증들도 나같이 비열한 영혼을

감동시키기에는 역부족이네.
　오! 내가 믿을 수만 있다면
모든 것이 편할 텐데!
나는 그러고 싶으나 그럴 수 없네.
주여, 제 영혼을 소생시키소서.
제 도움은 오직 주님에게서 나와야 합니다.”

이 중풍의 근원은 바로 양심에 대한 죄에서 비롯된 것입니다. 그 죄가 그들을 죽게 만들고 있습니다. 그들은 죄에 대해 민감합니다. 하지만 샘물같이 솟아나는 보혈이 그 죄를 없이할 수 있다고 믿기에는 힘이 부족합니다. 그들은 슬퍼 낙심하고, 절망하고, 고뇌할 뿐입니다. 죄는 절망감으로 그들을 마비시킵니다. 이러한 절망 가운데 처해 있을 때 불신앙의 요소가 크게 자리 잡게 되며, 불신앙은 죄라는 것을 저는 인정합니다. 그러나 저는 그 속에서 어느 정도 진지한 회개가 일어날 수 있다는 희망을 봅니다. 진지한 회개는 더 나은 어떤 것에 대한 희망을 담고 있기 때문입니다. 저 불쌍하게 깨어 있는 중풍병자들은 때로 자기들이 용서받을 수 있기를 희망합니다. 그러나 그들은 믿을 수가 없습니다. 그래서 기뻐할 수도 없고 자신들을 예수님께 맡길 수도 없습니다. 그들은 전적으로 무기력한 상태에 있는 것입니다.

자, 다시 말씀드리지만 그 중풍병자의 근저에는 아직 용서받지 못한 죄가 있습니다. 저는 간절히 구주를 사랑하는 여러분에게 간청하는 바입니다. 이 중풍병자들이 용서를 받는 일에 여러분이 열심을 가져 달라고 말입니다. 여러분은 저에게 제가 그렇게 열심을 내야 된다고 말씀해 주시기를 바랍니다. 저도 그래야 합니다. 그리고 그렇게 되기를 바랍니다. 그러나 형제 여러분! 그들의 경우는 목회자가 할 수 있는 행동의 영역을 넘어서는 것 같습니다. 성령님께서 그들의 구원을 위해서 다른 방편을 사용하려고 결심하셨기 때문입니다. 그들은 공적으로 전파되는 말씀을 들었습니다. 그런데 그들은 지금 사적인 위로와 도움을 필요로 합니다. 셋, 또는 네 사람으로부터 말입니다. 그러니 열심 있는 형제 여러분! 여러분의 도움이 필요합니다. 네 사람이 한 조가 되어, 구원받기를 원하나 믿을 수 없다고 느끼는 사람들의 침상을 붙듭시다. 주 성령님께서 여러분을 도구로 삼아 그들이 죄 사함을 받고 영원한 구원을 얻도록 인도하실 것입니다. 그들은 오랫동안 기다리며 누워 있었습니다. 그러나 그들의 죄로 인해 그들은 현재 꼼짝도 못하고 있습니다. 또한 그들의 죄책감으로 인해 그리스도를 붙잡지 못하고 있습니다. 거기에 바로 문제가 있는 것입니다. 이런 경우들에 대해서 저는 여러분의 도움을 간절히 촉구하는 바입니다.

4. 죄와 중풍을 한꺼번에 제거하시는 예수님

자, 이제 네 번째 요점을 주목해 보려고 합니다. 그것은 예수님께서 단 한순간에 죄와 중풍을 제거하실 수 있다는 점입니다. 그리스도께 사람을 떠메고 온 것은 그 네 사람의 임무였습니다. 그러나 그들의 힘으로는 더 이상 나아갈 수 없었습니다. 그 죄인을 구주 앞에 데리고 나오는 것은 우리의 할 일입니다. 거기까지가 우리가 할 수 있는 일입니다. 하나님께 감사하십시오. 우리의 힘이 다할 때, 그리스도께서 시작하십니다. 또한 그 일들을 영광스럽게 하십니다. 주님께서 "네 죄 사함을 받았느니라"고 말씀하신 것을 주목하기 바랍니다. 그분은 도끼를 나무뿌리에 놓으셨습니다. 그분은 그 남자의 죄가 용서받았으면 좋겠다고 바라지도 않으셨고, 그런 쪽으로 자신의 선한 의향을 표현하지도 않으셨습니다. 그저 구주로서 자신이 가진 권위를 힘입어 그분은 죄 사함을 선포하셨습니다. 그러자 그 자리에서 즉시 그 불쌍한 사람의 죄악들이 종지부를 찍었고, 그는 하나님 앞에서 의롭다 하심을 얻었습니다.

이 설교를 듣고 있는 여러분이여! 그리스도께서 중풍에 걸린 사람을 그렇게 하셨다는 것을 믿습니까? 저는 여러분에게 더한 것도 믿으라고 요청하는 바입니다. 만일 그리스도께서 이 지상에 계실 때 자신이 친히 속죄 제물이 되시기도 전에 죄를 용서하는 권세를 가지고 계셨다고 한다면, 자신의 피를 쏟으시고 "다 이루었다"라고 말씀하신 이후에는 그 죄 사하는 권세를 얼마나 더 많이 가지고 계시겠습니까! 그분은 지금 자신의 영광에 들어가셔서 아버지의 오른편에 앉아 계십니다. 그분은 회개와 죄 사함을 주시기 위해서 높은 곳에 좌정해 계십니다. 주님께서 여러분에게 자신을 드러내시기 위해 여러분의 영혼에 성령을 보내신다면, 여러분은 한순간에 죄 사함을 받을 것입니다. 하나님을 모독하는 죄가 여러분을 어둡게 만들고 있습니까? 오랫동안 불신앙에 빠져 살아온 삶이 여러분을 더럽히고 있습니까? 여러분은 방종한 삶을 살았습니까? 정말 가증스러운 악에 빠졌습니까? "저들의 죄를 용서하옵소서. 저들은 자기들의 하는 것을 알지 못하나이다"라고 말씀하셨던 그 사랑스러운 입술로부터 나오는 한 마디 말씀이 여러 분의 그 모든 죄를 다 씻고 용서하실 것입니다. 이 죄 사함의 말씀을 주장하십시오. 이 땅에 속한 성직자는 여러분에게 죄 사함을 주지 못합니다. 오직 위대한 대 제사장이신 주 예수님만이 그 선언을 즉각적으로 발하실 수 있습니다. 사람들의 구원을 간절히 소망하는 2인조, 4인조 형제들이여! 여기에 바로 여러분에게 용기를 주는 것이 있습니다. 이제 그들을 위해 기도하십시오. 그들에게 복음이 전파되어 그들이 복음을 듣고 있는 동안 말입니다. 밤낮 그들을 위해서 기도하십시오. 그들 앞에 부단히 좋은 소식인 바로 이 복음을 제시하십시오. 왜냐하면 예수님께서는 여전히 "자기로 말미암아 하나님께로 오는 자들을 하나도 잃어버리지 아니하고 다 구원하실 수" 있기 때문입니다.

또한 우리의 복되신 구주께서 악의 뿌리를 제거하신 후에, 중풍 자체가 달아난 것을 주목하시기 바랍니다. 중풍이 한순간에 사라졌습니다. 그 사람의 몸 안에 있는 모든 관절이 건강한 상태를 되찾았습니다. 그는 설 수 있었고, 걸을 수 있었고, 그 침상을 들 수 있었습니다. 신경 조직과 근육들도 활력을 되찾았습니다. 예수님께서 말씀하시면, 한순간에 절망적인 사람이 행복해지고, 믿지 못하는 자가 확신으로 충만해질 수 있습니다. '우리'가 우리의 논증과 설득과 간청으로도 할 수 없고, 하나님이 약속하신 말씀으로도 할 수 없는 것을 그리스도께서는 성령으로 말미암아 단 한순간에 해내실 수 있습니다. 그리고 그런 일을 보는 것이 우리의 기쁨인 것입니다. 이것이 바로 교회에서 영원히 일어나는 기적입니다. 이 기적은 이전에도 그랬던 것처럼 지금도 그리스도에 의해 일어나고 있습니다. 할 수도 없고 할 의지도 없었던 마비된 영혼들이 용맹스럽게 행할 수 있게 되었고, 엄숙한 결심으로 하려는 의지를 갖게 되었습니다. 주님께서 그 연약한 자에게 능력을 부어 주셨고, 전혀 힘이 없던 사람들에게 힘을 더하여 주셨기 때문입니다. 그분께서는 여전히 그 일을 하실 수 있습니다. 다른 사람들의 유익을 위해 수고하는 사랑하는 심령들에게 다시 한 번 말합니다. 이 진리를 붙잡고 용기를 내라고 말입니다. 여러분은 여러분이 목표로 삼은 사람들의 회심을 위하여 오랫동안 기다릴 필요가 없을지도 모릅니다. 다음 주

일이 되기 전에 그 일이 끝나서, 여러분이 기도했던 그 사람이 예수님께로 인도될 수도 있기 때문입니다. 또는 여러분이 잠시 기다려야 하는 상황이라면, 그 기다림으로 인해 여러분은 좋은 보상을 받게 될 것입니다. 그리고 그렇게 기

다리는 동안, 예수님께서는 결코 이 땅의 음침한 곳에서 비밀스럽게 말씀하지 않으신다는 점을 기억하십시오. 예수님께서는 야곱의 자손들에게 "내 얼굴을 구해도 소용없을 것이니라"고 말씀하지 않으셨습니다.

5. 결론

시간이 많이 지났습니다. 이제 결론을 내리려고 합니다. 결론은 다음과 같습니다. 즉, 우리 주님께서 이중의 기적을 행하시는 곳마다 그 일은 명확히 드러날 것이라는 점입니다. 주님께서는 그 사람의 죄를 용서하심과 동시에 그의 질병도 제거하셨습니다. 이것은 어떻게 드러났습니까? 저는 그 남자의 죄 사함이 그에게 최고의 일이었다고 확신합니다. 그러나 이전에 그렇게 슬퍼보였던 그의 안색이 밝게 빛나는 것을 본 사람들은, 마치 마른 땅에 비가 내리듯, 그의 영혼에 그 사죄의 말씀이 임했음을 알아차렸을 것입니다. "네 죄 사함을 받았느니라"는 말씀이 하늘로부터 내리는 이슬처럼 그에게 떨어진 것을 말입니다. 그는 주님의 거룩한 선언을 믿었습니다. 그러자 그의 눈이 빛났습니다. 그는 자기가 중풍에 걸린 상태로 그냥 있든, 아니면 거기서 벗어나 건강을 되찾든 그 문제에 대해서는 별 관심이 없었을지도 모릅니다. 그에게는 주님께 친히 죄 사함을 받는 것이 기쁨이었기 때문입니다. 그것만으로도 정말 충분하였습니다. 그러나 구주께서는 그것만으로 충분하지 않으셨고, 그래서 그에게 그의 침상을 들고 걸어가라 명하셨습니다. 왜냐하면 그분께서 그에게 그렇게 할 수 있는 힘을 주셨기 때문입니다. 그 사람이 중풍에서 나음을 받았다는 사실은 그의 순종을 통해서 입증되었습니다. 그의 능동적인 순종은 그를 쳐다보고 있는 모든 사람들에게 그 불쌍한 사람이 회복되었다는 것을 보여주는 공공연한 증거가 되었습니다.

자, 주목하십시오. 우리 주님께서 그에게 일어나라고 명하셨고, 그는 일어났습니다. 신적인 명령과 함께 오는 능력이 아니고서는 그에게는 그런 일을 할 수 있는 힘이 전혀 없었습니다. 그리스도께서 "일어나라" 말씀하시니 그가 일어났습니다. 그러고는 형편없는 자기의 침상을 접었습니다. 이 침상에 사용된 헬라어를 보면, 그것은 매우 초라하고 보잘것없으며 형편없는 도구였습니다. 그런 침상을 말아 그는 어깨에 메고 집으로 돌아갔습니다. 거기서 그는 틀림없이 가장 먼저 구주의 발 앞에 엎드려서 "당신의 이름을 찬미하리로다"라고 말해야 했을 것입니다. 그러나 구주께서는 "네 집으로 가라"고 말씀하셨습니다. 그 사람이 감사의 인사를 하려고 머물렀다는 내용은 없습니다. 그저 자기 등에 짐을 지고 는 혼잡한 군중 사이를 밀치고 나가서, 자기가 받은 명령대로 집으로 직행했습니다. 깊이 생각하지도 않고 묻지도 않은 채, 그는 주님이 명령하신 대로 했습니다. 그것도 아주 정확하게, 즉 꼼꼼하면서도 즉시 해냈으며, 매우 기쁘게 감당했습니다.

오! 얼마나 기뻤겠습니까! 그런 처지에서 회복된 사람들이 아니라면 아무도 그 기쁨에 대해 말할 수 없을 것입니다. 이렇게 죄 사함을 받았다는, 즉 그 마음에서 중풍이 제거되었다는 진정한 표징은 바로 순종입니다.

만일 여러분이 진정으로 구원받은 사람이라면 여러분은 예수님께서 명하신 대로 할 것입니다. 여러분은 "주여! 주께서는 제가 무엇을 하기 원하시나이까?" 라고 물을 것입니다. 그리고 주님께서 어떤 일을 하기를 원하신다는 것을 확인 하는 즉시 바로 그 일을 할 것입니다. 여러분이 그리스도께서 자신을 용서하셨 다고 말하면서도 여전히 그 명령을 거슬러 살아간다면, 제가 어떻게 여러분의 말을 믿을 수 있겠습니까? 여러분은 자신이 구원받은 사람이라고 말하고 있습니다. 그러면서도 의도적으로 그리스도의 뜻을 거슬러 자신의 뜻을 세우고 있습니다. 여러분이 말하는 것에 대해 제가 믿을 만한 증거가 무엇입니까? 오히려 여러분은 여러분이 진실을 말하고 있지 않다는 분명한 증거를 제시하고 있는 것이 아닙니까? 공개적이고 신중하며 신속하고 기쁘게 그리스도께 순종하는 것은 예수님께서 그 사람의 영혼 속에서 놀라운 일을 행하고 계신다는 시금석이 됩니다.

6. 끝으로, 이 모든 것은 하나님을 영화롭게 하기 위한 것입니다.

이 네 사람은 하나님께 많은 존귀를 돌려드리고 예수님께 많은 영광을 돌려 드리기 위한 간접적인 도구였습니다. 그리고 저는 지붕 꼭대기로 올라간 바로 그 마음으로 인하여 그들이 하나님을 영화롭게 하였다고 확신합니다. 침상에 누워 있는 자기 친구에게 그처럼 많은 섬김의 헌신을 하는 사람들은 참으로 행복 합니다! 그 밖에 또 누가 하나님을 영화롭게 하는 일에 가세했습니까? 당연히 회복된 바로 그 사람이었습니다. 그 몸의 모든 부분이 하나님을 영화롭게 한 것이 지 않습니까? 눈에 본 듯 선하지 않습니까! 그는 한 발을 떼 놓을 때마다 하나님께 영광을 돌립니다. 또 다른 발을 떼 놓을 때도 마찬가지입니다. 그는 걸으면서도 하나님께 영광을 돌리고 있으며, 자기 침상을 들고 가면서도 하나님께 영광을 돌리고 있습니다. 그의 몸 전체가 움직일 때마다 하나님께 영광이 됩니다. 그는 말하고 소리치며 노래하고 뛰면서 하나님의 영광을 노래합니다. 사람이 구원을 받자 그 사람 전체가 하나님을 영화롭게 합니다. 그는 자기의 모든 부분, 즉 영과 혼과 몸 안에서 자라는 새 생명을 직관적으로 느낍니다. 그는 이제 하늘의 기업을 상속받은 사람으로서 자기를 그 가족으로 받아들여 주신 위대한 아버지께 영광을 돌립니다. 그가 숨쉬고 먹고 마시는 것은 모두 하나님의 영광을 찬미하기 위함입니다. 죄인이 하나님의 교회로 인도를 받을 때, 우리는 모두 다 기뻐합니다. 그러나 우리 중 어느 누구보다도 기뻐하고 감사하는 사람은 바로 그 사람 자신입니다. 우리는 모두 하나님을 찬미해야 할 것입니다. 그러나 그 사람은 가장 큰 소리로 하나님을 찬양해야 할 것이며, 당연히 그렇게 할 것입니다.

그 다음으로 하나님을 영화롭게 할 자는 누구입니까? 오늘의 본문은 그것을 말하지 않고 있습니다. 그러나 우리는 확실히 그의 가족이 하나님께 영광을 돌렸을 것이라고 생각합니다. 왜냐하면 그가 자기 집으로 돌아갔기 때문입니다. 그에게는 아내가 있었을 것입니다. 네 사람이 침상에 누인 그를 떠메고 나가던 그 아침에, 그 아내는 애정이 담긴 염려로 고개를 저으며 이렇게 말했을 것이라고 저는 감히 상상합니다. "나는 여러분에게 이 사람을 맡기는 것이 매우 두려워요. 불쌍하고 불쌍한 이 사람, 나는 이 사람이 군중들을 만나게 되는 것이 두려워요. 성공하리라는 희망을 가지는 것은 미치광이 짓인 줄 알고 있어요. 하지만 그 일에 행운이 따르기를 바랄 뿐입니다. 그러나 무서워요. 침상을 좀 잘 붙잡아 주세요. 떨어지지 않게요. 만일 여러분이 이 사람을 지붕을 뚫고 줄로 달아 내리게 되거든 침상에 누인 제 불쌍한 남편에게 사고가 일어나지 않도록 조심해 주세요. 지금도 충분히 악화된 상태이니, 더 이상 악화되지 않도록 조심해야 합니다."

그러나 그녀가 자기 남편이 집으로 돌아오면서 침상을 등에 지고 걸어 들어오는 것을 보았을 때, 여러분은 그녀가 얼마나 기뻐했을지 설명할 수 있겠습니까? 자기의 사랑하는 남편을 치료하신 주 여호와 라파를 그녀가 얼마나 노래하고 찬미하기 시작했겠습니까! 만일 어린 자녀들이 집 앞에서 놀고 있었다면, 그 아이들도 환희에 차서 소리쳤을 것입니다. "여기 아버지가 와요. 아버지가 다시 걸어오고 있다고요. 침상을 등에 메고 집으로 와요. 우리가 아주 어렸을 때와 똑같이 온전해진 모습이에요.” 그 집은 얼마나 기뻤겠습니까! 아내와 아이들은 물론 친구와 이웃들까지도 그 사람 주위로 몰려들었을 것입니다. 그리고는 그들 모두 “ 내 영혼아 여호와를 송축하라 내 속에 있는 것들아 다 그의 거룩한 이름을 송축하라 내 영혼아 여호와를 송축하며 그의 모든 은택을 잊지 말지어다 그가 네 모든 죄악을 사하시며 네 모든 병을 고치시리라”(시 103:1-3)라고 노래하기 시작했을 것입니다. 그 사람은 이 시편의 구절을 어떻게 노래했을까요? 먼저는 죄 사함 받은 것을 즐거워하였을 것이고, 그 다음에 자기 몸이 치료받은 것을 기뻐했을 것입니다. 그는 다윗이 어떻게 자기의 이런 사정에 대해 잘 알고는 그렇게 딱 맞는 말들을 했는지 얼마나 놀라웠겠습니까!

자, 그러나 거기서 끝난 것이 아니었습니다. 아내와 가족들도 즐거운 찬미의 합창을 함께 불렀을 것입니다. 매우 아름다운 곡조를 곁들여서 말입니다. 또한 치료하신 주님을 영화롭게 하기 위해 다른 영혼들도 합세했습니다. 그 구세주의 주위에 있던 제자들 역시 하나님께 영광을 돌렸습니다. 그들은 즐거웠고, 서로에게 “우리가 오늘 기이한 일을 보았다”라고 말했습니다. 그리스도의 교회 전체는 한 죄인이 구원을 받을 때 거룩한 찬미로 가득 차게 됩니다. 하늘에서도 기쁨이 넘칩니다.

그러나 주위에 서 있던 보통 사람들을 통해서도 하나님께 영광이 돌려졌습니다. 그들은 아직 제자들이 느꼈던 그 그리스도의 심정까지는 알지 못했지만, 이 위대한 기사가 일어난 것을 보고 놀랐습니다. 그래서 하나님께서 큰 기사를 행하셨다고 말하지 않을 수 없게 되었습니다. 저는 기도합니다. 방관자들, 즉 이스라엘 밖의 이방인들은 낙담한 자들이 위로받는 것을 보고, 또한 잃어버린 자들이 돌아온 것을 볼 때, 하나님의 은혜의 능력을 목격하고 그 자신들도 그 능력에 참여하는 자가 되도록 강권적인 은혜를 받기를 바랍니다. “지극히 높은 곳에서는 하나님께 영광이요 땅에서는 기뻐하심을 입은 사람들 중에 평화로다”(눅 2:14). 중풍에 걸렸던 영혼은 은혜로운 능력으로 충만해 있을 때 이 노래를 불렀을 것입니다.

자, 제가 지금 여기에 서서 네 명의 사람들에게 불쌍한 영혼들을 예수님께로 떠메고 가라고 요청해야 하는 것일까요? 또 주님을 사랑하는 형제자매들에게 여러분이 영혼을 얻기 위해서는 서로 짝을 이루어야 한다고 호소해야 하는 것일까요? 중풍에 걸린 영혼에 대한 여러분의 인간애는 그러는 게 좋겠다고 할 것입니다. 그러나 하나님께 영광을 돌리고자 하는 여러분의 소원은 그렇게 하라고 강권할 것입니다. 만일 정말 여러분이 고백하는 대로 행하는 사람이라면, 하나님을 영화롭게 하는 것이 여러분의 영혼의 가장 좋은 소원이고, 가장 고상한 야망이 되어야 합니다. 여러분이 주님께 반역하는 자가 아니고, 여러분의 동료들에게 비인간적인 사람이 아니라면, 여러분은 제가 여러분 앞에 제시한 그 실제적인 생각을 잘 파악하고는, 동료 그리스도인들을 찾아가 "자, 오라. 우리 함께 그 사람을 위해서 기도하자"라고 말할 것입니다. 그리고 만일 여러분이 어떤 절망적인 경우에 처한 사람을 알게 된다면, 그 사람의 구원을 위해서 거룩한 4인조를 구성하게 될 것입니다. 지존자의 능력이 여러분 위에 함께 하기를 바랍니다. 주님께서 여러분을 통해서 어떤 영광을 받으실지 누가 알 수 있겠습니까? 그 사람을 메고 왔던 네 사람의 기이한 이야기와, 자기 침상을 들고 걸어간 그 사람의 이야기를 결코 잊지 마십시오.

제
19
장

—

기독교의 담대함

—

"너희가 만일 너희를 사랑하는 자만을 사랑하면 칭찬 받을
것이 무엇이냐 죄인들도 사랑하는 자는 사랑하느니라 너희
가 만일 선대하는 자만을 선대하면 칭찬 받을 것이 무엇이
냐 죄인들도 이렇게 하느니라 너희가 받기를 바라고 사람들
에게 꾸어 주면 칭찬 받을 것이 무엇이냐 죄인들도 그만큼
받고자 하여 죄인에게 꾸어 주느니라." — 눅 6:32-34

그리스도 안에 있는 사랑하는 성도 여러분, 우리 주님의 입에서 나오는 모
든 말씀은 우리에게 귀중한 말씀입니다. 우리는 그분의 약속과 가르침 사이에
어떤 구분도 하지 않고, 한 말씀 한 말씀을 루비 보석보다 더(욥 28:18, KJV) 소중
히 여깁니다. 그분께서 주신 교리 하나라도 우리는 정금보다 더 귀하게 여기며,
명령 하나도 아주 귀하게 생각합니다. 그분의 가르침이 실제적이든 교리적이든,
우리의 발걸음을 인도할 목적으로 주어졌든 우리의 마음을 북돋울 목적으로 주
어졌든 간에, 우리는 그 말씀들을 똑같이 기뻐합니다.

"그분의 모든 말씀이 우리를 슬프게 하여도,
그 말씀들은 무한히 부드럽고 무한히 심오한 음악입니다."
(영국 독립파 교회의 목회자인 에드윈 후드[Edwin Paxton Hood, 1820-1885]가 쓴 찬송가
'예수님을 찬송하라' [SING A HYMN TO JESUS]의 3절 가사다 — 역주).

　　예수님께서 하신 모든 말씀들은 우리에게 교훈과 경고와 책망과 초대와 위로 등의 어떤 방식이든 우리 영혼에게 주시는 하나님의 말씀입니다. 그분의 모든 옷에서는 몰약과 알로에와 계피의 향내가 풍기듯이(시 45:8, KJV), 그분의 모든 말씀에서는 최고로 달콤한 단맛이 납니다. 그리스도의 입술의 열매가 우리 앞에 놓였을 때, 우리는 그 열매를 따고 고르는 자들이 되도록 그렇게 그리스도를 배워오지 않았습니다. 그럼에도 저는 그런 부류의 신앙 고백자들을 알고 있습니다. 그런 자들은 우리 주님의 옷 중에서 가장 부드러운 부분을 기꺼이 찢어서 자신의 게으른 머리 밑에 벨 베개로 사용하려는 자들입니다. 그들은 "그런 설교야말로 우리 영혼에 달콤한 음식과도 같은 복음적인 설교였어요"라고 말합니다. 왜냐하면 그리스도께서 우리를 위해 행하신 것을 전하는 설교였기 때문입니다. 그러다가 다음에는 이렇게 소리지릅니다. "이런 설교는 복음적인 설교가 아니에요. 이 설교는 율법적이에요. 우리 어깨에 짐만 지우는 그런 설교거든요"라고 말이지요. 왜냐하면 그 설교는 그리스도를 위해 우리가 무엇을 해야 할지 그리스도께서 명령하신 것을 전하는 설교였기 때문입니다. 그런 사람들은 그리스도를 주님으로 받아들인 것이 아니라 종으로 받아들인 것이 아닌가, 그렇게 보입니다. 그분께서 자기들을 위해 이런저런 일들을 하실 것에 대해 그들은 기뻐합니다. 사실, 그들이 식사하러 자리에 앉아 있는 동안 그분께서는 허리를 동이시고 그 종들을 음식 앞에 앉히며 그들에게 시중들 것입니다(눅 12:37, KJV). 하지만 그들이 제대로 배웠다면, 그들은 그리스도를 주인으로 삼기를 결심했을 것입니다. 그래서 거룩하신 임금의 종이 되는 것을 그들의 명예로 여기고는, 그분의 명령에 허리를 동이고서 그들의 주인에게 시중들 것입니다. 여러분은 종교적인 문제에 대해 무턱대고 트집을 잡는 부류의 사람들이 아니기에, 저는 여러분이 그리스도로부터 온 것은 무엇이든지 받아들이리라 확신합니다. 이런 실제적인 주제를 오늘 아침에 말씀드리게 되어 기쁩니다. 산상설교는 변화산상에서의 그 빛만큼이나 여러분에게 빛으로 가득 차 있습니다. 성부 하나님이 자기 아들을 인정하면서 하시는 말씀을 여러분이 기뻐하며 듣고자 하는 것과 마찬가지로, 여러분은 하나님의 아들이 교훈으로 가르치신 것도 기뻐하며 들어야 합니다. 평지에서 말씀하신 이 설교는 여러 기적들 후에 행해진 설교입니다. 만약 여러분이 표적과 이적들을 모두 보았다면, 아주 강력하다고 생각했을 것입니다. 이와 마찬가지로, 이 평지 설교 또한 그 만큼 강력한 설교입니다. 그분의 옷을 만진 병자들은 회복되었으며, 귀신에 사로잡혔던 자들은 나음을 입었습니다. 그분은 행위에 있어서도 대단하실 뿐 아니라, 말씀에 있어서도 대단하시다는 것을 여러분은 보게 될 것입니다. 그래서 그분의 기적사역이 끝난 후 우리에게 남아 있는 그분의 영광스러운 가르침으로 인해, 여러분은 그분을 찬양하게 될 것입니다. 여기에 여러분이 듣게 될 일련의 그리스도의 말씀들이 있습니다. 성령님께서 축복하셔서 이 말씀들이 여러분의 마음에 새겨지기를 기원합니다.

사랑하는 성도 여러분, 오늘 이 아침에 주님의 이름으로 제가 여러분에게 전하고자 하는 말씀은 주님께서 친히 하신 말씀들 가운데 몇 가지를 뽑은 말씀으로, 여러분의 귀에 거슬릴 수도 있는 이상하고 낯선 말씀들이 몇 가지 있으리라 확신합니다. 그래도 이상하게 생각하지 마십시오. 왜냐하면 복음은 우리의 생각이 아닌 하나님의 생각들 중의 하나이며, 하늘이 땅보다 높음 같이 하나님의 생각은 인간의 생각보다 높아서(사 55:9), 그리스도께서 알려주신 모든 체계는 인간에게 생소할 수밖에 없기 때문입니다. 우리 주님의 나라는 이 세상에 속한 것이 아닙니다(요 18:36). 만약 이 세상에 속하였더라면, 그분의 종들이 지금은 참고 행하지 않는 일들을 많이 행했을 것입니다. 그 나라 백성들의 행동은 다른 나라의 관례에 의해서 판단되어서는 안 됩니다. 왜냐하면 그 나라에 속한 백성들은 그 나라만큼이나 독특한 백성들이기 때문입니다. 어떤 사람들은 "그렇게 예민하게 사는 것이 제 의무라고 생각하지는 않습니다. 그건 관례도 아니에요"라고 말하기도 합니다. 여러분과 저 같은 사람이 관례와 무슨 상관이 있습니까? 어떤 일이 옳지만 유행하고 있지 않다면, 우리가 그 행동을 유행시키도록 합시다. 그리고 악한 일이 유행일 때는, 그런 일이 유행되지 않도록 필사적으로 막읍시다. 우리 앞에 놓인 말씀들을 통해서 볼 때, 우리 주님은 우리가 동료들의 길을 따르도록 가르치기 위해 이 세상에 오지 않은 것이 분명합니다. 그분은 우리 동료들의 일상적인 행동을 훨씬 뛰어넘는 행동을 하도록 우리에게 명하셨습니다. 그분은 산상설교에서 "너희가 … 남보다 더하는 것이 무엇이냐?"(마 5:47)라고 물으셨습니다. 그분은 거듭거듭 "칭찬 받을 것이 무엇이냐 죄인들도 이렇게 하느니라"고 말씀하시면서, 인간의 일상적인 기준 너머에 있는 기준을 명령하셨습니다. 제 설교가 끝나갈 무렵에 아마 한 사람 정도는 이렇게 말할 것입니다. "오, 저 설교자는 혈과 육을 지닌 우리 같은 평범한 인간에게서 합당하게 기대할 수 있는 것 그 이상을 요구하고 있다"고 말이지요. 여러분의 그러한 비난은 옳습니다. 그러나 이 설교자는 여러분 같은 혈과 육을 가진 자들에게 말씀드리는 것이 아니라, 좀 더 고귀한 원리, 즉 내주하시는 하나님의 영을 가진 자들에게 말씀드리고 있는 것입니다. 참된 신자들은 육을 따라 행하지도 않고, 육의 것들을 염두에 두지도 않습니다. 왜냐하면 그들은 하나님의 성령의 힘을 덧입어, 그들의 삶이 세상 사람들의 일반적인 행함 그 너머로 고양되어 있기 때문입니다. 성령 하나님께서 여러분 가운데 거하시게 되면, 여러분은 이 세상 사람들과는 전혀 다른 본성을 지니게 됩니다. 그래서 좀 더 고상한 유행을 따라 살 것을 여러분에게 기대하게 됩니다. "너희가 모든 거룩한 대화와 경건함 가운데서, 어떠한 사람이 되어야 마땅하겠느냐?"(벧후 3:11, KJV)라는 말씀처럼 말입니다. 우리는 율법을 완성하신 분의 영 아래에서 살고 있습니다. 그러므로 우리는 아주 작은 허물로도 극심한 자책을 받습니다. 우리는 다른 사람들에게 적용하는 기준보다 더 엄격한 기준으로 우리 자신을 판단합니다. 왜냐하면 우리의 특권과 책임은 예외적으로 대단히 크기 때문입니다. 제가 제 자신을 고발한 성품들이 다른 사람들 안에도 있음을 저도 알고 있습니다. 다른 사람에게도 정당한 행동일 뿐 아니라 제게도 정당한 행동이지만, 모든 일에 하나님께 영광을 돌려야 한다는 좀 더 높은 기준을 충족시키지 못하는 그런 행동들이 있다는 것도 저는 인정합니다. 회심하지 않고 성령님의 조명을 받지 못한 자들이 범하는 행동들에 대해 들었을 때, 저는 "불쌍한 영혼들 같으니. 그들이 예전에 어떤 사람들이었는지, 어디에 있었는지를 생각해 볼 때, 그들의 행동은 그리 심하게 비난받을 것이 되지 않는다"라고 말하면서 그들을 용서했습니다. 하지만 제가 그런 악행의 절반만 범했다 해도, 아마 제 행동은 반역과 노골적인 범죄로 여겨졌을 것입니다. 은총을 입은 자녀에게는 일반 백성들을 다스리는 법과는 다른 법이 적용됩니다. 낯선 사람이 범했을 때는 그냥 넘어가게 되더라도, 절친한 친구가 범했을 때는 아주 극악무도한 일이 되기도 합니다. 이는 여러분이 법 아래에 있지 않고 은혜 아래에 있기 때문입니다(롬 6:14). 은혜 아래에서 여러분은 단순히 율법이 여러분에게 강제한 것보다 더욱 거룩하고 더욱 고상한 구속력을 느끼게 됩니다.

　사랑하는 성도 여러분, 만약 여러분이 진심으로 신앙 고백을 한 자들이라면, 해 아래 있는 어느 다른 사람들보다 여러분에게서 더 많은 것들을 기대하게 됩니다. 그래서 저는 조금도 주저함 없이 여러분 앞에 최고의 기준을 하나 제시하고, 또 우리가 죄인들이나 세상 사람들로부터는 절대로 기대할 수 없는 것을 여러분에게 요구하고자 합니다. "너희 의가 서기관과 바리새인보다 더 낫지 못하면 결코 천국에 들어가지 못하리라"(마 5:20)라고 하신 주님의 말씀을 여러분은 알지 못합니까? 만약 제가 일반적인 대중들에게 용맹스런 위업에 대해 말해 달라는 부탁을 받았다면, 저는 할 말이 없어서 입이 바싹바싹 타들어가다가, 전쟁에서의 영웅주의를 말하면서 그들을 권면했을 것입니다. 하지만 만약 제가 수천 년 전으로 거슬러 올라가, 스파르타 전사들에게 말해달라는 요청을 받았다면, 다시 말해서 무기와 함께 전투태세를 완벽히 갖추고 전쟁에서 칼로 베인 상처들과 위협용 문신들을 새긴 군사들 앞에서 말해야 했다면, 저는 아무 제약 없이 마음껏 그들을 선동했을 것입니다. 어미 사자가 어린 사자들을 부추겨 먹잇감을 낚아채듯이, 저는 그 전사들이 분발하도록 했을 것입니다. 그들의 이름과 가문에 누가 되지 않도록 패배라는 생각은 하지도 못하게 하고, 다만 승리만을 기대하게 하며 승리만을 그들의 권리로 파악하라고 그들에게 말했을 것입니다. 그 어떤 웅변가도 보이오티아(Boeotia, 그리스의 주변지역으로 이 지역 사람들은 대부분 어리석은 사람들이라는 속담이 있다 — 역주) 사람들에게 말하듯이, 그렇게 스파르타 사람들에게 말하지는 않았을 것입니다. 싸우는 것은 스파르타인들의 일상이자 일이었습니다. 그러므로 그들에게서는 용맹한 행동들을 기대했습니다. 여러분도 이들과 마찬가지이지 않습니까? 여러분은 십자가에 못 박히신 분을 따르는 자들이지 않습니까? 여러분과 같은 신앙 고백을 했던 순교자들은 일반 사람들이 살아가는 그 이상의 삶을 살아가도록 여러분에게 요구하고 있습니다. 이 시간 여러분 앞에서 말씀드릴 내용은 강력한 내용들이이서, 이런 부연 설명이 필요하겠다는 생각이 들어 여러분을 안심시키고자 이 모든 말씀을 드리는 것입니다. 성령 하나님께서 여러분에게 임하셔서, 모든 강력한 내용들을 감당할 수 있도록 여러분을 충분히 강하게 하시어, 연약한 중에도 하나님께 영광 돌리게 하시기를 기원합니다.

**1. 설교를 본격적으로 시작하기 전에,
우리가 살펴보고자 하는 첫 번째 사실은 이것입니다.**

자연적으로 아무리 선하다 해도, 기독교인의 성품에는 턱없이 부족하다는 것입니다. 그렇다고 해서, 도덕적인 탁월성이 선하지 않다고 말하는 것은 아니니 오해는 하지 마십시오. 어떤 사람은 회심하지 않은 사람 속에는 선한 것이 하나도 없다고 담대하게 말하기도 합니다. 하지만 이 말은 전혀 사실이 아닙니다. 이 말이 거짓인데도 불구하고 보통 암묵적으로 그렇게 알고 있습니다. 실로 유감스러운 일이 아닐 수 없습니다. 하나님께 영광 돌리기 위해 우리는 거짓을 말해서는 안 됩니다. 회심하지 않은 많은 사람들 속에도 선한 것이 많이 있습니다. 물론, '선한 것' 이란 용어에 대한 의미와 관점에 있어서 어떤 제한이 있긴 하지만 말입니다. 하나님의 은혜에 전적으로 낯선 많은 사람들도 고결함, 관용, 친절, 용기, 자기희생과 인내 등에서 놀랄 만한 인간적인 미덕들을 보여주기도 합니다. 저는 기독교인이라는 이름은 전혀 가져보지 못했지만 선한 사람들을 알고 있습니다. 저는 기독교인이라고 자처하는 사람들 중에 몇몇은 그런 불신자들만큼이라도 어떤 의미에서는 선했으면 좋겠다고 생각한 적도 있습니다. 진리를 말하는 것은 항상 옳은 일입니다. 진리가 저로 하여금 이런 말들을 하게 합니다. 신앙 고백한 자들은 이 진리로 인해 자신을 진지하게 판단하게 되고 아주 신중하게 됩니다. 자연적인 온화함과 도덕성을 성령의 열매와 혼동하지 않기 위해서 말입니다. 우리의 성품이 자연의 소산인지 아니면 은혜의 소산인지 하는 질문이 제기된다면, 그래서 만약 우리의 성품이 하나님 은혜의 살아 있는 자녀로 주어진 것이 아니라 잘 차려입은 자연의 죽은 자녀에게 주어진 것으로 판결난다면, 그것은 아주 슬픈 일이 될 것입니다. 우리는 반짝이며 휘황찬란한 보석들로 치장할 수 있습니다. 하지만 이런 것들은 단순히 가져다 붙인 것이지, 그 어느 것도 성령님의 작품이 아닙니다. 우리는 머리부터 발끝까지 아주 호감 가는 좋은 평판으로 장식할 수 있습니다. 하지만 이 모든 것에도 불구하고, 하나님께서 우리에게 요구하는 것에는 부족합니다. 왜냐하면 우리의 내적인 마음이 외적인 치장과 일치하지 않기 때문입니다. 그릇은 깨끗합니다. 더 이상 깨끗해질 수 없을 정도로 깨끗합니다. 하지만 그 안에 오물이 남아 있는 한, 하나님께 받아들여질 수 없습니다.

오늘 본문에 언급된 세 가지 사항에 대해서 살펴보고자 합니다. 율법에는 없지만 권면할 때 많이 언급되는 것들입니다. 이러한 행동들은 선한 행동들이긴 하지만, 그리스도의 기준에는 미치지 못합니다. 그 첫째 사항은 "너희가 만일 너희를 사랑하는 자만을 사랑하면" 하는 것입니다. 친절한 감정이 또 다른 친절한 감정을 불러일으킨다는 사실은 아주 당연한 것입니다. 우리에게 우호적으로 대하는 사람에게 우리도 우호적으로 대하게 됩니다. 우리는 "사랑은 사랑을 낳는

다"(Love begets love)라고 말합니다. 그렇게 되는 것은 자연스러운 일입니다. 그러나 이것이 자연적으로 탁월한 미덕임에도 불구하고, 결코 보편적이라 할 만큼 일반적이지 않다는 점은 참으로 유감입니다. 어린 자녀를 위해 헌신적으로 수고한 부모를 사랑하지 않는 자녀들이 있습니다. 이들은 장성하자 세상에 자기들을 있게 해준 당사자들의 마음에 가혹할 만큼 큰 상처를 주기도 합니다. 자기 누이들을 최고의 관심과 호의로 사랑하지 않는 형제들을 저는 알고 있습니다. 사랑으로 남편과 어린 자녀들을 위해 자신을 희생하고 있는 아내를 사랑하지 않는 남편들, 정말 짐승 같은 남편들이 많다는 사실도 덧붙여 말하려니 참으로 서글픕니다. 제가 인용할 수 있는 많은 사례들을 생각만 해도 얼굴이 화끈거립니다. 그럴 필요 없을 것 같습니다. 여러분이 더 잘 알 것이라 생각합니다.

수많은 사람들은 지금까지 이 정도의 수준에도 이르지 못했습니다. "너희가 만일 너희를 사랑하는 자만을 사랑하면"이라는 그 수준 말입니다. 그러나 우리가 이 정도 수준에 이른다 해도, 절대 큰 성과라고 말할 수 없습니다. 그렇지 않습니까? 죄인들도 자기를 사랑하는 자들을 사랑한다고 주님께서 말씀하시기 때문입니다. 유순한 아내를 사랑하는 남편으로 만드는 데 은혜는 필요치 않습니다. 아들과 딸들에게 사랑을 베풀게 하는 데도 은혜가 필요하지 않습니다. 그런 자들을 우리 주변에서 많이 볼 수 있으니까요. 여러분을 우호적인 태도로 대하는 사람들에 대해 여러분도 마찬가지로 친절하게 느낄 것입니다. 대다수의 여러분이 이런 마음이 들기 위해서 은혜를 요구할 필요는 없으리라 확신합니다. "죄인들도 자기를 사랑하는 자들을 사랑하느니라"(눅 6:32, KJV)고 말씀하기 때문입니다. 여러분은 모두 이 정도의 수준에는 이르렀습니다. 이러한 감정은 좋은 것입니다. 이런 감정은 많으면 많을수록 더욱더 좋습니다. 하지만 이런 감정에만 머무른다면, 그리스도께서 가르치신 수준까지는 이르지 못한 것입니다. 이런 감정을 위해서 성령님께서 우리를 다시 낳은 것이 아닙니다. 이런 감정을 위해서 그리스도께서 그 귀한 보혈을 흘리신 것이 아닙니다. 여러분을 사랑하는 사람들을 사랑하는 덕보다 더 높은 덕이 있습니다. 이 덕은 바로 우리를 미워하고 우리를 악의로 대하는 자들을 우리가 사랑하는 것입니다. 여러분의 이름을 거론할 때는 어김없이 시기하며 이를 갈거나 경멸하며 비웃는 자들을 여러분은 사랑할 수 있습니까? 여러분의 인격을 중상모략하고 여러분을 파멸시키려고 온갖 수작을 다 부리며 거듭 똑같은 짓만 해대는 그런 자들을 여러분은 사랑할 수 있습니까? 그런 자들이 행복을 누리도록 여러분이 도와주었지만 여전히 악의를 품고 있고, 또 그들에게 많은 은혜를 베풀었지만 여전히 여러분에 대해 계속해서 적대감을 가지고 있다 하더라도, 그래도 여러분은 그런 자들에게 선을 행할 수 있겠습니까? 그런 선행을 계속해서 기쁨으로 행할 수 있겠습니까? 특별히 이러한 사랑의 다툼에서 이기적인 동기들을 말끔히 제거한 채로 이런 선행을 전적으로 행한다면, 참으로 영광된 일일 것입니다. 이런 일은 여러분이 영웅으로 보이고 싶다거나 어떤 위대한 인물이 되고 싶어서 하는 것이 아니라, 여러분이 선을 행하기를 단순히 기뻐하고 선행이 가장 필요한 곳, 즉 적대감이 가장 팽배한 곳에 이런 선을 행하는 것만으로도 즐거워하기 때문에 해야 합니다.

이것은 수준 높은 일입니다. 그래서 어떤 사람이 이렇게 말하는 것을 들은 것 같습니다. "나는 그 수준까지는 이를 수 없어. 나는 나를 사랑하는 자들을 사랑할 수는 있지만, 나를 미워하는 자들을 사랑한다는 것은 전혀 다른 문제야. 그렇게 해보기 전에 한 두세 번 정도 그 문제에 대해 생각해 봐야겠어"라고요. 사랑하는 성도 여러분, 제가 감히 말씀드리지만, 여러분도 이렇게 말할 것입니다. 왜냐하면 우리가 기독교인이 되기 위해서는 친히 하나님께서 역사하셔야 하며, 우리가 하나님을 닮기 전에 성부, 성자, 성령 하나님께서 우리 안에 하나님의 은혜라는 기적을 행하셔야 하기 때문입니다. 깊은 신앙은 하나님을 닮아가는 것이며, 이 수준까지 이르기는 결코 쉽지 않습니다.

우리 앞에 놓인 말씀에서 보게 되는 둘째 미덕은 감사하는 보답입니다. "너희가 만일 선대하는 자만을 선대하면 칭찬 받을 것이 무엇이냐?"고 말씀합니다. 사람들이 우리를 도와주었다면, 우리도 그 은혜에 보답하고자 애쓰는 것은 아주 옳은 일입니다. "도움을 받았으면 갚아야 한다"는 말에 누구나 동의합니다. 이것은 아주 일상적인 미덕임에도 불구하고, 세상에서 제일 흔히 볼 수 있는 것이 아니라는 사실을 전하게 되어 유감입니다. 왜냐하면 여러분이 원한다면 다른 사람들을 도울 수는 있겠지만, 들리는 말에 따르면, 도움을 받은 사람들이 그 도움에 대한 보답으로 여러분을 항상 돕지는 않기 때문입니다. 제가 무슨 뼈아픈 경험이 있어서 이런 말씀을 드리는 것은 아닙니다. 왜냐하면 지금까지 모든 성도들이 제게 친절하게 대해 주셨으며, 후히 되어 누르고 함께 흔들고 넘치게 하여(눅 6:38, KJV) 제 품에 안겨 주셨기 때문입니다. 그래도 제가 만난 사람들 중에는 예전에 은혜를 베풀었던 자들로부터 배은망덕한 대접을 받고서 몹시 분개하던 사람들도 있었습니다. 자기들은 다른 사람들을 아낌없이 도와주었지만, 정작 도와준 자신들이 도움을 필요로 할 때는 아무 도움도 받지 못했다고 주장하더군요. 예전에 들은 주장이라 정확하다고 확신은 할 수 없지만, 그래도 그들은 그런 식으로 말했습니다. 사람들이 배은망덕하다는 것은 분명히 잔인한 일입니다. 그러나 사랑하는 성도 여러분, 여러분은 은혜를 고맙게 여기는 자로서, 예전에 여러분을 선대했던 사람에게 선으로 보답하느라 극심한 고통을 겪었다고 한번 가정해 봅시다. 그렇다고 해서, 여러분이 칭찬받을 이유가 있을까요? 여러분은 해야 할 일을 했을 뿐입니다. 그 이상도 그 이하도 아닙니다. 모든 정직한 사람들이 으레 그렇게 하듯이 여러분은 예전에 진 빚을 갚은 것입니다. 그렇다고 해서, 이것이 여러분을 한 사람의 기독교인으로 입증하는 것은 아닙니다. 왜냐하면 기독교는 이런 보은(報恩)을 포함하고 있기는 하지만, 동시에 그 위로 솟아 있기 때문입니다. 마치 알프스 산이 주변 평지 위에 솟아 있는 것처럼 말입니다.

예수님을 따르는 자들에게는 자신에게 해를 끼친 자들에게도 선을 베풀라는 요구를 받습니다. 여러분도 알다시피 옛말에 "선을 악으로 갚는 것은 악마를 닮는 것이며, 악을 악으로 갚는 것은 짐승을 닮는 것이며, 선을 선으로 갚는 것은 인간을 닮는 것이며, 악을 선으로 갚는 것은 하나님을 닮는 것이다" 하는 말이 있습니다. 여러분은 하나님을 닮는 수준까지 올라가십시오. 어떤 사람이 여러분의 입에 든 빵을 빼앗는다면, 우선적으로 그의 생계를 도울 기회를 확보하십시오. 만약 그 사람이 여러분에게 욕설을 퍼부었다면, 언제든지 기꺼이 그를 용서하십시오. 그를 대적하는 말은 한 마디도 하지 마십시오. 당분간 때를 지켜보며, 큰 친절을 베풀어서, 여러분이 그의 머리 위에 숯불을 쌓아 놓도록(롬 12:20, KJV) 하십시오. "이 가르침은 어렵도다"(요 6:60)라고 말하는 사람이 있을 것입니다. 이 가르침이 어렵다는 것은 저도 알고 있습니다. 행하기는 더욱 어렵습니다. 하지만 이것이야말로 복된 행동입니다. 선으로 악을 갚는 것이 얼마나 아름다운지요! 이것은 자신을 정복하는 것으로서, 제국을 정복하는 것보다 더욱 우리 영혼을 품위 있게 해 줍니다. 다른 그 어떤 행위보다도 천국의 속성을 더 많이 가진 이러한 행동들을 통해 그리스도께 가까이 나아가게 됩니다. 해(害)를 유익으로 갚고, 적의를 호의로 보답하는 이런 참을성 있는 행동은, 우리가 원수 되었을 때에(롬 5:10) 우리를 위하여 목숨을 버리셨던(요일 3:16) 그분과의 교제를 제공합니다. 오, 용서라는 이 달콤한 은혜를 맛보고, 이것이 과연 선한지 아닌지를 살펴보십시오. 만약 여러분이 지금까지 기독교인의 기쁨을 알지 못했다면, 이제 비로소 그 기쁨을 알게 될 것입니다. 이것이 바로 고귀한 덕입니다. 어쨌든 우리가 그리스도를 따르는 자들이라면, 우리는 이 수준까지 도달해야 합니다.

셋째로, 여러분은 34절 말씀에서, 친절한 행동으로 보답받기를 기대하며 이웃사촌 같은 방식으로 다른 사람들을 돕는 것에 대한 언급을 보게 됩니다. "너희가 받기를 바라고 사람들에게 꾸어 주면 칭찬 받을 것이 무엇이냐?"고 말입니다. 우리가 도움 받을 일이 있을 때, 우리가 부탁만 하면 예전에 우리가 도와줬던 것을 돌려받을 것이라는 기대를 가지고서, 우리는 종종 일시적인 도움을 주게 됩니다. 내가 당신에게 도끼를 빌려주면, 당신은 언젠가는 톱을 빌려줄 것이고, 당신이 내 들통을 빌려 가면, 당신은 내게 당신의 다리미를 빌려줄 것이라는 기대 말입니다. 이웃사촌 간에 행해지는 이런 물물교환은 도처에서 행해지고 있으며, 앞으로도 계속해서 행해져야 합니다. 하지만 이런 물물교환에는 놀랄 만한 것이 아무것도 없습니다. 결국 이것은 창고에 물건을 보관하고서 여러분의 이웃을 물주로 삼아 잠시 동안 물건을 융통하는 것이기 때문입니다. 나는 너를 돕고 너는 나를 돕는 식으로 말입니다. 이런 행위는 아주 바람직한 행동입니다. 이러한 형제 같고 이웃사촌 같은 협동은 많으면 많을수록 더욱 좋습니다. 하지만 이런 돕는 일에도 그렇게 미덕이 될 만한 것은 전혀 없습니다. "칭찬 받을 것이 무엇이냐 죄인들도 그만큼 받고자 하여 죄인에게 꾸어 주느니라"고 말씀하기 때문입니다. 기독교인인 여러분은 이보다 좀 더 높은 수준에 올라가야 합니다. 즉, 그 사람으로부터 도움을 되돌려 받겠다는 기대 없이 기꺼이 돕는 것, 여러분의 요청에 응할 수 없을 정도로 여러분을 분명히 도와줄 수 없는 사람들을 기꺼이 도와주는 것입니다. 그렇습니다. 여러분의 호의를 거짓말과 악의에 찬 행동으로 대응하면서, 여러분을 도와줄 여력이 되어도 여러분을 돕지 않으려는 사람들을 기꺼이 돕는 것이 좀 더 높은 수준입니다. 여러분은 이 수준까지 이를 수 있습니까? 왜냐하면 이렇게 하는 것이 기독교인이 되는 것이며, 이것이야말로 하늘에 계신 여러분의 아버지를 닮는 것이기 때문입니다. 이는 하나님이 비를 의로운 자와 불의한 자에게 내려주시며(마 5:45), 그 해(태양)를 부한 자의 정원뿐만 아니라 가난한 자의 밭에도 비쳐주시고, 아무것도 보답 받지 못하지만, 주고, 주시고, 또 주시는 분이기 때문입니다. 하나님은 우리에게 좌우되지 않으시는 매우 크고 충만하며 영광스러운 분이시며, 인간들 위에 임청나게 무한한 복을 쏟아 부으시는 영원히 흐르는 샘이십니다. 이것이 바로 하나님의 영광입니다. 우리가 헤아리는 그 헤아림대로, 우리도 똑같이 헤아림을 받을 것입니다. 우리 주님께서 친히 말씀하신 "주는 것이 받는 것보다 복이 있다"(행 20:35)는 말씀과 같이, 우리는 더 높은 기쁨을 열망해야 합니다. 여기에 바로 품위가 있습니다. 사람들로부터 받는 것이 아니라 다른 사람들에게 후하게 나누어 주는 것이야말로 천국의 기쁨입니다. 하나님께서 우리를 도우셔서 우리가 선한 일을 하며, 다시 돌려받기를 전혀 바라지 않음으로써 우리 하나님을 닮는 자 되기를 기원합니다.

사랑하는 성도 여러분, 지금까지 저는 기독교가 말하는 덕의 기준까지는 미치지 못하지만, 그래도 이 세상에는 선한 것들이 있다는 사실을 말씀드렸습니다. 이것은 모든 종교적인 선행들에도 적용됩니다. 여러분은 하나님이 계신 집에 나아갑니다. 마찬가지로 이교도들도 그들의 신이 있는 집으로 나아갑니다. 여러분은 일정 시간을 기도하는데 사용합니다. 이슬람교도들도 마찬가지입니다. 여러분은 아주 경건합니다. 배화교도들(拜火敎, Parsees, 조로아스터교. 빛과 어둠, 선과 악 등의 이원론을 배경으로 인간의 도덕적 의로움을 강조한다 — 역주) 또한 아주 경건합니다. 여러분은 종교적인 사람으로 알려져 있습니다. 사기꾼으로 드러난 사람들 중에도 종교적인 사람으로 알려진 이들이 많았습니다. 여러분은 집사 직분을 받았거나, 아니면 다른 직분을 맡고 있습니다. 맞습니다. 그러나 그 직분을 맡기에 전혀 정직하지 않은 은행장들도 같은 직분을 맡고 있었습니다. 여러분은 복음 전도자입니다. 맞습니다. 유다도 복음 전도자였으나, 그는 스스로 목매달아 제 곳으로 갔습니다(행 1:25). 종교적인 행동들은 그 이면에 참된 마음이 없다면, 아무런 가치가 없습니다. 이런 선행들은 우리가 마땅히 해야 할 것들입니다. 하지만 그 일에 우리의 마음이 떠난다면, 안 하느니만 못한 일이 되어버립니다. 죄인들도 종교적인 행동들을 합니다. 이런 종교적인 행동 외에도, 어떤 죄인들은 많은 외적인 미덕들까지 보여주기도 합니다. 하지만 기독교가 말하는 미덕의 기준에는 분명히 미치지 못합니다. 똑같은 길을 분명히 같은 방향으로 사람들이 여행하긴 합니다. 하지만 전적으로 서로 다른 동기로 여행을 할 수 있습니다. 첫 번째 사람은 왕의 명령을 수행하는 중이고, 두 번째 사람은 노상강도이며, 세 번째 사람은 지금 도망치고 있는 탈옥수일 수 있으니까요. 수백 명의 서로 다른 사람들이 동일한 일을 하기도 하고, 동일한 길에서 외관상 같은 일을 하기도 합니다. 하지만 그들 가운데 오직 한 사람만이 하나님의 방법으로 행하고, 하나님을 영화롭게 하여 영광을 돌리겠다는 신실한 동기로 행하고 있는 사람입니다. 나머지 아흔아홉 명은 외적인 행동을 바르게 하려고 부단히 애써보지만, 하나님께서 받으실 만할 정도가 되기에는 역부족입니다. 왜냐하면 그들의 동기와 정신이 전적으로 잘못되었기 때문입니다.

오, 제가 가만히 앉아서 제 삶을 돌이켜볼 때, "이것이 과연 기독교인으로서 마땅히 살아야 할 삶인가?"라고 질문해보면 부끄럽기 짝이 없습니다. 이와 동일한 질문이 여러분의 마음에도 생기지 않습니까? 여러분은 많은 점에서 심지어 회심하지 않은 자들보다도 못하다고 느낀 적은 없습니까? 기독교인은 아니지만 고통을 참아야 할 때 여러분보다 훨씬 더 인내하는 사람들이 있다는 것을 알지 못합니까? 불신자들이지만 대단히 관대하고, 가난한 이웃들을 돕는데 매우 자기 희생적인 모습을 보이는 분들이 있다는 것을 알지 못합니까? 여러분이 그리스도에게 헌신하는 것보다 더 크게 학문에 헌신하는 사람들이 있다는 것을 알지 못합니까? 여러분이 우리 주님을 사랑한 것보다 더 뜨겁게 자기 나라를 사랑한 사람들에 대해 여러분은 알고 있지 않습니까? 이런 생각들이 여러분으로 하여금 더 나은 무언가를 추구하도록 자극하지 않습니까? 이런 사람들을 생각할 때 제 얼굴은 붉어지고 마음은 서글퍼집니다. 영원한 사랑을 알고 있다고 고백하지도 않는 자들이 전쟁에서 용맹하게 일어서고, 빙해(氷海)인 발트 해를 헤쳐 나가는 인내력을 발휘하는데, 그렇다면 저는 마땅히 어떤 유의 사람이 되어야 하겠습니까? 내 주님이 참된 그분의 제자가 되라고 저를 부르시는데, 저는 마땅히 어떤 사람이 되어야 하겠습니까? 그분께 영광을 돌리기 위해서 저는 지금 무엇을 하고 있습니까? 이 정도의 본문 말씀 때문에 마음이 흔들려서, 이 말씀은 지키기 힘든 교훈이라고 말한다면, 저의 모든 허물을 보고 계시는 하나님의 목전에서 제가 어디에, 도대체 어디에 서야 하겠습니까?

**2. 두 번째로, 기독교의 덕은 많은 점에 있어서 독특하며,
따라서 담대하다고까지 할 수 있다는 사실을 여러분에게 주지시키고자 합니다.**

이 사실을 설명하기 위해, 저는 누가복음에만 국한해서 살펴보겠습니다. 우리가 읽은 성경구절에서 우리는 일반인들의 사고 행태와는 아주 다른 덕의 형태를 분명히 보게 됩니다. 이것은 사랑과 관련된 것으로, "너희 원수들을 사랑하며 너희를 미워하는 자들에게 선을 행하고 너희를 저주하는 자들을 축복하며 악의

를 품고 너희를 다루는 자들을 위해 기도하라"(눅 6:27-28, KJV)는 말씀입니다. 사랑과 친절과 인간의 필요에 대한 고려, 그리고 선행에 대한 욕구 등의 관점에서 볼 때, 기독교적인 삶은 모든 다른 것보다 우위에 서 있습니다. 그래서 기독교적인 삶이 그 절정에 이르게 됩니다. 이교도의 도덕론자들은 친절을 권했지만, 원수에게까지 후대(厚待)하라고는 제안하지 않았습니다. 저는 키케로의 훈계에 다소 위안을 얻은 적이 있습니다. 키케로(Cicero, BC 106-43, 로마시대의 정치가, 웅변가, 문학가, 철학자)는 이렇게 말합니다. "친절은 어린이나 늙은이에게 베풀어서는 안 됩니다. 노인은 은혜를 베푼 여러분에게 보답할 기회를 갖기 전에 죽을 수 있기 때문이며, 어린이는 자신이 은혜를 입었다는 사실을 틀림없이 잊을 것이기 때문입니다." 우리 가운데 중년층에 속한 사람들은 이 웅변가가 말하는 관대함을 좋아할 것이고, 그것에 대해 우리가 좋아하는 만큼이나 높이 평가할 것입니다. 하지만 우리는 이렇게도 생각해 볼 수 있습니다. 키케로는 우리를 착하게 보고 우리가 남에게 신세를 지면 그 받은 은혜에 이자까지 더해서 다시 갚을 것이라고 생각했기 때문에, 오직 우리에게만 그런 관대함을 베풀라고 권면하지 않았나 하는 것입니다. 대중들을 향해 잔잔히 미소짓는 온화함이야말로 이러한 뻔뻔스러운 이기심을 충분히 감추고도 남습니다. 우리 주님께서는 우리에게 사람들로부터 상을 받으려고 하지 말라고 명하시면서, 후에 더 큰 상을 받게 될 것이라는 확신을 우리에게 주셨습니다. 우리는 상을 피함으로써 상을 얻게 될 것입니다. 우리는 상 받지 않은 것에 대한 상을 받게 될 것입니다. 이에 대해 우리 주님께서 어떻게 말씀하셨는지 보십시오. "네가 점심이나 저녁이나 베풀거든 벗이나 형제나 친척이나 부한 이웃을 청하지 말라 두렵건대 그 사람들이 너를 도로 청하여 네게 갚음이 될까 하노라 잔치를 베풀거든 차라리 가난한 자들과 몸 불편한 자들과 저는 자들과 맹인들을 청하라 그리하면 그들이 갚을 것이 없으므로 네게 복이 되리니 이는 의인들의 부활시에 네가 갚음을 받겠음이라 하시더라"(눅 14:12-14).

다음으로 누가복음 9장 54절과 55절 말씀을 읽어보십시오. 그러면 기독교인은 온화함이라는 문제에 있어서 인간적인 감정을 넘어서야 한다는 사실을 알게 될 것입니다. 사마리아 지역의 마을들에서 그리스도를 받아들이지 않자, 야고보와 요한은 "우리가 불을 명하여 하늘로부터 내려 저들을 멸하라 하기를 원하시나이까?"(눅 9:54)라고 말했습니다. 그러자 예수님은 그 제자들을 꾸짖으시며

"너희가 어떤 영에 속해 있는지 너희가 알지 못하는도다"(눅 9:55, KJV)라고 말씀하시고는 다른 마을로 가셨습니다. 기독교인은 양보할 준비가 되어 있어야 합니다. 기독교인은 고요하고, 평화롭고, 온화해야 합니다. 어떤 사람들에게 선을 행하면서 그 사람들을 축복하고자 하지만, 당사자들이 듣기를 거부한다면, 그 화내게 하는 자들에게 화를 내거나 비난하지 마십시오. 오히려 다른 곳으로 가서 메시지를 갈망하는 자들이 있거든 그들에게 메시지를 전하십시오. 자신을 거절한 사람들을 잠시라도 다시 찾아가서, 마음상태가 우호적으로 바뀌지는 않았는지 살펴보십시오. 사랑하는 성도 여러분, 온화하십시오. 부드러운 말에는 말대꾸하기 힘듭니다. 처음에는 여러분을 거절할 수 있습니다. 그러나 다시 한 번 더 시도해 보십시오. 어떤 경우라도 화내지 마십시오. 화낼 때 여러분은 그들에게 지는 것이기 때문입니다. 기독교인들은 하늘 아래에서 가장 온유한 존재들이 되어야 합니다. 기독교인들은 이리 가운데로 보냄을 받은 어린 양(눅 10:3)입니다. 그리고 기독교인들은 비둘기 같이 순결하라(마 10:16)는 요구를 받습니다. 이러한 유순함은 원수들을 놀라게 하고 당황하게 할 것입니다. 그래서 예수님을 믿는 기독교는 영광의 면류관을 얻게 될 것입니다.

기독교인은 그의 기쁨에 있어서도 승화(昇華)되어 다른 모든 사람들보다 우위에 있어야 합니다. 기독교인들도 일반 사람들처럼 일반섭리에서 주어지는 공통적인 은혜에 대해 기뻐할 수 있습니다. 하지만 기독교인들은 이러한 기쁨을 매우 이차적인 것으로 여깁니다. 심지어 기독교인은 자신이 맡은 일에서 자신만의 성공을 거두어도, 그것으로 만족하지 않습니다. 누가복음 10장 20절 말씀을 읽어보면서 기독교의 가장 참된 기쁨이 무엇인지 살펴봅시다. "그러나 귀신들이 너희에게 항복하는 것으로 기뻐하지 말고 너희 이름이 하늘에 기록된 것으로 기뻐하라"고 되어 있습니다. 마귀를 제압하는 영적인 능력과 승리마저도 기독교인을 흥분시키지 못합니다. 오히려 기독교인은 자신의 운명이 완전히 자기 자신에게서 벗어나 변함없으신 하나님의 뜻에 따라 정해져 있다는 사실에서 기쁨을 찾습니다. 이런 신자야말로 놀라운 존재가 아닐까요?

다음으로 기독교인은 스스로 두려움을 모르는 면에서 담대합니다. 이번에는 누가복음 12장 4절 말씀을 펴고, 그리스도께서 제자들에게 어떻게 말씀하시는지 살펴보십시오. "몸을 죽이고 그 후에는 능히 더 못하는 자들을 두려워하지 말라 마땅히 두려워할 자를 내가 너희에게 보이리니 곧 죽인 후에 또한 지옥에 던져 넣는 권세 있는 그를 두려워하라 내가 참으로 너희에게 이르노니 그를 두려워하라"(눅 12:4,5)고 합니다. 참된 기독교인은 여론을 두려워하지 않으며, 하나님의 눈살을 찌푸리게 하는 자들이 눈살을 찌푸리는 것도 무서워하지 않습니다.

참된 신자는 기꺼이 비난을 견딥니다. 맞습니다. 하나님의 성도들이 아득한 옛날부터 그래왔던 것처럼, 참된 신자는 비난 그 이상도 견디어 냅니다. 우리는 고난에 움츠러들기는커녕, 왕과 통치자들 앞에 서게 되더라도, 어떻게 말해야 할지, 우리는 생각할 필요조차 없습니다. 왜냐하면 부분적으로 기독교인의 담대함은 고요한 침착함에 있기 때문입니다. 11절에서 주님이 어떻게 말씀하시는지 살펴보십시오. "사람이 너희를 회당이나 위정자나 권세 있는 자 앞에 끌고 가거든 어떻게 무엇으로 대답하며 무엇으로 말할까 염려하지 말라"(눅 12:11)고 합니다. 사람들이 자기 말을 듣지 않으면 조용히 다른 곳으로 갈 정도로 온유하던 바로 그 사람이, 이제는 너무나 확고부동한 사람이 되어 조용히 있을 수가 없게 됩니다. 자신을 고발하는 자들 앞에 서서 사자처럼 담대해져서 어떤 말을 해야 할지 전혀 고민하지 않습니다. 왜냐하면 세상은 보지도 못하고 알지도 못하여 받을 수도 없는, 우리 속에 내주(內住)하시는 성령님을 기독교인들은 의지하고 있기 때문입니다. 기독교인은 이 성령님을 의지하기 때문에, 말해야 할 때가 되면 말을 합니다. 그가 하는 말은 그의 원수들조차도 옳다고 인정할 수밖에 없는 바른 말들입니다. 또 기독교인은 침묵해야 할 때가 되면 침묵합니다. 그가 이런 침묵 가운데 있을 때도 주변에 있는 사람들은 그의 침묵에서 어떤 두려움을 느낍니다. 이런 방식으로 기독교인은 남자답게 당당하게 행동합니다.

여러분은 이제 누가복음 12장 22절 말씀을 펴고, 참된 신자가 세상 사람들보다 얼마나 더 수준이 높은지 살펴보도록 하십시오. 이 말씀에서 주님은 우리에게 세상적인 모든 일들로부터 거룩한 **마음의 안정**을 함양하도록 명하십니다. 부자는 곡식이 가득한 자신의 곳간에서 자신의 부를 찾습니다. 하지만 신자는 자기 하나님의 전적인 충만하심에서 자신의 보화를 찾습니다. 주님은 "너희 생명을 위해 무엇을 먹을까, 몸을 위해 무엇을 입을까 염려하지 말라. 생명이 음식보다 소중하며 몸이 옷보다 소중하니라(눅 12:22-23, KJV). … 이 모든 것은 세상 민족들이 구하나니 너희 아버지께서는 이것들이 너희에게 필요한 줄 아시느니라"(눅 12:30, KJV)라고 말씀하십니다. 사랑하는 성도 여러분, 보십시오. 성령 하나님은 마음 졸이게 하는 모든 염려들 너머로 우리를 들어올리십니다. 아버지께서는 이 세상에서 우리가 필요로 하는 것을 채우실 것이며, 예수님은 결코 우리를 떠나지 않으시리라는 것을 우리는 느낄 수 있습니다. 그분이 우리의 목자이기에 우리는 부족함이 없을 것이며, 우리는 편안히 거하며 평화롭게 안식을 누리는 양 떼들처럼 푸른 풀밭에 눕게 될 것입니다. 탐심이 우리에게 접근하지 못하게 해야 합니다. 사람의 생명이 그 소유의 넉넉한 데 있지 않기 때문입니다(눅 12:15). 막대한 양의 부를 계속해서 쌓아두려는 바람은 이미 얻은 것을 누리지 못하게 하며, 틀림없이 하늘나라의 상속자와는 거리가 먼 것입니다. 우리 하나님께서 주신 은혜를 의지하면서, 세상적인 것들에 관해 우리는 끊임없이 안정된 마음으로 만족하고 감사하고 신뢰하며 살아야 합니다. 염려로부터의 자유는 기독교인의 성품 중 주요한 부분을 이룹니다. 이 자유를 소유한 사람은 드물지만, 이것을 소유한 사람은 세상 사람들보다 훨씬 더 높은 수준으로 승화된 사람입니다.

기독교의 담대함이 드러나는 또 다른 성품은 겸손과 봉사하는 기쁨에서 찾아 볼 수 있습니다. 누가복음 14장 말씀을 펴고, 가장 높은 자리를 추구하지 말고 오히려 가장 낮은 자리를 추구하라고 주님께서 제자들에게 행하신 가르침들을 살펴보십시오. 주님은 "무릇 자기를 높이는 자는 낮아지고 자기를 낮추는 자는 높아지리라"(눅 14:11)라고 말씀하십니다. 기독교인이라면 여느 때와 같이 늘 자기 자신을 삼가야 합니다. 기독교인은 뻔뻔하다거나 자기이익만 추구한다거나 자기생각만 주장하는 사람으로 알려져서는 결코 안 됩니다. 자신을 높게 여기는 사람은 동료들로부터 괜찮은 사람이라는 인정을 거의 받지 못합니다. 그래서는 안 됩니다. 기독교인은 아무리 천한 일이라도 다른 사람들의 유익을 위해서라면 어떤 일이든 행할 마음의 준비가 되어 있어야 합니다. 기독교인은 성도들의 발을 씻을 사람들입니다. 성도들은 자기의 형제들을 섬기고 자기의 주님에게 영광 돌리는 일이라면 주님 집에 문지기(시 84:10)라도 할 사람들입니다. 제 설교를 듣는 사람들 중에 누가 "이런 기독교인이 도대체 어디 있습니까? 이렇게 선하고 겸손한 사람들이 도대체 어디 있습니까? 저는 그런 사람들을 도저히 찾을 수 없어요"라고 물을 것입니다. 여러분 자신이 바로 이런 사람들 중의 하나이지 않습니까? 만약 여러분이 이런 사람이 아니라면, 신앙 고백을 제대로 하십시오. 그러고 나서, 하나님 앞에 나아가 하나님께서 여러분을 바로잡아 달라고 간구하십시오. 여러분이 겸손하고 사랑스러운 영혼을 지니게 될 때, 여러분은 여러분과 같은 마음을 지닌 다른 사람들을 발견하게 될 것입니다. 그런 사람들을 만나기가 쉽지 않다는 것을 저도 인정할 수밖에 없습니다. 하지만 여러분이 유순하고 겸손하게 될 때, 새들은 같은 깃털을 가진 새끼리 모이듯, 사람은 같은 마음을 가진 사람들끼리 서로 어울려 사귄다는 유유상종(類類相從)의 원리에 따라, 여러분도 유순하고 겸손한 사람들을 만나게 될 것입니다. 하늘나라까지도 야망의 투기장(arena)으로 변질시키는 것은 기독교의 정신이 아닙니다. 기독교인은 그리스도를 위해서라면 모든 사람을 섬기는 종이 되겠다는 그리스도의 마음을 지닌 자들입니다. 교회 안에서 자유를 추구한다는 미명(美名) 하에 지배력과 자기 과시를 탐하는 것은 기독교의 정신이 아닙니다. 이런 영향력 아래 있는 자들은 하나님의 교회 안에 자신의 규칙 외에 다른 규칙은 없다고 생각할 것입니다. 이런 사람들은 너무나 완고하고 교만해서, 주 안에서 자기 위에 있는 자들에게 순복하지 않습니다. 기독교의 정신은 겸손하고, 양보하며, 쉽게 부탁을 잘 들어주고, 자신을 추구하지 않는 것입니다. 이것이 바로 독특한 사람들의 독특성 속에 있는 주요한 성품들입니다.

이외에도, 기독교인에게는 다른 사람들에게 없는 **믿음**이 있어야 합니다(누가복음 17장 6절 말씀을 참조하십시오). 기독교인은 보이지 않는 것을 볼 수 있는 눈을 가져야 하며, 자신이 느낄 수 없는 것에 기댈 수 있는 팔을 가지고 있어야 합니다. 다른 사람들은 어떤 사실에 대해 이론으로만 받아들여서 위험을 무릅쓰고라도 거기에 무언가를 걸어볼 꿈도 꾸지 않지만, 기독교인은 그 사실에 근거해 행동합니다. 사랑하는 성도 여러분, 여러분은 산들을 향해 "평지가 되리라"(슥 4:7)라고 말하고, 뽕나무에게 이르기를 "뿌리째 뽑혀 바다에 심겨라"(눅 17:6)라고 말할 수 있는 사람들이 되어야 합니다. 여러분은 기적을 행해야 합니다. 육체적이고 물질적인 기적이 아니라, 영적이고 정신적인 기적을 행해야 합니다. 후자가 전자보다 못한 것이 아닙니다. 영적이고 정신적인 기적은 치유와 부활의 이적보다 한층 더 놀라운 기적입니다.

이 누가복음 17장 이하의 말씀들은 기독교인이 섬김의 사람이라는 사실을 우리에게 보여주고 있습니다. 기독교인은 잔치 자리에 앉기 위해서 이 세상에 왔다고 생각해서는 안 됩니다. 오히려 자기 주인이 식탁에 앉아 계시는 동안, 자기 주인에게 시중을 들어야 합니다. 너무나 많은 성도들은 자신이 그저 받아먹기만 할 목적으로 교회를 섬기는 것 같습니다. 그들은 하나님의 집을 군사를 위한 군대의 막사나 일꾼들이 자신의 무디어진 연장을 날카롭게 벼리는 그런 곳으로 결코 여기지 않습니다. 그들은 하나님의 집을 단지 거룩한 양식 저장소, 영적인 식자재 보관소, 천국의 큰 식당 정도로 여겨서, 많은 것을 받아먹기만 하고, 교회에 되돌리는 것은 아주 미미하거나 전혀 없습니다.

　　오, 사랑하는 성도 여러분, 우리는 종교마저도 자신들의 이기적인 필요를 채워주는 것으로 생각하는 악한 영의 속박으로부터 벗어나야 합니다. 연륜이 쌓이고 재산이 많아지면서 인간에게 교묘히 파고드는 생각, 즉 곤란하고 수고스러운 일들은 좀 피해보자는 바로 이 생각을 우리는 수치로 여겨야 합니다. 우리는 섬겨야 합니다. 우리의 안락을 위해 드러누워서는 안 됩니다. 스스로 쉬기를 갈망하면서도 자신의 유익을 바라는 우리는 도대체 어떤 사람들입니까? 주 예수 그리스도께서는 우리가 항상 "내가 어떻게 행복해질 수 있을까? 내가 어떻게 해야 영적인 즐거움을 취할 수 있을까?" 하는 질문을 하는 것을 원하지 않으실 것입니다. 종들은 자신의 쾌락을 위해 일하거나 자신의 유익을 구하는데 시간을 보내서는 안 됩니다. 자신의 모든 시간을 자기 건강을 돌보는데 다 써버린 종을 그의 주인은 그리 귀하게 여기지 않을 것입니다.

　　이와 마찬가지로, 우리에게는 자신의 내적 감정을 돌보는 것 그 이상으로 우리가 해야 할 어떤 것이 있습니다. 지옥 불에서 한 생명을 건져내는 것이 여러분의 손을 따뜻하게 하는 것보다 더 낫습니다. 여러분이 기름진 것을 먹고 달콤한 것을 마시는 것보다 굶주린 영혼을 천국의 빵으로 먹이는 것이 훨씬 더 고귀한 행동입니다. 누구나 인정하는 고급의 향기 나는 비누로 어떤 게으른 자의 손을 씻는 것보다 그리스도를 위한 보석을 찾기 위해 진흙탕 속으로 여러분의 팔을 팔꿈치까지 집어넣는 것이 훨씬 더 기쁜 일입니다. 오, 신앙에서 자기를 추구하는 모든 생각들을 깨끗이 제거하십시오. 우리는 깊은 물에서 익사 중에 건짐을 받은 선원처럼, 무엇보다 먼저 은혜로 구원받은 사람들입니다. 우리는 구원받은 것으로 끝난 것이 아니라, 구원받은 이후에 멸망해가는 다른 사람들을 구명보트에 태워 구조하라는 가르침을 받았습니다. 기독교는 전쟁에서 부상당한 병사인 나를 발견하고는 나의 상처를 고쳐 주었습니다. 하지만 기독교는 그 이상의 일을 합니다. 기독교는 나에게 갑옷을 입히고, 칼을 주고, 싸우는 법을 가르쳐 주어, 내가 그 충만한 능력에 순종하기만 한다면, 나를 담대한 영웅으로 만들어 줍니다. 하나님께서 은혜를 베푸시어 우리 한 사람 한 사람이 이렇게 되기를 바랍니다.

3. 이제 한 가지 사실만 더 묵상하고 말씀을 맺고자 합니다.

기독교라는 종교는 가장 담대한 삶을 위한 합당한 자양분을 공급해 줍니다. 저는 이 사실을 몇몇 문장으로 여러분에게 말씀드리겠습니다. 양해 바랍니다. 첫째, 은혜의 경륜이 담대한 삶을 요구합니다. 여러분과 저는 일반 사람들의 삶보다 더 고귀한 삶을 살도록 택함을 받은 것이 분명합니다. 그렇지 않고서야, 이런 온갖 난리를 감수해야 할 필요가 없지 않겠습니까? 우리는 하늘과 땅과 지옥이 움직이고 있는 것을 봅니다. 하나님께서는 그분의 보좌를 버리고 인간이 되셨습니다. 불멸하시는 분이 육과 혈을 입고 죽으셨습니다. 성령님께서는 이 진흙으로 만든 육체 가운데 거주하시고, 이 광경을 천사들은 놀라움으로 바라봅니다. 여기에는 뭔가 지극히 선한 기초 작업과 뭔가 하고 싶은 주장이 있는 것이 분명합니다. 불꽃처럼 밝게 빛나는 천사를 한번 생각해 보십시오. 창조주께서 천사를 만들기 위해서 도대체 어떤 고생과 수고를 하셨습니까? 천사를 만들기 위해서는 만들 생각만으로 충분했습니다. 하나님께서 천사를 만들 의지를 갖자마자, 키를 가진 케루빔과 칼을 가진 세라핌들이 모두 눈부신 대열을 이루어 하나님 앞에 정렬하여 섰습니다. 영원한 작정의 대상이며, 아버지는 독생자 아들을 내주기까지 극심한 마음의 고통을 당하셨고, 아들은 피 땀 흘리는 희생을 치렀고, 성령님은 그의 전능하심을 행사하신 그런 피조물은 도대체 어떤 피조물이어야 하겠습니까? 여러분과 제가 바로 그에 합당한 피조물이어야 합니다. 우리는 이런 피조물에 합당하게 담대한 삶을 향해 나아가는 여정 중에 있습니다. 우리가 이런 피조물이고, 또 이에 합당한 담대한 삶으로 나아가고 있다면, 우리에게서 위대한 일들이 나와야만 합니다. 이런 생각으로 인해 우리의 삶이 좀 더 고상한 삶이 되었으면 좋겠습니다.

사랑하는 성도 여러분, 다시 생각해 보십시오. 담대한 삶에 따라오는 상(賞)은 우리가 거룩한 담대한 삶을 살아가는데 도움이 됩니다. 찬양받으실 우리의 주님은 이 땅에서 상급 받을 생각을 하지 말라고 명하셨지만, 이 말씀은 그 일 자체에 상급이 있다는 사실을 우리에게 말씀하고 있는 것입니다. 누가복음 6장 35절 말씀을 단지 따라 읽기만 하십시오. "너희는 원수를 사랑하고 선대하며 아무것도 바라지 말고 꾸어 주라 그리하면 너희 상이 클 것이요"라고 합니다. 도대체 무슨 상이 크다는 말씀입니까? 선한 일을 행한 것 그 자체가 바로 상입니다. 이 것으로 충분합니다. 만약 여러분이 여러분을 가혹하게 대했던 형제에게 찾아가 말하기를 "형제여, 이제 우리 친하게 지냅시다"라고 하고서 여러분이 지금까지 받았던 모든 상처들을 치유하게 된다면, 여러분은 이 이상 더 다른 상을 원하지 않게 될 것입니다. 여러분은 밤에 달콤한 잠을 자게 될 것이며, 아침에 여러분을 깨우는 음악소리는 천국의 종소리처럼 달콤하게 들릴 것입니다. 여러분에게 어떤 원수가 있다고 생각해 봅시다. 여러분은 그 원수에게 여러분이 할 수 있는 모든 선한 일을 끊임없이 행했습니다. 그렇다면 여러분은 여러분이 한 선행에 대해 어떠한 보상도 바라지 않을 것입니다. 기독교인답게 행동했다는 것 자체가 엄청나게 위대한 일이며, 여러분은 그 행동으로 인해 복을 받을 것이기 때문입니다. 순교자들은 그리스도를 위해 화형대에 묶여 화형을 당하면서도, 그 고통의 순간마다 자신을 끝까지 인내하게 하실 은혜를 누림으로써 천 배나 더 되는 상 받을 것으로 느꼈으리라 믿습니다. "우리는 옳은 일을 하고 있으며, 우리는 사랑하는 주님의 진리를 증거하고 있다"고 그들은 느꼈을 것입니다. 만약 그들에게 목숨이 천 개가 있었다 해도, 그들은 예수님을 위해 그 천 개 모두 기쁘게 내놓았을 것입니다. 그러므로 더러운 구리와 변색된 은으로 보상받을 기대로 돈을 쫓아가지 마십시오. 도리어 여러분으로 하여금 선행하게 하신 성령님과 미소 짓고 계신 하늘의 아버지로부터 여러분이 상 받기를 간구하십시오.

이제, 저는 여러분의 열망에 불을 지피기 위해서 이 말씀을 드리고자 합니다. 주목해 주십시오. 여러분은 지극히 높으신 이의 자녀들이 될 것입니다(눅 6:35, KJV). 영웅 같은 담대한 삶의 수준까지 올라갈 수 있는 자들은 하나님을 닮게 될 것입니다. 온유하고 인내하고 평화롭고 친절하고 사랑스럽고 용서하고 애정이 넘치는 이런 사람들은 하나님의 자녀로 알려질 것입니다. 이것이 아무것도 아닙니까? 오, 여러분의 본성에 조금이라도 고귀함이 있다면, 여러분은 하나님을 닮게 되는 것을 최고의 열망으로 삼게 될 것입니다. 이보다 더 나은 열망이 도대체 무엇이겠습니까?

우리는 그분의 자녀이기 때문에, 우리가 하나님을 닮아가기를 사람들은 기대하고 있습니다. "지극히 높으신 이의 아들이 되리니 그는 은혜를 모르는 자와 악한 자에게도 인자하시니라"(눅 6:35, KJV)고 말씀합니다. 우리는 자녀에게서 아버지의 어떤 성품을 볼 것으로 기대합니다. 마찬가지로 만약 우리가 하나님의 자녀라면, 다른 사람들이 전혀 생각하지 못하는 것을 우리는 행해야만 합니다.

만약 여러분이 하나님의 자녀라면, 여러분에게는 한 분의 맏형(롬 8:29 참조)이 있다는 것과 그 맏형이 여러분에게 모범을 보이셨다는 사실도 기억하십시오. 그분은 자신을 위해 사는 것을 수치스럽게 여기고, 그 영광 보좌를 버리고, 베들레헴의 구유로, 목수의 작업장으로, 종의 삶으로 내려오셨기 때문입니다. 전날 밤 가족 기도 시간에 저는 유월절 식사를 하시는 우리 주님에 대한 이야기를 읽었습니다(요 13장). 자기가 하나님으로부터 와서 하나님께로 돌아가실 때가 이른 줄 아시고 수건을 가져다가 허리에 두르시고 제자들의 발을 씻기 시작하셨습니다. 아, 온 하늘이 경배하는 우리의 복되신 분, 우리의 찬양을 받으시기에 합당하신 주님께서 친히 대야에 물을 떠서 돌아가며 제자들의 발을 씻으신 것을 생각할 때면, 제 두 눈에 눈물이 맺힙니다. "주께서 내 발을 씻으시나이까?"(요 13:6)라고 외쳤던 베드로의 마음을 충분히 동감하게 됩니다. 우리의 주님이시며 왕이신 그분께서 이렇게 천한 일을 하시다니, 위대한 비하처럼 보입니다. 이러한 겸손을 본 여러분과 제게, 더 이상 천하게 보이는 것이 있을 수 있겠습니까? 이런 광경마저도 여러분을 감동시키지 못한다면, 다른 장면을 여러분에게 상기시켜 드리겠습니다.

그분은 겟세마네 동산으로 가셨습니다. 거기서 피땀으로 온몸이 젖어 큰 핏방울들이 땅에 뚝뚝 떨어질 때까지, 무릎 꿇고서 여러분과 저를 위해 기도하셨습니다. 이런 데도 우리가 직면하지 못할 어떤 고통이 있겠습니까? 사랑하는 그분을 위하여 이후부터는 어떤 비난이라도 참아낼 수 있지 않겠습니까? 이런 이야기들이 여러분을 깨어나게 하지 않습니까? 앞으로도 여러분은 형제들에게 잘난 척하고 그들에게 칭찬받으려고 하며, 그들이 자기가 원하는 대로 해주지 않는다고 화내고 그러겠습니까? 저와 함께 한 번 더 나아가십시다. 그분께서 십자가로 나아가셨고 십자가에 매달리셨습니다. 그분이 바로 여러분의 주님이십니다. 기억하십시오! 보십시오. 쇠못이 그분의 손을 뚫고 들어갑니다. 이런 고통을 당한 분이 바로 여러분의 주님이십니다! 두 개의 못이 그분의 발을 찢어놓았습니다. 여러분의 주님의 발을 말입니다! 그분은 군주처럼 왕관을 쓰셨습니다. 하지만 그것은 가시면류관이었습니다. 이 왕관을 쓰신 분이 바로 여러분의 주님이십니다! 그분은 또한 홍포(紅袍)를 입으셨습니다. 그러나 그 옷은 자신의 피로 물든 붉은 옷이었습니다. 그분이 바로 여러분의 주님이십니다! 그분은 천 조각

하나 걸치지 않으셨습니다. 왜냐하면 사람들이 그분의 옷을 벗겼기 때문입니다. 맞습니다. 옷이 벗겨지고 채찍 맞으신 분이 바로 여러분의 주님이십니다! 사람들은 그분에게 야유를 보내고, 그분의 기도를 조롱하고, 그분의 울부짖음을 비웃었습니다. 이 모든 일을 당하신 분이 바로 여러분의 주님이십니다!

그런데 여러분은 도대체 어떤 사람들입니까? 전날에 여러분은 그분의 제자였다는 사실을 시인하기를 부끄러워하였습니다. 여러분의 그러한 비겁함에 여러분은 자신이 역겹게 느껴지지 않으십니까? 죄인들이 그분을 모독하던 전날에도 여러분은 그저 침묵하고만 있었습니다. 그분의 불쌍한 백성들이 도움을 요청할 때도 여러분은 인색했습니다. 그분의 큰 일을 하기 위해 그분의 교회가 여러분 집의 문을 두드렸을 때도, 여러분은 베풀기를 거절하였습니다. 전날에 여러분은 동료 기독교인을 용서해 주기를 꺼려 했으며, 너무나 격한 말들로 인해 수년 동안 여러분의 친구로 지내오던 사람과도 절교를 했습니다. 그리고도 여러분은 그리스도인이라 자처하십니까! 저도 마찬가지입니다. 하지만 한 사람의 그리스도인으로서 저는 스스로 낮아지려고 하는 개인적인 이유가 있습니다. 그것은 바로 우리 주님께서 스스로 낮아지셔서 피를 흘리셨기 때문입니다. 우리가 어떻게 그분의 얼굴을 똑바로 쳐다볼 수 있겠습니까? 우리는 얼마나 면목 없는 제자들인지 모릅니다! 오 찬양받기에 합당하신 주님, 당신의 보혈을 우리 위에 떨어뜨리시어, 우리의 이 많은 허물들을 깨끗하게 없애 주시고 우리가 당신을 닮게 하옵소서. 아멘. 아멘.

제
20
장

—

지도자의 선택

—

"또 비유로 말씀하시되 맹인이 맹인을 인도할 수 있느냐 둘
이 다 구덩이에 빠지지 아니하겠느냐 제자가 그 선생보다
높지 못하나 무릇 온전하게 된 자는 그 선생과 같으리라."
— 눅 6:39-40

사람은 지혜의 자리로 인도를 받는다 해도 그 자리에 계속 머물러 있기가
어렵습니다. 진리는 두 극단 사이의 중간지점에 있습니다. 그런데 사람은 시계
의 진자(振子)처럼 이쪽 끝이나 저쪽 끝으로 너무 치우치게 움직입니다. 그는 한
쪽 끝에 오래 머물러 있지를 못하고 이쪽저쪽으로 왔다 갔다 합니다. 그러니 하
나님의 은혜가 아니고서는 지혜의 중심점에 위치한 안정을 되찾을 수가 없습니
다. 두 극단은 삶에 대한 학문적 입장과 순례적 입장과 관련해서 존재합니다. 어
떤 이들은, 사람은 전혀 삶에 대해 안내 받을 필요가 없다고 주장합니다. 사람은
높은 지성을 부여받은 고상한 피조물이지 않습니까? 사람은 이성적으로 판단하
고 이해하고 분별할 수 있지 않습니까? 또한 사람은 외부의 지시 없이도 자신의
길을 분명히 잘 찾을 수 있지 않습니까? 하나의 학습자로서, 왜 사람에게 교사가
필요한 것입니까? 사람은 스스로를 가르칠 수 있습니다. 사람은 과학을 소유하
고 있지 않습니까? 그리고 이미 많은 것을 발명하지 않았습니까? 따라서 이렇게
자기만족에 빠져 자랑하는 사람들은 겸손한 자세로 선생의 발 앞에 앉지 않습니
다. 또한 안내자의 지시도 따르지 않습니다. 결과적으로 그런 사람들은 흔히 생

각과 행동 양식에서 변덕이 심하고 독불장군이며, 비합법적이고 비합리적입니다. 그런 순례자들은 불신앙과 무신론의 미궁 속으로 빠져 들어가 방황하곤 합니다. 다른 선생들을 필요로 하지 않고 스스로 모든 것을 안다고 뽐내는 이들은 어리석음과 강한 미몽 속으로 자신의 생각들을 발전시켜 나갑니다.

이런 계획은 위험천만합니다. 그러나 그 정반대의 극단도 그에 못지않게 위험합니다. 어떤 사람을 이성주의에서 건져내 보십시오. 그러면 그 사람은 맹신을 향해 줄달음쳐 가서는 "나는 안내자가 필요하다는 것을 알았습니다. 나는 나에게 가장 잘 맞는 사람을 붙잡을 것입니다"라고 말합니다. 자기의 판단력을 사용하기를 멈춘 이 사람은 이러저러한 권위자들로 구성된 안내자들을 발견하고는 대번에 자신을 그 지도력에 맡겨 버리고, 질문을 던지는 것은 악한 불신앙의 행동이라고 간주해 버립니다. 그 안내자가 바로 보는 사람인지 보지 못하는 맹인인지도 생각하지 않고, 그 선생이 자격과 자질을 갖춘 사람인지도 생각하지 않고, 이 맹신자들은 자신들을 사제나 지도자에게 맡겨 버리므로 심하게 오도당합니다.

그런 사람들은 생각하기를 아주 싫어하여 다른 사람들이 자기를 대신해서 생각해 주기를 원합니다. 그리고 그 문제를 그들에게 맡겨 버리고 맙니다. 많은 사람들이 그런 식의 신앙을 가지고 있으며, 그 속에서 나태하고 어리석은 평화를 누리고 있습니다. 그들은 오래된 전통을 가져서 유서 깊은 교회라고 주장하는 교회를 만나면, 그 교회가 무엇을 가르치든지 다 믿어 버립니다. 그래서 그들은 더 이상 자신이 이성적으로 생각하거나 판단할 권한이 없다고 여깁니다.

그들은 양심과 이성을 마치 부러진 팔처럼 삼각건에 매달아 놓고는 더 이상 사용하지 않습니다. 그러고는 전통(傳統)과 교의(敎義)라는 의자에 앉아서 마치 병자처럼 자신을 온전히 내맡겨 버립니다. 그들은 감히 질문을 던지려 하지 않습니다. 괜히 문제만 일으킬 것 같기 때문입니다. 그래서 그들은 자기 눈은 감아 버리고 다른 사람들이 대신해서 봐주기를 바랍니다. 아니, 그들은 맹인의 인도를 받으려고 자기 눈을 감고 있는 것입니다. 또한 그들은 생각하기를 포기하고, 역시 생각하기를 포기한 다른 사람들의 인도를 받으려고 합니다. 그들은 아주 오래 전부터 눈을 감고 입을 벌린 채, 주교 총회의나 교황이 자신들에게 넣어주는 것은 무엇이든지 받으려는 자세를 갖고 있었습니다.

이 두 극단 사이에 아주 좁은 의의 길이 있습니다. 그 길을 발견한 사람들은 복이 있습니다. 다시 말해서, 누가 지도자요 교사가 되어야 하는지 정직하고 신실하게 판단하는 사람은 복이 있습니다. 우리는 주 예수 그리스도의 인격 속에서 지도자의 모습을 발견하고, 하나님의 성령 안에서 교사의 모습을 발견하게 됩니다. 그런 다음에는 이 오류 없는 안내자에게 전인적으로 철저하게 자발적으로 복종하게 됩니다. 자기 지성을 자랑하며 스스로 안내자가 되겠다고 결정하지 않는 사람은 복 있는 사람입니다. 스스로 안내자가 되어봤자 어리석게만 될 뿐입니다. 또한 맹신에 빠져서 자기와 비슷한 동료에게 안내를 받겠다고 복종하면서, 그런 동료를 사제나 교황이나 목사 등으로 부르기를 거절하는 사람도 복 있는 사람입니다. 이 사람은 하나님께서 그 아들을 이 세상에 보내시어 우리의 구원의 주가 되게 하셨고, 많은 자녀들을 하나님의 영광으로 인도할 것임을 알게 되고서, 하나님이 명령하는 대로 따라갑니다.

또한 이 예수님께서 자기 백성의 선지자로 지명된 사실을 알고서, 기쁨으로 그 발 앞에 앉아 그분의 말씀과 이성과 애정과 생각과 의지를 받아들여 그분께 완전히 의지하기로 한 그 사람은 복 있는 사람입니다. 그 사람은 두 눈을 부릅뜨고서 모든 것을 감찰하시는 그분을 따르며, 또한 정신을 차리고 영원한 빛 되신 그분의 제자가 됩니다.

안내가 필요하다는 것에 우리가 동의한다면, 분명히 거기에서 가장 중요한 것은 그 안내하는 일을 하고 싶다는 자들의 주장을 검증하는 일일 것입니다. 앞서 말했던 것처럼, 권위에 의해서 지명을 받았기 때문에 안내를 하는 사람들이 있습니다. 그 지역의 교구 목사나 가정 목사가 그런 경우일 수 있습니다. 그런 경우에 그 사람은 생각할 필요도 없이 안내자로 용인됩니다. 그러나 그는 매우 어리석은 사람일 수도 있습니다. 여러분이 스위스의 산을 오르려고 하는데, 그 사람이 자기가 가이드요 그 가이드를 인정하는 증명서를 가지고 다닌다는 사실만 생각하고서 그를 가이드로 받아들였다고 합시다. 그런데 자세히 살펴보니 그가 완전히 맹인이었다면 어떻게 하겠습니까? 여러분은 그 사람이 권위 있는 단체로부터 인정을 받은 사람이기 때문에 별 문제가 없다고 말하겠습니까? 그 사람의 안내를 받아 몽블랑 산의 꼭대기까지 올라가겠습니까? 만일 그렇게 한다면 그 가이드는 여러분을 곧장 빙하의 계곡 속으로 인도할 것이고, 여러분은 정말 어리석기 짝이 없을 것입니다.

그럼에도 불구하고 허다한 무리들이 처방전을 받듯 자신들의 신앙 문제를 결정하면서, 큰 단체의 후원을 받거나 국가 기금으로 설립된 것은 당연히 옳을 것이라고 확신합니다. 안내자가 볼 수 있는 사람인지, 또는 부적격자는 아닌지 상관이 없습니다. 그 사람이 정당한 절차를 통해서 임명을 받았는지가 중요합니다. 그것만 확실하면 더 이상 물어볼 필요가 없다는 식으로 생각 없이 구는 이들이 많습니다. 저라면 제 안내자의 눈을 쳐다보겠습니다. 또 그가 그 고장에 가본 적은 있는지, 그 길을 가본 경험은 있는지 물어보겠습니다. 만약 그런 점에서 저를 만족시키지 못하는 사람이라면, 저는 다른 곳에서 온전한 통찰력을 가지고 모든 것을 경험한 사람을 찾아보겠습니다. 곧 주 예수 그리스도 말입니다. 저는 그분의 권위에 대해서 의문을 제기할 수 없습니다. 또한 그분이 제게 가르쳐 주시는 모든 것을 저는 당연한 것으로 받아들입니다. 저는 통찰력 있는 지도자를 따라가는 통찰력 있는 사람이기를 원합니다. 또한 현명하고 동정심 있는 스승인 그리스도에게서 배우는 총명한 학생이 되고 싶습니다.

오늘 우리의 본문은 이 문제에 관해 많은 지혜를 제공하고 있습니다. 첫 번째로, 이 본문은 하나의 위대한 보편적인 원리를 선언하고 있습니다. 즉, 제자가 자기 선생보다 높지 못하며 자기 선생만큼 되면 족하다고 하는 경고의 말씀이 그것입니다. 두 번째로, 이 본문은 이 위대한 보편적인 원리를 그리스도께 특별히 적용하고 있습니다. 우리가 온전해지면 우리도 그분처럼 될 것입니다. 모든 제자들이 자기의 스승을 닮아 성장하는 경우처럼 말입니다. 이러한 요점들을 말씀드린 다음에, 저는 그리스도를 자기의 스승으로 모시고 싶어하는 사람들에게 용기를 북돋아 주기 위해 이 본문을 적용해 보려고 합니다. 다시 말해, 이 본문에 언급된 사실을 실천적인 시금석으로 삼아보자는 것입니다.

1. 위대한 보편적인 원리

우리는 이제 하나의 경고인 이 위대한 보편적인 원리를 생각해 보겠습니다. 이 본문에는 하나님의 몇몇 진리들이 함축되어 있고, 이 모든 것들은 하나의 주요한 핵심을 설명하고 있습니다. 제자는 자신과 가장 닮은 스승에게 자연히 이끌린다는 것은 분명한 사실입니다. 왜냐하면 맹인은 맹인에 의해 지도를 받기 때문입니다. 새들도 같은 깃털을 가진 새들이 함께 모일 뿐만 아니라, 사람도 같은 마음을 가진 사람들이 서로 연합하게 됩니다. 그러나 우리 모두에게는 우리 자신의 모습을 훌륭하게 여기는 천성이 있으며, 또한 우리보다 우월하면서도 우리와 같은 유형에 속하는 사람에게 복종하고자 하는 천성이 있습니다.

우리는 우리의 선입견을 무너뜨리는 선생보다는 서로 취향이 잘 맞는 선생에게 대번에 호감을 느낍니다. 성직자가 자신이 돌보는 사람들을 닮는 이유는 그 사람들이 그 성직자를 그만큼 좋아하기 때문입니다. "우상을 만든 자들은 우상을 닮았다"는 말처럼, 선생들의 경우에도 그러합니다. 만일 눈먼 사람이 눈을 떠서 볼 수만 있게 된다면, 그는 눈먼 사람을 자기의 안내자로 선택하지 않을 것입니다. 그러나 볼 수가 없기 때문에, 그는 이런 사람들과 만납니다. 즉, 눈먼 사람들이 말하는 것처럼 말하고, 어둠 속에 있는 것처럼 사물을 판단하면서, 눈으로 볼 수 있는 사람들이 알고 있는 것을 모르는 사람들과 만납니다. 그 결과 그는 눈먼 사람이 연약하다는 생각을 전혀 하지 못합니다. 그래서 즉시 이렇게 말합니다. "이 사람이야말로 나의 이상형이다. 그는 정확히 내가 찾던 지도자다. 앞으로는 나를 그 사람에게 맡기겠다"라고 말입니다. 이렇게 해서 눈먼 사람이 눈먼 사람을 자기의 안내자로 삼게 되는 것입니다. 바로 이것이 많은 사람이 잘못을 저지르게 되는 이유입니다. 이런 잘못이 인간의 어떤 악한 성향과 잘 맞지 않았거나, 또는 이것이 사람 속에 있는 어떤 오류와 맞아떨어져서 그 잘못을 확대시키지 않았다면, 이런 잘못은 결코 살아남지 못했을 것입니다. 우상 숭배가 그렇게 만연해 있는 까닭은 사람이 영이신 하나님과는 멀리 떨어진 상태에서, 어리석은 자신의 육체적인 감각들로 파악할 수 있는 신(神)을 원하기 때문입니다.

많은 무리의 사람들이 교황에게로 넘어갔다는 소리를 들을 때 여러분은 놀랄 필요가 없습니다. 교황 제도는 마귀가 부패한 인간 본성을 가지고 만들어 놓은 종교입니다. 따라서 여러 나라들이 이 꼬임에 넘어가는 것은 전혀 이상한 일이 아닙니다. 그들이 사랑하는 것과 이 세상의 신이 그들의 입에 넣어주는 달콤한 것은 서로 짝짜꿍이 잘 맞습니다. 교황 제도나 또 성례중시론(Sacramentarianism, 영국 국교회의 주장으로서 성례의 효능을 극단적으로 강조하는 입장)은 나태한 자들을 위한 푹신한 침대와 같아서, 게으른 자들이 거기에 누울 것이 확실한 만큼, 맹신적인 사람은 그런 체계들을 그대로 수용할 것이 분명합니다. 맹신적인 사람에게 성경에 있는 내용을 말해 주고 그 사람의 스타일에 맞게 재단해 보라고 가위를 줘보십시오. 그러면 이런 스타일이든 저런 스타일이든 로마가톨릭이 그 사람에게 잘 맞는 종교가 되어 있을 것입니다. 그런 이유로 로마가톨릭이 인기가 있는 것입니다.

언뜻 생각하면 맹인이 안내를 하겠다고 덤비면 누가 그 사람에게 안내를 해 달라고 부탁하겠는가 하고 정말 이해가 되지 않을 것입니다. 그러나 그 맹인이 안내를 하려고 한 것도 아닙니다. 단지 그가 맹인인 줄을 전혀 모르는 다른 많은 맹인들이 있었고, 그들이 그에게 온 것일 뿐입니다. 여러분은 그들처럼 행할 만큼 맹인이 되어서는 안 되겠다고 마음먹어야 합니다. 청년들이여! 여러분을 안내할 사람을 고르려거든 그가 어떠한 사람인지를 잘 살펴보십시오. 여러분은 그릇된 사람을 고를 성향이 다분히 있습니다. 왜냐하면 여러분의 성향 자체가 잘못되어 있기 때문입니다. 여러분은 여러분의 심령에 부어진 하나님의 은혜를 가지고 여러분의 삶의 여정을 제대로 시작할 수 있게 해달라고 기도하십시오. 그리하여 "길이요 진리요 생명"이신 하나님의 그리스도를 안내자로 선택할 수 있도록 말입니다. 오 주여! 여기에 참석한 어떤 영혼도 눈먼 무신론이나 회의주의나 눈먼 맹신을 자신의 지도자로 택할 만큼 눈멀지 않게 하옵소서. 주께서 그 맹인들을 손으로 잡아 이끌어 내사 지금까지 그들이 알지 못했고 보지 못했던 길로 그들을 인도하옵소서. 이러한 일들을 그들에게 행하시고 그들을 버리지 마옵소서.

선생을 선택하고 나면, 학생은 점차 그 선생을 닮아갑니다. 학생은 선생의 안내를 받게 되면, 선생의 발자취를 더 가까이에서 밟게 되고, 매일 선생의 규칙을 더 온전히 따르려고 하는 경향을 가지게 됩니다. 우리는 틀림없이 우리가 존경하는 사람들을 따라하고 있다는 것을 모두 의식하고 있을 것입니다. 사랑은 우리의 본성에 이상한 영향력을 행사하여, 우리의 본성을 우리가 사랑하는 사람의 모습으로 변화시킵니다. 참된 제자는 마치 녹로 위에 올려 있는 진흙 덩어리와 같습니다. 그의 선생은 자기 형상을 따라 제자의 모습을 만들어 갑니다. 그 사실에 대해 우리가 눈치를 채지 못할 수도 있습니다. 그러나 가장 확실한 것은 우리가 스스로 복종하도록 우리에게 영향을 미치는 사람들의 모습을 우리가 닮아간다는 것입니다. 여러분의 선생이 누구이든지 간에 여러분은 그 선생의 형상으로 변해 가고 있습니다. 만일 여러분이 쾌락의 신봉자를 따르기로 선택했다면, 여러분은 점점 더 천박해질 것입니다. 만일 여러분이 탐욕의 노예를 부러워한다면, 여러분은 탐욕적인 사람이 될 것입니다. 만일 여러분이 악덕을 행하는 앞잡이의 지배력에 마음이 흔들린다면, 여러분 자신도 악하게 성장할 것입니다. 만일 하나님의 말씀을 멸시하는 사람이 여러분의 영웅이 된다면, 여러분은 머지않아 하나님의 말씀을 멸시하는 자들이 될 것입니다. 여러분이 어떤 사람을 감탄하면서 바라보고 있는 동안에는 일종의 사진 촬영이 진행되고 있는 것이고, 여러분은 고감도의 감광 필름처럼 그의 이미지를 받아들이게 됩니다. 그러므로 저는 누가 여러분의 안내자가 되는지 주의하라고 요청하는 바입니다.

또한 학생은 선생을 능가하지 못한다는 사실에 주목하십시오. 복종하는 사람도 그 안내자를 능가할 수 없습니다. 안내자를 능가하는 경우는 거의 찾아보기 어렵습니다. 정말로 결코 그럴 수 없다고 저는 말할 수 있습니다. 왜냐하면 인도를 받고 있는 사람이 인도자보다 앞서 간다면 사실 그는 더 이상 인도를 받고 있는 것이 아니기 때문입니다. 그런 경우는 그렇게 흔하지 않습니다. 만일 자기의 지도자를 능가하게 되면, 사람들은 일반적으로 그릇된 방향으로 나아갑니다. 즉, 그들은 자기 지도자들의 장점들은 부각시키지 않거나 자주 빠뜨리고는, 보통 지도자들의 이상한 특성이나 어리석은 행동, 결점이나 잘못한 일들을 과장해서 말합니다.

영국의 왕 리처드 3세의 궁정에서 있었던 일로, 왕이 자세를 꾸부정하게 하고 다녔기 때문에 그 신하들도 점차 장애인처럼 등이 굽게 되었다는 말이 있습니다. 또한 지난 18세기에는 그렇지 않았지만 19세기에 들어와서는 인기 있는 한 공주가 일시적으로 다리를 저는 병에 걸려서 고통을 당했기 때문에, 나라 전체의 거의 모든 여자들이 꼿꼿이 걷지 못하고 절듯이 천천히 걸어가는 정말 우스꽝스러운 일을 우리는 목격하였습니다.

이것이 바로 인간의 방식입니다. 인간들은 마치 본능적으로 서로 닮으려 합니다. 바로 이것이 제가 알기로는 인간이 원숭이에게서 진화되었다는 다윈 이론의 유일한 변명입니다. 모방성은 우리 속에서 잘 발전되어 나갑니다. 그러나 그 모방성은 그대로 내버려 두면 그릇된 경로로 나아가게 되고, 거기에서 나온 모방품은 기형과 결함투성이가 될 가능성이 아주 큽니다. 음악이나 미술이나 시나 문학에 있어서도 어느 학파에 속한 사람들은 그 학파의 거장을 능가하기가 어렵습니다. 만약 능가한다면 그 거장을 떠나게 됩니다. 그러나 그 모방의 습관은 그 선생의 독특한 버릇이나 약점까지도 답습하게 합니다. 삶이라는 예술에서는 오히려 더 그러합니다.

젊은이들이여! 여러분이 믿음을 위한 선생을 선택할 때 최고의 선생이 아니면 어느 누구도 선생으로 삼지 말라고 간청하는 바입니다. 왜냐하면 여러분은 그 선생을 능가하지 못할 것이고, 오히려 한참 뒤떨어져서 따라갈 것이기 때문입니다. 만일 여러분이 한 지도자를 선택하려고 한다면, 그 길을 잘 아는 사람을 선택해야 합니다. 그 지도자가 큰 실수라도 저지르게 되면, 그를 따라가는 사람들은 열 배의 실수를 하게 될 것이고, 그 지도자가 저지른 실수 하나하나를 다 확대시켜 모방할 수 있을 것입니다.

주의해야 할 가장 엄중한 진리는 이것입니다. 곧 사람이 자기 영혼을 위해서 잘못된 지도자를 선택하면, 결국 그 나쁜 지도력의 결과로 깊은 골이 생긴다는 것입니다. 어떤 지도자가 성경에서 끌어내었다고 하면서 잘못된 것을 가르치고, 게다가 성경 본문을 왜곡하고 남용하여 그 잘못된 가르침을 뒷받침했다고 합시다. 만일 여러분이 그런 오류를 따르며 그 선생을 지도자로 받아들인다면, 한동안은 여러분이 옛 선한 길을 고수하는 불쌍하고 평범한 사람들보다 더 많은 것을 알게 되었다고 매우 기뻐할 수 있습니다.

그러나 제 말을 들어 보십시오. 그런 오류의 끝에는 반드시 도랑이 생기게 마련입니다. 지금은 여러분이 이 도랑을 보지 못하지만, 그럼에도 불구하고 도랑은 있습니다. 그래서 계속 그 지도자를 따라가다 보면 반드시 그 도랑에 빠지고 맙니다. 흔히 그런 오류를 계속 따라가다 보면 도덕적으로 깊은 도랑이 생기고, 사람들은 그 도랑 속으로 깊이, 더 깊이 빠져 들어갑니다. 그래도 그들은 그 이유를 알지 못합니다. 지금까지 그렇게 교리적인 오류를 받아들인 탓에, 그들의 도덕적 원칙들은 파괴되었고 마치 술 취한 사람들처럼 죄의 시궁창에 빠져 뒹굴어 버리기 때문입니다. 다른 경우에는 좀 하찮은 오류를 지나치는 바람에, 완전히 지옥에 떨어질 만한 교리적인 도랑에 빠질 수도 있습니다. 첫 번째 실수는 비교적 사소한 것이었습니다. 그러나 마치 비탈길에 서 있는 것처럼, 그 사람은 당연하다는 듯이 아래로 미끄러져 내려갔고, 거의 다 빠져 들어가고 나서야, 자기가 거짓말을 믿는 엄청난 망상에 사로잡혀 있었다는 것을 알게 되었습니다. 그 맹인과 그의 안내자는 그들이 무슨 실수를 했든지 간에 그 도랑을 분명히 만날 것입니다. 그 도랑으로 들어가는 입구를 찾기 위해서는 볼 필요가 없기 때문입니다. 안타깝게도, 도랑으로 빠져들기는 너무 쉽습니다. 하지만 어떻게 해야 그들이 거기에서 벗어날 수 있을까요?

저는 신앙을 고백하는 그리스도인들에게 특별히 간청합니다. 새로운 교리들이 나와서 득세할 때에 아주 조심스럽게 그 교리들을 살펴보라고 말입니다.

여러분은 반드시 그 도랑을 기억해야 합니다. 철로의 스위치를 조금만 돌려도 기차는 동쪽으로 가던 방향을 바꾸어 정반대인 서쪽으로 내달아 가게 됩니다. 처음에 방향을 바꿀 때는 그 차이가 별로 커 보이지 않습니다. 그러나 도착하는 목적지는 완전히 다릅니다.

최근에 여러분의 선조들이 알지 못했던 새로운 오류들이 생기고 있습니다. 어떤 사람들은 그것들을 선전하느라 대단히 바쁩니다. 그런데 사람들이 그런 오류들에 빠져 버리고 나면 그런 오류들이 쓸모없이 사라지고 만다는 것을 저는 알게 되었습니다. 또한 목회자들은 사변적인 이론에 있어서 아주 약간 다른 길을 가는 듯하다가, 점차 교리적인 관용주의(나중에 이것이 자유주의 신학으로 발전함 – 역주)로부터 시작하여 소지니주의나 무신론에까지 이르는 것을 저는 보았습니다. 수천의 사람들이 이 도랑 속으로 떨어졌습니다. 또 다른 사람들은 이와 동일하게 무서운 구덩이로 곤두박질치게 됩니다. 그들은 명목상 이론적인 모든 교리들을 믿는다고 주장할 뿐, 실제로는 어떤 교리도 믿지 않는 자들입니다. 요즘 사람들은 심정적으로 진리들을 붙잡으려고 하기 때문에 교리 안에 있는 참된 생명과 의미가 사라졌습니다.

복음적인 교파들에 속한 사역자들과 교인들 중에는 복음적인 교리를 믿지 않는 이들이 있습니다. 또는 복음적인 교리를 믿는다 해도 그 교리에 그렇게 큰 중요성을 부여하지 않고 있습니다. 그들의 설교는 복음을 조금 가미한 철학 에세이들에 불과합니다. 그들은 이야기라는 대서양 속에 복음이란 알갱이를 조금 집어넣습니다. 따라서 불쌍한 영혼들은 아무런 유익도 없는 말들의 홍수 속에 빠질 뿐입니다.

하나님이여, 우리가 옛 복음을 저버리거나, 복음의 정신과 복음이 주는 든든한 위로를 잃어버리지 않도록 우리를 구해 주소서. 하지만 우리가 그릇된 지도자들에게 우리 자신을 맡긴다면, 우리는 곧 생명 없는 신앙 고백의 도랑과 철학적 망상의 도랑 속으로 금방 빠지고 말 것입니다.

이 모든 것으로 인해 저는 우리의 지도자로서 누구든 세우기가 어렵다는 생각이 듭니다. 만일 우리가 단순히 어떤 사람을 믿는다고 할 때, 비록 그 사람이 100개 중에 99개가 옳다고 해도, 그가 어떤 것에서 잘못이 있다면, 우리는 그의 옳은 점들보다는 그 한 가지 잘못된 점에 더 많은 영향을 받는 경향이 있습니다. 그 점을 감안하면 종교 문제에 있어서 그 옛날의 저주가 풍성하게 실증되는 셈입니다. "무릇 사람을 믿으며 육신으로 그의 힘을 삼고 … 그 사람은 저주를 받을 것이라"(렘 17:5). 여러분이 절대적으로 따라갈 대상은 한 분, 오직 한 분뿐입니다. 여러분이 지체 없이 신뢰할 수 있는 분도 한 분, 오직 한 분뿐입니다. 그분은 하나님의 아들이신 예수 그리스도이십니다. 만일 여러분이 마음과 실천에 있어서 오류에 빠지는 결과를 만나고 싶지 않다면, 사람들을 조심하십시오. 그리고 예수님 말고 그 어느 누구도 따르지 마십시오. 주님의 발자취를 따르는 양 떼들의 발자국만 따라가십시오. 양 떼를 따르는 것도 최선의 길은 아닙니다. 오직 목자만 바라보고 따라가십시오. 만일 여러분이 혼자 걷고 있더라도 그렇게 하십시오. 성령께서 여러분에게 역사하셔서 여러분을 모든 진리의 길로 인도하시기를 바랍니다. 이렇게 그 위대한 원리에 대해 생각해 보았습니다. 이것을 하나의 경고로 삼고 행하시기 바랍니다.

2. 우리 주 예수님께 이 원리를 특별히 적용함

이 원리가 우리 주 예수 그리스도께 특별하게 적용된다는 사실이 우리를 격려합니다. 우리가 주 예수 그리스도를 우리의 지도자로 삼는다면, 우리는 분명 우리의 지도자보다 앞서갈 수 없습니다. 그러나 우리는 갈수록 더 그분을 닮아가는 특권을 얻게 될 것이고, 오늘의 본문이 말하는 대로 하면 우리의 지도자처럼 온전해져갈 것입니다.

첫째로, 우리가 기대해도 좋은 점은 바로 이 점입니다. 우리가 말한 바와 같이 제자가 그 선생을 닮아가는 것이 보통의 상례입니다. 그러나 구주와 같은 스승을 닮아가는 과정은 더욱더 확실합니다. 아무리 많은 입술로 그분에 대해 충분히 설명한다 해도 다 설명할 수 없는 그런 스승, 나는 그분의 신발 끈을 풀 만한 가치도 없는 그런 스승이라면, 우리는 그 사랑으로 인해 녹아내리고 순종의 틀 속에 우리를 붓는 일이 일어날 것입니다. 창조주이신 그분께서 우리 안에 그분의 형상을 창조할 수 없겠습니까? 그런 창조자에게서는 분명 그것을 기대할 수 있습니다.

그분의 가르침은 그 자체로 거기에 복종하려는 마음에 능력을 부어주는 그런 것임을 알 수 있습니다. 그분의 교리는 전능한 사랑입니다. 왜냐하면 그분의 모든 가르침은 신적인 것이지만, 그럼에도 불구하고 인간의 수준에 맞게 잘 깨뜨려서, 그리스도의 멍에를 메고 그리스도께 배우려고 결심한 사람에게 정확하게 맞도록 하시기 때문입니다. 다른 선생들은 우리에게 왜곡되고 의심스러운 교훈들을 가르칩니다. 그런 경우에는 그런 교훈들을 배우지 않는 것이 최선의 방법입니다. 그러나 우리 주님이 주시는 그 교훈은 가장 확실하고, 가장 천국 같으며, 가장 강력합니다. 그래서 우리는 우리 내면에서 그 진리가 매우 참되고 고상하고 장엄하다고 느낍니다. 왜냐하면 이 가르침은 권위를 가지고 우리에게 임하며 인간의 말로 임하지 않기 때문입니다.

만일 예수님께서 가르치시는 바가 무엇인지 알기만 한다면, 그러한 교리와 교훈을 주신 선생은 분명히 그분의 제자들을 감화시켰을 것이라는 결론을 내릴 수 있습니다. 그러나 그분의 감화는 그분의 가르침 속에만 존재하는 것이 아닙니다. 그분의 가장 강력한 매력은 바로 그분 자신입니다. 그분이 이 땅에 와서 말씀을 전하셨을 때 사람들은 "이 사람처럼 말하는 이를 보지 못했다"고 말하기도 하였습니다. 왜냐하면 이 사람처럼 산 사람이 없었기 때문입니다. 그분의 말씀에는 능력이 있었습니다. 아니 그분 자체가 말씀이셨습니다. 만일 여러분이 그분의 삶 속에서 체화된 그리스도의 교훈들에 주목한다면, 그 교훈들은 아름답게 빛날 것이고 그 능력을 발휘할 것입니다. 여러분이 어떤 다른 선생으로부터 배웠다면 그 배움을 지속할 수 없었겠지만, 그분과 같은 선생으로부터 배울 때는 지속할 수 있습니다. 왜냐하면 그분의 성품으로 인해 그분의 말씀이 옳다고 여겨지기 때문입니다.

만약에 그분의 많은 교훈들이 타락할 수밖에 없는 인간의 입에서 처음 나온 것들이었다면, 그것은 완전히 터무니없는 교훈들이었을 것입니다. 왜냐하면 그런 교훈을 듣는 자들이 "의사여 네 자신이나 고쳐라" 하고 외쳤을 것이기 때문입니다. 그러나 그 교훈들은 그리스도이신 그분으로부터 나왔기에, 좋은 나무에서 좋은 열매가 나오는 듯 그 교훈들도 당연히 훌륭한 것입니다. 그런 교훈들은 그리스도의 본성과 삶 속에서 나오는 필연적인 열매이기 때문입니다. 그러한 주장들이 우리의 눈앞에서 삶으로 나타나고 있는데 누가 설득당하지 않을 수 있겠습니까? 우리는 그 장엄한 구속주의 선하심과, 그 사랑의 광채와 무한한 자기희생에 압도당합니다. 예수님께서는 자신을 계시하심으로써 우리에게 믿으라고 명령하십니다. 또한 똑같은 계시의 방법으로 우리를 그분 자신과 일치시켜 나갑니다. 그분과 같이 살았던 사람이 어디 있었습니까? 그분처럼 죽은 사람이 어디 있었습니까? 그분처럼 사랑스러웠던 사람이 어디 있었습니까? 그분과 같이 완전한 사람이 또 어디 있었습니까? 그분은 삶에 있어서 솔직하면서도 온유하고, 용기를 북돋아 주면서도 자비하고, 움츠러들지 않으면서도 단호하고 또한 자애로우셨습니다. 그분은 항상 투명한 진리를 마음에 담고 있으면서도, 절대 오류 없는 지혜로 자신을 지키면서 신중하셨습니다. 모든 사람들이 그분을 어떤 식으로든 공격하려 할 때도, 그분은 그 모든 이들을 대적할 수 있으면서도 전혀 자신을 보호하려고 하지 않으셨습니다. 대신 그분은 그들 사이에서 한 어린아이처럼, 즉 거룩한 아이 예수처럼 행하셨습니다.

오! 예수님의 발 아래 앉아서 그분의 말씀을 듣는다면, 여러분은 그분으로부터 배우게 될 것이고, 그분의 교훈은 여러분에게 권세 있게 임할 것입니다. 하지만 여러분은 그분 자신을 배우게 될 것입니다. 그분 자신이 최고의 교훈이시기 때문입니다. 예수님의 그 사랑스러운 눈을 우러러 주목하지 않을 자들은 아무도 없습니다! 그분의 눈은 "시냇가의 비둘기 같은데 우유로 씻은 듯하고 아름답게도 박혀"(아 5:12) 있기 때문입니다. 그러나 그분의 눈을 바라보는 자들은 "헤스본 바드랍빔 문 곁에 있는 연못 같고 코는 다메섹을 향한 레바논 망대 같이"(아 7:4) 되기까지, 자신을 정결하게 해야 합니다. 몰약 뭉치와 같은 예수 그리스도를 그 마음에 모시고서 그 향기를 드러내지 아니할 자가 누구겠습니까? 그분과 함께 있으면서 그분을 닮지 않을 수 있는 자가 누구겠습니까?

예수님을 스승으로 둔 경우에, 그분의 제자들은 갈수록 그 스승을 닮아갈 것이라고 우리는 확신할 수 있습니다. 왜냐하면 예수님께서는 그 제자들이 예수님을 강렬하게 사랑하도록 하실 것이며, 그분에 대한 강렬한 사랑은 주님을 위한 열정으로 불타오를 것이기 때문입니다. 모든 학자들이 사랑하고 감탄하는 선생을 얻으십시오. 그러면 그 제자들은 곧 배우게 될 것입니다. 제자들은 그분을 향해 열정적으로 변할 것이며, 그 교훈들은 어려운 것이 하나도 없을 것입니다. 우리의 복되신 주님께서 행하신 이 일에 대해 제자들은 이루 다 말할 수 없을 것입니다. 우리는 그분을 존경하고 사랑하며 경배합니다. 그분은 우리의 하나님이시요, 만유의 주이시기에, 우리는 그분의 뜻대로 빚어지기를 갈망합니다. 그분을 위해서 살고 있습니까? 맞습니다. 우리는 그분을 위해서 사는 것이 우리의 기쁨임을 발견합니다. 왜냐하면 그리스도의 사랑이 우리를 강권하기 때문입니다. 그분을 위해서 죽을 각오가 되어 있습니까? 아! 모든 세대의 성도들은 그분을 위해서 자기 목숨을 버리는 것을 즐거워하였습니다. 그들은 주님께 대한 사랑과 열정이 충만하여 그분의 이름을 위해서 손해를 보고 능욕당하는 것을 기쁨으로 여겼습니다. 만일 그 선생께서 그러한 열정을 불어넣으신다면, 틀림없이 그분은 그 제자들을 자기의 형상으로 만드실 것입니다.

무엇보다 정말 놀라운 것은, 우리의 위대한 선생께서는 한 영과 함께 계십니다. 곧 전능하신 영, 친히 하나님이신 성령과 함께 말입니다. 성령은 가르치실 때에 단순히 말로만 가르치지 아니하시고, 사람의 지혜를 넘어 마음속으로 들어가는 능력을 가지고 가르치십니다. 그리스도를 따르는 선생들 말고 그 밖의 다른 교사들은 자기의 웅변술에 의존하고, 논증의 힘에 의존할 수밖에 없습니다. 그러나 우리 주님께서는 그와는 다른 분이십니다. 물론 그분의 입술은 송이꿀을 떨어뜨리는 백합화와 같아서 모든 이들 중에서 가장 탁월한 웅변술을 갖고 계시며, 그분의 지혜는 하나님의 지혜이기 때문에 논증으로 충만한 분이십니다. 그럼에도 불구하고 그분은 "주의 영이 내게 임하시니 주께서 나에게 기름을 부으셨나이다"(눅 4:18)라고 말씀하셨을 때의 그 능력을 의존하십니다. 하나님의 영께서는 그 영혼에 빛을 비추시고, 그 빛은 보이지 않는 것들을 가장 분명한 증거로 드러나게 하는 그런 광채입니다. 그러면 바라던 것들이 실체로 드러나게 되고, 그 영혼은 빛과 함께 생명도 느끼게 됩니다. 깨닫게 하는 능력, 판단하게 하는 분별력도 느끼게 됩니다. 그래서 그 영혼은 모든 진리 가운데로 인도를 받으며, 그 학생은 자신의 삶 속에 주님의 교훈을 받아들입니다. 주님 말고 어느 누가 이 성령을 주실 수 있겠습니까? 어떤 다른 교사를 통해서 성령이 우리 속에 불어넣어질 수 있겠습니까?

그런 무한한 은사를 소유하고 계셔서 다른 모든 이들보다 탁월하게 뛰어나신 구주의 발 밑에 누가 앉지 않으려고 하겠습니까? 저는 이렇게 말씀드리는 순간에도 하나님께 간청합니다. 여기에 있는 이들 가운데 "저는 기꺼이 제 자신을 그 위대하신 선생님께 맡기고 싶어요"라고 말하는 이들이 있도록 말입니다. 기억하십시오. 사랑하는 여러분이여, 만일 여러분이 그분을 여러분의 선생으로 모시기 원하면 그분도 같은 심정으로 여러분을 제자 삼고자 갈망하고 계시다는 것을 말입니다.

이렇게 함으로써 주님을 그렇게 선생으로 모시는 제자는 주님을 닮아야 하는 것이 마땅하다는 것을 보여주었다고 저는 생각합니다. 이제 저는 바로 그 점이 약속되었다는 사실을 주목하고자 합니다. 예정의 위대한 경륜 속에서 사실상 그것은 우리에게 이미 약속되었습니다. "미리 아신 자들을 또한 그 아들의 형상을 본받게 하기 위하여 미리 정하셨으니"(롬 8:29). 그리스도가 많은 형제 중에서 맏아들이 되시는 것이 하나님의 위대한 목적입니다. 그래서 형제들이 한 무리를 이루되, 그 무리들의 얼굴 속에서, 하나님께서 독생자의 형상을 알아보게 되시는 일이 있게 될 것입니다. 하나님께서 미리 정하신 것을 우리는 확신을 가지고 기대할 수 있습니다.

그 일은 예수 그리스도의 이름으로 우리에게 약속되어 있습니다. 예수님의 이름이 "그가 자기 백성을 그들의 죄에서 구원할 자이심이라"는 뜻을 가지고 있기 때문입니다. 그러나 사람들을 그 죄에서 구원한다는 것은 그들을 순결과 거룩함의 상태로 되돌리는 것을 의미합니다. 이것이 우리가 전파하는 구원입니다. 어떤 사람들이 생각하듯이, 단순히 죄 용서만이 아닙니다. 죄를 이기고 죄에서 완전히 빠져 나와 하나님의 성령으로 말미암아 주 예수 그리스도를 닮은 사람으로 되는 것, 그것이 바로 우리가 전파하는 구원입니다. 예수님의 이름 자체가 자신의 백성들을 죄에서 해방시켜 자신처럼 만드실 뜻을 가지고 계심을 말해 줍니다.

또한 우리는 우리 주님의 목적도 그것이었다는 것을 압니다. 그리스도의 삶의 목적이 그분께서 마지막 드리신 기도에 분명히 드러나기 때문입니다. "그들을 진리로 거룩하게 하옵소서 아버지의 말씀은 진리니이다"(요 17:17). 주님의 한 가지 목적은 그 백성을 거룩하게 만드는 것임을 우리는 이 기도를 통해서 알 수 있습니다. 그분의 거룩하심처럼 그의 백성들도 거룩하게 하시려는 것입니다. 그분이 악에 빠지지 않은 것처럼 그들도 악에 빠지지 않게 하려는 목적을 가지고 계십니다. 또한 그들로 하여금 죄를 이기는 자들이 되되, 그분 자신이 죄를 이기신 것처럼 그들이 죄를 이기는 사람이 되게 하려 하십니다. 그분은 삶 전체를 통해서 그 목적을 향해 일하셨습니다. 다시 말하면, 열두 제자들과 다른 추종자들과 함께 그 일을 위해 애쓰셨습니다. 그분은 마지막 드리신 기도에서 "내가 비옵는 것은 그들을 세상에서 데려가시기를 위함이 아니요 다만 악에 빠지지 않게 보전하시기를 위함이니이다"(요 17:15)라고 하셨습니다. 어느 곳에서나 그것이 사실임이 드러납니다. 그분께서 가정하신 여러 관계들이 그 점을 강하게 부각시킵니다. 왜냐하면 형제들은 자기 형제를 닮아가고, 친구들은 그 친구를 닮아가기 때문입니다. 주님께서 사용하신 은유들도 모두 동일한 한 가지를 함축하고 있습니다. 왜냐하면 접붙임을 받은 가지는 원나무의 둥치에서 물을 빨아들이게 되어, 점점 원나무를 닮아 가고, 몸의 지체들은 머리와 같은 성질을 가지게 되기 때문입니다. 신비로운 그리스도께서는 바벨론 왕이 꿈꾸는 형상, 다시 말해 머리는 금이요 발은 진흙으로 되어 있는 그런 형상을 가진 분이 아니십니다. 그리스도께서는 완전한 일체이십니다. 머릿속에 거하는 은혜가 온 몸 전체를 변화시킵니다. "우리가 그와 같을 줄을 아는 것은 그의 참모습 그대로 볼 것이기 때문"(요일 3:2)입니다. 바로 그것이 우리의 기쁨에 찬 소망입니다. 그러니 우리는 만족해야 할 것입니다. 우리는 언젠가 그분의 형상으로 깨어날 것이기 때문입니다.

형제들이여! 우리가 기대하는 것과 하나님께서 이와 같이 우리에게 약속해 주신 것은 실제로 눈에 보이도록 드러났습니다. 왜냐하면 주님의 제자들이 주님을 닮았었기 때문입니다. 저는 이 점을 강한 어조로 강조하고 싶습니다. 그 제자들은 성품의 관점에서 보자면 그들의 주님을 닮았다고 할 수 없지 않습니까? 또 구약의 성도들도 문자적인 의미에서 그리스도의 제자들이었다고 말한다면 아주 어리석은 소리로 들릴 것입니다. 그러나 영으로는 그들도 한가지였습니다. 왜냐하면 복음은 모든 시대에 동일하기 때문입니다. 세상에 온 그 빛은 바로 모든 사람에게 비취는 빛이십니다. 성령의 내면적인 가르침은 요한이나 바울에게와 똑같이 아벨과 노아에게도 해당되었습니다. 사도들이 예수님을 회상하며 빛을 받았다면, 족장들은 예수님을 기대하면서 빛을 받았습니다. 옛날 시대의 성도들은 각자 주 예수 그리스도를 어느 정도 닮아 있었습니다. 그들 중 몇 사람을 생각해 보겠습니다. 그러면 여러분은 그리스도의 아름다운 점들을 몇 가지 볼 수 있을 것입니다. 아벨은 그리스도의 의를 드러내고 있으며, 에녹은 그분이 하나님과 동행하는 것을 나타냅니다. 욥은 그분의 인내를, 아브라함은 그분의 믿음을 나타냅니다. 다니엘은 그분의 온전한 모습을 드러낸다는 점에서 그리스도와 닮아 있으며, 예레미야는 애통하고 우는 면에서 주님을 닮아 있습니다.

이 모든 이들은 아침의 이슬방울같이 의의 빛이신 그리스도를 반사하였습니다. 신약에서는 많은 경우에 그분의 가르침에서 나오는 변화시키는 능력을 볼 수 있습니다. 베드로와 요한은 그들의 주님을 닮아 있었습니다. 왜냐하면 그들을 대적하는 자들이, "베드로와 요한이 담대하게 말함을 보고 그들을 본래 학문 없는 범인으로 알았다가 이상히 여기며 또 전에 예수와 함께 있던 줄도"(행 4:13)

알았다는 말씀을 우리가 읽기 때문입니다. 그 제자들이 주님을 너무나 닮아 있었기 때문에 그 사람들은 그렇게 고백하지 않을 수 없었던 것입니다. 잠시 사도 요한만 생각해 보겠습니다. 누가 그의 서신서들을 보면서 "주님께서 그렇게 말씀하셨도다"라는 말을 읽지 않을 수 있겠습니까? 요한은 주님보다 훨씬 후대까지 살았던 사람인데도 얼마나 그분을 닮았는지 기이합니다! 여러분도 가끔 여러분의 자녀들이 여러분의 방식을 그대로 답습하는 것을 보면서 미소지을 때가 있을 것입니다. 여러분은 거울을 들여다보듯 여러분의 독특한 모습들이 자녀들에게서 나타나는 것을 봅니다. 그 자녀들은 무의식적으로 여러분 자신의 축소판이 된 것입니다. 요한의 경우가 분명히 그러합니다. 전승으로 전해지는 이야기가 사실이라면, 요한은 너무 늙어서 걷기조차 힘들었을 때 사람들의 도움을 받아 집회에 나와서는 늘 그들에게 "어린아이들아 서로 사랑하라 어린 자녀들아 서로 사랑하라"고 말하는 습관이 있었다고 합니다. 바로 이 점이 우리 주 예수 그리스도를 아주 쏙 빼 닮은 점이었습니다. 거기에 있던 사람들이 구주께서 다시 지상에 돌아오신 것이 아닌가 하고 착각할 정도로 말입니다.

　　바울도 많은 점에서 주님과 비슷한 사람입니다. 저는 로마서에서 이상한 대목을 발견하는데, 어떤 사람들은 그것을 읽고 깜짝 놀라기도 합니다. 바울이 이렇게 말하는 부분입니다. "나의 형제 곧 골육의 친척을 위하여 내 자신이 저주를 받아 그리스도에게서 끊어질지라도 원하는 바로라"(롬 9:3). 그 대목을 읽으면서 저는 이렇게 말하지 않을 수 없습니다. "그는 이 점에서 복되신 주님을 닮았다. 복되신 주님께서 우리를 위해서 저주받으셨던 것처럼 말이다. 나무에 달린 자마다 저주를 받았다고 기록되어 있지 않던가."

　　자, 하나님의 모든 성도들은 정도의 차이는 있어도 그들이 예수님의 진정한 제자였다면 반드시 그리스도의 특성을 드러냅니다. 저는 오늘 아침 여러분에게 여러분 속에는 주님을 닮은 특징들이 무엇이 있는지 물어보지 않을 수 없습니다. 저는 제가 알고 있는 형제자매들을 보면서 제 자신에게 "나는 그들 속에서 그들의 주님을 볼 수 있어"라고 자주 말하는데, 그것이 저를 기쁘게 합니다. 저는 여러분 모두에 대해서 그렇게 말할 수 있었으면 좋겠습니다. 그러나 저는 아주 많은 점에서 예수님과 참으로 닮은 것을 볼 때 더욱 기뻐합니다. 다시 말해 모두 하나님의 자녀들임을 표시해 주는 하나님의 권속으로서의 특성들을 많이 보게 될 때 기뻐한다는 것입니다. 모든 구원의 상속자들은 다 하늘 아버지의 특성을 조금씩은 가지고 있어서, 그들이 예수님과 같은 가족에 속해 있다는 느낌을 갖게 합니다. 그들은 그런 특성을 배워서 갖게 된 것이 아니라, 위로부터 거듭날 때 부여받은 것임에 틀림없습니다.

그리스도의 제자인 사람들이 자신의 삶의 여정에서 각자 그리스도를 닮아 가는 것은 매우 주목할 만한 일입니다. 옛 시대의 성도들을 떠올려 보십시오. 그들은 구속주의 교리를 생생하게 배웠던 제자들과 다를 게 없는 사람들입니다. 떡과 포도주를 가지고 나와 아브라함에게 힘을 북돋아 주었던 멜기세덱이 있습니다. 여러분은 그 멜기세덱이 그리스도와 방불하다는 것을 생각해 본 적이 없습니까? 아버지 아브라함이 칼을 빼어 자기를 죽이려 하는 동안 그 아버지에게 유순하게 복종했던 아들 이삭이 있습니다. 그 이삭이 예수님의 모습을 보여주었다고 말할 수는 없습니까? 또 요셉은 자기 형들에게 자신을 알리고 그 형제들의 유익을 위해서 모든 애굽을 통치해 나갔습니다. 자, 그러한 요셉의 모습도 자신의 택한 백성들에게 복을 주시기 위해 그때에 앞서 지상에 임하셨던 주님의 그림자를 보는 것 같은 생각이 들지는 않습니까? 저기 다윗이 있습니다. 골리앗의 머리를 들고 있는 다윗의 모습을 생각해 보십시오. 이스라엘의 모든 소녀들이 다윗을 둘러싸고 기뻐하였습니다. 그 모습은 보스라에서 피에 튀긴 옷을 입고 에돔에서 돌아오신 우리 주님의 모습이라는 생각이 들지는 않습니까? 성도들은 그분의 모형들입니다. 왜냐하면 성도들은 그분과 같은 모습을 보이고 있기 때문입니다.

그리스도께서 오신 후의 제자들의 모습을 보십시오. 여러분은 그들이 예수 그리스도를 가장 분명하게 나타내는 입장에 있음을 발견하게 될 것입니다. 스데반은 담대하게 복음을 선포하다가 원수들이 던지는 돌에 맞아 죽었습니다. 구주께서도 여러 차례 그런 일을 당하셨다는 것을 여러분은 복음서에서 읽지 않았습니까? "그들이 돌을 들어 치려 하거늘 예수께서 숨어 성전에서 나가시니라"(요 8:59). 루스드라에 있을 때 바울의 모습을 주목하십시오. 사람들은 그에게 제사를 드리려고 하였습니다. 군중들이 "호산나, 호산나"라고 하면서 예수님께 찬미를 드리며 외치던 날을 생각하게 만드는 일입니다. 그러나 사도는 그 군중들을 나무랍니다. 자, 그런데 이제는 그 군중들이 바울에게 돌을 던지고 있습니다. 그리고 이 일은 군중들이 예수님을 향하여 "그를 십자가에 못 박아라 못 박아라 그러한 놈은 땅에서 없애 버려라"고 고함쳤을 때를 연상시킵니다.

파선당하는 배에 타고 있었던 바울의 이야기를 읽어 보십시오. 바울은 선장과 부대 지휘관에게 말합니다. "내가 너희를 권하노니 이제는 안심하라 너희 중 아무도 생명에는 아무런 손상이 없겠고 오직 배뿐이리라"(행 27:22). 여러분은 이것을 보면서 구주께서 바람과 파도를 향하여 "고요하고 잠잠하라"고 명하셨을 때가 생각나지 않습니까? 우리는 바울 속에서 그의 선생이신 예수님의 모습을 아주 많이 발견할 수 있습니다. 실로 그리스도께서는 그분의 모든 지체들 속에 계십니다. 그리스도의 삶이 모든 지체들의 삶 속에서 다시 기록되고 있는 것입니다.

사랑하는 여러분! 저는 삶 속에서 예수님의 모습을 드러내 보이는 현대의 많은 성도들에 대해 말할 수 있습니다. 헌금함에 자기의 전 재산인 두 렙돈을 넣었던 저 가난한 여인을 주목하십시오. 그녀는 우리를 위해서 모든 것을 포기하신 주님의 모습을 아주 닮아 있지 않습니까? 주님께서는 자신의 궁핍함을 통해서 우리가 부유해질 수 있도록 스스로 가난하게 되셨기 때문입니다. 또 다른 경우에는 옥합을 깨뜨리고 향유를 주님께 부은 여인과 닮았습니다. 그 여인은 자기의 최고의 것을 주님께 드렸습니다. 그런 사람들의 모습을 볼 때 여러분은 우리의 영혼을 사랑하시는 주님이 생각나지 않습니까? 주님께서는 보배로운 옥합인 자신의 몸을 깨뜨리고 온 땅과 하늘을 향기로 가득 차게 한 분이시기 때문입니다.

하나님의 영광을 위하여 자신을 포기하는 사람마다 작은 예수입니다. 존 하워드(John Howard)를 보십시오. 그는 유럽의 지하 감옥들을 돌아다니면서 불쌍한 죄인들을 은밀히 조사하여 선을 행하였습니다. 그의 모습은 포로로 잡힌 자에게 좋은 소식을 전하시는 그리스도의 모습을 연상시키지 않습니까? 또한 존 윌리엄스(John Williams)는 에로망가(Erromanga) 섬에 상륙하여 식인종들을 회심시켰습니다. 그는 자기의 목숨을 온전히 주님의 손에 맡겼던 것입니다. 그런 그의 모습은 양들을 위해 자기의 목숨을 내놓으신 주님을 나타내고 있지 않습니까?

자, 사랑하는 친구들이여, 여러분은 여러분의 삶에서 예수님을 닮은 어떤 것이 드러날 것이라고 생각합니까? 만일 여러분이 그리스도의 제자라면 예수님을 닮은 어떤 것이 드러날 것입니다. 여러분의 일대기 속에 예수님을 닮은 어떤 것이 있다면, 여러분의 자녀들은 그것을 읽어낼 것입니다. 다른 어느 누구보다도 자녀들이 그것을 잘 읽어낼 것입니다. 또한 여러분의 아내도 그것을 읽어낼 것이며, 여러분과 함께 일하는 자들도 그것을 읽어낼 것입니다. 즉, 여러분 속에서 예수님으로부터 나온 것 같은 모습을 그들은 발견할 것입니다. 그리스도의 대학에 있는 학생들은 그들의 선생이신 그리스도를 닮게 마련입니다. 정말 그러합니다.

저는 감히 여기에 있는 한 형제에 대해서 말하고자 합니다. 제가 그에게서 들은 한 이야기를 말하는 것이 그에게 실례가 될 수도 있고, 아마 할 수만 있다면 그는 제 입을 막으려고 하겠지만, 그럼에도 저는 담대하게 말하려고 합니다. 그는 집에 페인트칠을 하는 사람이었습니다. 그는 다른 사람들과 함께 아주 높은 북부 철도청 건물 위에서 작업을 하고 있었습니다. 그와 함께 일하던 사람 중에 하나가 아주 심하게 술에 취해 있었고, 그 높고 가파른 지붕 꼭대기에서 계속 자기 몸을 가누지 못하고 있었습니다. 그는 혼잣말로 말했습니다. "저 사람 저러다가는 살아 내려가지 못하겠군." 그래서 그 페인트공은 술에 취한 사람이 죽도록 내버려 두기보다는 그에게 자기 등에 업고 내려가겠다는 제안을 했습니다. 만일 정말 그렇게 하였다면 아마 그 두 사람은 다 죽었을 것이라고 저는 생각합니다. 그러나 그 페인트공은 기쁨에 차서 그 술 취한 사람에게 등에 업히라고 하면서 이렇게 말했습니다. "내 영혼은 안전해요. 나는 그리스도인이에요. 나는 당신이 죽게 될까봐 걱정이 돼요. 만일 당신이 죽는다면 당신의 영혼은 지옥에 가게 되겠지요. 만일 당신이 내 등에 업혀서 가만히 있기만 한다면, 나는 당신을 데리고 내려갈 거예요." 그러나 술에 취한 사람은 그 친절한 제안을 거절하였습니다. 몇 번이고 설득해 보았지만 허사였습니다. 안타깝게도 그 사람은 밑으로 내려가려고 애를 쓰다가 정말 엄청난 높이에서 철로 한가운데로 떨어졌습니다. 그러고는 죽어 버리고 말았습니다.

우리 교회의 겸손한 지체였던 그 착한 형제가 그런 일을 했다는 이야기를 들으면서 저는 이런 생각을 했습니다. "우리 주님이 그분의 제자 속에 나타나셨구나"라고 말입니다. 우리의 삶은 하나의 그림입니다. 우리가 만일 그리스도의 작업실에 있다면 그리스도께서 작업하신 손길의 흔적이 우리에게 있을 것입니다. 그래서 사람들은 평범한 미술가가 그린 것이 아니라고 소리칠 것입니다. 붓놀림이나 선의 윤곽이나 모든 기법들이 위대하신 구주의 솜씨이기 때문입니다. 저는 그런 기법들 속에 그분께서 관여하셨다고 확신합니다. 오! 형제들이여, 우리는 아무도 독창적인 사람이 되려고 원할 필요가 없습니다. 우리는 그리스도를 닮아야 하기 때문입니다. 그것이 가장 장엄한 독창성일 것입니다. 하나님께서 이 일에 우리를 도우십니다.

아직 말씀드려야 할 것이 남았는데, 시간이 많이 흘렀습니다. 제가 말하고 싶은 것은 그리스도의 제자들은 갈등과 시험을 겪으면서 그리스도를 닮아간다는 것입니다. 그리스도께서 사탄에게 시험을 받으신 것처럼 제자들도 사탄에게 시험을 받을 것입니다. 그리스도께서 세상에서 시련을 당하신 것처럼 그들도 세상의 시험을 받을 것입니다. 사두개인들의 불신앙과 바리새인들의 외식에 의해서도 공격을 받을 것입니다. 그리스도께서도 그러한 공격을 받으셨기 때문입니다. 그들은 그분과 똑같은 싸움을 싸워야 할 것이며, 하나님의 축복으로 그분이 얻었던 승리를 똑같이 얻을 것입니다. 그리스도의 제자들은 죄를 이깁니다. 그들의 선생이신 구주의 도우심을 힘입어 의심을 극복하고 세상을 정복하며, 순전하게 서서 믿음을 지킵니다. 장래에는 그분이 받은 상급처럼 그들도 상급을 받을 것입니다. "이기는 그에게는 내가 내 보좌에 함께 앉게 하여 주기를 내가 이기고 아버지 보좌에 함께 앉은 것과 같이 하리라"(계 3:21).

이것은 정말 아름다운 주제입니다. 저는 그 길을 잘 알아낼 수 있는 능력이 있기를 원합니다. 즉, 그 제자가 주님과 아주 유사하게 닮아서, 무지함으로 인해 어둡게 살아가는 이 사악한 세상의 눈이 보기에도 그가 구주와 닮았다는 것을 분명히 볼 수 있을 때까지, 그렇게 예수님의 제자가 분명한 발자취를 따라서 그리스도의 형상을 온전히 닮아가는 그 길 말입니다.

3. 시금석으로 삼음

이제 끝으로 잠시만 더 우리에게 용기를 주는 사실을 주목해 보려고 합니다. 즉, 우리가 원하기만 한다면 오늘 아침에 이 모든 것을 우리의 시금석으로 삼을 수 있다는 사실입니다. 형제자매들이여, 만일 여러분이 예수 그리스도의 제자가 아니라면, 이 점을 기억하십시오. 그분께서 여러분을 받아주실 것이라는 점을 말입니다. 여러분이 이전에는 다른 선생에게 속하여 그 선생들로부터 많은 것을 배웠다 할지라도, 이제는 다시 그들에게서 배우고 싶지 않고 오직 주님께만 배우고 싶다고 한다면, 주님은 여러분을 받아주실 것입니다. 만일 그 사람의 마음이 아무것도 쓰여 있지 않은 깨끗한 상태라면, 그에게 가르치는 것은 아주 쉬운 일일 것입니다. 그러나 여러분은 잊어야 할 것들을 매우 많이 배웠습니다. 사십 년, 오십 년, 또는 육십 년 동안 여러분 속에서 쫓아내야 할 악행의 세계가 얼마나 무섭게 차 있습니까. 그러나 주님께서는 여러분을 제자로 받아들이실 것입니다. 여러분이 그동안 다른 많은 선생들에게서 배웠다 할지라도 말입니다. 물론 여러분은 주님께서 가르치시려 하는 아주 기초적인 것마저도 알지 못하고 있습니다. 그러나 주님께서는 여러분을 인도하실 것입니다. 주 예수님께서는 여러분을 유치원에 보내서서 어린아이들처럼 가르치실 것입니다. 우리와 같이 가련하고 미련한 머리를 가지고 있는 사람들을 학생으로 받아들이는 그 주님은 얼마나 자비로운 분이십니까. 우리가 아는 것이라고는 고작 우리가 알지 말았어야 했던 것들입니다. 그리고 덧붙여 말씀드리고 싶은 것은, 만일 여러분의 수용 능력이 조금밖에 되지 않고, 또는 전혀 없다 할지라도 그것은 전혀 문제가 되지 않는다는 점입니다.

> "주께서는 미련한 자를 붙잡으사
> 자신이 죽기까지 사랑하신 그 사랑에
> 놀라게 하시네."

택함받는 백성들은 능한 자가 많지 않고 대단한 자들이 많지 않습니다. 그러나 하나님께서는 이 세상에서 가난한 자들과 없는 것들과 멸시받는 것들, 더 나아가 약하고 미련한 것들을 택하셨습니다. 그분께 나아가십시오. 여러분은 무능하다 할지라도 그분은 무능하지 않습니다. 그분의 능력이 여러분의 무능을 능히 극복할 것입니다. 여러분은 "저는 배울 수 없어요"라고 말합니다. 아! 그러나 여러분은 주님께서 얼마나 잘 가르치는 분이신지 아직 잘 모르고 있습니다. 주님께서는 매우 잘 가르치시기 때문에 스스로 배울 수 없다고 생각하는 자들도 금방 그 학교에서 배우게 됩니다. 사랑하는 친구여! 등록금을 지불할 수 없다고 뒤로 물러나지 마십시오. 내 구주의 학교에서는 등록금을 받지 않습니다. 우리에게 아무것도 요구하지 않습니다. 그 대신 그분께서 우리에게 모든 것을 주십니다. 여러분에게 요구되는 유일한 입학 허가장은 여러분이 가르침을 받고 싶다는 기꺼운 자세, 즉 여러분이 가르침과 안내를 필요로 한다는 것을 인식하고서 그분의 인도와 가르침에 자신을 복종시키면 되는 것입니다.

여러분은 그럴 마음의 자세를 가지고 있습니까? 여러분은 말합니다. "오! 저는 주님을 계속 슬프게 해서 어쩌면 주님이 저를 포기하실지도 몰라요"라고 말이지요. 물론 저도 자주 그러한 생각을 했습니다. 여러분도 그런 생각으로 고민했을 것이라 인정합니다. 그분의 학교에서 수 년을 지냈는데도 불구하고 너무 적게 진도가 나갔을 때 저에게 그런 생각이 자주 찾아왔습니다. 만일 어떤 다른 선생이 저를 가르치고 그렇게 오랫동안 큰 진전을 보지 못했다면, 아마도 오래 전에 저를 버리고 말았을 것이라는 생각이 들었습니다.

그러나 주 예수 그리스도께서는 배우려고 하는 학생을 결코 포기하지 않으십니다. 그분은 일단 가르치기 시작하셨으면, 그분의 신성한 수업을 계속 진행하셔서 그들이 온전히 배우게 하십니다. 그리고 주님께서 우리를 가르치기가 어려우면 어려울수록, 그분은 더욱 영광을 얻게 되실 것입니다. 그분께 교육을 받은 학생들이 하늘 높이까지 이르렀기 때문에, 그분은 이 일에 있어서 결코 실패하지 않으실 것입니다. 그분은 우리의 무지와 죄와 마음의 완악함과 연약함과 무능함을 극복하실 것입니다. 그래서 급기야는 우리에게 천국에 관한 지식을 가르치셔서, 우리가 빛 가운데 있는 성도의 기업을 함께 누리도록 하실 것입니다. 사랑하는 형제자매들이여, 그리스도를 배우려는 여러분이여, 우리 다 함께 그분의 발 앞에 앉으십시다. 이전보다 더 가까이 그분의 방식을 좇으십시다. 사랑하는 친구들이여! 여러분이 아직 그분의 학교에 들어간 사람이 아니라면 여러분을 향하여 그분은 말씀하십니다. "너는 와서 내 식물을 먹으며 내 혼합한 포도주를 마시라"(잠 9:5). 선하신 주님께서 여러분의 마음을 이끄시어 주님께 배우게 하시기를 그리스도의 이름으로 기도합니다. 아멘.

제
21
장

—

백부장의 믿음과 겸손

—

"예수께서 함께 가실새 이에 그 집이 멀지 아니하여 백부장
이 벗들을 보내어 이르되 주여 수고하시지 마옵소서 내 집
에 들어오심을 나는 감당하지 못하겠나이다 그러므로 내가
주께 나아가기도 감당하지 못할 줄을 알았나이다 말씀만 하
사 내 하인을 낫게 하소서 나도 남의 수하에 든 사람이요 내
아래에도 병사가 있으니 이더러 가라 하면 가고 저더러 오
라 하면 오고 내 종더러 이것을 하라 하면 하나이다."

— 눅 7:6-8

가장 어두운 곳에 가장 큰 빛이 들어갈 수 있습니다. 우리가 거의 기대하지
않았던 곳에서 가장 아름다운 꽃을 만날 수도 있습니다. 오늘 본문에 나온 이 이
방인 로마 군인이 바로 그러한 사람이었습니다. 그 군인은 정말 절대적인 권세
를 가지고 있는 사람이었습니다. 그런데도 그는 자애로운 상전이요 사려 깊은
시민이며 하나님을 사랑하는 사람이었던 것입니다! 그러므로 사람이 어떤 상태
에서 부르심을 받았든, 그것으로 사람을 멸시해서는 안 됩니다. 지혜로운 사람
의 입술에서는 "나사렛에서 무슨 선한 것이 날 수 있느냐?"라는 말이 나오지 말
아야 합니다.

극히 값진 진주는 대양의 가장 어두운 동굴에서 발견되었습니다. 하나님께
서는 사데 교회 같은 그런 교회에서도, 그 옷을 더럽히지 않은 합당한 자, 흰 옷

을 입고 그리스도와 함께 다니게 될 몇 사람이 있다고 하셨는데, 그것이 왜 이상한 일이겠습니까? 어느 누구도 그 사람이 처한 사회적 입장 때문에 덕행에 있어서 탁월할 수 없다고 생각하지 말아야 합니다. 책망을 받아야 하는 것은 장소가 아니라 사람입니다. 만일 여러분의 마음이 바른데 상황이 어려운 경우라면 그 어려운 상황은 축복일 수 있습니다. 그 어려운 상황에서 여러분은 탁월함을 발휘할 수 있기 때문입니다. 그런 상황이 아니었더라면 여러분에게서 발휘될 수 없었던 탁월함 말입니다. 여러분은 속으로 다음과 같이 말하지 마십시오. "나는 군인이다. 병영의 막사는 경건하게 섬길 수 있는 곳이 아니다. 따라서 내가 마땅히 살아야 하는 바대로 살 수 없으니 되는 대로 살자." 또 이렇게도 말하지 마십시오. "나는 하나님을 모독하는 이들 가운데서 일하는 노동자다. 따라서 내가 거룩함과 경건에 대하여 말하는 것은 모두 헛수고이다." 아니 그러지 말고, 오히려 그런 경우라면 여러분은 그런 값진 것들을 말할 뿐만 아니라 그런 것들을 매일의 삶에서 보여주는 것이 여러분의 특별한 임무임을 기억하십시오. 여러분이 어떠한 처지에서 부르심을 받았든, 또 어떤 입장에서 믿게 되었든 간에, 그런 여러분의 처지나 입장이 여러분이 계속해서 죄를 짓는 것에 대한 구실이 될 수는 없습니다. 여러분이 그러한 상황이라서 고결하게 행동하지 못하고 덕을 행하지 못한다고 주장해도, 그러한 변명은 통하지 않을 것입니다.

　　백부장의 경우는 어떠합니까? 그가 예수님을 믿지 않았다면, 자기 하인을 사랑하였다 할지라도 그에 대하여 우리는 들어보지 못하였을 것이며, 그가 자기 노예를 아주 극진하게 간호한 사람이었다 할지라도, 그가 거명되는 것을 전혀 알지 못하였을 것입니다. 또한 그가 유대 민족을 사랑하고 그들을 위하여 성전을 지어 주었다 할지라도, 그의 이야기가 바로 이 영감된 성경의 한 부분을 차지하지는 못하였을 것입니다. 아니 그가 유대교로 개종한 사람이었다 해도, 그의 인생 이야기를 전혀 읽어볼 수 없었을 것입니다. 이 거룩한 책에 그가 기록된 한 가지 이유는 그가 메시야를 믿은 사람이었다는 것, 다시 말해 그가 하나님의 아들을 믿되, 예수님께서 그에 대하여 "이스라엘 중에서 이만한 믿음을 만나 본 적이 없다"고 극찬하실 정도로 예수님을 믿은 자였다는 것입니다.

　　거기에 바로 핵심이 있습니다. 즉, 제 설교를 듣고 있는 여러분의 이름이 복 받은 자들의 명부에 올라가게 할 수 있는 주목할 만한 사건이 여기에 있다는 것입니다. 만일 여러분이 하나님의 아들 예수 그리스도를 믿는다면, 여러분의 이름은 어린 양의 생명책에 기록될 것입니다. 그러나 만일 그분을 믿지 않으면, 아무리 여러분이 외적으로 탁월해서 감탄할 정도라고 해도 아무 소용이 없을 것입니다.

백부장의 믿음은 마태복음 8장과 여기 누가복음 7장 두 군데에 기록되었는데, 그의 믿음은 가장 높은 믿음으로 묘사되고 있습니다. 그런데 이 믿음에서 주목할 점은 그 믿음이 매우 깊은 겸손을 겸비하고 있다는 것입니다. 같은 사람의 입에서 "말씀만 하사 내 하인을 낫게 하소서"라는 말과 "내 집에 들어오심을 나는 감당하지 못하겠사오며"라는 말이 함께 흘러나왔습니다. 저는 이 고귀한 군인의 경우를 여러분에게 제시하면서, 두 개의 핵심 축을 가지고 강론하고자 합니다. 저는 여러분이 성경의 궁창에서 그렇게 온화한 빛을 내며 반짝이는 이 두 개의 별을 주목하도록 인도할 것입니다. 이 사람의 깊은 겸손은 그의 강한 믿음에 해가 되지 않았으며, 그의 거대한 믿음은 결코 그의 깊은 겸손과 서로 모순이 되지 않았습니다.

1. 강한 믿음에 해를 끼치지 않는 겸손

첫 번째로 백부장의 겸손은 그의 강한 믿음에 해를 끼치지 않았습니다.

그의 겸손한 표현들에 주목하십시오. 그는 예수님께 "나는 내 집에 들어오심을 감당하지 못하겠나이다"라고 말하였고, 그런 다음에 "주께 나아가기도 감당하지 못할 줄을 알았나이다"라고 말하였습니다. 이 자기 비하의 심정은 자기가 이방인인 것을 생각하고서 나온 것이었을까요? 물론 그 점도 작용했을 수 있습니다. 아니면 군인으로서 자신의 삶을 얼룩지게 했던 거칠고 난폭한 행동들이 생각나서 뉘우치는 마음이 들었기 때문에 그랬을까요? 그럴 수도 있을 것입니다. 아니면 자기 마음을 깊이 살펴보고는 그 마음에 있는 죄를 생생하게 알게 되었기 때문에 그랬을까요? 그래서 유대인들의 진술대로라면 정말 훌륭한 사람이었던 그가 자신에 대해 알고 나서 자신을 가장 무가치한 사람으로 여겼던 것일까요?

여러분은 어떤 훌륭한 사람들의 전기(傳記)에서 자기 자신에 대해 매우 혹평하는 것을 본 적이 있었을 것입니다. 사우디(Southey, 1774-1843에 산 영국의 시인)는 자신이 쓴 「번연의 생애」(*Life of Bunyan*)에서, 어떻게 번연이 자신의 성품에 대해 그렇게 비하하는 표현을 쓸 수 있었는지 좀처럼 이해하기 어렵다는 식으로 말했습니다. 우리는 모두 번연의 전기에 대해 잘 알고 있습니다. 그에 비추어 보건대, 신성모독적인 맹세를 한 경우를 제외하고는 번연이 당시 자기 고을에 살던 거의 모든 이들만큼 그렇게 나쁘지 않았다는 것은 정말 사실이기 때문입니다. 사우디는 예민한 신경 탓에 번연이 자신을 그렇게 비하했다고 봤습니다. 그러나 우리는 오히려 그것이 영적인 건강을 회복한 데서 나온 결과라고 봅니다. 만일 그 탁월한 시인이 자신을 보되, 번연이 자신을 비추어 본 그 하늘의 빛으로 시인 자신을 비추어 보았다면, 결코 번연이 지나친 것이 아니었음을, 정말 번연은 자신의 한계를 넘어설 정도로 하나의 진실에 대하여 있는 힘을 다해 진술하고 있었음을, 시인은 알 수 있었을 것입니다. 다소 사람 사울을 둘러 비추었던 그 큰 빛은 태양의 광채보다 더 깊은 내면의 빛이 외적인 형태로 드러난 것이었습니다. 그 내면의 빛이 거듭난 영혼을 섬광같이 비추면서 그 영혼 속에 거하는 죄의 가공할 성격이 드러나게 되었던 것입니다. 제가 하는 말을 믿으십시오. 자신을 아주 낮추어 말하는 그리스도인을 여러분이 만나거든, 그 사람이 다른 이보다 정말 더 나빠서 그러는 것이 아니라, 오히려 그들이 다른 이들보다 더 분명한 빛 속에서 자신들을 보았기 때문에 그런 것이라고 생각해야 합니다. 이 백부장이 자기를 합당하지 않은 자로 말하는 것은 다른 이들보다 더 사악해서 그런 것이 아니었습니다. 이와는 반대로, 그는 명백히 일반적인 사람들이 행하는 것보다 훨씬 더 덕을 행하는 사람이었습니다. 하지만 그가 자기를 그렇게 비하시켜 말한 이유는 다른 이들이 알지 못하는 것을 그가 알았고, 다른 이들이 느끼지 못한 것을 그가 느꼈기 때문입니다.

이 사람이 자신의 죄에 대한 회한이 아무리 깊고, 자신이 완전히 무가치하다는 의식이 아무리 압도적이라 해도, 그는 한순간도 그리스도의 능력이나 기꺼이 베푸시는 은혜를 의심한 적이 없었습니다. 정말 그리스도께서 기꺼이 은혜를 베푸시는 것에 관해서는 전혀 두말 할 필요조차 없었습니다. 나병에 걸렸던 사람이 "주께서 원하시면"이라고 말했었다면, 이 백부장은 그리스도께서 고통 받는 인간을 그 고통에서 건지고자 늘 준비된 분이심을 너무나 명확하게 안 나머지 그런 말을 하는 것조차 생각나지 않았습니다. 그는 오래 전에 그 문제를 정립한 사람이었습니다. 이제 그는 예수님을 아는 지식 안에서 그것은 너무나 당연하고 지당한 것으로 여기고 있었습니다. 왜냐하면 그분은 자신에게 요청하는 모든 선을 틀림없이 기꺼이 행하는 그런 분이시기 때문입니다.

그는 우리 주님의 능력에 대해 전혀 의심하지 않았습니다. 그 하인을 괴롭히고 있는 중풍은 정말 심각한 병이었습니다. 그러나 그 백부장은 예수님께서 그 병을 낫게 하실 것이라고만 느꼈던 것은 아니었습니다. 그 병을 즉시 낫게 하실 것이고, 완전하게 낫게 하실 것이라고도 느꼈던 것입니다. 그뿐 아니라 그분은 지금 서 있는 곳에서 단 한 발자국도 움직이지 않고도 치료하실 수 있다는 확신을 백부장은 가지고 있었습니다. 그는 예수님의 말씀이 그 입에서 떨어지기만 하면 그 즉시 자기 하인이 낫게 될 것이라고 생각하고 있었던 것입니다.

오, 영광스러운 겸손함이여 그대는 얼마나 낮은 데까지 자신을 낮추는가! 오, 고상한 믿음이여, 그대는 얼마나 높은 데까지 솟아오를 수 있는가! 형제들이여, 만일 우리가 이 두 방면에서 이 백부장의 고상한 성품을 본받기만 한다면, 곧 그의 깊은 겸손의 기초와 그의 높은 믿음의 봉우리와 같은 그의 성품을 본받기만 한다면, 우리는 얼마나 하나님의 성전에 가까운 모습으로 지어져가겠습니까! 그는 정말 자기의 것은 아무것도 없는 빈 사람이었습니다. 그는 자신이야말로 주님께 아무것도 요구할 자격이 없는 자라고 생각하였습니다. 더구나 그리스도께 어떤 것을 드린다는 생각은 더더욱 할 수 없다고 생각하였습니다. 그럼에도 그는 구주께는 모든 것들이 가능하다는 것을 확신하였고, 주님께서는 우리의 믿음대로 할 수도 있고 할 것이며, 어떤 식으로든 영광스럽게 자신의 왕적인 권능을 발휘하실 것이라고 확신하고 있었습니다.

나의 친애하는 친구들이여! 특히 자기 영혼의 문제에 대해서 염려하고 있는 여러분이여, 여러분은 자신이 무가치하다고 느끼고 있습니다! 그렇게 느끼는 것이 잘못은 아닙니다. 여러분은 정말 무가치하기 때문입니다. 여러분은 자신이 무가치하다는 생각 때문에 많은 고통을 받고 있습니다. 그러나 만일 여러분이 자신의 무가치함에 대해 더 많이 알고 있었다면, 여러분은 더욱더 고통을 받았을 것입니다. 왜냐하면 여러분이 이미 여러분의 죄에 대해 갖고 있는 인식은, 지금 그 자체만으로 아무리 고통스럽다 해도, 여전히 여러분의 죄에 대해서 알만큼 다 안 것이 아니기 때문입니다. 여러분이 생각하는 것보다 여러분은 훨씬 더 죄인입니다. 여러분은 여러분이 자신에 대해 알고 있는 것보다 훨씬 더 무가치합니다. 여러분은 여러분의 암울한 생각들을 어리석고 악하게 위로하면서 "너는 너 자신에 대해 너무 예민하게 생각하는구나, 너는 그렇게 말해서는 안 돼"라고 말하지 마십시오. 오히려 저는 여러분이 그리스도가 아니면 전적으로 절망할 수밖에 없다는 것을 믿기를 원합니다. 왜냐하면 여러분의 영적인 본성으로 보자면 여러분의 온 머리는 병들어 있고, 온 마음은 다 쇠하여 있기 때문입니다. 저는 여러분이 부패한 자신의 무서운 실상을 허울 좋은 희망이나 직업 등으로 덮어 버리지 말기를 원합니다. 이 질병은 그저 겉 피부에만 나 있다는 듯이 착각하지 말기를 바랍니다. 그 병은 여러분의 생명의 원천과 샘에 나 있으며 여러분의 마음에 독소를 뿜고 있습니다. 그리스도께서 여러분은 구원하러 나서지 않으신다면, 지옥의 화염이 여러분을 온전히 삼킬 것입니다.

여러분은 어떤 종류의 공로도 없는 자들이며, 앞으로도 없을 자들입니다. 더구나 여러분은 구주의 도움이 없이는 여러분의 타락한 상태에서 벗어날 힘도 없는 자들입니다. 그리스도가 아니고서는 여러분은 아무것도 할 수 없습니다. 왜냐하면 여러분은 극도로 비참하게 절망적으로 파산한 상태이고, 여러분이 아무리 부지런하다 해도 자신의 실상을 조금도 개선시킬 수 없기 때문입니다. 제가 어떤 말을 해도 저는 여러분의 그 끔찍한 상태를 지나치게 과장하는 것이 아닙니다. 여러분이 체험할 수 있는 그 어떤 감정들도 여러분의 실상을 적나라하게 나타낼 수는 없습니다. 그리스도께서 여러분을 찾아오실 만큼 여러분은 가치 있는 존재가 아닙니다. 정말 여러분은 그리스도께 가까이 나아갈 자격조차 없는 자입니다.

그러나 여기에 영광스럽게 대조되는 것이 있습니다. 자신에 대한 절망적인 인식으로 인해 한순간도 다음과 같은 믿음이 방해를 받지 말아야 합니다. 곧 하나님이신 그분이 우리의 인성(人性)을 취하고, 우리 대신 십자가에서 고난을 당하며, 이제는 가장 높은 하늘에 계신 분이 여러분이 구하는 것이나 생각하는 것에 더욱 넘치게 할 수 있고, 또 할 의향이 있다고 하는 믿음 말입니다. 여러분의 무능함이 그분의 능력의 역사를 방해하지 못합니다. 여러분의 무가치함이 그분의 풍성함에 족쇄를 채울 수 없으며, 그분의 은혜에 한계를 그을 수 없습니다. 여러분은 병들어 마땅한 죄인일 수 있습니다. 그러나 그것이 그분께서 여러분을 용서하지 않으실 이유가 되지는 않습니다. 여러분은 자신에 대해 병들어 마땅한 죄인이라고 이해하고 있을 수 있습니다. 그리고 진실을 말하자면 여러분은 그런 사람입니다. 주님께서 축복하기 위해 자기 몸을 낮추신 가장 무가치한 사람인 것입니다. 그러나 그런 사실이 그분께서 여러분을 가슴에 안아 영접하고 구원하기 위해 자기 몸을 낮추시지 못할 이유가 되지는 않습니다.

저는 여러분이 무가치하다는 하나님의 그 첫 번째 진리가 여러분에게 그 자체로 깊이 새겨지기를 원하며, 두 번째 진리, 곧 예수 그리스도께서 "자기로 인하여 하나님께 오는 이들을 하나도 잃어버리지 않고 구원하실 수 있으며" 기꺼이 그럴 의향이 있다고 하는 그 진리가 동일하게 여러분의 마음을 사로잡기를 원합니다. 여러분의 공허는 그분의 충만하심에 영향을 미치지 못합니다. 여러분의 연약함도 그분의 능력을 변하게 하지 못합니다. 여러분의 무능함도 그분의 전능하심을 무너뜨리지 못합니다. 여러분의 비열함도 그분의 사랑이 넘치는 마음을 제어하지 못합니다. 그분의 사랑은 비열한 자들 중에 가장 비열한 자에게도 값없이 흘러갑니다.

그런데 사탄은 몇몇 수단을 동원하여 항상 다음과 같은 방식으로 방해합니다. 즉, 우리가 작은 소망을 갖게 될 때 우리는 일반적으로 우리 자신에게 근거를 둔 희망을 가지려고 하는 것입니다. 이것은 우리가 스스로 더 나은 것을 얻을 수 있다고 하는 헛된 생각입니다. 이것은 정말 그릇된 자만으로서, 치료를 방해하는 육체이기 때문에 외과 의사인 주님께서 반드시 잘라내셔야 하는 것입니다. 그런 생각은 치료의 표징이 아니고 오히려 치료를 방해할 뿐입니다. 반면에 우리가 죄에 대한 깊은 의식을 갖게 되면, 그 악한 사탄은 거기에도 참견하면서, 예수님께서는 우리 같은 자들을 전혀 구원하실 수 없다고 넌지시 말합니다. 이 말은 터무니없는 거짓말입니다. 그리스도의 능력이 한계가 있다고 누가 감히 말할 수 있겠습니까? 그러나 만일 이 두 가지가 함께 만나기만 한다면, 즉 죄에 대한 철저한 의식과 그리스도의 능력에 대한 확고한 믿음이 함께 하기만 한다면, 우리는 죄와 싸워 이길 수 있을 것입니다. 그때 분명히 하나님의 나라가 능력과 진리로 우리에게 가까이 임할 것입니다. 그리고는 다시 한 번 "내가 이스라엘 중에서 이러한 믿음을 만나보지 못하였노라"고 하시는 말씀이 주님으로부터 나올 것입니다.

자, 마음에 고통을 당하고 있는 여러분이여! 저는 여러분을 위하여 이 말씀을 드리고 있습니다. 이제 저는 다른 요점으로 나아가려 합니다. 자신이 무가치하다는 여러분의 생각을 바르게 잘 활용하기만 한다면, 그 생각은 여러분을 그리스도께로 나아가도록 인도할 것입니다. 여러분은 무가치합니다. 그러나 예수님께서는 바로 무가치한 여러분을 위해 죽으셨습니다. 예수님은 본질적으로 선하고 상 받을 만한 이들을 위하여 죽으신 것이 아닙니다. 온전하고 건강한 이들에게는 의사가 쓸데없기 때문입니다. 성경에 기록된 대로, "그리스도께서는 경건하지 않은 자를 위하여 죽으셨습니다"(롬 5:6). 주님은 우리의 무엇을 위하여 자신을 내어주셨습니까? "우리의 덕행과 탁월함을 위하여" 내어주셨습니까? 아닙니다. "성경대로 우리 죄를 위하여 자신을 주셨습니다." 성경에는 "그가 의로운 자들을 위하여 죽으셨도다"라고 나왔습니까? 아닙니다. "의로운 자로서 불의한 자를 위하여 죽으사 우리를 하나님께 인도하셨다"고 나와 있습니다. 복음의 처방은 병든 자들을 위한 것입니다. 복음의 떡은 주린 자들을 위한 것입니다. 복음의 샘물은 부정한 이들을 위하여 열려 있습니다. 복음의 물은 목마른 자들을 위하여 있는 것입니다. 복음을 필요로 하지 않으면 여러분은 복음을 받을 수 없습니다. 그러나 원한다면 언제라도 값없이 복음을 받을 수 있습니다.

여러분이 참으로 고통스러울 정도의 궁핍함을 느껴서 예수님께로 날아오게 되기를 바랍니다. 여러분의 만족하지 못하는 심령의 갈증을 채우기 위해 모든 것이 충만한 그분에게로 나오십시오. 여러분의 무가치함은 죄인의 구주이신 그리스도께로 여러분을 실어다주는 날개로 작용해야 합니다. 이것은 또한 여러분에게 다음과 같은 결과를 가져다주기를 원합니다. 즉, 여러분의 마음에 양심의 가책을 일으키지 못하게 하고 평화를 찾는 이들에게 방해가 되는 요구를 하지 못하게 하는 결과 말입니다.

거만한 심령은 말할 것입니다. "나는 이적과 표적을 보아야 한다. 그렇지 않으면 나는 믿지 않을 것이다. 나는 강한 확신과 두려운 떨림을 느껴야만 한다. 아니면 꿈을 꾸거나 무서운 능력으로 나에게 적용되는 성경 본문이 나를 전율시켜야만 한다."

아! 그러나 자신이 무가치하다고 느끼는 자들이여, 여러분이 진정 겸손하다면, 감히 그러한 것들을 구하지 않을 것입니다. 여러분은 요구나 조건들을 더 이상 주장하지 않을 것입니다. 여러분은 소리칠 것입니다. "주여, 저에게 한 말씀만 주옵소서. 약속의 한 말씀만 하옵소서. 그러면 저는 족하겠나이다. 그저 저에게 '네 죄가 사함을 받았다'고만 말씀해 주소서. 저에게 본문의 절반이라도 말씀하여 주소서. 저의 두려움을 잠재우는 확고한 말씀 하나만 다시 주시면 저는 그것을 믿고 의지하겠나이다." 그와 같이 자기가 무가치하다는 의식은 예수님을 단순하게 믿는 데로 인도하며, 정말 어리석은 자들이 열심히 찾고 주제넘게 요구하는 그러한 표증들을 구하지 못하게 합니다.

사랑하는 자들이여! 저는 이제 다음과 같은 사실을 말씀드릴 수 있게 되었습니다. 즉, 여러분은 너무 무가치해서 그리스도가 아니면 아무 소망도 없다는 사실입니다. 여러분에게는 다른 모든 문들이 단단히 닫혀 있습니다. 구원을 받기 위해 할 수 있는 무언가가 있다 해도, 여러분은 그것을 할 수 없습니다. 어떤 자격이 필요하다 해도, 여러분에게는 그 자격이 없습니다. 그때 그리스도께서 여러분에게 오셔서 다음과 같이 말씀하십니다. "나에게 오기 위해서는 어떤 자격도 필요 없다. 오직 나를 믿기만 하면 내가 너를 구원할 것이다"라고 말입니다.

그러면 저는 여러분이 다음과 같이 말하는 소리를 들을 수 있을 것이라 생각합니다. "나의 주님, 이제 저는 이런 결론밖에 내릴 수 없습니다.

> '나는 죽으면 멸망할 뿐이네.
> 내가 아무리 애를 써도
> 내가 이 땅을 떠난다면
> 나는 영원히 죽는다는 것을 알고 있네.'

그리하여 저는 당신의 보배로운 속죄의 피에 죄 많은 제 영혼을 온전히 던지나이다. 주께서는 저 같은 자라도 구원하실 줄 믿습니다. 저는 철저하게 당신의 마음이 선한 것을 확신하나이다. 당신께서는 가련하게 떨며 당신께 오는 자들과 당신만을 믿고 의지하는 자들을 결코 내쫓지 않을 것을 저는 믿나이다."

2. 겸손과 배치되지 않는 백부장의 믿음

제가 잠시 오늘 우리가 선택한 본문에서 다소 벗어나더라도 여러분이 잘 따라와 주기를 바랍니다. 백부장의 큰 믿음은 그의 겸손에 전혀 배치되는 것이 아니었습니다.

그의 믿음은 정말 특이하였습니다. 그러나 그의 믿음이 특이한 것이어서는 안 됩니다. 우리는 모두 이 군인이 믿은 것같이 믿어야 하기 때문입니다. 그 믿음의 형식을 주목해 보십시오. 그는 스스로에게 말합니다. "나는 남의 수하에 있는 장교이다. 나는 최고의 지휘관이 아니다. 나는 그저 백 명의 부대를 거느린 지휘관일 뿐이다. 그러나 나는 그 백 명에게 하고 싶은 대로 통제할 권한을 가지고 있다. 내가 이 사람에게 '가라' 하면 가게 되어 있고, 또 저 사람에게 '오라' 하면 오게 되어 있다. 내 하인, 이 불쌍한 하인(그 백부장의 인애한 마음은 그 하인에게로 쏠렸고, 그는 그 하인의 경우를 예로 들어 생각합니다)에게 '이것을 하라' 하면 즉시 한다. 나는 단지 하급 장교에 불과하다. 내 자신도 남의 수하에 있다. 아무리 그렇다 해도 이렇게 아무런 이의도 제기하지 않고 조금도 지체 없이 행하는 것은 훈련의 영향이다. 어떤 병사도 돌아와서 그 일은 너무 어려워서 하지 못하겠다고 말하지 못하게 되어 있다. 내가 거느리는 부대원 중에 한 사람도 감히 '나는 그것을 못하겠다'고 말하지 않는다."

　로마의 군대에서는 훈련의 힘이 대단히 큰 것이었습니다. 지휘관이 '그것을 하라'고만 말하면, 수천의 사람들이 피를 흘리고 죽어도, 그 명령한 일은 그대로 이루어져야 했습니다. 그 백부장은 그런 식으로 논리를 끌어 나갔습니다. "자, 이 영광스러운 분은 하나님의 아들이시다. 그분은 하급 장교가 아니라, 최고 사령관이시다. 만일 그분이 말씀하시면 그분의 의지는 가장 확실하게 이행되어야 한다. 열병이든 중풍이든 간에, 또 선한 영향력이든 악한 영향력이든 간에, 그것들은 모두 그분의 통제 안에 있다. 그러므로 그분은 내 하인을 한순간에 고치실 수 있을 것이다. 누가 하늘과 땅의 위대한 가이사(황제)를 거역할 수 있겠는가?'

　제가 믿기로는 바로 이것이 백부장의 생각이었습니다. 그러니 예수님께서는 그 믿은 대로 행하실 수밖에 없었습니다. 정말 땅 끝까지 모든 것을 자신의 통제 아래 두고 계신 그분은 즉시 자신의 뜻을 이행하기 시작하셨습니다. 백부장은 자신을 집에 앉아서 일어서지 않고도 자기가 원하는 것을 명하여 효력을 발할 수 있는 자로 묘사하였고, 그의 믿음은 주 예수님을 자기와 같은 위치에 계신 분으로 간주하게 했던 것입니다.

　"제 처소로 오실 필요가 없나이다. 거기 계시면서 말씀만 하시면 즉시 제 하인이 나을 것입니다." 그는 마음의 보좌에 주 예수님을 모시되, 온 세상의 모든 권세, 하늘과 땅의 모든 권세를 다 운용하고 명하는 온 우주의 대사령관으로 모셨습니다. 이것은 아름답기 그지없이 은혜로운 생각이었습니다. 또한 시적(詩的)으로 승화된 말이었습니다. 정말 고상한 말이었습니다. 진정 은혜롭게 믿는 사람의 모습이었습니다. 그러나 그것은 진리였으며, 진리 그 이상도 그 이하도 아니었습니다. 온 우주적인 지배권이 바로 그분 예수님의 손에 오늘도 쥐어져 있기 때문입니다. 만일 그분이 돌아가시기 전에, 즉 사람들에게서 멸시를 받고 배척을 받던 그때에도 참된 황제이셨다고 한다면, 포도즙 틀을 밟고 자신의 옷에 원수를 복수하신 피의 흔적이 나 있는 지금에는 얼마나 더욱 그러하시겠습니까! 그분이 포로된 자들을 사로잡고, 하나님 보좌의 우편에 앉아 계시어 아버지의 권세를 다 운용하는 지금에는 얼마나 더욱 그러하시겠습니까! 하나님께서 모든 만물을 그분의 발 아래 복종하게 하실 것이고, 하늘에 있는 것들이나 땅에 있는 모든 것들이나 땅 아래 있는 모든 것들이 다 예수님의 이름에 무릎을 꿇게 하실 것이라고(빌 2:9-10) 맹세하셨던 지금에는 얼마나 더욱 그러하시겠습니까! 그분은 그분의 기쁘신 뜻에 따라서 지금 더욱더 많이 일하실 수 있는 분이라고 저는 말하고 싶습니다. 오늘날에도 그분이 말씀만 하시면 그 일은 이루어집니다. 명령만 하시면 그 일은 신속하게 이루어집니다.

사랑하는 여러분! 이 진리는 우리에게 독수리의 날개가 될 수도 있습니다. 황제가 "내가 너를 사면(赦免)하노라"고 말만 하면, 그 죄 지은 신하는 죄 없다고 선고되는 것입니다. 황제의 말 한 마디면, 한 지방이 정복되고 군대가 주둔합니다. 진정한 황제이신 주님께서 명하면 풍랑 이는 바다도 잔잔하게 되고 산들도 옮겨집니다. 황제는 절대적이며 그의 뜻은 곧 법입니다. 땅에서도 그러하나 하늘에서는 더욱 그러합니다. 하늘의 황제께서 "내가 용서하노라"고 하시면 지옥의 마귀들도 여러분을 참소할 수 없습니다. "내가 너를 도우리라"고 말씀하시면, 어느 누가 대적할 수 있겠습니까? 만일 임마누엘께서 여러분을 위하시면 누가 여러분을 대적할 수 있겠습니까? 그분께서 말씀하시면 죄 짓는 습관의 굴레에서 벗어나고, 여러분의 영혼이 오랫동안 몸담고 있던 어둠이 즉시 물러가게 되어, 여러분의 영혼은 즉시 빛으로 가득하게 될 것입니다. 그분은 만주의 주요 만왕의 왕으로 통치하는 분이십니다. 그분의 이름이 영원히 찬미를 받으실 것입니다. 우리 각 사람은 믿음으로 말미암아 그 이름에 합당한 찬미와 영광을 돌려야 할 것입니다. 모두 다 만세를 부릅시다. 위대하신 황제께, 곧 한때 죽임을 당하셨으나 이제 하늘과 땅의 주로 영원히 계시는 그분께 말입니다.

저는 여기서 한 가지 사항을 여러분에게 상기시키려고 합니다. 즉, 이 사람의 믿음은 한순간도 그 자신이 가진 철저한 겸손을 방해하지 않았다는 점입니다. 방해하다니요! 형제 여러분! 믿음은 겸손의 근원이었습니다. 믿음은 겸손이 의지하는 바로 그 토대였습니다. 그가 그리스도를 높게 생각하면 할수록, 그 자신은 더욱더 그렇게 선하고 위대한 분의 자비로운 주목을 받기에는 가치가 없는 자라고 느꼈던 것을 여러분은 보지 못했습니까? 만일 그가 예수님을 좀 낮게 생각했었다면, 아마 그는 "제 집에 주님께서 들어오심을 감당하지 못하겠나이다" 라고 말하지 않았을 것입니다. 물론 그는 자신을 낮추어 보는 시각이 있었습니다. 그러나 그는 주 예수님의 영광에 대한 훨씬 더 놀라운 시각을 가지고 있었고, 그것이 진정한 뿌리가 되어 자신을 낮출 수 있었습니다. 그리스도께서 그렇게 위대하시기 때문에, 그는 자신이 그분을 만나거나 대접할 만한 가치가 없다고 생각했던 것입니다.

형제자매 여러분! 그의 믿음에 주목하기 바랍니다. 그의 믿음은 그리스도로부터 나오는 말씀 한 마디만으로도 자신은 만족할 수 있다고 하는 그의 겸손에서 나온 것이었습니다. 그의 믿음은 이렇게 말했습니다. "말씀 한 마디면 족하다. 그것이면 내 하인이 나을 것이다." 그러고 나서 그의 겸손이 이렇게 말했습니다. "아, 나는 그렇게 짧은 말 한 마디만을 요구하기에도 얼마나 무가치한 사람인가. 한 말씀만 하셔도 이적이 일어나겠지만, 그것은 내가 받기에는 너무나 위대하고 능력 있는 일이다. 그러니 나는 더 이상 요구하지 않으련다. 그분의 말 한 마디만 있으면 충분할 터인데 무엇 때문에 내가 오시라고 요청할 것인가. 주님께서 내 하인을 낫게 할 뜻을 가지고 계시다면, 나는 그분이 오셔야 한다고 무례하게 요구하지 않을 것이다."

자, 말씀 한 마디면 족하다고 하는 그의 믿음은 그분께 더 이상 간구할 필요도 없다고 할 만큼 그를 겸손하게 만들었습니다. 즉, 그리스도에 대한 그의 확신은 자기가 무가치하다는 의식에 방해가 된 것이 아니라, 그 의식을 더욱 분명하게 드러내도록 도와주었던 것입니다.

형제자매 여러분! 많은 어리석은 자들이 하는 것처럼, 주님을 믿는 강한 믿음이 반드시 거만한 것이라고 한순간도 생각하지 말기 바랍니다. 왜냐하면 그와는 정반대이기 때문입니다. 하나님의 약속을 의심하는 것이 가장 악한 형태의 교만입니다. 한 사람이 다음과 같이 말한다고 합시다. "그리스도께서 자기를 믿는 자들을 구원하겠다고 약속하셨으니 나는 그것을 믿는다. 그러니 나는 구원받은 것이다. 나는 확실히 안다. 나는 그것을 확신한다. 하나님께서 그렇게 말씀하시기 때문이다. 나는 더 이상의 증거를 원하지 않는다." 바로 그 확신이 행동으로 옮겨진 겸손입니다. 그러나 만일 어떤 사람이 "하나님께서는 자기를 믿는 자들이 구원을 받을 것이라고 말씀하셨다. 나는 그것을 믿는다. 그러나 나는 구원을 받았는지 아직 모르겠다"라고 말하였다면, 정말 어처구니없는 일입니다.

하나님께서 거짓말쟁이인지 아닌지 난 모르겠다고 말하는 것이나 마찬가지의 말을 하고 있는 것입니다. 그렇게 주제넘고 건방지게 하나님을 모독하는 일이 또 어디 있겠습니까?

저는 사람들이 일반적으로 이렇게 말하고 있는 것을 알고 있습니다. "내가 구원 받았다고 말하는 것은 정말 주제넘어 보인다." 그러나 제가 생각하기에는 하나님께서 적극적으로 말씀하셨는데도 의심을 한다든지, 분명한 약속이 있는데도 믿지를 않는다면, 그것이야말로 더 주제넘은 것입니다. 하나님께서는 "믿고 세례를 받는 자는 구원을 받을 것"이라고 말씀하셨습니다. 만일 여러분이 그것을 믿고 세례를 받는다면, 하나님께서는 진리이시니 구원을 받을 것입니다. 아니, 여러분은 구원을 받은 것입니다. 그렇게 되었으면 하는 희망 사항이 아닙니다. 반드시 그리 될 수밖에 없습니다. 하나님께서는 참되시나 모든 사람은 거짓말쟁이입니다. 하나님께서 거짓으로 약속하고 나서 그 약속을 깨는 분이실 수 있다는 의심은 아예 암시조차도 해서는 안 됩니다.

만일 의심할 것이 있다고 하면 여러분이 그리스도를 믿고 있는지를 의심해 볼 일입니다. 그것이 정립되었다면 그 문제는 일단락된 것입니다. 만일 여러분이 예수님을 그리스도로 믿고 있다면 여러분은 하나님에게서 난 자들입니다. 만일 여러분이 그분만을 믿고 의지하고 있다면 여러분의 많은 죄가 모두 용서된 것입니다. 여러분의 자녀가 여러분의 말을 그대로 받아들이듯이 여러분도 하나님의 말씀을 그대로 받아들이십시오. 하나님께서 여러분에게 아무리 많은 것을 요구하셔도 지나친 것이 아닙니다. 여러분이 자녀에게 요구하여도 지나치지 않은 것처럼 말입니다. 비록 여러분이 아주 넘어지기 쉬운 가련한 존재라 할지라도 여러분의 자녀는 여러분을 믿을 것입니다. 여러분의 자녀는 여러분을 믿는데 왜 여러분은 여러분의 하나님을 믿지 않으려고 합니까? 아무리 여러분이 악하다 해도, 여러분은 어린 자녀가 여러분을 믿어 주기를 바라지 않습니까? 하늘 아버지의 음성은 매우 진실한데도 왜 여러분은 믿고 의지하지 않는 것입니까?

아! 제발 그렇게 믿으십시오. 여러분이 그렇게 믿으면 믿을수록 여러분은 자신이 그렇게 믿을 만한 가치가 없다고 더욱더 느낄 것입니다. 제가 구원을 받을 수 있다고 생각하면 저는 정말 놀랍습니다. 그리스도의 보배로운 피로써 저의 모든 죄가 씻어졌다고 생각하면 정말 기이합니다. 제가 반석 위에 올라가 제 입에서 새 노래가 나오게 되다니 말입니다. 그것을 생각할 때에 "저는 그런 은혜를 받을 자격이 없어요! 저는 주님께서 제게 베푸신 모든 은택 중에 가장 작은 것도 감당하지 못해요"라고 말하지 않을 수 없습니다. 여러분의 믿음은 여러분의 겸손을 죽이지 못할 것입니다. 여러분의 겸손은 여러분의 믿음에 해를 끼치지 않을 것입니다. 오히려 이 둘은 하늘나라를 향하여 함께 손잡고 갈 것입니다. 마치 용기 있는 오라비와 아름다운 누이가 함께 손잡고 가고 있는 것처럼 말입니다. 오라비는 사자같이 담대하고 누이동생은 비둘기같이 온유하며, 또 오라비는 예수님을 기뻐하고 누이동생은 수줍어하면서 함께 갑니다. 복된 한 쌍(雙)이여! 내 지상 생애의 모든 순례 길에서 마음속 깊이 그대들을 받아들이리라.

이렇게 하여 저는 할 수 있는 한 최선을 다해서 백부장의 예를 여러분 앞에 제시하였습니다. 아울러 몇 가지의 부수적인 교훈들도 함께 제시하였습니다. 이제는 이것을 가지고 할 수 있는 데까지 진지하고 간결하게 적용해 보고자 합니다.

우리는 이 백부장의 예를 통해서 나타난 바를 세 종류의 사람들에게 나누어 적용하려고 합니다. 첫째는, 자기가 무가치하다는 의식으로 깊이 **침체된 마음**을 가진 이들에게 말하고자 합니다. 예수 그리스도께서는 바로 이 아침에 여러분을 구원할 뜻을 가지고 있을 뿐 아니라 그럴 수 있는 분이십니다. 여러분은 무엇 때문에 침체되어 있습니까? 여러분의 죄가 커서 그렇습니까? 제가 여러분에게 명하노니 믿으십시오. 그러면 성령 하나님께서 여러분을 도우실 것입니다. 여러분의 모든 죄를 그리스도께서 지금 용서하실 수 있다고 믿기 바랍니다. 저기 십자가에 계신 주님이 보입니까? 그분은 하나님이나, 많은 피를 흘리고 계십니다. 그분은 하나님이나, 신음하고 계십니다. 그분은 고통 받고 계십니다. 그분은 죽어 가고 있습니다. 그런 고통을 받으셨는데, 여러분은 어떤 죄가 너무나 커서 용서 받지 못한다고 생각하는 것입니까? 여러분은 하나님의 아들이 불충분한 속죄를 드리셨다고 생각하는 것입니까? 그분의 속죄는 신자들의 구원을 위해서는 효력에 한계가 있다고 여러분은 말하는 것입니까? 그래서 결국 죄가 그 희생의 제물보다 더 크고, 죄로 인한 타락은 너무 부패해 있어서 그것을 정화시키는 속죄의 피로는 감당이 안 된다고 말하는 것입니까?

영원하신 하나님의 능력을 의심하는 것은 그리스도를 다시 십자가에 못 박아 죽이는 것입니다! 나의 형제들이여, 별빛 찬란한 밤의 고요함 속에서 하늘의 궁창을 쳐다보고 천문학이 우리에게 밝혀준 기이한 진리들을 기억하며, 그 창조의 장엄함과 광대함을 생각해 보기 바랍니다. 그리고 이 모든 것들을 지은 무한한 하나님께서 우리를 위해 사람이 되셨다는 것과, 그분이 사람으로서 십자가에 못 박혀서 우리를 위해 피 흘려 죽으신 것을 생각해 보기 바랍니다. 비록 모든 별들에 사람들이 가득하고, 그 모든 거주민들이 주홍같이 붉은 죄악에 빠져 하나님을 대적한다고 해도, 틀림없이 하나님으로서 친히 사람이 되신 그분의 피가 그 모든 죄를 씻어 낼 충분한 효력을 발휘할 것입니다. 하나님께서 우리를 대신해 고통 받고 죽음으로써 자신의 공의를 스스로 영광스럽게 하신 그 이적은, 모든 이적들 중에서 가장 위대한 이적으로서, 영원자가 영광스럽게 나타나시어 다시는 피조물의 죄가 기억나지 않도록 완전하게 씻으신 그 무한한 공의와 사랑을 보여주고 있기 때문입니다.

그렇습니다. 죄인들이여! 이 순간 50년 동안 지은 모든 죄가 하나도 남김없이 씻겨 나간다는 것을 믿기 바랍니다. 아니 70년, 80년 동안 지은 죄도 다 씻겨 나갑니다. 한순간에 지옥처럼 검던 여러분이 천국같이 맑은 사람이 될 수 있습니다. 예수님께서 말씀만 하시면 말입니다. 그럼에도 불구하고 아마 여러분은 마음의 완악함을 제거하기가 어려울 것입니다. 여러분은 회개할 수 없다고 느낍니다. 예수님께서는 성령으로 말미암아 여러분을 회개하게 할 수 없는 분이십니까? 이 질문에 여러분은 망설이고 있습니까? 몇 달 동안 세계가 서릿발로 얼어붙어 있던 것을 보십시오. 그러나 수선화와 아네모네와 크로커스 꽃이 얼었던 그 땅 위로 솟아오르지 않습니까? 눈과 얼음이 사라지고 이제 따사로운 햇빛이 비칩니다! 하나님께서 남풍을 불게 하고 따사로운 햇빛을 비추어 그 일을 하신 것입니다. 여러분을 위해 영적인 세계에서도 하나님은 같은 일을 하실 수 있습니다. 그분이 하실 수 있음을 믿고, 그렇게 해 달라고 그분께 구하십시오. 그리하면 돌 같던 얼음이 녹아내릴 것입니다. 즉, 여러분 마음의 크고 무서운 악마 같은 빙산이 수정 같은 회개의 눈물로 녹아내리기 시작할 것입니다. 그리고 하나님께서는 그런 여러분의 회개를 자신의 사랑하는 아들로 말미암아 받아 주실 것입니다.

그러나 아마 마음의 완악함은 여러분을 괴롭게 하는 악한 습관일 수도 있습니다. 오랫동안 여러분은 완악한 마음을 가지고 있었습니다. 구스인이 자기 피부를 바꿀 수 있으며 표범이 그 반점을 바꿀 수 있겠습니까? 여러분은 스스로 그 마음을 바꿀 수 없습니다. 저는 여러분이 할 수 없다는 것을 압니다. 그것은 정말 절망적인 악입니다. 생명의 물줄기의 표면에서 사망과 더러움의 가공할 깊이에까지 내려가게 하는 절망적인 악이 그것입니다. 아! 저는 여러분의 두려움과 낙심을 잘 알고 있습니다. 그러나 저는 여러분에게 묻고 싶습니다. 인간 예수께서 여러분을 인도하실 수 없겠습니까? 그분께서는 여러분의 마음을 돌릴 수 있는 열쇠를 쥐고 계십니다. 그래서 그분께서 여러분의 마음을 돌리시면 여러분 마음의 모든 바퀴들은 지금과는 다른 방향으로 돌아가게 될 것입니다. 땅을 지진으로 흔들어대고 바다를 회오리바람으로 몰아가는 그분께서 여러분의 마음을 흔들고 강력한 회개의 폭풍을 보내어 여러분의 낡은 습관들을 뿌리째 뽑아 버리실 수는 없겠습니까? 그 행사마다 놀랍게 역사하는 그분은, 이 거대한 바깥 세계에서도 자신이 기뻐하는 대로 다스리고 있기 때문에, 여러분의 영혼이라는 작은 세계에서도 그분의 뜻대로 분명히 행하실 것입니다. 그분의 능력을 믿고 그 능력을 드러내 달라고 그분께 구하십시오. 그분께서 한 마디라도 말씀만 하신다면, 현재 여러분을 괴롭게 하는 이 문제를 없애주실 것입니다.

　저는 여전히 여러분이 "나는 할 수 없다"고 말하는 소리를 듣고 있습니다. 정말 무서운 무능함이 여러분에게 해결되지 못한 채로 남아 있습니다. 그러나 이것은 여러분이 할 수 있느냐 없느냐의 문제가 아닙니다. 그런 문제들은 이 가공할 무능함과는 전혀 상관이 없습니다. 이것은 예수님만이 할 수 있는 것이기 때문입니다. 주님께 너무 어려워 못할 것이 있으시겠습니까? 영원한 성령께서 사람을 이길 마음이 있으신데 그 일을 성사시키지 못하고 물러서시겠습니까? "땅의 큰 기둥을 세우시고 하늘을 넓게 펴신" 그분, 한때 십자가에 달리셨으나 이제는 살아 계신 그분이 실패할 수 있으시겠습니까? 그러니 여러분의 염려를 그분의 손에 맡기십시오. 가련하고 곤고한 자여, 여러분이 혼자서는 할 수 없는 것을 여러분을 위해 해 달라고 그분께 요구하십시오. 그러면 여러분의 믿음에 따라 그 일이 여러분에게 이뤄질 것입니다

　둘째로 우리가 다루는 이 주제를 적용할 사람들은 거의 기진할 지경에 있는 인내하는 일꾼들입니다. 이 예배당에 있는 많은 이들이 자기의 친척과 이웃의 회심을 위하여 탄원하고 있다는 것을 저는 알고 있습니다. 남편을 위하여 오래 기도하고 탄원한 사람도 있을 것이고, 아들과 딸을 위해서 기도한 사람들도 많을 것입니다. 그러나 그들은 여전히 더 죄 가운데 있을 뿐입니다. 기도의 응답은커녕 마치 하늘이 여러분의 끈질긴 기도를 비웃기라도 하는 것 같습니다. 그러나

이 한 가지를 주의하십시오. 즉, 여러분이 관심 갖는 그 대상이 구원받을 수 없다는 생각에 사로잡혀서 불신앙에 빠져들지는 마십시오. 생명이 있는 동안에는 소망이 있는 것입니다.

그렇습니다. 비록 그들이 여전히 술에 취해 정욕에 빠지고, 하나님을 모독하려고 술에 취하며, 마음을 완악하게 할 뿐 아니라 하나님을 모독한 것에 대해 회개할 줄 모른다 해도, 예수님께서 말씀만 하시면, 그들은 그 악한 길에서 하나같이 돌아설 수 있습니다. 하나님이 사용하시는 은혜의 방편을 통해 그런 일이 일어날 수도 있고, 또는 그런 방편이 아니고도 그런 일이 일어날 수 있습니다. 일에 빠져 있든 유흥에 빠져 있든 간에 여하튼 모든 악행 속에 빠져 있던 자들이 있었는데, 그들이 어떤 인상을 받고는 전혀 그러한 일이 일어날 것이라 예상하지 못했던 상황에서 새로운 사람으로 거듭나는 일이 일어났습니다. 사탄의 패역한 반역에 주모자 역할을 하던 이들이 그리스도의 군대에서 가장 용감한 군장들이 되는 경우도 많았습니다. 예수님께서 명령의 말씀만 하시면 어느 누구라도 구원받을 수 있다는 그 가능성에 대해서는 의심의 여지가 없습니다. 여러분이 매춘부에게 소망의 복음이 전파되지 못하게 막는다면, 여러분은 그리스도인이 아닙니다. 여러분이 도둑에게서 회개할 기회를 빼앗거나 살인자에게 절망하는 것도 마찬가지입니다. 왜냐하면 하나님 아버지의 그 크신 마음은 여러분 모두의 마음을 합한 것보다 더 크시기 때문입니다. 사랑이 많은 하나님 아버지의 그 크신 생각들은 여러분의 생각들과는 다릅니다. 그분의 생각들은 가장 높은 곳에 계시기 때문입니다. 또한 그분의 방식도 여러분의 방식과는 다릅니다. 그분의 방식은 최고로 관대하기 때문입니다.

오! 비록 여러분의 친구, 자녀, 아내, 또는 남편이 정말 형상을 가진 마귀처럼 보이거나, 또는 일곱 귀신이 들려 있거나 군대 귀신이 들려 있다는 생각이 들더라도, 그리스도께서 살아 계시는 한 절망적이라고 투덜거리지 마십시오. 왜냐하면 주님께서는 악한 영들의 군대를 내쫓을 수 있고, 대신 그 자리에 그분의 거룩한 영을 보내실 수 있기 때문입니다. 그러니 믿음을 가지십시오. 여러분은 복받을 만한 아무런 자격이 없지만, 그 복을 내려주시는 그분에게 믿음을 가지십시오. 여러분 중에 많은 이들이 오늘 오후에 성경 공부반에 들어가게 될 것입니다. 또 다른 사람들은 오늘 저녁에 복음서 설교를 들을 것입니다. 그러나 여러분은 자신이 그렇게 원하던 것이 이루어지지 않았다는 이유로 매우 의기소침해집니다. 어쩌면 하나님의 돌보심이 없이는 여러분이 아무것도 할 수 없다고 느끼는 것이 여러분에게 좋은 것일지도 모릅니다. 여러분의 영혼이 계속해서 이렇게 겸손하기를 원합니다. 그러나 이것을 빌미로 그리스도를 믿는 믿음을 저버려서는 안 됩니다.

만일 그리스도께서 죽어 장사지낸 바 되었다가 다시 살아나지 못하셨다면, 이것은 가련한 우리 설교자들에게 있어서는 끔찍한 일입니다. 그러나 그리스도께서 살아 계시고 영원한 성령의 은혜를 한없이 베풀고 계시니, 우리는 그렇게까지 두려워하거나 절망하지 말아야 합니다. 하나님의 교회는 기운을 내서, 교회의 군대 가운데 살아 계시는 그리스도와 함께 머지않아 승리로 깃발을 꽂게 될 것이라 느껴야 합니다.

제가 마지막으로 적용시킬 대상은 넓게 본다면 둘째 경우와 비슷한 사람들입니다. 그들은 매우 지쳐있는 **파수꾼** 같은 이들입니다. 그런 사람들이 많습니다. 우리는 그리스도께서 오신다는 것을 들었습니다. 그분은 위대하게 오는 분이십니다. 그리고 주님께서는 어떤 사람들에게는 자신이 꼭 가야 할 절박한 필요가 있다는 것을 잘 알고 계십니다. 왜냐하면 이 가련한 세계의 옛 구조는 무섭게 경종을 울려대고 있으며, 인간의 죄는 너무 무거운 나머지 그 죄가 달린 도르래의 회전축이 툭 끊어질 것처럼 보이기 때문입니다. 그러나 하나님의 무한한 인내심 때문에 이 미친 세상이 완전하게 와해되는 것을 막을 수 있었습니다. 수천 번의 도우심과 그분께서 오시는 시간을 지체하는 것으로 말입니다. 그러나 이것은 초라한 노력이 되어 버리고 이 세상은 더욱더 악화되는 것 같습니다. 우리는 바로 핵심에서부터 썩어 있습니다. 사업과 정치 모두에서 말입니다. 양심을 저버리고 원칙을 비웃는 사람만큼 성공한 자가 없어 보입니다. 모든 것들이 누군가가 와서 구원할 필요가 있는 시점에 와 있는 것 같습니다. 그렇지 않으면 우리가 모두 어디로 가고 있는지 저는 잘 모르겠습니다. 그러니 그분은 약속한 대로 오실 것입니다. 그분의 오심을 기다리는 자들에게 그분은 새벽을 알리는 광명한 새벽별 같이 오실 것입니다. 그분은 오고 계십니다. 그분이 오시면, 영광스러운 시간, 곧 천년 왕국, 곧 빛과 진리와 기쁨과 거룩함과 평화의 기간이 오게 될 것입니다. 우리는 그때를 바라고 기다리며 깨어 있습니다. 그러나 우리는 다음과 같이 말합니다. "아, 세상이 바뀐다는 생각은 부질없는 짓이다. 어떻게 이 진리가 전파되어야 한단 말인가? 어디에 그 진리를 담대하게 말하는 혀가 있는

가? 그리스도의 십자가를 지고 지구 끝까지 가서 그분을 위해 열방들을 정복할 사람들이 어디에 있는가?' 아, 여러분은 마음으로 다음과 같이 말하지 마십시오. "지금 보다 이전 세대가 더 나았다." 애가(哀歌)를 쓰면서 다음과 같이 말하지도 마십시오. "선지자들이여, 당신들은 어디에 있습니까? 사도들도 가고, 그리스도를 위해 살고 죽었던 대단한 신앙 고백자들도 다 가 버리고 말았습니다."

주께서 손가락을 치켜세우시면, 모든 도성마다 복음을 외치는 요나가 일어나고 수천의 담대한 이사야가 일어나 그분의 영광을 선포할 수 있습니다. 그분께서 명하시기만 하면, 사도들과 순교자들의 군대들이 오래된 영국의 외진 마을들에서도 일어날 수 있습니다. 또는 영국의 여러 도시들의 공장에서도 그러한 군대들이 일어날 수 있습니다. 그분께서 원하시기만 하면, 그분은 기사를 행할 수도 있습니다.

교회가 처한 가장 힘든 상황은 교회가 쇠락해 가는 시기입니다. 그러나 결과적으로는 그 시기를 거쳐서 강력한 교회로 다시 돌아갈 것입니다. 확신을 가지십시오. 교회가 사용한 이런저런 수단들이 실패로 돌아가고 교회의 사역이 기진맥진한 상태가 된다 해도, 주님께서 오신다면 그분의 모든 목적들을 이루실 것입니다. 그분이 나타나시면 이 세상의 나라들은 우리 주 예수 그리스도의 나라들이 될 것입니다. 예수님께서는 어떤 권위 아래 있는 분이 아니십니다. 그분은 수하에 군사들을 두고 계시며, 그분이 이 영혼에게 "가라" 하면 가고, 저 영혼에게 "오라" 하면 옵니다. 그리하여 그분의 뜻이 이루어질 것입니다. 그분께서 자신의 교회를 성령으로 소생시키고 "이것을 하라"고 말씀하시면, 그 불가능했던 일들이 성취될 것입니다. 인간의 모든 기술이나 모든 소망의 너머에 있던 것이 이루어지되 즉시 이루어질 것입니다. 그분이 하라고 말씀하시면, 그대로 행해질 것이고, 그분의 이름이 찬양을 받게 될 것입니다. 오, 여러분이여! 믿음은 더 많이 가지고 자신은 더욱 낮추십시오. 이 회중 속에서 항상 그 쌍둥이 천사들(겸손과 믿음)이 거하기를 바랍니다. 우리와 함께 나가 싸워서 함께 이기고 돌아옵시다. 겸손을 사랑하며 믿음의 주인이신 주님! 그 겸손과 믿음을 우리에게 흠뻑 내려주옵소서. 아멘.

제
22
장

—

청년이여, 이것이 그대를 위함이 아니냐?

—

"그 후에 예수께서 나인이란 성으로 가실새 제자와 많은 무리가 동행하더니 성문에 가까이 이르실 때에 사람들이 한 죽은 자를 메고 나오니 이는 한 어머니의 독자요 그의 어머니는 과부라 그 성의 많은 사람도 그와 함께 나오거늘 주께서 과부를 보시고 불쌍히 여기사 울지 말라 하시고 가까이 가서 그 관에 손을 대시니 멘 자들이 서는지라 예수께서 이르시되 청년아 내가 네게 말하노니 일어나라 하시매 죽었던 자가 일어나 앉고 말도 하거늘 예수께서 그를 어머니에게 주시니 모든 사람이 두려워하며 하나님께 영광을 돌려 이르되 큰 선지자가 우리 가운데 일어나셨다 하고 또 하나님께서 자기 백성을 돌보셨다 하더라 예수께 대한 이 소문이 온 유대와 사방에 두루 퍼지니라." ─ 눅 7:11-17

친애하는 형제들이여, 우리 주 예수 그리스도의 항상 흘러넘치는 능력이 여러분에게 임하기를 바랍니다. 예수님께서는 백부장의 종에게 큰 일을 행하셨습니다. 지금 이 본문에서 보는 사건은 그 다음날에 있었던 일인데, 죽은 자를 다시 살리신 사건입니다. "그 후에 예수께서 나인이란 성으로 가실새."

날이면 날마다 예수님의 선하신 행실에 관한 이야기가 분분합니다. 그분께서는 어제도 여러분의 친구들을 구원하지 않으셨습니까? 그분의 충만함은 언제나 동일합니다. 만일 여러분이 그분을 찾는다면, 그분의 사랑과 은혜가 오늘도 여러분에게 흘러넘칠 것입니다. 그분은 오늘도 복을 주고 내일도 복을 주는 분이십니다. 신(神)이신 우리의 주님께서는 자신의 자원이 바닥나는 일이 없기 때문에 은혜 베풀기를 멈추실 필요가 없습니다. 수천 년이 지나도록 복을 주시는 그분의 위대한 능력은 감소된 적이 없었습니다.

보십시오. 또한 그분께서는 자연스럽고 준비된 자세로 생명을 주시는 자신의 능력을 베풀어주셨습니다. 우리 구주께서는 전도 여행을 하고 계셨습니다. 그분은 길을 가던 도중에도 이적을 행하셨습니다. "나인이란 성(城)으로 가실새." 그분께서 그 성에 가서서 장례 행렬을 만나게 된 것은 부수적인 일이었습니다. 어떤 사람들은 우연이었다고 말하려고 합니다. 그러나 어쨌든 우리 주님께서는 즉시 그 죽어 있던 젊은 사람을 살리셨습니다. 우리의 복되신 주님께서는 마치 전문적으로 요청을 받고 그 자리에 온 사람처럼 가만히 있지 않으셨습니다. 그분은 자신의 사랑을 나타내 달라는 누군가의 요청을 받고 나인 성에 온 것은 아니었던 것 같습니다. 여기에 기록되어 있지는 않지만 어떤 이유들 때문에 그 문을 통과해서 성으로 들어가셨던 것 같습니다.

형제 여러분, 얼마나 주 예수님께서 늘 구원할 준비를 잘하고 계신지 보십시오! 그분은 전혀 다른 사람의 집으로 가는 길목의 행렬 속에서도 자신을 건드린 여자를 치료하셨습니다. 주님의 은혜의 잔에서 흘러 떨어지는 몇 방울의 물만 가지고도 신기한 일이 일어납니다. 여기에서는 예수님께서 도중에 죽은 자를 살리셨습니다. 그분은 길가에서도 자신의 자비를 흩어 뿌리십니다. 어느 곳이든 모든 곳에서 그 자비의 풍성함이 흘러내리게 하십니다. 어느 때든 어느 곳이든 예수님께서 그럴 의향이 없거나 할 수 없는 경우는 없습니다. 바알이 여행 중인지 혹은 잠이 들었는지, 그 현혹된 숭배자들은 아무리 불러도 바알에게서 도움을 받을 수 없습니다. 그러나 예수님께서는 여행 중이거나 잠들어 계시더라도, 한 마디만 아뢰면 죽음을 정복하거나 소란을 진압하십니다.

이 본문에 기록된 사건은 주목할 만한 사건입니다. 나인 성의 성문에서 두 행렬이 서로 만나고 있었습니다. 훌륭한 상상력을 가진 자가 있어 그 정경을 묘사할 수만 있다면, 그 일은 얼마나 그의 시적인 재능을 발휘할 수 있는 절호의 기회가 되겠습니까! 저쪽에서 한 행렬이 성에서 나가려고 오고 있습니다. 우리가 신령한 눈을 가지고 있다면, 사망이 크게 기뻐하면서 창백한 말을 타고, 성문을 빠져 나가는 것을 볼 수 있을 것입니다. 그는 또 다른 포로를 잡았습니다. 그 관대(棺臺) 위에 무서운 정복자의 노략물이 실려 있습니다. 눈물로 애통하는 이들은 그 사망의 승리를 자인하고 있습니다. 로마의 개선장군이 로마 제국의 수도로 말을 타고 들어오듯 사망이 자기의 노략물을 싣고 무덤으로 가고 있습니다. 그 무엇이 사망을 막을 수 있겠습니까? 그런데 갑자기 그 행렬은 또 다른 행렬에 의해 제지를 당합니다. 한 무리의 제자들과 많은 사람들이 그 산 언덕으로 올라가고 있습니다. 우리는 그 무리들을 주목할 필요가 없습니다. 하지만 그 가운데 서 있는 그 한 분께 우리의 눈을 고정해야 합니다. 그분에게서는 항상 겸손이 돋보이며, 그러면서도 위엄이 모자라지 않습니다. 그분은 바로 살아 계신 주님입니다. 오직 그분만이 영원한 분, 즉 죽지 않는 분이십니다. 그리고 그분 안에서 사망은 자기를 멸할 자를 만나게 됩니다. 전투는 짧은 순간에 끝이 나고 결판이 납니다. 서로 간에 여러 차례 공격을 주고받을 것도 없습니다. 이미 사망은 있는 힘을 다 소진하였기 때문입니다. 손가락 하나로 사망의 병거가 사로잡혔습니다. 말 한 마디로 그 노략물은 전능하신 이에게 넘겨졌습니다. 그리고 그 합법적으로 넘겨받은 포로는 본래의 주인에게로 인도되었습니다. 사망은 그 성문에서 패퇴(敗退)하여 달아났습니다. 그 정경을 내려다보던 다볼 산과 헐몬 산이 주의 이름으로 기뻐하고 있었습니다.

　　그러나 이 광경은 점차 가까워지고 있는, 앞으로 일어날 큰 광경을 작은 규모로 연습해 본 것에 불과합니다. 그날에 무덤에 있던 자들이 하나님의 아들의 음성을 듣고 살아나게 될 것입니다. 그리고 마지막 원수인 사망은 멸절될 것입니다. 사망이 우리의 생명이신 그분과 마주치기만 해도 그 족쇄를 풀지 않을 수 없게 됩니다. 그가 사로잡은 노략물이 무엇이라 할지라도 말입니다. 곧 우리 주님께서 영광중에 다시 오실 것입니다. 그때에는 나인 성의 문 앞에 있었던 일의 몇 천 아니 몇 억만 배의 이적이 새 예루살렘의 문 앞에서 일어나는 것을 보게 될 것입니다.

　　이렇게 여러분도 보다시피, 우리의 주제는 자연히 죽은 자의 부활 교리로 나아가게 됩니다. 그 교리는 우리가 믿는 거룩한 믿음의 초석들 중 하나입니다. 제가 자주 여러분에게 선포한 바 있는 그 장엄한 진리를 저는 거듭해서 말할 것입니다. 그러나 지금 저는 매우 실제적인 의도를 가지고 이 본문을 택하였습니다. 이것은 제가 크게 염려하고 있는 어떤 이들의 영혼과 관련이 있기 때문입니다.

우리가 살펴볼 본문은 하나의 사실을 기록하고 있습니다. 문자 그대로 일어난 사실 말입니다. 그러나 그 기록은 영적인 교훈을 위해서만 사용될 수 있습니다. 우리 주님의 모든 이적들은 다 비유의 성질을 가지고 행해진 것들입니다. 다시 말해, 그 이적들은 우리를 감동시킬 뿐 아니라 우리에게 교훈을 줄 목적으로 일어났다는 점입니다. 주님께서 말씀하신 내용들이 귀로 들을 수 있는 설교였다면, 이 이적들은 눈으로 볼 수 있는 설교였던 셈입니다.

우리는 여기서 예수님께서 영적인 죽음을 어떻게 다루시는지를 보게 됩니다. 또한 어떻게 영적인 생명을 자신의 뜻대로 부여해 주시는지도 알게 됩니다. 오, 이 아침에 여기에 모인 이 큰 무리 중에서 그러한 일이 일어나는 것을 우리가 볼 수 있기를 바랍니다.

1. 은혜 안에 있는 이들에게 큰 슬픔이 되는 대상

사랑하는 친구들이여, 저는 여러분에게 먼저 요청합니다. 영적으로 죽은 자들이 그들의 은혜로운 친구들에게 큰 슬픔의 대상이 되는 것에 대하여 숙고해 보자고 말입니다.

만일 경건하지 않은 불신자가 그리스도인 친척을 두고 있는 경우라면, 그 경건하지 않은 이는 친척들에게 큰 염려를 끼칩니다. 자기 무덤에 묻히기 위해 운구(運柩)되던 이 죽은 청년도 그 어머니의 마음을 슬픔으로 터지게 만들었습니다. 그녀는 눈물을 흘리면서 자기 마음이 얼마나 서러운지를 드러내고 있었습니다.

구주께서는 그녀에게 "울지 마라"고 말씀하셨습니다. 구주께서는 그녀가 얼마나 깊은 고통 속에 있는지를 알고 계셨습니다. 사랑하는 청년들 중에 많은 이들은 자기들 때문에 슬퍼하고 있는 친구들이 있다는 점에 감사해야 합니다. 여러분의 행실로 친구들을 슬프게 하는 것은 정말 안타까운 일입니다. 하지만 여러분 주위에 여러분을 위해 슬퍼하는 이들이 있다는 것은 여러분에게 희망적인 상황이라 할 수 있습니다. 만일 모든 이들이 여러분이 가고 있는 악한 길을 묵인하고 있다면 여러분은 분명 멸망으로 치달을 것입니다. 그러나 적어도 여러분을 가로막는 소리가 있어서, 여러분이 멸망으로 치닫는 속도를 조금이라도 늦출 수 있다면, 그것은 복된 것입니다. 그것이 아니더라도, 우리 주님께서는 여러분의 어머니가 눈물로 드리는 침묵의 탄원을 들으시고는, 이 아침에 그 어머니를 위하여 여러분에게 복을 베푸실 수도 있습니다.

복음서 기자가 묘사한 방식을 주목하십시오. "주께서 과부를 보시고 불쌍히 여기사 울지 말라 하시고", 그런 다음에 그 청년에게 "일어나라"고 하셨습니다.

여러 방면에서 희망적이고 사랑스러운 젊은이들이 참 많습니다. 그러나 그럼에도 불구하고 그들이 영적으로는 죽어 있어서, 그들을 가장 사랑하는 이들에게 큰 슬픔의 원인이 되고 있습니다. 물론 솔직하게 말해서 그들이 의도적으로 이런 슬픔을 주려고 작정한 것은 아닙니다. 정말로 그들은 왜 쓸데없이 슬퍼하는지 모르겠다고 생각합니다. 그럼에도 그들은 사랑하는 이들에게 매일 짐이 되고 있습니다. 그들의 행실을 본 어머니는 혼자 골방에서 그 아들의 소행을 생각하고 침묵하며 흐느껴 울지 않을 수 없습니다. 아들은 어렸을 때는 어머니와 함께 하나님의 집에 가곤 하였습니다. 그러나 이제 다 큰 아들은 아주 다른 곳에서 즐거움을 찾고 있습니다. 이 청년은 이제 전혀 통제를 받고 싶어하지도 않고, 자기 어머니와 함께 가려고 하지도 않습니다. 어머니는 그 아들의 자유를 빼앗고 싶지는 않지만, 그러나 그 자유를 너무 지혜롭지 못하게 사용하는 것을 보면서 슬퍼합니다. 그 아들이 주님의 말씀을 듣고 하나님의 종이 되려는 성향이 전혀 없는 것을 보고는 애통해합니다.

어머니는 그 아들이 자기 아버지의 발자취를 따라서 하나님의 백성과 함께 하며 성장하기를 소망하였습니다. 그러나 아들은 정반대의 길을 가고 있습니다. 어머니는 최근에 그 아들에 대하여 많은 것을 알게 되었고 그 염려는 더욱 깊어졌습니다. 그 아들이 정말 해로운 무리들과 함께 어울려 그릇된 교제를 하고 있었기 때문입니다. 그 아들은 가정의 평화를 싫어했고, 어머니에게 상처가 되는 정신 상태를 그대로 드러내 왔습니다. 아들이 했던 말이나 행동은 불손하려는 의도에서 했던 것이 아닐 수도 있습니다. 그러나 그렇게 자상하게 그를 지켜보는 어머니는 그런 태도를 매우 심각하게 받아들일 수도 있습니다. 어머니는 아들이 선한 것에 대해서는 전부 냉담해지고, 드러내 놓고 삶의 악한 측면을 보려고 하는 것처럼 보입니다. 어머니는 그 아들의 현재 상태에 대하여 조금밖에 모르기 때문에 더욱 불안합니다. 그녀는 아들이 이런저런 죄를 짓다가 결국 멸망의 길로 나가게 될까봐 너무 무섭습니다.

오, 친구들이여! 회심하지 않은 자녀를 둔다는 것은 은혜로운 마음(믿음)을 소유한 부모에게는 매우 큰 슬픔입니다. 그 아들이 어머니의 외아들일 경우에는 그 정도가 더욱 심합니다. 더구나 남편을 먼저 떠나보내고, 혼자 된 여인의 경우에는 더욱 그렇습니다. 영적인 사망이 그렇게 사랑하는 이의 속에서 세력을 부리고 있는 것을 보는 것은 지독한 슬픔입니다. 그것이 많은 어머니들로 하여금 은밀하게 울게 만들고 그들의 영혼을 하나님 앞에 쏟아 놓게 합니다. 많은 한나들이 자기 자식으로 인하여 슬픈 영혼의 여인들이 되었습니다. 어머니를 여자들 중에서 가장 기뻐하는 자로 만들어야 할 자식이 그 어머니의 삶을 가장 비통하게 만드는 것은 정말 얼마나 가슴 아픈 일입니까! 많은 어머니들이 자기 아들들 때문에 이렇게 부르짖지 않을 수 없습니다. "하나님께서 그 아이를 태어나지 않게 하셨으면 차라리 나을 뻔했다!"고 말입니다. 그런 경우가 허다합니다.

만일 여러분이 그런 경우라면, 친구들이여! 제 말을 명심해서 잘 새겨들으십시오. 여기에 슬픔의 원인이 있습니다. 우리는 그들이 그러한 상황에 있어야 한다는 것이 정말 애통하기 때문입니다. 오늘 본문의 이야기를 살펴보면, 그 어머니는 자기 아들이 죽었다는 이유로 울고 있었습니다. 이와 마찬가지로 우리도 우리의 젊은 친구들이 영적으로 죽어 있다는 것 때문에 슬퍼합니다. 우리의 육체를 움직이게 하는 생명보다 무한히 더 높은 생명이 있습니다. 오, 여러분 모두는 그것이 무엇인지 알고 있으리라 믿습니다! 그러나 거듭나지 못한 사람들은 이 참된 생명에 대해 아무것도 알지 못합니다. 오, 우리는 얼마나 여러분이 거듭나 있기를 바라는지 모릅니다! 여러분이 하나님께 대하여 죽어 있고, 그리스도와 성령께 대하여 죽어 있는 것은 정말로 무서운 일입니다. 여러분이 영혼의 기쁨이요 힘이 되는 하나님의 진리들에 대하여 죽어 있는 것은 정말로 애통한 일입니다. 하나님의 진리들을 모르는 사람들은 악에서 돌이키게 하고 덕을 행하도록 하는 거룩한 동기들이 죽어 있기 때문입니다. 우리를 자주 하늘의 문으로 아주 가까이 다가가게 해주는 그 거룩한 기쁨에 대해서도 그들은 죽어 있습니다. 우리는 죽은 사람을 쳐다보고 그에게서 기쁨을 느낄 수 없습니다. 그가 누구라 할지라도 말입니다. 아무리 좋은 옷을 잘 입혀 놓았다 할지라도 시체를 바라보는 것은 정말로 서글픈 일입니다. 그래서 우리는 여러분의 죽은 영혼을 불쌍하게 바라보면서 다음과 같이 소리치지 않을 수 없습니다. "오, 하나님! 저들은 항상 저런 상태에 있어야 하는 것입니까? 이 뼈들은 살아날 수 없는 것입니까? 왜 그들을 살려주지 않으십니까?' 사도 누가는 일락(逸樂) 속에서 살아갔던 아들에 대해 언급하면서, 그 어머니에 대해서는 살아 있으나 죽어 있는 자라고 말하는 것입니다.

수많은 이들이 정말 진실하고 가장 고상하며 신적인 모든 것에 대하여 죽어 있습니다. 그럼에도 다른 방면에 대하여는 아주 활동적이고 힘 있게 살아 있습니다. 아, 그들이 하나님께 대하여는 죽어 있으면서도 그렇게 즐거워하고 힘이 넘치는 것을 생각하면 얼마나 안타까운지요! 우리가 그들에 대하여 슬퍼하는 것은 기이한 일이 아닙니다.

우리도 그들이 우리에게 주어야 하는 도움과 위안을 상실하기 때문에 울게 되는 것입니다. 이 과부 어머니는 분명히 자기의 아들을 생각하고 울었습니다. 왜냐하면 그 아들이 죽어서 그런 것도 있었지만, 그녀가 이 땅에서 더 이상 머물 이유가 없어진 이유도 있었습니다. 틀림없이 그녀는 자기가 늙으면 아들을 의지할 수도 있고 자기가 외로울 때는 아들이 위로가 될 것이라고 생각했을 것입니다. "그 어미는 과부라." 저는 과부가 아닌 자가 그 말(言)이 담고 있는 슬픔을 충분히 이해할 수 있을지 의문이 갑니다. 우리가 자신의 반려자(伴侶者)를 잃어버린 자의 입장에서 생각한다면 그 말이 지닌 슬픔을 이해할 수 있을지도 모릅니다. 그러나 우리가 아무리 공감을 하려고 노력한다 해도, 정말 자기의 사랑하는 이를 잃고 사고무친(四顧無親)으로 의지할 데가 없어진 이의 입장을 온전하게 이해할 수는 없습니다. "그 어미는 과부라." 이 말은 조종(弔鐘) 소리같이 울려 퍼지고 있습니다. 그녀의 인생의 태양(남편을 지칭함)이 지고 나니 한 별이 떠올라 빛을 비추었습니다. 그녀에게는 한 아들, 사랑하는 한 아들이 있었습니다. 그 아들은 그녀의 필요를 채워 주었을 것입니다. 그리고 어머니의 외로움을 달래 주었을 것입니다. 그 아들을 보면 남편이 다시 살아온 것 같았을 것입니다. 그녀는 회당에 갈 때도 아들의 부축을 받았을 것입니다. 저녁이면 어머니는 일을 마치고 돌아오는 아들을 만날 수 있었을 것입니다. 아들과 함께 집에 머무는 시간이 그렇게 길지는 않아도 그녀의 마음에는 힘이 솟았을 것입니다. 그런데 안타깝게도 그 별이 어둠에 삼키고 말았습니다. 그 아들이 죽어서, 오늘 상여꾼들에게 들려 공동묘지로 가고 있었던 것입니다.

우리의 회심하지 않은 친구들이 우리에게는 영적으로 바로 그러한 경우에 해당합니다. 죄 가운데 죽어 있는 여러분에게서 우리가 받을 위로와 도움을 놓쳐 버렸다는 서글픈 상실감을 우리는 느끼고 있기 때문입니다. 살아 계신 하나님을 섬기면서도 우리에게는 여러분에게서 받아야 하는 위안과 도움을 상실한 슬픔이 있는 것입니다. 우리는 온갖 장소에서 새로운 일꾼들을 바라고 있습니다! 즉, 주일학교 사역 현장에서, 대중 전도에서, 우리가 사랑하는 주님을 위하여 섬기는 모든 방면에서 말입니다. 이렇게 우리의 짐은 너무 크기 때문에, 우리는 우리의 아들들이 그들의 어깨로 그 짐들을 나누어 메기를 갈망합니다. 우리는 여러분이 하나님을 두려워하며 자라기를 고대하고 있습니다. 우리와 함께 한편이 되어 악을 대항하여 싸우고, 주 예수님을 위하여 함께 거룩하게 수고하여 주기를 우리는 간절히 바라고 있습니다. 그러나 여러분은 우리를 도울 수가 없습니다. 여러분은 악한 자의 편에 서 있기 때문입니다. 안타까운 일입니다. 정말 안타까운 일입니다! 여러분은 세상으로 하여금 "저 젊은이들이 행동하는 것을 보라"고 말하게 함으로써, 오히려 우리의 사역을 방해하고 있습니다. 우리는 다른 이들을 위하여 생각하고 기도하고 노력해야 하는 것을 여러분에게 쏟아야만 합니다. 우리를 둘러싸고 있는 저 큰 어둠의 세력 때문에 우리는 매우 긴장하며 조심하고 있지만, 여러분은 이 일에 동참하지 않습니다. 사람들이 지식이 없어 멸망하고 있는데도, 여러분은 그들에게 빛을 비춰게 하려고 애를 쓰는 우리를 돕지 않고 있는 것입니다.

더 큰 슬픔은 우리가 그들과 아무런 교제도 할 수 없다는 데 있습니다. 나인 성의 어머니는 자기가 사랑하는 아들과 더 이상 교제를 할 수 없게 되었습니다. 그 아들이 죽었기 때문입니다. 죽은 자는 아무것도 알지 못합니다. 아들은 어머니에게 말할 수 없으며, 그 어머니 역시 아들에게 말할 수 없습니다. 그 아들이 관대(棺臺) 위에 놓여 있기 때문입니다. 오, 사랑하는 친구들이여! 여러분에게는 분명히 사랑하는 자들이 있습니다. 그리고 그들도 정말 여러분을 사랑합니다. 그러나 그들은 여러분과 어떠한 영적인 교제도 할 수 없습니다. 여러분도 그들과 영적인 교제를 전혀 하지 못합니다. 여러분은 그들과 함께 무릎을 꿇고 기도할 수도 없습니다. 여러분의 가정에 부닥친 문제들에 대하여 하나님을 믿는 믿음으로 호소하며 마음과 마음을 서로 합하여 힘을 모을 수도 없습니다. 오, 젊은이들이여! 여러분의 어머니의 마음이 영혼 속에 부어진 그리스도의 사랑 때문에 기뻐 뛰고 있을 때, 여러분은 어머니의 기쁨을 이해할 수 없습니다. 어머니의 감정이 여러분에게는 불가사의하기 때문입니다. 만약 여러분이 순종적인 아들이라면, 적어도 어머니의 종교에 대해서 불손한 투로 말하지는 않을 것입니다. 그럼에도 불구하고 여러분은 어머니가 믿음 안에서 슬퍼하거나 기뻐하는 일에 대해 공감할 수는 없습니다. 어머니와 여러분 사이에는 아무리 해도 정말 건널 수 없는 심연이 있기 때문입니다. 여러분은 죽어 관대 위에 올려 있고 어머니는 그 시신 앞에서 울고 있는 것만큼이나 넓은 생과 사의 심연 말입니다.

지금도 기억이 나는 것은, 제가 사랑하는 아내와 사별할지도 모르는 상황에 있었을 때 저는 말로 다 할 수 없는 괴로움의 질고(疾苦) 속에 있었는데, 그때 사랑하는 두 아들의 사랑 어린 기도가 제게 얼마나 위로가 되었는지 모릅니다. 우리는 슬퍼하면서도 교제를 나누었고 살아 계신 하나님께 대한 확신을 가지고 서로를 위로하였습니다. 우리는 함께 무릎을 꿇고 하나님께 우리의 마음을 쏟아냈으며, 하나님께서는 우리를 위로해 주셨습니다. 하나님께서 제게 복을 주셔서 제가 자녀들 안에서 얼마나 달콤한 위로를 받도록 하셨는지요! 그러나 저의 자녀들이 경건하지 않은 젊은이들이었다고 상상해 보십시오! 만일 그랬다면, 제가 그들과 거룩한 교제를 나누려고 해도 허사였을 것이고, 은혜의 보좌에서 도움을 요청해도 소용이 없었을 것입니다. 안타깝게도, 정말 수많은 가정의 어머니가 자기 아들이나 다른 식구들과 사활(死活)이 걸린 문제에 대해서 전혀 교제를 나누지 못하고 있습니다. 어머니는 성령으로 말미암아 되살아나서 새 생명 가운데 있으나 그 자녀들이 영적으로 죽어 있기 때문입니다.

더구나, 영적인 죽음이 왜 슬픈 것인지 바로 분명하게 나타납니다. 오늘 본문을 보면, 그 아들의 시신을 장사지내야 할 때가 온 것을 알 수 있습니다. 어머니는 죽은 아들을 자기 집에 오래 머물게 할 수 없었습니다. 시신은 죽음의 무시무시한 힘을 우리에게 보여주는 증거로서, 죽음은 시신과 관련해서 사랑을 이겨 버립니다. 아브라함은 자기 아내 사라를 사랑하였습니다. 그러나 잠시 후 그는 헷의 자손들에게 다음과 같이 말하지 않으면 안 되었습니다. "당신들 중에 내게 매장지를 주어 소유를 삼아 나로 내 죽은 자를 장사하게 하시오"(창 23:4).

그릇 행하는 이가 자기 집안에 있어서, 살아가면서 받게 되는 그 어떤 위로도 마음 놓고 누릴 수 없을 정도로 품행이 나쁠 때, 종종 슬퍼하는 경우가 생깁니다. 자기 아들이 술 취하고 방탕하게 되어 집에 잠시도 붙어 있지 않는다고 하는 부모들이 있습니다. 그렇게 하는 것만이 능사는 아니지만, 어떤 경우에는 반드시 필요하다는 생각이 들어서, 제멋대로 구는 그 젊은 자식을 먼 식민지(이 설교를 할 당시 영국은 많은 식민지를 세계 각처에 가지고 있었다 ― 역주)로 보낼 계획을 세우기도 합니다. 위험한 영향력에서 떠나 있으면 좀 나아지지 않을까 하는 바람에서 말입니다. 그러나 그런 비통한 실험이 성공을 거두는 예는 정말 극히 드뭅니다! 아들들을 생각할 때마다, 그들을 낳을 때 겪었던 진통보다 더 큰 격통(激痛)을 느끼는 어머니들이 있습니다. 그렇게 어머니의 마음을 부서지게 하는 이에게 화, 화가 있을지어다!

사랑하는 자가 가진 가장 선한 소망이 점차 사라져 절망으로 떨어져 버리고, 사랑하는 이의 열망이 끝내 애통으로 변해 버리며, 소망의 기도가 결국 회한(悔恨)의 눈물로 변해 버리는 것은 그 얼마나 무서운 일입니까! 권면의 말을 하면 화를 내고 하나님을 모독하기 때문에 더 이상 말도 꺼내지 못합니다. 그렇게 오늘 본문에 나오는 젊은이는 자기가 묻힐 곳으로 운구되고 있었습니다. 슬픈 흐느낌 속에 다음과 같은 소리가 들립니다. "저 사람은 우상에게 던져졌으니 내버려 둬라." 이것은 지금 자기를 기른 어머니의 자애로운 마음을 갉아먹고 사는 사람들을 보고 하는 말이지 않습니까? 또 외적인 행실이 정말 너무 악하여 자기에게 생명을 준 자들에게 매일 죽음을 경험하게 하는 사람들에게 하는 말이지 않습니까? 오, 젊은이들이여! 여러분은 이런 말을 듣고도 계속 버티려고 합니까? 여러분은 돌처럼 꿈쩍도 하지 않으려고 합니까? 여러분이 부모의 비통한 마음에 대해 아무런 느낌도 없이 바라본다는 것을 저는 믿을 수가 없습니다. 정말 그래서는 안 됩니다!

우리는 또한 죄 가운데 죽어 있는 사람들의 미래 때문에 애통해하는 것입니다. 죽은 아들을 묻어야 하는 이 어머니는 죽음보다 더 나쁜 일이 무덤 속에 있는 아들에게 일어날 것을 알고 있습니다. 그녀는 죽음을 뒤에 분명히 따라오는 시신의 부패를 침착하게 받아들일 수가 없습니다. 주 예수 그리스도를 거부하는 여러분에게 어떤 일이 일어날지 생각만 해도 정말 오싹해집니다. "그 후에는 심판이 있으리니"(히 9:27). 악취가 나는 시체에 대하여 세세하게 생각하는 것이 영원히 버림받은 영혼의 상태에 대하여 생각하는 것보다 차라리 더 나을 듯합니다. 우리는 지옥의 언저리라도 감히 서성이고 싶은 생각이 전혀 없습니다. 그러나 "구더기도 죽지 않고 불도 꺼지지 않는"(막 9:48) 곳이 있음을 여러분에게 상기시키지 않을 수 없습니다. 주님의 면전과 그 능력의 영광에서 추방당할 자들이 반드시 있게 될 그 곳 말입니다. 여러분이 "둘째 사망인 불 못에 던져진다"(계 21:8)는 것은 생각만 해도 끔찍한 일입니다. 여러분이 보기에 정직하지 않은 자들이 그런 말을 한다면, 당연히 받아들이기를 꺼려할 것입니다. 더구나 여러분 자신도 그 말에 대해 의심하려고 부단히 애를 쓰고 있습니다. 그러나 여러분은 손에 들린 성경과 가슴속의 양심 때문에 가장 큰 불행에 대한 두려움을 느끼지 않을 수 없습니다. 만일 여러분이 계속해서 그러한 상태에 있다가 불신앙의 상태로 인생을 마감해 버린다면, 여러분을 도울 길은 아무것도 없습니다. 여러분은 오직 심판 날에 저주를 당할 수밖에 다른 도리가 없는 것입니다. 하나님의 말씀은 가장 엄숙하게 여러분으로 하여금 "믿지 않는 사람은 정죄를 받으리라"(막 16:16)는 선언을 확신하게 하고 있습니다. 여러분은 어머니의 무릎에서 응석을 부렸고 환희에 찬 사랑으로 어머니의 볼에 입을 맞추기도 하였습니다. 그런데 어찌하여 여러분은 그 어머니의 품을 떠나서 영원히 갈라져 있으려고 합니까? 기억하십시오. "하나는 데려감을 얻고 하나는 버려둠을 당할"(눅 17:35) 날이 오고 있습니다. 여러분은 여러분의 아내와 누이와 어머니와 함께 하나님의 우편에 있을 소망을 저버리려고 합니까? 여러분은 그들이 여러분과 함께 지옥에 떨어지는 것을 바라는 것입니까? 여러분은 그들과 함께 하늘나라에 가고 싶지 않습니까? 우리의 구주이신 그리스도를 본받아 사는 자들에게 예수님께서는 "오라 복된 자들이여!"라는 목소리를 발하실 것입니다. 그리고 주와 같이 되기를 거절하는 모든 이들에게는 "저주를 받은 자들아 나를 떠나 마귀와 그 사자들을 위하여 예비된 영원한 불에 들어가라"(마 25:41)고 선고하실 것이 틀림없습니다. 그런데 어째서 여러분은 저주 받은 자들과 함께 그 무서운 저주의 몫을 받으려 하는 것입니까?

　오늘 아침에 제가 하는 설교가 여러분이 듣기에 쉬운지 어떤지 잘 모르겠습니다. 그러나 저는 지금 여러분에게 말씀을 전하는 것이 매우 어렵습니다. 제 입이 제가 느끼는 마음을 다 다 표현하지 못하기 때문입니다. 오! 제가 이사야처럼 강력하게 말하거나 예레미야처럼 애정 어린 슬픔의 말을 전할 수 있다면 얼마나 좋겠습니까! 여러분의 감정을 자극하여 여러분으로 하여금 두려움을 갖게 할 수만 있다면 얼마나 좋겠습니까! 그러나 성령께서는 저 같은 사람도 사용하실 수 있습니다. 저는 성령께서 그렇게 하시기를 간절하게 탄원하고 있습니다. 그것이면 충분합니다. 저는 여러분이 다음의 사실을 알게 될 것이라 확신합니다. 곧, 영적으로 죽은 사람은 영적으로 살아 있는 자기 가족들에게 큰 슬픔이 된다는 것 말입니다.

2. 유일하게 도와주실 분

이제 저는 제 강론의 두 번째 대목으로 들어가면서 여러분에게 용기를 주려고 합니다. 그것은 그러한 슬픔에 있어서 유일하게 도와줄 분이 계시다는 것입니다. 여기 우리를 도와줄 분이 계십니다. 이 젊은이는 장사되기 위하여 떠메져 가고 있었습니다. 그러나 우리 주 예수 그리스도께서 그 장례 행렬을 만나셨습니다. 회의론자들이 말하는 대로 그 우연의 일치를 주의해서 살펴보기 바랍니다. 회의론자들과 달리 우리는 그러한 것들을 섭리라고 부릅니다. 성경이 그렇게 말하고 있기 때문입니다. 섭리는 다른 기회를 얻어 다루기에 아주 좋은 주제입니다. 여기에서는 한 가지 경우만 들어 생각해 보겠습니다. 어째서 이 젊은이는 바로 그때 죽게 되었던 것일까요? 어째서 이 사람의 장례를 위해 정확하게 예수님과 만날 수 있는 시간을 정할 수 있었던 것일까요? 아마도 그때가 저녁이었기 때문에 그 시간을 잡았을 것입니다. 그렇다고는 해도 정확하게 그 순간을 선택한다는 것은 어려운 일입니다. 어째서 구주께서는 그 날 약 40km의 거리를 여행하고 나서 그 밤에 나인 성에 도착하도록 일정을 잡으셨던 것일까요? 어째서 그분은 죽은 자를 메고 나가기로 되어 있는 그 특정한 문으로 들어가기 위해 그때 그 문 근처에 도착해서 거기를 지나가셨던 것일까요?

잘 생각해 보십시오. 주님께서는 장례 행렬의 선두가 그 문으로 나오고 있는 바로 그 순간에 그 작은 성으로 가는 언덕을 오르고 계셨습니다. 그래서 그 죽은 남자가 매장지에 도착하기 전에 예수님께서는 그를 만날 수 있었습니다. 만일 조금만 늦었더라도 그 죽은 자는 땅에 묻혔을 것입니다. 조금 더 빨랐다면, 아마도 그 죽은 자는 자기 집 어두운 방에 아직 누워 있었을 것이고, 주님께 그 사람이 죽은 것을 알린 사람은 아무도 없었을 것입니다. 주님께서는 모든 것들을 조정하는 법을 알고 계십니다. 그분은 시계가 똑딱거리며 돌아가는 소리도 다 미리 알고 계십니다. 저는 오늘 아침에 어떤 큰 목적이 이루어지기를 원합니다. 저는 오늘 이 특별한 주제를 가지고 강론하고 있는 여기에 어째서 여러분이 오셨는지 잘 모릅니다. 어쩌면 여러분은 여기에 올 생각이 없었을지도 모릅니다. 그러나 여러분은 지금 여기에 있습니다. 그리고 예수님께서도 여기에 오셨습니다. 그분이 여기 계신 것은 여러분을 만나 여러분이 새로운 생명으로 되살아나게 하려고 하는 것입니다. 그 일에 우연이라는 것은 없습니다. 영원한 하나님의 작정이 그 모든 것을 주장하였고, 우리는 곧 그것을 알게 됩니다. 영적으로 죽은 여러분이 영생이신 그분을 만나게 된 것입니다.

　　복되신 구주께서는 한 번만 봐도 모든 것을 아십니다. 그 행렬 속에서 그분은 가장 슬피 우는 자를 주목하고 그녀의 마음속 깊은 곳에 있는 것을 읽으셨습니다. 그분은 언제나 어머니들에게 자애로우셨습니다. 그분은 그 과부에게 시선을 고정시키셨습니다. 그 과부가 어떠한 지경에 있는지 듣지 않아도 다 알고 계셨기 때문입니다. 죽은 자는 외아들이었습니다. 그분은 모든 상세한 것을 다 알고 계시며, 무한한 그분의 지성으로 인해 모르는 것이 하나도 없습니다. 여러분의 어머니의 마음과 그 모든 것도 다 알고 계십니다. 오, 젊은이들이여! 예수님께서는 여러분의 모든 것을 알고 계십니다. 여러분의 모든 것이 다 그분께 열려 있습니다. 오늘 이 아침에 눈에 보이지 않게 여기에 계신 예수님께서는 그 눈길을 여러분에게 주고 계십니다. 그분은 여러분을 위하여 울었던 자들의 눈물을 보셨습니다. 그분은 그들 중 어떤 이들이 여러분으로 인하여 절망하며 여러분의 장례 행렬을 보고는 애통하는 자같이 크게 슬퍼하고 있는 것을 보고 계십니다.

　　예수님께서는 이 모든 것을 알고 계셨던 것은 물론 이 모든 것을 공감하기까지 하셨습니다. 오, 우리가 우리 주님을 얼마나 사랑해야 마땅한지요! 그분은 우리의 슬픔을 주목하시며, 특히 다른 이들의 영혼에 대해 우리가 가지는 슬픔을 주목하십니다! 사랑하는 교사들이여, 여러분은 자신이 맡은 반 아이들이 구원 받기를 바랄 것입니다. 예수님께서도 여러분과 같은 심정이십니다. 사랑하는 친구들이여, 여러분은 영혼들을 얻기 위해 참으로 열심을 내었습니다. 이 모든 일에 여러분은 하나님의 동역자들인 것을 알기 바랍니다. 예수님께서는 우리 영혼의 괴로움을 다 알고, 그 일에 우리와 함께 하십니다. 우리의 진통은 다름 아니라 주님 자신의 진통이 우리 속에서 시연(試演)되고 있는 것입니다. 오 주여! 이 시간, 저의 사역 현장에 들어오시기를 기도하나이다. 그리고 이 힘없는 말(言)이 저의 청중들에게 복이 되게 하옵소서! 저는 수백의 신자들이 "아멘" 하고 있는 것을 압니다. 이것이 제게 얼마나 힘을 주는지요!

　　우리 주님께서 과부에게 하신 첫 마디의 말씀, 즉 "울지 말라"고 하신 그 말씀을 통해서, 그분은 자신이 과부의 슬픈 상태를 얼마나 공감하고 있는지를 증명하셨습니다. 이 순간에도 주님께서는 영혼들을 위해 기도하고 있는 여러분에게 다음과 같이 말씀하십니다. "낙심하지 말라! 소망이 없는 자들처럼 슬퍼하지 말라! 내가 너를 복되게 하리라. 네가 죽은 자에게 주어지는 생명으로 인하여 기뻐하게 될 것이다." 우리는 마음을 다잡고 모든 불신앙적인 두려움을 떨쳐 버려야 합니다.

우리 주님께서는 관대(棺臺)로 나가서 거기에 손을 대셨습니다. 그러자 관을 멘 자들이 저절로 서게 되었습니다. 우리 주님께서는 한 마디 말씀도 없이 관을 멘 자들로 서게 하는 방법을 알고 계셨습니다. 아마 오늘도 저쪽에 앉은 젊은이는 자기의 정욕과 불신앙과, 나쁜 친구들과 술을 사랑하는 마음에 떠밀려 더 죄를 짓고 있을지도 모릅니다. 아니면 그 사람의 쾌락과 교만과 고집과 악행이 그를 누인 관대의 네 귀퉁이가 되고 있을 수도 있습니다. 그러나 우리 주님께서는 자신의 신비로운 능력으로 그를 멘 자들을 멈추어 서게 하실 수 있습니다. 악한 영향력이 힘을 상실하게 되는 것입니다. 그 사람은 어떻게 된 영문인지도 모른 채 말입니다.

그들이 가만히 섰을 때에, 침묵이 흘렀습니다. 제자들은 주님 주위에 서 있었고, 우는 자들은 과부 주위에 둘러 서 있었습니다. 그들은 주님을 사이에 두고 서로 마주 대하고 있었습니다. 작은 공간이 있었고 예수님과 죽은 자가 가운데 있었던 것입니다. 과부는 얼굴에 쓴 수건을 치우고 눈물을 흘리며 어떤 일이 일어나고 있는지를 의아한 눈초리로 응시하고 있었습니다. 침묵이 흘렀습니다! 침묵이! 그분이 대체 무엇을 하시려는가? 하고 말입니다. 그 깊은 침묵 속에서 주님께서는 과부의 소리 나지 않는 기도를 듣고 계셨습니다. 그때 그녀의 영혼은 기대 반, 절망 반으로 다음과 같이 속삭이고 있었다고 저는 확신합니다. "오, 저분이 내 아들을 살려 주시기만 하면 좋으련만!'이라고 말입니다. 어쨌든 예수님께서는 믿음에서 나온 것은 아니라 해도 그 소원의 날개로 파닥이는 소리를 듣고 계셨던 것입니다. 그녀의 눈은 갑자기 나타나신 예수님을 쳐다보았을 때 분명히 빛나고 있었을 것입니다. 여기에서 우리는 우리 앞에 놓인 이 장면처럼 조용한 시간을 가져보려고 합니다. 우리 모두 1분만 침묵해 봅시다. 그리고 이 시간에 하나님께서 죽은 영혼들을 살리시도록 기도합시다.

3. 생명을 주는 이적을 행할 수 있으신 예수님

그 침묵이 그리 오래 진행된 것은 아니었습니다. 그 소생시키는 분께서 신속하게 자신의 은혜로운 사역에 돌입하셨기 때문입니다. 여기에 우리가 살펴볼 세 번째 요점이 있습니다. 바로 예수님께서는 생명을 주는 이적을 행할 수 있으시다는 것입니다. 예수 그리스도께서는 자신 속에 생명을 가지고 계십니다. 그분은 또한 원하는 이를 살리십니다(요 5:21). 그러한 생명이 그분 안에 있기 때문에 "나를 믿는 자는 죽어도 살겠고 무릇 살아서 나를 믿는 자는 영원히 죽지 아니하리라"(요 11:25-26)고 말씀하신 것입니다.

우리의 복되신 구주께서는 즉시 그 관대(棺臺)의 관보(棺褓)를 여셨습니다. 그 앞에 무엇이 누워 있었습니까? 바로 시체였습니다. 그분은 생명 없는 그 형상으로부터 아무런 도움도 받을 수 없었습니다. 구경꾼들은 그가 죽었다는 것을 확인할 뿐이었습니다. 왜냐하면 그들은 그를 장시지내기 위해서 메고 가던 중이었기 때문입니다. 어떤 속임수도 있을 수 없었습니다. 그 어머니도 그가 죽은 것을 믿었지만, 만일 그 안에 생명의 빛이 한 점이라도 있었다면 그녀는 결코 그 아들을 포기하지 않았을 것입니다. 여러분도 그 점은 확신할 수 있을 것입니다. 그러나 그 상황 자체로는 아무 소망도 없었습니다. 관을 메고 가던 무리들 속에서도 아무런 소망을 끌어낼 수 없었습니다. 거기에 둘러선 제자들도 마찬가지였습니다. 그들은 모두 무기력한 자들이었습니다. 그와 같이 죄인들인 여러분도 자신을 스스로 구원할 수 없습니다. 그런 사람은 아무도 없습니다. 우리의 힘을 다 모아도 여러분을 구원할 수 없습니다. 죽은 죄인들이여, 하늘 아래에는 여러분을 도울 자가 없습니다. 여러분 자신이든, 여러분을 가장 사랑하는 이들이든, 그 어떤 곳에서도 여러분은 도움을 기대할 수 없습니다.

그러나 위대하신 주님께서 도와주십니다. 혹 주님께서 가장 작은 도움이라도 죄인들인 여러분에게 청하신다 해도, 여러분은 그마저도 도울 수 없습니다. 여러분은 죄 가운데 죽어 있기 때문입니다. 여러분은 거기 관대 위에 죽어 있는 사람입니다. 따라서 하나님의 전능하신 주권적인 능력만이 여러분에게 하늘의 생명을 넣으실 수 있습니다. 여러분의 도움은 위로부터 내려와야만 합니다.

관이 거기 있는데, 예수님께서 죽은 젊은이를 향하여 이렇게 말씀하셨습니다. 그 사람에게 개인적으로 말입니다. "청년아 내게 네게 말하노니 일어나라." 오, 구주께서 오늘 아침에도 어떤 젊은이를 보고 그렇게 개인적으로 말씀하실 수 있습니다. 만일 원하시면 그분은 노인에게도 말씀하실 수 있고, 여인에게도 말씀하실 수 있습니다. 아니 그들에게 말씀을 깨닫게 하실 것입니다. 우리는 주님 목소리가 어디로 떨어질지 가늠하지 못합니다. 그 일이 제 주위에 있는 자들에게 일어나기를 바랍니다. 저는 이 건물 안에 죽은 자들이 가득하다고 느끼기 때문입니다! 저는 제 주위에 있는 모든 이들이 관을 메고 서 있는 자들같이 느껴집니다. 그들에게는 죽은 자들이 있습니다. 주 예수여, 여기에 오지 않으시렵니까? 진정 간절하게 원하는 바는 주님께서 개인적으로 그들을 부르시는 것입니다. 주여, 말씀하옵소서. 우리가 간구하나이다!

예수님께서는 "청년아 일어나라"고 말씀하셨습니다. 그분은 마치 그 사람이 살아 있는 것같이 말씀하셨습니다. 그것이 바로 복음의 방식입니다. 그분은 일어나라고 명하기 전에 생명의 조짐이 나타나기를 기다리지 않으셨습니다. 다만 죽은 자에게 "일어나라"고 말씀하셨을 뿐입니다. 이것이 복음 설교의 모델입니다. 주 예수님의 이름으로 사명을 받은 종들은 죽은 자들에게 말합니다. 마치 그들이 살아 있는 것처럼 말입니다. 어떤 형제들은 이렇게 말하면 트집을 잡을 것입니다. 일관성도 없고 어리석다고 말입니다. 그러나 신약성경은 그것이 옳다고 내내 말하고 있습니다. 우리는 "죽은 자여 일어나라 그리스도께서 네게 빛을 비추시리라"고 하는 말씀을 듣습니다. 저는 그것의 정당성을 설명하고 싶지 않습니다. 제게 있어서는 하나님의 말씀을 그보다 더 낫게 읽을 수 있는 방법이 없기 때문입니다. 우리는 사람들에게 주 예수 그리스도를 믿으라고 다그쳐야 합니다. 그들이 죄 가운데 죽어 있음을 알더라도 말입니다. 믿음은 하나님의 성령이 역사하는 것임을 알고 있더라도 그리해야 하는 것입니다. 우리의 믿음은 우리로 하여금 하나님의 이름으로 죽은 자들에게 살아나라고, 그리하면 그들이 살아날 것이라고 명령하게 합니다. 우리는 믿지 않는 이들에게 예수님을 믿으라고 명령합니다. 그러면 말씀과 함께 능력이 나가고, 하나님의 택한 이들은 믿게 됩니다. 우리가 설교하는 믿음에 관한 이 말씀으로 말미암아 예수님의 목소리가 사람들에게 울려 퍼지는 것입니다. 이 청년은 일어날 수 없었습니다. 죽어 있었기 때문입니다. 그러나 예수님께서 그에게 일어나라 하시니 일어났습니다. 주님께서 자신의 종들을 통하여 복음의 명령을 발하셔서 "믿고 살라"고 말씀하실 때 순종하게 되면 사람들이 살아나는 것입니다.

그러나 여러분도 주목하다시피, 구주께서는 자신이 가진 권위로 말씀하셨습니다. 즉, "청년아 내가 네게 말하노니 일어나라"고 말입니다. 엘리야나 엘리사도 그렇게 말하지는 못했습니다. 그러나 그렇게 말씀하신 이는 바로 하나님 자신이셨습니다. 인간의 육체 속에 싸여 있었고 겸손으로 옷 입고 있었지만, 그분은 "빛이 있으라 하시매 빛이 있게 하신" 바로 그 하나님이셨습니다. 우리 중에 어떤 이가 믿음으로 "청년아 일어나라"고 말할 수 있다 해도, 우리는 그분의 이름으로 그렇게 말할 수 있을 뿐입니다. 왜냐하면 우리는 그분으로부터 받은 권위 외에는 아무런 권위도 가지고 있지 않기 때문입니다. 청년이여, 예수님의 목소리는 여러분의 어머니가 할 수 없는 것을 할 수 있습니다. 얼마나 여러분의 어머니는 여러분에게 예수님께 나오라고 부드럽게 권했습니까? 그러나 그런 권고들은 모두 헛수고이지 않았습니까? 오, 주 예수님께서 마음속 깊이 여러분에게 말씀하실 것입니다. "청년아 일어나라"고 말입니다. 제가 말씀드리고 있는 중에도 주님께서는 성령으로 말미암아 여러분의 마음속에 조용하게 말씀하고 계시리라 믿습니다. 저는 그럴 것이라는 확실한 느낌을 가지고 있습니다. 만일 그렇다면, 여러분 안에서 온유하게 역사하는 성령께서 여러분으로 하여금 회개하게 하고, 여러분의 마음을 예수님께 복종하도록 인도하실 것입니다. 그러므로 오늘 이날은 영적으로 죽었던 청년에게 복된 날이 될 것입니다. 청년이 구주를 영접하고, 하나님의 은혜로 새롭게 되기 위해 자신을 온전히 그분께 맡긴다면 말입니다. 불쌍한 형제여, 여러분을 멘 자들은 여러분을 장사(葬事)하지 않을 것입니다! 저는 여러분이 매우 악하게 살아왔음을 알고 있고, 여러분을 멘 자들은 여러분에게 절망하여 포기할 것입니다. 그러나 예수님께서 살아 계시니 우리는 여러분을 포기할 수 없습니다.

이적은 즉시 행해졌습니다. 이 청년은 정말 놀랍게도 일어나 앉았습니다. 그의 경우는 정말 절망적인 경우였습니다. 그러나 죽음은 정복되고 그는 일어나 앉았습니다. 그는 죽음의 가장 내밀한 굴 속에서 다시 부름을 받았습니다. 바로 무덤 문 앞이었지만, 예수님께서 그를 부르시니 그는 일어나 앉았던 것입니다. 그 일은 한 달만에 일어난 일이 아니었습니다. 한 주가 걸린 것도 아니고, 한 시간이 걸린 것도 아니었습니다. 아니 단 5분도 걸리지 않았습니다. 예수님께서 "청년아 내가 네게 말하노니 일어나라 하시매 죽었던 자가 일어나 앉고 말도" 했던 것입니다. 이와 같이 주님께서는 죄인을 즉시 구원하실 수 있습니다. 제가 하는 말이 여러분의 귀에 들어가기도 전에, 여러분에게 영생을 주기 위한 신적인 섬광(閃光)이 여러분의 가슴속에 파고들어갈 수 있습니다. 그러면 여러분은 그리스도 예수 안에서 새로운 피조물이 되는 것입니다. 그래서 이 시간 이후부터는 새로운 생명 속에서 삶을 시작할 수 있습니다. 더 이상 영적으로 죽었다고 느끼지 않게 되며, 옛 부패로 다시 돌아가지 않게 되는 것입니다. 새로운 삶과 새로운 느낌과 새로운 사랑과 새로운 소망과 새로운 친구들이 이제 여러분의 것이 됩니다. 왜냐하면 여러분은 이제 사망에서 생명으로 옮겨졌기 때문입니다. 그렇게 될 수 있도록 하나님께 기도하십시오. 하나님께서는 우리의 기도를 들으시기 때문입니다.

4. 위대한 결실을 맺음

우리에게 주어진 시간이 지나가 버렸습니다. 물론 우리가 다루어야 할 주제가 많지만, 더 이상 시간을 끌 수가 없습니다. 저는 이 일이 매우 위대한 결실을 맺을 것이라는 사실에 주목하고서 이 설교를 마치고자 합니다. 죽은 자에게 생명을 주는 것은 결코 작은 일이 아닙니다.

첫째로 그 청년 속에서 위대한 결과가 나타났습니다. 여러분은 전에 그가 어떤 자였는지 알고 싶습니까? 제가 과감하게 그 청년의 머리를 감싸고 있는 수의(壽衣)의 두건을 벗겨 보겠습니다. 거기에는 죽음이 해 놓은 것이 있습니다. 그는 아름다운 청년이었습니다. 그 어머니가 보기에 그는 훌륭한 남성이었습니다. 그러나 지금은 그 얼굴이 얼마나 창백한지요! 그의 두 눈은 움푹 들어가 있습니다! 그 모습을 보고서 여러분은 서글픈 감정을 느낄 것이고, 그 광경을 더 이상 참고 보지는 못할 것입니다. 자, 부패가 시작되어 진행되고 있는 무덤을 들여다보십시오. 그를 덮어 버립시다! 더 이상은 썩어가고 있는 시체를 쳐다보기가 민망합니다! 그러나 예수 그리스도께서 "일어나라" 하시니 얼마나 놀라운 변화가 일어났는지요! 이제 여러분은 그를 쳐다볼 수 있습니다. 그의 푸른 눈은 그 속에 하늘빛을 담고 있습니다. 그의 입술에는 빨간 생명의 기운이 감돕니다. 그의 이마는 훤하여 많은 생각들이 가득 찬 것처럼 보입니다. 그의 건강한 모습을 보십시오. 장미와 백합이 서로 뽐내느라 다투는 것 같습니다. 그는 마치 아침 이슬처럼 신선해 보입니다! 그는 죽었었지만, 이제는 살아 있습니다. 그리고 죽음의 흔적조차 전혀 남아 있지 않습니다. 여러분이 그를 쳐다보자 그가 말하기 시작합니다. 그의 어머니의 귀에 들리는 그 청아한 노랫소리는 어떠했겠습니까! 그가 무어라고 말했을까요? 감히 제가 그것을 여러분에게 말할 수는 없습니다. 여러분이 새롭게 살리심을 받은 자로서 말한다면, 저는 그저 여러분이 말하는 대로 들을 것입니다.

저는 그때 제가 무엇을 말했는지 알고 있습니다. 제가 영적으로 살리심을 받앉을 때 처음 했던 말은 "할렐루야"였습니다. 그 후에 저는 어머니의 집으로 가서 주님께서 저를 만나 주신 것에 대해 말했습니다. 여기 이 본문에는 어떤 말이었는지 나오지 않습니다. 그 말이 무엇이었는지는 문제가 되지 않습니다. 어떠한 말이든 그가 살아났음을 증명했을 테니 말입니다. 만일 여러분이 주님을 알고 있다면 저는 여러분이 하늘에 속한 것들을 말할 것이라고 믿습니다. 저는 우리 주 예수님께서 자신의 집에 벙어리 자녀를 두고 있다고는 믿지 않습니다. 왜냐하면 그들은 모두 그분께 말할 것이고, 대부분 그분에 관해 말할 것이기 때문입니다. 새로운 탄생은 그리스도를 고백하고 찬미하는 데서 그 사실을 스스로 증명하기 마련입니다. 저는 여러분에게 장담하건대, 그 청년의 어머니는 자기 아들이 말하는 것을 들었을 때에 그가 말한 내용에 대해 비판하지 않았을 것입니다. 그녀는 "그 문장은 문법이 맞지 않구나!"라고 말하지 않았을 것입니다. 그녀는 아들이 무슨 말을 하는지 알아듣지도 못할 만큼 너무 기뻤기 때문에, 자기 아들이 사용한 표현들을 다 살펴보지 못했을 것입니다.

　새롭게 구원 받은 영혼들은 흔히 몇 년이 지난 후에도 그 경험이 정당화될 수 없는 말들을 하기도 합니다. 부흥회에 다녀와서는 대단한 자극을 받았고 어떤 청년들은 회심을 하고는 터무니없는 말을 하기도 했다는 소리를 여러분은 자주 들었을 것입니다. 이런 일은 매우 있을 법한 일입니다. 그러나 만일 진정한 은혜가 그들의 영혼 속에 있었고, 그들이 주 예수님을 증거하고 있었다면, 저는 그들을 그렇게 심하게 비난하지 않을 것입니다. 만일 그들이 거듭난 증거를 보이고 있다면 기뻐할 일이고, 장래 그들의 삶이 바르게 되어 갈 것이라고 믿어야 합니다. 그 청년 자신에게 있어서 새로운 생활이 시작되었기 때문입니다. 죽은 자 가운데서 다시 산 자로서 말입니다.

　또한 그의 어머니의 입장에서도 새로운 삶이 시작되었습니다. 죽었던 아들이 다시 산 일은 그녀에게 얼마나 엄청난 결과를 가져왔겠습니까! 그 이후부터 그 아들은 두 배로 사랑을 받았을 것입니다. 예수님께서는 관대 위에서 그가 내려오는 것을 도우셨습니다. 그리고 그의 어머니에게 넘겨주셨습니다. 우리는 예수님께서 그때 하신 말씀을 알지 못합니다. 그러나 우리는 확신합니다. 예수님께서는 가장 은혜로운 표정을 지으시고, 그 아들을 어머니에게 돌려주시되, 마치 가장 좋은 선물을 주는 자처럼 하셨을 것입니다. 겸비한 자애로움과 아울러 위엄어린 기쁨을 가진 예수님께서는 그 행복해하는 여인을 바라보셨을 것입니다.

그리고 "그대의 아들을 받으라"고 하셨을 때 그분의 시선은 그녀에게 있어서는 아침 햇살보다 더 밝게 빛났을 것입니다. 그때 그녀가 느낀 마음의 감격은 정말 전혀 잊을 수 없는 것이었습니다. 우리 주님께서 새로운 생명을 젊은이들에게 넣으실 때에는 바로 집을 떠나 자신과 함께 다니기를 원하지 않으신다는 점을 주목하십시오. 가정은 그들이 가장 먼저 의무를 감당해야 하는 곳입니다. 여기 저기서 어떤 이들이 복음 전도자나 선교사로 부르심을 받습니다. 그러나 통상 예수님께서는 청년들이 집으로 돌아가거나, 자기 친구들에게로 가기를 원하십니다. 그리고 부모에게로 가고 자기 가족들에게로 가서 그들을 복되게 하고 거룩하게 하기를 바라십니다. 우리 주님께서는 이 청년을 제사장에게 보내지 않고, 바로 어머니에게 넘겨주셨습니다. "내가 회심하였으니 나는 더 이상 사업을 할 수가 없어. 나는 장사를 해서 어머니를 돌볼 수 없어"라고 말하지 마십시오. 만일 그러한 식으로 한다면 여러분은 회심하지 않았을 가능성이 있습니다. 만일 여러분이 선교사로 부르심을 받았다면 한두 해 정도 준비하여 선교사로 나갈 수도 있습니다. 그러나 여러분은 준비되지 않은 일을 금방 하겠다고 덤비지 말아야 합니다. 현재로서는 집으로 가서 어머니께 여러분 자신을 보이십시오. 그리고 가정을 복되게 하고 여러분 아버지의 마음을 편하게 해 드리십시오. 그리고 여러분의 형제들과 자매들에게 복이 되십시오. 그들로 하여금 여러분이 "죽었었는데 이제 다시 살았고, 잃어버렸었는데 다시 찾은 바 되었다"는 사실로 인하여 기뻐하게 하십시오.

그 다음의 결과는 무엇입니까? 모든 이웃들이 두려워하고 하나님께 영광을 돌렸습니다. 만일 저쪽에 있는 한 청년이 지난 밤에 음악이 있는 술집에 있었고, 며칠 전에는 거의 만취된 상태에서 들어왔다고 합시다. 그런데 그가 거듭나게 되었다면 그 주위에 있는 모든 이들이 그 일로 다 놀라게 될 것입니다. 그 사람이 노름으로 재산을 탕진하거나, 또는 다른 악행으로 제정신을 차리지 못하는 이였는데 구원을 받게 되었다면, 우리는 모두 다 하나님께서 바로 우리 가까이에 계시다는 것을 느끼게 될 것입니다. 그 청년이 악한 여자들과 교제했었고, 그 외에도 다른 여러 가지의 악에 떨어지게 되었는데, 이제는 순전한 마음을 가지고 은혜로운 자리에 있게 되었다면, 그 주변 사람들은 두려운 마음으로 충격을 받게 될 것입니다. 그가 많은 이들을 타락시킨 사람이었는데, 만일 주님께서 그를 다시 돌아오게 하셨다면, 그것은 큰 동요를 일으킬 것입니다. 그래서 사람들은 변화의 요인이 무엇이었는가에 대하여 알아보고 싶어질 것입니다. 그리고 그들은 결국 하나님을 믿는 신앙의 능력이라는 것을 알게 될 것입니다.

회심의 역사들은 결코 그치지 않는 이적들입니다. 도덕적인 세계에서 불가사의한 일은 물질적인 세계에서 불가사의한 것과 마찬가지로 정말 주목할 만한 일입니다. 우리는 이렇게 실제적이고 사실적이며 신적인 회심을 원합니다. 그래서 의심하는 이들이 의심할 수 없게 되기를 원합니다. 그들이 그 속에서 하나님의 손을 보고서 말입니다.

마지막으로, 이 일은 이웃들을 놀라게 하고 그들에게 깊은 인상을 남겼을 뿐만 아니라, 그 소문이 각처에 퍼져 나갔다는 것에 주목하십시오. 누가 말할 수 있겠습니까? 만일 오늘 이 아침에 회심한 자가 있다면, 그 회심의 결과를 수천 년 동안 느낄 수 있을지도 모릅니다. 만일 세상이 그렇게 오랫동안 지속된다면 말입니다. 그렇습니다. 그 회심의 결과는 수천 년이 지났을 때에도 느낄 수 있을 것입니다. 아니 영원히 느낄 수 있을 것입니다.

두려워 떨리는 마음으로 저는 이 아침에 호수에 자그마한 돌을 던졌습니다. 비록 그것은 약한 손에서 나갔지만 간절한 마음에서 나간 것입니다. 여러분의 눈물은 그 호수의 물이 동(動)하였음을 보여줍니다. 저는 표면에 이는 첫 번째 동심원(同心圓)을 느낍니다. 이 설교가 전해지고 읽힐 때마다 또 다른 더 큰 동심원이 일렁일 것입니다. 여러분은 집에 가서 하나님께서 여러분의 영혼을 위하여 하신 일을 말하십시오. 그러면 더 넓은 파문(波紋)이 일 것입니다. 만일 주님이 이날 아침에 회심한 자들 중 한 사람의 입을 열어 그분의 말씀을 전파하게 하신다면, 그 파문이 얼마나 넓게까지 퍼져 나갈지 아무도 말할 수 없습니다. 그 말씀의 동심원은 퍼지고 퍼져 나가서 영원이라는 끝없는 대양까지, 오늘 아침에 증거된 말씀의 효력을 느낄 수 있을 것입니다. 아니 저는 꿈을 꾸고 있는 것이 아닙니다. 우리의 믿음에 따라서 그렇게 말하는 것입니다. 오늘 이 아침에 주님께서 한 영혼에게라도 은혜를 베푸셔서 전체 인류에게 영향을 끼칠 수 있는 일이 일어나게 하시옵소서. 하나님께서 복락과 생명을 영원히 허락하시기를 원합니다. 사랑하는 친구들이여, 그리스도의 이름으로 여러분에게 간청하노니 복락을 위하여 기도하십시오. 그리고 저를 위해서도 많이 기도해 주시기 바랍니다. 아멘.

제
23
장

—

죄인인 한 여자

—

"보라, 그 도시에 죄인인 한 여자가 있었는데 그녀가 예수님
께서 바리새인의 집에서 음식 앞에 앉으신 것을 알고는 향
유를 담은 옥합을 가지고 와서 그분 뒤에서 눈물을 흘리며
그분의 발 곁에 서서 눈물로 그분의 발을 씻기 시작하여 자
기 머리털로 발을 닦고 그분의 발에 입을 맞추며 향유를 발
에 부으매." — 눅 7:37-38, KJV

이 여자는 지금까지 막달라 마리아와 혼동되어왔던 여인입니다. 사람을 혼
동하는 이런 실수가 어떻게 일어났는지 추측하기가 그리 쉽지는 않겠지만, 어쨌
든 이 추측이 실수인 것만은 분명합니다. 죄인인 이 여자가 예수님께서 일곱 귀
신을 내쫓으셨던 여인과 관계가 있다는 증거는 조금도 없습니다. 몇 주 전에 막
달라 마리아의 생애에 대한 설교를 하면서(막 16:9, 막달라 마리아, 1868년 1월 26일),
제 생각에는 오늘 본문에서 언급되는 죄인인 이 여자가 막달라 마리아일 리는
거의 불가능하고, 또 그럴 리가 결코 없다는 사실을 말씀드렸습니다. 지금 우리
앞에 놓인 본문에 등장하는 이 여인이 만약 막달라 마리아였다는 증거가 있다
면, 이 여인이 스바의 여왕(왕상 10:1)이나 시스라의 어머니(삿 5:28)라고 주장하
는 증거도 충분히 있을 것이라 확신합니다. 그런 허황된 이야기를 우리가 발견
할 수도 없을 뿐 아니라, 그에 대한 단편적인 증거도 없습니다. 사실, 본문의 여
인과 막달라 마리아 사이에는 아무런 관계가 없습니다.

더 나아가, 우리 앞에 있는 이 죄인은 많은 사람들이 혼동하고 있는 베다니의 마리아(요 12:1)도 아닙니다. 마르다와 나사로의 여동생인 마리아는 우리 주님께 향유를 부어드렸습니다(요 12:3). 하지만 이 일은 오늘 본문의 사람과는 전혀 다른 사람에 의해 오늘 본문보다 앞서 일어난 사건입니다. 그러므로 이 두 이야기는 전적으로 서로 다른 이야기입니다. 물론, 이 두 이야기는 내용이 아주 유사하긴 합니다. 주요 인물인 두 사람 모두 여인이었으며, 그리스도를 향한 불타는 사랑이 충만했습니다. 두 사람 다 주님께 향유를 부어드렸습니다. 두 사람의 사건에 각각 시몬이라는 이름이 관련되어 나타나며, 두 사람 모두 주님의 발을 자신의 머리카락으로 닦아드렸습니다. 두 사람이나 이런 식으로 자신의 뜨거운 사랑을 드러내 보였다는 사실에 대해 놀랄 필요는 없습니다. 오히려 이렇게 행한 사람이 두 명이 아니라, 이백 명이 되지 않았다는 사실에 더 놀라야 할 것입니다. 왜냐하면 존경의 표시로 존경하는 친구의 발에 향유를 붓는 일은 고대 동양에서는 보기 드물고 신기한 일로 여겨지지 않는 흔한 일이었기 때문입니다. 이 정도로 사랑을 받으실 만한 분인 예수님이 이런 아낌없는 인간적인 사랑의 표현 방식을 더 자주 받지 못하셨다는 것이 신기할 따름입니다. 이는 마치 기름 부음 받은 분이신 주님이 두 번씩이나 향유로 부음을 받았다는 사실을 우리가 인정하기 꺼려하는 것처럼, 두 사건을 한 사건으로 통합하는 것은 유감스러운 일입니다. 이 두 사건이 각각 시몬이라는 이름을 지닌 사람의 집에서 일어났다는 사실은 전혀 이상하지 않습니다. 한 사람은 바리새인 시몬(눅 7:36, 44)이며, 또 한 사람은 나병환자 시몬(마 26:6)이라는 사실을 기억해 두십시오. 시몬이라는 이름은 유대인들 가운데 제일 흔한 이름입니다. 마치 우리 시대에 한 사건이 존(John, 영어권에서 흔한 이름이다)의 집에서 일어났고, 이와 비슷한 또 다른 사건이 다른 존의 집에서 일어났다고 해서 전혀 이상하지 않은 것처럼 말이지요. 왜냐하면 존이라는 이름이 아주 흔한 이름인 것처럼, 시몬이란 이름도 주님의 시대에는 아주 흔한 이름이었기 때문입니다. 하지만 이 두 번의 향유 부음 사건, 혹은 세 번의 향유 부음 사건이라고 저는 말하고 싶습니다만(사실, 제 입장은 세 번의 향유 부음 사건이 있었다는 쪽을 지지합니다), 어쨌든 이 향유 부음 사건들이 동일하지 않다는 것은 다음의 이유들로 인해 분명합니다. 이 사건들은 시간적으로 다릅니다. 우리 주님은 이 여인으로부터 향유 부음을 받으신 후 적어도 여섯 달은 사셨습니다. 만약 여러분이 이 이야기를 계속해서 따라 간다면, 바로 다음 장에서 이런 말씀을 읽게 될 것입니다. "그 후에 예수께서 각 성과 마을에 두루 다니시며 하나님의 나라를 선포하시며 그 복음을 전하실새 열두 제자가 함께 하였고"(눅 8:1)라는 말씀 말입니다. 그러나 마리아가 베다니에서 그분께 향유를 부었을 때, 그분은 "이 여자가 내 몸에 이 향유를 부은 것은 내 장례를 위하여 함이니라"(마 26:12)고 말씀하셨습니다. 우리 주님께서는 이 말씀을 하고 나서 며칠 안 되어 십자가에 못 박히셨습니다. 나사로의 여동생인 마리아가 향유를 부은 일은 베다니에서 일어났습니다(마 26:6). 하지만 이 일은 베다니와 아주 다른 지역인 갈릴리에서 일어났습니다. 게다가 사건 자체가 아주 판이하게 달랐습니다. 왜냐하면 두 여인이 그리스도에게 향유를 부은 것은 사실이지만, 두 여인 가운데 좀 더 부유했던 마리아는 매우 귀한 향유 곧 향기가 더 강한 순전한 나드 향유를 가지고 왔던 반면, 비천한 신분에서 살았던 오늘 본문의 이 여인의 향유 사건에는 그런 구체적인 이야기가 언급되지 않고 있습니다. 요한에 따르면(요 12:3), 마리아는 지극히 비싼 값진 나드 향유 한 근 전체를 부었다고 합니다. 그러나 이런 구체적인 이야기는 죄인인 한 여자의 겸손한 봉헌에는 언급되고 있지 않습니다. 마태복음에 나오는 여자는 향유를 그분의 머리에 부었다고 말합니다(마 26:7). 그러나 회개하는 이 불쌍한 여자는 그분의 발에 향유를 부었다고만 기록되어 있습니다. 마태, 마가, 요한, 어느 복음서 저자도 마리아와 관련해서 눈물은 언급하고 있지 않습니다. 반면에, 지금 우리 앞에서 은혜롭게 애통하는 자는 눈물로써 자신의 사랑을 분명히 특징적으로 보여주고 있습니다. 두 경우 모두 이 사건이 일어난 후에 반발이 있었습니다. 하지만 이 제기된 반발 간의 큰 차이를 주목해 주십시오! 오늘 본문의 경우에는 바리새인인 시몬이 반발했습니다. 죄인인 여인이 주님께 그렇게 친밀하게 행동하도록 주님이 허용하셨다는 이유였습니다. 그러나 다른 경우에는 사람을 대상으로 제기된 반발이 아니었습니다. 그 여자가 너무나 값비싼 향유를 예수님께 아낌없이 부어버림으로써 귀한 향유를 소비하고 낭비한 것에 대해 가룟 유다가 반발하였습니다. 이것을 비싼 값에 팔아 가난한 자들에게 줄 수 있었겠다(마 26:9)고 말하면서 투덜거렸던 것입니다. 만약 여러분이 이 두 사건을 혼동한다면, 여러분은 어이없는 실수를 저지를 뿐만 아니라, 귀중한 교훈도 잃게 되는 셈입니다. 지금 우리 앞에 있는 이 경우는 가련하게 방황하던 자가 다시 돌아와 깊은 감사의 마음으로 자기가 가진 것 중에 최고의 것을 주님께 봉헌하고, 주님은 그분의 은혜로 그것을 받으시는 모습입니다. 베다니의 마리아 경우는 성숙한 성도의 경우로서, 그녀는 예수님의 발치에 앉아 말씀을 들었으며, 빼앗기지 아니할 좋은 편을 택하였습니다(눅 10:42). 그녀는 예수님의 사랑스러운 손으로부터 많은 은혜를 받음으로써 그분에 대한 사랑이 더욱 성숙해지고 깊어졌습니다. 그래서 그녀는 이 사랑의 표시로 값비싼 향유를 가지고 와서 드리게 된 것입니다. 성숙한 신자는 이제 갓 회심한 성도보다 더욱 담대합니다. 다른 여자는 그분의 발에만 향유를 부은 반면, 이 성숙한 신자는 그분의 머리에 향유를 부었습니다(막 14:3). 성숙한 신자인 그녀가 눈물을 많이 흘리지 않은 대신 매우 값진 순전한 나드를 가지고 왔다고 해서 이 여인의 사랑이 적다고 할 수는 없습니다. 예수님은 회개하는 여인을 옹호하며 평안히 가라(눅 7:50)고 말씀하셨지만, 마리아의 경우에는 "네 죄 사함을 받았느니라"(눅 7:48)라고 말할 필요가 없었습니다. 마리아는 이미 아주 귀중한 은혜를 받았기 때문입니다. 그래서 우리 주님은 그녀를 단순히 변호하기보다는 오히려 그녀의 사랑을 다정하게 칭찬하고 이렇게 선포하셨습니다. "온 천하에 어디서든지 이 복음이 전파되는 곳에서는 이 여자가 행한 일도 말하여 그를 기억하리라"(마 26:13)고 말입니다. 이렇게 해서, 오늘 본문의 "죄인인 한 여자"는 한편으로는 막달라 마리아와 또 다른 한편으로는 베다니의 마리아와도 절대 혼동되어서는 안 된다는 사실을 여러분에게 충분히 설명드렸다고 생각합니다. 위대한 예술작품을 관람하는 법을 배우듯이, 각각의 인물들과 그 인물들이 드러내는 다양한 명암의 사랑스러움까지 살피면서, 성경 말씀을 우리의 열린 눈으로 읽는 법을 배우도록 합시다.

오늘의 본문 안으로 들어가기도 전에, 너무나 긴 시간 동안 논쟁한 것 같습니다. 이제 빗장을 열어젖히고 본문 안으로 들어갑시다. 자, 보십시오. 제 눈에는 식탁 위에 마련된 두 종류의 진수성찬이 보입니다. 이제 이 음식들을 함께 들도록 합시다. 식탁 위에는 호출을 기다리는 은종(銀鐘, silver bell) 둘이 있습니다. 첫 번째 종을 치면 은혜의 선율이 나오고, 두 번째 종을 치면 사랑의 선율이 나옵니다.

1. 은혜의 선율, 이 매우 값진 나드 향유 이야기는 글자 그대로
나드 향에 흠뻑 젖을 수 있는 그런 이야기입니다.

마치 향기를 발하는 동양 나무들처럼, 신랑 신부가 나의 사랑하는 이에게 문을 열기 위해 일어나니 내 손이 몰약과 함께, 내 손가락이 달콤한 냄새를 내는 몰약과 함께 자물쇠 손잡이로 떨어집니다(아 5:5, KJV). 온화한 하늘의 이슬 같은 은혜가 이곳에 무수히 맺혀서, 연한 풀 위에 내리는 가는 비처럼 떨어집니다(신 32:2, KJV). 은혜, 주권, 구별(갈 1:15, KJV), 전능이 이 이야기에서 극도로 찬양을 받고 있습니다. 자, 보십시오. 이 왕의 딸이 여러 조신(朝臣)들 가운데 영예로운 여인으로서 시중드는 가운데, 은혜가 영광스러운 높은 보좌 위에서 높임을 받고 있는 것을 말입니다.

1. 첫째, 오늘 본문에서 은혜는 그 대상으로 인해 더욱 두드러졌습니다. 그녀는 "한 사람의 죄인"이었습니다. 흔히 말하듯 별 뜻 없는 일상적인 의미에서의 죄인이 아니라, 사악하고 추잡스러우며 몹시 역겨운 의미에서의 죄인이었습니다. 그녀는 젊은 시절에 배운 가르침을 저버리고 자신의 하나님과 맺은 언약을 잊어버렸습니다. 그녀는 율법의 순결 조항을 범했으며, 자신을 이미 더러워진 물건처럼 여겼습니다. "주께서 몹시 싫어하시는 자는 그 안에 빠지리라"(잠 22:14, KJV)고 기록된 말씀과 같이, 그녀는 깊은 구덩이에 빠져버렸습니다. 우리 주님의 비유(눅 7:41-42, 빚진 두 사람 비유)에 따라 그녀를 바리새인과 비교해 보면, 바리새인이 오십 데나리온 빚진 죄인이라고 했을 때, 그녀는 오백 데나리온 빚진 죄인이었습니다. 그녀는 우리가 성경에서도 보듯이, 간음죄를 지은 여인이었습니다. 그녀도 죄를 짓고 상대방도 죄를 짓게 하는 그런 여인이었습니다. 그녀의 죄는 주님을 질투하게 하며, 그분의 분노를 격발케 하는 것이었습니다. 하지만, 오, 기적 중의 기적이 일어났습니다. 그녀는 영생으로 정하신 구별하시는 은혜(갈 1:15, KJV)의 대상이었습니다! 이런 일이 어떻게 일어났던 것일까요? 어떤 합법적인 근거로 이 여자가 선택을 받았던 것일까요? 무슨 공로로 그녀는 택함을 받았던 것일까요? 이 경우는 특이하고 터무니없는 경우였을까요? 사랑하는 성도 여러분, 결코 그렇지 않습니다. 왜냐하면 하나님의 은혜는 비천한 자 가운데서도 가장 비천한 자와 사악한 자 가운데서도 가장 사악한 자를 종종 택하기 때문입니다. 우리 주님의 족보를 생각해 보십시오. 그 족보에서 여러분은 부도덕한 다말, 창녀 라합, 정숙하지 못한 밧세바 등을 발견할 수 있습니다. 이것은 마치 죄인들의 구세주께서 그 출발부터 인류 가운데 가장 부패하고 타락한 자들과 가까운 관계를 맺고 싶어하신다는 것을 가리키는 듯합니다. 사람들은 입술을 비쭉

이며 그분을 경멸하는 투로 "세리와 죄인의 친구"(눅 7:34)라고 말했지만, 사실 이 호칭은 우리 주님의 가장 친근한 호칭 중 하나였습니다. 그리고 사람들은 "이 사람이 죄인들을 받아들이고 그들과 함께 먹는다"(눅 15:2, KJV)라고 말했지만, 이것 또한 예수님의 성품이었으며, 예수님은 이런 말들을 부끄러워하지 않으셨습니다. 값없는 은혜는 공로에 따라, 즉 거짓된 공로든 참된 공로든, 설령 참된 공로가 있다 하더라도, 그 공로에 따라 사람들 사이에 차별을 두지 않습니다. 율법은 우리 모두를 믿지 아니하는 데 가두어 두었습니다(롬 11:32, KJV). 그런데 넘치는 하나님의 은혜 역시 율법과 마찬가지로 아담의 타락과 우리의 자범죄로 인해 우리를 버림받아 멸망한 자로 봅니다. 그러나 하나님의 은혜는 그 가운데서 기쁘신 뜻대로 미리 예정하신 그들을 또한 부르셨습니다(롬 8:30). 여러분은 은혜의 보좌에서 울려 퍼지는 "내가 긍휼히 여길 자를 긍휼히 여기고 불쌍히 여길 자를 불쌍히 여기리라"(롬 9:15) 하신 주권적인 선포의 말씀을 들어보지 못했습니까? 은혜는 그 자체가 은혜임을 드러내 보이기 위해, 전혀 가망 없는 경우들을 선정하였습니다. 은혜의 값없음이 더 잘 드러나도록 전혀 은혜 받을 가치 없는 마음에 은혜는 스스로 그 거처를 마련하였습니다. 크게 타락했던 자들을 제가 말해 볼까요? 만약 여러분이 자신이 지은 죄 때문에 슬퍼한다면, 이런 생각으로 여러분이 위로를 받고, 여러분에게 자비의 소망이 생기기를 바랍니다. 은혜로 선택받은 자 가운데는 가장 추잡한 신성모독자, 박해자, 도둑, 간음자, 술주정뱅이 등이 포함되어 있습니다. 그들은 은혜를 받은 후 용서를 받고 새로워졌으며, 절제하며 의롭고 경건한 삶을 살게 되었습니다. 이러한 자들까지도 주님의 긍휼을 그들의 마음속에 얻게 되었습니다. 하나님께서는 사람들이 주님의 긍휼을 간구하도록 하기 위해, 먼저 이런 행악자들에게 위로와 격려의 모든 오래 참으심을 베풀기 원하셨던 것입니다.

은혜는 우리 앞에 놓인 경우에서, 즉 이 **특별한** 죄인이 택함을 받게 되는 경우에서 바르고 위엄 있게 영향력을 떨치게 됩니다. 죄인 한 사람을 택하는 것은 중요한 일이었습니다. 하지만 이런 한 개인을 선택하는 것은 더욱더 놀랄 만한 일이었습니다. 그녀는 마음으로 이렇게 묻고 있었던 게 분명합니다. "어찌 저를, 주님? 어찌 저를?"이라고 말입니다. 만약 그녀가 오늘 이 아침에 여기 있었다면, 그녀는 우리 각자와 마찬가지로 진심으로 이렇게 찬양했을 것입니다.

"오, 선물 중의 선물! 오, 믿음의 은혜!
분별력 있는 사랑을 가지신
내 하나님께서 어떻게 이런 일을 베푸셔서,
나에게 이런 선물을 주시는지요!

나보다 더욱 순결한 마음들이
얼마나 많은지 당신은 알고 계십니다!
오, 당신이 베푸시는 그 순수한 손길에
합당한 영혼들이 얼마나 많은지요!

아, 은혜! 합당치 않은 마음에까지
찾아가시는 것이 당신의 자랑입니다.
영광스러운 당신의 빛을 찾는 곳이면
가장 어두운 곳에서도 안식을 누립니다."

(영국 성공회 성직자인 프레드릭 파버[Frederick William Faber, 1814-1863]가 쓴 '오, 선물
중의 선물' [O GIFT OF GIFTS]이라는 찬송가의 1-3절 가사다 — 역주).

자신이 존경받을 만한 좋은 사람이라고 생각하는 바리새인 시몬이 저쪽 테이블에 앉아 있었습니다. 하지만 하나님은 그 사람을 선택하지 않았습니다. 오히려 이 가련한 창녀가 구별하는 은혜(갈 1:15, KJV)로 택함을 받았습니다! 이런 일에 대해 우리가 어떻게 설명할 수 있을까요? 그 도시에는 그녀와 비슷한 사람들이 많이 있었습니다. 어떤 사람은 이보다 더 악하기도 하고, 또 어떤 사람은 이보다 더 선하기도 했습니다. 그러나 은혜는 그녀를 자신의 것으로 삼았습니다. 오, 기이하지만 이 얼마나 찬양할 만한 주권인지 모릅니다! 자, 그런데 그녀를 선택한 은혜의 영광을 여러분이 충분히 얻지 못할 가능성도 있습니다. 단지 저는 여러분을 구별하여 주님의 소유 삼으신 그 은혜를 여러분이 기뻐하고 있는지 묻고 싶을 따름입니다. 오, 사랑하는 성도 여러분, 하나님께서 자신을 선택하셨음을 일단 깨닫고서, 은혜가 자신의 마음을 꿰뚫고 들어와 그를 그리스도께로 인도하고, 완전한 의로 자신이 덮어졌다는 것을 느낄 때, 그는 다음과 같이 놀라며 외칠 것입니다. "어떻게 저를 택할 수 있었나이까? 제가 누구관대, 제 아버지 집

이 무엇이관대, 이와 같은 왕의 호의를 받게 하시나이까?'라고 말입니다. 어떤 신자라도 자신의 내면을 들여다보면 볼수록, 하나님의 진노를 살 만한 이유가 있다는 것을 더욱 많이 깨닫게 되고, 자신의 개인적인 공로를 더욱 믿지 못하게 됩니다. 언젠가 무한한 주님의 사랑이 참된 신자의 마음에 기꺼이 자리를 잡게 될 때, 그 신자의 마음은 얼마나 큰 찬양과 감사로 충만해지겠습니까! 이에 대해서는 제가 그만 말씀드리고자 합니다. 왜냐하면 이 문제는 여러분이 개인적으로 묵상해야 할 문제이기 때문입니다. 여호와께서는 세상의 기초(시 18:15, KJV)가 생기기 전부터 여러분을 사랑하셔서 여러분을 택하셨습니다. 그분은 여러분을 그냥 내버려 둘 수도 있었고, 대단한 자, 고귀한 자, 지혜로운 자와 문벌 좋은 자(고전 1:26)도 많이 있었지만, 이들을 거들떠보지도 않으시고 여러분을 선택하셨습니다. 이 귀한 생각을 놓치지 말라고 여러분에게 진심으로 권면하는 바입니다. 이 교리는 개들이 뼈다귀 하나를 놓고 물고 늘어지듯이 싸워 쟁취해야 할 그런 교리가 아닙니다. 이 교리는 경건한 경이와 사랑의 감사를 드릴 매개체로서 우리가 기뻐해야 할 실제적인 설명입니다. 죄가 넘친 곳에 은혜가 더욱더 넘쳤습니다(롬 5:20, KJV). 지금 우리 앞에 있는 "죄인인 한 여자"는 울면서 회개하고 있습니다. "도시의" 죄인으로 누구나 다 알고 있는 이 죄인이 지금 공개적으로 거룩하신 분을 따르고 있는 것입니다.

2. 은혜는 은혜의 열매들로 인해 크게 확대됩니다. 자기 지체를 불의와 몸의 수치와 혼란의 종으로 내주었던 한 여자가 이제는 만왕의 왕(계 17:14)에게 영광을 돌리고 있습니다. 그래서 저는 그 여자를 영광의 여종으로, 즉 그리스도로부터 가장 큰 은혜를 입은 종들 가운데 한 사람으로 부릅니다. 도대체 어떻게 이런 일이 있을 수 있습니까? 누가 감히 이렇게 되리라 생각이나 했겠습니까? 그녀는 바리새인들이 하지 않았던 후한 대접을 예수님에게 했습니다. 설사 바리새인들이 대접을 했다고 해도, 그녀는 바리새인들보다 무한히 선한 마음과 방식으로 예수님을 환대했습니다. 누가 감히 그런 후한 대접을 예수님에게 했었습니까! 하나님의 은혜로 말미암아 이 여인은 주님의 말씀을 듣게 되는 섭리의 길에 들어섰습니다. 이 사실에 주목합시다. 오늘 본문이 있는 누가복음 7장의 전반부에는 주님께서 복음을 전하셨다고 합니다. 특히 주님은 가난한 자들에게 복음을 전하셨습니다. 아마도 그녀는 많은 사람들이 모여든 거리에 서 있다가 우리 주

님이 하시는 말씀을 들었을 것이며, 그 말씀이 그녀를 강하게 사로잡았던 것 같습니다. 그녀는 지금까지 이런 방식으로 말하는 사람을 본 적이 없었습니다. 그분께서 풍성한 자비를 말씀하시고, 또 하나님께 나아오는 자는 누구든지 받아들이시겠다는 하나님의 뜻을 전하시자, 그녀의 눈에서 눈물이 방울방울 맺히더니 뺨을 타고 흘러내리기 시작했습니다. 그 유순하고도 겸손한 설교자의 말씀에 다시 귀를 기울여, 탕자들을 자신의 사랑의 품으로 강권하여 영접하시는 하늘에 계신 하나님의 말씀을 들었을 때, 그녀의 마음은 완전히 깨어졌고, 악한 행실들에서 손을 떼고는, 더욱 선한 것들을 갈망하며 죄로부터 벗어나고 싶어하는 한 사람의 새로운 여인이 되었습니다. 하지만 그녀는 마음속으로부터 과연 자신이 용서받을 수 있을지, 용서받아도 되는 것인지 등의 문제로 크게 동요하고 있지 않았을까요? 자기가 들은 그 용서의 사랑이 과연 자기에게까지 미칠 수 있을까, 하고 말입니다. 그녀는 그렇게 되기를 희망했고, 어느 정도 위로를 받기도 하였습니다. 그녀의 믿음은 자라나기 시작했고, 이와 더불어 뜨거운 사랑 또한 자라나기 시작했습니다. 성령 하나님께서 끝까지 그녀에게 역사하셔서, 그녀는 미약한 소망 가운데서도 한 줄기 확신을 누리게 되었으며, 나사렛 예수가 메시야이고 그분은 죄를 용서해 주기 위해 이 땅에 오셨다는 사실을 믿게 되었고, 자신의 죄를 용서해 주시는 그분을 의지하고, 그분에게 경의를 표할 기회 갖기를 갈망했으며, 가능하다면 그분의 입으로부터 직접 나오는 말씀을 듣고 싶어했습니다. 자비의 주님께서 그녀가 살고 있는 도시에 드디어 오셨습니다. 그녀는 생각했습니다. '바로 지금 내게도 기회가 왔구나. 이 복된 예언자가 오셨으며, 지금까지 그 누구도 말하지 않은 말씀을 하시는 인자께서 내 가까이에 오셨어. 나는 이미 그분으로부터 많은 은혜를 입고 있기 때문에, 그 무엇보다도 그분을 더욱더 사랑해. 나는 그분을 내 영혼만큼이나 사랑해. 바리새인의 집에 몰래 들어가서, 내 두 눈으로 그분을 직접 뵙고 그분을 대접해드려야겠다'고 말입니다. 이제 그녀가 그 집 문 앞에 이르자, 주님께서는 고대 동양의 관습에 따라 식탁 앞에 비스듬히 앉아 계셨고, 그분의 발은 문 쪽을 향해 있었습니다. 왜냐하면 그 바리새인은 그리스도를 그리 존경하지 않았기에, 제일 좋은 최고의 상석을 그분에게 제공하지 않았기 때문입니다. 그래서 그분께서는 문 쪽을 향해 벗은 맨발로 비스듬히 계셨습니다. 그 여인은 다른 사람들이 거의 눈치 채지 못하게 그분께 가까이 다가갔습니다. 그분의 발은 기나긴 사랑의 여정으로 먼지투성이가 되어 여독(旅

毒)에 절어 있었습니다. 그런데 그 바리새인은 발을 씻겨 드리는 일상적인 예의마저도 거절하였습니다. 이 모든 것을 지켜본 그녀는 울기 시작하였으며, 그녀의 눈물은 여름철에 쏟아지는 소나기처럼 흘러내려 그분의 발까지 씻기게 되었습니다. 여기에서 떨어진 이 눈물이 바로 참된 거룩한 물이었습니다. 방울방울 떨어지는 고귀한 다이아몬드처럼 영롱한 빛을 내는 이 눈물은 회개의 크리스털(수정)이었습니다. 회개하는 두 눈에서 흘러내리는 눈물처럼, 예수님의 발을 적신 그런 고귀한 물은 지금까지 없었습니다. 지금까지 많은 영혼들을 올무에 빠뜨리는 마귀의 그물로 사용되던 그 풀어헤친 비단결처럼 아름다운 머리카락으로, 그녀는 이제 예수님의 거룩한 발을 닦아드렸습니다. 자신이 최고의 공을 들이면서, 여성으로서 매력의 면류관이자 영광으로 삼았던 머리카락이었지만, 그녀는 하나님 아들의 신체 중 가장 보잘것없고 비천한 부분인 발을 섬기기조차 가치 없고 쓸모없는 것이 바로 자신의 머리카락이라고 생각했던 것이 분명합니다. 과거 한때 자신의 자랑이었던 것이 이제는 비천한 것이 되어버렸습니다. 그러나 이것은 비록 가장 비천한 직무일지라도, 이를 감당할 수 있을 정도로 고귀하게 높아졌던 것입니다. 그녀는 자기의 두 눈을 물병으로 삼고 자신의 머리카락을 수건으로 삼았습니다. 홀(Joseph Hall, 1574-1656. 영국 주교로 풍자적이고 도덕적인 글을 많이 썼으며, 종교논쟁에 있어서는 중도적 위치를 고수했다) 주교도 이렇게 말합니다. "지금까지 그 어떤 머리카락도 이와 같은 사랑을 결코 받지 못했습니다. 이 거룩한 발을 어루만질 수 있는 은혜를 입은 이 머리카락이 저는 얼마나 부러운지 모릅니다."

　　"나는 이 발에 입까지 맞춰야겠어. 이 복된 발에게 나는 겸손히 존경을 표하고 싶어"라는 달콤한 유혹이 그녀에게 생겼습니다. 그녀는 한 마디 말도 하지 않았습니다. 하지만 그녀의 행동은 그 얼마나 멋진 웅변인지 모릅니다! 이런 헌신적인 행동은 시편이나 찬송보다 훨씬 더 나았습니다. 이 때 그녀는 향유가 담긴 옥합에 대해서 생각해 보았습니다. 이 향유는 대부분의 동양 여인들과 마찬가지로 자신의 아름다움을 더할 수 있는 후각적 쾌락을 위해 자신의 몸에 바르던 향수였습니다. 그런데 이제 그녀는 이 옥합을 열어 그 값비싼 것을 그분의 복된 발에 부었습니다. 제가 말씀드리고 싶은 것은 이것입니다. 그녀는 단 한 마디 말도 하지 않았습니다. 사랑하는 성도 여러분, 우리는 그녀가 행했던 것처럼 그렇게 단 한 마디 말도 하지 않았지만, 주님을 사랑하는 그런 사람이 되어야 합니다. 주님께 아무것도 드리지 않고 마음도 없고 눈물도 없이 그저 말만 해대는 무수한 말꾼들보다도 말없이 주님을 사랑하는 그런 사람을 우리는 더 선호해야 합니다. 주님 또한 아무 말도 하지 않으신 채, 그저 묵묵히 그녀가 하는 대로 가만히 계셨지만, 그러면서도 그녀의 사랑을 흡족히 받으셨습니다. 예전에는 죄인이었던 이 여자, 하지만 이제는 더 이상 죄인이 아닌 이 여자의 감사의 마음을 통해 그분의 힘들고 지친 마음이 다정한 위로를 얻게 되었던 것입니다.

사랑하는 성도 여러분, 은혜는 우리가 마땅히 찬양할 만한 것입니다. 왜냐하면 은혜는 그 은혜의 대상에게 아주 많은 것들을 행하기 때문입니다. 사랑하는 형제자매 여러분, 사람들은 은혜가 도덕과 정반대나 되는 것처럼 알고서, 때때로 은혜에 대해 비판하기도 합니다. 하지만 은혜는 모든 완전한 도덕의 위대한 원천이자 원인입니다. 은혜가 창조하고 은혜가 유지하지 않는 참된 거룩함은 하나님 보시기에 실제로 존재하지 않습니다. 만약 이 여인이 은혜와 동떨어져 있었다면, 그녀는 죽는 날까지 여전히 암흑 가운데서 불결하게 있었을 것입니다. 하지만 하나님의 은혜가 놀라운 변화를 일으키자, 그녀의 뻔뻔한 얼굴과 감언이설을 일삼던 입술과 화려한 의복과 정욕에 가득한 마음 등이 모두 사라져 버렸습니다. 음행의 눈빛으로 가득한 두 눈이 이제는 회고의 샘이 되었습니다. 음탕한 말이 드나들던 그녀의 입술이 이제는 거룩한 입맞춤을 하게 되었습니다. 탕자가 회개하여 돌아오듯, 버림받았던 자가 이제 새로운 피조물(고후 5:17)이 되었습니다. 이 여인이 지금까지 행했던 모든 행동들은 거룩한 은혜가 행하는 변화의 능력에 대해 증거가 됩니다. 그녀는 마음속 가장 깊은 곳으로부터 회개를 보여주었습니다. 그녀는 한없이 울었습니다. 그녀는 단순히 감상적이 되어운 것이 아니라, 그녀가 지금까지 행한 많은 죄악들이 생각나서 울었습니다. 아주 어렸을 때 어머니가 하신 훈계들을 자기가 얼마나 가볍게 여겼는지, 유혹하는 마귀의 음성에 얼마나 귀를 기울여 점점 더 악의 구렁텅이로 빠져 들어가기에 바빴는지, 이런 일들을 생각하면서 그녀는 슬픔과 부끄러움으로 울었습니다. 그녀가 지금까지 살아온 삶의 모든 이야기들이 너무나 고통스럽기만 한 생생한 꿈이 되어 그녀 앞에 드러났을 것입니다. 복된 주님의 발을 보면서, 그녀는 자신이 방황했던 그 위험한 길들이 생각났습니다. 슬픔의 물꼬가 터져, 그녀의 영혼에 눈물이 흘러넘치게 되었습니다. 오, 복된 은혜의 영이시여, 반석을 내려치자 물들이 솟아나오는 것을 우리가 보오니, 우리가 당신을 찬양합니다. "그분께서 바람을 불게 하사 물들이 흐르게 하시는도다"(147:18, KJV)라는 말씀처럼 말입니다.

　　　이 여인의 겸손을 눈여겨 보십시오. 그녀는 한때 부끄러움을 모르는 철면피의 얼굴을 가지고 있었지만, 이제는 주님의 뒤에 서 있습니다. 그녀는 주님의 면전에 자신을 내세우지 않았습니다. 그녀는 가장 천한 자리에 서 있는 것으로 만족했습니다. 감히 그분의 머리에 향유를 붓지는 못하고 그분의 발에 향유를 부으며 섬겼지만, 만약 그녀가 칭찬을 들었다면 아마도 부끄러워 얼굴이 붉어졌을 것입니다. 진정으로 주 예수님을 섬기는 사람들은 거룩한 수줍음이 있습니다. 자신은 감당할 수조차 없는 무가치한 사람인 줄 알고서 움츠리며, 그분의 집에서 가장 비천한 일이라도 감당하는 것으로 만족합니다. 만약 구약에 나오는 하만이 한 말과 같이, 자기가 왕의 예복과 왕께서 타시는 말을 타고 나가서, 사람들이 "왕이 존귀하게 하기를 기뻐하시는 사람"(에스더 6:9, KJV)이라고 외치게 하는 것을 여러분도 원하고 있다면, 이것은 그리스도를 위한 섬김이 결코 아닙니다. 회당에서 상석을 탐하고 사람들이 여러분을 랍비로 불러주기를 원한다면, 이것 또한 그리스도를 섬기는 것이 아니라, 여러분 자신을 섬기는 일입니다. 그러나 만약 여러분이 가난한 자들을 돌보고, 체면을 버리고 낮은 자들과 함께 하여 무지한 자들의 선생이 되어 어린아이들을 가르칠 수만 있다면, 이것이야말로 참된 섬김입니다. 이런 참된 섬김을 하는 사람들은 그 주인의 등 뒤에서 누가 알아주지 않아도, 눈에 띄지 않는 곳에서 봉사를 잘하는 사람들입니다. 어두운 가운데 수고하며, 알려지지도 않고 칭찬을 받지 못해도, 이 일을 감당하는 것만으로 기뻐하는 그런 자들입니다. 사랑하는 성도 여러분, 과거에는 그토록 부끄러움도 모르던 부도덕한 여인에게 은혜가 심겨지고 자라나자, 참된 겸손이라는 아름답고도 정숙한 꽃이 어떻게 피었는지, 한번 살펴보십시오.

　　　이 뿐 아니라, 이 여인은 용기 있는 여인이었습니다. 왜냐하면 바리새인의 집까지 들어가기에는 많은 용기가 필요했을 것이기 때문입니다. 이 여인을 바라보는 바리새인의 시선은 틀림없이 무더운 여름을 싸늘한 겨울이 되도록 얼려 버리기에 충분한 그런 시선이었을 것입니다. 그 바리새인들은 이레에 두 번씩 금식하고(눅 18:12), 박하와 회향과 근채의 십일조(마 23:23)를 드리는 자기 패거리가 아닌 이상, 모든 자들에게 참을 수 없는 모욕을 주었습니다. 그들은 자기들이 행하는 모든 몸짓에서 "너는 네 자리에 서 있고 내게 가까이 하지 말라 나는 너보다 거룩함이라"(사 65:5)라고 말했습니다. 이 정도로 거만했기 때문에 바리새인들은 아마 이 형편없는 여인을 보고서 아마 갑절로 경멸했을 것이며, 이 여인은 자신의 보잘것없음을 깨닫고, 그 바리새인들의 태도에 극심한 상처를 입었을 것입니다. 게다가 그녀처럼 연회에서 눈물을 보인다는 것은 아주 적절치 못한 행동이었기에 그녀는 더욱 가혹한 비난을 받았을 것입니다. 그러나 시몬이 그녀를 꾸짖었을 때, 그녀는 얼마나 두려움 없이 용감하게 입을 다물고서 잘 참고 있었는지 모릅니다! 은혜가 사람을 감동해 사랑하게 하고, 또 이 사랑이 용기를 내게 한다면, 남자든 여자든 상관 없이 누구나 무슨 일이든 하지 못하겠습니까! 그렇습니다. 만약 하나님께서 명하시는 일이라면, 하나님의 은혜는 신자로 하여금 감히 지옥의 문턱까지도 가게 하십니다. 믿음의 발로 오르지 못할 정도의 높은 산은 어디에도 없습니다. 믿음의 심장이 감당하지 못할 정도로 뜨거운 용광로도 없습니다. 로마와 로마의 원형 경기장들, 피드몬트(Piedmont, 1555년과 1561년 사이에 일어난 영국의 종교개혁 당시, 발도파 성도들이 눈 덮인 이곳 계곡에서 많이 순교하였다)와 피드몬트의 눈, 프랑스와 프랑스의 갤리선들(Galley, 지중해를 중심으로 사용된 범선의 하나로 바람보다는 노에 의해 움직였다. 죄수나 전쟁포로 등의 노예가 강제로 노를 젓는 감옥선으로, 스코틀랜드 종교개혁자 존 녹스는 프랑스 갤리선에 19개월 동안 노예상태로 감금되어 있었다), 스미스필드(Smithfield, 종교개혁 당시 많은 순교자를 낸 영국 런던의 한 지역이다)와 그곳의 화형대(火刑臺)들, 네덜란드와 네덜란드의 피의 강들 — 이 모든 것들은 일단 은혜가 마음을 다스리기만 한다면 은혜로 어떤 일들을 할 수 있는지, 그리고 은혜가 최고로 다스리기만 한다면 하나님의 자녀 중 가장 미약하고 소심한 자라도 어떤 영웅이 될 수 있는지 말해 줍니다.

저는 지금까지 이 여인의 행동은 모든 면에서 은혜가 영광을 받고 있다는 사실을 말씀드렸습니다. 그리고 이런 측면에서 볼 때 특히 그녀가 행한 모든 행동들은 아주 실천적이었습니다. 그녀의 섬김은 겉치레가 아니라 참되고 값비싼 섬김이었습니다. 신앙 고백까지 한 성도라도 자신의 물질을 드리는 데까지 이르지 못한 사람들이 있습니다. 그들은 아무것도 희생하려고 하지 않습니다. 감히 말씀드리지만, 그들의 신앙은 전혀 가치 없는 신앙입니다. 그들은 주님 앞에 빈손으로 나아옵니다. 그들은 돈을 주고 향내 나는 갈대를 사지도 아니합니다(사 43:24, KJV). 물론 주님은 그러한 희생의 기름을 받지도 않으십니다. 솔직히 말씀드려서, 어떤 성도들의 신앙은 이해하기에 아주 당황스러울 때가 있습니다.

물론 제가 그들의 신앙을 꼭 이해해야 하고 또 동료 신앙인들을 판단하기 위해 이 땅에 보냄을 받지 않은 것에 대해 하나님께 감사하기는 합니다. 하지만 여전히 많은 성도들의 신앙을 보면서 크게 놀라는 건 사실입니다. 그러나 그와 달리 이런 사람들도 있더군요. 이런 사람들이 있다는 것을 저는 예전부터 알고 있었습니다. 이들은 그리스도에 대한 사랑이 남달라서, 자신이 가진 물질 중에 꽤 많은 부분을 그분의 일을 위해 내놓습니다. 그들은 이런 일을 하나의 특권으로 생각하면서 기쁜 마음으로 행합니다. 그렇습니다. 저는 물질적으로 압박을 받고 있는 사람들을 알고 있는데, 그들은 가난하고 궁핍해도 스스로 절약하여 그리스도에게 물질을 드리기도 합니다. 그런 사람들의 행동은 분명히 칭찬받을 만합니다. 한편, 어떤 사람들은 수만 파운드에 이르는 큰 돈을 가지고 있기도 하고, 또 어떤 사람들은 수천 파운드를 가지고 있기도 합니다. 그러나 이들은 그리스도를 사랑한다고 고백하면서도 자기가 가진 물질 가운데 아주 보잘것없는 액수만을 예수님께 바칩니다. 저는 이런 사람들을 도저히 이해할 수가 없습니다. 저는 이들이 마지막 날에 심판을 받도록 그들의 주님께 그들을 일임하고자 합니다. 그래도 솔직히 말하자면 저는 도저히 그런 사람들을 이해하거나 칭찬할 수 없습니다. 만약 제가 그리스도를 전적으로 사랑한다면, 저는 그분을 사랑한 나머지 제가 할 수 있는 모든 것을 그분에게 드릴 것입니다. 만약 그럴 수 없다면, 아마 저는 "그분이 그럴 만한 가치가 없는 분이지, 내가 거짓으로 신앙 고백한 게 아니야"라고 말할 것입니다. 사랑으로 신앙 고백하고서도 인색하게 드리는 것은 최고의 위선입니다. 이런 죄를 범한 사람들은 하나님과 자기 영혼 간의 계산을 제대로 청산하도록 하십시오. 이 여인은 향유가 든 옥합을 아낌없이 바쳤습니다. 만약 그녀에게 더 드릴 만한 어떤 것이 있었다면, 아마 그것도 모두 드렸을 것입니다. 자신의 생활비 전부, 즉 1 파딩(farthing, 영국의 옛 동전단위)에 해당하는 2 마이트(mite, 영국의 옛 동전단위로 반 파딩에 해당한다)를 드린 또 다른 여인인 과부(막 12:42-44)의 정신을 따라, 향유 든 이 여인도 하나님을 매우 사랑한 나머지 자기가 가진 모든 것을 드렸습니다. 은혜가 참으로 고도로 역사하여 다스린다면, 은혜는 본성적으로 이기적이고 싶은 사람들로 하여금 구주의 큰 뜻을 위하여 관대하게 실천하도록 합니다. 열매까지는 아니어도 이삭은 될 것 같은 이 정도로의 말씀으로 만족해야 할 것 같습니다. 은혜의 열매들을 풍성히 거두려면 오늘 이 아침부터 하루 온 종일 말씀드려도 우리에게 너무나 부족할 것이기 때문입니다.

3. 이제 세 번째 부분을 말씀드리겠습니다. 이 택함 받은 여인이 제공했던 모든 것을 우리 주님께서 받으셨다는 사실을 주의 깊게 바라봐도, 은혜가 엿보인다는 점을 주목해 주시기 바랍니다. 예수님은 그녀의 죄를 알고 계셨습니다. 바리새인들은 예수님께서 그녀와 접촉하는 것을 전혀 꺼려하지 않는 것에 놀랐습니다. 여러분과 저도 아마 그들과 마찬가지로 이상하게 여겼을 것입니다. 특이한 성격을 가진 사람이라도 회개하여 신앙 고백을 한다면, 마땅히 그런 사람과도 교제를 나누는 것이 우리의 해야 할 일이라고 우리는 종종 느낍니다. 범죄행위에 대한 우리 주님의 민감함은 우리의 민감함보다 훨씬 더 예민하십니다. 하지만 그분께서는 가만히 의자에 앉아 계셨고, 그녀가 무언가를 가지고 와서 행하는 모든 것을 조용히 받으셨으며, 그분의 발에 거듭거듭 입 맞추고 그녀의 눈물로 발을 적시는 것으로 그녀가 그분에 대한 사랑의 친근감을 표하도록 허락하셨습니다. 제가 감히 말씀드리자면, 그분께서는 이 모든 것을 용납하셨습니다. 이 모든 것을 통해 그분의 은혜가 가장 밝게 빛나도록 하셨습니다. 오, 예수님께서 내가 행한 모든 것을 받아주시다니, 내가 흘리는 눈물, 내가 드리는 기도와 찬양까지도 기꺼이 받아주시다니, 이 얼마나 대단한 일입니까! 우리는 한 어린아이가 작은 꽃 한 송이를 건네주면 기쁜 마음으로 받습니다. 꽃은 아름답기라도 하지만, 우리는 그 어린아이보다도 훨씬 못한 존재들입니다. 예수님은 우리로부터 본성적으로 전혀 순결하지 않은 것들을 받으면서도, 우리를 책망하지 않으십니다. 오, 이 은혜, 당신은 얼마나 겸손하신지요! 사랑하는 성도 여러분, 예수님께서 여러분이 드리는 기도를 들으시고 그 기도에 응답하십니다. 그분은 여러분이 행하는 여러 수고들을 축복하시고, 여러분에 대한 상급으로 여러분에게 영혼을 주셨습니다. 지금 이 순간 그분을 위해 행하고자 여러분의 마음에 결심한 것을 그분은 받으십니다. 그분은 그것에 대해 어떤 반대도 하지 않으시고, 여러분이 그분께 가져오는 것은 무엇이든 받으십니다. 그것도 기쁨으로 받으십니다. 여러분은 이 모든 것을 알아야 합니다. 오, 이 은혜, 진정으로 당신은 은혜로우십니다! 무가치하고 합당치 않은 자들이 드리는 것도 예수님의 마음에는 사랑스럽기 때문입니다.

4. 더 나아가, 우리 주 예수 그리스도께서는 회개하는 자의 변호자가 되신다는 사실을 보게 될 때, 은혜가 드러나게 됩니다. 어디서나 은혜는 인간의 조롱을 받는

대상입니다. 사람들은 저녁의 이리 떼들처럼 은혜를 물고 늘어집니다. 어떤 사람들은 은혜의 원천(源泉)에서부터 은혜를 공격해댑니다. 그들은 선택이라는 교리를 참을 수 없기 때문입니다. 신앙 고백까지 한 사람들 중에도 "예정"이라는 말이 나오면 그 말이 떨어지기가 무섭게 입에 거품까지 물고 흥분합니다. 그들은 예정 교리를 견딜 수 없기 때문입니다. 하지만 이 교리는 하나님의 진리입니다. 그들이 무슨 말을 하든지 그냥 말하게 내버려 두십시오. 그래도 이 교리는 견고히 서 있을 것입니다. 그들이 가시채를 뒷발질한다 해도(행 26:14) 내버려 두십시오. "원하는 자로 말미암음도 아니요 달음박질하는 자로 말미암음도 아니요 오직 긍휼히 여기시는 하나님으로 말미암음이니라"(롬 9:16)는 말씀처럼, 사람들이 자신의 반역적인 질문을 뒤에 버리고 만왕의 왕 앞에 경배한다면, 이 얼마나 좋은 일이겠습니까! 바로 이런 이유로, 시몬은 은혜에 대해 전반적으로 이의를 제기했습니다. 즉, 은혜의 대상, 은혜의 겸손, 은혜의 관대함, 은혜의 온유함 등에 대해서 말입니다. 시몬은 죄인인 한 여인이 주님께 다가가도록 한 것에 격분하였습니다. 그는 그녀를 감옥에 가둘 수는 없다 해도, 최소한 사회적으로 격리시키고 싶었습니다. 어떤 사람들은 은혜의 지속성에 대해서 반대를 합니다. 그들은 성도를 견인하는 은혜에 대해 반대하기도 하고 논쟁하기도 합니다. 또 어떤 사람들은 이 시몬처럼 은혜의 관대함에 대해 논란을 제기하기도 합니다. "이런 여인이 어떻게 그리스도에게 가까이 나아가도록 허용될 수 있겠는가"라고 말입니다. 말꼬리를 물고 늘어지는 사람들은 이렇게 항의할 것입니다. "예수님은 그렇게 가치 없고 형편없는 자들을 받아주시고 그런 자들에게 자신을 드러내시며 여러 특권들을 베푸실 수 있는가?"라고 말이지요. 우리 주님께서는 친히 그녀를 변호하셨습니다. 그래서 그녀는 한 마디 말도 없이 잠잠히 있을 수 있었습니다. 이 경우는 여러분에게도 마찬가지입니다. 만약 사탄이 여러분을 고발하고, 여러분의 원수들이 입을 크게 벌려 여러분을 대적하여 소리지르고 고발한다 해도, 여러분에게는 아버지와 함께 계시는 변호자가 있으니, 곧 의로우신 분 예수 그리스도입니다(요일 2:1, KJV). 그분께서 틀림없이 여러분의 송사를 변론하시고, 여러분의 문제를 해결해 주실 것입니다. 예수님은 자신의 행동을 변호하며 드신 비유(눅 7:41 이하, 빚진 두 사람의 비유)를 통해, 위대한 사랑으로 말미암아 그녀를 사랑하게 되었기 때문에, 그 여인이 다가오도록 허용한 것은 정당한 일이었다고 말씀하십니다. 그녀가 예수님에게 가까이 나아온 것은 죄가 아니었습니다. 오히려 아주 추천할 만한 일이었습니다. 왜냐하면 그녀의 동기는 탁월했으며, 동기야말로 어떤 행위의 참된 척도이기 때문입니다. 그녀는 자신의 죄를 용서해 주신 분에 대해 강렬한 사랑과 감사의 마음을 가졌습니다. 그래서 그녀의 여러 행동들이 금지되어서는 안 된다는 것이 아니라, 오히려 추천할 만한 일이라는 평가를 받게 된 것입니다. 그분은 그녀를 정당화하셨습니다. 그러면서 부수적으로 그분 자신도 정당화하셨습니다. 죄인 한 사람을 회개시키고, 그 마음에 사랑을 주어 한 사람을 얻었는데도 그분이 잘한 게 아니란 말입니까? 선택받은 자를 그토록 거룩하고 경건하고 열정적으로 만들었는데도, 그 선택이 정당하지 않다는 말입니까? 마지막 큰 심판의 날에, 주님께서 모든 우주가 보는 앞에서 그분의 은혜를 옳다하실 것입니다. 왜냐하면 그분께서는 그분이 택한 자들에 대한 은혜의 역사로 말미암은 덕들이 드러나도록 하실 것이며, 그래서 은혜가 의를 통해 다스린다는 사실을 모든 눈들이 보게 될 것이기 때문입니다. 그때가 되면, 하나님의 은혜가 사람을 방종으로 이끈다고 비난했던 사람들이 영원히 침묵하게 될 것입니다. 왜냐하면 모든 경우에 있어 값없는 용서야말로 감사로 이끌고, 또한 감사는 거룩함으로 이끈다는 사실을 보게 될 것이기 때문입니다. 택함 받은 자들은 비로소 온전히 엄선된 자들이 될 것입니다. 은혜는 그들의 모든 추한 모습에도 불구하고 그들을 선택하였습니다. 그러나 은혜로 말미암아 그들의 모습에 천상의 아름다움이 드리워질 때, 분명히 그들은 온 우주의 경이와 찬사를 받게 되며, 인류 가운데서 가장 고상하고 최고의 사람들이 될 것입니다. 은혜가 죄악을 조장한 곳이 있다면 어디에서 그랬다는 말인지 제게 가르쳐 주십시오! 여러분은 대답할 수 없습니다. 오히려 은혜가 어떤 식으로 거룩함을 조성했는지 보십시오! 은혜는 그 택함 받은 양들이 양과 염소를 가르는 대 목자장의 보좌 앞에 설 때 부끄럽지 않게 합니다. 왜냐하면 그들 모두가 이런 말을 듣게 될 것이기 때문입니다. "내 아버지께 복 받을 자들이여 나아와 창세로부터 너희를 위하여 예비된 나라를 상속받으라 내가 주릴 때에 너희가 먹을 것을 주었고 목마를 때에 마시게 하였고"(마 25:34,35)라는 말말입니다. 은혜는 사람들을 천국으로 몰래 들여보내는 것이 아니라, 성령과 피로 말미암아 천국의 요구조건에 합당한 자들로 양육합니다.

5. 사랑하는 성도 여러분, 한 말씀 더 드리겠습니다. 하나님의 은혜는 좀 더

풍성한 은혜를 베푸는 것이라는 사실을 이 이야기 가운데서 볼 수 있습니다. 그 큰 은혜로 그녀는 구원받았습니다. 풍성한 은혜로 말미암아 그녀는 용기를 얻었고, 무한한 은혜로 그녀는 하나님께서 자신을 용서해 주셨다는 신적 확신을 얻게 되었습니다. 그녀가 용서받았다는 것이 입증되었습니다. 왜냐하면 그녀는 주님을 많이 사랑했기 때문입니다. 하지만 그녀는 이에 대한 충분한 확신은 아직 얻지 못했습니다. 그녀는 확증을 받은 신자라기보다는 오히려 소망의 회개자였습니다. 그런데 주님이 "네 죄 사함을 받았느니라"(눅 7:48)라고 말씀하셨던 것입니다. 바로 그 순간부터 믿음의 전적인 확신이 그녀의 영혼 속에 분명히 자리 잡았을 것입니다. 그러고 나서 그분은 마치 예배 마지막 순서에 축도라도 하듯, 그녀에게 엄선된 축복기도를 해 주셨습니다. "평안히 가라"(눅 7:50)고 말입니다. 이 말씀으로 인해 모든 지각에 뛰어난 하나님의 평강(빌 4:7)이 그녀의 마음을 지키신다는 확신을 얻었습니다. 그래서 미지의 영역인 이 세상 속으로 나아갈 때, 굽이치는 요단 강 물결 가운데서도 그녀는 하나님의 판결문인 "평안히 가라"는 말씀을 들었던 것입니다.

아! 사랑하는 성도 여러분, 여러분은 은혜가 여러분에게 해 줄 수 있는 일이 무엇인지를 모르고 있습니다. 하나님은 은혜를 아끼는 그런 분이 아니십니다. 만약 그분이 여러분을 수렁에서 끌어올리셨다면, 그분은 그 이상의 일을 하실 수 있습니다. 그분께서는 여러분의 발을 반석 위에 두실 수 있는 분입니다(시 40:2). 만약 여러분이 이미 반석 위에 서 있다면, 그분은 그 이상의 일을 하실 수 있습니다. 그분께서는 새 노래를 여러분의 입에 두실 수 있습니다(시 40:3). 그리고 만약 여러분이 이미 기쁜 찬양을 소리 높여 부르고 있다면, 그분은 그 이상의 일을 하실 수 있습니다. 그분께서는 여러분의 걸음을 견고하게 하실 수 있습니다(시 40:2). 여러분은 하늘에 계신 여러분의 천부께서 얼마나 아낌없이 베푸는 분인지를 모르고 있습니다. 그분의 선하심은 측량 못할 정도입니다. 일어나서 이 무한한 은혜를 누리십시오. 보십시오. 단에서부터 브엘세바까지 온 땅이 여러분 앞에 있습니다. 은혜 언약에서 공급되는 모든 것들이 여러분의 소유입니다. 오직 믿음만을 가지십시오. 그러면 여러분은 모든 성도와 함께 지식에 넘치는 그리스도의 사랑을 알고, 그 넓이와 길이와 높이와 깊이가 어떠함을(엡 3:18-19) 완전히 파악하게 될 것입니다.

이렇듯 은혜는 여러 다양한 곳에 있습니다. 은혜의 대상 가운데, 은혜의 열매 가운데, 그 열매를 받아들이는 가운데, 예수님께서 은혜로운 자로 만드시는 그분의 변호 가운데, 그녀에게 베푸신 축복들 가운데 은혜가 있습니다. 이 은혜가 우리에게 아낌없이 베풀어지기를 기원합니다.

2. 말씀드리기에 좀 더 많은 시간이 요구되는 주제인 사랑에 대해서는 말씀드릴 시간이 몇 분밖에 남아 있지 않습니다.

이 사랑(love)이라는 단어는 장미(rose)와 더불어 만개하고, 연인들의 속삭이는 음성과 새들의 노랫소리가 연상됩니다. 그런데 우리는 시간의 제약 때문에, 길 양 옆으로 활짝 핀 백합화들이 우리를 반기지만, 지름길을 가야 할 것 같습니다. 이 지름길을 떠나서는 안 될 것 같습니다.

사랑 — 은혜의 원천 : 사랑은 맑은 시내처럼 은혜의 원천으로부터 솟아오릅니다. 그녀는 주님을 많이 사랑하였습니다. 하지만 그녀가 사랑하게 된 것은 많은 용서를 받았기 때문입니다. 그저 본성에서 우러나오는 하나님에 대한 자연적인 사랑, 그런 것은 없습니다. 인간의 가슴속에서 불타오를 수 있는 주님을 향한 유일하고 참된 사랑은 성령님께서 불을 붙여 주시는 사랑입니다. 하나님께서는 여러분을 만드시고 구속해 주셨습니다. 만약 여러분이 하나님을 참으로 사랑한다면, 여러분은 자신이 그분의 자녀라는 사실을 굳게 확신하게 될 것입니다. 왜냐하면 하나님의 자녀 외에는 그 어느 누구도 그분을 사랑할 수 없기 때문입니다.

사랑의 두 번째 원인은 믿음입니다. 누가복음 7장 50절에 따르면, "네 믿음이 너를 구원하였으니"라고 말씀합니다. 우리의 영혼이 처음부터 그리스도를 사랑한 것은 아닙니다. 우리 영혼이 맨 처음 배운 교훈은 신뢰하는 것입니다. 회개한 많은 자들이 이 어려운 과제에 도전합니다. 그들은 계단도 밟지 않고서 바로 계단의 꼭대기에 올라가려고 열망합니다. 그들은 문지방도 건너가기 전에, 성전 첨탑에 올라가고 싶어합니다. 여러분이 지은 죄를 용서받기 위해서는 먼저 그리스도를 믿어야 합니다. 여러분이 먼저 믿을 때, 바로 그 때, 여러분이 지은 죄들은 용서를 받습니다. 그 이후에야 비로소 구주께서 여러분을 위해 행하신 것에 대한 감사의 결과로, 그분에 대한 사랑이 여러분의 가슴에 불타오르게 될 것입니다. 은혜는 사랑의 원천입니다. 그러나 믿음은 사랑이 우리에게 전해지는 매개체입니다.

사랑의 양식(糧食)은 죄에 대한 의식(意識)과 죄 용서에 대해 감사하는 의식입니다. 만약 여러분과 제가 우리가 살아온 날들에 대해 좀 더 깊은 죄책감을 느꼈다면, 우리는 예수 그리스도를 좀 더 사랑했을 것입니다. 우리가 지은 죄의 대가로 우리는 가장 깊은 지옥에 마땅히 떨어질 만하며, 우리가 지은 허물로부터 우리를 구속하시고자, 우리가 마땅히 받아야 할 고통을 그리스도께서 친히 받으셨다는 사실을 분명히 의식하기만 했다면, 우리는 지금처럼 그렇게 냉담한 마음을 지닌 피조물은 되지 않았을 것입니다. 우리에게 그리스도를 향한 사랑이 없다면, 우리는 완전히 괴물인 것입니다. 이 괴물의 참된 본성은 망각에 있습니다. 즉, 우리는 본성적으로 멸망되어 잃어버린 상태에 있었다는 사실을 망각하고, 이 상태로부터 우리가 구속받기 위해 치러진 고통들을 망각하고 있는 것입니다. 오, 우리의 사랑이 오늘 당장 스스로 이 사랑의 양식을 섭취하여, 주권적인 은혜가 이루신 것을 기억하면서, 사랑의 능력을 다시 새롭게 하기를 바랍니다.

이 여인이 우리 주님께 행한 섬김은 완전히 자발적이었습니다. 바로 이 사실에서 우리 앞에 있는 이 이야기의 사랑이 밝게 빛납니다. 아무도 그녀에게 이런 자발적인 섬김을 제안하지도 않았고, 강요는 더더군다나 없었습니다. 우리가 마지못해 질질 끌려가듯이 그렇게 섬겨야 한다거나, 정열적인 사람의 간곡한 부탁으로 떠밀려 섬기게 될 때, 우리의 섬김은 빛을 잃게 됩니다. 사랑하는 성도 여러분, 주님에게 향유를 부은 일은 그녀에게는 즉흥적으로 일어난 일이었습니다. 그리스도께서 거기 계셨고, 그녀에게 언뜻 생각이 떠올라서, 그녀는 그분의 발에 향유를 부었던 것입니다. 그 당시는 베다니의 마리아(마 26:6)가 이렇게 하는 선례를 남긴 것도 아니었습니다. 죄인인 이 여인이 처음으로 이렇게 그분을 섬겼던 것입니다. 요즘 시대에도 세상적인 용도와 편리를 위해 발명을 하거나 발견을 하는 사람들이 많습니다. 그런데 왜 유독 예수님을 섬기는데 유용한 새로운 계획들을 고안해 내는 발명가들은 없을까요? 우리는 대부분 지금까지 다니던 옛 길을 여행하는데 만족합니다. 하지만 우리가 좀 더 예수님을 사랑한다면 좀 별나도 괜찮으며, 지금은 아주 드문 섬김의 방식처럼 보인다 해도, 어느 정도는 참신한 섬김의 방식도 필요할 것입니다. 주님, 우리에게 사랑을 주시어 그 길로 우리를 인도하옵소서!

그녀가 예수님을 섬긴 것은 인격적인 섬김이었습니다. 그녀는 이 모든 일을 스스로 행했으며, 모두 그분을 위한 섬김이었습니다. 오늘 본문에 얼마나 많은 대명사들이 나타나는지 여러분은 눈여겨보셨습니까? "그녀는 그분 뒤에서 눈물을 흘리며 그분의 발 곁에 서서 눈물로 그분의 발을 씻기 시작하여 자기 머리털로 그분의 발을 닦고 그분의 발에 입을 맞추며 향유를 그분의 발에 부으매"(눅 7:38, KJV)라고 되어 있습니다. 그녀는 그리스도 그분을 섬겼습니다. 그녀는 베드로나 야고보, 요한을 섬긴 것이 아니었습니다. 그 도시에 있는 가난한 자들이나 병든 자들을 섬긴 것도 아니었습니다. 그녀는 오직 주님 그분을 섬겼던 것입니다. 다음의 사실은 확실합니다. 즉, 우리의 사랑이 적극적으로 드러날 때, 우리의 경건은 직접적으로 그리스도를 향하게 되어 있습니다. 우리는 그분을 찬양하고, 그분에게 기도드리고, 그분을 위해 가르치고, 그분을 위해 설교하고, 그분을 위해 살게 될 것입니다. 인격적이신 그리스도를 망각하는 것은 바로 우리 종교의 생명 자체가 제거되는 것입니다. 만약 여러분이 그리스도를 위해 여러분의 자녀를 가르친다면, 오늘 오후에 여러분이 맡은 주일학교에서 여러분은 얼마나 더 잘 가르칠 수 있겠습니까! 만약 여러분이 그분을 위해서 노방전도를 한다면, 오늘 저녁에 밖으로 나가 구원의 도를 다른 사람들에게 전하는 일을 얼마나 더 잘 할 수 있겠습니까! 그분과 인격적인 관계를 가질 때, 여러분은 사람들의 미소에 연연하지 않게 되고, 사람들의 찌푸린 얼굴에도 두려워하지 않게 됩니다. 여러분이 주님을 위해 이 일을 행한 것으로 여러분은 충분합니다. 만약 주님께서 여러분이 행한 이 일을 받으셨다면, 여러분은 주님이 받으셨다는 바로 이 사실로 보상을 받은 것입니다.

그 여인의 섬김이 열정적이었다는 사실에서 그녀의 사랑이 드러납니다. 이 여인의 섬김에는 아주 많은 애정이 있었습니다. 상투적인 것은 하나도 없었습니다. 냉정하게 예의를 따른 것도 아니고, 적절한 선례를 찾느라 망설이지도 않았습니다. 왜 그녀는 그분의 발에다 입을 맞추었을까요? 너무 지나친 행동은 아니었을까요? 이렇게까지 해서 얻는 유익이 무엇이었을까요? 이런 행동은 감상적이고 성적이고 관능적이고 외설적으로 보이지는 않았을까요? 그녀는 자신의 이런 행동을 남들이 어떻게 볼지 신경 쓰지 않았습니다. 그녀는 자신이 의도하는 바가 무엇인지를 알고 있었습니다. 그녀는 어떻게 달리 표현할 방법이 없었습니다. 그녀의 전 영혼이 사랑에 빠져서, 그녀는 자기의 마음이 시키는 대로 자연스럽게 행동했던 것입니다. 사랑하는 성도 여러분, 따라서 그녀의 행동은 잘한 행동이었습니다. 오, 좀 더 꾸밈없는 경건을 위해 엄격함과 형식들을 바람에 던져

버리십시오. 아, 여러분의 영혼을 그리스도를 섬기는 일에 던지십시오. 여러분의 가슴을 그분 앞에서 불태우십시오. 그래서 여러분의 영혼 전체가 예수님께 속하도록 하십시오. 여러분의 주님을 비몽사몽간의 상태에서 섬기지 마십시오. 축 처진 손과 반쯤 감긴 눈으로 일하지 마십시오. 오히려 여러분이 가진 모든 능력과 열정을 모두 깨우십시오. 왜냐하면 그와 같은 사랑을 그분께서 여러분에게 보이셨기 때문입니다. 최대한 깨어 활기찬 사랑으로 보답하십시오. 오, 좀 더 풍성한 이런 사랑을 가지도록 합시다! 만약 제가 오늘 아침에 한 가지 기도만 드려야 한다면, 그 기도는 바로 이것이라 생각합니다. 예수님을 향한 불타오르는 사랑의 횃불이 우리 각자의 마음에 불붙어서, 우리의 모든 열정들이 그분을 향한 사랑으로 불타오르게 하옵소서, 하는 기도 말입니다.

한 가지만 더 생각해 보고 말씀을 맺고자 합니다. 이 여인의 사랑은 그녀가 포착했던 바로 그 기회에서 교훈을 주고 있습니다. 그녀는 분명히 정당하게 용서를 받았습니다. 그녀는 기뻐하는 것보다 오히려 우는 것을 배웠던 사람입니다. 그러나 이 모든 것에도 불구하고, 그녀는 자신의 영적 생활이 시작되는 바로 그 첫 순간에 그분을 섬기게 된 것입니다. 회개한 젊은 성도 여러분, 더 이상 이렇게 말하지 마십시오. "이제 몇 년이 지나고 우리가 우리의 부르심과 택하심에 대해 확신을 가질 때가 되면, 비로소 우리는 그리스도를 위해서 무언가를 할 수 있을 것입니다. 우리가 은혜 안에서 성숙해질 때까지, 우리는 기다릴 것입니다. 성숙해진 다음에야 우리가 할 수 있는 어떤 일을 하려고 시도해 볼 작정입니다." 이러지 마십시오. 이래서는 안 됩니다. 여러분은 씻음을 받자마자, 여러분의 헌물을 예수님께 드리십시오. 여러분이 회심한 바로 그 날, 그분의 군대에 입대하십시오. 왜냐하면 신속한 순종이 아름답기 때문입니다. 만약 이 여인이 지체했다면, 아마도 그녀는 주님께 향유를 전혀 붓지 못했을 것입니다. 그러나 그녀는 자신의 뜨거운 첫 사랑으로 이 열정적이고 정열적인 행동을 즉시 수행하였습니다. 회개한 젊은 성도들은 하나님의 은혜로 교회의 혈관 속에 흐르고 있는 피의 온기를 유지하고 있습니다. 오래된 교회들은 성장이 멈췄을 때 일반적으로 병들게 됩니다. 영국 전역에 있는 교회 가운데, 회개가 없음에도 전적으로 기뻐하는 영적 상태에 놓인 교회를 저는 알지 못합니다. 사실, 참신한 새신자들이 보여주는 그들의 열정, 그들의 단순성, 그들의 어린아이 같은 확신 등으로 우리 모두가 각성하게 됩니다. 자, 사랑하는 성도 여러분, 우리는 여러분이 이러한 것들을 보도록 권면할 따름입니다. 우리를 위해서, 여러분 자신을 위해서, 그리스도를 위해서, 지체하지 마십시오. 비록 여러분이 신학교에서 교육을 받지 못했다 해도, 여러분이 할 수 있는 어떤 일이 있다면, 그 일을 행하십시오. 방법에 있어 많은 실수가 있더라도, 그 일을 행하십시오. 왜냐하면 그리스도께서 그 일을 용납하실 것이기 때문입니다. 아마도 바리새인들은 트집을 잡을 것입니다. 충분히 그럴 수 있습니다. 물론 다른 해악들에 대해서는 입을 다물겠지만 말입니다. 어쨌든 트집을 잡든가 말든가 내버려 두십시오. 여러분은 참아낼 수 있습니다. 장차 그리스도께서 여러분을 변호해 주실 것이며, 예수님은 여러분을 용납하실 것이기 때문입니다. 여러분이 할 수 있는 것을 행한 것에 대한 상으로, 그분께서는 여러분이 더 많은 것을 행할 수 있는 은혜를 기꺼이 여러분에게 주실 것이며, 또한 여러분이 게을러서 수년 동안 얻지 못했던 믿음의 전적인 확신을 여러분에게 불어넣어 주실 것입니다. 그리고 그분께서는 만약 여러분이 가만히 앉아 있었더라면 결코 얻지 못했을 것, 즉 그분을 섬김으로써 누리는 양심의 평화를 여러분에게 주실 것입니다.

저는 여러분 모두에게 강권합니다. 예수님을 사랑하십시오. 여러분이 가진 빛을 말 아래 숨기지 말고, 꺼내어 그 빛을 비추십시오. 여러분이 작은 믿음을 가지고 있다고 해도, 그 믿음을 사용하십시오. 만약 여러분의 믿음이 한 개의 낱알만 하다 해도, 이 믿음을 선용하십시오. 한 달란트로 이윤을 남기십시오. 주님을 위해 한 달란트라도 즉시 사용하십시오. 그러면 주님께서 그러한 일에 대해 여러분을 축복하시어, 여러분의 믿음과 사랑을 크게 하시고, 여러분을 이 여인처럼, 복된 주님으로부터 최고로 은혜를 입은 종처럼 그렇게 만들어 주십니다. 주님께서 여러분 한 사람 한 사람을 축복하시기를 기원합니다. 예수님의 이름으로 기도드립니다.

제
24
장

—

갚을 것이 없는
빚진 자들이 탕감을 받음

—

"갚을 것이 없으므로 둘 다 탕감하여 주었으니 둘 중에 누가 그를 더 사랑하겠느냐" — 눅 7:42

    여기 본문 속에는 빚진 액수가 상당히 차이가 나는 두 명의 빚진 자들이 나타납니다. 한 사람은 오백 데나리온을 빚졌고, 또 한 사람은 오십 데나리온을 빚졌습니다. 둘 사이에는 죄의 책임에 있어서도 차이가 있고, 죄의 정도에 있어서도 차이가 있습니다. 따라서 모든 사람들이 그 둘의 죄의 정도가 정확히 같다고 말하는 것은 매우 불공정하고 불의한 일입니다. 어떤 사람들은 정직합니다. 또 친절하고 관대합니다. 아직 거듭나지 못한 사람들인데도 그러합니다. 또 어떤 사람들은 사악하고 시기심이 많으며 이기적인 성향을 가지고 있습니다. 그래서 금방 악을 향해 치달아 갑니다. 말하자면 두 손으로 움켜지고 욕심을 사납게 부리며 죄를 짓습니다. 도덕적이고 진지하고 근면한 사람은, 그저 오십 데나리온을 빚진 자라고 할 수 있습니다. 그에 비해 악하고 술에 취해 신을 모독하는 사람은 오백 데나리온 빚진 자라고 할 수 있습니다. 우리 구주께서는 그 차이를 인정하십니다. 왜냐하면 그 차이가 실제로 존재하는 바, 그것을 간과한다면 합당하지 못하기 때문입니다. 회심하지 않은 사람들 사이에도 차이가 있습니다. 그 차이가 매우 큽니다. 회심하지 않은 사람들 가운데 한 사람, 곧 젊은 사람이 예수님께 왔습니다. 그의 성품에는 훌륭한 요소들이 아주 많이 있었기 때문에 주님께서는 그를 사랑스럽게 보셨습니다. 반면에 바리새인들이 주님 주위로 모여들었을 때, 우리 주님께서는 의분에 차서 그들을 둘러보셨습니다. 좋은 씨로 뿌려진 적이 한 번도 없는 토양은 매우 큰 차이가 났습니다. 그들 중의 어떤 이들은 성령의 능력이 임하기 전에도 정직하고 선한 밭이었습니다. 이렇듯 죄인들도 서로 차이가 납니다.

그러나 제가 여러분에게 특별히 관심을 갖게 할 사항은 이것입니다. 비록 여기 본문에 나오는 두 빚진 자가 한 가지 사항에서는 차이가 난다 하더라도, 세 가지 사항에서 유사성이 있다는 점입니다. 첫째로 그 두 사람은 다 빚을 졌습니다. 모든 사람이 죄를 범한 것과 같습니다. 죄를 많이 저질렀든 그렇지 않든 간에 말입니다. 둘째로, 그 두 사람은 다 같이 빚을 갚을 수 없는 파산자였습니다. 그 두 사람 중 누구도 자기의 빚을 해결할 수 없었습니다. 오십 데나리온 빚진 자도 오백 데나리온 빚진 자보다 쉽게 빚을 갚을 입장이 아니었던 것입니다. 따라서 그 둘은 모두 빚을 해결할 능력이 없는 사람들이었습니다. 그러나 그들이 셋째 사항에서 같았다는 것이 얼마나 은혜로운 일인지요! "저희가 갚을 것이 없으므로" 그들의 채권자는 "둘 다 완전히 탕감해 주었습니다."

오! 제 설교를 듣고 있는 여러분이여, 우리는 처음에 나온 두 가지 사항에서 모두 같습니다. 오! 이 마지막 셋째 사항에서도 우리 모두가 같게 되기를 기도합니다. 주 우리 하나님께서 우리 각자에게 그리스도 예수님으로 말미암은 하나님의 은혜의 풍성함을 따라 값없이 죄 사함을 허락해 주시기 바랍니다! 예수님께서 하늘 높은 곳에 오르셔서 회개와 죄 사함을 주시는데, 어찌해서 그렇게 되지 않을 수 있겠습니까? 하나님께는 사유하심이 있습니다. 그분께서는 긍휼을 베풀기를 좋아하십니다. 또한 우리의 죄를 바다 깊은 곳에 던지고는 영원토록 더 이상 우리에게 그 죄를 언급하지 않으십니다. 우리가 길을 갈 때 그 길의 2/3 지점까지는 함께 가지 않으면 안 된다고 생각하면서도, 나머지 1/3의 거리에서는 서로 갈라져서 가야 한다면, 얼마나 처절한 일이겠습니까? 처음의 2/3까지는 진흙투성이에다 질척거리는 길이기에 우리는 함께 무리를 지어서 비참하게 그 길을 걷습니다. 왜냐하면 모든 자들이 빚을 졌고 우리 모두는 갚을 능력이 없기 때문입니다. 그러나 그 길의 나머지 부분은 아주 잘 닦여 있어서, 그 길을 가는 사람들에게 평탄하고 좋은 길입니다. 그리고 그 길로 가면 복락의 정원에 이르게 됩니다. 오! 우리가 그 길을 쭉 가로질러 가서 하나님의 값없는 용서를 얻게 되기를 바랍니다. 오, 누구도 예외 없이 우리 모두가 값없이 사면 받기를 원합니다! 왜 그럴 수 없겠습니까? 하나님이여 바로 이 시간에 주님의 위대한 자비로 우리의 죄를 사해 주소서! 오늘 저는 여러분과 그 목적을 향하여 나아가고 싶습니다. 주 예수님께서는 여러분에게 말씀할 무엇인가를 갖고 계시다고 저는 믿습니다. 여러분의 마음이 그분에게 열려서 "주여, 말씀하옵소서!"라고 기꺼이 외치게 되기를 기도합니다.

첫 번째로 우리가 생각해 볼 사항은 갚을 것이 없는 그들의 상태입니다. 오늘 본문에는 "갚을 것이 없으므로"라고 기록되어 있습니다. 두 번째 사항은 값없이 탕감 받은 것입니다. 오늘 본문에는 "둘 다 탕감하여 주었으니"라고 기록되어 있습니다. 세 번째 사항은 갚을 것이 없는 것과 탕감하여 준 그 두 일 사이의 관계에 대한 것입니다. 거기에 나오는 작은 단어 "때"(개역 성경에는 나타나지 않는 말로서 "갚을 것이 없으므로 둘 다 탕감하여 주신" 때를 가리킴— 역주)에 대한 것을 주목하십시오. "때에 저희가 갚을 것이 없으므로 둘 다 탕감하여 주었으니."

1. 갚을 것이 없는 그들의 상태

첫 번째로 우리는 그들이 아무것도 갚을 것이 없는 상태였다는 사실에 대해서 생각해 보겠습니다. 그들의 상태가 바로 그랬습니다. 의심할 여지 없이 그들은 빚을 지고 있었습니다. 만일 그들이 채권자의 주장에 대해 반박할 수만 있었다면, 틀림없이 그들은 반박했을 것입니다. 그러나 그들은 의문을 제기하지 않았습니다. 자기들이 빚진 것을 부인할 수 없었기 때문입니다. 또 다른 사실은 그들에게 너무 분명한 것이었는데, 그들은 전혀 지불할 능력이 없었다는 사실입니다. 물론 그들은 자기들에게 갚을 것이 있는지 부지런히 찾아보았을 것입니다. 그러나 그들은 자기들의 호주머니가 완전히 비어 있다는 것을 알게 되었고, 금고든 자물쇠로 잠가 놓은 비밀함이든 자기들에게는 가진 것이 아무것도 없다는 것을 알았습니다. 그들은 가족들의 재산도 살펴보았습니다. 그러나 하나도 남아 있는 것이 없었습니다. 집 안이든 집 밖이든 그들이 처분할 수 있는 것을 찾아보았지만, 아무것도 없었습니다. 그들의 사정이 이쯤 되다 보니, 그들은 앞으로 사용할 것을 예상해서 돈이든 무엇이든 비축할 수가 없었습니다.

그 두 사람은 빈털터리가 되었고 완전히 거지가 되었습니다. 반면에 그 두 사람에게 돈을 빌려준 채권자는 빚을 갚으라고 재촉하였습니다. 그 상황이 오늘 본문의 핵심적인 상황입니다. 채권자는 채권 증서를 가져와서는 "자, 이 채권 증서의 요구대로 갚아라. 그래서 이 문제를 매듭짓자. 당신이 진 빚은 틀림없이 갚아야 한다"고 말했습니다. 그래서 그들은 결국 이러한 상황, 즉 자기들이 빚진 것을 고백하고, 그 빚을 갚을 방법이 하나도 없다는 것을 겸손하게 인정해야만 하는 상황에까지 이르렀던 것입니다. 지불 기일이 되었는데도 돈 한 푼 없었기 때문입니다. 그보다 더 가련하고 곤고한 상황은 없을 정도였습니다.

지금까지는 비유의 내용에 대해서 말씀드렸습니다. 이 비유는 아직 예수 그리스도께 나아오지 않는 모든 사람들의 상황을 가장 정확하게 설명하고 있습니다. 그들은 아직 예수 그리스도께로 나오지 않아서 값없이 주는 죄 사함을 받지 못하였습니다. 이 점을 더 확대해서 설명해 보겠습니다. 우리는 본성으로든 실제로든 모두 빚을 지고 있습니다. 우리는 그러한 조건 속에서 이 세상에 온 것입니다. 자, 그 점을 유념하고 들어보기 바랍니다. 하나님의 피조물로서 우리는 처음부터 아예 하나님께 순종해야 할 마땅한 빚을 지고 있었습니다. 우리는 우리를 지으신 이에게 마땅히 순종해야 했습니다. 우리를 지으신 이는 바로 그분이지 우리 자신들이 아니었기 때문입니다. 그러므로 우리는 마땅히 경외하는 심령으로 우리의 창조주를 인정하고, 진심으로 그분을 예배하며 섬겨야 했습니다. 이 점은 어느 누구도 논박할 수 없는 너무나 자연스럽고 이치에 합당한 도리입니다. 하나님의 피조물이라면 마땅히 그분을 공경해야 합니다. 날마다 코로 숨쉬는 공기, 그분께서 주셔서 먹은 음식, 이러한 것들을 생각한다면 마땅히 감사한 마음으로 그분에게 순종해야 하고 그분의 뜻대로 해야 합니다. 사랑하는 여러분, 그러나 우리는 모두 그분의 뜻을 따라 행하지 않았습니다. 우리가 마땅히 해야 하는 것들을 하지 못했고, 우리가 해서는 안 되는 일들을 했습니다. 따라서 우리는 또 다른 의미에서 그분에게 빚을 졌다고 할 수 있습니다. 우리는 정말 형벌을 받아야 할 입장에 놓여 있는 것입니다. 아니 이미 우리는 정죄를 받고 있습니다. 우리가 하나님의 율법을 어기었으니 우리는 마땅히 벌을 받아야 합니다. 곧 고통을 받고 죽음을 받아야 마땅합니다. 하나님의 말씀 속에서 우리는 죄에 대한 의로운 형벌이 얼마나 굉장한 것인지를 보게 됩니다. 그리스도께서는 "영혼과 몸을 둘 다 지옥에 멸하실 수 있는 분을 두려워하라"고 말씀하셨습니다.

그렇습니다. 저는 여러분에게 말씀드립니다. 그분을 두려워하십시오! 주 하나님의 거룩하신 의분을 받을 영혼의 비참함을 보여주기 위하여 성령께서 사용하신 비유들과 상징들은 정말 끔찍합니다. 죄가 있는 사람들에게 임할 상실과 화(禍)의 고통은 상상할 수 없을 정도입니다. 그 고통을 일컬어 "주의 두려우심"(고후 5:11)이라고 부릅니다. 주 예수 그리스도를 떠나서는 하나님의 율법에 대해서 진 빚을 갚을 사람이 우리 중에 아무도 없습니다. 그 빚을 갚도록 영원이라는 긴 기간을 우리에게 허락하신다 할지라도 우리는 다 갚을 수가 없습니다. 심지어 영원토록 고통하고 후회하며 그 죄지은 것을 마음 아파한다 할지라도 다 갚을 수 없습니다. 하나님을 잊고 하나님의 율법을 어기는 사람은 그에 대한 보상으로 장래에 형벌을 받아 사는 것이 마땅합니다.

　　우리가 바로 그러한 위치에 서 있습니다. 하나님 앞에서 이러한 상태 속에 있는 한, 어느 누가 안식을 누릴 수 있겠습니까? 우리는 모두 빚을 지고 있습니다. 그 빚은 너무 엄청난 것이어서, 극도로 무시무시한 결과를 가져옵니다.

　　우리는 이 상황을 개선할 능력이 전혀 없습니다. 만일 그분이 우리를 만나서 빚을 계산하겠다고 요구하시면, 우리는 그분이 요구하는 것의 천분의 일도 갚을 수 없을 것입니다. 우리는 자신에 대해 어떤 변명도 할 수 없으며 그분의 의로운 요구를 들어줄 만한 어떤 가능성도 없습니다. 스스로 그런 가능성이 있다고 생각하는 이가 있다면, 저는 그에게 다음의 사실을 상기시키고 싶습니다. 하나님께 진 빚을 없애려면, 우리는 그 빚을 모두 다 갚아야만 한다는 사실 말입니다. 하나님께서는 요구하시되, 우리에게 그분의 율법 전체를 지키라고 정당하게 요구할 권한이 있으십니다. 그분께서는 우리에게 어떤 한 가지 사항에서 죄를 짓게 되면 모든 사항에서 다 죄를 짓는 것이라고 말씀하십니다. 왜냐하면 하나님의 율법은 희고 흠 없는 하나의 도자기와 같아서 그것이 전체로 아름다워야 하기 때문입니다. 만약 그 도자기의 어느 부분에 작은 자국이라도 생긴다면, 이것은 하나님의 궁정에 들어갈 수 없을 것입니다. 도자기의 하자는 그것이 아무리 작다 해도, 도자기의 완전성을 손상시키고 그 가치를 떨어뜨릴 것입니다. 지존하신 그분은 우리에게 완전한 율법에 대해 완전한 순종을 요구하십니다. 그러나 우리 중에 어느 누가 완전하게 순종할 수 있겠습니까? 아니면 어느 누가 완전하게 순종하지 못한 것에 대해 그에 마땅한 형벌을 받을 수 있겠습니까? 우리가 순종할 능력이 없는 것은 우리의 허물과 우리가 지은 죄에서 기인합니다.

　　아! 우리 중 누구라도 그 형벌을 견뎌낼 필요가 없게 하시기를! 하나님의 면

전에서 추방을 당하고 하나님의 능력의 영광으로부터 쫓겨나는 이가 없게 하시기를! 모든 소망과 빛과 기쁨에서 영원토록 추방을 당하는 이가 없게 하시기를 원합니다! 아, 이 순간에도 수천 년 동안 엄중한 공의의 손길을 견뎌냈던 저주의 심연에 있을 자들이 있습니다. 아직까지도 자신들의 빚을 다 갚지 못한 채 말입니다. 따라서 그들은 마지막 날에 그리스도의 심판 보좌 앞에서 자신들의 범죄에 대하여 대답해야 합니다. 분명히 전체를 다 지불한다는 것은 불가능합니다. 순종의 형태로든, 형벌의 형태로든, 우리는 그 빚을 갚을 희망이 전혀 없습니다. 그 일을 시도하는 것 자체가 허망한 일이 될 것입니다.

또한 다음의 사실을 기억하십시오. 우리가 만일 순종의 방식으로 하나님을 위해서 할 수 있는 어떤 것이 있다면, 이미 그것은 그분에게 마땅하게 드려야 하는 것이라는 사실을 말입니다. 내가 온 마음과 영혼과 힘을 다하여 하나님을 사랑하고 내 이웃을 내 몸처럼 사랑하되 나머지 삶 전체를 통해서 그렇게 사랑한다 해도, 이것은 이미 하나님께 마땅히 해야 하는 일일 뿐입니다. 새로운 의무가 주어지면 또 그 의무를 계속 감당해야 할 것입니다. 그러니 이것이 옛날의 불순종에 대하여 무슨 영향을 미칠 수 있겠습니까? 내가 다시는 새로운 죄에 물들지 않겠다는 결심을 한다고 해도, 이전의 내가 죄로 인하여 물든 더러운 것은 어떤 방식으로 깨끗하게 할 수 있겠습니까? 만일 여러분의 손이 붉은 피로 물들어 있다고 한다면, 여러분이 다시는 그 속에 손을 집어넣지 않겠다는 단순한 결심만으로 그 피로 물든 손을 깨끗하게 할 수 있겠습니까? 그럴 수 없다는 것을 여러분도 잘 알 것입니다. 과거의 죄는 장차 조심스럽게 사는 것으로 제거될 수 없습니다.

> "내 눈물 영원토록 흘리고
> 내 열심 아무리 커도
> 죄를 속할 수 없으니
> 그리스도께서 구원하셔야 하고
> 그리스도만이 구원하실 수 있네."

우리가 장차 얻을 수 있거나 획득할 수 있는 모든 것은 이미 마땅히 해야 하는 일이기 때문에 우리의 이전 죄에 대한 빚을 갚을 만한 것이 하나도 없습니다.

우리의 지난 죄를 상쇄시킬 어떤 것도 우리에게는 전혀 없습니다.

더구나, 그 빚은 막대해서 계산조차 할 수 없습니다. 여기 본문에 나오는 오십 데나리온은 가장 의로운 사람이 하나님께 빚진 것을 아주 줄여서 상징적으로 나타낸 것일 뿐입니다. 오백 데나리온이라는 액수도 더 큰 범죄자들이 저지른 범행과 비교한다면 무의미한 액수일 뿐입니다.

오! 친구들이여, 제 삶을 생각해 볼 때, 제 삶은 수를 헤아릴 수 없는 죄의 파도로 이루어진 바다와 같습니다. 저의 죄는 바다의 모래처럼 저울에 달아볼 수도 없고 그 수를 헤아릴 수도 없을 지경입니다. 저의 허물도 정말 수를 헤아리기 힘들 정도로 많습니다. 그 모든 허물마다 마땅히 영원한 죽음을 받을 만합니다. 우리의 죄악들, 우리의 무거운 죄악들, 빛과 지식을 거슬러 지은 죄악들, 우리의 미련한 죄악들, 거듭 지고 있는 죄악들, 더욱더 악화되고 있는 죄악들, 우리의 부모에 대해 지은 죄악들, 우리가 관계하는 모든 이들에게 지은 죄악들, 우리 하나님께 지은 죄악들, 우리의 몸으로 지은 죄악들, 정신으로 지은 죄악들, 망각으로 지은 죄악들, 생각 속에서 지은 죄악들, 상상으로 지은 죄악들, 이 모든 것을 그 누가 하나님께 계산할 수 있겠습니까? 어느 누가 자기가 범죄한 수를 알 수 있겠습니까? 자, 우리가 그러한 죄의 빚을 지불할 수 있다고 생각하는 것은 정말 무모한 개념으로 우리 자신을 지탱하고 있는 것입니다. 우리는 지불할 수 있는 것이 하나도 없습니다.

제가 좀 더 나가보겠습니다. 이러한 죄들이 어느 정도 갚을 수 있는 범위 내에 있는 것이라 합시다. 또 우리가 할 수 있는 모든 것에 관하여 장래에는 빚을 지지 않게 된다고 생각해 봅시다. 그러나 아무리 그렇다 해도 우리가 할 수 있는 것이 무엇이겠습니까? 바울도 자신에 대해서 말하기를 조금이라도 만족한 것이 없다고 하지 않았습니까? 주 하나님께서도 옛 이스라엘에게 이르시기를, "네가 나로 말미암아 열매를 얻으리라"(호 14:8)고 말씀하지 않으셨습니까? 예수님께서도 제자들과 사도들에게 "나를 떠나서는 너희가 아무것도 할 수 없음이라"(요 15:5)고 말씀하지 않으셨습니까?

하물며, 갚을 것이 없는 죄인인 여러분은 스스로 무슨 선한 것을 할 수 있겠습니까? 여러분이 선한 일을 행할 수 있으려면, 그 전에 먼저 하나님께로부터 선한 일을 경험해야 합니다. 여러분이 "두렵고 떨림으로 여러분의 구원을 이루어야 한다"는 것은 사실입니다. 그러나 그 일은 처음에 어디서부터 시작되어야 합니까? 이 성경 구절을 읽어 보십시오. "너희 안에서 행하시는 이는 하나님이시니 자기의 기쁘신 뜻을 위하여 너희에게 소원을 두고 행하게 하시나니"(빌 2:13)라고 되어 있습니다. 만일 주님께서 우리 안에서 구원을 이루지 아니하시면 우리는 구원을 이루어 나갈 수 없습니다. 사람 속에 있는 모든 선한 일마다 모두 하나님의 일이요, 마음과 생각을 역사하시는 하나님의 성령의 산물입니다. 사람들은 죄와 허물로 죽어 있습니다. 거룩한 하나님께서 받으실 만한 모든 것에 대해서 죽어 있는 것입니다. 그러니 생명 자체가 하나의 선물입니다. 그렇다면 죄인들이 무엇을 할 수 있겠습니까? 갚을 것이 없는 그들의 상태는 아주 철저하게 절망적입니다. 아직도 그리스도 밖에 있는 사람들은 모두 그런 상태에 있습니다. 그리스도 밖에 있는 사람은 모두 빚진 자이며, 갚을 능력이 전혀 없는 자들입니다.

경우가 그러하니, 저는 잠시 갚을 능력이 없는 모든 죄인들이 많이 빠지는 유혹들에 대해 주목해 보기를 원합니다. 그러한 유혹들 가운데 하나는 자기들의 영적인 상태를 시험해 보고는 그들의 상태에 대해 완전히 망각하려는 것입니다. 여기에 있는 여러분 중에 어떤 이들은 자신의 영혼과 하나님 앞에서의 자신의 상태에 관해서 진지하게 생각해 본 적이 전혀 없을 것입니다. 그것은 생각하기에 유쾌하지 못한 일입니다. 자신의 상태를 들여다보면 더욱더 불쾌해질 것이라고 여러분은 단정해 버립니다. 여러분은 유쾌하기를 원하고, 시간을 잘 보낼 수 있는 소일거리를 찾습니다. 왜냐하면 여러분은 하나님 앞에서 자신의 마음 상태에 대해 검증하며 주의를 기울이지 않기 때문입니다.

솔로몬은 부지런한 사람에게 자기 양 떼의 형편을 살피라고 권면합니다. 또 자기의 소 떼를 잘 돌보라고 합니다. 그러나 분별없고 게으른 사람은 그러한 요구를 들은 척도 하지 않고 될 대로 되라는 식으로 내버려 둡니다. 사업에서 지지부진한 사람은 재고 조사를 좋아하지 않습니다. 그는 다음과 같이 말합니다. "나에게 재고 조사표를 가져오지 마세요. 그걸 들여다보면 밤에 잠을 자지 못할 것입니다." 그는 자기가 점점 더 침몰해가고 있고, 곧 파멸될 것이라는 사실을 알고 있습니다. 그러한 자기의 삶을 지탱시킬 수 있는 유일한 길은 술을 마시고 그 사실에 대하여 둔감해지거나, 무리들과 어울려 나태하게 유흥을 즐기는 것입니다. 스스로 자신의 진짜 상태를 망각하기 위해서 시간을 죽이며 소일거리를 찾습니다. 그러나 그는 얼마나 어리석은 사람인지요! 사태를 정면으로 응시하고 자신의 실제 상태가 어떠한지를 파악한다면, 한없이 지혜롭지 않겠습니까? 그가 애써 무시하려는 그런 태도는 바른 마음을 가진 사람들을 더 없이 슬프게 만들고, 그들에게 불안과 고통만을 안겨줄 뿐입니다. 저는 자주 다음과 같은 기도를 드렸습니다. "주여! 저에게 가장 악한 상황이 무엇인지 제가 알게 하소서." 왜냐하면 저는 결국에 가서 저 자신을 속이게 될 허망한 희망을 갖고 싶지 않기 때문입니다.

거짓된 소망이 달콤하면 달콤할수록 그로 말미암아 오는 좌절은 더욱더 쓸 것입니다. 이것이 바로 갚을 것 없는 영혼에게 다가오는 유혹입니다. 달갑지 않은 하나님의 진리에 대해 눈을 감아 버리는 것입니다. 타조가 사냥꾼에게 쫓길 때 머리를 모래 속에 처박는다는 이야기가 있습니다. 사냥꾼이 더 이상 자기를 보지 못하면 그냥 지나쳐 버릴 것이라고 생각하고서 말입니다. 그러나 사냥꾼은 그냥 지나가지 않습니다. 눈에 보이지 않는 그 위험은 상당히 사실적입니다. 마치 그 위험은 우리를 정면으로 응시하고 있는 듯합니다.

아무리 여러분이 잊고 있다 할지라도 하나님께서는 여러분의 죄를 잊지 않습니다. 이 상황에 처한 사람에게 다가오는 또 다른 유혹은 할 수 있는 한 자신을 좋게 보이려고 하는 것입니다. 거의 완전한 파산에 이른 사람은 흔히 자기를 과시하는 모습을 보입니다. 사업이 잘될 때처럼 아주 훌륭한 말을 타고 다닙니다. 그런 사람은 또 얼마나 훌륭한 파티를 여는지 모릅니다! 정말 그렇게 해서 할 수 있는 한 자신의 신용을 높여보려고 애를 씁니다. 그는 때를 보아서 언젠가는 파산하려고 작정하고 있습니다. 하지만 잠시 동안은 대단한 척을 합니다. 그렇게 해서 그를 가까이하는 모든 사람이 그에게는 아직도 충분한 돈이 있다는 상상을 하게 만드는 것입니다. 포위당한 성의 성주는 성벽 너머로 적군에게 떡덩이를 던집니다. 그렇게 해서라도 적군들로 하여금 그 성안 사람들이 자기들에게 먹을 것을 던져 줄 만큼 충분한 양식을 가지고 있다고 믿게 만듭니다. 사실 성 안에서는 사람들이 굶어 죽어 가고 있는데도 말입니다. 그런 식으로 하는 사람들이 많습니다. 그들은 하나님께 드릴 수 있는 것이 하나도 없습니다. 그러면서도 대단히 번쩍거리는 자기 의를 과시합니다.

오! 그들은 아주 훌륭하고 너무 뛰어난 사람들이며, 젊은 그들의 나이에 비해서 매우 칭찬할 만한 사람들로 보였습니다. 그들은 결코 큰 잘못을 저지르지 않았습니다. 겉옷에 약간 여기저기 작은 얼룩들이 묻었을 뿐입니다. 그런 얼룩들은 마르면 솔로 떨어버리면 됩니다. 그들은 도덕과 의식으로, 그리고 수박 겉

얇기식의 관용으로 자신의 겉모습을 그럴듯하게 포장합니다. 게다가 그들은 믿음을 가졌노라고 고백도 합니다. 하나님께 예배도 드리고 얼마의 헌금도 합니다. 그렇게 착한 사람들에게서 누가 허물을 발견해 낼 수 있겠습니까? 정말로 그렇게, 그들은 외양뿐인 신앙 고백을 발판으로 삼고서, 마지막 심판의 법정으로 나아가기 직전까지 대단한 모습을 띠며 과시합니다. 여러분 속에는 전혀 아무것도 없고 아무것도 없었습니다. 여러분이 자신의 본성이 시키는 대로만 했다면 말입니다. 그러니 뻔뻔스럽게 그렇지 않은 것처럼 애쓰지 마십시오. 아무것도 없는데 무언가가 있는 것처럼 보이려고 가장하지 마십시오. 이런 방도를 통해서 여러분은 자신을 속일 수 있을지는 몰라도, 하나님을 속일 수는 없습니다.

갚을 길 없는 죄인이 가는 길에서 손짓하는 또 다른 유혹은 그가 무엇인가를 하겠다고 약속하는 것입니다. 빚진 사람들은 보통 약속을 아주 잘하는 자들입니다. 그들은 다음 주에는 분명히 갚겠다고 말합니다. 그러나 다음 주가 오면 또 그 다음 주에 하겠다고 장담합니다. 또 그 다음 주에 가면 정말 다음에는 확실히 갚겠다고 두 배로 확실하게 말합니다. 그러나 그 다음에는 모습을 나타내지 않습니다. 혹 나타난다 해도 어음을 써주고 말 것입니다. 그러나 그것이 무슨 가치가 있습니까? 그것이 돈과 같은 효력을 발생합니까? 그들은 분명히 그렇다고 생각합니다. 왜냐하면 그들은 그 어음으로 실제 빚을 갚은 것처럼 너무 안이하게 생각하기 때문입니다. 그러나 그 어음이 만기가 돌아오면 어떻게 됩니까? 그것으로 끝나 버리고 맙니다. 아! 어음은 도장을 찍은 거짓말일 경우가 흔합니다. 그처럼 빚진 사람들은 할 수 있는 한 오래 끌고 갑니다. 하나님의 주권적인 은혜로 말미암아 분명한 생각을 하기 이전에 모든 죄인이 행하는 바가 그것입니다. 그는 "내가 좀 더 잘할게"라고 외칩니다. 그러나 그런 말에 신경 쓰지 마십시오. 여러분은 더 잘하려고 한다는 말을 하지 말고, 그냥 하십시오. 그렇게 거짓으로 약속하고 맹세해 봤자 여러분의 죄만 가중될 뿐입니다. "오! 그러나 목사님도 아시다시피 제가 이런 식으로 하려고 했던 것은 아니에요. 돌아갈 길이 전혀 없어서 계속 그렇게 나간 것이지요. 그러다가 어느 날 갑자기 그만두게 되겠지요. 그 때를 목사님도 보게 될 것입니다." 우리가 무엇을 보게 된다는 말입니까? 우리가 보게 될 것은 별게 아닙니다. 우리는 그 약속이 이슬방울처럼 사라지는 것을 보고, 그 결심이 아침의 구름처럼 지나가 버리는 것을 보게 될 것입니다.

사랑하는 여러분, 우리는 여러분에게서 아무런 희망도 가질 수 없습니다.

하나님이든 사람이든 여러분을 신뢰하지 못합니다. 여러분은 이십 년 동안 약속해 왔고, 단 일 년도 바른 방향으로 움직인 적이 없었기 때문입니다. 여러분은 사람들에게만 거짓말을 한 것이 아니라 하나님께도 거짓말을 했습니다. 여러분은 어떻게 그 일에 대한 책임을 지려는 것입니까? 하나님께 지키지 못할 약속을 한 것마다 죄를 더 가중시키는 것이고, 불의의 분량을 더 채우는 것임을 여러분은 알지 못합니까? 그런 거짓의 방식을 포기하십시오. 여러분에게 간청합니다.

또 다른 유혹은 항상 더 많은 시간을 달라고 하는 것입니다. 마치 그 시간이 있으면 다 되는 것처럼 말입니다. 다른 비유에서는 빚진 자가 붙잡혔을 때 그는 채권자에게 다음과 같이 말했습니다. "내게 참으소서 내가 모든 것을 갚으리이다." 오늘은 우리가 어떤 빚도 갚을 수 없고, 그저 내일만 맹목적으로 사랑합니다. 그렇습니다. 좀 더 시간을 가지게 되면 나아질 것처럼 보입니다. 막연한 희망이 몇 달이 지나면 좀 더 분명해질 것처럼 보입니다. 그래서 죄인은, "지금은 나를 내버려 두라. 좀 사정이 나아지면 내가 너를 부를 것이다"라고 외칩니다. 지금은 좋은 때가 아니라는 것입니다. 조금만 기다리면 적당한 때가 온다는 식입니다. 사탄은 이러한 유혹으로 수많은 사람들을 파멸시켰습니다. 그는 더 많은 시간을 요구하라고 부추겼습니다. 즉시 그 자리에 서서 즉각적인 용서를 구하지 말고 더 시간을 가진 다음에 하라고 유혹했습니다. 이 내일에 대한 허황된 믿음은 어떤 장점이 있는 것입니까? 어째서 사람들은 알지 못하는 미래에 대해 맹목적으로 사랑하는 것입니까? 저는 이 순간에 즉각적으로 결심하라고 여러분에게 강권하는 바입니다. 하나님께서 성령으로 말미암아 여러분을 사냥꾼의 올무에서 새를 건지듯 여러분을 건져 주시기를 바랍니다. 그리하여 이제는 더 이상 미루지 말고, 여러분의 삶을 불순종하면서 계속 시간을 허비하는 일에 소진하지 않기를 바랍니다.

이러한 유혹이 있으니, 갚을 것이 없는 여러분이 어떻게 해야 지혜로운 것인지 알려드리고자 합니다. 여러분의 영혼이 처한 상황을 정면으로 대응하는 것이 지혜로운 것입니다. 여러분의 영혼의 문제들은 여러분에게 항상 가장 중요한 문제들입니다. 왜냐하면 여러분이 가진 부(富)도 반드시 사라질 것이고, 여러분이 가진 땅도 더 이상 여러분에게 아무런 의미가 없을 것이기 때문입니다. 또한 여러분의 몸이 죽을 때가 오면 여러분의 영혼은 영원한 복락 속에서 살거나 또는 끝없는 저주 속에서 살게 될 것이기 때문입니다. 그러므로 여러분이 하나님과 어떤 관계를 맺고 있는지 그 문제를 그냥 방치하지 마십시오. 그 문제는 가장 중요한 문제입니다. 그것을 가장 우선순위에 두십시오. 여러분이 다른 것에 주의하기 전에 가장 먼저 그 문제부터 정립하시기 바랍니다.

여러분은 정직한 사람답게 그 문제를 정면으로 대응하십시오. 가장 좋은 이야기를 가장 나쁜 이야기로 만드는 사람처럼 하지 말고 말입니다. 여러분의 이야기가 나쁘다 해도, 여러분이 할 수 있는 최선의 일은 주님 앞에서 진실하고 진지하게 그 문제를 정면으로 뚫고 나가는 것입니다. 바로 그 길에 희망이 있습니다. 도둑이 좋은 사람의 집에 들어가 숨었다가, 그 집을 도둑질할 시간을 엿보는 것 같이, 여러분의 위험을 덮어 두지 마십시오. 여러분의 모든 것을 소멸시킬 그곳에 불똥이 떨어져 연기가 나지 않도록 하십시오. 여러분이 잠들기 전에 그 불을 꺼야 합니다. 여러분이 그 문제에 직면할 때, 여러분은 여러분 자신이나 하나님께 대하여 진실하고 진지해야 합니다. 왜냐하면 여러분은 지금 적당하게 속여 먹을 수 있는 채권자들을 만나고 있는 것이 아니라, 마음의 은밀한 생각과 의도까지 다 알고 계시는 분과 대면하고 있기 때문입니다. 진리 이외에 그 어느 것도 하나님 앞에 설 수 없습니다. 그럴 듯하게 가장한 위선자들은 대번에 발각됩니다. 주님께서는 모든 가면을 벗기십니다. 따라서 사람들은 있는 모습 그대로 하나님 앞에 서게 됩니다. 다른 사람들이 어떻게 보느냐에 상관 없이 여러분의 모습 그대로 서게 되는 것입니다. 그러니 여러분 자신에게 진실하십시오! 만일 여러분이 100을 빚졌다면, 연필을 들고서 50으로 줄여 쓰지 말고, 정확하게 그 숫자대로 기록해 놓으십시오. 여러분이 하나님과 대면할 때는 모든 기만과 거짓을 한꺼번에 불식시키는 것이 훨씬 좋습니다.

한 가지 더 말하자면, 여러분은 빚을 갚으려는 모든 시도를 포기하는 것이 지혜로울 것입니다. 어차피 여러분은 갚을 능력이 하나도 없으니 말입니다. 언젠가는 여러분이 갚을 수 있을 것이라는 생각으로 자신을 기만하지 마십시오. 여러분은 결코 갚을 수 없기 때문입니다. 아주 조금이라도 갚으려는 시도조차 하지 마십시오. 여러분은 전혀 갚을 수 없기 때문입니다. 대신 아주 다른 길을 찾아보십시오. 자신이 처한 절대 빈곤의 상황을 아뢰고 긍휼을 구하는 것입니다. "주여! 저는 가진 것이 하나도 없습니다. 아무것도 없습니다. 할 수 있는 것도 없습니다. 오직 주님의 은혜에 의지하여 제 자신을 맡길 수밖에 없습니다." 저는 이제 이 은혜에 대해서 말하고자 합니다. 이 말씀을 통해서 갚을 길 없는 여러분이 주님께 나올 마음의 용기를 얻고, 그로 인해 주님께서 여러분 모두를 완전히 용서해 주시기를 바랍니다.

2. 무상으로 탕감 받음

이제 우리가 다룰 두 번째 사항은 그들이 자기 빚을 무상으로 탕감 받았다는 사실입니다. "둘 다 탕감하여 주었으니." 그들이 자신의 문제를 정면으로 대응함으로써 얻은 복이 얼마나 큽니까! 이 가난한 채무자들은 머리끝부터 발끝까지 두려워 떨면서 그 채권자의 사무실로 갔습니다. 왜냐하면 그들은 갚을 것이 아무것도 없었고, 그 일로 죽을 지경이었기 때문입니다. 그러나 보십시오! 그들은 밝은 마음으로 그 사무실에서 나왔습니다. 그들의 모든 빚이 다 탕감되었기 때문입니다. 그들의 채무 기록은 완전히 삭제되었습니다. 그와 같이 주님께서도 우리를 대적하는 법조문으로 쓴 증서를 도말하셨습니다. 그리고 그것을 자신의 십자가에 못 박아 폐하셨습니다.

이 무상으로 탕감해 준 행실 속에서 저는 무엇보다도 먼저 그 위대한 채권자의 선하심에 감탄하지 않을 수 없습니다. 그분은 얼마나 은혜로운 마음을 가진 분이십니까! 그분은 얼마나 큰 자비를 베풀어 주셨습니까! 그분은 말씀하셨습니다. "불쌍한 영혼들아, 너희는 절대 나에게 갚을 수가 없다. 그러나 그것 때문에 낙담할 필요는 없다. 내가 너희의 모든 빚을 값없이 탕감해 줄 테니 말이다." 오! 그 선하심이여 오! 광대하신 하나님의 마음이여! 저는 어느 날 카이사르(Caesar)에 대한 이야기를 읽은 적이 있습니다. 어느 날 그는 폼페이우스(Pompey)와 맹렬한 전투를 벌였는데, 결국 그가 이겼다고 합니다. 그리고 노획물 중에 폼페이우스의 개인 금고를 발견하게 되었습니다. 그 금고를 열어 보니 폼페이우스 편에 서 있던 로마의 귀족들과 원로들이 폼페이우스에게 보낸 편지들이 들어 있었습니다. 그 많은 편지들 속에는 바로 그 가장 탁월한 로마의 귀족들과 원로들을 불리하게 만드는 치명적인 증거들이 들어 있었습니다. 그러나 카이사르는 그것을 어떻게 했을까요? 그는 모든 서류들을 다 파기하였습니다. 자기를 대적하는 원수들에 대해 전혀 알지 않기로 마음을 먹었던 것입니다. 왜냐하면 카이사르는 그 모든 원수들을 아무 대가 없이 용서해 주었고 더 이상 그 일을 기억하고 싶지 않았기 때문입니다. 이 일을 통해서 그는 그 나라를 다스리기에 적합한 인물임을 스스로 입증했던 것입니다. 그러나 우리의 죄를 한 금고 속에 넣고 전체를 다

멸해 버리신 하나님의 그 찬란하심을 주목하십시오. 하나님의 백성들의 죄를 찾으려 해도, 이제는 그 죄를 찾을 수가 없습니다. 하나님께서는 더 이상 그 죄들에 대해 우리에게 언급하지 않으실 것입니다. 오, 무한히 선하신 하나님이여! 그분의 자비가 영원할지어다! 그 선하심 앞에 기쁨으로 경배하십시오.

그러나 그때 값없이 탕감을 받은 것에 주목하십시오. "둘 다 탕감하여 주었으니." 그들은 거기에 서서 "오! 선하신 선생님이여, 우리는 갚을 수 없나이다"라고 말하지 않았습니다. 제발 목숨만이라도 살려 달라고 애원하지 않았습니다. 그러나 그 채권자는 그들에게 다음과 같이 은혜롭게 말하였습니다. "너희는 갚을 수가 없지만, 나는 탕감해 줄 수 있다. 너희는 더 이상 내 빚을 갚지 않아도 된다. 더 이상 너희가 한 약속을 파기할 필요도 없게 되었다. 그러나 보라. 나는 이 곤비하게 하는 일에 끝을 내련다. 나는 너희의 모든 의무들을 값없이 도말하겠다!' 그 말을 듣고 그들의 눈물샘이 터지지 않았겠습니까? 그들은 황급히 자기 아내와 자녀에게로 가서 자신들이 빚에서 벗어났다는 것을 말하지 않았겠습니까? 그 사랑스러운 채권자가 그 모든 것을 값없이 다 탕감해 주었다고 말하지 않았겠느냐는 말입니다. 정말 이 모습은 하나님의 은혜를 잘 묘사하고 있습니다. 불쌍한 죄인이 갚을 것이 없는 상태로 하나님 앞에 오게 될 때 하나님께서는 다음과 같이 말씀하십니다. "내가 너희를 값없이 용서하리라. 너희의 죄책은 다 도말되었다. 나는 너희가 눈물이나 기도나 영혼의 고뇌로 용서를 구하려는 것을 원하지 않는다. 네가 나를 자비롭게 만들 필요는 없다. 나는 이미 자비롭기 때문이다. 내 사랑하는 아들 예수 그리스도가 화목 제물이 되었으니, 나는 너희의 이 모든 빚을 탕감해 주고도 여전히 의로울 수 있다. 그러니 평안히 가라."

더 나아가, 이 빚은 하나도 남김없이 탕감되었습니다. 채권자는 이렇게 말하지 않았습니다. "자, 이 사람아, 내가 50퍼센트를 탕감해 줄 테니 나머지는 자네가 갚게." 그들은 갚을 것이 하나도 없었기 때문에 90퍼센트를 탕감해 주었다 해도, 아무런 의미가 없었을 것입니다. 만일 채권자가 절반으로 빚을 깎아주었다면, 한 사람은 250데나리온을 갚아야 했고, 또 다른 사람은 25데나리온을 갚아야 했을 것입니다. 그러나 그런 경우라 해도, 그들은 여전히 절망적인 상태에 있었을 것입니다. 왜냐하면 그들 스스로는 한 푼도 갚을 것이 없었기 때문입니다. 그와 같이 우리 주님께서도 자기 백성의 죄를 도말하실 때 그 죄의 잔재를 조금도 남기지 않으십니다. 저는 확신합니다. 우리 주 예수님께서 십자가에서 죽으실 때 자신의 모든 백성들의 모든 죄를 대속하셨으며, 그분을 믿을 모든 사람들의 죄 전체를 온전하고 효과적으로 속죄하셨다고 말입니다. 그래서 저는 제 온 마음을 다하여 이렇게 노래할 수 있습니다.

> "지나간 죄를 용서해 주시니,
> 그 죄가 얼마이든 아무 문제 없네!
> 그러니 오 나의 영혼이여 놀라워하라.
> 앞으로 지을 죄도 용서받았네."

신자들의 모든 죄가 우리의 위대한 아사셀 염소이신 예수님으로 말미암아 광야로 영원히 던져졌습니다. 아무라도 하나님이 선택하신 무리들 중 한 영혼을 데리고 나와서 그를 정죄하지 못할 것입니다. 신자에게는 갚을 빚이 전혀 남아 있지 않습니다. 채무증서에 아직도 청산되지 않은 빚은 한 푼도 남아 있지 않습니다. 하나님의 성령께서 친히 이렇게 묻고 있지 않으십니까? 누가 "하나님께서 택하신 자들을 고발하리요"(롬 8:33). 주님께서는 신자들의 죄를 값없이 용서해 주셨습니다. 부분적으로만 용서해 주신 것이 아닙니다. 전체적으로 용서해 주셨습니다. 우리의 죄에 대하여, "그 죄들이 깊음 속에 가라앉았고"(출 15:5), "하나도 남기지 않았습니다"(삼하 13:30). 할렐루야!

또한 그 용서는 매우 효력이 있는 용서였다는 것을 주목하기 바랍니다! 빚을 탕감할 수 있는 유일한 사람은 그 채권자밖에 없기 때문입니다. 하나님만이 오직 죄를 용서할 수 있으십니다. 죄는 하나님께 빚진 것이기 때문입니다. 여러분에게 천 원 정도 탕감해 줄 수 있는 사람이 있다면 그 사람에 대해 어떻게 생각하겠습니까? 그 사람에게 고마워 사례를 한다면 천 원 정도가 될 것입니다. 그런 식의 탕감이라면 무슨 소용이 있겠습니까? 또 여러분이 여왕에게 지은 잘못을 제가 용서해 준다고 한다면, 그 용서도 무슨 가치가 있겠습니까? 제가 어떤 사람에게 잘못을 했다고 칩시다. 그러면 바로 그 사람만이 저를 용서할 수 있는 유일한 사람인 것입니다. 만일 그 사람이 저를 보고 죄가 없다고 한다면, 그 선고야말로 효력이 있지 않겠습니까! 채권자가 "둘 다 탕감해 준다"고 말했을 때, 그 일은 실제로 일어났던 것입니다. 그의 입술에 능력이 있었기 때문입니다. 그리하여 자신의 말로써 그 빚을 다 청산시켰던 것입니다. 그와 같이 주 예수 그리스도를 믿음의 눈으로 바라볼 때, 거기에 갚을 것이 없어 불쌍하게 떨고 있는 죄인을 향해서 상처받은 그분의 음성이 들릴 것입니다. "그 많은 너의 죄가 다 용서를 받았다. 나는 빽빽한 구름과 같은 너의 모든 죄를 다 도말하였다." 이 용서야말로 얼마나 유효적절한 것입니까! 그 용서의 선포가 얼마나 마음을 기쁘게 하고, 그 모든 두려움을 물리치며 얼마나 놀라운 안식을 주겠습니까! 그분은 완전하게, 값없이, 유효하게 용서해 주십니다.

저는 이런 일이 일어날 때 또 다른 일이 추가적으로 일어난다고 믿습니다. 즉, 그것은 영원히 탕감을 받는 것입니다. 그 채권자는 자기가 탕감해 준 빚을 갚으라고 다시 채무자들을 불러 세울 수 없을 것입니다. 공의라는 것을 내세워서 결코 그런 일을 생각해 내지 않을 것입니다. 그분은 두 사람을 완전히 용서해 주었고, 그들은 용서를 받았습니다. 하나님께서는 자신의 피조물들에게 무책임한 짓을 하지 않으십니다. 그들을 용서해 놓고는 다시 심판하는 그런 짓 말입니다. 오늘은 사람을 사랑해 놓고는 내일은 저버리는 그런 하나님을 저는 믿지 않습니다. 하나님의 은사와 부르심에는 결코 후회함이 없습니다. 의롭다 하시는 하나님의 선포는 뒤집어질 수 있어서 다시 천벌을 받을 수도 있는 그런 행동이 아닙니다. 결코 그럴 수 없습니다. 그분께서는 "의롭다 하신 그들을 또한 영화롭게 하셨습니다"(롬 8:30).

> "죄 용서를 받았으니
> 더 이상 죽음이 나를 괴롭히지 않으리.
> 율법은 죄에게 저주하는 권세를 주었으나,
> 나의 구속주이신 그리스도께서 대신 죽으셨네."

우리의 구속주께서는 죽음으로 말미암아 죄를 단번에 효과적으로 없애셨습니다. 그리고 율법의 모든 저주를 제거하셨습니다. 황소와 염소의 제사로는 계속해서 죄를 떠올릴 수밖에 없었습니다. 황소와 염소의 피는 죄를 없앨 수 없었기 때문입니다. 그러나 히브리서를 기록한 사도는 다음과 같이 말합니다. "오직 그리스도는 죄를 위하여 한 영원한 제사를 드리시고 하나님 우편에 앉으사"(히 10:12)라고 말입니다. 그 일은 효과적으로 영원히 단번에(히 9:12) 이루어졌기 때문입니다.

　　이 점에 대해서 한 가지만 더 생각해보겠습니다. 이 값없이 탕감해 준 것은 빚진 자 두 사람에게 다 해당되었다는 사실입니다. "둘 다 탕감해 주었으니"라는 말씀대로 말입니다. 50데나리온만 빚진 자도 500데나리온을 빚진 자만큼 아무 조건 없이 무상으로 탕감을 받을 필요가 있었습니다. 왜냐하면 50데나리온 빚진 사람은 시궁창에 깊이 빠진 것은 아니지만 여전히 진흙탕에 빠져 있었던 것이 사실이기 때문입니다. 어떤 사람이 빚 때문에 감옥에 갇혔다고 가정해 봅시다. 옛날에 우리는 법으로 빚진 사람을 이렇게 다루었습니다. 즉, 그 사람은 50파운드만 빚졌는데도, 5만 파운드를 빚진 더 큰 죄인과 똑같이 좁은 감옥에 갇혔습니다. 더 적게 빚진 자라 하더라도, 자기의 빚을 다 갚거나 탕감을 받지 못한다면, 자기보다 더 많이 빚진 자보다 결코 더 빨리 감옥에서 나올 수는 없었습니다. 올무에 걸린 새나 밧줄에 매여 있는 황소나 갇혀 있기는 마찬가지인 것입니다.

　　자, 자신의 의무를 감당하려고 늘 애쓰며 50데나리온 정도 빚진 자에 속하는 선한 여러분이여, 여러분도 어느 정도는 죄를 지음으로써 하나님께 빚을 졌다는 것을 인정해야 합니다. 그리스도의 보배 피로 말미암아 하나님의 값없이 용서해 주시는 은혜가 아니면 여러분도 결단코 구원받을 수 없음을 유념해야 합니다. 50데나리온 빚진 자도 오직 은혜로 말미암아 탕감을 받아야만 합니다. 또한 그 채권자께서 500데나리온을 빚진 자도 똑같이 아무 거리낌 없이 은혜로 완전히 탕감해 주었다는 것을 인식하는 것은 정말로 복된 일입니다. 아마 여기에는 전혀 착한 척도 하지 않았고, 어려서부터 못된 일만 했던 사람들이 있을지도 모릅니다. 그러나 그러한 사람들도 바로 이 순간 즉각적으로 조건 없는 용서를 받을 수 있습니다. 여러분이 하나님께 정말 많은 빚을 졌다 해도, 여러분보다 더 적은 빚도 용서해 주시는 동일한 주님에 의해서 여러분도 값없이 탕감을 받을 수 있습니다. 사람이 손에 펜을 들고 영수증을 쓸 때, 50파운드라고 쓰는 일보다 500파운드라고 쓰는 일이 더 수고로운 것은 결코 아닙니다. 똑같이 서명만 하면 둘 다 충분합니다. 주님께서는 자신의 손에 성령의 펜을 드시고는 여러분의 양심에 화해로부터 나오는 평화라고 쓰시고자 합니다. 그분은 이 사람의 양심이든 저 사람의 양심이든 다 쓰실 수 있으십니다. 오! 채무가 적은 청구서를 가진 여러분이여, 이리로 오십시오. 그 위에 무한하신 은혜로 "삭제되었음!"이라고 기록될 것입니다. 더 큰 빚을 진 계산서를 가진 여러분이여, 이리로 와서 그 은혜로운 오른손 옆에 그것을 내놓으십시오. 그 빚이 아무리 많고 무겁다 해도 무한하신 주님의 손은 "삭제되었음"이라고 순식간에 기록할 것입니다! 그러한 복음을 여러분에게 설교할 수 있어서 저는 정말 기쁩니다. 여러분의 죄가 어떠하다 할지라도 은혜로우신 하나님께서는 주 예수님으로 말미암아 여러분을 용서할 용의가 있으십니다. 왜냐하면 그분은 긍휼을 베풀기를 기뻐하시기 때문입니다.

3. 갚을 것이 없는 상태와 그것을 값없이 탕감해 준 것 사이의 관계

이제 저는 마지막 사항에 여러분이 특별한 관심을 기울여 주기를 요청하는 바입니다. 자, 마지막 사항은 갚을 것이 없는 두 사람의 상태와 이렇게 값없이 탕감해 준 것의 관계의 문제입니다. 오늘 본문에는 "갚을 것이 없으므로 둘 다 탕감해 주었으니"라고 기록되어 있습니다. 용서가 임하는 때가 있으며, 그때는 자기가 스스로 할 수 있다는 감정이 사라질 때입니다. 만일 이 자리에 있는 누군가가 자기의 양심상, 더 이상은 갚을 것이 아무것도 없다는 지점에 이르렀다면, 그는 하나님께서 용서하실 시점에 와 있는 것이라고 할 수 있습니다. 자기의 빚을 인정하고 갚을 능력이 전혀 없다고 고백하는 사람은 하나님께서 그것을 값없이 도말해 주실 것입니다. 주님께서는 우리의 자만심이 바닥나고 아무것도 자랑할 게 없을 때까지 우리를 결코 용서하지 않으실 것입니다. 영적으로 파산했는지는 그 사람이 사려 깊게 되는 것으로 분별할 수 있습니다. 그리고 이것이 구원에 있어서 핵심입니다. 아무 생각이 없는 사람을 우리가 어떻게 구원 받은 사람이라고 믿을 수 있겠습니까? 우리의 죄에 대해 애통하고 죄의 사악함을 느낄 정도로 우리의 상태에 대해 생각한다면, 또한 우리의 마음과 삶을 면밀히 살펴보면서 우리에게는 아무런 공로도 없고 힘도 없다는 사실을 발견한다면, 그때 우리는 모든 생각을 동원하여 "나는 주님 안에서 의와 능력을 얻는다"라고 말할 준비가 되어 있는 것입니다. 우리가 긍휼을 바라기 전에 먼저 진지하게 생각해 봐야 하지 않겠습니까? 우리가 잠들어 있을 때, 또는 들뜬 상태로 시시하게 시간을 보내면서 우리의 죄에 대해 아무 생각도 없을 때, 하나님께서 우리를 구원하신다고 여러분은 생각합니까? 정말 그렇게 생각하는 것은 어리석음의 극치입니다! 하나님께서는 그렇게 행하지 않으십니다. 하나님께서는 우리가 처한 위험의 심각성을 우리에게 알려주려고 하십니다. 그렇지 않으면 우리가 그 전체 문제를 너무 가볍게 취급해 버려서 용서의 도덕적 효과를 놓치고 말 것입니다. 또한 하나님 편에서는 자신의 영광을 도둑질당할 꼴이 될 것입니다.

　　다음으로, 우리가 갚을 것이 없는 상태임을 알게 될 때 우리는 정직한 고백을 하게 됩니다. 그리고 그 고백을 대하여 한 약속이 주어졌습니다. 즉, "자기 죄를 고백하는 자는 긍휼을 얻으리라"는 약속입니다. 두 빚진 자는 자기들이 빚진 상태임을 인정했습니다. 또한 그런 고백이 전혀 성미에 맞지 않은 일이었다 해도, 그들은 자신이 갚을 수 없다는 것을 솔직하게 고백했습니다. 그들은 자기의 채권자 앞에서 자세를 낮추었습니다. 그러자 그 채권자는 "내가 너희 둘을 다 탕감해 주겠다"고 말하였습니다. 만일 이 두 채무자 중 하나가 벌떡 일어나서는, "오, 우리가 갚을 수 있습니다"라고 허풍을 떨었다면, 아마 당장에 그 사람은 감옥에 보내졌을 것입니다. 불쌍하게 떨고 있는 여러분이여, 여러분은 오늘 아침 어떤 지경에 있는지 저는 잘 모르겠습니다. 그러나 여기에 여러분을 위한 위로가 있습니다. 여러분이 골방에서 하나님께 나아가, "주여! 저를 불쌍히 여기소서. 저는 죄인입니다. 주님 앞에 스스로 의롭다 함을 받을 수 없는 자입니다. 그리고 주님께 어떤 핑계도 댈 수 없는 자니이다"라고 울부짖는다면, 바로 그때 주님께서는 "안심하라 내가 네 죄를 사하였노라 너는 죽지 아니할 것이다"라고 말씀하실 것입니다. 갚을 것이 하나도 없고 자신의 파산 상태를 인정할 때 빚은 청산될 것입니다. 여러분이 최악의 상태에 있게 될 때, 주님께서는 최고의 상태에 계신 것을 여러분은 보게 될 것입니다.

　　사람들이 그 탕감해 준 것을 귀하여 여기는 때는 자기들이 전적으로 아무것도 없다는 것을 인식할 때입니다. 만일 하나님께서 각 사람이, 자신이 전적으로 죄인이라는 사실을 의식하지 않는 상태인데도 그들에게 즉시 긍휼을 베푸신다면, 사람들은 아마 그것을 값싸게 여길 것이고 아무 가치가 없는 것으로 생각할 것입니다. "하나님은 자비하시다"라는 말은 어느 곳에서나 들을 수 있는 그저 그런 말이 되고 말 것입니다. 의미 없는 대화 속에서 사람들은 이 말을 사용할 것이고, 입으로만 떠벌릴 뿐 실제로는 하나님의 자비가 대수롭지 않다는 식으로 행할 것입니다. 사람들은 그분의 자비를 생각하며 예배하지도 않을 것이고, 그분의 은혜를 생각하며 섬기지도 않을 것입니다. "오! 하나님은 자비하시다"고 말은 하면서도, 그전보다 더 악하게 계속해서 죄를 지을 것입니다. 하나님께서 자비하시다는 생각은 그들의 마음이든 삶이든 아무런 영향을 미치지 못하기 때문입니다. 또 그들이 그처럼 아무렇지도 않게 말하는 그 자비에 대해서 별 가치를 두지 않기 때문입니다. 그래서 주님께서는 그 죄인에게 양심에 찌르는 가책과 율법에 대한 공포를 느끼게 함으로써, 얼마나 주님의 자비가 필요한지를 알게 하시는 것입니다.

그렇게 말해도 될는지 모르겠지만, 하나님께서는 사법 장관을 보내어 사람에게 죄에 대하여, 의에 대하여, 심판에 대하여 납득하게 하심으로써 그 영혼을 더욱 괴롭게 하십니다. 주님께서는 그 마음에 법이 집행될 것이라는 생각이 들게 하심으로써, 그 불쌍한 사람이 "나는 지불할 것이 하나도 없어요"라고 울부짖게 하십니다. 바로 그때 주님께서는 값없이 탕감해 주십니다. 그때 그 값없는 탕감이 죄인에게서 대단한 가치를 인정받게 되는 것입니다. 우리가 지은 죄의 목록이 길고 무겁다 할지라도, 주님께서 "삭제되었음"이라고 쓰시는 것을 보는 것은 정말 복된 일입니다. 산 같이 높은 빚이 바다 속에 들어가는 것을 보는 사람은 정말 복된 사람인 것입니다. 죄가 고통스럽게 느껴질 때 그리스도가 귀한 것입니다. 죄를 탕감해 주시되, 우리가 도저히 갚을 길이 없어서 값없이 탕감해 주는 것을 정말 귀하게 여길 준비가 되어 있을 때, 하나님께서 탕감해 주시는 것은 정말 지혜로운 일이지 않습니까?

죄를 자각할 때, 불쌍한 영혼은 죄와 용서의 실재를 알게 되는 것입니다. 이 설교를 듣고 있는 여러분이여, 여러분이 죄의 실재를 느끼기까지는 여러분은 용서의 실재를 믿을 수 없을 것입니다. 제가 죄의 짐을 느꼈을 때를 저는 기억합니다. 비록 어렸지만 제 마음은 고뇌로 가득 찼습니다. 정말 저는 매우 낮은 곳까지 마음이 내려갔었습니다. 죄보다 저를 무섭게 한 도깨비는 없었습니다. 그것은 정말 잔인한 실체였습니다. 사자처럼 그 죄가 저를 갈기갈기 찢어 놓았기 때문입니다. 자, 오늘날 저는 용서의 실재를 압니다. 그것은 환상이나 꿈이 아닙니다. 저의 내면적인 영혼이 그 능력을 느끼고 있기 때문입니다. 저는 제 죄가 용서받았음을 알고 있습니다. 그래서 그것을 즐거워합니다. 그러나 양심을 누르는 죄의 압박감을 느끼지 않았다면 저는 이 행복한 실재를 진정으로 알지 못했을 것입니다. 저는 회심을 노리개 정도로 생각할 수 없었습니다. 죄는 제 영혼 속에서 정말 끔찍한 하나의 사실이었기 때문입니다. 우리의 하늘 아버지께서는 예수님께서 피를 흘리신 문제를 우리가 가볍게 취급하기를 원치 않으십니다. 그래서 하나님께서는 우리를 인도하사 영혼의 고통을 알게 하시고, 후에 값없이 베풀어 주시는 은혜의 생생한 실재를 인식하게 하시는 것입니다. 하나님께서는 우리가 피를 흘리기까지 우리의 어깨에 채찍을 내리치십니다. 이것으로 인해 우리는 죄의 노예가 되는 것이 얼마나 곤고한 것인지를 알게 됩니다. 하나님께서는 우리에게 양심과 율법을 주셨습니다. 이 두 간수는 우리를 더 내밀한 지하 감옥 속으로 집어 던져서 우리의 발에 족쇄를 채웁니다. 이 모든 일은 우리를 위해 준비된 것입니다. 그 감옥을 흔들고 우리의 족쇄를 풀어 주는 하나님의 구원하는 능력과, 채찍 맞은 자리를 닦아 주고 우리 앞에 음식을 베푸시는 하나님의 부드러운 사랑을 우리가 경험하도록 말입니다.

저는 믿습니다. 주님께서 우리가 빚진 모든 것을 완전하게 면제해 주실 것을 말입니다. 그러나 그때까지는 면제해 주지 않으실 것입니다. 우리가 주 예수 그리스도만을 바라보게 되는 그때 말입니다. 아, 사랑하는 친구들이여, 다른 것을 바라볼 것이 있으면 결코 우리는 그리스도만을 바라보지 않을 것입니다. 정박할 때를 찾지 못하고 풍랑 속에서 헤매는 배가 아니라면 결코 들어가지 않을 그 복된 항구는, 찬란한 모습으로 꾸며진 여러분의 배들이 모두 멀리할 항구입니다. 그 찬란한 배들은 값없는 은혜와 죽기까지 베푸시는 사랑이라는 두 개의 등대로 표시된 항구를 향하여 항해하기보다는, 자기기만이라는 해변을 따라 항해할 것입니다. 사람이 밥그릇을 긁어서 아주 조금이라도 밥을 모을 수 있다거나, 기름병을 기울여 기름을 얻을 수 있다면, 그 기름이 일주일에 한 방울만 떨어진다고 해도, 그는 하늘에서 예비한 양식을 위해 그리스도께로 결코 나오지 않을 것입니다.

또한 죄인이 자기가 경작하는 땅 구석에 녹슨 가짜 동전이라도 감추어 놓고 있다면, 죄인을 구속하시는 풍성한 사랑을 그는 결코 받아들이지 않을 것입니다. 그러나 그 모든 것이 다 떨어지고, 응접실이든 부엌이든 지하실이든 나무토막 하나 발견할 수 없을 때, 그때서야 죄인은 예수님과 그분의 구원을 소중히 여기게 될 것입니다. 우리가 만들어지기 위해서는 우리가 부서져야 합니다. 우리가 채워지기 위해서는 우리가 비워져야 합니다. 우리가 아무것도 내놓을 것이 없을 때 하나님께서 용서하실 수 있는 것입니다. 만일 여러분 중에 누가 자신에게서 선한 것을 발견한다면, 여러분은 영원토록 멸망할 것입니다. 만일 여러분이 자신에게서 신뢰할 만한 것을 발견한다면, 여러분은 지금 살아 있는 것만큼이나 확실하게 구원 받지 못할 것이 분명합니다. 그러나 만일 여러분이 자신은 정말 아무것도 아니라고 인정하는 데까지 낮아지고, 하나님의 진노가 여러분을 대적하여 불같이 타고 있는 것처럼 보인다면, 여러분은 자비를 얻을 수 있을 뿐만 아니라, 이미 자비를 얻은 것입니다.

> "영혼 속에 완전히 궁핍만이 자리 잡고 있더라도
> 이 작은 것만은 내 것이라고 부른다면,
> 우리는 완전한 탕감을 받지 못하네.
> 그러나 그 빚이 크거나 작거나 간에
> 정말 자신은 아무것도 갚을 것이 없다는 것을 인정하자마자
> 우리 주님께서는 우리 모든 것을 탕감해 주시네."

가난한 사람들이여 여러분은 복됩니다. 여러분은 부유하게 될 것이기 때문입니다! 굶주린 여러분이여, 여러분은 복된 자들입니다. 여러분은 배부름을 얻을 것이기 때문입니다! 텅 비어 있는 여러분이여, 여러분은 복됩니다. 여러분은 채워질 것이기 때문입니다! 그러나 부유하고 가진 것이 많아서 아무것도 필요 없으며 자신의 선함을 자랑하는 여러분이여, 여러분에게 화가 있을 것입니다. 그리스도께서는 여러분과 아무 상관이 없으며, 우리도 다음의 말을 제외하고는 여러분에게 전할 말이 없기 때문입니다. "건강한 자에게는 의사가 쓸데없고." 하늘에 속한 저 스펄전은 구원을 전혀 필요로 하지 않는 사람들을 구원하기 위해서 오지 않았습니다. 병든 사람들은 귀를 쫑긋 세우고 기쁨으로 들으십시오. 왜냐하면 여러분에게 특별한 관심을 가지고 계신 위대한 의사가 오고 계시기 때문입니다. 여러분은 죄인입니까? 그리스도께서는 죄인의 구주이십니다. 믿음으로 그분을 붙드십시오. 그러면 일은 끝납니다. 다시 말해, 여러분이 영원토록 구원받은 사람이 된다는 것입니다! 그리스도의 이름으로 하나님께서 여러분에게 복 주시기를 바랍니다. 아멘.

제
25
장

—

사랑의 경쟁

—

"둘 중에 누가 그를 더 사랑하겠느냐 시몬이 대답하여 이르
되 내 생각에는 많이 탕감함을 받은 자니이다 이르시되 네
판단이 옳다 하시고" — 눅 7:42-43

제가 어디를 가다가 여인숙 이름을 보았는데, '처음과 나중'이었던 것으로 기억이 납니다. 그 여인숙의 이름이 어떻게 해서 처음과 나중이 되었는지는 잘 모르겠습니다. 그러나 제가 아는 것은 하나님의 처음과 나중이 바로 사랑이라는 것입니다. 하나님께서 긍휼로 말미암아 우리와 처음 시작하실 때 거기에는 사랑이 있습니다. 왜냐하면 "우리가 사랑함은 그가 먼저 우리를 사랑하셨기"(요일 4:19) 때문입니다. 처음에 그분의 사랑은 광야에 있는 샘같이 솟아오릅니다. 그 사랑의 샘은 광야를 따라 아낌없이 흘러넘쳐서 무가치한 사람의 아들들에게까지 미칩니다. 그러다 마침내 그 사랑의 결과는 사람들이 하나님을 사랑하게 되는 것으로 끝납니다. 산속에서 바위를 향하여 소리를 지르면 그 소리의 메아리가 반드시 들리게 되어 있는 것처럼 사람들은 하나님을 사랑하지 않을 수 없습니다. 사랑은 율법이 만들어 낸 것이 아닙니다. 사랑은 요구한다고 해서 오는 것이 아닙니다. 사랑은 자원하여 나오는 것입니다. 그렇지 않다면 전혀 사랑이 아닙니다. 우리의 마음속에서 사랑이 솟아날 때는 그럴 만한 이유들이 있기는 하지만, 그래도 이러저러한 가격을 지불하고 살 수 있는 상품은 아닙니다. 사랑은 또한 논리의 문제도 아닙니다. 왜냐하면 사랑 그 자체는 의무처럼 수행될 수 있

는 일이 아니기 때문입니다. 물론 사랑은 분명히 하나의 의무입니다. 그러나 사랑은 그런 의무의 방식으로 우리에게 오지 않습니다. 사랑은 마치 어린 수사슴이나 노루처럼 산과 언덕을 넘어 튀어 오르듯 뛰어 우리에게 옵니다. 사랑은 철길을 따라 무거운 화물차가 끌려오듯 오지 않습니다. 만일 어떤 사람이 사랑을 팔아 자기의 모든 가산을 마련했다면 그 사람은 정말 경멸받을 만합니다.

사람들은 계산의 과정을 거쳐서 사랑을 만들어 내지 못합니다. 사람들은 사랑에 사로잡히고 사랑의 힘에 휩싸이기 때문입니다. 경건한 사람들은 자기들을 향하신 하나님의 사랑을 생각하고 기뻐하게 될 때, 그에 대한 보답으로 하나님을 사랑하기 시작합니다. 마치 씨앗에서 나오는 움이 태양 빛이 비취는 것을 느끼게 될 때, 그에 대한 반응으로 태양에 얼굴을 내미는 것처럼 말입니다. 하나님을 사랑하는 것은 우리를 향하신 하나님의 사랑에 대한 통찰력과 지각을 통해서 나오는 자연스러운 결과라 할 수 있습니다. 아리스토텔레스는 일정한 수준의 사랑을 느끼지 않고서는 사람이 사랑을 받고 있다는 것을 알기란 불가능하다고 말했습니다. 저는 철학자가 아니어서 어째서 그런지는 잘 모르겠습니다. 그러나 하나님의 사랑을 맛본 사람들에게 있어서 아리스토텔레스의 말은 옳다고 저는 확신합니다. 사랑이 먼저 하나님께로부터 우리에게 오는 처음의 복이라면, 우리가 하나님을 향하여 사랑하는 것은 그 사랑에 대한 나중의 반응입니다. 하나님께서는 우리를 사랑하는 것으로 우리에게 오셨고, 우리는 그분을 사랑하는 것으로 그분에게 돌아갑니다.

1. 용서받은 죄인들은 당연히 사랑한다.

제가 이 본문을 붙들고 몹시 간절한 마음으로 설교를 하려고 합니다. 저는 첫 번째로, 용서받은 죄인들은 당연히 사랑한다는 점에 주목하고자 합니다. 예수님께서는 "둘 중에 누가 그를 더 사랑하겠느냐?"라고 물으셨습니다. 이것은 값없이 완전히 탕감을 받은 두 채무자가 모두 자기에게 은혜를 베푼 그 채권자를 사랑한다는 것을 전제한 질문입니다. 예수님께서는 "그들 중 어느 누가 그를 사랑하겠느냐?"라고 묻지 않으시고 "그 둘 중 누가 그를 '더' 사랑하겠느냐?"라고 물으셨습니다. 따라서 이 성경 본문에서는 용서받은 사람들이 값없이 자신들을 용서해 주신 그분을 사랑하게 된다는 것을 당연지사로 여기고 있다고 저는 말씀드릴 수 있습니다.

이에 대한 첫째 이유는, 누군가의 호의를 받은 사람이 감사의 마음을 느끼는 것은 가장 자연스러운 일이기 때문입니다. 가장 낮고 비참한 위치에 있는 사람들이 감사의 마음을 갖는다는 것은 아주 보편적으로 인정되는 사실입니다. "너희가 만일 너희를 사랑하는 자만을 사랑하면 칭찬 받을 것이 무엇이냐 죄인들도 사랑하는 자는 사랑하느니라"(눅 6:32). 선을 선으로 보답하는 것이 사람다운 일입니다. 은혜를 받고도 감사할 줄 모를 때 가장 비열한 자로 취급받는 것은 너무나 당연한 일입니다. 지성을 가진 피조물들인 사람들 속에서만 그 보은(報恩)의 경우를 발견하는 것은 아닙니다. 바로 짐승들 사이에서도 그것을 발견할 수 있습니다! "소는 그 임자를 알고 나귀는 그 주인의 구유를 알건마는"(사 1:3). 개가 여러분에게서 호의를 받았다면, 그 개는 여러분을 따라다닐 것이며, 가능한 모든 방도를 다해서 자신의 애정을 보여주려고 애쓸 것입니다.

고대인들은 들짐승이 은혜를 보답하는 내용의 진귀한 이야기들을 많이 알고 있었습니다. 여러분은 안드로클레스와 사자(Androcles and the lion)의 일을 들어 보았을 것입니다. 안드로클레스는 짐승들에게 갈기갈기 찢겨 죽는 판결을 받았습니다. 그러나 그가 던져진 사자 굴의 사자는 그를 잡아먹으려고 하기는커녕 그의 발을 핥고 있었습니다. 왜냐하면 그 이전에 안드로클레스가 그 사자의 발에서 가시를 뽑아 주었기 때문입니다. 또한 우리는 자기를 데리고 놀았던 한 소년을 끔찍이 사랑하던 독수리에 대한 이야기를 알고 있습니다. 그 아이가 병이 들면 그 독수리도 아팠습니다. 그 아이가 잠이 들어야만 그 야생의 이상한 새도 잠을 잤습니다. 아이가 일어나면 그 독수리도 깨어났습니다. 그런데 그 아이가 죽었습니다. 그랬더니 그 새도 죽더라는 것입니다. 여러분은 이 모습도 기억하고 있을 것입니다. 나폴레옹이 전쟁에서 말을 타고 가다가 말을 멈추게 되었는데, 그것은 그가 이상한 광경을 목격하였기 때문입니다. 어떤 개가 죽은 주인의 가슴 위에 누워 있었습니다. 그 개는 불쌍한 주인의 시체를 지키기 위해서 할 수 있는 한 최선을 다하고 있었습니다. 사람을 죽이는 일에 능했던 그 나폴레옹도 그런 광경을 보고 멈추어 설 수밖에 없었던 것입니다.

들짐승들 사이에도 감사의 마음이 있습니다. 공중의 새들도 그러합니다. 분명히 우리가 하나님께로부터 호의를 받고도 하나님께 보답하는 사랑을 느끼지 않는다면, 우리는 들짐승보다도 더 악한 자라 할 수 있습니다. 그래서 주 하나님께서는 이사야서의 그 비통한 구절 속에서, 우리를 향해 토로하고 계십니다. "소는 그 임자를 알고 나귀는 그 주인의 구유를 알건마는 이스라엘은 알지 못하고 나의 백성은 깨닫지 못하는도다"(사 1:3). 만일 우리가 하나님의 은총을 받았다면, 그에 대한 보답으로 하나님을 사랑하는 것은 아주 자연스러운 일일 것입니다. 그러나 안타깝게도, 많은 사람들이 우리가 받은 모든 숭고한 직관에 대해 매우 부자연스럽고 매우 거짓되게 반응하고 있으며, 하나님이 베푸신 선에 대해 전혀 감사의 마음을 갖고 있지 않습니다.

감사의 마음은 받은 축복이 엄청나게 클수록 분명히 커집니다. 그 호의가 일반적인 축복의 차원을 훨씬 능가하게 될 때 분명히 사랑은 자발적으로 가장 강력하게 샘솟기 마련입니다. 다시 말해서, 그 호의들이 시간이나 몸의 제한을 받는 것이 아니라 영원에 이르고 그 영혼을 축복하는 것일 때 그러하며, 또한 그 호의들이 죄를 용서하고 임박한 진노에서 그 영혼을 구원할 만큼 엄청날 때 그러합니다. 저는 이스라엘 사람들이 광야에서 했던 것처럼 마음의 샘을 향하여 노래를 부르려고 합니다. "우물물아 솟아나라 너희는 그것을 노래하라 이 우물은 지휘관들이 팠고 … "(민 21:17-18). 우리의 위대한 왕께서는 뺨을 얻어맞으면서도 이 우물을 우리에게 주시고자 하지 않았습니까? 그분의 값없는 은혜와 죽기까지 베풀어 주신 사랑으로 말미암아 우리의 죄책을 완전히 면하고 용서해 주시기 위해서 말입니다. 그에 대한 보답으로 우리도 마땅히 그 구속주를 사랑해야 하지 않겠습니까? 그러니 우리는 마땅히 보답하는 양으로 그 구속자를 사랑해야 하지 않겠습니까? 죄 용서를 받고도 하나님을 사랑하지 않는다니! 그것은 보통 배은 망덕하여 짐승만도 못한 경우라고 말합니다.

그러나 이런 경우에 대해 한 마디 더 한다면 뭐라고 할 수 있을까요? 이것은 극악무도한 행태라고 불러 마땅하다고 생각합니다. 그렇게 큰 죄책과 그렇게 끔찍한 형벌로부터 구원을 받고도 주님을 사랑하지 않는다면 그것은 악마보다 더 악한 행동입니다. 그 주님의 사랑으로 말미암아 우리가 구원을 받았는데도 말입니다. 오, 주님을 사랑하십시오! 그분의 긍휼은 영원토록 지속됩니다! 만일 여러분이 그 긍휼을 맛보았다면 여러분은 그분을 사랑해야 합니다. 절대로 사랑하지 않을 수 없는 것입니다. 왜냐하면 여러분은 사랑의 끈으로 하나님께 매여 있기 때문입니다. 이 끈은 은밀하나 항거할 수 없는 힘으로 여러분을 이끌어 주님의 사랑에 대한 보답으로 여러분이 주님을 사랑하게 합니다.

더구나 긍휼의 위대함 때문에 그것은 자연스럽고 필수적으로 일어납니다.

용서를 받은 곳에서 그 사랑이 보장될 것이라고 하는 점을 하나님의 은혜는 늘 주시하고 있습니다. 왜냐하면 성령께서 그리스도의 사역에 함께 협력하시기 때문입니다. 또한 만일 우리가 그리스도의 피로 말미암아 이전에 지은 죄악의 얼룩으로부터 깨끗하여지면 성령으로 말미암아 우리의 심령이 새로워지고 변화되기 때문입니다. 그리스도께서는 우리의 죄를 없이하고는 우리의 무감각하고 은혜에 감사할 줄 모르는 돌 같은 옛 마음을 그냥 내버려 두지 않으십니다. 그분께서 의의 예복으로 우리를 갈아입혀 주시는 듯, 우리의 마음도 바꿔주실 것입니다. 성령께서는 우리 안에 처음으로 믿음을 주심과 동시에 어느 정도 사랑도 주십니다. 그리고 곧 우리의 믿음이 커지고 나면, 성령께서는 우리 안에 그리스도에 대한 사랑을 더욱더 일으키셔서 그 사랑으로 그리스도를 부여잡게 하십니다. 이 사랑이 우리 속에서 죄를 미워하고 순종하는 마음을 갖게 합니다. 그렇게 해서 우리는 자신의 보배로운 피로 우리를 사신 그분을 섬기기 위해 우리 자신을 복종시키는 것입니다.

    형제자매 여러분, 여러분도 이 사실을 잘 알고 있을 것입니다. 용서가 있는 곳에 하나님을 기뻐하는 것도 따라옵니다. 하나님께서는 자신의 선물들을 분리하지 않으시기 때문에 이 사람에게는 칭의만 주고, 저 사람에게는 성화만 주지 않으신다는 점을 여러분은 알고 있습니다. 이 언약은 하나이며, 그 언약의 복락들이 무한한 지혜의 한 실로 꿰어져 있습니다. 그래서 피로 씻음을 받게 될 때는, 그 말씀에 의해 물로 깨끗하게 씻기는 일도 일어나게 됩니다. 성령께서는 우리를 죄의 권세에서 씻어 내십니다. 그리스도의 피가 우리를 죄책에서 깨끗하게 하심과 같이 말입니다. 죄 용서가 있다면 그 죄를 용서하신 하나님을 향한 사랑도 있어야 합니다. 왜냐하면 하나님의 성령께서는 신자의 마음에 분명하게 역사하시며, 그분의 첫 사역 중 하나가 사랑이기 때문입니다.

    저는 더 이상 이 점에 대해 설명한 필요가 없습니다. 모든 그리스도인들은 사랑이 없으면 용서도 없다는 것을 하나의 당연지사로 알기 때문입니다. 용서를 받았다고 하면서 그 죄를 용서해 주신 하나님의 사랑의 열매로서 하나님을 사랑하는 것이 없다면 말이 되지 않습니다. 여러분과 제가 죄책감에서 벗어났을 때 느꼈던 그 첫 번째 감정은 무엇이었습니까? 우리 자신을 위해서는 기쁨을 느꼈으나, 그 즉시, 혹은 동시에 우리는 하나님께 대한 깊은 감사의 마음을 가졌고 말로 표현할 수 없을 정도로 하나님을 사랑하였습니다. 우리는 때로 그 순간에 가졌던 마음으로 하나님을 사랑하지 못하고 있는 것에 대해 우려를 하곤 합니다. 물론 그런 우려는 아무 근거가 없는 것이라 저는 믿고 있지만, 그래도 그 처음 순간에 우리의 어깨에서 짐을 풀어 주신 그분을 위해서 우리가 시도했던 일보다 우리에게 더 열정적이고 더 중대한 일은 없었습니다. 우리는 그 순간에 "제가 여기 있나이다 저를 보내소서"라고 말할 수 있었을 것입니다. 그곳이 감옥이라도, 또는 죽는다 해도 말입니다. 오, 처음 믿었던 날들의 기쁨이여! 그 날들은 우리가 약혼한 날로 부를 만합니다. 우리가 그때 얼마나 놀라운 사랑을 했었는지요! 그리스도를 위해서 모든 것을 버릴 각오가 되어 있었습니다. 그리스도의 명령이라면 이전에 좋아하던 모든 관계를 끊어 버릴 각오가 되어 있었습니다. 진실로, 옛 이스라엘 사람들처럼 우리 하나님을 따라 광야로 치달아 나갈 참이었습니다. 아! 우리 주님을 따라 무덤에까지 가려고 우리는 마음먹었습니다. 그 어느 것도 우리를 되돌아서게 하지 못했었고, 또 우리로 하여금 주님을 떠나 방황하지 못하게 하였습니다.

여러분이 예수님의 말씀을 듣고 그분의 백성들과 함께 그분의 이름을 찬미하기 위해서 얼마나 주일을 갈망하며 기다렸는지 여러분은 기억하지 못합니까? 누가 그렇게 하라고 설득한 것도 아닌데, 여러분은 주일이 아닌 평일 밤에 예배가 있어도 거기에 참석했습니다. 그때는 이 예배당 어느 구석에 앉아 있어도 그것만으로 충분했습니다. 그러나 지금은 아마 편안하게 앉을 수 있는 안락한 의자를 원할 것입니다. 그때는 딱딱한 의자에 앉아 있어도 힘든 줄을 몰랐습니다. 그러나 지금은 매우 편안한 대접을 받기 원합니다.

그리고 설교자는 여러 예화와 시적인 표현들을 통해서 여러분의 관심을 불러일으키는 설교를 해야만 합니다. 그러나 그때는 복음 자체가 여러분의 관심사였습니다. 그래서 아무리 지루한 설교자였다 하더라도, 얼마나 여러분이 예수님에 대해 듣고 그분의 사랑에 대해 알고자 애를 썼던지, 가장 변변찮은 복음전도자의 설교도 들으려고 열심을 내었습니다. 예배당으로 오라고 설득하기 위해서 지혜를 동원할 필요가 없었습니다. 왜냐하면 여러분은 이미 예배당 문 앞에서 열심히 기다리고 있었고, 오고 가는 사람들의 발자국 소리를 듣는 것마저 기뻐했습니다.

오, 정말 처음 믿은 날들은 용감한 날들이었습니다! 지금 우리는 그보다 더 용감한 날들을 누리고 있기를 희망합니다. 여하튼 우리는 우리가 용서를 받았다는 확신을 갖게 되자, 온 마음으로 주님을 사랑한다고 느꼈습니다.

자, 저는 이제 오늘의 이 본문을 가지고 실제로 어떻게 적용할 수 있는지 살펴보고자 합니다. 용서받은 영혼들이 자신을 용서하신 하나님을 사랑한다는 사실은 대단한 진리이며, 바로 이 시간 우리와 관련해서도 매우 엄중한 사실입니다. 왜냐하면 오늘 여기 이 예배당에 있는 사람들 중에 아직도 용서받지 못한 이들이 있기 때문입니다. 불행한 사실이지만 저는 그 점을 확신합니다. 왜냐하면 그런 사람들은 하나님을 사랑하지 않기 때문입니다. 그들의 죄는 여전히 그들 위에 있음에 틀림없습니다. 왜냐하면 우리 주 예수 그리스도에 대한 사랑이 없는 한, 그들은 용서의 징표를 가졌다고 볼 수 없기 때문입니다.

오! 제 말을 들어 보십시오. 하나님을 사랑하지 않는 여러분이여, 여러분은 자신이 구원받았다는 망상을 가져서는 안 됩니다! 지금 이 자리에는 하나님에 대해 좀처럼 생각하지 않는 사람들이 하나도 없습니까? 하루, 한 주간, 한 달, 한 해가 지나가도 별 관심이 없으며 온 땅을 심판할 전능하신 재판장에 대해 전혀 생각하지 않는 사람들 말입니다. 그들은 여전히 하나님의 자비를 받고 있습니다. 그럼에도 불구하고 하나님께 감사할 생각은 전혀 없습니다. 그들은 하나님의 능력을 느낍니다. 그러나 하나님을 두려워하지는 않습니다. 그들의 생각 속에는 전혀 하나님이 계시지 않습니다. 이 설교를 듣는 여러분이여, 만일 여러분이 그러한 경우라면 여러분은 하나님을 사랑하지 않을 것입니다. 우리가 어떤 사람을 사랑하면 그 사람을 생각할 것임에 틀림없기 때문입니다. 생각이 그 방향으로 나아가면 우리의 마음도 그 쪽으로 움직이게 되어 있습니다. 저는 우리가 항상 사랑하는 사람들을 생각해야 한다고 말하는 것은 아닙니다. 그러나 가능한 한 우리의 생각들은 그 쪽을 향해 나아갈 것이라고 말하는 것입니다.

여러분은 해질녘에 까마귀가 어디에 있는지 알고 있습니다. 아마 낮 동안에는 그 까마귀들이 어디에 있다고 말하기 어려울 것입니다. 들녘 여기저기를 날아다니면서 모이를 먹기 때문입니다. 그러나 저녁이 찾아오고 다른 모든 일을 할 수 없을 때 그 까마귀는 둥지로 가고 싶어합니다. 그래서 그들은 자기들이 둥지를 튼 키 큰 나무 위로 곧장 올라가는 것입니다.

사람이 낮에 바쁜 시간에는 생각하는 것이 50가지도 더 넘습니다. 그러나 그런 노동과 여러 가지 염려에서 벗어나게 될 때는 자기가 사랑하는 대상에게로 돌아옵니다. 새가 밤에 자기 둥지로 날아드는 것처럼 말입니다. 따라서 사람의 생각은 예수님께로 달려갑니다. 왜냐하면 예수님께서는 그 마음의 고향이기 때문입니다. 만일 여러분의 마음이 하나님을 사랑한다면 여러분의 생각들은 금방 하나님께로 달려갈 것입니다. 마치 강물이 바다로 달려가는 것처럼 말입니다. 물론 매우 분주한 중에도 하나님을 사랑하는 사람은 자주 하나님과 대화를 할 것입니다. 그는 그 대화를 어느 것에도 방해받지 않으려 할 것입니다. 가게에 있는 사람들도 그가 마음속으로 무슨 생각을 하고 있는지 알지 못할 것입니다. 그러나 그의 마음은 천사들이 거하는 여러 산들보다 높이 올라가서 빛의 위대한 아버지이신 하나님과 교통하고 있을 것입니다. 그러나 하나님에 대한 생각을 전혀 하지 않는 곳에서는 하나님을 향한 사랑도 전혀 존재하지 않습니다.

하나님을 위해서 그 어떤 것도 하지 않는 사람들이 많지 않습니까? 하나님께서는 그들을 지으셨고 그들을 보전해 주십니다. 그럼에도 불구하고 그들은 하나님을 기쁘시게 하기 위한 자발적인 행동으로서 어떠한 보답도 하나님께 하고 있지 않습니다. 여러분 중에도 이런 사람들이 있을 것입니다. 여러분은 여러분이 살아온 모든 삶의 과정 속에서 하나님을 위해 특별하게 어떤 일을 해 본 적이 있습니까? 한 번도 해 본 적이 없지 않습니까? 아! 하나님의 손가락으로 그렇게 신묘막측하게 지음 받은 사람은, 자신의 생명을 유지하고 활동하기 위해 필수적인 모든 혈관과 신경 조직과 근육에서 무한한 기술을 과시하고 있습니다. 그런데도 사람은 그 모든 기관들을 움직이게 하고 계속 활동하게 하시는 위대한 하나님에 대해 전혀 생각하지 않았습니다! 하나님에 의해서만 살아갈 수 있으면서도 하나님이 없는 것처럼 생각하고 살아가다니, 정말 이상할 노릇입니다! 끊임없이 자신을 위하여 그렇게 많은 일을 하고 계시는 하나님을 위해서 어떻게 아무 일도 하지 않는 사람이 존재할 수 있단 말입니까? 있다면 저는 그러한 사람에게 이렇게 말하렵니다. "당신은 정말 용서받은 적이 없습니다. 왜냐하면 당신은 하나님을 사랑하지 않기 때문입니다. 당신은 하나님에 대해 생각하지도 않고 하나님을 위해 아무것도 하지 않으니까요."

어떤 사람들은 분명히 하나님을 사랑하지 않습니다. 하나님에 관한 그 어떤 것에 관해서도 아무 관심이 없기 때문입니다. 그래서 죄가 하나님을 근심하게 하는 것임에도 불구하고 그들은 죄를 삼가지 않습니다. 하나님이 근심하신다는 개념이 그들의 마음에는 없는 것 같습니다. 그래서 정말 아무 생각도 없이 그들은 성령을 격노하게 합니다. 그러나 아! 만일 여러분이 어떤 이를 사랑한다면, 여러분은 그 사람을 근심하게 하는 일을 하고 싶지 않을 것입니다. 그가 싫어하는 악한 일도 하지 않을 것입니다. 하나님을 사랑하는 사람은 흔히 자기를 제어하는 장치를 가지고 있어서, 하나님을 거슬러 이 큰 악과 죄를 범할 수 없다고 느낍니다. 하나님을 거슬러 죄를 짓는 일은 가장 큰 죄악이고, 죄의 본질이며 죄의 독소가 바로 거기에 있기 때문입니다. 사랑의 하나님을 거스르는 것은 죄 중에서도 지극히 악한 죄입니다. 그러나 여러분이 그렇게 느끼지 못했다면, 여러분은 하나님을 사랑하지 않는 것이고, 분명히 용서를 받지 못한 것입니다.

또 다른 경우를 살펴보겠습니다. 하나님을 사랑하지 않는 이들은 하나님의 백성들이 모이는 하나님의 집에 대한 관심이 없습니다. 그들은 거의 예배당에 나가지 않습니다. 혹 예배당에 온다 할지라도 하나님을 만나러 오기보다는 다른 동기로 옵니다. 그들은 하나님의 날에 대해 관심이 없습니다. 그들은 런던에서 일요일을 보내는 것이 매우 지루하다고 말합니다. 위대하신 아버지나 그분의 성육신하신 아들에 대해 관심이 없는데, 그들에게 무슨 흥미가 있겠습니까? 다시 말해, 그들은 하나님에 대해 듣고 싶거나, 하나님을 찬미하고 싶거나, 하나님께 기도하고 싶은 일에 전혀 관심이 없습니다. 그들은 하나님의 책에 대해서도 전혀 관심을 두지 않습니다. 그 말씀이 기쁨과 위로의 세계를 가득 담고 있다 해도 말입니다. 성경은 하나님의 사랑의 향기를 뿜어내고 있습니다. 그러나 그들은 그 향취를 맡지 못합니다. 성경의 모든 지면에는 우리 구주의 얼굴이 투영되어 있습니다. 그런데도 어떤 이들은 성경을 지나간 달력보다도 더 재미없는 것으로 생각합니다. 물론 그들의 집에는 성경이 있습니다. 성경 한 권쯤 가지고 있어야 교양 있는 것이라고 생각하기 때문입니다. 그러나 그 성경을 읽되 그것을 즐겁게 읽는 일은 그들에게 전혀 일어나지 않습니다. 그들이 새롭게 되기까지는 그와 비슷한 일은 전혀 일어나지 않을 것입니다.

또한 그들은 하나님의 백성들에 관해서 아무런 관심을 기울이지 않습니다. 사실 그들은 그리스도인들을 대적해서 비아냥거리기를 좋아합니다. 어느 순간에 그리스도인들의 실수가 드러나기를 얼마나 기다리는지 모릅니다! 더구나 그 실수를 상당히 과장해서 보도합니다. 그들은 밥을 먹는 것처럼 하나님의 백성이 저지른 실수를 떠벌리기 좋아합니다! 그 자녀들을 사랑하지 않는 것은 그 자녀들의 아버지를 사랑하지 않는다는 것을 증명합니다. "또한 낳으신 이를 사랑하는 자마다 그에게서 난 자를 사랑하느니라"(요일 5:1). 우리가 하나님의 자녀들을 사랑할 때 우리는 하나님을 사랑하는 줄을 압니다. 그러나 만일 여러분의 마음속에 하나님의 자녀들이나 하나님의 책이나 하나님의 날이나 하나님의 집이나 하나님을 섬기는 일을 사랑하는 것이 전혀 없다면, 이는 확실하게 여러분이 아직 죄에서 벗어나지 못했음을 보여주는 것일 수 있습니다. 여러분이 용서받지 못한다면, 하나님은 여러분에게 과거 지은 죄에 대한 대가를 요구하고 여러분을 불러 계산하게 하실 것입니다. 하나님께서는 여러분이 행한 모든 은밀한 일들을 낱낱이 판단하실 것이고, 여러분이 무심코 행한 모든 무익한 말 한 마디 한 마디에 대해서도 책임을 물으실 것입니다. 아! 죄를 용서받음으로 말미암아 마음속에서 일어나는 하나님을 향한 사랑에 대하여 기쁘게 말하고 싶어 견딜 수 없는 이 때에, 정말 어이없게도 하나님을 사랑하지 않는 많은 사람들에게 경고하지 않을 수 없다는 것이 저는 서글프기만 합니다. 곧 하나님을 사랑하지 않는다는 사실로 말미암아 전혀 용서받은 적이 없음을 드러내는 그 많은 사람들 말입니다.

자, 첫 번째 대지에 대해서는 이만큼만 해 두겠습니다. 이 본문은 용서받은 모든 죄인들이 자기들을 용서하신 하나님을 사랑할 것임을 당연한 일로 여기고 있습니다.

2. 하나님을 향한 사랑에도 정도의 차이가 있음

이제 두 번째 대지로 나가겠습니다. 이 본문에서는 하나님을 향한 사랑의 문제에 있어서도 정도의 차이가 있다는 것을 전제하고 있습니다. "둘 중에 누가 그를 더 사랑하겠느냐?"라는 이 말씀은 어떤 사람은 다른 이들보다 하나님을 더 사랑한다는 것을 분명히 보여주고 있습니다. 용서받은 모든 죄인들마다 하나님을 향한 진지한 사랑을 갖고 있음에도 불구하고 그 정도에 있어서는 차이가 있다는 것입니다. 사랑은 분명히 어떤 틀에 넣어 짜 맞출 수가 있어서, 어느 때든 모든 경우마다 똑같을 수 있는 하나님의 은혜가 아닙니다. 사랑은 생명에 속한 것으로서 성장하는 것입니다. 우리 자신의 경우가 그 점을 분명히 드러내고 있습니다. 우리는 지금처럼 하나님을 사랑하지 않을 때도 있었습니다. 그리고 바로 지금은 예전에 우리가 하나님을 사랑하던 만큼 그렇게 하나님을 사랑하지 않고 있다고 말할 수밖에 없어서 많이 애석합니다. 왜냐하면 우리는 점점 냉랭해졌고 예전으로 다시 돌아갔기 때문입니다. 사랑은 틀에 넣고 짜 맞춘 숯 조각 같은 것이 아닙니다. 사

랑은 자라납니다. 그 사랑은 움이 틀 때가 있고, 꽃이 필 때가 있으며, 잎이 떨어
질 때가 있습니다. 사랑은 또 불과도 같습니다. 어떤 때는 그 사랑의 열기가 약할
때도 있고, 또 어떤 때는 그 사랑이 거세게 일어나 강렬한 열기를 뿜어낼 때도 있
습니다. 사랑은 거세졌다가 잦아들기도 합니다. 저는 지금 하나님께서 우리를
향해 베푸시는 사랑에 대해 말하고 있는 것이 아니라, 우리가 하나님을 사랑하
는 방식에 대해 말하고 있는 것입니다. 우리가 하나님을 사랑하는 그 사랑은 위
로 올라가기도 하고 내려가기도 합니다. 그 사랑은 여름을 맞기도 하고 겨울을
맞기도 합니다. 어떤 때는 밀물처럼 밀려오기도 하고, 썰물처럼 빠져 나가기도
합니다. 한 사람의 마음속에서도 그처럼 사랑이 변화를 보인다면, 각각 다른 사
람들의 마음속에서 그 사랑이 정도에 따라 차이가 난다는 것은 전혀 놀랄 일이
아닙니다.

그 외에도 다른 모든 하나님의 은혜에 있어서 차이가 있으니 사랑에 있어서도 차
이가 있음을 우리는 알아야 합니다. 믿음을 예로 들자면, 어떤 사람은 큰 믿음을
가지고 있습니다. 이 지상에서도 강한 믿음을 가지고 있는 사람이 있음을 인하
여 하나님께 감사합니다! 그러나 어떤 이들은 참 믿음이기는 한데 매우 연약한
믿음을 가지고 있습니다. 그 믿음은 두려워 떠는 믿음입니다. 그 믿음은 베드로
처럼 파도 위를 걸어갈 수가 없습니다. 금방 물속으로 가라앉고는 구원해 달라
고 울부짖습니다. 어떤 그리스도인들의 경우에는 너무 약한 믿음을 가지고 있습
니다. 언젠가 말씀드렸듯이 그런 경우에는 그것이 믿음인지 아닌지조차 분간하
기 어려울 정도입니다. 그들은 "주여 제가 믿나이다. 제 믿음 없음을 도와주소
서"라고 울부짖습니다. 그들이 이 믿음 없음을 믿음으로 울부짖고 있다는 것이
실수처럼 보일 정도입니다. 왜냐하면 그 믿음은 불신앙이 많은 믿음이기 때문입
니다. 그러나 믿음이라는 것은 항상 그렇게 유약한 은혜의 모습만을 보이는 것
은 아닙니다. 원수의 군대를 물리치고자 그들과 싸우기 위해 일어선 강한 믿음
을 가진 신자들이 있기 때문입니다. 그 사람들은 자신의 십자가를 인내하며 짊
어졌으며, 겁 없이 담대하게 증거하였습니다. 그들은 죄를 이겼고, 거룩하게 살
았으며, 하나님께 영광을 돌렸습니다. 믿음은 사다리와 같아서 낮은 단계도 있
고 높은 단계도 있습니다. 믿음에는 새벽도 있고, 정오도 있고, 땅거미가 질 때도
있습니다. 믿음이 그러하다는 것을 우리는 확실히 알고 있습니다. 왜냐하면 우
리는 우리 자신에게서 이 점을 발견할 수 있었기 때문입니다. 물론 다른 사람들

속에서도 이것을 볼 수 있었습니다. 우리는 믿음이 큰 것도 보았고 작은 것도 보았습니다.

제가 말하려고 하는 실질적인 사항은 바로 이것입니다. 무엇보다도 우리는 우리의 사랑이 진지한 것인지 주목해야 합니다. 만약 제 사랑이 여러분의 사랑과 비교될 수 없을 정도로 작다면 어떻게 되겠습니까? 아마 그럼에도 불구하고 주님께서는 제가 그분을 진정으로 사랑한다고 인정해 주실 것입니다. 베드로는 자기가 다른 사람들보다도 그리스도를 더 사랑한다고 말할 수 없었습니다. 그러나 베드로는 "주께서 모든 것을 아시나이다. 내가 주를 사랑하는 줄 아시나이다"라고 말하였습니다. 작은 진주라도 큰 진주만큼이나 진짜 진주인 것입니다. 그렇지만 곧 우리 각자는 더 큰 진주가 될 것입니다. 1파운드짜리 금화에 새겨져 있는 것만큼이나 분명하게 4펜스짜리 동전 위에도 여왕의 얼굴은 새겨져 있습니다. 물론 우리는 모두 금화를 더 좋아하지만 말입니다. 그와 마찬가지로 모든 하나님의 백성들의 믿음과 사랑 위에는 하나님의 형상이 새겨져 있습니다. 그 믿음이 크든 작든 말입니다. 동전에 있어서 그것이 진짜 금속인가가 중요한 것이듯이, 사랑도 진실한 사랑인가가 핵심인 것입니다. 여러분은 주님을 온 마음을 다해서 사랑합니까? 그렇다면 더욱더 사랑하려고 애를 쓰십시오. 여러분이 가지고 있는 것을 내던지지 마십시오. 왜냐하면 하나님의 성령께서 여러분 안에서 역사하신 것들을 무시하는 셈이 되기 때문입니다.

친애하는 성도들이여, 여러분의 사랑이 자라나기를 간절히 사모하십시오. 여러분은 일 년 전에 자신이 가지고 있던 사랑을 생각하면서 오늘 만족해하지 마십시오. 사랑이 많이 자라지 않는 그리스도인들을 보면 걱정이 됩니다. 그러나 겸손에 뿌리를 내리고 전보다 자신에 대해 더 진실한 관점을 가지고서, 자신이 하나님에 대해 빚을 졌다는 의식을 더 깊게 가지는 것을 볼 때 저는 여간 기쁘지 않습니다. 그것이 바로 잘 자라고 있는 것입니다. 사랑이 자라나도록 애를 쓰십시오. 그렇게 함으로써 여러분은 과거에 사랑했던 것보다 더 강력하게 예수 그리스도를 사랑할 수 있을 것입니다. 여러분은 자신에게 다음과 같이 말하십시오. "내가 여태까지 그처럼 작은 사랑을 가졌다면, 이제는 실천적인 사랑으로 그 사랑을 보여주겠다. 내 주님을 위해서 무언가를 할 것이다." 이 비유를 통해서 알려지게 된 그 여인은 그리스도를 사랑하되, 향유가 든 옥합을 가지고 와서 예수님의 발 위에 붓고 눈물로 그 발을 씻으며 자기 머리털로 그 발을 닦을 정도로 그리스도를 사랑하려 했습니다. 사랑이 자라나게 하는 가장 좋은 방법은 여러분이 지금 가지고 있는 사랑을 모두 사용하는 것입니다. 상인들도 자기의 돈을 그렇게 사용하지 않습니까? 상인들은 자기 자본을 늘리고 싶을 때 그렇게 합니다. 여러분도 예수님을 향한 사랑을 키우고 싶다면, 지금 가진 사랑을 사용하십시오. 단순히 그 사랑에 대해서 말만 하지 말고, 실제로 달콤한 사랑에 매여 주님을 섬기십시오. 그저 앉아 망상만 하면서 예수님을 위해 어떤 실제적인 섬김도 시도하지 않는 것은 정말 가련한 기독교입니다. 혼자서만 조용하게 신앙생활을 잘하고 있다고 생각하는 사람은 실제로 자기가 신앙생활을 거의 잘하고 있지 못하다는 것을 곧 발견하게 될 것입니다. 왜냐하면 정체된 분위기에서는 의심과 두려움이 떼로 몰려들기 때문입니다. 행동이라는 복된 바람이 전혀 없는 곳에서는 안개나 축축한 습기가 곧 차오를 것이고, 아마 탁한 가스나 열기가 생기게 될 것입니다.

만일 여러분이 지금 그리스도를 향한 사랑을 조금밖에 가지고 있지 않다면, 더 깊은 사랑을 주십사 하고 하나님께 울부짖으십시오. 여러분이 가진 사랑을 활용하는 것이 그 사랑을 키우는 좋은 방식이라고 제가 말했지만, 그보다 더 나은 방법이 있습니다. 그것은 여러분이 여러분을 향한 그리스도의 사랑을 더 알고 느끼는 것입니다. 만약 운동을 한다면 여러분은 몸에서 열기를 느낄 수 있을 것입니다. 그러나 태양이 적도의 열기를 뿜어내는 곳에 여러분이 있다면, 여러분은 그 뜨거움을 가장 확실하게 느낄 것입니다. 이와 같이 다른 방법들도 좋지만, 예수님께 가까이 가는 것이 가장 좋은 방법입니다. 여러분이 그리스도의 사랑이라는 그 영광스러운 태양의 중심에 가까이 가면 갈수록 그만큼 여러분은 더 뜨거워질 것입니다. 저는 주님의 마음을 사랑의 용암을 끊임없이 솟구쳐 내는 화산에 비유하고 싶습니다. 오! 제 영혼이 그 사랑의 용암 줄기를 제 영혼 속에 끌어들여서 저의 성품 전체를 불태우고, 그 사랑의 격렬한 화염 속에서 제가 소멸될 수만 있다면 얼마나 좋겠습니까!

여러분은 이 본문이 사랑에도 정도의 차이가 있음을 전제로 한다는 것을 알고 있습니다. 이에 대해서는 여기까지만 하고, 이제 세 번째 대지로 나아가려고 합니다.

3. 본문이 우리에게 던지는 질문

세 번째로 이 본문은 우리에게, "누가 더 그를 사랑하느냐?"는 질문을 던지고 있습니다. 정말 그 질문은 매우 흥미 있는 질문이라고 소개하면서, 이 질문을 살펴보고자 합니다. 주님께서 우리를 위해서 행하신 일로 인해, 우리는 앞으로 일어날 일을 생각하면 기쁨이 넘칩니다. 사람들은 농부의 추수를 생각하기를 좋아합니다. 밭을 갈고 씨를 뿌렸으면 이제 거기서 어떤 결과가 나오겠습니까? 거기서 수확할 곡식의 양을 계산하고 추수하는 가정이 기쁨에 넘쳐 외치는 소리는 즐거운 일입니다. 그렇다면 이제, 무한한 사랑, 즉 사람들을 향한 하나님의 마음이 드러난 최고의 행위에서는 무엇이 나올까요? 하나님의 독생자를 선물로 주어 그 독생자 예수의 죽음으로 말미암아 죄를 도말하신 일로 무엇을 얻을 수 있을까요? 이 일로 사람들은 하나님을 위해 무엇을 할까요? 그들은 얼마나 하나님을 사랑할까요? 이것은 흥미 있는 질문입니다. 이에 대해 우리는 뭐라고 말해야 할까요?

이것은 주님께서 우리 각자에게 묻고 계신 개인적인 질문입니다. 주님께서는 시몬에게 그 질문을 던지셨습니다. "둘 중에 누가 그를 더 사랑하겠느냐?" 주님께서는 우리에게도 이것을 생각해 보라고 질문하십니다. 이 질문을 숙고하고 우리 자신을 판단해 보라고 말입니다. 왜냐하면 우리의 마음속에는 이 질문을 통해서 바로잡아야 하는 어떤 문제점이 있을 수 있기 때문입니다. 그리고 이 질문이 우리의 심령 속에서 일으키는 생각들은 우리가 바른 판단을 하도록 도와주기 때문입니다. 그러므로 이 질문을 자신에게는 해당되지 않는 것처럼 제쳐놓지 말고 주님께서 질문하신 그대로 자신에게 질문하며 대답하려고 노력해야 합니다.

"둘 중에 누가 그를 더 사랑하겠느냐?"라는 그 질문은 실천적인 질문이었습니다. 모든 행동은 사랑에 의지하여 일어나기 때문입니다. 많은 사랑이 있는 곳에는 틀림없이 그 사랑의 힘에 비례하여 많은 섬김이 있을 것입니다. 우리에게 주 예수 그리스도를 많이 사랑하는 교회를 주시옵소서. 그리하면 여러분은 힘 있는 기도 집회를 가지게 될 것이고, 거룩한 교회의 지체가 될 것이며, 그리스도 때문에 많은 것을 드리게 될 것입니다. 또한 여러분은 주님의 이름을 마음껏 찬양할 것이고, 세상 앞에서 주의 깊게 살아갈 것입니다. 또한 여러분이 주님을 많이 사랑하게 되면 죄인들의 회심을 위해서 간절하게 애쓸 것입니다. 사랑이 뜨거울 때는 국내 선교나 해외 선교에 박차를 가할 것입니다. 마음이 바를 때는 모든 것이 바르게 되기 쉽습니다. 그러나 마음이 잘못되면 정말 치명적인 일이 일어납니다! 마음의 질병은 사람에게 일어날 수 있는 최악의 불행일 수 있습니다. 제가 잘 알고 있는 어느 노(老) 의사는 늘 말합니다. "우리 의사들은 마음에 대해서 아무 일도 할 수 없어요." 하나님께서 우리를 지켜 병든 마음을 갖지 않도록 해 주시기를 바랍니다. 부디 우리의 마음이 주 예수 그리스도를 향하여 무감각한 마음이 들지 않게 지켜 주옵소서!

그러나 오늘 본문에 나온 질문은 어느 정도 제한이 있는 질문이었습니다. 그렇습니다. 그 질문은 "세상에서 누가 그리스도를 가장 사랑하느냐?"고 묻지 않고, 두 사람 중에 누가 더 사랑하느냐고 물었습니다. 그 두 사람은 성품에서 특별한 차이가 있었던 것이 아니라 오직 한 가지에서 차이가 있었습니다. 곧 한 사람은 500데나리온을 빚졌고, 다른 한 사람은 50데나리온을 빚졌다는 차이였습니다. 그 두 사람 중에서 어떤 사람이 그리스도를 더 사랑하겠느냐고 질문한 것입니다. 두 사람 모두 똑같이 마음이 온유하고 똑같이 거듭났으며 그들 각자 분명히 자신의 빚이 탕감되었음을 알고 있다는 사실을 우리는 가정할 수 있습니다. 그 두 사람 사이의 가장 큰 차이는 오직 한 사람이 다른 한 사람보다 더 큰 죄를 지었다는 것입니다. 그래서 물었던 질문이 "그 둘 중 누가 더 구주를 사랑하겠느냐?"는 것이었습니다.

이것은 매우 단순한 질문입니다. 대답하기 아주 곤란한 질문이 아니라는 것입니다. 다른 바리새인들처럼 매우 잘못된 가르침을 받았던 시몬이라는 바리새인도 자기 식대로 그 질문에 대한 답을 바르게 할 수 있었습니다. 그리하여 그는 "제 생각에는 많이 탕감함을 받은 자니이다"고 대답하였습니다. 그에 대해 주님께서는 "네 판단이 옳다"고 말씀하셨습니다. 따라서 저도 여러분 앞에 그 질문을 던지는 것입니다.

4. 대답할 것을 예상한 질문

끝으로, 그 질문은 우리가 대답할 것을 예상한 질문이었습니다. 그래서 저 자신은 물론 여러분도 똑같이 우리 각자가 다음과 같이 말할 수 있기를 바랍니다. "나는 마땅히 예수님을 가장 사랑해야 할 사람이다. 그분의 은혜로 말미암아 나는 분명 그렇게 할 것이다."

가장 많이 빚진 자가 가장 많이 사랑해야 합니다. 여기 이 자리에는 500데나리온 빚진 자가 많이 있지 않습니까? 지금 여기에 있는 사랑하는 저의 형제들 중에 어떤 이들은 누가 보기에도 죄인들 중에 괴수인 사람들이었습니다. 그들은 걸핏하면 술을 마시고 욕을 하며 거짓말을 했고 악한 일은 무엇이든지 앞장섰습니다. 그런 사람들이 예수님의 인도로 이 자리에 있게 된 것을 인하여 하나님을 찬양합니다! 우리는 요전 날 밤에 사랑하는 형제에게서 자기가 예전에 어떤 사람이었는지를 들을 수 있었습니다. 그는 겸손하면서도 부끄러워하는 자세로 자기의 죄가 얼마나 컸던가를 말하였습니다. 그러나 그의 죄는 도말되었습니다. 그가 용서를 받았고 그도 그것을 알았기 때문입니다. 그는 용서받은 것을 즐거워했습니다. 그런 사람은 반드시 "내가 주님을 가장 사랑할 것입니다"라고 말해야 합니다. 분명하게 드러나서 아무도 부인할 수 없는 죄가 있는 곳, 즉 누가 봐도 그 성품이 죄로 말미암아 더럽게 물들어 있는 곳에서 받은 용서는 우리로 하여금 그 은혜에 감사하면서 사랑해야 하는 깊은 의무감을 갖도록 합니다. 그러한 점에 있어서 여러분이 선두에 서 있다면, 여러분은 예수님을 가장 사랑해야 합니다.

그러나 저는 제 자신이 그 사랑의 의무감을 위해 노력하지도 않은 채, 여러분에게 아주 큰 의무를 지우려고 하거나, 아주 큰 빚을 지우려고 하는 것이 아닙니다. 우리 중 어떤 사람들은 좀 다른 이유로 아주 큰 의무의 자리를 차지하고 있습니다. 물론 따지고 보면 똑같은 이유이긴 합니다. 우리 중의 어떤 이들은 드러내놓고 신성모독적인 발언을 한다든지 술에 취한다든지 부도덕한 일을 한 적이 없는 데도, 빛과 지식을 거스른 죄 때문에 자신이 지은 죄가 크다는 것을 고백해야 하는 경우가 있기 때문입니다. 우리는 하나님께서 은혜 주셔서 죄를 일찍 깨닫게 해 주셨는데도 불구하고 그것을 무시하고 죄를 지었으며, 거룩한 훈련을 거스르고, 부드러운 양심을 거스르며, 하나님에게서 받은 그 독특한 호의들을 거스르는 죄를 지었습니다. 그러므로 우리는 부끄러운 줄을 알고 가장 낮은 자리를 차지하기 시작합니다. 우리가 가장 큰 빚을 져서 하나님께 가장 크게 감사 찬미해야 할 반열에 우리가 속해 있다는 것을 인정하면서 말입니다. 저는 언젠가 설교하면서 이렇게 말한 기억이 납니다. 정말로 저는 그런 뜻으로 말하였습니다. 저는 영광의 문을 들어간 사람들 중에서 하나님의 은혜에 대해 가장 큰 빚을 진 자였다고 말입니다. 그래서 저는 감히 이렇게 말하였습니다.

> "하늘의 처소에서 주권적 은혜를 드높이는
> 찬미 소리가 울려 퍼질 때
> 그 무리들 틈에서 나는 가장 큰 소리로 노래 부르려 하네."

한 시골에서 있었던 일입니다. 제가 예배를 마치고 강단 계단을 내려오니 많은 사람들이 제 주위에 몰려들어 악수를 청하였습니다. 그런데 어떤 노부인이 제게 이런 말을 하였습니다. "목사님은 설교를 하시면서 한 번 크게 실수를 하셨어요." 그래서 저는 말했습니다. "아 사랑하는 자매님, 저는 한 번이 아니라 열두 번도 넘게 실수를 하였다고 생각합니다. 저는 대단히 실수를 많이 하는 사람입니다." 그랬더니 그 노부인이 말했습니다. "아니요. 그런 말이 아니라 목사님은 하늘에 가실 때 가장 큰 소리로 노래를 부르겠다고 말씀하셨는데요. 아마 목사님은 그러실 수 없을 거예요. 왜냐하면 목사님이 하나님의 은혜에 빚진 것보다 제가 더 많이 빚졌기 때문이에요. 저는 아주 큰 죄인이었습니다. 그런데 정말 많은 용서를 받았어요. 그러니 목사님보다 제가 더 많이 하나님을 찬미할 거예요." 그러나 저는 그 점을 용인하지 않았습니다. 저는 제 자신이 한 말을 끝까지 밀고 나갔습니다. 그 노부인이 가장 큰 소리로 하나님을 찬미하는 자리에 있다면 저도 그 자리에 계속 있겠다고 하였습니다. 제가 회중석 의자 사이로 내려오자 많은 친구들이 그 점에 있어서 내게 양보하지 않겠다고 선언하였습니다. 그들도 다같이 저보다 더 많이 하나님을 찬양해야 한다고 선언하였습니다. 왜냐하면 그들은 자신들이 하나님의 은혜에 더 크게 빚을 졌다고 생각하였기 때문입니다. 정말 그 일은 행복한 논쟁이었습니다. 그 일은 저로 하여금 랄프 어스킨(Ralph Erskine)의 시에 나오는 낙원의 새들(Birds of paradise) 간의 논쟁을 연상케 하였습니다. 거기에서 그는 영광 가운데 있는 성도들을 표현하면서, 영광 가운데 있는 성도마다 가장 낮은 자리에 처하려고 하며, 하나님의 무한하신 사랑을 가장 아름답게 찬미할 것이라고 하였습니다.

오늘 여기에 겉으로 드러나는 모든 악에서 보호를 받았던 사람들도 내면적으로는 똑같이 500데나리온 빚진 자라고 느낄 만한 근거가 있다고 저는 생각합니다. 그래서 "둘 중에 누가 그를 더 사랑하겠느냐?"라고 물으실 때 그들은 이렇게 말할 것입니다. "바로 접니다! 저는 저기 저 악하게 굴었던 친구들처럼 솔직하지 못했습니다. 저는 그들이 입으로 했던 말들을 다 하지도 않았고, 그들이 했던 대로 드러내놓고 비열하게 굴지는 않았지만, 마음으로는 똑같이 나빴습니다. 만일 제가 과감하게 마음 내키는 대로 행동했다면, 저도 그들만큼 비열했을 것입니다."

그러나 이런 경우들이 이 비유의 정신을 온전히 드러내고 있다고 저는 생각하지 않습니다. 이 비유는 그보다 더 많은 것을 내포한다고 생각합니다. 겉으로 드러난 죄와 관련해서 다른 사람들보다 더 용서 받을 필요가 없는 자들이 분명히 있습니다. 비교적 그들은 어릴 때부터 신중하게 양육을 받아 왔습니다. 그래서 이미 수년 동안 가장 앞장서서 주님을 섬겼고 주님의 특별한 사랑을 받았습니다. 회심하지 않은 상태에 있을 때도 그들은 결코 큰 죄를 저지르지 않았지만, 지금은 분명히 위대한 성도들이 되어 있습니다. 그들은 열정적으로 섬기고, 일관된 성품을 가지고 있으며, 뜨거운 사랑을 드러냅니다.

그러나 불타는 장작더미에서 꺼낸 나무 같은 사람들은 있습니다. 다시 말해서, 그들의 진술에 따르면 그들은 정말 죄인 중에 괴수였습니다. 그런데 그들은 자신들이 회심했다고 크게 나팔을 불어대면서도, 결코 공공연한 죄를 짓지 않았던 사람들의 절반만큼도 주 예수님을 사랑하지 않으니, 그런 경우는 어떻게 된 것입니까? 왜 그런 경우가 생기는지 설명하겠습니다.

결국 죄에 대한 우리의 평가가 우리의 사랑을 창조하고 불러일으키는 것이라 할 수 있습니다. 왜냐하면 죄를 정말 악한 것이라고 생각하고 또 그렇게 느끼는 사람이라면, 그는 더 큰 죄악을 저지르고도 그 죄의 악함을 하나님의 면전에 비추어 볼 줄 모르는 사람보다도 하나님의 은혜에 더 크게 빚졌다는 깊은 의식을 가지게 되기 때문입니다. 자신들의 죄가 너무나 엄청나다는 사실에 몹시 놀라고 충격을 받아야 하는데, 그 점에 대해 잘 모르고 있는 신자들이 너무 많습니다. 왜 저라고 그러지 않았겠습니까? 지금도 그럴 때가 있습니다. 제가 정확히 진리가 아닌 말을 무심코 뱉었을 때는, 성급하게 실수를 저질렀다는 생각에 너무 괴롭습니다. 이 고통은 많은 사람들이 자신이 내뱉은 저주와 맹세들을 회개할 때보다 더 괴롭습니다.

이런 말을 해서 죄송하지만, 어떤 사람들은 자신들의 수치를 자랑거리로 삼으면서, 자기들이 옛날에 어떤 사람들이었는지 대단하게 떠들고 다니기도 합니다. 그들은 그 죄를 고백하면서 전혀 눈물도 흘리지 않고, 부끄러워하지도 않습니다. 그러한 간증은 들을 필요가 없습니다. 왜냐하면 그런 간증은 그것을 듣는 자들의 마음속에 오히려 적극적으로 악을 만들어 내기 때문입니다. 제가 이런 말을 해야만 한다는 것이 유감이기는 하지만 정말 이런 경우가 있습니다. 악을 자극하여 악을 부추기는 간증들은 사람들을 하나님께 돌아오게 하기보다는 오히려 부도덕하게 만드는 경향이 있습니다. 어떤 단체에서는 예전에 악한 불량배였던 것으로 드러난 사람을 영웅처럼 대한다고 합니다. 아버지의 영접을 받은 탕자는 그렇게 하지 않았습니다. 탕자는 자기의 더러운 옛날 옷을 트로피처럼 걸어 놓고 자랑한 적이 없었습니다.

오! 형제자매들이여, 우리는 우리가 과거에 어떤 사람이었는지를 말할 때 우리의 얼굴을 가릴 정도로 부끄러워했습니다. 과거의 어리석음은 하나님 앞에서 은밀하게 고백되어야 할 일입니다. 그리고 만일 공석에서 그러한 것들을 말해야 한다면 하나님의 은혜를 찬양하기 위해 하십시오. 반드시 자랑하고 뽐내는 식이 되지 않도록 매우 주의해야 합니다. 은밀하게 일어난 그런 일들은 말하기조차 부끄러운 일이기 때문입니다. 진정으로 죄에 대해 깊이 생각한다면, 그 죄를 말할 때에 거룩하고 겸비한 방식으로 말해야 합니다. 옛 죄악들을 말할 때에, 노병사가 자기의 목발을 어깨에 둘러메면서 어떻게 그 전장에서 이겼는지를 과시하듯 뽐내면서 말하지 않아야 합니다. 우리의 과거 상태에 대해 말할 때, 우리의 얼굴은 부끄러워서 새빨갛게 되는 것이 마땅합니다. 우리가 가진 예민한 양심의 가책을 묵살하며 저지른 악행이나, 더러운 것을 본받아 다른 사람에게 저지른 무서운 불법들을 웃으면서 말하는 것은, 하나님을 영화롭게 하는 것이 아니라 악을 크게 높이는 것입니다.

사랑하는 친구들이여, 저는 하나님의 지켜 주시는 은혜로 말미암아 큰 죄악에 빠지지 않았던 사람들도 주님을 가장 사랑할 것이라고 믿습니다. 왜냐하면 그들은 자기들의 죄가 용서받기 위하여 치러진 대가에 대해서 다른 사람들보다 더 분명한 관점을 가지고 있기 때문입니다. 겟세마네 동산에서 우리 주님의 슬픔을 잘 기억하는 자들은 복이 있습니다.

> "그분의 심장이 고통 받지 않고서는
> 그분의 손에서 어떤 은사도 받지 못하네."

또는 여러분의 마음이 골고다, 곧 그리스도의 가장 보배로운 피가 떨어지는 곳에 있다면, 만일 여러분이 예수님의 상처를 깊이 응시하면서 여러분 자신도 바로 그 십자가에 못 박히신 주님과 함께 죽었다는 것을 알게 된다면, 여러분은 틀림없이 주님을 더 많이 사랑할 것입니다. 다음과 같은 사실 때문에 여러분의 영혼이 고뇌로 찢어지는 아픔을 겪는 것이 좋습니다.

"우리를 하나님께로 가까이 데려가기 위해
 그분은 울부짖음과 눈물로 그 대가를 치르셨다.
 우리의 빚은 엄청났으나
 온전히 그 빚을 갚기 위해 그분께서 나타나셨다."

여러분이 주님의 그 희생을 어떻게 평가하느냐에 따라서, 죄를 위해 자신을 희생 제물로 드리신 그분을 사랑하는 정도가 결정될 것입니다. 형제자매들이여, 저는 여러분이 저보다 예수 그리스도를 더 사랑하기를 희망합니다. 왜냐하면 예수 그리스도께서는 우리 각 사람의 마음으로부터 최고의 사랑을 받기를 원하시기 때문입니다. 그러나 저는 예수님을 사랑하는 사랑의 경쟁에서 여러분 중 그 누구에게도 뒤질 생각이 전혀 없습니다. 저는 아무도 제 면류관을 빼앗지 못하도록 최선을 다해 달려갈 것입니다.

그러나 사랑하는 친구들이여, 여러분 중 누가 주님을 가장 사랑한다고 가정해 봅시다. 그러면 오늘 본문에서 값진 향유를 가지고 예수님께 왔던 그 여인처럼 여러분의 사랑을 보여주십시오. 만일 여러분이 그분을 가장 사랑한다면, 가장 사랑하는 것에 맞게 행동하십시오. 하나님의 성령께서 깨우쳐 주심으로 말미암아 인간으로서 가능한 모든 것을 행하십시오. 여러분이 이제까지 많은 것을 행했다 해도, 그보다 열 배는 더 하십시오. 여러분이 행한 일에 대해서 일체 언급하지 말고, 계속해서 다른 것을 행해 나가십시오. 어떤 장교가 자기를 지휘하는 장군에게 말을 타고 가면서 말하였습니다. "장군님, 우리가 적으로부터 두 자루의 권총을 빼앗았습니다." 그러자 그 장군은 말하였습니다. "좋다. 두 자루를 더 빼앗도록 하라."

만일 여러분이 그리스도를 가장 사랑한다면, 사람들에게 가장 영적으로 선한 것을 행할 것입니다. 그럼에도 여러분은 예수님을 위해서도 분명히 어떤 것을 행하십시오. 사람들 사이에서 행하는 우리의 사역이 죄인들을 위한 것이기보다는 예수님의 사랑을 위한 것일 때 영원히 복을 받게 되는 것입니다. 우리가 형제를 사랑할 때는 그들이 그리스도께 속해 있기 때문에 사랑하는 것이어야 합니다. 주 예수 그리스도를 직접 섬기는 것은 정말 아름답습니다. 그 거룩한 여인이 주님께 분명하게 경의를 표한 방식을 주목하십시오. 그녀는 많이 걸어서 더러워진 주님의 발을 눈물로 씻고 머리털로 그 발을 닦았습니다. 또한 그분의 몸에 향유를 부었습니다. 여러분도 개인적으로 예수님을 위해서 최고로 최선의 일을 하십시오.

그 일을 하되 가장 겸비하게 행하려고 하십시오. 항상 그분 뒤에 서십시오. 어느 누구에게도 나를 보라는 식으로 하지 마십시오. 매우 조용하게 하십시오. 그 일을 행하되, 주님을 위해서 가장 하찮은 섬김을 하도록 허락받은 것이 큰 영예라는 사실을 느끼면서 말입니다. "나는 대단한 사람이다. 대단히 큰 일을 하고 있다. 나는 바리새인인 시몬보다 더 많은 것을 하고 있다. 다 와서 만군의 주님을 향한 나의 열심을 보라"는 식으로 말하겠다고 꿈도 꾸지 마십시오. 예후는 그런 식으로 말하였습니다. 그러나 그는 아무것도 선한 일을 하지 못했습니다. 사람들에게 보여주려고 일해서는 안 됩니다.

자기를 희생하면서 그 일을 하십시오. 여러분의 가장 좋은 향유를 가져오십시오. 그리스도를 위해서 여러분 자신에게는 인색하십시오. 희생을 하십시오. 여러분이 그분을 존귀하게 할 수 있는 것을 얻기 위해서 이것저것 없이 지내십시오.

매우 참회하는 마음으로 그 일을 행하십시오. 여러분이 최선을 다해 예수님을 섬길 때, 여러분의 눈물이 그분의 발에 떨어지게 하고, 거룩한 향유와 섞이게 하십시오. 눈물과 향유는 잘 어울립니다. 그분의 은혜를 즐거워하면서 여러분의 죄를 애통해하십시오.

그 일을 계속하십시오. 그리스도께서는 다음과 같이 말씀하셨습니다. "이 여자는 눈물로 내 발을 적시고 그 머리털로 씻었으며 … 내가 들어올 때로부터 내 발에 입맞추기를 그치지 아니하였으며." 그분을 사랑하고 섬기는 것을 중단하지 마십시오. 계속해서 행하십시오. 여러분의 육체가 아무리 그만 섬기고 쉬라고 요구해도 계속하십시오.

열심히 그 일을 하십시오. 그 여인이 어떻게 예수님의 발에 입맞추었는지를 보십시오. 바로 그것이 그녀의 사랑을 표현할 수 있는 방식이었습니다. 허리를 굽히십시오. 그리고 여러분을 위해서 참으로 먼 거리를 여행해 온 그 복되신 분의 발에 거듭거듭 입맞추십시오. 여러분의 영혼 전체를 그 사랑의 행실 속에 던져 넣으십시오. 사람들은 다음과 같이 말할 것입니다. "아니, 저 아무개 부인은 열정이 대단하군요! 그녀는 열정에 사로잡혀 있어요." 갈수록 그것이 진실임을 드러내십시오. 차가운 마음을 가진 사람들이 어떻게 생각하든지 신경 쓰지 마십오. 왜냐하면 그들은 여러분을 이해할 수 없기 때문입니다. 그들은 이렇게 말하겠지요. "아! 젊은 사람이 반은 미쳤군." 그 말에 신경 쓰지 마십시오. 더 열심히 그대로 행하십시오. 지혜로운 사람들은 다음과 같이 외칠 것입니다. "저 사람은 눈코 뜰 새 없을 정도로 불가마에 많은 쇠를 넣고 있다." 그러나 제가 여러분에게 말하건대, 불가마의 온도를 더 높이십시오. 그래서 그 모든 쇠들을 빨갛게 달구고, 있는 힘을 다해서 망치로 내리치십시오. 여러분의 힘과 정력을 다해서 여러분의 주님을 섬기는 일에 사로잡히십시오. 만일 여러분이 구주를 사랑한다면 열렬한 섬김을 통해서 여러분의 사랑을 가장 잘 나타낼 수 있을 것입니다. 주 하나님께서 최고의 사랑으로 여러분을 복 주시되, 예수 그리스도의 이름으로 복 주시기를 바랍니다! 아멘.

제
26
장

—

씨 뿌리는 자의 비유

—

"각 동네 사람들이 예수께로 나아와 큰 무리를 이루니 예수
께서 비유로 말씀하시되 씨를 뿌리는 자가 그 씨를 뿌리러
나가서 뿌릴 새 더러는 길 가에 떨어지매 밟히며 공중의 새
들이 먹어버렸고 더러는 바위 위에 떨어지매 싹이 났다가
습기가 없으므로 말랐고 더러는 가시떨기 속에 떨어지매 가
시가 함께 자라서 기운을 막았고 더러는 좋은 땅에 떨어지
매 나서 백 배의 결실을 하였느니라 이 말씀을 하시고 외치
시되 들을 귀 있는 자는 들을지어다." — 눅 8:4-8

우리나라에서는 씨 뿌리는 자가 씨앗을 가지고 나가서, 울타리가 쳐진 밭에
들어가 바구니에서 씨앗을 꺼내 적절한 순서대로 꼼꼼히 각 이랑과 고랑마다 씨
앗을 즉시 뿌리기 시작합니다. 하지만 곡물을 재배하는 동양에서는 하나의 작은
마을 단위로는 경작이 어려운, 울타리가 쳐지지 않은 광대한 평야에 농사를 짓
습니다. 참으로 이 평야는 각기 다른 소유자들이 구획별로 소유하고 있지만, 정
작 옛 지계석(地界石) 외에는 별다른 울타리나 경계선 등이 없습니다. 간혹 드물
게 이 사람의 밭과 저 사람의 밭을 구분하기 위해 간단하게 돌무더기를 쌓아두
는 경우도 있습니다. 이렇게 넓게 확 트인 공동경작지를 통과하는 보도(步道)가
있습니다. 흔히 큰 길이라 부르기도 합니다. 이 보도를 큰 길로 부른다고 해서,
여러분은 이 길을 우리의 포장도로와 같은 길로 생각해서는 안 됩니다. 이 길은

사람들이 자주 밟고 지나다녀서 어느 정도 딱딱해진 그런 길에 불과합니다. 또한 여기저기에 샛길이 있어서, 주된 길에 강도가 들끓을 때, 좀 더 안전하게 여행하고 싶은 여행자들은 이 샛길을 이용하기도 합니다. 그리고 빨리 가려는 여행자들은 스스로 이 평야를 가로질러 지름길을 만들기도 합니다. 그래서 같은 방향으로 여행하는 다른 사람들을 위해 새로운 길을 터놓기도 합니다. 여기에 나오는 씨 뿌리는 자는 아침에 씨앗을 뿌리러 밖으로 나갈 때, 동양의 원시적인 쟁기로 갈아 일궈진 작은 농지를 보게 됩니다. 그는 거기에 씨앗을 뿌리기 시작합니다. 물론 아주 많이 뿌립니다. 그런데 그의 밭에는 밭의 중앙을 통과하는 곧은 길이 하나 쭉 뻗어 있습니다. 그래서 갈지 않은 두렁길을 넓게 두고 싶지 않으면, 그는 한 줌의 씨앗을 길가에 던져야 합니다. 그리고 쟁기질이 된 땅에는 저 쪽에 불쑥 튀어나온 바위 하나가 있기도 합니다. 그래서 씨앗이 그 바위 위에도 떨어집니다. 또한 동양의 무심한 농경 습관에 따라 가라지와 엉경퀴 뿌리가 무성하게 자란 구석진 곳도 있습니다. 씨 뿌리는 자는 거기에도 씨앗을 뿌립니다. 그래서 곡식과 가라지가 함께 자라나게 됩니다. 비유를 통해 우리가 알고 있는 바와 같이 가시들은 가장 튼튼하게 자라서 씨가 자라지 못하게 합니다. 따라서 그 씨앗은 완전한 결실을 맺지 못하게 됩니다. 성경은 동양에서 기록되었다는 사실을 기억하십시오. 그리고 성경의 은유와 암시들은 동양을 여행해 본 사람들만이 충분히 설명할 수 있다는 사실도 기억하십시오. 성경을 일반 영국인 독자가 이해할 수 있는 것보다 더 잘 이해하고자 하는 사람들은 이 두 가지 사실에서 종종 아주 큰 도움을 받기도 합니다.

오늘날 복음을 전하는 설교자는 이 씨 뿌리는 자와 같습니다. 그는 씨앗을 만들지는 않습니다. 그 씨앗은 주님이 주시는 것입니다. 인간은 땅 위로 싹터 발아하는 아주 작은 씨앗도 만들지 못합니다. 영생을 주시는 천국의 씨앗은 더더욱 만들 수 없고요. 목회자는 은밀한 가운데 그의 주님께로 나아옵니다. 그러고는 그분의 진리를 자신에게 가르쳐 달라고 간구합니다. 이렇게 해서 목회자는 자신의 바구니를 하늘나라의 좋은 씨앗들로 가득 채웁니다. 목회자가 해야 할 일은 밖으로 나가 주님의 이름으로 그 귀중한 진리를 뿌리는 것입니다. 만약 목회자가 자기가 찾을 만한 곳 중에서 어디가 가장 좋은 땅인지 알고 있다면, 아마 그는 확신이라는 쟁기로 미리 쟁기질 해둔 곳에만 씨앗을 뿌리려고 자신을 제한할 것입니다. 하지만 인간들의 마음은 아무도 알 수 없는 것이기 때문에, 모든 사람들에게 복음을 전하는 것이 목회자가 해야 할 일입니다. 마치 저기 있는 완악한 마음에도 한 줌의 씨앗을 던지고, 이 세상의 염려와 재물과 즐거움으로 충만하여 지나치게 자라 무성해진 마음에도 또 한 줌의 씨앗을 던지는 것과 같습니다. 그는 이 씨앗의 운명을 이 씨앗을 주신 주님의 돌보심 가운데 내맡겨야 합니다. 왜냐하면 목회자에게는 추수할 책임이 없기 때문입니다. 다만 목회자는 자신의 좌우 양손으로 뿌린 씨앗에 대해 관심을 가지고서 신실하고 순수하게 씨앗을 뿌리는 일을 감당해야 할 책임만 있을 뿐입니다. 그런데 이삭 하나도 제대로 영글지 않고, 밭고랑에 푸른 새싹 하나도 나지 않는다면, 도대체 어떻게 될까요? 씨 뿌리는 자가 올바른 씨앗을 손에 들고서 조심하여 씨앗을 뿌리기만 했다면, 그 사람은 주인으로부터 인정도 받고 상도 받게 될 것입니다. 일의 성공여부에 대해 우리는 책임이 없습니다. 만약 이것이 사실이 아니라면, 얼마나 절망 속에서 절규했겠습니까? 아마 애석하고 통탄할 만한 일들이 많이 벌어졌을 것입니다! 우리는 너무 자주 헛되이 수고하며, 우리의 능력을 헛된 일을 위해 쓰고 있음을 기억해야만 합니다. 그 옛날 이사야의 부르짖음이 여전히 우리의 부르짖음이 되어야 합니다. "우리가 전한 것을 누가 믿었느냐 여호와의 팔이 누구에게 나타났느냐?"(사 53:1)고 말입니다. 하지만 뿌려진 씨앗 네 개 가운데서 오직 한 개의 씨앗만이 소망의 땅을 찾았습니다. 뿌려진 네 곳 가운데 세 곳은 나쁜 땅이어서 좋은 결과를 전혀 내지 못하고 사라져 버려, 다시는 더 이상 볼 수도 없게 되었습니다. 물론 은혜 받지 못한 그들을 정죄하는 심판의 소리를 듣고서 그들이 다시 일어나게 될 때, 우리가 다시 그들을 볼 수는 있겠지만 말입니다.

여기서 제가 드리는 말씀에 주목해 주십시오. 우리가 감당해야 할 본분의 한도는 우리가 전하는 복음을 듣는 자들의 자질에 의해 정해지는 것이 아니라, 하나님의 명령에 의해 정해지는 것입니다. 그들이 듣든지 아니 듣든지(겔 3:11) 우리는 복음을 전해야만 합니다. 우리는 사람들의 마음이 복음을 듣고 싶어하는 마음이 되도록 만들어야 합니다. 쟁기질 된 밭뿐만 아니라, 바위 위에도, 고랑 위에도, 대로 위에도 씨앗을 뿌려야 하는 저의 의무를 감당하는데 있어서, 저는 마음의 고삐를 늦추지 않으려고 합니다.

오늘, 저의 계획은 제 설교를 듣고 있는 여러분에게서 찾아볼 수 있는 네 부류의 사람들에게 간단히 말씀드리는 것입니다. 첫째, 우리 중에는 길 가로 표현될 수 있는 사람들인, 그저 듣기만 하는 사람들이 있습니다. 둘째, 돌밭과 같은 청중들로 표현될 수 있는 사람들로, 일시적인 감동은 받지만 너무 일시적이어서 어떤 지속적인 유익도 얻지 못하는 사람들이 있습니다. 셋째, 크고 유익한 감동을 받는 사람들이 있습니다. 하지만 이들은 이생의 염려와 재물의 속임수(막 4:19, KJV)와 이 세상의 즐거움으로 자라지 못하는 씨앗이 되고 맙니다. 그리고 마지막으로, 소수의 부류로서, 하나님께서 크게 불어나게 하기를 기뻐하시는 사람들로 좋은 땅과 같은 청중들이 있습니다. 이들 안에서는 말씀이 열매를 맺어, 어떤 것은 백 배, 어떤 것은 육십 배, 어떤 것은 삼십 배(마 13:23)가 됩니다.

1. 그렇다면 먼저 길 가와 같은 청중들에게 말씀드리겠습니다.

"더러는 길 가에 떨어지매 밟히며 공중의 새들이 먹어버렸고"라고 성경은 말씀합니다. 여러분 가운데 많은 사람들은 오늘 아침 이 자리에 축복을 받기 위해 온 것이 아닙니다. 여러분은 하나님을 예배할 마음도 없고, 여러분이 듣게 될 말씀을 통해서도 감동받을 마음이 없습니다. 여러분은 곡식밭이 될 마음이 전혀 없는 대로(大路) 같은 사람들입니다. 낱알 한 톨만큼의 진리라도 여러분의 마음 밭에 떨어져 자라난다면, 그것은 기적일 것입니다. 마치 단단하게 밟혀 다져진 길 가에서 곡식이 자라나는 것과 같은 엄청나게 놀라운 일일 것입니다. 여러분은 길 가와 같은 청중들입니다. 그래도 씨앗이 솜씨 있게 뿌려진다면, 그 씨앗들 중 일부는 여러분 위에 떨어져 잠시 동안이나마 여러분의 생각에 머물러 있을 것입니다. 여러분이 이 씨앗을 이해하지는 못하지만, 그럼에도 불구하고, 이 씨앗이 흥미로운 방식으로 여러분 앞에 놓여 있다면, 잠시라 해도 이 씨앗은 여러분에게 머물러 있을 것입니다. 말씀보다 조금 더 재미있는 것이 나타나기 전까지는, 여러분은 진리를 전하는 목회자로부터 들었던 이야기들을 말하기도 할 것입니다. 그러나 이 미덥지 않았던 유익마저도 짧은 시간 동안만 유지됩니다. 왜냐하면 아주 조금도 지나지 않아서 여러분은 여러분이 지녀야 할 인간의 참된 태도들을 잊어버릴 것이기 때문입니다. 제가 드리는 말씀들이 여러분과 함께 했으면 하는 저의 소망을 하나님께 간구하고 싶습니다. 하지만 우리는 이것을 소망할 수 없습니다. 왜냐하면 여러분의 마음 밭은 지속적인 왕래로 너무나 굳게 다져져서, 씨앗이 지속적으로 생명을 유지할 수 있을 만큼 뿌리를 내릴 가망이 없기 때문입니다. 여러분의 영혼에는 너무나 많은 왕래가 있기 때문에 좋은 씨앗이 으깨지지 않은 채로 있을 수가 없습니다. 사탄의 발걸음이 항상 사탄의 참

람함과 정욕과 거짓말과 허영 등과 함께 여러분의 마음을 넘나들고 있습니다. 그래서 교만의 병거 바퀴들이 여러분의 마음을 따라 굴러가고, 여러분의 마음이 금강석처럼 단단해지기까지 탐욕의 맘몬은 발걸음을 쉬지 않고 여러분의 마음에 내딛습니다. 통탄할 노릇입니다! 좋은 씨앗이 한순간도 숨 돌릴 틈이 없습니다. 무리들이 지나가고, 또다시 지나갑니다. 사실, 여러분의 영혼은 하나의 거래소입니다. 여러분의 영혼을 가로질러 상인들의 바쁜 발걸음이 계속해서 지나다니고, 인간의 영혼들을 사기도 하고 팔기도 합니다. 여러분은 지금도 영혼을 사기도 하고 팔기도 합니다. 하지만 이 순간 여러분은 진리를 팔고, 여러분의 영혼을 사고 있습니다. 그러면서 여러분은 멸망하고 있다는 생각은 전혀 하지 않고 있습니다. 여러분은 여러분의 인성의 껍데기에 불과한 이 육체 때문에 여기저기 다니느라 분주합니다. 하지만 여러분은 내적이며 귀중한 것인 여러분의 영혼에 대해서는 게으릅니다. 여러분은 종교를 생각할 시간이 없다고 말합니다. 그렇지 않습니다. 여러분의 마음을 오가는 도로 통행량이 많아 엄청나게 붐비기 때문에, 이 밀알이 싹틀 공간이 없는 것입니다. 이 씨앗이 싹트기 시작한다 해도, 그 씨앗이 완전히 자라 무언가가 채 되기도 전에, 어떤 거친 발걸음이 이 푸른 새싹을 짓밟아 버릴 것입니다. 이 씨앗이 싹트기 시작하는 충분하는 시간이 있었음에도 불구하고, 바로 그 때 오락을 즐길 어떤 장소가 새로 생겨 버리는 바람에, 여러분은 그곳으로 들어가 버렸던 것입니다. 그래서 씨앗 안에 있던 그 생명의 불꽃은 쇠로 만든 신발 뒤꿈치에 짓밟혀 버린 꼴이 되어 버렸습니다. 이 씨앗은 잘못된 곳에 떨어진 것입니다. 거기에는 너무나 많은 왕래가 있어서 씨앗이 자랄 가능성이 없는 곳이었습니다. 런던에 전염병이 유행할 때, 수많은 사람들이 자기들이 그리던 본향으로 돌아갔고(죽었고), 바로 그 때 거리에서는 풀이 싹트고 있었습니다. 하지만 곡식(corn)은 콘힐(Cornhill, 영국 런던에 위치한 왕래가 많은 주요 번화가 중 하나로, '곡식언덕'[cornhill]이란 뜻을 연결시킨 재담[才談]이다 — 역주)에서는 자랄 수 없었습니다. 아무리 뛰어난 품질의 씨앗을 구해 여러분이 그 거리에 뿌린다 해도 말입니다. 세상을 아무리 샅샅이 뒤져다 해도, 그렇게 왕래가 지속적으로 빈번한 곳에서도 무성하게 자랄 수 있는 밀알은 아무도 구입할 수 없습니다. 여러분의 마음이 바로 이렇게 사람들로 많이 붐비는 혼잡한 도로와 같습니다. 왜냐하면 여러분의 마음에는 너무나 많은 생각들과 염려들과 죄악들은 물론이고 하나님을 대적하는 너무나 많은 교만하고 헛되고 악하고 반항하는 생각들이 지속적으로 여러분의 마음을 드나들고 있기 때문입니다. 진리는 대로에 떨어진 씨앗과 같습니다. 그런 씨앗은 자랄 수 없습니다. 그 씨앗은 짓밟힐 뿐입니다. 설령 잠시 동안이나마 그대로 있다 해도, 공중의 새들이 와서 낚아채 버립니다. 맞습니다. 이것은 아주 서글픈 일입니다. 만약 여러분이 대로에 씨를 뿌리게 된다면, 그 씨앗의 성장을 가로막는 것은 나쁜 사람들이 밟아대는 발뿐만 아닙니다. 심지어는 성도들의 발까지도 그 씨앗의 생명 파괴를 재촉할 수 있습니다. 슬픈 일입니다! 사람들의 마음은 죄로 인해 굳어질 뿐만 아니라, 바로 그 복음 선포를 통해서도 굳어질 수 있기 때문입니다. 복음 또한 굳어지게 할 수 있는 어떤 것입니다. 설교를 들으며 앉아 있어도, 여러분의 마음은 죽은 것처럼 무감각해져서 아무 관심이 없을 수 있습니다. 대장간의 개는 불꽃이 코 주위에 튀어도 그냥 누워서 잠을 자는 것처럼, 여러분도 저주의 불꽃들이 주위에 튀어도 놀라거나 당황하지 않으며, 율법의 망치 아래에서도 누워 잠을 자려고 합니다. 여러분은 이 모든 이야기들을 예전에도 들었습니다. 장차 임할 진노에 대해 경고할 때도, 우리는 여러분에게 몇 번이고 거듭 말했었습니다. 서더크(Southwark, 런던 템스 강 남쪽의 전통적인 공장지대) 공장의 거대한 보일러실에서 일하는 사람들은 처음에 망치를 들고 안에 들어가면, 귀가 멍멍해져서 아무 소리도 들을 수 없다고 합니다. 그러나 시간이 지남에 따라 그 끔찍한 소음에도 익숙해져서, 사람들이 엔진을 연타(連打)하거나 두드리는 소리가 매우 큰 천둥소리처럼 울려도, 그들은 그 속에서 잠까지 잘 수 있다는 말을 들은 적이 있습니다. 여러분도 이와 마찬가지가 되어 버렸습니다. 이 목회자 저 목회자가 여러분의 영혼이 있는 대로를 밟고 지나가 버렸습니다. 그리하여 하나님께서 지진을 통해 굳어진 땅을 산산이 부수어 놓듯이, 마음의 지진을 통해 여러분의 마음이 산산조각 나도록 하나님께서 친히 역사하지 않으시면, 하늘의 씨앗이 그 마음에 머무르지 못할 정도로 여러분의 영혼은 굳어 있습니다. 여러분의 영혼은 아주 잘 다져진 길처럼 딱딱해져서, 그 위로 많은 것들이 왕래하고 있습니다.

우리는 지금까지 이 굳어진 길 가를 살펴보았습니다. 그러면 이제부터는 좋은 말씀이 그 마음에 떨어질 때 어떻게 되는지 말씀드리겠습니다. 그런 마음에는 좋은 말씀이 자라지를 않습니다. 만약 그 말씀이 좋은 땅에 떨어졌다면 자랄 수 있었겠지만, 지금 이 말씀은 좋지 않은 곳에 떨어져서 씨 뿌리는 자의 손에서 떨어질 때의 건조한 상태 그대로 있습니다. 그 말씀의 생명력은 잠들어 있고, 복음 안에 있는 생명의 싹은 그 속에 숨겨져 있으며, 말씀을 받은 자의 마음 안으로 들어가지 못하고 마음의 외부에 머물러 있는 것입니다. 가끔 거리에 내리는 눈처럼 한순간도 거기에 있지 못합니다. 즉, 젖은 포장 도로 위에 내려서는 녹아 없어져 버리는 눈처럼, 말씀과 이 사람의 관계도 이와 마찬가지입니다. 이처럼 말씀을 허투루 듣는 자들의 영혼 안에는 말씀이 역사할 시간이 없습니다. 말씀이 잠시 머무르기는 하지만, 말씀은 그 영혼에 뿌리를 내릴 시작도 하지 못하고 그 영혼에 지극히 작은 영향력도 끼치지 못합니다.

저는 이렇게 묻고 싶습니다. 말씀이 사람들에게 전혀 유익하지도 않고, 사람들의 마음에 말씀이 들어가지도 않는데, 왜 사람들은 말씀을 들으려고 하는 것일까요? 이 문제가 종종 저를 당황하게 합니다. 설교를 듣는 사람들 가운데 이런 사람들이 있습니다. 세상 어떤 일이 있어도 주일 예배에 빠지지 않고 교회에 올라와 함께 예배드리는 것을 아주 기뻐하는 것처럼 보이는데, 한 방울의 눈물도 흘리지 않는 사람들이 있습니다. 그들의 영혼은 찬양의 날개를 펴고서 하늘로 올라가는 것 같지도 않고, 우리가 지은 죄를 고백할 때도 진심으로 참여하는 것 같지도 않습니다. 장차 올 진노에 대해서, 또는 그들의 영혼의 미래 상태에 대해서 그들은 언제쯤 생각하게 될까요? 그들의 마음은 무쇠와 같습니다. 목회자들은 그런 사람들에게 설교하느니, 차라리 돌무더기에게 설교하는 것이 더 나을 것입니다. 이 무감각한 죄인들은 도대체 여기에 왜 오는 것일까요? 이마는 놋이며(사 48:4, KJV) 철면피 같은 마음을 지닌 자들에게 우리가 말씀을 전해야 할까요? 이들처럼 막돼먹고 무감각한 마음을 가진 자들이 회심하기를 바라는 것은 사자와 표범들이 회심하기를 바라는 것과 확실히 같습니다. 오! 여러분은 감정적으로 잔인한 금수가 되어, 인간의 이성을 잃어버렸습니다. 제 생각에 이런 사람들이 교회에 나오는 이유는 이 일이 존경받을 만해서 그런 것 같습니다. 다시 말해 자신이 완악해지는데 도움이 되기 때문입니다. 만약 교회에 나오는 것을 중단한다면, 그들은 양심의 가책을 받을 것입니다. 왜냐하면 그들 안에는 작지만 그래도 생명이 들어 있기 때문입니다. 그들은 지금 전적으로 옳은 일을 하고 있다는 생각에 스스로 우쭐해질 수 있는 사람들이기 때문에 교회에 나옵니다. 그렇다고 해서 그들이 전혀 신앙심이 없는 것도 아닙니다. 그들은 절대 그렇지 않습니다. 또 하나님의 집과 그분의 종들에 대해 무관심한 것도 아닙니다. 그러나 교회에 나와도, 그들의 마음은 점점 완악해져 가고, 죄에 대해 무감각해져서 더욱더 멸망해가고 있습니다. 오! 사랑하는 성도 여러분, 여러분의 경우는 천사도 슬퍼할 만한 그런 상황입니다. 복음의 태양이 여러분의 얼굴 위를 비추고 있지만, 여러분의 눈은 장님처럼 그 빛을 보지 못하고 있습니다. 천국의 음악이 감미롭게 울려 퍼지고 있지만, 여러분의 귀는 맹인처럼 어두워서, 제일 약한 어조의 말들은 여러분의 가련한 영혼에 이르지도 못합니다. 목회자는 여러분에게 경건한 악기를 연주하는 연주자와 같습니다. 그런데 이런 상황은 들을 귀가 없는 조각상들을 앞에 두고 연주하는 꼴입니다. 여러분은 문장의 문체를 파악할 수도 있고 어떤 은유의 의미를 찾아낼 수도 있습니다. 하지만 그 숨은 뜻과 거룩한 생명은 모두 잃어버렸습니다. 여러분은 지금 혼인 잔치에 앉아 있으나, 산해진미도 먹지 않고, 포도주도 전혀 마시지 않고 있습니다. 구속받은 영혼을 위해 하늘에서 울려 퍼지는 기쁨의 종소리를 듣기는 하지만, 여러분 자신은 하나님 없이, 그리스도 없이, 구속받지 않은 삶을 살고 있습니다. 여러분은 지금 좁은 길의 문 앞, 바로 그 문 앞에 서 있습니다. 하지만 여러분은 그 안으로 들어가지 않습니다. 여러분은 은혜의 집 가까이에 있습니다. 문도 조금 열려 있습니다. 그러나 여러분은 그 앞에 그냥 서 있습니다. 가끔 그 안을 들여다보기도 합니다. 하지만 최종적이고 결정적인 발걸음은 절대로 내딛지 않습니다. 우리가 여러분에게 권하는 것은 무엇이든 행하십시오. 우리가 아무리 여러분에게 간청하고, 여러분을 위해 기도하고, 여러분을 생각하며 눈물 흘려도, 여러분은 예전과 마찬가지로 여전히 완악하고 무관심하고 생각 없는 모습 그대로입니다. 오! 하나님께서 여러분에게 은혜를 베푸시어, 이런 악한 상태에서 여러분을 건져내서서, 여러분이 구원받게 되기를 기원합니다. 오, 성령님이시여, 이 단단한 대로를 깨뜨리시어 풍성한 열매를 맺게 하옵소서.

그런데 아직 설명이 다 끝난 것이 아닙니다. 오늘 본문은 공중의 새들이 이 씨앗을 먹어 버렸다고 말씀합니다. 오늘 아침 여기에도 길 가와 같은 청중들이 있습니까? 아마도 그런 사람들은 여기에 들어올 마음이 없었을 것입니다. 그런데 이 스트랜드 가(Strand街, 1860년 4월 15일 본 설교가 행해진 엑서터 홀[EXETER HALL]이 있던 거리 — 역주)에 수많은 사람들이 서 있는 것을 보고서, 만약 안에 들어가 한 시간 정도 보내면 쉽게 잊을 수 없는 어떤 이야기들을 듣게 되지는 않을까 하는 생각으로 들어왔을 것입니다. 그런데 막상 예배가 끝나고 집에 가다가, 옛 친구 몇 사람이 오늘 오후에 어디 가서 회포나 풀자는 제안을 하게 되면, 그는 기꺼이 동의합니다. 그리하여 썩 좋지 않은 곳에 떨어진 이 가련한 씨앗은 공중의 새들에 의해 먹힌 셈이 되고 맙니다. 이 좋은 씨앗을 빼앗아 삼키려고 항상 대기 중인 악한 자들이 많습니다. 공중의 권세 잡은 자(엡 2:2)인 마귀는 언제든지 선한 생각을 낚아채거나 거룩한 결심을 꺾어 버리려고 안달입니다. 그런데 이 때 마귀는 혼자가 아닙니다. 마귀에게는 자신을 돕는 군대가 있습니다. 마귀는 아내나 자녀들을 이용하기도 합니다. 마귀는 여러분이 하고 있는 일을 통해서도 여러분을 부추겨 그 좋은 씨앗을 삼켜 버리기도 합니다. 문 앞에서 기다리고 있는 고객을 이용하기도 합니다. 여러분은 오늘(주일)은 장사를 하고 싶지 않다가도, 고객을 보자 놓치고 싶지 않다는 마음에 장사를 하기도 합니다. 그러면 그 좋은 씨앗은 사라지고, 그 모든 선한 유익도 함께 잃어버립니다. 오, 슬프고도 슬픈 일입니다. 천국의 씨앗이 마귀의 양식이 되다니, 하나님의 곡식으로 마귀의 새들을 먹이다니 말입니다.

오늘 이 아침에 저는 다시 여러분에게 개인적으로 말씀드리고 싶습니다. 오, 사랑하는 성도 여러분, 여러분이 어린 시절부터 복음을 들었다면, 그 많은 설교들이 허비된 것은 아닙니까? 여러분이 더 어렸을 때는 나이 많은 아무개 박사님(old Dr. So-and-so)의 이야기도 들었을 것입니다. 흘린 눈물로 눈이 충혈되기까지 자기 성도들을 위해 기도하곤 했던 그 귀한 노인에 대해서 말입니다! 그 이야기를 듣고는 여러분도 "이제 내 방에 가서 무릎을 꿇고서 기도해야겠구나!" 하며 혼잣말로 다짐하던 그 많은 주일들을 기억합니까? 그런데 여러분은 이렇게 말만 하고 실제로는 기도하지 않았습니다. 공중의 새들이 그 씨앗을 먹어 버려서, 여러분은 예전에 하던 대로 계속해서 죄를 짓고 있습니다. 복음의 씨앗이 떨어진 이후로는 어떤 이상한 충동에 의해 여러분은 하나님의 집을 아주 드물게 빠졌습니다. 하지만 지금은 바다에 떨어지는 불꽃이 사그라지듯, 여러분의 영혼에 떨어진 복음의 불꽃도 영원히 꺼져 버렸습니다. 율법은 여러분을 향해 천둥처럼 큰 소리를 울리고 있습니다. 물론 이 율법을 비웃지는 않지만, 그래도 이 율법이 여러분에게 전혀 영향력을 끼치지는 않습니다. 예수 그리스도가 높이 들리고 그분의 귀한 상처들이 드러나며, 시내가 되어 흐르는 보혈이 바로 여러분의 눈앞에서 흘러서, 여러분은 전심으로 그를 바라보고 살라는 명령을 받습니다. 하지만 이 모든 것들이 여러분과는 전혀 무관한 문제가 되어 버립니다. "내가 멸망 받게 되어있다면 멸망할 것이고, 내가 구원받게 되어있다면 구원받겠지 뭐"

라는 식으로 말입니다. 물론 여러분이 이런 말까지는 하지 않았습니다. 그러나 여러분이 이 정도로 말하지는 않았어도, 이렇게까지 생각은 했었습니다. 지금도 우리가 여러분과 더불어, 또 여러분을 위해 무언가를 행하고 있을지도 모릅니다. 하지만 우리는 완고한 여러분의 영혼을 뚫고 들어갈 수도 없고, 완악한 여러분의 마음에 거룩한 생각을 주입할 수도 없습니다. 도대체 제가 여러분을 위해 무엇을 해야 할까요? 여기 제가 서서, 이 굳어진 대로에 비가 오듯이 그렇게 눈물을 흘려야 할까요? 애석한 일입니다! 제가 눈물을 흘린다 해도 그 단단한 땅은 깨지지도 않을 것입니다. 눈물로 깨뜨리기에는 너무나 단단한 땅입니다. 그런 땅에 복음의 쟁기질이라도 해야 할까요? 애석한 일입니다! 단단한 땅은 쇠도 부서지고, 보습의 날도 들어가지 않습니다. 도대체 우리가 무엇을 해야 할까요? 오, 하나님, 당신은 부싯돌처럼 단단한 것을 산산조각 내는 방법을 알고 계십니다. 당신은 오랜 기간 잦은 왕래로 인해 돌같이 되어 버린 마음을 예수님의 보혈로 녹일 수 있습니다. 당신께 간구하오니, 지금 그렇게 하옵소서. 당신이 베푸신 은혜를 찬양하고 영광을 돌리기 원하오니, 좋은 씨앗이 살아나 천국의 수확을 보게 하옵소서. 이 종의 영혼이 이를 갈망하고 있습니다. 이 소망 없이는 살 수 없고, 이 소망과 더불어 말할 수 없는 기쁨과 충만한 영광으로 즐거워할 수 있습니다.

2. 이제 저는 여러분 가운데 두 번째 부류에 대해 말씀드리겠습니다.

"더러는 바위 위에 떨어지매 싹이 났다가 습기가 없으므로 말랐고"라고 본문은 말합니다. 여러분은 밭의 한가운데 튀어나온 바위 조각을 쉽게 그려볼 수 있을 것입니다. 자연의 어떤 붕괴현상으로 인해 평지 한가운데 위로 융기(隆起)된 부분들이 있습니다. 씨앗은 다른 곳과 마찬가지로 이 바위 위에도 뿌려졌습니다. 제 설교를 듣고 있는 사람들 가운데는, 믿음 생활을 하는 대다수의 신앙인들보다 우리에게 더 많은 기쁨을 주다가 그 만큼 더 큰 고통을 안겨주는 사람들도 있습니다. 이렇게 돌이 많은 곳은 우리에게 많은 것을 가르쳐 줍니다. 오직 인간의 영혼을 사랑하는 자만이 이런 땅에서 우리가 기대하는 소망이 무엇인지, 기쁨이 무엇인지, 쓰라린 절망이 무엇인지 알 수 있습니다. 설교를 듣는 사람들 가운데는 이런 부류도 있습니다. 내적으로 마음은 아주 단단한데, 외적으로는 여기 있는 사람들 가운데 가장 부드럽고 감수성이 풍부해 보이는 사람들입니다. 다른 사람들은 설교를 들으면서 아무것도 보지 못하는데, 이 사람들은 웁니다.

설교를 듣는 대부분의 사람들에게는 그저 일상적인 설교에 불과하지만, 이들은 감동을 받아 눈물을 흘리는 것이지요. 율법의 무서움이든 골고다의 사랑이든 아무것이나 전해도, 그들의 영혼은 매한가지로 감동을 받고, 가장 활기찬 인상을 풍깁니다. 오늘 아침 이 자리에도 그런 사람들이 있을 줄 압니다. 그들은 결단을 하지만, 우물쭈물합니다. 그들은 갑옷으로 무장한 하나님의 완고한 원수들이 아닙니다. 오히려 자신의 가슴을 드러내 열어젖히고는 목회자에게 이렇게 말합니다. "여기를 찌르십시오. 여기는 당신을 위해 드러낸 가슴입니다. 당신이 화살로 찌르고자 하는 곳이 바로 여기입니다. 그 화살들은 표적으로 삼는 이곳에 명중할 것입니다"라고요. 그럼 우리는 기쁜 마음으로 화살을 당겨 그곳을 향해 쏩니다. 화살들은 그곳을 뚫고 들어가는 것 같았습니다. 하지만 아뿔싸, 그 드러내 보인 몸 안에 그 어떤 화살도 뚫지 못하는 비밀 갑옷을 입고 있었습니다. 화살은 잠시 꽂혀 있었지만, 곧 떨어져 버려 아무 일도 일어나지 않았던 것입니다. 우리는 이런 모습에 대해 이렇게 표현된 말씀을 읽을 수 있습니다. "더러는 흙이 얕은 돌밭에 떨어지매 흙이 깊지 아니하므로 곧 싹이 나오나"(마 13:5)라고도 표현하고, 또 다른 곳에는 "이와 같이 돌밭에 뿌려졌다는 것은 이들을 가리킴이니 곧 말씀을 들을 때에 즉시 기쁨으로 받으나 그 속에 뿌리가 없어 잠깐 견디다가 말씀으로 인하여 환난이나 박해가 일어나는 때에는 곧 넘어지는 자요"(막 4:16-17)라고도 표현합니다. 오! 우리의 설교를 듣는 수많은 사람들이 바로 말씀을 기쁨으로 받는 사람들 아닙니까? 그런데도 그들은 깊은 확신이 없습니다. 이것은 너무 당연한 사실이라서 그리 놀랄 일도 아닙니다. 그래도 그들은 갑자기 그리스도를 위해 일어나 즉시 그분에 대한 신앙을 고백하였으며, 그런 신앙 고백 역시 전적으로 진심으로 비쳐졌습니다. 이것들을 살펴보면, 정말 씨앗이 싹을 낸 것은 맞습니다. 그 안에는 일종의 생명이 있고, 참으로 푸른 잎이 있습니다. 그것을 보고 우리는 하나님께 감사하며 무릎을 꿇어 경배하고 손뼉을 칩니다. 우리는 감히 이렇게 말합니다. 한 죄인이 다시 돌아왔으며, 한 영혼이 하나님께 태어났고, 하늘나라의 유업을 이을 한 사람이 여기 있다고 말입니다. 그러나 이런 기쁨은 아직 이릅니다. 그들은 말씀을 기쁨으로 받고 갑자기 싹을 틔우기는 했습니다. 그러나 그들은 흙이 깊지 않은 상태에서 씨앗을 급하게 받아들였기 때문에, 해가 뜨겁게 떠오르자 서서히 시들어 버렸습니다. 이런 사람들을 우리는 매일 봅니다. 이들은 교회에 등록하겠다고 종종 찾아와서는 이런 말들을 합니다. 즉,

우리가 설교하는 것을 여차여차한 기회에 듣게 되었으며, 오, 그 말씀이 자신에게 얼마나 복된 말씀이었는지, 자신이 지금까지 살면서 그런 기쁨을 느껴본 적은 없었다고 말합니다! "오, 목사님, 제가 귀하신 그리스도에 관해 들었을 때, 저는 제 자리에서 일어나야겠다는 생각이 들었습니다. 그리고 그 때 그 자리에서 저는 그분을 믿게 되었습니다. 제 속에 확신이 있었기에 그렇게 행동했던 것입니다"라고 말입니다. 우리는 그들에게 구주가 필요하다고 느낀 적이 있었는지 물어봅니다. 그러자 그들은 "예"라고 말합니다. 하지만 그들이 한 이 말의 뜻은 "아니요"입니다. 우리는 또다시 그들에게 죄를 깨달은 적이 있는지 물어봅니다. 당연히 그들은 그런 적이 있었다고 생각하지만, 실제로 그들은 죄에 대해 모르고 있습니다. 그러나 단 한 가지 그들이 알고 있는 것이 있는데, 그것은 종교 안에 있는 큰 기쁨을 느끼고 있다는 것입니다. 우리는 그들에게 이런 식으로 물어봅니다. "당신은 계속해서 신앙생활을 지속할 수 있으리라 생각하나요?" 오, 그들은 그러리라고 확신합니다. 그들은 옛 친구에게로 다시 돌아갈 수 없다고 말합니다. 그들도 틀림없이 이에 대해 확신합니다. 예전에 사랑하던 것들을 이제는 싫어합니다. 그들도 틀림없이 그러리라고 확신합니다. 모든 것들이 그들에게 새로워졌습니다. 그런데 이 모든 일들은 순식간에 일어났습니다. 언제 이 선한 일들이 일어났는지 우리는 묻습니다. 이 일은 말씀을 받자마자 바로 시작된 것을 우리는 알게 되었습니다. 다시 말해, 사전 작업, 땅을 쟁기질하여 고르는 일이 전혀 없었던 것입니다. 갑작스럽게 그들은 사망에서 생명으로, 정죄에서 하나님의 은혜로 뛰어오른 것입니다. 이는 강가에 서 있던 사람이 갑자기 물로 뛰어든 것과 마찬가지입니다. 물론 우리는 이런 사람들로 인해 아주 감사해합니다. 은혜가 분명히 드러나 보이는 것을 우리가 부인할 수는 없기 때문입니다. 아마도 우리는 그들을 교회로 받아들일 것입니다. 하지만 한두 주 정도 지나면 그들은 예전처럼 정기적으로 예배 장소에 나타나지 않을 것입니다. 우리는 부드럽게 그들에게 권면합니다. 그들은 신앙생활에 있어서 이러저런 반대에 직면했고, 다소 양보할 수밖에 없는 처지라고 설명합니다. 그러다가 그 다음 주가 되면 우리는 그들을 완전히 잃게 됩니다. 그 이유는 이러합니다. 그들은 비웃음을 받았고, 약간의 반대에 노출되어 예전으로 다시 되돌아가게 되었던 것입니다. 그들은 유약씨(柔弱 氏, Mr. Pliable, 존 번연의 「천로역정」에 나오는 인물로, 주인공인 크리스천을 따라 위험한 모험에 동행했다가 '실망의 수렁'에 빠진 이후 자기 집으로 돌아가, 크리스천을 비난하고 조롱한 사람이다 ― 역주)들입니다. 그들은 크리스천(천로역정의 주인공)과 함께 천국으로 가려고 합니다. 천국은 훌륭한 고장이기 때문이지요. 그래서 그들은 서로 팔짱을 끼고 장차 올 세계에 대해 아주 다정하게 대화를 나누며 걸어갑니다. 하지만 얼마 지나지 않아 늪, 즉 실망의 수렁(slough of Despond)을 만나게 되고 가련한 크리스천이 빠지고, 유약 씨도 빠지게 됩니다. 유약 씨는 말합니다. "오! 나는 이런 걸 기대하지 않았소. 내 입에 오물이 가득 차게 되는 걸 난 예상하지 않았단 말이오. 내가 여기서 나갈 수만 있다면, 난 다시 되돌아가겠소. 나 대신에 당신이나 그 훌륭한 고장을 차지하시오"라고 말입니다. 그래서 그 가련한 사람은 온 힘을 다해 필사적으로 빠져나오려고 허우적거리다가, 마침내 자기 집 쪽으로 있는 늪 가장자리로 기어 올라갔습니다. 그러고는 집으로 되돌아가 버렸습니다. 반드시 기독교인이 되어야 한다는 우울한 생각에서 이제 벗어났다는 기쁨과 함께 말입니다. 그 때 목회자의 기분이 어떠하리라 여러분은 생각합니까? 그 목회자는 자신이 너무 성공을 예단했다고 생각할 것입니다. 목회자는 농부와 같습니다. 자기 밭에서 무성하게 자라는 푸른 식물들을 보고 있습니다. 하지만 밤에 서리가 내려 모든 새싹들을 얼려 버리기도 합니다. 곡식을 기대했던 그의 소망이 사라져 버림으로써 그 가련한 농부는 슬퍼하게 됩니다. 목회자도 이와 마찬가지입니다. 이런 상황이 되면 목회자는 자기 골방으로 들어가 하나님 앞에 얼굴을 조아리고 부르짖습니다. "오, 제가 속았습니다. 이 사람은 '개가 자기가 토한 것으로 되돌아가고, 씻긴 돼지는 진창 속에서 뒹군다'(벧후 2:22) 하는 꼴이 되어 버렸습니다"라고요. 여러분은 수금(竪琴)을 아주 잘 타던 고대의 오르페우스(Orpheus, 그리스 신화에 나오는 시인이자 악사)의 그림을 기억하실 것입니다. 고대인들은 말하기를, 오르페우스는 자기 주위에 있던 떡갈나무와 돌들까지도 춤을 추게 했다고 합니다. 이것은 시적인 허구이지만, 이런 일이 종종 목회자들에게도 일어납니다. 경건한 자들이 기뻐할 뿐만 아니라, 떡갈나무와 돌들까지도 그 자리에서 춤을 추었습니다. 하지만 애석하게도! 그것들은 여전히 떡갈나무와 돌들이었습니다. 수금소리가 조용해지자, 떡갈나무는 제 뿌리가 있던 곳으로 다시 되돌아가고, 돌은 한 번 더 심하게 땅에 몸을 내던집니다. 사울처럼 선지자들 가운데 있던 죄인들은 지극히 높으신 주님을 거역하는 화를 다시 자초할 계획을 세웁니다. 어제는 찬송을 불렀고 그제는 회중 앞에서 대중기도를 하던 사람이 이제 술집에서 욕지거리를 하고 있습니다. 이 땅에 있는 가시적 교회의 환영을 받아야 할 안식일 밤에 그는 거리를 배회하고 있습니다. 저로 하여금 많은 눈물을 흘리게 했던 한 사람이 있었습니다. 그는 자기 마을에서 일어나는 모든 악한 일의 주동자였습니다. 그는 키가 크고, 잘 생겼고, 덩치가 큰 사람이었습니다. 그리고 아마 자기 인근 지역에 사는 어느 누구보다도 술을 잘 먹는 사람이었습니다. 욕설과 함께 악담까지 해대면서도 전혀 두려움을 모르는 사람이었습니다. 그러던 그가 하루는 하나님의 말씀을 들으러 왔다가 그만 눈물을 흘리게 되었습니다. 온 교구 사람들이 다 놀랐습니다. 늙은 아무개 씨가 울고 있었던 것입니다. 그렇게도 나쁜 놈인 톰(Tom)이 은혜를 받았다는 소문이 퍼져나갔습니다. 그는 정기적으로 예배에 참석하기 시작했고, 분명히 변화된 사람이 되었습니다. 술집은 최고의 고객을 잃게 되었으며, 놀이 경기장에도 보이지 않았으며, 인근에 아주 유명한 술꾼들 사이에서도 그를 찾아볼 수 없었습니다. 마침내 그는 기도 모임에도 참석하였으며, 지금까지 자기가 경험하고 생각하고 알고 있던 것들에 대해 말하기도 했습니다. 저는 그가 기도하는 것도 들었습니다. 그의 기도는 거칠고 투박했지만, 진정 은혜를 받은 진지함이 깃들어 있었습니다. 저는 그를 구주의 면류관 안에 밝힌 빛나는 보석으로 생각했습니다. 그는 6개월 아니 9개월 동안 계속해서 우리와 함께 했습니다. 만약 하기 힘든 일이 있으면, 그가 그 일을 감당했습니다. 6-7마일(약 10km) 떨어진 곳에서 주일학교가 열려도, 그는 거기를 걸어갔습니다. 어떤 어려움이 있어도, 그는 주님의 일이라면 도우려고 애썼습니다. 그리스도의 교회에 속한 가장 미천한 자들을 섬겨야 할 일이 있다면, 그는 큰 기쁨으로 그 일을 감당했습니다. 그렇게 그는 계속해서 신앙생활을 했습니다. 그러다가 마침내, 그는 웃음거리가 되고 말았습니다. 옛 친구들이 그를 조롱하고 비웃기 시작했던 것입니다. 처음에 그는 남자답게 그것들을 참아냈지만, 이 모든 것들이 그가 감당하기에는 너무 힘든 일이었습니다. 그는 생각하기 시작했습니다. 너무 광신적으로 신앙생활을 하는 것은 아닌지, 너무 과하게 열성적으로 신앙생활을 하는 것은 아닌지 말입니다. 그는 예배 장소에 담대하게 나오기보다는 오히려 몰래 가만히 참석했습니다. 그는 점차 주일 밤 예배에 빠지더니 마침내 주일 낮 예배까지 빠졌습니다. 그는 다시 옛 습관으로 되돌아갔던 것입니다. 물론 그가 예전에 저지르던 극악무도한 죄를 저지르는 것은 아니었지만, 그래도 하나님이나 경건에 대해서 그가 알고 있던 생각들은 사라진 듯했습니다. 그는 다시 불경한 욕설을 했고 하나님을 모욕하며 사악한 행동들을 저질렀습니다. 우리가 때로 자랑스럽게 여겼던 사람이며, 우리가 모였을 때 "오! 이 사람으로 인해 하나님께 얼마나 큰 영광을 돌리게 되었는지 모르겠어요! 하나님 은혜 앞에 불가능한 일이 뭐가 있겠어요?"라고 함께 말했던 바로 그가 우리 모두를 놀라게 하였습니다. 거리에서 종종 술 취한 채로 다니는 그를 보았다는 것입니다. 그러자 우리를 비난하는 말들이 쏟아져 나왔습니다. "이 사람은 당신네 기독교인들 중 한 사람이지요. 그렇지 않아요? 당신네들이 말하는 회심자들 중에 다시 옛날로 돌아가 전처럼 나쁜 사람이 되어 버린 바로 그 사람이지 않나요?"라고 말입니다.

　길 가와 같은 청중이 나쁘다면, 바위 위와 같은 청중은 그보다는 좀 나은 게 아닌가, 하고 생각할 수 있습니다. 그러나 저는 그렇지 않다고 생각합니다. 물론 이 두 번째 부류의 청중들은 첫 번째 청중들보다는 확실히 더 많은 기쁨을 줍니다. 항상 새로운 목회자에게로 몰려드는 부류의 사람들이 있습니다. 처음에는 항상 이런 사람들 몇 명씩 보내주시는 것이야말로 하나님의 애정 어린 섭리라고 생각하곤 했습니다. 목회자가 젊고 또 도와줄 성도들이 목회자 옆에 얼마 없을 때, 이런 부류의 사람들은 쉽게 움직입니다. 그래서 만약 목회자가 진심으로 설교한다면, 그들은 그것을 느끼고, 그 목회자를 사랑하며, 그 주변으로 모여듭니다. 그러나 모든 것을 드러내 보여주는 시간이 그들의 정체도 드러내 줍니다. 그들은 그 자체로 보면 선하고 순전한 금속처럼 보이지만, 불 속에 넣어 시험을 거치면 그들의 정체가 드러나 버립니다. 그들은 용광로 속에서 소멸됩니다. 제가 둘러보니 여기에도 이런 부류의 사람들이 한두 명 있습니다. 여러분 대부분이 어떠한지 저는 잘 모릅니다. 하지만 제가 드리는 이 말씀을 꼭 들어야 할 사람이 몇 사람이 보이는 것 같습니다. "여러분이 바로 오늘 본문에 묘사되어 있는 바로 그런 사람들입니다." 제가 설교를 하면서, 여러분을 살펴보며 종종 이런 생각을 했습니다. "틀림없이 저기 있는 저 사람은 조만간 세속적인 일들을 접겠구나. 내가 장담하겠어"라고 말입니다. 저는 그분으로 인해 하나님께 감사드렸습니다. 아! 그런데 지난 7년 동안 여러분에게 말씀을 전해 왔으나, 여러분은 예나 지금이나 전혀 달라진 게 없습니다. 자, 생각해 보십시오. 또 7년이란 시간이 더 남아 있을지 누가 알겠습니까? 그렇다면 지난 7년이라는 시간을 허송세월(虛送歲月)한 것은 아닙니까? 또 지난 7년 동안 해온 경고와 초대가 거절당하고 거부된 것은 아닙니까? 정말 그렇다면, 여러분은 마침내 여러분의 무덤 속으로 들어가야 하고, 저는 그 열린 무덤 입구에 서서 "꺾인 한 소망, 봉우리째 말라비틀어진 한 송이 꽃, 은혜 때문에 발버둥을 쳤으나 결국 은혜의 다스림을 받지 못했으며, 생명을 위한 소망의 충동이 몇 번 있었지만, 결국 영원한 사망의 냉담함과 무기력함에 전적으로 굴복해 버린 한 사람이 여기에 누워 있나니"라고 말해야 합니까? 하나님께서 여러분을 구원해 주시기를 기원합니다! 오! 그분께서 여러분을 유효적절하게 대해 주시기를 기원합니다. 그리고 여러분, 바로 여러분이 열매를 맺어 예수님께 모든 영광을 돌리게 되기를 기원합니다.

3. 세 번째 부류의 사람들에 대해서는 아주 간략히 다루고자 합니다.

성령님께서 저를 도우셔서 여러분을 신실하게 대하게 하옵소서. "더러는 가시떨기 속에 떨어지매 가시가 함께 자라서 기운을 막았고"라고 본문은 말합니다. 지금 이 땅은 원래 좋은 땅이었습니다. 앞에 나온 두 땅들은 애초부터 나쁜 땅이었습니다. 길 가도 적절한 곳이 아니었고, 바위 위도 어떤 식물이 자라기에는 쾌적한 조건이 아니었으니까요. 하지만 이곳은 좋은 토양입니다. 여기에 가시떨기가 자라고 있었기 때문입니다. 엉겅퀴를 자라게 하는 토양에서는 분명히 곡식도 자랄 것입니다. 엉겅퀴가 싹이 나서 무성할 정도라면, 거기에서는 곡식도 무성하게 자랄 것입니다. 이곳은 분명히 비옥하고 기름지고 열매가 많은 땅이었습니다. 그러므로 농부가 이곳에 신경을 많이 쓰고 이 밭모퉁이에 여러 움큼의 씨앗을 부린 것은 그리 이상한 일이 아닙니다. 한두 달 후에 시간이 흘러 농부가 이곳을 찾았을 때 얼마나 기뻐할지 한번 생각해 보십시오. 씨앗에서 싹이 났습니다. 그런데 싹이 난 곡식과 거의 비슷한 크기의 뭔지 모를 작은 싹이 함께 올라오고 있었습니다. 그 농부는 생각했습니다. "오! 뭐 별거 아닐 거야. 나중에 곡식을 거둘 때가 되면 곡식이 이것보다 더 잘 자라 있을 거야. 지금은 안타깝게도 이 곡식과 함께 몇 개 안되는 엉겅퀴들이 자라고 있지만, 곡식이 이 엉겅퀴들의 기운을 막아 버릴 거야"라고 말입니다. 아, 농부 양반, 당신은 악의 세력에 대해 모르고 있으니, 그런 얼토당토않은 생각을 하는 것이 아니겠소! 시간이 흘러 농부가 다시 와서 보니, 씨앗은 자라나 있었습니다. 곡식에 이삭까지 패어 있었습니다. 그런데 엉겅퀴과 가시떨기와 찔레들이 한데 뒤엉켜 그 가련한 곡식은 거의 햇빛을 받을 수가 없었습니다. 사방팔방으로 가시덤불들이 우거져서, 그 가시덤불 때문에 물방울도 떨어지지 않고, 햇빛도 전혀 비치지 않았습니다. 곡식은 시들어가는 것처럼 누르스름하게 보였습니다. 그래도 곡식은 여전히 살아 있었고, 계속해서 자라면 작은 양이라도 결실을 할 것처럼 보였습니다. 하지만 결국 아무것도 열매를 맺지 못했습니다. 곡식을 심었지만 수확하여 그 품에 안은 것은 아무것도 없었습니다. 결실할 조짐은 있었지만 실제로는 아무것도 없었습니다. 그 곡식은 온전한 열매를 맺지 못했던 것입니다.

지금 우리 가운데는 이런 부류의 사람들이 거의 대부분입니다. 여기 있는 신사 숙녀들은 말씀을 듣기 위해 왔으며, 이들은 자신이 듣는 바를 이해하는 사람들입니다. 그들은 자신이 들은 것을 내팽개칠 만큼 무지몽매(無知蒙昧)한 사람들이 아닙니다. 우리가 그들에게 말씀을 전할 때, 우리는 돼지 앞에 진주를 던지고 있는 것이 아닙니다. 그들은 진리의 말씀을 받아 소중히 간직합니다. 그들은 말씀들을 집으로 가져갑니다. 그들은 그 말씀들을 묵상합니다. 그들은 오고 또 오고 다시 옵니다. 그들은 신앙 고백을 하기까지에 이릅니다. 곡식은 봉오리를 피워 만발할 것처럼 보이고, 곧 온전한 열매를 맺을 것 같았습니다. 그러나 절대 섣불리 판단하지 마십시오. 이런 사람들은 돌봐야 할 것들이 너무 많습니다. 그들이 운영하는 큰 회사는 신경 쓸 것들이 많고, 그들의 공장에는 수백 명의 일손들을 거느리고 있습니다. 그들의 경건에 속지 마십시오. 그들은 경건에 힘쓸 시간이 없습니다. 그들은 어쨌든 이 세상을 살아가야 하기에 이 세상의 일을 포기할 수 없다고 여러분에게 말할 것입니다. 그들은 어떻게든 현재에 충실하면서, 미래에 대해서는 서서히 돌봐도 되리라 그렇게 생각합니다. 그들은 지속적으로 참석합니다. 그래서 시들어가는 가엾은 잎들일지라도 계속해서 자라나게 됩니다. 지금 그들은 부자가 되어 그들의 마차로 예배드리는 이곳에 올라올 수 있게 되었습니다. 이제 그들은 마음에 원하는 것을 모두 가지고 있습니다. 아! 그렇다면 이 씨앗은 자랄까요, 아니면 자라지 않을까요? 자라지 않습니다. 절대 자라지 않을 것입니다. 그들은 이제 신경 쓸 일이 전혀 없습니다. 장사는 그만두고, 한적한 시골에 삽니다. 그들은 "다음 번 어음을 막기 위해 어디서 돈을 끌어올까?" 혹은 "이 돈으로 늘어난 식구를 어떻게 먹여 살릴 수 있을까?" 등의 이런 질문들을 더 이상 할 필요가 없습니다. 전혀 할 필요가 없습니다. 지금 그들은 찢어지게 가난한 것이 아니라 너무 부유해졌고 그들의 재물을 소유하게 되었기 때문입니다. 어떤 사람은 이렇게 말합니다. "그래도 그들은 자기 재물을 하나님을 위해 사용할 수도 있을 것입니다. 그들은 가진 달란트들이 많으니, 아마 유익한 일에 내놓을 수도 있겠지요." 오! 그렇지 않습니다. 재물이 그렇게 간단하지가 않습니다. 그들의 재물이 속이기 때문입니다(막 4:19, KJV). 이제 그들은 많은 사람들을 대접해야 합니다. 그리고 존경도 받아야 합니다. 그러면 틀림없이 그들은 의회의 의원이 되는 것에 대해 생각할 것입니다. 이제 그들은 재물이 꾀할 수 있는 모든 속임수에 틀림없이 넘어가게 되어 있습니다. 그렇습니다. 그래서 그들은 자신의 재물들을 사용하기 시작합니다. 그리고 의원이 되기 위한 어려움들을 분명히 극복해 냅니다. 그들은 그리스도의 뜻을 위해 통 크게 기부도 하며, 자선 사업을 위해 크게 희사(喜捨)하기도 하는 등 구제 사업에 힘씁니다. 이제 그 가엾은 잎들은 자랄까요, 아니면 자라지 않을까요? 자라지 않습니다. 이유는 지금 여러분이 본 대로 쾌락의 가시떨기 때문입니다. 타인에게 관대한 사람은 자기 자신에게도 관대하기 마련입니다. 그들은 자신이 가진 재물에 대해 즐거워합니다. 물론 그들이 그런 즐거움을 느끼는 것은 지극히 당연한 일입니다. 하지만 동시에 이런 즐거움이 너무 크고 강해서 곡식이 자라날 기운을 막아 버렸습니다. 그들은 이러한 즐거움, 즉 음악회, 무도회, 저녁 파티 등이 주는 즐거움을 좋아했기 때문에, 복음 진리의 좋은 곡식들을 자라나게 할 수 없었습니다. 이 세상의 즐거움이 씨앗이 자라날 기운을 막아 버렸기 때문에, 그들은 하나님의 여러 가지 일들에 참여할 수 없습니다. 저는 이런 부류의 사람들에게 일어나는 끔찍한 사례들을 알고 있습니다. 제가 이런 이야기를 다시 꺼내서 다시 회자된다는 것이 바람직하지는 않겠지만, 그래도 몇 가지 경우만 말씀드리고 넘어가겠습니다. 저는 의회 정치계에서 거물급인 한 사람을 알고 있습니다. 그는 종종 제게 자신이 좀 보잘것없는 사람이었으면 좋겠다고 고백하면서, 그래야 자신이 하늘나라에 들어갈 수 있겠다는 생각이 든다고 말했습니다. 그는 높은 지위를 가지고 있었지만 그런 말을 했습니다. 그렇게 말할 때 그의 얼굴 표정은 진지했고, 그 표정에서 저는 다음과 같은 그의 의중(意中)을 읽을 수 있었습니다. "아! 목사님, 이놈의 정치바닥에서 제가 벗어났으면 하는 바람입니다. 정치가 제 가슴에 있는 모든 생명력을 집어삼키고 있습니다. 제가 원하는 대로 하나님을 섬길 수 없어요. 좀 외딴 곳으로 물러나서 주님을 찾았으면 하는 것이 저의 유일한 소망입니다." 또한 저는 이런 사람도 알고 있습니다. 이 사람은 엄청난 재산을 가졌습니다. 그만한 부를 가지고서도 항상 친절하고 훌륭한 그런 사람이었습니다. 그가 제게 이런 말을 했습니다. 아니 사실은 그와 함께 걸으면서 제가 그의 생각을 읽었다고 할 수 있습니다. "아! 목사님, 부자가 되는 것은 아주 무서운 일이에요. 제 주위에 있는 이 세상 것들 때문에, 주님께 가까이 하기가 결코 쉽지 않거든요."

아! 사랑하는 성도 여러분, 저는 여러분을 병상에 눕게 해 달라거나, 여러분이 가진 모든 부를 제거해 달라거나, 여러분이 거지가 되게 해 달라거나, 여러분이 받고 있는 위로를 없애 달라는 등의 기도제목으로 여러분을 위해 기도하지는 않습니다. 그러나 하나님께서 이렇게라도 해야 여러분의 영혼이 구원받게 된다면, 이것은 여러분이 하나님과 할 수 있는 최고의 거래일 것입니다. 왕이 구원을 받기 위해 왕관을 벗을 수 있다면, 힘 있는 사람들 가운데 가장 힘 있는 자가 씨앗이 자라날 기운을 막은 가시떨기에 대해 불만을 갖고서, 자기가 가진 모든 부를 포기하고 자신이 누리던 모든 즐거움을 버린다면, 또 사치하고 화려하게 살던 자들이 가난한 자들로 변한다면, 또 날마다 호화롭게 즐기던 자들이 거름 옆에 있던 나사로의 위치가 되어 그 헌데를 개들이 와서 핥는 지경(눅 16:19-21)이 된다면, 이런 상황이 돼서라도 그들의 영혼이 구원받을 수만 있다면, 그들에게는 아주 행복한 변화일 것입니다. 여러분, 오해하지는 마십시오. 부유하고 존경도 받는 사람이 하나님의 은혜 가운데 많은 즐거움을 누리다가, 죽어서는 하늘나라에도 갈 수 있다는 것을 제가 믿지 못한다는 것이 아닙니다. 단지, 이런 일이 일어나기는 아주 힘들다는 것이지요. "낙타가 바늘귀로 나가는 것이 부자가 하나님의 나라에 들어가는 것보다 쉬우니라"(막 10:25)는 말씀처럼 말입니다. 이 낙타들 가운데 몇은 바늘귀를 통과합니다. 하나님은 몇몇 부자들을 하늘나라로 들어가게 하십니다. 하지만 그러기 위해서는 당사자들의 심적 갈등이 매우 심하며, 항상 쳐서 복종시켜야 할 교만한 육체를 상대로 벌이는 그들의 싸움은 필사적입니다. 흔들리지 마십시오. 젊은 성도 여러분, 절대로 흔들리지 마십시오! 재물을 얻기 위해 그렇게 서둘러 가지 마십시오. 재물로 인해 많은 사람들의 인생이 거꾸러뜨림을 당합니다. 여러분은 인기를 위해서 하나님께 간구하지 마십시오. 인기를 얻은 자들은 그 인기를 싫어하고, 자신의 인기가 사라지기를 바라고 있습니다. 여러분은 하나님께 유명하고 부유하게 해 달라고 간구하지 마십시오. 유명하고 부유한 자들은 종종 자기의 내면을 들여다보면서, 자신들이 예전에 누렸던 조용한 삶으로 되돌아가기를 바라고 있습니다. 아굴처럼 "나를 가난하게도 마옵시고 부하게도 마옵소서"(잠 30:8)라고 간구하십시오. 하나님께서 저에게 황금 같은 중용(中庸)의 길을 걷게 하시어, 제 마음에 있는 좋은 씨앗이 장차 하나님의 영광을 위해 백 배의 결실을 맺었으면 좋겠습니다.

4. 이제 마지막 특성, 즉 좋은 땅에 대해 살펴보고 말씀을 맺겠습니다.

여러분도 눈여겨보았겠지만, 우리에게 좋은 토양은 넷 중에 단 하나뿐입니다. 아! 여기 있는 우리 가운데 오직 사분의 일만이 말씀을 받기에 잘 준비된 마음을 갖춘 자라니요. 그 땅은 좋았습니다. 그러나 본성적으로 좋은 땅은 아니었습니다. 그 땅은 은혜로 좋은 땅이 되었던 것입니다. 하나님께서 그 땅을 경작하셨고, 확신이라는 쟁기로 그 밭을 갈아놓으셨습니다. 그래서 그 밭에 마땅히 있어야 할 이랑이 생기게 되었습니다. 복음이 전해질 때, 그 마음은 복음을 받아들였습니다. "오, 은혜로다! 내가 원하는 분이 그리스도 바로 이분이시다"라고 말하고, "궁핍한 죄인에게 필요한 것이 바로 피난처로다! 내가 그토록 원하던 피난처를 하나님께서 주시어 내가 피난처로 피하도록 도우셨다"라고 말했기 때문입니다. 이처럼 복음 전파는 혼란스럽게 쟁기질 된 이 토양에 위로를 주는 유일한 것이었습니다. 이 토양에 씨가 떨어져 싹이 돋아났습니다. 어떤 경우에는 백 배의 결실을 맺는 씨앗처럼, 열렬한 사랑에 불타오르기도 하고 넓은 마음이 되기도 하고 어떤 목적에 헌신하기도 합니다. 그 사람은 하나님의 강력한 종이 되어 혼신의 힘을 다해 정력적으로 일합니다. 그는 그리스도 군대의 전위대로서, 가장 치열한 전투에 앞장서서 소수의 사람들만이 성취할 수 있는 대담무쌍한 업적을 세웁니다. 이 씨앗이 이와 비슷한 성격을 가진 또 다른 마음에 떨어졌습니다. 이 사람은 앞의 사람처럼 그렇게 최고의 헌신을 할 수는 없었지만, 그래도 자신을 하나님께 드렸고, 장차 올 세상의 일을 위해서 자신이 현재 하고 있는 일로 할 말이 있는 사람이었습니다. 그의 일상을 보면, 그는 구주이신 하나님의 가르침을 조용히 돋보이게 하였습니다. 그는 육십 배의 결실을 맺은 사람입니다. 이제 이 씨가 또 다른 곳에 떨어졌습니다. 그 사람의 능력과 재능은 아주 적었습니다. 그는 인기 배우가 될 수는 없었지만, 빛을 받아서 다시 빛을 내는 반딧불이가 되고 싶었습니다. 그는 가장 위대한 것들을 할 수는 없었지만, 가장 작은 것일망정 무언가라도 행하는 것에 만족했습니다. 이 씨앗이 그 사람 안에서 열 배의 결실, 혹은 이십 배의 결실을 맺은 것입니다.

오늘 이 자리에 모인 이 엄청나게 많은 회중들 가운데 이와 같이 결실을 맺는 사람을 저는 얼마나 볼 수 있을까요? 저는 여러분에게 복음을 전하고 싶은 활활 불타는 마음으로 이 자리에 왔습니다. 그런데 갑자기 제 영혼을 어둡게 하고 무겁게 하는 무언가가 저를 사로잡았습니다. 제가 여러분에게 말씀을 전하는 중에도, 저는 세상 풍조에 맞서며 제 영혼을 다해 말씀을 전했습니다. 하지만 이 모든 것에도 불구하고, 제가 뿌린 씨앗이 좋은 지점에 적절한 토양을 만나서 어떤 결실을 맺게 될지 기대해도 좋을까요? 마음속으로 이렇게 기도하는 사람이 있을까요? "오, 주님, 저를 구원해 주옵소서. 하나님, 죄인인 저에게도 자비를 베풀어 주실 수 있습니까?"라고 말입니다. 그렇다면 씨앗은 바른 지점에 떨어진 것입니다. 그러면 진정으로 여러분의 기도가 상달될 것입니다. 하나님은 은혜를 베푸실 뜻이 있습니다. 그래서 하나님은 사람들에게 무작정 은혜를 갈망하게만 하지 않으십니다. 그러면 어떤 분은 "오! 저도 구원받을 수 있을까요?"라고 속삭입니다. 진정으로 말씀드립니다. "주 예수 그리스도를 믿으십시오. 그러면, 여러분이, 좀 더 정확히 말해, 여러분까지도 구원받게 될 것입니다." 여러분은 죄인들 가운데 괴수였습니까? 그리스도를 믿으십시오. 그러면 여러분의 엄청난 죄들은 마치 큰 맷돌 같은 돌이 바다에 던져지듯(계 18:21) 사라지게 될 것입니다. 지금 주님을 믿고 싶은 사람이 여기에 아무도 없습니까? 성령님께서 그 마음에 전혀 계시지 않는 그런 일이 있을 수 있습니까? 성령님께서 한 영혼을 감동시키지 않는 그런 일이 있을 수 있을까요? 또한 성령님께서 한 영혼의 생명도 거듭나게 하지 않는 일이 있을 수 있을까요? 우리는 기도하고자 합니다. 지금 성령님께서 강림하시어 그 씨를 마음껏 흩뿌리시고, 감찰하시는 하나님께서 이 씨를 키우고 양분을 주시어, 영원한 추수를 할 때까지 도와주시기를 기도합니다.

이렇게 수년 동안 이 위대한 주일 모임에 왔다가 가고, 왔다가 가고, 그러면서도 이렇게 많은 영혼들이 구원받지 못한 것을 생각할 때, 이 얼마나 대단히 심각한 문제입니까! 저는 매년 수백만 명의 고귀한 불멸의 영혼들에게 말씀을 전하는 것이 저의 사명이라고 생각합니다. 이 수백만 명의 사람들 가운데 귀 먹은 채로 말씀을 들으면서 그 영혼에 아무 감동도 없이, 계속해서 예전 그대로 살아가며 허물과 죄로 죽어 있는(엡 2:1) 사람들이 얼마나 많은지 모릅니다! 이런 생각을 하면 때로 아찔하기조차 합니다. 이 무리들이 내 눈 앞에서 영원히 지나가 버리면 어떡하는가, 만약 내가 신실하지 못했다면 내가 속인 모든 사람들로부터 침 뱉음을 당하지는 않을까, 내가 말씀을 전했던 수백만 명의 모든 눈들이 영원히 불타는 저주의 눈빛으로 나를 바라보지는 않을까, 하는 생각이 들기 때문입니다. 만약 제가 여러분의 참된 행복을 추구하지 않았다면, 제가 여러분에게 우리 주 예수 그리스도의 복음을 전하지 않았다면, 그들이 그렇게 하는 것은 마땅합니다. 예, 그들이 그렇게 하는 것이 당연합니다. 저는 여러분에게 애원합니다. 저는 여러분에게 간청합니다. 만약 여러분의 피가 어딘가에 반드시 떨어져야 한다면, 적어도 지금 제가 말씀드리는 바를 꼭 염두에 두시기 바랍니다. 제 바람은 이것뿐입니다. 여러분의 피가 제 옷 가에서 발견되지 않도록, 제가 여러분을 신실하게 대하려고 애썼다는 사실만은 여러분께서 인정해 주십사 하는 것입니다. 그런데 그 피가 왜 아무 데나 뿌려져야 합니까? 소망이 없습니까? 구원이 없습니까? 생명이 지속되는 한, 여전히 도망갈 문이 열려 있지 않습니까? 피하십시오. 사랑하는 성도 여러분, 피하십시오. 피하십시오! 여러분에게 간청합니다. 피하십시오. 여러분에게 애원합니다. 살아 계신 하나님 때문에, 시간 때문에, 영원 때문에, 천국 때문에, 지옥 때문에, 여러분은 피해야 합니다. 예수님께 피하십시오. 청황색 말 위에 탄 해골 모양의 사망(계 6:8)이 여러분을 쫓아오고 있습니다. 여러분에게 이르기 전에, 저주가 여러분에게 이르기 전에 피하십시오. 피하십시오. 지금도 양팔을 벌려 여러분을 기꺼이 맞아주시는 그분에게로 피하십시오. 예수님을 믿으십시오. 그러면 여러분은 구원을 받습니다. "믿고 세례를 받는 사람은 구원을 얻을 것이요 믿지 않는 사람은 정죄를 받으리라"(막 16:16)는 말씀대로 말입니다. 이러한 것들을 생각하라고 여러분에게 애원하고 간청하는 제가 광신적이고 열광적인 사람입니까? '광신적'이라는 말은 심판 날에 열정적이었다는 사람을 뜻하는 유일한 말이 될 것입니다. '열광적'이라는 말은 자신이 말한 바를 귀하게 여긴 사람을 뜻하는 유일한 말이 될 것입니다. 오, 주 예수 그리스도를 믿으십시오. 지금 여러분이 계신 바로 이 자리에서 하나님의 진노가 불타오르지 않도록, 그분의 신속한 심판이 여러분에게 엄습하지 않도록 말입니다.

> "죄 많은 영혼들아, 와서 피하라.
> 예수님에게로 오라. 그러면 네 상처를 싸매 주시리니,
> 이 날은 누구든 맞아주시는 복음의 날,
> 이 날에 거저 주시는 은혜 풍성하여라."

제
27
장
—

길 가에 떨어진 씨

—

"씨를 뿌리는 자가 그 씨를 뿌리러 나가서 뿌릴 새 더러는
길 가에 떨어지매 밟히며 공중의 새들이 먹어버렸고."
— 눅 8:5

이 비유는 마태, 마가, 누가복음에 모두 기록되어 있습니다. 이것은 아주 중요한 비유입니다. 그래서 우리를 위해 아주 주의 깊게 보존되어 있는 것입니다. 마태는 본문을 "씨를 뿌리는 자가 씨를 뿌릴 때에, 더러는 길 가에 떨어지매 공중의 새들이 와서 먹어버렸고"(마 13:4, KJV)라고 적고 있습니다.

씨를 뿌리는 자는 항상 단수인 한 사람으로 언급된다는 사실을 주목하십시오. 추수하는 들판에서는 많은 사람들이 함께 모여 서로 화음을 이루어 크게 노래를 하기도 합니다. 하지만 씨를 뿌리는 자는 홀로 나갑니다. 우리 주님은 위대한 씨를 뿌리는 자였습니다. 함께 하는 동행자도 없이, "씨를 뿌리는 자가 그 씨를 뿌리러 나가서"라고 되어 있습니다. 그는 고독한 방식으로 이 일을 수행했습니다. 하루 온 종일 혼자서 자신이 해야 할 일을 계속했습니다. 바로 혼자서 일한다는 이 이유 때문에, 우리가 함께 모여 큰 수를 이루었을 때는 우리의 대다수가 하늘나라의 좋은 씨앗을 열심히 뿌리는 자들이 되었으면 좋겠다는 생각을 하게 됩니다. 그러면 우리는 서로를 격려하는 것으로 도울 수 있을 것입니다. 왜냐하면 대부분의 경우 우리는 혼자서 사역을 해야 하기 때문입니다. 그래도 저에게는 저를 도와주는 많은 동역자들이 있습니다. 이에 대해 하나님께 감사드립니다.

하지만 이 사역 가운데는 제가 거의 견딜 수 없는 고독감을 느끼면서 감당해야 할 부분도 분명히 있습니다. 여러분이 관계하고 있는 봉사 영역에서도 여러분은 기독교적인 교제로부터 큰 위로를 받을 것이라고 생각합니다. 하지만 여러분이 혼자서 행해야 하고, 홀로 수고해야 하며, 홀로 하나님을 기다려야 하는 부분들도 여러분의 사역 가운데 분명히 있을 것입니다. 이러한 고독한 경험은 우리에게 좋은 것이라 생각합니다. 계속해서 다른 사람을 의지하는 것은 우리에게도 좋지 않다고 생각합니다. 요즘 급히 지어지고 있는 많은 집들처럼 말입니다. 만약 여러분이 한 쪽 벽을 제거해 버린다면, 그 집들은 모두 무너져 버릴 것입니다. 우리는 가재도구나 가구 등이 일체 완비된 독립된 집들을 원합니다. 한쪽 벽이 이웃집에 붙은 연립 주택이 아니라, 완전히 다른 집들과 따로 떨어진 그런 집을 원합니다. 우리 자신을 토대로 해서 세워져서 독립적으로 생활할 수 있는 그런 곳을 우리는 선호합니다. 하나님은 때때로 우리를 돕는 동역자들을 거두어 가기도 하십니다. 그래서 하나님은 우리가 오직 그분만을 의지하는 법을 배우도록 하시며, 또한 섬김의 결과뿐만 아니라 섬김 그 자체에서도 영광을 받으시는 주님을 우리가 전적으로 의지하면서 그분을 섬기도록 하십니다.

짧은 시간이라도 우리의 실패에 대해 말하는 것이 유익할 것 같습니다. 우리 모두는 꽤 많은 것들을 가지고 있다고 저는 생각합니다. 여러분 가운데 어떤 이들은 하나님을 위한 사역을 시작할 때, 앞으로는 세상을 밀고 뒤로는 교회를 끌어당기겠다고 예상했을 것입니다. 하지만 여러분은 아직까지 이렇게 하지 못했습니다. 여러분은 설교를 통해서 모든 사람들을 회심시키겠다고 마음속으로 상상했었습니다. 하지만 멜란히톤(Philipp Schwarzert Melanchthon, 1497-1560. 독일의 종교개혁자로 「신학총론」(Loci)과 개신교 최초의 신앙 고백서인 「아우크스부르크 신앙 고백서」를 작성했다 — 역주)처럼 여러분도 이렇게 말할 수밖에 없습니다. "늙은 옛 아담은 젊은 멜란히톤이 감당하기에는 너무 강하다"("Old Adam is too strong for young Melanchthon")고 말입니다. 여러분은 여러분이 경험한 바로 그 실패들로 인해 하나님께 더 가까이 나아가게 되었습니다. 만약 성령님께서 은혜를 베푸시어 우리를 도우신다면, 지금도 우리가 계속해서 직면하고 있는 일련의 실패들을 묵상하면서, 다시 말해 "씨를 뿌리는 자가 그 씨를 뿌리러 나가서 뿌릴 새 더러는 길 가에 떨어지매 밟히며 공중의 새들이 먹어버렸고"라는 이 말씀의 내용을 묵상하면서, 하나님께 영광을 돌리기도 하고 상호간에 위로를 받기도 할 것입니다.

그래서 우리가 배우게 될 사실은 다음과 같습니다. 첫 번째, 우리는 무익한 수고를 할 수도 있습니다. 두 번째, 어떤 토양들은 좋은 씨앗에 적합하지 않다는 사실을 알게 됩니다. 그리고 세 번째, 우리는 그 씨앗을 지켜보아야 합니다. 그래야 그 씨앗에서 일어나는 일들로부터 무엇인가를 배우게 됩니다.

1. 이제 첫 번째로, 우리는 무익한 수고를 할 수도 있습니다.

"우리가 전한 것을 누가 믿었느냐? 주의 팔이 누구에게 나타났느냐?"(사 53:1, KJV)라고 부르짖은 이사야처럼 우리도 이렇게 부르짖게 되고 한탄하게 될 어떤 일을 하게 될 수 있습니다.

우리는 이런 일을 예상할 수 있습니다. 그 이유는 첫째, 이런 무익한 수고는 다른 모든 분야에서도 일어날 수 있기 때문입니다. 모든 것에 이윤을 얻는 장사꾼은 없습니다. 모든 거래에서 성공했던 상인도 지금까지 없었습니다. 최고의 이윤을 남긴 거래에도 손실은 있기 마련입니다. 어부를 한번 보십시오. 어부가 그물을 던질 때마다 매번 고기를 잡습니까? 저는 자주 망통(Mentone, 스펄전이 자주 여행한 프랑스 남부 지중해 연안의 작은 휴양 마을)의 바닷가에 서 있곤 합니다. 거기서 열 명에서 스무 명 남짓한 사람들이 넓은 바다 곳곳에 던져놓았던 그물을 끌어올리는 모습을 보곤 합니다. 그 사람들이 그물을 끌어올릴 때, 저는 그들이 잡은 물고기들을 종류대로 다 제 손으로 직접 만져보기도 했습니다. 그들은 그물을 내린 후, 다시 곧바로 바다로 나가서는 이전보다 더 적은 양의 물고기를 잡은 채로 다시 돌아오는 것도 보았습니다. 너무나 자주 제일 작은 접시에 펼쳐 놓을 만큼의 아주 작은 양의 물고기를 잡는다 해도, 그들은 여전히 자기들이 하던 일을 계속했습니다. 어부들은 자기들이 고기 잡는 일에 있어서 어떤 실수를 했다고 해서, 그 하던 일을 포기하지 않습니다. 우리 주님께서 사용하신 농부의 비유를 생각해 보면, 모든 농작물들이 다 결실하지 않는다는 사실을 알 수 있습니다. 어쨌든, 몇 년간의 경험을 쌓는다 해도, 농부는 모든 씨앗들이 다 싹이 나고, 모든 농작물들이 다 풍성하게 결실을 맺을 것이라고는 기대하지 않습니다. 만약 이런 기대를 했다면, 그는 처참하게 실망했을 것입니다. 그는 결국 손실을 이익으로 대신하는 법, 즉 실패를 성공으로 상쇄하는 법 등을 배우게 됩니다. 그래서 그는 종국에는 승리자가 될 것이라는 사실을 믿고 기대하면서 인내하며 견뎌냅니다. 사랑하는 성도 여러분, 여러분이 어떤 영역에서 봉사를 하든지 간에, 여러분에게도 이와 같은 무익한 밭 일 같은 부분들이 있을 것이라 예상하기 바랍니다. 왜냐하면 이런 일들은 다른 모든 분야에서도 일어날 수 있기 때문입니다. 즉, 자연에서 일어나는 유사한 일들이 은혜의 영역에서도 일반적으로 적용되기 때문입니다.

다음으로, 우리의 절망, 우리의 무익한 수고를 통해 우리가 하나님을 의지하는 법을 배우게 된다는 사실을 여러분은 생각해 보았습니까? 아마도 우리는 아직까지 아주 큰 정도의 성공은 감당할 수 없을 것 같습니다. 만약 주님께서 몇몇 형제들에게 약간의 축복을 해주셔서, 몇몇 영혼들이 그리스도에게 인도되는 일들을 그 형제들이 보게 된다면, 그들은 아주 감사하며 기뻐할 것입니다. 이것은 매우 바람직한 모습입니다. 그러나 그와 동시에 그들은 스스로를 아주 대단한 사람으로 여길 것입니다. 이것은 매우 바람직하지 못한 모습입니다. 성공적인 집회를 마친 이후에 그들이 밤에 하는 말을 여러분은 들어보아야 합니다. 스스로를 대단한 사람인 것처럼 말하는 그들을 보면서, 아마 여러분은 그들을 잘 알아보지 못할 것입니다. 하나님께서 그들의 인생 항해에 한 번 휙 부는 바람을 불게 하신 것인데, 그들은 거의 전복되어 버립니다. 왜냐하면 그들은 너무나 작은 바닥짐(ballast, 밸러스트라고도 하는데 배나 열기구에 무게를 주고 중심을 잡기 위해 바닥에 놓는 무거운 물건을 말한다)을 가지고 있기 때문입니다. 하나님을 위해 일하는 사람들 가운데는 성공의 여부를 하나님께 맡기지 못하는 사람들이 몇몇 있습니다. 이것이 바로 우리가 실패하는 한 이유입니다. 우리 주님은 장래에 우리를 더 크게 사용하실 뜻을 가지고 계십니다. 우리가 장래에 어떤 사람이 될지는 아직 드러나지 않았습니다. 그분께서 우리에게 뜻하신 엄청난 기쁨의 무게를 우리가 지탱하기에 적합한 사람이 되도록, 그분은 지금 우리를 겸손하게 만들고 계시는 중입니다. 수년 후에는 우리가 그분을 찬양하고 그분에게 영광을 돌리게 될 만한 풍성한 결실을 맺게 될 것입니다.

오, 주님의 일을 하는 사랑하는 성도 여러분, 여러분이 하나님의 축복을 받기에 합당한 자인지 자신을 살펴보십시오! 여러분의 하늘 아버지께서 아주 대단한 성공을 여러분에게 베풀어 주셔도 아무 문제가 없을 정도로, 여러분이 영적으로 건강한 상태가 되도록 기도하십시오! 저는 이렇게 생각합니다. 우리가 어떤 사람을 회심시키기 위해 매번 열심히 노력해 보지만, 매번 성공하지는 못합니다. 그럴 때마다 우리는 우리의 무릎을 꿇게 됩니다. 여러분을 크게 절망하게 했던 사람들을 여러분은 분명히 만난 적이 있을 것입니다. 여러분은 그 물고기를 잡았다고 생각했는데, 그 물고기는 여러분에게서 몰래 빠져나가 다시 강이나 바다로 돌아가 버렸습니다. 여러분은 이 여자야말로 참으로 회심을 했다고 그렇게 생각을 했습니다. 그녀가 얼마나 진실하게 회개한 것처럼 보였는지 모릅니다! 하지만 그녀는 예전의 죄된 모습으로 다시 돌아가 버렸고, 지금도 여전히 악한 모습 그대로입니다. 여러분은 저 남자야말로 하나님의 은혜를 가장 인상적으로 보여줄 수 있는 사례라고 생각하기도 했습니다. 그러나 지금 여러분은 그에 대해 부끄럽게 생각하고 있습니다. 왜냐하면 그는 지금 다른 사람들에게 해를 끼치고 있기 때문입니다. 다시 말해서 사람들은 그 사람이 한 거짓 신앙 고백을 보고서, 기독교도 뭐 그리 대단한 것이 아니라고 생각하기 때문입니다. 아! 여러분 중에 어떤 이들은 많은 영혼을 대해야 하는 그 마음, 즉 우리가 감당해야 할 그 애끓는 마음을 모르고 있습니다. 그러나 아마 여러분이 맡고 있는 좀 더 작은 영역에서도, 눈물로 두 뺨을 적시며 하나님께 나아가야 했던 적이 틀림없이 있었을 것입니다. 모든 걸 다 해봐도 결국 그 소년을 그리스도를 위한 소년으로 얻지 못해서, 또 그 철부지 같은 소녀가 주님을 찾도록 권면하지 못해서 말입니다. 여러분은 울기도 하고 기도도 했을 것입니다. 하지만 이 모든 것에도 불구하고, 여러분 앞에는 길 가와 같은 사람들이 여전히 존재합니다. 이런 사람들은 여러분이 뿌린 씨앗에 대해 어떤 수확을 낼 수도 없고 또 내지도 않을 것처럼 보입니다. 우리는 허튼 소리 하는 것을 좋아하지 않습니다. 더더군다나 우리의 기도가 허튼 소리로 들리는 것은 더 좋아할 수 없습니다. 그런데 우리가 실제로 이렇게 하고 있다니, 저는 도저히 믿을 수가 없습니다. 저는 이 모든 것이 어떤 방식을 통해 하나님의 영광으로 변한다는 것을 믿고 있습니다. 하지만 이런 일은 우리의 능력으로 일어나는 것이 아닙니다. 따라서 우리는 우리의 하나님을 전적으로 의지하는 마음을 가져야만 합니다. 우리에게는 자급자족(自給自足)할 만한 능력이 없습니다. 우리가 세상을 만들 수 없듯이, 우리는 한 영혼도 회심시킬 수 없다는 사실을 알아야 합니다. 어떤 사람 안에 새로운 마음을 만들 수 있다고 생각하는 사람은 파리라도 한 마리 만들어 보이는 것부터 시작하는 것이 좋을 것 같습니다. 파리 정도는 만들어 낸 다음에야, 죄인을 예수 그리스도 안에 있는 새로운 피조물로 만들 수 있다고 생각하십시오. 여러분이 할 수만 있다면, 가서 죽은 자들을 일으키십시오. 우리의 무덤 속에 있는 자들에게 말을 해서, 다시 살아나도록 하십시오. 그런 다음에야 비로소, 여러분은 죽은 영혼을 영적인 삶으로 부르는 능력이 여러분 안에 있다고 생각하십시오. 이런 일은 오직 하나님만이 하실 수 있는 일들입니다. 이런 기적이 일어나려면, 하나님의 능력의 팔을 가리는 것이 아무것도 없어야 합니다. 우리는 실패를 통해 우리가 그분을 절대적으로 신뢰해야 함을 배우게 됩니다.

또한 좋은 토양에 이르기 위해서도 이런 과정이 필요합니다. 우리는 우리로부터 전혀 유익을 얻지 못하는 사람들과도 종종 대면해야 합니다. 왜냐하면 그들과 관련된 다른 사람들을 위해서입니다. 씨를 뿌리는 자는 밭 중앙을 가로질러 뻗어 있는 길 위에 자기 씨앗을 뿌리고 싶지 않습니다. 그곳은 너무나 딱딱하기 때문에 그 위에 어떤 것이 떨어져도 씨앗만 버리게 되는 줄을 알고 있습니다. 그래도 씨를 뿌리는 자는 그 길 바로 옆 가장자리까지는 씨앗을 뿌리고 싶어합니다. 길의 양 옆에 있는 길고도 아주 좁은 가장자리이지만 씨를 뿌리지 않은 채로 그냥 내버려 두고 싶지는 않기 때문입니다. 그가 그 길 위에 쓸데없이 과도한 노력을 쏟는 것은 아니지만, 어쨌든 그는 그 길 바로 가장자리까지 씨를 뿌리는 노력을 감수하려고 합니다. 그래서 메마른 대로(大路)의 가장 가까이까지 씨를 뿌려, 거기에서도 수확을 얻었으면 하는 것입니다. 곡식의 씨앗 중 일부분이 사람이 밟고 다니는 길 위에 떨어지는 것은 씨 뿌리는 일을 하다보면 어쩔 수 없는 일이기도 합니다. 이와 마찬가지로, 만약 여러분이 은혜의 수단들을 어떤 사람의 아내에게 베풀기를 원한다면, 그녀의 남편도 얻기 위해 애쓰는 것이 좋을 것입니다. 물론 그 남편은 그리스도를 원치 않는다 해도 말입니다. 어떤 가정의 모든 자녀들이 하나님께 돌아와 그 모든 가족들이 하나님의 말씀을 듣게 되는 것이 여러분의 간절한 바람이라 해도, 그 가족 중의 한 사람 정도는 축복을 받지 않으려는 사람이 있기 마련입니다. 이런 문제와 관련해서는 더 이상 물으려고 하지 마십시오. 여러분이 해야 할 일은 그들 모두에게 복음을 전하는 일입니다. "모든 피조물에게 복음을 전파하라"(막 16:15 KJV)는 말씀대로 말입니다. 사람들이 밟고 지나다니는 대로(大路)와 같은 사람, 즉 좋은 씨가 뿌려지기에는 부적절하다고 알려진 몇몇 사람들이 복음에 전적으로 저항한다 해도, 그런 사람들도 회중 가운데 있어야 할 필요가 있습니다. 왜냐하면 그런 사람이 와서 회중 가운데 앉아 있지도 못한다면, 하나님께서 복을 주시기로 작정한 다른 사람들마저 회중 가운데 들어올 수 없기 때문입니다.

　　더 나아가, 사람이 밟고 다니는 길 위에도 씨를 뿌리는 것은 그 토양을 시험해 볼 필요가 있기 때문이라는 사실을 생각하십시오. 복음을 전하는데 있어서 서로 다른 성격들을 계속하여 분류하는 것은 크나큰 해악을 끼치는 일이라고 생각합니다. 왜냐하면 이런 일에 신경 쓰다 보면 사람들은 복음에 대해 생각하기보다는 오히려 자신에 대해서만 생각하기 때문입니다. 만약 제가 가서, "자, 여러분이 이러이러한 성격의 이러이러한 사람이라야 그리스도께 오셔서 구원받을 수 있습니다"라고 말한다면, 제 말을 들은 사람들은 마음속으로 '나는 그런 사람인가, 아닌가?'라는 생각을 제일 먼저 할 것입니다. 저는 여러분이 그런 방식으로 생각하지 않기를 바랍니다. 중요한 것은 여러분이 자신에 대해 가진 모든 생각들에서 벗어나서, 오직 그리스도와 그분의 전적으로 충만하심만 생각하는 것입니다. 여러분은 한 사람의 피조물입니까? 우리는 모든 피조물에게 복음을 전파하라(막 16:15, KJV)는 명령을 받았습니다. 여러분은 한 사람의 죄인입니까? 그렇다면 "그리스도 예수님께서 죄인들을 구원하시려고 세상에 오셨다는 이 말은 신실한 말이요 온전히 받아들이기에 합당한 말"(딤전 1:15, KJV)입니다. 그러므로 이러한 총체적인 방식으로 우리가 복음을 전해야 한다면, 씨앗을 뿌려도 싹이 나지 않을 그런 곳에도 몇 움큼의 씨앗을 부려야만 합니다. 우리의 위대한 주님께서는 좋은 씨앗들을 많이 가지고 계십니다. 그분은 아주 부유한 농부이기 때문에, 잃어버릴지도 모르는 몇 움큼의 씨앗들에 대해 그리 아쉬워하지 않으실 것입니다. 그러므로 우리가 전하는 복음을 듣는 사람들을 선별해야 하는 무거운 책임을 지고서 "이 사람은 복음을 들을 만한 사람이고, 또 저 사람은 듣지 않을 사람이다"라고 말하기보다는 차라리, 복음을 듣지 않을 사람에게 우리가 헛되이 전한 실패를 인정하고 이에 대해 슬퍼하는 것이 훨씬 더 쉬운 일일 것입니다. 참으로 사람을 선별하는 일은 우리가 짊어지기에는 너무 무거운 짐이 될 것입니다. 어떤 사람이 로울랜드 힐(Rowland Hill) 목사에게 택함을 받은 자들에게만 복음을 전해야 하지 않겠느냐고 말했을 때, 그가 했던 대답을 저는 기억합니다. 그는 "아주 좋은 생각입니다. 다음 주일 아침에 택함 받은 모든 사람들의 등에 분필로 표시해 두십시오. 여러분이 그렇게만 해주신다면, 저는 등에 표시된 자들에게만 복음을 전하겠습니다"라고 말했습니다. 택함 받은 자들의 등에 표시를 하는 것은 정말 어려운 일입니다. 우리는 그런 일을 할 수 없습니다. 우리가 그런 일을 할 수 없기 때문에, 우리가 할 수 있는 최선은 하나님께 이 일을 위임하여, 하나

님께서 자신의 효과적인 방식으로 하나님의 구별하는 은혜(갈 1:15, KJV)의 작
정을 성취하시도록 하는 것입니다. 우리가 분명히 완성할 수 없는 일들은 우리
가 하려고 시도할 필요조차 없는 것입니다. "길 가" 바로 거기에도 한 줌의 씨앗
을 뿌리십시오. 설령 공중의 새들이 그 씨앗들을 먹어버린다 해도, 뿌릴 씨앗은
아주 많습니다. 우리 주님의 씨앗을 가지고서 우리가 인색하거나 쩨쩨하게 씨를
뿌리다가, 씨가 뿌려지지 않은 곳이 있게 된다면, 이런 일이 우리에게는 더 안타
까운 일일 것입니다.

　　다시 한 번 살펴보겠습니다. 우리 모두가 그러하듯이 우리가 실패에 직면했
을 때, 우리의 실패로 인해, 그 씨앗이 다른 곳에서 싹이 트는 것을 보게 된다면, 이 일
로 인해 우리는 더 큰 감사를 하게 된다고 저는 확신합니다. 저의 사역을 통해 주님
을 만나게 된 어떤 영혼으로 인해, 저는 본 예배 시간 전에 있었던 기도회에서 하
나님을 찬양하지 않을 수 없었습니다. 저 같이 연약한 사람에게도 하나님께서
이렇게 크게 축복해 주시다니, 저는 항상 깜짝 놀라기만 합니다. 사랑하는 성도
여러분, 하나님께서 여러분을 도구로 삼으셔서 실제로 어떤 죄인을 예수님의 발
아래로 인도한 것을 알게 되었을 때, 여러분도 분명히 놀랐을 것이라고 생각합
니다. 우리가 행하는 증거가 미약하다는 것과 하나님을 믿는 믿음이 없다는 것
을 기억해 볼 때, 그리고 우리가 전하고 싶은 대로 마음껏 복음을 전할 능력이 없
어서 슬퍼하며 집으로 돌아오던 것을 회상해 볼 때, 그리고 만약 이 자리에 교사
로 일하는 사람들이 있다면, 교사로서 가르치고 싶은 대로 제대로 가르칠 수 없
다는 생각이 들 때, 바로 그 때 우리는 이렇게 말할 수 있습니다. "만만이 하나님
을 찬송하리로다(고후 1:3). 나를 통해 단 한 명의 불쌍한 여종이라도 하늘나라
로 가는 그 길을 찾았다면"이라고 말입니다. 만약 거리의 부랑아인 한 불쌍한 사
람이 자선학교(ragged-school, 19세기 영국에서 노동자 주거지역을 중심으로, 경제적으로
취약한 자녀들을 가르치던 기독교 빈민 교육기관 ― 역주)에서 그리스도를 발견했다면,
그 결과 단 한 명이라도 그리스도를 섬기며 살아가게 되었다면, 그것이 바로 여
러분에게 충분한 보상이 될 것입니다. 여러분이 사람들에게 전혀 영향을 끼치지
못하는 것 같다고 해서, 끝의 날이 빠졌다고 그렇게 생각하지 마십시오. 여러분
이 지금 작업하고 있는 이 재료가 너무 딱딱해서, 그 재료 위에 아무것도 새길 수
가 없는 것입니다. 주님께서 친히 무르게 하신 다른 목재를 여러분에게 주실 때,
비로소 여러분은 그 목재로 열심히 작업할 수 있으며, 그 때 이렇게 말할 것입니

다. "그분의 이름을 찬송하리로다. 이 일의 모든 어려움들을 제가 감당할 필요가 없었습니다. 이제 저는 순수하고 좋은 몇몇 토양에 씨를 뿌려서, 백 배의 결실을 얻어 그것을 제 보상으로 삼고자 합니다."

2. 그러나 당분간은 어쨌든 복음에 적절하지 않을 것 같은 몇몇 토양들을 우리가 발견하게 된다는 점은 분명한 사실입니다.

사람들이 밟고 다니는 통로로서 밭을 가로질러 나 있는 이 길은 장래 추수할 기대로 씨를 뿌리기에는 적절하지 않은 곳이었습니다. 오랫동안 사용되던 도로들은 씨를 뿌리기에 아주 좋지 않습니다. 지금도 여전히 영국 땅으로 남아 있는 옛 도시인 실체스터(Silchester, 고고학적 유적지와 고대 로마의 도시로 유명한 영국 햄프셔 부근의 마을)를 방문했던 기억이 납니다. 이곳은 이제 사람들이 거의 구경하러 오지 않는 것 같았습니다. 비록 성벽들 외에는 별로 남아 있는 것이 없지만, 그래도 충분히 구경할 만한 가치는 있는 곳입니다. 저는 그곳을 살펴보기 위해 가 보았고, 그 성벽 위에 서서 옛 도시에 있던 거리의 흔적들을 분명히 더듬어볼 수 있었습니다. 그 도시 전체가 곡식으로 뒤덮여 있었지만, 고대 로마의 도로로 사용되었던 곳에는 어떤 곡식도 완전히 영글지 못했고, 어느 정도 알맞은 크기로 자라지도 못했던 것 같습니다. 크로이던(Croydon, 런던 남쪽 마을) 근교에서도 풀이나 곡식이 자라는 밭을 가로질러 나 있는, 고대 로마의 도로의 흔적을 저는 자주 보곤 했습니다. 그 길들은 아주 잘 만들어졌기 때문에, 수세기 동안 영국인들이 쟁기질을 해도 그 땅에서 좋은 농작물이 자라기는 여전히 어려운 것처럼 보였습니다. 비록 로마의 도로처럼 뛰어난 기술로 만들어진 도로가 아니라 해도, 동방의 여러 길들도 역시 그 길들을 다니던 많은 사람들의 발길로 인해 매우 단단해졌던 것입니다.

이와 비슷한 방식으로, 너무나 많은 것들이 가득 차 있어서, 우리가 복음을 심을 수 없는 사람들도 많이 있습니다. 그들 위에는 너무나 많은 것들이 왕래하고 있습니다. 그들의 마음은 심오한 생각으로 가득 차 있는 것이 아니라, 끊임없이 길을 따라 지나가며 이런저런 생각을 하는 여행자들처럼 쓸데없는 오만 가지 생각들로 가득 차 있습니다. 우리의 회중들 가운데도 세속적인 생각으로 항상 마음이 가득 차 있는 사람들이 많지 않습니까? 잠자리에서 일어나는 시간부터 다시 잠자리에 드는 시간까지 그들의 마음에는 계속해서 세상의 발걸음들이 끊이

질 않습니다. 세상일이라는 무수한 발걸음들이 그들의 마음을 짓밟고 다니는 것입니다.

공공 도로를 따라 가다보면, 여러분은 장사꾼들도 만날 뿐만 아니라 쾌락에 빠진 자들도 만나게 됩니다. 마음속에 경거망동(輕擧妄動)과 오락을 갈망하는 젊은이들이 이 길을 따라 얼마나 많이 왔다 갔다 하는지 모릅니다! 이 시대의 소설을 읽느라 귀중한 시간들을 얼마나 많이 허비하고 있는지 모릅니다! 오늘날에 있어 그리스도의 복음을 대적하는 최악의 원수들 중 하나가 바로 이 시대의 소설이라고 저는 생각합니다. 사람들은 이 쓸데없는 책들을 구해서는, 이 세상에서 해야 할 우리의 임무들은 물론, 장차 올 세상과 관련된 모든 것들도 망각한 채, 영웅적인 남녀 주인공들의 이야기에 빠져서 자신마저 잃어버리고 그것을 읽고 앉아 있습니다. 그렇게 계속해서 앉아 있습니다. 이 세상에는 우리가 슬퍼해야 할 참된 슬픔이 이보다 더한 것은 없다는 듯이, 실제로 일어나지도 않은 소설 속의 일들을 가지고 눈물을 흘립니다. 그들이 눈물 흘리는 모습을 저도 본 적이 있습니다. 이와 같이, 소설 속에 등장하는 가상 인물들의 이런 발걸음, 어리석고 쓸데없는 이런 발걸음, 그저 말도 안 되는 이런 유의 발걸음들이 계속해서 사람들의 마음을 밟고 다니기에, 이들의 마음은 복음이 들어갈 수 없을 정도로 단단하게 굳어진 것입니다.

저는 또한 어떤 사람들은 복음을 들음으로써 마음이 굳어졌다고 믿고 있습니다. 여러분이 제대로 듣지 않았기 때문에, 여러분은 그렇게 많이 들어야 했던 것입니다. 듣는 것으로 듣는 문제를 해결한다는 식입니다(One nail can drive another out, 박힌 못을 못으로 빼낸다는 뜻으로, 이열치열[以熱治熱]과 같은 맥락이라 할 수 있다 — 역주). 한 번만 들어도 실천으로 옮겨지는 설교가 있다면, 이 한 번의 설교가 이 쪽 귀로 듣고 저 쪽 귀로 흘려 버리는 오십 번의 설교보다 나을 것입니다. 어떤 사람들은 최근에 나타난 새로운 설교자의 설교를 몹시 듣고 싶어합니다. 그들은 그런 설교자의 설교를 듣기 위해서 온 런던을 헤매고 다닙니다. 이것이 바로 또 다른 형태의 왕래로서, 그들은 계속 그런 길을 다니며 거룩하지 않은 목적으로 그 길을 밟은 것만큼이나 그 마음을 단단하게 만들어 버립니다.

다시 말씀드립니다. 이 또한 나쁘고 적절하지 않은 토양이었습니다. 왜냐하면 이 땅도 계속된 왕래로 굳어졌기 때문입니다. 죄는 마음을 단단하게 합니다. 모든 죄는 또 다른 죄를 지을 여지를 남겨둡니다. 그래서 여러분이 한번 죄를 짓고 나면, 이후에 다시 죄를 짓기가 항상 더 쉬운 이유가 바로 여기에 있습니다. 아니, 좀 더 심하게 말씀드리면 이렇게 말할 수 있을 것 같습니다. 여러분이 한번 죄를 지은 후에는 거의 필연적으로 또 다른 죄를 짓게 된다고 말입니다. 죄는 마음을 단단하게 만들어서 복음을 받아들이지 못하게 합니다.

세상도 역시 마음을 단단하게 하는 효과를 가지고 있습니다. 세상적인 교제를 나누고 세상 관습에 몰두하여 세상일에 빠지다보면, 이 모든 것들로 인해 사람의 마음은 극도로 굳어져 버립니다. 안타깝게도, 심지어는 복음마저도 죄 가운데 있는 죄인들의 마음을 굳어 버리게 할 수 있다고 이미 말씀드린 바 있습니다. 복음을 오랫동안 들었지만, 복음을 무시하고 거부하면, 복음은 그런 자들에게 아주 끔찍한 방식으로 작동하여, 복음이 그들에게 사망의 냄새(고후 2:16, KJV)가 되는 것 같습니다. 말하기 슬픈 일이지만, 그들은 자신들에게 엄습해 오는 치명적인 무감각 때문에, 말씀을 들으면서도 전혀 놀라지 않습니다. 그리고 만약 복음을 잘못 듣게 되면, 복음은 더 무서운 방식으로 효과를 발휘하게 됩니다. 오늘날 복음을 전하는 많은 자들이 오히려 복음을 대적하여 많은 사람들의 마음을 굳게 하는 경향이 있습니다. 이들은 자신이 지은 죄에 대해 변명하며, 성경의 영감에 의문을 제기하고, 결국 죄를 지으면 영원한 형벌을 받게 된다는 사실까지 의심하게 만듭니다. 죄인의 영원 형벌 문제는 우리 주 예수님께서 그렇게 분명히 계시하신 사실인 데도 말입니다. 오, 선한 것, 악한 것, 상관없는 것 등, 이 모든 것들이 인간의 영혼에 서로 왕래하면서, 인간 영혼이 맷돌 아래짝보다도 더 단단하게 되다니(욥 41:24, KJV), 이 얼마나 슬프고도 슬픈 일입니까!

이 토양이 그렇게도 적합하지 않은 또 다른 이유는, 그 토양은 씨를 받아들일 준비가 전혀 되어 있지 않았기 때문입니다. 씨가 뿌려지기 전에 쟁기질도 되어 있지 않았고, 이후에 써레질도 되어 있지 않았습니다. 쟁기 없이 씨를 뿌리는 자는 낫 없이 추수를 거둘 사람입니다. 율법을 전하지 않고 복음을 전하는 사람은 그 모든 결과를 자기 손에 쥐게 될 것이며, 그가 취할 몫은 아무것도 없을 것입니다. 로비 플록하트(Robbie[Robert] Flockhart, 1778-1857, 군인이었다가 인도에서 회심한 이후, 1800년대 중반까지 에든버러에서 담대하게 복음을 전한 거리의 전도자로, 그림 같은 생생한 언어 묘사로 유명하다 — 역주)가 에든버러 거리에서 복음을 전할 때, 이런 말을 하곤 했습니다. "여러분은 율법을 전해야 합니다. 왜냐하면 복음은 명주실과 같아서, 예리한 바늘로 땀을 만들어놓지 않으면, 여러분은 이 복음으로 사람들의 마음에 수를 놓을 수 없기 때문입니다. 이 예리한 바늘과도 같은 율법이, 복음이라는 명주실을 잡아당겨서 다음 땀을 수놓게 할 것입니다." 씨를 뿌린 후에 수확을 하려면, 씨를 뿌리기 전에 반드시 쟁기질을 해야 합니다.

그리고 이 경우에는 씨를 뿌린 후에 써레질을 전혀 하지 않았습니다. 써레질은 씨를 뿌리는 일에 있어서 아주 중요한 일 중의 하나입니다. 씨앗이 땅에 잘 심겨지도록 토양을 다시 자세히 살피며 땅을 고르게 하는 작업이기 때문입니다. 그래서 씨앗에 써레질을 하는 것과 같은 기도 모임, 다시 말해 씨앗이 뿌려진 후에 개인적으로 기도하고 말씀을 은밀히 연구하며 하나님께 개인적으로 울부짖어서 하나님이 기꺼이 이 씨앗을 흙으로 덮어 주시고 보호하시며 추수하기까지 자라게 하시도록 간구하기를 저는 좋아합니다. 그러나 씨앗이 뿌려지기 전에 쟁기질도 없고 이후에 써레질도 없다면, 도대체 어떤 결과를 기대할 수 있겠습니까? 우리는 사람들이 밟고 다니던 길과 똑같은 사람들을 회중으로 만나기도 합니다. 지금 여기 있는 사람들 중에도 이런 사람들이 얼마나 될지 궁금합니다. 일반적으로 목요일 저녁 예배에 참석하는 사람들은 선별된 회중이라 할 수 있습니다. 왜냐하면 모든 위선자들은 오늘 같은 평일 저녁 예배에 참석하지 않기 때문입니다. 그렇다고 해서 주일 예배에 참석하는 사람들이 모두 위선자들이라는 말은 아닙니다. 그러나 복음을 듣기 위해 평일 저녁 예배에도 나오는 것을 볼 때, 이들이 하나님의 일들을 어느 정도 사랑하고 있음을 예상할 수 있다는 것입니다. 그런데 여러분 중에 몇몇은 이렇게 열심 있는 성도로 마땅히 그러하리라고 예상한 기대치에 훨씬 못 미친다는 말을 들었습니다. 저는 이미 예상한 것이라 그리 놀라지는 않았습니다. 저는 지금 말씀을 듣는 태도에 대해 말하는 것입니다. 어떤 사람들은 교회가 어떤 곳인지 또는 설교자는 도대체 어떤 사람인지 이런 것들을 알기 위해 교회에 나옵니다. 여러분 모두 지금은 이 두 가지 궁금증이 완전히 해소되었을 줄 압니다. 저의 바람은 이것입니다. 장소와 설교자에 대한 모든 것을 잊고서 여러분 자신에 대해서만 생각하라는 것입니다. 그리고 여러분의 마음에 정직하고도 진정으로 받아들이지 않으면 여러분의 구원에 전혀 축복이 되지 않는 하나님의 진리에 대해서만 생각하기를 바랍니다. 만약 여러분이 그리스도를 영접한다면, 그리스도께서는 여러분 안에 열매를 맺게 하실 것입니다. 그러나 사람들이 밟고 다니는 길 같은 마음상태에 계속 머무르면서 그분을 영접하지 않는다면, 더욱 큰 정죄를 받는 것 외에 여러분에게 도대체 어떤 결과가 있겠습니까?

3. 씨 뿌리는 자의 비유 가운데서도 오늘 본문으로 삼은 말씀에서 배워야 할 세 번째 사실은, 우리는 그 씨앗을 지켜보아야 한다는 사실입니다.

목회자들은 이 일을 반드시 해야 합니다. 모든 기독교 사역자들도 이 일을 반드시 해야 합니다. 짧은 시간이지만, 이 문제에 대해 말씀드리고자 합니다.

첫째, 씨가 뿌려졌을 때 이 씨는 마음에 와 닿았습니다. 이것은 분명한 사실입니다. 12절 말씀을 읽어보겠습니다. "길 가에 있다는 것은 말씀을 들은 자니 이에 마귀가 가서 … 말씀을 그 마음에서 빼앗는 것이요"라고 합니다. 이 말씀으로 보아, 씨앗이 그들의 마음에 이른 것은 분명합니다. 그런데 이것이 바로 이 씨앗의 슬픈 부분입니다. 이런 사람들은 결국 말씀을 단순히 듣기만 한 자들이 아니었습니다. 그들은 어느 정도 말씀에 영향을 받았다고 할 수 있기 때문입니다. 그들은 얼마동안은 다소 진지하게 생각하기도 했습니다. 씨앗이 마음에 들어간 것은 아니었지만, 그래도 마음에는 와 닿았던 것입니다. 이 씨앗은 땅 위에 떨어져 얼마 동안은 땅 속에 머물러 있었습니다. 물론 땅 속 아래로 작은 뿌리들을 내려 완전히 흙 속으로 스며들지는 못했지만 말입니다. 오, 사랑하는 성도 여러분, 여러분이 하나님의 말씀을 들을 때, 그 말씀이 여러분에게 영향을 끼쳤으면 좋겠습니다! 그러나 여러분이 하나님의 말씀을 들어도 감정의 동요가 없다면, 아직까지는 말씀 영향을 끼치는 단계에는 이르지 못한 것입니다. 여러분은 때로 말씀을 듣고서 느끼는 바가 있어 울기도 합니다. 하지만 어느새 자포자기라도 한 듯 원 상태로 돌아가 구원받지 못한 모습을 보여서, 우리가 얼마나 많이 실망하는지 모릅니다.

이 경우가 바로, 좋은 씨가 이해력인 지성에 실제로 이르지 못한 경우입니다. 말씀을 들었지만 이해하지 못했던 것입니다. 마음에 와 닿기만 하면 다 된 것처럼 말하는 소리를 우리가 듣기도 하지만, 그것이 다는 아닙니다. 물론 마음에 와 닿는 것은 중요합니다. 하지만 여러분이 영원히 선한 영향력을 끼치려고 한다면, 여러분은 이해력인 지성에도 와 닿도록 해야 합니다. 제가 말씀드리고 싶은 것은 이것입니다. 여러분은 여러 사람을 함께 모아서 흥분하게 할 수도 있고, 여러분이 원하는 방식으로 그들을 움직이게 할 수도 있습니다. 왜냐하면 쉽게 감동을 받는 사람들도 있기 때문입니다. 하지만 이들이 참된 유익을 얻기 위해서는,

이 모든 것들이 의미하는 바를 이해해야만 합니다. "믿으십시오! 믿으십시오! 믿으십시오!"라고 말하는 것으로는 충분하지 않습니다. 그들이 믿어야 하는 바를 가르치십시오. 그렇게 하지 않으면, 여러분이 그들에게 어떤 유익을 줄 수 있겠습니까? 소리를 지르고, 발을 구르고, 고함을 치고, 울부짖는 것들은 대단한 것이 아닙니다. 자신이 들은 것의 의미를 실제로 알고 그 의미를 파악하기 위해서, 사람들은 진리를 이해하도록 배울 필요가 있습니다. 그들은 자신들이 멸망하게 되어 있다는 사실을 알아야 하고, 그리스도는 죄인들을 위한 위대한 대속자임을 알아야 하며, 새로운 출생이 무슨 뜻인지를 반드시 알아야 합니다. 그렇지 않다면, 즉 진리가 이해력인 지성에 수용되지 않고 감정적으로만 단순히 수용된다면, 그 진리가 어떤 진리이든지 간에 그것은 아무 소용도 없을 것입니다. 이런 식으로 말씀을 듣는 자들이 말씀을 이해하지 못했기에 사탄이 와서 그들로부터 말씀을 몰래 빼앗아가 버렸던 것입니다.

이해력인 지성에 이르지 못한 이 좋은 씨앗은 지금까지 줄곧 실제로 그 사람 밖에 있었다는 사실에 주목하십시오. 씨앗은 땅 표면에 놓여 있었습니다. 좋은 땅에 떨어진 씨앗은 이내 사라져 버렸습니다. 여러분은 그 씨앗을 찾을 수 없었습니다. 왜냐하면 땅 속으로 스며들었기 때문입니다. 하지만 여기 길 가에서는 떨어진 모습 그대로인 곡식 낟알들을 여러분이 모두 볼 수 있습니다. 씨앗이 여기 땅 밖에 놓여 있습니다. 오, 사랑하는 성도 여러분, 복음이 여러분 밖에 있는 한, 복음은 여러분에게 어떤 유익도 줄 수 없습니다! 그러므로 복음이 여러분 안에 들어오게 하십시오. 오, 여러분의 상한 마음에 복음을 받아들이십시오! 오, 쟁기질이 다 된 여러분의 양심이 복음을 받아들이고, 하나님의 진리가 여러분의 마음속 깊은 곳에 파고 들어가 거기서 열매 맺을 수 있도록 하십시오!

길 가에 놓인 씨앗에게 일어난 그 다음 사실은, 누군가가 와서 그 씨앗을 밟아 버렸다는 것입니다. "밟히며"라고 기록되어 있습니다. 이 씨앗은 짓눌려 으깨어졌습니다. 말씀을 듣고서도 진리를 마음에 받아들이지 않는 자는 밖으로 나가자 그 씨앗을 재빨리 밟고 지나가 버리는 옛 친구를 만나게 됩니다. 혹은 집에 와서 주님을 두려워하지 않는 자기 아내를 만나자, 아내가 그 씨앗을 밟고 지나갑니다. 혹은 내일 일터에 가면 그곳에서 누군가가 자신을 놀리며 좋은 씨앗을 밟고 지나가 버립니다.

그러나 그럴 때조차도 씨앗은 사탄의 경쟁심을 유발할 만큼 강한 생명력을 지니고 있었습니다. 사탄이 얼마나 열심인지 주목하십시오. 우리는 영혼들에 대해 무관심하지만, 사탄은 결코 그렇지 않습니다. 씨앗은 땅 표면에 떨어져 토양 속으로 뚫고 들어가지도 못하고 낟알째로 짓밟혔지만, 그래도 사탄은 이것으로 만족하지 않았습니다. 사탄은 말합니다. "그 씨앗 안에 생명이 있을지도 몰라. 어쨌든 씨앗이 거기 저대로 있는 것은 위험해. 왜냐하면 혹시라도 싹이 터 자랄 수 있기 때문이야"라고요. 그래서 사탄은 와서 씨앗을 모두 가져가 버립니다. 공중의 몇몇 새들이 와서 그 씨앗을 먹어 버렸습니다. 복음이 전파되는 곳에 여러분이 오는 것을 사탄은 좋아하지 않는다고 저는 믿습니다. 사탄도 이 사실을 알고 있습니다. 만약 여러분이 총탄이 날아다니는 곳에 서 있다면, 여러분은 가슴에 총탄 한 발을 맞을 수도 있습니다. 그래서 다시는 여러분이 그런 곳에 얼씬도 하지 않는 것을 사탄은 좋아합니다. 여러분이 복음을 듣는다면, 비록 복음이 여러분의 마음을 뚫고 들어가지 않는다 해도, 사탄은 복음이 그곳에 있는 것을 좋아하지 않습니다. 그래서 사탄은 그곳에 와서 복음을 빼앗아 버리고, 여러분이 복음을 잊도록 하며, 여러분 앞에 무언가 새로운 것을 가지고와서 여러분이 하나님의 말씀을 기억하지 못하게 할 것입니다. 사탄은 아마도 새로운 종류의 일을 여러분에게 제시할 것입니다. 즉, 극장에서 상연되는 새로운 연극이나 여러분의 관심을 끄는 무언가 새로운 것들을 제시하면서 말입니다. 왜냐하면 사탄은 여러분을 놓치지는 않을까 두려워하기 때문입니다. 사탄은 자기 종들을 잃는 것을 좋아하지 않습니다. 사탄은 오랜 경험을 통해서 자기 종들 가운데 한둘은 밤에 달아나 다시는 돌아오지 않는 경우가 있다는 것을 알고 있습니다. 그래서 사탄은 만약 있을지도 모르는 도주를 막기 위해 항상 경계하고 있습니다. 사탄은 여러분을 잃어버리고 싶지 않아서 공중에 있는 자기 새들을 불러 말합니다. "그 씨앗들을 가지고 오너라. 그 사람이 씨앗을 마음속에 받아들인 것은 아니지만, 나는 그 씨가 그 사람 가까이에 있는 것조차 싫다"고 말입니다. 저는 제 두 손으로 손바닥을 쳐 소리를 내서라도 그 새들을 쫓아 버리고 싶습니다. 그러나 저는 하나님의 백성들에게 부탁드립니다. 여러분의 두 손을 들어 기도해 주십시오. 이 설교 도둑들이 물러가고, 제가 지금까지 말씀드린 것들이 여러분의 기억 속에 남아 있도록 말입니다.

　사랑하는 성도 여러분, 여러분 중에도 사람들이 지나다니는 이 길 가와 같은 마음상태에 만족하는 사람이 있습니까? 계속해서 복음을 들으면서도 그 복음을 여러분의 영혼에 받아들이지는 않을 것입니까? 지나다니는 사람들에 의해 계속해서 밟히고, 밟히고, 또 밟히면서도, 여러분은 그저 다른 사람들이 사용하는 길이 되려고 하는 것입니까? 여러분 가운데는 생계를 위해 일하고서도 아무것도 받지 못하는 사람이 있습니다. 다른 누군가가 여러분이 생명을 다해 일한 대가 전체를 차지하고 있습니다. 여러분은 다른 사람들이 그들의 부를 위해 왕래하는 하나의 바퀴 자국에 불과합니다. 여러분은 이런 일이 여러분의 영적인 측면에서 일어나도 만족하겠습니까? 다른 사람들이 여러분을 그냥 지나다니는 통로 정도로 생각하고, 또 그들의 목적과 의도를 위해 여러분의 생명을 이용해도 여러분은 괜찮겠습니까? 오, 성령님께서 대형 스팀 플라우(steam-plow, 증기기관을 원동기로 한 대형 경운[耕耘] 장치)를 작동하여 여러분의 마음을 산산이 파헤쳐 놓았으면 좋겠습니다! 비록 여러분의 비참함이 극에 달하고, 여러분의 고뇌가 끔찍하다 해도, 이 일이 아마 여러분에게 일어난 일들 가운데 가장 기쁜 일이 될 것입니다. 여러분의 마음이 쟁기질이 된 다음에야 비로소, 성령님께서는 그분의 좋은 씨로 여러분의 마음에 씨를 뿌리실 것이고, 그로 인해 여러분이 영생의 열매를 맺어, 이생에서도 기쁨과 평화와 안식과 유익을 얻고, 오는 세상에서도 영생 얻기를 원하십니다. "주 예수 그리스도를 믿으라. 그리하면 네가 구원을 받으리라"(행 16:31, KJV)라는 말씀대로 말입니다. 여러분을 위한 한 줌의 곡식이 있습니다. 지금 믿으십시오. 그러면 여러분은 살게 될 것입니다. 바라보십시오. 바라보십시오. 바라보십시오. 그러면 살게 될 것입니다.

바로 이 순간, 지금이라도 바라보십시오. 여러분이 바라보는 그 순간에 여러분은 살게 될 것입니다. 하나님께서 여러분을 구원해 주시기를 그리스도의 이름으로 기도드립니다! 아멘.

제
28
장

—

습기가 없으므로

—

"더러는 바위 위에 떨어지매 싹이 났다가 습기가 없으므로
말랐고." — 눅 8:6

씨 뿌리는 자의 비유 안에는 크나큰 차이를 보이는 다양한 특성들이 나타납
니다. 열매를 맺는 자들과 열매를 전혀 맺지 못하는 자들, 열매를 맺긴 맺지만 그
정도가 서로 다른 자들 사이에 특성상 큰 차이가 납니다. 다시 말하면, 결실이 있
는 자와 없는 자, 그리고 다양한 형태로 결실을 맺지 못하는 자 사이에 특성상 큰
차이가 납니다. 이런 이유들이 뭉뚱그려 제시되는 것이 아니라, 구체적으로 제
시됩니다. 즉, 이 경우는 이래서 열매를 맺지 못했고, 저 경우는 저래서 열매를
맺지 못했으며, 또 다른 경우는 다른 이유로 열매를 맺지 못했다고 설명해 줍니
다. 이 모든 경우들은 듣는 데서 차이가 나기 때문입니다. 설교자가 설교를 할 때
도 매번 차이가 생기듯이, 말씀을 들을 때도 이런 차이가 생기기 마련입니다. 그
래서 말씀을 듣는 각자는 자신에게 주어진 말씀 가운데서 그 특별한 부분을 자
신에게 적용하고자 노력해야 합니다.

참된 설교자, 특히 우리의 위대하신 주님이자 주인이신 그분은 진정한 예술
가가 그린 한 장의 초상화와 비슷합니다. 전시장에 전시된 이런 초상화를 보면,
이것을 오른편에서 보든 왼편에서 보든 상관 없이, 그 그림의 눈빛은 여러분을
향해 고정하고 있는 듯 보입니다. 우리 주님도 이와 같습니다. 주님께서 말씀을
전하실 때마다, 그분은 우리를 바라보십니다. 지금 이 순간에도 그분께서 이와

같은 방식으로 우리를 바라보시기를 바랍니다. 그래서 그분께서 우리를 응시하실 때, 우리 또한 그분의 시선을 끌었으면 좋겠습니다. 진리 가운데 특별히 여러분의 관심을 끄는 부분이 있다면 거기에 여러분이 정신을 집중해서 들음으로써, 설교자 역시 여러분을 향해 똑바로 쳐다보고 있다고 여러분이 느꼈으면 좋겠습니다! 설교 가운데 소망이 되고 위로가 되는 내용이 있다면, 그 소망과 위로가 슬퍼하고 의심하는 여러분에게 전해지기를 바랍니다! 또 각성하게 하는 내용이 있다면, 여러분 가운데 혹시라도 자만심에 빠진 자들에게 그 내용이 전해지기를 바랍니다!

오늘의 본문으로 돌아와 보면, 이 말씀은 우리에게 세 가지 사실을 제안하고 있다고 생각합니다. 첫 번째, 하나님의 말씀을 받아들였음에도 불구하고, 효과적인 결과를 얻지 못할 수 있음을 충분히 유의합시다. 두 번째, 여러 경우들에서 왜 이런 결과가 초래되었는지 그 이유를 살펴보고자 합니다. 세 번째, 어떻게 이런 결과를 피할 수 있을지 살펴보고자 합니다.

1. 첫 번째, 씨를 뿌리지만 아무것도 나지 않을 수 있습니다.

씨가 땅 속에 들어갔어도 씨 뿌리는 자를 실망시키는 경우가 있습니다.

이런 결과는 씨앗이 나빠서 그런 것이 아니었습니다. 그 씨앗은 좋은 땅에 뿌려져 삼십 배, 육십 배, 혹은 백 배의 결실을 맺은 씨와 똑같은 씨앗이었습니다. 여러분도 알고 있듯이, 때로 설교자들인 우리가 회중들을 감동시키지 못할 때, 우리는 스스로 자책합니다. 그것도 아주 당연히 말입니다. 사람들이 구원을 받지 못하는 것에 대해, 설교자는 하나님의 거룩한 주권에 그 책임을 전가해서는 안 됩니다. 설교자는 자신을 책망해야 합니다. 설교자는 이렇게 자신에게 물어야 합니다. "나는 진정으로 진리를 설교했는가? 나는 진리를 바른 마음으로 설교했는가? 나는 서로 다른 진리들을 적절히 안배하여 설교했는가? 나는 가장 중요한 진리에 가장 큰 비중을 두고, 그 다음으로 중요한 진리는 그에 맞게 적절한 자리에 배치하였는가?"라고 말입니다. 씨를 뿌리는 자들인 불쌍한 우리는 우리의 실패에 대해 종종 자신을 질책하기도 합니다. 혹시 질책하지 않는다면, 우리는 반드시 우리 자신을 질책해야만 합니다. 그러지 않는다면, 우리에게는 발전이 없을 것입니다. 하나님께서 우리를 도우시어 설교를 더 잘하게 하시고, 인간의 영혼들을 좀 더 사랑하게 하시며, 영혼들을 그리스도께로 인도하는데 더 많은 열심을 내도록 해 주시길 바랍니다! 저는 제 자신과 주님을 사랑하는 여러분 모두를 위해 이런 바람을 가지고 있습니다.

그런데 바위 위에 떨어진 씨앗이 수확할 만한 결과가 없었다 해도, 사실은 그 씨앗의 문제가 전혀 아니었습니다. 그 씨앗은 좋은 씨앗이었습니다. 그것도 아주 좋은 씨앗이었습니다. 씨 뿌리는 자는 그 씨앗을 주인으로부터 받아왔으며, 씨앗이 보관돼 있던 주인의 곡물창고에는 자라지 않는 씨앗은 없었습니다. 참된 설교자들은 사도 베드로와 함께 이렇게 말할 수 있습니다. "우리는 교묘히 만든 이야기를 따른 것이 아니요"(벧후 1:16)라고 말입니다. 우리는 여러분에게 하나님의 말씀을 전했습니다. 그래서 밤에 잠자리에 들 때마다, 우리는 우리가 생각한 것이나 상상한 것을 전하지 않았고, 하나님의 복된 이 책에서 계시되었다고 믿고 있는 것을 선포했다고 우리는 진심으로 말할 수 있습니다. 우리가 지금 뿌리고 있는 이 씨앗은 좋은 것입니다. 만약 그 씨앗이 여러분 안에서 자라지 않는다면, 그것은 그 씨앗 잘못이 아닙니다. 그것은 여러분의 잘못입니다. 그 씨앗이 자라는 것을 방해하는 어떤 것이 여러분에게 있기 때문입니다. 사랑하는 성도 여러분, 혹시 여러분이 회심한 것이 확실한지 다시 한 번 생각해 보지 않겠습니까?

그 다음으로, 결실을 맺지 못한 것은 말씀을 받아들이지 않아서가 아니었습니다. 바위 위에 떨어진 씨앗과 같은 마음으로 말씀을 듣는 사람들도 말씀을 받아들인 것입니다. 우리 주님께서 친히 하신 말씀을 우리는 분명히 들었습니다. "바위 위에 있다는 것은 말씀을 들을 때에 기쁨으로 받으나"(눅 8:13)라고 말입니다. 우리 가운데는 우리가 전하는 모든 말씀을 너무 쉽게 받아들이는 사람들이 있습니다. 그들은 분별없이 말씀을 듣는 사람들입니다. 또 어떤 사람들은 스펀지가 물을 흡수하듯 말씀을 듣기도 합니다. 그들은 좋은 말씀이나 나쁜 말씀이나 중요치 않은 말씀이나 상관 없이 모든 말씀들을 다 받아들입니다. 만약 그들이 총명하고 웅변술이 좋은 설교자의 설교를 듣는다면, 아마도 그들은 재빨리 그를 좇아갈 것입니다. 그 설교자가 전하는 것이 무엇인지, 하늘로부터 성령님의 보내심을 받아서 설교를 하고 있는지 등의 문제들은 그들의 관심사가 아닙니다. 그들의 마음은 씨앗이 자라기에 충분한 흙을 가진 것이 아니라, 얕은 흙을 가졌기 때문입니다. 씨앗이 열매 맺기에 충분한 흙은 아니지만, 그래도 그들은 어떤 식으로든 씨앗을 받아들인 것입니다. 이런 식으로 씨앗을 받아들인 것에 대해 무분별한 비난을 하려고 하는 것이 아닙니다. 장미와 찔레는 함께 자랄 수 있습니다. 하지만 찔레가 장미에 접붙임을 받기 전까지는 여전히 찔레입니다. 너무 지나칠 정도로 아무 말이나 받아들이는 사람들은 그렇게 너무 쉽게 받아들임으로써 심지어 스스로 멸망할 수도 있습니다. 진리의 참된 말씀을 아주 바르게 받아들이지 않고, 잘못된 방식으로 받아들이기 때문입니다. 여러분이 말하는 것을 그들이 믿지 않았습니까? 그렇지 않습니다. 그들은 여러분의 말을 믿지 않을 정도로 그렇게 진지하지 않은 사람들이 아닙니다. 여러분이 전한 것을 그들이 의심하였습니까? 그렇지 않습니다. 그들은 그렇게 할 정도로 멀리 빗나가지 않았습니다. 그들이 복음을 반대하며 따졌습니까? 오, 그렇지 않습니다. 그들은 그런 식으로 타락하지 않았습니다. 그들은 들은 것을 받아들였습니다. 그러나 그 들은 것을 중요하게 생각하지 않습니다. 명목상으로는 말씀을 받아들였으나, 그 후에 그 말씀을 자라게 할 만큼 충분한 은혜가 그들의 마음에 없었습니다. 어딘가에서 부족한 면이 있었습니다. 말씀을 받아들이지 않아서 부족한 것이 아니라, 다른 면에서 부족한 것이 있었습니다.

이 실패는 또한 열기의 부족 때문도 아니었습니다. 단단한 바위 위에는 씨앗을 받아들일 정도의 흙이 얇게 깔려 있었습니다. 그 바위는 산산조각이 나도록 깨지고 부서져 좋은 땅이 될 필요가 있었습니다. 하지만 그 바위는 깨지지 않았습니다. 그로 인해 해가 뜨자 그 바위는 모든 열기를 굴절시키고 반사시켜서 씨앗이 심겨진 흙에 뜨거운 열을 다 전달하였습니다. 그래서 그 씨앗은 아주 빠르게 자라났습니다. 그 씨앗은 일종의 온실 안에 있었던 것입니다. 열정으로 사람들이 구원받는다면, 말씀을 듣는 많은 사람들이 오래 전에 이미 구원을 받았을 것입니다. 매 주일마다 그들은 순식간에 뜨거워집니다. 그런 사람들은 얼마 되지 않기 때문에 태양의 열기가 곧 그들의 바위 같은 본성을 꿰뚫고 들어갑니다. 그 열기는 굴절되거나 바로 반사되어 그들을 불길에 휩싸이게 합니다. 저는 그런 사람들을 알고 있습니다. 그런 자들은 설교의 대상으로 아주 멋진 사람들입니다. 그들은 얼마나 흥분을 잘하는지 모릅니다! 그들은 "할렐루야!"라고 소리칠 준비가 다 되어 있습니다. 그들은 속히 말씀을 받아들입니다. 하지만 그들에게는 깊이가 없습니다. 그래서 그 말씀을 가지고 있지 못합니다. 우리가 그들에게 해줬으면 하고 바라는 것들이 있다면, 그들은 어떤 것이든 할 것입니다. 그들은 열정적일 뿐만 아니라, 곧 광신적으로 변합니다. 이것을 가지고 제가 지금 그들을 비난하는 게 아닙니다. 만약 이것과 함께 다른 어떤 것이 그들에게 있었다면, 이것은 정말 좋았을 것입니다. 정원을 가꾸는 사람이나 화초를 가꾸는 사람들은 식물들이 빨리 자라게 해주는 적당한 바닥열을 좋아합니다. 하지만 그 열이 너무 뜨겁고 건조하기만 해서 다른 특성이 없으면, 그 식물들은 즉시 말라 죽고 맙니다. 처음에는 그 식물 안에 작은 수분이라도 있으면 속히 자랍니다. 하지만 그 수분이 다 빠져나가면 곧 시들어 버립니다. 따뜻한 마음을 지닌 사람을 만나는 것이 아주 큰 기쁨이 된다는 것을 저는 부인하지 않습니다. 우리 주위에는 미지근하여 차지도 아니한(계 3:16) 사람들이 많습니다. 만약 그런 사람들이 여러분에게 손을 내밀면, 여러분은 마치 물고기를 잡은 것처럼 차갑다고 느낄 것입니다. 우리는 우리의 호소에 우호적으로 친절한 반응을 보이고, 말씀을 전할 때 그 말씀에 대해 따뜻한 감정을 보이는 사람들을 만나고 싶어합니다. 이런 사람들은 아주 소망의(hopeful) 사람들입니다. 이런 사람들에 대해서는 제가 더 이상 할 말이 없습니다. 그들의 이름은 소망 씨(Hopeful, 소망은, 존 번연의 「천로역정」 1부에 등장하는 인물로서, 순교한 '믿음'[Faithful] 씨를 대신하여 '크리스천'이 절망의 감옥과 죽음의 강을 건널 때 함께 했던 인물이다 — 역주)입니다. 하지만 이들이 항상 믿음 씨(Faithful, 믿음은, 주인공인 '크리스천'의 친구이며 '소망' 씨를 항상 인도하는 인물로서, 사망의 음침한 계곡을 통과한 후에 만나게 되는 순례의 동반자이다 — 역주)처럼 자라는 것은 아닙니다. 열정적인 사람들은 우리에게 크나큰 용기를 북돋워 줍니다. 그러나 슬프게도, 그들은 종종 우리에게 크나큰 실망을 안겨주기도 합니다.

그리고 이 실패는 기쁨이 부족했기 때문도 아니었습니다. 왜냐하면 우리 주님께서는 이들이 말씀을 기쁨으로 받았다(눅 8:13)고 하셨기 때문입니다. 오, 그들은 아주 행복한 자들입니다! 그들은 자신이 구원을 받았다고 느끼기 때문에 마음에 기쁨이 충만합니다. 그들이 구원받았다고 믿는 주된 이유는 그들이 아주 행복하기 때문입니다. 사실 기뻐할 만한 것이 있기도 합니다. 뭔가 자신과는 잘 맞지 않는 종교를 가진 것처럼 보이는 사람들을 보고 싶지는 않습니다. 참된 종교는 진정으로 우리를 기쁘게 하기 때문이지요. 그런데 사랑하는 성도 여러분, 여러분이 은혜를 받았다는 유일한 증거가 바로 여러분이 아주 행복하다는 것이라면, 여러분은 내일 당장 행복하지 않을 수도 있는데, 그러면 그 때는 여러분의 상태가 어떻게 되는 것입니까? 우리가 은혜를 받았다고 생각하다가도, 행복하지 않으면 곧 은혜를 받지 않았다고 생각하도록 우리의 인간 본성은 그렇게 구성되어 있습니다. 우리의 육체 또한 우리의 마음과 영혼에 너무나 많은 영향을 끼칩니다. 그래서 우리가 행복하지 않다고 느끼게 되면 곧 영적으로 아주 비참해집니다. 물론 우리가 왜 그러한 상황에 처하게 되었는지는 알 수 없습니다. 그러한 기쁨은 성령의 열매 중 하나(갈 5:22)임을 저도 즐거운 마음으로 인정합니다. 하지만 성령의 열매가 전혀 아닌 기쁨들도 많이 있습니다. 왜냐하면 그런 기쁨들은 세상으로부터 났고 육체적이기 때문입니다. 종종 종교적인 기쁨이라고 불리는 것들도 있습니다. 하지만 이런 기쁨은 육체적인 흥분과 잠정적인 회심의 열매이지, 참된 구원을 행하시는 하나님에 대한 지식의 결과가 아닙니다.

아마도 이런 사람들이 말씀을 받아들이고서 슬퍼했다면, 다시 말해 그들이 상한 마음과 통회하는 영으로(시 34:18, KJV) 말씀을 받아들였다면, 그들 영혼의 아주 깊은 곳으로부터 떨리는 마음으로 말씀을 받았다면, 그래서 그들이 공개적으로 환호성을 지르며 기뻐하기보다는 오히려 은밀한 기도 가운데 하나님께 울부짖으면서 집으로 갔더라면, 아마도 그들 가운데 더 깊고 확실하며 참되고, 더욱 지속되는 역사의 증거들이 있었을 것입니다. 이 사람들은 기뻐했습니다. 그것도 아주 많이 기뻐했습니다. 저는 지금 그들의 기쁨에 대해 말하고 있는 것이 아닙니다. 그들이 실패했던 것은 그 점이 아니었습니다. 그들은 다른 곳에서 실패했습니다. 저는 그 점을 지금 여러분에게 보여드리고자 합니다.

한 번 더 말씀드리겠습니다. 그들은 진리를 받아들이는데 있어서 열심이나 신속성이 없어서 실패한 것이 아니었습니다. 그들은 진리를 즉시 받아들였습니다. 그래서 그 씨앗에서는 즉시 싹이 났습니다. 그들의 흙이 깊지 않았다는 바로 그 이유 때문에, 씨앗은 아주 빠르게 싹이 났습니다. 바위를 덮고 있는 얕은 흙 위에 떨어진 낱알은 즉시 자라났습니다. 온전한 결실을 맺기 위해 반드시 필요한 요소들은 없었기 때문에, 즉시 싹이 났던 것입니다. 저는 즉각적인 회심을 믿고 있습니다. 새로운 탄생(중생)은 즉각적이어야 한다고 저도 믿고 있습니다. 사람이 죽는 것도 한순간이듯, 사람이 사는 것도 한순간입니다. 이와 마찬가지로, 어린 아이가 어느 한순간에 태어나듯이, 우리가 예수 그리스도 안에 있는 믿음으로 말미암아 하나님의 자녀가 되는 것도 한순간입니다. 물론 잠정적인 회심도 있습니다. 회심하지 않았으나 급속히 회심한 것처럼 보이는 그런 회심 말입니다. 우리는 놀랄 정도로 빠르게 성장한 사람들을 교회에서 볼 수 있습니다. 이들은 이 주일 전만 해도 술꾼들이었습니다. 그런데 오늘 그들은 체험한 성도들 가운데서도 맨 앞자리에 있습니다. 물론, 이런 일은 당연히 있을 수 있는 일입니다. 하나님은 자신의 주권적인 뜻으로 이러한 은혜의 이적과 자비의 기적을 행하실 수 있습니다. 그러나 어떤 것이든 너무 빠르게 자라는 것은 굳게 서지 못하고 오래 지속되지 못할 것이기 때문에, 그것을 증명이라도 하듯 그렇게 빠르게 자란다는 사실을 드러내고 말 것입니다. 우리는 항상 늑장을 부리면서 기다리게 하는 사람들을 많이 대하게 됩니다. 그러므로 사람들이 이렇게 급성장을 한다면, 이것은 좋은 결점처럼 보입니다. 만약 이것을 전적으로 결점이라 한다면, 이것은 축복된 결점일 것입니다. 이런 사람들은 이 성장의 방면에서는 뛰어난 반면, 다른 방면에서는 실패했습니다. 그것도 치명적인 방식으로 실패했습니다. 이 점에 대해서 지금 말씀드리겠습니다.

2. 저는 이제 왜 이 사람들이 이렇게 슬픈 실패를 했는지를 알아보고자 합니다.

사람들이 밟고 지나다니는 길 가에 떨어진 씨앗은 농부도 잃어버린 것으로 생각했고, 실제로도 새들에게 먹혀 잃어버린 씨앗이었습니다. 하지만 바위 위에 떨어진 씨앗은 달랐습니다. 이 씨앗들은 곧 싹이 났고, 이내 시들어 버렸습니다. 그래서 아무 짝에도 쓸모없는 것이 되었습니다. 이 씨앗들은 많은 것을 기대하게 했지만, 결국 전혀 아무것도 아닌 것이 되어 버렸습니다. 이런 식으로, 가장 희망적으로 보이는 사람들 가운데 일부는 우리에게 가장 큰 실망을 안겨다 줌으로써 우리를 가장 슬프게 하기도 합니다.

그렇다면 이렇게 된 이유는 무엇일까요? 복음서 기자들 가운데 누가는 이들이 "습기가 없으므로"라고 그 이유를 말해 주지만, 다른 복음서 기자들은 그 이유를 말해 주지 않습니다.

이 말은 무엇보다도, 이들이 성령 하나님의 능력 안에 있지 않았다는 뜻이 아닐까요? 우리가 영적인 이슬에 대해 말할 때, 우리는 성령님의 역사를 말합니다. 우리가 생명수(계 22:17) 강이라고 말할 때, 그것은 성령 하나님의 역사를 통해 하나님의 보좌로부터 우리에게 흘러 내려오는 거룩한 것들을 의미합니다. 이 사람들에게는 그러한 습기가 없었습니다. 그들이 전적으로 회심을 했다고 해도, 그들의 회심은 설교자의 웅변술 때문이었습니다. 어떤 사람이 웅변술에 의해 회심을 하게 되었다면, 그 사람은 웅변술이 아니었다면 회심하지 못했을 수도 있습니다. 또 그들은 기독교인들의 열정과 열심에 의해 회심을 하였습니다. 만약 그들이 어떤 한 사람에 의해 회심을 하게 되었다면, 다른 사람에 의해서는 회심을 하지 못했을 수도 있습니다. 이 땅의 방직기계로 만들어진 모든 천들이 갈기갈기 풀어지듯, 사람에게 속한 모든 것들도 갈기갈기 풀어지게 마련입니다. 그러나 하나님의 은혜로운 역사는 영원히 지속됩니다. 사랑하는 성도 여러분, 여러분은 여러분을 먼저 시들게 하시는 성령님의 능력을 체험한 적이 있습니까? "풀은 마르고 꽃은 시드나니 이는 주의 영이 그것 위에 불기 때문이라"(사 40:7, KJV)는 말씀대로 말입니다. 성령님께서 여러분 안에서 여러분에게 속한 모든 것을 말려 버리고, 푸른 풀밭을 메마른 황무지로 만들어 버린 적이 있습니까? 이런 일이 먼저 여러분에게 반드시 일어나야 합니다. 모든 일은 우선적으로 비우고 허물어뜨리는 것으로부터 시작합니다. 그렇지 않은 일은 없습니다. 성령 하나님께서 여러분 안에서 속박의 영이 되시어, 여러분을 율법 아래 감옥에 가두고, 여러분의 손을 수갑으로 채우며, 여러분의 발을 차꼬에 채워 여러분이 수치를 당하도록 그 상태로 방치해 둔 일을 행하신 적이 있습니까? 만약 여러분이 이러한 체험에 대해 아무것도 알지 못한다면, 이런 말씀을 드려 죄송하지만, 여러분에게는 지금까지 자신을 비우고 허물어뜨리는 일이 없었던 것입니다. 그러므로 여러분은 "습기가 없으므로"와 같은 마음 상태였다고 할 수 있습니다.

하지만 성령 하나님께서 이렇게 상한 영혼에게 다가갈 때는 죄인을 위한 구세주이신 그리스도로 자신을 드러내십니다. 자신을 비운 죄인을 충만하게 하시는 구세주로 말입니다. 오, 만족하게 하시고 충만하게 하시며 자유롭게 하시는 그리스도를 인식하고, 예수님을 바라보고 신뢰하면서 그 영혼이 얼마나 다정하게 느끼고 기뻐하는지 모릅니다! 마음을 부드럽게 하여 그리스도에게 기쁜 마음으로 순종하게 하는 그 거룩한 습기, 다시 말해서 마음을 새롭게 하고 그리스도 안에 있는 거룩한 소망과 기쁨으로 다시 꽃피게 하는 그러한 거룩한 습기를 여러분은 느껴본 적이 있습니까? 오 사랑하는 성도 여러분, 우리가 지금 성령님에 대해서 말하고 있는 이것은 단순히 말로 그칠 문제가 아닙니다. 이것은 사실의 문제입니다! "너희가 반드시 다시 태어나야 하리라"(요 3:7, KJV)라고, 위로부터 태어나야 하리라고 주님은 말씀하셨습니다. 여러분은 성령님께 참여한 자(히 6:4, KJV)가 되어야만 합니다. 그렇지 않으면 여러분의 신앙이 아무리 아름다워 보인다 해도, 해가 떠올라 뜨거운 열기를 내뿜으면, 곧 시들어 버리고 말 것입니다.

　자, 그리스도 안에 있는 사랑하는 성도 여러분, 여러분에게 이러한 습기가 없을 때, 여러분이 하는 모든 일들이 만사형통하지 않다는 것을 여러분도 알고 있습니다. 우리의 형제들 가운데 한 명이 예배가 끝난 후에 제게 이렇게 말했습니다. "오, 목사님, 오늘은 일이 잘 풀릴 것 같아요. 왜냐하면 제 마음에 이슬이 맺혔거든요!"라고 말이지요. 저는 그가 말한 바를 알고 있습니다. 여러분도 그와 같이 되기를 바랍니다. 여러분의 가정에는 여러분이 창가에서 키우는 작은 화분들이 있을 줄 압니다. 제라늄(양아욱)이나 어쩌면 퓨셔(수령초)도 있을 것입니다. 여러분은 그 꽃들을 사랑하기에 소중히 여깁니다. 그러나 혹시라도 일주일 정도 집을 비웠다가 다시 돌아와 보면, 그 화초는 마치 죽은 것처럼 힘없이 고개를 숙이고 있습니다. 여러분은 곧 그 이유를 알아차립니다. 그 꽃은 몹시 말라있어서 그렇다는 것을요. "습기가 없으므로" 말입니다. 여러분이 그 꽃에 물을 조금 주자 그 꽃은 다시 살아나기 시작했습니다. 이런 식물들은 습기로 생명이 유지됩니다. 하지만 해가 많이 비치거나 실내온도가 높아질수록 이 식물의 습기는 더욱더 없어지며, 이런 상황은 식물에게 더 좋지가 않습니다. 식물에게는 습기가 필요합니다. 우리에게도 마찬가지로 습기가 필요합니다. 우리도 가련한 식물들이기 때문입니다. 우리에게는 성령님이 필요합니다. 주님께서 영광의 언덕 꼭대기에 있는 생명샘에서 우리에게 매일 물을 공급해 주시지 않는다면, 우리는 틀림없이 죽고 말 것입니다. 사랑하는 성도 여러분, 성령님의 은혜로운 능력으로 베풀어 주시는 습기가 여러분에게 없어지지 않도록 주의하십시오.

　그런데 이 사람들에게는 왜 습기가 없었을까요? 공중에는 습기가 있었습니다. 삼십 배, 육십 배 혹은 백 배의 결실을 한(막 4:8) 다른 씨앗들 안에는 분명히 습기가 있었습니다. 그러나 결실을 한 씨앗들과 같은 대기 속에 있었지만, 이 씨앗에 대해 성경은 "습기가 없으므로"라고 말씀합니다. 아침 이슬도 있었고 안개와 비도 있었습니다. 하지만 바위 위에 떨어진 이 씨앗들에 대해서는 "습기가 없으므로"라고 말씀합니다. 그 이유는 흙에 습기를 머금고 있을 만한 능력이 없었기 때문입니다. 습기를 머금자마자 다시 없어져 버렸습니다. 증발해 버린 것이지요. 이는 그곳에 바위가 있었고, 그 바위 위에 있는 아주 얇은 흙은 습기를 머금고 있기에는 역부족이었기 때문입니다. 그래서 그 흙이 지니고 있던 모든 습기는 곧 사라지게 되었던 것입니다. 이런 바위 위의 토양처럼 보이는 사람들은 많습니다. 이들은 거룩한 성령님을 받아들이지 않고 그분 없이 그럭저럭 살아가고 있습니다.

이제 저는 습기가 없다는 사실을 가리키는 것들을 설명하면서, 여러분에게 경고의 말씀을 드리고자 합니다. 첫째는 감정 없는 교리입니다. 여러분은 그리스도에 관한 성경의 교리를 믿고 있습니다. 여러분이 그 교리를 믿고 있다니 저는 기쁩니다. 그러나 성령 하나님께서 베풀어 주시는 이슬 같은 능력이 없는 무미건조한 교리는 아주 단단한 바위와 같아서, 여러분은 그러한 메마른 교리로부터 아무것도 얻을 수 없을 것입니다. 여러분은 인간 타락에 관한 교리를 믿고 있다고 말합니다. 그러나 여러분이 실제로 그 교리의 내용을 느끼고, 그 내용에 대해 슬퍼한 적이 있습니까? 여러분은 구속의 교리를 믿고 있다고 말합니다. 하지만 여러분은 예수님의 보혈의 능력을 체험해 본 적이 있습니까? 여러분은 십자가를 보고서 측은한 마음이 든 적이 있습니까? 여러분은 유효적 소명(Effectual Calling, 효력 있는 부르심으로, 소명은 최종적으로 구원을 얻는 '유효적 소명'과 그렇지 못한 '무효적 소명'으로 나눠진다. 웨스트민스터 소요리문답 31번은 다음과 같다. "문 31: 효력 있는 부르심이 무엇인가? 답: 효력 있는 부르심은 하나님의 영이 하시는 일이니 우리의 죄와 비참을 깨닫게 하시고 또 우리의 마음을 밝혀 그리스도를 알게 하시고 우리의 의지를 새롭게 하시고 우리를 권하사 능히 복음 중에 값없이 주시는 예수 그리스도를 믿도록 하시는 것이다")의 교리를 믿고 있다고 말합니다. 하지만 은혜로 말미암는 그 부르심이 여러분에게 유효했던 적이 있었습니까? 여러분은 중생의 교리를 믿고 있다고 말합니다. 하지만 여러분은 거듭났습니까? 그렇지 않다면, 여러분은 습기가 없는 것입니다. 저는 어떤 형제들을 알고 있습니다. 이들은 아주 '건전한' 사람들이어서, 한 번도 건전하지 않았던 적이 없는 사람들입니다. 그들은 자신들에 대해 '십육 온스를 일 파운드로'(Sixteen ounces to the pound, 현대 영국 중량 단위계인 야드 파운드법 [1855년 제정된 것으로 16온스를 1파운드로 환산한다] 이전의 트로이 파운드법에서는 12온스가 1파운드로 통용되었다. 스펄전 당시는 중량 단위계가 혼용되기도 했다 — 역주) 정확하게 쳐 주는 사람들이라고 말합니다. 하지만 제 생각에는 그들이 십칠 온스를 일 파운드로 쳐 주는 사람들처럼 보입니다. 왜냐하면, 정확하게 달기 어려운 마지막 일 온스를 너무 정확하게 달아 주려다가 십육 온스 무게도 제대로 달아주지 못하기 때문입니다(과유불급[過猶不及]이라는 뜻 — 역주). 여러분이 믿고 있는 교리는 놀랄 만큼 정통적일 수 있습니다. 하지만 그것으로 멸망할 수도 있습니다. 그 단단한 암반층이 완전히 깨어져 산산조각이 나야 합니다. 그래야 습기가 땅에 스며들 수 있습니다. 감정 없는 교리가 무슨 소용이 있겠습니까?

겸손하지 않은 체험 또한 마찬가지로 쓸모가 없습니다. 제가 말씀드리는 것은 이것입니다. 어떤 사람들은 이런저런 체험을 했다고 말들을 합니다. 그러면서 그들은 그 체험을 자랑합니다. 그들 가운데 어떤 사람은 자신이 완전하게 되었다고 말하면서 그 체험으로 우쭐해하기도 합니다. 맞습니다. 그들은 습기가 없는 사람들입니다. 여러분이 그들 곁에 나란히 서서 비교의 대상이 되자마자, 여러분은 자신이 뭔가 부족하다고 느끼게 될 것입니다. 여러분은 그런 체험이 무엇인지 전혀 알지 못하기 때문입니다. 그러나 그것은 메마른 체험입니다. 그 체험은 뜨겁게 끓고 있을지도 모르나, 아주 메마른 것에 불과합니다. 자신의 무가치함을 주님 앞에 겸손히 고백하면서 엎드리지도 않고, 정죄 받은 죄인들처럼 자신을 몹시 싫어하면서 자신이 사형 선고를 받은 기분이 어떠한지를 전혀 이해하지 못하기 때문입니다. 아무리 그 체험이 완전해 보인다 해도, 그런 체험에는 촉촉함이 없습니다. 성령 하나님의 능력으로 말미암아 그 체험에 역사하는 생생한 부드러움이 없습니다. 이러한 체험으로부터 우리를 구해 달라고 저는 주님께 기도드립니다. 그러므로 겸손하지 않은 체험 또한 피하십시오.

사랑하는 마음이 없는 실천도 피하십시오. 저는 몇몇 형제자매들을 알고 있습니다. 이들은 모든 행동에 있어서 아주 정확하고 꼼꼼했습니다. 저는 그들이라면 거의 죄를 짓지 않을 것이라고 생각했습니다. 그래서 그들이 실제로 죄를 짓지 않는 것에 대해서도 전혀 놀라지 않았습니다. 왜냐하면 그들 안에는 죄를 지을 만한 본성이 없는 것처럼 보였기 때문입니다. 그들은 어떤 인간적 본성도 없는 것처럼 보였습니다. 그들은 꼭 메마른 가죽 조각 같았습니다. 절대로 흥분하지 않았고, 성미가 급하지도 않았으며, 좋은 일이든 나쁜 일이든 어떤 일에 대해서도 감정을 드러내지 않는 것 같았습니다. 그들은 절대 말 한 마디도 너무 성급하게 내뱉지 않고, 항상 모든 일을 아주 정확하게 평가합니다. 하지만 이 모든 일에 사랑이 없습니다. 사랑이 없다는 이것이 바로 치명적입니다. 저는 또한 수년간 말씀의 종으로서 제가 크게 존경하는 한 분을 알고 있습니다. 저는 그분의 규칙적인 행동 때문에 그분을 존경했습니다. 제 생각에 그분은 정확한 시간에 일어나서, 정확한 시간에 가정에서 기도시간을 갖는 등, 모든 일을 시간에 맞춰서 정확하게 행하셨습니다. 한번은 그분에게 이렇게 말씀드린 적이 있었습니다.

"목사님이 계신 곳 주위에는 죄에 깊이 빠져 사는 많은 사람들이 있습니다. 그들 가운데 몇 사람이라도 목사님의 예배 처소에 데리고 온 적이 있으십니까?"라고요. 그러자 그분은 "그런 적은 없습니다. 저는 그런 사람들이 저희 예배 처소에 들어오는 것을 원치 않습니다"라고 말씀하셨습니다. "이유는 무엇입니까?"라고 제가 묻자, 그분은 "글쎄요, 그들은 거의 창녀들이고 도둑들입니다. 그런 사람들과 도대체 제가 뭘 할 수 있겠습니까?"라고 말씀했습니다. 그 때 제가 본 것은 이것입니다. 습기가 전혀 없이도 규칙적으로 정확하고 선하며 어떤 경지에까지 올라가는 것이 가능하다는 것 말입니다. 그곳에는 습기가 없었습니다. 그러니 당연히 그 어떤 도둑이나 창기도 그분의 말씀을 들으러 오지 않았을 것입니다. 그분은 그들에게 너무나 메말라 있었습니다. 일반인들의 눈에는 완전하게 보여도, 생명과 사랑의 빛 없이 바리새인 같은 실천을 행하는 것은, 즉 결과적으로 습기가 없는 것은 두려운 일입니다.

사랑하는 성도 여러분, 이와 관련하여 회개가 없는 믿음도 조심하십시오. 왜냐하면 이런 믿음은 습기가 없다는 사실을 드러내는 또 다른 방식이기 때문입니다. 많은 것을 기꺼이 믿고자 하는 사람들이 있습니다. 그러나 그들이 자신의 죄 때문에 슬퍼하거나 하나님 앞에서 참된 겸손함으로 상한 마음을 가지고(시 34:18) 자기 죄를 고백하는 것을 여러분은 결코 들어보지 못했습니다. 믿음 없는 회개를 신뢰하는 것은 영혼을 파멸시킬 것입니다. 그러나 회개 없는 믿음 또한 영혼을 파멸시킬 것입니다. 만약 믿음이 있다고 하면서도 두 눈에 눈물이 없다면, 그 믿음은 죽은 믿음입니다. 자신의 죄 때문에 한 번도 울어본 적이 없는 사람은 진정으로 죄 씻음을 받지 못한 사람입니다. 만약 죄 때문에 여러분의 마음이 상해 보지 않았다면, 여러분의 마음이 죄로부터 벗어났다는 사실을 저는 믿지 못하겠습니다. 만약 여러분의 마음이 죄로부터 벗어나지 못했다면, 여러분은 여전히 하나님과 거리가 있는 상태이며, 여러분을 받아들이시는 그분의 얼굴을 결코 보지 못할 것입니다.

자신에 대한 주저함이 전혀 없는 확신도 조심하십시오. 그렇습니다. 사랑하는 성도 여러분, 여러분이 원하는 대로 담대하게 말하십시오. 여러분은 여러분의 주님을 위해 마음껏 용감해지십시오. 하지만 이와 동시에 영으로는 심히 겸손하십시오. 여러분이 섬기는 주님의 강함이 드러나도록 할 뿐만 아니라, 여러분 자신의 약함도 드러나도록 하십시오. 그리스도의 공로를 자랑하고 여러분의 죄성을 고백하면서, 여러분 스스로 여러분은 아무것도 아니라는 것을 인정하십시오. 우리가 아무리 하나님을 신뢰해도 거기에는 지나침이 없습니다. 그 신뢰가 깊은 자기 불신과 관련되지 않는다면, 그 신뢰에는 습기가 없을 것이며, 하나님께 드릴 만한 어떤 실제적인 수확도 얻지 못할 것입니다.

그리고 영성 없는 행동도 조심하십시오. 이런저런 방식으로 하나님을 아주 적극적으로 섬기는 사람들이 많이 있습니다. 이런 섬김이 바른 영으로 행해지기만 한다면, 모든 사람들이 이렇게 섬겼으면 좋겠습니다! 그들은 아침부터 저녁까지 바쁩니다. 하지만 그들의 수고에는 기도도 없고, 하나님을 의지하는 것도 전혀 없습니다. 그렇게 해서는 안 됩니다. 그런 행동은 모두 쓸데없는 행동들입니다. 우리가 아무리 바쁘다 해도, 우리가 일할 모든 능력을 성령님으로부터 받지 않는다면, 그리고 우리가 하는 모든 말들이 좋은 결과를 얻기 위해 성령님을 의지하지 않는다면, 우리의 모든 행동들은 전혀 유익한 효과를 발휘하지 못할 것입니다. 여러분이 바르게 행할 능력을 받기 위해 하나님을 기다리지 않아서, 많은 일들을 행하고서도 실제로는 아무 일도 하지 않은 것이 되지 않도록 주의하십시오.

이제 또 다른 메마른 것이 있습니다. 즉, 하나님과의 교제 없는 열심이 바로 그것입니다. 그리스도의 나라를 확장하려는 열심, 교단을 키우려는 열심, 개별 교단을 발전시키려는 열심, 관용적이지 않은 열심 등이 아마 여기에 포함될 것입니다. 이런 열심이 있으면서도, 하나님의 말씀을 따라 조심하며 살아가지 않고, 우리가 열심을 내었으면 하고 하나님께서 바라시는 것을 살피지도 않고, 위대하신 만유의 주 되신(행 10:36) 그분 앞에서 우리 자신을 낮추지도 않고, 하나님과의 교제를 통해 생명수 강에 우리 자신을 씻지도 않는 그런 열심이 바로 메마른 열심입니다.

사람들은 선한 일들을 아주 많이 행합니다. 하지만 그들에게 습기가 없기 때문에 이 모든 일이 아무것도 아닌 일들이 되어 버립니다. 그러므로 저는 우리가 행하는 일들이 이렇게 되어 버리는 다양한 방식들을 계속해서 보여드리고자 합니다. 씨앗이 물을 받아들여 흡수하기까지, 씨앗은 메마른 땅에 동화될 수 없습니다. 이와 마찬가지로, 영적인 생명도 성령으로 말미암아 흡수된 진리만을 양분으로 얻어 살아갈 수 있습니다. 성령님께서 우리의 마음을 부드럽게 하시고 우리를 준비시키실 때, 그때 비로소 우리의 밑동과 잔뿌리들이 참된 영양분을 섭취하게 되어, 우리는 그 영양분에 힘을 얻어 자라게 됩니다.

바위가 많은 땅 위에 떨어진 씨앗의 경우에는 민감한 생명력 또한 결핍되어 있었습니다. 그 씨는 잠시 동안만 자라났습니다. 그러다가 말라 버렸습니다. 우리의 교회에도 이와 똑같은 사람들이 많이 있지 않습니까? 그들은 오래된 건초(乾草)처럼 메말라 있습니다. 그들은 이미 시들어 버렸습니다. 우리는 그들을 변화시킬 수 없습니다. 오, 우리가 그들에게 생명을 불어넣어 변화시킬 수만 있다면 얼마나 좋겠습니까! 오, 생명수가 그들 주위에 흘러 넘쳐서 그들이 생명을 얻고 하나님께 결실을 맺는다면 얼마나 기쁘겠습니까!

하나님께서 축복하셔서, 저는 오늘 많은 성도들이 각자의 마음에 이러한 거룩한 습기가 있는지를 살펴보기에 충분한 말씀을 드린 것 같습니다.

3. 이제 우리는 이런 악을 어떻게 피할 수 있을지를 생각하고서 말씀을 맺고자 합니다.

좋습니다. 먼저, 우리 한 사람 한 사람이 모두 하나님께 이 바위를 부수어 달라고 부르짖읍시다. 바위입니다. 단단한 바위입니다. 잘 부수어지지 않는 바위입니다. 여러분은 이것을 부서뜨릴 마음이 없습니까? 우리는 여러분에게 씨를 뿌릴 수는 있습니다. 하지만 이 바위가 부서지지 않는 한, 씨앗에서는 아무것도 나오지 않을 것입니다. 바위 같은 인간의 마음이 깨어지고 부서져서, 인간 본성이라는 오래된 바위가 산산조각이 나 흙이 될 때까지, 대형 스팀 플라우(steam-plow, 논밭을 갈고 길을 내는 장치)로 인간의 마음을 완전히 갈아엎을 필요가 있습니다. 사랑하는 성도 여러분, 여러분에게 이러한 일이 확실히 일어나도록 하나님께 기도하십시오. 당사자인 여러분이 해야 할 한 가지 일은 예수 그리스도를 믿어 구원을 받는 것입니다. 그러나 여러분이 구원받는 과정 중의 하나가 바로 여러분에게서 돌같이 굳은 마음을 제거하고, 여러분이 살로 된 마음을 갖게 하는 것입니다(겔 36:26, KJV). 이런 일이 일어나지 않고서는 절대로 참된 성장이 있을 수 없습니다.

둘째로 우리가 해야 할 일은 영성에 많은 주의를 기울이는 것입니다. 이 습기는 아주 미묘한 것이었습니다. 사람들은 대기 중이나 땅 속에 있는 축축함을 쉽게 간과합니다. 하지만 이것이 바로 핵심이었습니다. 누가 감히 기름 부으심이 무엇인지 여러분에게 말할 수 있습니까? 기름 부으심이 없는 설교를 하는 것은 가련하고도 쓸데없는 짓입니다. 참된 기독교인을 세속적인 기독교인이나 그저 신앙 고백만 하는 자들로부터 구별하는 은밀한 무언가가 있습니다. 여러분이 그것을 가졌는지 살펴보십시오. 신조, 세례, 성찬, 그리고 기타 눈에 보이는 것들로 만족하지 마십시오. 오직, "주님, 제게 습기가 필요합니다. 제게 습기를 주옵소서. 은밀한 무언가를 제게 주옵소서. 그것이 제게 가장 필요한 것입니다"라고 기도하십시오. 여러분은 여러분의 영혼을 볼 수 없습니다. 여러분은 여러분의 영적 상태가 어떠한지 충분히 말할 수 없습니다. 하지만 여러분의 육체에 생명을 유지시켜 주는 것이 무엇인지는 알고 있습니다. 그것이 떠나 버리면 육체는 죽어 버립니다. 이와 마찬가지로, 습기로부터 오는 생명을 받아야만 모든 신앙은 살아납니다. 많은 사람들에게는 이처럼 귀중한 습기가 없습니다.

이런 사실로 인해 저는 한 말씀 더 드릴 수밖에 없습니다. 성령님을 바라보십시오. 성령님을 아주 부드러운 태도로 대하십시오. 우리는 명령을 받은 대로 여러분에게 그리스도를 전하고 있습니다. 하지만 우리의 바람은 복된 성령님 또한 여러분이 잊지 말았으면 하는 것입니다. 성령님이 없이는 그 어떤 구원 역사도 여러분에게서 이루어질 수 없기 때문입니다. 여러분은 스스로 다시 태어날 수 없습니다. 여러분의 믿음이 하나님이 선택한 믿음이라고 한다면, 여러분을 구원하는 이 믿음조차도 성령 하나님의 사역입니다. 그러므로 열심을 내고 온유하십시오. 그리고 하나님의 성령을 근심하게 하지 말고(엡 4:30), 그분과 교제하며 신중히 행하십시오.

이제, 다음으로, 메마르게 하는 모든 열기를 피하기에 힘쓰라는 말씀을 드리고 싶습니다. 스스로 흥분하여 광란의 행동을 하지 마십시오. 그 속에 구원과 관련된 것이 들어 있는지 생각하십시오. 흥분이라는 열기가 필연적으로 생길 수도 있습니다. 마차의 바퀴가 빠르게 움직일 때 먼지가 많이 날리는 것처럼 말입니다. 하지만 이 먼지는 마차에도 도움이 되지 않고, 그 마차 안에 타고 있는 사람들에게도 해가 됩니다. 흥분하는 것이 바로 이와 같습니다. 흥분하는 것은 참된 움직임에 도움이 되지 않습니다. 하나님을 가까이 하며 살아가는 사람들에게 해만 될 뿐입니다.

마지막으로, 오늘 본문에서 "습기"라고 말하는 그 은밀한 생명력의 거룩한 신비를 계속해서 추구하십시오. 저는 여러분이 이런 기도를 하도록 권면합니다. "주님, 이 복된 습기를 제게 주옵소서. 하늘의 이슬과 거룩한 비로 저를 흠뻑 적셔 주옵소서. 그래서 제가 자라나 당신의 거룩한 이름에 영광을 돌려드리도록 열매 맺게 하옵소서"라고요. 하나님께서 여러분을 축복해 주시기를 바랍니다. 예수님의 이름으로 기도드립니다! 아멘.

제
29
장

—

부주의한 자들이 보통 하는 말

—

"예수를 보고 부르짖으며 그 앞에 엎드려 큰 소리로 불러 이
르되 지극히 높으신 하나님의 아들 예수여 당신이 나와 무
슨 상관이 있나이까 당신께 구하노니 나를 괴롭게 하지 마
옵소서 하니." — 눅 8:28

이 말이 귀신들린 그 불쌍한 사람을 괴롭혔던 악한 영의 외침이라는 것을 우리가 이해한다면, 그 말은 매우 자연스러운 말이고, 누구나 그 말을 쉽게 이해할 수 있을 것입니다. 그리스도의 임재는 악의 왕에게 엄청난 고통이 되기 때문에, 그로 하여금 "때가 되기 전에 우리를 괴롭게 하려고 오셨나이까?"라고 울부짖지 않을 수 없게 합니다. 우리가 사탄을 추방하려면, 성령의 능력 안에서 예수 그리스도를 전파하는 길밖에 없습니다. 왜냐하면 사탄은 지옥의 마귀들이기 때문입니다. 그래서 마귀가 복음 전도자들을 대적하여 그렇게 고함을 치는 것입니다. 복음이 마귀를 크게 고통스럽게 하니 말입니다.

그러나 만일 이 말을, 그 말을 하고 있는 사람의 말로 받아들인다면, 그 말은 정말 이상한 말이 아닐 수 없습니다. 실제로 그 말은 너무 이상하고 어리석은 말이어서, 그 말을 한 사람은 사람이지만 그 사람 속에 마귀가 있다는 사실에 의해서만 그 말을 설명할 수 있을 뿐입니다. 분명하게 말해서 마귀에게 사로잡힌 사람이 아니라면, 아무도 자기에게 복을 주실 유일한 분인 예수님을 향하여 "나를 떠나가라!"고 하거나 "나를 괴롭게 마소서!"라는 식으로 말하지 않을 것이기 때

문입니다.

그런데도 이 세상에는 이와 똑같은 식으로 말하는 사람들이 정말 허다합니다. 정말 무수한 사람들이 임박한 진노에서 피하려고 하기보다는 구원을 피하려고 안달합니다. 그들은 부지런히 주도면밀하게 천국의 사랑을 회피합니다. 그들의 삶을 통해서 나타난 기도는 "주여, 저로 하여금 천국에 가지 못하게 하소서! 제가 구원받지 못하게 하소서! 제 죄를 씻지 못하게 하사 이렇게 살다가 그저 흙으로 돌아가는 것으로 만족하게 하소서!"라는 식입니다. 정말 왜 그러는지 잘 모르겠습니다! 그런 어리석음은 도대체 어디에서 오는 것입니까? 자신의 파멸을 바라고 작정한 사람들의 태도는 극도로 확고하고 단호합니다. 그들은 자신을 미워하고, 자비의 권고와 애원들을 수도 없이 피해 버리는 자살적인 행동을 취합니다. 그런 행동은 정말 이해할 수 없습니다. 그래서 거듭 말하지만, 그들은 정신이 나가 미쳤다고 밖에는 설명할 길이 없습니다. 다시 말해서, 사탄이 그들을 장악하여 자기 마음대로 그들을 부리고 있다는 것입니다.

그 말 자체를 논의하기 전에 그 말을 통해서 배워야 할 것이 있습니다. 즉, 우리는 사람이 참된 신앙에 대해서 대단히 많은 것을 알고 있으면서도 그 신앙에 대해 전적으로 문외한일 수 있다는 사실입니다. 사람은 예수 그리스도께서 지존하신 하나님의 아들임을 알면서도 마귀에 사로잡혀 있을 수 있습니다. 아니 바로 이런 경우에 그 사람은 마귀 군대의 소굴이 될 수도 있습니다. 단순히 알고만 있는 것은 우리를 거만하게만 할 뿐, 우리에게 아무 소용이 없습니다. 우리가 더 많이 알면 알수록 우리의 책임도 그렇게 더 증가될 것이고, 결국 우리는 아무 희망도 갖지 못하는 상태에 이를 수 있습니다. 머리로만 아는 지식에 머무르지 않도록 주의하십시오. 여러분의 교리가 정확하다고 해서, 사랑도 없이, 그 정통 신앙에만 머물러 있다면, 여러분은 울리는 꽹과리와 소리 나는 징이 될 뿐이니, 그러지 않도록 주의하십시오. 물론 믿음은 건전한 것이어야 합니다. 그러나 머리로만이 아니라 마음으로도 건전해야 합니다. 이단의 길에서 뿐만 아니라 정통의 길에서도 멸망으로 통하는 문이 있습니다. 지옥에는 전혀 이단이 아니었던 수천의 사람들이 있습니다. 귀신들도 "믿고 떠느니라"는 사실을 기억하십시오. 귀신들처럼 이론적으로는 건전한 신자들이 있습니다. 이론적으로는 건전하나 그들의 행실은 그들이 믿는 바에 하등의 영향을 받지 않고, 결국 지존하신 하나님과 여전히 원수인 채로 남아 있습니다. 그저 머리로만 믿는 사람은 타락한 천사와 한 반열에 속해 있는 것입니다. 은혜가 그 마음을 바꾸어 놓지 않는다면, 그들은 영원토록 그 타락한 천사들과 분깃을 함께 나눌 것입니다.

오늘 본문의 말씀을 통해서 또 배울 수 있는 것은 세상에는 참으로 악한 기도가 많다는 사실입니다. 그 사람은 "당신께 구하노니 나를 괴롭게 마소서"라고 말하였습니다. 그는 그리스도께 자기를 그냥 내버려 두시도록 간청하였습니다. 그것도 매우 간절히 말입니다. 그 자체로 아주 탁월하고 너무 너무 너무 유창한 기도라 해도, 그 간절함에 있어서는 이 사람이 주님께 간청한 것의 절반도 되지 못합니다. 사람들과 돼지 떼들은 사탄이 몰아갈 때는 열심히 달립니다. 그러나 우리 중 가장 선한 자라도 하늘을 향해 갈 때는 얼마나 더딘지 모릅니다. 자신의 고통을 바라는 죄인의 간절한 기도는 무서울 정도로 진지해서 지켜보기조차 끔찍하고 섬뜩할 경우가 많습니다. 그렇습니다. 혹 하나님께서 이 기도를 들으신다면 얼마나 무서운 일이겠는가 하는 생각이 드는 기도들을 우리는 얼마나 자주 듣습니까! 이것은 기도가 아니라 욕설이고 신성모독이지 않습니까? 그러한 기도들은 가장 악한 기도일 뿐입니다. 정말 그 욕하는 사람의 기도를 결코 받지 않는 한이 없으신 하나님의 긍휼로 인해, 스스로 저주를 받겠다고 발버둥치는 그런 사람이라 하더라도 하나님은 그를 기꺼이 살려주셨습니다. 하나님을 모독하는 자여, 이 순간 여러분의 무릎을 꿇고 전능하신 하나님께서 여러분의 말대로 여러분을 대하지 않으신 것에 감사하십시오! 비록 여러분이 죽음과 결탁하고 지옥과 언약을 맺고서 하나님께 자신을 멸하시도록 간구했다 하더라도, 여러분은 하나님이 그렇게 하지 않으신 것에 감사하십시오. 그것을 자비의 표증으로 받아들이십시오. 그리고 하나님의 오래 참으심으로 여러분이 회개할 수 있도록 인도해 달라고 기도하십시오. 저는 소망하고 기도합니다. 하나님께서 여러분을 살려두신 것은 여러분을 영원토록 구원하시려는 하나님의 의도 때문이기를 말입니다.

이제 우리는 본문의 말씀 그 자체만 가지고 살펴보고자 합니다. 물론 본문의 말씀이 나온 정확한 순서대로 살펴보지는 않을 것입니다. 여러분이 주목해야 할 첫 번째 사항은 불손한 오해입니다. 즉, 세상에는 그리스도께서 자기들을 괴롭게 하려고 이 땅에 오셨고, 그리스도교는 자기들을 비참하게 만든다고 상상하는 어리석은 사람들이 많다는 것입니다. 두 번째로는 불만스러운 질문입니다. "나와 당신이 무슨 상관이 있나이까?"라는 말씀대로, 너무 너무 많은 사람들이 자신은 신앙과도 아무 상관이 없고, 그리스도와도 아무 상관이 없다고 생각합니다. 그러고는 대체로 경멸하거나 진지한 태도를 취하면서 자신의 정신 상태를 드러내며, "지극히 높으신 하나님의 아들 예수여 '나와' 당신이 무슨 상관이 있나이까?"라고 묻습니다.

1. 불손한 오해

첫 번째로 우리가 다룰 사항은 매우 불손한 오해의 문제입니다. 요즘 사람들 사이에는 다음과 같은 생각이 팽배해 있습니다. 즉, 그리스도의 복음을 믿는다는 것은 더 이상 행복하기를 멈추는 것이고, 모든 즐거움과 기쁨을 포기하는 것이며, 자신을 우울한 삶에 던져 버리는 것이라는 생각입니다. 저는 그 점에 대해 잠시 논증하려고 합니다. 솔직히 말하자면, 우선 저는 사람들이 그렇게 생각할 만한 점들이 있다고 인정합니다. 정직한 사람이라면 어떤 주장에 대해 지지하게 되었을 때, 그것을 맹목적으로 찬성해서는 안 되고, 오히려 진실이 요구하는 것들을 기꺼이 인정할 줄 알아야 합니다. 그렇게 인정을 하게 되면 자신이 치명적인 타격을 입는다 해도 말입니다.

이제 저는 다음의 사실을 인정하려고 합니다. 즉, 사람이 자신의 죄에서 돌이키게 되면, 복음이 사람의 양심을 깨우게 되어 자신의 상태를 비참하게 여기게 된다는 사실을 말입니다. 복음은 마치 아물지 않은 상처에 소금을 뿌린 것 같은 역할을 할 것이며, 패역자의 등을 채찍으로 내리치는 것 같은 역할을 할 것입니다. 여러분 중에도 이런 사람들이 있습니다. 이들의 모습은 제가 쉽게 그릴 수 있기 때문에, 여러분은 대번에 그것이 자신의 모습인지를 알 수 있을 것입니다. 제가 개인적으로 아는 사람들이 있는데, 저는 그들이 현저하게 악을 행하는 습관에 빠져 있다는 사실을 듣게 되었습니다. 예를 들면, 술에 취하는 것입니다. 그런데도 그들은 눈에 띄게 정기적으로 이 예배에 참석합니다. 큰 회중들과 함께 있는 것이 마음에 들었는지, 또는 목회자의 특별한 방식이 좋았는지 모르겠지만, 여하튼 그들은 예배당에 오는 것을 좋아했고, 오고 또 왔습니다. 그러다가 그들이 어떤 인상을 받게 되고는 가장 선한 일을 갈망하게 되었습니다. 그들은 점차 스스로를 설득했습니다. "나는 내가 했던 방식으로 계속 나갈 수 없다는 것을 알면서도 여전히 제자리걸음을 하고 있다. 저 목사가 너무 날카롭게 칼을 겨누고 있기 때문이다. 나는 내 죄를 포기하든가, 아니면 저 목사를 떠나든가 해야만 한다." 그래서 얼마 후에, 그들은 자기들이 들은 설교를 통해 정말 완전히 비참할 정도로 난도질을 당했다고 느끼고는, 은혜의 방편인 예배에 참석하는 것마저 포기해 버렸습니다. 정말 많은 사람들이 저기 저 앞에 있는 기둥들 아래의 계단을 내려 가면서 이를 갈고 발을 구르며, 다시는 여기에 오지 않겠다고 맹세하였습니다. 그러나 바로 그런 사람이 머지않아 분명히 다시 오게 됩니다. 그런 결과가 나올 때 저는 정말 기쁩니다. 왜냐하면 하나님의 진리를 듣고 격동될 수 있을 정도의 양심이라도 남아 있는 자들에게 저는 희망을 갖기 때문입니다. 들은 것을 그냥 잊어버리고 마는 사람보다는 듣고 분을 내는 사람들이 더 낫습니다. 그 진리의 화살이 양심을 찌른다면, 더 깊숙이 찌를 수 있기를 원합니다.

따라서 저는 다음의 사실을 인정합니다. 아니 인정하지 않을 수 없습니다. 즉, 사람들이 계속해서 죄를 짓겠다고 결심한다면, 그들이 그리스도 예수와 거룩함과 행복과 죄와 장차 올 진노에 대해 듣는 것은 매우 불편할 수밖에 없다는 사실을 말입니다. 예수 그리스도께서 복음 설교를 통해서 그들에게 가까이 오시는 것은 회개하지 않는 죄인들을 고문하는 것이나 마찬가지이기 때문에, 그들은 진리를 대적함으로 그 공포와 경악을 떨쳐 버리려고 애쓸 것입니다. 예전에 감리교가 부흥하던 시대에 사람들은 존 넬슨(John Nelson, 웨슬리 시대에 평신도 복음 전도자 — 역주)을 강제 징용하여 군인으로 만들었습니다. 그들은 말했습니다. "저 놈을 멀리 보내 버려. 저 놈 때문에 요즘에는 편하게 앉아서 술을 마실 수도 없고 거침없이 욕을 할 수도 없으니 말이야. 점잔을 빼며 말하는 감리교도나, 좀 허튼 소리를 하면 분명히 싫은 소리를 해대는 사람만 없으면 좋겠어!" 바로 이것입니다. 세상에 참된 신앙이 존재하는 곳에서는 죄인이 편안하게 죄를 짓지 못합니다. 그리스도인은 경건하지 않은 자에 대한 경건한 책망의 척도입니다. 정직하고 진지하고 근엄하고 고상한 사람, 그러면서 그리스도인으로 살아가는 사람은 악인들에게는 자신들을 질책하는 그런 인물이 되는 것입니다. 만약 그들이 그런 그리스도인을 불태울 수 없는 상황이라면 말입니다. 아마도 그럴 수 있는 시절이라면 그들은 그를 불태우고 싶었을 것입니다. 그럼에도 그들은 그런 그리스도인을 무시하는 것만으로도, 또는 그 그리스도인이 위선자라거나 뭔가 불온한 동기를 가졌다고 중상모략을 하는 것만으로도, 그들은 악을 섬기는 일에서 다소의 위안을 얻으며 사탄의 불에 손을 대면서 따뜻하다고 느낍니다.

저는 우리 교회가, 은밀한 죄악에 탐닉해서 숨겨놓은 악을 붙들고 있으려는 사람들에게 참기 힘들 정도로 너무 뜨거운 장소가 되기를 바랍니다. 저는 하나님께서 제 혀를 보호하시는 동안에는 여러분의 죄를 질책하는 데서 조금도 물러서지 않을 참입니다. 그것은 여러분의 죄책이 제게 임하고 여러분의 영혼의 피가 제 문 앞에 당도하는 책임을 지지 않기 위해서입니다. 여러분의 수궁이 나중에 적개심으로 돌변하는 한이 있더라도, 우리는 훨씬 더 신실해질 수 있는 은혜를 받고 싶습니다. 그렇습니다. 여러분은 다음의 사실을 인정해야 합니다. 여러분이 지옥에 갈 작정이라면 여러분은 복음을 들으러 올 필요가 없습니다. 여러분이 그렇게 복음을 들어봤자 이 세상에서도 여러분만 불편해질 뿐이고, 다음 세상에서도 여러분에게 아무 도움이 되지 않기 때문입니다.

또한 저는 다른 경우도 시인해야겠습니다. 즉, 처음에 아주 진지하게 자신을 그리스도께 맡겼던 사람들은 한동안은 매우 비참해지는 경우가 많다는 것을 말입니다. 어떤 사람들은 회개를 할 때 너무 지독하게 쓰라린 아픔을 동반한 나머지, 다른 사람들과 어울리기를 아주 싫어하게 됩니다. 그들은 사람들과 어울리는 자체를 피합니다. 그렇게 놀기를 좋아하던 사람들이 친구들을 멀리하게 됩니다. 주님에 대한 공포심이 그들을 덮치고, 그들은 죄의 짐을 느끼게 됩니다. 그러니 그들의 얼굴에 항상 수심이 가득한 것은 이상한 일이 아닙니다. 존 번연의 생애를 읽어 보면, 우리는 그가 수 년 동안 신앙적으로 인간이 처할 수 있는 가장 비참한 상태까지 내려간 사실을 인정하지 않을 수 없습니다. 그리고 다른 많은 사람들도 며칠, 몇 달, 아니 수 년 동안 바로 그런 마음 상태를 겪기도 하였습니다. 그러나 이것은 전혀 우리 주 예수 그리스도의 허물이 아님을 저는 여러분에게 상기시키려고 합니다. 만일 이 사람들이 주님께 즉시 나아와 "믿으라 그리하면 살리라"는 이 위대한 복음의 명령에 순종하였더라면, 그들은 그 즉시 평안을 얻었을 것이기 때문입니다. 여러분은 좀 전에 부른 찬송 속에서 이것을 표현하는 가사를 보지 못했습니까? 예수님께로 나오기 위해서는 준비할 것이 전혀 없다고 하는 그 가사 말입니다. 이 찬송을 다시 인용해 보겠습니다.

> "이 샘은 부요하지만 어떤 비난도 견뎌 낼 수 있는
> 아주 깨끗한 샘일세.
> 곤고하고 가련할수록 여기 이 샘은 그런 사람을 더 환영하네.
> 궁핍하고 죄 짐에 눌린 사람들이여, 헐벗고 더러운 모습 그대로 오라.
> 그대 아무리 더러워도 있는 모습 그대로 오라."

자, 한 영혼이 위대한 구속주의 영광스러운 공로에 자신을 즉각 던지기만 한다면, 거기서 즉시 그 영혼은 구원을 받게 될 것입니다. 그토록 오랫동안 영혼의 고통을 받던 사람들이 그리스도께로 와서 그분을 믿되, 자신들의 모든 죄를 그리스도께 내놓기만 했다면, 그들은 즉시 평안을 얻었을 것입니다. 그들이 그토록 오랫동안 비참한 상태에 있었던 이유는 예수 그리스도께로 나오지 않고 계속해서 자신들만을 바라보고 있었기 때문입니다. 그들은 이런 느낌을 추구하기도 하고 저런 선한 행동을 해보기도 하며, 다른 어떤 체험들을 추구하면서, 자신들은 이런 것들을 알지 못했기에 구원받을 수 없었다는 허망한 생각을 가지기도 했습니다. 그들이 단순한 진리를 즉시 받아들이기만 했다면, 즉 "하나님의 아들 예수 그리스도의 피가 우리를 모든 죄에서 깨끗하게 하신다"는 진리를 받아들이기만 했다면 얼마나 좋았겠습니까.

자, 어떤 사람이 의사한테 왔다고 해 봅시다. 의사는 그에게 약을 지어 주었습니다. 그가 몇 개월 안에 다시 건강해지려 한다면, 그는 약을 먹어야만 합니다. 그런데 알고 보니 그는 약을 선반 위에다 올려놓고는 손도 대지 않았던 것입니다. 그때 여러분은 의사를 나무랄 수 있겠습니까? 그 사람은 스무 번이나 다른 방법들을 시도해 보았습니다. 그러나 건강은 점점 더 악화될 뿐이었습니다. 그가 치료받고자 하는 것은 좋은 일입니다. 그러나 그가 자기를 꼭 치료할 수 있는 올바른 약을 잘 쓰기만 했다면, 그의 건강은 훨씬 더 좋아졌을 것입니다! 만일 그가 의사의 처방을 받아들이지 않는다면, 그것은 의사의 잘못이 아닙니다. 그가 그렇게 오랫동안 아픈 상태에서 벗어나지 못하는 것은 그 사람의 허물일 뿐입니다. 이와 마찬가지로 어떤 사람이 예수 그리스도를 믿지 않는다 해도, 그가 구원받지 못한 책임을 주님께 돌리지 말아야 합니다.

오! 마음이 괴로운 불쌍한 이들이여, 여러분은 더 이상 그렇게 슬픈 길을 멀리 돌아갈 필요가 없습니다. 여기저기서 유혹을 받고 이리저리 흔들리며 수천 가지의 의심과 두려움으로 고민할 필요가 없는 것입니다. 여기 영원한 생명으로 가는 훨씬 더 가깝고 확실한 길이 있습니다. 만일 여러분이 곧장 예수 그리스도께로 와서 십자가 밑에 꿇어 엎드려, 그저 여러분의 영혼을 내려놓기만 하면, 바로 오늘 밤 여러분은 기쁨과 평안을 발견할 것입니다. 여러분이 집으로 돌아가기도 전에, 여러분은 자신이 "그 사랑하시는 이 안에서 받아들여졌음"(엡 1:6, KJV)을 알게 될 것입니다. 그러나 이런 고통이 필수적이라고는 해도, 이것만은 알아두십시오. 한동안 비참하게 되었다가 그 후에 완전한 평안을 얻고, 그 결과 다가올 세상에서 영원한 구원을 받게 된다면, 그러한 고통은 아주 작은 것에 불과하지 않겠습니까? 여러분의 발이 병이 들어서 정강이뼈를 제거해야 되는 경우라고 가정해 봅시다. 그럴 때 여러분은 "오! 하지만 그 의사는 너무 깊게 뼈를 잘라내려고 하고 너무 무서운 도구들만 많이 사용하려고 한다"고 말할 수 있겠습니까? 물론 의사는 그렇게 수술을 합니다. 그러나 그가 남은 다리를 살리고 생명을 살릴 수 있다면, 아무도 그런 작은 고통에는 신경 쓰지 않습니다. 아! 세상이 그토록 진노의 무서운 폭풍을 맞게 될 그 냉혹한 현실을 생각하면서 여러분이 긍휼의 문 앞에서 예수님을 기다리고 서 있어야 했다면, 그런 고통쯤은 참아 내기에 아주 작은 일일 것입니다. 그 후에 하나님의 백성들을 위해 준비된 안식에 들어갈 수 있으니 말입니다. 얼른 계산해 보아도 이 일은 좋은 거래로서, 지혜로운 사람이라면 그 비용이 너무 저렴하다고 생각할 것입니다.

그러나 이제 제가 이 사실을 인정하였으니, 예수 그리스도께서 자신들을 비참하게 만든다고 말하는 사람들에게 제가 한두 가지 질문을 던지고 싶습니다. 저는 대단히 많은 것을 인정했습니다. 그러니 이제 그에 대한 보답으로 정당하고 솔직하게 대답해 보십시오. 여러분은 비참한 상태가 되는 것을 무서워하고 있습니다. 그렇다면 지금 이 순간 여러분은 정말 큰 행복을 누리고 있습니까? 그리스도인이 되면 여러분은 우울해질 것이라고 두려워합니다. 자, 그러면 말해 보십시오. 지금 이 순간 여러분은 정말 기쁨에 넘쳐 어쩔 줄 모르는 상태입니까? 매우 놀라운 행복을 누리고 있어서 여러분의 그 작은 낙원이 다칠까 두려워하고 있습니까? 제가 이렇게 말하는 것을 양해하고 들으십시오. 저는 이 지상에서 누리는 여러분의 행복이 정말 매우 기쁜 것인지 묻고 싶은 것입니다. 여러분에게 매력적으로 보이는 즐거움들에 대해서 저는 많은 의심을 가지고 있습니다. 그 즐거움들은 실제보다 더 과장된 것이 아닌가 하는 의심 말입니다! 사랑하는 나의 친구들이여, 우리는 악인들이 얼마나 비참한 상태에 있는지 별로 알고 있지 못합니다. 주정뱅이를 예로 들어 보겠습니다. 주정뱅이는 얼마나 기분 좋고 즐거운 사람입니까! 그렇지요? 그러나 솔로몬은 뭐라고 말합니까? "화가 있도다." 다시 한 번 그 말씀을 들어 보십시오. "화가 있도다." 그런데 어째서 세상은 이 사람을 "유쾌한 사람!"이라고 부르는지요. 그에게 화가 있는 것은 오래도록 술을 마시며 독주까지 섞어 마시기 때문입니다. 만일 이성을 가진 사람이라면, 어느 누구도 주정뱅이가 당하는 그 화를 당하지 않으려고 할 것입니다. 정말 비교할 필요조차 없습니다! 그 주정뱅이는 지금 자기가 좋아하는 것을 위해서 많은 대가를 지불하며 무거운 형벌을 치릅니다. 옛날의 진귀한 감로주들은 싸구려 술로 드러날 것이고, 탁월한 발포주들은 어둠과 사망을 가져올 것입니다. 모든 악이 그러합니다. 처음에는 거품만 조금 나다가 결국 무서운 고통을 불러일으킵니다. 지상의 모든 악인들은 그 찌꺼기까지도 다 마실 것입니다. 육체로 짓는 악행의 형벌이 정말 묘사하기 힘들 정도로 무섭다는 사실을 누가 모르고 있단 말입니까?

　　사람은 죄를 지으면 반드시 이 세상에서 모종의 슬픔을 겪지 않을 수 없기 마련입니다. 비참한 상황은 범죄의 꼬리에 붙어 따라옵니다. 술집이나 맥주 집에서 돈을 써 버리는 노동자는 행복한 가정을 꾸릴 수 없습니다. 여기저기 돌아다니면서 즐거움과 쾌락을 찾아다니며 자기 가족을 돌보지 않는 여자치고 행복할 사람은 없습니다. 저는 그런 여자가 행복하지 않다고 확실히 말할 수 있습니다. 왜냐하면 그녀의 얼굴이 그 사실을 정확하게 드러내고 있기 때문입니다. 거짓말하고 속이고 욕하며 하나님을 망각하는 사람들은 자신들이 떠들어대는 것처럼 그렇게 많이 기쁘지 않다고 저는 분명히 확신합니다. 따라서 이렇게 하나님과의 문제를 빨리 해치우려고, 신앙을 우울한 존재로 보며 푸념하는 여러분은 일반적으로 위선자들입니다. 그런 사람들은 지금 여기에도 와 있습니다. 저는 여러분에게 좀 더 분명한 진리를 말하려고 합니다. 가련한 피조물인 여러분이여, 어째서 여러분은 종교가 여러분을 우울하게 만든다고 말하는 것입니까? 여러분은 썩 잘 살 수 있을 것 같지만 지금도 우울하기는 마찬가지입니다. 여러분은 어떤 자극을 찾아다니기도 하고 무언가 시도하면서 몰두했습니다. 그러나 여러분이 진지한 자세로 자신을 돌아다보면서 자기가 누구인지, 어디로 가고 있는지를 생각해 보면, 자기보다 더 비참한 존재가 없고 자기만큼 우둔한 존재가 없다는 것을 잘 알게 될 것입니다. 여러분은 이미 비참하니, 종교가 여러분을 비참하게 만든다고 그 난리법석을 떨지 마십시오. 분별 있는 사람처럼, 여러분이 시도해 보지 않은 것에 대해서 허물만 찾으려 하지 마십시오.

　　제가 여러분에게 던지고 싶은 또 다른 질문이 있습니다. 즉, 여러분이 지금 행복하다고 대답한다면, 저는 현재 여러분이 누리는 그 행복, 또는 여러분이 누리고 있다고 말하는 그 행복이 얼마나 오랫동안 지속되겠느냐고 질문하고 싶습니다. 요즘은 나무에서 나뭇잎이 매우 빠른 속도로 떨어져 내리고 있습니다. 그런 모습을 보면 우리도 역시 죽어야 한다는 것을 생각하게 됩니다. 여러분의 환락과 흥거움은 여러분이 죽어가는 시간에도 여러분을 도울 수 있겠습니까? 여러분은 이런 것들이 죽음의 검은 바다의 거센 파도 속에서 여러분을 구해줄 것이라 기대합니까? 그런 기대는커녕, 아마 여러분은 여러분의 그 모든 진귀한 환희가 그렇게 끝나야 한다는 것을 인정해야 할 것입니다. 자, 이것은 임종을 앞둔 사람에게 정말 가련한 일이지 않습니까? 아무 희망도 없이 죽기만을 선택하는 것이 현명한 선택이라 할 수 있습니까? 그리고 죽은 다음에는 어찌 될 것입니까? 현재의 세상적인 즐거움이 또 다른 상태의 세계에서 여러분에게 위안을 줄 수 있겠습니까? 가난하든 부유하든 사람들은 화려하고 허영에 들뜬 삶에 빠져 있습니다. 그런데 여러분의 영혼이 몸에서 분리될 때, 그리고 하나님의 심판대 앞에 섰을 때, 여러분은 그렇게 허영에 들뜬 삶을 뒤돌아보면서 위로를 얻을 수 있겠습니까? 여러분이 구원받지 못하고 죽어서 하나님께서 여러분을 정죄하여 그분 앞에서 쫓겨난다면, 그 순간 여러분은 무도장이나 극장, 술집에서 즐겼던 환락들을 떠올리면서 영원히 불타는 여러분의 혀에 물 한 방울 떨어진 것만큼의 시원함을 느낄 수 있겠습니까? 그런 것들이 지옥에서 아파하는 여러분의 머리를 받쳐 주는 베개 역할을 할 수 있겠습니까? 그리스도께서 여러분을 향하여 "저주받은 자들아 떠나가라"라고 말씀하실 때, 이 세상의 악한 기쁨들이 여러분에게 부드러운 위로의 숨결이 될 수 있겠습니까? 여러분도 알다시피 그러한 것들은 전혀 그럴 수 없습니다.

그러니 제 말을 들으십시오. 여러분이 잃어버릴까봐 두려워하는 그런 즐거움들은 비눗방울일 뿐이어서 갑자기 터지고 맙니다. 그런 것들은 어린아이들의 장난감일 뿐입니다. 여러분은 그것들을 부수고 그만하게 됩니다. 그리고 곧 여러분 자신은 더 이상 비눗방울도 불 수 없고 장난감을 가지고 놀 수도 없는 그런 곳에 당도하게 될 것입니다. 그러므로 여러분의 기쁨에 대해 그렇게 떠들고 소란을 피우지 마십시오. 그 기쁨 안에는 아무것도 없기 때문입니다. 여러분이여, 여러분의 기쁨을 개들에게나 던지십시오. 아마 개들도 그것을 싫어할 것입니다. 사람이 그리스도를 떠나서 알 수 있는 기쁨은 죽지 않은 존재들에게는 아무 가치도 없습니다. 그런 기쁨은 만족도 없고 거짓되며 파괴적이기 때문입니다. 만일 그리스도를 믿는 신앙이 여러분으로부터 그런 세상의 모든 즐거움을 빼앗아

간다면, 이것은 단지 여러분이 잃어버리면 가장 기뻐해야 할 나쁜 행실들을 여러분에게서 제거하는 것일 뿐입니다.

그러나 이제 우리는 좀 더 나아가 이 나쁜 행실에 대한 오해들을 다루어보고자 합니다. 여러분은 예수 그리스도께서 마음에 들어오시면 자신의 모든 즐거움을 포기해야 한다는 생각을 가지고 있습니다. 자, 무슨 즐거움을 포기해야 한다는 말입니까? 난로 옆에서 가족이 함께 모여 있는 즐거움을 말합니까? 여러분의 자녀가 여러분 옆에서 자라는 것을 보는 복된 즐거움을 말하는 것입니까? 선을 행하는 즐거움입니까? 하나님 보시기에 합당한 의무들을 감당하는 즐거움입니까? 양심이 평온한 즐거움입니까? 사랑하는 사람들과 하나님을 대면해서 볼 수 있다는 것을 아는 즐거움입니까? 그리스도께서는 이러한 즐거움을 하나도 빼앗아 가지 않으실 것입니다. 내세에 관하여 선한 소망을 가지는 즐거움입니까? 여러분의 모든 고통을 말할 수 있는 선한 친구를 두는 즐거움입니까? 모든 슬픔과 서러움을 하늘 아버지께 가서 아뢰는 즐거움입니까? 이러한 즐거움 중 그 어느 것도 예수님은 빼앗아 가지 아니하실 것입니다. 사람이 그리스도로 말미암아 상실하게 될 즐거움은 즐거움이라고 말할 가치도 없는 것입니다. 정말 즐거움이라고 부를 가치가 있는 즐거움은 그리스도인이 된다고 해서 상실되는 것이 아닙니다. 정말 그렇습니다! 이제 저는 여러분이 말하는 즐거움이 무엇을 뜻하는지 알고 있습니다. 그 뜻은 여러분이 더 이상 죄를 지을 수 없게 되었다는 말입니다. 저는 여러분을 이해합니다. 어째서 여러분은 전에 그렇게 말하지 않았습니까? 어째서 여러분은 사실대로 말하지 않은 것입니까? 이제는 여러분의 죄를 '죄'로 부르십시오. 그것들을 '즐거움'이라고 부르지 마십시오. 죄악의 즐거움은 잠시뿐이며, 그것은 영혼을 멸망하도록 마귀가 갈고리에 꿰어 놓은 낚싯밥 같은 것입니다. 여러분은 건전하지 못하고 영혼에 합당하지 못하며 그 자체로는 아무런 만족도 줄 수 없고 여러분의 본성에 아무 가치도 없는 그런 즐거움 외에는 그 어떤 즐거움도 잃지 않을 것입니다. 만일 여러분이 십자가 앞에 나아온다면, 여러분은 다음의 진리를 발견할 것입니다. 즉, "하나님께서 신앙을 주신 것은 우리의 즐거움을 약화시킬 목적이 전혀 아니었다"는 진리 말입니다. 종교는 우리의 가장 순수하고 진실한 즐거움을 천 배나 더 확대시킵니다.

그러면 여러분은 이렇게 말할지 모릅니다. "아! 그러나 저는 제 자유를 포기해야 하지 않습니까?" 여러분의 자유라고요? 어떤 측면에서 말하는 자유입니까?

정직해지고 의로워지기 위한 자유입니까? 여러분이 이웃을 사랑해야 할 자유입니까? 감사하지 아니하고 아량이 없는 사람들에게 친절하겠다는 자유입니까? 선을 행하려고 하는 자유입니까? 여러분이 자신을 살피고 판단하고 알고자 하는 자유입니까? 여러분이 그리스도인이 될 때 이런 것 중에 그 어느 것도 포기해야 할 필요가 없습니다. 사실 저는 여러분에게 감히 이렇게 말하려고 합니다. 여러분이 아직 알고 있는 그 어떤 자유보다도 훨씬 더 놀라운 자유가 여러분에게 부여될 것이라는 사실을 말입니다. 하나님의 진리로 자유하게 되는 사람이 자유인이며, 그 밖의 모든 사람은 다 노예인 것입니다.

예수 그리스도께서는 사람에게 독립의 영을 주셔서 그가 아무도 두려워하지 않게 하십니다. 하지만 그는 자기 속에 있는 의의 영으로 말미암아 의로운 행동을 하게 됩니다. 그래서 그런 사람은 세상을 살아갈 때, 압제자들을 결코 두려워하지 않으며 모든 두려운 상황에서 용기를 잃지 아니합니다. 주님의 자유인이 그렇습니다. 그러니 여러분은 자신의 자유를 포기할 필요가 없습니다. 그러나 제가 알기로 여러분이 뜻한 자유라는 것은 이런 것일 것입니다. 죄를 지을 자유, 자신을 파멸시킬 자유 말입니다. 감사하게도 하나님께서는 그러한 자유를 여러분에게서 빼앗으실 것입니다. 왜냐하면 여러분은 그처럼 무서운 파멸의 엔진을 소유할 어떤 권한도 없기 때문입니다. 그런 자유를 빼앗기는 것이 여러분 자신에게는 기쁜 일이기 때문에 주님께서는 그런 자유를 여러분에게서 빼앗아 가실 것입니다. 자, 저기 저 구덩이에서 무엇인가를 파먹고 있는 돼지를 보십시오. 그런데 이적이 일어나서 그 돼지가 천사로 변하게 되었다고 합시다. 그렇다면 그 천사는 전에 뒹굴었던 그 구덩이로 다시 들어갈 자유가 없는 것입니까? 분명히 있습니다. 그러나 그가 그 자유를 사용하려 할까요? 아닙니다. 그가 시궁창으로 다시 돌아가는 것은 거룩한 천사의 본질에 위배되는 것입니다. 여러분도 이와 마찬가지입니다. 지금 여러분에게 기쁨이 되는 것들을 여러분은 돌아보지 않게 될 것입니다. 오히려 죄에서 자유하게 된 여러분은 더 이상 죄를 섬기는 것이 참으로 어리석은 일이라 여길 것입니다. 오! 그러니 그것은 자유를 상실하는 것이 아니라, 여러분의 모든 굴레를 벗어 버리는 것이 될 것입니다.

여러분은 여전히 이렇게 말합니다. "만일 내가 그리스도인이었다면, 나는 우울했을 것이다!" 무엇 때문입니까? 어째서 여러분을 우울하게 한다는 것입니까? 여러분이 살아 있고 하나님께서 여러분의 목자가 되시며, 여러분에게 아무

부족함이 없다는 생각 때문에 우울하다는 것입니까? 여러분이 죽는다는 생각을 하면 우울할 수 있겠지요.

> "예수님께서는 그대가 죽어가는 침상을
> 폭신한 베개처럼
> 부드럽게 느끼도록 하실 수 있도다."

여러분이 천국으로 가는 길에 들어섰으며, 이 가련한 인생길이 다 끝날 때 영원토록 예수님과 함께 있을 수 있다는 것이 여러분을 우울하게 만듭니까? 저로서는 정말 상상도 할 수 없습니다. 사탄의 거짓말이 여러분을 속이지 못하게 하십시오. 만일 예수 그리스도께서 여러분의 영혼에 들어오신다면 여러분의 우울증은 가장 효과적으로 사라질 것입니다.

이제 저는 정말 간절한 마음으로 여러분에게 몇 가지를 당부하고자 합니다. 왜냐하면 저는 오랫동안 여러분이 악한 길에서 돌이키고, 하나님의 주권적인 은혜로 구원받는 것을 보기를 갈망하였기 때문입니다. 오, 성령님께서 제가 하려는 이 주장을 여러분의 심령 속에 새겨 주시기를 바랍니다. 여러분은 구주께서 하늘로부터 땅으로 내려오셔서 그분을 대적하는 자들을 위해 죽으셨다는 이야기를 들었을 것입니다. 여러분은 그분께서 우리를 비참하게 만들려고 이 땅에 오셨다고 믿고 있습니까? 여러분은 죄인들을 위해서 피를 흘리고 그들을 살게 하신 그분의 얼굴을 들여다보면서도, 그분이 이 땅에 오신 것은 사람들을 비참하게 만들려는 사악한 목적 때문이라고 믿는 것입니까? 여러분은 그렇지 않다는 것을 잘 알고 있습니다. 마음속으로도 잘 알고 있습니다. 그런 분이 역사하는 곳에는 틀림없이 기쁨이 있습니다. 왜냐하면 그렇게 은혜로운 구속주께서는 우리의 행복을 최고의 목적으로 삼기 때문입니다. 그분의 가르침을 들어 보십시오. 여러분이 그것을 들었다면, 저는 묻고 싶습니다. 그분의 가르침이 누군가를 비참하게 만들려고 하는 것입니까, 아닙니까? 구세주께서 우리에게 기쁜 일을 하지 말라고 교훈하신 일이 있다면 제게 가르쳐 주십시오.

저는 여러분에게 요구합니다. 하나님의 말씀 가운데 진지하고 충실하며 순전하고 거룩한 기쁨을 가지지 말라고 명령한 말씀이 어디에 있는지 찾아보라고 말입니다. 그런 말씀 대신 여러분은 다음과 같은 말씀들을 찾아볼 수 있을 것입니다. "주 안에서 항상 기뻐하라 내가 다시 말하노니 기뻐하라"(빌 4:4). "그 날에 기뻐하고 뛰놀라"(눅 6:23). 무슨 날입니까? 날씨가 좋은 날입니까? 아닙니다. 그 날은 바로 "나로 말미암아 … 거짓으로 너희를 거슬러 모든 악한 말을 할 때"(마 5:11)입니다. 그분께서는 자신의 첫 설교를 "복이 있나니"(마 5:3)라는 말로 시작하셨고, 이 말을 여러 번 반복하셨습니다. 그분께서는 첫 설교와 마찬가지로 마지막 설교에서도 그렇게 하셨습니다. 그분께서는 하늘로 승천하실 때도 자신의 제자들에게 복을 주셨기 때문입니다. 그분께서 이 세상에 오신 것은 자신의 가르침을 통해서 사람들이 이 세상에서나 저 세상에서 복을 받게 하려는 것이었습니다. 저는 여러분에게 다시 묻고 싶습니다. 그분을 따르는 제자들이 특별하게 비참해진 경우를 목격했는지 말입니다. 그들 중의 어떤 사람들은 병이 들어서 슬퍼할 수도 있고, 또는 자신들이 복을 누릴 정도의 충분한 신앙이 없으면서도 그리스도인이라 자처할 수도 있습니다. 그러나 우리는 대부분 행복한 사람들입니다. 저는 제 자신을 증거로 삼아 말할 수 있습니다. 저는 행복한 기쁨을 누리는 심령을 가지고 있다고 믿습니다. 물론 제가 아주 둔한 사람이어서 행복을 누리는 것은 아닙니다. 저는 지금 제가 말하려고 하는 것에 대해서 정말 솔직하게 말하는 것 말고는 아무것도 의식하지 않으려고 합니다. 저는 예수 그리스도께서 나의 구주라는 지식이 주는 기쁨만큼 내게 기쁨을 주는 것은 하나도 없었다고 여러분에게 자신 있게 말할 수 있습니다.

저는 최근에 대단히 많은 고통을 당해야 했습니다. 그 극심한 고통을 견딜 수 있도록 저를 도운 것은 아무것도 없었습니다. 그리고 그런 고통은 정말 저로 하여금 그분의 길은 나의 길보다 훨씬 더 험하고 어둡다는 생각이 들게 할 정도였습니다. 인생이 무엇인가를 알기 원하는 젊은이들이여! 저는 여러분이 그리스도를 알아야 한다고 말하고 싶습니다. 참된 행복이 무엇인지 알고, 일어날 때도 행복하고 잠이 들 때도 행복하고, 살아 있을 때도 행복하고 죽을 때도 행복하기를 원하는 여러분이여, 여러분이 찾는 그 행복은 어리석은 나비들이 이 꽃으로 저 꽃으로 날아다니며 찾을 수 있는 행복이 아니며, 저 유흥가나 극장 말고는 아무런 만족도 느끼지 못하는 그런 행복이 아닙니다. 사람의 행복은 사람다운 가치를 느끼게 하는 행복이어야 합니다. 그런 확고한 행복은 오직 살아 있는 경건 속에서만 발견될 수 있다고 저는 여러분에게 말하고 싶습니다. 저는 시인이었던 영(Young)의 생각과 같은 생각을 가지고 있습니다.

> "하나님을 믿으니 기쁨이 시작되고,
> 하나님을 경배하니 기쁨이 더해 가고,
> 하나님을 사랑하니 기쁨이 충만해지며,
> 경건의 가지마다 즐거움이 달려 있네."

하나님께서 제 증인이시니, 저는 거짓말을 하지 못합니다. 이 세상 어디에서도 발견할 수 없는 기쁨을 그리스도를 아는 데서 얻을 수 있습니다. 그러니 그것을 찾고 찾으십시오. "네가 나의 명령에 주의하였더라면 네 평강이 강과 같았겠고 네 공의가 바다 물결 같았을 것이며"(사 48:18).

한 가지 더 말하고 나서 이 대지를 마치겠습니다. 아무리 여러분이 아닌 척한다 해도, 여러분은 신앙이 행복한 것임을 믿고 있습니다. 여러분은 그리스도인처럼 죽고 싶다고 고백해야 하며, 또 고백하고 있습니다. 현재는 여러분이 이런저런 어리석음과 불의에 만족해하지만, 죽을 때는 그리스도와 함께 죽고 싶을 것입니다. 그렇지 않습니까? 그러므로 죽을 때 그리스도인처럼 죽고 싶으면 살아 있을 때도 그리스도인처럼 살아야 합니다. 여러분이 이 말에 대해 부인한다 해도, 여러분의 마음 깊은 곳에 내려가 보면, 여러분은 예수님을 믿는 것이 가치 있는 것임을 의식하고 있으며, 여러분이 회심하여 성령님께서 여러분의 마음에 거하신다면 믿음으로 사는 세상이 여러분에게 더 좋을 것이라는 생각을 하고 있습니다. 이제 그런 생각을 억누르지 마십시오. 제발 여러분의 내면에 있는 그 의식을 억제하지 마십시오. 그 생각을 믿으십시오. 왜냐하면 그것이 진리이기 때문입니다. 오! 오늘 밤 하나님의 은혜로 여러분이 구주를 찾게 되기를 바랍니다. 그래서 여러분이 눈을 감고 잠들기 전에 주님을 만날 수 있게 되기를 원합니다. 여러분을 향한 저의 간절한 소원은, 여러분이 구원받는 것입니다. 여러분이 영원히 멸망당할 것을 생각하면 제 마음이 찢어질 듯 아픕니다. 오, 여러분이 예수님께로 인도되기를 원합니다! 여러분이 십자가에 못 박히신 예수님의 손에 여러분의 영혼을 맡기고, 그분께서 여러분을 괴롭게 하는 것이 아니라 여러분의 심령에 충만한 위로를 주는 분이심을 알게 되기만 한다면 얼마나 좋겠습니까?

2. 불만스러운 질문

제게 주어진 시간이 너무 빨리 지나가 버려서, 시간이 되는 대로 두 번째 대지를 전하려고 합니다. 두 번째는 불평하는 질문으로서, "지극히 높으신 하나님의 아들 예수여 나와 당신이 무슨 상관이 있나이까?"라는 질문입니다.

"나와 당신이 무슨 상관이 있나이까?" 이것은 우리가 너무 자주 듣는 질문입니다. 가련한 사람들이 주로 이런 질문을 합니다. 저는 어떤 노동자가 다음과 같이 말하는 것을 들었습니다. "아, 글쎄, 내가 신앙과 무슨 상관이 있단 말이요. 내 상전이나, 목사들, 귀부인들, 귀족들, 늙은 여자들에게는 신앙이 매우 좋을 거라는 걸 나도 알아요. 하지만 나한테는 아무짝에도 쓸모가 없어요. 나는 열심히 일해야 하고, 그래야 내 가족을 먹여 살릴 수 있어요. 그러니 신앙은 나와 아무 상관이 없다고요." 착한 친구여! 이제 제 손을 잡고 제 말을 믿으십시오. 당신은 큰 실수를 하고 있습니다. 세상에 당신보다 더 신앙과 상관이 있는 사람은 아무도 없습니다. 왜냐하면 가난한 자들에게 복음이 전파되기 때문입니다. 예수 그리스도께서는 복음을 특별히 수고하고 무거운 짐 진 자들에게 보내십니다. 더구나 당신보다 더 복음이 필요한 사람이 있는지 저는 잘 모르겠습니다. 당신은 이 세상에서 용기를 얻거나 위로를 받을 만한 것이 너무 없기 때문입니다. 이런 시대 속에서 이 세상을 살아간다는 것은 어려운 싸움입니다. 그러나 만일 당신이 내세에 대한 선한 소망을 가지고 이 세상의 전투장에서 용기를 얻을 수 있다면, 당신은 시련을 이겨 낼 수 있을 것이고, 하늘의 지혜로 당신에게 부과된 어려운 과업들을 용감하게 감내할 것입니다.

오늘 밤 이 자리에는 우리 교회의 지체로서 힘든 일을 하며 살아가는 부부들이 많이 나와 있습니다. 만일 그들이 교회에 나오는 목적에 대해 말한다면, 그들 중 수많은 이들이 그럴 텐데, 그들은 여러분에게 이렇게 말할 것입니다. 자기들이 받은 유업 중에서 최고의 유업은 그리스도 안에서 받은 것이었으며, 자기들이 영생을 붙잡고 예수님을 믿었던 때처럼 그렇게 복된 적이 없었다고 말입니다. 그러니 이 신앙은 여러분 같은 노동자들에게는 아주 중요한 것입니다. 저는 여러분을 사랑합니다. 저는 여러분이 이 위대한 하나님의 진리를 믿고 시험해 보기를 갈망하는 바입니다.

그러나 아주 부유한 사람들도 자주 다음과 같이 말합니다. "우리와 당신이 무슨 상관이 있나이까?" 고급 가죽 장갑(요즘으로 하면 명품 가방 — 역주)과 복음이 항상 잘 맞는 것은 아닙니다. 상류층 사람들은 자신들을 비현실적으로 과대평가하기 때문에 천국에 가까이 가는 자가 아무도 없습니다. 또한 어떤 학식 많은 신사들은 형이상학과 철학 교육을 받고서 우리에게 큰 선심이나 쓰듯 가르쳐 줍니다. 신앙의 구속력은 노동자들로 하여금 어떤 체제에 순응하게 하기에 가장 적당한 것이라고 말입니다. 그러나 실제로는 그런 말을 하는 사람부터 신분상 노동자들보다 훨씬 높은 계층에 있습니다. 따라서 그들은 할 수 있는 한 분명하게 말합니다. "내가 당신과 무슨 상관이 있나이까?"

아! 이 세상에서 가장 큰 바보는 다른 사람들을 멸시하는 자들입니다. 어떤 일이 다른 사람들을 위해서는 충분히 좋지만, 자기들처럼 탁월한 사람들에게는 아무런 가치가 없다고 말하는 사람들은 분명히 다른 사람들을 경멸하고 있는 것입니다. 도대체 누가 자기의 머리를 그처럼 높이 쳐들어도 될 만한 자들입니까? 하나님께서는 "모든 족속을 한 혈통으로 만드사 거주의 경계를" 정하셨습니다(행 17:26). 방울 소리를 울리면서 굴뚝을 청소하러 다니는 가장 가난한 사람에게 좋은 것은, 별들처럼 번쩍이는 옷을 입고 사는 부유한 귀족에게도 좋은 것이라고 저는 생각합니다. 가장 무식한 사람에게 복이 될 수 있는 것은, 가장 학식 많은 사람들에게도 역시 복이 될 수 있습니다.

오! 나의 형제들이여, 교양 있고, 세련되고, 부유한 이들이여, 여러분이 어떤 사람이든지 간에 예수 그리스도의 복음은 여러분 모두에게 아주 중요한 것입니다. 밀턴과 뉴턴 같은 위대한 지성을 가진 사람들도 복음 속에서 거대한 공간을 발견하였습니다. 그들은 리워야단(욥 41:1)처럼 하나님의 진리의 대양에서 헤엄치기를 기뻐하였습니다. 철학에 대해 말할까요? 그리스도의 십자가 교리와 같은 철학은 어디에도 없습니다. 그리고 형이상학에 대해 말할까요? 만일 누군가 이런 형이상학에서 즐거움을 얻는다면, 그는 은혜의 교리를 연구하면서 충분한 자유와 무기고를 발견하게 될 것입니다. 그 논쟁의 장에서 가장 격렬하게 논쟁을 펼치는 챔피언들이 서로 만날 수도 있을 것입니다. 여기에 가장 심오한 지식을 얻을 수 있는 여지가 있습니다. 그리고 여러분이 모든 것을 알게 될 때까지 연구를 한다 해도, 여러분은 예수 그리스도를 아는 지식이 모든 지식을 능가하고, 그분의 십자가가 가장 탁월한 학문임을 알게 될 것입니다. 스스로를 대단하게 생각하는 여러분이여! 여기에 여러분과 많은 상관이 있는 것이 있습니다. 은혜로 말미암아 여러분이 자신의 목에 예수님의 멍에를 메기를 바랍니다.

"나와 당신이 무슨 상관이 있나이까?" 바로 이 거대한 회중 속에서도 그렇게 말하는 사람들이 있습니다. "나와 신앙이 무슨 상관이야"라고 말하는 사람들은 여기에도 많을 수 있습니다. 그러나 아름다운 젊은 여성이여! 신앙은 여러분의 아름다움에 새로운 매력을 더해 줄 것이고, 사그라지지 아니할 광채를 더하여 줄 것입니다. 다른 어느 것에도 양보하지 않을 그러한 광채 말입니다.

예수 그리스도를 아는 지식은 여러분의 지성을 아름답게 해줄 것이고, 그런 지성은 여러분의 훤칠한 이마에 주름이 지도록 지속될 것입니다. 또한 그 지성은 여러분의 멋진 외모가, 모든 살아 있는 것들이 마지막에 남기는 빛바랜 갈색 먼지로 사라질 때까지 지속될 것입니다. 모든 남자다움을 가지고 있는 젊은 남성이여, 여러분은 생명과 원기 왕성한 힘으로 충만해 있습니다. 그런 여러분과 예수 그리스도는 정말 많은 상관이 있습니다. 주님께서는 여러분을 남자답게 만드는 그 어떤 것보다도 더 남자답게 만드실 수 있습니다. 예수 그리스도께서는 여러분의 성품 중 귀한 부분을 드러내서, 학교나 대학이 여러분을 가르칠 수 있는 것보다 더 잘 가르칠 수 있습니다. 여러분이 사업을 하고 있는 경우라면, 여러분이 근심하는 일에서도 역시 도움을 주실 것입니다. 여러분이 수고하고 고생하며 삶의 문제들을 짊어지고 가는 사람들이라면, 그리스도께서는 여러분을 위로해 주시고 격려해 주실 것입니다. 머리가 잿빛이 된 여러분이여! 누가 여러분보다 예수 그리스도를 더 필요로 할 수 있겠습니까? 여기에 여러분의 지팡이와, 여러분이 죽어갈 때 벨 수 있는 베개와, 여러분의 영원한 안식처가 있습니다.

예수님께서 여러분과 무슨 상관이 있느냐고요? 정말 여러분은 많은 상관이 있음을 저는 확신합니다. 여러분이 상관이 없다고 해도, 적어도 예수님께는 여러분과 상관할 것이 있습니다. 저는 이제 그 점을 여러분에게 보여주려고 합니다. 여러분은 그리스도와 무슨 상관이 있을까요? 두세 가지 문제에 있어서 여러분 모두는 그리스도와 상관이 있습니다. 여러분이 원하든 그렇지 않든 간에 말입니다. 첫째로, 여러분이 오늘 밤 생명을 유지하는 것은 그리스도의 중보기도 때문입니다. 여러분이라는 나무는 아무런 열매도 맺지 못했고, 그래서 주인은 "그 나무를 찍어 버리라"라고 말씀하셨습니다. 그런데 무슨 이유로 여러분은 그대로 서 있는 것입니까? 무엇 때문입니까? 바로 농부가 "한 해만 더 참아 주소서"라고 말하였기 때문입니다. 그런데 그 나무가 "내가 농부인 당신과 무슨 상관이 있소"라고 불손하게 말한다면, 어떻게 되겠습니까? 나무는 농부 덕분에 살아 있는 데도 말입니다. 아! 친구여, 당신이 멸시한 구주께서 중재하시어 공의의 칼로 여러분을 치려는 그 주인의 손을 막으셨습니다. 만일 그러지 않았다면 여러분의 몸은 이 시간 무덤에 있었을 것이고, 여러분의 영혼은 구덩이에서 고통당하고 있었을 것입니다! 그러므로 여러분은 예수님과 상관할 문제를 가지고 있습니다. 이런 생각을 해도 여러분은 회개할 마음이 전혀 일어나지 않습니까? 여러분을 계속 존재하게 하시는 이 주권자에게 영광을 돌리도록 하나님의 성령께서 여러분을 인도하지 않으십니까?

또한 다음과 같은 사실에서 여러분은 그리스도와 상관이 있습니다. 즉, 지금 복음이 선포되는 곳에 여러분이 있다는 것이 전적으로 그분의 은덕이라는 사실입니다. 오, 죄인이여! 만일 예수님께서 죽지 않으셨다면, 여러분에게는 복음의 소망도 없고 아무 소망도 없었을 것입니다. 만일 예수님께서 구원하기 위해 하늘로부터 내려오지 않으셨다면, 길르앗에 무슨 향유가 있었겠으며 어떤 의사가 있었겠습니까?(렘 8:22 참고). 여러분이 제 설교를 들을 수 있다는 사실, 그리고 제가 여러분에게 "주 예수를 믿으라 그리하면 구원을 얻으리라"고 말할 수 있다는 사실, 바로 그런 사실들은 모두 그리스도 덕분입니다. 만일 예수 그리스도를 믿음으로 구원받는 것이 없다면, 우리가 함께 모인다 할지라도 우리의 모임은 우리가 다 하나님의 저주 아래 있고, 이 생명이 끝날 때 결국 비참한 세계로 들어가게 된다는 사실을 서로에게 상기시키는 것밖에는 되지 않을 것입니다. 지금 우리는 하늘에서 초대하는 사랑스런 음색의 은 나팔 소리를 듣고 있는 것입니다. 그것은 "너희 저는 자여, 앉은뱅이여, 눈먼 자여, 다 긍휼의 잔치에 오라"는 초대입니다. 죄인들 중 가장 큰 괴수도 올 수 있습니다. 그들이 예수 그리스도를 믿기만 한다면, 그들도 구원을 받을 것입니다. 그러나 지존자의 아들이 십자가에 못 박히신 일이 없었다면 죄인의 귀에는 어떤 희망의 소리도 전혀 들릴 수 없었을 것입니다.

여러분이 더 상기해야 할 사실이 있습니다. 만일 여러분이 "내가 그리스도와 무슨 상관이 있느냐?"고 묻는다면, 그 질문에 대해 가장 결정적인 대답을 들을 수 있는 그때가 임박해 오고 있다는 사실을 여러분은 기억해야 할 것입니다. 그 마지막 심판 날에, 만일 여러분이 구주이신 그분과 아무 상관이 없다면, 그분은 여러분 앞에 재판장으로 나타나실 것입니다. 따라서 은혜의 날은 이제 끝이 날 것입니다. 크고 흰 보좌가 하늘에 놓여지고, 우리가 지상에서 본 어떤 회중보다도 무한히 큰 회중이 그 무서운 법정 주위에 모여들 것입니다. 모든 사람들은 최종 진술을 하기 위해 개별적으로 출두하게 될 것이고, 각 사람은 자신에 대한 최종 선고를 듣게 될 것입니다. 아, 그때 여러분은 도망치지 못합니다! 그 재판장의 눈과 손을 피해 숨을 수도 없습니다. 산들도 여러분을 덮어서 가려 주려고 하지 않을 것이며, 바위도 여러분이 피할 수 있도록 갈라진 틈을 열지 않을 것입니다! 불 같은 눈들이 여러분을 찾아내고, 뇌성 같은 음성이 다음과 같이 말할 것입니다. "내가 주릴 때에 너희가 먹을 것을 주지 아니하였고 목마를 때에 마시게 하지 아니하였고"(마 25:42), "내가 불렀으나 너희가 듣기 싫어하였고 내가 손을 폈으나 돌아보는 자가 없었으니"(잠 1:24), "저주를 받은 자들아 나를 떠나 마귀와 그 사자들을 위하여 예비된 영원한 불에 들어가라"(마 25:41).

우리는 반드시 그리스도와 상관이 있어야 합니다. 여러분이 오늘 밤, 아니면 다른 날 밤에라도 죄의 움막에 들어가서 "복음의 화살들이 나를 더 이상 추격하지 못할 것이다"라고 말할지도 모릅니다. 그러나 공의의 화살은 분명히 여러분을 추격할 것입니다. 여러분이 구주를 피해 달아난다 해도, 여러분은 그 재판장의 손 안에 있을 뿐입니다. 여러분이 여러분의 친구이신 구주로부터 달아나는 것은 구주를 여러분의 원수로 만드는 것밖에는 되지 않습니다. 여러분은 구주를 멸시하면서 여러분의 삶을 허비할 수도 있습니다. 그러나 내세는 결코 끝이 없을 것이고, 여러분의 경솔함은 결코 완화되지 아니할 양심의 가책을 일으킬 것입니다. "나와 당신이 무슨 상관이 있나이까?"라는 이 질문은 대단히 엄숙한 의미를 갖고 있습니다!

사랑하는 청중들이여! 더 이상 쓸데없는 일로 시간을 보내지 마십시오. 우리가 지금까지 생각해 본 이 질문에 대해 잘 생각해 보고, 감히 다시는 그런 질문을 던지는 모험을 하지 마십시오.

설교를 마무리하기 전에, 저는 여러분에게 이런 말을 하고 싶습니다. 즉, 예수 그리스도께서 여러분과 무슨 상관이 있으며, 예수님을 믿고서 지금 여기에 참석한 많은 사람들과 예수님이 어떤 관계를 맺고 있는지 말입니다. 만약 여기에 전혀 아무 생각도 없이 왔다가 강한 인상을 받고 가는 사람들이 있다면, 이것은 정말 엄청나게 자비로운 일이 될 것이고 하늘에서 찬미할 노랫거리가 될 것입니다. 오늘 밤에도 여러분에게 설교할 수 있게 되어 저는 정말 감사합니다. 제가 이 자리에 있을 수 있게 하시니 하나님께 감사합니다. 저는 목마르고 애통한 심정을 가지고 엄숙하나 이 사랑스러운 사역을 감당할 수 있기를 원합니다. 주님께서 저를 다시 쓰시어 불쌍한 죄인들을 향해 권면하고 경고하게 하시니 저는 얼마나 기쁜지 모릅니다. 전혀 진지하지 않은 사람들의 회개를 촉구하는 것보다 하나님의 은혜에 보답하는 더 나은 방법은 있을 수 없다고 저는 생각합니다. 하나님의 많은 백성들이 하늘의 축복이 임하도록 기도해 왔기를 저는 정말 소망합니다. 제 영혼은 제가 말한 대로 계속해서 기도하고 있습니다. 오, 주께서 제 기도를 들어 주시기를 바랍니다! 이 자리에도 전에 복음을 전혀 듣지 않았던 사람들이 있을 것이고, 또는 어쩌다 호기심에서 잠시 들른 사람들도 있을 것입니다. 이 말이 그런 사람들에게 "때에 맞는 말"(사 50:4, KJV)이 될 수 있기를 바랍니다.

　　우리 중 어떤 사람들은 한때 방종했고, 불경건했으며, 소망도 없었고, 죄를 많이 지었습니다. 그런데 예수 그리스도께서 이 문제로 우리에게 상관하셨습니다. 그분께서는 우리의 상실된 상태를 보여주셨습니다. 그리고 우리의 마음을 깨뜨리시고는 우리를 명하여 그분을 바라보라고 말씀하셨습니다. 우리가 그렇게 주님을 바라보았던 날, 오, 우리는 얼마나 행복했던지요! 우리는 믿음으로 나무에 달리신 그분을 보았습니다. 그리고 우리는 그분이 우리를 위해 그 나무에서 고난 받으셨음을 믿게 되었습니다. 우리는 그분이 행하신 것에 우리의 영혼을 맡겼고, 그 날 이후 우리는 "당신이 나와 무슨 상관이 있나이까?"라고 말하는 대신, 모든 일에 있어서 그분과 우리가 상관이 있음을 느꼈습니다. 그분께서는 우리의 죄를 씻어 주셨습니다. 그것이 없었더라면, 우리의 죄는 어떤 다른 수단을 통해서도 결코 제거될 수 없었을 것입니다. 주님께서는 그분의 의로 우리를 덧입혀 주셨습니다. 그분이 역사하고 이루신 의가 아니었다면 우리가 덧입을 다른 의가 없었습니다. 우리는 그분과 교제하도록 되어 있기 때문에, 그분의 명령에 순종하는 것이 우리의 기쁨이고, 그분의 약속을 믿는 것이 우리의 특권이며, 하나님의 보좌에서 그분의 이름으로 간구하는 것이 우리의 즐거움이고, 우리가 그분을 닮아가 그분의 모습대로 그분을 뵙게 되는 그때를 기대하는 것이 우리의 환희임을 발견했습니다.

　　만일 여러분이 그리스도인이 아니라면, 여러분은 그리스도인이 알고 있는 기쁨이 무엇인지 판단할 수 없습니다. 여러분은 영적인 즐거움에 대해서 전혀 판단할 수 없으되, 들에 있는 말이 수학자나 천문학자의 즐거움을 판단할 수 없는 것보다 더 판단할 수 없습니다. 여러분은 그 영적인 즐거움을 판단하기에 적합한 본성을 가지고 있지 않기 때문입니다. 이 세상 안에는 또 다른 세상이 있으며, 이 삶 속에는 또 다른 삶이 있습니다. 그리고 예수님을 믿는 사람 외에는 아무도 그것을 알지 못합니다. 그러나 예수님을 믿되, 열광주의자나 광신주의자가 아닌 우리 수천의 사람들은 다음과 같은 사실에 대한 확실한 증거를 가지고 있습니다. 즉, 예수 그리스도께서는 매우 존귀한 분이어서 사람들이 그분에 대해 알기만 한다면 그분을 사랑하지 않을 수 없다는 사실 말입니다. 만일 여러분이 그리스도인이 되는 것이 얼마나 즐거운 것인지 알기만 한다면, 여러분은 그분 없이 그렇게 오랫동안 살아 왔던 자신을 책망할 것입니다. 만일 여러분이 그리스도를 여러분의 구주로 믿는 달콤함을 알기만 한다면, 여러분은 한 시간도 지나지 않아서 "그리스도는 내 것이라"고 말할 수 있을 것입니다. 그리스도를 모시는 방식은 그분을 믿는 것입니다. 그리스도를 바라보는 것에 생명이 있습니다. 여러분이 해야 할 것은 아무것도 없습니다. 뭘 느껴야 할 필요조차 없습니다. 그저 단순하게 여러분의 지금 모습 그대로 나아와 예수 그리스도를 믿는 것입니다. 복음은 이것입니다. "믿고 세례를 받는 자는 구원을 얻으리라"는 그것입니다. 세례는 여러분의 믿음의 외적인 표현입니다. 여러분이 물속에 잠기는 것은 그리스도와 함께 장사지낸 바 되고, 그리스도 안에서 부활하여 다시 살아났음을 믿는다는 말입니다. 그러나 구원하는 문제는 믿는 것이 관건입니다. 그 신뢰가 영혼을 구원하는 위대한 은혜이기 때문입니다. 세례란 순종의 시금석으로서, 그 영혼을 새롭게 환기시키는 방편으로 뒤따라오는 것일 뿐입니다. "그분을 믿는 자에게는 영생이 있습니다"(요 3:36, KJV). "그분을 받아들인 자 곧 그분의 이름을 믿는 자들에게는 다 하나님의 아들이 되는 권능을 그분께서 주셨습니다"(요 1:12, KJV).

오늘 밤, 영원한 아버지시여! 당신의 아들을 보내 주셔서 그 영혼의 고통을 보게 하소서. 이 밤에 우리는 당신께 고하나이다. 어떤 사람들이 더 이상 당신의 아들을 거부하지 못하게 하소서. 영원하신 성령이여, 우리가 탄원할 수 없을 때 성령님께서 탄원하시어, 사람들의 의지와 양심에 효과적으로 역사하시고, 이제까지 밖에 서 있었던 자들로 하여금 들어오도록 강권하셔서, 당신의 긍휼의 집이 가득 차게 해 주소서. 주 하나님께서 우리 마음의 소원을 들어 주시기를 예수님의 이름으로 기도합니다. 아멘.

제
30
장

—

마침내 치료받은 여인

—

"이에 열두 해를 혈루증으로 앓는 중에 아무에게도 고침을
받지 못하던 여자가 예수의 뒤로 와서 그의 옷 가에 손을 대
니 혈루증이 즉시 그쳤더라." — 눅 8:43-44

　　제가 누가의 진술을 오늘의 설교 본문으로 잡기는 했어도, 이와 동일한 이
야기가 기록된 마가복음 5장 25절부터 29절의 진술을 부단히 참고할 것입니다.
여기서 우리는 주님께 속해 있으나, 남모르는 슬픔을 가지고 있어서 주님을 믿
는다고 공개적으로 표현하지 못하는 한 사람을 만납니다. 여기에 나오는 그 여
인은 말수가 적고 부끄러움이 많았습니다. 그녀는 병으로 인해 그 당시의 의식
법에 따라 무거운 벌칙을 짊어져야 했습니다. 그녀와 같은 경우에 처한 사람들
에 관해서 레위기에는 무서운 말씀이 기록되어 있습니다. 그녀는 부정했기 때문
에 그녀가 앉거나 만지는 모든 것도 다 부정했습니다. 그녀는 병으로 인해서 나
약해질 대로 나약해진 것은 물론, 율법의 저주 아래 자신이 버림받았다는 느낌
마저 갖게 되었습니다. 분명히 이런 일들로 인해 그녀의 심령은 매우 외로웠을
것이며, 다른 사람들의 눈을 피해 자신을 숨기고 싶었을 것입니다. 우리가 본문
으로 잡은 이 이야기를 보면, 주님께서 말을 시키기 전까지 그녀는 한 마디도 하
지 않았습니다. 자기 몸에서 일어난 그 놀라운 치료에 대해서 말입니다. 그녀는
매우 실제적이고 신속하게 행동하였으나, 말없이 침묵하며 하나님의 은혜를 구
하는 사람이었습니다. 정말 그럴 수만 있다면, 그녀는 세상에 알려지지 않은 채

로 남아 있기를 더 원했을 것입니다. 그녀처럼 소심하고 두려워하는 무리들이 많습니다. 이 자리에도 그런 무리에 속한 사람들이 있을 것입니다. 구원을 확보하기 위해서 다른 사람들 앞에서 용기를 내는 것이 필요하다면, 그들에게는 이 문제가 대단히 어려운 문제일 수 있습니다. 왜냐하면 그들은 다른 사람이 주목하는 것을 싫어하고 자기들의 은밀한 슬픔으로 말미암아 부끄러워 죽을 지경이기 때문입니다. 윌리엄 쿠퍼(William Cowper)의 찬송시는 그런 사람들의 내면적인 느낌을 잘 묘사하고 있습니다. 이 시는 그 여인에 대해 이렇게 말합니다.

"모인 군중들 틈에 몰래 숨어
　그녀는 주님의 시선을 피했나이다.
　그녀의 믿음이 견고하고 강하였더라도
　걱정 역시 그만큼 강하였나이다."

그런 식물들은 그늘에서 자라며 햇빛을 싫어합니다. 그들이 가진 슬픔의 본질 때문에 그들은 혼자서 고독하게 지냅니다. 오, 주님께서 바로 이 시간에 그러한 사람들을 치료하시기를 원하나이다!

이 여인이 즉시 치료받은 일은 주님께서 다른 일로 길을 가던 중에 일어난 기적이었기 때문에 더 주목할 만합니다. 구주께서는 야이로의 딸을 살리기 위해 가던 도중에 이 여인을 치료하셨던 것입니다. 그러므로 이 여인이 치료된 것은 하나님의 은혜의 부스러기로서, 마치 거대한 긍휼의 샘에서 물 한 방울이 튀긴 것과 같았습니다. 우리 주님의 능력의 잔은 가득 찼으며 그 가장자리까지 가득 차 있었습니다. 주님께서는 그 잔을 들고서 회당장의 집으로 가고 계셨고, 이 불쌍한 여인은 그 도중에 주님께서 흘리신 한 방울의 은혜를 받았던 것입니다.

우리가 어떤 사랑의 사명을 받고 가는 일이 생긴다면, 그 일에만 온 힘을 집중해서 끝까지 잘 완수하는 것이 우리에게는 좋은 일입니다. 그러나 구주께서는 하나의 큰 기사를 행하면서 우연하게 부수적인 일들까지 행하실 수 있었습니다. 즉, 길에서 뜻하지 않게 행하셨던 것입니다. 주 예수님의 이런 일화들은 매우 아름답게 주님의 생애라는 시(詩)의 골자를 이루고 있습니다. 오! 오늘 제 설교도 누군가의 구원을 위해 특별히 마련된 것처럼 보이는 한편, 예수님의 능력으로 말미암아 이 설교가 분명한 구원의 대상으로 삼지 않은 다른 사람들까지도 구원할 수 있는 설교가 되기를 바랍니다! 이 하나님의 말씀이 특정한 사람을 겨냥하고 있는 동안에도, 주님께서 그 복음의 바람이 미치게 하시어 다른 사람들도 구원 받게 하시기를 원합니다. 좀 더 나은 표현으로 바꿔 말하자면, 우리가 초대한 손님을 위해 식탁을 차리는 동안, 또 다른 영혼에게도 그 은혜의 잔치에서 자신의 자리를 얻을 수 있도록 그에게 하나님의 은혜가 임하기를 원합니다. 내내 숨어 지내던 자들, 그래서 우리가 쉽게 발견하기 힘들었던 자들이 예수님께 나와서 그 예수님을 만지고 살아나기를 바랍니다.

이제 이 많은 괴로움을 받고 살았던 여인에 대해서 말해 보려 합니다. 그녀에게는 전형적인 특징이 있었습니다. 그녀의 행실과 그녀가 받은 치료를 살펴보면서, 저는 그녀가 두려워 떠는 많은 사람들에게 자신의 모습을 비춰줄 수 있는 거울의 역할을 할 수 있으리라 믿게 되었습니다. 우리는 그녀가 행한 일을 주의 깊게 살펴본 다음 그녀가 행한 일의 결과에 대해 살펴볼 것입니다. 이렇게 해서 우리는 그녀가 결국 무엇을 행한 셈인지 알게 될 것이고, 그러면 우리는 어떻게 해야 하는 것인지도 알게 될 것입니다. 성령님께서 이 설교를 매우 실제적인 설교가 되게 해주셔서, 여러분이 그녀가 받은 복락을 받기까지 계속해서 그녀를 본받을 수 있게 하시기를 원합니다. 설교자는 매우 연약합니다. 그러나 바로 그 이유 때문에, 주님께서는 설교자를 통해 여러분이 구원을 얻게 하실 것입니다.

1. 그녀가 행한 일

이제 이 여인에 대해서 생각해 봅시다. 그녀가 무엇을 하였는지 말입니다. 그녀는 말 그대로 12년 동안 죽은 것이나 다름없이 살아왔습니다. 그런 상황에서 그녀는 어떤 태도로 살아왔습니까? 그저 자신의 팔자려니 하고 살았을까요? 아니면 자기의 병을 사소한 문제로 생각했을까요? 이런 태도와는 정반대로, 그녀의 행실은 아주 큰 교훈을 주고 있습니다. 첫 번째로 그녀는 치료만 받을 수 있다면 결코 죽지 않으리라 결심했습니다. 그녀는 분명히 대단한 결심을 하고 그 속에서 희망을 가진 여인이었습니다. 그녀는 자기의 병이 자기의 생명을 조금씩 앗아가고 있다는 것과 결국에는 그 병이 자기를 무덤으로 데려갈 것을 알고 있었습니다. 그러나 그녀는 속으로 다짐했습니다. "나는 이 질병과 싸우리라. 만일 이 병이 제거될 가능성이 있어서 곧 없어진다고만 한다면, 나는 그에 따른 고통과 대가가 어떤 것이든 상관 없이 그 값을 치를 것이다."

만일 아직 구원받지 못한 사람이 스스로를 위해서 "나는 구원 받지 못한 영혼이다. 그러나 구원받지 못한 영혼이 구원받을 수만 있다면 나는 구원받으련다. 나는 죄를 지었다. 그러나 죄가 씻길 수만 있다면, 내 죄도 씻길 수 있을 것이다. 나는 마음이 완악한 사람이고, 나도 그것을 알고 있다. 그러나 돌 같은 마음도 고기 같은 부드러운 마음으로 변할 수만 있다면 나는 그 고기 같은 부드러운 마음을 가지기를 갈망한다. 이 은혜로운 역사가 내 속에서 일어나기까지 나는 결코 쉬지 아니하련다"라고 말한다면, 그것은 얼마나 놀라운 복입니까! 그러나 안타깝게도 많은 사람들은 그러지를 못합니다. 그저 냉담한 것을 무슨 법칙쯤으로 여깁니다. 자기의 불멸하는 영혼에 대해서 무관심합니다! 많은 사람들은 지독한 영적인 질병을 앓고 있습니다. 그러나 그 질병을 치료할 마음을 먹지 않습니다. 죄와 사망과 하늘과 지옥에 대해서 별로 크게 생각하지 않습니다.

많은 사람들이 무감각에 사로잡혀 있습니다. 또한 거만한 자부심을 가지고 있습니다. 그들은 죄가 가득한 데도 불구하고 자기가 의롭다고 말합니다. 그들은 연약하여 아무것도 할 수 없는데도 불구하고 능력이 있다고 떠벌이며 자랑합니다. 그들은 자신들의 진짜 상태가 어떠한지 인식하지 못하기 때문에 치료를 받아야 한다는 생각조차 없습니다. 자기들이 병에 걸렸다고 믿지 않는 사람이 어떻게 치료를 받겠다는 생각을 할 수 있겠습니까? 겉으로는 도덕성을 갖고 있어서 혈색이 좋아 보이지만 속에는 하나님께 대적하는 치명적인 병이 숨어 있으니, 얼마나 서글픈 일입니까! 겉은 멀쩡해 보이는데 속은 문드러져 있다면 그 얼마나 무서운 일입니까! 신앙에 대해 거침없이 말하면서 자기들은 하나님과 바른 관계에 있는 것처럼 생각하는 사람들이 많지 않습니까? 그럼에도 그들의 마음 깊은 곳에서는 그들이 부정직의 희생자가 되고 있으며 하나님의 진리를 원하고 있습니다. 하나님의 진리가 그들이 말하는 생명의 토대를 치명적으로 약화시키고 있기 때문입니다. 그들은 겉으로 드러난 것과는 다른 사람들입니다. 은밀한 죄가 그들이 믿는 신앙의 생명력을 다 앗아가고 있습니다. 성령님께서 거듭나지 아니한 모든 사람들에게 영혼의 질병이 가진 그 치명적인 성질을 보게 해 주시기를 바랍니다. 이렇게만 된다면, 구원을 받기로 확고한 결심을 하게 될 것이라 저는 믿습니다.

사람을 얼어붙게 하는 힘을 가진 절망으로 인해서 어떤 사람들은 구원을 찾겠다는 그런 행동을 하지 못하고 뒤로 물러서 버립니다. 그들은 자기들에게 아무런 소망이 없다는 결론을 내리게 됩니다. 복음의 약속들은 자기가 아닌 다른 사람들에 대한 하나님의 음성이라고 간주합니다. 자기들을 위해서는 용기를 주는 말씀이 하나도 없다고 생각하고 있습니다. 그들은 생명의 책인 성경을 샅샅이 뒤져보면서 거기에는 자기 이름이 기록되어 있지 않은 것이 확실하다고 생각합니다. 그러고는 자기들이 분명 망하게 되어 있다는 표증이라도 받은 것처럼 행동합니다. 그들은 자기들이 영원한 생명에 동참할 가능성이 있다는 것을 전혀 믿지 못합니다. 그들은 자신을 파멸시키는 망상에 사로잡혀서 희망을 포기해 버린 것입니다.

절망하는 것처럼 주제 넘는 행동은 없습니다. 사람들이 아무런 소망을 갖지 않을 때 그들은 곧 아무런 두려움도 갖지 않게 됩니다. 그것은 정말 무서운 일이지 않습니까? 주께서 여러분을 그러한 상태에서 구원하시기를 바랍니다! 하나님의 긍휼에 대해 절망하는 것은 합당하지 못한 일입니다. 만약 여러분이 그럴 만한 충분한 증거가 있다고 생각한다면, 그 생각은 거짓된 영의 속삭임이 틀림없습니다. 성경은 사람이 절망할 수 있는 정당한 이유에 대해 인정하지 않습니다. 어떤 죽을 인생도 절망 속에서 멸망할 것 같은 모습을 보여서는 안 됩니다.

하나님의 본성도 하나님의 복음도 하나님의 그리스도도 절망을 정당한 것으로 여기지 않습니다. 성경 본문에 나오는 허다한 무리들은 소망을 가지라고 격려합니다. 그러나 바르게만 이해하면 성경 어디에도 하나님의 긍휼을 의심하는 곳은 한 곳도 없습니다. "내가 너희에게 이르노니 사람에 대한 모든 죄와 모독은 사하심을 얻되"(마 12:31)라는 말씀대로 말입니다. 위대한 치료자이신 예수님께서는 결코 인간이 당하는 어떤 질병으로 인하여 낭패를 당하지 않으십니다. 그분은 군대 귀신을 쫓아내기도 하셨고, 죽은 자를 살리기도 하셨습니다. 오, 저기 저 애통하는 자의 둔한 귀에 제가 희망을 속삭여 줄 수 있다면! 오, 자신을 정죄하는 저 미련한 마음속에 제가 한 방울의 희망이라도 떨어뜨릴 수 있다면! 그러면 얼마나 제가 기쁘겠습니까! 가련하게도 절망 속에 있는 친구여, 여러분의 사슬이 풀리고, 여러분의 족쇄가 끊어지기를 제가 얼마나 바라는지 모릅니다! 오, 하나님의 성령께서 이 여인의 경우처럼 여러분을 움직이시어 내 영혼이 치료받는 일이 가능하다면 꼭 치료 받겠다는 결심을 하게 되기를 바랍니다! 그러나 안타깝게도, 많은 사람들이 이 은혜로운 결심에 이르지 못했습니다. 왜냐하면 그들은 헛된 소망을 품고, 무의미한 꿈을 가지고서 잘못된 길로 나아가기 때문입니다. 그들은 구원을 찾지 않아도 자신이 구원을 받을 것이라는 허망한 생각을 가지고 있습니다. 분명히 말하건대 그들은 그런 것을 기대할 권한이 전혀 없습니다. 우리 주님께서 자기를 찾지 않는 자들을 먼저 찾아가 주신 것은 사실입니다. 그러나 그것은 하나님의 주권적인 행사이지 우리가 구원받기 위한 순서상의 법칙은 아닌 것입니다. 복음은 다음과 같이 분명하게 이 점을 지적하고 있습니다. "너희는 여호와를 만날 만한 때에 찾으라 가까이 계실 때에 그를 부르라"(사 55:6). 어떻게 감히 그들은 이 은혜로운 말씀들을 옆으로 제쳐놓을 수 있는 것일까요? 그들은 어느 날 깨어나 보니 자기가 구원받은 것을 알게 될 것이라는 공상을 하고 있습니다.

안타깝지만, 오히려 그런 사람들에게는 비유에 나오는 부자에게 일어났던 다음과 같은 일이 일어나기가 더 쉬울 것입니다. "그가 음부에서 고통 중에 눈을 들어"(눅 16:23). 하나님께서 여러분 중의 어느 누구도 자기의 영혼을 소홀히 여겨서 그런 비참한 지경에 이르지 않게 하시기를 원합니다! 어떤 사람들은 죽음의 순간에 "나 같은 죄인을 불쌍히 여기소서"라고 울부짖을 수 있으며, 그럼으로써 금방 구원을 받게 될 것이라는 공상을 하고 있습니다. 그런 사람들에게는 하나님과 화해하는 것이 아주 작은 일로 보입니다. 그들은 자기가 원하면 언제라도 회심할 수 있다고 상상합니다. 그래서 매일같이 그 일을 자꾸 뒤로 미룹니다. 마치 가운(gown)이나 코트를 사기 위해서 가게에 가는 것 정도로 그 일은 그리 급한 일이 아니라고 생각합니다. 제 말을 믿으십시오. 하나님의 말씀은 그 일을 그런 방식으로 설명하지 않습니다. 하나님의 말씀은 의인이라도 거의 구원받지 못하므로 우리에게 좁은 문으로 들어가기를 힘쓰라고 촉구합니다. 하나님께서 여러분을 그 모든 거짓된 확신에서 건져 주시기를 바랍니다. 그 거짓된 확신은 여러분으로 하여금 영혼의 치료에 대해서 간절한 열심을 내지 못하게 방해하기 때문입니다. 지금 우리 앞에 있는 여러분의 경우는 영적으로 볼 때, 이 본문에 나오는 불쌍한 여인의 경우처럼 절망적입니다. 주님께서 여러분을 강권하셔서, 여러분이 치료가 필요한 자이며 치료받는 그 복된 날을 더 이상 미룰 수 없다고 느끼게 하시기를 원합니다! 만일 하늘의 궁창 아래서 죄로 병든 영혼이 치료 받을 수 있는 방법이 있다고 한다면, 여러분은 치료를 받을 때까지 그 방법을 찾으십시오. 주님께서 그분의 선하신 성령으로 말미암아 여러분이 이런 결심을 하도록 인도하실 때, 여러분은 이 천국에서 그리 멀리 있지 않을 것입니다.

다음으로, 우리는 이 여인이 그런 결심을 하고서, 자기가 생각하기에 가장 확실할 것 같은 방법들을 다 받아들였다는 사실에 주목하려고 합니다. 의사들은 인간의 질병을 치료하기 위해서 구별된 사람들입니다. 그러므로 그녀는 의사들을 찾아갔습니다. 그것 말고 그녀가 할 수 있는 일이 무엇이 있었겠습니까? 그녀는 실패했음에도 불구하고, 성공할 것 같은 방법이라면 무엇이든 다 해 보았습니다. 자, 한 영혼이 구원을 받겠다고 결심하게 되었을 때, 그가 구원을 얻기에 확실한 방법들을 다 해 보는 것은 참으로 합당하고 옳은 일입니다. 복음을 듣고 대번에 예수님께 나올 정도로 충분한 지혜가 있는 사람이라면 얼마나 좋겠습니까? 그러나 구원을 받겠다고 하는 자들은 자주 엄청난 실수들을 저지릅니다. 이 여인은 의학에 대해 잘 이해하고 있을 것 같은 사람들을 찾아갔습니다. 그녀가 그들의 우수한 지혜를 통해서 도움을 받으려고 한 것은 자연스러운 일이지 않습니까? 지식을 갖고 다른 사람들을 인도하는 이들을 찾아간 그녀의 행동을 나무랄 수는 없습니다. 오늘날에도 많은 사람들이 이와 똑같이 행동합니다. 그들은 전문적으로 뭔가 새로운 것을 발견했다고 하는 사람들에게서 들으려고 하며, 또한 죄는 별 문제가 아니어서 거듭날 필요가 없으니 더 큰 희망을 품으라는 말에 귀를 기울입니다. 불쌍하게도 속아 넘어가는 피조물들이여! 그들은 오랜 동안 그러한 주장에 귀를 기울여 보지만 결국에는 아무것도 얻는 것이 없음을 나중에야 발견합니다. 아무리 그럴듯해 보여도 사람의 지혜는 어리석을 뿐이기 때문입니다. 이 세상은 자신의 지혜로 하나님과 그분의 구원에 대해 알지 못합니다. 인간이 공상해서 만들어 내고 연구해서 발견해 낸 것들이 너무 많기 때문에, 구원하는 하나님의 진리에 대해서는 모르는 사람들이 너무 많습니다. 따라서 그녀가 치료만을 염려하며 정신을 쏟은 상태에서, 그것에 대해 가장 잘 알고 있을 것이라 생각한 사람들을 먼저 찾아간 것은 우리가 나무랄 일이 아닙니다. 그러나 우리는 그러지 말아야 합니다. 그리스도께서 이처럼 가까이 계시니 그녀가 행한 것처럼 여기저기를 돌아다니지 말고, 즉시 우리 주님을 만져야 하는 것입니다.

고통 받는 사람들이라면 분명히 의사 자격 면허를 땄거나 의사로서 활동하도록 권위를 부여받은 사람들을 찾아가 보았을 것입니다. 그러니 의술을 계승해서 공식적으로 인정을 받은 사람들을 찾아갔다고 해서 어떻게 그녀를 비난할 수 있겠습니까? 요즘 시대에도 죄로 병든 많은 영혼들은 처음에, 정식으로 임명을 받은 성직자가 정식으로 집례하는 예배와 성례를 통해서 자기들이 유익을 얻을 것이라고 큰 기대를 합니다. 적어도 교회 안에 있는 선한 사람들에게서 도움을 받을 수 있지 않을까 하고 생각합니다. 확실히 그 선한 사람들은 영혼들을 어떻게 대해야 하는지 알고 있습니다. 아, 그러나 사람들을 바라보는 것은 허망한 일이며, 공적인 지위에 의존하거나 특별한 평판에 의지하는 것도 어리석은 일입니다. 어떤 선생들은 자신들의 영혼에 대해서도 별로 아는 것이 없습니다. 따라서 다른 사람들의 영혼에 대해서는 더더욱 알지 못합니다. 사람의 도움은 허망합니다. 사람이 할 수 있는 일은 기껏해야 사람 수준일 뿐입니다. 그 사람이 아무리 인기가 있고 학식이 높고 말을 잘한다 할지라도, 그가 마치 여러분을 구원할 수 있을 것처럼 여러분이 그 사람에게 기도를 부탁하거나 그의 가르침을 구한다면, 여러분은 결국 허망한 결과밖에는 얻지 못할 것입니다. 이 불쌍한 여인도 그랬습니다. 물론 이 여인은 스스로 고민한 끝에 자기에게 최선으로 보이는 것을 행한 것이기 때문에 비난보다는 칭찬을 받아야 합니다. 그러나 여러분은 경고를 받아야 합니다. 그런 사람들에게로 가지 말라는 경고 말입니다.

의심할 여지 없이 그 여인은 그 불행한 질병을 대번에 치료할 수 있다고 떠벌리는 사람들을 만났을 것입니다. 그들은 먼저 이런 말로 시작하였을 것입니다. "당신은 이런저런 사람들을 겪어봤지만, 모두 엉터리 의사였을 거예요. 하지만 내 처방은 과학적인 방식을 따릅니다. 내가 당신에게 할 수 있는 말은, 지금까지 당신이 사용한 약은 소용이 없었다는 거예요. 하지만 내게는 비법이 있으니, 나만 절대적으로 믿으면 잘 치료될 겁니다. 나는 모든 기능이 마비되었던 사람들도 많이 치료했거든요. 그러니 내가 하라는 대로 잘 따라하면 당신은 회복될 겁니다." 병든 사람들은 낫고 싶은 마음이 너무 큰 나머지, 이렇게 철면피 같은 사람들이 던지는 미끼를 얼른 물어 버립니다. 뻔뻔스러운 장담에다가 입에 발린 소리와 온화한 태도는, 좋은 것이면 무엇이든지 얻으려는 사람들을 확실하게 끌어들입니다. 아! 여러분, "번쩍거린다고 해서 다 금은 아닙니다." 죄로 병든 영혼들을 돕겠다고 나서는 사람들이 다 진정한 치료자들은 아닌 것입니다. 새로운 깨우침을 받았다고 말하는 위선자들이 수없이 널려 있으나, 그들은 아무런 가치도 없는 의사들입니다. 길르앗에는 진정한 향유도 없고 의사도 없습니다. 만약 있었더라면, 딸 같은 내 백성은 오래 전에 치료를 받았을 것입니다(렘 8:22 참고). 임박한 심판을 두려워하는 마음의 고동을 멈추게 할 수 있는 약은 해 아래 없습니다. 이 지상에 있는 그 어떤 의사도 양심을 죄의 짐으로부터 해방시킬 수는 없습니다. 어떤 사제나 장로든, 또는 예언자나 철학자든, 그 누구의 손도 죄인의 무서운 질병을 깨끗하게 할 수 없습니다. 바로 여기에 하나님의 손가락이 필요합니다. 모든 것의 치유자이며 만병을 다스리는 오직 한 분이 계십니다. 여호와 라파, 즉 치료하시는 주님으로부터 틀림없는 이 향유를 받는 자는 복이 있습니다. 그러나 영혼들이 죄책감에 억눌려 있을 때, 그들은 조금이라도 구원의 가능성을 보여주는 것이면 아무거나 잡아보려고 합니다. 그것은 이상한 일이 아닙니다. 저는 이 설교를 듣고 있는 모든 이들이 구원을 얻기 위해서 대단한 열정을 가졌으면 좋겠습니다. 그러다가 여러 가지 실수를 하게 된다 해도, 하나님의 축복 속에서 그들은 자신이 가야 할 길을 제대로 찾을 것이고, 결국에는 결코 실패할 수 없는 우리 주 예수 그리스도의 은혜를 영화롭게 할 것입니다.

　　두 번째로, 이 여인은 치료될 수만 있다면 죽지 않겠다는 결심을 하고서, 가장 확실해 보이는 방법들을 받아들였고, 끝까지 견디며 그런 방법을 사용해 보았습니다. 다분히 그녀는 많은 방법들을 시도해 봤을 것입니다. 그러나 병이 치료되기는커녕 오히려 악화되었습니다. 어떤 의사는 "디베랴 호수의 뜨거운 목욕탕에 들어가는 것이 좋겠습니다. 그런 목욕을 하면 위안도 받고 도움이 될 수 있습니다"라고 말했고, 뜨거운 목욕탕에 들어간 그녀는 더 악화되었습니다. 그래서 다시 다른 의사에게 갔습니다. 그 의사는 "당신이 잘못된 처방을 받았군요. 요단에 있는 차가운 목욕탕에 가야하는데"라고 말했습니다. 그리하여 그녀는 여기저기 돌아다녔지만 모두 허사였고, 그런 것들이 다 소용없다는 것을 알게 되었습니다. 어느 탁월한 개업의는 그녀에게 장담하며 말했습니다. 그녀에게는 내면적인 치료가 필요한데, 자기가 틀림없이 낫게 할 수 있다고 말입니다. 그러나 이것도 그녀에게는 아무 소용이 없었습니다. 또 다른 의사에게 갔더니, 그 의사는 겉에 바르는 약 처방이 필요하다고 말했습니다. 이사야가 종처에 무화과를 이겨 붙인 것처럼 말입니다. 이런 식으로 그녀는 얼마나 많이 참고 견뎌내야 했겠습니까! 저는 지금 우리를 치료하는 여러 의사들에 대해서 말하고 있는 것이 전혀 아닙니다. 의심할 여지 없이 현대의 의사들은 가장 학식 있고, 가장 뛰어난 의술을 가진 사람들입니다.

　　그러나 고대에는 병원에서 사람을 죽이는 처방을 쓰기도 했고, 독약에 가까운 약을 쓰기도 했습니다. 그 시대에 처방되는 약들은 대다수가 구역질이 날 정도로 엉터리 같은 약이었습니다. 저는 어제 우리 구주께서 이 세상에 계실 때 사용되던 처방전을 읽어보았습니다. 많은 질병을 고치겠다고 장담하는 그 처방전에는 메뚜기 알을 가지고 만든 약도 있었습니다. 이러한 약들이 기이한 효능을 발휘할 것이라고 생각했던 것입니다. 그러나 그런 약들은 이제 더 이상 약의 목록에 들어있지 않습니다. 또한 여우 이빨이 특별한 효능을 가진 것으로 주장되기도 했습니다. 그러나 모든 약 가운데 일등급에 속하고, 가장 비싸고, 그 효능이 가장 확실하다고 처방된 약에는 교수형을 당한 사람의 손톱이 들어 있었습니다. 교수형을 당했다는 것이 중요합니다. 다른 사람의 손톱은 효력이 없기 때문입니다. 이런 잔인한 의학적 처방으로 인해서 불쌍한 사람들은 정말 큰 고통을 받았던 것입니다. 그런 처방은 그 질병보다 더 악한 것이었습니다. 외과 수술과 관련해서는, 그런 수술들이 사람을 죽이기 위해 계획되었다 하더라도, 그 수술을 해야 하는 목적을 아주 훌륭하게 각색할 수 있을 정도였습니다.

기이한 것은 이 불쌍한 여자가 12년을 버텨냈다는 사실입니다. 그 병을 견뎌낸 것보다도 의사들을 견뎌냈다는 게 신기할 따름입니다. 형제 여러분! 이런 경우는 영적인 경우에도 너무나 똑같습니다. 죄 짐을 지고 있는 사람들은 이 사람 저 사람을 찾아다닙니다. 그래서 이런 것을 실행해 보기도 하고, 저런 것을 따라하며 괴로워하기도 하고, 또 다른 것을 해봤으면 하고 바랍니다. 아무 소용이 없는데도 조용히 끈기를 가지고 합니다. 여러분이 잘못된 방향을 향해서 아무리 빨리 간다 할지라도 여러분은 자신이 찾고 있는 장소에 도달할 수 없습니다. 우리 주 예수 그리스도 외에는 그 모든 것이 다 헛되기 때문입니다.

여러분은 의식(Ceremony)이라는 의사에게 가본 적이 있습니까? 지금 그 의사가 대단히 인기가 있습니다. 그는 여러분에게 어떤 형식이나 규칙들을 따라야 한다고 말하지 않든가요? 또한 많은 기도문을 처방해 주고, 여러 가지의 예배들을 드리라고 처방해 주지 않든가요? 아, 많은 사람들이 그런 의사를 찾아가서는 이런저런 종교적인 의식들을 순회하며 지켜봅니다. 그러나 이런 것들은 결국 양심의 평안을 가져다주지 못합니다. 여러분은 도덕성이라는 의사를 찾아본 적이 있습니까? 그 의사는 실천을 매우 강조하는 사람으로서, 옛날에 아주 훌륭한 유대인 의사가 그랬습니다. 그는 "외적인 성품이 착해지면, 그것이 내면에 영향을 미쳐서 마음도 깨끗해질 것이다"라고 말합니다. 대단히 많은 사람들이 그 의사를 통해서 치료를 받을 수 있겠다고 생각했습니다. 또 그 의사를 돕고 있는 예의 바름이라는 의사를 통해서도 치료를 받을 수 있겠다고 생각했습니다. 그 예의바름 의사는 자기의 상사인 도덕 의사 못지않게 숙련된 의사입니다. 그러나 저는 그 두 의사가 따로 하든 아니면 함께 하든 간에, 그들은 내면의 질병을 전혀 치료할 수 없다는 훌륭한 증거를 갖고 있습니다. 여러분이 하고 싶은 대로 해 보십시오. 여러분이 하는 행동으로는 마음의 상처에서 나오는 피를 멈추게 할 수 없을 것입니다.

고행(苦行)이라는 의사 또한 은밀한 행동 비법을 가지고 있습니다. 그러나 사람들은 자신들을 부인함으로써 구원을 받지 못합니다. 자기를 부인하기에 앞서 자기의 의를 부인해야 하기 때문입니다. 흥분이라는 의사도 많은 환자들을 끌어 모으지만, 그의 처방도 해가 지기 전에 그 효력을 상실하고 맙니다. 감정이라는 의사도 부드러운 심령을 가진 사람들로부터 많은 환영을 받습니다. 이 사람들은 슬픔을 느끼려고 하고, 양심의 가책을 느끼려고 합니다. 그러나 진정 거기에서도 치료의 길은 찾을 수 없습니다. 우리의 복되신 주 예수 그리스도를 떠나서 여러분이 할 수 있는 모든 일을 다 해 보십시오. 그러면 병든 영혼은 조금도 더 나아지지 않을 것입니다. 평생 동안 인간의 처방을 다 써 보십시오. 그래도 죄는 여전히 강력하게 남아 있을 것이고, 죄책감은 여러분의 양심에 붙어 있을 것이며, 마음은 언제나 굳어 있을 것입니다.

그러나 이 여인은 그렇게 가장 그럴듯한 방법들을 다 시도해 보고 끝까지 실행해 보았을 뿐만 아니라, 자기의 모든 재산까지 거기에 허비하였습니다. 고대 의술에서 가장 중요한 사항이 바로 그것이었습니다! 즉, 환자가 어떻게 되든 의사는 그 황금 연고(軟膏)로 이득을 보게 되었다는 것입니다. 가장 중요한 핵심은 의사에게 치료비를 지불하는 것이었습니다. 이 여인의 생활비는 그녀의 생명처럼 점점 사라져 가고 있었습니다. 그녀는 계속해서 자기가 찾아간 의사들에게 치료비를 내야 했습니다. 그러나 그녀는 치료비를 내고도 아무런 유익을 얻지 못했습니다. 만일 그 여인이 금을 가지고 있었더라면 그보다 더한 고통도 당했을 것입니다.

이와 마찬가지로 사람들은 나름대로 생각도 많이 하고 걱정도 하고 기도도 하고 고민도 해보지만, 그런 것들은 아무 소용이 없습니다. 돈을 허비하고도 빵을 얻지 못하는 격입니다. 결국 그 여인은 마지막 한 푼까지 다 써 버렸습니다. 드디어 그녀가 해 볼 방법들이 하나도 남아 있지 않았던 것입니다. 그러나 돈이 남아 있는 한, 그녀는 아끼지 않고 지갑에서 돈을 꺼내 썼습니다. 구원받으려는 사람이 무엇인들 주지 못하겠습니까? 죽어 가는 사람들이 자기의 재산을 사제들에게 주면서 자기 영혼이 구원받을 수 있다는 소망을 가지는 것은 이상한 일이 아닙니다. 금으로 죄 용서를 살 수만 있다면, 누가 그것을 마다하겠습니까? 몸의 건강도 금으로 살 수 있는 것이라면 아무리 많은 돈을 준다 할지라도 아깝지 않을 것입니다. 그러나 영혼의 건강, 거룩한 성품, 하나님께 받아들여지는 것, 천국에 대한 확신 등은 우리가 세상을 다 준다 할지라도 비싼 것이 아닙니다. 이는 가난한 사람들이 빵을 사려고 몇 푼의 돈을 내는 것과 같은 것입니다. 사람들 중에는 낙원에 자기의 거처를 마련하기 위해서 돈 한 푼 내놓지 않으려는 인색한 사람들이 있습니다. 그러나 자신이 정말 어떤 상태인지를 알게 된다면 그들은 마음을 바꿀 것입니다. 지혜의 값은 루비보다 훨씬 비쌉니다. 우리가 금광을 가지고 있다면, 그것을 주고라도 영혼의 구원을 받는 것이 훨씬 잘하는 일일 것입니다.

사랑하는 여러분! 여러분은 이 여인이 어떤 상태에 있었는지를 보았습니다. 그녀는 자기의 치명적인 질병을 치료하기 위해서 철저하고 필사적으로 노력했으며, 그래서 어떤 수고든 비용이든 전혀 마다하지 않았습니다. 이런 면에서 우리는 그녀를 본받는 것이 지혜로울 수 있습니다.

2. 그렇게 한 결과

우리는 그 여인이 무엇을 했는지를 살펴보았습니다. 이제는 그렇게 한 결과로 어떠한 것을 얻게 되었는가를 생각해 보려 합니다. 그녀가 많은 의사에게서 많은 고통을 받았다고 우리는 들었습니다. 의사를 믿고 모든 것을 허비한 유일한 대가가 그것이었습니다. 그녀는 병에서 구원받지 못했고 병은 더 악화되었습니다. 그저 **고통**만 당했던 것입니다. 그녀는 치료받으려고 여기저기를 쫓아다니면서 고통만 가중시켰고, 그 모든 고통을 참아 내야 했습니다. 그리스도께 나오지 않고 여전히 죄 의식에 사로잡힌 사람들의 경우가 바로 이것입니다. 그런 사람은 그리스도 말고 다른 데서 안도감을 얻으려고 합니다. 여러분이 구원을 얻기 위해서 예수님을 제쳐놓고 행하는 그 모든 것은 결국 고통만 가중시킬 뿐입니다. 여러분은 기도를 통해서 자신을 구원하려고 애를 썼습니다. 그러나 여러분의 기도는 여러분의 생각을 죄와 형벌에 매달리게 했고, 그로 인해 여러분은 전보다 더 곤고한 상태에 빠지게 되었습니다. 여러분은 여러 의식(儀式)들에 참석해 보기도 했습니다. 만일 여러분이 그런 의식들에 진지하게 참석했다면, 그 의식들로 인하여 여러분은 하나님의 거룩함에 대해, 그리고 하나님이 여러분 자신과 얼마나 다른 분인지에 대해 진지하게 생각했을 것입니다. 그리고 그런 생각이 아무리 옳은 것이라 하더라도, 이것은 단지 여러분을 더 슬프게 했을 뿐입니다. 또한 여러분은 선한 감정만 가지고 선한 행동만 하려고 애써 보았고, 그렇게 해서 선해지려고 했습니다. 그러나 바로 그런 노력으로 인해 여러분은 여러분이 원하는 선과 얼마나 동떨어진 사람인지를 알게 되었습니다. 여러분의 자기 부인은 더욱 악을 갈망하도록 자극했으며, 여러분의 고행은 더욱 교만하도록 부추겼습니다. 자력으로 구원을 얻으려는 모든 노력들은 물에 빠진 사람이 거기서 나오려고 더 허우적거리는 것과 같은 행동입니다. 그럴수록 더 물 속에 가라앉을 것이 확실합니다.

　　여러분의 필사적인 노력의 결과로 여러분은 더 많은 고통을 당했습니다. 마지막에는 이것이 오히려 여러분의 유익을 위해 작용하리라 믿지만, 지금까지는 치료하려는 목적에 아무런 도움도 되지 못했습니다. 여러분은 이제 죽음의 문턱에 있으며, 여러분이 기도하고 울고 교회에 가고 예배를 드리고 성찬에 참여한 모든 것이 여러분에게 하나도 도움이 되지 않기 때문입니다.

　　그 모든 처방에는 특별히 마음에 와 닿는 감동이 있었습니다. 그러나 여러분은 조금도 나아지지 않았습니다. 그래도 여러분은 기운을 내서 소망을 가져 보았습니다. 그러나 잔인하게도 여러분은 절망에 빠졌습니다. 여러분은 "아! 바로 이것이다"라고 울부짖었습니다. 그러나 여러분이 그것을 붙잡으려 하자 거품처럼 사라져 버렸습니다. 여러분의 본성에서 나오는 악은 어느 한 곳에서 억압을 받으면 다른 곳에서 불거져 나오게 됩니다. 여러분은 병의 증상들을 치료했을 뿐, 그 병의 근원은 치료하지 못했기 때문에, 그것이 다른 형태로 드러났던 것입니다. 이것은 결코 없어지지 않았습니다. 여러분이 이 죄를 포기하면 다른 죄에 빠지고 맙니다. 여러분이 정문을 지키고 있으면 도둑은 뒷문으로 들어와 훔쳐 갑니다. 오, 가련한 영혼이여! 지금까지 여러분은 예수님께 나오지 않았습니다. 다른 곳에 다 다녀 보았지만 여러분은 조금도 나아진 것이 없습니다!

　　아마도 오늘 아침에 여러분은 이렇게 말하고 있을 것입니다. "내가 무엇을 할 수 있을까? 나는 무엇을 해야 하는가?" 저는 이제 그것을 여러분에게 말하려고 합니다. 이 여인이 궁극적으로 행한 일 외에는 아무것도 할 게 없다고 말입니다. 그 점에 대해서 차근차근 설명하겠습니다. 여러분은 지금 막다른 상황에 이른 것입니다. 여러분은 아무런 힘도, 공로도, 능력도 없는 상황이기 때문에 이제 여러분의 시선을 자신에게서 옮겨 다른 대상을 바라보아야 합니다. 즉, 힘과 공력을 가지고 여러분을 구원할 수 있는 그분을 바라보아야 합니다. 하나님께서 이 예배가 끝나기 전에 이 영광스러운 분을 바라볼 수 있도록 여러분에게 은혜를 베푸시기를 바랍니다!

우리는 본문에서 이 여인에 대해 읽을 수 있습니다. 그녀는 많은 고통을 받았지만 조금도 나아지지 않았고, 오히려 더 악화되었습니다. 12년 동안 약을 썼는데도 아무런 소용이 없었다니요? 그녀는 애굽인 의사를 찾아갔고, 그 의사가 그녀에게 3개월 안에 건강을 되찾을 것이라고 약속했으나, 더 악화될 뿐이었습니다. 그녀는 수리아 출신의 의사에게도 가 보았습니다. 그는 신비로운 의학 지식을 대단히 많이 갖춘 사람으로서, 조금도 부끄러워하지 않고 마법을 사용했습니다. 그녀는 확실하게 자신이 더 약해진 모습을 보고는 몹시 절망했습니다. 그리고 나서 그녀는 헬라인 의사에 대한 소문을 들었고, 그 사람 같으면 치료할 수 있을 거라는 마음에 순식간에 그에게로 달려갔습니다. 그녀는 남은 돈을 다 내놓았으나 결국 제자리로 돌아와야 했습니다. 그녀는 너무 비싼 값에 절망을 샀던 셈입니다.

친구여! 여러분의 상태가 이렇지 않습니까? 여러분도 의롭게 되고자 열망합니다. 그래서 자신을 구원하려고 무진 애를 씁니다. 그러나 아무것도 나아지지 않습니다. 다람쥐가 쳇바퀴를 돌듯이, 더 이상 앞으로 나아가지 못합니다. 여러분은 조류를 따라 강물을 떠내려가다가도, 조류가 바뀌면 다시 제자리에 나타납니다. 그래서 밤이면 밤마다 여러분은 여러분이 출발했던 그 옛날 자리에 다시 돌아와 서게 됩니다. 참으로 불쌍한 상태에 있는 것입니다! 갈수록 머리는 희어지고 많이 늙어가고 있지만, 그럼에도 영원한 생명에서는 더 멀어져 가고 있습니다. 젊어서 늘 하나님의 집에 참석하고 하나님의 자녀가 되기를 바라던 그때보다 말입니다. 그녀가 점점 더 좋아졌던가요? 아니었습니다. 그녀는 더욱 악화되었습니다. 새로운 고통이 생겨났습니다. 다른 병들이 그녀를 더욱 약하게 만들었습니다. 이전보다 더 수척해졌고, 더 생기를 잃었습니다. 그렇게 많이 참았는데도 너무 서글픈 결과를 얻었습니다!

간절한 마음을 가지고 있으나 깨닫지 못하는 여러분의 경우도 그렇지 않습니까? 여러분은 일을 하고 있는데, 일을 하면 할수록 더 가난해지고 있습니다. 선한 감정, 진지한 갈망, 기도하고 싶은 마음, 성경을 사랑하는 마음, 복음을 듣고자 하는 관심 등이 예전만큼 여러분에게 없습니다. 여러분은 예전보다 갈수록 더 냉담해지고 더 많이 의심합니다. 또한 예전에 비해 많이 민감하지 못합니다. 몇 년 전 같으면 여러분을 소스라치게 놀라게 했을 일들을 지금은 아무렇지도 않게 행하면서, 한때 여러분이 본질적이라고 생각했던 문제들은 정작 방치해놓고 있습니다. 분명히 여러분은 조류에 휩싸여 있으며, 머지않아 폭포에 이르게 될 것입니다. 주께서 여러분을 구원하시기를 바랍니다!

　　아, 이것이 바로 서글프고 서글픈 경우입니다! 우리 이야기의 주인공이 자기가 가진 모든 것을 다 써 버렸다는 것에서 우리는 이 일의 절정에 이르게 됩니다. 이제는 애굽 의사도 찾아갈 수 없고, 수리아 의사도 찾아갈 수 없고, 히브리 의사, 로마 의사, 헬라 의사도 찾아갈 수 없습니다. 이제 앞으로는 그런 의사들의 감언이설 없이 지내야만 합니다. 그녀에게 기대감을 갖게 했던 그 유명한 약들도 이제는 더 이상 비싼 값을 지불하고 살 수 없습니다. 아마 이런 점들이 그녀에게는 가장 큰 슬픔이었을 것입니다. 그러나 저는 여러분에게 이렇게 속삭이고 싶습니다. 그것이야말로 그 여인에게 일어났던 가장 좋은 일이라고 말입니다. 그런 일이 여러분에게도 일어나기를 기도합니다. 여러분의 지갑이 비게 되면 여러분은 지혜를 얻게 될 것이라고 저는 믿습니다. 여러분이 자기는 이제 끝났다고 생각하는 시점에서 그리스도께서는 시작하십니다. 그 마지막 한 푼은 여러분을 위선자들에게 매이게 하지만, 완전한 파산은 여러분을 해방시켜 돈 없이 값없이 병을 치료하시는 그 위대한 의사에게로 가게 합니다. 자급자족으로는 도저히 배를 채울 수 없어 허기진 사람을 만나는 것이 제게는 얼마나 큰 기쁨인지요. 형제여, 오십시오! 이제 여러분은 예수님을 만날 준비가 되었습니다. 여러분의 모든 선행이 여러분에게 아무 소용이 없을 때, 여러분은 그리스도께로부터 나오는 선행을 찾고 발견할 것입니다.

3. 이 여인이 마지막에 한 일

　　이제 우리는 세 번째로 이 여인이 마지막으로 한 일이 무엇인지를 생각해 보려고 합니다. 그녀의 몸이 약해지면 약해질수록, 그녀의 지갑은 더욱더 가벼워졌습니다. 그러던 중에 그녀는 나사렛 예수님에 대한 소문을 들었습니다. 그 사람은 하나님께 보냄을 받은 자로서 모든 종류의 병든 사람들을 치료하고 있다고 말입니다. 그녀는 그 소문을 주의해서 듣고, 자기가 들은 이야기들을 모두 종합합니다. 그러고는 그 이야기들을 믿습니다. 그 이야기들은 하나님의 진리처럼 보였습니다.

그녀는 이렇게 말했습니다. "오! 나에게 또 다른 기회가 생긴 거구나. 내가 군중들 틈에 들어가서, 그분이 입은 옷자락을 만질 수만 있다면, 나는 온전해질 거야." 참으로 놀라운 믿음입니다! 이런 믿음은 그녀가 살았던 시대를 생각할 때 아주 큰 것이었습니다. 그리고 그런 믿음을 보기가 점점 어려워지는 요즘에도 이 믿음은 아주 큰 상을 받을 만한 것입니다.

자, 그녀가 다른 것을 모두 해본 뒤에 완전한 절망 속에서 예수님을 믿기로 결심했다는 사실에 주목하십시오. 사랑하는 친구여! 이 큰 회중들 속에 여러분이 어디에 앉아 있는지 저는 잘 모릅니다. 제가 알기만 한다면 저는 여러분에게로 가서 개인적으로 다음과 같이 말했으면 하는 마음이 간절합니다. "예수 그리스도를 한 번 믿어 보고, 그분이 당신을 구원하실지 말지 알아보세요. 다른 문은 모두 닫혀 있어요. 그런데 왜 그리스도의 문으로는 들어가려 하지 않는 거지요? 다른 구명부표는 없습니다. 오직 이것만 붙잡으세요! 시인은 이렇게 노래하고 있어요.

> 이대로 내버려 두면 나는 멸망당할 수밖에 없네.
> 그래서 해보리라 결심을 하네.
> 그냥 머물러 있다면 나는 이제 영원히 죽게 될 것이 뻔하네."

절망 속에서 피어나는 용기를 가져보십시오. 하나님의 성령께서 이제 여러분을 도우셔서 여러분의 손가락을 내밀어 예수님을 만지게 하시기를 원합니다! "그렇다. 나는 값없이 그리스도를 영접하노라. 하나님의 은혜로 말미암아 나는 그분을 오직 내 소망으로 삼으련다. 나는 이제 그분을 소유할 것이다"라고 말하십시오. 여러 상황에 의해서라도 예수님께로 달려 나오십시오. 다른 항구는 없으니, 오! 모진 날씨에 난파된 배여, 바로 이분을 유일한 항구로 삼으십시오! 방황하는 자여, 여기에 피난처가 있습니다! 여기로 눈을 돌리십시오. 다른 피난처는 없기 때문이다.

결국, 그녀가 할 수 있었던 가장 단순하고 쉬운 일은 이것이었습니다. 예수님을 만지는 일말입니다. 여러분의 손가락을 내밀어 그분의 옷자락에 손만 대십시오. 그녀가 돈을 주고 샀던 그 여러 처방들은 여러 날 동안 계속되어야 했습니다. 그러나 이 일은 한순간에 끝나 버리는 일이었습니다. 그녀에게 적용했던 시술들은 복잡한 것이었습니다. 그러나 이 일은 정말 단순했습니다. 그녀가 견뎌내야 했던 고통은 그녀의 문제를 복잡하게 만들었지만, 이 일은 아주 분명한 것이었습니다. "당신의 손가락으로 그분의 옷 가에 대기만 하라. 그것이면 끝난다." 오, 이 설교를 듣고 있는 여러분이여! 여러분은 많은 일들을 해 보았습니다. 큰 일도 해 보고 힘든 일도 해보고 고통스런 일들도 해보았습니다. 그런데 어째서 믿음이라는 이 단순한 일은 시도해 보려고 하지 않습니까? 주 예수 그리스도를 믿으십시오. 그리하면 여러분은 구원을 받을 것입니다. 예수님께서 여러분을 깨끗하게 하실 것을 믿으십시오. 그러면 예수님께서 그렇게 하실 것입니다. 오늘 구주의 손에 단번에 맡기십시오. 그러면 그분께서 여러분을 구원하실 것입니다.

이 일은 불쌍하게 고통 받는 사람들에게 가장 단순하고 쉬운 일이었을 뿐만 아니라, 가장 은혜롭고 값없이 주어지는 일이었다고 확실히 말할 수 있습니다. 그 일에는 돈 한 푼 들지 않았습니다. 진찰실 문 앞에 서서 그녀에게 돈을 받는 사람은 아무도 없었습니다. 그 훌륭한 의사는 보상을 기대하는 눈치조차 보이지 않았습니다. 예수님의 선물들은 공기처럼 값없이 주어집니다. 예수님께서는 이 믿음 있는 여인을 큰 길에서, 그것도 수많은 사람들이 보는 자리에서 치료하셨습니다. 그녀는 자신이 군중 속에 들어가기만 한다면, 무슨 짓을 해서라도 그분의 옷자락을 만질 수 있는 곳까지 다가갈 참이었고, 그러면 자기가 나을 수 있을 것이라고 느꼈습니다. 사랑하는 여러분! 오늘 아침에도 마찬가지입니다. 주님께 가까이 나와서 값없이 은혜를 받으십시오. 선한 행실, 선한 말, 선한 감정, 선한 결심을 용서의 대가로 가져오지 마십시오. 빈손 들고 와서 믿음으로 주님을 만지십시오. 그러면 여러분이 갈망하던 그 선한 일이 여러분에게 일어날 것입니다. 그분께서 여러분을 치료한 결과로 말입니다. 그 대신 그 선한 일들은 치료의 대가나 원인이 될 수는 없습니다. 그분의 자비를 사랑의 선물로 받아들이십시오! 빈손 들고 와서 받으십시오! 받을 자격이 없는 자도 오십시오. 그러면 은총을 입습니다! 생명의 샘이신 예수님과 만나기만 한다면 여러분은 구원을 받을 것입니다.

그 일은 그녀가 하기에 가장 조용한 일이었습니다. 그녀는 아무 말도 하지 않았습니다. 맹인들처럼 소리를 치지도 않았습니다. 또한 자기의 모험이 성공하는지 봐달라고 친구들에게 요구하지도 않았습니다. 그녀는 스스로 판단하고 군중 틈으로 밀고 들어갔습니다. 절대 침묵 속에서 그녀는 주님의 옷자락을 몰래 만졌습니다. 오 나의 사랑하는 여러분, 여러분도 조용히 침묵 속에서 구원받을 수 있습니다. 여러분이 아는 누군가에게 말할 필요도 없고, 아버지나 어머니에게도 말할 필요 없습니다. 바로 이 순간 이 회중들 속에 앉아서 믿으십시오. 그러면 살 것입니다. 여러분이 주님을 만지고 있는지 아무도 모를 것입니다. 몇 날이 지나서 여러분은 자신의 믿음을 고백하게 될 것입니다. 그러나 믿는 행위 그 자체만 보면 여러분 혼자 믿는 것이며 아무도 보는 사람이 없습니다. 예수님을 믿으십시오. 자신을 예수님께 맡기십시오. 다른 모든 확신을 다 저버리고 "그분이 나의 모든 구원이라"고 말하십시오. 즉시 예수님을 받아들이십시오. 손으로 부여잡지 않더라도, 손가락으로 예수님께 대기만 하면 됩니다. 오! 불쌍하고 겁 많고 부끄러워하는 피조물이여, 주님께 손을 대십시오! 구원하는 그분의 능력을 믿으십시오. 제가 괜히 그렇게 하라고 여러분에게 말하는 것이 아닙니다. 즉시 그렇게 하십시오. 하나님의 성령께서 여러분으로 하여금 지금 예수님을 영접하게 하시기를 원합니다.

이것만이 오로지 유효한 일입니다. 예수님을 만지십시오. 그 즉시 여러분에게 구원이 임할 것입니다. 믿음이 아무리 단순하다 할지라도 결코 실패하지 않을 것입니다. 우리 구주의 옷자락을 만지기만 해도 충분합니다. 그 옷에 손을 대는 순간 그녀는 그 병이 나은 것을 몸으로 느꼈습니다. 그녀는 혼자서 말했습니다. "12년 만에 나는 정말 살아 있는 사람 같다고 느꼈어. 나는 그동안 계속해서 죽음을 향해 가라앉고 있었지. 그러나 이제는 힘이 되살아나는 것 같아." 위대한 치료자의 이름이여, 찬송을 받으소서! 그녀는 지극히 기뻤습니다. 그리고 두려워 떨었습니다. 나중에 알고 보니 사실이 아닌 것으로 드러나면 어떡하나 하고 말입니다. 그러나 그녀는 분명히 나음을 받았던 것입니다.

오 나의 사랑하는 여러분이여! 내 주님을 믿으십시오. 다른 어느 누구도 할 수 없는 그것을 주님께서는 여러분을 위해 분명하게 하실 것이기 때문입니다. 더 이상 감정에 휩쓸리지 말고 더 이상 수고하지도 말고, 한번 예수 그리스도를 믿어 보십시오. 성령님께서 여러분이 즉시 그럴 수 있도록 인도하시기를 바랍니다.

4. 이 여인이 행한 것처럼 하라

가련하게도 정죄 받은 죄인이여! 이쯤에서 여러분에게 단단히 못을 박고자 합니다. 이 여인이 행한 것처럼 하십시오. 그것에 대해서 누구에게든 묻지 말고 그 냥 행하십시오. 그녀는 베드로나 야고보나 요한에게 가서, "선한 선생님들이여, 제게 조언해 주세요"라고 말하지 않았습니다. 그녀는 예수님께 자기를 인도해 달라고 간청하지도 않았습니다. 그녀는 제발로 갔고, 자기 스스로 예수님께 손 을 댔습니다. 여러분은 이미 충분한 권면을 받았습니다. 그러니 이제는 실제로 그 일을 행하십시오. 경건한 사람들과 대화를 하면서 자신을 위로하려는 사람들 이 너무 많습니다. 이제 그 경건한 사람들에게서 떠나 주님께 말씀하십시오. 상 담실에서 상담을 하고 그리스도인들과 대화를 나누는 것은 아주 좋은 일입니다. 그러나 예수님을 한 번 만지는 것은 무한히 더 좋은 일입니다. 신앙적인 조언을 구한다고 여러분을 비난하는 것이 아닙니다. 그런 조언은 구원을 얻기 위한 중 간 지점은 될 수 있어도 종착지가 될 수는 없습니다. 개인적인 믿음을 가지고 여 러분이 예수님을 붙잡을 수 있을 때까지 계속 밀고 나가십시오. 여러분이 하려 고 하는 것에 대해 누구에게도 말하지 마십시오. 그 일이 끝날 때까지 기다리십 시오. 언젠가 여러분은 여러분의 목사와 하나님의 백성들에게 주님께서 여러분 을 위해서 무엇을 행하셨는지 말할 수 있을 정도로 행복하게 될 것입니다. 그러 나 지금은 세상 죄를 지고 가신 하나님의 어린 양을 조용히 믿으십시오.

그 일에 관해 여러분 자신에게도 묻지 마십시오. 만일 이 불쌍한 여인이 자 신과 상의했더라면, 그녀는 하나님의 그 거룩한 분에게 가까이 나갈 엄두조차 내지 못했을 것입니다. 그녀는 하나님과 그 백성의 율법에 의해서 사회로부터 완전히 차단된 상태에 있었기 때문에, 만약 그녀가 이 문제에 대해 재고했다면, 아마 그 생각을 포기하고 말았을 것입니다. 그녀가 군중들 틈으로 비집고 들어 가 그 사이에서 자기 머리를 들이밀고, 군중들 한 가운데 서 계신 주님을 향하여 자기 얼굴을 든 그 격렬한 행동은 복된 일이었습니다. 그녀는 많은 논리로 생각 하지 않고 과감하게 실행했습니다. 여러분도 이 일에 대해 어떤 것도 여러분 자 신에게 묻지 마십시오. 그저 그 일을 행하십시오. 믿고 그 일을 끝내십시오. 여러 분이 가진 불신앙과 대화하지 마십시오. 여러분 속에서 일어나는 두려움과 의심 에 대해 대꾸하지 마십시오. 즉시 순간적으로 손가락을 내밀어 그분의 옷자락을 만지십시오. 그러면 어떤 결과가 나오는지 보게 될 것입니다. 제가 말하고 있는 동안 하나님께서 여러분을 그렇게 하도록 도우시기를 바랍니다!

자, 여러분에게 지금 작용하고 있는 그 거룩한 충동에 복종하십시오. "내일 하는 게 더 편할 수 있다"고 말하지 마십시오. 이 여인의 경우에는 자기 앞에 주님께서 계셨습니다. 그녀는 즉시 치료받기를 원했기 때문에 무슨 일이 일어나든 군중 속을 뚫고 들어갔던 것입니다. 그녀는 너무 연약했을 텐데 어떻게 해서 주님께 가까이 갈 수 있었는지 궁금해하는 사람들이 있습니다. 그러나 아마도 그녀는 군중들 틈에서 이리저리 떠밀려 안쪽으로 들어갔을 것입니다. 흔히 많은 사람들이 몰려드는 곳에서 그런 일이 일어나는 것처럼 말입니다. 어쨌든 그녀에게 기회가 왔고, 그녀는 그 기회를 포착하였습니다. 거기에 주님의 겉옷자락이 보였고, 그녀가 손가락을 내밀자 그 일은 모두 끝이 났습니다.

오 나의 사랑하는 친구여! 여러분은 지금 하나님의 큰 은혜로 말미암아 기회를 가지고 있습니다. 여러분이 하나님의 기도하는 집에 있기 때문입니다. 나사렛 예수께서 이 순간에 지나가십니다. 여러분에게 말하고 있는 그분은 듣기 좋은 것을 말하려는 것이 아니라 여러분의 영혼을 예수님께로 인도하려고 애쓰고 있습니다. 오, 제가 예수님을 만짐으로써 구원받을 수 있는 곳으로 여러분을 인도할 수 있다면 얼마나 좋겠습니까! 하나님의 성령께서 그 일을 하실 수 있습니다. 성령님께서 여러분을 감동하사 이렇게 울부짖게 하시기를 원합니다. "나는 이 약속된 희생제물을 믿을 것이다. 내 영혼을 예수님께 맡길 것이다." 여러분은 그렇게 했습니까? 그러면 여러분은 구원을 받은 것입니다. "그를 믿는 자는 영생을 가졌고."

"오, 그러나 저는 너무 떨려요!" 예수님께서 치유하신 여인도 그랬습니다. 그녀의 손은 떨렸지만, 그럼에도 그녀는 주님을 만졌습니다. 제 앞에 그녀의 떨리는 손가락이 보이는 듯합니다. 창백하고 핏기 없는 얼굴로 불쌍하리 만큼 야윈 여인을 보십시오! 그녀가 내민 손가락은 얼마나 가늘었겠으며, 그 손가락은 얼마나 떨렸겠습니까! 여러분의 믿음의 손가락이 아무리 떨린다 해도, 그 손이 주님의 옷자락에 닿기만 하면, 구원의 능력은 주님으로부터 여러분에게로 흘러갈 것입니다. 그 능력은 만지는 손가락에 있는 것이 아니라, 손이 닿게 되는 구세주 안에 있습니다. 여러분과 전능하신 주님의 능력 사이에 접촉점이 생기는 한, 예수님의 전능한 능력은 여러분의 떨리는 손가락을 통해서 흘러가 여러분의 심령을 치료할 것입니다. 전보를 보내는 전선은 바람에 흔들릴 수 있습니다. 그럼에도 불구하고 그 전선은 전류를 흘러 보냅니다. 그와 같이 떨리는 믿음도 예수님 으로부터 임하는 구원을 전달할 수 있습니다. 예수님이 아니라 다른 것을 의지 하는 강한 믿음은 망상입니다. 그러나 연약한 믿음이라도 예수님만 의지하면, 분명한 구원을 받습니다. 여러분의 손가락을 내미십시오! 사랑하는 영혼이여, 여러분의 손가락을 내미십시오. 믿음의 기도와 소망으로 말미암아 주님을 만지 기까지는 돌아서지 마십시오. 성령이시여! 어느 누구도 믿고자 하는 마음이나 신뢰나 확신으로 말미암아 자기와 예수님 사이의 접촉점을 형성하고, 치료하는 능력이 즉시 자기 속에 들어오는 것을 느끼게 되기까지 이 성전을 떠나지 말게 하옵소서.

오 주여, 이 백성들을 구원하소서! 여러분은 어째서 주일마다 이런 군중 속 에 끼어 오는 것입니까? 그리고 왜 저는 여기에 서서 여러분의 영혼을 향한 사랑 으로 제 마음을 쏟아내고 있는 것입니까? 제가 한 시간 반 정도 여러분에게 일종 의 신앙적인 오락을 즐기게 하려고 이러는 것입니까? 여기에서 은혜로운 사역이 일어나지 않는다면 제가 하는 수고나 여러분의 시간이 얼마나 낭비이겠습니까! 오 여러분이여, 만일 여러분이 그리스도께로 인도를 받지 못한다면, 제 설교는 여러분에게 저주가 될 것입니다! 복음 설교가 여러분에게 생명을 가져다주기까 지는 여러분에게 사망에 이르는 냄새가 될 것이라 생각하니 저는 끔찍하기만 합 니다. 여러분은 은혜의 날을 놓치지 마십시오. 살아 계신 하나님으로 말미암아 여러분에게 애원하노니, 살아 계신 구속주를 믿으십시오. 그리스도의 심판 보좌 앞에서 저와 여러분은 서로 얼굴을 맞대고 만나게 될 것입니다. 여러분에게 간 청합니다. 믿음의 손가락을 내밀고 주 예수님을 믿으십시오. 그분은 온전히 믿 기에 합당한 분이십니다. 여러분의 마음으로 단순히 믿기만 하면, 그것이 지금 여러분 속에서 역사하는 사망을 잠재울 것입니다. 주 하나님이시여, 그 믿음을 주옵소서. 예수님의 이름으로 기도드립니다! 아멘.

제
31
장

—

실제적인 필요를 채우시는 실제적인 은혜

—

"그분은 병 고침을 받아야 할 필요가 있는 자들을 고치시더라." — 눅 9:11, KJV

"그분은 병 고침을 받아야 할 필요가 있는 자들을 고치셨습니다." 다시 말해서, 은혜로운 이 치유사역 가운데 그분을 곤혹스럽게 하는 경우는 일어나지 않았다는 것입니다. 병세가 아무리 심해도, 환자의 상태가 아무리 위급하다 해도, 예수님은 즉시 치료해 주셨습니다. 진실로 지금 이 시간까지 그 어떤 영적 질병도 이 위대한 의사를 이기지 못했습니다. 그분의 능력은 병든 영혼들의 필요를 충족시키고도 남기 때문에, 지금까지 어떤 병든 영혼들도 절망 가운데 사경을 헤매며 그분의 발치에서 실려나간 적은 없었습니다. 사탄이 저지른 최악의 경우에도 예수님이 베푸신 최선의 은혜로 즉시 회복되었습니다. 하나님의 아들이 좌절을 맛본 경우는 단 한 번도 없었습니다. 그분은 계속해서 은혜를 베푸셨습니다. 그분은 "병 고침을 받아야 할 필요가 있는 자들을 고치셨습니다."

우리 주님은 자신을 찾아오는 허다한 무리들을 계속해서 지치지도 않고 모두 고쳐 주셨다고 오늘 본문은 말합니다. 아침부터 밤까지 다양한 환자들이 모습을 드러내자마자, 그분은 그들을 치료해 주셨습니다. 여기저기서 보지 못하던 눈이 떠졌고, 듣지 못하던 자들이 듣게 되었고, 다리를 절던 사람이 뛰었고, 말랐던 팔다리들이 펴졌고, 나병이 깨끗해졌고, 몸이 붓던 증세가 사라졌고, 열병, 간질, 정신 착란 등 모든 질병들이 정복되었습니다. 그래도 예수님은 멈추지 않으셨습니다. "병 고침을 받아야 할 필요가 있는 자들을" 고치기 위해서 베푸신 은혜는 계속해서 흘러 내렸습니다. 비록 그들의 수가 바다의 모래처럼 이루 셀 수 없었다 해도, 그분의 사랑은 바다처럼 그 해변의 모래들을 모두 만져 주셨습니다. 그분이 베푸시는 회복의 능력은 결코 다함이 없었으며, 그 치유의 기름은 담을 그릇이 없을 때까지 계속해서 흘러 넘쳤습니다. 그러나 그분의 도움이 필요한 자들이 지금까지도 계속해서 나아왔다고 한다면, 우리 주님은 여전히 긍휼의 기적들을 더 많이 베푸셨을 것입니다. 죄로 병든 우리의 본성을 고쳐 주시는 위대한 치유자는 영적인 질병에 있어서도 결코 그 능력이 떨어지지 않습니다. 그분은 도움을 요청하는 자들의 숫자에 따라 능력이 바닥나는 사람과는 거리가 먼 분입니다. 그러므로 당연히 우리는 이런 찬양을 하게 됩니다.

> "당신의 귀한 보혈
> 결코 그 힘을 잃지 않으리.
> 구속받은 하나님 교회의 모든 성도들이
> 더 이상 죄짓지 않고 구원받기까지."

(영국의 찬송가 작사가인 윌리엄 쿠퍼[William Cowper, 1731-1800]가 작사한 '보혈로 가득한 샘' [THERE IS A FOUNTAIN FILLED WITH BLOOD]이란 찬송가의 3절 가사다. 21세기 찬송가에는 '샘물과 같은 보혈은' (258장)이란 제목으로 실려 있는데 거기에서는 '죄 속함 받은 백성은 영생을 얻겠네, 샘솟듯 하는 피 권세 한없이 크도다' 로 되어 있다 — 역주).

자신의 죄를 용서받기 위해 예수님께 나아오는 이 세상의 죄인들이 수천 세기 동안 계속해서 나아온다 해도, 그분의 깨끗하게 하는 능력은 결코 다함이 없을 것입니다. 죄악이 이 세상을 더럽히는 한, 구세주께서는 이 땅에 머무르면서 자신을 믿는 자들을 계속하여 깨끗하게 하실 것입니다.

그런데 제 마음에 번득이는 생각이 떠올랐습니다. 오늘 본문은 또 다른 한 진리를 제시하고 있어 제게는 아주 특별한 것 같습니다. 무슨 말인가 하면 이런 말입니다. 구세주는 어떤 질병 앞에서도 당황하지 않으셨고, 허다한 무리들을 치료하는 은혜를 베풀면서도 지치지 않으셨습니다. 이와 함께, 그분께서 고치신 질병들은 치명적인 질병이었고, 그분께서 베푸신 치유사역은 기억할 만한 것들이었습니다. 그분 앞에 가져온 질병들은 꾀병이 아니었고, 아픈 척하며 꾸민 것도 아니었습니다. 만약 꾀병이나 아픈 척한 것이라면, 그분의 치료도 속임수고 그분 자체도 가짜 구세주인 셈입니다. 그분께서 치료해 준 사람들은 참으로 의심할 바 없이 꼭 치료를 받아야 하는 심각하고 위급한 필요를 가지고 있었습니다. 그들은 치유를 받기 위해 인위적으로 상처를 만든 그런 환자들이 아니었습니다. 그리고 실제로는 아프지 않은데 상상으로 인해 아파하고 고통스러워하는 그런 감정적인 환자들도 아니었습니다. 그분은 치명적인 질병을 앓고 있다고 알려진 환자들을 건강하게 고쳐 주셨습니다. 그 환자들의 불행은 꿈이 아니었고, 그들의 비참함은 가상현실이 아니었습니다. 결론적으로 그분의 치료는 결코 허구가 아니었습니다. 그 치료는 분명하고 지속적이며 참된 치료였습니다. 상상으로 인한 질병들은 다른 사람들이 치료하도록 내버려 두었습니다. 그분은 치료받을 필요가 있는 환자들을 고쳐 주셨습니다. 감정적인 불만들은 시끄럽게 말싸움을 잘하는 철학자들이나, 머리카락 하나라도 쪼개듯이 작은 구분들을 계속해대는 랍비들에게 맡겨도 괜찮다고 여겼습니다. 예수님은 위급하게 치료해야 하는 실제적인 악질(惡疾, 고치기 힘든 나쁜 병)들을 치료하셨습니다. 이 세상에 살았던 모든 사람들 가운데, 이 나사렛에서 나온 선지자(마 21:11)가 가장 실제적이었습니다. 그분은 남들에게 과시하기 위한 행동도 하지 않으셨고, 그저 관습에 따른 일들도 하지 않으셨습니다. 그분은 확실하게 선한 일과 실제적인 악을 제거하는 모든 일을 행하셨습니다. 그분은 거짓 슬픔이나 상상의 슬픔에 대해서는 손가락 하나도 움직이지 않으셨습니다. 치료받을 참된 필요가 있는 자들을 위해 자기의 모든 능력을 베푸셨습니다.

오늘 아침에 우리는 이런 생각을 가지고 본문을 살펴보려고 합니다. 오늘 본문은 우리를 위한 위로의 말씀으로 가득한 것 같습니다. 하나님이 도우시어 오랫동안 결박되어 있던 사람들에게 이 말씀이 빛과 자유를 가져다주기를 바랍니다.

1. 첫째로, 그리스도로부터 구원받은 자들은 모두 스스로 구원받아야 할 필요성을 인식하고 있었다고 고백할 것입니다.

　　예수님을 믿었던 온 무리들 가운데, 그분께서 베풀어 주시는 구원에 대해 있으면 좋고 없어도 그만이라는 식으로 생각한 사람은 한 명도 없었습니다. 이 아침에 저는 제 능력이 허락하는 대로, 구원받은 그들을 위한 대변인 역할을 해 보고자 합니다. 그들은 모두 이렇게 고백할 것입니다. 그들이 받은 모든 것은 자신들이 크게 원했던 것들이며, 예수님께서 그들에게 베풀어 주신 구원은, 만약 그 구원을 받지 못했더라면 자신들이 영원히 멸망할 수밖에 없었던 바로 그 구원이라고, 그들은 모두 고백할 것입니다. 사랑하는 성도 여러분, 첫째로 구원받은 모든 성도들은 자신들의 본성적인 부패 때문에, 자신이 치유 받을 필요가 있었다고 고백합니다. 모든 사람 안에는 죄로 기우는 슬픈 경향성이 있습니다. 원죄를 하나의 보편적인 사실로 보는 것에 관해 논란을 제기하는 사람들도 있지만(아르미니우스주의자들은 원죄의 보편성을 거부한다 — 역주), 모든 성도들은 원죄를 자신의 상황 안에 있는 하나의 개별적인 악으로 고백합니다. 따라서 우리는 다음과 같은 다윗의 고백을 우리의 고백으로 삼아야 합니다. "보소서, 내가 불법 가운데서 형성되었으며 내 어머니가 죄 가운데서 나를 수태하였나이다"(시 51:5, KJV)라는 고백 말입니다. 우리의 본성은 그 근원에서부터 타락하였습니다. 때로 우리는 강요되는 도덕적인 권고나 절박한 공포 때문에 바른 길로 가는 척하기도 합니다. 하지만 여전히 우리의 마음은 풍파를 무릅쓰고라도 마음 자체에서 우러나오는 간사한 꾀를 따르고 싶어합니다. 옹기장이의 손을 떠난 사발이 잠시 동안은 일직선으로 바르게 굴러가더라도, 얼마 지나지 않아 그 사발 자체의 무게 편차에 의해서 곡선을 그리며 굴러가기 시작합니다. 꼭 이와 마찬가지로, 우리도 모든 상황에서 악으로 향하는 경향이 있습니다. 우리는 본성적으로 악을 행하기는 쉽고, 선을 행하기는 어렵습니다. 우리는 본성적으로 빛보다는 어둠을 더 좋아합니다. 하나님을 섬기는 일은 언덕을 올라가는 일처럼 힘든 일입니다. 그러나 바위산에서 떨어진 돌멩이가 길 아래쪽으로 아주 빠르게 굴러가듯이, 우리도 쉽게 반역의 길로 따라 나섭니다. 우리의 죄악은 마음에서 비롯된 것이지, 바깥에서 비롯된 것이 아닙니다.

　　"나병은 매우 깊은 곳에 있었습니다."
　　(영국의 찬송가 작사가인 아이작 와츠[Isaac Watts, 1674-1748]의 '주님, 저는 비열하며 죄 가운데 수태되었나이다' [LORD, I AM VILE, CONCEIVED IN SIN]라는 찬송가의 4절 가사다).

죄악을 향한 우리의 경향성은 모방에서 비롯되는 것이 아닙니다. 우리 중 어떤 이들은 가장 고귀한 기독교인을 모범으로 삼고 모방하려 하지만, 죄악에 대한 충동은 내부에 있고, 그 해악은 우리의 생명이 있는 살아 있는 피 속에 있기 때문입니다. 자 보십시오. 바로 이러한 이유 때문에 치료받을 필요가 있습니다. 이 질병이 우리의 본질을 부패시키고, 우리를 절망적으로 더럽게 만들기 때문입니다. 치료받아야 할 절박한 필요성이 우리 마음의 중심에 있습니다.

사랑하는 성도 여러분, 그런데 우리 중 많은 사람들은 다음과 같이 느끼고 있습니다. 일반적인 원죄 외에도, 악한 경향성은 몇몇 경우에 있어서 고질적이고 체질적인 죄악이라는 특징적인 모양과 끔찍한 형태로 드러난다고 말입니다. 저는 이 자리에 있는 형제들에게 물어보고자 합니다. 여러분은 성미가 급하다거나 흥분 상태에서 바로 화를 낸다거나 한번 흥분하면 끝까지 미쳐 버리는 본성적인 경향을 가지고 있지 않습니까? 또 어떤 사람들은 교만에 대한 강한 집착을 가지고 있기도 합니다. 지금 이 순간에도 그들 가운데 있는 하나님의 은혜로, 많은 희생을 감수하고서 그들의 머리가 제자리에 있는 것입니다. 슬픈 일입니다! 얼마나 많은 사람들이 먹이를 찾아 포효하는 굶주린 사자처럼 동물적인 격정으로 강력히 갈망하고 있는지 모릅니다. 오로지 은혜만이 그들을 막아낼 수 있습니다! 아! 우리 중 어떤 이들은 만약 은혜가 개입되지 않았다면 도대체 어떻게 되었을까 상상하며 안도하기도 합니다. 우리는 대담한 마음과 간절한 갈망과 분명한 목표의식과 완고한 의지를 가지고 있으며, 정력적이고 열성적입니다. 만약 우리가 못된 짓을 꾸몄다면, 그 어떤 것도 앞뒤 가리지 않고 나가는 우리의 발걸음을 제지하지 못했을 것입니다. 그러나 우리는 기꺼이 은혜의 포로가 되었습니다. 만약 이 은혜가 없었더라면, 우리는 주님 앞에서 엄청난 죄인이었을 것입니다. 우리의 계획을 좌절시키는 모든 섭리가 없었더라면, 우리는 더욱더 자극을 받아 우리만의 사악하고 완악한 방식을 더욱더 열렬히 추구했을 것입니다. 그런데 은혜가 우리를 이겼습니다. 만약 은혜가 우리와 함께 하지 않았더라면, 그래서 우리 홀로 내버려졌다면, 도대체 우리는 어떻게 되었을까요?

스코틀랜드의 한 신사가 로울랜드 힐(Rowland Hill, 1744-1833, 영국 런던 목회자) 목사의 얼굴을 아주 골똘히 쳐다보았답니다. 그러자 선한 노인인 로울랜드가 그에게 물었습니다. "그런데 왜 당신은 제 얼굴을 그렇게 쳐다보고 있습니까?" 로울랜드의 얼굴을 빤히 쳐다본 그 사람이 대답했습니다. "저는 당신 얼굴에 있는 주름을 자세히 살펴보고 있었습니다.” 그래서 다시 로울랜드가 말했지요. “그래, 주름을 보고서 뭐라도 알아낸 게 있소?” 그러자 그 신사는 “당신 얼굴을 보고 제가 알게 된 것은, 만약 당신이 하나님의 은혜로 마음이 바뀌지 않았더라면, 당신은 아주 대단한 망나니가 됐을 것이라는 점이지요”라고 했습니다. 그러자 로울랜드는 “아! 당신은 참 진리를 알아내셨군요”라고 말했답니다. 우리 가운데 대다수는 우리 안에 긴급히 치료받아야 할 필요성이 있다는 사실을 겸손히 고백해야 합니다. 만약 우리가 치료받지 않는다면, 우리도 남들과 똑같은 죄인이 되었을 뿐만 아니라, 아마도 부정을 저지르는 선두에 서서, 극도로 허랑방탕하여 격렬하게 휘몰아치는 내적 욕망에 목숨을 잃었을 것입니다.

사랑하는 성도 여러분, 성도라면 이와 같은 치료의 필요성을 다음과 같은 또 다른 측면에서도 고백할 것입니다. 즉, 우리 안에는 죄에 대한 경향성이 있다는 측면뿐만 아니라, 회심하기 이전에 무수한 행동으로 **극악무도한 죄를 지었다는** 측면에서도 치료의 필요성이 있다는 말입니다. 그리스도를 찾고 있는 사람들은 하나님의 성도들을 존경하고 귀하게 여깁니다. 그래서 이들은 하나님의 성도들은 회심 이전에도, 자기들이 저지른 그런 죄들을 범하지 않았을 것으로 생각하는 것이 아주 일반적입니다. 지금 그리스도 안에서 기뻐하고 있는 자들도 자기들처럼 예전에 죄 가운데 완악했다는 사실을 그들은 상상할 수도 없습니다. 그러나 사실 우리는 여러분과 똑같았습니다. 사도는 자기가 죄인들 가운데 가장 큰 자라고 언급하면서 이런 말도 덧붙였습니다. “너희 가운데 이 같은 자들이 더러 있었으나 너희가 … 씻기고 거룩히 구별되어 의롭게 되었느니라”(고전 6:11, KJV)라고요. 오, 그리스도를 찾고 있는 사랑하는 자들이여, 씻음 받은 자들이 여러분처럼 검지 않았다고 말하는 사탄의 말을 믿지 마십시오. 우리 또한 몹시 비열했습니다. 죄를 용서해 주시는 주님의 은혜를 알기 전에는, 우리가 지은 모든 허물과 부정들을 공개적으로 고백하는 것이 수치스러웠습니다. 그 허물과 부정들을 우리가 기억하여 말하는 것만으로도, 바로 우리는 먼지가 되기까지(사 26:5, KJV) 낮아지기에 충분합니다. 만약 우리에게 대언자 곧 의로우신 예수 그리스도(요일 2:1, KJV)가 계시지 않았다면, 우리는 감히 우리 머리를 들지도 못했을 것입니다. 하늘나라에는 과거에 죄를 짓지 않은 성도가 단 한 사람도 없습니다. 이들이 구원받아야 할 필요가 있다는 것을 아신 그분께서 만약 이들을 구원해 주지 않으셨다면, 이들이 지은 죄는 이들을 지옥 가장 낮은 곳으로 보내고

도 남을 만큼 엄청난 죄였습니다. 베드로는 어디 있었겠습니까? 만약 주권적인
은혜가 개입되지 않았다면, 그는 가룟 유다만큼이나 분명히 악한 사람이 되었을
것입니다. 심지어 그분이 사랑하신(요 13:13) 요한은 어디에 있었겠습니까? 때가
되자 회심케 하는 사랑이 그의 마음에 간섭하여 하나님의 자녀가 되게 하지 않
았다면, 자기 머리를 그 품에 기대어 의지하던 바로 그 그리스도를 저주하고 모
독했을 것입니다. 하나님께서 경건한 자들에게 하나님의 은혜를 주시지 않았더
라면, 즉 더 좋은 것을 마련하사(히 11:40, KJV) 우리에게 베푸시지 않았더라면,
최고로 선한 사람과 최고로 악한 사람들 간에 아무런 차이가 없었을 것입니다.
치료받은 성도들은 자범죄(自犯罪)의 문제에 있어서도 치료에 대한 깊고도 실제
적인 필요성을 인식하고 있었습니다. 그러므로 구원받고자 하는 여러분은 치료
받은 성도들이 치료의 필요성을 인식하고 있었다는 이 사실을 소망으로 삼아 항
상 소중히 간직하도록 하십시오.

　사랑하는 성도 여러분, 우리의 죄는 단순한 허구가 아닙니다. 우리의 회개
도 광란의 감정이 아닙니다. 절대 그렇지 않습니다. 사우디(Robert Southey,
1774-1843, 워즈워스와 함께 영국의 낭만파 시인으로, 존 번연, 존 웨슬리 등의 전기 작가로도
유명하다 — 역주)가 쓴 글에서 존 번연(John Bunyan)이 회개하는 것과 끔찍할 정
도로 자신을 자책하는 모습을 볼 때, 우리는 존 번연을 약간 정신이 이상하거나
다소 병적인 감정을 가진 사람이라고 생각하지 않을 수 없습니다. 선한 사람인
존 번연은 솔직하고 정직했으며, 이런 회개와 자책을 통해서 그는 무언가를 얻
고자 했습니다. 그런데 사우디는 이 젊은 번연의 모습에서 그렇게 자기 자신에
대해 울부짖을 수밖에 없었던 그 이유를 알지 못했습니다. 만약 사우디가 그 젊
은 땜장이(존 번연)의 영혼을 비추었던 생생하고도 진실한 빛 가운데서 죄를 볼
수만 있었다면, 그래서 아무리 작은 죄라도 그 죄의 엄청난 죄성을 보았다면, 존
번연이 죄에 대한 감정적인 공포 때문에 죄에 대해 과장된 표현을 한 것이 아니
라는 사실을 알았을 것입니다. 빛을 거스르고, 양심을 거스르고, 성령님을 거스
르는 죄는 아주 치명적인 죄악입니다. 우리의 마음속에 있는 내적인 더러움을
알게 되고, 또 사소하다고 치부하는 자범죄의 실제적인 죄악성을 일단 알게 되
면, 우리의 마음은 어떤 외적인 도덕적 순결로도 위로받을 수 없습니다. 만약 하
나님께서 해독제를 주시지 않았다면, 우리가 저지르는 자범죄들은 우리의 영혼
에 방울방울 떨어지는 독약이었을 것입니다. 참으로 치료받아야 할 큰 필요성이

있는 것이지요.

더 나아가, 저는 이 말씀을 드리고 싶습니다. 우리의 경우에 치료받아야 할 이유는 우리가 죄를 지었다는 사실 외에도, 우리는 계속해서 고의적으로 죄를 짓고 있다는 사실에 있습니다. 하나님의 은혜 앞에서 양심과 복음의 초대에도 불구하고 우리는 계속해서 사악한 발걸음을 옮기고 있습니다. 그리스도에게 오라는 초대를 얼마나 받았는지 여러분은 기억하지 못합니까? 그분께서 사랑의 줄로 부드럽게 이끄는 것(호 11:4)을 여러분은 느낄 수 없습니까? 그런데 도리어 여러분은 멍에에 익숙하지 않은 황소처럼 꽁무니를 빼버렸습니다! 하나님의 율법이 여러분을 얼마나 거듭거듭 쟁기질했는지 기억하지 못합니까? 쟁기질 된 바로 그 고랑에 저주받은 풀들과 죄악의 엉겅퀴들이 자라나다니요! 여러분은 이로 인해 얼마나 자주 서서 울며 두려워 떨었는지 모릅니다. 그러고는 우물쭈물하지도 않고 눈물이 마르기가 무섭게 제 갈 길로 가더니 놀라는 표정도 없이 다시 죄의 얼굴을 들여다봅니다! 그렇습니다. 이런 마음은 치료받아야 할 필요성이 있습니다. 이런 마음은 그리스도의 십자가가 영향을 끼칠 수 없는 마음, 지옥의 두려움으로도 누그러지지 않는 마음, 어머니의 사랑의 초대로도 거룩하도록 납득시킬 수 없는 마음, 심지어 질병의 경고와 죽음의 두려움으로도 하나님의 뜻에 굽힐 수 없는 마음들입니다. 여러분 중에는 거룩한 은혜의 능력에 굴복하기까지 아주 오랜 시간이 걸린 사람들도 있습니다.

오늘 아침 여러분은 슬픈 마음으로 다음의 사실들을 인정하게 될 것입니다. 여러분의 완고한 의지는 치료 받아야 할 필요가 있습니다. 만약 치료를 받지 않는다면, 여러분은 오늘 이 자리에 이르기까지 하늘나라에 이르는 순례의 길을 걸었다 해도, 계속해서 지옥에 이르는 길을 추구하며 살아갈 것이기 때문입니다. 다시 말하지만, 분명히 치료 받아야 할 필요가 있습니다. 이 질병은 저절로 나을 그럴 병이 아닙니다. 이 병은 머리에만 침투하고 세력을 잃을 병이 아닙니다. 이 질병은 여러분의 온 몸에 퍼져서, 참을 수 없을 정도로 여러분을 더럽히는 질병입니다. 의로우신 하나님께서 "그 더러운 것들을 아주 영원히 치워 버려라. 하늘 궁정 안에는 그런 더러운 것이 결코 있을 수 없느니라" 하고 말씀하시기까지 계속해서 퍼져가는 질병입니다.

오, 이 아침에 구원받은 여러분, 여러분은 존귀한 자로 구원받아야 할 필요가 있습니다. 여러분의 하나님을 찬양하십시오. 오래 살면 살수록, 저는 날마다 구원의 필요성을 더욱더 많이 느끼게 됩니다. 저는 매 시간마다 위대하신 주님의 치료의 손길을 필요로 합니다. 만약 주님께서 시작하신 그 사역을 계속해서 행하지 않으신다면, 이 치료는 분명히 제대로 되지 않을 것입니다. 그분께서 계속해서 우리 속에 있는 육적인 경향성들을 억누르고 소멸시키지 않는다면, 이 육적인 경향성들은 바로 지금 이 순간에도 우리에게 더욱 극성을 부리게 될 것입니다. 만약 성령님께서 그 사랑의 숨으로 우리 안에 살아 있는 은혜의 불씨를 불어주지 않으신다면, 그 불씨는 유혹이라는 홍수의 범람으로 분명히 꺼지고 말 것입니다. 우리가 회심 이후에 치료의 필요성에 대해 체험한 증거 외에, 그 필요성에 대한 다른 증거들을 가지고 있지 않다면, 우리는 충분히 더 많은 증거를 가져야 할 것입니다.

만약 제가 하늘나라에 이른다면, 저는 여러분 가운데 누구보다 더 크게 하나님을 찬양할 것입니다. 왜냐하면 저를 그곳으로 인도한 은혜를 저는 더 많이 받았기 때문입니다. 그러나 저는 이와 같은 감정이 모든 사람, 즉 자기 안에 있는 죄를 의식하고 있지만 자신의 능력이 부족하여 떨고 있는 모든 사람 안에 있다고 생각합니다. 하나님은 자신의 사역을 계속 행하실 것입니다. 그분께서는 자신의 손을 여러분에게서 떼지 않으시며, 여러분이 멸망하도록 내버려 두지 않으실 것입니다. 그러나 만약 하나님께서 그렇게 손을 떼신다면, 여러분 가운데 가장 훌륭한 자라도 버림을 받아 내일이 되기 전에 믿음을 저버리게 될 것입니다. 바로 이 사실에서 여러분은 여러분이 치료받을 필요가 있다는 증거를 얻게 됩니다. 여러분은 죽을 때까지 계속해서 치료받아야 할 필요가 있을 것입니다. 주인의 즐거움에 참여(마 25:21)하려고 들어가는 바로 그 순간에도, 마지막 죄가 여러분의 발 밑에 있고, 여러분의 성화가 거의 완성되는 그 때, 주님의 은혜로 여러분 속에 거하던 마지막 정욕이 거의 소멸했을 바로 그 때에도 여러분은 치료받아야 할 필요가 있을 것입니다. 알파이신 그분은 반드시 오메가가 되어야 합니다(계 1:8). 그렇지 않다면 여러분은 결코 완성될 수 없습니다. 그분은 자신의 온유하심 가운데 시작하신 사역을 끝까지 행하셔야 합니다. 그렇지 않으면 그 사역은 불완전하게 되어, 여러분은 영원히 멸망하게 될 것입니다.

이제 이렇게 해서, 구원받은 자들은 이러한 구원의 필요성을 가진 자들이었다는 사실을 분명히 말씀드렸습니다. 저는 이 사실을 수만 명의 하나님의 종들이 말하는 증거로서 말씀드린 것입니다. 우리가 분명히 잃어버린 자로 있을 때,

인자(人子)께서 우리를 찾아 구원하기 위해 오셨습니다. 그분은 우리를 치료해 주셨습니다. 그런데 그분이 치료해 주신 질병은 손가락이 아프다거나 벼룩에 물린 상처 같은 것이 아니었습니다. 그분은 우리가 가진 가장 치명적인 질병, 즉 저주받을 질병을 고쳐 주셨습니다. 그분의 이름을 찬양합니다(시 72:19). 우리는 자신에 대해서는 평가절하해서 말해야 하는 반면, 그분에 대해서 말할 때는 우리 때와는 정반대로 그분께 영광 돌리며 말해야 합니다. 우리는 치료받아야 할 필요가 있으며, 그분은 우리 영혼이 필요로 하는 치료를 해주셨습니다.

지금까지 저는 예수님을 위해 얻고자 하는 영혼들의 둘레에 토루(土壘, 성 둘레에 쌓은 둑)를 쌓아올렸다고 말할 수 있습니다. 이제 준비가 되었으니 지금부터는 단도직입적으로 공격해 보고자 합니다.

2. 둘째로, 여러분도 구원받아야 할 필요가 있습니다.

저는 지금 여러분이 그리스도가 필요하다고 느낀다는 점을 말하려는 게 아닙니다. 그 점은 저도 알고 있습니다. 여러분은 이런 느낌에 대해 묻기를 좋아하고, 이것을 불신앙에 대한 맹목적인 변명으로 삼으려고 합니다. 그래서 우리는 구원의 필요성에 대한 여러분의 감정에 대해 말하지 않고, 그보다 더 큰 주제로서 여러분에게 왜 구원이 필요한지 필요성 그 자체에 대해 말하고자 합니다. 여러분은 구원 받아야 할 필요가 있습니다. 왜냐하면 여러분은 악에 기울어지는 성향이 있기 때문입니다. 여러분은 최근에 영생을 갈망하는 마음이 어느 정도 생겼습니다. 이제 여러분은 예전처럼 그렇게 냉담하지는 않습니다. 양심이 깨어나서, 여러분은 그리스도를 어느 정도 찾고 있는 중입니다. 하지만 이 모든 것에도 불구하고 여전히 여러분의 본성적인 성향은 악을 향해 있습니다. 여러분의 마음속에 있는 선함은 아침 이슬처럼 곧 사라져 버릴 것입니다. 그러나 죄를 향한 여러분의 사랑은 돌같이 단단한 여러분의 마음(욥 41:24, KJV)에 다이아몬드처럼 깊이 박혀 있습니다. 여러분의 영혼 속에 있는 강한 자기 의지가 여전히 해악을 부추기고 있습니다. 여러분은 생명을 얻기 위해서 그리스도에게 나아오지 않을 것입니다. 아마도 여러분은 여러분의 본성적인 부패에 대해서 생각해 본 적도 없고, 무엇보다도 그 본성 때문에 겸손해 본 적도 없었습니다. 여러분이 이 부패한 본성을 잊고 있었다 해도, 그 본성은 여러분의 마음속에 존재하고 있습니다. 여러분은 타락하여 변질된 피조물입니다. 여러분은 판단력이 정확하게 균형을 이루는 순수한 영혼이 아닙니다. 여러분은 불의한 것을 의로운 것으로 판단합니다. 여러분은 어느 것이 여러분에게 가장 유익할 것인지에 따라, 선과 악에 대한 동등한 성향으로 판단하는 자유 의지를 가진 피조물이 아닙니다. 여러분이 가진 압도적인 경향성은 지금 악한 것을 향해 있습니다. 여러분의 마음은 쓴 것을 단 것으로, 단 것을 쓴 것으로, 어둠을 빛으로, 빛을 어둠으로 여깁니다. 그리고 여러분의 본성은 악한 나무와 같아서 악한 열매를 맺습니다.

아마도 여러분은 이런 사실을 알지 못했을 것입니다. 여러분이 지금까지 이런 사실을 몰랐다는 바로 이 점이 여러분은 치료받아야 할 큰 필요성이 있다는 것을 유일하게 입증해 줍니다. 왜냐하면 이 질병은 너무 치명적이어서, 자신이 병에 걸렸는지조차 모르기 때문입니다. 팔 다리에 고통이 없을 때, 탈저(脫疽, 손가락이나 발가락이 헐어서 떨어지는 증상)의 위험이 분명히 더 큽니다. 마찬가지로 여러분의 본성적인 타락으로 인해 여러분이 전혀 고통을 느낄 수 없고, 또 이 사실을 부정하기까지 하며 이에 관해서 스스로 부끄러워하지 않을 때가 바로 그 필요성이 더욱더 위급해지는 때입니다. 그러므로 성령님께서 여러분의 죄를 깨닫게 해 주시고, 주 예수 그리스도께서 오셔서 죄로부터 여러분을 건져주셔야 할 필요가 있는 것입니다. 아, 불쌍한 죄인이여, 여러분은 잘해 봐야 멸망하지 않겠습니까! 슬프도다! 인간의 위엄이여, 도덕이라는 숭고한 첨탑과 탁월함(그리스어로 '아레테'[arete, 덕]인 이 탁월함은 「소크라테스의 변명」에 나오는 용어로, '모든 존재가 나름대로 가지고 태어난 자신만의 덕'을 뜻한다 — 역주)의 작은 탑들이여! 이 얼마나 연극 같은 허구들인지요! 타오르는 하나님의 빛으로 볼 때, 이 모든 것들은 모래 위에 세워진 쓰레기 같을 뿐입니다! 여러분의 치명적인 상처는 감싸 봐도 소용이 없습니다. 여러분의 마음 그 자체가 비열하고, 만물보다 거짓되며(렘 17:9), 절망적으로 사악하기 때문입니다. 접시는 여러분이 마음껏 씻을 수 있고, 컵의 바깥 부분도 마음껏 씻을 수 있습니다. 하지만 여러분의 내적 부분은 여전히 사악합니다. 여러분이 마음으로 생각해 내는 모든 상상들이 전부 악합니다. 그저 악할 뿐입니다. 그것도 지속적으로 악합니다. 그래서 "너희가 반드시 다시 태어나야 하리라"(요 3:7, KJV)고 말씀하는 것입니다. 여러분의 본성은 수리가 불가능할 정도로 너무나 부패했습니다. 여러분은 예수 그리스도 안에서 새롭게 지음 받아야 합니다. 여러분은 참으로 치료받아야 할 필요가 있습니다.

말씀을 듣는 사랑하는 성도 여러분, 이에 덧붙여 여러분에게 말씀드립니다.

여러분은 여러분의 자범죄로 인해 치료받아야 할 필요성이 날마다 입증되고 있습니다. 여러분이 지은 특정한 개인적인 죄들을 공개적으로 자세히 말할 수는 없습니다. 하지만 저는 그것을 알고 있습니다. 여기 회심하지 않은 모든 자들, 즉 여러분이 날마다 죄 가운데 살고 있다는 것에 대한 합당한 책망은 공개적으로 해도 되리라 생각합니다. 십계명을 펴 놓고 그 계명들을 자세히 읽어 보십시오. 저는 여러분에게 한 계명만 말씀드리겠습니다. 여러분 스스로 이 계명에 자신을 비추어 보길 부탁드립니다. "너는 마음을 다하고 뜻을 다하고 힘을 다하여 네 하나님 여호와를 사랑하라"(신 6:5)는 말씀입니다. 여러분은 이 말씀을 지키고 있습니까? 도대체 여러분은 왜, 마치 하나님이 안 계신 것처럼 그렇게 살아갑니까? 여러분이 그렇게 살아가고 있다는 것을 여러분도 알고 있습니다. 하루하루, 한 달 한 달, 그렇게 시간을 보내면서, 여러분은 하나님을 향한 사랑을 보여주기 위해 아무것도 하지 않습니다. 여러분은 친척들을 향해서는 어느 정도 사랑이 있습니다. 친척들을 향한 사랑과 같은 그런 열정이 하나님을 향해서는 전혀 불붙지 않습니다. 여러분에게는 하나님을 향한 사랑이 전혀 없습니다. 하지만 계명은 이렇게 되어 있습니다. "너는 네 마음을 다하여 … 하나님을 사랑하라"(마 22:37)고 말입니다. 자, 보십시오. 이 한 계명이 날마다 여러분을 하나님의 법정에 고발하고 있습니다. 사실, 여러분은 열 가지 계명을 모두 계속해서 범하고 있습니다. 여러분이 지키고 있는 것은 단 한 계명도 없습니다. 여러분이 짓는 이러한 죄들은 하나님의 사자처럼 신속히 하늘나라에 있는 기록실로 올라가고 있습니다. 그래서 여러분이 전 생애 동안 저지른 모든 무익한 말(마 12:36), 모든 죄악된 생각, 모든 악한 행동들이 적힌 것을 여러분은 보게 될 것입니다. 장차 천사장의 나팔 소리가 들리고(살전 4:16), 여러분의 몸이 무덤에서 일어날 때, 여러분은 이 모든 것들을 어떻게 참고 들을 수 있겠습니까? 여러분이 지은 죄들이 상세히 기록된 책이 읽혀질 때 여러분은 어떻게 참고 들을 수 있겠습니까? 이런 생각만 해도, 여러분의 뼈는 힘을 잃게 될 것입니다. 의로우신 하나님을 거역한 죄, 그분의 백성을 거역한 죄, 그분의 날을 거역한 죄, 그분의 책을 거역한 죄, 여러분의 몸을 거역한 죄, 여러분의 영혼을 거역한 죄, 모든 종류의 죄, 사람의 눈에 보이지 않는 죄, 여러분 자신과 하나님 외에는 아무도 알지 못하는 죄 등, 모든 죄들이 읽혀지고, 모든 것들이 나팔 소리와 함께 선포되며, 사람들과 천사들이 함께 듣게 될 것입니다. 여러분은 치료받아야 할 필요가 있습니다. 왜냐하면 여러분은 주홍 같고 진홍 같은(사 1:18) 여러분의 허물로 물들어 있기 때문입니다. 오, 여러분은 이 사실을 꼭 알아야만 합니다! 오, 여러분은 이 사실을 꼭 느껴야만 합니다! 여러분은 치료받아야 할 필요가 있습니다. 이런 생각을 하면 암울하지만, 예수님은 치료받아야 할 필요성을 인식한 자들을 치료하셨다는 오늘의 본문 말씀을 기억하면서 저는 위로를 받았으며, 이 말씀은 틀림없이 여러분에게도 위로를 줄 것입니다. 만약 여러분이 그 필요성을 인식한 사람이라면, 그분께서 여러분을 왜 치료하지 않으시겠습니까? 여러분이 지은 많은 죄악들은 여러분이 치료받아야 할 필요가 있다는 사실을 입증해 줄 뿐이며, 여러분의 마음이 절망적으로 부패한 것은 예수님이 오셔서 치료해 주어야 할 대상이 바로 여러분이라는 사실을 더욱더 입증해 줄 뿐입니다. 예수님은 치료받아야 할 필요가 있는 자들을 치료해 주셨습니다. 그분은 바로 여러분과 같은 자들을 치료해 주셨습니다.

더 나아가, 여러분 가운데 어떤 이들은 마땅히 느껴야 할 이 사실을 느끼지 못하고 있다고 고백하고 있습니다. 이제 저는 여러분이 치료받아야 할 필요가 있다는 사실에 대한 증거로서 이 말씀을 드리고자 합니다. 어떤 사람이 잘못을 저지르고서도 그 잘못을 고백하지 않으려 한다면, 그는 얼마나 잘못된 사람입니까! 또는 그 잘못을 고백하기는 해도, 그에 대한 부끄러움을 잠시만 느낄 뿐, 진정으로 그에 대한 응분의 부끄러움을 느끼지 않는다면, 개가 자기가 토한 것으로 되돌아가서(벧후 2:22) 동일한 악을 행하는 것과 같습니다. 그 악은 그 사람의 도덕적 본성에 깊이 뿌리박혀 있으며, 그 사람은 굉장히 심한 중병에 걸린 것이 틀림없습니다. 죄를 죄로 전혀 느끼지 못하는 사람이 바로 이런 사람입니다! 어떤 사람이 잘못을 저질렀다 해도, 이를 알고서 자기가 범한 악을 철저히 회개하며 고백한다면, 그 사람에게는 소망이 있다고 여러분은 생각할 것입니다. 결국 이런 회개와 고백이 그 사람에게 유익한 것입니다. 이렇게 함으로써 이 질병을 떨쳐 버릴 생명력이 그 사람 안에 있게 되니까요. 하지만 아무 이유 없이 극악한 범죄를 저지르는 한 범인이 자신의 잘못을 한순간도 인정하지 않고 계속해서 태연하게 범죄를 저지른다면, 아, 그렇다면 그 사람에게 어떤 유익이 있겠습니까? 그 사람은 정말 극악무도하고 나쁜 사람이지 않습니까? 맞습니다. 정말 나쁜 사람입니다. 그 사람이 바로 여러분입니다. 만약 여러분이 하나님의 마음에 제대로 들려면, 여러분이 용서받을 때까지 여러분의 아버지 발 앞에 엎드려 절대로 일어나지 않으면 됩니다. 그리고 죄 용서의 확신을 얻기까지 밤낮으로 눈물을 흘려야 합니다. 여러분의 마음은 여러분이 보기에도 쇠같이 아주 완악하게 되어버렸으며, 맷돌 아래짝보다도 더 단단하게(욥 41:24, KJV) 되어버려서, 왜 치료를 받아야 하는지 그 필요성조차 전혀 느끼지를 못합니다. 여러분은 오늘 아침에 제가 찾던 바로 그 사람처럼 보입니다. 이 사람을 그리스도께서 구원하고자 오셨습니다. 그리스도께서는 의인을 부르러 온 것이 아니요 죄인을 불러 회개시키러 오셨습니다(눅 5:32). 치료받아야 할 필요가 없는 사람들을 구원하러 오신 것이 아니라, 참으로 그분의 도움이 간절히 필요한 바로 여러분 같은 자들을 치료하기 위해 오셨습니다.

여러분이 스스로 말했듯이 오늘 아침에 여러분은 기도할 수 없었습니다. 이 또한 여러분에게는 치료가 필요하다는 사실을 입증해 주는 듯합니다. 여러분은 최근까지도 기도하려고 노력했었고, 또 기도할 수 있었으면 하고 바라기도 했습니다. 여러분은 무릎을 꿇긴 했지만, 여러분의 마음은 하나님과 대화하지 못했습니다. 끔찍한 공포가 여러분을 엄습하거나 아니면 사소하고 공허한 생각들이 여러분의 마음을 흩트려 놓았습니다. 여러분은 이렇게 말했습니다. "오, 한 방울이라도 회개의 눈물을 흘릴 수만 있다면, 일천 파운드라도 내 놓을 텐데. 불쌍한 세리가 한 것처럼 내가 '하나님이여 불쌍히 여기소서. 나는 죄인이로소이다'(눅 18:13)라고 하나님께 부르짖을 수만 있다면, 내 두 눈이라도 기꺼이 뽑아 버릴 텐데. 예전에 나는 기도하는 것이 이 세상에서 가장 쉬운 일이라고 생각했는데, 지금은 참된 기도는 내 능력 밖이라는 사실을 깨닫게 되었다"고 말입니다. 오, 사랑하는 성도 여러분, 여러분은 참으로 치료받아야 할 필요가 있습니다. 여러분은 말 못하는 귀신이 들렸을 뿐만 아니라, 다른 귀신도 들렸습니다. 그래서 불쌍히 여겨 달라고 울부짖지도 못하는 것입니다. 여러분의 경우는 아주 통탄할 만합니다. 여러분은 치료받아야 할 필요가 있습니다. 저는 여러분에게 본문 말씀을 되풀이하지 않을 수 없습니다. "그분은 병 고침을 받아야 할 필요가 있는 자들을 고치셨습니다." 그런데 왜 그분께서 여러분을 고치지 않으시겠습니까?

아, 그렇다면 여러분의 느낌을 제게 말씀해 주십시오. 선한 것들을 추구하려는 여러분의 바람은 너무나 자주 힘을 잃습니다. 아마도 오늘 아침에 여러분은 진실한 마음으로 진지해졌을 것입니다. 하지만 내일 여러분은 여느 때와 같이 또 경솔해질 것입니다. 어떤 날은 여러분의 골방으로 들어가 하나님과 씨름을 할 것입니다. 그러나 여러분이 가는 길에 유혹이 찾아오면, 여러분은 거룩한 것들의 가치를 전혀 인식하지 못한 것처럼, 그 거룩한 것들에 대해 아무 생각이 없게 됩니다. 아! 이것이야말로 여러분이 치료받아야 할 필요가 있음을 잘 보여주는 것입니다. 여러분이 영원한 것을 감히 사소한 것으로 여기고, 사망과 심판을 조롱하며, 지옥의 위험에 처해 있으면서도 편안하게 느낀다면, 여러분은 참으로 사악한 자들입니다. 여러분의 마음은 참으로 치료받아야 할 필요가 있는 것입니다. 여러분이 이러한 곤경에 빠져 있어 슬프기는 하지만, 그래도 저는 다음과 같은 말씀을 덧붙여드릴 수 있어 기쁩니다. "그분은 병 고침을 받아야 할 필요가 있는 자들을 고치셨습니다."

여러분의 경우가 이처럼 통탄할 만한 상태라는 것을 알면서도, 여러분은 수시로 자책을 하면서 하나님이 보는 앞에서 여러분 자신을 정당화하려고 합니다. 여러분은 이렇게 말합니다. "나는 회개했어. 회개가 아니라면, 회개하려고 노력은 했었어. 나는 기도했어. 기도가 아니라면, 기도하려고 노력은 했었어. 나는 내가 구원받기 위해서 할 수 있는 모든 것은 다 했어. 그런데 하나님이 나를 구원해 주지 않으신 거야"라고요. 한 마디로 말해서, 여러분은 여러분이 받을 저주의 책임을 하나님께로 돌리고, 하나님이 보는 앞에서 여러분 자신을 의로운 자로 가장하려고 하는 것입니다. 여러분도 이러한 행동이 잘못이라는 것을 알고 있습니다. 만약 여러분이 구원받지 못한다면, 그것은 여러분이 예수님을 믿지 않았기 때문입니다. 단 하나의 장애물과 단 하나의 어려움이 있을 뿐입니다. 여러분이 받을 저주는 하나님으로부터 비롯된 것이 아니라, 바로 여러분으로부터 비롯된 것입니다. 그리스도를 믿지 않는 여러분의 완고한 사악함에서 필연적으로 비롯된 것입니다. 이렇게까지 감히 자신을 변명할 정도로 여러분은 사악합니다. 그래서 여러분은 치료받아야 할 큰 필요성이 있을 뿐만 아니라, 구원받아야 할 위급한 필요성이 있는 것입니다. 그런데도 여러분은 이런 식으로 자신을 변명하고는 정반대의 극단으로 도망쳐 버립니다. 즉, 자기는 죄를 지어서 소망이 끊어졌기 때문에 이제 지옥에 있어야 마땅하며, 하나님조차 자기를 절대로 용서하실 수 없다고 여러분은 선언합니다. 여러분은 하나님의 긍휼하심을 부인하고, 여러분을 용서하시어 깨끗하게 하실 그리스도의 능력을 부인하고 있는 것입니다. 여러분은 하나님의 말씀 앞에서 도망을 치더니 그분을 거짓말쟁이로 만들어 버립니다. 여러분이 예수님을 믿는다면, 여러분은 평화를 찾게 될 것이라고 그분께서 말해도, 여러분은 여러분에게 어떤 평화도 있을 수 없다고 그분에게 말하고 있습니다. 그분은 결코 한 사람도 거절하지 않으신다고 그분이 여러분을 깨닫게 해주셔도, 여러분은 그분께서 여러분을 거절하실 것이라고 넌지시 말하고 있습니다. 이런 식으로 여러분은 하나님의 진실하심과 정직하심을 부인하면서 하나님의 위엄을 모욕하고 있습니다. 이렇게 사악한 절망이 여러분을 지배하게 되었을 때도, 여러분은 치료받아야 할 필요가 있습니다. 여러분은 지나치게 멀리 가버렸습니다. 그것도 아주 멀리 가버렸습니다. 오! 그래도 여러분이 아직 예수님께서 치료해 주시기를 원하는 자들 가운데 있다는 것을 알기에 저는 기쁩니다. 그분은 치료받을 필요가 있는 자들을 치료하기 위해 오셨습니다. 여러분도 그들 가운데 한 사람이라는 것을 부인할 수 없습니다. 왜 그럴까요? 사탄도 여러분이 치료받을 필요가 없다고 말할 만큼 그렇게까지 뻔뻔하지는 않기 때문입니다. 오, 여러분, 자신을 주님의 팔에 내어 맡기십시오. 여러분 스스로 선한 사람인 척 애쓰지 말고, 제가 여러분의 책임으로 부과한 모든 것들을 인정하고서 한 사람의 죄인으로서 세상 죄를 지고 가는 귀하신 하나님의 어린 양(요 1:29)을 신뢰하십시오.

사랑하는 성도 여러분, 여러분은 치료받아야 할 필요가 있다는 것을 기억하십시오. 만약 여러분이 이런 죄들과 이 모든 사악한 경향성들과 생각으로부터 치료받지 못한다면, 여러분은 목숨이 붙어 있는 살아 있는 사람으로 분명히 지옥에 던져질 것입니다. 오, 사랑하는 성도 여러분, 제가 알고 있는 진리는 이렇게 고통스러운 설교를 하게 만들고, 죄인들이 저주받게 될 것이라고 말하는 그런 진리가 아니지만, 각성한 죄인일지라도 예수님을 믿지 않는다면 저주를 받게 될 것이라는 두려운 진리입니다. 여러분은 눈물로 그리스도를 얻으려고 해서는 안 됩니다. 여러분은 자신에 대한 쓰라린 생각과 잔인한 절망 가운데서 안식을 찾으려고 소망해서도 안 됩니다. 만약 여러분이 믿으려 하지 아니하면, 여러분은 결코 굳게 서지 못할 것입니다(사 7:9, KJV). 만약 여러분이 그리스도에게로 나아오지 않는다면, 여러분은 죄에 대하여, 의에 대하여, 심판에 대하여 책망(요 16:8)받게 될 것입니다. 하지만 이러한 판결은 여러분이 받을 멸망의 서곡에 불과합니다.

사랑하는 성도 여러분, 오늘 아침에 여러분은 어떤 상태에 있는지 분명히 알았습니까? 여러분은 자신을 하나님을 찾는 자라고 부릅니다. 하지만 여러분이 하나님을 발견한 자가 되기 전까지는, 여러분은 하나님의 원수이며, 매일 하나님은 여러분에게 진노하실 것입니다. 오늘 아침에 여러분 속의 피 한 방울이라도 어떻게 잘못된다면, 여러분의 심장에서 고동치는 맥박은 중지하게 됩니다. 그렇게 되면 여러분은 어디에 있게 됩니까? 그 눈물과 울부짖음에도 불구하고 도대체 지옥에 있게 되는 이유는 무엇입니까? 여러분이 예수님을 믿지 않는다면, 여러분에게는 연옥도 없고, 이후에라도 여러분이 회개하여 오늘 여러분이 무시하고 있는 그리스도를 찾을 그런 자리도 전혀 없기 때문입니다. 여러분이 아무리 온유하고 상한 마음을 가졌다 해도, 여러분에게 다른 대안은 전혀 없습니다. 오직 이 그리스도를 믿으면 살고, 믿기를 거절하면 반드시 멸망할 것입니다. 왜냐하면 여러분의 상한 마음과 눈물과 공언된 회개로도 그리스도의 보좌 앞에 결코 설 수 없기 때문입니다. 여러분은 반드시 예수님을 믿어야 합니다. 그렇지 않으면, 여러분은 틀림없이 영원히 죽게 될 것입니다.

다음의 쟁점에 대해서는 아주 간략하게 압축하여 말씀드리고자 합니다. 여러분이 이 말씀들을 잊기 전에, 이 말씀들이 여러분에게 유익이 되기를 저는 하나님께 기도하고 있습니다. 저는 간단하고도 인격적이며 단도직입적으로 말씀드리고자 지금 애쓰고 있습니다. 이 자리에 있는 사람들을 제 영혼이 얼마나 사모하고 있는지, 이들이 오늘 아침에 예수님을 찾게 되기를 제가 얼마나 바라고 있는지 그분께서도 알고 계십니다. 오, 제 영혼이 바라는 것을 그분께서 허락하시어 이들이 그분께로 지금 인도되기를 기원합니다.

3. 오, 궁핍한 죄인들이여, 우리의 세 번째 논점은 여러분을 위한 것입니다. 예수님은 여러분을 구원할 수 있습니다.

여러분의 경우가 어떤 상황인지를 설명하는 것으로 시작할 필요는 없다고 생각합니다. 예수님은 여러분과 유사한 경우의 사람들을 구원하셨다는 사실을 기억하십시오. 여러분의 경우는 여러분에게는 아주 특이한 경우로 비쳐질 것입니다. 하지만 신약의 이곳저곳에서 여러분은 여러분만큼이나 독특한 경우들을 발견하게 될 것입니다. 여러분은 여러분의 마음이 너무 많이 사악하다고 제게 말합니다. 그러나 그분은 막달라 마리아에게서 일곱 귀신을 쫓아내 주시지 않았습니까?(막 16:9). 그렇지요. 그래도 여러분의 마음에 있는 사악함은 일곱 귀신들보다 더 크게 보입니다. 그분은 가다라의 귀신들린 자에게서 귀신들의 무리를 전부 내쫓아 주시지 않았습니까?(마 8:28). 여러분은 기도할 수 없다고 말합니다.

하지만 그분께서는 말 못하는 벙어리 귀신 들린 자를 고쳐 주셨습니다. 여러분은 완고하고 무감각하다고 말합니다. 하지만 그분께서는 듣지 못하는 귀머거리 귀신을 내쫓아 주셨습니다. 여러분은 믿을 수 없다고 말합니다. 그 누구도 손이 마른 자의 손을 펴게 할 수 없었습니다. 하지만 예수님께서 명하시자, 그 사람은 손을 펼 수 있게 되었습니다(마 12:10). 여러분은 죄로 인해 죽었다고 말합니다. 하지만 예수님은 죽은 자들도 살리셨습니다. 여러분의 경우는 다른 어떤 경우와도 부합될 수 없을 만큼 특별히 나쁜 경우가 아닙니다. 그리스도께서는 이와 비슷한 경우들을 이미 이기셨습니다. 오, 불쌍한 영혼이여, 여러분이 그분께 나아오기만 한다면, 그분은 여러분의 경우가 여러분이 생각하는 것만큼 그렇게 특별한 경우가 아니라는 것을 알게 해 주실 것입니다. 왜냐하면 여러분과 똑같은 경우를 가진 다른 사람들도 구원을 받았기 때문입니다.

그리스도께서는 여러분을 구원할 수 있다는 사실을 다시 기억하십시오. 왜냐하면 예수님께서 실패하신 경우는 이 세상에 단 한 건도 기록되지 않았고, 전승으로도 우리에게 전해져 내려오지 않았기 때문입니다. 방황하고 헤매다가 오직 그리스도께만 영혼을 맡겼는데도 용서받지 못한 영혼을 하나라도 만나게 된다면, 또 귀중한 보혈을 의지했지만 구원받지 못한 외로운 영혼을 하나라도 지옥에서 찾게 된다면, 저는 복음이 어둠 속에 내던져져 더 이상 영광을 얻지 못해도 좋을 것입니다. 이러한 경우는 지금까지도 없었고, 앞으로도 결코 없을 것입니다. 따라서 죄인인 여러분이 복음에서 제외되는 최초의 사례가 되지는 않을 것입니다. 만약 여러분이 그리스도에게 나아와, 즉 그분께 나아와 그분을 단순히 전적으로 믿기만 한다면, 여러분은 멸망할 수 없습니다. 왜냐하면 그분께서 "내게 오는 자는 내가 결코 내쫓지 아니하리라"(요 6:37)고 말씀하셨기 때문입니다. 그분이 거짓말쟁이로 드러나게 될까요? 어찌 감히 그런 생각을 할 수 있겠습니까?

오, 사랑하는 성도 여러분 나아오십시오. 그분께서는 여러분을 내쫓을 수 없습니다. 죄인인 여러분, 잠시 생각해 보십시오. 그러면 여러분은 안식을 얻게 될 것입니다. 여러분의 영혼의 치료자로 제가 설교하고 있는 그분은 바로 하나님이십니다. 하나님에게 어떤 일이 불가능하겠습니까? 만물 위에 계신 하나님(롬 9:5)인 그분께서 용서 못하실 죄가 있겠습니까? 만약 천사가 여러분이 지은 허물들을 다룬다면, 여러분의 허물들은 천사 가브리엘이 가진 모든 권한으로도 감당하지 못할 것입니다. 하지만 우리의 허물을 다루는 분은 우리와 함께 계시는 하나님인 임마누엘(마 1:23)이시며, 바로 우리를 구원하기 위해 오신 분입니다. 여러분을 삼키려고 지옥이 턱을 열어젖히고 있는 곳에 여러분이 있다고 해도, 지옥이 입을 벌려 그 구렁으로 여러분을 삼키지 않는 이상, 그분은 여러분을 구원할 수 있습니다. 하나님을 대할 때는 의심하지 마십시오. 그 어떤 것도 불가능하지 않으며, 어려울 것도 없습니다.

더 나아가, 여러분은 그분의 뜻을 의심할 수도 없습니다. 여러분은 그분에 대해 들어본 적이 있습니까? 하나님이셨다가 인간이 되신 그분에 대해서요. 그분은 여인처럼 온유한 분이셨습니다.

> "다정하신 그분의 마음,
> 사랑으로 녹이는 그분의 마음."
>
> (아이작 와츠의 「찬송과 영가」1권 125번에 실린 '기쁨으로 우리는 그 은혜를 묵상합니다'
> [WITH JOY WE MEDITATE THE GRACE]의 1절 가사다).

그분에게는 거친 면이 없었습니다. 간음한 여인이 현장에서 붙잡혀 그분 앞에 나오게 되었을 때, 그분은 뭐라고 말씀하셨습니까? "나도 너를 정죄하지 아니하노니 가서 다시는 죄를 범하지 말라"(요 8:11)고 하셨습니다. 그러자 그분에 대해서 이런 말이 들려왔습니다. "이 사람이 죄인들을 받아들이고 그들과 함께 먹는다"(눅 15:2, KJV)고요. 하늘 위에서 다스리시는 지금도 그분은 변함이 없으십니다. 그분은 이 땅에 계셨을 때 죄인들을 영접하신 것과 똑같이 지금도 죄인들을 기꺼이 영접하십니다.

그래도 여러분은 의심하십니까? 한 번 더 말씀드립니다. 그분께서 죄인들을 구원하기 위해 행하신 일들을 기억하십시오. 설교 시간이 얼마 남지 않았군요. 시간만 좀 있다면, 저는 여러분에게 저와 함께 겟세마네로 가서 피땀으로 얼룩진 그분을 보자고 요구했을 것입니다. 또 빌라도가 "이 사람을 보라"(Ecce Homo, 본디오 빌라도가 요 19:5에서 한 말로서, 불가타[Vulgate]역으로 번역되면서 널리 사용되는 라틴어. 기독교 미술과 문학에서 유명하게 묘사되는 주제이다 ― 역주)고 외쳤던 빌라도의 뜰에도 서 보자고 요구했을 것입니다. 또 그분의 원수였던 죄인들을 위해 피 흘리셔서 그 붉은 피로 뒤범벅이 된 그분의 양 어깨도 보자고 요구했을 것입니다. 또 저는 두 손과 두 발과 옆구리에서 그분의 생명의 피를 모두 쏟아부어 주신 그 십자가 아래에 서 보자고 여러분에게 요구했을 것입니다. 이 모든 핏방울들이 우리의 죄를 제거해 주었습니다. 이 모든 것들이 우리의 죄를 용서해 주시기 위해 우리의 죄를 짊어지신 그분의 슬픔입니다. 하나님의 아들이신 예수님이 이렇게까지 고난 받을 수 있는 것일까요? 그런데도 깨끗하게 하는 능력이 그분의 보혈에 없다는 것입니까? 그렇다면 그분의 대속은 허구였다는 말입니까? 하나님의 영원한 아들이 죽은 것은 아무 효과도 없는 일이었단 말입니까? 보혈에는 죄를 제거하기에 충분한 능력이 있습니다. 나아와서 씻으십시오. 나아와서 씻으십시오. 사악하고 암울한 여러분이여, 나아와서 씻으십시오. 그분을 정결하게 하는 보혈에 여러분이 믿음으로 손을 대기만 해도, 바로 그 순간 여러분은 즉시 깨끗해질 것입니다.

　　마지막으로, 예수님은 이 아침에 죄인인 여러분에게 믿음을 요구하십니다. 그분은 믿음을 요구하실 만한 분입니다. 그분에게 믿음을 드리십시오. 여러분은 치료를 받을 필요가 있습니다. 그분은 치료받을 필요가 있는 자들을 치료하기 위해 오셨습니다. 그분은 여러분을 치료할 수 있습니다. 여러분이 이 아침에 병 고침을 받고, 여러분의 모든 죄들을 용서함 받으며 그 죄에서 구원을 받으려면, 여러분은 어떤 일을 행해야 할까요? 여러분이 행해야 할 일은 오직 하나, 여러분 자신의 행동을 중지하는 것입니다. 그분께서 여러분을 위해 행하도록 하십시오. 여러분 자신도 바라보지 말고, 다른 사람들도 바라보지 마십시오. 오직 그분께 나아와 여러분 자신을 내어 맡기십시오. 여러분은 와츠 박사(Dr. Watts)의 시를 알고 있을 것입니다.

> "죄 많고 연약하며 무기력한 한 마리의 벌레 같은 나는,
> 그리스도의 친절한 팔에 안기네.
> 그분은 나의 힘과 의,
> 나의 모든 것이 되시는 나의 예수님이네."

(아이작 와츠의 「찬송과 영가」[Hymns and Spiritual songs] 제2권 90번에 실린 '우리의 본성이 얼마나 서글픈 처지인지' [How sad our state by nature is]라는 찬송가의 6절 가사다 — 역주).

여러분은 이렇게 말합니다. "오, 그래도 저는 믿을 수 없어요." 믿을 수 없다니요! 여러분이 지금 무슨 일을 하고 있는지 알고 있습니까? 여러분은 지금 그분을 거짓말쟁이로 만들고 있습니다. 만약 여러분이 어떤 사람에게 "나는 당신 말을 믿을 수 없어요"라고 말한다면, 그것은 "당신은 거짓말쟁이예요"라는 말을 다른 식으로 표현한 것에 불과합니다. 오, 그리스도에 대해서 감히 그렇게 말해서는 안 됩니다. 사랑하는 성도 여러분, 정말 그렇게 말해서는 안 됩니다. 저는 여러분의 손을 붙잡고 다른 말씀을 드리고 싶습니다. 여러분은 반드시 그분을 믿어야 합니다. 그분은 하나님이십니다. 그런데 어찌 그분을 의심한단 말입니까? 그분은 죄인들을 위해 죽으셨습니다. 그런데 어찌 그분이 흘리신 보혈의 능력을 의심한단 말입니까? 그분은 약속하셨습니다. 그런데 어찌 그분이 하신 말씀을 믿지 않음으로써 그분을 모욕한단 말입니까? 여러분은 이렇게 말합니다. "오! 그게 아니에요. 저는 반드시 믿어야 한다고, 그분을 신뢰해야 한다고 느껴요. 그런데 만약 그분에 대한 제 신뢰가 올바른 게 아니라면 어쩌지요? 다시 말해 저의 타고난 본성적인 신뢰일 수도 있잖아요?" 아! 사랑하는 성도 여러분, 예수님을 겸손히 신뢰하는 것은 절대로 우리의 본성적인 토대에서 생겨나는 것이 아닙니다. 왜냐하면 가련한 영혼이 나아와 그리스도를 신뢰하게 되는 것은 항상 성령의 열매이기 때문입니다.

여러분은 이에 대해서 이의를 제기할 필요가 없습니다. 어떤 사람으로 하여금 자신을 비우게 하여 예수님께로 인도하는 일은 지금까지 마귀도 해보지 못했고, 한낱 본성도 해본 적이 없었습니다. 그 점에 대해서는 염려하지 마십시오. 어떤 사람은 "그분을 믿도록 성령님께서 저를 인도하신 것이 분명합니다!"라고 말합니다. 맞는 말입니다. 하지만 여러분은 성령님을 볼 수 없습니다. 그분의 사역은 은밀하고 신비롭습니다. 여러분이 마땅히 해야 할 일은 예수님을 믿는 것입니다. 저기에 그분께서 서 계십니다. 하나님이시지만 고난 받는 인간이신 그분께서 대속을 행하시고, 자기를 믿기만 한다면 구원받게 될 것이라고 그분은 여러분에게 말씀하고 계십니다. 여러분은 그분을 반드시 믿어야 합니다. 여러분은 그분을 의심할 수 없습니다. 왜 의심합니까? 그분이 여러분에게 의심받을 만한 일이라도 행하셨습니까?

"오, 기록된 진실을 믿으십시오.

하나님께서 그분의 아들을 당신에게 주셨습니다.”
(찰스 웨슬리[Charles Wesley, 1703-1791]의 「찬송가 전집」(A Collection of Hymns) 20장에
실린 ‘멀리 방황하다 지친 영혼들’ [Weary Souls, that wander wide]이란 찬송가의 3절 가
사다).

만약 여러분이 그분을 믿는다면, 여러분의 믿음이 어디에서 생겨났는지에
대해 여러분은 이의를 제기할 필요가 없습니다. 그 믿음은 그분의 사역 가운데
보이지 아니하시는 성령님으로부터 온 것이 분명합니다. 왜냐하면 그분은 바람
이 마음대로 부는 것처럼(요 3:8, KJV), 자신이 원하는 곳에서 역사하시기 때문
입니다. 여러분은 그분께서 역사하신 열매를 봅니다. 그 열매를 보는 것만으로
도 여러분에게는 충분합니다. 여러분은 예수님이 그리스도이심을 믿습니까? 만
약 여러분이 믿는다면, 여러분은 하나님으로부터 난 자입니다. 여러분이 흥하든
지 망하든지 간에, 여러분 자신을 그분에게 내맡긴다면, 여러분은 구원받게 될
것입니다.

우리는 이번 주 신문에서 어떤 사람이 총살형에서 어떻게 구원받았는지를
읽었습니다. 그 사람은 스페인 법정에서 유죄 선고를 받았습니다. 하지만 그는
영국 태생이면서 미국의 시민권자였기 때문에 두 나라 영사들이 중간에 개입되
면서, 스페인 당국은 그 사람의 사형을 집행할 권한이 없다고 선언하였습니다.
그렇다면, 그 두 나라 영사들은 그 사람의 생명을 구하기 위해 어떤 일을 했습니
까? 그들은 그 사람을 자기 나라의 국기로 감쌌습니다. 그들은 별과 빨간 줄이
그려진 미국 성조기와 영국의 국기인 유니온 잭(Union Jack)으로 그를 덮었습니
다. 그러고는 사형집행자들의 권한에 도전했습니다. “이제 당신네들이 쏘고 싶
으면 쏘시오. 만약 당신네들이 총살형을 집행한다면, 당신네들은 이 두 국기들
이 상징하는 두 나라의 권위에 도전하는 것이며, 당신들은 이 두 큰 나라들의 무
력을 당신네 나라에 불러들이게 될 것이오”라고 말입니다. 거기에 그 사람이 서
있었으며 그 사람 앞에는 군인들이 있었습니다. 총 한 발이면 그 사람의 생명은
끝이 날 것입니다. 그럼에도 그는 삼중으로 된 강철 방탄복을 입은 것처럼 끄떡
도 하지 않았습니다.

이와 마찬가지로, 저는 그분을 믿었기 때문에, 예수 그리스도께서는 가련하
고 죄 많은 제 영혼을 사로잡아, 그분의 대속적 희생을 뜻하는 보혈의 붉은 깃발

로 저를 감싸 주셨습니다. 그 대속으로 감싸인 제 영혼이나 다른 영혼들이 만약 하나님 앞에서 멸망한다면, 하나님은 분명히 자기 아들을 모욕한 것이고 그 아들의 희생을 치욕거리로 만든 것입니다. 따라서 그분은 결코 그렇게 하지 않으실 것입니다. 그분의 이름을 찬송합니다(시 72:19). 주님께서 여러분 한 사람 한 사람을 구원해 주시기를 기원합니다. 그분께서 바로 지금 여러분을 구원해 주시고, 영광 받으시기를 원합니다. 아멘. 아멘.

제
32
장
—

깨어나서 그리스도의
영광을 보더니

—

"그들이 깨어나서 그분의 영광과 그분과 함께 선 두 사람을
보더니." — 눅 9:32, KJV

사도들이 그와 같은 시기에 잠을 잤다는 것은 첫눈에 보기에도 이상한 일로
여겨집니다. 그러나 그들이 처했던 상황이나 그들이 수고하는 가운데서 생긴 극
도의 흥분 등을 생각해 본다면, "베드로와 또 그와 함께한 자들은 깊이 잠드니
라"(눅 9:32, KJV)는 말씀은 그리 놀랄 일이 아닐 것입니다. 28절과 29절 말씀에
는 우리 주님에 관하여 이렇게 기록되어 있습니다. "그분께서 베드로와 요한과
야고보를 데리고 기도하러 산에 올라가시더라. 그분께서 기도하실 때에 그분의
얼굴 모습이 변하고 그분의 옷이 희게 되어 눈부시게 빛나더라"(KJV)고 말입니
다. 구세주께서는 자주 조용하고 외진 장소로 물러나셔서 그분의 아버지와 교제
하셨고, 때로는 온 밤을 지새워 기도하셨다는 사실도 우리는 알고 있습니다. 오
늘 본문도 변화되기 이전의 몇 시간 동안 열심히 기도하신 것과 관련이 있을 가
능성이 아주 많습니다. 그분이 기도하고 있는 동안 그분께서 변화하셨다는 사실
은 주목할 만한 가치가 있습니다. 기도를 통해서 모든 축복들은 교회의 위대한
머리(엡 5:23)와 그분의 신비로운 몸의 모든 지체들에게 주어집니다. 기도 없이
우리에게 약속된 것은 아무것도 없습니다. 기도와 함께 모든 것이 우리에게 공

급되며, 기도로 말미암아 우리는 영광 중에 올라가게 될 것입니다. 주님께서 얼마나 오랫동안 기도하셨는지 저는 알 수 없습니다. 하지만 그분의 일상적인 방식이나 습관 등에 비춰볼 때, 그분은 아마 몇 시간을 간구하신 것으로 추측됩니다. 가장 큰 은혜를 입은 세 명의 사도들마저도 그분과 같은 영적인 마음을 갖지 못했습니다. 그래서 그분이 여전히 거룩한 열정과 정열로 충만하신 동안에도, 사도들은 피곤해졌습니다. 이 세상에서 가장 훌륭한 사람이라도 몇 시간씩 계속해서 기도를 한다면, 그 사람의 기도를 들으며 함께 기도하는 자들은, 비록 우리 중에 가장 열심히 기도하는 자라도, 그 기도를 듣다가 지치게 될 것입니다. 그러나 정작 기도하는 본인은 성령의 특별한 세례를 누림으로써 전혀 피로를 느끼지 못하고 하나님과 씨름하는 중에 전적으로 힘에 힘을 더 얻게(시 84:7, KJV) 될 것입니다. 하지만 구경꾼에 지나지 않는 우리는 아마도 너무 졸려서, 그 사람이 계속 기도에 집중하듯, 그렇게 계속 기도에 집중할 수 없을 것입니다. 우리의 영혼은 그 기도하는 사람과 충분히 동감을 하지만, 육신의 연약함으로 인해 우리도 사도들처럼 "깊이 잠들게" 됩니다. 그러므로 구세주께서 오랫동안 계속 간구하시자, 그의 제자들이 지쳐 졸게 되었다는 것에 대해 저는 이상하게 생각하지 않습니다.

그런데 그들이 잠이 든 것은 아마도 그들이 지금까지 거쳐 온 극도의 흥분 상태로 나타난 결과였을 것입니다. 왜냐하면 극한 고통을 당할 경우 우리의 친절한 본성은 우리를 구하기 위해 기절이나 졸도를 일으키는 일시적인 발작 증상을 통해 그 불쌍한 고통 받는 사람의 고통을 경감시켜 줍니다. 이런 경우는 우리의 본성이 종종 기쁜 일이든 슬픈 일이든 정신적인 흥분이라는 스트레스 상황에서 작동하여, 그렇게 하지 않으면 탈진할 수밖에 없는 사람들을 비의도적인 잠에 빠지게 함으로써 그들에게 안정을 제공하는 것입니다. 사랑하는 성도 여러분, 이 사람들이 바로 겟세마네에서 잠에 곯아떨어졌다는 것을 기억하십시오. 그들의 주님이 고통스러운 기도를 끝내고 일어나서 다시 제자들에게 오셨을 때, 그분은 "슬픔으로 인하여 잠든 것을"(눅 22:45) 보셨습니다. 그들은 그분이 받으신 고통으로 인해 영적으로 아주 의기소침해 있었습니다. 할 수 있는 한 최대로 그분과 참된 공감을 나누었음에도 불구하고, 그들은 잠에 빠졌습니다. 주님은 온화하게 그들을 꾸짖으면서도, 한편으로는 변호까지 해주시며 이렇게 말씀하셨습니다. "네가 한 시간도 깨어 있을 수 없더냐 시험에 들지 않게 깨어 있어 기도하라 마음에는 원이로되 육신이 약하도다”(막 14: 37-38)라고 말입니다.

　　웅장한 초자연적인 현상 앞에서 잠을 잔 사람들은 이 사도들만이 아니었습니다. 다니엘에게도 이런 일이 일어났습니다. 놀라운 환상이 드러나는 하늘의 영광을 눈 하나 깜빡이지도 않고 또 눈도 멀지 않은 채 똑바로 쳐다본 것 같은 불타는 눈을 가진 예언자인 다니엘이지만, 다니엘서 18장 8절에 보면, 천사가 그에게 나타났을 때 이렇게 말한 것으로 기록되어 있습니다. “이제 그가 나와 말할 때에 내가 얼굴을 땅으로 향하고 엎드려서 깊이 잠들었으나 그가 내게 손을 대어 나를 똑바로 일으켜 세우고”(KJV)라고 말입니다. 더 나아가 10장 8절에는 이렇게 기록되어 있습니다. “그러므로 내가 홀로 남아서 이 큰 환상을 볼 때에 내 안에 기력이 남지 아니하였으니 내 아름다움이 내 속에서 변하여 썩은 것이 되었고 아무 기력도 내게 남지 아니하였느니라”(KJV)라고 말입니다. 이러한 초자연적인 현상들은 보통의 인간들이 감당하기에는 너무나 엄청난 것들입니다. 우리 인간의 좁은 지성으로는 무한한 것을 담아낼 수 없습니다. 그리고 만약 우리가 하나님의 영광을 비범할 정도로 보고서도 죽지 않았다면, 다시 말해 그 위대한 광경을 보고서도 우리의 목숨이 살아 있다면, 최소한 죽음의 이미지라도 우리에게 엄습하기 때문에, 우리는 분명히 깊은 잠에 빠지게 됩니다. 그래서 저는 베드로와 야고보와 요한이 그렇게 기념할 만한 순간에 잠을 잤다는 것에 대해 그들을 비난할 생각이 없습니다. 왜냐하면 그런 상황에서 잠을 잤다고 해서 어떤 죄를 지었다고는 생각하지 않기 때문입니다. 그들은 사도들이었습니다. 하지만 그들은 단지 인간이었을 뿐입니다. 인간이기에 그들도 연약한 피조물이었습니다. 그들이 깊은 물속으로 들어가서(시 69:2, KJV), 완전히 깊은 곳에 빠져드는 것처럼, 그들이 하나님의 영광이라는 대양(大洋) 속으로 들어가자마자, 그들은 무의식적으로 잠에 빠져들게 되었습니다. 그러므로 사랑하는 성도 여러분, 놀라지 마십시오. 이 세 명의 사도들이 주님께서 변화하시는 바로 그 순간에도 잠을 자고 있었다는 사실을 여러분은 발견하게 될 것입니다.

　　자, 이제 이것이 우리의 첫 번째 제목이 될 것 같습니다. 그들은 그리스도의 영광을 보기 위해 깨어나야 할 필요가 있었습니다. 두 번째, 여러분과 제가 그리스도의 영광을 보려면, 우리 또한 깨어나야 할 필요가 있습니다. 그리고 이 말씀은 그 이상의 것을 우리 모두에게 전하고 있습니다. 사실 저는 몇몇 사람들에게 “다른 사람들처럼 잠자지 말고”(살전 5:6 KJV)라고 말하고 싶습니다. 왜냐하면 많은 사람들이 너무나 깊이 잠들어서, 그리스도의 영광을 완전히 망각하고 있기 때문입니다. 이 두 가지 점들에 대해 말씀드린 후에, 우리가 깨어나야 할 필요성이 있다는 이 가르침은 많은 것들을 설명해 준다는 사실을 여러분에게 보여드리는 것으로 설교를 마치고자 합니다. 오늘 본문은 "그들이 깨어나서 그분의 영광과 그분과 함께 선 두 사람을 보더니"라고 말씀합니다.

1. 먼저, 그들은 그리스도의 영광을 보기 위해 깨어나야 할 필요가 있었습니다.

첫째로, 그리스도의 변화가 하나의 사실로 알려질 필요가 있었습니다. 그리스도의 변화는 꿈도 아니었고 실제적으로 존재하지도 않는 상상의 산물도 아니었습니다. "그들이 깨어나서 그분의 영광 … 을 보더니"라는 이 말씀은 그들에게 글자 그대로 틀림없는 사실이었습니다. 이 사실은 그리스도께서 베들레헴에서 태어났다는 분명한 사실만큼이나 분명하며, 그분께서 나사렛의 목공소에서 수고했다는 확실한 사실만큼 확실하며, 그분의 복된 발이 유대의 거룩한 들판들을 걸으셨고 그분께서 가는 곳마다 복음을 전파하시며 병든 자들을 치료해 주셨다는 참된 사실만큼이나 사실이며, 골고다의 십자가 위에서 실제로 죽으셨다는 실제적인 사실만큼이나 실제적인 사실입니다. 이와 마찬가지로, 이 사건은 비록 우리가 어느 산인지 정확히 알지 못하지만, 여하튼 어떤 산 위에서 예수 그리스도가 놀라운 변화를 겪으셨고, 잠시 동안 그분의 영광이 놀랍고도 분명하게 드러났으며, 그래서 그분의 세 제자가 그 모습을 볼 수 있었다고 하는 분명한 사실입니다. "보라, 두 사람이 그분과 이야기하는데"(눅 9:30, KJV)라는 말씀에서 두 사람 중 한 사람은 엘리야였습니다. 엘리야는 죽은 적이 없었던 자로서, 육신을 입고 그분과 함께 거기에 있었습니다. 또 한 사람은 모세였습니다. 모세는 죽었기 때문에, 오직 영으로만 거기에 있었을 것입니다. 모세의 몸과 관련된 천사장 미가엘과 마귀의 논쟁(유 1:9, KJV)으로 인해 그의 몸이 없어지지 않았다면, 모세 또한 에녹과 엘리야와 같은 동일한 특권을 누릴 수 있었을 것입니다. 이 문제에 관해서는 저도 잘 모릅니다. 하지만 모세와 엘리야, 이 두 사람이 거기에 있었다는 것은 분명합니다. 단지 허깨비로 나타난 것이 아니라 실제로 나타났습니다. 그리고 우리 주 예수 그리스도께서도 실제로 변화하셨습니다. "그분의 얼굴 모습이 변하고 그분의 옷이 희게 되어 눈부시게 빛나더라"(눅 9:29, KJV)고 나옵니다. 베드로는 자기가 말한 것을 알지 못했다가, 완전히 잠에서 깨어난 후에야 비로소 자기가 본 것을 알았다고 말하는 것이 맞습니다. 오늘 본문을 개정판 성경(RV. Revised Version, KJV에 대한 최초의 공식적인 개정판 성경)에서는 이렇게 번역하고 있습니다. "그들이 온전히 깨어나서 그분의 영광과 그분과 함께 선 두 사람을 보더니"(눅 9:32[RV], KJV에 없던 '온전히'[fully]가 추가되어 있으며, 한글 개역개정판도 추가되어 있다)라고 말입니다. 그들은 자는 것도 아니고 깬 것도 아닌 의식이 완전하지 않은 비몽사몽간에 이러한 장면을 상상한 것이 아니었습니다. 이것은 밤의 환상도 아니었고 백일몽(白日夢)도 아니었습니다. 이것은 실제로 존재하지도 않으면서 그들의 눈에 환상으로 나타난 그런 것이 아니었습니다. 이것은 주님과 모세와 엘리야가 실제로 만난 것이었습니다. 제자들은 그리스도와 영광의 땅에서 온 두 명의 동반자들을 보았습니다. 그리고 제자들은 "이는 내 사랑하는 아들이요 … 너희는 그의 말을 들으라"(마 17:5) 하는 아버지의 음성을 들었습니다. 베드로는 그분께서 하시는 말씀을 모두 알아듣지는 못했습니다. 하지만 그가 들은 것은 알았습니다. 베드로는 그 메시지를 이해할 만큼 충분히 잠에서 깨어난 상태였습니다. 그래서 오랜 시간이 지난 후에 베드로는 주님에 관해 글을 쓰면서 그때를 이렇게 회상했습니다. "뛰어난 영광으로부터 이러한 음성이 그분께 나서 이르기를, 이 사람은 내 사랑하는 아들이라. 내가 그를 매우 기뻐하노라 하실 때에 그분께서 하나님 아버지로부터 존귀와 영광을 받으셨느니라. 이 소리는 우리가 그와 함께 거룩한 산에 있을 때에 하늘로부터 난 것을 들은 것이라"(벧후 1:17-18, KJV)고 말입니다. 그러므로 사랑하는 성도 여러분, 여러분도 본 바와 같이, 이 모든 일들이 실제로 일어난 사건이라는 것을 확증하기 위해서라도 그들은 깨어나 있어야만 했습니다. 제가 생각하기에 이 일은 아주 즐거운 일 같습니다. 저는 슬픔의 사람(사 53:3, KJV)이신 주 예수님께서 이 땅에 계실 동안에도 그 영광의 빛을 얼마라도 발하셨다는 사실을 기억하는 게 좋습니다. 인간이 되시어 낮아지신 가운데서도 그분의 변화된 얼굴이 그토록 밝게 빛났다면, 하늘 위에서 그분의 영광은 얼마나 빛나겠습니까? 하늘 위에서 그분의 얼굴은 태양보다 더 밝게 빛나고, 그분의 두 눈은 불꽃 같으며(계 19:12), 그 발은 용광로에서 달군 듯한 정제된 놋(계 1:15, KJV) 같을 것입니다. 전에는 그 누구보다도 더 상한 모습(사 52:14, KJV)이었으나 이제는 그 아름다움을 무엇에도 비길 수 없습니다. 그분께서 잠시 동안 베일을 벗었을 때, 그의 제자들은 그 장엄한 모습에 압도

되었습니다. 그렇다면, 하늘 위 영광의 땅에서 영원토록 그분의 얼굴을 보는 것은 도대체 어떠하겠습니까?

둘째로, 제자들이 그리스도의 참된 영광을 보기 위해서는 반드시 깨어나야 할 필요가 있었습니다. 제자들이 본 그 영화로운 빛은 그리스도의 신성에 속하는 본질적인 영광이 아니라는 사실을 충분히 알고 있을 정도로 그들은 영적이었다고 저는 믿습니다. 왜냐하면 그리스도의 신성에 속하는 본질적인 영광은 사람이 절대로 볼 수 없기 때문입니다. 이것은 그리스도께서 항상 지니셨던 은밀한 영적인 영광도 아니었습니다. 왜냐하면 그것은 인간의 눈으로 볼 수 있는 것이 아니라, 존경과 애정을 담은 사랑의 마음으로 생각할 수 있는 것이기 때문입니다. 잠시 동안이었지만, 그것은 그분의 인성과 그 인성을 감싸고 있던 의복에까지 비쳐진 특별한 영광이었습니다. 그래서 "그분의 옷이 희게 되어 눈부시게 빛나더라"고 말한 것입니다. 그 때 사도들은 그분께서 장차 되실 그리스도의 모습을 어느 정도 보았습니다. 그들은 완전히 깨어나 있었기 때문에, 그들이 보고 있었던 것은 환상이 아니라, 구세주의 얼굴과 그분의 가장 복되시며 찬양받으실 만한 인성의 모든 부분으로부터 흘러나오는 참된 영광이라는 것을 알았습니다. 그리스도께서 가지신 것이 가짜 명예나 공허한 허세가 아니란 것을 알기에 우리는 기뻐합니다. 그분 주위에는 우리의 열린 눈으로 볼 수 있고, 광신적이거나 열광적이지 않고서도 우리가 감지할 수 있는 그런 참된 영광이 있습니다. 그러한 영광은 우리의 모든 능력이 충분히 발휘되고 우리의 모든 영혼이 건전하고 활기찬 상태를 누리게 되어, 우리가 조용하고도 고요한 판단과 진지하고도 신중한 사고를 할 때 우리가 볼 수 있는 그런 영광입니다. 밤이 되어야 하고 커튼도 필요하며 그것을 파악하기 위해서는 꿈도 꾸어야 하는 그런 환상에 대해서 저는 그다지 관심이 없습니다. 저는 사람이 완전히 깨어난 상태에서 자신의 모든 능력들을 활용하여 진실과 허구를 분간하고 자기를 속이려 달려드는 어떤 기만이라도 간파해낼 수 있는 그때에 드러나는 영광을 더 좋아합니다.

셋째로, 그리스도께서 보여주신 크신 영광을 조금이라도 감지하기 위해서 이 제자들은 완전히 깨어나 있었습니다. 여러분은 거룩한 산에서 우리 주님을 본 이 세 명의 거룩한 사람들이 부럽지 않습니까? 그분은 매우 영광된 분이시기에, 이런 변화가 일어난 산 자체도 '거룩'하게 되었습니다. 그래서 베드로도 그 산을 거룩한 산이라고 불렀습니다(벧후 1:18, KJV). 그 때부터 그 산은 하나님께서 두려운 능력으로 화려하게 내려오시어 그분의 율법을 선포하신 시내 산만큼이나 거룩한 산이 되었습니다. 이 사도들이 완전히 깨어나 있지 않았다면, 그들은 그리스도의 영광이 얼마나 참으로 대단한지를 감지할 수 없었을 것입니다. 우리 가운데 누구라도 완전히 깨어난 두 눈으로 그리스도를 볼 수만 있다면, 지금이라도 당장 아까워 드리지 못할 것이 도대체 무엇이겠습니까? 그분은 하늘 영광의 바로 그 중심에 계신 분처럼 보이지 않겠습니까? 사람의 모든 화려함은 오직 외부에 있습니다. 그러나 그리스도의 참된 얼굴 주위에는 계속해서 빛이 나는 인격적인 아름다움이 있습니다. 다시 말해, 그분의 인성을 통해 비쳐지는 신성의 광채로 인해서, 그분의 원 모습 그대로를 보는 것은 온 우주에서 가장 아름다운 광경임에 틀림없습니다. 그분을 잠시만이라도 바라보는 것은 운명적으로 인간이 볼 수 있는 일 중에 가장 눈부신 광경임에 틀림없습니다. 여러분은 죽어 가는 사람들이 그분을 보기 시작했을 때, 그분에 관해 말하는 것을 들어본 적이 있습니까? 그들이 이 땅에서의 삶을 마감할 때, 가끔 그들의 입술에서 흘러나오는 말들을 들어보면 우리가 알아듣기 힘든 이상한 말들을 합니다. 이런 사례는 사도들이 그 거룩한 산에서 그분과 함께 있을 때, 그분의 영광이 얼마나 장엄했는지에 대한 하나의 암시가 되는 것이 분명합니다!

　　그들이 잠에서 완전히 깨어나 보게 된 한 가지는 그 영광의 **독특성**이었습니다. 만약 여러분이 오늘 본문을 읽어 본다면, 여러분은 다음의 사실을 알게 될 것입니다. 그들이 깨어나서 "그분의 영광 … 을 보더니"라고 나옵니다. 그러고 나서 그들은 모세와 엘리야의 영광을 보았습니까? 오, 그렇지 않습니다! 그들은 절대 그들의 영광을 보지 못했습니다. 그렇다면 그들은 모세와 엘리야를 보지 못했습니까? 아닙니다. 다시 말씀드립니다. 오늘 본문이 모세와 엘리야에 대해 어떻게 말하고 있는지 눈여겨보십시오. "그분의 영광과 그분과 함께 선 두 사람을 보더니"라고 말합니다. 이 두 사람의 위나 주변에는 어떠한 영광도 있지 않았습니다. 모세와 엘리야는 단지 "그분과 함께 선 두 사람"에 불과할 뿐입니다. 그분은 사람들의 자녀들보다 더욱 아름다우시며(시 45:2, KJV), 모세보다도 큰 분이시고, 엘리야보다도 큰 분이시며, 이들 두 사람만큼이나 능력이 있는 분이십니다. 오로지 그분 한 분만을 보기 전까지는, 우리가 그리스도를 보았다고 말할 수 없을 것이라 생각합니다. 이것은 마치 태양과 별들을 우리가 동시에 볼 수 없는 것과 같습니다. 태양이 충일(充溢)하여 이글거리며 하늘을 가득 채우는 것을 본

적이 있다면, 그 때는 이미 별들도 사라졌다는 사실을 여러분은 알 것입니다. 사도들이 본 모세는 선지자들 가운데 가장 위대한 선지자요 율법을 전해 준 위대한 자로서, 모세 이후로 그리스도 자신이 오시기 전까지는 그와 같은 자가 없을 그런 자였지만, 영감 된 말씀은 이 사건에 대해 이렇게 기록하고 있습니다. "그들이 … 그분의 영광과 그분과 함께 선 두 사람을 보더니"라고 말입니다. 하나님의 교회에 있는 그 어떤 이 땅의 대표자들도 이보다 더 높은 지위에 있어서는 안 됩니다! 여러분이 그런 모습을 보지 않기를 바랍니다. 교회 안에서 그리고 교회의 모든 목회자들 가운데서, 그분의 영광과 그분과 함께 서 있는 사람들만 여러분이 보기를 바랍니다. 그리스도의 복음을 전하기 때문에 아름다운 그들의 발(롬 10:15)을 볼 때도, 여러분은 오직 그분의 영광만을 바라보면서, 그분의 이름을 말하며 그분과 함께 선 사람들을 보게 되었으면 좋겠습니다!

사도들은 이 차이를 분간하기 위해서도 완전히 깨어나야 할 필요가 있었습니다. 이것은 우리도 마찬가지입니다. 오늘날 많은 사람들이 그리스도를 존경하기보다는 오히려 그리스도의 제자들을 더 존경하는 것 같습니다. 칼빈(John Calvin)의 것이라는 이유로 칼빈이 전한 교리를, 그리스도의 것이라는 이유로 그리스도께서 전하신 가르침보다 더 중요하게 생각하는 사람들이 있습니다. 또 어떤 사람들은 자신이 믿고 있는 모든 것을 '총회 회의록'이나 웨슬리 목사(Mr. Wesley)의 어록에 의존하기도 합니다. 그리스도께서 하신 몇몇 말씀들은 그들에게 그리 비중이 크지 않은 것 같습니다. 우리는 그리스도와 함께 선 참되고 고결한 사람들을 보아야 한다고 저는 믿습니다. 무엇보다 먼저, 우리는 그분의 영광을 보아야 합니다. 왜냐하면 주인과 종을 구분하지도 못하는 죄의 잠을 자던 우리를 그리스도께서 깨워 주셨기 때문입니다! 그분의 종들 가운데 가장 큰 자라도 그분의 신발 끈을 푸는 것조차 감당하지 못한다(막 1:7)는 사실을 그분께서 우리에게 가르쳐 주신다면, 우리는 행복한 사람일 것입니다. 예수님의 세 제자들이 잠에서 완전히 깨어나야 했던 필요성에 대해서는 이 정도로 말씀드리겠습니다. 사랑하는 성도 여러분, 저는 지금 우리의 두 번째 주제에 대해 말씀드리고자 합니다.

**2. 우리가 그리스도의 영광을 보려면,
우리 또한 깨어나야 할 필요가 있습니다.**

　　우리는 우리의 신앙에 대해서 꿈을 꾸고 있는 것이 아닙니다. 우리의 신앙은 밤의 환상처럼 그렇게 우리에게 임한 것이 아닙니다. 우리가 완전히 깨어났을 때, 우리는 그리스도의 영광을 보았습니다. 우리가 무기력하지 않고 깨어있을 때, 고통 없이 깨어있을 때, 상실 없이 깨어있을 때, 두려움과 떨림 없이 깨어있을 때, 우리는 그분의 영광을 보았습니다. 우리가 속을 가능성이 거의 없을 때, 즉 우리가 최고로 냉정한 그 순간에 우리는 우리의 구주(요 4:42)시며, 우리를 돕는 자(히 13:6)시며, 우리를 지키시는 자(시 121:5)시며, 우리의 모든 것 안에서 모든 것이 되신 분(고전 15:28, KJV)이신 그분의 영광을 이미 보았습니다. 그러므로 우리가 이미 그분의 영광을 보았다는 이 사실을 적어 놓았다가, 하나님의 아들이신 나사렛 예수님을 감히 반대하는 모든 자들의 얼굴 앞에서 그 영광과 함께 기록해 놓은 사실들을 제시하십시오. "그들이 깨어나서 그분의 영광 … 을 보더니" 하는 참된 말씀과 아주 똑같이, 우리는 그분의 영광을 우리가 가장 완전히 깨어 있는 상태에서 고요하고 조용한 순간에 본 것입니다.

　　그러나 사랑하는 성도 여러분, 저는 지금 그리스도의 영광을 보기 위해서는 우리가 전적으로 깨어나야 할 필요가 있다는 진리를 여러분의 마음에 깊이 새기고자 합니다. 우리는 전적으로 깨어 있습니까? 우리 가운데 한 쪽 눈만 크게 뜬 사람은 없습니까? 아직도 눈이 감긴 채로 곁눈질하는 사람은 없습니까? 우리의 정신적인 능력과 영적인 능력이 실제로 최고의 활기를 띠고 있습니까? 그렇지 않다면, 그리스도 앞에서 우리가 마땅히 취해야 할 모습과 비교해 볼 때, 우리는 지금도 여전히 심하게 꿈꾸는 자들로 남아 있습니까? 사랑하는 성도 여러분, 지금 나아오십시오. 여러분이 가진 최고의 능력들은 완벽하게 깨어 있습니까? 베드로와 야고보와 요한의 능력은 완벽하게 깨어 있었습니다. 그 당시 그들은 은혜에 있어 어린아이에 불과하였지만, 그들의 보잘것없는 영적 능력이 전적으로 깨어나, 그분의 영광이 신비롭게 나타나는 가운데, 그들의 주님이자 스승으로부터 배울 수 있는 모든 것을 배울 수 있었다고 저는 믿습니다. 우리도 그와 같은 상태에 있습니까? 영혼을 잠들어 버리게 하는 경향이 있는 것들이 많습니다. 그러므로 우리 스스로 분발합시다. 왜냐하면 우리의 지성과 마음의 모든 능력들이 우리 주님께 고정되지 않는다면, 우리는 결코 그분의 영광을 전적으로 보지 못할 것이기 때문입니다. 그리고 시력을 가진 모든 사람이 보아야 하고 또 볼 만한 가치가 있는 광경이 있다면, 그것은 우리를 위해 목숨을 내주기까지 낮아지셨지만 지금은 아버지 오른편에 계시며 우리를 위해 간구하시는(롬 8:34) 영광스러운 구세주의 모습일 것입니다. 여러분이 복음을 들을 때는, 여러분의 온 마음과 영혼을 다해 두 귀를 열고서 복음을 들으십시오. 여러분이 성도들의 모임에 참여할 때는, 진심으로 그 모임에 참여하십시오. 어떤 사람들이 하는 것처럼, 진정한 자기 자신은 집이나 직장에 놔둔 채 그냥 나오지 마십시오. 그들이 이곳에 앉아 있기에, 우리는 그들이 여기에 있다고 생각합니다. 하지만 그들은 여기에 있지 않습니다. 심지어 설교자가 복되신 하나님의 영광스러운 복음을 선포하고 있을 때도, 그들의 생각은 저 멀리 바다 너머에 가 있거나 그들의 상점에 가 있습니다. 많은 이들이 이렇다는 것을 여러분도 알고 있습니다. 그러나 이 세 명의 사도들이 산 위에서 그랬던 것처럼 우리가 전적으로 깨어나기 전까지는 그리스도를 분명하게 볼 것이라 기대할 수 없습니다.

그러면 우리는 무엇에 대해 깨어나야만 합니까? 첫째로, 우리의 현재 상태와 환경에 대해 깨어나는 것이 좋습니다. 사랑하는 형제자매 여러분, 만약 하나님께서 그분의 은혜로 여러분을 지켜 주시지 않는다면, 여러분은 한 시간 이내로 지옥에 있게 될 것입니다. 그분을 가장 잘 알고 있다고 생각하는 여러분도 끊임없이 공급해 주시는 그분의 은혜가 필요합니다. 그렇지 않다면, 여러분은 가장 슬픈 상태에 빠질 것입니다. 여러분은 매 순간 모든 일에 그분을 의지해야 합니다. 제가 다시 말씀드리겠습니다. 일관성 있는 삶, 겨자씨처럼 가장 작은 믿음, 소망, 사랑, 평화, 기쁨, 확고함, 용기 등, 이 모든 것들에 있어서 그분을 의지해야 합니다. 자, 사랑하는 성도 여러분, 여러분은 이런 사실에 대해 전적으로 깨어 있습니까? 우리가 얼마나 연약한지, 우리 안에 갇혀 있던 타락의 홍수가 어느 순간에라도 폭발해 버릴 것 같은 것을 우리 각자는 실제로 느끼고 있습니까? 마치 게헨나(Gehenna, 히브리어의 '게힌놈'[Gehinnom, 힌놈의 골짜기]에서 유래된 말로, 죽은 자들이 머무르는 곳인 '스올'과는 달리, 앵글로색슨 계열의 KJV번역 전통에서 '지옥'으로 번역된 말 — 역주)의 불꽃이 우리 본성 안에 들어온 것처럼, 우리의 생각 속에 숨어 있는 그 끔찍한 화산 불꽃을 여러분은 인식하고 있습니까? 그리고 우리를 구원해 주실 수 있는 분이 누구인지, 또 실제로 우리를 구원해 주신 유일한 분이 누구인지도 여러분은 인식하고 있습니까? 사랑하는 성도 여러분, 여러분이 여러분의 위험과 여러분의 필요와 여러분의 연약함 등에 대해 철저히 깨어 있을 때, 그 때 여러분은 그리스도의 영광을 보게 될 것입니다. 우리 자신이 완전히 가치 없는 자라는 것을 우리가 알기 전까지, 그분은 결코 바르게 평가되지 않습니다. 자기 자신을 낮게 생각하는 것이야말로 그리스도를 높게 생각하게 합니다. 주님, 우리의 현재 모습을 알 수 있도록 우리를 깨워 주옵소서. 그때에야 비로소 당신 아들의 영광을 우리가 보기 시작할 것이기 때문입니다!

　　지금도 우리가 계속해서 받고 있는 긍휼에 대해서 우리는 또한 철저히 깨어 있어야 합니다. 우리가 침상에서 깊이 잠들어 있을 때도, 우리는 수천 가지의 복을 받고 있습니다. 백주 대낮에 우리에게 임하는 수많은 은혜들에 대해서도 우리는 종종 전혀 알지 못할 때가 있습니다. 말하자면 우리는 그러한 축복들에 대해 잠이 들어 있습니다. 그리스도를 따르는 사랑하는 성도 여러분, 여러분이 택함을 받았다는 것을 생각해 보십시오. 여러분이 구원을 받았다는 것을 생각해 보십시오. 여러분이 유효적 소명(Effectual Calling, 효력 있는 부르심)을 받았다는 것을 생각해 보십시오. 여러분이 보혈로 깨끗함을 받았다는 것을 생각해 보십시오. 여러분이 말씀을 통해 물로 씻음으로(엡 5:26, KJV) 성령의 정결케 하심을 받았다는 것을 생각해 보십시오. 어떻게 여러분이 유지되고, 공급받고, 교육받고, 위로받고, 힘을 얻고 있는지를 생각해 보십시오. 이생에서 여러분에게 아직 남아 있는 평화와 기쁨을 생각해 보십시오. 그리고 여러분의 구세주이며 주님이신 예수 그리스도의 영원한 나라에 넉넉히 들어갈 것도 생각해 보십시오. 여러분이 확실히 받게 될 이 모든 긍휼을 마음으로 묵상하고, 또 아직 받지는 못했지만 믿음으로 이미 내 것으로 받은 것이라 여기며, 그 긍휼을 베푸신 주님을 찬양하십시오. 여러분이 이 모든 긍휼에 대해 깨어 있을 때, 그 때 여러분은 여러분의 주님이신 그분의 영광을 보게 될 것이며, 이 모든 축복들로 인해 여러분은 구세주가 얼마나 영광스러운지, 그분이 여러분에게 얼마나 무한한 은혜를 베푸시는지 보게 될 것입니다. 긍휼하신 아버지여, 당신의 긍휼을 우리가 느끼도록 깨워 주시어, 그 모든 긍휼 가운데 있는 예수님의 영광을 보게 하옵소서!

　　그리고 사랑하는 성도 여러분, 우리는 또한 모든 유형의 거룩한 훈련에 대해서도 깨어 있어야 합니다. 예를 들어, 우리가 깨어 기도할 때, 그 때 우리는 그리스도의 영광을 보게 됩니다. 그런데 가끔씩 드리는 우리의 기도는 어떠합니까? 아침과 밤에 우리는 잠이 덜 깬 채로 비몽사몽간의 상태에서 몇 마디 급하게 내뱉습니다. 제가 하는 말은 이런 말입니다. 밤에 우리는 잠잘 준비를 다 하고 나서야 경건의 시간을 갖는데, 그 시간마저도 졸면서 기도를 하고, 아침에 일어나서는 해야 할 일상적인 여러 일들로 인해 주님과 교제할 적절한 시간을 거의 확보하지 못한다는 말입니다. 저는 우리의 기도 모임을 허락하신 하나님을 찬양합니다. 왜냐하면 그런 모임에는 유익한 점들이 많기 때문입니다. 그러나 그런 기도 모임에서조차 우리는 마땅한 방식으로 제대로 기도하고 있습니까? 우리를 위해 기도하는 사람들은 은혜를 받아 기도할 힘을 얻습니다. 하지만 우리 가운데 가만히 앉아 있는 사람들은 당연히 하나님께 기도드려야 함에도 불구하고, 우리를 위한 간구 대신 수천 가지 일들을 생각하고 있지는 않습니까? 우리가 기도한다고 해도, 기도할 동안에 완전히 깨어 있지 않으면, 우리는 그리스도를 만날 것이라 기대할 수 없습니다. 다음으로 우리가 드리는 찬양에 대해서 생각해 보십시오. 찬양은 그리스도에게 가까이 나아갈 수 있는 복된 길입니다. 하지만 성도들은 때로는 기계적으로 노래를 부릅니다. 마치 고통스럽게 규칙적으로 곡을 연주하는 낡은 풍금이나, 건반을 누르는 살아 있는 손길이 없으니 당연히 그 음악의 의미나 뜻에 대해서는 아는 게 전혀 없는 불쌍한 오르간처럼 그렇게 찬양을 하고 있습니다. 그래서 우리는 종종 이런 식으로 찬양을 합니다.

> "호산나 찬양 소리 우리의 혀에서 약해지고,
> 우리의 신앙 또한 죽어간다."

(아이작 와츠의 「찬송과 영가」2권 34번에 실린 '성령님과 함께 호흡하며, 즉 간절한 신앙의 열정' [Breathing after the Holy Spirit; or, Fervency of devotion desired]이란 찬송가의 3절 가사다).

그러나 우리가 철저히 깨어 찬양할 때, 우리는 이렇게 찬양할 수 있습니다.

> "아버지의 보좌 가운데 계신
> 어린 양의 영광을 바라보고."

(아이작 와츠의 「찬송과 영가」1권 1번에 실린 '죽임당한 어린양께 드리는 새로운 노래' [A new song to the Lamb that was slain]란 찬송가의 1절 가사다).

그 때에야 비로소 우리는 이렇게까지 찬양할 수 있습니다.

"그분의 이름에 합당한 새로운 영광과
예전에 알지 못했던 노래들을 준비하네."
('죽임당한 어린양께 드리는 새로운 노래' 의 후속 가사다).

우리의 대다수는 주님의 식탁으로 지금도 나아오고 있습니다. 만약 여기에도 우리가 잠이 덜 깬 비몽사몽의 상태로 나온다면, 도대체 어떤 일이 벌어지겠습니까? 글쎄요, 우리는 그분이 제정하신 예식 가운데 그리스도의 영광을 결코 보지 못할 것입니다. 거기에는 빵이 있을 것이고 포도주도 있을 것입니다. 하지만 거기에는 우리를 위한 것, 즉 우리의 영적 양식과 음료가 될 그리스도의 몸과 피는 더 이상 존재하지 않을 것입니다. 우리를 향한 그분의 크신 사랑을 특별히 기념하는 이 식탁 주위에서 깊이 잠들어 있거나 졸고 있는 모든 제자들에게 주님은 다가가지도 않으시고, 그들과 함께 앉지도 않으실 것입니다. "그들이 깨어나서 그분의 영광 … 을 보더니"라는 이 말씀은 우리의 경우에도 분명히 마찬가지입니다.

이제 저는 이런 생각을 좀 더 본격적으로 강력히 주장하고자 합니다. 사랑하는 성도 여러분, 만약 우리가 거룩한 섬김에 대해서도 전적으로 깨어 있다면, 그때 우리는 그리스도의 영광을 보게 될 것입니다. 여러분 가운데는 이런 사람들이 있을 것입니다. 그리스도를 위한 영혼들을 얻기 위해 살아가는 사람들, 그리고 아직까지도 복음이 알려지지 않은 곳에 복음을 전하려 애쓰는 일에 전적으로 불타오르는 영혼을 가진 사람들, 바로 이런 사람들이 그리스도의 영광을 틀림없이 보게 될 것입니다. 여러분이 그분을 섬기는 동안, 여러분은 그분의 얼굴을 보게 될 것입니다. 마치 영광 중에 그분과 함께 있던 제자들이 그분의 얼굴을 본 것처럼 말입니다. 저는 의심과 두려움에 가득 찬 남녀들의 무수한 전기(傳記)들을 읽어 보았습니다. 하지만 구세주를 섬기는 일에 전적으로 헌신한 거룩한 열정으로 가득했던 사람에 관한 글을 읽었을 때, 의심과 두려움에 관한 내용은 거의 찾아볼 수 없었습니다. 휫필드(George Whitefield, 1714-1770, 영국의 성공회 성직자로서 영국 대각성운동의 주역)와 웨슬리(John Wesley, 1703-1791, 영국의 성직자로 감리교의 창시자)처럼 천사 같은 이 두 사람들은 영혼이 우울할 때가 없었던 것 같습니다. 그들은 항상 주님의 일로 바빴습니다. 그들은 타오르는 불꽃처럼 이 땅을 두루 비추었습니다. 그들은 하나님의 능력에 휩싸여 회오리바람을 탄 것 같았습니다.

그 결과 대체적으로 그들은 주님의 임재하심을 누렸으며, 그분으로 말미암는 거룩한 기쁨으로 가득 차 있었습니다. 그러므로 우리의 온 힘으로 주님을 섬기는 일에 열심인 우리도 이와 같으리라 저는 믿습니다. 만약 여러분이 지금 그리스도를 위해 아무것도 하고 있지 않다면, 여러분은 그분의 임재와 축복을 기대할 수 없습니다. 하지만 만약 지금 여러분이 온 마음을 다해 그분을 섬기고 있다면, 다시 말해 이런 섬김을 통해 무언가를 얻고자 하는 저급한 동기에서가 아니라, 전적으로 그분을 사랑하는 마음에서 비롯된 동기로 그분을 섬기고 있다면, 그분은 여러분에게 다가오셔서 세상에 나타내 보이시지 않았던 자신의 모습을 여러분에게 나타내 보이실 것입니다. 그리스도께서는 성도들을 저 멀리 앞서 가십니다. 그런데 어떤 기독교인들은 너무 느리게 걸어서 죄악이 그들을 따라잡기도 합니다. 왜냐하면 그리스도께서는 항상 유익하고도 정직한 속도로 걸어가시며, 게으른 자들이 기어가는 것 같은 그런 속도로 걷는 것을 좋아하시지 않기 때문입니다. 또 신앙 고백까지 한 성도들 중에도 기어가는 것 같은 그 속도를 좀처럼 좁히지 못하는 사람이 있습니다. 그래서 그들은 자신이 주님이라고 부르는 그분을 거의 보지 못합니다. 만약 그들이 깨어 있었다면, 다시 말해 그분을 섬기는 일에 깨어 있었다면, 그분의 영광을 볼 수 있었을 텐데 말입니다.

그러나 사랑하는 성도 여러분, 무엇보다도 우리는 주님과 관련하여 깨어 있어야 합니다. 오, 우리의 마음이 그분의 사랑에 전적으로 깨어 있기를 바랍니다! 그분께서는 신자들 한 사람 한 사람에게 "나는 영원한 사랑으로써 너를 사랑하였다"고 말씀하십니다. 그러면 우리는 잠에서 깬 마음으로 "맞습니다, 주님. 주님께서 그렇게 저를 사랑하셨습니다"라고 대답하고 있습니까? 그분께서 우리를 위해 죽기까지(빌 2:8) 사랑하셨다는 그 모든 것을 기억할 정도로 우리는 깨어나 있습니까? 그분의 신성과 인성, 낮아지신 그분의 복된 생명, 놀라운 그분의 대속적 죽음 등을 우리가 늘 대면하고 있을 정도로 우리는 깨어 있습니까? 그분께서는 지금도 우리와 함께 하신다는 사실을 충분히 알고 있을 정도로 우리는 분명히 깨어 있습니까? 바닷가에 서 계신 예수님을 보고서도 그분이 예수님인 줄 알지 못했던 제자들처럼, 우리도 종종 그런 제자들 같다는 생각을 해 본 적은 없습니까? 그분은 질고(疾苦)라는 방식으로, 사별(死別)이라는 방식으로, 마음을 살피는(렘 17:10, KJV) 방식으로 우리에게 다가오십니다. 우리는 그분이 예수님인 줄, 정말 그분인 줄 알지 못합니다. 우리가 잠자고 있기 때문에, 우리의 두 눈이 감겨져 있기 때문이지요. 만약 우리가 깨어 있었다면, 즉시 그분의 영광을 알아차렸을 텐데 말입니다. 오, 복된 구세주시여, 당신의 십자가와 수난과 당신의 영광스러운 부활과 승천을 통해서 우리의 모든 영혼들을 깨우시어, 당신은 당신의 백성 중 어느 누구와도 멀리 떨어져 있지 않다는 사실과 "볼지어다 내가 세상 끝날까지 너희와 항상 함께 있으리라"(마 28:20) 하신 당신의 말씀이 여전히 참되다는 사실을 우리가 깨닫게 하옵소서. 이제 더 이상 여러분을 붙잡고 있어서는 안 될 것 같습니다. 그래도 이 말씀만은 꼭 드리고 싶습니다.

3. 하나님의 영광을 보기 위해서는 우리가 깨어 있어야 할 필요가 있다는 이 가르침은 우리에게 몇 가지 사실을 제시해 주고 있습니다.

첫째, 이 가르침은 왜 어떤 사람들은 그리스도의 영광을 아주 조금밖에 보지 못하는지 그 이유를 보여줍니다. "아! 제가 예전에는 그 영광을 보곤 했습니다. 저는 설교를 들을 때마다 나를 위해 고난 받고 부활하신 구세주에 대한 생각으로 은혜를 받아 설교에 푹 빠지곤 했습니다. 하지만 지금은 제가 참석하는 모든 예배에서 어떤 유익도 얻지 못하는 것 같습니다"라고 말하는 사람들이 있습니다. 이렇게 된 것이 누구의 잘못입니까? 이렇게 된 것이 그분의 잘못은 아닙니다. 왜냐하면 그분은 변함이 없는 분이시기 때문입니다. 그렇다면 이렇게 된 것이 설교를 전하는 저의 잘못 때문일까요? 아마도 그럴 것입니다. 하지만 그런 사람을 제외한 다른 성도들은 그분을 바로 보고 있기 때문에, 틀림없이 전적으로 제게만 해당되는 비난은 아닐 것입니다. 그렇다면 사랑하는 성도 여러분, 그 잘못은 여러분의 잘못이지 않을까요? 여러분은 지금 예전처럼 그렇게 분명히 깨어 있지 않습니다. "내가 예전에 보던 것처럼 지금은 그렇게 볼 수 없게 되었는데, 왜 이렇게 되었는지 잘 모르겠다"라고 말하는 사람들이 있는데, 그렇게 말하는 것은 이상한 것입니다. 왜냐하면 그 사람은 두 눈을 전혀 뜨고 있지 않기 때문입니다! 바보 같은 사람이여, 스스로 깨어나도록 하십시오. 완전히 깨어났을 때, 비로소 여러분의 두 눈은 어느 때처럼 잘 보일 것이며, 예전에 보던 것과 같이 주님의 영광을 풍성히 볼 수 있을 것입니다. 사랑하는 성도 여러분, 여러분이 구슬프게 노래를 부른다고 해서, 옛 시절이 다시 여러분에게 되돌아오는 것은 아닙니다.

　　　　"내가 주님을 처음 보았을 때,

내가 알았던 그 축복은 지금 어디에 있나?"
(영국의 찬송가 작사가인 윌리엄 쿠퍼[William Cowper, 1731-1800]가 지은 것으로, '오 하나님과 더 가까이 동행하기 원하나이다' [O for a closer walk with God]라는 찬송가의 2절 가사다).

이 찬송가의 한 소절을 제가 바꾸어 보겠습니다. 여러분은 이렇게 불러도 좋을 것 같습니다.

"내가 주님을 처음 보았을 때,
내가 알았던 그 잠깬 상태는 지금 어디에 있나?"

여러분이 처음 교회에 등록했을 때, 여러분은 아주 생기가 넘쳤습니다. 여러분의 모든 능력이 열정과 열심으로 가득 차 있었습니다. 복도에 서 있으면서도 전혀 피곤해하지 않았던 그 때를 여러분은 기억합니까? 그 때 여러분은 설교자가 삼십 분만 더 설교해 주기를 바라기도 했습니다. 그 당시 예배를 드리기 위해 수 킬로미터나 되는 거리를 어떻게 걸어왔는지도 여러분은 기억날 것입니다. 목회자가 "우리와 함께 예배를 드리기에는 너무 먼 곳에 살고 계시지 않나 하는 생각이 듭니다"라고 말하자, 여러분은 "오, 전혀 그렇지 않습니다, 목사님! 저는 여기에서 제 영혼에 필요한 양식을 얻고 있습니다. 거리는 아무 문제가 되지 않아요. 저는 걷는 것이 즐겁습니다. 걷는 것이 제게 유익하기도 하고요"라며 대답했습니다. 그런데 지금 여러분은 너무 먼 곳에 살고 있어서 예배에 자주 참석할 수 없다는 내용의 짤막한 쪽지를 전하기도 합니다. 실제로 여러분이 다른 모든 예배 처소와도 멀리 떨어진 곳에 거주하면서 하나님의 집과는 멀어지기 시작할 때도, 여러분은 주님으로부터 어떠한 능력이나 기쁨을 느끼지 못하면 어떡하나 하는 생각을 합니다. 당연히 여러분은 능력이나 기쁨을 느끼지 못합니다. 여러분은 깊이 잠들어 있기 때문입니다. 여러분이 다시 깨어났을 때, 여러분은 그리스도의 영광을 보게 될 것입니다. 오! 잠에서 깨어난 경건과 열심 있는 신앙심과 풍성한 믿음을 위하여, 은혜의 연못에서 물만 적시지 말고 가장 깊은 곳에 완전히 잠기도록 하십시오! 주님의 긍휼과 성령님의 능력으로, 인성을 지닌 여러분이 본성적인 생활에 대해 "그런즉 이제는 내가 사는 것이 아니요 오직 내 안에 그리스도께서 사시는 것이라"(갈 2:20)라고 쓸 수 있을 정도로 거룩한 생활을 영위하기까지, 주님께서 하나님의 모든 충만하심(엡 3:19)으로 여러분을 충만케 해 주시기를 기원합니다.

다음으로, 이 가르침은 우리가 여러 시련들 가운데서도 그리스도와 가장 달콤한 교제를 나눌 수 있는 이유를 설명해 주고 있지 않습니까? 만약 누군가가 제 인생에 있어서 가장 행복했던 시기를 꼽으라고 한다면, 저는 외형적으로 축복이 거듭되고 연이어 성공을 했던 시기를 선택하지 않을 것입니다. 오히려 저는 비방이 계속되고 내가 하는 말은 한 마디 한 마디가 모두 오해를 받고, 내가 최선으로 행한 일이 끔찍하게 끝나 버리고, 나에 대한 거짓말들이 마치 전쟁터 한복판에서 전사(戰士)의 귓가를 스치고 지나가는 탄환들이 되어 날아다니던 시기를 특별히 주목하고자 합니다. 왜냐하면 바로 그 때가 제 자신이 그리스도에게 가까이 다가갔을 때이며, 오직 그분만을 의지하고 살았을 때이며, 그 때 저는 행복한 자들 가운데서도 가장 행복했던 자라고 생각하기 때문입니다. 개가 짖을 때 집 안에 있던 식구들이 깨어나서 강도가 집 안에 들어오지 못하는 것과 같습니다. 때때로 우리가 당하는 여러 고난들은 우리에게 일어날 수 있는 가장 선한 것들입니다. 왜냐하면 그 고난들로 인해 우리는 깨어나게 되고, 사탄은 쫓겨나며, 우리는 그리스도의 영광을 볼 수 있는 합당한 자가 되기 때문입니다. 우리가 부유하게 되고 재물이 많아질 때, 우리는 경솔하고 졸리는 상태가 되어 곧 잠에 떨어지게 됩니다. 그래서 우리 주님이 오셔서 우리를 침대에서 끌어내어, 우리로 하여금 냉기를 느끼게 하시는 것입니다. 그러면 우리는 잠이 깨어 그리스도께서 우리 옆에 가까이 와 계신 것을 발견하고는 기뻐하게 됩니다. 이와 같이 고난과 시련은 종종 은혜의 복된 수단들입니다. 이런 시련들이 우리를 잠에서 깨어나게 하여, 그리스도의 영광을 보게 하기 때문입니다.

이 가르침은 또한 죽어가는 성도들이 가끔 이렇게 그리스도의 복된 광경을 보았다고 선언하는 이유를 설명해 줍니다. 그 성도들이 죽어가고 있기 때문에, 진정으로 살기 시작한 것이 아닐까요? 그들은 거추장스러운 이 흙 집(욥 4:19)을 털어 버리고, 좀 더 밝은 빛 안으로 들어가 그 속에서 진정으로 살게 됩니다. 그들이 죽을 때 그들은 깨어나는 것입니다. 그들의 일생이 다하는 날까지, 그들의 생각은 그들이 거래하는 일이나 다른 염려들로 가득 차 있습니다. 하지만 지금 그들은 그들의 모든 일과 염려들을 끝내고 이제 깨어나기 시작합니다. 왜냐하면 아침이 오고 있기 때문입니다. 결코 황혼을 알지 못하는 영원하고도 복된 아침이 다가 오고 있습니다. 그들은 깨어나서 주님의 영광을 봅니다. 그들의 침대 옆에 앉아 있는 우리는 자주 놀랄 때가 있습니다. 우리는 그들이 묘사하는 것을 이해할 수 없습니다. 왜냐하면 우리는 잠자고 있는 사람들이고, 그들은 깨어난 사람들로서, 깨어나서 그리스도의 영광을 보고 있는 자들이기 때문입니다.

오늘 본문에 대해 제가 잠시만 더 말씀드린다면, 이 본문을 미래에 투영해 보고자 합니다. 사랑하는 형제자매 여러분, 우리는 곧 잠이 들 것입니다. 우리 가운데 나이 많은 성도들은 분명히 그렇게 될 것이고, 또 어떤 이유에 의해서 그렇게 될 가망성이 높은 성도들도 있을 것입니다. 만약 주님께서 먼저 오시지 않는다면, 우리 모두는 곧 그 마지막 고요한 취침, 즉 우리가 죽음이라 부르는 잠에 곧 빠지게 될 것입니다. 그러나 우리의 영혼이 맨 처음으로 깨어나 우리 주님을 있는 모습 그대로 보게 될 때, 그 깨어남은 얼마나 대단하겠습니까! 시간의 매 분마다 시간이 영원으로 삼킨(고전 15:54) 바 된다면, 그러한 천국에서 첫 오 분이라는 시간은 틀림없이 얼마나 대단하겠습니까? "등잔불이나 햇빛이 그들에게 필요 없으니 이는 주 하나님께서 그들에게 빛을 주시기 때문"(계 22:5, KJV)이라는 그러한 곳에 우리가 들어간 그 첫 시간에 우리가 틀림없이 느끼게 될 그 기쁨은 얼마나 대단하겠습니까? 우리가 천국에 있는 성도들을 보게 될 때, 우리는 그 성도들에 대해 많은 말들을 하지 않을 것이라 생각합니다. 그 성도들은 "그분과 함께 선 두 사람"인 모세와 엘리야처럼 그렇게 서 있을 것입니다. 그뿐만이 아닙니다. 아! 그분의 보좌에 게시는 예수님을 우리가 처음으로 보게 되었을 때, 모든 상상을 뛰어넘는 그 황홀한 광경은 또 얼마나 대단하겠습니까? 그러고 나서, 그 다음의 깨어남(next awakening, 두 번째 깨어남. 스펄전은 종말론에 있어서 '역사적 전천년론'[환난후 휴거론으로서, 대환난 후에 그리스도께서 먼저 재림하시면 성도들은 공중으로 휴거되었다가 그리스도와 함께 다시 지상으로 내려와 천년왕국이 임한다는 주장]자이다 — 역주) 이 다가올 때, 즉 강한 나팔 소리가 울려 퍼지고 이 가련한 사지(四肢)의 육체들이 흙 침대(무덤)에서 일어나 우리가 깨어날 때, 우리는 그분의 영광을 보게 될 것입니다. 그 때 우리는 그분과 같은 모양으로(롬 6:5) 깨어나 만족하게 될 것이며, "아버지여 내게 주신 자도 나 있는 곳에 나와 함께 있어 아버지께서 창세 전부터 나를 사랑하시므로 내게 주신 나의 영광을 그들로 보게 하시기를 원하옵나이다"(요 17:24)라고 기도하신 그분의 기도도 응답을 받게 될 것입니다. 사랑하는 성도 여러분, 여러분을 위해 예비된 깨어남이 다가올 때, 침대로 가는 것을 다행으로 여기고 만족하십시오. 날마다 죽는 것을 배우십시오. 여러분의 침대를 무덤으로 여기십시오. 매순간 여러분은 자신을 무의식(無意識)으로 내던지고, 죽음의 이미지가 여러분에게 임하도록 하여 죽어가는 방도를 연습하십시오. 마지막으로 한 말씀만 더 드리겠습니다. 여러분은 올라갔다 다시 내려갔다 하는 것을 거듭 반복하면서, 다음과 같은 사실을 매우 달콤하게 느끼게 될 것입니다. "나는 아침에, 영원한 아침에, 다시 말해 이 밤의 모든 슬픔과 수고의 그림자들이 영원히 사라져 버린 아침에 깨어날 것이다. 내가 깨어났을 때, 나는 그분의 영광을 보게 될 것이다."

사랑하는 성도 여러분, 주님께서 여러분과 저를 도우셔서 우리가 깨어나 그분의 영광을 보는 모든 축복을 알게 하시기를 기원합니다! 아멘.

제
33
장

—

마귀의 최후 발광(發狂)

—

"올 때에 귀신이 그를 거꾸러뜨리고 심한 경련을 일으키게
하는지라 예수께서 더러운 귀신을 꾸짖으시고 아이를 낫게
하사 그 아버지에게 도로 주시니" — 눅 9:42

우리 주 예수 그리스도께서는 말씀으로 사람들을 많이 가르치셨습니다. 그러나 행동을 통해서는 더 많이 가르치셨습니다. 그분께서는 항상 설교를 하셨고, 그의 전 생애는 하나님의 진리에 대한 하늘의 이야기였다고 할 수 있습니다. 그분께서 행하신 이적들은 자신의 신성을 증명하는 것이었을 뿐만 아니라 자신의 가르침을 실제로 보여주는 것이기도 했습니다. 자비롭게 베푸신 그분의 기사(奇事)들도 사실은 설교가 행동으로 나타난 것이었고, 진리가 구체화된 것이었으며, 두 눈으로 볼 수 있는 생생한 설명이었기 때문에, 그분의 목소리로 행한 설교만큼이나 분명하게 복음을 설명한 것이었습니다. 우리 주님의 이적에 대한 기사를 읽게 될 때, 우리는 그것을 그분의 신성에 대한 증거와 그분께 위임된 권능에 대한 인증으로 받아들일 뿐만 아니라, 그분의 은혜로운 사역의 수단으로도 받아들여야 합니다. 옛적에 주님께서 사람들의 육체에 행하신 일들은 사람들의 영혼에 어떠한 일을 행하실 것인지를 보여주는 예언으로 받아들여야 할 것입니다. 저는 이 본문의 의미나 이적의 의도를 억지로 풀기를 원하지 않습니다. 저는 귀신에게 사로잡힌 청년에 관해 설교하거나 그 놀라운 능력이 나타난 것에만 머물지 않고, 요즘에도 인간이라는 세계에서 일어날 수 있는 비슷한 경우들을 보

여주려고 노력할 것입니다. 예수님께서는 눈에 보이는 자연 세계에서 행하셨던 이적들을 통해서, 눈에 보이지 않는 영적인 세계에서도 이적을 행하실 수 있음을 미리 보여주셨던 것입니다.

우리는 사탄에게 사로잡힌 자를 본 적이 없었을 것이라고 저는 생각합니다. 물론 이에 대해 제가 분명한 확신을 가지고 말할 수 있는 것은 아닙니다. 왜냐하면 어떤 사람들에게는 사탄에게 사로잡힌 것 같은 증상이 뚜렷하게 나타나기 때문입니다. 사람들의 몸 안에 거하는 귀신들의 존재에 대해서 저는 강력한 주장도 또는 부인도 하지 않을 것입니다. 그러나 분명한 것은, 우리 주님께서 살던 시대에는 귀신들이 사람들에게로 들어가서 그들을 크게 괴롭히는 일들이 다반사였다는 것입니다. 그리스도께서 지상에 내려와 계시는 동안에는 사탄이 풀려나 있었던 것 같습니다. 그래서 그 뱀은 여자의 후손으로 오신 이와 직접 맞붙게 되었을 것이고, 그 엄숙한 결투 속에서 두 선수들은 서로 치고 받고 했을 것입니다. 우리 주님께서는 뱀을 이기고 영광스러운 승리를 거두었습니다. 뱀이 우리 주님과 그분의 사도들에게 패배한 이후로, 인간의 몸을 지배하던 사탄의 능력은 대단히 제한되었습니다.

그러나 우리에게는 여전히 본질은 같지만 좀 다른 형태의 악한 경우가 존재합니다. 즉, 죄의 능력이 인간의 마음을 지배하는 경우입니다. 이것은 몸을 지배하는 사탄의 능력에 버금가는 것으로서, 성경에 분명히 제시되어 있습니다. 사도 바울은 말합니다. "이 세상의 신이 믿지 아니하는 자들의 마음을 혼미하게 하여"(고후 4:4). "곧 지금 불순종의 아들들 가운데서 역사하는 영이라"(엡 2:2). 사탄은 모든 경건하지 않은 이들 속에서 역사합니다. 대장장이가 자기의 대장간에서 일하듯 말입니다. 그러니 경건하지 않은 이들이 때로 저주하고 욕하는 것은 그리 이상한 일이 아닙니다. 이런 자들은 대장간의 불화로에서 튀어 올라 굴뚝을 통해 날아가는 불꽃일 뿐입니다. 그 악한 자는 악한 본성들과 잘 작용하기 때문에, 불을 붙이기 쉬운 본성들을 찾아서, 그런 본성들 안에 불을 붙이고는, 모든 방면으로 그 본성들이 악을 행하도록 지원하고 자극합니다. 그러므로 그리스도께서 이 땅에 계셨던 때처럼 그런 식으로 사람들이 귀신에게 사로잡히는 일은 없다 하더라도, 지금도 여전히 그 악한 자는 사람들에게 세력을 행사하고 있고 자기가 원하는 대로 그들을 이끌고 있습니다. 우리도 이런 종류의 사람들을 끊임없이 만나고 있지 않습니까?

격렬한 사람들 중에는 가장 흉포한 마귀가 들어가 미쳐 날뛰는 모습을 보이기도 합니다. 또 어떤 경우에는 거짓말하기 좋아하는 사람이 그 거짓의 아비인 마귀의 존재를 폭로하기도 합니다. 귀신들의 왕이 그 혀를 주도하는 것이 아닌데도 불구하고, 어떤 사람은 그 혀가 지옥 불 위에 놓인 것이 확실하다고 느낄 만큼 신성모독적인 발언을 하고 더러운 언어를 사용합니다. 어떤 이는 이렇게 말합니다. "술이 나를 망치고 있어요. 몸도 영혼도 말이에요. 술 때문에 내 생명도 단축되고 있지요. 나는 정신착란에 빠진 적도 있었어요. 내가 이대로 계속 가다가는 다시 그런 상태에 빠질 거라는 것도 알고 있습니다. 그러나 술을 끊을 수가 없어요. 때로는 술을 마시고 싶은 갈망이 나를 덮어 버립니다. 내가 원하든 아니든 간에 술에 취해야 살 것 같다는 생각이 들어요." 이것이 마귀에게서 오는 것인지 아니면 그 사람 자신에게서 오는 것인지 따지고 싶은 생각은 없습니다. 그러나 그 이름이 군대인 술 마시는 귀신은 분명히 오늘날까지 우리 중에 있습니다. 어떤 사람들은 그 세력에서 벗어나고 싶다고 말하기도 합니다. 그러나 다시 그리로 돌아갑니다. 그 귀신들이 돼지 떼에 들어갔을 때, 그 돼지들이 바다로 돌진했던 것처럼, 다시 술 취하는 상태로 돌진합니다.

이 술에 취하는 악이 음란한 형태로 드러나는 다른 경우들은 또 얼마나 많습니까? 제가 굳이 언급할 필요조차 없을 것입니다. 얼마나 많은 남자들이 맹렬한 정욕과 싸우고 있으며, 그럼에도 그 정욕에 지고 있는지요! 아, 여자들도 마찬가지이지 않습니까? 더러운 욕망은 모든 것들을 쓸어가 버리는 태풍처럼 그들에게 임하고, 가랑잎이 광풍에 날려가듯 그들은 정욕 앞에 항복하고 맙니다. 아니 더 심한 경우에는 그들 스스로도 정죄하는 그 죄 속으로 돌진해 들어갑니다. 이미 그 죄가 얼마나 비참한 결과를 가져오는지 알고 있으면서도 말입니다. 아마 그 결과가 비참한 게 아니라 가장 순전한 즐거움이었다면 그들은 그렇게 열정을 내지도 않았을 것입니다. 나방이 자기의 날개를 태웠던 촛불 속으로 반복해서 돌진하는 것처럼, 사람들은 자기들을 비참하게 만들었던 그 악 속으로 서둘러 들어갑니다. 그들은 정욕의 영에게 사로잡히고 지배를 받게 되어, 소들이 냇가를 찾듯, 다시 죄를 짓게 됩니다.

더 자세하게 말할 필요도 없습니다. 이 사람이 이런 모양으로 죄에 빠지면, 저 사람은 또 아주 다른 모양으로 죄에 빠집니다. 모든 귀신들이 다 같지는 않습니다. 물론 그 귀신들이 다같이 악하기는 하지만, 화를 내는 것과 정욕은 다르며,

낭비는 탐욕을 비웃기도 합니다. 그러나 그런 죄들은 모두 한 혈통에서 나온 것이며, 똑같이 무서운 군대를 이루고 있는 한 패입니다. 사람들은 여러 가지 모양의 죄를 저지릅니다. 그러나 그 죄들은 모두 똑같이 악한 힘을 드러냅니다. 그리스도께서 우리로 자유롭게 하지 않으셨다면, 우리는 모두 어둠의 임금, 즉 악한 세력들의 주인인 마귀의 지배 하에서 이 모양 저 모양으로 죄를 짓고 있을 것입니다.

우리가 오늘 밤에 말하려고 하는 이 가련한 젊은 사람은 사탄의 영으로 말미암아 정말 끔찍한 상황에 처해 있었습니다. 그는 정말 미치광이였습니다. 정신이 나갔으니 말입니다. 게다가 간질을 앓고 있었기 때문에, 혼자 내버려 두면 불 속이나 물 속으로 떨어지곤 했습니다. 여러분도 간질 증세를 가진 사람들을 보았을 것입니다. 만일 그들이 거리 한복판이나 강가에서 발작을 일으킨다면, 얼마나 위험하겠습니까? 이 아이의 경우에는 간질 발작을 통해서 귀신이 자신의 세력을 행사하고 있었으며, 이 발작으로 인해 소년은 단지 병에 걸려 있었던 것보다 일곱 배는 더 열악한 상황에 놓여 있었습니다. 간질의 영향으로 이 아이는 벙어리와 귀머거리가 되었고, 그로 인해 매우 폭력적인 성향이 되어, 아주 큰 악행을 저지를 수도 있는 상황이었습니다. 그 거룩한 땅을 통틀어 그 아이를 위해 무언가를 해 줄 수 있는 유일한 사람이 있었습니다. 그 아이가 치료를 받을 수 있는 유일한 이름, 유일한 한 분이 있었던 것입니다. 그것은 바로 예수라는 이름이었습니다. 주 예수님께서는 자신의 이름으로 이적들을 행하던 제자들이 있었습니다. 그러나 그들은 이 특이한 경우로 인해 난처한 상황이 되었습니다. 그들은 할 수 있는 한 어떤 것이든 해보았으나, 완전히 실패해 버렸고, 나중에는 절망하며 그 일을 포기했던 것입니다. 그러나 이 아이의 사정을 살피고 그 마귀를 쫓아낼 수 있는 오직 유일한 한 분이 하늘 아래 계셨습니다. 오직 그분만이 저 불쌍한 아버지의 기도에 응답하실 수 있었습니다. 다른 모든 희망은 사라져 버렸기 때문입니다. 이것이 바로 우리가 처한 상태입니다. 하늘 아래 우리가 구원받을 만한 이름은 하나밖에 없습니다. 많은 사람이 구원하는 척하지만, 진정으로 구원하는 분은 오직 한 분뿐입니다.

> "모든 만유 위에 높으신 한 이름이 있네.
> 지옥과 땅과 하늘, 그보다 높은 이름

그 이름 앞에 천사와 사람들이 엎드리고
귀신들은 두려워 도망가네."

바로 하나님의 아들 예수님의 이름에 모든 권세가 있습니다. 그분은 하나님으로서, 어떤 식으로 악의 지배를 받는 사람이든 구원하실 수 있습니다. 어떤 형태로 가장하여 지배하고 있든지, 얼마나 오랫동안 지배하고 있든지 상관이 없습니다. 그러나 그리스도를 떠나서는 치료를 받을 수 없습니다. 예수님의 말씀 외에는 죄의 속박에서 사람을 건져낼 방법이 없습니다. 능력의 말씀이 하나님의 입에서 나올 때 모든 것들이 복종합니다. 땅에 속한 수천의 사람들이 한꺼번에 목소리를 높여 외친다 해도 우리를 악에서 구원해 내지 못합니다. 우리는 하늘의 그 고유한 치료 방법을 알지 못합니다. 그것은 우리에게 공개되지 않기 때문입니다. 그러나 하나님께서 허락하시어, 우리가 그 치료 방법은 모르더라도, 그 치료법만은 우리 자신에게 사용할 수 있게 해주시기를 원합니다.

이 불쌍한 아이는 예수님 이외에는 아무도 치료해 줄 사람이 없었지만, 자기를 사랑하는 아버지를 두고 있었습니다. 그 불쌍한 아들로 인해 아버지가 느끼는 마음의 슬픔은 아무도 말할 수 없는 것이었습니다. 그는 자기 아들을 제자들에게로 데려가기 위해서 굉장한 노력을 했습니다. 발작 증세를 보이는 정신 나간 사람을 다루기란 여간 어려운 일이 아니기 때문입니다. 그 아이를 붙들기 위해서 주위에 얼마나 많은 사람들이 도와줬을 것이며, 모두가 이 불쌍한 피조물을 얼마나 가엾어 했을지, 저는 다 말로 표현하지 못합니다.

그러나 안타깝게도 그때 주 예수 그리스도께서는 멀리 계셨습니다! 자기가 찾던 그 위대한 치료자께서 잠시 자리를 비웠다는 사실을 알고서 그 부모는 마음이 무거웠습니다. 그러나 예수님께서 산에서 내려오셨을 때 귀신에 사로잡힌 이 불쌍한 아이에게는 한 가지 큰 이점이 생겼습니다. 그를 그리스도께로 데려오는데 도움을 준 무리들이 생겼기 때문입니다. 바라기는 이 자리에 구원 받지 못한 여러분도 여러분이 구원 받기를 바라는 친구들과 관계를 맺는 특권을 누렸으면 합니다. 아마도 여기에는 자기 남편이 여전히 그리스도 안에 속하지 못한 것을 견딜 수 없어하는 부인이 있을 것입니다. 또는 자기 아내가 주님께 돌아오기를 갈망하는 남편도 있을 것입니다. 둘 중 어떤 경우든지 이것은 큰 도움이 됩니다. 회심하지 않은 아들딸을 가진 어머니는 그 가슴에 얼마나 남모르는 고통

을 견디고 있습니까! 제가 아는 한 여자 성도는 가족 중에 오직 그녀만 주님을 알
고 있었습니다. 그래서 그녀는 자기의 온 집안을 축복해 달라고 밤낮 주님께 탄
원하였습니다. 때로는 그 집에 있는 하인이 그런 일에 있어서 최고의 조력자가
되기도 하고, 그 집안의 경건하지 못한 행동을 보게 된 한 이웃이 그런 일을 할
수도 있습니다. 구원받지 못한 이들을 위해 기도하기를 결코 멈추지 않는 일 말
입니다. 몇 사람이 함께 모여서 예수님께 특별하게 어려운 경우에 대해 아뢸 때,
그것은 참으로 복된 일입니다. 왜냐하면 기도의 영향력으로 절망적인 경우들이
점점 희망적인 상태로 바뀌기 때문입니다. 그러니 구원받은 자들이여, 와서 저
와 함께 아직 중생하지 못한 죄인들을 위해서 기도합시다. 그래서 바로 이 순간
에 우리 주 예수님의 능력을 그들이 느낄 수 있게 합시다.

1. 우리의 소망이 살아난다

자, 그러므로 제가 첫 번째로 말씀드릴 사항은 우리의 소망이 살아난다는 사실
입니다. 여기에 불쌍한 아이가 있습니다. 그러나 그 아이가 아무리 끔찍하게 귀
신에게 사로잡혀 있다 할지라도, 그는 그리스도께로 나오고 있습니다! 아이의
아버지가 자기 아이를 위해서 기도를 드렸고, 예수님은 가까이에 계셨습니다.
모든 일이 잘 풀리는 것처럼 보입니다! 우리는 이와 비슷한 상황에 있는 죄인의
경우를 볼 수 있습니다. 그 죄인을 위해 기도가 드려졌고, 어느 정도 그 기도는
응답되었습니다. 이 회중 속에서도 지금 그리스도께로 나오고 있는 사람들이 있
다고 저는 믿고 있으며 그것을 정말로 기쁘게 여깁니다. 그럼에도 그리스도께로
나오고 있는 것은 최선의 상태는 아닙니다. 왜냐하면 최선의 상태는 이미 그리
스도께로 나온 것이어야 하기 때문입니다. 시장한 사람이 식탁에 나오는 것으로
는 충분하지 못합니다. 실제로 그 식탁에 앉아서 먹어야 합니다. 병든 사람이 훌
륭한 의사에게 나아가는 것은 소망스러운 일입니다. 그러나 그것만으로는 충분
하지 못합니다. 그 의사에게로 가서 그가 처방하는 약을 먹고 회복되어야 하는
것입니다. 바로 그것이 핵심입니다. 그리스도께 나오고 있는 것만으로는 충분하
지 못합니다. 여러분이 실제로 그리스도에게 나와서 그분을 정말로 영접해야 합
니다. 바로 그런 사람들에게만 주님께서는 하나님의 자녀가 되는 권세를 주시기
때문입니다.

이 불쌍한 아이는 주님께 나오고 있던 중이었습니다. 아마 여기 이 예배당

에도 그런 사람들이 있을 것입니다. 즉, 이제 복음을 주목하여 듣기 시작한 사람들이 있다는 말입니다. 예전에는 안식일에 어디든 가지도 않았고, 주일 아침에 일찍 일어나지도 않았습니다. 주일 아침에는 일찍 일어나는 사람을 좀처럼 보기 힘든데, 혹 일찍 일어났다 해도 신문만 볼 뿐입니다. 여러분은 아마 한 시간 전에도 편안한 차림으로 다니는 사람들을 보았을 것입니다. 이 런던 시내의 인구 절반이 바로 주일 아침마다 그런 상태로 있습니다. 그들은 주일을 단순히 자기들의 날로 생각하고 주님의 날로 생각하지 않기 때문입니다. 그들은 기억력이 너무 짧아서, "안식일을 기억하여 거룩하게 지키지" 못합니다. 그들은 그날이 주님의 날이라는 것을 까맣게 잊고는 이 날을 지키지 않습니다. 이는 하나님을 향한 부끄러운 행실입니다.

어떤 사람이 거리에서 불쌍한 거지를 만났는데, 자기가 가지고 있는 7실링 가운데 6실링을 거지에게 주었다고 합시다. 그런데 그 거지가 그 돈을 받고는 자기에게 돈을 준 사람을 때려눕히고 나머지 1실링마저 훔쳐 달아났다면, 그는 아주 나쁜 사람이라고 할 수 있습니다. 이와 마찬가지로 허다한 사람들이 하나님께서 일곱 날 중에 여섯 날을 그들에게 주셨는데도 거기에 만족하지 않고, 나머지 한 날마저 자신들의 것으로 삼고 하나님의 것을 빼앗아야 직성이 풀립니다. 방금 제가 언급한 그 사람은 지금 이런 잘못을 뉘우치고 있습니다. 그래서 주일 아침에 복음을 듣기 위해 나오고 있는 모습을 볼 수 있는 것입니다. 그는 매우 주의 깊게 복음을 듣습니다. 말 한 마디도 놓치지 않으려 하고, 자기가 들은 것들을 마음에 담아둡니다.

우리는 그 사람이 그리스도께 나오고 있다고 확신합니다. 왜냐하면 그가 집으로 돌아가서는 성경을 펴들기 때문입니다. 그는 진지하게 하나님의 말씀을 읽기 시작했습니다. 한때 그는 성경을 세상에서 가장 재미없는 책으로 여기기도 했습니다. 성경을 전혀 읽지 않았기 때문에 심지어는 성경을 농담거리로 삼기도 했습니다. 성경의 영감을 부인하는 사람들은 거의 성경을 읽지 않는 사람들이기 때문입니다. 선입견 없이 성경을 주의 깊게 읽으면, 성경 자체 속에 죄를 혐오하게 만드는 것이 있습니다. 분명히 이 사람은 그리스도께 나오고 있습니다. 왜냐하면 그가 성경을 탐구하고 있기 때문입니다.

그가 그리스도께 나오고 있다고 제가 확신하는 이유는, 그가 많은 방면에서 자기 행실을 고치기 시작했기 때문입니다. 자기가 늘 예배하던 곳, 다시 말하면 자주 갔던 술집을 그만 가게 되었습니다. 집에 있는 시간이 많다 보니, 더 진지해졌습니다. 런던에 있는 수많은 사람들에게는 그들의 신전인 술집으로 오라고 종을 칠 필요가 없습니다. 하지만 교회나 예배당에서는 예배가 시작된 지 이삼십 분이 지나도 계속해서 사람들이 들어가는 것을 볼 수 있습니다. 바쿠스 신전(로마 신화의 술의 신 – 역주)에 1시에도 가보고, 저녁 6시에도 가 보십시오. 그리고 바쿠스의 신봉자들이 얼마나 정확하게 시간을 잘 지키는지 보십시오! 액체로 열을 내는 것(술)을 숭배하는 사람들은 신전의 문이 열릴 때까지 밖에 서서 기다리기도 합니다. 그들은 자기들이 늦을까봐 염려합니다. 그들은 너무 술을 좋아한 나머지 치명적인 술잔치마저 갈망합니다. 그들에게는 술이 생명수처럼 보일 정도니, 얼마나 불쌍한 피조물들입니까! 그러나 이제 우리에게 그렇게 희망을 주는 그 친구는 술 집 문기둥 앞에서 기다리고 있는 모습을 보이지 않습니다. 하나님께 감사합니다. 그는 이제 술이 아닌 다른 위로의 원천을 찾고 있는 것입니다.

또한 그는 신성모독적인 언동과 부정한 행실을 그만두었습니다. 그는 말이나 행동에서 예전보다 더 순전한 사람이 되었습니다. 그가 그리스도께로 나아오고 있기 때문입니다. 그러나 앞서 말했듯이, 나아오는 것만으로는 충분하지 않습니다. 실제로 주 예수님 앞에 도달해서 그분의 치료를 받아야 하기 때문입니다. 여러분에게 간청합니다. 여기까지 가지 못하고 중간에 포기해서는 안 됩니다.

정말 이것은 소망스럽고 매우 소망스러운 일입니다. 그 사람은 말씀을 듣는 사람입니다. 또한 성경을 읽는 사람입니다. 그래서 조금씩 바뀌기 시작했습니다. 게다가 이제는 생각하는 사람이 되어 자기 영혼에 관해 약간의 관심도 기울이기 시작합니다. 일을 하는 동안에도 그의 뇌 속에는 뭔가가 움직이고 있음을 여러분은 알 수 있습니다. 비록 한때는 공허와 사악함으로 가득했지만 말입니다. 그의 마음도 신중해졌고, 그의 정신에도 뭔가 부담을 느낍니다. 그래서 그는 자기가 알고 있는 성경의 가르침대로 분명히 열심을 냅니다. 왜냐하면 그는 성경의 가르침으로 깊은 영향을 받고 있기 때문입니다. 그는 자기가 죽으면 더 이상 존재하지 않는 것이 아니라는 것과, 저기 떠 있는 태양이 다 타버린 숯덩이처럼 검게 될 때까지 자기가 계속해서 존재하게 될 것이라는 사실을 배웁니다. 또한 그는 심판의 날이 있으며, 그 날에 모든 죽은 자들이 떼로 몰려와 그리스도의 심판 보좌 앞에 서서, 육신으로 행한 모든 일들을 직고하게 되리라는 사실을 알게 됩니다. 그는 이 일에 대해 생각하면서 정신을 차리게 됩니다. 그는 하나님의 진리에 대해 거듭 생각하면서, 혼자서 묵상할 시간을 찾습니다. 그 사람은 지금 그리스도께로 나오고 있는 중입니다. 그렇게 생각하는 정신 상태보다, 그리스도와 하늘을 향해서 자기 얼굴을 들고 나아오는 것을 보여주는 더 좋은 증거는 없습니다. 그리고 저는 들었습니다. 물론 제가 그 자리에 없었기 때문에 언제부터 그랬는지 말할 수는 없지만, 저는 들었습니다. 전날 밤에 그가 기도하기 시작했다는 말을 들었습니다. 정말 그렇다면, 그는 그리스도께 나아오는 중이라고 보아야 합니다. 왜냐하면 기도는 분명한 증표이기 때문입니다. 그는 예수님의 발 앞에 자신을 온전히 던지고 "주여! 나를 구원하소서"라고 말합니다. 그가 오고 있는 중입니다. 그런 모습을 보면 저는 봄날 아침의 새들만큼이나 즐겁습니다. 천사들이 지켜보고 있습니다. 그들은 이 일이 잘 끝날 것인지 알아보려고 하늘의 망대에서 지켜보고 있는 것입니다. 그리고 저와 여러분은 매우 소망이 넘칩니다. 특별히 이 사람을 위해서 기도하고 있었던 우리는 더욱 그러합니다. 우리는 그 사람 속에 어떤 변화가 일어났고 그가 생각하고 기도하기 시작한 것을 보았기 때문에, 4월의 단비가 내릴 때 꽃이 필 것을 기대하는 사람처럼, 그의 구원을 기대하고 있습니다. 그렇게 우리는 희망에 들떠 있습니다.

2. 우리의 두려움이 살아난다

자, 이제 제가 오늘의 본문을 다시 읽겠습니다. "올 때에 귀신이 그를 거꾸러뜨리고 심한 경련을 일으키게 하는지라." 이런 모습으로 인해 우리의 두려움이 살아납니다. 그 장면은 얼마나 끔찍했겠습니까! 여기에는 정신 나간 아들을 데리고 오는 아버지가 있고, 그 아들을 돕고 있는 친구들이 있습니다. 그들은 그 아이를 구주께 가까이 데리고 가고 있고, 그 아이는 자기를 치료하시는 분을 향해 나아가고 있습니다. 그때 갑자기 그 아이에게 무서운 발작이 일어나서 전보다 더 심한 고통을 겪고 있습니다. 그 아이는 넘어지고 구르고 이리저리 격렬하게 움직입니다. 그는 땅바닥 위에서 뒹굴고 있습니다. 마치 눈에 보이지 않는 어떤 손에 의해서 이리 끌리고 저리 끌리고 있는 것처럼 말입니다. 우리는 그가 산산조각이 날 것 같다는 두려움에 빠집니다. 보십시오! 그는 마치 죽은 사람처럼 쓰러져 누워 있습니다. 수많은 사람들이 그 주위에 둘러서서 "그가 죽었다"고 말합니다. 가장 소망에 찬 바로 그 시기에 모든 것이 산산조각 나는 것 같은 일이 일어났으니 얼마나 두렵겠습니까?

저는 이러한 일을 수십 번도 더 지켜 보았습니다. 정말 과장이 아니고, 저는 수백 번도 더 지켜 봤다고 말할 수 있습니다. 사람들이 말씀을 듣고 생각하기 시작한 바로 그때, 갑작스런 죄의 폭력 앞에 무너져, 너무 두렵게도 거기에 휩쓸려 가버리는 것을 저는 본 적이 있습니다. 만일 제가 그전에 똑같은 일을 본 적이 없었다면, 저는 그들 때문에 절망했을 것입니다. 그러나 그런 일을 자주 보았기 때문에, 저는 그것이 무엇을 의미하는지 잘 알고 있으며, 그런 일을 처음 당한 사람처럼 그렇게 황망해하지는 않습니다. 물론 제가 교회로 인도해서 그로 인해 기뻐하리라고 소망했던 사람이었는데 그런 일이 일어나면, 제 마음의 반은 무너져 내리는 것 같다고 고백할 수밖에 없지만 말입니다. 그런 식으로 약간 감동을 받았던 사람이 전보다 더 악해져서, 우리가 구해주려고 했던 바로 그 악행을 다시 일삼는다는 소식을 들으면, 우리는 정말 애통해할 수밖에 없습니다. 바로 그 경우가 이 본문에도 똑같이 일어나고 있습니다. "그가 올 때에 귀신이 거꾸러뜨리고 심한 경련을 일으키게 하는지라."

마귀는 어떻게 이런 일을 하는 것일까요? 우리는 다음과 같은 방식으로 이런 일이 일어나는 것을 알았습니다. 그 사람이 예수 그리스도를 완전히는 아니지만 거의 믿어갈 때, 사탄은 그 사람 주위에서 다방면으로 그를 유혹하고, 있는 힘을 다해 그를 압박하는 것 같습니다. 술집 앞에 악한 사람이 있으면, 마귀는 그에게 말합니다. "네 동료가 진지해지려고 하고 있으니, 그를 조롱해라. 네가 할 수 있는 한 그를 유혹해라. 그가 엄청나게 술에 취하도록 만들어라. 그러고는 극장이나 매춘굴로 데리고 가라"고 말입니다. 죄를 피하려고 하는 사람에게 경건하지 않은 사람들이 온갖 종류의 덫을 놓아 유혹하는 방법은 참으로 놀랍습니다. 그들은 그가 그리스도에게로 나가지 못하게 하려고 무섭게 공격합니다. 이 나라는 자유로운 나라입니다. 그렇지 않습니까? 그런데 일터에 있는 그리스도인이 오늘날까지도 사람들로부터 호된 공격을 당하니, 참 이상하게도 자유로운 나라입니다! 어떤 사람은 욕을 하기도 하고, 술을 마시기도 하며, 아주 나쁜 일이라도 자기가 좋아하면 할 수 있습니다. 그래도 그런 사람을 향해서는 조금도 비난하는 말을 하지 않습니다. 그러나 그 사람이 진지해지고 사려 깊게 되는 순간, 악인들은 그에게로 달려듭니다. 많은 개들이 쥐 한 마리에게 달려들 듯이 말입니다. 마귀는 그런 일에 선뜻 나서는 종들을 찾고, 그 종들은 살아나려고 하는 그 불쌍한 사람을 위협합니다. 그 사람은 아직 그리스도를 발견하지도 못했고, 구원을 받은 것도 아니기 때문에, 자신이 위협을 받는 순간 그들의 비난에 정신을 잃고는, 더 이상은 자기가 옳은 길로 갈 수 없을 것처럼 느낍니다. 그러한 일이 그렇게 이상한 일인가요?

이 모든 것에 더하여, 저는 사탄이 구원을 바라는 사람 속에 나쁜 열정을 일으킨다는 것도 알았습니다. 이제까지 잠들어 있던 열정이 갑자기 살아나게 됩니다. 더구나 그 사람은 깊은 생각을 하게 되었고, 바로 그 사실로 인해 전에는 알지 못했던 의심들이 생겨나기 시작합니다. 그는 뭔가 고쳐보기 시작하지만, 자기가 가진 바늘로는 그 찢어진 틈을 메우기가 힘들다는 것을 알게 됩니다. 그래서 고치기보다는 그냥 찢어진 채로 있는 것이 더 낫겠다는 생각을 합니다. 즉, 죄로 달려가는 것이 자기가 빠졌던 그 어두운 도랑을 헤쳐 나오는 것보다 훨씬 더 낫겠다고 말입니다. 자, 이제 그 사람 주위에서 그를 유혹하는 사람들로 인해, 그의 나쁜 열정은 그 유혹에 반응하고, 그의 의심들은 모든 것을 애매하게 만들어 버립니다. 그렇게 해서 이 불쌍한 피조물이 그가 좋아지기 전보다 더 악화되는 것은 그리 놀랄 일이 아닙니다. 하지만 전에는 더 깊고 치명적인 부분에 숨겨져 있던 질병이 이제는 겉으로 드러난 꼴이 되어서 보기에 역겨운 것입니다. 그럼에도 불구하고 그런 상태가 항상 나쁜 것만은 아닙니다. 의사들은 속으로 곪아 있는 것보다 그런 상태를 더 낫게 여깁니다.

그런 상태에서도 사람들이 그리스도께 나오는 것을 저는 본 적이 있습니다. 비록 그들의 배가 유혹으로 인해 심하게 요동쳤고, 흉흉한 바다 위에서 거의 전복될 뻔하기도 했지만 말입니다.

그렇습니다. 이제 저는 제가 보았던 일들을 여러분에게 전하고자 합니다. 저는 거의 회심 단계에 이른 한 사람을 본 적이 있었습니다. 정말 거의 그리스도를 믿었다 싶었습니다. 그런데 갑자기 전보다 더 완강하게 복음을 반대하는 것이었습니다. 전에는 유순하고 남을 공격하지 않는 사람이었습니다. 그런데 우리가 그에 대한 소망이 가장 컸던 바로 그 순간에, 그는 사탄의 영향으로 자기에게 선을 행하려고 하는 사람들에게 격분하며 돌변했습니다. 그리고 조금 전까지만 해도 그렇게 알고 싶어하던 그 복음에 대해 독설을 내뱉었습니다. 때로 그런 사람들은 마치 하나님을 모독하고 분별없는 사람처럼 행동합니다. 소년들이 공동묘지를 지나갈 때 두려움을 떨치려고 휘파람을 부는 것처럼 말입니다. 많은 사람들은 복음에 거의 항복할 지경이 되고, 자신이 지금 무너지고 있다는 사실을 누구에게든 알리고 싶지 않을 때, 복음에 대항하는 큰 것들을 말합니다. 그는 예수님께로 나아오고 있는 중입니다. 그러나 여전히 그는 자기가 예수님께로 나가고 있다는 것을 누구도 모르기를 바랍니다. 그래서 본심과는 반대로 행동하는 것입니다. 여러분은 사람이 어떤 일의 진상을 마지못해 인정하게 될 때 그 일에 대해 가장 격렬하게 거부하는 척한다는 사실을 발견한 적이 없습니까? 그는 매우 큰 소리로 선언하면서 그것을 믿지 않고 있다는 점을 자신에게 분명히 드러내려고 노력합니다. 그러나 그 영혼 속에 있는 은밀한 무엇인가가 그로 하여금 믿게 만들고 있으며, 그 내적인 깨달음을 거부할 수가 없기 때문에 그는 미칠 지경이 되는 것입니다.

그러나 여러분, 놀라지 마십시오. 사람들을 그리스도께 인도하려고 하다가, 이런 사람들이 발작을 일으키는 경우를 보게 되더라도 말입니다. 이런 발작은 그리스도께로 오기 전보다는 그리스도 앞에 치료를 받으러 올 때 더 강하고 악하게 일어날 수 있습니다.

저는 이제 마귀가 사람들을 넘어지게 하고 분열시키며 경련을 일으키게 하는 통상적인 방식에 대해 설명하려고 합니다. 여러분이 원하지 않는다면 굳이 들을 필요는 없습니다. 왜냐하면 여기에 있는 모두에게 해당되는 것은 아니기 때문입니다. 그러나 상당수는 제 말을 들어야 할 필요가 있을 것입니다. 만일 런던에 사는 어떤 사람이 마음의 절망으로 인해 거의 미치광이가 된 사람이 있는데, 그가 저에게 말을 하고 싶어한다고 합시다. 정말 그것은 매우 흥미로운 일입니다. 저는 자주 정신 착란을 앓고 있는 사람들에 대한 동정심 때문에 몹시 부담스러울 때가 있습니다. 저는 어째서 그런 사람들이 저에게 매력을 느끼는지 모르겠습니다. 그러나 그들은 자신의 악한 상태에 대해서 말하고 싶어서 제게 옵니다. 그 전에는 결코 저를 본 적이 없는 사람들인데 말입니다. 이런 일들은 제게 실제 목회 현장에 대한 시야를 넓혀 주고 주의 깊은 관찰을 하게 합니다. 저는 하나님을 모독하고 싶은 생각으로 유혹을 받고 있는 사람들과 자주 만납니다. 그들은 아직 그리스도를 온전히 붙잡지 못했습니다. 하지만 그렇게 하려고 노력하고 있습니다. 그 정도 단계에 이르면 그들의 마음에는 가장 무서운 생각들이 떠오릅니다. 그들은 그런 생각을 막을 수가 없습니다. 그런 생각들을 떨쳐내려고 하지만, 거의 이성을 잃을 정도로 그 생각들은 사라지지 않습니다.

제가 경험한 일을 말씀드리겠습니다. 저는 혼자서 조용한 곳에서 기도를 드리고 있었습니다. 그때 저는 막 그리스도를 만난 상태였습니다. 그런데 제가 기도를 하고 있는 그 시간에 하나님을 모독하는 생각들이 제 마음에 들어와 너무 무서운 급류처럼 휩쓸어 버렸습니다. 저는 두려워서 제 입을 막았습니다. 그러한 신성모독적인 생각들이 제 입에서 금방이라도 튀어나올 것 같았기 때문입니다. 저는 어릴 때부터 어떤 사람이 욕하는 것을 들어본 기억이 없는 상황에서 자라났습니다. 그런데 바로 그 순간 저는 지옥에나 있어야 할 온갖 욕설과 신성모독적인 말들을 알고 있는 것 같았고, 그런 제 자신에게 너무 놀랐습니다. 저는 이 더러운 생각들이 어디에서 생겨난 것인지 도무지 이해할 수 없었습니다. 그래서 제가 존경하는 할아버지에게 편지를 썼습니다. 그분은 60년 동안 복음 사역자로 섬기던 분이셨습니다. 할아버지는 제게 이렇게 말씀하셨습니다. "그런 것에 크게 괘념치 말아라. 그것은 네 생각들이 아니다. 그 생각들은 사탄이 네 마음속에 집어넣은 거야. 그런 생각은 꼬리에 꼬리를 물고 계속 이어지기 마련이지. 그러나 사람이 기도하고 있을 때, 기도로 인해 이어지는 자연스러운 생각은 신성모독이 아니다. 그러므로 그런 생각은 네 자신에게서 본성적으로 나온 것이 아니라, 악한 영이 네 마음에 그런 생각들을 집어넣은 것이란다."

또한 저는 오래된 책에서 다음과 같은 내용을 읽었습니다. 인류애에 대해서는 아무 생각도 없었던 그 옛날에 교구들이 무슨 일을 했는지 알게 되었습니다. 다른 교구에 속한 거지가 구제소에 오게 되면, 교구 사람들은 그 지역을 통과할 때까지 그를 매질해서 그가 속한 교구로 돌려보냈습니다. 우리도 이 악마적인 생각들을 그렇게 다루어야 합니다. 진심어린 참회로 그런 생각들을 매질해서 그것들이 왔던 곳으로 돌려보내야 합니다. 그런 생각들이 속한 교구로 돌려보내는 것입니다. 그것들이 속한 교구는 저 깊고 깊은 곳에 있습니다. 이런 종류의 생각들, 즉 여러분이 볼 때 정말 혐오스러운 이런 생각들은 여러분에게서 나온 것이 아닙니다. 사탄이 여러분의 문 앞에 자기 졸병들을 두지 못하게 하십시오. 그들을 쫓아 보내십시오. 아마도 이 사실을 알고 나면, 여러분이 그 꼬리를 물고 일어나는 생각들의 사슬을 끊어버리는 데 큰 도움이 될 수도 있습니다. 왜냐하면 마귀가 이런 방법으로 여러분을 절망에 빠뜨리지 못하게 되면, 그런 방법으로 여러분을 위협하는 것은 별 가치가 없다고 생각할 수 있기 때문입니다. 새들이 자기들을 잡으려고 하는 올무를 뻔히 보고 있는데도 그 올무를 들고 있을 만큼,

사탄은 시간을 낭비하지 않습니다. 그러므로 사탄에게 물러가라고 말하십시오. 여러분은 사탄을 보고 있고 그가 여러분을 속이려고 해도 속지 않을 것이기 때문입니다. 그러면 사탄이 그 사실을 알아차리고 멀리 도망칠 것입니다.

사탄이 이 방법으로 성공하지 못하면, 다른 방식으로 그리스도께 나오는 죄인을 넘어지게 하고 발작하게 한다는 것을 저는 알았습니다. 즉, "자, 저기 저 설교자가 선택에 관해서 말하고 있는 것을 듣지 않느냐? 너는 선택받은 사람이 아니다"라고 말하는 것입니다. 그러면 그 말을 듣고서 어떤 사람은 "그래, 나는 아닐 거야"라고 말합니다. 제 말을 들으십시오. 여러분은 아마 선택받은 사람일 것입니다. 그리고 여러분이 선택받았든 선택받지 않았든 간에 예수님께서 하신 말씀, 즉 "내게 오는 자를 내가 결단코 내쫓지 아니하리라"는 이 말씀에 비추어 볼 때, 여러분은 주님께 나오는 것이 훨씬 좋다고 저는 생각합니다. 만일 여러분이 그리스도께 나온다면, 그리스도께서는 여러분을 내쫓지 아니할 것이고, 여러분이 선택한 백성 중에 들어 있다는 사실을 알게 될 것입니다. 그러니 이 예정에 관해 신경 쓰지 마십시오. 여러분은 이제 그 사실을 매우 분명하게, 그것도 아주 금방 알게 될 것입니다. 어떤 사람이 한 모임에 참석할 수 있는 표를 가지고서, "내가 이곳에 들어갈 수 있는지 없는지 잘 모르겠습니다"라고 말한다고 합시다. 저는 이에 대해 다음과 같이 생각합니다. 그가 자기 집에 가만히 앉아서 그 모임에 갈 시도조차 하지 않았다면 그는 들어갈 권한을 받지 않은 가능성이 아주 많은 것입니다. 그러나 만약 그가 자기 표를 가지고 그 곳에 가서 모임에 들어갔다면, 그 사람은 그리로 들어갈 권한을 받았다고 저는 확실하게 느낄 것입니다. 만일 여러분이 자신의 소명에 복종하였다면, 자신이 선택받은 사실을 알게 될 것입니다. 여러분이 오라는 명령과 초청을 받았으니 그리스도께로 나아오십시오. 더 깊은 질문들은 그 사실들을 통해서 응답받을 것이니 그대로 놔두십시오.

사탄은 사람들을 또 다른 방식으로 넘어뜨릴 것입니다. "아! 너는 너무 큰 죄인이야"라고 말하면서 말입니다. 저는 그 점에 대해서 짧게 말하겠습니다. 너무 큰 죄인이라는 것은 있을 수 없습니다. "사람에 대한 모든 죄와 모독은 사하심을 얻되"(마 12:31).

사탄은 또 말합니다. "오, 그러나 때가 너무 늦었어." 그것도 사탄이 하는 거짓말입니다. 여러분이 이 세상에 사는 동안 예수님께 나와서 용서를 받기에 너무 늦은 때는 없습니다. 일반적으로 젊은 사람들의 경우에는 사탄이 시계를 뒤로 돌려놓고는 "너무 이르다"라고 말합니다. 그러고 나서 나이를 더 먹게 되면 시계를 앞으로 돌려놓고는 "너무 늦다"라고 말합니다. 예수님께서 살아 계시는 한, 그리고 죄인이 회개하는 한 너무 늦는 때란 있을 수 없습니다. 만일 죄인이 므두셀라처럼 오래 살았다 하더라도, 그리스도께 나와 믿으면 구원을 받을 것입니다.

마귀는 또 말할 것입니다. "오, 그러나 네가 애써 봤자 아무 소용없다. 복음은 사실이 아니니까." 아! 그러나 복음은 사실입니다. 우리 중에 어떤 사람들이 그것을 입증했기 때문입니다. 저는 필요하다면 오늘 밤에도 여러분 앞에 데려올 수 있습니다. 죄 가운데 빠져 살았지만 예수 그리스도께서 그 보배로운 피로 구원하신 사람들을 말입니다. 그들은 결코 자신을 구원할 수 없었으나, 예수 그리스도를 믿음으로 말미암아 자신이 죄의 세력에서 어떻게 구원을 받았는지 기쁘게 전할 것입니다. 복음은 진리입니다. 우리의 회심자들이 그 사실을 증명하고 있습니다. 회심은 교회에서 일어나는 훌륭한 이적입니다. 그리고 그 이적이 매일 일어나는 것을 보면서, 우리는 확실히 신뢰하게 됩니다. 정욕적이고 부정직하고 정숙하지 못하며 탐욕적인 사람이 거룩하고 은혜롭고 사랑스럽고 순수하고 관대한 사람이 될 때, 우리는 복음이 만들어 내는 결과를 보면서 복음이 참된 것임을 알게 됩니다. 거짓말은 결코 거룩함과 사랑을 만들어 내지 못합니다. 그러므로 마귀야, 썩 물러가거라! 네가 여기에 와서 거짓말을 해봤자 아무 소용 없다. 우리는 너의 진상을 알고 있고, 복음의 진상도 알고 있다. 그러니 너는 우리를 속이지 못할 것이다.

자, 그러고 나면 마귀는 이런 말을 하면서 찾아옵니다. "소용없어. 포기해라. 포기해." 영생의 언저리에 와 있었던 수많은 사람들이 이 말에 나동그라지고 발작을 일으켰습니다. "소용없으니 포기하라. 기도해 보았지만 응답받지 못했잖아. 그러니 다시는 기도하지 마라. 하나님의 집도 가봤지만, 전보다 더 비참해지지 않았느냐? 다시는 그리로 가지 마라. 너는 열심히 생각하고 진지해졌지만, 그전보다 더 괴롭지 않았느냐? 봐라. 네 신앙이 어떤 결과를 가져 왔는지?" 그렇게 마귀는 말합니다. 이렇게 해서 마귀는 새롭게 살아나려는 사람을 유인해서 포기하게 만듭니다. 그러나 오! 하나님의 이름으로 거기에서 돌아서지 말라고 저는 간청하는 바입니다. 여러분은 엄청난 발견을 하기 직전에 있으니 말입니다. 다른 하나의 잔디밭만 파헤치면 거기 황금 보물이 있습니다. 어떻게든 여러분이 애쓰며 탐구한 것을, 그렇게 오랫동안 탐구한 것을 결코 포기하지 마십시오. 여러분의 구주를 만나기까지 말입니다. 여러분은 여러분의 구주를 반드시 만나게 되어 있습니다. 그분을 오늘밤에 믿으십시오. 그러면 그분은 영원토록 여러분의 주가 되십니다.

3. 놀라움을 금하지 못한다

저는 여러분을 더 이상 지체하게 할 수 없습니다. 우리의 소망도 살아났고 우리의 두려움도 살아났기 때문에, 이제는 우리가 놀라움을 금치 못하게 되는 그 현장을 살펴보려고 합니다. 여러분도 주목했는지 모르겠지만, 저는 마가복음 9장을 읽으면서 예수님께서 이 불쌍한 아이를 어떻게 치료하셨는지를 주목했습니다. 예수님께서 그 아이를 치료하셨습니다. 그분은 모든 복합적인 상황에 처한 그 아이를 고쳐 주셨습니다. 마귀의 지배에서 고쳐 주셨고, 발작 증세를 고쳐 주셨고, 귀머거리와 벙어리인 상태를 고쳐 주셨고, 정신 이상인 상태를 고쳐 주셨고, 나뒹굴며 고통 받는 상태를 고쳐 주셨던 것입니다. 한순간에 그 아이는 자기의 모든 질병에서 완전히 구원받았습니다. 이제 그는 말할 수 있었고, 들을 수 있었고, 발작에서 벗어났고, 더 이상 정신이상자가 아니었습니다. 그 대신 행복한 이성적 존재가 되었습니다. 그 모든 일이 한꺼번에 일어났습니다. 참으로 놀랍습니다. 도저히 놀라움을 금할 수가 없습니다!

"어떻게 사람이 한순간에 변화될 수 있다는 말입니까? 그것은 오랜 시간이 걸려야 하는 일입니다"라고 어떤 사람은 말합니다. 물론 저도 인내하며 지켜보는 교육을 통해서만 얻을 수 있는 자질들이 있음을 인정합니다. 그리스도인의 성품 가운데 어떤 부분들은 훈련을 통해서 나오는 것도 있고 눈물과 기도로 자라나는 것도 있습니다. 그러나 저는 여러분에게 확실히 해두고 싶은 것이 있습니다. 이것은 단순히 이론적으로 말하는 것이 아니라 지난 30년 동안 제가 보아 왔던 것을 토대로 말하는 것입니다. 즉, 한 사람의 성품은 제가 그 일을 여러분에게 말하는데 걸리는 시간보다 더 짧은 시간 안에 완전히 변화될 수 있다는 것입니다. 그리스도의 이름 안에는 능력이 있기 때문에, 그분의 이름이 전파되고 여기에 하나님의 성령께서 함께 하시면 사람들은 온전하게 변화될 수 있습니다. 그리하여 사람들의 모든 행실이 전적으로 바뀔 수 있습니다. 그보다 더욱 중요한 것은 그들의 모든 성향과 욕망과 바람과 기쁨과 미움마저 완전히 바뀔 수 있다는 것입니다. 왜냐하면 하나님께서 돌 같은 마음을 제거하시고 고기 같은 부드러운 마음을 주시기 때문입니다. 어둠의 자식은 빛의 나라로 옮겨질 수 있습니다. 죽은 마음도 살아나서 영적인 존재가 될 수 있습니다. 단 한순간에 예수 그리스도를 믿음으로 말미암아서 말입니다. 간질을 앓고 있던 그 불쌍한 아이가 치료되었을 때 사람들은 매우 놀랐다고 성경 본문은 말합니다. 그러나 주 예수님께서 이런 기적을 여러분에게 행하시는 것을 우리가 보게 된다면, 우리는 얼마나 더 많이 놀라겠습니까! 여러분은 좀 더 나아지기 위해 싸웠습니다. 또한 좀 더 나아지기 위해 기도했습니다. 그런데 이 모든 것들이 아무 소용 없는 것처럼 보입니다. 자, 이제 그리스도만 믿으십시오. 하늘에서 왕 노릇 하는 하나님의 복되신 아들 말입니다. 그분은 죄인을 위해 죽으셨고, 지금은 죄인을 위해 살아 계십니다. 오직 그분만을 믿으십시오. 그러면 이 복된 일이 이루어집니다. 여러분은 그리스도 예수 안에서 새로운 피조물이 되었습니다. 그리고 결코 중단되지 않을 거룩한 사랑이 시작되었습니다. 이 기사(奇事)가 지금 이루어질 수 있는 것입니다.

이 치료는 한순간에 완벽하게 이루어졌고, 그 아이는 치료된 상태를 계속해서 유지했습니다. 이 점에 있어서 가장 매력적인 부분은 주 예수님께서 하신 말씀입니다. "말 못하고 못 듣는 귀신아 내가 네게 명하노니 그 아이에게서 나오고 다시 들어가지 말라"(막 9:25). 다시는 그에게로 들어가지 말라고 하셨던 것입니다. 바로 여기에 이 이적의 영광이 드러나 있습니다. 비록 발작증세가 끝이 나긴 했지만, 마귀가 다시 돌아와서 그를 사로잡는다면, 그 아이는 치료받지 못한 것일 수 있습니다. 우리 구주의 치료는 수 년 간의 시험도 거뜬히 견뎌냅니다. "다시 들어가지 말라"는 이 말씀의 능력이 평생 동안 그 아이를 보호해 주었습니다.

저는 결코 아무에게도 일시적인 구원을 받으라고 설교하지 못합니다. "주 예수 그리스도를 믿으라. 그리하면 구원을 받으리라"는 말씀은 오늘 밤에만 잠시 구원을 받는다는 뜻이 아니라 영원토록 구원을 받는다는 뜻이기 때문입니다. 하나님께서 사람을 구원하시는 순간, 그는 구원을 받습니다. 한 주간이나 수 년 간만 구원받는 것이 아니라 영원히 말입니다. 만일 그리스도께서 그 아이에게서 마귀를 쫓아내셨다면, 그 마귀는 더 이상 그에게로 들어가지 않을 것입니다. 영원히 들어가지 않을 것입니다. 자, 이 구원이 바로 여러분이 받을 만한 구원이요, 제가 설교할 만한 가치가 있는 구원입니다. 만일 제가 전하는 구원이, 사람이 몇 달간만 망하지 않게 하는 그런 싸구려 구원이라면, 그것은 설교할 가치가 없는 것입니다. 그러나 사람을 새롭게 하되, "그 사람 속에서 솟아나는 우물이 되어 영존하는 생명에 이르게 하는"(요 4:14) 구원이라면, 그것은 정말 가치 있는 것입니다.

저는 여러분에게 크리스마스 에번스(Christmas Evans[1766-1838] 영국의 비국교도 목사) 목사의 이야기를 들려주고 싶습니다. 바로 이 시점에서 이 이야기를 하고 싶습니다. 크리스마스 에번스가 아버지에게로 돌아온 탕자의 이야기를 설명한 적이 있었습니다. 탕자가 아버지의 식탁에 앉았는데, 아버지가 가장 좋아보이는 고깃덩어리를 그 아들의 접시 위에 놓았다고 합니다. 그러나 그 아들은 앉아 있을 뿐 먹지를 않았습니다. 그리고 가끔씩 눈물을 흘리는 것이었습니다. 그 아버지가 그를 돌아보며 말했습니다. "내 사랑하는 아들아, 어디 불편한 데가 있느냐? 애야, 네가 잔치 분위기를 흐리고 있구나. 내가 너를 사랑하는 줄 알지 못하느냐? 내가 너를 기쁘게 영접하지 않았느냐?" 그러자 아들이 대답했습니다. "그럼요, 사랑하는 아버지, 아버지는 정말 친절하세요. 하지만 아버지는 정말로 저를 용서하셨나요? 완전히 용서하셨나요? 그래서 제가 행한 모든 일 때문에 다시는 아버지께서 제게 화를 내지 않으실 건가요?" 그 아버지는 말로 다 표현할 수 없는 사랑으로 그 아들을 바라보며 말했습니다. "나는 네 모든 죄와 불의를 다 지워 버렸어. 그리고 더 이상은 기억하지 않을 거야. 그러니 내 사랑하는 아들아 어서 먹으렴." 그 아버지는 주위를 둘러보면서 손님들의 식사 시중을 들었습니다. 그러나 점점 아버지의 눈은 그 아들을 향하고 있었고, 그 아들에게서 시선을 뗄 수가 없었습니다. 그 아들은 다시 울먹이며, 먹지 않았습니다. 아버지가 말했습니다. "애야, 사랑하는 아들아, 어째서 아직도 울고 있느냐? 네가 원하는 것이 무엇이냐?" 그러자 아들은 두 번째로 눈물을 쏟아 내면서 말했습니다. "아버지, 제가 항상 여기 있어도 되나요? 절대 저를 문 밖으로 쫓아내지 않으실 거지요?" 아버지가 대답했습니다. "내 아들아, 너는 더 이상, 아니 영원히 밖으로 나가지 않을 것이다. 아들은 영원히 아버지 옆에 있기 때문이지." 그래도 여전히 그 아들은 연회를 즐기지 못했습니다. 그 안에 무엇인가 꺼림칙한 것이 있었습니다. 그래서 다시 울었습니다. 그러자 그 아버지가 말했습니다. "자, 말해 보렴. 내 아들아, 네 마음속에 있는 모든 것을 다 말해 보아라. 무엇을 더 원하느냐?" 아들이 대답했습니다. "아버지, 아버지는 저를 여기에 있게 하실 건가요? 아버지,

저는 제 마음대로 하게 내버려 두면 다시 탕자처럼 굴게 될까봐 너무 두려워요. 오, 영원토록 여기에 머물 수 있도록 강제로 붙잡아 주세요." 아버지가 말했습니다. "나는 네 마음속에 나를 두려워하는 마음을 넣을 것이다. 그러면 너는 나를 결코 떠나지 않을 것이다." 그 아들이 대답했습니다. "아! 그러면 되겠네요. 그거면 충분해요." 그러고 나서 그는 즐겁게 다른 사람들과 함께 잔치를 누렸습니다. 저도 그렇게 여러분에게 설교하려고 합니다. 위대하신 하나님 아버지께서 여러분을 이끄실 때도 다시는 여러분이 그분을 떠나지 못하도록 하실 것이라고 말입니다.

여러분의 상태가 어떠하든, 여러분의 영혼을 예수님께 맡기기만 하면, 여러분은 구원을 받을 것입니다. 영원토록 구원 받을 것입니다.

"한 번 그리스도 안에 있으면, 영원히 그리스도 안에 있으며,
아무것도 그 사랑에서 끊을 수 없네."

어떤 사람은 또 이렇게 말할 것입니다. "그러나 만일 우리가 큰 죄에 빠지면 어떻게 합니까?" 여러분은 큰 죄 가운데 거하지 않을 것입니다. 선한 일을 시작하신 바로 그 능력이 여러분을 지켜 주고 붙잡아 줄 것입니다. 분명히 그 능력은 끝까지 효력을 발휘할 것이기 때문입니다.

저는 한두 가지만 더 말씀드리고 끝마치겠습니다. 저는 지금까지 사람들이 그리스도께 나아올 때 마귀가 그 사람들을 넘어지게 하거나 난폭하게 만들거나 발작하게 하는 것에 대해서 말했습니다. 여러분 중에는 이런 일에 대해서는 아무것도 모르는 사람들이 있습니까? 좋습니다. 저는 여러분이 그런 일을 모른다는 것이 기쁩니다. 여러분이 그리스도께 나올 때 그렇게 마귀의 공략을 받아 넘어지거나 발작한 적이 없다면, 그 또한 기뻐할 일입니다. 저는 굉장히 고통 받는 사람들을 도우려고 노력했습니다. 그러나 그렇게 고통 받는 상황에 있지 않다면, 군이 그런 고통을 바라지는 마십시오.

오늘 아침에는 뉴헤이븐에서 온 훌륭한 어부 두세 사람이 여기에 참석했습니다. 저는 그들이 입은 아름다운 복장을 보면서, 한 이야기가 떠올랐습니다. 제가 들은 것은 에든버러 근처에 살았던 나이든 어부의 아내에 대한 이야기였습니다. 한 젊은 사람이 그녀를 방문하여 그녀의 영혼에 대해 말하기 시작했습니다.

그녀는 밖으로 나가더니, 등에 큰 물고기 더미를 짊어졌습니다. 남자들도 거의 나르기 힘든 정도의 짐을 말입니다. 젊은 남자가 어부의 아내에게 말했습니다. "아, 할머니, 아주 큰 짐을 짊어지셨네요. 영적인 짐을 느끼기라도 하셨나요?" 그러자 그녀는 짐을 내려놓고 말했습니다. "존 번연이 「천로역정」에서 말하는 그 짐 말이오?" 그 사람이 말했습니다. "예, 그렇습니다." 어부의 아내는 말했습니다. "그래. 나는 젊은이가 태어나기 전부터 이 짐을 느꼈고, 그래서 그 짐을 제거해 버렸지. 하지만 나는 존 번연의 책에 나오는 순례자가 했던 방식대로 똑같이 했던 것은 아니야." 그 젊은 친구는 어부의 아내가 그렇게 말하는 것이 썩 마음에 들지 않았습니다. 왜냐하면 그는 존 번연이 실수를 할 수 있다고는 상상조차 해보지 않았으니까요.

　　그녀가 말했습니다. "자, 존 번연은 이렇게 말하지. 등에 짐을 지고 가는 사람에게 전도자는 좁은 문을 향해 가라고 가르쳐줬다고. 그런데 그 사람이 문을 찾지 못하자, 전도자는 '저 빛이 보이냐?'고 물었지. 그러자 그 사람은 빛 같은 것이 보일 때까지 쳐다보았어. '너는 그 길로 쭉 가야 한다. 그 빛을 따라 가면 좁은 문이 나온다'는 전도자의 말대로 했지." 그러면서 그 여자는 이렇게 덧붙였습니다. "그런데 왜 그래야 하지? 그것은 무거운 짐을 진 불쌍한 영혼에게는 옳은 방법이 아니었어. 그 사람의 짐부터 없애는 게 훨씬 좋은 일이지. 왜냐하면 그는 얼마 가지 못해서 절망의 늪에 빠져 버렸고, 목까지 들어가서는 거의 늪에 빠져 죽을 지경이 되었으니까 말이야. 그러니 그 전도자는 이렇게 말했어야 마땅해. '십자가가 보이냐? 조금도 움직이지 말고 네가 있는 곳에서 저 십자가를 쳐다봐라. 네가 쳐다보는 순간 네 짐은 사라질 것이다'라고 말이지. 나도 즉시 십자가를 쳐다봤고 내 짐은 사라졌어." 그러자 그 젊은 사람이 말했습니다. "뭐라고요! 할머니는 절망의 늪을 통과한 적이 전혀 없다고요?" 그녀가 말했습니다. "나도 아주 많이 그 절망의 늪을 지났었지. 하지만 젊은이, 내 말을 들어보게. 짐을 지고 절망의 늪을 지나가는 것보다는 짐을 내려놓고 지나가는 것이 훨씬 쉽다네."

　　이 이야기에는 대단히 복된 진리가 숨어 있습니다. 여러분 중에 아무도 자신에게 다음과 같이 말하지 마십시오. "내가 절망의 늪에 들어갈 수만 있다면 얼마나 좋을까?"라고 말입니다. 아마 그렇게 말하는 사람은, 정말 절망의 늪에 들어가게 되면 이렇게 말할 것입니다. "아! 내가 이 절망의 늪에서 벗어날 수만 있다면 얼마나 좋을까!"라고 말이지요. 자기는 그렇게 두려운 상황을 겪어보지 못했기 때문에 결코 구원 받을 수 없다고 말하는 사람들이 있습니다. 반대로 어떤 사람들은 자기가 너무나 많은 두려운 상황에 직면하기 때문에 구원받을 수 없다고 말하기도 합니다. 두 경우 모두 만족해하는 사람은 없습니다. 어느 쪽에 속했든 예수님을 바라본다면 얼마나 좋겠습니까!

제가 예수 그리스도를 설교하고 막 강단에서 내려갔을 때, 어떤 사람이 제 서재에 와서는 이런 말을 했습니다. "이 교회에 오게 된 것은 정말 하나님의 은혜입니다. 목사님, 저는 캐나다에서 왔어요. 제 아버지는 참된 믿음을 갖기 전까지, 정신병원에 갇혀 지내야만 했습니다. 그래서 저는 생각했지요. 나도 구원 받기 전에 그와 비슷한 두려움을 겪어야만 한다고요." 그래서 제가 말했습니다. "아닙니다. 사랑하는 친구여, 그렇지 않아요. 당신은 주 예수 그리스도를 믿어야 합니다. 그렇게만 한다면 절망의 고통이 있든 없든, 당신은 구원받은 사람입니다." 이 복음을 저는 여러분에게 전파합니다. 주 예수 그리스도를 믿으십시오. 그분을 고요하고 겸손하고 단순하게 즉시 믿으십시오. 그분이 여러분을 거룩한 사람으로 만드실 것이라 믿으십시오. 여러분을 마귀와 죄의 권세에서 건져 주실 것이라 믿으십시오. 그러면 그분께서 그 일을 하실 것입니다. 그분께서 자신의 말씀을 지키실 것이라고 확신하고, 그분에게 매달리십시오. 예수님은 진리 자체이시기 때문에, 결코 자신의 말씀을 어기지 않으십니다. 그분은 결코 자기가 할 수 없는 일을 할 수 있다고 떠벌리지 않으십니다. 그분은 하늘로 올라가셨고, "자기를 힘입어 하나님께 나아가는 자들을 온전히 구원하실 수 있으니 이는 그가 항상 살아 계셔서 그들을 위하여 간구"(히 7:25)하시기 때문입니다. 오직 그분만 믿으십시오. 그분께서 여러분이 싸워야 하는 악한 자를 이기실 것이라고 믿으십시오. 여러분은 이길 것입니다. 만일 여러분이 주 예수 그리스도만 믿으면 말입니다. 여러분이, 상처 나고, 피 흘리고, 죽고, 다시 살아나고, 현재도 계속 살아 계시는 구주를 믿는다면, 여러분에게는 소망이 있습니다. 그분은 여러분을 위해서 싸워 주실 것이고, 여러분은 승리를 얻게 될 것입니다.

하나님께서 여러분 모두를 축복하시어, 우리 모두 하늘에서 만나 영원토록 하나님의 아들을 찬양할 수 있기를 원합니다. 아멘.

제
34
장

—

부러진 기둥

—

**"또 다른 사람이 이르되 주여 내가 주를 따르겠나이다. 그러
나" — 눅 9:61, KJV**

여러분이 공동묘지를 걷다 보면, 무덤 위에 세워진 부러진 기둥을 자주 보았을 것입니다. 이것은 삶이 인생의 전성기, 즉 장년이 되어 한창때에 채 이르기 전에 삶을 마감한 사람의 죽음을 기리기 위해 만들어진 것입니다. 저는 이 부러진 기둥을 가지고 오늘의 본문 말씀을 묘사하고자 합니다. 오늘 본문은 부러진 본문입니다. 여러분은 제가 오늘 본문을 계속 읽어서 완전한 문장으로 말씀이 끝나리라 내심 기대했을 것입니다. 하지만 저는 읽다가 갑자기 중단해 버렸습니다. 이 부러진 기둥은 한때 소망으로 가득 차 있었던 아주 많은 자들의 부러진 결심들을 묘사하기도 합니다. 훌륭한 고백의 증언을 마치 준비라도 한 것처럼, 그들은 "주여 내가 주를 따르겠나이다"라고 말했습니다. 하지만 죄로 말미암아 마른 손이 입을 향해 막으며 강타하자, 그 기둥은 "그러나"와 함께 부러지고 맙니다. 그래서 오늘 본문도 그곳에서 중단되었습니다. 저는 그 다음 말을 완성하지 않을 것입니다. 그래도 여러분의 결심은 중단되지 않도록 하십시오. 주님께서는 그분의 유효적 소명(Effectual Calling, 효력 있는 부르심)으로 말미암아, 여러분의 우유부단으로 인한 치명적인 "그러나"와 함께 제거되어, 참된 제자도에 이르기까지 결코 성숙하지 못했던 그 많은 아름다운 결심들이 종말을 맞은 것에 대해, 여러분이 진지하게 슬퍼하며 애도하는 동안 여러분은 이제 새 생명으로 소생될 수

있을 것입니다. 그로 인해 여러분은 그리스도의 장성한 분량이 충만한 데까지 (엡 4:13) 이를 수 있을 것이며, 또한 건물이 꼭 맞게 함께 뼈대를 이루어 주 안에 서(엡 2:21) 완전하게 자라가듯, 여러분은 성령을 통해 하나님의 거처로 함께 세워져(엡 2:22, KJV) 갈 것입니다.

"주여 내가 주를 따르겠나이다. 그러나"라는 이 말씀은 인류의 정신적인 상태가 구세주 당시의 시대나 지금이나 동일하다는 것을 얼마나 탁월하게 입증해 주고 있는지 모릅니다! 우리는 이 시대의 사람들보다 키가 훨씬 더 큰 오래된 해골들을 발굴했다는 소식들을 종종 듣습니다. 그 말을 믿는 사람도 있고 믿지 않는 사람도 있습니다. 왜냐하면 인간의 신체 구조는 현대의 구조나 과거의 구조나 거의 같다고 주장하는 사람들이 많기 때문입니다. 하지만 분명한 것은 인간의 내적 본성의 동일성에 대해서는 관찰자들 간에 그 어떤 이견도 없는 것 같습니다. 그리스도의 복음이 변함없는 복음이라는 것은 당연한 사실입니다. 왜냐하면 그리스도의 복음은 과거나 현재나 변함없는 질병들을 치유하는 치료제이기 때문입니다. 육신을 입은 그리스도께서 삼으신 목적이나 지금 그분의 복음이 목적으로 하는 것이나, 그 목적은 전적으로 동일합니다. 오늘날 그리스도의 종들이 행하는 사역의 결과들은 그분께서 친히 행하셨던 사역의 결과들과 동일합니다. 예전이나 지금이나 설교자의 마음을 기쁘게 하는 것도 여전히 약속된 소망으로 존재하며, 우리 주님께서 친히 인성을 입고 이 땅에서 행하신 그 사역의 전망들을 시들게 하고 메마르게 한 진딧물과 병충들도 오늘날의 사역을 망치게 하기는 다 마찬가지입니다. 오! 양심은 일깨워지고 판단력은 약간 계몽되었지만, 여전히 망설이며 변화되지 않은 채로 살다가 죽어가는 사람들이 수백 명, 아니 수만 명이 넘습니다! "물과 같이 불안정하여 탁월하지 못하리니"(창 49:4, KJV)라고 하신 말씀을 들은 르우벤처럼 말입니다. 이들은 그리스도를 따르기 원했습니다. 그러나 어떤 것이 그 길에 놓여 있었습니다. 그들은 이 세대에서 그분과 함께하기를 원했습니다. 그러나 어떤 어려움이 마음에 떠올랐습니다. 그들은 하늘나라에 들어가기를 원했습니다. 그러나 거리에 사자가 있다(잠 26:13)고 했습니다. 그들은 좁은 문으로 들어가기 위해 열심히 애쓰고 일찍이 일어나기보다는 오히려 게으른 자들의 침대에 누워 있습니다. 성령 하나님께서 그분의 무한하신 모든 능력으로 오늘 아침에 은혜를 베푸시어, 오늘 본문에 제시된 특성들을 전하는 동안, 성령님께서 여기 모인 사람들의 양심을 어루만져 주시길 기원합니다.

저는 그분께서 효과적으로 행하시도록 그저 노력만 할 뿐입니다. 저는 단지 말씀만 전할 뿐이며, 활을 잡고 활줄에 화살을 당겨 갑옷의 이음새 사이로 뚫고 들어가게 하는 것은 그분께서 하실 일입니다. 오늘 본문에 묘사된 마음 상태를 가진 사람들은 오늘 엄숙하게 생각하면서, 성령 하나님을 통해 신중한 결심을 하길 바랍니다.

우리는 세 가지 수고를 하고자 합니다. 무엇보다 먼저, 우리는 여러분의 변명을 폭로하고자 노력할 것입니다. "주여 내가 주를 따르겠나이다. 그러나"라는 말씀처럼 말입니다. 두 번째, 여러분이 제기하는 그 반대의 밑바닥에 있는 무지를 폭로해 보겠습니다. 그러고 나서 세 번째로, 저는 가장 엄숙한 방식으로 벨릭스(Felix, 행 24장에 등장하는 바울을 취조한 로마 총독)처럼 망설이고 있는 여러분의 죄악과 위험을 여러분의 마음의 눈이 볼 수 있도록 제시하려고 합니다. 그래서 여러분의 많은 "그러나"들이 이제 제거되고, 여러분이 주저하지 않는 혀로 신앙 고백을 하게 되어, 지금부터는 말뿐이 아닌 행동으로 그리스도께서 어디를 가시든 그분을 따르기를 기원합니다.

1. 이제 첫 번째로 여러분의 반대들을 폭로하겠습니다.

여러분이 뒷걸음치게 만드는 정확한 "그러나"의 목록을 한 사람 한 사람을 대상으로 하여 일일이 말할 수는 없습니다. 그러나 아마도 그 목록을 제시함으로써 저는 충분히 많은 사례들을 정확하고 좀 더 꼼꼼하게 제시할 수 있으리라 생각합니다. "주님, 나는 기독교인이 되고 싶습니다. 나는 당신을 믿고서, 내 십자가를 지고 당신을 따르고 싶습니다. 그러나 제 직업이 그렇게 하는데 방해가 됩니다. 제가 사는 형편이 이렇습니다. 저도 먹고 살아야 하기 때문에 경건은 제게 불가능한 것 같습니다. 저는 신앙심만으로는 살아갈 수가 없어요. 그래서 제가 현재로서는 그리스도를 따를 수 없을 것 같아 양해의 말씀을 드립니다. 제가 하고 있는 사업상 제가 맡은 역할 때문에, 제 영혼 안에 있는 그리스도의 생명과는 완전히 상반되는 일들도 어쩔 수 없이 해야 할 때가 많습니다. 지금까지 저는 제가 하는 일에 대해 소명을 받은 줄로 알고 있었지만, 이 일은 사실 제 구원을 절망적으로 만들고 있습니다. 만약 제가 지금 하는 이 일과 이곳이 아닌, 다른 곳에서 다른 일을 했더라면, 아마 저는 그리스도를 따랐을 것입니다. 그러나 제가 지금 몸담고 있는 이 상황에서 그런 상상은 제 능력을 훨씬 넘어서는 일입니다"라고 말하는 사람들이 있습니다. 여러분의 이런 변명에 대해서 이제 제가 답하고, 그 변명이 얼마나 어리석은 것인지를 여러분에게 보여드리겠습니다.

사랑하는 성도 여러분! 여러분은 하나님을 죄의 창시자로 만들려고 합니까? 하나님께서 현재 여러분이 하고 있는 일을 하게 하셨고, 바로 그 일로 인해 여러분이 필연적으로 죄를 지을 수밖에 없다는 식으로 말한다면, 여러분이 지은 죄는 여러분의 것이 아니라, 하나님이 지은 죄로 여기고 있는 것이 아닐까요? 여러분은 신성모독적인 이야기를 하려고 하는 것인가요? 여러분이 사업을 하면서 행하는 온갖 술수와 정직하지 않은 일과 여러분이 범하는 죄에 대해서 "위대하신 하나님, 당신께서 나로 하여금 이런 일을 행하도록 하지 않으셨습니까?"라고 말하려는 것입니까? 오! 제 생각에 여러분의 이마가 부싯돌처럼 굳어지지(겔 3:9) 않는 이상, 여러분은 그 정도로 완악할 수는 없을 것입니다. 틀림없이 여러분에게는 어떤 형태로든 정직한 양심이 남아 있습니다. 그래서 여러분이 양심을 가지고 있다면, 여러분이 지금 거짓말을 하고 있다는 사실을 여러분도 알고 있다고 제가 말을 할 때, 여러분의 양심은 제게 반응을 보일 것입니다. 하나님께서 여러분을 죄 지을 수밖에 없는 그런 자리에 두신 것이 결코 아닙니다. 그러므로 만약 여러분이 스스로 그런 자리에 갔다면, 마땅히 여러분이 해야 할 일은 즉시 그 자리를 떠나는 것밖에 없습니다. 분명한 것은, 불가피한 죄는 만약 그 죄가 여러분의 선택으로 기인한 것이라면 여러분의 죄로 심히 죄 되게(롬 7:13) 할 뿐이라는 사실입니다. "그러나 이제야 고백하지만, 제가 선택해서 그 자리에 갔습니다"라고 여러분은 고백합니다.

그렇다면 다시 말씀드리겠습니다. 만약 여러분이 악한 직업을 선택하여 그 직업을 가지고 생활할 때, 정직하게 살 수도 없고 하나님을 두려워하지도 못하며 그분의 교훈에 순종하지도 못한다면, 다시 말해서 이런 나쁘고 사악한 직업을 여러분이 스스로 선택한 것이라면, 모든 위험을 무릅쓰고라도 그 직업을 포기하십시오. 이로써 전도유망한 세상적인 기대를 모두 잃는다 해도 포기하십시오. 가진 재산이라고는 여러분의 손에 있는 것이 전부라 해도, 여러분이 수중에 저주를 움켜쥔 채 영원한 진노를 물려받지 않으려면, 여러분은 그 직업을 포기해야 합니다. 그것도 지금 당장 포기해야 합니다. 그러나 포기해야 할 직업을 가진 경우는 아주 드물다고 저는 믿습니다. 왜냐하면 직업 자체가 직접적으로 합법적이지 않은 경우를 제외하고는, 모든 직업들을 통해서 하나님을 섬길 수 있기 때문입니다. 기독교인으로서 가장 감당하기 어려운 직업은 아마도 군인이라는 직업일 것입니다. 하지만 고상하고 모범적인 경건 생활을 하는 군인들, 즉 의심의 여지 없이 탁월한 신앙심으로 여전히 높은 계급에 있으면서도 그리스도의 군사로 살아가는 군인들을 여러분은 지금까지 그리고 오늘날에도 본 적이 없습니까? 지나간 시절의 가드너 대령(Alexander Haughton Campbell Gardner, 1785-1877, 중앙아시아에서 주로 활약한 여행가이자 군인)의 경우나, 현대의 헤들리 비카(Hedley Shafto Johnstone Vicars, 1826-1855, 영국 군대의 장교로서 주일학교 교사로 섬기며 환자를 심방했던 신실한 기독교인)와 헤브록(Henry Havelock, 1795-1857, 인도에 성경을 배포하고 인도 선교에 앞장섰던 영국의 장군) 등의 경우를 볼 때, 저는 여러분의 변명을 받아들일 수 없으며, 여러분의 양심도 그 변명을 인정하지 않을 것이라 생각합니다. 만약 직업에서 오는 유혹이 너무 강력하고 그것을 감당할 만한 힘이 없다면, 그래서 도저히 이 직업으로는 하나님을 섬길 수 없다는 생각이 든다면, 여러분이 하는 일을 내려놓으십시오. 그 일을 포기하십시오. 영광과 화려함과 부를 가지고 지옥에 들어가는 것보다는 오히려 불쌍하고 무일푼이 되어 아무 명성이나 명예도 없이 생명으로 들어가는 것이 여러분에게 훨씬 좋은 일일 것입니다.

좀 더 단도직입적으로 말씀드리겠습니다. 결국, 여러분이 하는 일들은 전적으로 여러분의 직업 때문에 일어나는 것입니까? 그것이 사실입니까? 여러분이 "그러나"라고 변명하는 이유는 바로 여러분의 죄 때문에 그런 게 아닐까요? 여러분의 직업 때문이 아니라 말입니다. 사랑하는 성도 여러분, 여러분 자신에게 솔직해지십시오. 제가 여러분을 위해 기도하겠습니다. 여러분은 직업 때문에 자신이 가려는 길에서 유혹을 받는다고 말합니다. 정말 그렇습니까? 다른 사람들을 보십시오. 그들은 죄를 미워하고, 성령 하나님으로부터 가르침을 받기 때문에 유혹들을 피하지 않습니까? 또 그들은 유혹의 한가운데서도 자기 자신을 지켜 세상에서 흠 없는 자로 살아가는 능력을 가지고 있지 않습니까? 그러므로 여러분의 경우에 있어서, 여러분이 계속해서 불경건하고 회개하지 못하는 것은 불가피한 것이 아니라 자의(自意)적인 것입니다. 제대로 된 말에 안장을 올려놓도록 하십시오(Put the saddle on the right horse, '적재적소'[適材適所]에 해당하는 영국 격언). 마땅히 있어야 할 곳이 아니라면, 있지 마십시오. 이 말씀을 여러분의 마음에 새기십시오. 반복해서 다시 한번 말씀드립니다. 혐오할 만한 직업이 아니라면, 직업으로 인해 혐오할 일은 없습니다. 여러분이 그리스도에 대해 완악한 마음을 품게 된 근원적이고 실제적인 이유는 여러분 안에, 오직 여러분 안에 있습니다. 여러분은 고의(故意)로 죄를 사랑하고 있습니다. 이런 일은 섭리 가운데 있는 여러분의 직업 안에서는 있을 수 없는 일입니다.

또 어떤 사람은 이렇게 말합니다. "예, 맞습니다. 그러나 목사님인 당신이 하는 일에는 별다른 변명이 필요 없겠지만, 섭리 가운데 있는 저의 피치 못할 상황에서는 그런 변명이 불가피합니다. 일상생활에 얽매이지도 않고 오로지 강대상에 올라가서 기도하고 말씀을 전하는 목회자의 경우에는 사람들에게 달리 변명할 것 없이 모든 일이 아주 순조롭겠지요. 하지만 목사님, 만약 목사님께서 제가 어떤 상황에 처해 있는지를 아신다면, 제가 하나님과 영원에 대한 생각들을 우선순위에 두지 못하는 제 변명이 정말 타당하다고 생각하실 겁니다. 목사님은 경건하지 않은 남편과 함께 산다는 게 어떤 것인지를 모르실 걸요. 목사님이 전하시는 확신을 제가 실행에 옮길 때마다, 혈과 육으로 감당할 수 없을 정도의 모질고 끈질긴 박해를 받아요."

또 다른 사람은 이렇게 말합니다. "게다가 저는 바로 지금도 여차여차한 피치 못할 위기에 봉착해 있습니다. 제가 죄를 짓지 않고 거기에서 빠져 나오면 좋겠지만, 도저히 그럴 수 없을 것처럼 느껴져요. 단 한 번만이라도 여기에서 벗어나 새 출발을 하고 그 계기를 새로운 발판으로 삼아 다시 일어설 수만 있다면, 그때는 그리스도를 따를 수 있을 것 같은데요. 하지만 지금은 제가 살고 있는 집에도 여차여차한 사정이 있고, 또 제가 하고 있는 일에도 여차여차한 사정이 있고, 또 제 가정에도 여차여차한 시련이 있습니다. 그래서 저는 '이번에는 네 길로 가라. 내게 적당한 때가 생기면 내가 너를 부르리라'(행 24:25, KJV, 바울의 짧은 설교를 들은 로마 총독 벨릭스가 바울에게 대답한 말)라는 말씀처럼 제 입장을 말해도 좀 타당하지 않은가 하는 생각이 듭니다."

아! 하지만 사랑하는 성도 여러분, 이것이 진리입니까? 저는 여러분이 말씀하신 바를 다른 말로 표현해 보겠습니다. 여러분은 여러분이 그리스도를 따르려고 하면 박해가 심해진다고 말합니다. 그런데 그에 대해서는 하나님도 동일하게 말씀하고 있지 않습니까? 하나님은 "자기 십자가를 지고 나를 따르지 않는 자도 내게 합당하지 아니하니라"(마 10:38)라고 분명하게 말씀하고 있지 않습니까? 바울 사도도 "무릇 그리스도 예수 안에서 경건하게 살고자 하는 자는 박해를 받으리라"(딤후 3:12)고 말하지 않았습니까? 도대체 여러분의 본성은 어떻게 해야 변할 수 있을까요? 사도들과 순교자들은 엄청난 일들을 참고 겪어야만 했습니다. 그런데 여러분이 감당해야 할 그 사소한 시련들이 타당한 변명거리가 될 수 있겠습니까? 여러분의 변명은 절대 변명거리도 될 수 없습니다. 허다한 무리들이 유혈의 강을 건너 보좌에 이르렀습니다(영국의 낭만주의 시인인 토머스 그레이[Thomas Gray, 1716-1771]가 쓴 '어느 시골 교회의 묘지에 쓰인 비가[悲歌]'[Elegy Written in a Country Churchyard] 중 한 구절이다 — 역주). 그들 자신을 살육한 유혈이었습니다. 그러니 여러분의 변명은 절대 변명거리가 되지 못합니다. 많은 사람들이 쓴 면류관은 고문대와 화형대에서 얻은 것입니다. 여러분의 변명이 하나님의 큰 심판의 날에 변명거리가 될 수 있을 것이라 생각하지 마십시오. 그래도 여러분의 변명이 여러분에게는 타당한 것이라고 생각한다면, 기억하십시오. 이것은 그리스도를 거부한 것으로서 여러분이 면류관마저 거절한 꼴이 되어버린다는 것을 말입니다. 만약 여러분이 그리스도의 책망을 견딜 수 없다면, 여러분은 그리스도의 부요함을 결코 받을 수 없을 것입니다. 만약 여러분이 그분과 함께 고난 받지 않는다면, 여러분은 그분과 함께 결코 다스리지 못할 것입니다. 여러분은 여러분의 상황 때문에 어쩔 수없이 죄를 짓는 것이며, 죄를 짓지 않았다면 아마도 고생길로 들어섰을 것이라고 말합니다. 도대체 이게 무슨 뜻입니까? 여러분은 주님을 섬기는 것보다 여러분 자신의 안락을 더 좋아한다는 말이지 않습니까? 여러분은 자신의 안락을 하나님으로 삼은 것입니다. 여러분의 소득과 입신양명(立身揚名)과 안일과 사치 등, 이 모든 것들을 여러분은 하나님보다 더 상위에 두었습니다. 여러분을 만드신 하나님의 명령보다 더 선호하면서 말입니다. 오, 사랑하는 성도 여러분, 오직 참된 빛으로 모든 것들을 바라보십시오! 여러분은 이스라엘 백성이 금송아지를 갖다 놓은 그 자리에 여러분 자신을 갖다 놓은 것입니다. 여러분은 그 앞에 고개를 숙이며 "오 이스라엘아, 이것들은 … 네 신들이니라"(출 32:8, KJV)고 말하면서 이 우상에게 화목 제물을 갖다 바쳤습니다. 오, 속지 마십시오(고전 15:33)! "누구든지 세상을 사랑하면 아버지의 사랑이 그 안에 있지 아니하니"(요일 2:15) "누구든지 제 목숨을 구원하고자 하면 잃을 것이요 누구든지 나를 위하여 제 목숨을 잃으면 찾으리라"(마 16:25)고 주님은 말씀하십니다. 그러므로 여러분의 상황을 변명거리로 삼지 마십시오. 그런 변명은 악한 것이며 심판 날의 빛을 견디지 못할 것입니다.

또 다른 사람은 이렇게 말합니다. "예, 저는 그리스도를 따르고 싶습니다. 자주 그러고 싶은 충동을 느끼며, 더 좋은 것(히 6:9)에 대한 갈망도 있습니다. 그러나 그리스도의 길은 제게 너무나 버겁습니다. 그 길은 제가 진정으로 사랑하는 모든 즐거움들을 포기하라고 요구합니다. 설사 제가 그 즐거움들을 포기하겠다는 약속을 한다 해도, 저는 곧 그 즐거움들을 향해 다시 돌아가 버릴 게 뻔합니다. 물론 그러지 않으려고 노력도 해 보았습니다. 그러나 그 즐거움들은 제가 어떻게 할 수 없는 그런 것이었습니다. 전에는 제가 그런 즐거움들에 그렇게 철저히 속박되어 있는 줄 몰랐습니다. 그러다가 그 속박을 끊으려고 하자, 그 속박은 제가 생각했던 것처럼 명주 끈으로 된 것이 아니라, 놋쇠나 삼겹 강철로 만들어진 쇠사슬이라는 것을 알게 되었습니다. 저는 할 수 없습니다. 목사님, 분명히 당신에게 말하지만, 저는 할 수 없습니다. 제가 누리는 세상의 즐거움들을 포기해야 구원받을 수 있는 거라면, 저는 그렇게 할 수 없습니다." 사랑하는 성도 여러분, 좋습니다. 제가 대답하겠습니다. 여러분은 정직한 사람으로서 아주 솔직하게 말해 주었습니다. 하지만 그 계약을 좀 더 분명하게 이해하는 것이 여러분에게 좋지 않겠습니까? 사랑하는 성도 여러분, 기억하십시오. 여러분이 "나는 세상을 포기할 수 없습니다"라고 말할 때, 여러분은 "나는 구원받을 수 없습니다. 나는 지옥에서 도망칠 수 없습니다. 나는 하늘 영광에 참여할 자(벧전 5:1)가 될 수 없습니다"라고 말한 것입니다. 여러분은 영광의 축제보다 춤추는 것을 더 좋아했습니다. 여러분은 하나님 보좌에서 빛나는 영원한 빛보다 한밤중에 흥청망청 떠들고 놀기를 더 좋아했습니다. 여러분은 냉혈(冷血) 인간입니다. 지금 생각해 보십시오. 여러분은 몇 시간의 황홀한 경험과 잠시 동안의 환락을 위해 여러분의 영혼을 팔기로 결심한 냉혈 인간입니다. 이 문제를 직시하십시오. 그러면 하나님께서 도우셔서 여러분이 행한 일들이 무엇인지 이해하게 하실 것입니다. 에서는 팥죽 한 그릇에 자신의 장자권을 팔아 버렸습니다. 그렇다면 여러분은 어떻습니까? 여러분의 두 눈을 들어 하늘을 바라보십시오. 황금 하프를 바라보고 그 영광스러운 찬양의 하모니를 듣고는 이렇게 말하십시오. "오, 땅이여, 그래도 나는 이 하늘의 음악보다 너 땅의 음악을 더 좋아하노라"라고 말입니다. 저기 있는 황금 길과 참된 신자를 기다리고 있는 기쁨과 천상의 즐거움을 바라보십시오. 그리고는 냉정하게 이렇게 쓰고 읽으십시오. "나는 카드놀이를 선택했다. 나는 천국의 이런 즐거움보다 죄의 집에서 누리는 즐거움을 더 좋아했다"라고요.

눈을 들어 신자들을 기다리는 기쁨의 두레박을 바라보십시오. 그러고는 술집이
나 바에 가서 이렇게 말하십시오. "나는 영원한 환희보다 술 취하는 기쁨을 더
좋아했다"라고요. 사랑하는 성도 여러분, 이리 오십시오. 제가 드리는 말씀을 듣
고, 이 사실을 직시하십시오. 왜냐하면 이것이 바로 여러분이 행한 일들이기 때
문입니다. 만약 이 두 가지 기쁨을 한 저울 위에 놓고 달아봤을 때, 하나님께서
성도들을 위해 예비해 두신 영광의 영원한 무게보다 육체의 일시적인 쾌락이 더
좋아할 만한 것이라는 생각이 여러분에게 든다면, 육체의 쾌락을 선택하십시오.
그러나 그 일시적인 쾌락이 영원과 비교해서 아무것도 아니라는 생각이 든다면,
다시 말해 육체는 한갓 찌꺼기에 불과하고 장차 올 세상과 비교할 때 공허할 뿐
이라는 생각이 든다면, 그 때는 여러분의 어리석은 결정을 바꾸도록 하십시오.
성령 하나님께서 여러분을 지혜롭게 해 주시기를 기원합니다. 홀로 지혜로우신
하나님께서 여러분을 위해 기업을 택하셨습니다(시 47:4).

　　또 다른 사람들은 이렇게 말합니다. "오, 하지만 정확히 말하면 제가 거기에
서 쾌락을 누리는 것은 아닙니다. 죄악 가운데서는 어떠한 쾌락도 찾지 못하고
있으니까요. 부정(不淨)이 제게 쾌락을 가져다 준 이후로 얼마 동안 저는 술을
끝까지 마셨습니다. 저는 이미 술거품을 너무 맛있게 마셔버린 상태예요. 그러
다 보니 지금은 술 찌꺼기밖에 남지 않았네요." 지금 여기에 이런 경우에 해당되
는 몇몇 사람들이 있다는 것을 저도 알고 있습니다. 그들은 자신의 마음 상태에
대해서 이렇게 말합니다. "이제 쾌락이라면 저도 정말 진절머리가 납니다. 쾌락
을 추구하느라 제 모든 능력들을 허비했거든요. 지금은 더 이상 포도주가 제 입
맛에 감미롭지 않아도, 저는 그냥 마십니다. 마시지 않을 수가 없기 때문이지요.
정욕이 더 이상 제게 격렬한 기쁨을 주지 못해도, 어떤 은밀한 힘에 의해 여전히
내몰리듯, 저는 그렇게 정욕에 끌려 다닙니다. 옛 습관으로 인해 그런 것들이 이
제 저의 두 번째 본성이 된 것 같아요. 그래서 제가 어찌 할 수가 없습니다. 그것
들을 끊으려고 시도해 봤습니다. 정말 끔찍할 정도로 엄숙한 시도까지 해보았어
요. 하지만 어찌 할 수 없습니다. 저는 그것을 완전히 그만둘 수가 없어요. 저는
가속도가 붙은 배에 올라 탄 기분이에요. 저는 두 팔로 물결을 거슬러 힘껏 노를
저었습니다. 제 이마에 힘줄이 선명하게 튀어나오기 시작하고 너무 힘들어서 격
심한 고통으로 코피까지 쏟을 정도로 노력해 보았지만, 그 물결을 거스를 수가
없었습니다. 지금도 여전히 그 뱃머리를 반대방향으로 되돌릴 수가 없어요. 절

벽이 눈앞에 보이고, 세찬 폭포가 되어 떨어지는 포효하는 물소리가 제 귀에 들립니다. 하지만 저는 빠르게, 더욱더 빠르게, 점점 더 빠르게 달려가고 있는 중입니다. 제 피가 저의 죄악으로 인해 무시무시하고 맹렬하게 끓어오를 때까지, 저는 계속해서 제가 받아야 할 저주를 향해 지금도 속도를 내고 있는 중입니다.”

아, 사랑하는 성도 여러분! 여러분의 경우는 정말 심각한 정도의 “그러나”입니다. 여러분의 말이 전적으로 사실이라면, 저는 경고의 말씀보다는 오히려 위로의 말씀을 드리고자 합니다. 우리의 힘들이 모두 빠졌을 때, 우리가 절망하는 마음으로 괴로움에 짓눌려 “주여, 우리를 구원하소서. 그렇지 않으면, 우리가 멸망하겠나이다”(마 8:25, KJV)라고 서글프게 외친 이 소리는 지극히 높으신 분의 귀에 상달될 것이며, 긍휼을 기뻐하시는(미 7:18, KJV) 그분께서는 그분의 팔을 뻗어 구원해 주실 것입니다. 희망이 있습니다. 아직까지 여러분에게 희망이 있습니다. 무슨 말 하는 거냐고요? 뱃머리가 이미 물 밖으로 나와서 마치 살아 있는 생물처럼 물보라 한가운데로 뛰어들고 있는 데도 희망이 있는 거냐고요? 오, 영원하신 하나님, 하나님 당신은 여전히 인간을 구원하실 수 있습니다. 하나님 당신은 하늘 위 높은 곳에서 내려오시어 깊은 물에서 인간을 붙잡아, 인간보다 더 강한 큰 물결에서 인간을 건져내실 수 있습니다. 여러분이 말한 상태가 바로 이 상태이지 않습니까? 제가 우려하는 것은 혹시라도 여러분이 “하고 싶지 않다”(will not)는 말을 “할 수 없다”(can not)는 말로 대신해서 사용하고 있는 것은 아닌가, 하는 것입니다. 여러분은 범죄자의 삶의 방식을 사랑하고 있지는 않습니까? 그런 범죄자의 방식을 싫어한다고 여러분은 정직하게 말할 수 있습니까? 저는 여러분이 좋아할 것이라고는 믿지 않습니다. 그러나 싫어하는 것도 아니라고 한다면, 나중에 어떻게 될지 그 끔찍한 결과를 기억하십시오. 나는 이런 것들을 포기할 수도 없고, 또 나를 이렇게 만든 하나님도 바라보지 않겠다고 여러분이 말한다면, 그 말은 “나는 지옥의 불길을 피할 수 없어요. 나는 장차 올 진노에서 구원 받을 수 없어요. 나는 저주를 받았어요”라고 말하는 것과 같습니다. 사실, 여러분은 이미 자신의 운명을 말한 것입니다. 그 끔찍한 판결을 여러분은 자신에게 선고했습니다. 여러분은 자신의 영혼을 재판하기 위해서 법관이 쓰는 모자인 해치관(獬豸冠)을 쓰고서 재판관 석에 앉아 여러분 자신의 선고문을 읽은 것입니다. 여러분은 사형 집행 수레에 자신을 싣고서 자신의 목에 밧줄을 걸고는 빗장을 당겨 자신의 사형집행자가 되려고 합니다. 오! 여러분의 말을 달아보고 여러분의 행동을 재어본 뒤, 잠에서 깨어나 여러분이 하려는 일을 무엇인지 인식하십시오. 어둠 속에서 날뛰지 마십시오. 먼저 아래에 있는 저 구렁텅이(눅 16:26)를 내려다보고, 잠시 후면 여러분이 엉망이 된 시체가 되어 누워 있을, 저 삐쭉삐쭉 튀어나온 바위들을 잠시라도 눈여겨보십시오. 이제부터는 물 한 잔을 마시더라도 그 전에 컵의 밑바닥에 독이 있지는 않은지 살펴보십시오. 그리고 지금 여러분이 하고 있는 것을 확인하십시오. 물에 빠져 죽어가는 사람이 본능적으로 무엇이든 필사적으로 붙잡으려고 하는 것과 마찬가지로, 만약 여러분이 여러분의 죄악을 움켜잡으려고 결심했다면, 그 죄악들을 움켜잡고 여러분의 영혼을 버리십시오. 다시 말해, 여러분의 죄악을 붙잡고 여러분은 저주를 받으십시오! 여러분의 부정들을 고수하면서 영원하신 한 분 하나님으로부터 영원히 떨어져나가십시오! 이런 일은 듣는 것도 끔찍한데, 행하기는 얼마나 더 끔찍하겠습니까! 우리 입술로 말하기도 무서운 일을, 하물며 냉혈 인간이 되어 행하는 것은 얼마나 더 심각한 일이겠습니까!

이렇게 말하는 사람들도 있습니다. "그러나 저는 이런 경우는 아닙니다. 저는 그리스도를 따르겠다고 말할 수 있습니다. 그러나 저는 시도 때도 없이 변하는 변덕스러운 성격을 지녔기 때문에, 제가 세운 뜻을 관철할 수 있으리라는 생각이 들지 않습니다. 몇 주 전에 목사님의 설교를 들었을 때, 저는 집에 가서 골방에 들어가 문을 닫고 기도했습니다. 그러나 목사님도 아시다시피, 제가 알고 있던 어떤 존재가 들어와서는 저를 데리고 가 버렸습니다. 그러자 곧 선한 모든 생각들이 사라져 버렸습니다. 하나님의 말씀은 살아 있고 활력이 있어 좌우에 날선 어떤 검보다도 예리하여 혼과 영과 및 관절과 골수를 찔러 쪼개기까지 하며 또 마음의 생각과 뜻을 판단한다(히 4:12)는 이 말씀 앞에 저는 두려워 떨면서 의자에 앉아 있었습니다. 그러나 세상이 다시 제 마음속에 들어옵니다. 그래서 저는 어떤 때는 성도인 것 같다가도, 또 어떤 때는 마귀인 것 같기도 합니다. 때로 그리스도를 위해서라면 무슨 일이든 다 할 것 같다가도, 그 다음날이 되면 세상을 위해 온갖 일을 하고 있습니다. 저는 약속을 합니다. 그러나 이행하지를 않습니다. 저는 맹세를 합니다. 그러나 제가 한 맹세들을 깨뜨려 버리고 맙니다. 저의 맹세는 굴뚝에서 나온 연기처럼 곧 날아가 버리고, 저의 선한 결심들은 아침 구름처럼 오직 아침에만 거기에 있다가 곧 사라져 버립니다." 좋습니다. 여러분은 아주 흔히 볼 수 있는 경우를 분명하게 설명해 주었습니다. 이런 경우에 대해서도 제가 참된 영의 빛으로 조망해 봐도 괜찮겠습니까? 사랑하는 성도 여러분, 여러분은 하늘에 속한 것을 가지고 장난을 치고 있는 것입니다. 그 사실을 알고 있습니까? 여러분은 영원한 것을 오락거리로 만들어 버렸습니다. 여러분은 예수 님의 천국 비유에 나오는 사람들 중에 "그것을 가볍게 여긴"(마 22:5, KJV) 사람 들과 같습니다. 여러분은 이 세상의 일들이 장차 다가올 세상의 일들보다 더 매 력적이라고 지금까지 생각했습니다. 아마도 여러분은 다른 어떤 사람들보다도 더욱 변명의 여지가 없을 것입니다. 왜냐하면 여러분은 옳은 것을 알면서도 행 하지 않고 있기 때문입니다. 여러분은 죄악인 줄 알면서도 거기에 집착하고 있 습니다. 여러분은 파멸을 감지하면서도 계속해서 파멸을 향해 나가고 있습니다. 여러분은 사랑의 구애도 받았고, 자비의 경고도 받았습니다. 하지만 여러분은 이 모든 것들을 먼지 털듯이 털어내 버렸습니다. 오, "자주 책망을 받으면서도 목을 굳게 하는 자는 갑자기 멸망을 당하여도 구할 길이 없으리라"(잠 29:1, KJV) 는 말씀을 기억하십시오. 하나님께서 말씀하십니다. "내가 불렀으나 너희가 거 절하였도다. 내가 내 손을 내밀었으나 아무도 중시하지 아니하였으며 도리어 너 희가 내 모든 권고를 무시하고 내 책망을 전혀 원치 아니하였은즉, 나도 네 재난 을 보고 웃으며 네 두려움이 이를 때에 조롱하리니"(잠 1:24-26, KJV)라고 말입니 다. 아마도 여러분은 곧 버림을 받아, 양심에 화인(火印, 딤전 4:2)을 맞을지도 모 릅니다. 하나님의 말씀이 여러분에게 아무 힘도 쓸 수 없는 지경에 이르러, 여러 분은 완악하고 절망적인 상태가 될지도 모릅니다. 그렇다면, 아! 지옥에 있는 마 귀들이 여러분보다 더 소망이 있을 것입니다.

사람들이 마음에 간직하고자 하던 선한 생각들을 스스로 흩어 버리게 되는 가장 두드러진 변명들을 지금까지 살펴보았습니다. 물론 제가 이렇게 많은 회중 들 가운데, "주여 내가 주를 따르겠나이다. 그러나"라는 마음 상태에 있는 사람 들을 꼬집어 지적할 수는 없습니다. 그러나 이런 사람들이 있다는 것만은 분명 합니다. 성령 하나님께서 이들을 찾아내시어, 그들이 스스로를 잘 판단해서 심 판받지 않도록 하나님께 기도드립니다.

2. 이제 설교의 두 번째 대지에 이르렀습니다.

주님께서 우리의 동역자(롬 16:9)가 되시기를 기원합니다. 사랑하는 성도 여 러분, 여러분은 "주여 내가 주를 따르겠나이다. 그러나"라고 말합니다. 이제 저는 여러분의 무지와 여러분 마음의 나쁜 상태를 폭로하고자 합니다.

　　사랑하는 성도 여러분! 여러분은 아직까지 무엇이 죄인지에 대한 참된 개념을 갖고 있지 않습니다. 성령 하나님은 지금까지 여러분의 두 눈을 뜨게 하시어, 어떤 것이 하나님을 반대하는 지독하게 악한 죄인지를 보게 하지 않으셨습니다. 만약 여러분이 이런 것을 보았다면, 그렇게 "그러나"들을 남발하지 않았을 것입니다. 자신이 가야 할 길을 잃고서 구덩이에 빠진 사람을 상상해 보십시오. 구덩이의 물과 진흙이 목까지 차올라, 그 사람은 곧 그 안에 매몰되어 죽기 일보 직전이었습니다. 그 때, 어떤 빛나는 영혼이 그 위험한 수렁에 다가와 그에게 팔을 내밀었습니다. 수렁에 빠진 사람은 자신이 지금 어디에 있는지를 알고 있다면, 다시 말해 자신이 처한 곤란하고 절망적인 상태를 알고 있다면, 즉시 자기 손을 내밀었을 것입니다. 누구나 예상하듯, 그는 "그러나", "만약", "아마도" 등의 말을 남발하면서 우물쭈물하는 모습을 보이지 않을 것입니다. 그는 자기가 구덩이에 빠졌다는 것을 느끼고 거기서 나오려고 할 것입니다. 그런데 여러분은 자신의 자연적 본성이라는 황무지 안에 아직도 그대로 있는 것이 분명합니다. 바보라도 알 수 있는 것을 여러분은 지금까지 발견하지 못했습니다. 즉, 죄는 끔찍한 악이고, 여러분이 지은 죄는 전적으로 파괴적이며, 여러분을 산 채로 삼켜 버릴 것이고, 여러분의 영혼을 철저히 파멸시킬 것이라는 사실을 여러분은 알지 못하고 있습니다. 성령 하나님께서 죄의 암울함을 보게만 하신다면, 굳이 의지적으로 깨끗이 되어야 한다는 큰 절박함을 가질 필요는 없다는 것을 저는 알고 있습니다. 저의 유일한 질문은 "그리스도께서 나를 깨끗이 해 주시길 원하실까?" 하는 것이었습니다. 죄의 짐이 어떤 것인지를 알고서 회개한 불쌍한 모든 죄인 여러분, 그리스도께서 과연 죄인들의 어깨에서 죄 짐들을 제거해 주고 싶으신지 그리스도에게 물어보십시오. 그러면 그리스도께서는 "나는 그 죄 짐들을 제거해 주고 싶다. 그러나"라고는 대답하지 않으실 것입니다. 죄인들은 자신의 죄 짐을 제거해 달라고 말만 하면 됩니다. 이렇게 말하십시오. "주님, 내게서 그 짐들을 제거만 해 주옵소서. 제거만 해 주옵소서. 그것으로 나는 만족하겠나이다."

　　사랑하는 성도 여러분, 다시 말씀드리겠습니다. 여러분은 아직까지도 정죄받은 자신의 상태가 어떤 것인지 성령님의 가르침을 받지 못한 것처럼 보입니다. 하나님의 진노가 여러분 위에 머물러 있다(요 3:36)는 사실을 여러분은 아직 배우지 못했다는 말입니다. 여러분이 그리스도 밖에 있는 한, 여러분은 저주 아래 있습니다. "정죄"라는 말이 여러분의 두 귓가에 한 번이라도 울렸다면, 여러분은 온갖 "만약"이나 "그러나" 등의 변명을 하지 않았을 것입니다. 어떤 사람이 집에 불이 났다고 합시다. 비상구가 앞에 있는데, 세찬 불길이 너무 가까이 다가와서 그 사람의 뺨과 머리카락까지 그슬릴 정도가 되었다면, 그 사람은 이 불길에 대해서 절대로 "그러나"를 말하지 않고, 당장 비상구로 도피할 것입니다. 구약의 롯이 하늘에서 불이 비같이 내리기(창 19:24) 시작하는 것을 봤을 때, 그는 "그러나"라는 말 없이, 온 힘을 다해 달려서 그 성읍을 벗어나 산으로 도망쳤습니다. 오, 성령 하나님께서 죄인인 여러분에게, 여러분이 지금 이 시간 어떤 상황에 처해 있는지를 보여주시길 기원합니다! 오, 여러분의 판결이 선고되었고 하나님의 사자들이 여러분을 감옥으로 데려가기 위해 밖에 서 있다는 사실을 여러분이 알도록 성령 하나님께서 도와주시기를 바랍니다. 그때에야 비로소, 여러분은 온갖 "그러나"와 핑계와 변명들을 버리고, "주여, 내가 무엇을 하기 원하시나이까?"(행 9:6, KJV)라고 말하게 될 것입니다. 이렇게만 된다면, 여러분의 영혼은 이에 대해 더 이상 망설이지 않을 것입니다.

제가 생각하기에 분명히 여러분은 날마다 멸망해가고 있는 자신의 위험한 상황을 느끼지 못하는 것 같습니다. 만약 여러분이 지금까지 그러한 위험을 느끼지 못했다면, 아직까지 성령 하나님께서 진정 구원의 모습으로 여러분의 영혼에 오시지 않은 것이라고 생각합니다. 여러분의 본성적인 상태로부터 감지하게 되는 위험을 아직 느끼지 못했다면, 여러분은 그리스도의 사람이라는 증거를 절대로 가지지 못한 것입니다. 여러분, 저 쪽을 한번 보십시오! 교수대가 세워져 있고 한 사람이 끌려 나와 있습니다. 이쪽에는 교수대에 머리를 놓는 부분이 있고, 저쪽에는 망나니가 아침 햇살에 번득이는 예리한 단두(斷頭)용 도끼를 들고 서 있습니다. 끌려 나온 사람은 목이 잘 베어지도록 조금 오목하게 만들어진 곳에 자기 목을 막 올려놓았습니다. 목을 올려놓자마자, 망나니는 그 사람의 몸에서 머리를 절단하기 위해 도끼를 높이 들어 올렸습니다. 끌려 나온 사람이 이렇게 누워 있을 바로 그 때, 왕이 보낸 한 사자가 와서 "여기 사면장이 있다. 너는 이 사면장을 받아들이겠느냐?"라고 말한다면, 처형 직전에 있던 그 사람이 "나는 사면장을 받고 싶습니다. 그러나"라고 대답할 것이라고 여러분은 생각합니까? 절대 그렇지 않습니다. 그 사람은 인생의 마지막이라 생각했던 죽음의 자리에서 벌떡 일어나, "국왕 폐하의 무한하신 성은이 망극하오며, 말할 수 없는 기쁨으로 그 사면장을 받기를 원하옵니다"라고 말할 것입니다. 여러분은 현재 자신이 처한 상황을 알지 못했던 것이 분명합니다. 만약 알았다면, "그러나"라고 말하는 것은 불가능했을 것입니다. 기억하십시오. 여러분이 알든 모르든 상관 없이, 이것이 바로 여러분이 처한 상황입니다. 여러분은 자신의 목을 무자비한 교수대의 오목한 부분에 올려놓았습니다. 그리고 의의 도끼가 여러분을 지옥으로 내려치려고 준비하고 있습니다. 주님께서 여러분을 도우시어 여러분의 상태를 보게 하시고, 온갖 "그러나"들을 여러분에게서 제거하여 주시기를 원합니다.

여러분은 또한 장차 올 세상에서 일어날 하나님의 진노에 대해서도 전혀 무지해 보입니다. 오! 제가 만약 여러분을 소망 없는 곳으로 데리고 갈 수만 있다면, 절망이라는 무서운 간수가 지키고 있는 음침한 지하 감옥의 삐걱거리는 소리를 한순간이라도 들려 줄 수만 있다면, 쫓겨난 자들이 발하는 그 한숨과 소용없는 후회와 공허한 기도소리들(지옥에 대한 묘사)을 들려줄 수만 있다면, 여러분은 너무 놀라고 두려워서 다시 돌아가고 싶어 할 것이고, 여러분의 온갖 "그러나"들은 틀림없이 사라질 것이라 확신합니다. 여러분은 이렇게 말할 것입니다. "위대하신 하나님, 만약 당신의 진노로부터 저를 구원해 주신다면, 당신이 원하시는 것을 행하겠나이다. 저는 어떤 조건도 달지 않고, 당신에게 어떤 반대도 하지 않겠나이다. 만약 제가 오른쪽 팔을 잘라야 한다거나 오른쪽 눈을 뽑아야 한다고 해도, 그렇게 하겠나이다. 이 재앙의 자리에서 저를 구해 주시기만 한다면 그렇게 하겠나이다. 오! 위대하신 하나님, 벌레도 죽지 않고 불도 꺼지지 아니하는(막 9:44, KJV) 이곳으로부터 저를 구해 주옵소서. 구원 받는 방법이 아무리 힘들고 육신을 괴롭게 하는 것이라 해도, 오직 이 한 가지 요구만은 응답해 주옵소서. 오, 하나님, 저를 구원해 주옵소서. 지옥의 구렁텅이로 떨어지지 않도록 저를 구원해 주옵소서"라고 말입니다. 어떤 영혼이 지옥으로 막 내려가고 있을 때, 하나님께 빛나는 천사를 보내시어 그 영혼을 방금 들어가려는 불길 가운데서 건져 내 주시려고 하는데, "저는 불 속에서 잡아챈 그슬린 나무 조각(슥 3:2)이 되기를 원합니다. 그러나"라고 대답하는 정신 빠진 경우를 여러분은 상상할 수 있겠습니까? 이런 대답은 있을 수 없습니다. 절대 있을 수 없습니다. 기쁨으로 그 자비의 사자를 맞아들일 것이며, 그 사자는 지옥에서 천국으로 기뻐하며 날아갈 것입니다.

죄인인 사랑하는 성도 여러분, 다시 말씀드립니다. 여러분이 "그러나"라고 말하는 한, 여러분은 분명히 그리스도의 인격에 드러난 영광에 대해 결코 아무 생각도 할 수 없을 것입니다. 저는 여러분이 비참한 상태에 있는 것이 보입니다. 즉, 여러분은 본성이라는 사유지에 지은 낡고 살기 불편한 오두막에서 더러운 몸으로 벌거벗은 채 앉아 있으며, 머리카락은 두 눈을 덮은 채 헝클어져 있습니다. 그러한 여러분의 집 문 앞에 서 있는 저 빛나는 마차를 쳐다보십시오! 아름다운 음악소리가 들리고, 그 영광의 마차에서 임금님이 친히 걸어 내려오시어 집으로 들어와 말씀하십니다. "죄인아, 가련하고 소망도 없으며 연약하고 비참한 죄인아, 나를 쳐다보아라. 그러면 너는 구원받을 것이다. 내 자비의 마차가 너를 기다리고 있다. 나와 함께 가자구나. 내 마차는 너 같은 자들을 위해 사랑으로 꾸며져 있다. 나와 함께 가자구나. 그러면 네가 처한 타락과 재앙으로부터 내가 있는 휘황찬란한 곳으로 너를 인도할 것을 약속하마." 여러분은 재앙의 자리에 앉아서 그분을 쳐다보려고 하지 않습니다. 그분을 쳐다본다면 여러분은 그분을 사랑해야 하기 때문입니다. 여러분은 그분의 얼굴을 쳐다볼 수 없습니다. 그러니 거기에 적힌 자비와, 그분의 눈에서 비쳐지는 불쌍히 여기는 마음과, 그분의 팔에서 느껴지는 능력을 보지도 못합니다. 그러나 여러분은 즉시 이렇게 말하게 될 것입니다. "예수님, 당신은 제 마음을 사로잡았나이다. 당신의 영광스러운 아름다움은 제가 감당할 길이 없습니다."

> "당신의 선하심에 완전히 힘을 잃어,
> 저는 땅바닥에 주저앉았나이다.
> 그리고 울면서,
> 제가 발견한 자비를 찬양하나이다."
> (신원 미상의 존 스토커[John Stocker]가 1766-1767년 사이에 복음잡지[Gospel Magazine]에 기고한 찬송가로 '나의 하나님, 당신의 자비가 내 찬양의 주제입니다' [Thy mercy, my God, is the theme of my song]라는 곡의 3절 가사다 — 역주).

제가 무슨 말을 더 드려야 하겠습니까? 그래도 저는 한 번 더 권면의 말씀을 드리고자 합니다. 오, 우물쭈물하며 반대하는 죄인인 여러분, 여러분은 지금까지 천국이 어떤 것인지 결코 알지 못했습니다. 알았다면, 절대로 "그러나"라는 말을 하지 않았을 것입니다. 만약 여러분과 제가 아주 짧은 순간이라도 진주로 만든 문(계 21:21) 안을 들여다볼 수 있다면, 여러분이 스랍들의 노랫소리를 들을 수 있다면, 여러분이 복 받은 자들의 가슴에서 흘러넘치는 기쁨을 볼 수 있다면, 여러분이 글씨가 아닌 감정으로 천국을 쓸 수 있다면, 여러분이 한순간이라도 면류관을 쓰고 순결한 흰 옷을 걸칠 수 있다면, 그렇다면 여러분은 이렇게 말할 것입니다. "천국에 이르기 위해 지옥을 거쳐야만 한다 해도, 저는 기꺼이 그렇게 하겠습니다"라고 말입니다. 너 재물아, 너는 무엇이냐? 너는 거품과 같으니라. 너 허세야, 너는 무엇이냐? 너는 헛된 공허함이니라. 너 쾌락아, 너는 무엇이냐? 너는 속이고 회칠한 마술이니라. 너, 고통아, 너는 무엇이냐? 너는 더할 나위 없는 하늘의 기쁨이니라. 너, 슬픔아, 너는 무엇이냐? 너는 큰 기쁨이니라. 너 고난아, 너는 무엇이냐? 너는 그 어떤 것보다도 뛰어나고 영원한 영광의 무거운 것(고후 4:17, KJV)과 비교해 봤을 때, 깃털보다도 더 가벼운 것이니라. 만약 우리가 천국을 어렴풋하게나마 볼 수 있다면, 그리고 하나님의 백성들이 누릴 영원한 안식에 대한 그림자라도 볼 수 있다면, 우리는 모든 것을 참아낼 준비가 되어 있을 것입니다. 또 우리가 약속된 상에 참여하는 자(엡 3:6)가 되려고 한다면, 우리는 모든 것을 포기하고 견뎌야만 합니다. 여러분의 온갖 "그러나"들은 여러분의 무지를 드러낼 뿐입니다. 즉, 여러분 자신에 대한 무지, 죄에 대한 무지, 정죄에 대한 무지, 징벌에 대한 무지, 구세주의 인격에 대한 무지, 그분께서 그의 백성들을 데리고 가리라 약속하신 천국에 대한 무지를 말입니다.

3. 이제, 제가 해야 할 마지막 일을 하고자 합니다.

간단히 하겠습니다. 오, 제 능력보다 더 뛰어난 능력을 가진 분이 지금 오셔서, 여러분의 마음을 밀고 당기며 씨름해 주시기를 기원합니다! 성령 하나님께서 제가 하고자 하는 말들을 여러분에게 적용해 주시기를 기원합니다! "주여 내가 주를 따르겠나이다. 그러나"라고 말하는 죄인들이여, 사랑하는 죄인들이여, 저는 여러분의 죄악을 보여드리고자 합니다. 여러분이 "그러나"라고 말씀하실 때, 여러분은 스스로 모순된 말을 한 것입니다. 여러분이 읽은 이 말씀의 바른 의미는 "주여 내가 주를 따르지 않겠나이다"라고 할 수 있습니다. 여러분이 뒤에 붙인 "그러나"가 여러분이 앞에서 신앙 고백한 모든 내용들을 부정해 버리기 때문입니다. 사랑하는 성도 여러분, 오늘 아침에 제가 바라는 것은 이것입니다. 여러분이 은혜로 인도함을 받아 "저는 믿기를 원합니다"라고 말하거나, 그렇지 않으면

"저는 그리스도를 믿고 싶지 않아요"라고 말할 정도로 타락과 절망으로 완악한 여러분의 마음속을 여러분이 솔직하게 직면했으면 하는 것입니다. 여러분 가운데 대다수가 이것도 저것도 아닌 마음 상태에서 망설이고 있기 때문에, 이런 마음을 가진 여러분이야말로 가장 대하기 힘든 상대입니다. 의지적으로 그리스도를 완전히 거부하는 죄인들은 부싯돌(겔 3:9, KJV) 같은 자들입니다. 말씀의 해머가 그들을 내려칠 때, 부싯돌은 귀중한 불꽃을 내면서 산산조각이 나 버립니다. 그러나 여러분은 밀랍 덩어리와 같아서, 오늘은 이런 모습이었다가 내일은 저런 모습으로 바뀝니다. 저는 세상에서 상당한 지위에 있는 신사를 알고 있습니다. 그는 저와 잠시 함께 있다가 이렇게 말했습니다. "이제 저 사람이 가고 나면, 나는 예전의 모습으로 돌아갈 거야"라고요. 말씀을 듣고 나서 그가 울었기 때문입니다. 그는 자신을 구타페르카(gutta-percha, 동남아시아의 열대 우림에서 자라는 구타페르카 나무의 수액을 말린 고무로서, 스펄전 당시에 발견된 고무 신소재다. 가열하면 무르게 되고 냉각하면 굳어지는 성질이 있다 — 역주)로 만든 인형에 비유했습니다. 그는 잠시 옛 모습에서 벗어났다가도, 조금 있으면 다시 예전의 모습으로 되돌아갔습니다.

여러분 중에도 이런 사람들이 얼마나 많은지 모릅니다. "나는 그리스도를 믿지 않을 것입니다"라고 여러분은 말하지 않습니다. 또 "나는 이런 일들을 생각하지 않을 것입니다"라고도 말하지 않습니다. 여러분은 감히 "나는 성경을 믿지 않아요"라고 말하거나, "내 생각에 하나님은 존재하지도 않고 사후 세계도 없다"라고 말하지도 않습니다. 오히려 여러분은 "이 모든 것은 의심할 여지 없이 사실입니다. 하지만 이에 대해서는 좀 나중에 생각해 보겠습니다"라고 말합니다. 그러나 여러분은 결코 생각하지 않을 것입니다. 죄인인 여러분, 여러분은 절대로 생각해 보지 않을 것입니다. 여러분의 마지막 날이 올 때까지도, 여러분은 계속해서 날마다 이와 같은 말을 되풀이할 것입니다. 이를 중단시키는 주권적인 은혜가 없다면, 마지막 날에도 여러분은 지금과 똑같은 모습으로 있을 것입니다. 차라리 여러분이 지금 노골적으로 "나는 하나님을 사랑하지 않습니다. 나는 그리스도도 사랑하지 않습니다. 나는 그분을 두려워하지도 않고, 그분의 구원을 갈망하지도 않습니다"라고 말한다면, 저는 여러분에 대해 더 많은 소망을 가질 수 있을 것입니다. 왜냐하면 이렇게 솔직하게 말을 해야 비로소 여러분의 현재 생각을 분명히 알 수 있고, 성령 하나님께서도 이에 대해 여러분에게 은혜를 베풀어 주실 수 있기 때문입니다.

저는 다른 측면에서 여러분의 죄악을 다시 보여드리고자 합니다. 여러분의 교만은 또 얼마나 대단했습니까! 그리스도께서 여러분에게 그분을 믿고, 그분의 십자가를 지고 그분을 따르라고 명령하시며, 여러분이 할 수 있는 최선을 다하라고 말씀하실 때, 그 때 여러분은 당당하게 그분에게 반대하는 판단을 내렸습니다. 여러분은 "그러나"라고 말하였던 것입니다. 여러분의 변덕 때문에 그리스도께서 복음을 수정해야 한다는 말입니까? 도대체 이게 무슨 말입니까! 구원 계획이 여러분에게 맞게 재단되고 변경되어야 한다는 것입니까?

무엇이 여러분에게 최선인지를 여러분이 알고 있는 것보다 그리스도께서 더 잘 알고 계시지 않습니까? 여러분은 그분의 손에서 저울과 측량자를 빼앗아 그분의 심판을 다시 판단하고, 온 세상의 재판장이신 하나님께 명령하려고 하는 것입니까? 이것이 바로 여러분이 시도하려고 하는 것입니다. 여러분은 은혜의 보좌에 맞서 여러분의 보좌를 세웠고, 그 위에 앉아서 신자가 되기보다는 죄인이 되는 게 더욱 지혜로운 일이며, 하나님과 함께 하기보다는 하나님을 떠나 있는 게 더 행복하다고 주장합니다. 물론 하나님의 면전에서 그분께 직접 거짓말쟁이라고 한 게 아니라 해도, 그런 행동은 하나님을 굳은 주인(마 25:24)으로 만듭니다. "내가 주를 따르겠나이다. 그러나"라면서 여러분이 쉽게 내뱉은 말들 가운데, 그 말에 담긴 죄악의 본질이 무엇인지도 모르고 한 말이 많았을 것입니다. 그랬다 해도, 임종을 앞둔 침상에서 그 악을 제거하기는 너무나 어려울 것입니다.

이제 말씀을 맺고자 합니다. 마지막으로 여러분이 처한 위험에 대해서만 짧게 말씀드리겠습니다. 사랑하는 성도 여러분, 여러분의 영혼은 조용히 이렇게 말하고 있습니다. "아! 나는 마지막에 다 잘 될 거야. 앞으로 더 나은 삶을 살려고 노력하니까 말이야." 사랑하는 성도 여러분, 여러분의 영혼에게 말합니다. 얼마나 많은 영혼들이 이런 식으로 말하면서, 지금까지 죽어갔는지 생각해 보십시오. 지난 주간에도 수많은 사람들이 무덤 속으로 들어갔습니다. 틀림없이 그들은 전적으로 경솔하지 않은 자들이었고, 종종 말씀에 은혜를 받기도 했던 사람들이었습니다. 하지만 그들은 "그러나, 그러나, 그러나"라고 말하면서 더 나은 삶을 기약했습니다. 그러나 결국 죽음이 그들에게 들이닥쳤고, 더 나은 삶은 이루어지지 않았습니다. 그러므로 얼마나 많은 사람들이 "그러나"를 말하면서 저주를 받았는지 기억하십시오. 그들은 죽기 전까지는 회개할 것이라고 말했습니다. 그들은 지옥의 고통 속에서 두 눈을 들어 위를 쳐다보기 전까지는 믿을 것이라고 말했습니다. 그들은 마음을 담아 진지하게 말했습니다. 하지만 말만 하고 행하지는 않았기 때문에, 그들의 결심은 후회가 되고, 그들이 상상한 소망은 현실의 절망으로 바뀌는 자리에 이르게 된 것입니다. 이러한 주제에 대해서는 백스터(Richard Baxter, 1615-1691, 영국의 청교도 지도자)가 설교자가 되고, 제가 회중이 되어 그의 설교를 듣고 싶습니다. 제가 여러분을 두루 살펴보니, 하늘나라에 자기 이름이 적힌 집 문패를 분명히 읽을 수 있는(아이작 와츠의 「시편과 찬송」 2권 65번에 실린 '내 문패를 내가 분명히 읽을 수 있을 때'[When I Can Read My Title Clear]라는 찬송가의 1절 가사다 — 역주) 이들도 많지만, 여기에는 자신을 속이기만 하면서 회중석에 앉아 있는 이들도 상당수 있습니다! 사랑하는 죄인 여러분, 저는 할 수 있는 한 여러분이 지옥 가는 길을 어렵게 만들고자 합니다. 만약 여러분이 잃어버린 자가 되고자 한다면, 저는 수많은 쇠사슬과 무수한 빗장으로, 여러분이 가는 길에 있는 많은 문들을 가로막아 닫아 버리겠습니다. 하나님께서 저를 도우시어 여러분이 제 음성을 듣게 된다면, 죄악으로 향하는 길이 힘든 길임을 알게 될 것입니다. 그리고 그리스도의 복음이 선포한 바를 거슬러 달려가는 일도 힘든 일임을 알게 될 것입니다. 그런데 왜 여러분은 죽으려고 합니까? 오, 이스라엘 집이여, 어찌하여 여러분은 죽고자 합니까?(겔 33:11, KJV). 여러분의 이성은 어디로 사라져 버렸습니까? 짐승이 사람이 되고, 사람이 짐승이 되어 버렸습니까? "소는 그 임자를 알고 나귀는 그 주인의 구유를 알건마는"(사 1:3) 여러분은 알지 못하고 있습니다. 도대체, 왜 여러분은 자기를 도살할 자를 기를 쓰고 찾아가는 그런 어리석은 양이 되려고 합니까? 모든 제비와 학들이 여러분보다 더 현명하지 않습니까? 그 짐승들은 때도 알고 시기도 판단할 줄 알지만, 여러분은 인생의 여름이 다 지나가고 있는 것도 모르기 때문입니다. 여러분은 인생의 가을이 되어 잎들이 하나 둘씩 떨어지면서 절망과 낙심의 황량한 겨울이 다가오고 있다는 사실을 모르고 있습니다. 영혼들이여, 이런 것들이 다 근거 없는 망상이라고 생각합니까? 만약 그렇게 생각한다면, 제가 설교하는 동안 주무십시오. 이런 말들이 꿈같은 소리로 들립니까? 제가 여러분을 유치원에 다니는 어린아이처럼 여기고, 아이들을 잡아먹는 귀신 얘기를 해서 여러분을 놀라게 하려고 이런 가르침들을 전하고 있는 것입니까? 그렇지 않습니다. 이런 가르침이 인간의 입술에 맡겨졌다 해도, 하나님이 참되신 것처럼 이것은 듣는 사람들의 마음을 움직이는 가장 엄숙한 실제적인 가르침이지 않습니까? 그럼에도 불구하고, 여러분이 이러한 것들을 여전히 가볍게 여기는 이유가 무엇입니까? 도대체 그 이유가 무엇입니까? 무슨 이유로 여러분은 그렇게 가볍게 여깁니까? 여러분이 예전에 가던 그 길을 오늘도 계속해서 가려는 이유가 무엇입니까? 왜 여러분은 이렇게 말하는 것입니까? "감사합니다. 설교 말씀을 통해 저를 믿음으로 경고해 주셨습니다. 생각해보겠습니다. 그러나 … "라고 하거나, "저는 초대를 받았습니다. 고려해 보겠습니다. 그러나 … "라고 하거나, "저는 경고의 말씀을 들었습니다. 그러나 … "라고 말입니다.

아, 영혼들이여, 여러분이 "그러나"라고 말하는 동안에, 또 다른 "그러나"가 계속해서 생겨나게 될 것입니다. 그러다가 "그러나, 찍어버리라 어찌 땅만 버리게 하겠느냐"(눅 13:7)라는 말씀대로 될 것입니다. 깨어나라! 복수여, 일어나라! 죄인이 자고 있다. 네 칼을 빼어들어라. 오, 공의여! 칼집에서 쉬고 있지 말라. 어서 나오너라! 안 됩니다. 절대 그래서는 안 됩니다. 오! 날선 칼이여, 절대로 나오지 말라! 오, 앞으로 나오지 말라! 오 공의여, 너는 잠자코 가만히 있어라! 오 복수여, 네 칼을 치워라. 긍휼이여, 당신이 다스려 주옵소서! "오늘 너희가 그분의 음성을 듣거든 격노하게 하던 때와 광야에서 시험하던 날에 한 것 같이 너희 마음을 강팍하게 하지 말라"(히 3:7-8, KJV)는 말씀에도 불구하고, 여러분이 마음을 강팍하게 한다면, 그분은 진노 가운데 여러분이 그분의 안식에 들어오지 못하도록 맹세하실 것이라는 사실을 기억하십시오. 오! 성령 하나님이시여, 성령님께서 죄인들을 돌이켜 주옵소서. 당신이 없이는 결코 그들이 돌이키지 않을 것이며, 우리의 음성은 목표를 빗나가 그리스도에게로 죄인들이 돌아오지 않을 것이기 때문입니다.

제
35
장

—

내가 기뻐해야 할 이유

—

"그럼에도 불구하고 그 영들이 너희에게 굴복하는 이 일로
기뻐하지 말고 오히려 너희 이름이 하늘에 기록되었으므로
기뻐하라." — 눅 10:20, KJV

여러분은 지난 주일에, 주님께서 "나를 위하여 울지 말고 너희와 너희 자녀를 위하여 울라"(눅 23:28)고 여자들에게 하신 말씀을 통해, 지극히 자연스러운 슬픔 대신 우리에게 더욱 필요한 슬픔이 무엇인지 알게 하신 것을 기억하실 것입니다. 오늘 아침에는 그분께서 우리가 느끼는 지극히 자연스러운 기쁨을 바로잡아서 그 기쁨을 좀 더 높이 승화시키는 방향으로 인도하시는 것을 살펴보게 될 것입니다. 오늘 본문은 "그럼에도 불구하고 그 영들이 너희에게 굴복하는 이 일로 기뻐하지 말고 오히려 너희 이름이 하늘에 기록되었으므로 기뻐하라"고 말씀합니다. 만약 우리가 우리 자신을 그분께 맡긴다면, 그분께서는 범사에 우리를 올바르게 인도해 주시고, 우리의 슬픔과 마찬가지로 우리의 기쁨도 거룩하게 하는 방법을 가르쳐 주실 것입니다.

마귀들이 항복했기에 기뻐한 칠십 인에 대해 우리 주님은 나무라거나 책망하지 않으셨다는 사실을 말씀드리면서 우리의 설교를 이제 시작하고자 합니다. 그렇게 엄청난 성공을 하고도 그들이 기뻐하지 않았다면, 이 또한 아주 이상했을 것입니다. 그들은 주님의 명을 받아 보내심을 받았습니다. 그들은 그분의 능력을 힘입어 그분의 이름을 가지고 주저 없이 앞으로 나아갔습니다. 그러므로

그분의 능력이 나타나 그분의 이름이 영광을 얻었던 것입니다. 그렇다면 그들은 당연히 기뻐해야 하지 않겠습니까? 그들이 선포한 것은 하나님의 나라였습니다. 그래서 그들이 기뻐했던 것이지 않습니까? "하늘로부터 번개 같이 떨어진"(눅 10:18) 존재는 칠십 명의 원수일 뿐만 아니라 주님의 원수이기도 했습니다. 그래서 그들이 기뻐했던 것이지 않습니까? 그러므로 그들이 돌아와 "주여, 주의 이름으로 말미암아 마귀들도 우리에게 굴복하나이다"(눅 10:17, KJV)라고 말했을 때, 주 예수님께서 그들이 기뻐한 것에 대해 화를 내신 것은 아닌 것 같습니다. 우리는 동양의 대화법으로 주님의 말씀을 읽어야 합니다. 우리 주님께서 구사하신 독특한 화법으로 인해, 종종 이차적인 중요성을 가진 일인데도, 주님께서 금하신 것처럼 들릴 수도 있기 때문입니다. 오늘 본문의 경우에서도 나타나듯이, 그분은 제자들이 귀신을 항복시킨 성공에 대해 기뻐하는 것을 책망하려고 한 것이 아니라, 그들의 이 기쁨을 다른 기쁨 아래에 두어, 그들이 이 일로 너무 과도하게 기뻐하지 않도록 하려는 것이었습니다.

어떤 사람들은 칠십 명의 사람들이 어린아이처럼 유치한 승리감에 도취된 것까지는 아니라 해도, 그들이 이룬 성공에 대해 개인적으로 심취하여 자화자찬에 빠져 있었다고 보기도 합니다. 사실 저도 그들이 주님께 한 보고를 보면서 그런 감정의 작은 흔적을 볼 수 있었습니다. 우리 주님께서도 친히 그들이 한 보고의 진정성을 분명히 인정하셨습니다. 왜냐하면 주님께서도 "사탄이 하늘로부터 번개 같이 떨어지는 것을 내가 보았노라"(눅 10:18)고 말씀하셨기 때문입니다. 주님께서 그런 광경을 아무런 기쁨도 없이 보셨다고는 생각할 수 없습니다. 그러므로 어느 정도는 주님께서도 그의 종들과 함께 그 기쁨의 감정을 공유하셨다고 할 수 있습니다. 만약 이 형제들이 어린아이처럼 과도한 자화자찬이나 허영에 빠져 있도록 주님께서 내버려 두셨다면, 주님은 그런 풋내기들에게 더 많은 능력을 계속해서 주지는 않으셨을 것이라 생각합니다. 하지만 주님은 그 풋내기들에게 능력을 주셨습니다. 19절 말씀에서 우리는 이 사실을 알 수 있습니다. "내가 너희에게 뱀과 전갈을 밟으며 원수의 모든 능력을 제어할 권능을 주었으니 너희를 해칠 자가 결코 없으리라"고 나와 있기 때문입니다. 만약 그들이 아이들처럼 유치한 기쁨에 도취되어 있었다면, 우리 주님의 지혜는 마치 십자군 가운데 있는 장군처럼 그들에게 이렇게 말했을 것입니다. "나는 많은 것들을 제군(諸君)들에게 주었소. 하지만 제군들은 지금 그것들을 감당할 수 없소. 제군들은 자신의 현재 승리에 도취되어 있는 것을 나는 이미 보았소. 그러므로 이제 나는 제군들이 겸손히 내가 주는 것을 받고, 또 지혜로 내가 주는 것을 사용할 준비가 될 때까지, 제군들에게 준 내 나라의 특별한 하사품들을 어쩔 수 없이 거둬들이고자 하오"라고 말입니다. 이런 신중한 행동은 현명한 선생인 우리 주님께서 일상적으로 하시던 일이었습니다. 그러나 그분은 제자들의 기쁨을 그 정도의 과도한 자화자찬으로 보지 않았습니다. 물론 서서히 그런 일들이 일어날 것을 우려는 하셨지만, 그들을 책망할 정도의 자화자찬은 아직까지 일어나지 않았던 것입니다. 그래서 그분께서는 계속 이렇게 말씀하셨습니다. "원수의 모든 능력을 제어할 권능을 주었으니 너희를 해칠 자가 결코 없으리라"(눅 10:19)고 말입니다. 마귀들이 떨어지는 것을 보고 그들이 기뻐한 것에 대해 주님께서 정죄하신다는 것은 이해할 수 없는 일입니다. 왜냐하면 주님께서는 "오히려 … 기뻐하라"고 말씀하시기 때문입니다. 이 말에는 기쁨의 첫 번째 주제로서 여러분이 어느 정도는 기뻐해도 된다는 사실이 포함되어 있습니다. 그분은 이어서 "그럼에도 불구하고 … 이 일로 기뻐하지 말고, 오히려 너희 이름이 하늘에 기록되었으므로 기뻐하라"고 말씀하십니다. 한 기쁨은 다른 기쁨과 비교해서만 금해진 것입니다. 하나님께서 우리가 하는 일에 축복해 주신 것에 대해 우리는 기뻐할 수 있습니다. 그러나 하나님의 구원에 대한 우리 개인의 관심에서 우러나오는 기쁨과 비교하면, 이 기쁨은 그다지 두드러진 기쁨이 아닌 것이 분명합니다. 교회가 질적으로 크게 부흥하고, 교회 성도들의 숫자가 크게 증가하는 것을 볼 때, 그 교회의 성도들은 기뻐할 수도 있습니다. 그러나 그러한 때에도 생명력 있는 신앙심과 개인의 경건, 이 두 가지를 살펴볼 필요가 있습니다. 그렇지 않으면 그 기쁨은 슬픔으로 변할 수 있습니다.

자, 사랑하는 성도 여러분, 이 사건을 우리에게 한번 적용해 봅시다. 여러분 중에는 하나님으로부터 하늘나라를 위해 사용될 많은 재능들을 받은 사람들이 있을 것입니다. 하나님께서는 교회에 끼칠 영향력과 세상 사람들에게 끼칠 능력도 여러분에게 주셨습니다. 주신 것으로 끝나지 않고, 여러분이 받은 그 재능과 능력들은 헛되이 사용되지 않았으며 여러 가지 면에서 유익했습니다. 그래서 여러분의 일들이 영광과 성공을 거두기도 했습니다. 하나님의 나라는 여러분을 통해 많은 사람들에게 가까워졌으며, 원수의 큰 나라는 여러분의 이런 일들을 통해 큰 해를 입었습니다. 이 모든 일들로 인해 여러분은 크게 찬사를 받았습니다.

이것이 잘못된 일입니까? 여러분이 기쁨으로 가득 차서는 안 됩니까? 분명히 말씀드립니다. 여러분의 마음은 기쁨으로 가득 차야 합니다. 여러분은 기뻐해야만 합니다. 우리 모두는 우리에게 주신 재능에 대해 감사해야 하고, 그 영향력에 대해 감사해야 하며, 그 성공에 대해 감사해야 합니다. 기쁨이 함께 하지 않는 감사는 감사라고 말할 수 없습니다. 감사한 축복을 받고서도 여러분은 슬퍼하며 감사한 적이 있었습니까? 받은 것에 대해 반드시 기쁨이 있어야 합니다. 그렇지 않으면 감사하게 여기는지 아닌지 알 수가 없기 때문입니다. 여러분이 받은 이런 것들에 대해 감사하는 것이 여러분의 의무라면, 이에 대한 어느 정도의 기쁨을 드러내는 것도 마땅히 의무입니다. 이방인들 가운데 여러분은 그리스도의 헤아릴 수 없는 풍성함을 전하는 은혜를 받았습니다. 여러분에게 주신 이 은혜에 대해 여러분은 기뻐해도 좋습니다. 여러분으로 인해 하나님의 말씀이 여러분이 거주하는 모든 지역에 두루 울려 퍼진 것에 대해 여러분이 기뻐해도 좋습니다. 이 정도까지는 우리가 기뻐해도 괜찮습니다.

　　그러나 우리가 범죄자가 되지 않기 위해서는 적절한 경계선을 지켜야만 합니다. 다시 말해 이 기쁨에 한계가 있어야지, 기쁨에 겨워 함부로 날뛰어서는 절대로 안 된다는 말입니다. 적절한 경계선을 넘어서면 위험하다고 우리 주님은 판단하셨습니다. 따라서 주님이 "그럼에도 불구하고"라는 제한의 말씀을 덧붙이시며, 어떻게 이 기쁨을 다소 억제하고 부정적으로 보셨는지를 잠시 멈추어 살펴보려고 합니다. 게다가 주님께서는 "그 영들이 너희에게 굴복하는 이 일로 기뻐하지 말고 오히려 너희 이름이 하늘에 기록되었으므로 기뻐하라"고 말씀하시면서, 이 기쁨을 한층 더 고귀하고 좋은 기쁨으로 대체하셨습니다. 우리는 이 점도 주목해 보려고 합니다.

　　우리는 오늘 아침에 세 가지를 살펴보고자 합니다. 첫 번째, 조정이 필요한 기쁨입니다. "그럼에도 불구하고 … 이 일로 기뻐하지 말고"라는 말씀처럼 말입니다. 두 번째, 흥분할 필요가 있는 기쁨입니다. "오히려 … 기뻐하라"는 말씀처럼 말입니다. 그리고 마지막 세 번째, 주님의 기쁨은 이 두 번째 기쁨과 일치한다는 것입니다. 21절 말씀의 전반부만 읽어보십시오. "그 때에 예수께서 성령으로 기뻐하시며"라고 되어 있습니다. 우리 주님은 성령의 어떤 측면 속에서 이 기쁨을 통합할 수 있었습니다.

1. 그렇다면, 첫 번째로 조정이 필요한 기쁨을 살펴보겠습니다.

이 기쁨은 악한 영들을 이긴 승리의 기쁨입니다. 복음을 전하고 이적을 행한 기쁨으로서, 은사와 능력과 성공의 기쁨입니다. 이 기쁨은 조정이 필요합니다. 왜냐하면, 첫째, 이 기쁨은 교만으로 타락하기 쉽기 때문입니다. 돌아온 칠십 인은 교만하지 않았습니다. 그들은 "주여, 주의 이름으로 말미암아 마귀들도 우리에게 굴복하나이다"(눅 10:17, KJV)라고 말했기 때문입니다. 이것은 결과를 보고하는 아주 적절한 방식이었습니다. 그들은 그 성공을 조금도 자신의 것으로 부당하게 사칭하지 않았습니다. 오히려 그들은 자기들이 사용했던 그 이름, 즉 비할 데 없이 모든 것을 이기는 그 이름에 성공을 돌렸습니다. 여기까지는 모든 것이 좋았습니다. 하지만 사랑하는 성도 여러분, 인간의 본성이 지닌 경향성은 자기를 높이는 방향으로 나아가기 마련입니다. 그래서 서서히 우리는 "우리가"라고 말하면서 우리 자신을 강조합니다. 그러면서 "주의 이름으로 말미암아"라는 말은 작은 소리로 말합니다. 그 소리도 점점 더 들리지 않을 정도로 작게 되어, 결국에는 형식적으로만 "주의 이름으로 말미암아"라고 말할 뿐, 마음속으로는 이 모든 성공이 우리 때문에 이루어진 것으로 생각합니다. 하나님께서 어떤 사람을 축복하셔서, 사실 마귀를 내쫓는 것보다 더욱 큰 성과인 영혼을 얻는 일에 오랫동안 지속적으로 성공하게 하셨다면, 그 사람 안에는 독특한 탁월함이나 특별한 미덕이 있을 것으로 우리의 타락한 본성이 생각하는 악한 경향성이 있습니다. 그 사람은 마음속으로 이렇게 말할 것입니다. "주여, 내 설교로 말미암아 큰 죄인들과 교만한 불신자들이 당신께로 돌아왔나이다"라고 말입니다. 그와 동시에 이렇게 주목할 만한 공을 세운 것이 자신의 설교가 아니라 예수님의 이름이었다는 사실을 잊게 됩니다. 하나님께서 우리로 말미암아 아무리 많은 일들을 행하셨다 해도, 우리는 아무것도 아닙니다. 당연히 그 모든 영광은 우리 주 예수 그리스도의 이름에 돌아가야 합니다. 하지만 우리는 너무나 비열하여 그 영광을 우리의 공적으로 돌립니다. 우리 가운데 누가 이러한 유혹으로부터 완전히 자유롭다고 주장할 수 있겠습니까? 참으로 주님께서 자기 종들을 쓰실 때는, 그 종들을 겸손하게 만드신 후에 사용하십니다. 그리고 그 종들이 풍성한 은혜를 가졌다면, 틀림없이 풍성한 은사도 가지고 있을 것입니다. 만약 성도들이 성령님의 영향력 아래 풍성히 거한다면, 성도들도 틀림없이 풍성한 영향력을 가지게 될 것입니다. 하지만 이와 같은 특별한 영광을 지속적으로 간직하게 되는 것은 아주 큰 은혜를 입는 것입니다. 아주 겸손히 행하고 성공적으로 사역하는 자들을 볼 때, 우리는 "이것은 하나님의 손가락이니이다"(출 8:19, KJV, 개역개정은 "이는 하나님의 권능이니이다"로 되어 있다)라고 말합니다. 타락한 본성을 그냥 내버려 둬 보십시오. 그러면 마치 죽은 시체가 따뜻한 공기로 인해 곧 부패하듯이, 자축(自祝)과 번영이라는 안락과 편안은 인간의 본성을 급속히 부패하게 만들 것입니다. 그러므로 은사와 성공으로 인한 기쁨은 할 수만 있다면 마땅히 적절하게 통제되어야 할 필요가 있습니다. 그럼에도 불구하고 나쁜 결과들이 생기지 않도록 하기 위해서는 이러한 기쁨에 너무 많이 빠지지는 말아야 합니다. 지금까지는 이런 나쁜 결과들이 초래되었더라도, 앞으로는 절대 그래서는 안 됩니다. 만약 이렇게 하지 않는다면, 주님께서는 우리가 점점 더 극도로 교만해지는 것을 보게 되셔서, 그분의 사역에서 우리를 전적으로 제쳐놓으시며, 그분에게서 영광을 가로채려고 하지 않는 다른 도구들을 취하려고 하실 것입니다.

　　그리고 조정이 필요한 기쁨은 다음과 같은 생각에서도, 즉 우리가 은사들을 받았다거나 우리가 사역에서 성공했다는 사실이 곧 우리 마음에 은혜가 있다는 증거는 절대로 아니다 하는 측면에서도 자제되어야 합니다. 사악하고 게으른 종들도 재능인 달란트들을 가지고 있습니다. 달란트가 없어도 우리는 은혜로 구원을 받습니다. 하지만 은혜 없는 달란트는 더욱 무겁게 우리를 정죄할 뿐입니다. "내가 사람의 방언과 천사의 말을 할지라도 사랑이 없으면 소리 나는 구리와 울리는 꽹과리가 되고 내가 예언하는 능력이 있어 모든 비밀과 모든 지식을 알고 또 산을 옮길 만한 모든 믿음이 있을지라도 사랑이 없으면 내가 아무것도 아니요"(고전 13:1,2)라는 말씀처럼, 교회 사역을 위한 최고의 재능으로 여기는 것과 교회 안에서 가장 크게 영향을 끼치는 것들도 은혜가 없으면 아무런 소용이 없습니다. 그러한 능력을 가지는 것에는 위선과 거짓이 수반될 수도 있습니다. 이러한 상황은 주님 당시에도 그랬습니다. 가룟 유다도 기적들을 행했고, 복음을 전했습니다. 가룟 유다는 교회의 한 구성원일 뿐만 아니라, 교회 안에서 신뢰할 만한 직분을 맡은 자였습니다. 하지만 유다 또한 자기 곳으로 돌아가 버렸습니다(삼하 19:39). 왜냐하면 그는 멸망의 아들(요 17:12)이었기 때문입니다. 우리 주님께서는 은혜 없는 사역자들이 많을 경우를 예상하라고 우리에게 말씀하셨습니다. "그 날에 많은 사람이 나더러 이르되 주여 주여 우리가 주의 이름으로 선지자 노릇 하며 주의 이름으로 귀신을 쫓아내며 주의 이름으로 많은 권능을 행하지 아니하였나이까 하리니, 그 때에 내가 그들에게 밝히 말하되 내가 너희를 도무지 알지 못하니 불법을 행하는 자들아 내게서 떠나가라 하리라"(마 7:22-23)고 말입니다. 이 경고의 말씀이 소수를 향한 것이 아니라 다수를 향한 것임을 여러분은 주시하십시오. 우리는 지난 천팔백 년 동안 가룟 유다와 같은 사람을 적어도 한 번은 보아왔을 뿐만 아니라, 오늘날에도 그와 같은 많은 자들이 있을 것입니다. 지금까지 많은 사람들이 예수님의 이름을 드러내 놓고 사용해 왔습니다. 그 이름을 사용하는 자들이 하나님의 마음에 합한 경우가 아니었다 해도, 하나님은 예수님의 이름만큼은 영화롭게 하셨습니다. 그들은 설교를 하였고 참된 메시지를 전했으며, 하나님은 진리이신 분으로 인정을 받았습니다. 하지만 그들은 참된 사람이 아니었기 때문에, 결과적으로 하나님으로부터 큰 미움을 받게 되었습니다. 좋은 씨앗은 비록 나병환자의 손에 의해 뿌려졌다 해도, 잘 자랄 것입니다. 하지만 우리는 거짓 입술로 진리를 말하지 않도록 주의해야 합니다. 우리는 발람처럼 되지 않도록 주의해야 합니다. 발람은 눈이 열려(민 22:31) 미래에 일어날 진기한 이상들을 보게 되었으며, 그의 혀는 심오한 것들을 말할 만큼 영감을 받았습니다. 하지만 그는 저주받은 자 가운데로 떨어졌습니다. 왜냐하면 그가 대가(代價)를 바라고 탐욕을 내며 달려갔기 때문입니다(유 1:11, KJV). 그러므로 사랑하는 성도 여러분, 하나님께서 여러분이 지금 하고 있는 일에 축복하셔서, 영혼들이 구원 얻는 것을 여러분이 보고 또한 여러분 자신이 영광을 받는다고 해서, 기뻐하지 마십시오. 왜냐하면 이런 일은 주님이 귀중히 여기지 않는 자들에게서도 얼마든지 일어날 수 있는 일이기 때문입니다. 오히려, 실제로 그리고 진정으로 여러분이 주님의 친백성이 되어 하늘에 기록되는 것으로 기뻐하십시오. 다른 사람들에게 말씀을 전하고서도 어쩌다 우리 자신이 버림받은 자들이 되지 않도록, 우리 몸을 쳐(고전 9:27) 깨어 기도합시다(벧전 4:7, KJV). 왕이 베푸시는 성대한 연회장 문을 지키면서 다른 사람들에게는 그 문을 열어주고, 정작 본인은 굶어서 멸망하게 된다면 정말 끔찍한 일일 것입니다.

우리가 행한 일에 대해서 과도하게 기뻐하는 것은 아주 불안한 일입니다. 왜냐하면 우리가 행한 사역은 결국 지금 보이는 그 모습으로 드러나지 않을 것이기 때문입니다. 사실 저는 그 칠십 인이 실제로 얼마나 선한 일들을 했는지 잘 모릅니다. 하지만 아주 많은 회심자들을 얻지는 못했을 것 같습니다. 왜냐하면 만약 많은 자들이 회심을 했다면, 오순절 다락방에 모인 제자들의 이름이 열거되었을 때(행 1:13), 엄청나게 많은 수의 이름들이 기록되었어야 했기 때문입니다. 그렇다고 해서, 지금 우리가 칠십 인의 사역을 판단하려는 것은 아닙니다. 우리는 단지 이 사실만은 알고 있습니다. 즉, 우리가 밖으로 나가 일정 시간 동안 성공적인 사역을 감당해서 마귀들까지도 우리에게 굴복하게 하는 것은 어쩌면 아주 쉬운 일일 수 있습니다. 하지만 이런 일도 하나님의 참된 사역이 아닐 수 있다는 것입니다. 수많은 무리들이 말씀을 듣기 위해 모여들 수도 있고, 자신의 깊은 감정을 분명히 드러낼 수도 있고, 종이에 적힌 회심자의 숫자가 엄청나게 증가할 수도 있지만, 그러나 이 모든 일에서도 참으로 기뻐할 만한 가치는 거의 없을 수도 있고 어쩌면 전혀 없을 수도 있습니다. 이런 상황은 다른 형태의 섬김에서도 마찬가지일 수 있습니다. 주일학교 사역이나 다른 다양한 사역에서도 우리는 성공했다고 생각할 수 있습니다. 하지만 우리는 단지 다음 번 파도에 쓸려가 사라져 버릴 기초 없는 건축물을 모래 위에 짓고 있는 것일 수도 있습니다. 모든 사람이 행한 일들은 머지않아 반드시 시험받을 것이라는 사실을 우리는 꼭 기억해야 합니다. "이는 그것이 불에 의해 드러나고, 그 불이 각 사람의 일이 어떤 종류인지 시험할 것이기 때문입니다"(고전 3:13, KJV). 우리가 평생토록 한 일들이 그 불을 통과하기도 전에, 우리가 먼저 기뻐하기 시작한다는 것은 너무나 성급한 일입니다. 누가 봐도 아주 높고 아름다운 건물인데, 알고 보니 그 건물의 벽은 짚으로 지어졌고, 기초는 그루터기로 지어졌으며, 서까래는 마른 나무로 만들어졌다고 한다면, 도대체 어떻게 되겠습니까? 이러한 것들은 이내 불에 타 버리며, 그런 구조 역시 얼마나 빨리 불에 타 사라져 버리는지 모릅니다. 반짝이는 보석들로 아주 작은 방을 만든 사람이나 금으로 아주 작은 오두막을 세운 사람이, 건초더미를 피라미드처럼 공중에 높이 쌓아올린 사람보다 더 많은 일을 했다고 할 수 있습니다. 행한 일의 양이 중요한 게 아닙니다. 교회 역사에서 차지하는 위치가 중요한 것도 아닙니다. 우리가 행한 위대한 업적들에 대한 평판이 중요한 것도 아닙니다. 문제는 이것입니다. 그 일이 얼마나 참으로 진실 되게 행해졌느냐 하는 것입니다. 질(質)이 양(量)보다 훨씬 더 중요합니다. 사역의 지속성이 겉으로 드러난 사역의 효과나 화려함보다 더 중요하다고 할 수 있습니다. 그러므로 사랑하는 젊은 성도 여러분, 여러분에게 일시적으로 임한 그 찬란한 모든 성공에 대해 기뻐하지 마십시오. 나이 많은 성도들도 마찬가지입니다. 여러분이 반 세기 동안 번영을 누렸다 해도 기뻐하지 마십시오. 계속되는 번영으로 인해 여러분이 스스로를 높이지 않도록 너무 많이 기뻐하지 마십시오. 오히려 기뻐하려면 더 안전하고 더 은혜로운 것을 기뻐하십시오. 다시 말해, 여러분의 이름이 하늘에 기록된 것으로 기뻐하십시오.

다시 말씀드립니다. 여러분이 행한 일이 아무리 선하다 해도, 그로 인한 기쁨은 조정되어야 합니다. 왜냐하면 이런 기쁨이 있다고 해서, 은사도 적고 소용도 적은 다른 사람들보다 우리가 더 많은 은혜를 받았다는 사실이 증명되는 것은 아니기 때문입니다. 오늘 본문의 앞 장에 보면 아홉 명의 사도들은 귀신 들린 아이에게서 귀신을 내쫓으려고 했지만, 그렇게 할 수 없었습니다. 그래서 제자들은 주님에게 "우리는 어찌하여 쫓아내지 못하였나이까?"(마 17:19)라고 물었습니다. 여러분은 이 내용을 눈여겨보셨습니까? 거룩한 사도들의 대다수도 귀신을 쫓아내는 일에 실패하였습니다. 그런데 이 사도들보다도 열등한 칠십 인들이 모두 기쁨으로 돌아와서는 "주여, 주의 이름으로 말미암아 마귀들도 우리에게 굴복하나이다"(눅 10:17, KJV)라고 말했던 것입니다. 이것을 보고 여러분은 그 칠십 인들이 사도들보다 더 탁월한 능력을 가졌다고 결론을 내리게 되나요? 만약 여러분이 그런 결론을 내린다면, 여러분은 대단히 큰 실수를 범한 것입니다. 왜냐하면 칠십 인들은 여러분이 생각하는 그런 사람들이 결코 아니었기 때문입니다. 하나님 나라에 유용한 사람으로 세움을 받은 어떤 사람이 좀 덜 유용해 보이는 다른 사람들을 보면서, 열심히 수고하기는 하지만 자기만큼의 명백한 결과로 면류관을 얻지 못한 자들보다 자기가 더 낫다고 여기는 것은 대단히 안타까운 일입니다. 지금까지 교회 안에서 이름도 언급되지 않고 눈에도 띄지 않는 하나님의 어떤 자녀가 우리보다 더 가치 있는 사람일 수 있습니다. 우리에 대한 모든 평가들 중에서 우리의 외면적 유용성에 기초한 평가가 가장 기만적일 것 같습니다. 사랑하는 성도 여러분, 여러분이 기이한 일들을 행했다고 해서, 여러분이 자신을 대단하게 생각하고 있지는 않은지 매우 조심하십시오. 저는 주님의 자녀들 중에 최고로 좋은 자녀를 병상에 누워 있는 자들 가운데서 보여드릴 수 있습니다. 저는 가장 풍성하고 진귀하게 경건한 자를 글도 모르는 무식하고 가난한 자들 가운데서 보여드릴 수 있습니다. 단 한 문장도 문법에 맞게 말할 수 없으나, 그리스도의 가슴에 거하면서 생명력 있는 경건의 깊이와 능력으로 인해 여러분을 부끄럽게 할 사람을 보여드릴 수 있습니다. 여호와께서 보시기에 귀중한 보석처럼 밝게 빛나는 그런 사람을 저는 여러분에게 보여드릴 수 있습니다. 그런 사람과 여러분을 비교하면, 여러분은 가련하고 어리석은 조약돌에 불과합니다. 그런데도 그 사람은 거의 영광을 받지 못하나, 여러분은 높은 평가를 받습니다. 그 사람의 기도는 여러분의 설교보다 수천 배 더 교회에 유익했습니다. 여러분의 설교가 성공할 수 있었던 것은 아마도 그 사람의 기도 때문이었을 것입니다. 우리는 사람이 가진 은사로 그 사람의 인격을 판단할 수 없습니다. 한 달란트를 받고 선용(善用)한 사람이, 다섯 달란트를 받고 악용(惡用)한 사람보다 마지막 날에 더 큰 영접을 받게 될 것입니다. 비록 작은 땅이라도 자신의 땅을 가득 채운 사람이, 광대한 밭을 갖고도 대부분 경작하지 않은 채로 남겨둔 자보다 훨씬 더 큰 위로를 받게 될 것입니다. 대중의 마음에 크고 중요한 영향을 끼쳤다고 해서 큰 은혜를 가진 자라고 주장할 수 없습니다. 어떤 사람이 성공했다고 해서 더 가치가 있는 것도 아니며, 가장 훌륭한 사람이 가장 형통한 것도 아닙니다. 오, 어부들이여, 여러분의 그물이 가득 찼다고 해서 스스로 자랑하지 마십시오. 여러분만큼이나 선한 자들도 밤새도록 수고했으나 아무것도 잡지 못했기 때문입니다(눅 5:5, KJV).

다시 말씀드립니다. 성공으로 인한 이 기쁨은 엄격히 통제되어야 할 필요가 있습니다. 왜냐하면 이 기쁨은 지속적이지 않기 때문입니다. 사랑하는 성도 여러분, 마귀들이 굴복해서 여러분이 오늘 기뻐했다면, 마귀들이 다시 풀려나는 내일은 도대체 어떻게 할 것입니까? 만약 여러분이 거듭된 성공을 거둔 수고를 끝내고 돌아와 기뻐한다면, 메마른 자갈밭을 쟁기질해야 하는데 쟁기 날마저 깨져 버리는 다른 날에는 도대체 어떻게 하려고 합니까? 만약 여러분의 주인이 여러분의 초대에도 전혀 반응이 없는 곳에 여러분을 보낸다면 어떻게 하겠습니까? 만약 그분께서 여러분을 여러분의 말을 듣지 않는 사마리아인들 가운데로 보내셔서, 여러분이 이 성에서 저 성으로 다니며 여러분의 발에서 먼지를 떨어 버리게(마 10:14) 하신다면 어떻게 하겠습니까? 여러분이 귀신들린 아이를 만나게 되었는데, 이런 종류는 기도와 금식을 통하지 않고는 나가지 않기(마 17:21, KJV) 때문에, 여러분이 그 악한 영을 내쫓을 수 없다는 사실을 알게 되었다면 어떻게 하겠습니까? 사랑하는 성도 여러분, 그 때 여러분은 심히 좌절하며 용기를 잃게 될 것입니다. 만약 여러분이 여러분의 영혼을 외면적인 성공 같은 그런 변변치 못한 양식으로 먹인다면, 그런 양식은 여러분을 연약하게 만들 것입니다. 그렇다면 여러분의 번영이 쇠해질 때, 여러분은 도대체 어떻게 되겠습니까? 여러분은 절망 속에서도 계속해서 주님을 섬길 정도로 견고하지 못할 것이기 때문에 더 이상 주님을 섬기지 못할 것입니다. 이것이야말로 정말 악한 일이 될 것입니다! 오, 밖으로 드러나는 것보다 더 좋은 것으로 양식을 삼는 믿음을 추구하십시오. 다시 말해, 은사나 영향력이나 현재의 성공 등으로 살아가지 않고, 영원히 복되신 하나님께서 제공하시는 다함이 없는 약속에 의해 스스로 유지되는 믿음을 추구하십시오. 우리에게 필요한 것이 바로 이러한 믿음입니다.

다시 한 번 더 말씀드립니다. 우리가 이 기쁨에 흠뻑 젖어 있다 해도, 이 기쁨으로는 시련과 고난과 유혹의 긴장, 특히 죽음의 긴장을 우리가 감당할 수 없다는 사실을 알게 됩니다. 죽음을 예로 들어 말씀드리겠습니다. 죽어가고 있는 사람이 "지금까지 나는 다른 사람들에게 그리스도를 증거했다"는 생각을 하며 자신을 위로할 수 있겠습니까? 이와는 다른 어떤 확신이 그에게 필요하지 않을까요? 그에게는 좀 더 개인적인 어떤 것이 필요하지 않을까요? 이 기쁨이 그 굶주린 영혼에게 향기로운 식사가 될 수 있을까요? 그가 마귀들을 제압할 능력을 가지고 있다 해도, 마귀들도 그를 제압할 능력이 있지 않겠습니까? 죽음의 싸늘한 파도 한가운데서 다음과 같은 자랑을 하며 자신을 격려할 수 있겠습니까? "나는 담대히 말하는 사람이었고 능력 있는 신앙 고백자였으며, 그리스도의 명령들이 나의 주도하에 이뤄져왔다"고 말입니다. 전혀 위로가 되지 않을 것입니다. 이런 때는 좀 더 확실한 위로와 거룩한 것들이 우리 안에 있기를 원할 것입니다. 불행하게도 이 사람은 군중집회의 흥분이나 친구들의 호평에 의지해 사는데 익숙해진 사람일 것입니다. 은사, 학식, 수고, 성공 등, 이 모든 것들을 무더기로 쌓아올려도 한 영혼을 영원의 가장자리에라도 데려갈 수 없습니다. 그러한 것들은 결코 중생의 확실한 징조가 되지 못한다는 것은 지금까지도 분명한 사실입니다. 바리새인들의 아들들이 귀신을 내쫓지 않았습니까?(마 12:27). 사람들이 마술사 시몬에 대해서도 "이 사람은 하나님의 큰 권능이라"(행 8:10, KJV)고까지 말하지 않았습니까? 그러나 이러한 사람들은 은혜 없는 사기꾼들이었습니다. 우리는 새롭게 태어난 확실한 증거를 가지고 있어야 합니다. 우리는 우리의 시민권이 하늘에 있음을 알아야 합니다. 우리는 예수님께 속해 있음을 알아야 합니다. 한 마디로, 우리는 우리의 이름이 하늘에 기록되어 있음을 알아야 합니다. 그렇지 않으면, 우리는 임종할 때 완전히 파멸당한 자신을 발견하게 될 것입니다. 그러므로 이 모든 이유들로 인해 마귀들을 이겼다거나 많은 군중들이 모였다거나 많은 영혼들을 구원시켰다고 너무 우쭐대지 마십시오. 오히려 주님께서 여러분이 기뻐할 다른 이유들을 지적해 주실 때, 주님의 그 음성을 귀담아 들으십시오.

**2. 이제 우리는 두 번째로 흥분할 필요가 있는 기쁨에 대해서
살펴보게 되었습니다.**

"오히려 너희 이름이 하늘에 기록되었으므로 기뻐하라"고 오늘 본문은 말합니다. 사랑하는 성도 여러분, 이런 기쁨을 여러분에게 말씀드리게 되어 저도 기쁩니다. 이 기쁨은 우리가 마음껏 푹 빠져도 좋을 그런 기쁨입니다. 왜냐하면 모든 성도들이 하나 되어 함께 나눌 수 있는 기쁨이기 때문입니다. 사랑하는 성도 여러분, 만약 여러분이 주 예수 그리스도를 믿는다면, 비록 여러분이 그분을 위해서 할 수 있는 게 별로 없다 해도, 여러분은 여러분의 이름이 하늘에 기록되었으므로 기뻐할 수 있습니다. 몸져누운 자매들도 이 사실로 기뻐할 수 있습니다! 불치병에 걸린 자들도 이 사실로 크게 기뻐할 수 있습니다. 병약해서 말 한 마디 하기 어려운 하나님의 자녀들도, 또 마귀와의 갈등으로 자신의 골방에 틀어박혀 지내는 하나님의 자녀들도 이제 나아와 이렇게 말할 수 있습니다. "저 또한 내 이름이 하늘에 기록된 것으로 기뻐할 수 있습니다"라고요. 여러분은 우리의 나이든 친구들이 이렇게 노래하며 기뻐하는 것을 본 적이 없습니까?

> "하늘에 있는 여러 집들 가운데
> 내 문패를 내가 분명히 읽을 수 있을 때,
> 나는 모든 두려움에 작별을 고하고,
> 흐르는 내 눈물을 닦겠네."

(아이작 와츠의 「시편과 찬송」 2권 65번에 나오는 '내 문패를 내가 분명히 읽을 수 있을 때' [When I Can Read My Title Clear]라는 찬송가의 1절 가사다 — 역주).

그들의 이름이 하늘에 기록된 것에 대한 큰 기쁨을 누리며 살아온 체험이 있기 때문에, 그들은 이렇게 기뻐 노래하는 것입니다.

우리 주님께서 권하신 이 기쁨은 **믿음에서 솟아나오는** 기쁨입니다. 반면에 다른 기쁨들은 오직 보는 것에서 비롯된 것들입니다. 사람은 자신이 가진 재능들을 볼 수 있습니다. 자신이 가진 능력과 영향력도 볼 수 있고, 자신이 성공한 것

도 볼 수 있습니다. 그러나 시각을 통해 신자들에게 주어지는 모든 기쁨은 의심스러운 기쁨이라고 저는 확신합니다. 마치 우리가 자주 먹어서는 안 되는 진미(珍味)와 같습니다. 맛은 있지만 자주 먹어서는 안 되는 것을 본 적이 있습니까? 꿀이 그런 것이겠지요. 먹고 나서 탈이 나지 않으려면, 여러분은 너무 많이 먹지 않아야 합니다. 그러나 하늘에 기록된 우리의 이름으로부터 오는 기쁨은 믿음을 통해 우리에게 주어지는 것입니다. 왜냐하면 우리의 눈이 그 기록된 것을 본 것도 아니고, 천사가 그 기록된 것을 우리에게 읽어준 것도 아니며, 오직 예수님을 믿음으로써 우리 이름이 하늘에 기록된 것을 확신할 수 있기 때문입니다. 이런 이유로 이 기쁨은 좋은 땅에서 자라난 안전한 기쁨입니다. 믿음으로 말미암는 모든 기쁨들은 내려친 반석에서 솟아나오는 물처럼 안전한 물이며, 그 수원(水源)에서는 어떠한 독성 있는 물도 나올 수 없습니다. 이 기쁨은 각 사람의 분량대로 먹을 수 있는 만나와(출 12:4) 같아서, 영혼이 배부름을 얻을 수 있습니다. 또 이 기쁨은 몸에 좋은 고기와도 같습니다. 메추라기를 먹는 문제로는 백성의 진영에 재앙이 내렸지만, 몸에 좋은 이 고기는 그런 재앙을 초래하지 않습니다. 왜냐하면 메추라기는 백성의 격렬한 원망을 충족시키기 위한 진노로 보내졌기 때문입니다(출 16:12). 우리는 하늘에서 내려온 만나를 먹고서 죽은 사람을 지금까지 본 적이 없습니다. 하지만 그들은 정욕의 음식이었던 메추라기를 먹고서는 죽었습니다. 여러분은 할 수 있는 한 최대로 믿음의 기쁨을 여러분의 것이 되도록 하십시오. 특히 "오히려 너희 이름이 하늘에 기록되었으므로 기뻐하라"는 이러한 기쁨을 말입니다.

이 기쁨은 우리가 택함을 받았다는 사실을 아는데 있습니다. "사랑하는 형제들아, 하나님께서 너희를 선택하셨음을 아노라"(살전 1:4, KJV)는 말씀대로, 여러분은 여러분의 이름들이 창세 전에(엡 1:4) 하늘에 기록되어 있다는 것을 알고 있습니다. 오, 이 얼마나 상상할 수도 없는 기쁨입니까! 하나님의 선택을 받았다는 것은 여러 기쁨 중에서 최고의 기쁨입니다. 여러분의 이름이 하늘에 기록된 기쁨에는, 여러분이 주님께 귀한 존재라는 사실을 아는 기쁨이 포함되어 있습니다. 왜냐하면 "주를 두려워한 자들과 그분의 이름을 생각한 자들을 위하여 자기 앞에서 기념 책을 기록하셨느니라 만군의 주가 말하노라 내가 나의 보석들을 만드는 그 날에 그들을 나의 소유로 삼을 것이요"(말 3:16-17, KJV)라는 말씀대로, 하늘에 이름이 기록된다는 것은 우리가 하나님 보시기에 귀한 존재들이라는 뜻이기 때문입니다. 그분께서는 보석이 박힌 그분의 면류관을 씌워 줄 사람들의 목록에 우리 이름을 기록해 두었다가, 그분의 거룩한 모든 홀(笏)들이 완성되는 날까지, 그분을 위해 우리를 보호하실 것입니다. 하늘에 있는 주얼 하우스(jewel house, 영국의 런던 타워 안에 있는 곳으로, 1365년에 지어진 이래 영국 왕가의 진귀한 보물들을 보관 및 전시하는 곳)의 목록에 기록되어 있는 자들은 복된 자들입니다.

하늘에 이름이 기록된다는 것은 "하늘에 기록된 장자들의 모임과 교회와"(히 12:23) 새 예루살렘의 시민권을 여러분이 요구할 수 있다는 뜻입니다. 우리가 기뻐하는 것은 바로 이런 이유에서입니다. 큰 도시들에는 그 도시의 시민들의 이름을 적어 놓은 명부(名簿)가 있듯이, 하늘에 있는 도시의 명부에도 우리의 이름이 적혀 있으며, 지금부터 계속해서 우리의 시민권은 하늘에, 즉 우리 주 예수 그리스도이신 그분을 바라보는 곳에 있기 때문입니다. 이것이 바로 우리가 기뻐하는 포괄적인 주제이며, 이 기쁨에는 왕권보다 더욱더 귀한 특권과 명예가 포함되어 있습니다.

우리는 우리의 이름이 기록되어 있음을 기뻐할 뿐만 아니라, 우리의 이름이 하늘에 알려지고 선포되었다는 사실도 기뻐합니다. 사도 바울은 하나님을 섬기는 종들에 대해 "그들의 이름이 하늘에 기록된 자들"(히 12:23)이라고 분명히 말했습니다. 이렇게 말한 사도 바울의 생각은 이런 것입니다. 즉, 그들은 이 땅에서는 명성이나 명예를 얻지 못했지만, 명예를 받을 만한 가치가 있는 곳인 하나님의 보좌 앞에서는 그들의 이름이 영원히 기록된다는 것입니다. 하늘에 기록된다는 것은 우리가 그리스도의 새 나라에 핵심적인 중요 부분이라는 것이고, 그리스도의 군사들 가운데 한 명으로 이름이 새겨졌다는 것이며, 그분을 위해서 어려움을 감당하라는 명령을 받았다는 의미입니다. 우리는 예수님의 친구로 하늘에 기록되어 있습니다. 우리는 거룩한 형제로 여겨집니다. 거룩한 아버지의 위대한 책 안에서, 우리는 자녀들 가운데 한 명으로 계수되며, 이후로는 하늘과 땅에서 한 가족에 속한 자로 간주되고 그런 대우를 받을 것입니다. 이것이 바로 우리가 기뻐하라고 부르심을 받은 것과 관련된 내용입니다. "너희 이름이 하늘에 기록되었으므로 기뻐하라."

저는 이러한 사실 가운데서 기뻐해야 할 풍성한 이유를 보고 있습니다. 그러나 오늘 아침에 그 이유들을 자세하게 다 말씀드릴 수는 없습니다. 먼저 여러분의 이름을 하나님의 영원한 책에 새겨 넣어주신 그 크신 은혜에 저는 여러분이 기뻐했으면 좋겠습니다. 오, 가치 없는 여러분의 이름을 기록해 주신 그 은혜, 즉 여러분의 이름을 구별하여 분별해 주신 주권적인 그 은혜를 찬양하십시오. 그 반열에는 왕이나 황제의 이름이라든가, 크게 명망을 얻은 사람이나 탁월한 재능을 가진 사람이라든가, 대단한 웅변가나 학식을 가진 사람들의 이름이 올라가게 됩니다. 그러나 위대한 사람들로 간주되는 이름 대신에, 평범한 여러분의 이름이 거기에 올라가 있습니다. 그러므로 하나님의 은혜에 모든 영광을 더욱더 돌려드립시다.

그리고 여러분의 이름을 하늘 명부(名簿)에 새겨 넣어주셔서 여러분을 위협하던 고대의 율법, 즉 "누구든지 내게 범죄하면 내가 내 책에서 그를 지워 버리리라"(출 32:33)고 한 이 말씀이 여러분에게 더 이상 힘을 쓰지 못하게 하신 그 은혜를 기뻐하십시오. 지금까지 여러분은 성령님께서 계시록에서 분명하게 말씀하신 그 사람들 가운데 서 있었습니다. "이기는 자는 이와 같이 흰 옷을 입을 것이요 내가 그 이름을 생명책에서 결코 지우지 아니하고 그 이름을 내 아버지 앞과 그의 천사들 앞에서 시인하리라"(계 3:5)고 말씀하신 그 사람들 가운데 말입니다. 어린 양의 생명책에는 여러분의 이름이 여전히 기록되어 있습니다. 그 책에 여러분의 이름이 기재되게 하시고 또 영원토록 기재되게 하시는 그 은혜를 생각하면, 여러분의 눈에는 하염없는 눈물이 흘러내릴 것입니다. 여러분의 이름이 더브레츠 피어리지(Debrett's Peerage, 1769년에 설립된 출판사인 '더브레츠'[Debrett's]에서 발행한 것으로 영국 귀족들의 이름과 족보 및 간단한 가족사 등이 실린 명감[名鑑])나 고타 왕족 연감(Royal Almanac de Gotha, 1763년에 독일 고태[Gotha]에서 처음으로 출판된 유럽의 왕가 및 귀족의 족보 등을 기재한 책)에 실리는 것보다, 하나님의 아들과 딸의 이름 가운데 실리는 것이 더 좋습니다. 여러분의 이름이 생명책에 있음으로 지금 여러분에게는 평화와 기쁨과 안전과 축복이 보장되며, 미래에는 아버지께서 그리스도에게 주신 자들을 위해 그리스도께서 준비하러 가신 그 "많은 집들"(요 14:2, KJV) 안에 사는 피로 씻음 받은 무리들 가운데 있게 될 것입니다. 사랑하는 성도 여러분, 이제 앉으셔서 여러분의 이름이 하늘에 기록되었다는 이 사실로 여러분의 영혼이 극도로 기뻐하며 승전가(勝戰歌)를 부르도록 하십시오. 잠시 귀신들을 떨어뜨린 것도 잊으십시오. 여러분의 능력도 잊으십시오. 여러분의 성공도 잊으십시오. 이 모든 것들을 구세주의 발 앞에 던져 버리십시오. 이 모든 것들은 마땅히 구세주의 발 앞에 있어야 하며, 여러분의 기쁨, 여러분의 분깃, 여러분의 하늘 아래에 있도록 하십시오. 여러분의 이름은 영원하신 분의 족보에 기록되어 있습니다. 성령님께서 이 장엄한 기쁨으로 여러분을 감동시켜 주시기를 기원합니다.

사랑하는 성도 여러분, 이 기쁨은 계발될 수 있는 기쁨입니다. 우리는 어떻게 이 기쁨을 계발할 수 있을까요? 만약 이러한 기쁨을 많이 가지기 원한다면, 우리는 이 사실을 확실한 것으로 여겨야 합니다. 우리의 이름이 하늘에 기록되었다는 사실을 우리는 확신해야 합니다. 그렇지 않으면, 우리는 이 사실로부터 기뻐할 수 없습니다. 여러분의 믿음이 이 사실을 전적으로 확신하는 믿음이 되기까지 자라도록 하십시오. 그렇게 자라야지, 여러분의 이름이 하늘에 기록되었다는 사실로 기뻐할 수 있을 것입니다. 어떤 사람은 "어떻게 내가 이 사실을 알 수 있습니까?"라고 묻습니다. 좋습니다. 사랑하는 성도 여러분, 한 가지는 분명합니다. 만약 하나님께서 구원받은 자들 가운데 여러분의 이름을 기록하셨다면, 여러분은 그 사실을 바로 알 수 있습니다. 왜냐하면 여러분은 구원받았기 때문입니다. 만약 여러분이 용서를 받았다면, 여러분의 이름은 용서받은 자들 가운데 기록되어 있을 것입니다. 참으로 여러분이 소생해서 생명이 있다면, 시온에 살아 있는 자들 가운데 여러분의 이름이 기록되어 있을 것입니다. 저는 더 이상 계시되지 않은 부분까지 치고나가서 그것을 들여다보도록 여러분을 인도하지는 않겠습니다. 만약 제가 그렇게 한다면, 감히 영계(靈界)의 메시지를 전하는 것처럼 해서 대중들을 속이는 사람들처럼 저도 제 자신의 본분을 벗어나는 일이 될 것이기 때문입니다. 주님께서는 죄 가운데 죽은 어떠한 영혼에게도 그 영혼이 산 자들 가운데 기록되어 있다고 믿을 권리를 조금도 주지 않으셨고, 경건하지 않은 어느 누구에게도 자신이 하나님의 택하신 자들 가운데 이름이 기록되었으면 하고 바랄 수 있는 자유마저 절대로 주지 않으셨습니다. 우리는 망상이나 공허한 추측이 아니라, 증거를 가져야만 합니다. 다시 말하면, 한 사람이 은혜로 말미암아 부르심을 받아 세상에서 나와 예수님을 따르게 되어 하늘에 이름이 기록되었다는 증거를 가져야만 합니다. 우리는 우리의 소명에서 우리가 선택받은 것을 알게 됩니다. 다른 것으로는 우리가 선택받은 것을 알 수 없습니다. 우리는 우리에 관해 하늘에 기록된 내용을 이 땅에서 우리 속에 기록된 것을 통해서도 알 수 있습니다. 여러분이 "모든 사람이 알고 읽는 … 그리스도의 편지"(고후 3:2-3, KJV)가 되기까지 은혜가 여러분의 마음에 기록되어 왔다면, 여러분의 이름은 그분의 은밀한 책 안에 있는 것입니다. 만약 여러분이 주 예수 그리스도를 믿는다면, 여러분은 그분의 것이 되고, 주님께서도 그분의 소유된 모든 자들을 알고서, 그들의 이름을 그분의 개인 서판(書板)에 기록하여 가슴에 품고 다니십니다. 만약 여러분의 이름이 이 땅에서 참된 신자들 가운데 있다면, 하늘에서도 구속받은 자들 가운데 있을 것입니다. 이 점에 대해서 여러분은 의심할 필요가 없습니다. 왜냐하면 성경의 선포는 의심의 여지가 없기 때문입니다.

만약 여러분이 하늘에 여러분의 이름이 기록된 것에 대해 기뻐하기를 원한다면, 그 사실을 확신할 뿐만 아니라 깊이 묵상하도록 하십시오. 마음속에 이런 생각을 자주 하라는 말입니다. "내 이름은 하늘에 기록되어 있다. 내 주님이신 어린 양의 이름 아래에 내 이름이 새겨져 있다. 나는 그분께서 구속한 자들 가운데 한 사람이며, 그분은 자신이 귀하게 값 주고 사신 재산 목록 가운데 나를 기록해 두셨다. 그분은 나를 알고, 나를 바라보시며, 나를 자신의 보물로 삼아 주셨다. 나는 이제 내 것이 아니라, 나를 값 주고 사 주신 그분에게 속한 사람이다." 사랑하는 성도 여러분, 밖으로 나가서 이 사실을 찬양하십시오. 이 사실로 말미암는 향기로운 영향력을 여러분의 삶에 날마다 드러내십시오. 사랑하는 성도 여러분, 이 기쁨은 이 땅의 것에 매달리는 모든 집착으로부터 여러분을 해방시켜 줄 것입니다. 만약 여러분이 부자가 된다면 어떨까요? 부자가 된다고 해서 기뻐하지 마십시오. 부(富)는 스스로 날개를 달고 날아가 버리기 때문입니다. 오히려 여러분의 이름이 하늘에 기록된 것으로 기뻐하십시오. 만약 여러분이 학식 있는 사람이라면, 여러분에게 지식을 주신 하나님께 감사하십시오. 그리고 그 지식을 하나님의 영광을 위해 사용하십시오. 그분의 영광을 위해 지식을 사용한다 해도, 그것으로 기뻐하지 마십시오. 이 땅에 있는 지식치고, 아는 척만 하는 무지(無知)로 드러나지 않는 지식이 어디 있겠습니까? "오히려 여러분의 이름이 하늘에 기록되었으므로 기뻐하십시오." 만약 여러분이 교회 안에서 하나님께 영광을 돌릴 수 있는 위치에 있다면, 그것으로 하나님께 감사하십시오. 그러나 오히려 여러분의 이름이 하늘에 기록되었기 때문에 기뻐하십시오. 여러분은 강건하고 몸이 건강합니까? 그렇다면 그러한 특권에 대해 하나님께 감사하십시오. 그러나 오히려 여러분의 이름이 하늘에 기록되었기 때문에 기뻐하십시오.

영감된 오늘의 말씀을 다른 방향으로 적용해 봅시다. 만약 여러분이 슬픈 일을 당하거나 세상의 물질이 없어서 안타까운 상황이 된다면, 너무 심하게 애통해하지는 마십시오. 오히려 여러분의 이름이 하늘에 기록되었기 때문에 기뻐하십시오. 여러분은 가난합니다. 하지만 낙담하지는 마십시오. 왜냐하면 여러분의 이름이 하늘에 기록되었기 때문입니다. 여러분이 멸시를 당하고 있고, 여러분의 이름이 악한 이름의 대명사가 되었다고 해도, 그럼에도 불구하고 기뻐하십시오. 왜냐하면 여러분의 이름이 하늘에 기록되었기 때문입니다. 여러분이 아주 적은 은사와 능력을 가지고 있다 해도, 여러분의 이름은 하늘에 기록되어 있습니다. 여러분이 많은 사람들을 일으켜 세운 것도 아니고 사람들에게 덕을 끼친 것도 아니지만, 그래도 여러분의 이름은 하늘에 기록되어 있습니다. 여러분이 이 땅을 떠났을 때, 여러분의 죽음으로 인해 여러분이 맡은 교회의 직분 자리가 공석이 되어도 교회 일에 별다른 영향을 미치지 못하지만, 그래도 여러분의 이름은 하늘에 기록되어 있습니다.

여러분에게 무엇이 부족하든, 혹은 여러분이 어떤 고난을 겪고 있든, 이 사실로 여러분의 위로를 삼기 바랍니다. 이와 동시에 이 사실로 여러분이 힘을 얻어 더욱 봉사하도록 하십시오. 주님의 기쁨이 여러분의 힘입니다. 그러므로 여러분은 이렇게 담대히 말할 수 있습니다. "내 이름은 하늘에 기록되어 있다. 따라서 나를 구속해 주신 은혜로우신 그분을 내가 섬기는 것은 당연한 일이다. 그분은 나를 자기의 백성들 가운데 세우셨다. 그러므로 내가 그분의 일꾼이 되어 그분께 영광돌리고자 할 때, 그분께서 나와 함께 하시기를 왜 기대하지 않겠는가? 내 이름은 하늘에 기록되어 있다. 그러므로 나는 내 힘 닿는 대로 최선을 다해 그분을 위해 살고, 그분의 이름을 위한 일이라면 물질뿐만 아니라 몸까지도 바칠 것이다"라고 이렇게 담대히 말할 때, 여러분은 하나님의 사역에 앞장서 나갈 능력을 느끼게 될 것입니다. 제가 보기에 한 사람의 이름이 하늘에 기록되었다는 이 기쁨에는 굉장히 놀라운 도덕적이고 영적인 힘이 있는 것 같습니다. 그래서 구세주께서 여러분에게 왜 이 기쁨을 마음껏 누리라고 권하시는지, 그 이유를 굳이 설명해야 할 필요가 없을 것 같습니다. 이 기쁨은 다른 기쁨을 바로잡아 줍니다. 게다가 이 기쁨은 아주 뛰어난 독립적인 기능을 가지고 있어서, 이 기쁨을 억누르거나 제어하기 위한 어떤 말도 덧붙일 필요가 없습니다. 오히려 여러분이 이 기쁨에 주저하지 않고 참여할 수 있도록 열정적으로 여러분을 초대할 필요가 있습니다. 기름진 것을 먹고 단 것을 마시며(느 8:10, KJV) 기뻐하십시오. 그렇습니다. 풍성히 기뻐하십시오. 기뻐하십시오. 다시 말씀드립니다. 기뻐하십시오. 왜냐하면 여러분의 이름이 하늘에 기록되었기 때문입니다.

3. 이제 마지막으로 구세주께서도 이 기쁨 안으로 들어가셨기에, 이 기쁨에 동감하신 주님의 기쁨에 대해 살펴보려고 합니다.

그래서 오늘의 본문에 21절 전반부 말씀을 추가하고자 합니다. 즉, "그 때에 예수께서 성령으로 기뻐하시며"라는 말씀입니다. 왜 그분께서 기뻐하셨을까요? 이 기쁨은 주님께서 관계를 맺으신 데까지 우리도 최대한 계발하라고 명령하신 그 기쁨과 동일한 기쁨이었기 때문이라고 저는 생각합니다. 여러분도 아시다시피, 그분께서는 은혜가 주어졌기 때문에 기뻐하셨습니다. 그분은 "오 하늘과 땅의 주이신 아버지여, 아버지께서 이것들을 지혜롭고 분별 있는 자들에게는 숨기시고 아기들에게는 드러내셨음을 감사하나이다"(눅 10:21, KJV)라고 말씀하셨습니다. 하나님께서 인간 자녀들에게 은혜를 베푸셨다는 것을 생각할 때, 그리고 하나님께서 몇몇 사람들을 무서운 구덩이와 진흙 수렁에서 건져 끌어올리시며 (시 40:2, KJV), 그들을 어두운 데서 불러내어 그분의 기이한 빛에 들어가게 하신 (벧전 2:9) 것을 생각할 때, 그리스도의 마음은 기뻤습니다. 많은 사람들이 자신이 지은 죄를 이기고, 또 하나님의 은혜로 그들의 영혼이 새로워지는 것을 볼 때, 그분의 참된 영혼도 기뻤습니다.

아버지의 선택에 대해서도 예수님은 기뻐하셨습니다. 예수님은 "오 … 아버지여, … 감사하나이다"(마 11:25, KJV)라고 말씀하셨습니다. 아기들의 입에서 힘이 나오게 정하신(시 8:2, KJV) 그분은 이 칠십 인의 아기들을 보면서 이렇게 말씀하셨습니다. "오, 아버지여, 이 사람들을 선택하심에 감사하나이다." 칠십 인들은 비천한 무리들이 세상을 이기는 것을 보았습니다. 그렇지 않습니까? 일단의 어부와 농부 및 하층민들을 보았던 것입니다. 누군가 세상을 뒤흔들려고 한다면, 엘리트 의식으로 무장된 금과 은의 귀족정신(플라톤이 이상으로 삼은 귀족제에 따르면, 최고 지배자인 왕은 철인[哲人]으로서 '금'의 영혼을 소유한 자이며, 둘째 통치계층인 군사들은 '은'의 영혼을 지닌 자들이다 — 역주)을 가진 것까지는 아니라 해도, 어쨌든 귀족적인 사고를 가진 자들을 당연히 원할 것입니다. 그 사람은 자신의 위대한 과업을 위해서 순결한 자, 고귀한 자, 유식한 자 등을 선택하고 싶을 것입니다. 그러나 예수 그리스도께서는 아버지의 선택에 완전히 만족하셨습니다. 아버지께서 나를 선택하신 것에 대해 귀하신 우리 구세주께서 완전히 만족하신다는 사실을 생각할 때, 제게 강렬한 기쁨이 밀려 왔습니다. 그분은 히람(솔로몬의 성전에 금과 목재를 제공한 두로의 왕으로, 그는 솔로몬이 대가로 준 갈릴리의 이십 성읍들을 마음에 들어하지 않았다. 왕상 9:11-12)과 같지 않습니다. 히람은 솔로몬 왕이 그에게 준 성읍들에 대해 만족하지 못하였습니다. 하지만 우리 주님은 아버지께서 주신 어떤 양에 대해서도 단 한 마디의 불평도 하지 않으셨을 뿐만 아니라, 아버지께서 그의 손에 건네주신 어떤 선택자들에 대해서도 무시하지 않으셨습니다. 사랑하는 성도 여러분, 그분은 여러분에 대해 완전히 만족하고 계십니다. 비록 여러분이 지혜롭지 못하고 신중하지 못하다 해도, 여러분이 선택된 것에 대해 그분은 완전히 흡족해하십니다. 비록 여러분이 "세상의 천한 것들"(고전 1:28)이라 해도, 여러분은 선택받았을 것입니다. 예수님은 기뻐하셨고 아버지께 감사드렸습니다. 아버지의 주권적인 은혜로 선택이 이뤄졌기 때문입니다.

예수님께서 감사드린 영혼들을 주목해 보십시오. 그분은 그 선택에 만족하셨습니다. 왜냐하면 그 선택은 하나님의 선택이었기 때문입니다. 그분은 "과연 그러하옵나이다. 아버지여, 그리하심이 아버지 보시기에 좋았나이다"(마 11:26, KJV)라고 말씀하셨습니다. 이것이 바로 그리스도의 참된 영혼입니다. 즉, 하나님께서 원하신다는 이유로 주님은 그 하나님의 뜻에 만족하시는 것입니다. 예수님은 질문도 하지 않으셨고, 판단도 하지 않으셨습니다. 단지 전적인 순종을 보여주셨을 뿐만 아니라 하나님의 위엄 있는 뜻에 강렬한 기쁨까지 보여주셨습니다. 그러므로 우리도 오늘 아침에, 하나님께서 원하신 뜻이 있었기에 우리 이름이 하늘에 기록되었다는 사실을 기뻐하도록 합시다. 하나님의 그 뜻으로 인해 마땅히 우리는 크게 만족하게 될 것입니다. 더구나 그리스도께서도 하나님이 자기에게 우리를 주시어 우리가 하나님의 백성이 되도록 하려는 그 뜻에 만족하셨습니다. 아버지와 아들의 서로 일치된 만족 때문에, 우리의 기쁨이 얼마나 더 커지는지 모릅니다.

이 후에도 우리 구세주는 계속해서 기뻐하셨습니다. 왜냐하면 우리에게 주신 하나님의 은혜로 말미암아 우리에게 그리스도가 계시되었고, 아버지가 계시되었기 때문입니다. 그분께서 말씀하십니다. "아버지 외에는 아들이 누구인지 아는 자가 없고 아들과 또 아들의 소원대로 계시를 받는 자 외에는 아버지가 누구인지 아는 자가 없나이다"(눅 10:22)라고 말입니다. 자, 그리스도 안에서 사랑하는 성도 여러분, 지금 우리가 내적으로 참되게 알고 있는 성부 하나님은 하나님의 은혜가 계시되면서 여러분과 저에게 알려졌습니다. 그래서 우리는 우리의 참된 영혼으로 "하늘에 계신 우리 아버지여"(마 6:9)라고 말할 수 있는 것입니다. 그리고 또한 우리는 그 아들을 알게 되었습니다. 우리가 그분에 대해 알고 있는 모든 것, 즉 우리가 은밀하게 그분과 나누었던 모든 교제들과 우리가 가졌던 그분과의 깊은 영적 교통 등에 대해서는 다른 사람들에게 설명하기가 어렵습니다. 하지만 우리는 그리스도를 알고 있고, 그리스도 또한 우리를 알고 있습니다. 그러므로 계속해서 그분을 더욱더 많이 알고, 그분 안에 계신 아버지를 더욱더 알아가는 것이 우리의 일생의 과제입니다.

이 모든 일과 관련하여 어떤 교제가 있었기 때문에 예수님께서는 크게 기뻐하셨습니다. 그분은 아버지를 알고 아버지는 그분을 알기 때문에, 아들인 그분이 우리에게 아버지를 계시해 주셔서 우리가 아버지를 알게 된다고 말씀하셨습니다. 이 모든 것은 아버지와 아들 간의 교제, 즉 놀라운 교통을 뜻합니다. 자, 보십시오. 저는 이것이야말로 기쁨의 정수(精髓)라고 생각합니다. 이 기쁨은 그리스도께서 아버지와 교제하시고 또 우리와도 교제하시면서 그리스도가 누리는 기쁨이며, 또한 우리가 그리스도와 교제하고 또 아버지와도 교제하면서 우리가 누리는 기쁨이기도 합니다. 자, "주여, … 마귀들도 우리에게 굴복하나이다"(눅 10:17, KJV)라고 말하면서 느낀 기쁨은 이 정도 수준의 기쁨이 아니라는 사실을 주목하십시오. 우리가 그저 영혼을 얻는 성공을 거둘 때는 이런 기쁨을 전혀 맛볼 수 없습니다.

사람은 놀라운 일들을 행하면서도, 아버지와 아들과의 교제를 가지지 못해서 결국 핵심이자 중심점인 모든 참된 기쁨의 진수(眞髓)를 놓치기도 합니다. 그러나 그의 이름이 하늘에 기록된 사람은 아들을 통해 자신에게 계시된 아버지와 교제하며, 이 교제를 통해서 지극히 기뻐하게 됩니다. 이 소식은 왕들과 선지자들이 기다렸으나 찾지 못했던 바로 그 소식입니다. 이 소식은 천사들도 살펴보기를 갈망하는 것(벧전 1:12, KJV)입니다. 그러므로 사랑하는 성도 여러분, 주 안에서 항상 기뻐하십시오. 다시 말하노니 기뻐하십시오(빌 4:4).

자기 이름이 하늘에 기록되는 것에 관해 아무것도 알지 못하는 사람들을 위해서 마지막으로 한 말씀 드리겠습니다. 저는 잠시 오늘 본문을 그런 사람들을 위해 적용해 보겠습니다. 왜냐하면 오늘 말씀은 그런 사람들에게 어두운 면을 보여주고 있기 때문입니다. 그런 사람들이 이 어두운 면을 보고서 두려워 떨며 그리스도에게 달려가도록 기도하겠습니다. 죄인인 여러분, 이 땅에서 여러분이 어떤 것을 가지고 있든 간에, 여러분은 그것으로 기뻐할 수 없습니다. 왜냐하면 여러분의 이름이 하늘에 기록되었다고 말할 수 없기 때문입니다. 여러분이 가진 부와 건강과 자녀와 번영과 지위와 성공, 이 모든 것으로 절대 기뻐하지 마십시오. 행여 여러분의 이름이 하늘에 기록되어 있지 않다면, 여러분이 애지중지(愛之重之)하는 여러분의 모든 소유물에는 이가봇('영광이 없다'라는 뜻의 히브리어)이라고 기록되기 때문입니다. 여러분이 지금까지 획득한 모든 것을 돌아보면서, 이 점을 기억하십시오. 하나님은 여러분의 영혼을 굶주리게 하실 수도 있고, 이 모든 것들 속에서 여러분을 쓰러지게 하실 수도 있습니다. "너희의 복들을 저주하리라"(말 2:2, KJV)라는 말씀과, "사악한 자의 집에는 주의 저주가 있거니와 의인의 집은 그분께서 복을 주시느니라"(잠 3:33, KJV)는 말씀대로, 청천벽력(靑天霹靂)같은 이 끔찍한 심판에 귀 기울이십시오. 오, 그분의 자비하심으로 말미암아 여러분의 이름이 하늘에 기록되기를 기원합니다. 아멘.

제
36
장

—

예수님의 기쁨

—

"그 시각에 예수님께서 영으로 기뻐하시며 이르시되, 오 하늘과 땅의 주이신 아버지여, 아버지께서 이것들을 지혜롭고 분별 있는 자들에게는 숨기시고 아기들에게는 드러내셨음을 감사하나이다. 과연 그러하옵나이다. 아버지여, 그리하심이 아버지 보시기에 좋았나이다. 내 아버지께서 모든 것을 내게 넘겨주셨사오니 아버지 외에는 아무도 아들이 누구인지 알지 못하고 아들과 또 아들이 아버지를 드러낼 자 외에는 아무도 아버지가 누구신지 알지 못하나이다 하시니라."

— 눅 10:21-22, KJV

지난 주일 아침에 우리는 예수님의 탄식에 대해 생각해 보았습니다. 이제 우리는 주제를 바꿔 예수님의 기쁨에 대해 생각해 보고자 합니다. 오늘 본문은 우리 주님께서 기뻐하셨다고 복음서에 기록된 유일한 사례라는 것이 특이한 점입니다. "그 시각에 예수님께서 영으로 기뻐하시며"라는 본문은 그 자체로 독립적이며, 그래서 더욱더 가치 있는 말씀입니다. 예수님은 우리를 위한 "슬픔의 사람이요, 고통을 잘 아는 자"(사 53:3, KJV)였습니다. 그래서 평생 그분에 관한 이야기 가운데 기쁨의 흔적을 거의 찾을 수 없다는 것은 그리 놀랄 만한 일이 아닙니다. 그러나 그분이 기뻐하셨다는 언급이 유일하다고 해서, 다른 때는 절대로 기뻐하지 않으셨다고 추론하는 것은 적절하지 않다고 생각합니다. 그런 생각과는 반대로, 우리 주님은 슬픔 속에서도 평화롭고 행복한 영혼을 소유하고 계셨습니다. 그분은 무한히 자애로우셨으며, 끊임없이 선한 일들을 행하셨습니다. 항상 인자하셨고, 다른 사람들을 축복하면서 조용한 기쁨을 찾으셨습니다. 다리를 못 쓰던 자들이 뛰거나 보지 못하는 자들이 보게 되어 기뻐했을 때, 예수님의 영혼도 기뻐했음이 분명합니다. 다른 사람들을 행복하게 하면, 행복하게 된 사람들과 같은 마음을 지닌 사람도 어느 정도 기쁨을 누리는 법입니다. 필립 시드니 경(Sir Philip Sydney, 1554-1586, 영국의 시인, 정치가, 군인으로 엘리자베스 시대의 가장 뛰어난 인물 중 하나이다)은 이런 말을 했습니다. "선을 행하는 것은 인생을 살면서 행하는 여러 일들 중에 틀림없이 사람을 행복하게 만드는 유일한 행위이다"라고요. 사랑의 예수님께서 주위에 있는 사람들을 축복하며 누리는 기쁨을 자제했다는 것은 확실히 생각하기 어려운 일입니다.

게다가 우리 주님은 매우 순수하셔서 결코 스스로 낙담할 수 없는 기쁨의 샘을 마음속에 가지고 계셨습니다. 덕을 행하는 것이 참된 행복이라는 말이 틀림없는 사실이라면, 나사렛의 예수님은 행복한 분이셨습니다. 시인은 이렇게 말했습니다.

> "세상이 줄 수 있는 것도 아니고,
> 　세상이 파괴할 수 있는 것도 아닌 것,
> 　영혼의 고요한 햇빛과
> 　가슴에서 우러나오는 기쁨,
> 　이것이 바로 선행이 받을 상급이다."
> (18세기 영국의 풍자 시인인 알렉산더 포프[Alexander Pope, 1688-1744]가 쓴 「인간론」 중에 '행복에 관한 인간의 본성과 상태에 관하여' [OF THE NATURE AND STATE OF MAN WITH RESPECT TO HAPPINESS]에 나오는 글이다. Essay on Man, EPISTLE IV — 역주).

시인이 말한 그 고요함과 기쁨은 구세주의 고요함과 기쁨이 틀림없습니다. 비록 우리를 위해서 그분은 무거운 슬픔의 짐으로 머리를 숙이고 계셨지만 말입니다. 완전히 거룩하신 하나님은 완전히 행복한 하나님이시며 동시에 완전히 거룩하신 그리스도이십니다. 만약 그분께서 우리의 슬픔과 질고를 친히 담당하지 않으셨다면, 아마 그분은 완전히 행복하셨을 것입니다. 그러나 우리의 슬픔과 질고에도 불구하고, 그분의 마음속에는 영혼의 심오한 평화가 있었음이 분명합니다. 이 평화로 말미암아 그분은 가장 극심한 고통 가운데서도 자신을 지킬 수 있었습니다. 아버지께서 그의 사랑하는 아들에 대해 친히 이렇게 말씀하지 않으셨습니까? "너는 정의를 사랑하고 악을 미워하니 그러므로 하나님 곧 너의 하나님이 즐거움의 기름을 너에게 부어 너의 동료보다 뛰어나게 하셨다"(시 45:7)고 말입니다.

이것이 다가 아닙니다. 왜냐하면 복되신 우리 주님께서는 아버지와 중단된 적이 없는 교제를 나누고 사셨으며, 아버지와의 그런 교제로 말미암아 그분의 영혼은 어둠 속에 머물러 있을 수 없었습니다. 그분은 하나님과 함께 행하시기에, 하나님이 빛 가운데 행하시는 것처럼, 그분도 빛 가운데 행하십니다. 그러한 마음에도 어떤 목적을 지닌 경우에는 암운(暗雲)과 우울함이 드리워지기도 합니다. 하지만 빛이 의를 위해 씨 뿌리듯 뿌려져서, 그 암운과 우울함은 날이 새는 새벽처럼 신속히 사라져 버릴 것입니다. 예수님께서 밤마다 드린 기도와 날마다 행하신 완벽한 섬김은, 하나님의 아들로서 시련을 감당해야 할 그 마음에 특별한 고요함을 가져다주었을 것입니다.

더구나 예수 그리스도는 믿음의 사람이었습니다. 다시 말해 믿음을 최고로 설명해 주신 모범 사례였습니다. 그분은 "믿음의 창시자요 또 완성자"(히 12:2, KJV)였습니다. 그분 안에서 우리는 믿음의 삶과 행동과 승리를 보았습니다. 우리 주님은 아버지에 대한 완전한 확신의 성육신이었습니다. 그분의 일생 가운데 위대한 신자들의 모든 이야기가 다 요약되어 있습니다. 히브리서 11장을 읽어 보십시오. 그리고 구름 같이 둘러싼 허다한 증인들(히 12:1)을 바라보십시오. 그런 다음 사도 바울이 12장에서 어떻게 예수님을 바라보라고 명하는지에 주목하십시오. 사도 바울은 마치 모든 증인들이 예수님의 인성 안에서 드러나는 것처럼 말하고 있습니다. "그 앞에 있는 기쁨을 위하여 십자가를 참으사 부끄러움을 개의치 아니하신"(히 12:2) 분이 바로 그분이셨습니다. 따라서 그분의 믿음은 그분의 고난에 대한 상급을 기대하게 하였으며, 이 땅에서 슬픔을 당할 때도 그분에게 기쁨을 가져다주었습니다. 그분의 기쁨은 미래의 등불로부터 오는 빛이었습니다. 그 미래의 등불은 그분의 죽음과 승리로부터 점화된 것이었습니다. 그분에게는 제자들이 알지 못하는 먹을 양식이 있었습니다(요 4:32). 그분에게는 제자들보다 더 멀리를 내다볼 수 있는 눈이 있으셨기에, 제자들이 그분과의 이

별을 슬퍼할 동안에도, 그분은 그 이별을 통한 유익을 내다보셨습니다. 그래서 그분은 만약 제자들이 자신을 사랑한다면, 자신은 아버지께로 가는 것이기 때문에 기뻐하라고 제자들에게 말씀하셨습니다. 여러분은 이 점에 대해 확신을 가지십시오. 우리 주님께서는 밖으로 드러난 고난이라는 큰 흐름 속에서, 그 밑에 흐르는 기쁨의 물결을 느끼고 있었습니다. 왜냐하면 그분은 "내가 이것을 너희에게 이름은 내 기쁨이 너희 안에 있어 너희 기쁨을 충만하게 하려 함이라"(요 15:11)고 말씀하셨기 때문입니다. 만약 그분께서 자기 백성으로 인해 기뻐하지 않으셨다면, 무슨 뜻으로 이렇게 말씀하셨겠습니까? 만약 그분께서 항상 낙담해 있었다면, 그렇게 많은 기쁜 말씀들과 "기운을 내어라"(요 16:33, KJV) 하는 말씀을 제자들에게 자주 하실 수 있었겠습니까?

그러나 복음서로 제한해 보자면, 오늘 본문은 그분의 기쁨에 대해 기록한 유일한 사례인 점이 여전히 우리의 눈길을 끕니다. 우리 주님의 일생을 두고 볼 때, 그분께서 기뻐하셨다는 이 말씀이 그렇게 충격적일 정도로, 그분의 특징적인 모습이 아니라는 점은 분명합니다. 그분의 이마에는 평화가 고요히 자리하고 있었으며, 어떤 사람들에게서 볼 수 있는 혈기왕성한 영혼은 절대 아니었습니다. 왜냐하면 그분의 얼굴은 걱정과 슬픔으로 주름져 있었기 때문입니다. 그분께서 우셨다는 말씀은 세 번 기록되어 있지만, 그분께서 웃으셨다는 말씀은 우리가 들어 본 적이 없습니다. 오늘 본문에서 아주 유일하게 그분께서 기뻐하셨다는 영감된 확신을 발견하게 됩니다. 오늘 본문의 그러한 특이성으로 인해, 예수님이 기뻐하셨던 그 흔하지 않은 이유를 알기 위해서는, 기록된 오늘의 말씀을 세심히 살펴볼 가치가 있습니다.

오늘 본문에 사용된 단어들은 아주 강조적입니다. "그분께서 기뻐하시며"라는 이 말씀에 해당하는 그리스어(Egalliasato)는 영어 번역어보다 한층 더 강한 뜻을 가지고 있습니다. 이 말은 '기뻐 껑충껑충 뛰다'는 의미입니다. 이 단어는 복된 동정녀이신 마리아의 노래에 나오는 단어로, "내 영이 하나님 곧 내 구원자를 기뻐하였나니"(눅 1:47, KJV)에 사용되었습니다. 우리 주님의 얼굴에 강렬한 기쁨의 감정이 보였습니다. 그리고 그 기쁨은 그분의 말씀뿐만 아니라 어조에서도 나타났습니다. 그분께서 크게 기뻐하셨다는 것은 분명한 사실입니다. 오늘 본문에도 그분은 "영으로 기뻐하시며"라고 나옵니다. 다시 말해 그분은 본성의 중심 깊은 곳에서, 즉 그분이 지닌 인간성의 가장 광범위하고 포괄적인 부분에서 기뻐하셨습니다. 인간은 몸, 혼, 영으로 구성되어 있습니다(살전 5:23). 그 중에서도 영은 좀 더 고귀하고 가장 치명적인 부분입니다. 따라서 주 예수 그리스도께서 기뻐하신 것은 영적이고 내면적이며 가장 생명력 있는 기쁨이었습니다. 예수님의 마음을 춤추게 할 정도로 가장 참되고 가장 충만한 기쁨이었습니다. 그러므로 이제 우리는 친히 찬송의 옷(사 61:3)을 입고 기쁨의 향기를 날리며 기뻐하시는 이 구세주께 가까이 나아갑시다. 우리가 그분의 슬픔으로부터도 무언가를 배웠으니, 이제 그분의 기쁨에서도 배울 만한 것이 있는지 살펴보도록 합시다.

1. 첫 번째로, 우리 주님을 바라보면서, 그분의 기쁨이 복음을 드러내시는 아버지의 계시에 대한 기쁨이었다는 사실에 주목해 봅시다.

"오 하늘과 땅의 주이신 아버지여, 아버지께서 이것들을 지혜롭고 분별 있는 자들에게는 숨기시고 아기들에게는 드러내셨음을 감사하나이다"라고 하시며, 그분은 복음을 드러내신 아버지의 계시를 기뻐하셨습니다. 그분의 기쁨은 요한이 감옥에서 들은(마 11:2) 그분의 명성과 관련된 기쁨이 아니었습니다. 비록 그분의 제자들은 마귀들이 자신들에게 굴복하는 것으로 기뻐했지만, 정작 그분은 제자들 가운데 분명하게 퍼진 능력의 징조 때문에 기뻐한 것이 아니었습니다. 인간의 아들들에게 복음이 드러나게 하신 하나님의 계시로 인해 그분은 기뻐하셨던 것입니다.

그분은 모든 일들을 아버지의 은혜로 돌리고, 아버지께서 그분과 함께 일하고 계심을 기뻐하셨습니다. 저는 여러분이 이 사실에 주목했으면 좋겠습니다. 제자들은 그분에게 돌아와서 "주여, 주의 이름으로 말미암아 마귀들도 우리에게 굴복하나이다"(눅 10:17, KJV)라고 말했습니다. 그들이 틀린 말을 한 것이 아닙니다. 왜냐하면 예수님의 이름은 그들의 힘이었고, 영광을 돌리기에 합당한 이름이었기 때문입니다. 그러나 주님은 자신에게는 너무나 자연스러운 거룩한 자기부정의 마음으로 이렇게 대답하셨습니다. "오 … 아버지여, 아버지께서 이것들을 … 드러내셨음을 감사하나이다"라고 말입니다. 그분은 명예를 자신이 취하지 않고, 오히려 자기와 함께 역사하신 아버지에게 영광을 돌렸습니다. 오, 그분을 주님이라 부르는 자들이여, 그분을 본받도록 합시다! 아버지께서 하시는 일을 여러분의 기쁨으로 삼으십시오. 만약 하나님께서 복음 전하는 일에서 성공을 하게 하신다면, 아버지의 능력이 말씀으로 드러난 것을 우리의 기쁨으로 삼으십시오. 우리는 우리 자신이 도구된 것에 대해 기뻐하기보다는 오히려 도구를 사용하시어 역사하시는 그 손길을 더 기뻐해야 합니다. 오, 화로다! 화로다! 하나님 없이 복음사역을 감당하려고 하다니 말입니다! 그러나 오, 기쁘도다! 말할 수 없이 기쁘도다! 우리가 우리의 손을 들 때마다 하나님의 손도 함께 올라가는 것을 느끼며(출 17:11), 우리가 말씀을 전할 때마다 하나님의 음성이 우리의 연약한 말을 통해 울려 퍼져 인간의 마음에까지 도달하는 것을 느끼는 자들이여! 아버지께서 방황하는 자녀를 집으로 데리고 오시며, 회개하는 자를 가슴으로 맞아주신다는 사실이 참된 신자들에게는 크나큰 기쁨입니다.

구세주의 기쁨은 아버지의 은혜로 말미암아 사람들이 계몽되었다는 사실에 있었습니다. 칠십 인의 제자들은 이 성에서 저 성으로 다니며 기적을 행하고 복음을 전했습니다. 그들이 사역에서 성공한 기쁜 소식을 가지고 돌아왔을 때, 그들의 주님은 기뻤습니다. "그 시각에 예수님께서 영으로 기뻐하시며"라는 말씀대로, 복음이 자유롭게 널리 전해지고 그로 인해 하나님이 영광을 받게 되자, 예수님은 기뻤습니다. 그분은 얼마간 자기 영혼이 수고한 것을 보시고, 마음에 한가득 만족하셨습니다. 그분이 기뻐하는 곳에서 우리도 기뻐할 수 있지 않겠습니까? 우리 주님의 기쁨 속으로 우리도 들어갈 수 있지 않겠습니까? 어떤 마을이 복음을 받아들였다거나, 어떤 성읍이 기쁜 소식에 감동을 받았다거나, 어떤 나라가 오랫동안 복음에 폐쇄적이다가 마침내 하나님 말씀에 문을 열게 되었다는 소식을 들을 때마다, 우리도 마음 깊은 곳으로부터 최고의 기쁨을 누리도록 합시다. 사업상의 성공이나 개인의 영리보다도 우리는 이런 일에 더 기뻐합시다. 만약 우리가 처한 상황 속에서 그 어떤 기쁨도 찾을 수 없다면 어떻게 되겠습니까? 또 우리 영혼의 영적인 형편조차 어려움으로 가득 차 있다면 어떻게 되겠습니까? 그러니 아버지 하나님께서 인간의 아들들 가운데 복음의 빛을 계시하고 계심을 기뻐하고 즐거워합시다. "아버지의 나라가 임하옵시며"(마 6:10, KJV)라는 기도를 우리의 최고의 바람으로 삼고, 그 오고 있는 나라에서 우리의 최고의 행복을 찾도록 합시다. 그리스도의 마음을 따뜻하게 했던 그 기쁨은 결코 우리에게 상처를 줄 수 없다는 사실을 확신하십시오. 그 기쁨은 순수하고 거룩하고 사람을 고귀하게 하는 기쁨임에 틀림없습니다. 그러므로 그 기쁨을 아낌없이 누리며 그 기쁨에 푹 빠지도록 합시다. 그리스도의 기쁨은 아버지께서 빛과 진리를 보내주서서 사람들로 하여금 이것들을 보게 하신 것인데, 이것들은 많은 선지자와 왕들이 보고자 하였으되, 볼 수 있는 은혜를 입지 못한 것들이었습니다(눅 10:24). 예수님은 은혜의 축복들이 아버지로부터 드러나게 된 것을 기뻐하셨습니다.

게다가 우리 구세주의 기쁨은 바로 다음과 같은 사실에 있었습니다. 즉, 사람들에게 드러난 이 계시가 너무나 겸손한 도구들을 통해 이루어졌다는 것입니다. 우리는 "예수께서 눈을 들어 제자들을 보시고 이르시되 너희 가난한 자는 복이 있나니 하나님의 나라가 너희 것임이요"(눅 6:20) 하신 말씀을 읽습니다. 열두 제자나 칠십 인의 제자들 가운데는 사회적으로 높은 지위를 가진 사람이 하나도 없었습니다. 그들은 들판과 바다에서 일하는 평범한 사람들이었습니다. 이들 이후에 학식이 풍부한 사도 바울이 세워져서, 그의 탁월한 재능들이 주님에 의해 사용되어졌지만, 그리스도의 첫 사역자들은 학교 교육을 전혀 받지 못해 "학문 없는 무식한 사람들"(행 4:13, KJV)로 알려진 어부와 농부들이었습니다. 세계 역사상 가장 위대한 시대가 아무것도 아닌 자들에 의해 안내되었던 것입니다. 다시 말해서 그들의 지도자처럼 멸시를 받아 사람들에게 버림받은(사 53:3) 자들에 의해 안내되었다는 뜻입니다. 그들 가운데 누구에게라도 이런 말을 할 수 있을 것입니다. "형제들아 너희를 부르심을 보라 육체를 따라 지혜로운 자가 많지 아니하며 능한 자가 많지 아니하며 문벌 좋은 자가 많지 아니하도다 그러나 하나님께서 세상의 미련한 것들을 택하사 지혜 있는 자들을 부끄럽게 하려 하시고 세상의 약한 것들을 택하사 강한 것들을 부끄럽게 하려 하시며 하나님께서 세상의 천한 것들과 멸시 받는 것들과 없는 것들을 택하사 있는 것들을 폐하려 하시나니"(고전 1:26-28)라고 말입니다.

우리 주님께서 선택한 사람들은 태생적으로 비천할 뿐만 아니라, 영적인 이해력에 있어서도 세상적인 지혜의 수준과 마찬가지로 사실 아기 같은 낮은 수준이었음을 주의 깊게 살펴보시기 바랍니다. 그들에게 일어난 일들을 말하기 위해 주님께로 돌아왔을 때, 그들의 기쁨은 은혜로웠을 뿐만 아니라 분명히 어린아이와 같았습니다. 마치 어린아이들이 자신이 이룬 작은 성취에 대해 기뻐하듯이, 그들은 자신들의 성공에 대해 기뻐하였습니다. 그래도 그들의 주님은 감사했습니다. 왜냐하면 "주여, 주의 이름으로 말미암아 마귀들도 우리에게 굴복하나이다"(눅 10:17, KJV)라고 외치면서 즐거워하는 그들의 성격이 솔직하고 단순하다는 것을 주님은 아셨기 때문입니다. 이처럼 아기 같은 자들이나 어린아이 같은 자들, 즉 참된 마음을 지닌 단순한 어린아이 같은 자들을 통해서 인간 자녀들에게 그분의 말씀이 알려지는 것을 주님은 기뻐하고 하나님께 감사드렸습니다. 우리 주님께서는 오늘날에도 연약한 도구를 들어 사용하기를 기뻐하신다는 사실을 확신하십시오.

> "그분은 어리석은 자를 불러,
>
> 은혜의 신비를 알게 하시며,
>
> 콧대 높은 지혜를 낮추시고,
>
> 그 모든 교만을 부끄럽게 하신다."
>
> (아이작 와츠의 「찬송과 영가」(Hymns and Spiritual Songs, 1707) 1권 96번에 실린 '육체를 따라 지혜로운 자들 가운데 많지 아니하며' [But few among the carnal wise]라는 찬송가의 3절 가사다 — 역주).

그대 서기관들이여, 구약의 모든 문자들을 헤아리는 당신들을 그분께서는 선택하여 성령 충만하게 하지 않으셨습니다. 그대 바리새인들이여, 외식적인 경건이 풍성한 당신들을 그분께서는 선택하여 내적 생명과 빛을 전하도록 하지 않으셨습니다. 그대 사두개인들이여, 회의론 철학에 정통하고 두뇌의 명민(明敏)함을 자랑하던 당신들을 그분께서는 부르시어 가난한 자들에게 복음을 전하도록 하지 않으셨습니다. 그분은 여러분이 멸시한 갈릴리 바다 출신들로 하여금 영광의 사자들이 되게 하셨습니다. 그들은 단순한 마음을 지닌 자들로, 구원의 메시지를 배울 준비가 되어 있었을 뿐만 아니라, 배운 것을 전할 준비까지 되어 있었습니다. 우리 주님께서는 자신을 따르는 자들이 교양이나 학식이 부족하다고 해서 결코 불쾌하게 여기지 않으셨습니다. 왜냐하면 일시적인 교양이나 학식은 완전히 헛된 것이며, 그들은 지혜로운 사람이나 빈틈없는 사람인 척하지 않고, 그분께 나아와 그분을 하나님의 아들로 믿고 그분의 가르침을 단순히 받아들였기 때문입니다. 예수님은 이 일을 영으로 기뻐하셨습니다.

　　이제 더 나아가, 그분의 큰 기쁨은 회심자들도 이와 같은 성품을 지닌 자들이라는 사실에 있었습니다. "이것들을 지혜롭고 분별 있는 자들에게는 숨기시고 아기들에게는 드러내셨음을 감사하나이다"라는 말씀대로 말입니다. 어떤 사람들이 비웃으면서 이렇게 묻는 것도 어쩌면 당연합니다. "통치자들이나 바리새인들 가운데서 누가 그분을 믿었던가요?" 자기가 생각하기에 학식 있다는 사람들이 그분의 가르침에 전적으로 동의하지 않았기 때문에, 예수님을 가볍게 여기는 사람들도 있습니다. 우리 주님은 그런 측면에 대해서는 전혀 개의치 않으셨습니다. 오히려 주님은 바리새인들을 일컬어 맹인이라(마 23:24) 부르고, 서기관들을 위선자라고 불렀습니다(마 23:13). 다른 사람들은 "예수를 따르는 이들은 도대체 누구인가? 그를 믿고 회심한 자들은 도대체 어떤 부류인가?"라고 물었을 것입니다. 아마도 이에 대한 대답은 다음과 같을 것입니다. "그들은 농부, 어부 등, 여기저기서 흔하게 볼 수 있는 평범한 사람들이었는데, 개중에는 재산이 많은 남녀 재력가들도 포함되어 있습니다. 그들은 대부분 가난한 자들이었으며, 바로 이 가난한 자들에게 처음으로 복음이 전해졌습니다. 그러한 자들이 그리스도에게로 모여들었고, 그분의 말씀을 받아들였습니다." 어떤 사람들은 그분에게 "호산나"(마 21:15)라고 외친 자들이 길거리에 무리지어 다니는 소년 소녀라는 사실을 언급하면서, 이런 사실로 그 설교자가 얼마나 평범한 사람인지를 알 수 있다고 말하기도 합니다. 오늘날까지도 주님의 백성들은 일련의 가난한 자들이라는 말을 저도 들어서 알고 있습니다. 이들은 지위도 없고 이름도 알려지지 않은 그저 평범한 한 무리일 뿐입니다. 잭, 톰, 해리, 메리, 수잔 등의 평범한 이름을 가진 자들이지요. 그러나 바로 이런 사실을 예수님께서 감사한 제목으로 언급하셨습니다. 만약 바리새인들과 서기관들이 회심을 했다고 해도, 그들은 분명히 옛날의 습성들을 가지고 있었을 것입니다. 예수님은 이런 바리새인과 서기관에 둘러싸여 있기보다는, 오히려 세련되지 않고 어린아이 같은 본성을 지닌 자들에 둘러싸여 있기를 더 기뻐하셨습니다.

그분은 아버지께서 그의 빛과 구원을, 이 세상에서는 가난하나 "믿음에 부요하며, 하나님께 영광을 돌리는" 낮고 비천한 사람들에게 계시하신 것을 기뻐하셨습니다. 그래서 아주 대단한 사람들로부터 창피하다며 책망 받은 바로 그 사람들이 우리 구세주에게는 기쁨의 한 주체가 되었다는 사실을 우리는 알게 됩니다. 진리를 진지하게 갈구하는 교회들을 조롱하면서 어리석은 질문들을 잘난 체하며 묻는 자들이 있다는 이야기를 들었습니다. "도대체 그 교회에 어떤 사람들이 다니고 있습니까? 평범한 어중이떠중이들이지 않습니까? 장사꾼이나 노동자 같은 그저 그런 사람들 말입니다. 그들 가운데 한 사람이라도 귀족을 본 적이 있습니까? 지적으로 높은 수준을 가진 사람을 본 적이 있냐 말입니다." 우리가 이렇게 수준 높은 자들을 찾지 못했다고 해도, 슬퍼할 이유는 없습니다. 오히려 예수님처럼 이렇게 말씀하십시오. "오 하늘과 땅의 주이신 아버지여, 아버지께서 이것들을 지혜롭고 분별 있는 자들에게는 숨기시고 아기들에게는 드러내셨음을 감사하나이다"라고 말입니다. 그리스도께서는 자기 주위에 솔직한 마음을 지닌 사람들이 모여들었을 때 마음이 편안했습니다. 왜냐하면 그분 자체가 어린 아이 같은 분으로서 자신의 생각을 기탄없이 솔직하게 말씀하는 분이었으며, 자신이 지혜 그 자체이셨음에도 불구하고 결코 그 지혜를 자랑하지 않는 분이셨기 때문입니다. 그 당시 지혜 있고 총명한 자들이 그러했듯이, 우리 주님은 자기 자신을 추구하지 않았습니다. 오히려 그분은 마음이 온유하고 겸손하였습니다. 그래서 그분의 가르침을 기꺼이 받아들이고 그 가르침을 고향사람들에게 다시 전하려고 애쓰는 사람들 사이에서 그분은 마음의 평안을 찾게 되었습니다. 그리고 그런 자들을 선택하신 하나님께 그분은 찬양과 감사를 드렸습니다. 오, 사랑하는 성도 여러분, 위대한 자들이 그리스도에게 나아오는 것을 그리스도께서 원치 않으신 것이 아닙니다. 학식 있는 자들이 그리스도에게 나아오는 것을 그리스도께서 원치 않은 것도 아닙니다. 많이 배운 자든 적게 배운 자든 상관 없이, 어린 아이 같은 영으로 아기처럼 그분께서 가르쳐 주시는 것을 기꺼이 받아들일 준비가 된 자들이라면 누구든지 그분께 나아오는 것이 바로 그분의 가장 큰 기쁨입니다. 지성은 좀 떨어져도 위대한 스승의 진실성을 최고로 믿는 자들을 그분은 기쁘게 받아들이셨습니다.

학식이 있다고 여겨지는 신앙 고백자들이 그리스도에게 나왔을 때, 일반적으로 교회에는 시련이 있었습니다. 지금까지 교회에 들어온 인간의 모든 지식은 대체적으로 교회에 해(害)가 되었습니다. 그래서 그 지식이 바르게 자리를 잡기 위해서는 항상 큰 은혜가 필요했습니다. 초기에 영지주의자(Gnostics, 초대교회의 이단으로 영지[靈智]의 실현이 물질적인 세상으로부터 영혼을 구원하는 길이라고 주장하였다)들이 자신들의 철학을 가지고 교회에 들어왔습니다. 그들이 하나님의 교회에 끼친 해악이 어느 정도였는지를 말씀드리기에는 지금 시간이 모자랍니다. 그 이후에 이들의 지혜로부터 또 다른 자들이 일어나서 아리우스주의자(Arian, 아리우스[Arius, 250-336]의 사상을 따르는 자들)들이 되어 버렸습니다. 교회는 이 치명적인 이단 사설(邪說)에 의해 교회의 고갱이까지 말라 죽을 뻔했습니다. 스콜라신학자들도 교회에 이와 동일한 해악을 끼쳤습니다. 오늘날에도 생각 깨나 하는 것처럼 보이는 똑똑한 사람들이 신앙에 대해 간섭할 때마다, 그들은 우리에게 우리가 평소에 읽는 평범한 하나님의 말씀은 반드시 현대의 사상으로 해석되어야 하며, 그 말씀은 오직 학문을 연마한 자만이 파악할 수 있는 또 다른 의미를 지니고 있다고 말하기도 합니다. 철학이 계시의 영역을 침범했을 때, 철학은 결국 복음을 왜곡시키고 "다른 복음(갈 1:6)도 아닌 또 다른 복음"을 제공합니다. 인간의 지혜는 인간의 재물과 같습니다. 지혜를 가지고서 하나님 나라에 들어가는 것이 얼마나 어려운지 모르겠습니다! 하지만 참된 지혜는 다른 것입니다. 즉, 참된 지혜는 위로부터 내려오는 은사(약 1:17)이며, 마음을 교만하게 하지 않습니다. 왜냐하면 참된 지혜는 그 지혜를 주신 하나님을 찬양하기 때문입니다. 참되고 실제적인 지혜는 하나님 보시기에 아기와 같은 자들, 즉 자신의 지혜 없음을 고백하는 자들에게 주시기 위해 하나님이 준비하고 계신 지혜입니다. 지식은 선한 것입니다. 하지만 지식을 사랑하는 것은 악합니다. 오, 좀 더 참된 지혜를 구하십시오! 하나님께서 우리에게 참된 지혜를 많이 주셔서, 비록 지금은 아기 같은 자들이지만 예수 그리스도의 장성한 분량에까지(엡 4:13) 이른 성인이 되기를 원합니다. 주님의 기쁨은 그 회심자들의 성품에 있다는 사실을 잊지 마십시오. 오늘 본문을 운문으로 표현한 거룩한 시인의 시를 잊지 마십시오.

> "예수님, 끊임없는 슬픔의 사람,
> 평생토록 애통하신 분,
> 그분의 영혼은 단 한 번 크게 즐거워하셨네.
> 그러자 그분의 기쁨은 찬양으로 바뀌었네.
>
> 아버지여, 당신의 놀라운 사랑에 감사드리나이다.
> 당신의 아들을 계시해 주신 그 사랑에 감사드리나이다.
> 무식한 자들에게, 아기들에게
> 당신의 복음이 알려졌나이다.
>
> 구원하는 은혜의 신비들을
> 지혜로운 자들에게는 감추시며,

　　교만과 육신적인 이성(理性)은 뽐내다가
　　그 두 눈이 맹인이 되었나이다.”
(아이작 와츠의 「찬송과 영가」(Hymns and Spiritual Songs, 1707) 1권 12번에 실린 ‘예수
님, 끊임없는 슬픔의 사람’[Jesus, The Man Of Constant Grief]이란 찬송가의 1-3절 가사
다).

　　우리 주님의 기쁨은 또 다른 원천에서도 샘솟습니다. 하나님께서 기쁜 마음으
로 자기 백성을 구원하시는 방식을 보고서도 주님은 기뻐하셨습니다. 구원은 이런
것들을 자기 백성들에게 계시함으로써 이뤄졌습니다. 그러므로 구원받은 모든
사람은 계시를 지니고 있습니다. 이 계시는 하나님의 말씀 안에서 우리에게 주
어진 것 그 이상의 무엇이 아닙니다. 개인적이면서도 능력 있는 그분 자신에 대
한 진리와 동일한 것입니다. 말씀 안에 빛이 있습니다. 하지만 그 빛을 보기 위해
서는 각 사람의 눈을 뜨게 할 하나님의 손가락(출 8:19, KJV)이 필요합니다. 성경
속에 있는 진리가 여러분의 마음속에 진리로 받아들여지지 않는 한, 성경의 진
리는 결코 여러분을 구원하지 않을 것입니다. 이 진리는 편견이 없는 가장 참된
마음을 지닌 자들에게 ‘계시’되어야만 합니다. 어린아이와 같은 영혼과 감수성
이 풍부한 본성을 지닌 자들에게도 이 진리가 특별히 계시되지 않는다면, 결코
이 진리를 보지 못할 것입니다. 예수님의 경우와 마찬가지로, 각 사람의 지성과
마음이 이 진리를 인식하기 위해서는 성령님을 통한 아버지 하나님의 사역이 있
어야만 합니다. 그러므로 회심하지 않은 자들이 복음의 아름다움을 볼 수 없다
고 우리에게 말할 때, 우리는 전혀 놀라지 않습니다. 왜냐하면 그들이 볼 수 있으
리라고 우리는 생각하지 않기 때문입니다. ‘교양’을 자랑하는 사람이 구식 복음
은 전적으로 계몽된 19세기에는 전혀 쓸모가 없다고 선언할 때도, 우리는 전혀
놀라지 않습니다. 왜냐하면 그들은 그렇게 생각할 수밖에 없다는 것을 우리가
알고 있기 때문입니다. 장님들은 색깔을 좋아하지 않으며, 귀먹은 자들은 음악
에 별로 관심이 없습니다.
　　인간의 지혜가 아무리 뛰어나다 해도, 두 눈이 없는 사람에게 빛을 보게 할
수는 없습니다. 오, 지혜를 가진 맹인 여러분이여, 복음에 대해서 여러분은 무엇
을 알고 있습니까? 자신의 명민(明敏)함이라는 진흙으로 두 눈을 봉인한 여러분
이 과연 계시의 빛을 제대로 판단할 수 있을까요? 이제는 여러분이 빛을 볼 수

없다고 말해야 하지 않겠습니까! 여러분의 이러한 모습은 그리스도께서 의도하신 것이 결코 아닙니다. 그리스도께서는 기쁘신 뜻대로 자신을 계시할 뿐이며, 여러분과는 다른 종류의 사람들에게 자신을 계시하는 것이 기쁘셨던 것입니다. 오, 자기의 자만에 빠져 우쭐대는 지혜로운 여러분이여, 참된 지혜의 문은 여러분에게 닫혀 있습니다! 여러분은 아무리 연구를 해도 하나님을 찾아낼 수 없습니다. 하나님께서 은혜를 베푸시어 자신을 계시하셨을 때도, 여러분은 그분을 보려고 하지 않았습니다. 그러므로 여러분이 어둠 가운데서 멸망을 받아야 하는 것은 당연합니다. 여러분은 이런 심판을 받아 마땅합니다. 공의가 실현되도록 하십시오. 하나님께서 칠십 인의 복음 전파를 통해 많은 사람들에게 하나님 자신이 계시되기를 기꺼이 원하셨다는 그 사실이 예수님에게는 큰 기쁨이었습니다. 하나님께서 자신을 사람들에게 계시할 때마다, 우리도 기뻐합시다. 마음이 단순한 사람이 하나님의 은혜로 중생하게 되어 어린아이가 될 때마다, 우리도 즐거워합시다. 더 나아가 회심하게 한 영광을 요구조차 할 수 없는 비천한 도구들을 통해 회심이 일어날 때마다, 우리는 즐거워합시다. 구원의 시작부터 끝까지 온전히 그분의 사역임을 알고서, 우리는 하나님을 찬양하고 경배합시다. 아버지를 사랑하는 모든 자들이여, 나아와 위대한 맏아들(롬 8:29)과 함께 이렇게 말하십시오. "오 하늘과 땅의 주이신 아버지여, 아버지께서 이것들을 지혜롭고 분별 있는 자들에게는 숨기시고 아기들에게는 드러내셨음을 감사하나이다. 과연 그러하옵나이다. 아버지여, 그리하심이 아버지 보시기에 좋았나이다." 저는 지금까지 제가 할 수 있는 한, 구세주의 기쁨의 이유를 설명하고자 했습니다.

2. 이제 여러분은 기쁨을 표출하는 그분의 표현 방식에 주목해 주시기 바랍니다.

회심에 대한 기쁨을 표현하면서 육체에게 영광을 돌리는 듯한 지혜롭지 못한 표현 방식을 본 적이 있습니다. 이를테면 이런 표현들입니다. "오, 우리는 놀라운 시간을 보냈습니다. 우리는 복된 시기를 보냈습니다! 우리는 귀한 이들의 방문을 받았습니다. 우리는 부흥을 일으키고자 젖 먹던 힘까지 모두 쏟아 부었습니다. 우리는 기적을 행했습니다"와 같은 것들입니다. 그러나 이런 말들은 전혀 합당하지 않은 표현들입니다. 구세주께서 하신 말씀을 들어보십시오. 그분의 기쁨은 감사의 말이었습니다. "오 … 아버지여, … 감사하나이다." 그분은 모든 일을 아버지의 은혜로 돌렸습니다. 그러고는 그분께 모든 찬양을 올려드렸습니다. "오, 아버지여, 감사하나이다"라는 이것이야말로 바로 기쁨의 웅변입니다. 사랑하는 성도 여러분, 여러분이 행복할 때마다 감사의 시편을 노래하십시오. "즐거워하는 자가 있느냐? 그는 시편을 노래할지어다"(약 5:13, KJV)라는 말씀처럼 말입니다. 땅 위나 하늘 아래에 있는 언어 가운데서, 기쁨에 가장 적절한 언어는 하나님께 드리는 찬양과 감사입니다. 주의 이름을 찬송합시다(시 113:2). 기독교인의 추수 들판에서 우리는 기뻐합니다. 씨 뿌리는 자에게 씨를 주시고, 말씀으로 싹이 나 백배의 결실을 맺도록 하신 분이 바로 그분이시기 때문입니다.

우리 주님께서는 아버지의 주권을 선포하심으로써 그분의 기쁨을 표현하셨습니다. "오, 하늘과 땅의 주이신 아버지여, 감사하나이다"라고 말입니다. 사람들 중에는 하나님을 위에 있는 것이나 아래에 있는 모든 만물들의 주님으로 생각하기가 좀 어려운 사람들도 있습니다. 그런 자들은 인간의 자유의지를 모든 사실들 가운데 가장 위대한 것으로 여깁니다. 그래서 그들은 인간의 영역이 조금이라도 침해받지 않게 하려고, 하나님의 절대 능력을 제한합니다. 그들은 인간을 확대하기 위해서 하나님을 축소하려고 합니다. 그들은 하나님의 주권을 확대하려는 우리를 반대하면서, 하나님이 독단적이라는 개념을 우리에게 주입하려고 합니다. 그들의 그런 이야기를 들어도 우리에게 그런 생각이 드는 것은 아니겠지만 말입니다. 자기가 하는 일에 대해 결코 설명하지 않으시고, 자기의 기쁘신 뜻대로 모든 것을 명령하시는 여호와는 결코 독단적이거나 불의한 폭군이 아니십니다. 그러면서도 그분은 절대적이고 통제를 받지 않는 주권자이십니다. 그분은 자신의 자존적인 능력으로 다스리시며, 자신이 모든 법의 원천이자 기원이 되십니다. 그분은 절대적인 주권을 지녔으나 믿을 만한 분이십니다. 왜냐하면 그분은 무한한 사랑이며 무한한 선이기 때문입니다. 저는 하나님의 최고 주권과 그분이 원하시는 것, 다시 말해 복음의 은혜가 아주 분명히 보여주는 바와 같이, 자기 백성에 대해 그분이 원하시는 것을 특별히 행하실 수 있는 그분의 권리까지 말씀드리고자 합니다. 그분은 긍휼히 여길 자를 긍휼히 여기고 불쌍히 여길 자를 불쌍히 여기는(롬 9:15) 분이시며, 아무도 그분의 손길을 제어하거나 그분에게 "당신은 무엇을 하고 계십니까?"라고 물을 수도 없습니다. 그리스도께서 기뻐하실 때, 그분은 무한한 주권을 하나님께 돌림으로써 기쁨을 표현하였습니다. 그 진리가 우리를 우울하게 합니까? 그렇지 않습니다. 오히려 우리 각자는 아버지께서 베풀어 주신 은혜의 사역을 보고서 이렇게 외치게 될 것입니다. "오, 아버지여, 당신께 감사드리나이다. 제가 더욱더 당신께 감사드릴 것은 당신이 하늘과 땅의 주라는 것을 제가 알기 때문이옵니다."

하나님의 주권이라는 교리에 이의를 제기하는 사람들에게 제가 하고 싶은 말은, "여호와께서 다스리시니"(시 93:1) 그들의 반역을 중단하라는 것입니다. 그들이 "여호와께서 다스리시나니 땅은 즐거워하며 허다한 섬은 기뻐할지어다"(시 97:1)고 하신 말씀만큼 찬양은 못한다 해도, 적어도 "만민이 떨 것이요"(시 99:1)라는 말씀만큼 두려워하기라도 해야 합니다. 위대하신 여호와의 손에 있는 능력과 다스림은 최고이며, 그분의 유일한 성품 안에는 아버지 됨과 주권이 항상 서로 연결되어 있습니다. "오 하늘과 땅의 주이신 아버지여, 감사하나이다." 그 교리를 풍자한 모든 생각들을 여러분의 마음에서 버리십시오. 그리고 그 교리를 가장 순수한 형태로 받아들이십시오. "여호와께서는 영원무궁하도록 왕이시니(시 10:16), 할렐루야"라는 말씀처럼 말입니다. 만약 여러분의 기쁨이 영적으로 깊고 아주 대단하다면, 휘몰아치는 대서양의 파도에도 끄떡없을 것이며, 최후에는 하나님의 절대 주권을 여러분 스스로 기뻐하게 될 것입니다. 구세주의 영혼 안에 있는 심오하게 고조된 기쁨은 그 기쁨을 펼칠 웅장한 공간이 없어서, 하늘과 땅의 주이신 그분의 무한한 능력과 통치에 그 기쁨의 감격을 마음껏 펼치게 되었습니다. 하늘나라를 열고 닫는 것은 그분의 열쇠(마 16:19)이며, 영원한 것을 감추거나 계시하는 것은 그분의 말씀입니다.

우리 주님께서는 자기 앞에 일어난, "이것들을 지혜롭고 분별 있는 자들에게는 숨기시고 아기들에게는 드러내셨다"고 하는 주권자의 이 특별한 행동을 기뻐하셨습니다. 그분은 이 특별한 행동에 대해서 하나님과 교통하셨고, 이것으로 기뻐하셨습니다. 그래서 그분은 "과연 그러하옵나이다. 아버지여, 그리하심이 아버지 보시기에 좋았나이다"라고 말씀하셨습니다. 말하자면, 그분의 음성이 곧 아버지의 음성이었던 것입니다. 그분은 아버지의 선택에 동의하셨습니다. 그 점에서 그분은 기뻐하셨고, 승리하셨습니다. 아버지의 뜻은 그리스도의 뜻이었으며, 그분의 모든 주권적인 선택에 있어서 그분은 아버지와 교제를 나누셨습니다. 그렇습니다. 그분은 이를 위해 자신의 가장 깊은 영으로 하나님을 확대(magnify, 이 단어는 확대하다 혹은 찬양하다의 두 가지 뜻을 담고 있는데, 그리스도는 하나님과의 교제를 통해 자신을 축소하고 하나님을 확대하셨다는 문맥에서 확대하다로 선택했다 —

역주)하였습니다. 그분은 "과연 그러하옵나이다. 아버지여, 그리하심이 아버지 보시기에 좋았나이다"라고 말씀하셨습니다. 왜냐하면 하나님이 보시기에 좋은 것은 분명히 좋은 것이라는 사실을 알고 있었기 때문입니다. 우리가 보기에 좋은 것들은 실제로 나쁜 것들일 수 있습니다. 하지만 하나님이 보시기에 좋은 것은 분명히 좋은 것입니다. 예수님은 이에 대해 하나님을 찬양했습니다. 그렇게 되는 것이 하나님이 보시기에 좋다는 것 말고는 다른 이유가 없었습니다. 오, 하나님의 뜻이 어떤 것이든 간에, 하나님의 뜻을 묵묵히 따름으로써 우리가 최고의 기쁨을 표현할 때, 우리의 마음이 어떤 상태가 되겠습니까? 사랑하는 성도 여러분, 여기를 보십시오. 여기에 만족과 평화와 행복으로 이르는 길이 있습니다. 그렇습니다. 바로 이생에서 천국의 삶으로 이르는 길입니다. 하나님을 기쁘시게 하는 것이 여러분에게도 기쁜 것이라는 사실을 알게 된다면, 여러분은 환난과 시련 가운데 빠지더라도 기뻐하게 될 것입니다. 만약 여러분의 마음이 훈련되어, 하나님의 뜻을 여러분이 원하는 것으로 받아들이고, 하나님이 선한 것으로 생각하는 것을 여러분도 선한 것으로 믿는다면, 여러분이 주님의 품에 안길 때까지 여러분은 여러분의 여생을 찬양하고 기다리면서 편안히 지낼 수 있을 것입니다. 여러분은 곧 모든 노래하는 자들이 함께 만나 영원토록 하나님과 어린 양께 찬양하는 그곳으로 올라가게 될 것입니다. 자아를 고집하며 반항하던 모든 자들은 영원히 추방될 것입니다. 그러므로 여기서 그리스도는 자신의 기쁨을 표현할 한 방향을 발견하였습니다. 다시 말해, 감사함으로써, 하나님의 주권을 확대(찬양)함으로써, 기쁨으로 교제하고 그 기쁨을 즐거워함으로써, 주님은 자신의 기쁨을 표현하였던 것입니다.

3. 세 번째로, 저는 아버지께서 하신 행동에 대해 우리 주님이 어떻게 설명하셨는지를 여러분이 보기를 원합니다.

아버지께서는 이것들을 지혜롭고 분별 있는 자들에게는 숨기시고 아기들에게는 드러내시기를 기뻐하셨습니다. 그리고 예수 그리스도는 이러한 일 처리에 완전히 만족하셨으며, 그분이 얻은 회심자들과 하나님께서 보내신 설교자들에 대해 아주 흡족해하셨습니다.

첫째로, 주 예수님에게는 명성이 필요 없었습니다. 22절을 읽어 보십시오. "내 아버지께서 모든 것을 내게 넘겨주셨사오니"라고 나옵니다. 누군가 예언을 하기 시작하고 종교적인 지도자로 추앙을 받게 될 때, 실제로는 그가 선지자인 척만 하는 사람인데도 유식한 박사가 와서 자신의 주장을 지지해 준다면, 그 얼마나 기쁜 일이겠습니까! 부와 지위를 가진 사람까지 그의 편이 되어준다면, 또 얼마나 우쭐해지겠습니까! 그러나 우리 영혼의 구세주께서는 그런 도움을 전혀 구하지 않으셨습니다. 세상에 있는 지식인들의 평판이 그분의 말씀을 실제보다 더욱 더 진실된 것으로 만들 수도 없고, 그 말씀에 더욱더 확신을 줄 수도 없습니다. 왜냐하면 말씀의 능력은 말씀을 계시하시는 성령님께 있기 때문입니다. 위대한 사람들이 모두 "맞습니다"라고 말한다 해서 그분의 가르침을 더 확실하게 만드는 것도 아니며, 그들이 모두 "아닙니다"라고 말한다 해서 그분의 말씀의 진실성이 떨어지는 것도 아닙니다. 그런데 그리스도의 명성을 드높이자고요? 이런 말은 생각만 해도 그리스도를 모독하는 것입니다. 그분은 이렇게 말씀하십니다. "모든 것을 내게 넘겨주셨사오니"라고요. 대제사장들과 종교 지도자들은 그분을 고발하였습니다. 그러나 아버지께서는 모든 것을 그분에게 넘겨주셨습니다. 자신이 메시야라는 그분의 주장을 학식 있는 사람들은 비웃었습니다! 도대체 이런 반응들이 그리스도에게 무슨 문제가 됩니까? 아버지께서 모든 것을 그분의 손에 맡기셨습니다. 그분은 홀로 서 계셨으며, 그 어떤 연대(連帶)도 요구하지 않으셨습니다. 빌려온 것도 아니고, 도움을 받은 것도 아닌, 그분 자신의 능력으로 그분이 하고자 하는 일을 충분히 감당할 수 있었습니다. 사랑하는 성도 여러분, 이 시대에 소위 교양 있고 지적인 사람들이 우리 편에 서서 "정말 합당합니다"라고 말해줄 때까지, 우리는 복음 전파를 유보해야 한다고 생각합니까? 그래서는 안 됩니다. 도리어 우리는 하나님을 믿고서 그렇게 아는 척하는 사람들에게 맞서 이렇게 말해야 합니다. "참으로 하나님은 진실하시되 사람은 다 거짓말쟁이라"(롬 3:4, KJV)고 말입니다. 예수님은 학자들의 인정이나 왕들의 후원이나 웅변가들의 변증 따위가 필요치 않습니다. 그분에게는 이 세상의 허세나 권력이나 지혜나 속임수 등이 없었습니다. 그분은 그런 의심쩍은 이익들에 흔들리지 않으시고, 이 진리가 자기들이 보기에 현명하지도 않고 자기들이 판단하기에 지적이지도 않으나, 하나님으로부터 배우고자 하며 그분께서 계시하신 모든 것을 믿고 즐거워하는 어린아이와 같은 자들에게 이 진리가 계시된 것에 대해 하나님께 감사를 드렸습니다.

　　인간의 지혜로는 하나님을 찾을 수 없다는 것을 보임으로써, 주님께서 이 기쁨을 어떻게 설명하셨는지 살펴보겠습니다. 주님은 "아버지 외에는 아무도 아들이 누구인지 알지 못하고, 아들 … 외에는 아무도 아버지가 누구신지 알지 못하나이다"라고 하셨습니다. 아무도 알지 못합니다. 이스라엘의 스승이라 해도 알지 못합니다. 과학자들도 머리만 혼란스러울 뿐입니다. 그들은 미지의 얽히고설킨 것을 풀어내기 위해 위대한 독창성을 발휘할지도 모릅니다. 그래도 그들이 만약 하나님의 계시를 거부한다면, 분명히 그 진리를 발견하는데 오류가 생길 것입니다. 인간의 지성에서 자연 발생적으로 생긴 자연 종교 같은 것은 존재하지 않습니다. 아마 여러분은 "오, 그런 종교는 대단히 많아요"라고 말할 것입니다. 그러나 제가 말하고 싶은 것은 이것입니다. 그 안에 종교적으로 참된 어떤 것이 들어 있다 해도, 그것은 계시로부터 차용된 것이고, 전승에 의해 내려온 것입니다. 비교 종교학의 관점에서 말하자면, 종교는 오직 하나의 종교만 있을 뿐이며, 종교를 흉내 낸 다른 것들은 그 종교의 옷가지를 훔쳐온 것에 불과합니다. 사람들이 자연에서 하나님에 관한 많은 것들을 보고 있다는 사실은 의심의 여지가 없습니다. 하지만 계시가 없었다면, 사람들은 그렇게 할 수 없었을 것입니다. 최초에 빛은 계시를 통해 왔습니다. 빛이 온 이후에, 다양한 반사체들에 반사된 빛들을 보고서 사람들은 빛이 그 반사체들로부터 왔다고 착각하는 것입니다. 사람들은 계시된 진리 가운데 어떤 것을 듣습니다. 그리고 그 방면으로 계속 생각을 하다가, 그들이 들었던 그 어떤 진리가 마음에 떠오르면, 그들은 자신이 그 생각의 주창자라고 착각합니다. 하나님께서 자신을 계시하지 않으시면, 하나님은 알려지지 않습니다. 인간의 재주로도 하나님을 발견할 수 없습니다. 육신의 재치(才致)와 사고는 하나님을 발견하는 쪽으로 향해 있지 않고, 하나님으로부터 시작해 가장 어두운 쪽으로 향해 있습니다. 하나님은 오직 그리스도를 통해서만 알려집니다. 그래서 오늘 본문은 "아들과 또 아들이 아버지를 드러낼 자 외에는 아무도 아버지가 누구신지 알지 못하나이다"라고 말씀합니다. 하나님께서 빛을 창조하신 후에도 빛은 여전히 태양 속에 머물러 있듯이, 하나님의 모든 지식도 의의 태양(말 4:2, KJV)이신 그리스도 안에 고이 간직되어 있습니다. 그리스도는 빛을 자신 안에 가지고 계시는 분이시며, 이 빛을 원하기만 한다면 이 세상에 온 각 사람들에게 비추는 빛(요 1:9) 되신 분이 바로 그리스도이십니다. 우리는 그리스도를 영접하든가 아니면 어둠 속에 머물러 있든가 양자택일을 해야 합니다. 그렇습니다. 그리스도 안에 있는 이 빛은 계시가 아니고서는 어느 누구도 받아들일 수 없습니다. 그래서 오늘 본문도 이렇게 말씀하고 있지 않습니까? "아버지 외에는 아무도 아들이 누구인지 알지 못하고 아들과 또 아들이 아버지를 드러낼 자 외에는 아무도 아버지가 누구신지 알지 못하나이다"라고 말입니다. 그리스도로 말미암아 각 사람에게는 그리스도와 아버지의 특별하고 독특한 계시가 주어진 것이 분명합니다. 그렇지 않다면 각 사람은 죽는 날까지 맹인으로 있게 될 것입니다.

그러므로 인간의 지혜 속에만 있는 능력은 종종 사람들이 계시의 영향력을 받지 못하게 하는 힘이 됩니다. 사람들은 오직 계시를 통해서만 그리스도를 알 수 있고, 계시를 통해서만 그리스도를 개인적으로 영접할 수 있습니다. 그런데 사람들은 너무나 지혜로워서 가르침을 받고자 하지 않습니다. 자기 힘으로 알아낼 수 있다고 생각합니다. 사람들은 무오한 책이나 무오한 영에 스스로 굴복하고 있습니까? 전혀 그렇게 하고 있지 않습니다! 인간의 바로 그 지혜 때문에 사람들은 배울 수 없게 되어버립니다. 사실대로 말해 봅시다. 도대체 인간의 지혜라는 것이 무엇입니까? 인간이 만들어 낸 지혜는 어리석은 것이며, 무언가 미흡한 것입니다. 사람들은 때때로 종교 사상의 역사와 기독교가 지금까지 걸어온 다양한 단계들의 역사를 서술하면서, 이를 토대로 말을 합니다. 저는 누군가가 진실된 철학사(哲學史)를 서술했으면 좋겠습니다. 철학의 역사는 인류 광기의 역사라 할 수 있습니다. 다시 말해 정신 병력의 목록인 것입니다. 여러분도 알겠지만, 한 세대의 철학자들은 앞선 세대의 철학자들을 반박하느라 바쁩니다. 그런 일들을 너무 잘합니다. 그렇다면 그 다음 세대는 도대체 어떤 일을 할까요? 이들이 한 것을 또 반박하지 않으리란 법이 어디 있겠습니까! 백 년 전에 통용되던 철학들은 지금은 모두 논박(論駁)되어 버렸습니다. 그리고 몇몇 분명한 사실들을 제외하고는, 오늘날 통용되는 모든 가르침들도 제가 백발이 성성할 때까지 살다가 죽어 무덤에 내려가기 전에 논박될 것입니다. 지금 살아 있는 철학자 가운데, 앞으로 어떤 새로운 사실이 발견되어 자기가 지금까지 세상에 발표한 모든 가설들이 뒤집어질 것이라 확신하지 않는 철학자는 단 한 명도 없습니다. 계시를 믿는 자들을 자부심이 대단하다고 비꼬듯 칭송하는 철학자들은 어리석은 자들입니다. 왜냐하면 그들은 확실성에 관해서 아무것도 모르기 때문입니다. 다시 말해 절대적인 확실성은 오직 하나님의 계시에만 속해 있다는 것을 모르기 때문입니다. 하나님과 분리된 채로 지혜로운 척하는 사람은 너무 어리석은 사람입니다. 그들에게는 빛이 없습니다. 성령 하나님으로부터 오는 것을 거부하는 자는 누구라도 빛이 없습니다. 하나님과 분리되어 스스로 세워지는 지혜는 무신론입니다. 왜냐하면 하나님께서는 이들의 지혜를 아시고는 인간들에게 이렇게 말씀하셨기 때문입니다. "내가 너를 가르치리라. 내 아들을 통해 너에게 내 자신을 드러내리라"고 말입니다. 그러자 지혜는 이렇게 말합니다. "우리는 가르침을 받고 싶지 않습니다. 우리는 혼자서도 잘 알 수 있습니다"라고요. 그래서 여러분은 하나님의 반역자가 되는 것입니다! 여러분은 하나님보다 뛰어난 척하고 있습니다. 왜냐하면 여러분은 그분으로부터 배우려고 하지 않고, 오히려 자기 자신을 신뢰하려고 하기 때문입니다. 이런 어리석음과 무신론이 바로 하나님께서 그 지혜를 지혜로운 자들과 분별 있는 자들에게 숨기시는 이유입니다. 그들은 하나님을 거부했습니다. 그래서 하나님은 하나님의 심판과 관련하여 그들이 맹인이 되게 하셨습니다. 그러자 그리스도께서는 하나님께서 그렇게 하신 것에 대해 감사했습니다. 왜냐하면 하나님께서 그렇게 하시는 것이 바로 공의이기 때문입니다. 주님께서 어떤 사람을 사랑하셔서 그에게 어린아이 같은 영혼을 주셨다면, 그는 지식의 길에 들어선 것입니다. 이것은 과학에서도 똑같이 적용됩니다. 자연의 비밀들은 이미 알고 있다고 믿는 사람에게는 절대로 드러나지 않습니다. 자연은 편견을 가지고 다가오는 사람에게는 자신을 가르쳐 주지 않습니다. 앉아서 자연을 연구하기도 전에 이미 알고 있다고 생각하는 사람이 도대체 뭘 발견할 수 있겠습니까? 그런 사람은 유식한 척하면서 만물 용해액(universal solvent, 과거 연금술사들에 의해 연구된 가설적인 물질로, 금을 포함해 모든 물질들을 용해한다고 알려져 있다)이나 비금속이 금으로 변할 수 있는 방법이나(중세 연금술에 따르면 '철학자의 돌' [philosopher's stone]은 납과 같은 비금속을 금이나 은으로 변화시킬 수 있다고 알려져 있다), 영구 운동(perpetual motion, 가설적인 기계로, 외부에서 한 번 주어진 동력으로 영원히 작동한다고 알려져 있다)들에 대한 망상에 빠집니다. 이런 것들은 수년 전에 철학자들이 믿었던 것이지만, 지금에 와서는 아주 어리석은 것으로 되어버렸습니다. 오늘날의 과학도 다음 세기에는 조롱거리가 될 것입니다. 아주 터무니없는 것들도 지금까지 수백 년 동안 철학의 총애를 받아왔습니다. 사람들의 지식이 더 이상 발전하지 않았던 이유가 무엇입니까? 사람들은 자연에게 가서 무엇이 사실인지 가르쳐 달라고 자연에게 요청하지 않았기 때문입니다. 사람들은 가설을 만들었습니다. 그러고 나서는 자연에 가서 억지로 자신의 가설을 증명하려고 하였습니다. 사람들은 지금도 마찬가지입니다. 사람들은 자신이 원하는 대로 예단(豫斷,

선판단)을 가지고서 출발합니다. 그러고는 사실을 수집해서 그 사실들을 자신의 체계에 끼워 맞춥니다. 그래서 사람들은 자신의 지혜에 스스로 맹목적(맹인, blind)이 되어버립니다. 자연의 경우에는 그렇다 쳐도, 제가 확신하는 바로는, 은혜의 경우는 이보다 더한 일들이 일어나고 있는 게 분명합니다. 왜냐하면 사람들은 하나님의 말씀에 다가가서 이렇게 말하기 때문입니다. "나는 예전부터 신학을 알고 있었습니다. 나는 성경 속에서 내가 믿어야 할 것을 찾아 그것을 어린아이처럼 배우기 위해 여기 오지 않았습니다. 나는 성경 말씀에 조금 변화를 주어 제 체계 속에 끼워 맞추려고 여기에 왔습니다." 자, 보십시오. 그 사람은 스스로 맹인이 될 것이며, 바보가 될 것입니다. 그런 자가 맹인이 되어야 하는 것이 정당하지 않습니까? 왜냐하면 그가 어떤 필요에 의해 어떤 결과를 자의적으로 이끌어 내는 짓을 했기 때문입니다.

사랑하는 성도 여러분, 하나님의 계시를 받기 위해서는 가르침을 배우려는 단순한 마음이 첫째 필수조건입니다. 만약 오늘 여러분이 이 마음을 갖는다면, 만약 지금 여러분이 진리를 추구한다면, 만약 지금 여러분이 진리를 갈구하며 소리치고 있다면, 만약 지금 하나님께서 여러분에게 진리를 계시해 주시기를 원하고 있다면, 만약 지금 하나님께서 그리스도 안에 있는 여러분에게 진리를 계시해 주시기를 갈망하고 있다면, 여러분은 하나님께서 주권적인 은혜로 보고 계시는 자들이며, 지금 있는 모습 그대로의 여러분에게 하나님께서 자신을 계시하고자 하는 자들입니다. 필요한 것은 믿음입니다. 어린아이처럼 받아들이는 믿음 말입니다. 교황에 대한 믿음이 아니라, 사람에 대한 믿음이 아니라, 옛날에 제정된 신조에 대한 믿음이 아니라, 하나님에 대한 믿음이 필요합니다. 오, 사랑하는 성도 여러분, 꼭 그분에게 배우고자 하십시오. 그러면 여러분이 교육을 받지 못한 채로 남아 있는 일은 없을 것입니다.

한두 가지 교훈만 더 말씀드리고 제 설교를 마쳐야 할 것 같습니다. 우리가 배워야 할 첫째 교훈은 이것입니다. 위대한 사람들, 특출한 사람들, 소위 학식 있는 사람들, 이런 사람들이 회심하지 않았다고 해서, 낙심하지 마십시오. 그들이 회심하게 될 것 같지는 않습니다. 다음으로, 많은 회심자들이 별 볼일 없는 사람들이고 주목받지 못한 무명의 사람들이라고 해서, 전혀 주눅 들지 마십시오. 여러분은 이제 어떤 사람입니까? 하나님께서 은혜로 보고 계시는 사람을 멸시하는 당신은 도대체 어떤 사람입니까? 하나님께서 멸시받는 자들을 여러분과 함께 선택하셨습니다. 이 일을 행하신 여러분의 주님과 함께 극도로 기뻐하십시오.

다음으로, 하나님의 주권은 마음이 순결한 자들이 즐거워하는 방식으로 항상 행사된다는 사실을 배우십시오. 사랑이 많으신 그리스도가 기뻐할 수 없는 주권적인 행동을 하나님은 지금까지 절대로 행하지 않으셨습니다. 그러므로 여러분은 모든 것을 하나님의 손에 맡기고서, 그분의 길이 바다에 있어 여러분이 이해할 수 없는 상황이라 해도, 그분의 길이 성소에 있을 때처럼 즐거워하며, 또 그분의 발자국이 분명히 드러나지 않는 상황이라 해도, 그분이 인도하시는 길을 감지할 수 있을 때처럼 그분의 인도를 의롭고 거룩하게 느끼며 그렇게 만족하고 살아가십시오.

복음에 대한 궁극적인 영예는 오직 하나님께만 있어야 합니다. 이것을 우리의 마지막 교훈으로 삼읍시다. 만물의 끝이 다가올 때에 영예를 가질 사람은 우리 가운데 아무도 없을 것입니다. 우리는 그것을 바라지도 않을 것입니다. 그러나 그 모든 영예 가운데서, 선택된 각 사람들 가운데서, 각 사람에게 보여주신 계시 가운데서, 전적으로 신비로운 몸이 되신 그리스도께서 "오, 아버지여 당신께 감사드리나이다"라고 하신 음성이 수천 개의 허다한 우레 같은 소리로 울려 퍼질 것입니다. 이것은 구원받은 자들뿐만 아니라, 잃어버린 자들을 포함하여 모든 인류에 관한 하늘의 찬송이 될 것입니다. "오, 하늘과 땅의 주이신 아버지여 당신께 감사드리나이다." 순수한 마음을 가진 자들에게는 더 이상 핑곗거리가 없을 것이며, 온전하게 된 영혼을 지닌 자들에게는 더 이상 질문이 없을 것입니다. 계시뿐 아니라 숨김까지, 아버지의 다스리심 전체를 회고하는 온 가족들은 마지막에 그리스도의 선창(先唱)에 이어서 이렇게 말할 것입니다. "오 하늘과 땅의 주이신 아버지여, 아버지께서 이것들을 지혜롭고 분별 있는 자들에게는 숨기시고 아기들에게는 드러내셨음을 감사하나이다."

사랑하는 형제자매 여러분, 우리에게는 개인적인 계시가 필요하다는 사실을 배웁시다. 만약 지금까지 우리가 그 계시를 받지 못했다면, 그 계시를 추구합시다. 어린아이 같은 영혼으로, 그리스도 안에서 그 계시를 추구합시다. 그리스도만이 아버지를 우리에게 계시해 주실 수 있기 때문입니다. 그리고 우리가 그 계시를 가졌을 때, 그분이 다른 사람들에게도 계시되는 것을 보는 것을 우리의 기쁨으로 삼읍시다. 야곱의 하나님께서 다른 사람들도 그리스도에게 인도해 주시기를 우리의 기도제목으로 삼읍시다. 그리스도께서도 우리의 두 눈에 기쁨을 주신 그 빛을 기뻐하실 것입니다. 주님께서 여러분과 함께 하시기를 기원합니다. 아멘.

제
37
장

—

선한 사마리아인

—

"어떤 율법교사가 일어나 예수를 시험하여 이르되 선생님 내가 무엇을 하여야 영생을 얻으리이까 예수께서 이르시되 율법에 무엇이라 기록되었으며 네가 어떻게 읽느냐 대답하여 이르되 네 마음을 다하며 목숨을 다하며 힘을 다하며 뜻을 다하여 주 너의 하나님을 사랑하고 또한 네 이웃을 네 자신 같이 사랑하라 하였나이다 예수께서 이르시되 네 대답이 옳도다 이를 행하라 그러면 살리라 하시니 그 사람이 자기를 옳게 보이려고 예수께 여짜오되 그러면 내 이웃이 누구니이까 예수께서 대답하여 이르시되 어떤 사람이 예루살렘에서 여리고로 내려가다가 강도를 만나매 강도들이 그 옷을 벗기고 때려 거의 죽은 것을 버리고 갔더라 마침 한 제사장이 그 길로 내려가다가 그를 보고 피하여 지나가고 또 이와 같이 한 레위인도 그 곳에 이르러 그를 보고 피하여 지나가되 어떤 사마리아 사람은 여행하는 중 거기 이르러 그를 보고 불쌍히 여겨 가까이 가서 기름과 포도주를 그 상처에 붓고 싸매고 자기 짐승에 태워 주막으로 데리고 가서 돌보아 주니라 그 이튿날 그가 주막 주인에게 데나리온 둘을 내어 주며 이르되 이 사람을 돌보아 주라 비용이 더 들면 내가 돌아올 때에 갚으리라 하였으니 네 생각에는 이 세 사람 중에 누가 강도 만난 자의 이웃이 되겠느냐 이르되 자비를 베푼

자니이다 예수께서 이르시되 가서 너도 이와 같이 하라 하
시니라." — 눅 10:25-37

우리가 택한 본문에는 사마리아인의 이야기가 전부 들어가 있습니다. 그러나 본문이 매우 길기 때문에, 우리가 기억할 수 있도록 37절에 나오는 권고의 말씀을 본문으로 삼고자 합니다. "가서 너도 이와 같이 하라."

세상에는 복음으로 알려진 구원의 방식에 관한 교리적인 설명들 외에는 그 어떤 것도 설교하지 말라고 주장하는 자들이 있습니다. 만일 설교자가 어떤 도덕이나 실제적인 은혜를 강조하면, 곧바로 그들은 설교자가 복음을 설교하고 있지 않다고 하거나, 설교자가 율법적인 사람이 되었고 단순한 도덕 선생님이 되었다고 혹평합니다. 우리는 그러한 비평을 무서워하지 않습니다. 왜냐하면 우리 주 예수 그리스도도 너무나 자주 그런 혹평을 들었을 것을 우리가 분명히 알고 있기 때문입니다. 산상 설교를 읽어 보고서, 어떤 사람들이 안식일에 그와 같은 설교를 듣는 것에 만족해할 것인지 판단해 보십시오. 아마도 그렇게 혹평하는 사람들은 그런 설교를 들으면, 복음은 매우 적게 말하고 선행에 대해서 너무 많은 말을 하고 있다고 비난할 것입니다. 우리 주님께서는 위대한 실천적 설교자였습니다. 주님께서는 여러 질문자들에게 답변하거나 구도자들에게 방향을 제시하거나 죄를 범하는 자들에게 책망하는 말씀을 자주 하셨습니다. 또한 주님께서는 자신을 섬기는 사역자들도 감히 본받지 못하는 유의 실천적 진리에 대해서 매우 강조하셨습니다. 우리가 이웃을 향하여 어떠한 태도를 견지해야 하는지에 대해서도 그분은 거듭거듭 말씀하셨습니다. 그리고 그리스도인의 성품 전체를 통해서 드러나야 하는 사랑에 대해서도 대단히 강조하셨습니다.

우리가 살펴보려는 이 선한 사마리아인의 이야기는 문제의 그 요점을 지적하고 있다고 봅니다. 왜냐하면 우리 주님께서는 이 비유를 통하여 "영생을 얻기 위해서 내가 무엇을 하리이까?"라는 질문에서 야기된 문제를 설명하고 계시기 때문입니다. 질문은 율법적이었지만, 대답은 적절했습니다. 그러나 율법이 우리에게 요구하는 것을 복음이 우리 안에서 만들어 낸다는 사실을 결코 잊어서는 안 됩니다. 율법은 우리가 어떠해야 함을 말하고 있고, 그 율법이 요구하는 상태로 우리를 끌어올리는 것이 복음의 한 가지 목적입니다. 그러므로 우리 주님의

가르침은 현저하게 실천적임에도 불구하고 항상 복음적입니다. 율법을 해석하는 부분에서마저 항상 복음적인 의도를 가지고 계십니다. 주님께서는 마땅한 도리의 기준을 높이 세우심으로써 그 두 가지 목적을 달성하셨습니다. 한편으로는 사람들이 자기 행위로 구원받을 가능성이 전혀 없음을 느끼게 만듦으로써, 스스로 율법을 지켰다고 주장하는 자기 의를 죽이십니다. 또 다른 한편으로는, 신자들이 단순한 체면치레나 틀에 박힌 외면적 신앙 형태만 유지하고도 만족해하는 데서 벗어나게 하십니다. 그래서 주님께서는 신자들이 가장 높은 수준의 거룩함을 추구하도록 자극하십니다. 진정 그분의 은혜만이 줄 수 있는 그 탁월한 성품을 추구하라고 말입니다.

오늘 아침 저는 실제적인 요점들에 대해서 매우 많은 강조를 하겠지만, 여전히 거룩하신 성령님의 인도를 받아 율법주의에 빠지는 잘못은 하지 않을 것이라고 확신합니다. 또한 여러분 중에 어느 누구도 그런 율법주의에 빠지는 일은 없을 것입니다. 저는 이웃 사랑을 구원의 조건으로 제시하지는 않을 것입니다. 오히려 구원의 열매로 제시할 것입니다. 천국에 이르는 길로서 율법에 순종해야 한다고 말하지 않고, 도리어 사랑으로 역사하는 믿음을 통해서 따라가야 하는 좁은 길이 무엇인가를 보여주고자 합니다. 이제 그 비유로 빨리 나아가 봅시다.

1. 환난으로 가득 찬 세상

우리가 첫 번째로 관찰해야 할 요점은 세상은 환난이 가득 찬 곳이라는 점입니다. 이 이야기는 불행한 사건으로 인해 일어날 수 있는 천 가지 경우 가운데 하나에 불과합니다. "어떤 사람이 예루살렘에서 여리고로 내려가다 강도를 만나매." 그는 가까운 거리를 여행하고 있었습니다. 그런데 그 도중에 목숨을 잃을 뻔하였습니다. 우리는 고통으로부터 완전히 벗어난 안전 지역에 있지 않습니다. 그 고통은 각 가정의 벽난로 주위에서도 만날 수 있고, 우리의 인격이나 가장 가까운 친척들로 인해서도 일어날 수 있습니다. 고통은 우리의 가게로 걸어 들어와서는 계산대 앞에 와서 우리를 시험하기도 합니다. 우리가 집을 떠나게 되면 고통은 우리와 함께 다니는 여행자가 되고 길에서 우리와 교제하게 됩니다. "재난은 티끌에서 일어나는 것이 아니며 고생은 흙에서 나는 것이 아니니라 사람은 고생을 위하여 났으니 불꽃이 위로 날아가는 것 같으니라"(욥 5:6-7).

흔히 더 큰 환난은 고난 받는 자의 실수 때문에 일어나지는 않습니다. 그 가련한 유대인이 일 때문에 여리고로 내려가다가 강도를 만나게 되고 돈을 빼앗겼다고 해서, 그 사람을 나무랄 사람은 없습니다. 그는 거의 저항도 못해 본 채 강도들에게 상처를 입고 옷을 빼앗겼으며 거반 죽을 지경에 이르렀습니다. 누가 그 사람을 나무라겠습니까? 그에게 있어선 정말로 갑작스럽게 들이닥친 불행이었습니다. 세상에는 커다란 슬픔을 당할 만큼 어리석거나 악한 일을 행하지 않았는데도 그런 일을 만나는 경우가 있습니다. 제 말을 믿으십시오. 그 일은 하나님의 손에서 그 고난 받는 자에게 주어지는 것입니다. 그가 다른 사람들보다 더 큰 죄인이어서가 아니라, 우리가 알지 못하는 하나님만의 지혜로운 목적 때문에 고난을 받는 것입니다. 자, 이 본문에 나오는 경우는 다른 어떠한 경우들보다도 그리스도인의 동정심을 유발하는 고난이며, 흔히 병원에서 많이 볼 수 있는 경우이기도 합니다. 매를 맞고 상처를 입어 쓰러져 있다고 해서 그 사람을 나무라지는 말아야 합니다. 그 생명이 참으로 위태로운 지경에 들어갈 정도로 큰 상처를 입었지만, 그것은 그가 자초해서 생긴 일이 아니었습니다. 또는 술을 먹고 다른 사람들과 말다툼하다가 당한 일도 아니었고, 소견머리 없이 굴다가 만난 불행도 아니었습니다. 그는 아무 잘못도 없이 고통을 받고 있었습니다. 그러므로 당연히 자기 이웃의 보살핌을 받아야 할 사람이었습니다.

더욱이 많은 수의 고통들은 다른 사람의 악행으로 인해 일어납니다. 여리고로 가다가 강도를 만난 그 불쌍한 유대인은 자기를 때려 거반 죽게 만든 그 강도들의 희생물이었습니다. 사람에게 가장 무서운 적은 사람입니다. 만일 사람을 유순하게 길들일 수만 있다면 세상에 가장 야생적인 짐승도 길들일 수 있을 것입니다. 사람들의 마음속에서 악을 제거할 수만 있다면 인간이 당하는 주된 고통들은 대번에 멈추게 될 것입니다. 주정뱅이의 낭비와 만행, 교만한 사람들의 냉소, 압제자의 잔인성, 비방자의 거짓말, 사기꾼의 협잡, 가난한 사람의 얼굴을 후리는 인정머리 없는 사람의 악행 등, 이러한 모든 것들이 합세하여 온갖 독초들의 뿌리가 되고 있습니다. 이 독초들은 온 지면 위에 퍼져서 우리를 수치스럽고 서글프게 만들고 있습니다. 만일 주도적인 죄들을 제거할 수만 있다면 인간이 겪는 질고의 많은 부분들이 개선될 것입니다. 그리스도께서 세상을 이기셨을 때 그 죄들이 정죄 받은 것을 인하여 하나님을 찬미해야 합니다. 다른 사람의 죄로 말미암아 무고히 고통을 받는 사람들을 볼 때 우리의 동정심이 우러나와야 합니다. 아버지의 주정으로 인해서 만성적인 질병에 시달리고 굶주리는 아이들이 얼마나 많습니까! 아버지의 주정 때문에 식탁 위에 올릴 것이 아무것도 없는 것입니다. 가족을 부양할 책임이 있는 사람들의 게으름과 잔인함으로 인해, 고생하는 아내들 역시 고통스런 질병과 병으로 수척해지는 상태에서 벗어나지 못합니다. 노동자들도 임금을 제대로 받지 못해 종종 심한 압박을 받고 있습니다. 적은 품삯을 바라고 죽을힘을 다해서 일해야만 합니다. 그들이 사고나 질병으로 상처를 입고 거반 죽은 채로 병원 문을 찾는 것을 보면 우리의 동정심은 유발되어야 마땅합니다.

비유에 등장하는 사람은 정말 아무 손도 쓸 수 없었습니다. 그는 자신을 위해서 아무것도 할 수 없었습니다. 누워 있다가 그냥 죽을 판이었습니다. 엄청난 상처에서는 피가 흘러나오고 빨리 손을 쓰지 않으면 목숨마저 잃을 상황이었습니다. 그가 할 수 있는 일이라곤 신음하는 것뿐이었습니다. 자기 상처를 싸맬 수도 없었고, 일어나 구호소를 찾아가는 것은 더욱 어려웠습니다. 그는 여리고로 내려가는 매정한 바윗길 사이에서 피를 흘리며 죽어 가고 있었습니다. 어떤 친구가 와서 그에게 도움을 주지 않으면 솔개나 까마귀들의 먹이로 자기 몸을 내주어야 하는 상황이었습니다. 자, 사람이 스스로 할 수 있는 데도 가만히 있다면, 그는 고통 받아 마땅합니다. 게으름과 자기도취에 빠져서 기회를 날려 버리는 사람이 있다면, 어느 정도는 고통을 받게 해서 그 사람의 악행을 치료할 필요가 있습니다. 그러나 병들고 해를 당해 놓고도 의사나 간호사의 치료를 받기 위해 의료비를 지불할 능력이 전혀 없는 사람들이 있습니다. 바로 그때가 참된 박애 정신이 신속하게 작동하여 최선을 다해야 할 시점인 것입니다. 우리 구주께서는 여기에서 우리에게 그렇게 가르치고 계십니다.

인생의 어떤 길들은 특별하게 환난을 만나게 되어 있습니다. 예루살렘에서 여리고로 내려가는 길은 항상 강도가 창궐한 곳이었습니다. 제롬은 그 길이 "피의 길"이라고 불렸다고 말해 줍니다. 바로 그 길에서 강도짓이 횡행하고 사람들을 죽이는 일들이 빈번하게 일어났기 때문입니다. 영국의 여행자가 그 길에 갔다가 죽었다는 소식은 우리의 기억 속에서 아직 사라지지 않고 있습니다. 최근에 그 길을 갔던 사람들은 특히 어두운 지역에서 위협을 받거나 실제로 공격을 당한 적이 있었다고 말합니다. 다시 말하면, 그 종려나무 성인 여리고를 향하여 내려가는 길에 있는 들판에서 그런 일을 만났다는 것입니다.

그처럼 우리를 둘러싸고 있는 세상에는 질병과 사고로 인해 극히 위험하고 무섭게 출몰하는 인생길들이 있습니다. 몇 년 전 사전에 주의를 하지 않아서 수천의 사람을 죽음으로 몰고 간 거래들이 많았습니다. 이로 인해 사전 예방 위생법이 더 존중되고, 사람들의 목숨이 더 가치 있는 것으로 여겨지게 된 것에 대하여 하나님께 감사를 드립니다. 그럼에도 "피의 길"이라고 불릴 수 있는 인생길들은 아직도 있습니다. 사회 공동체를 위해서는 방범(防犯)이 필수적이긴 하나, 그런 강도들을 뒤쫓는 사람들에게는 많은 위험이 따릅니다. 탄광, 철로, 바다 등은 고통과 죽음의 무서운 소용돌이를 보여주고 있습니다. 공기 순환이 잘되지 않는 작업 공간에서 장시간 일을 해도 생활을 보장받지 못하는 사람들이 수천입니다. 임금이 너무 적어서 수중의 돈으로는 충분한 양식을 준비하지 못하기 때문입니다. 삯바느질을 하면서 생계를 꾸려가는 수많은 여인네들의 인생길도 진정 피의 길이라 할 수 있습니다.

이 런던 시에서 일하는 허다한 사람들이 비좁고 비위생적인 환경에서 살아가고 있습니다. 공기도 통하지 않는 골목과 마당에서 여러 사람들이 어울려 살아갑니다. 그런 것들을 생각할 때에 저는 런던의 가난한 사람들이 밟아야 하는 많은 길들이 예루살렘에서 여리고로 내려가는 길처럼 피의 길로 불리기에 마땅하다고 서슴없이 말할 수 있습니다.

만일 그 가난한 사람들이 그런 길을 가면서도 돈을 빼앗기지 않는다면, 그것은 그들에게 아예 돈이 없기 때문입니다. 그들이 강도를 만나지 않는다고 해도, 그들은 실제적으로 자신에게 해를 입히고 거반 죽게 만드는 질병을 만나게 됩니다. 자, 만일 여러분이 그런 직업에 종사하지 않아도 되고, 또 여러분이 다니는 길이 예루살렘에서 여리고로 내려가는 길이 아니라 예루살렘에서 베다니로 올라가는 길이라면, 그래서 여러분의 가정이 늘 화목하고 그리스도인들과 즐거운 교제를 누리고 있다면, 여러분은 매우 감사해야 하며, 좁게는 여러분 자신을 위해서, 넓게는 사회의 유익을 위해서, 그 위험천만한 인생길을 가야 하는 사람들을 돕기 위해 더 많은 각오를 해야 합니다. 그런 사람들이 우리 같은 그리스도인들의 호의를 받아야 할 첫 번째 대상이어야 한다는 제 의견에 여러분은 동의합니까? 병원이나 그 밖에 다른 곳에서도 그런 사람들은 넘쳐납니다.

자, 이 입장을 분명히 합시다. 세상에는 매우 큰 환난이 있으며, 그 환난 중 대부분은 즉시 구조되어야 할 것들입니다.

2. 환난을 돌아보지 아니하는 사람들

　　두 번째로 주목할 것은 환난을 전혀 돌아보지 않는 사람들이 있다는 점입니다. 우리 주님께서는 이 이야기에서 환난당한 사람을 보고 "피하여 지나간" 두 사람의 경우를 말씀하십니다. 우리 주님께서 그런 유의 사람들을 스물네 가지로 열거하려 하셨다면, 아마 그 비유는 훨씬 길어졌을 것입니다. 그렇게 한 다음에 한 명의 선한 사마리아인을 언급하는 것이 주님께는 더 나았을지도 모릅니다. 왜냐하면 인정머리 없는 사람이 두 명 있을 때 선한 사마리아인이 한 명 정도는 있다고, 저는 도저히 생각할 수 없기 때문입니다. 물론 저도 그랬으면 좋겠습니다. 그러나 제사장과 레위인의 역할을 하는 사람들의 수에 비하여 선한 사마리아인들의 수는 아주 적습니다.

　　이제 그 환난당한 자를 돕기를 거절한 두 사람이 누구인지 주목해 봅시다. 첫째로, 그들은 하나님의 섭리에 의해서 그 환난당한 자를 도우라고 그곳으로 인도함을 받은 자들이었습니다. 주님께서 어떤 사람을 그곳으로 인도하여 환난당한 자를 돕게 하기보다는, 불쌍하게도 거반 죽게 된 사람을 위해서 주님께서 친히 행하셨더라면, 어떤 더 좋은 일을 할 수 있으셨을까요? 천사라도 그런 경우를 만나면 잘 대처할 수 없었을 것입니다. 한 번도 상처 받은 적이 없는 천사가 상처를 싸매고 포도주와 기름으로 발라 유효하게 하는 것을 어떻게 이해할 수 있겠습니까? 그 곳에는 무엇이 필요한지를 알 수 있는 사람이 필요했습니다. 상처 난 몸을 돌보면서 형제애를 발휘하여 힘을 북돋아 줄 누군가가 필요하였던 것입니다. 우리가 보고 있는 영어 성경 번역본에는 "우연히 어떤 제사장이 그 길로 내려가다가"라고 되어 있습니다. 그러나 헬라어 학자들은 그 '우연히'라는 말을 '때마침'이라는 말로 읽고 있습니다. 제사장이 먼저 이 환난당한 자에게 온 것은 하나님의 섭리의 경륜이었습니다. 교양과 솜씨를 갖춘 자로서 그런 상황을 잘 살펴보게 하신 것입니다. 그런 다음에 레위인이 온 것은, 앞서 제사장이 시작한 일을 그가 도울 수 있었기 때문입니다. 한 사람이 그 불쌍한 사람을 떠메고 갈 수 없다면 두 사람이 서로 힘을 합하여 여관까지 갈 수 있었을 것입니다. 아니면 한 사람은 그 강도 만난 사람을 지키고, 다른 사람은 도움을 청하려 뛰어갈 수도 있었을 것입니다. 어쨌든 하나님께서는 그들을 이 자리로 인도하셨지만, 그들은 고의적으로 섭리와 인류애가 요구하는 그 거룩한 의무를 거절하였습니다.

　　자, 부자들은 병들고 상처받고 불쌍하고 궁핍한 자들을 불쌍히 여기라고 이

도시에 보냄을 받은 사람들입니다. 하나님께서 어떤 사람에게 필요 이상으로 많은 것을 주실 때는, 궁핍한 사람들을 도와주고 화를 당한 사람들에게 힘을 북돋아 주는 그 유쾌한 직무, 또는 즐거운 특권을 누리게 하려 함입니다. 그러나 안타깝게도, 얼마나 많은 사람들이 하나님께서 불쌍하고 궁핍한 사람들을 도우라는 의도에서 그 손에 맡기신 많은 재물을 가지고 자신들의 사치스런 생활을 위해 쓰라고 주신 것처럼 착각하고 있는지 모릅니다. 자기들만 애지중지하는 그런 사치는 아무 유익도 없고 아무 즐거움도 주지 못합니다.

또 어떤 사람들은 부를 얻게 되면, 그것을 매우 안전하게 보관하겠다는 꿈을 꿉니다. 그것이 탐욕과 염려를 늘게 해서 사람을 쇠약하게 하고 죽게 만드는지도 모르고 말입니다. 사방에서 목말라 아우성을 치고 있는데 감히 누가 우물 입구에 돌을 얹어 덮어 놓을 수 있겠습니까? 자기 팔을 뜯어먹어야 할 정도로 굶주린 여인들과 어린아이들을 보고도 감히 누가 떡을 주지 않고 감출 수 있겠습니까? 무엇보다도, 고통으로 몸부림치며 괴로워하는 사람을 그냥 내버려 두고, 감히 누가 그 병든 사람을 그냥 무덤에 묻히도록 버려둘 수 있겠습니까? 정말이지 이런 죄는 보통 죄가 아닙니다. 산 자와 죽은 자를 심판하러 오는 재판장께서 심문하실 범죄인 것입니다. 그 불쌍한 사람을 돌아보지 아니한 사람들은 그 불쌍한 사람을 구해 주라는 의도에서 거기에 보내진 것입니다. 그럼에도 불구하고 그들은 다른 쪽으로 피해 지나갔습니다.

그 두 사람은 마땅히 그러한 사람을 돌보고 건져내야 할 사람이었습니다. 하지만 그 둘은 자기 마음을 달래는 일에만 매우 익숙해 있었습니다. 제가 이 본문을 이해한 대로 말하자면, 그 제사장은 예루살렘에서 내려오고 있었습니다. 제가 종종 궁금했던 것은 그가 어디로 가고 있던 중이었는가 하는 점입니다. 다시 말해, 그가 성전으로 올라가던 중이어서 회중들이 기다릴 것을 걱정하여 황급히 서둘러 간 것인지, 아니면 자기 일을 다 끝내고, 즉 성전의 월삭 제사를 다 지내고 집으로 가던 중이었는지 궁금했습니다. 결론은 그가 예루살렘에서 여리고로 내려가던 중이었다고 저는 생각합니다. 왜냐하면 본문에 "마침 한 제사장이 그 길로 내려가다가"라고 나오기 때문입니다. 나라의 수도를 향해서 갈 때는 '올라간다'는 표현을 항상 씁니다. 런던으로 올라간다, 예루살렘으로 올라간다는 식으로 말입니다. 따라서 이 제사장은 '내려가고' 있었기 때문에 여리고로 내려가고 있었다고 볼 수 있습니다. 정말 말 그대로 그는 내려가고 있었습니다. 왜냐하면 여리고는 예루살렘보다 해발이 매우 낮기 때문입니다. 따라서 저는 그가 집에 가기 위해 여리고로 내려가고 있었다는 결론을 내린 것입니다. 그는 성전에서 달마다 드리는 월삭 제사를 집행하고 나서 집으로 가고 있었습니다. 그는 그 성전에서 지존자에게 늘 예배하였습니다. 사람이 하나님께 가까이 할 수 있는 가장 좋은 위치에서 제사를 드렸고, 거룩한 시편과 기도문을 낭독하였습니다. 그러나 그는 자신을 희생하는 법을 배우지 못했습니다. 그는 "내가 긍휼을 원하고 제사를 원하지 아니하노라"(마 9:13) 하신 예언의 말씀을 들었습니다. 그러나 그 교훈을 까맣게 잊고 있었습니다. 그는 자주 "네 이웃을 네 몸처럼 사랑하라"는 율법도 읽었습니다. 그러나 그것을 별로 중요하게 여기지 않았습니다.

레위인은 제사장만큼 성소에서 밀접하게 일하는 사람은 아니었지만, 그 거룩한 사역에 참여하는 사람이었습니다. 그럼에도 불구하고 성소를 떠날 때는 마음이 강퍅했습니다. 이것은 정말 서글픈 사실입니다. 두 사람 모두 하나님을 가까이 했으나 하나님을 닮지는 않았던 것입니다.

사랑하는 여러분, 여러분은 주일마다 하나님을 예배하면서 보낼 수도 있고, 여러분 가운데 예수 그리스도께서 십자가에 못 박히신 것이 분명히 드러날 정도로 예수 그리스도를 붙들고 있을 수도 있습니다. 그리고 설교의 주제들은 정말 돌 같은 마음을 고기같이 부드러운 마음으로 변하게 할 만한 주제였습니다. 그럼에도 불구하고 여러분은 세상으로 돌아가면 예전과 똑같이 비참한 상태를 유지하며, 앞의 경우와 마찬가지로 여러분의 동료들을 향해 별다른 느낌을 가지지 않습니다. 정말 그래서는 안 됩니다. 다시 한 번 말씀드리지만, 어떤 경우에도 여러분은 그런 식으로 하지 말아야 합니다.

더구나 이 두 사람은 그들의 직업적인 소명으로 볼 때 이 불쌍한 사람을 도와주었어야 했습니다. 비록 이 말은 원래 대제사장을 두고 하는 말이었다 해도, 어떤 제사장에게든 해당될 수 있는 말이라고 저는 생각합니다. 제사장은 다른 사람을 긍휼히 여기기 위해 사람들 가운데서 부르심을 받았습니다. 사람들을 불쌍히 여기는 심령을 가진 사람을 찾으라고 한다면, 하나님을 대신해서 사람들에게 말하고, 사람들을 대신해서 하나님께 말하기 위해 선택받은 제사장이어야 합니다. 그의 마음속에 돌 같이 강퍅한 마음이 들어 있어서는 안 됩니다. 그는 부드럽고 관대한 마음씨를 가져야 하며, 사람을 동정하는 인자한 마음으로 가득해야 합니다. 그러나 이 제사장은 그렇지 않았습니다. 레위인도 이것을 깨닫고 따라야 했는데 그렇게 하지 못했습니다. 오! 기독교 사역자들과 학교에서 가르치는 모든 자들, 또는 기독교 목회 사역을 어떤 형태로든 감당하는 사람들이여, 여러분은 모두 그래야 합니다. 왜냐하면 주 하나님께서는 자신의 모든 백성들이 하나님 앞에 제사장이 되도록 하셨기 때문입니다. 여러분이 가진 직업적인 소명의 입장에서 보더라도 여러분은 친절한 행동이 필요한 사람들에게 항상 마음을 기울일 준비를 하고 있어야 마땅합니다.

이 제사장과 레위인에 대하여 그 못마땅한 처신을 언급하지 않으면 안 되는 한 가지 요점은, 그들이 그 사람의 상태를 매우 잘 알고 있었다는 사실입니다. 두 사람은 그 강도 만난 사람에게 매우 가까이 다가갔고 그의 상태를 보았습니다. 여리고로 내려가는 길은 통로가 좁았기 때문에, 두 사람은 그 강도 만난 사람의 상처 난 몸을 보지 않을 수 없었습니다. 처음에 온 사람이 그를 보았습니다. 그러나 그는 황급히 피해 갔습니다. 두 번째 온 사람은 호기심이 많은 상태에서 좀 더 자세히 관찰했을 것 같습니다. 적어도 그는 그 강도 만난 사람의 상태를 살펴보기 시작했습니다. 그러나 그의 호기심은 충족되었을지 몰라도, 그의 동정심은 일어나지 않았고 그도 황급히 피해 갔습니다. 병들어 불쌍한 사람들을 방치하는 일은 그런 일을 당했는지 잘 모르기 때문에 일어납니다. 그러나 많은 사람들은 고의적으로 모르는 체하며, 그런 무시는 어떤 변명도 통하지 않습니다. 여러분도 알다시피, 오늘 우리가 기도한 병원들에도 이 순간 고통 받고 있는 사람들이 있습니다. 그들은 자기의 잘못 때문에 그런 극심한 고통을 받는 것이 아닙니다. 그들은 여러분의 도움을 원하고 있습니다. 한번은 제가 밤에 말을 타고서 강 위쪽에 있는 귀한 건물인 성 토머스 병원을 지나가고 있었습니다. 저는 그 병원 안에 얼마나 많은 아픔과 고통이 있을지 생각하지 않을 수 없었습니다. 그러나 그때 저는 그 병원 안에는 인간의 능력이 허락하는 한에서 수많은 병자들에게 분명히 구조의 손길이 펼쳐지고 있을 것이라는 점을 생각하며 하나님께 감사하였습니다. 여러분 주위에도 궁핍하고 병든 자들이 있다는 것을 알고 있습니다. 만일 여러분이 그러한 사람을 보고도 피하여 지나간다면, 여러분은 다음과 같은 사실을 생각하게 되고 정말 그렇다는 것을 알게 될 것입니다. 즉, 고개를 돌리고 피함으로써 여러분은 상처를 입었으나 아무 도움도 받지 못하는 사람을 내버려 두는 범죄를 저지른 셈이라는 사실을 말입니다.

그럼에도 그 두 사람은 그럴듯한 핑계를 댔을 것입니다. 제사장과 레위인은 피 흘리는 사람을 보고도 내버려 둔 데 대한 나름의 탁월한 이유를 제시했을 것입니다. 불쌍한 사람을 도와주지 않는 사람치고 나름대로 적어도 한 가지 감탄할 만한 핑계를 제시하지 못하는 사람을 저는 본 적이 없습니다. 궁핍한 사람의 탄원을 각박하게 거절하는 사람치고 자기가 옳다는 주장을 하지 않는 사람이 없다고 저는 믿습니다. 그런 자가 제시하는 논증들은 그 자신에게도 매우 만족할 만한 것이고, 곤란한 사정을 가지고 괴롭히는 자들을 제압하기에도 충분한 것입니다. 예의 제사장과 레위인은 둘 다 바빴습니다. 제사장은 자기 아내와 사랑하는 자녀들을 떠나 예루살렘에서 한 달 간 머물러 있었습니다. 그는 자연히 집에 가고 싶었습니다. 만일 그가 시간을 지체하다가는 해를 넘길 수도 있습니다. 해가 넘어간 뒤에는 그곳은 정말 무서운 지역이었습니다. 어둠이 밀려오는데 그 한적한 곳에 그냥 머물러 있을 만큼 그 사람이 신중하지 못했다고는 생각할 수 없습니다. 그는 성전에서 수고하면서 한 달을 보냈습니다. 그가 한 달 전체를 제사장으로 행동한다는 것이 얼마나 힘든 일인지 여러분은 알지 못합니다. 만일 그것을 알았다면, 잠깐 동안의 휴식을 위해서 집에 가고 싶어하는 그를 나무라지는 않았을 것입니다.

게다가 그는 몇 시에 집에 도착하기로 약속을 했었습니다. 그리고 그는 약속 시간을 지키는 사람이었습니다. 그 사람은 어떻게든 자기의 아내와 자녀들에게 걱정을 끼치고 싶지 않았습니다. 가족들은 그가 오는지 보기 위해서 지붕 꼭대기에 올라가 기다리고 있었을 것입니다. 이것은 아주 훌륭한 핑계였습니다. 그러나 그는 자기가 정말 그렇게 대단한 선을 행할 수 없다고 느끼기도 하였을 것입니다. 그는 그 상처를 싸매는 기술을 알지 못했고, 그 부상당한 사람의 목숨을 구하기 위해서 어떻게 해야 할지 알 수 없었습니다. 그래서 그는 그 일에서 물러선 것입니다. 피를 보는 것 자체가 비위 상하는 일이었기 때문에, 그렇게 끔찍하게 난자당한 사람 옆에 가까이 갈 수 없었습니다. 상처 난 사람을 싸매려고 애를 썼다면 그는 분명 그 상처를 오히려 더 엉망으로 만들었을 것입니다.

만일 그의 아내가 그와 함께 있었다면, 아내가 그 일을 했을 수도 있습니다. 또는 그가 어떤 반창고나 바르는 약이나 끈을 갖고 있었다면, 아마 최선을 다해 보려 했을 것입니다. 그러나 사정상 그는 아무 일도 할 수 없었습니다. 더구나 그 불쌍한 사람은 거반 죽어 있었습니다. 한두 시간이 지나면 완전히 죽을 것 같았습니다. 그러므로 가망 없는 사람에게 시간을 허비하는 것은 애석한 일이었습니다. 그때는 그 제사장 혼자만 있었고 피 흘리고 있는 그를 끌고 갈 만하였다고 기대할 수는 없었습니다. 그럼에도 불구하고 그 불쌍한 사람을 도우려는 시도조차 하지 않은 채, 밤새도록 그를 거기에 놔두고 갔다는 것은 무책임한 일이었습니다. 실로 그는 레위 사람이 오고 있는 소리를 들었을지도 모릅니다. 그는 뒤에 누가 오고 있다는 희망을 가졌습니다. 그러한 경우에 혼자 처해 있으면 신경이 매우 예민해지기 때문입니다. 그러나 그런 상황도 그 문제를 그냥 내버려 둘 만한 또 다른 이유가 되었습니다. 레위인이 분명히 거기에 올 것이라고 생각했기 때문입니다.

변명거리는 아직도 많이 있었습니다. 누군가가 강도들에게 당하여 거반 죽게 된 곳에서 사람을 멈추게 하기란 상당히 어려운 일입니다. 강도들이 다시 등 뒤에서 나타날 수 있었기 때문입니다. 그렇게 등 뒤에서 나타날 때조차도 강도들은 아무 소리도 내지 않았습니다. 그리고 한 달 간 제사를 드리고 집으로 돌아가는 제사장에게는 지갑 속에 약간의 생활비를 가지고 있었을 것입니다. 그래서 분명히 노상강도가 들끓고 있는 지역에서 머뭇거리다가 자기 가족의 부양비를 잃어버리는 모험을 감행하지 않는 것이 중요하였습니다. 자기도 강도를 만나 부상을 당할지도 몰랐습니다. 그래서 두 사람 모두 거반 죽은 상태가 될 수도 있었고, 그들 중 한 명은 아주 고귀한 성직자가 될 판이었습니다.

정말로, 박애 정신마저도 그에게 이렇게 제안했을 것입니다. 그 불쌍한 사람에게 도저히 어떻게 선을 행할 수 없으니 네 자신을 돌보는 것이 좋겠다고 말입니다. 또한 그 불쌍한 사람이 죽을 수도 있었습니다. 그럴 경우 시체 옆에서 발견되는 사람은 살인자로 몰릴 수도 있었습니다. 분명히 불법적인 행위로 말미암아 희생된 시체와 함께 어두운 곳에서 혼자 발견되는 것은 정말 난처한 일입니다. 그 제사장이 혐의를 둘러쓸 수도 있었습니다. 그러니 아무리 신중하게 생각해 봐도 그가 할 수 있는 최선의 일은 재빨리 거기서 빠져 나가는 것이지 않겠습니까?

더 나아가, 여러분도 알다시피 제사장은 그 사람을 위해서 기도했을 것입니다. 그리고 그 사람 옆에 놓고 갈 만한 전도 책자가 자기에게 있다는 것을 알고 기뻐했습니다. 선한 사람으로서 전도 책자와 기도보다 더 좋은 일을 할 수 있는 것이 무엇이겠습니까? 그래서 그는 이 경건한 묵상을 하면서 길을 서둘렀던 것입니다. 또한 단지 자기가 부정해지지 않고 싶다는 바람을 가졌을 수도 있습니다. 제사장은 매우 거룩한 사람이라서 상처나 환부를 접촉하지 않아야 했습니다. 누가 그런 제안을 했겠습니까? 그는 거룩한 모든 책무를 감당하고 예루살렘에서 오는 길이었습니다. 그는 자신이야말로 할 수 있는 한에서 최선의 도덕을 유지하고 있다고 느꼈습니다. 그래서 그는 그렇게 탁월한 자신의 성결이 죄인과 접촉함으로써 세속적인 영향을 받게 할 수 없었습니다. 이러한 모든 강력한 이유들이 합해져서 그는 만족스럽게 골칫거리를 피할 수 있었고 호의를 베풀 수 있는 기회를 다른 사람들에게 넘길 수 있었습니다.

자, 오늘 아침 저는 여러분으로 하여금 불쌍한 사람들을 돕지 않고 병원들을 지원하지 않는 것에 대해서 여러분이 대기 좋아하는 모든 변명들을 대볼 참입니다. 그 모든 변명들이 제시되었을 때, 그 변명들은 제가 지금 여러분 앞에 제시했던 변명들처럼 아주 훌륭한 변명들이 될 것입니다. 여러분은 그 제사장이 변명했을 것 같은 말들을 들으며 웃었습니다. 그러나 만일 여러분이 여러분 앞에 진정으로 궁핍한 사람이 오고 그것을 구제해 줄 능력이 있을 때마다 스스로에게 어떤 변명을 하게 된다면, 여러분은 자신의 변명에 대해 웃지 마십시오. 마귀는 웃게 하려고 할 것입니다. 오히려 여러분은 그 변명 때문에 한탄해야 합니다. 여러분의 이웃이 병들고, 심지어 병들어 죽게 되어도 여러분의 마음이 강퍅한 상태를 지니고 있다는 것을 여러분은 슬퍼해야 합니다.

3. 환난당한 자들을 돕는 이들의 모델인 사마리아인

이제 세 번째로 사마리아인은 환난당한 자들을 돕는 이들의 모델이라는 점을 살펴봅시다. 우선, 사마리아인이 도왔던 사람이 누구였는지를 주목해 볼 때, 그는 좋은 모델입니다. 이 비유에서는 직접적으로 말하고 있지 않지만, 비유 안에는 그 부상당한 이웃이 유대인이었고, 그래서 사마리아인은 유대인과 같은 믿음과 반열에 속해 있는 사람이 아니었다는 점이 내포되어 있습니다. 사도는 말합니다. "그러므로 우리는 기회 있는 대로 모든 이에게 착한 일을 하되 더욱 믿음의 가정들에게 할지니라"(갈 6:10). 이 강도 만난 사람은 사마리아인의 판단으로 볼 때는 믿음의 가정에 속하지 않았습니다. 그는 그저 **모든 사람들 중** 한 사람이었습니다. 유대인과 사마리아인은 종교적인 정서에 있어서 할 수 있는 한 최대로 멀리 떨어져 있었습니다. 아! 그러나 그는 하나의 사람이었습니다. 그가 유대인이든 아니든 간에 그는 하나의 사람이었고, 상처받고 피를 흘리며 죽어 가고 있었습니다. 그리고 사마리아인은 또 다른 하나의 사람이었습니다. 그래서 한 사람이 다른 사람을 위하여 동정심을 갖게 되었고, 그를 돕게 되었던 것입니다.

병든 사람을 보고 영국 성공회의 39개조 조항을 믿느냐고 물어보지 마십시오. 또는 웨스트민스터 요리문답을 믿느냐고 물어보지 마십시오. 물론 우리는 그가 믿음 안에서 안정을 찾기를 바라야 합니다. 그러나 그렇지 않다 해도, 그의 상처에서 나는 피를 멈추게 해야 합니다. 완벽하게 신조를 믿고 있는 사람과 마찬가지로 말입니다. 여러분은 그 아픈 사람이 칼빈주의자인지 물을 필요가 없습니다. 칼빈주의자가 상처를 입는다면 아르미니우스주의자도 아프기 때문입니다. 비국교도의 다리가 부러지면 국교도도 그 정도의 고통을 느낍니다. 불신자라도 사고로 다쳤다면 간호를 받아야 합니다. 어떤 사람이 이단의 신조를 믿고 죽든, 정통 신앙을 믿고 죽든, 죽는 것은 누구에게나 불행한 일입니다. 정말로 어떤 측면에서는 이단의 신조를 가지고 죽는 것이 훨씬 나쁘기 때문에, 우리는 그런 사람의 치유를 위해서 배의 노력을 기울여야 합니다. 사마리아인이 했던 것처럼 고통당하는 사람이 어떤 신조를 가졌는지에 상관 없이 그 사람의 고통을 완화시켜 주어야 합니다.

더구나 유대인들은 사마리아인들을 크게 미워하였습니다. 그리고 분명히 이 사마리아인도 다음과 같이 생각했을 것입니다. "내가 만일 저 사람의 경우였다면 저 사람은 나를 돕지 않았을 것이다. 그냥 지나치면서 '이 사람은 개 같은 사마리아인이군. 저주나 받아라'고 말했을 거야." 유대인은 늘 사마리아인을 저주했습니다. 그러나 이 선한 사람에게는 그 유대인이 무슨 말을 했을는지 전혀 생각나지 않았습니다. 그는 그 유대인이 피를 흘리고 있는 것을 보았고 그 상처를 싸매 주었습니다. 우리 주님께서는 우리에게 황금률을 주셨습니다. "그러므로 무엇이든지 남에게 대접을 받고자 하는 대로 너희도 남을 대접하라 이것이 율법이요 선지자니라"(마 7:12). 사마리아인은 그 황금률을 따라서 행동하였습니다. 그는 유대인의 마음속에 사마리아인을 향한 적대감이 있다는 것을 알고 있었음에도 불구하고, 사랑스러운 도움으로 악을 갚아 그 부상당한 사람을 뉘우치게 해야 한다고 느꼈습니다. 그래서 그는 곧바로 그를 구조하기 위해 일을 진행시켰습니다. 아마 다른 때 같으면 그 유대인은 사마리아인을 밀쳐 내면서 그가 접촉하는 것마저 싫어하였을 것입니다. 그러나 따뜻한 마음씨를 가진 사마리아인은 그런 것을 생각하지 않았습니다. 그 불쌍한 사람도 너무나 아파서 어떤 선입견이나 다른 생각을 가질 여유가 없었습니다. 사마리아인이 그에게 몸을 굽혀서 기름과 포도주를 상처에 바르며 치료할 때, 그는 아브라함의 자손인 그 유대인으로부터 감사의 시선을 느꼈습니다.

불쌍하게 부상당한 그 사람은 사마리아인에게 은혜를 되갚을 수 있는 사람이 아니었습니다. 그는 가진 것을 모두 강탈당했고, 옷마저 다 빼앗긴 상태였습니다. 그러나 자비는 보상을 바라지 않습니다. 그게 아니라면 전혀 자비가 아닙니다. 그 사람은 전혀 모르는 낯선 사람이었습니다. 사마리아인도 전에 그 유대인을 본 적이 없었습니다. 그러나 그것이 무슨 문제이겠습니까? 그는 하나의 사람이었고, 모든 사람들은 다 같은 인류였습니다. "인류의 모든 족속을 한 혈통으로 만드사 온 땅에 살게 하시고"(행 17:26). 사마리아인은 모든 사람을 한 혈통으로 만드신 창조주의 손길을 느꼈고, 그 낯선 자에게 다가가 그의 고통을 덜어 주었습니다.

사마리아인은 이렇게 말할 만도 하였습니다. "어째서 내가 도와야 한단 말인가? 그 사람은 자기 백성들한테도 외면을 당했다. 제사장과 레위인도 그를 버려두고 가지 않았는가. 자기 동족에게 먼저 도움을 요청해야 하는 거 아닌가." 저는 누군가 그렇게 말하는 것을 들었습니다. "이 사람들은 아무런 권리를 주장할 수가 없어요. 그들은 자기 백성에게로 가야 해요"라고 말입니다. 좋습니다. 그런데 그들이 자기 백성에게 갔는데 아무 도움도 받지 못했다면요? 이제는 여러분 차례인 것입니다. 유대인이 유대인을 위해서 하지 못한 일을 사마리아인이 하게 하십시오. 그러면 그 사마리아인이 그 행실로 인해 복을 받을 것입니다. 그 사람은 공직자들로부터도 외면당했고, 성도들로부터도 외면당했습니다. 가장 선한 사람이어야 할 자들인 제사장과 레위인마저도 그를 버렸습니다. 그를 죽게 내버려 두었습니다. 사마리아인은 성도도 아니고 공직자도 아니었습니다. 그럼에도 불구하고 그는 그 선한 행동을 차근히 해 나갑니다. 오! 그리스도인 형제들이여, 이 사마리아인으로 인해 여러분이 부끄러움을 당하지 않도록 조심하십시오.

다음으로 사마리아인은 그가 그 일을 하는 정신에 있어서 우리의 모델이 됩니다. 그는 여러 가지 의문을 달지 않고 그 일을 해냈습니다. 그 불쌍한 사람은 곤고한 처지에 있었습니다. 사마리아인은 그 사실을 확인하고는 대번에 그를 도와 주었습니다. 주저 없이 그 일을 했고, 그 사람의 돈을 원하거나 어떤 조건을 달지 않았습니다. 오히려 즉시 기름과 포도주를 붓는 절차를 밟았습니다. 그 일을 다른 사람들에게 떠넘기려고 하지 않고 자기가 해냈습니다. 오늘날 자비라는 것은 다음과 같은 것을 뜻하는 것이 되어 버렸습니다. A라는 사람이 B에게 가서 나를 좀 도와 달라고 요청합니다. 그러면 그 놀라운 자비를 가진 B라는 사람은 A를 C에게로 보내는 큰 호의를 베풉니다. 다시 말하면 오늘날 자선을 베푸는 사람들의 일반적인 양식은 자기 지갑에 손을 넣어 돈을 꺼내지 않고, 가면 돈을 줄 수 있는 몇몇 사람들에게 불쌍한 사람들을 보내는 것입니다. 제가 볼 때 이런 방식은 자기 호주머니는 아끼면서, 자기보다 더 나은 게 없지만 훨씬 더 관대한 다른 사람에게 그 불쌍한 사람을 보냄으로써 문제를 해결하려는 매우 비열한 짓입니다. 사마리아인은 자신이 직접 자비를 베풀었습니다. 그는 우리 모두에게 한 거울이 되고 모델이 됩니다.

그는 자기가 손해 볼까 두려워하지 않고 그 일을 해냈습니다. 강도들이 그에게 달려들 수도 있었습니다. 그러나 그는 한 생명이 위태로운 지경에 처하자, 강도들에 대해서 아무것도 걱정하지 않았습니다. 자, 여기에 도움이 필요한 사람이 있고, 그 사람은 도움을 받아야만 합니다. 강도들이 있든 없든 말입니다. 사마리아인도 그렇게 한 것입니다. 그는 자기를 부인하고 그 일을 했습니다. 왜냐하면 기름과 포도주와 여관비까지 그 모든 것을 다 주었기 때문입니다. 그는 결코 부자가 아니었습니다. 그 사람은 두 데나리온을 여관집 주인에게 주었기 때문입니다. 언뜻 보기에는 여관비보다 많은 액수라는 생각이 들지만, 한참 적은 액수였습니다. 그가 부자였기 때문에 구제금을 뿌린 것이 아니었습니다. 데나리온을 한 주먹 쥐어 준 것도 아니었습니다. 두 데나리온만 주었습니다. 그 비용을 내고 나서 자기가 가진 돈을 계산해야 했기 때문에 그것밖에는 주지 못했습니다. 이렇게 가난한 사마리아 사람이 부요하고 고상한 행동을 했던 것입니다. 가장 가난한 사람이 가난한 사람을 도울 수 있습니다. 스스로가 고통을 받은 사람이 관대한 그리스도인의 정신을 드러내고 섬길 수 있습니다. 기회 있을 때마다 그렇게 하십시오.

이 사람은 큰 자애와 관심을 가지고 자기의 불쌍한 이웃을 도왔습니다. 사마리아인은 그 부상당한 자에게 어머니 같았습니다. 모든 일을 애정을 담아 행했으며, 그가 가진 모든 솜씨를 다 동원하여 그 일을 해냈습니다. 그는 할 수 있는 한 최선을 다했습니다. 형제들이여, 다른 사람을 위해서 무엇을 할 때에 항상 가장 고귀한 방식으로 행하십시오. 불쌍한 사람들을 대할 때에 우리가 개에게 뼈를 던져 주는 식으로 하지 마십시오. 또한 병든 자를 찾아갈 때에, 그 방에 들어가면서 자기 몸을 굽혀 낮은 자를 찾아가는 지체 높은 사람처럼 굴지 마십시오. 오히려 진정한 사랑에서 나오는 친절한 자비로 행하십시오. 예수님의 발 앞에서 배운 대로, 이 선한 사마리아인을 본받읍시다.

그러면 그는 무엇을 했습니까? 자, 그는 먼저 고통당하는 사람이 있는 곳에 가서, 그 사람의 입장이 되어 보았습니다. 그런 다음 그 사람을 위해서 자기가 가진 모든 기술을 발휘하여 그의 상처를 싸매었습니다. 의심할 여지 없이 상처를 감쌀 끈을 얻기 위해 자기의 겉옷을 찢었을 것입니다. 그는 기름과 포도주를 부어 주었습니다. 그가 알기로는 그 두 가지를 섞어서 치료하는 것이 최선책이라고 생각했기 때문입니다. 마침 그는 그것을 가지고 있었습니다. 그러고 나서 그는 그 아픈 사람을 자기 나귀에 앉혔고, 당연히 자기는 걸어가야 했습니다. 그러나 아주 기쁘게 이 일을 했고, 나귀가 움직일 때 그 불쌍한 환자가 떨어지지 않도록 부축을 했습니다. 그리고 여관으로 데리고 갔습니다. 그러나 거기에 그를 맡겨 놓고는 "누구근지 이 사람을 돌보아야 돼요"라고 말하지 않았습니다. 오히려 그는 그 지배인에게 가서 돈을 주면서 "이 사람을 돌보아 주시오"라고 말하였습니다. 저는 그 짧은 문장에 감탄합니다. 처음에는 그가 "데리고 가서 돌보아 주니라"라고 기록되어 있고, 그 다음에는 그가 "돌보아 주라"고 말했기 때문입니다. 여러분이 하는 것을 여러분은 다른 사람에게도 권할 수 있습니다. 그는 다음과 같이 말했습니다. "나는 이 불쌍한 사람을 당신에게 맡기고 떠납니다. 제발 그를 모른 척하지 말아주세요. 이 여관에는 대단히 많은 사람들이 있군요. 그러나 그를 좀 돌보아 주세요." "이 사람은 당신의 형제입니까?" "아닙니다. 나는 이 사람을 전에 본 적도 없어요." "아 그런데 무엇 때문에 그 사람에게 친절하게 구는 겁니까?" "아! 예. 저는 누구든지 사람이라면 마땅히 그렇게 해야 한다고 느끼고 있어요. 그 사람이 도움을 필요로 하면 마땅히 그를 도와야죠." "그것이 전부입니까?" "예 그렇습니다. 하지만 그를 좀 돌보아 주세요. 저는 그 사람에게 관심이 많아요."

사마리아인은 멈추지 않고 자기의 친절한 행동을 철저하게 수행하였습니다. "이 돈으로는 충분하지 못할 겁니다. 이 사람이 기동하려면 오랜 시간이 걸릴 수도 있을 테니까요. 이 다리는 금방 낫지 않을 거여요. 부러진 갈비뼈도 오랫동안 안정을 취해야 되지요. 그러니 그 사람을 서둘러 내보내지 마세요. 여기 머물게 하십시오. 만일 비용이 더 든다면 예루살렘에서 다시 돌아올 때 반드시 그 비용을 제가 갚겠습니다." 이 정도로 끝까지 계속해서 자비를 베푼 일은 없었습니다. 이 모든 것들을 더 많이 설명할 충분한 시간이 제게 있었으면 좋겠습니다. 그러나 그렇게 할 수가 없군요. 그러한 일들을 여러분의 삶 속에서 드러내십시오. 그러면 그러한 일들이 무엇을 뜻하는지 아주 잘 알게 될 것입니다. 가서 여러분 각자는 그렇게 행하십시오. 그래서 선한 사마리아인으로 거듭나십시오.

4. 사마리아인보다 더 높은 모델

그러나 이제 네 번째로, 우리는 사마리아인보다 더 높은 모델을 가지고 있다는 점을 살펴보겠습니다. 바로 우리 주 예수 그리스도이십니다. 그분께서는 친히 모든 선함의 위대한 모범이 되면서도, 이 비유에서 자신에 대한 어떤 것을 가르칠 의향은 없었다고 저는 생각합니다. 그분께서는 "내 이웃이 누구입니까?"라는 질문에 대한 답변을 하고 계셨습니다. 그분은 전혀 자신에 관해 설교하신 것이 아니었습니다. 이 비유 속에 주 예수 그리스도와 그리스도에 대한 그 모든 것을 끌어들여서 이 비유를 너무 억지로 해석하려는 많은 시도가 있었습니다. 하지만 저는 감히 그런 흉내조차 낼 수 없습니다. 그럼에도 불구하고 우리는 유비적으로 이 비유를 통해 우리 주님의 선하심을 설명할 수 있습니다. 이 비유는 도움이 필요한 사람을 배려하는 관대한 마음씨를 가진 사람에 대해 묘사하고 있습니다. 그러나 지상에서 살았던 사람들 가운데 가장 관대한 마음을 가진 사람은 나사렛 예수였습니다. 어느 누구도 그분처럼 병든 자나 고통당하는 영혼에 관심을 기울인 적은 없었습니다. 그러므로 우리가 선한 사마리아인을 칭찬한다면, 우리는 복되신 구주를 훨씬 더 높여 찬미해야 할 것입니다. 구주를 대적하는 원수들은 그분을 보고 사마리아인이라고 하였고, 물론 그분은 그런 비난을 부인하지 않았습니다. 사람들의 모든 선입견과 조소가 그분에게 쏟아진다 한들, 그분이 무슨 상관을 하셨겠습니까?

자, 형제들이여, 우리 주 예수 그리스도께서는 선한 사마리아인보다 훨씬 더 선한 일을 행하셨습니다. 왜냐하면 우리의 경우는 강도 만난 사람보다 훨씬 더 나빴기 때문입니다. 이미 말씀드린 바처럼 부상당한 사람은 자기의 서글픈 상태에 대한 책임을 스스로 질 필요가 없었습니다. 그것은 그의 허물이 아니라 그에게 찾아온 불행이었습니다. 그러나 저와 여러분은 거반 죽었을 뿐만 아니라 죄와 허물 가운데서 전적으로 죽어 있었습니다. 우리는 우리가 당하는 고통의 많은 부분을 자취(自取)하였습니다. 우리의 옷을 벗긴 강도들은 다름 아닌 우리 자신의 불의였고, 우리가 받은 상처들은 우리의 손으로 할퀴어 생겨난 것들이었습니다. 우리는 단순한 선입견에서 그 불쌍한 유대인이 사마리아인에게 가졌던 적대감을 예수 그리스도께 갖고서, 본성적으로 복되신 구속주를 대적하였습니다. 처음부터 우리가 먼저 그분을 거부했습니다. 안타깝게도, 우리는 그분을 거부하였고 그분에게 반항했습니다. 그 불쌍한 사람은 자기를 도와준 사마리아인 친구를 무시하지 않았지만, 우리 주님께 대하여 우리는 그런 일을 하였습니다. 얼마나 많이 우리는 전능하신 이의 사랑을 거절하였습니까! 얼마나 자주 우리는 불신앙으로 그리스도께서 싸매신 상처를 풀어 제쳤습니까! 우리는 주님께서 복음을 통해서 우리에게 부어 주신 기름과 포도주도 거절했습니다. 그분의 면전에 다 대고 욕도 하였습니다. 수년 동안 그분을 전적으로 배척하며 살아왔습니다. 그럼에도 불구하고 그리스도께서는 무한하신 사랑으로 우리를 포기하지 아니하시고 우리를 그분의 교회로 인도하셨습니다. 거기서 우리는 여관에 있는 것처럼 쉬었고, 그분께서 풍성하게 제공하시는 음식도 먹었습니다. 모든 비참한 상황 가운데 처한 우리를 그분께서 발견하셨을 때, 구주의 마음을 움직였던 것은 바로 그 기이한 사랑이었습니다. 구주께서는 우리를 향하여 마음을 기울이사 우리를 그 곤고한 자리에서 높이 드셨습니다. 우리가 그분을 대적하는 원수라는 사실을 알면서도 말입니다.

사마리아인은 그 유대인과 한 혈족이었습니다. 사마리아인이나 유대인이나 모두 사람이었기 때문입니다. 그러나 우리 주 예수님께서는 본래 본질상 우리와 한 혈족이 아니셨습니다. 그분은 하나님으로서, 우리보다 무한히 높은 분이십니다. 만일 그분이 사람의 모양대로 나타나셨다면 그것은 그분께서 그렇게 하기로 작정하셨기 때문입니다. 만일 그분께서 이 길을 여행하셨다면, 즉 베들레헴의 구유를 거쳐 우리의 죄와 고통의 자리까지 낮아지셨다면, 그것은 그분의 무한하신 긍휼 때문이었습니다. 사마리아인이 상처 난 그 사람에게 온 것은, 사업차 그곳으로 가다가, 거기에 당도하여 그 사람을 도왔던 것입니다. 그러나 예수님께서 지상에 오신 것은 사업차 오신 것이 아니라 우리를 구원하기 위해 오신 것이었습니다. 그분께서 육체를 입으신 것은 우리에 대해 체휼하시기 위함이었습니다. 인간이 되신 바로 그 예수 그리스도의 존재에서, 여러분은 가장 고귀한 형태로 드러난 동정심을 볼 수 있습니다.

그리고 이 땅에 계시면서, 즉 우리가 강도들을 만났던 이곳에서, 예수님께서는 그 자신이 강도들에게 습격을 받는 위험을 무릅썼을 뿐만 아니라 실제로 그들에게서 공격을 당하셨습니다. 그는 상처를 입었고 채찍에 맞으셨습니다. 거반 죽으신 것이 아니라 완전히 죽으셨습니다. 왜냐하면 무덤 속에 장사까지 지냈기 때문입니다. 그분은 우리를 위해서 살해되셨습니다. 죄라는 강도가 우리에게 행한 그 악행을 그분 자신이 몸소 겪어 보지 않고는, 그 악행에서 우리를 건져 내는 것이 불가능하였기 때문입니다. 그래서 그분께서는 우리를 구원하기 위해 고통을 받으셨던 것입니다.

사마리아인이 그 불쌍한 사람에게 주었던 것은 너그러움이었습니다. 그러나 주 예수 그리스도께서 우리에게 주신 것에 비하면 아무것도 아니었습니다. 사마리아인은 그 사람에게 포도주와 기름을 주었습니다. 그러나 예수님께서는 우리의 상처를 치유하기 위해서 자기 심장의 피를 주셨습니다. 그분께서는 우리를 사랑하사 우리를 위하여 자기 목숨을 버리셨습니다. 사마리아인은 모든 관심과 친절로 정성을 쏟았습니다. 그러나 그리스도께서는 우리를 위해서 죽기까지 자신을 내어 주셨습니다. 사마리아인은 두 데나리온을 주었습니다. 그의 넉넉지 못한 형편에서 볼 때는 큰 금액입니다. 제가 그 선물을 무시하는 게 아닙니다. 그러나 "부요하신 이로서 너희를 위하여 가난하게 되심은 그의 가난함으로 말미암아 너희를 부요하게 하려 하심이라"(고후 8:9). 오! 그리스도께서 우리에게 부여하신 그 기이한 선물들이여! 누가 그 선물들을 다 헤아릴 수 있겠습니까? 천국은 그런 복락들 가운데 있습니다. 그러나 주님 자신이 가장 중요한 선물입니다.

사마리아인의 긍휼은 잠깐 동안만 그 모습을 보여주었습니다. 그가 나귀 옆에서 걸어가야만 했다 하더라도, 그 거리는 얼마 되지 않았을 것입니다. 그러나 그리스도께서는 우리 곁에서 걸으시되, 그 영광의 자리에서 내려와 평생을 걸으셨습니다. 사마리아 사람은 그 여관에서 오래 머물지 못하였습니다. 왜냐하면 가서 볼 일이 있었기 때문이고, 또 그 일을 보러 간 것은 잘한 일이었습니다. 그러나 우리 주님께서는 우리와 평생 함께 계셨습니다. 자신이 하늘로 올라가실 때까지 말입니다. 아니 지금도 주님은 우리와 함께 계시고, 사람들의 아들들에게 언제나 복을 주고 계십니다.

사마리아인은 가면서 "비용이 더 들면 내가 돌아올 때 갚으리라"고 말하였습니다. 예수님께서는 하늘로 올라가면서, 다시 올 때 일어날 일들에 대한 복된 약속을 남기셨습니다. 그분은 결코 우리를 잊지 않으십니다. 감히 저는 말합니다. 선한 사마리아인은 몇 년이 지나면 그 유대인에 대해 그렇게 많은 생각을 하지 않을 것입니다. 참으로 자기가 한 일에 대해서는 많은 생각을 하지 않는 것이 관대한 정신의 표지입니다. 그는 사마리아로 돌아가서 자기 일에 전념하였을 것입니다. "내가 길에서 불쌍한 유대인을 도왔다"는 말을 어느 누구에게도 하지 않았을 것입니다. 정말 하지 않았을 것입니다. 그러나 당연히 우리 주님은 그와는 다르게 행동하십니다. 왜냐하면 우리가 부단히 도움이 필요한 상태에 있기 때문에, 그분께서는 계속 우리를 돌보고 있고, 그분의 사랑의 행사가 계속되고 있으며, 수많은 경우마다 반복되고 있기 때문입니다. 구원받는 사람이 있는 한 그 일은 거듭 되풀이될 것입니다. 피해 나와야 할 지옥이 있고, 얻어야 할 천국이 있는 한 그 일은 계속될 것입니다.

저는 이렇게 해서 여러분에게 가장 높은 모범을 보여드렸습니다. 저는 두 가지만 말씀드리고 결론을 맺겠습니다. 이 설교를 듣는 여러분이여, 여러분이 자신의 행위로 구원을 받기를 희망한다면 여러분 자신을 판단해 보십시오. 만일 여러분의 행실로 구원을 받으려 한다면 전 생애를 통해서 여러분이 어떠한 사람이어야 하는지를 살펴보십시오. 여러분은 마음과 뜻과 온 정성과 목숨을 다해서 하나님을 사랑하고, 사마리아인이 했던 대로 이웃을 여러분 자신처럼 사랑해야 합니다. 이 두 경우에 있어서 한 번의 실수도 용납되지 않습니다. 여러분은 그렇게 할 수 있겠습니까? 완전히 그렇게 할 수 있다는 희망이 생깁니까? 그렇지 않다면 어째서 여러분은 물도 새고 함몰해 가는 그 위험한 작은 배, 즉 자신의 보잘 것없는 업적에 자신의 영혼을 맡기려는 위험한 일을 하는 것입니까? 여러분은 그 배를 타고는 결코 천국에 이르지 못할 것입니다.

끝으로, 그리스도의 사람들인 여러분은 이미 구원을 받았습니다. 그러니 여러분은 자신을 구원하기 위해서 이런 일들을 하려고 해서는 안 됩니다. 더 위대한 사마리아인이신 예수 그리스도께서 여러분을 구원하셨습니다. 그분이 여러분을 구속하셨고, 그분의 교회로 여러분을 인도하셨습니다. 그리고 그분의 사역자들에게 여러분을 돌보라고 맡기셨습니다. 그러면서 여러분을 잘 돌보아 주면 그분께서 다시 오실 때에 그에 대한 상급을 주겠다고 우리 사역자들에게 약속하셨습니다. 그러니 여러분의 주님을 진정으로 따르는 자가 되도록 애쓰십시오. 여러분의 친절한 실천적인 행위를 통해서 말입니다. 만일 여러분이 이 세상에서 가난한 사람들이나, 영적인 면에서 궁핍한 사람을 돕는 일에서 지금까지 물러서는 자세를 취했었다면, 오늘 아침부터는 관대한 마음을 가지고 그 일을 시작하십시오. 하나님께서 여러분에게 복 주실 것입니다. 오! 하나님의 성령이시여, 우리 모두를 도우셔서 예수님과 같이 되게 하옵소서. 아멘

제
38
장

—

마르다와 마리아

—

"그들이 길 갈 때에 예수께서 한 마을에 들어가시매 마르다
라 이름 하는 한 여자가 자기 집으로 영접하더라. 그에게 마
리아라 하는 동생이 있어 주의 발치에 앉아 그의 말씀을 듣
더니, 마르다는 준비하는 일이 많아 마음이 분주한지라. 예
수께 나아가 이르되 주여 내 동생이 나 혼자 일하게 두는 것
을 생각하지 아니하시나이까. 그를 명하사 나를 도와주라
하소서. 주께서 대답하여 이르시되 마르다야 마르다야 네가
많은 일로 염려하고 근심하나, 몇 가지만 하든지 혹은 한 가
지만이라도 족하니라. 마리아는 이 좋은 편을 택하였으니
빼앗기지 아니하리라 하시니라." — 눅 10:38-42

　　영적 생활에 있어서 균형을 유지한다는 것은 그리 쉬운 일이 아닙니다. 말
씀을 묵상하지 않고 주님과 교제를 나누지 않는 사람은 결코 영적으로 건강한
사람이 될 수 없습니다. 그와 반대로, 거룩한 봉사에 적극적이지 않고 성실하지
않는 자도 건강한 사람이 될 수 없습니다. 다윗이 달콤하게 노래했던 "그가 나를
푸른 풀밭에 누이시며"(시 23:2a)라는 부분에서는 다소 묵상에 잠기는 모습이 엿
보입니다. 그러나 "쉴 만한 물 가로 인도하시는도다"(시 23:2b)에서는 활동적이
고 진취적인 모습이 엿보입니다. 이 두 가지를 유지해 나가는 것, 다시 말해 이
둘 간의 상대적인 조화를 이루어나가는 것은 어려운 문제입니다. 우리는 주님과

의 교제를 소홀히 할 정도로 활동적이어서도 안 되고, 아무런 실천을 하지 않을 정도로 묵상에 잠겨서도 안 됩니다. 오늘 본문으로 삼은 누가복음 10장에는 이 주제에 대한 몇 가지 교훈이 제시되고 있습니다. 먼저 칠십 인의 제자들이 복음 전파에 성공해서 기쁨에 넘치는 얼굴로 전도여행을 마치고 돌아왔습니다(눅 10:1-17). 그러자 우리 구세주께서 그 기쁨을 순화시켜 주시면서, 그 기쁨이 교만으로 타락하지 않도록 그들의 이름이 하늘에 기록되었으므로 기뻐하라고 그들에게 명하셨습니다(눅 10:18-20). 그리고 나서는 그들에게 영광스러운 선택의 교리를 묵상하도록 하시고, 성공적인 사역 이후에 감사하는 마음으로 깨어 있도록 하셨습니다. 주님께서는 그들에게 스스로를 은혜에 빚진 자로 생각하도록 명하셨습니다. 그 은혜는 아기들에게 하나님의 비밀을 계시하는 은혜입니다. 주님은 사역자라는 그들의 새로운 지위로 인해 그들이 하나님의 선택을 받은 자라는 사실, 즉 그들이 은혜에 빚을 진 자라는 생각을 잊지 않도록 하셨습니다(눅 10:21-24). 우리의 지혜로우신 주님은 그 다음에 섬김의 주제로 다시 돌아와서, 선한 사마리아인과 상처 입은 자라는 기념비적인 비유를 그들에게 가르치셨습니다(눅 10:25-37). 그리고 나서 박애주의에 입각한 자선행위야말로 그리스도를 섬기는 일이며, 다시 말해 그리스도를 섬기는 유일한 행위이며, 인생을 살아가면서 유일하게 가치 있는 것이라고 부질없이 착각하는 그들을 경계(警戒)하기 위해서, 그분은 베다니의 두 자매를 소개하셨습니다. 이를 통해 성령님께서 우리에게 가르쳐 주고자 하시는 뜻은 이것입니다. 우리는 봉사를 많이 해야 하고, 그것도 우리의 이웃들에게 선한 일을 많이 해야 하고, 그러면서도 예배와 영적 경외심, 온화한 제자도와 조용한 묵상 등을 소홀히 해서는 안 된다는 것입니다. 우리는 칠십 인의 제자들처럼 실천해야 하고, 사마리아 사람처럼 실천해야 하며, 마르다처럼 실천해야 합니다. 반면에 우리는 또한 구세주처럼 영으로 기뻐하며, "아버지여, 당신께 감사하나이다"(눅 10:21, KJV)라고 말하면서, 마리아처럼 고요하게 앉아 거룩한 진리로 우리 영혼에 영양분을 공급해야 합니다.

이 짧은 이야기는 제 생각에 다음과 같은 방식으로 좀 다르게 표현해도 좋을 것 같습니다. 마르다와 마리아는 둘 다 아주 탁월한 자매였습니다. 둘 다 회심하였고, 둘 다 예수님을 사랑했으며, 둘 다 예수님의 사랑을 받는 자매였습니다. 왜냐하면 예수님께서 마리아와 마르다와 나사로를 사랑하셨다고 분명히 말씀하셨기 때문입니다(요 11:5). 그 두 사람 모두 선택받은 영혼의 소유자였으며, 우리 구세주께서 그들의 집을 선택하여 자주 가서 쉬신 것은 그들이 보기 드문 은혜로운 가족이었음을 증명해 줍니다. 이 두 사람은 탁월한 서로 다른 두 가지 형태를 대표하는 사람들입니다. 어떤 사람들은 마르다에 대해서 선한 것을 전혀 사랑하지 않는 한갓 세상 사람보다 나을 게 없는 사람으로 말하기도 합니다. 그러나 마르다에 대해 그렇게 말하는 것은 마르다에게 매우 부당한 처사라고 생각합니다. 사실은 전혀 그렇지 않습니다. 마르다는 아주 존경받아 마땅한 진실한 여인이었으며, 참된 신자로서 예수님을 열정적으로 따른 사람이었습니다. 그녀의 기쁨은 자기가 주인인 이 집에 예수님을 모셔 환대해드리는 것이었습니다. 우리 주님께서 베다니에 모습을 나타내셨을 때, 마르다에게 떠오른 첫 번째 생각은 "이곳에 가장 고귀한 손님이 오셨으니, 그분을 위해 멋진 연회를 마련해야겠다"는 것이었습니다. 아마도 그녀는 우리 구세주의 피로에 지친 모습을 눈여겨보았거나, 아니면 실제 나이보다 더 들어 보이는 그분의 기진맥진한 형색을 감지하고서, 그분을 위해 가장 부지런히 준비했을 것입니다. 그녀는 많은 것들에 신경을 쓰며 준비해 가면서 새롭게 해야 할 일들이 생겨났고, 그로 인해 마음이 초조해지더니 결국 걱정이 되기 시작했습니다. 그런 상황에서 그녀의 동생이 모든 문제들을 너무 담담하게 받아들이자, 마르다는 조금씩 속이 타기 시작했고, 그래서 주님께 마리아를 꾸짖어 달라고 요청했습니다.

　하지만 마리아는 이 경우를 조금 다른 관점에서 바라보고 있었습니다. 마리아는 예수님이 집에 들어오시는 것을 보자마자 이렇게 생각했습니다. "이제 나는 이렇게 대단한 선생님의 말씀을 열심히 들을 수 있고, 또 그분의 귀한 말씀을 소중히 간직할 수 있는 특권을 갖게 되었어! 그분은 하나님의 아들이시니, 나는 그분을 경배하고 찬양하며, 그분께서 하시는 말씀 하나하나를 내 기억 속에 간직해야겠어"라고 말입니다. 마리아는 주님에게 필요한 일뿐만 아니라, 그분을 따르는 자들에게도 필요한 일들을 잊어버렸습니다. 믿음의 눈으로 그분 안에 거하는 내적 영광을 보게 된 마리아는 경외감에 압도되고 경건한 놀라움에 사로잡혀서 그만 외적인 상황들을 모두 잊어버렸던 것입니다. 그녀는 마르다가 그렇게 바쁜 것을 비난하지 않았으며, 어쩌면 마르다에 대해서는 전혀 개의치 않을 정도로 주님과 주님이 하시는 은혜로운 말씀 하나하나에 전적으로 몰두해 있었습니다. 마리아는 누구를 비난하거나 칭찬할 의도가 없었으며, 심지어는 자신에 대해서도 생각하지 않았습니다. 주님과 주님의 그 말씀 외에는 모든 것이 그녀로부터 사라져 버린 상태에 있었습니다. 그렇다면 이제 생각해 보십시오. 마르다는 그리스도를 섬기고 있었습니다. 그리고 마리아도 그리스도를 섬기고 있었습니다. 마르다는 그리스도에게 영광을 돌리고자 하였고, 마리아도 마찬가지였습니다. 이 두 사람은 의도에 있어서는 같았습니다. 하지만 그 의도를 이행하는 방식에 있어서는 서로 달랐습니다. 마르다의 섬김은 비난받지 않았습니다(그녀가 염려하고 근심한 것이 비난이라면 비난일 수 있겠지만). 반면에 마리아는 좋은 편을 택한 것으로 분명히 칭찬을 받았습니다. 그러므로 마르다가 어떤 점에서 부족했는지, 그리고 마리아는 어떤 점에서 더 나았는지를 우리가 밝혀낸다면, 우리는 마르다를 부당하게 대우하지는 않게 될 것입니다.

우리가 첫 번째로 살펴볼 것은 이것입니다. 마르다의 정신이 바로 지금 하나님의 교회에 아주 만연해 있다는 점입니다. 두 번째, 마르다의 정신은 참된 섬김에 아주 많은 해를 끼치고 있다는 점입니다. 세 번째, 마리아의 정신은 헌신의 가장 고상한 형태의 원천이라는 점입니다.

1. 마르다의 정신은 바로 이 순간에도 하나님의 교회에 아주 만연해 있습니다.

너무 만연해 있는 상태여서 어떤 지역에서는 해로울 정도가 되었으며, 우리 모두에게는 위험한 정도에까지 이르렀습니다. 마르다의 정신이 바로 지금 만연해 있다고 말하는 우리의 의도는 무엇일까요? 첫째, 기독교인들 가운데 그리스도를 섬기면서 자신의 육체를 드러내고자 하는 경향이 상당하다는 뜻입니다. 마르다는 우리 주님께 자신의 집과 가정에 명예가 될 만한 훌륭하고 올바른 환대를 제공하고자 했습니다. 이 점에 있어서는 그리스도를 위해서라면 아무것이나 좋은 것으로 드리면 된다고 생각하는 게으른 자들보다는 훨씬 더 칭찬할 만합니다. 오늘날에도 신앙 고백을 한 기독교인들 가운데 그리스도를 위한 건축물이라면 건축미가 뛰어난 건축물을 봉헌해야 한다는 열망을 지닌 자들이 있습니다. 물론 우리가 헛간을 고집할 필요는 없으며, 우리의 모임 장소가 우리의 개선된 취향을 보여주어야 하는 것도 인정합니다. 그리고 가능하다면, 우리의 예배당은 정확하게 고딕양식이거나 그 세세한 부분까지도 엄격한 고전양식이어야 하고, 이 두 양식을 감안해야 합니다. 예전(禮典)에 있어서도 우리는 음악적 요소와 미적 요소를 개발해야 합니다. 우리의 예배 형식은 마지못해 간신히 호감을 주는 정도가 아니라, 장엄함과 아름다움을 목표로 해야 합니다. 우리의 공적 예배는 위압적인 분위기는 아니라 해도, 강한 인상을 주는 분위기여야 한다고 다들 생각하고 있습니다. 음악은 품위 있어야 하고, 찬양은 예술의 최고 규칙에 따라야 하며, 설교는 감동적이고 매력적으로 하도록 특별한 조치가 취해져야 합니다. 이처럼 기독교인의 수고와 관련된 모든 것은 관대하고 고귀하게 드러나야 합니다. 어떤 수를 써서라도, 기부금 명부는 현재 수준을 유지해야 하며, 각 교단의 일 년 예산 총액은 다른 교단보다 더 많아야 합니다. 이런 식으로, 그리스도를 위해 행해지는 모든 것들은 가능한 최고의 형태로 틀림없이 행해져야 합니다. 사실 이 모든 것 가운데는 훌륭한 것들이 너무나 많습니다. 실제로 주님께 영광을 돌리고자 의도한 것들도 많이 있고요. 그래서 이에 대해 비난할 마음은 없습니다. 하지만 우리는 여러분에게 더욱 뛰어난 길(고전 12:31, KJV)을 보이고자 합니다. 위에서 말씀드린 이런 일들을 여러분이 해도 좋습니다. 그러나 여러분이 하지 않으면 손해를 볼 수 있는 일로, 여러분이 반드시 해야 할 더 고귀한 일들이 있습니다.

　사랑하는 성도 여러분, 외형적인 것보다 더 나은 어떤 것이, 우리가 연구해야 할 더 좋은 어떤 것이 있습니다. 우리가 우려하는 것은 우리가 아무 사람도 판단하지 않고 오직 하나님의 영광이라는 한 가지 목표를 향해 나아간다고 해도, 외형만을 보고서 주님이 보시기에 귀할 것이라고 착각하는 경향이 우리에게 있다는 것입니다. 여러분이 기도드리는 집이 웅장한 대성당인지 아니면 헛간인지 하는 문제는 주님이 보시기에 아주 하찮은 문제일 것이라고 생각합니다. 여러분이 오르간을 가지고 있든지 안 가지고 있든지, 여러분이 엄선된 찬양 규칙에 따라 찬양을 하든지 안 하든지 간에, 그런 문제는 구세주에게는 아주 작은 관심사일 뿐입니다. 주님은 여러분의 마음을 보고 계시며, 여러분의 마음이 상달된다면 그분은 그 찬양을 받으십니다. 매년 드려지는 수천 파운드의 헌금에 대해서도, 주님은 그 헌금을 환전상들의 중량표에 따라 평가하는 것이 아니라, 성소의 저울(잠 16:11, KJV)에 놓고 평가하십니다. 그분은 헌금으로 표현된 여러분의 사랑을 귀히 보시지, 한갓 금이나 은 같은 것이 도대체 그분에게 무슨 가치가 있겠습니까? 각종 기금과 격려금과 헌물로 드린 기계들이 열렬한 사랑의 산물로 존재한다면 좋은 일일 것입니다. 하지만 이 모든 것들이 그 자체로 최고의 목적이자 최고의 지위를 가진다면, 여러분은 핵심을 놓친 것입니다. 예수님은 산더미처럼 쌓아올린 과시적인 섬김보다는 한 톨의 사랑을 더욱더 기뻐하실 것입니다.

마르다의 정신은 그리스도의 말씀에 관심을 가지는 사람들을 비난할 때 잘 드러납니다. 이들은 복음의 교리들을 옹호하고, 자신들에게 전해진 규례들을 그대로 유지하기를 갈망하며, 예수님이 보여주신 진리에 꼼꼼하고 사려 깊게 주의하는 사람들입니다. 신문과 정치 강령과 일반 대화에서, 예수님을 진지하게 따르는 자들과 그분의 교리들에 일관된 신념을 가진 신자들이 실천적이지 못하다며 무시당하고 비난 받는 것을 여러분은 종종 들었을 것입니다. 신학적인 질문들은 단지 적절치 않다는 이유만으로 퇴짜를 맞고 있습니다. 자선학교(ragged-school, 19세기 영국의 기독교 빈민 교육기관) 설립을 당연히 찬성하십시오. 어떤 수단을 써서라도 거리의 부랑인들을 교정(矯正)하십시오. 마땅히 의무교육 법안에 찬성하십시오. 무료 급식소, 무료 식사 등, 이 모든 것들은 훌륭합니다. 우리는 이 모든 일에 참여할 수 있습니다. 하지만 절대로 신조나 교리들을 언급해서는 안 됩니다. 도대체 우리가 어찌 우리 시대의 계몽주의를 모르고 이런 말을 한단 말입니까! 한갓 성경 교리와 규정들이 지금 우리에게 뭐가 중요하겠습니까? 세례가 어린아이에게 행해져야 하는지, 신자에게 행해져야 하는지, 세례가 물 뿌림으로 행해져야 하는지, 침수로 행해져야 하는지 왜 싸운단 말입니까? 그리스도의 법에서 보자면 이런 논란들이 뭐가 중요하겠습니까? 이런 것들은 암흑시대였던 중세의 스콜라 신학자들이나 싸우던 문제들이지, 오늘날처럼 고도로 계명된 19세기에서 이런 사소한 문제들이 뭐가 중요하다는 말입니까? 예, 바로 이것이 좀 과장된 마르다의 생각입니다. 그리스도의 모든 말씀들을 소중히 여기고, 한 음절 한 음절을 진주처럼 여긴 마리아는 전혀 게으른 사람이 아닌데도 불구하고, 실천적이지 못한 사람으로 인식되고 있습니다. 제가 우려하는 것은 이러한 정신이 오늘날 점점 팽배해져 가고 있다는 것입니다. 이런 정신은 점검해 볼 필요가 있습니다. 결론적으로 말해서 마르다의 정신 안에는 진리도 있고 오류도 있기 때문입니다. 듣기 좋게 말하자고 사실을 왜곡할 수는 없습니다. 복음을 알고 사랑하는 것은 절대로 하찮은 일이 아닙니다. 예수님께 순종하고 모든 일에서 그분을 기쁘시게 하기 위해 그분의 뜻을 배우고자 애쓰는 것은 결코 부차적인 문제가 아닙니다. 묵상, 예배, 은혜의 성장 등이 중요하지 않은 것이 아닙니다. 우리 모두가 주님의 가르침을 멸시하는 그런 정신에 굴복하지 않을 것이라고 저는 믿습니다. 만약 우리가 그렇게 된다면, 우리는 열매는 높이 평가하면서 뿌리는 경멸하는 꼴이 될 것이며, 결국 열매도 잃고 뿌리도 잃게 될 것이기 때문입니다. 거룩한 활동의 위대한 원천(源泉)인 개인의 경건을 잊어버린다면, 우리는 시냇물마저 놓치게 될 것입니다. 기독교의 실천은 진실한 믿음과 열렬한 사랑에서 일어나야 합니다. 만약 믿음과 사랑이 먹고 자라는 양식이 제공되지 않는다면, 다시 말해 예수님의 발치에 앉아 있는 것을 부차적으로 여긴다면, 그 때는 주님을 섬기려는 힘과 의지 모두 쇠퇴하고 말 것입니다. 저는 통일된 행동을 위해서 혹은 하늘 아래 어떤 목적을 위해서 하나님의 진리를 함부로 바꾸는 그런 정신을 아주 혐오합니다. 신조와 교리를 경멸하며, 관용을 중시하는 광교회파(latitudinarian, 영국 국교회의 실천사항에 따르기로 한 '케임브리지 플라톤학파'인 19세기의 영국 신학자들 그룹을 지칭한다. 이들은 교회의 교리와 전례와 직제 등은 상대적으로 중요하지 않다고 주장한다)가 바로 그런 정신입니다. 진리는 결코 사소한 것이 아닙니다. 우리의 선조들은 절대로 그렇게 생각하지 않았습니다. 그들은 오늘날의 사람들이 별로 중요하게 여기지 않는 그 진리를 위해서 화형대 앞에 목숨을 내놓았으며, 스코틀랜드의 갈색 헤더(heather, 스코틀랜드 전역에 자생하는 쌍떡잎식물로, 자유를 위해 싸웠던 전사들의 희생을 상징한다) 위에서 클레버하우스(John Graham of Claverhouse, 1648-1689, 스코틀랜드 고원지대에서 제임스 2세를 지지하던 세력들로서 맹약도들을 박해한 자 — 역주)의 기병들이 휘두른 칼날에 고꾸라졌습니다. 그들에게는 진리의 편에 선다는 것이 생명처럼 소중한 것이었기 때문에, 진리가 모욕을 당하기보다는 차라리 자신이 죽는 것이 더 낫다고 생각했습니다. 오, 타협할 줄 모르는 이 진리에 대한 그 사랑이 우리에게도 있었으면 좋겠습니다! 마리아처럼 배우고 마르다처럼 일하는 이 둘이 겸비되어, 하나님을 위해 활동도 하고 배우기도 한다면 얼마나 좋겠습니까!

마르다의 정신은 너무 많은 것들이 필요하다고 생각하는데서 비롯됩니다. 마르다는 그리스도를 환대하려면 많은 것들이 준비되어야 한다고 믿었습니다. 준비해야 할 것들 중에 하나라도 빼먹는 일은 있을 수 없는 일이었을 것입니다. 그러나 우리 주님은 제일 간단한 요리로도 만족하셨을 것입니다. 생선 한 토막과 벌집 한 조각(눅 24:42, KJV)으로도 그분은 만족하셨을 것입니다. 그런데 마르다는 그게 되지 않았습니다. 마르다가 판단하기에는 이것도 해야 하고 저것도 해야 했습니다. 이와 같은 상황은 오늘날의 선한 많은 사람들에게도 마찬가지로 일어납니다. 이들은 자신들만의 아주 뛰어난 생각을 가지고 있습니다. 만약 이 생각들이 실현되지 못하면, 그들은 그리스도께서 받으실 만한 일을 할 수 없다고 실망해 버립니다. 저는 교육을 받은 자들이 사역을 하는 게 바람직하다고 믿고 있습니다. 하지만 아무리 그렇다 해도 이것을 핵심적인 것으로 간주하는 정신에 대해서는 개탄을 금할 수 없습니다. 어떤 자들에게는 이것이 의심의 여지가 없는 핵심 요소겠지만, 갈릴리의 어부들 앞에서 우리는 이들이 필수적으로 교육을 받아야 한다고 감히 요구할 수 없습니다. 어떤 사람들의 말에 따르면, 젊은 사람들이 열정만 가지고 복음을 전한다거나, 여러분과 함께 지내던 회심한 광부나 악사들이 복음을 전하는 것을 즉각 중단해야 한다고 합니다. 성령님은 어느 시대에나 성령님께서 친히 선택하신 자들이 일하도록 하셨습니다. 그런데 어떤 교회들은 자기들이 사람을 선택할 수 있다는 식으로 성령님이 역사하지 못하도록 하고 있습니다. 그런 교회들은 아주 거룩하고 유능한 설교자라 해도, 요즘 그 교회가 추구하는 목회 방향에 필요한 많은 것들을 갖추지 않은 설교자라면 강단에 세우지 않습니다. 사랑하는 성도 여러분, 그러고는 선한 일들을 계속 추진해 나갑니다. 위원회를 조직하고 많은 기금들을 조성하는 것도 필요한 일입니다. 저도 위원회와 기금들이 필요하다는 사실을 인정합니다. 하지만 이러한 위원회와 기금이 없다면 전혀 일이 되지 않을 것처럼 여기면서, 이것들을 최고의 필수조건으로 내세우는 것이 유감일 따름입니다. 캐리(William Carey, 1761-1834, 영국의 침례교 선교사로 '현대 선교의 아버지'로 알려져 있다) 시대처럼 몇 파운드만 손에 쥐어 주고서 선교사를 보낸다는 생각은 이제 많은 지역에서 어처구니없는 일로 여겨지고 있습니다. 위원회도 하나 없이 어떻게 영혼들을 구원할 수 있겠습니까? 적어도 백만 파운드 정도는 있어야 런던이 복음화 될 수 있지 않겠습니까? 엑서터 홀(Exeter Hall, 1830년경에 세워진 런던 북쪽의 건물로 4천명 이상을 수용할 수 있다) 정도에서 하는 연례 총회도 없이 어떻게 사람들이 회심하기를 바랄 수 있겠습니까? 여러분은 비서를 두어야 하며, 비서가 선정되기 전까지는 조금도 움직이지 않을 것입니다. 그리고 위원회 없이는 아무것도 할 수 없다는 것을 여러분도 알고 있지 않습니까? 더 말씀드리기에는 시간이 부족할 정도로, 이 모든 것들과 이외에도 수천 가지 것들이 지금 예수님을 섬기는데 꼭 필요한 것들로 간주되고 있습니다. 주님을 위해 많은 것을 할 수 있었던 참된 마음을 지닌 영혼이 인간의 후원이라는 사도 바울의 전신 갑주(엡 6:13)를 입을 때까지는 감히 한 걸음도 움직이려고 하지 않고 있습니다. 오, 사도적인 단순함이여, 사도들은 말씀을 전하기 위해 어느 곳이든 갔으며, 영혼을 얻으려는 모든 신자들의 수고를 귀중히 여겼습니다. "한 가지가 필요하니라"(눅 10:42, KJV) 하신 제일 원칙으로 우리가 다시 돌아가서, 예수님의 발치에 앉아 그 한 가지를 발견한다면, 그 한 가지가 오늘날 의 관행이 요구하는 수천 가지 것들보다 더 나은 곳에 우리를 서게 할 것입니다. 그러면 우리가 그리스도의 영에 사로잡히고 성령으로 충만해져서, 이것 외에는 그 무엇으로도 감당할 수 없는 경건한 일들을 할 수 있도록 우리가 무장될 것입니다. 그러므로 모든 기독교인들이 이 한 가지를 무엇보다 우선적으로 취하고, 깊은 경건의 능력을 거룩한 사역을 위한 단 한 가지 핵심 자질로 삼기를 바랍니다.

마르다의 정신이 비판받아야 할 점은 많은 사람들이 그저 자신이 행한 활동에서 만족감을 느낀다는데 있습니다. 수없이 많이 설교를 하고, 수없이 많이 주일학교에서 가르치고, 수많은 전도용 소책자를 배부하고, 우리가 파송한 선교사를 수없이 방문하는 등의 이 모든 일들이 수단이기보다는 오히려 목적으로 간주되고 있는 듯합니다. 노력해야 할 수많은 일들이 제시되고 수많은 사역들이 행해진다면, 이것으로 충분하다는 듯이 말입니다. 그러나 그것으로 충분하지 않습니다. 하나님의 축복이 없다면 이 모든 일들은 아무것도 아닙니다. 사랑하는 성도 여러분, 그저 자신이 행하는 활동이 높이 평가되는 곳에서, 자신의 내적인 삶은 잃어버리고 기도는 경시됩니다. 위원회 모임에는 참석하지만, 경건회는 거들떠 보지도 않습니다. 간구를 위해 함께 모이는 일은 기부금을 모으는 일과 비교해 전혀 중요하지 않은 일로 간주됩니다. 공적 모임에서 본기도(opening prayer, 本 祈禱, 가톨릭과 성공회에서 말씀의 전례 직전에 사제가 드리는 짧은 기도)는 아주 바람직한 것으로 간주되지만, 때로는 하지 않아도 무방한 그저 형식적인 것으로 여기는 사람들도 있습니다. 그래서 결과적으로 이제는 항상 개인 기도가 끝난 다음에 하게 되었습니다. 인간의 의지를 믿거나 현행의 추세를 믿고서, 성령님 없이 실천적으로 행하고자 하는 그런 악한 날이 우리에게 다가올 것입니다.

그저 활동 자체를 위한 활동을 높게 평가하는 것은 우리가 예수님의 뜻을 받들어 행하는 사역을 무색하게 합니다. 마르다 정신은 어떤 일이 행해지기만 하면, 아무 문제가 없지 않느냐고 말합니다. 반면에 마리아 정신은 예수님께서 그 일로 기뻐하느냐 아니냐를 묻습니다. 모든 일들은 그분의 이름과 성령님의 이름으로 행해져야 합니다. 그렇지 않다면 아무것도 행해진 것이 아닙니다. 그 분의 발치에 앉아 있지 않고 쉴 새 없이 움직이는 섬김은 곡식을 빻지도 않으면서 쉬지 않고 돌기만 하는 물레방아의 덜커덕덜커덕 하는 소리와 같습니다. 그 것은 공들여 수고할 뿐 아무 결과물도 내지 못합니다. 제 자신도 적게 활동하는 것을 원하지 않습니다. 매 주일마다 제가 얼마나 여러분에게 봉사하라고 열심히 강권하는지 모릅니다. 그럼에도 불구하고 저는 우리의 모든 힘이 하나님 안에 있고, 그리스도께서 우리를 받아주시는 만큼만 우리는 강해질 수 있으며, 우리 가 기도하면서 그분을 기다리고 믿고 의지해 살아가는 만큼만 우리가 그리스도 안에 받아들여질 수 있다는 사실을 여러분이 느끼도록 기도하고 있습니다. 여러 분은 한 명의 개종자를 얻기 위해 바다와 육지를 두루 다닐 수도 있습니다(마 23:15, KJV). 하지만 여러분에게 그리스도의 영이 없다면 여러분은 그리스도의 사람이 아닙니다(롬 8:9). 여러분이 일찍 일어나고 늦도록 앉아 있으며 고통의 빵을 먹더라도(시 127:2, KJV), 여러분이 주 하나님을 믿지 않는다면 여러분은 결코 형통하지 못할 것입니다. 주를 기뻐하는 것이 여러분의 힘입니다(느 8:10, KJV). 여호와를 앙망하는 자는 새 힘을 얻을 것입니다(사 40:31). 그리스도를 떠 나서는 여러분이 아무것도 할 수 없습니다(요 15:5). 그분께서 여러분에게 "그가 내 안에 내가 그 안에 거하면 사람이 열매를 많이 맺나니"(요15:5)라고 말씀하지 않으셨습니까? 구약에도 "나는 푸른 잣나무 같으니 네가 나로 말미암아 열매를 얻으리라"(호 14:8)고 기록되지 않았습니까?

한 번 더 말씀드립니다. 분명히 드러나는 것은 중시하고 은밀한 것은 경시하는 마르다의 정신은 현재 하나님의 교회에 상당한 정도로 팽배해 있습니다. 거듭난 모든 사람들은 하나님과 함께하는 하나님을 위한 일꾼들이 되어야 합니다. 그러 나 하나님을 위한다는 그 일 때문에 믿음을 팽개친다거나, 종이 아들보다 더 주 목을 받지 않도록 주의하십시오. 여러분이 어떤 그룹을 인도하고 있거나 혹은 기차역이 있는 어떤 마을의 최고 책임자라 해도, 여러분은 은혜로 구원받은 죄 인으로서, 지금도 여전히 십자가에 달리신 그분을 바라봐야 할 필요가 있으며, 그분 안에서 여러분의 모든 생명을 발견해야 할 필요가 있다는 사실을 절대로 잊지 마십시오. 만약 여러분이 한 사람의 신자로서 그분을 의지하는 것을 잊는 다면, 여러분은 한 사람의 일꾼으로서 여러분의 능력을 잃는 것입니다. 그리스 도를 위해 수고하는 것은 즐거운 일입니다. 하지만 그 일을 기계적으로 행하지 않도록 주의하십시오. 그리스도와 개인적인 교제를 부지런히 가꾸어나갈 때에 야 비로소 여러분은 기계적인 봉사를 피할 수 있습니다. 사랑하는 성도 여러분,

여러분이 너무 많은 시간을 봉사에 쏟아 붓는다면, 여러분은 기도하고 말씀을 읽을 시간조차 가지지 못할 것입니다. 아침의 기도시간이 삼십분 줄어들 것이고, 저녁에 하나님과의 교제를 위해 떼놓은 시간마저 여러분이 벌여놓은 이런저런 약속이나 일들로 인해 점차 방해를 받을 것입니다. 이것이 바로 제가 우려하는 바입니다. 여러분은 말에게 박차(拍車)를 가하여 더 빨리 달리게 하면서도, 말에게 먹이를 주지 않아 말을 죽이고 있습니다. 여러분은 집의 주춧돌들을 빼내어 집 꼭대기에 쌓아올림으로써 여러분의 집을 무너뜨리고 있습니다. 만약 여러분이 자신의 온 힘을 사람들에게 보이는 부분에만 쏟아 붓고, 여러분과 하나님 사이의 은밀한 부분은 잊어버린다면, 여러분은 여러분의 영혼에 심각한 해를 끼치고 있는 것입니다. 이 모든 상황을 한 마디로 요약하자면, 우리 가운데 아주 좋지 않은 종교적 활동들이 너무나 많다는 것입니다. 저는 그 점을 우려하고 있습니다. 이런 활동들은 외면적인 봉사에만 너무 많은 관심을 기울이고, 그저 인간적인 노력들에 대해서만 염려하며, 자신의 힘으로 거룩한 결과들을 성취하고자 노력합니다. 하나님께서 받으시는 참된 사역은 그리스도를 인내함으로 기다리고, 마음을 성찰하고, 간구하고, 교제를 나누고, 예수님을 어린아이처럼 의지하고, 그분의 진리에 굳게 서고, 그분의 인격을 열렬히 사랑하고, 언제나 그분 안에 거하는 등, 이 모든 것들이 한데 어우러진 것입니다. 우리가 이 모든 일에 더욱 능했으면 좋겠습니다. 마르다의 정신은 어느 정도는 그 자체로 탁월할 수 있지만, 마르다의 정신이 마리아의 고요한 가운데 심오하게 앉아 있는 경건의 빛을 절대로 잃게 해서는 안 됩니다. 그렇지 않으면 이 마르다의 정신으로부터 악한 것이 나오게 될 것입니다.

2. 두 번째로, 마르다의 정신은
참된 섬김에 해를 끼치고 있다는 사실에 대해 살펴보겠습니다.

마르다의 섬김은 참된 것처럼 보이지만, 소탐대실(小貪大失)할 가능성이 많습니다. 여러분은 지금 제가 드리는 말씀에 주목하지 마시고, 이 말씀이 여러분 자신과 어떤 관련이 있는지 그 관계에 주목하시기 바랍니다. 그러면 말씀 중에 여러분이 이런 것들과 관련하여 참으로 어떤 죄를 지었는지 발견하게 될 것입니다. 마르다의 정신은 그리스도에게 아주 작은 환영을 받을 제물을 가지고 왔습니다. 환영을 받긴 받았지만, 아주 작은 환영을 받았을 뿐입니다. 우리 주 예수님은 이 땅에 계실 때, 최고의 양식과 음료를 드시는 것보다 한 사람의 불쌍한 사마리아 여인을 회심시킴으로써 더 큰 만족을 얻으셨습니다. 그분께서는 영적인 일을 수행하시면서 그의 제자들이 알지 못하는 양식(요 4:32)을 가지고 계셨습니다. 그분은 항상 영적인 본성이 육체적 본성을 지배하고 계셨기 때문에, 자신에게 영적인 선물을 가지고 온 사람들을 더 좋아하셨습니다. 이제 이쪽에는 진수성찬의 음식들로 가득한 마르다의 식탁이 있습니다. 그러나 저쪽에는 겸손히 순종하는 마음을 지닌 마리아의 선물이 있습니다. 다시 말해, 여기에는 상다리가 부러질 정도로 음식을 준비한 마르다의 식탁이 있고, 저기에는 자신에 대한 판단을 주님께 맡긴 채, 어디에도 비길 데 없는 그분의 말씀을 들으면서 경이에 찬 눈빛으로 그분을 쳐다보고 있는 마리아가 있습니다. 마리아는 예수님에게 더 나은 제사(히 11:4)를 드리고 있었던 것입니다. 마르다의 경우는 겸손하신 그분께서 기뻐하셨다고 한다면, 마리아의 경우는 그분께서 만족을 느끼셨습니다. 그분은 마르다의 섬김은 호의로 받으셨지만, 마리아의 예배는 만족한 예배로 받으셨습니다. 자, 사랑하는 형제자매 여러분, 여러분은 어떤 형태나 모양으로 그리스도께 모든 것을 드릴 수 있습니다. 하지만 여러분의 열렬한 사랑과 겸손한 믿음의 간구와 영혼으로 찬양하는 경외심 등이 그분에게는 가장 귀한 것일 것입니다. 여러분에게 간청합니다. 외형적인 것 때문에 영적인 것을 소홀히 하지 마십시오. 영적인 것을 소홀히 한다면, 여러분은 쇠를 모으려고 금을 던지는 꼴이 될 것이며, 진흙으로 만든 오두막을 짓기 위해 대리석으로 만든 궁전을 허물어뜨리는 꼴이 될 것입니다.

마르다의 정신은 또한 자기 자신을 너무 기억하도록 하는 해악을 끼치고 있습니다. 우리가 심하게 마르다를 판단하려고 하는 것은 아니지만, 마르다는 그 집의 주인으로서 어느 정도 자기 명예를 위해 주님을 섬기려고 했다는 생각을 해 볼 수 있습니다. 어쨌든 마르다는 몸이 피곤해지자 자아(自我)가 튀어나오게 되어, 마르다만 혼자서 주님을 섬기게 된 것에 대해 불평하였습니다. 우리도 우리가 하는 사역이 주님의 사역이 아니라 우리의 사역으로 잘 드러나기를 원합니다. 우리는 우리가 하는 일을 보고서 누가 칭찬해 주기를 좋아합니다. 만약 아무도 칭찬해 주지 않으면, 우리는 일을 하고 싶은 마음이 없어지고, 우리만 홀로 그 일을 하고 있다고 느낍니다. 자, 그러나 우리가 어떤 일을 섬길 때, 그와 관련해서 나 자신을 생각하면 할수록 그 섬김은 망치게 되어 있습니다. 자아는 가라앉고,

그리스도께서 모든 것 안에서 모든 것(고전 15:28, KJV)이 되셔야 합니다. "그는 흥하여야 하겠고 나는 쇠하여야 하리라"(요 3:30)는 세례 요한의 말이 우리의 표어가 되어야 합니다. 우리는 예수님의 신발 끈을 풀기도 감당(요 1:27) 못할 만큼 가치 없는 자들이기 때문입니다. 너무 많은 사역과 너무 적은 교제는 항상 자아를 두드러지게 할 것입니다. 자아는 기도로 낮아져야 하고, 예수님과의 교제로 계속해서 낮아져야 합니다.

　마르다는 자기가 하고 있던 일들이 그리스도를 위해 필수적인 것이라고 착각한 듯합니다. 그녀는 많은 섬김으로 곤란을 겪고 있었습니다. 주님을 고귀하게 대접하기 위해서는 그런 일들이 꼭 필요하다고 생각했기 때문입니다. 우리는 예수님이 우리의 사역을 원하고 계시며, 우리 없이는 그 일을 할 수 없을 것이라고 지금도 너무 쉽게 생각해 버립니다. 설교자들은 만약 자기가 없으면, 교회가 어떻게 될지 걱정합니다! 집사들은 자기가 없으면, 교회 운영에 큰 공백이 생기지 않을까 생각합니다. 반을 맡아 가르치는 주일학교 교사들은 자기가 없으면 어린이들은 절대로 회심하지 않을 것이고, 자기가 없이는 그리스도께서 하신 영혼의 수고가 헛될 것이라고 생각합니다. 아, 이것은 성 바울 대성당(St. Paul's Cathedral, 런던의 가장 높은 언덕 위에 세워진 영국 성공회 소속의 성당이다. 111미터의 높이로 1962년까지 영국에서 가장 높은 건물이었다) 위에 파리 한 마리가 앉아서, 자기가 있기 때문에 저 발 아래 모든 교통량들이 통제되고 있는 것이며, 만약 자기가 없으면 차량 통행이 모두 마비될 것이라고 제멋대로 생각하는 것과 같습니다. 저는 여러분을 사랑하기에 여러분에게 다음과 같이 생각해 보도록 권면합니다. 그리스도께서는 여러분을 통해 더 많은 일들을 행하실 것입니다. 이와 관련해서 우리를 필요로 하시는 예수님이 아니라, 여러분이 감당할 수 있는 책임감에 더 비중을 둔다면, 그것은 주객이 전도된 것입니다. 마리아는 다음과 같이 아주 현명하게 생각했습니다. "그분은 내가 그분의 말씀을 받고, 그분에게 내 사랑을 드리길 원하고 계셔. 나는 그분께 즐거운 마음으로 음식을 드리고 싶지만, 아마 그분은 그런 내 마음을 보고 알고 계실 거야. 그분은 모든 만물의 주인이시기에 내가 없어도, 또 마르다가 없어도 모든 것을 하실 수 있어. 그분에게 내가 필요한 것보다, 내게 그분이 더욱더 필요해"라고 말입니다. 우리가 섬기는 봉사의 중요성을 과대평가할 때, 우리의 섬김은 망치게 됩니다. 왜냐하면 이런 과대망상은 우쭐함이나 교만으로 우리를 인도하기 때문입니다. 마르다는 이런 다혈질적인 기질로 인해 자기 동생에게 불평하게 되었고, 주님께서 마리아의 게으름을 두둔하고 있다는 듯, 주님께도 불평하기에 이르렀습니다. "주여, 내 동생이 나 혼자 일하게 두는 것을 생각하지 아니하시나이까?"라고 말입니다. 우리가 거만한 마음으로 "나는 이 일을 할 수 있어. 저 일을 하는 것도 대단한 거고. 내가 그래도 다른 사람들보다 낫지 않아? 그러니 주님도 당연히 나를 좋게 생각하시겠지?"라고 느끼며 일할 때, 우리가 그리스도를 위해 하는 일들이 얼마나 망가지는지 모릅니다. 겸손한 일꾼이 인정을 받는 법입니다. 하나님은 자신이 아무것도 아니라고 느끼는 자를 받으시며, 깊은 곳에서 주께 부르짖는 자(시 130:1)를 받으십니다. 그러나 하나님은 강한 자들을 그들의 자리에서 끌어내리시며(눅 1:52, KJV), 부자들을 빈손으로 보내실 것입니다(눅 1:53, KJV). 활동이 경건과 균형을 이루지 못한다면, 활동은 우리를 의기양양하게 만들어 하나님께서 우리를 받아들이지 못하도록 합니다.

또한 마르다는 **믿음 없는 초조함**에 휩싸였습니다. 자기 생각에는 꼭 해야 할 일들이 너무나 많아서, 도저히 감당할 수 없다는 것을 깨닫게 되었던 것입니다. 여기에는 이 음식이 있어야 하고, 저기에는 주된 요리가 있어야 하고, 이 음식은 저 포도주와 함께 곁들여야 하고, 저 음식은 오래 푹 삶아야 하고, 이 음식은 알맞게 익혀야 하는 등, 각양각색의 요리법대로 해야 할 일들이 즐비하였습니다. 시간은 흘러가는데, 저기 계신 손님을 경솔하게 대접하지는 않게 될까 두려웠습니다. 시장에 장을 보러간 종은 아직 돌아오지도 않았습니다. 여러분도 그렇듯이, 잘하려고 너무 신경을 쓰다보면, 제대로 되는 일이 별로 없는 법입니다. 여기 성도들 중에도 큰 규모의 파티를 준비해야 했던 선한 주부들은 이 상황을 잘 이해할 것입니다. 제가 감히 말씀드립니다. 이런 유의 것들이 마르다를 불안하게 만들었고, 그로 인해 마르다는 불평은 물론 믿음마저 사라질 정도에 이르렀습니다. 마르다는 자기 능력을 넘어서는 일을 해야 한다는 생각에 사로잡혔으며, 그런 믿음이 그녀를 실망시켰고, 결국 그녀의 불신은 건방지게도 주님께 불평을 하는 것으로 드러났습니다. 우리는 이런 식으로 잘못한 적은 없습니까? 우리는 주일학교를 탁월하게 인도해야 하고, 아침 기도 모임을 부흥시켜야 하며, 성경 공부 모임을 생명력이 넘쳐나게 해야 하고, 아침 설교에 은혜를 끼쳐야 하는 등, 꼭 해야 할 일들이 너무 많습니다! 어떤 설교자(스펄전 자신을 지칭)가 자기에 관해 이야기하면서, 그는 가끔 자기 어깨에 너무 많은 책임을 지고 있다는 느낌이 들

고, 자기가 수고해야 할 넓은 들판을 바라보면 영혼이 낙심해버리는 경향마저
있다고 합니다. 물론 그 설교자가 자기의 경우라고 말하면서 고백한 것이지만,
그의 말은 동료 사역자들을 대표해서 말한 것이라고 볼 수 있습니다. 아마 이런
이야기를 듣고 있는 여러분도 무기력해지고 마음이 흔들릴 것입니다. 이 얼마나
통탄할 노릇입니까! 이럴 경우 섬김의 기쁨은 사라지고 세세한 것에 신경을 쓰
는 초조함으로 인해 일 전체를 망치게 되며, 사역자는 하나님의 명령을 전하고
그분의 말씀에 귀 기울이는 대신, 그저 단조로운 일이나 허드렛일만 하는 사람
이 되고 맙니다. 그러면 우리의 병거 바퀴들은 스랍들처럼 이글거리며 불타는
대신, 우리의 걱정으로 인해 바퀴가 빠져 버려서, 우리가 그 병거를 무겁게 끌어
가는 형국이 됩니다. 하나님께서 받으신다고 보장해 주는 것은 바로 믿음입니
다. 하지만 이 믿음이 없어질 때 그 섬김의 일들은 완전히 실패로 끝나 버립니다.

개인이나 교회가 마르다의 정신에 종속될 때마다, 자발성의 원칙은 거의 악평
을 받게 됩니다. 자발성의 원칙은 은혜가 없는 세상에서는 모든 일에서 최악의 원
칙이 되지만, 은혜가 있는 곳에서는 하나님께서 받으시는 유일한 원칙이라고 저
는 믿습니다. 자, 보십시오. 마르다는 마리아로 하여금 그리스도를 섬기도록 시
키고 싶었습니다. 무슨 권리로 마리아는 저기 앉아 있습니까? 좋든 싫든 자리에
서 일어나 자기 언니처럼 시중을 들어야 하지 않을까요? 많은 일을 하고픈 마르
다의 자발적인 욕구로 인해, 마르다는 마리아에 대해 이렇게 생각하기에 이르렀
습니다. 만약 마리아가 이런 일을 하려는 자발적인 사랑의 마음이 전혀 없다면,
억지로라도 이런 마음을 갖게 해야 하는 것 아닌가, 그리고 이 일과 관련하여 그
리스도께서 노기(怒氣) 띤 말씀을 하셔야 하는 것 아닌가 하는 생각 말입니다.
우리의 경우도 이와 마찬가지입니다. 우리는 너무나 간절히 주님의 사역에 기여
를 하고 싶기 때문에, 우리가 드릴 수 있는 능력의 만 배도 넘게 드리고 싶어합니
다. 우리의 마음은 너무 뜨거워서 그냥 속에만 담아두지 못할 정도가 됩니다. 그
때 우리는 너무 적게 드리는 다른 사람들 때문에 슬퍼하게 되고, 그들에게 헌금
을 하라고 강요라도 했으면 좋겠다는 생각이 듭니다. 그래서 우리는 그들의 더
러운 돈을 기쁜 마음으로 드리는 성도들의 자발적인 헌금과 동일한 예물로 드리
게 합니다. 이것은 마치 강제로 쥐어 짜낸 거지의 얼마 안 되는 푼돈을 주님의 백
성이 자발적으로 드리는 헌금과 마찬가지로 주님께서 받으시게 하는 것과 같은
것입니다. 그러나 이렇게 하기보다는 차라리 자발적이지 않은 헌금들은 주인의

주머니 속에서 녹슬게 하는 것이 더 현명한 일일 것입니다. 왜냐하면 결국 그 마지못해 낸 헌금은 주님의 일에 별 도움이 되지 않을 것이라고 믿기 때문입니다. 그리스도를 사랑하는 마음과 관대한 마음에서 드린 헌금만이 그분이 받으시는 헌금일 것입니다. 헌금에 대한 바른 정신에서 빗나가자마자, 우리는 너무 쉽게 자원하는 정신에서 벗어나게 됩니다. 중요한 사실은 마르다의 이런 정신이 모든 것을 망쳐 놓는다는 것입니다. 왜냐하면 마르다의 정신은 섬김의 내적 영혼을 우리에게서 제거해 버리기 때문입니다. 제가 앞에서 말씀드렸듯이, 마르다의 정신은 그저 섬김의 외형인 껍데기만 중시해 버립니다. 그래서 우리는 더 이상 섬기기를 주께 하듯 하지(엡 6:7) 않고, 섬김 그 자체를 위해 너무 많이 수고합니다. 우리 마음에서 주된 것은 섬김이지, 더 이상 주님이 아닙니다. 우리는 시달리고 그분은 잊힌 것입니다.

이것으로 제가 할 수 있는 한 가장 간략하게, 마르다 정신의 몇 가지 약점들을 여러분에게 말씀드렸습니다.

3. 이제 마리아의 정신에 대해 살펴보고자 합니다.

저는 마리아의 정신이야말로 그리스도께 가장 고귀한 헌신을 하게 하는 정신이라는 사실을 여러분에게 보여드리고자 합니다. 그 정신의 가장 고귀한 결과는 아직까지도 나타나지 않을 것입니다. 마르다의 열매는 아주 신속하게 무르익지만, 마리아의 열매는 시간이 걸립니다. 나사로가 죽었을 때, 마르다는 그리스도를 맞이하기 위하여 곧 달려 나갔지만, 마리아는 집 안에 그냥 앉아 있었다는 사실(요 11:20 KJV)을 여러분은 기억할 것입니다. 마르다는 자신의 때를 원했지만, 마리아는 그리스도의 때를 기다릴 수 있었습니다. 그로부터 조금 후에, 우리 주님께서 돌아가시기 바로 직전에, 우리가 알고 있는 대로, 마리아는 위대한 일을 했습니다. 마르다는 생각도 못할 그런 일을 마리아가 한 것입니다. 마리아는 매우 귀한 향유 옥합을 가지고 와서 그분의 머리에 부었습니다(마 26:7). 그분께 향유를 부었던 것입니다(요 11:2). 마리아는 그리스도의 발치에 앉아서, 자기가 행할 행동의 원천(源泉)을 채우고 있었습니다. 여러분이 여러분의 영혼을 먹이는 것은 시간 낭비가 아닙니다. 묵상을 통해 여러분의 목표가 힘을 얻고 여러분의 동기를 정화시키는 것이야말로, 여러분이 시간을 바르게 사용하고 있는 것입니다. 어떤 사람어 열정적이 되어 자기 속에 생명력이 넘치고 뜨거워지며 힘 있는 원칙들을 갖게 될 때, 바로 그 때가 일할 때입니다. 그 때 그 사람은 힘을 다해 일하게 될 것이며, 공허한 사람들이 바쁘게 행하면서도 이룰 수 없었던 결과들을 얻게 될 것입니다. 만약 어떤 강에 소나기가 내리자마자 즉시 흘러가 버린다면, 그 강은 빗방울이 떨어지는 개울에 불과할 것입니다. 하지만 그 강에 둑을 세우면, 일정 기간 동안 강바닥에 떨어지는 빗물이 없어도, 적절한 때가 되었을 때 그 물들은 함께 힘을 비축하게 되어 그 어떤 것도 막을 수 없는 세찬 급류가 되는 것을 여러분도 목격했을 것입니다. 마리아는 수원(水原)을 가득 채우고 있는 중이었습니다. 그녀는 듣고 배우고 자신을 먹이고 덕을 세우고 사랑하고 자라나고 강해지고 있는 중이었습니다. 그녀는 자기 영혼의 증기기관에 증기를 준비하고 있었던 것입니다. 그러다가 모든 것이 제대로 되었을 때, 그녀의 행동은 신속하고 강력했습니다. 이 모든 과정을 통해, 마리아의 행동 방식은 다듬어지고 있었습니다. 마르다의 행동들은 선했습니다. 하지만 그녀의 행동은, 제가 이런 표현을 써도 될지 모르겠지만, 진부한 것이었습니다. 세상의 다른 친구들과 마찬가지로, 마르다는 주 예수님을 위해 많은 음식들을 만들어야 했습니다. 그녀는 그리스도의 영적 본성을 잊은 채, 그 영적 본성을 위해서는 아무것도 준비하지 않았던 것입니다. 반면에 그리스도에 대한 마리아의 생각은 좀 더 참되게 정리되어 있었습니다. 마리아는 그분을 제사장으로 바라보았습니다. 마리아는 그분을 선지자로 여겼습니다. 마리아는 그분을 왕으로 경배했습니다. 그녀는 그분께서 자신의 죽음에 대해 말씀하시는 것을 들었고, 고난에 대해 말씀하시는 그분의 증거에 귀 기울였으며, 그 말씀이 뜻하는 바를 희미하게나마 짐작하고는, 그 죽음이 임하기 전에 그분께 향유를 부어드리고자 귀한 나드 향유(막 14:3, KJV)를 준비하였던 것입니다. 이 여인의 행동은 의미와 교훈으로 가득 차 있었습니다. 이 여인의 행동은 참으로 구체화된 한 편의 시였습니다. 그 집을 가득채운 향기는 사랑의 향기였으며 승화된 사고의 향기였습니다. 그녀는 묵상과 배움의 과정을 통해 자기의 행동들을 다듬었습니다. 생각하지 않고, 묵상하지 않고, 그리스도와 교제하지 않는 자들은 진부한 일들은 잘할지 몰라도, 장엄한 영적인 생각이나 그리스도를 위해 마음에서 우러나오는 일들은 하지 못할 것입니다.

　　마리아가 그렇게 앉아 있었던 것은 행동의 독창성을 만들어 내는 일이었습니다. 저는 두 주 전에 독창적인 섬김을 바람직한 것으로 여기고 그런 독창적인 섬김의 의무를 다하도록 여러분에게 강하게 권면하였습니다(사 53:6을 설교 본문으로

'예수님에게 담당시킨 자범죄'[Individual Sin Laid on Jesus]라는 제목으로 1870년 4월 10일 행한 설교이다 — 역주). 물론 모든 사람이 각기 자기 방식대로 섬겨서 정도를 벗어나면 안 되겠지만, 우리는 자신이 처한 독특한 환경에 적응하면서 각자의 방식으로 하나님을 섬겨야 합니다. 자, 보십시오. 이 복된 여인이 그렇게 행하였습니다. 마르다는 무엇인가를 준비하느라 분주하였습니다. 그녀는 예수님을 사모하는 다른 사람들이 그러하듯 음식과 연회를 준비하였습니다. 하지만 마리아는 그녀 외에 한두 명이 생각할까 말까 한 그런 일을 하였습니다. 즉, 그녀는 그분에게 향유를 부어드렸고, 그 일로 예수님은 이 여자가 행한 일도 말하여 그녀를 기념하리라(마 26:13)고 말씀하셨습니다. 마리아는 자신이 생각한 빛에 불꽃을 당겼고, 그 생각이 불타오르는 행동이 되기까지 그 불꽃을 소중히 간직하였습니다. 저는 하나님의 교회에 이러한 여인들이 많이 있다고 생각합니다. 이 여인들은 예수님의 발치에 앉아 있다가 때가 되면 마침내 영감을 받아 이렇게 말할 것입니다. "저는 교회가 지금까지 듣지 못했던 방식으로 하나님께 영광을 돌릴 수 있는 생각을 가지고 있습니다. 구속주의 면류관에 참신한 보석을 달아드리기 위해 저는 이 생각을 실천하겠습니다."

이처럼 주님의 발치에 앉아 있는 것은 그녀가 행한 일에 참된 영성을 보증해 주었습니다. 주님께 향유를 부어드린 것과 관련하여 주님께서 하신 말씀을 읽어드렸을 때, 여러분은 주의 깊게 들으셨습니까? 주님은 "나를 장사지낼 날을 대비하여 그녀가 이것을 간직하였느니라"(요 12:7, KJV)라고 말씀하셨습니다. 주님은 그녀가 향유를 바친 것도 칭찬했지만, 그녀가 그것을 간직하고 있다는 점도 칭찬하셨습니다. 제 생각에 그녀는 몇 달 동안 그 특별한 향유를 따로 구별하여 보관하고 있었을 것입니다. 영적 사역에 있어서 가장 달콤한 향기의 대부분은 거듭되는 생각과 심사숙고(深思熟考)에 있습니다. 즉시 직접적으로 해야 할 사역도 있지만, 경중을 재어가며 깊이 생각해야 할 일들도 있습니다. 구세주를 찬양하기 위해 나는 무엇을 해야 할까? 하는 이런 생각에는 소중한 기획도 있고, 계획도 있고, 기도 가운데 세운 세부사항들도 있으며, 각각의 모든 부분들은 상상으로 그려지다가 마음속에 구체적으로 새겨집니다. 그러고 나서 그 귀한 의도가 사실로 옮겨질 때까지, 그 영혼은 자신이 실행할 것을 예상하면서 기뻐하며 기다릴 것입니다. 다음처럼 말하면서 기다려도 좋을 것 같습니다. "예, 이제 정한 때가 다가올 것이고, 저는 이 일을 행하게 될 것입니다. 제가 이렇게 섬기지 않고서는 저는 무덤으로 절대 내려갈 수 없습니다. 아직 때가 차지 않았습니다. 아직 적절한 때가 아닙니다. 그 일을 감당하기에는 아직 제 자신이 준비되어 있지 않습니다. 그래도 저는 제가 선택한 이 사역을 성취할 적합한 사람이 되기까지, 은혜에 은혜를, 덕에 덕을, 자기 부인에 부인을 더할 것입니다(벧후 1:5 참조)"라고요. 마리아가 이것을 간직하였기 때문에 구세주는 마리아를 칭찬하셨습니다. 그분이 장사되기 전에 적절한 시기가 올 때까지 마리아는 이것을 간직했다가, 그때가 되기 전이 아니라 바로 그 때가 되었을 때 그 향유를 쏟아 부어 자신의 사랑을 드러냈습니다. 그렇습니다. 이런 섬김은 여러분의 영혼이 반쯤 잠에서 깨어나 아무 생각 없이 행하는 그런 섬김이 아닙니다. 이 섬김은 그리스도를 향한 뜨거운 눈길과 벅찬 감격의 마음으로 여러분이 마땅히 해야 할 섬김입니다. 예수님께서는 바로 이러한 섬김을 받으십니다. 우리가 좀 더 그분의 발치에 앉아 있게 된다면, 우리도 그러한 섬김을 더 많이 할 수 있을 것입니다. 그리스도께서는 마리아를 받으셨고, 마리아에게 이 좋은 편을 택하였으니 빼앗기지 아니하리라고 말씀하셨습니다. 만약 우리의 사역이 영적이고 강렬하며 열정적이고 사려 깊은 것이라면, 다시 말해 우리의 사역이 교제로부터 우러나온 것으로, 깊은 원칙들에 입각한 내적인 믿음과 엄숙한 감사로부터 터져 나온 것이라면, 우리의 경건은 절대로 빼앗기지 않을 것이며 지속적인 것이 될 것입니다. 단순히 왔다 갔다 움직이기만 하는 마르다와는 달리 말입니다.

저는 지금까지 오늘 본문에 대해 살펴보았습니다. 이제는 이 말씀에 대한 일반적인 적용으로 두세 가지만 언급하고자 합니다. 저는 이 말씀을 서너 가지 사항에 아주 간략히 적용해 보겠습니다. 사랑하는 성도 여러분, 저는 비국교주의(Nonconformity, 1662년 통일령[the Act of Uniformity 1662] 이후 비성공회 신자를 일컫는다. 1559년의 통일령을 위반한 청교도파나 장로교파 등도 이에 포함된다)의 신조를 믿고 있습니다. 설령 영국이 비국교주의를 원한다 해도, 저는 지금처럼 믿을 것입니다. 그런데 비국교파를 국가, 교회, 정치문제와 관련해서 대외적인 단체로 만들고자 하는 경향이 있습니다. 비국교파의 정치적인 입장을 저는 귀중한 것으로 믿고 있으며, 어느 누구보다도 그 입장을 열렬히 지지하고 있습니다. 그러나 저는 만약 비국교파가 영적이지 않다면, 다시 말해 국교반대파들(Dissenters, 1689년 관용령 직후에는 로마 가톨릭을 반대한 자들을 지칭한 용어였지만, 18세기 중반부터는 '비국교파'와 혼용되어 사용되고 있다 — 역주)처럼 단순히 정치적이거나 형식적으로 흐르는 순간,

우리 비국교파는 아무것도 아닌 것이 될 것이며, 그때는 우리도 모두 끝장이라는 사실을 잊지 않도록 늘 우려해 왔습니다. 우리의 힘은 주님의 발치에 있습니다. 저는 우리 비국교파가 주님의 발치가 아닌 다른 어떤 곳에 있는 것은 아닌지 그것이 두렵습니다. 세상에 너무 순응하며(conformity, 국교신봉자), 규칙을 너무 소홀히 여기고, 새로운 주장들을 너무 사랑하는 것을 주목해 볼 때, 저는 두렵고 떨립니다. 제 바람은 가능하다면 청교도주의로 다시 돌아가는 것입니다. 우리는 너무 해이해져 있으며, 우리 가운데 너무 많은 세속주의와 육체숭배가 팽배해 있습니다. 우리가 너무 소수파가 되어서 세상마저 우리를 질책한다 해도 그에 대해서는 별 두려움이 없습니다. 제가 정말로 두려워하는 것은, 세상이 우리를 미워하는데 우리가 너무 세상처럼 되어가는 바로 그것입니다. 제 기도 제목은 이것입니다. 비국교주의가 영국에서 항상 주류가 되어, 이 나라가 그리스도께 가까이 나아가고, 그분의 진리를 붙잡으며, 그분의 말씀을 소중히 여기고, 그분을 따라 살아감으로써 영국이 굳건히 서는 것입니다. 저는 이를 위해 간절히 기도드리고 있습니다.

자, 이와 비슷한 사항은 선교에서도 적용될 수 있습니다. 이 원칙을 선교에 적용해 봅시다. 하나님께서는 선교를 축복하십니다. 선교를 위한 우리의 기도는 우리의 영혼 구원을 위한 기도만큼이나 뜨겁게 타오릅니다. 언제쯤이면 이 땅의 최극단에 있는 사람들이 우리 하나님의 구원을 볼 수 있을까요! 그러나 선교의 원동력은 사전 협의, 위원회, 재정, 사람 등에 있는 것이 아니라, 하나님이신 그리스도를 기다리는데 있습니다. 만약 우리가 더 많은 은혜를 받지 못한다면, 수십만 파운드를 가지고서도 단돈 천 파운드를 가졌을 때보다 더 많은 일들을 하지 못할 것입니다. 우리가 지극히 높으신 분의 오른손으로부터 열 배도 더 되는 능력을 받지 못한다면, 다섯 명의 선교사가 얻을 수 있는 영혼을, 오십 명의 선교사로도 얻을 수 없을 것입니다. 선교에 대한 각성은 우리의 기도 모임과 교회에서부터 시작되어야 합니다. 이 사역을 감당하기 위해 밖으로 나가는 사역자들의 주된 능력은 이방인들을 회심시키기 위한 하나님과 우리의 개인적인 씨름에서 비롯되어야 합니다. 이 점을 기억합시다. 마리아는 마르다가 할 수 없었던 일, 즉 기름 부음 받은 자의 머리에 향유 옥합을 부어드리려고 했던 것을 말입니다.

부흥에도 이와 동일하게 적용될 수 있습니다. 사람들은 부흥을 일으키는 것에 대해 말하고 있습니다. 그 많은 말들 중에서도 실제로 협의된 내용 중에 가장 역겨운 것은 다음과 같은 것이라고 생각합니다. "만약 여러분이 신앙의 부흥을 원한다면, 여러분은 아무개 씨를 설교 강사로 모셔 와야 합니다"라는 말입니다. 제가 생각하기에도 그 아무개 씨에게는 성령님이 내주(內住)하고 계신 것 같습니다. 아무리 그렇다 해도, 여러분이 부흥을 원한다면, 여러분은 오랫동안 유행했고 이런저런 부흥과 관련되어 잘 알려진 유명한 방법들을 채택해야 합니다! 제 생각에 성령님은 이제 더 이상 옛 시대에 그러셨던 것처럼 그렇게 자유롭지 못한 것 같습니다. 옛날에는 성령님께서 원하시는 대로 숨을 쉬셨습니다. 반면에 여러분은 여러분의 방법과 계획으로 그분을 통제할 수 있다고 착각하고 있습니다. 절대로 그렇지 않습니다. 전혀 그렇지 않습니다. 부흥을 일으키는 방법은 주님의 발치에서부터 시작됩니다. 여러분은 마리아와 함께 주님의 발치로 가야만, 그 이후에 마르다처럼 일할 수 있을 것입니다. 모든 기독교인의 마음이 그리스도의 말씀을 먹고 그리스도의 성령을 마심으로 바르게 준비될 때, 그 때 부흥은 올 것입니다. 오랜 기간의 가뭄을 겪게 되면, 농부들은 목초지에 물을 뿌립니다. 하지만 물을 뿌려도 별 효과가 없다는 것을 곧 알게 됩니다. 한 아일랜드 신사가 하는 말을 들은 적이 있습니다. 그는 비가 올 때는 하늘 주위에 구름이 모여들고 공기도 비가 내리기에 매우 적합한 상태로 바뀌는 것을 늘 보게 된다고 말했습니다. 우리도 이와 비슷한 사실을 알고 있는데, 구름과 일반 대기의 조건들은 식물들의 습기 정도와 밀접한 관련이 있다는 것입니다. 햇볕이 내리 쬘 때 식물에 물을 주는 것은 좋지 않습니다. 그런 환경이 식물에게 유익하지 않기 때문입니다. 부흥도 이와 마찬가지입니다. 어떤 상황에 아주 유익한 그런 일들이 있습니다. 하지만 동일한 상황이 아닌데도 동일한 방식으로 일처리를 했다면, 유익하기는커녕 해만 초래할 것입니다. 여러분, 먼저, 주님과 함께 시작하십시오. 그 다음에, 그분을 섬기기 위해 밖으로 나가십시오. 행동 계획은 반드시 이차적인 것이 되어야 합니다.

　　마지막으로 이와 비슷한 말씀을 드리고자 합니다. 만약 여러분이 제가 기대하고 있는 대로, 하나님을 섬기기 원한다면, 먼저 여러분 자신의 영혼에 관심을 기울이라고 권면하고 싶습니다. 설교하는 법이나 가르치는 법, 또는 이런저런 일을 배우는 것으로 시작하지 마십시오. 사랑하는 성도 여러분, 여러분의 영혼이 힘을 얻도록 하십시오. 비록 여러분이 그 힘을 과학적으로 사용하는 방법을 모른다 해도, 그렇게 해야 여러분은 많은 일들을 할 수 있을 것입니다. 가장 먼저 해야 할 일은 뜨거운 마음을 가지고, 여러분의 용기를 북돋우어, 여러분의 모든 능력을 발휘하며, 여러분의 마음에 그리스도를 모시고, 영원하신 하나님께서 여러분의 마음에 오시도록 간구하며, 그분으로부터 여러분이 영감을 얻는 것입니다. 이렇게 한다면, 여러분의 방법이 다른 사람들의 방법을 따르지 않는다 해도, 그것은 별 문제가 되지 않을 것입니다. 또는 여러분의 방법이 다른 사람들의 방법을 따른다 해도, 그 역시 큰 문제가 되지 않을 것입니다. 여러분이 능력만 가진다면, 결과는 따 놓은 당상일 것입니다. 그러나 만약 여러분이 위로부터 능력을 받기도 전에 사역을 하러 돌아다닌다면, 여러분은 절대적으로 실패할 것입니다. 우리는 여러분에게 더 좋은 것(히 6:9)을 기대합니다. 하나님, 그것들을 보내 주시옵소서. 아멘.

제
39
장

—

한 가지가 필요하니라

—

"그러나, 한 가지가 필요하니라." — 눅 10:42, KJV

이 한 가지가 무엇인지를 결정하는 것은 어렵지 않습니다. 그러나 이 한 가지가 구세주라고 말해서는 안 됩니다. 왜냐하면 그분은 물건이 아니기 때문입니다. 또 이 한 가지가 우리의 구원에 집중하는 것이라고 말해서도 안 됩니다. 설령 이것이 맞는 답이라 해도, 그런 내용이 오늘 본문에는 언급되어 있지 않기 때문입니다. 필요한 이 한 가지는 틀림없이 마리아가 택한 것입니다. 다시 말해, 마리아가 빼앗기지 아니할 좋은 편(눅 10:42)이 바로 이 한 가지 필요한 것입니다. 이것은 분명히 예수님의 발치에 앉아서 그분의 말씀을 듣는 것이었습니다. "주의 발치에 앉아 그의 말씀을 듣더니"(눅 10:39)라는 말씀대로, 이것이 바로 한 가지 필요한 것이라는 사실에는 두말할 나위가 없습니다. 주의 발치에 앉아 그분의 말씀을 듣는 것, 그 이상도 그 이하도 아닙니다.

단순히 앉아 있는 자세로 구세주의 말씀을 듣는 것, 그것만으로는 아무것도 아닙니다. 이 행동은 그 자체로 가리키는 바가 있었습니다. 마리아의 경우에 있어서 이런 행동은 구세주의 가르침을 믿고 받아들이고 순종하려는 준비된 자세, 아니 그분의 입에서 떨어지는 교훈들을 기뻐할 준비된 자세를 가리키고 있습니다. 이것이 바로 한 가지 필요한 것입니다. 한 가지 필요한 것을 가진 자는 은혜와 생명의 영을 가진 자입니다. 예수님의 발치에 앉는다는 것은 순종을 의미합니다. 예수님의 발치에 앉는 자는 더 이상 그분의 능력에 반항하지 않습니다. 그는 반역의 무기들을 내려놓고, 구속주를 영혼의 주님이자 왕으로 겸손히 인정합니다. 이것이 바로 필요한 한 가지 일입니다. 절대적으로 필요한 일입니다. 왜냐하면 그 어떤 반역자도 자기의 손에 반역의 무기들을 들고서는 하늘나라에 들어갈 수 없기 때문입니다. 그리스도를 향해 반항하는 한, 우리는 그리스도를 알 수 없습니다. 우리는 그분의 온유하신 다스림을 달게 받아들여야 하며, 그분께서 주님이시요, 하나님 아버지께 영광을 돌릴 자(빌 2:11)임을 고백해야 합니다.

예수님의 발치에 앉는다는 것은 순종뿐만 아니라, **믿음**도 의미합니다. 마리아는 예수님께서 말씀하신 것을 믿었습니다. 그래서 그분께 배우기 위해 거기에 앉았던 것입니다. 우리가 주 예수 그리스도를 믿고, 하나님이면서 인간이신 그분의 능력을 믿고, 대속적 죽음이신 그분의 죽음을 믿고, 우리의 죄를 위해 화목제물(요일 2:2)이 되신 그분의 십자가 처형을 믿는 것, 이런 믿음들이 우리에게는 절대적으로 필요합니다. 우리는 선지자요 제사장이요 왕이신 그분과의 전적인 관계 안에서 지금부터 영원히 그분을 신뢰해야 합니다. 이것 또한 절대적으로 필요한 한 가지입니다. 이런 신뢰가 없다면 우리는 파멸하게 될 것입니다. 우리는 예수님을 향한 믿음의 순종과 예수님에 대한 순종적인 믿음을 가져야 합니다. 이 믿음을 가지지 않는다면, 우리는 멸망하게 될 것입니다.

또한 예수님의 발치에 앉는다는 것은 순종하고 믿는다는 것뿐만 아니라, 이제 우리가 그분의 제자가 되기를 갈망한다는 의미도 포함되어 있습니다. 우리는 이 제자도(弟子道)를 너무 자주 잊어버립니다. 그러나 제자도는 믿음만큼이나 필요합니다. 우리는 온 세상으로 나아가서 모든 민족을 제자로 삼아 아버지와 아들과 성령의 이름으로 세례를 베풀어야 합니다(마 28:19). 그리스도의 학교에서 배우는 사람이라고 한다면, 배운다는 말의 실천적인 의미로 볼 때, 자기가 배운 것을 기꺼이 실천하는 수준까지 배우지 못한 사람은 구원을 받을 수 없습니다. 주님의 뜻을 행하는 자만이 그분의 가르침을 알고 있다고 할 수 있습니다. 다소의 사울(행 21:39)이 가말리엘의 발치(행 22:3, KJV)에 앉아 있었던 것처럼, 우리가 좋은 편을 택해서 예수님의 발치에 앉았다면, 그리스도는 우리에게 위대한 교사가 되며, 우리는 그분의 입에서 나오는 법을 받게 됩니다. 신자들의 위치는 학생의 위치이며, 주 예수님은 그 학생들의 선생님이십니다. 우리가 회심하여 어린아이들과 같이 되지 아니하면, 우리는 하늘나라에 들어갈 정도로 결코 현명해질 수 없습니다. 예수님의 발치에 앉는다는 것은 참된 제자도, 즉 어린아이 같은 마음을 가리킵니다. 이것도 필요한 한 가지입니다. 이것이 없으면, 구원도 없습니다.

예수님의 발치에 앉는다는 것은 또한 **섬김**을 의미합니다. 비록 마리아가 마르다처럼 겉으로 보기에는 그리스도를 시중드는 일에 함께 하지 않았지만, 좀 더 제대로 말하자면, 마리아는 좀 더 깊고 진실된 의미에서 그분을 섬기고 있었기 때문입니다. 공적으로 말씀을 전하는 자의 이야기를 경청하는 사람보다 설교자에게 더 큰 기쁨을 주는 사람은 없습니다. 이해하며 경청하는 학생보다 선생님을 더 잘 섬기는 사람은 없습니다. 선생님을 대하는 학생의 참된 첫째 의무는 선생님의 가르침을 기쁜 마음으로 받아들이고 부지런히 익히는 것입니다. 이런 의미에서 본다면, 마리아는 그리스도께서 가지신 최고의 자격, 즉 이스라엘 가운데 선생이요 선지자인 그분의 자격에 걸맞도록 그리스도를 제대로 섬기고 있었던 것입니다. 이런 영적 자세를 가지고서도, 만약 주님께서 자신이 발을 씻을 필요가 있다거나 머리에 향유를 부어야 할 필요가 있다는 암시만 주셨다면, 마리아는 당장 마르다처럼 그 일들을 수행했을 것입니다. 그러나 마리아는 이런 활동적인 사역들을 수행하면서도 자신이 취했던 첫 자세, 즉 예수님의 발치에서 배우려고 하는 그 자세를 영적으로 계속해서 유지하고 싶었을 것입니다. 물론 마리아는 성경에 나온 대로 구세주의 발치에 계속해서 앉아 있을 수만은 없었습니다. 그래도 마음만은 예수님의 발치에 앉아 있는 그 자세를 계속해서 유지했을 것입니다. 그녀는 섬김을 위한 가장 적합한 자세를 취했다고 볼 수 있습니다. 왜냐하면 주님께서 그녀를 통해 하시려는 바를 듣고자 기다리고 있었기 때문입니다. 우리도 모두 종들이 되어야 합니다. 우리는 지금까지 불의의 종들이었기 때문에, 은혜로 말미암아 우리 자신을 예수님의 다스리심에 굴복시키고 의의 종들이 되어야 합니다. 그러지 않으면 우리가 하늘나라에 들어가는데 있어서 없어서는 안 될 그 한 가지를 **빠뜨리게** 됩니다.

예수님의 발치에 앉은 것은 또한 **사랑**을 의미합니다. 만약 마리아가 그분을 사랑하지 않았다면, 마리아는 예수님의 발치에 편안하고 기쁜 마음으로 앉아 있지 못했을 것입니다. 그녀를 향해 말씀하시는 그분의 음색은 매력적이었습니다. 그분께서 그녀를 얼마나 사랑하시는지 그녀는 알고 있었습니다. 그래서 예수님이 말씀하시는 한 마디 한 마디가 그녀의 영혼에는 음악처럼 들렸습니다. 마리아는 그 사랑스러운 얼굴을 보고 또 보았을 것이라 믿어 의심하지 않습니다. 두 눈에 가끔 눈물이 고이기도 하고 하나님과의 거룩한 교감으로 밝게 빛나기도 하는 그분의 표정을 읽으면서, 그녀는 그분이 하시는 말씀의 의미를 더욱더 잘 파악할 수 있었습니다. 그분의 인격에 대한 그녀의 사랑은 그녀로 하여금 자발적인 학습자가 되게 하였습니다. 우리도 그녀와 마찬가지로 자발적인 학습자가 되어야 합니다. 우리는 게으름을 피우며 마지못해 배우는 소년들처럼 그렇게 배워서는 안 됩니다. 그런 소년들은 학교에 가서 매를 맞아서라도 배울 필요가 있습니다. 우리는 배우기를 갈망해야 합니다. 그분께서 채우시리니 우리의 입을 크게 열어야 합니다(시 81:10). 소나기를 필요로 하는 메마른 대지처럼, 우리 영혼도 언제나 그분의 계명들을 향해 갈망하며 매진해야 합니다. 우리는 금보다 그분의 법을 더 기뻐해야 합니다. 맞습니다. 곧 많은 순금보다 더 사모해야(시 19:10) 합니다. 우리가 이러한 마음으로 감동받을 때, 우리는 한 가지 필요한 것을 찾은 것입니다.

여러분 앞에 놓인 본문의 의미를 생각해 볼 때, 예수님의 발치에 앉는다는 것이 바로 한 가지 필요한 것입니다. 왜냐하면 본문을 문자적으로 해석하면 "한 가지 필요성이 있다"는 뜻이기 때문입니다. 이 본문에 나온 문자 그대로 살펴보면서 그 속에 담긴 네 가지 사항에 주목해 보고자 합니다. 첫 번째는 분리접속사인 "그러나" 속에 들어 있는 신중함입니다. 구세주께서는 우리에게 잠시 멈출 것을 명하십니다. "그러나, 한 가지가 필요하니라"(눅 10:42, KJV)라고 말씀하시기 때문입니다. 두 번째는 "한 가지가 필요하니라"에서 볼 수 있는 필요성입니다. 세 번째로 "한 가지가 필요하니라"에서 볼 수 있는 집중입니다. 그 다음으로 "한 가지가 필요하니라"에서 긴급함을 알 수 있습니다. 지금 당장 필요하다는 뜻입니다.

1. 그러면 여기 처음에 나오는 신중함이라는 말부터 시작하겠습니다.

제가 이미 말씀드린 바와 같이, 이 말은 우리 주님께서 마르다에게 하신 짧은 말씀 중간에 불쑥 들어간 것입니다. 마르다는 아주 분주했습니다. 그녀는 욱하는 성격을 참지 못하고 구세주에게 쌀쌀맞게 몇 마디 말을 했습니다. 그러자 주님께서는 "마르다야, 마르다야"(눅 10:41)라고 부르시며, 아주 부드럽고 친절하며 온화하게, 하지만 약간의 책망이 담긴 어조로 "네가 많은 일로 염려하고 근심하나, 그러나, 그러나, 그러나, 그러나, 그러나, 잠시만 기다리고, 들어 보렴"이라고 말씀하셨습니다. 이러한 지혜로운 충고와 경고의 그러나라는 말씀은 이 자리에 있는 많은 이들에게 아주 유익한 말씀일 것입니다. 여러분은 오늘도 생업에 얽매여 살아가고 있습니다. 여러분은 그 일을 아주 부지런히 합니다. 여러분은 모든 에너지를 여러분이 하고 있는 일에 쏟아 붓습니다. 여러분이 성공하려면 마땅히 그래야 합니다. 여러분은 일찍 일어나고 늦게까지 앉아 있습니다(시 127:2, KJV). 제가 여러분이 하는 일을 방해하려고 이런 말을 하는 것일까요? 그렇지 않습니다. 그러나, 그러나, 다른 것은 없을까요? 이것이 인생의 전부일까요? 돈을 버는 것이 전부일까요? 그저 돈만 벌기 위해서 살다가 "그는 오만 파운드를 남기고 죽었다"는 말을 들을 정도로, 부는 얻을 만한 가치가 있는 것일까요? 정말 그럴까요?

아마 여러분은 아주 열심히 일하는 사람들일 것입니다. 여러분은 한 주에 거의 하루도 쉬지 않습니다. 가족을 편안하게 먹여 살리기 위해서 여러분은 모든 노력을 다합니다. 여러분은 할 수 있는 한 아주 근검절약하며 살아갑니다. 그리고 부지런히 일합니다. 아침부터 밤까지 여러분에게는 늘 이런 생각이 떠나지 않습니다. "내가 어떻게 해야 이 어린 자식들 입에 뭐라도 넣어 줄 수 있을까? 내가 어떻게 해야 이 자식들을 제대로 키울 수 있을까? 노동자인 내가 어떻게 해야 빚지지 않고 살아갈 수 있을까?"라고 말입니다. 아주 옳은 생각입니다. 저는 모든 노동자들이 이런 생각을 하며 근검절약하여, 재물 좀 가졌다고 함부로 낭비하는 어리석은 자가 되지 않으며, 살면서 실패하거나 실직하게 되었을 때도 다른 사람의 구제에 의지해 빈둥거리며 살아가는 가난뱅이가 되지 않기를 바라고 있습니다. 저는 여러분이 하고 있는 일에 찬사를 보냅니다. 그러나, 그러나, 그러나 이와 동시에 저는 여러분에게 묻고 싶습니다. 그 일이 여러분 인생의 전부입니까? 여러분은 그저 구멍을 파고, 벽돌을 쌓고, 나무를 자르는 기계가 되려고 태어난 것입니까? 여러분은 그저 계산대에 서 있거나, 물건의 길이를 재고 무게를 측량하기 위해 지음을 받은 것입니까? 하나님이 이런 일들만 시키기 위해 여러분을 만들었다고 생각합니까? 한 주 벌어서 한 주 먹고 사는 것이 인간의 제일 목적입니까? 불멸의 영혼을 가진 모든 사람들이 이를 위해 태어난 것입니까? 단순히 개와 같은 동물이나 증기기관 같은 기계가 아니라, 사고하고 판단할 수 있는 영혼을 지닌 인간으로서, 여러분은 자신을 바라보며 "나는 완벽하게 내 운명을 개척하고 있음을 믿는다"라고 말할 수 있습니까? 저는 오늘 아침에 분주하게 살아가는 여러분의 삶의 한가운데 바로 이 "그러나"를 조용히 끼워 넣고 싶습니다. 여러분에게 간청합니다. 여러분은 생각할 여유와 인생에 필요한 지혜의 음성을 듣기 위해 잠시 멈추십시오. 사업? 일? 모두 좋습니다. 하지만 그보다 먼저 얻어야 할 좀 더 고귀한 양식이 있습니다. 그보다 먼저 생각해야 할 고귀한 생명이 있습니다. 주님께서는 "썩을 양식을 위하여 일하지 말라"(요 6:27)고 말씀하셨습니다. 즉, 무엇보다 먼저 썩을 양식을 위해 일하지 말고, "영생하도록 있는 양식을 위하여 하라"(요 6:27)고 말씀하신 것입니다. 하나님은 인간이 하나님께 영광을 돌리도록 하기 위해 인간을 만드셨습니다. 인생이 아무리 다른 목적들을 다 이루었다 해도, 바로 이 목적을 위해 살지 않았다면, 그 인생은 비참하게 실패한 것입니다. 누구든 예수님의 발치에 앉지 않는다면, 이 목적에 도달하지 못하여 그 인생이 영원히 파탄나고 말 것입니다. 예수님의 발치, 오직 거기에서만 자신의 사업을 거룩하게 하고 자신의 수고를 봉헌하는 법을 배울 수 있습니다. 그래야 우리는 그분의 은혜로 말미암아 그분에게 합당한 방식으로 우리의 삶을 바칠 수 있게 됩니다.

자, 지금까지 저는 바쁘게 살아가는 자들을 향해 말씀드렸습니다. 이제는 쾌락을 사랑하는 자들에게도 앞에서 했던 것과 마찬가지로 분명하게 요구하고자 합니다. 이들은 많은 일로 괴로움을 겪고 있지는 않습니다. 오히려 이들은 어떤 일로 괴로움을 겪는 자들을 비웃습니다. 그들은 자신의 의지가 원하는 대로, 나비처럼 이 꽃에서 저 꽃으로 가볍게 날아다니며 즐겁게 살아가고 있습니다. 꿀벌처럼 벌집을 만들지도 않고, 벌통을 지키지도 않습니다. 자, 놀기 좋아하는 젊은이들이여, 여러분에게 솔로몬은 어떤 말을 했습니까? "청년이여 네 어린 때를 즐거워하며 네 청년의 날들을 마음에 기뻐하여 마음에 원하는 길들과 네 눈이 보는 대로 행하라. 그러나,"(전 11:9)라고 하더니, 여기에서 잠시 멈춥니다. 그러고는 어리석은 자의 뜨거운 이마에 지혜자의 차가운 손이 와 닿더니, 그 젊은이에게 잠시 생각하기를 요구합니다. "그러나 하나님이 이 모든 일로 말미암아 너를 심판하실 줄 알라"(전 11:9)고 말입니다. 불멸의 영혼이 쓸데없고 사소한 일을 위해 만들어졌을 리 없습니다. 불멸의 영혼이 자신의 모든 불꽃을 세상과 노닥거리며 소진하는 것은, "깃털 하나를 띄우거나, 파리 한 마리를 익사시키기 위해, 바다가 폭풍우에 시달리는 것"(영국의 시인 에드워드 영[Edward Young, 1681-1765]의 대표시집인 「야상」[Night Thoughts, 1745]에 나오는 '불평'이란 시의 한 대목이다)과 같습니다. 공기처럼 가볍고 하찮은 것(trifles light as air, 셰익스피어가 쓴 「오셀로」[Othello]의

3막 3장에 나오는 시구이다)에 자신을 허비하는 것보다 더 고귀한 목적이 없었다면, 하나님께서는 불멸의 영혼처럼 위대한 것을 만들지도 않으셨을 것입니다. 오, 경솔하게 하나님이 없다고 하는 여러분, 잠시 멈추고 여러분에게 "그러나"라고 말씀하는 음성을 들으십시오. 어리석은 자들의 웃음소리보다 더 중요한 무언가가 있습니다. 모든 것이 다 희극은 아닙니다. 죽음은 심각하며, 천국도 있고, 지옥도 있습니다. 인생이 그렇지 않습니까? 음악의 매력, 방탕한 모임의 즐거움, 예술의 아름다움, 향연의 기쁨 등, 이 모든 것들보다 여러분에게는 더 중요한 것이 분명히 있습니다. 여러분은 아침부터 밤까지 귀중한 시간을 오로지 여러분을 기쁘게 하는 일로 허비하고 있습니다. 여러분은 분명히 이런 일보다 더 중요한 것을 해야 합니다. 멈추십시오. 멈추어 서서 "그러나" 하는 이 경고의 말씀이 여러분의 귓가에 울리도록 하십시오.

아마도 다른 사람들과 마찬가지로 "그러나"가 필요한 것 같은 종교적인 사람들에게도 실례를 무릅쓰고 말씀드리려고 합니다. 물론 이들은 제가 세속적이거나 방탕한 자들에게 하는 말에도 수긍할 것입니다. 그러나 제가 이들에게 "여러분은 종교생활을 아주 부지런히 합니다. 여러분은 신앙이 정한 모든 외형적인 규례와 의식들에 주의를 기울이며, 교회가 정한 조항들을 믿고 있습니다. 여러분은 교회 지도자들이 정한 여러 의식들을 실천합니다. 그러나, 그러나, 만약 여러분이 예수님의 발치에 앉지 않는다면, 이 모든 것들은 아무것도 아니라는 사실을 알고 있습니까?"라고 말한다면, 이들이 제 말을 들으려고 할까요? 우리는 교회가 명하는 것은 행하고, 그리스도께서 명하시는 것은 행하지 않을 수 있습니다. 왜냐하면 그 명령들이 서로 다를 수도 있기 때문입니다. 교회는 우리의 구세주도 아니고 그리스도도 아닙니다. 우리는 어떤 신조가 우리에게 명하는 것은 믿고, 예수님이 가르쳐 주신 것은 믿지 않을 수도 있습니다. 왜냐하면 그 신조와 그리스도가 서로 다를 수 있기 때문입니다. 그렇습니다. 우리는 심지어 성경 자체가 우리에게 가르치는 것을 믿고 있다고 생각하거나, 성경을 믿고 있다고 생각할 수 있습니다. 그러나 우리가 그분의 발치에 앉아서 그분이 말씀하시는 진리를 순종하며 받아들일 정도로, 우리의 마음이 스승이신 그분께 순종하지 않는다면, 우리의 신앙은 완전히 헛된 것입니다. 전통적인 신앙은 그리스도에게 순종하는 것이 아니라 관습에 순종합니다. 교단에 순종하는 것은 예수님께 순종하는 것이 아닙니다. 제가 간절히 바라는 것은 신앙을 고백한 기독교인들이 자신을 점검하면서 스스로에게 이렇게 물어보는 것입니다. "나는 진정으로 내 주님의 인격을 믿으며, 그분을 나의 선생님으로 받아들이고 있는가? 나는 그분으로부터 진리를 배우기 위해 하나님의 말씀을 연구하고 있는가? 혹시라도 교역자나 부모나 국교회나 내 집안의 신조들을 통해서 간접적으로 받아들이거나 맹목적으로 받아들이고 있지는 않은가?"라고 말입니다. 우리는 성경과 성령에 의해 가르침을 받으려는 간절한 마음으로 예수님께 나아가야 하며, 그분의 선포대로 우리의 믿음이 생겨나고 그분의 다스림대로 우리의 삶이 형성되는 그 모든 것에 기쁜 마음으로 동의해야 합니다. 우리에게는 더 이상 영적인 율법 수여자도 필요 없고, 무오한 랍비도 필요하지 않습니다. 오직 막달라 마리아가 "랍오니"라고 부른 분(요 20:16), 도마가 "나의 주님이시요 나의 하나님이시니이다"(요 20:28)라고 인사한 그 복되신 분만이 필요합니다.

그렇습니다. 심지어 그리스도가 유일한 분이라고 정직하게 선포할 수 있는 사람에게도 저는 이 말씀을 드리려고 합니다. 여러분도 그분의 발치에 앉아 있어야 한다는 필요성을 잊을 가능성이 있다고 말입니다. 사랑하는 성도 여러분, 여러분은 지금 구원을 위해 오직 그분의 보혈만을 바라보고 있습니다. 그분의 이름은 여러분에게 감미로운 이름이며, 여러분은 범사에 그분의 뜻에 따라 살아가고자 열망합니다. 이 정도까지 한다면, 여러분은 정말 잘하고 있는 것입니다. 이렇게 한다면 어느 정도 여러분은 그분의 발치에 앉아 있는 셈이기 때문입니다. 그러나 마르다도 이와 똑같았습니다. 마르다도 주님을 사랑했고, 그분의 말씀을 알았으며, 구원받은 영혼이었습니다. 왜냐하면 "예수님께서 마르다와 그녀의 여동생과 나사로를 사랑하시더라"(요 11:5, KJV)고 성경에 나오기 때문입니다. 하지만 마리아가 예수님의 발치에 앉아 있었던 만큼은 여러분도 앉아 있어야 할 것 같은데, 여러분은 그렇게 하지 못합니다. 여러분은 이번 한 주 동안에도 아주 분주했으며, 정박할 곳을 찾지 못한 배처럼 여러분의 마음은 정처 없이 떠돌아다녔습니다. 여러분은 주님과 의식적으로 교제하며 살지 못했습니다. 여러분의 마음은 염려로 가득 차 있었고, 기도는 공허했습니다. 여러분은 사랑하는 친구인 그분께 여러분의 슬픔을 내맡기지 않았습니다. 여러분은 그분께 도우심과 인도하심을 구하지 않고 여러분이 해야 할 의무를 이행하면서 큰 실수를 하기도 했습니다. 여러분은 예배를 드리는 중에도, 극진히 사랑하는 자(아 1:13, KJV)와의 영적인 교제를 지속하지 않았습니다. 만약 이것이 바로 여러분의 경우라면, 저는 여러분에게 "그러나"라고 말씀드리면서, 오늘 아침 이 자리에 앉아 계시는 여러분에게 부탁드리겠습니다. 여러분이 맡은 주일학교 교사직이나 거리에서 하는 복음전파, 그 외에도 여러분이 바삐 행하고 있는 칭찬받을 만한 많은 일들을 잠시 멈추십시오. 그리고 나서 자신에게 이렇게 말하십시오. "일꾼인 나에게 한 가지 필요한 것은 내 주님께 가까이 있는 것이다. 따라서 내가 '화로다(사 6:5), 그들이 나를 포도원 지키는 자로 삼았거니와 나는 내 포도원을 지키지 아니하였노라'(아 1:6, KJV)는 말을 하지 않도록 해야 한다. 내 마음은 소홀히 하면서도, 다른 사람 마음에 물을 대는 일에 그렇게 신경을 쓰며 애쓸 필요는 없다"고 말입니다. 다른 사람들과 마찬가지로 성도들에게도 말합니다. 한 가지 필요한 것은 예수님의 발치에 앉는 것입니다. 우리는 항상 예수님께 배우는 자가 되어야 하며, 예수님을 사랑하는 자가 되어야 합니다. 예수님을 떠나는 것, 예수님으로부터 독립하는 것, 이런 것들은 여러분 중에서 그 이름조차도 부르지 마십시오(엡 5:3). 신자가 주님을 떠나서 스스로 자신의 인도자가 되거나 의지할 존재가 되는 것은 연약한 것이고 병든 것이며 죄악이고 슬픔입니다. 우리가 겸손히 기쁜 마음으로 그분에게 순종하는 동안에만 우리는 안전합니다. 그러므로 이제 여러분도 알다시피, "그러나"라는 이 말은 아주 유익한 말로서, 우리 모두의 구원을 위한 멈춤을 의미합니다. 하나님께서 도우셔서 이 말로 우리가 유익을 얻기를 원합니다.

2. 두 번째로, 우리의 본문은 필요성에 대해 말하고 있습니다.

한 가지가 필요합니다. 필요한 한 가지가 증명된다면, 이것은 다른 모든 사항들보다 더 우선으로 여기게 될 것입니다. "필요성은 법을 모른다"(Necessity has no law, '사흘 굶어 도둑질 안 할 놈 없다'에 해당하는 영국 속담이다 — 역주)는 유명한 속담은 아주 옳은 말이라고 생각합니다. 누가 도둑질을 했는데, 알고 보니 그 도둑이 굶어죽을 정도의 상태였다면, 그는 정상이 참작되어 이미 반은 용서를 받고 시작하며, 아예 전부 용서해 주자는 동정까지 받게 될 것입니다. 필요성은 그 무엇으로도 너그럽게 용서될 수 없는 것에 대한 좋은 변명거리가 되어 왔습니다. 뭔가 옳은 일이 있는데, 그 일에 필요성이 뒷받침 되면, 그 옳은 일은 불가피한 것이 되어 앞으로 강하게 밀어붙일 수 있는 힘이 생깁니다. 배고픔과 마찬가지로 필요성은 돌담도 뚫습니다. 오늘 본문은 예수님의 발치에 앉는 것이 첫째

이자 유일한 필요성이라고 주장합니다. 자, 보십시오. 지금 제 주위에는 저를 유혹하고 호리는 많은 것들이 있습니다. 쾌락이 저를 부릅니다. 제 귀에는 쾌락의 매혹적인 말이 들려옵니다. 그러나 저는 이렇게 대답합니다. "나는 네게 눈길 줄 수 없다. 왜냐하면 다른 음성을 들어야 할 필요성이 나를 억누르기 때문이다"라고요. 철학과 학문이 저를 유혹할 때면, 저는 기꺼이 제 마음을 주려고 했습니다. 제가 구원받지 못했던 시절에는, 철학과 학문이 그 한 가지 필요한 것으로서 저의 첫째 관심사가 되어 주기를 요구했고, 지혜도 제 마음을 이들 학문에 바치라고 명령했기 때문입니다. 그러나 우리는 인간의 학문은 더 적게 사랑하고 영원한 지혜는 더욱더 많이 사랑해야 합니다. 진주는 어떻습니까? 아주 좋습니다. 에메랄드는 또 어떻습니까? 그것도 좋습니다. 그러나 하나님의 이름으로 주어지는 빵이 필요합니다. 사막에서 굶어 죽어가는 상태라면, 더 물을 필요도 없겠지요. 빵이 필요합니다. 먹을 음식이 모자라는 판에 금괴나 은괴 같은 보석 상자들이 무슨 소용이 있겠습니까? 필요한 한 가지만 있다면, 그것은 아론의 지팡이처럼 단지 흥미롭기만 할 뿐인 모든 것들을 삼켜 버릴 것입니다. 세상에 아무리 매혹적인 것들이 많다 해도, 우리는 필요한 것만 가져야 합니다. 만약 여러분이 현명하다면, 휘황찬란한 것보다 필요한 것을 훨씬 더 좋아할 것입니다.

수천 가지의 것들이 우리 주위를 얽어매고 있습니다. 이 세상은 인도에 있다고 전해들은 깊은 늪과 아주 비슷합니다. 그 늪 속에는 접착력이 강한 긴 풀들이 자라고 있어서, 누구든 일단 그 늪에 빠지기만 하면, 대부분이 죽게 된다고 합니다. 사람이 빠지자마자 즉시 그 치명적인 잡초가 그 사람 주위를 휘감기 때문에, 그물처럼 뒤엉킨 잡초들 속에서 구출해 내기가 극도로 어렵다고 합니다. 이 세상도 이와 마찬가지로 우리를 얽어매고 있습니다. 이 세상의 염려와 재물의 속임수라는 덫으로부터 사람들을 지켜내기 위해서는 은혜의 모든 노력들이 필요합니다. 회계장부가 여러분을 부르고, 영업 일지가 여러분을 원하며, 상점이 여러분을 필요로 하고, 창고에서 여러분을 찾으러 벨을 울립니다. 극장이 여러분을 초대하고, 댄스홀이 여러분을 부릅니다. 그러면 여러분은 나도 조금은 즐기면서 살아야 한다고 말합니다. 그래서 결국에는 세상에 여러분의 마음을 갖다 바칩니다. 바로 이런 것들이 여러분을 얽어매는 것들입니다. 그러나 우리는 이런 얽어매는 것들을 헤치고 나와야 합니다. 왜냐하면 이런 것들로 우리의 영혼을 잃을 수는 없기 때문입니다. "사람이 만일 온 천하를 얻고도 자기 목숨을 잃으면 무엇이 유익하겠습니까?"(막 8:36). 금이 든 가방을 들고 값비싼 외투를 입은 승객이 지금 가라앉고 있는 배 위에 있다고 가정합시다. 그 때 이 승객이 하는 행동을 살펴보십시오. 그는 값비싼 옷을 그대로 입고서는 제대로 수영할 수 없다는 것을 깨닫고는 그 외투를 벗어버립니다. 그 코트가 흰 모피로 안감을 댔을 뿐 아니라 아주 값비싼 재료로 만들어졌다 해도, 그는 과감히 그 옷을 벗어 던집니다. 귀금속 가방도 많은 아쉬움이 남기는 하겠지만, 갑판 아래로 던져 버립니다. 왜냐하면 이것들보다 자기 목숨이 더 귀하기 때문입니다. 만약 자기 목숨을 구할 수만 있다면, 그는 자신이 가진 모든 것들을 기꺼이 버리려고 할 것입니다. 오, 사랑하는 성도 여러분! 필요한 한 가지를 위해 여러분은 자신을 얽어맨 모든 것들을 버려야 합니다. 무슨 수를 써서라도 필요한 한 가지가 여러분의 것이 되도록 하려면, 여러분은 모든 무거운 것과 너무 쉽게 우리를 얽어매는 죄를 떨쳐 버려야 합니다.

우리를 아주 당황하게 하는 것들도 많이 있습니다. 어떤 사람들은 다른 사람을 당황하게 만들 때 거기에서 야릇한 기쁨을 느끼기도 합니다. 예정론과 자유의지가 사람들의 마음속에서 부딪칠 때 서로 조화를 이룰 수 있도록 도와달라는 편지나 인터뷰 요청이 쇄도할 때, 저는 놀랍니다. 이와 함께 주목할 만한 또 다른 일은, 젊은 사람이건 나이든 사람이건 상관 없이 아주 어려운 성경 본문들을 잘 집어낸다는 점입니다. 아마 재림이나 아마겟돈 전쟁(계 16:16)과 관계된 그런 본문일 것입니다. 그들은 복음을 믿기 전에, 자기 앞에 제시된 이런 성경 말씀들부터 짚고 넘어가야겠다고 생각한 것 같습니다. 그러나 구원받지 못한 사람들이 이런 말씀들을 가지고 시작한다는 것은 전혀 유익하지 않다고 생각합니다. 사랑하는 성도 여러분, 한 가지가 필요합니다. 그 필요한 한 가지는 결코 사람을 당황하게 하는 것이 아닙니다. 그것은 예수 그리스도께 순종하며 그분의 발치에 앉아야 한다고 하는 아주 평범한 것입니다. 바로 그것이 필요합니다. 선택과 재림 교리들도 중요합니다. 그러나 이 두 교리는 가장 핵심적인 교리도 아니고 가장 시급한 교리도 아닙니다. 영혼을 구원하는데 있어 가장 필요한 한 가지는 그분의 뜻을 행하는 한 사람의 종으로서, 그리고 그분의 발치에 앉아 있는 제자로서, 예수님을 받아들이고 그분께 순종하는 것입니다. 성경에는 로마서 9장(19-29절, 하나님의 진노와 긍휼)이 있고, 그 장은 매우 귀중한 장임에 틀림없습니다. 그러나 죄인을 구원하기 위해서는 먼저 요한복음 3장(1-21절, 예수와 니고데모)을 읽도록 하십시오. 요한복음을 완전히 이해하기까지는 로마서를 건드리지 말고 가만히 놔두는 것이 좋습니다. 먼저 여러분의 구원과 관계되는 일부터 시작하십시오. 그 일을 돌보십시오. 그리고 그 모든 것이 잘 진행되어 갈 때, 그 때 예수님의 발치에서 여러분은 더 수준 높은 신비와 심오한 진리들을 배울 수 있는 위치에 이르게 될 것입니다.

게다가 우리 주위에는 **바람직한** 것들도 아주 많습니다. 가장 높은 영적인 차원에서 보더라도 아주 바람직한 것들이 많이 있습니다. 그러나 이것도 그 필요한 한 가지에 비한다면 두 번째가 되어야 합니다. 자신의 마음이 어떤지를 알고 주님 앞에서 울부짖었던 사람들의 체험을 읽게 되면, 저도 그들처럼 깊은 죄의식을 느껴봤으면 하고 원하게 됩니다. 또 천사처럼 살았던 성도들의 이야기와 이 땅에서 살면서도 그리스도와 함께 거하고 교제하면서 황금 길을 거닐었던 성도들의 이야기를 읽게 되면, 저도 그들처럼 높은 영적 수준에 이르렀으면 하고 원하게 됩니다. 그러나 이 모든 것에도 불구하고, 내 영혼이 여전히 죄로 더러워져 있다면, 내게 필요한 한 가지는 구세주의 피로 깨끗함을 받는 것입니다. 그러기 위해서는 지금 즉시 믿음으로 예수님께 모든 것을 내맡겨야 합니다. 지금 필요한 것은 바로 이것이며, 내가 예수님의 발치에 앉아 있기만 한다면, 그 이후에 바람직한 그 모든 것들이 내게 주어질 것이기 때문입니다. 모든 좋은 것들의 원천이 이처럼 가까이 있기 때문에, 모든 지식과 은혜로 부요하게 되는 것은 식은 죽 먹기일 것입니다. 그러나 우리가 해야 할 첫 번째 일은 그 발치에 가는 것입니다. 성령님의 축복으로, 깊은 체험이나 고양된 감정 없이도 우리는 거기에 이를 수 있습니다. 우리는 전적으로 죄인이자 잃어버린 자로서, 있는 모습 그대로 나아가 우리 자신을 구세주께 내맡길 수 있습니다. 이렇게 함으로써 우리는 영적인 능력을 얻기 위한 최고의 위치에 도달하게 됩니다. 그렇습니다. 그 영적인 능력들은 분명히 우리의 것이 될 것입니다. 마음 그 자체를 예수님께 드리십시오. 그러면 모든 것이 다 잘 될 것입니다. 그분께서 우리의 인도자와 지휘관이 되시고, 우리가 의지할 유일한 분이요 가장 확실한 분이 되실 때, 우리의 모든 일들이 다 잘 될 것입니다. 그럼으로써 우리는 필요한 모든 것과 바람직한 모든 것의 보증을 얻게 된 것입니다.

이것이 필요하다고 말해 보십시오. 그러면 이것 외의 다른 것들은 모두 내려놓게 됩니다. 이 필요가 다른 모든 것들을 압도합니다. 자, 그러면 예수님의 발치에 앉는 것이 왜 필요할까요? 우리는 우리의 죄를 용서받을 필요가 있기 때문입니다. 예수님은 겸손하지 않은 반역자를 결코 용서하시지 않습니다. 만약 예수님을 주님으로 받아들이지 않는다면, 그 죄인은 그분을 구세주로 모실 수 없을 것입니다. 우리가 그분을 반역하는 한, 우리는 그분으로부터 구원을 받을 수 없습니다. 우리는 회개와 믿음으로 말미암는 순종을 해야 합니다. 그러지 않으면 우리의 허물들은 우리가 영원히 멸망하기까지 그대로 남아 있을 것입니다. 또한 우리의 타고난 죄악들이 극복되어야 하기 때문에 순종이 필요합니다. 그리스도가 아니면 모든 인간은 타락 가운데 머물러 있을 수밖에 없습니다. 그리스도는 마귀의 역사를 파하시고 자기 백성을 그들의 죄에서 구원하시기 위해 오셨습니다(마 1:21). 여자의 씨(창 3:15, KJV)인 예수님은 뱀의 머리를 상하게 할 수 있는 유일한 능력이십니다. 오직 예수님의 발치에 앉아 있을 때에야 비로소, 우리 안에 역사하시고 실제적으로 우리를 거룩하게 하시는 그 거룩하신 능력을 얻을 수 있습니다. 결론적으로 여러분은 정결하게 되어야 합니다. 그러지 않으면 여러분은 천국에 들어갈 수 없습니다. 여러분은 예수님의 발치로 나아가야 합니다. 영혼의 무지(無知)가 제거되는 것도 예수님의 발치입니다. 우리 자신과 하나님에 대한 무지가 우리에게서 제거되기 위해서는 그분의 가르침을 받아야 합니다. 하나님은 "우리의 빛이요, 우리의 구원이시니"(시 27:1)라는 말씀대로 하나님은 우선적으로 우리의 빛이시며, 그 다음으로 우리의 구원이십니다. 우리는 그 빛을 가져야 합니다. 영적으로 보지 못하는 맹인은 천국에 들어갈 수 없습니다. 맹인은 눈을 떠야 합니다. 그런데 그 은혜로운 기적의 사역은 오직 예수님만이 하실 수 있습니다. 예수님 외의 다른 이로부터는 참 빛을 받을 수 없습니다. 그분만이 "참 빛 곧 세상에 와서 각 사람에게 비추는 빛"(요 1:9)이시기 때문입니다. 그분으로 말미암지 않고 빛을 받아 밝아진 사람은 아무도 없습니다. "그 안에 빛이 있었으니, 충만한 빛이라. 이 빛은 사람들의 빛이라"("그 안에 생명이 있었으니 이 생명은 사람들의 빛이라"[요 1:4]는 말씀을 스펄전이 변용한 것이다 — 역주)고 할 수 있습니다. 하나님은 세상의 지성이기 때문에, 하나님을 모시지 않은 자는 미친 자입니다. 그리고 그리스도는 이 세상의 빛이기 때문에, 그분을 믿지 않는 자는 지금까지도 어둠 속에 거하는 자입니다. 그러므로 그분께 경배하며 그분을 믿고 그분에게 순종하면서, 우리는 나아와 주저함 없이 우리 자신을 예수님께 맡겨야 합니다. 한 마디로 우리는 그분의 발치에 앉아서 그분의 말씀을 들어야 합니다.

그러지 않으면 어둠과 사망 가운데 머무를 것입니다.

천국에 들어가기 위해서는 우리의 성품도 그리스도의 성품처럼 되어야 할 필요가 있습니다. 이 세상은 첫 번째 아담의 형상을 지닌 자들을 위하여 존재하지만, 새 하늘과 새 땅(계 21:1)은 두 번째 아담의 형상을 지닌 자들을 위하여 존재합니다. 우리는 어떻게 해서든지 두 번째 아담, 즉 하늘에서 나신 아담(고전 15:47)의 성품을 얻어야 합니다. 이 일은 우리 안에서 중생의 사역으로 말미암아 이뤄져야 하며, 그분에 대한 지식으로 말미암아 발전되어야 합니다. 그분의 발치에 앉아 그분을 바라봄으로써, 그와 같은 형상으로 변화하여 영광에서 영광에 이르니 곧 주의 영으로 말미암음입니다(고후 3:18). 만약 우리가 주 예수님을 우리가 신뢰하는 분으로, 교사로, 모범으로 받아들이기를 거절한다면, 우리에게는 더 이상 새 생명이 없습니다. 우리는 그리스도 안에 있는 새로운 피조물(고후 5:17)이 아닙니다. 그리고 그분의 형상을 따라 지음 받은 자만이 들어가는 그 거룩한 문 안에 우리는 들어갈 수 없습니다. 그러므로 그분의 발치에 앉아야만 합니다. 이것은 절대적으로 필요한 일이며, 이 일이 없다면 우리의 전 생애는 완전히 실패하게 될 것입니다. 물론 우리는 돈을 벌 수 있습니다. 그러나 우리는 영혼을 잃게 될 것입니다. 우리는 명예를 얻을 수 있습니다. 그러나 하나님의 영광에는 이르지 못할 것입니다. 우리는 즐거움을 누릴 수 있습니다. 그러나 하나님의 우편에 영원토록 있게 되는 즐거움은 잃게 될 것입니다. 우리는 우리의 조국을 위해 헌신할 수도 있습니다. 그러나 우리 하나님과 한층 더 고귀한 나라를 위해서는 헌신하지 못할 것입니다. 우리가 그리스도에게 순종하지 않는다면, 우리는 하나님을 섬길 수 없기 때문입니다. "아들을 공경하지 아니하는 자는 그를 보내신 아버지도 공경하지 아니하느니라"(요 5:23)는 말씀처럼 말입니다. 이러한 인생은 공허한 인생이며, 기나긴 반항의 인생입니다. 예수님께 순종하지 않는 사람의 인생은 지금부터 영원토록 어둠 속에서 혼란스러울 것입니다. 흑암 그 자체처럼, 슬퍼하고 구슬피 울며 울부짖고 이를 가는 나라, 별도 비치지 않고 해도 뜨지 않는 절망의 나라 같을 것입니다. 화, 화, 화가 있을 것입니다(계 8:13). 하나님도 모르고 그리스도도 모른 채, 아무런 소망 없이 죽음의 강을 건너고 있는 영혼에게 화, 화, 화가 있을 것입니다. 예수님의 발치에 절대로 앉지 않으려는 영혼에게 영원토록 화가 있을 것입니다! 그런 자들은 노여워하시는 그분의 발 아래에 짓밟힐 것이며, 불 같은 분노에 으스러질 것입니다. 하나님이여, 이것이 우리의 운명이 되지 않게 하옵소서. 그러므로 예수님의 발치에 앉는 것이 바로 한 가지 필요한 것입니다.

그리고 사랑하는 성도 여러분, 여러분 모두에게 필요한 한 가지 사실을 꼭 말씀드리고 싶습니다. 예수님의 발치에 앉아야 할 사람은 우리 가운데 있는 어떤 사람들이 아니라, 모두라는 사실입니다. 아무리 똑똑한 사람이라도 그분으로부터 배우기 위해서는 바보가 되어야 합니다. 그러지 않으면 그들은 바보들입니다. 최고의 교육을 받고 교양 있는 지성을 가진 자들도 한층 고귀한 이 교양 앞에서는 겸손해야 합니다. 그러지 않으면, 그들은 그분의 눈에 전혀 쓸모가 없어 내다버려야 할 것으로밖에는 보이지 않을 것입니다. 고귀하거나 비천하거나, 부하거나 가난하거나, 여왕이거나 거지이거나, 여러분 모두에게 한 가지 필요한 것이 있습니다. 그것은 여러분이 반드시 예수님의 발치에 앉는 것입니다. 여러분 모두 하나같이 그분의 가르침을 받아야 합니다. 그러지 않으면 여러분은 구원에 대해 아무것도 알지 못하게 됩니다.

이 세상에 있는 것들도 어느 정도는 필요합니다. 그러나 이것은 무한정 필요한 것입니다. 여러분이 예수님의 발치에 앉는 것은 무한히 필요한 것입니다. 지금도 필요하고, 일생 동안 필요하며, 평화로운 삶을 위해서도 필요하고, 안식하는 죽음을 위해서도 필요하고, 영원히 지극한 복락을 위해서도 필요합니다. 이것은 항상 필요한 것입니다. 세상의 많은 것들은 젊은 시절에 유용합니다. 또 개중에는 노년기가 되어서야 그 가치가 드러나는 것도 있습니다. 그러나 한 가지, 바로 이 한 가지는 어린 시절에도 필요할 뿐 아니라 중풍에 걸리는 나이에도 필요합니다. 불그레한 볼을 가진 아이에게도 필요하고, 활동적인 팔다리를 가진 자들에게도 필요하고, 병상에 있는 자들에게도 필요합니다. 세상에서도 필요하고, 교회에서도 필요하고, 어느 곳에서나 항상 필요합니다. 이것을 최고로 강조해서 주님이 이렇게 말씀하신 것입니다. "한 가지가 필요하니라." 지금까지 필요성에 대해서 많은 말씀을 드린 것 같습니다.

3. 다음으로는 집중에 대해서 말씀드리고자 합니다.

"한 가지가 필요하니라"고 합니다. 오늘 본문이 "한 가지"라고 말해서 저는 기쁩니다. 왜냐하면 우리의 목표나 목적이 여러 개로 나눠지면 항상 약화될 가능성이 있기 때문입니다. 한 사람이 두 가지를 다 잘 쫓을 수는 없습니다. 인생의 물줄기는 두세 개의 시내를 채우기에는 충분하지 않습니다. 말하자면, 우리의 인생 물줄기는 오직 하나의 물레방아를 돌릴 수 있을 정도의 물만 가지고 있다는 것입니다. 우리의 인생은 "모든 것이 바뀌고, 어느 것도 오래 지속되지 않는다"(19세기 영국의 후기 낭만주의 대표시인인 로드 바이런[Lord Byron, 1788-1824]이 블레싱턴[Countess of Blessington, 1789-1849] 부인에게 한 말이다 — 역주)는 격언이 있음에도 불구하고, 자기가 가진 에너지를 허비하는 사람들을 보면 심히 안타까움을 느낍니다. 오, 영혼이여, 이 세상에는 절대적으로 필요한 단 한 가지가 있는데, 당신의 전 영혼을 그 한 가지에 바치는 것이 좋습니다. 다른 것들이 부차적으로 필요할지라도, "여러분은 먼저 그의 나라와 그의 의를 구하십시오. 그리하면 이 모든 것을 여러분에게 더하실 것입니다"(마 6:33).

한 가지가 필요합니다. 여러 가지가 아니라 한 가지인 것이 천만다행입니다. 왜냐하면 우리는 두 가지를 쫓아갈 수 없기 때문입니다. 성경에도 이렇게 기록되어 있지 않습니까? "아무도 두 주인을 섬길 수 없나니 이는 그가 이 주인을 미워하고 저 주인을 사랑하거나 혹은 이 주인을 떠받들고 저 주인을 업신여길 것이기 때문이라. 너희가 하나님과 맘몬을 겸하여 섬길 수 없느니라"(마 6:24, KJV)고 말입니다. 여러분이 두 가지를 섬기고자 한다면, 그것은 여러분에게 아주 힘든 일일 뿐만 아니라, 그렇게 하기도 절대적으로 불가능합니다. 예수 그리스도는 사람의 마음을 독점하는 분이십니다. 그분은 우리 마음의 일부분만을 받으려고 하지 않으십니다. 그분은 우리의 전체를 사셨기 때문에, 우리의 모든 것을 받고자 하십니다. 그리스도는 우리의 모든 것이 되어야 합니다. 그러지 않으면 그분은 아무것도 아닌 것이 됩니다. 그리스도를 사랑하는 것만큼 다른 어떤 것을 사랑하는 자는 그리스도를 사랑하는 것이 아닙니다. 그리스도 외에 다른 것을 신뢰하는 자는 그리스도를 신뢰하는 것이 아닙니다. 그리스도께서 홀로 다스려야 합니다. "오직 예수님"만이 우리 영혼의 표어가 되어야 합니다. 그러므로 단 한 가지만 필요한 것이 우리에게는 천만다행입니다. 왜냐하면 우리에게는 단 한 가지만 가능하기 때문입니다.

게다가 꼭 필요한 그 한 가지가 아주 쉬운 것이라는 사실은 말로 표현할 수 없는 은혜입니다. 어린아이들아, 너희가 산에 올라가기는 힘들겠지만, 예수님의 발치에는 얼마든지 앉아 있을 수 있단다. 너희가 비록 어려운 교리는 이해하지 못한다 해도, "어린아이들이 내게 오는 것을 용납하고 금하지 말라 하나님의 나

라가 이런 자의 것이니라"(막 10:14)고 말씀하신 그분을 사랑할 수는 있지 않겠
니. 많이 배우지 못한 성도들이여, 여러분은 이 세상의 학문을 배울 시간이 없었
습니다. 그런데 만약 꼭 필요한 이 한 가지가 학식 있는 사람들에게만 해당되는
것이라면, 여러분에게 얼마나 애석한 일이겠습니까? 그러나 여러분에게 남을 가
르칠 만한 능력이 없다면, 꼭 가르쳐야 할 필요는 없습니다. 여러분은 여러분에
게 꼭 필요한 것을 배우기만 하면 됩니다. 성육신한 지혜이신 그분을 여러분의
주님으로 받아들이십시오. 그리고 그분의 발치에 어린아이처럼 앉아서 온 마음
을 다해 배우도록 하십시오. 그분께서 여러분에게 요구하시는 것은 그것뿐입니
다. 사람들은 구원을 받으려면 무언가를 꼭 행해야만 한다고 생각할 것입니다.
그래서 그들은 마르다처럼 초조하게 걱정합니다. 그러나 최종적으로 바른 길은
예수님이 하신 일에 만족하고, 즉 그분의 의와 보혈의 공로에 만족하고 예수님
의 발치에 앉음으로써, 여러분이 하는 일과 초조함을 끝내는 것입니다. 한 가지
필요한 것은 교만한 마음만 없다면 아주 쉬운 일입니다. 왜냐하면 교만한 마음
은 모든 것을 무료로 받는 것과 주권적으로 은혜 입는 것을 참지 못하기 때문입
니다. 예수님의 발치에 앉는 것은 마음이 가난한 자들에게는 쉬운 일일 뿐만 아
니라 달콤한 일이기도 합니다. 저는 오직 그분께서 저를 만들어 주시는 대로 되
고 싶습니다. 저는 오직 그분께서 제게 주시는 것만 가지고 싶습니다. 저는 오직
그분께서 제게 약속하신 것만 구하고 싶습니다. 저는 오직 그분께서 저를 위해
행하신 것만 신뢰하고 싶습니다. 저는 오직 그분께서 저를 위해 예비해 두신 것
만 갈망하고 싶습니다. 겸손히 순종하고 조용히 안식하면서 예수님의 발치에 앉
아, 그분은 나의 주님이 되시고 나는 그분의 어린아이가 되며, 나는 채워지기를
기다리는 그릇이 되고 그분은 나를 채우시는 분이 되며, 나는 잘 손질된 잔디가
되고 그분은 그 위에 떨어지는 이슬이 되며, 나는 빗방울이 되고 그분은 태양이
되어 그 빗방울을 다이아몬드처럼 빛나는 삶을 살게 하다가, 죽음으로 나를 증
발시켜 그분에게 흡수되게 하십니다. 그러므로 예수님의 발치에 앉는 것이 내게
는 전부입니다.

　　이것이 유일하게 집중해야 할 그 한 가지이나, 여기에는 포괄적으로 많은
것들이 내포되고 있다는 사실도 주의하시기 바랍니다. 예수님의 발치에 앉는 것
을 아주 사소하고 의미 없는 것으로 생각하지 마십시오. 이 행동은 평화를 뜻합
니다. 왜냐하면 예수님께 순종하는 자들은 그분의 보혈로 말미암아 평화를 발견

하기 때문입니다. 이 행동은 거룩함을 뜻하기도 합니다. 왜냐하면 예수님을 아는 자들은 죄를 배우는 것이 아니라, 오히려 사랑스러운 것과 좋은 평판을 배우기 때문입니다. 이 행동은 능력을 뜻하기도 합니다. 왜냐하면 예수님과 함께 앉아서 그분과 함께 먹는 자들은 그분의 능력을 힘입기 때문입니다. 주님의 기쁨이 그들의 능력입니다. 또한 이 행동은 지혜를 뜻하기도 합니다. 왜냐하면 하나님의 아들을 아는 자들은 그분의 계명들을 지키던 옛날 사람들보다 더 많은 것을 알고 있기 때문입니다. 이 행동은 열성을 뜻하기도 합니다. 왜냐하면 그리스도를 사랑하는 것은 그 마음에 불을 질러 그에 대한 사랑으로 함께 살아가는 것이며, 예수님을 전적으로 지지하는 사람들은 예수님처럼 되어 주의 집을 위하는 열성이 그들을 삼키기(시 69:9) 때문입니다. 군대에서 필요한 한 가지를 주권자에 대한 충성이라고 말할 때, 우리는 그 말이 의미하는 바를 알고 있습니다. 충성스러운 군인이라면 분명히 상관에게 순종할 것입니다. 나라에 소속된 군인이라면, 그는 전쟁의 날에 용감하게 자신의 의무를 감당할 것입니다. 가정에서 꼭 필요한 한 가지가 사랑이라고 한다면, 우리는 다른 사소한 것들을 요구하지 말아야 할 것입니다. 왜냐하면 사랑으로 말미암아 남편과 아내는 서로 자신의 참된 자리에 서게 되고, 자녀들은 사랑으로 인해 순종하게 되며, 종들은 근면하게 될 것이기 때문입니다. 사랑이 모든 것에 스며들도록 하십시오. 그러면 다른 미덕들이 그 사랑으로부터 자라나게 될 것입니다. 마치 꽃들이 땅에서 피어나듯 말입니다. 그러므로 예수님의 발치에 앉는 것이 반드시 필요한 한 가지라고 말할 때, 우리는 그저 뻔한 말을 하는 것이 아닙니다. 이 말에는 축복의 세계가 들어 있습니다.

이쯤해서 저는 현재 이 나라에 있는 하나님의 교회에 한 말씀 드리고자 합니다. 교회 역시 마르다와 같습니다. 너무 많은 봉사로 괴로워하고 있습니다. 교회가 좀 더 마리아를 닮아 예수님의 발치에 앉는다면, 이것이 바로 교회의 지혜요 교회의 능력이 될 것입니다. 우리에게는 지금 부흥이 필요합니다. 오, 하나님이시여, 부흥을 일으켜 주소서! 오, 영적인 영향력을 강력한 홍수처럼 부어 주셔서 결박당한 교회들이 풀려나 막힘없이 주의 일에 사용될 수 있는 바다로 나아가게 하소서. 그런데 어떻게 해야 우리가 부흥할 수 있을까요? 사랑하는 성도 여러분, 우리가 그리스도와 교제를 나눌 때 우리는 부흥하게 될 것입니다. 성도들이 끊임없이 예수님의 발치에 앉을 때, 성도들이 부흥하게 되고, 그들로부터 부흥의 필요성들이 퍼져나가게 되어, 죄인들의 마음도 감동을 받게 될 것입니다.

요즘 대연합운동에 대해서 많은 말들을 오가고 있습니다. 여러 교회의 벽들이 허물어지고, 여러 교파들이 서로 한데 어우러지기도 합니다. 그러나 이러한 방식으로 연합이 이루어질 것이라 생각하지 마십시오. 유일하게 가능한 연합, 다시 말해 바람직한 연합은 우리 모두가 연합하여 예수님의 발치에 앉는 것뿐입니다. 하나님의 진리 중에서 우리 교파는 이 진리를 양보하고, 다른 교파는 저 진리를 양보하는 방식은 바람직하지 않습니다. 다시 말해, 이런 방식은 자연스러운 관용이 아닙니다. 오히려 공동으로 그리스도를 배신하는 행위입니다. 우리에게는 관용이라는 미명(美名) 하에 하나님의 진리 중 지극히 작은 것 하나라도 양보할 권리가 전혀 없습니다. 진리는 우리의 소유물이 아닙니다. 우리는 하나님의 청지기일 뿐입니다. 우리는 마땅히 우리가 맡은 일에 충성해야 합니다. 이 교회나 저 교회, 그 어떤 교회도, 하나님의 진리가 사실이라면 그 증거 가운데 있는 점 하나도 뺄 수 있는 권리가 없습니다. 그리스도의 법령집(法令集)을 변경하는 것은 신성모독입니다. 참된 연합은 모든 교회들이 그리스도를 알게 될 때 이루어질 것입니다. 그리스도께서는 서로 상반된 두 가지를 가르치지 않으셨습니다. 성경 안에는 두 가지 세례가 없습니다. 우리는 서로 정반대인 두 가지의 교리 체계들을 찾을 수 없습니다. 우리가 인간적인 다양한 것들을 서로 포기하고서 하나님의 것만을 확고히 붙잡는다면, 우리는 원칙과 교리에 있어서 서로 연합하게 될 것입니다. 그래서 "주도 한 분이시요 믿음도 하나요 세례도 하나요"(엡 4:5)라고 하신 말씀이 다시 한 번 하나님 교회의 깃발 위에 문장(紋章)으로 새겨질 것입니다. 오, 너 그리스도의 교회들이여, 예수님의 발치에 앉을지어다. 그러면 참된 연합이 네게로 다가오리로다.

우리는 논쟁의 필요성에 대해서도 아주 많이 듣고 있습니다. 우리는 현명한 자들의 말대로, 모든 믿음 없는 자들의 반대에도 대답할 준비가 되어 있어야 합니다. 모든 바보들이 제기하는 모든 터무니없는 것들에도 우리는 앉아서 대답해 주어야 합니다. 이런 헤라클레스의 노역(勞役, 그리스 신화에 따르면, 자신의 아내와 자식을 죽인 헤라클레스는 속죄의식으로 열두 가지 노역을 감당하였다 — 역주)을 행한 후에도, 우리는 다시 이 수고를 행할 준비를 해야 합니다. 왜냐하면 우리가 대답을 마칠 때쯤이면 새로운 기발한 생각들이 사람들의 머릿속에 생겨날 것이고, 새로운 거짓말들도 다시 생겨날 것이기 때문입니다. 그렇지 않습니까? 이런 상황인 데도, 제가 한 영혼도 구하지 못하고 하나님께 영광도 돌려드리지 못한 채, 사막에 있는 들나귀의 콧구멍에 넣어줄 바람을 찾아 제 시간을 모두 허비해야 하는 것일까요? 좋습니다. 그러고 싶은 사람은 그러도록 내버려 두십시오. 만약 우리가 좀 더 전적으로 주님을 믿고 그분의 인도를 기다린다면, 그리고 그분의 능력과 성령님을 힘입어 복음을 좀 더 많이 전한다면, 교회 내의 모든 논쟁이나 교회를 위한 모든 논쟁의 해결책들이 친히 주님으로부터 올 것이라 믿습니다.

이제 선교에 대해 말씀드리겠습니다. 우리는 선교 위원들을 임명하고 선교 계획들을 수정하며 기획안을 제시합니다. 모든 것이 잘되고 있으며 훌륭합니다. 그러나 선교와 관련해서도 예수님의 발치에 교회가 앉지 않는 한, 선교는 결코 크게 성공하지 못할 것입니다. 교회는 교회 자체적인 방식으로 이교도들을 개종 시키지 못할 것입니다. 다시 말해, 우리가 하나님의 방식으로 사역할 때에야 비로소 하나님은 우리의 사역을 성공하게 하실 것입니다. 성경을 번역하는 것은 아주 유익한 일입니다. 학교를 운영하는 것은 훨씬 더 유익한 일일 것입니다. 그러나 제가 만일 오직 성경책을 바르게 읽는 것에만 치중한다면, 그것은 그리스도의 방식이라고 볼 수 없습니다. "너희는 온 세상에 가서 모든 창조물에게 복음을 전파하라"(막 16:15, KJV)는 것이 바로 그리스도의 방식입니다. 교회가 국내건 국외건 어디든 상관 없이 좀 더 열심히 복음을 전할 때, 다시 말해 진리의 증거가 좀 더 쉬운 언어와 대중적인 화법으로 지속적으로 끊임없이 전해질 때, 바로 그 때 그리스도 주님께서 마리아처럼 그분의 발치에 앉아 있는 교회를 지켜보시며, "너는 네가 할 본분을 다하였다"라고 말씀하시고서 다음과 같이 축복해 주실 것입니다. "네가 해야 할 일을 다하였도다. 이제 내가 네게 네 상을 주리라."

사랑하는 성도 여러분, 성자든 죄인이든 우리 모두에게 필요한 한 가지가 있습니다. 그것은 바로 마리아처럼 항상 우리가 그 주님의 발치에 앉아 있는 것입니다.

4. 마지막으로 드릴 말씀은 긴급함입니다.

이에 대해서는 많이 말할 필요가 없을 것 같습니다. 한 가지가 필요합니다. 이것은 미래에만 필요한 게 아니라, 바로 오늘에도 필요합니다. 예수님의 발치에 앉는 것은 앞으로 다가올 어느 날에 필요한 것이 아닙니다. "한 가지가 미래에 필요할 것이니라"라고 기록되어 있지 않기 때문입니다. 젊은 성도 여러분, 여러분이 아직 젊더라도 여러분에게는 한 가지가 필요합니다. 나이가 자꾸 들어갈 때까지 그 필요한 한 가지를 미루지 마십시오. 사랑하는 성도 여러분, 여러분이 그리스도와 교제하는 것은 오늘 필요한 것입니다. 내일이나 오늘 밤에 성찬식을 하면 그 때 당연히 그리스도와 교제하겠지, 라고 생각하지 마십시오. 그리스도와의 교제는 바로 지금 필요한 일입니다. 여러분이 볼 수 없는 위험들이 도사리고 있습니다. 이 위험들은 지금 즉각적인 그리스도와의 교제를 통해서만 모면할 수 있는 그런 위험입니다.

　“한 가지가 필요하니라”는 것은 그 한 가지가 과거에 필요하였다는 것이 아닙니다. 정말 과거에 그랬다는 것이 아닙니다. 오히려 바로 지금 현재에 필요하다는 말입니다. 그리스도께 순종하는 것은 우리가 죄악의 날들을 보내고 있을 때도 필요한 것이었습니다. 그러나 그것은 지금도 여전히 필요한 것입니다. 오 사랑하는 성도 여러분, 아무리 여러분이 신앙적으로 많이 성숙해 있다 해도, 이 이상으로 성숙할 수는 없습니다. 아무리 많은 체험을 가지고 있고 신앙 지식이 풍부하며 영광에 이를 만큼 성숙해 있다 해도, 예수님의 발치에 앉는 것은 여전히 필요한 일입니다. 여러분은 지혜의 학교에서 그리스도께서 가르치시는 반보다 더 높은 반으로 올라갈 수는 없을 것입니다. 그리스도께서 가르치시는 반은 유아들 같은 사람들로 구성된 반이기는 하지만 가장 높은 수준의 반이기도 합니다. 우리가 그리스도의 발치에 앉는 것은 항상 필요합니다. 매순간 필요합니다.

　이미 말씀드렸지만, 예수님의 발치에 앉는 것은 죄인에게 필요합니다. 생명과 건강과 평화는 죄인이 십자가에 달리신 그분의 제자가 될 때 찾아올 것입니다. 하나님께서는 바로 오늘 아침에 죄인이 제자가 되기를 원하십니다. 십자가에 달리신 그분을 바라볼 때 생명이 있습니다. 죄인의 구세주가 되신 그분을 전적으로 의지하는 것이 바로 죄인의 구원입니다. 사랑하는 성도 여러분, 하나님께서 여러분을 그분의 발치로 인도하시기를 기원합니다.

　그러나 이것은 성자들에게도 똑같이 필요한 일입니다. 의의 열매가 온 지면에 가득 덮이려면, 그 뿌리는 갈라진 바위에(마 27:51) 단단히 붙어 있어야 합니다. 여러분이 아무리 많은 것을 행하고 이루었다 해도, 이제 마리아의 자리를 떠나야 할 때라는 생각을 해서는 안 됩니다. 여러분은 여전히 거기에 머물러 있어야 합니다.

　이것은 배교자에게도 필요한 한 가지입니다. 만약 여러분이 엄청나게 타락하지 않았다면, 주님께 순종하며 나아와 그분과 함께 머무를 때, 여러분은 다시 일어설 수 있을 것입니다. 귀신이 들렸다가 정신이 온전하게 된 그 사람(막 5:15)이 바로 이 일의 표징이었습니다. 그 사람은 옷을 입고 정신을 차리고서 예수님의 발치에 앉았습니다. 이 사건은 여러분도 주님을 알게 될 때 다시 살아날 수 있다는 것을 보여줍니다. 예수님의 발치 그 자리는 모든 기독교인들이 묻힐 자리입니다. 그들의 머리가 예수님의 가슴에 안겨 달콤한 잠을 자게 될 것입니다. 또한 그 자리는 기독교인들이 다시 살아나는 자리이기도 합니다. 기쁨과 지극한 복락이 바로 거기에 있기 때문입니다.

사랑하는 성도 여러분, 저는 이 나라의 교회들에 대한 염려로 자꾸 걱정하지 않았으면 합니다. 그 염려들을 모두 주님께 내맡기고 그분의 발치에서 기다리고 싶습니다. 저는 설교에 대한 걱정이나 해 아래에 일어나는 일들로 괴로워하지 않고, 오직 이 모든 것을 그분의 손에 내맡기기를 원합니다. 그분께서도 제가 그분의 손에 맡기기를 원하십니다. 사회 각계각층에서, 학교에서, 또는 그 밖에 다른 곳에서 여러분은 일을 하고 있습니다. 저는 여러분이 그 와중에도 예수님과의 교제를 잘 해 나가도록 기도하겠습니다. 여러분이 가진 칼로는 끝까지 접전(接戰)해서 원수를 죽일 수 없습니다. 그리스도를 가까이 하는 것이 여러분의 전투용 도끼이며 무기입니다. 주님을 잃게 되면, 여러분은 힘을 잃게 됩니다. 꼭 필요한 한 가지가 있습니다. 그것만 챙기고 나머지는 그냥 내버려 두십시오. 학식도 없고 웅변에 능하지 못해도, 우리가 그리스도 가까이에서 살아간다면, 우리는 이 모든 것보다 더 나은 것을 가지고 있는 것입니다. 만약 우리가 그분과 함께 거한다면, 그래서 그분이 우리 안에 거하신다면, 우리가 무엇을 구하든지 간에 우리에게 그대로 이루어질 것입니다(요 14:14). 그분의 말씀이 우리 안에 거한다면, 우리는 나가서 열매를 맺게 되고 우리의 열매는 그대로 남아 있게 될 것입니다. 그리고 그분께서 우리 안에 거하신다면, 우리는 이 땅에서 하늘의 기쁨을 누릴 것이며, 우리의 몫이 될 영원한 하늘나라를 날마다 준비하게 될 것입니다. "한 가지가 필요하니라." 하나님께서 필요한 이 한 가지를 우리 모두에게 주시기를 기원합니다! 아멘.

제
40
장

—

보장된 성공

—

"내가 또 너희에게 이르노니 구하라 그러면 너희에게 주실
것이요 찾으라 그러면 찾아낼 것이요 문을 두드리라 그러면
너희에게 열릴 것이니 구하는 이마다 받을 것이요 찾는 이
는 찾아낼 것이요 두드리는 이에게는 열릴 것이니라."
— 눅 11:9-10

고난당할 때 초자연적 존재에게 도움을 요청하는 것은 인간의 마음의 본능입니다. 저는 여기서 거듭나지 아니한 인간의 마음도 참된 영적 기도를 드릴 수 있다거나 살아계신 하나님을 믿는 참된 믿음을 구사할 수 있다고 말하는 것이 결코 아닙니다. 다만 제가 말하는 것은 어둠 속에 있는 어린아이가 겁에 질려 누구든 자기를 도와주기를 본능적으로 갈구하며 울부짖는 것처럼, 깊은 고뇌 속에 있는 영혼은 거의 항상 어떤 초자연적 존재에게 도움을 갈망하게 된다는 것입니다. 모든 일이 순조로울 때 기도를 무시하는 사람들이 있는 것처럼 고난의 때에 기도할 준비가 되어 있는 사람도 있는 법입니다. 아마 사실은 유신론자가 정시 기도 시간에 드리는 기도의 감정보다 무신론자가 죽음의 공포 속에 있을 때 느끼는 기도의 감정이 훨씬 더 절실할 것입니다.

「수다쟁이」(*Tattler*)라는 책에서 애디슨(Addison)은 항해하는 배 위에서 큰 소리로 자신의 무신론을 자랑하던 한 사람에 대해 언급합니다. 배가 당장 뒤집힐 것 같은 폭풍이 일자 그는 무릎을 꿇고 함께 승선한 목사에게 자신이 무신론

자였음을 고백했습니다. 과거에 그 말을 들어본 적이 없는 다른 선원들은 그의 그런 모습을 보고 그것이 어떤 이상한 괴물이라고 생각했습니다. 그러나 그것이 사람이고, 그의 입을 통해 그가 그때까지 하나님이 존재한다는 사실을 믿어본 적이 없었다는 것을 알자 깜짝 놀랐습니다. 고참 선원들 가운데 하나가 그를 바 닷속으로 던져 넣는 것이 좋겠다고 선장에게 말했지만, 그것은 너무 잔인한 일 이었습니다. 왜냐하면 이 불쌍한 영혼은 이미 무신론자로서 충분히 불행한 삶을 살았기 때문입니다. 결국 죽음의 공포 속에서 그의 무신론은 사라졌고, 그는 하 나님께 자비를 구했습니다.

이와 유사한 사건들은 자주 일어납니다. 참으로 사람들이 그토록 자랑하는 무신론은 그것을 통해 얻기를 바라는 것과는 완전히 동떨어진 결과를 가져올 때 가 많습니다. 요나와 함께 배에 탔던 사람들처럼, 위급한 상황 속에 빠지면 "각 각 자기의 신"(욘 1:5)을 부르는 것은 모든 사람들에게 해당된다고 말할 수 있습 니다. 새들이 그 둥지를, 사슴이 그 은신처를 찾는 것처럼 사람들은 고난 속에 있 을 때 도움 받기 위해 초월적 존재를 찾는 법입니다.

사람은 본능적으로 낙원에 계시는 하나님을 찾도록 되어 있습니다. 슬프게 도 그 동산으로부터 쫓겨난 신세가 되기는 했지만, 사람은 그의 기억 속에서 과 거의 자신의 위치에 대한 그림자와 자신의 힘의 원천에 대한 기억들을 결코 떨 쳐 버리지 못합니다. 그러므로 여러분은 사람이 있는 곳이라면 어디서든 고난당 할 때 초자연적 도움을 구하는 사람들을 만나게 될 것입니다.

저는 이 본능의 진실성을 믿습니다. 저는 사람은 기도를 만족시켜 줄 것이 존재하기 때문에 기도한다고 생각합니다. 창조주이신 하나님이 그의 피조물에 게 목마름의 욕구를 주신다면, 그것은 그 목마름을 해갈시킬 물이 존재하기 때 문입니다. 그분이 배고픔을 주신다면, 그 배고픔을 채워줄 음식이 존재합니다. 마찬가지로 그분이 사람들에게 기도할 마음을 주신다면, 그것은 기도가 그에 상 응하는 축복을 갖고 있기 때문입니다.

우리는 기도가 하나님이 정하신 법이라는 사실 속에서 기도의 효력을 기대 할 충분한 이유가 있음을 발견합니다. 하나님의 말씀 속에서 우리는 기도하라는 명령을 자주 접합니다. 하나님의 계명은 결코 무익한 것이 아닙니다. 한없이 지 혜로우신 하나님이 아무 소용도 없고 그저 어린아이의 장난에 불과한 계명을 나 를 위해 정하셨다고 믿을 수 있을까요? 단순히 기도가 바람에게 속삭이고 나무들에게 말하는 것 정도의 효과밖에는 없는데도, 하나님이 나에게 기도하라고 말씀하실까요? 만일 기도에 응답이 없다면, 기도하는 것은 터무니없이 어리석은 짓이고, 그렇게 되면 하나님은 가장 어리석은 일을 저지른 당사자가 되어 버립니다. 그러니 그것을 주장하는 것은 하나님을 모욕하는 것이 되겠지요.

기도가 하나님과 아무 상관이 없고 전혀 응답받지 못한다는 것이 한 번이라도 증명된 적이 있다면, 기도하는 것은 얼마나 어리석은 일일까요? 만일 기도하는 사람에게 기도가 아무 효력이 없다는 것이 참으로 사실이라면, 기도는 바보나 미친 사람들이 하는 것이지 제정신을 가진 사람들이 할 일은 아닐 것입니다.

하지만 저는 여기서 그 문제에 관해 논의할 생각은 없습니다. 아니, 오히려 저는 그리스도를 따르는 여러분들에게, 아니, 최소한 제 자신에게라도, 모든 논쟁을 종식시키는 성경 본문을 소개하고자 합니다. 기도에 관하여 자신의 제자들을 혼란스럽게 만드는 난점들이 많이 일어났음을 주님은 익히 알고 계셨고, 그래서 주님은 확고한 말씀을 주심으로써 이에 대한 모든 반론들에 종지부를 찍게 하셨습니다. "내가 너희에게 이르노니"(I say unto you)라고 시작되는 말씀을 읽어 보십시오. 여기서 "내(나)"는 여러분의 선생, 여러분의 주인, 여러분의 주님, 여러분의 구주, 여러분의 하나님이십니다. "내가 또 너희에게 이르노니 구하라 그러면 너희에게 주실 것이요 찾으라 그러면 찾아낼 것이요 문을 두드리라 그러면 너희에게 열릴 것이니 구하는 이마다 받을 것이요 찾는 이는 찾아낼 것이요 두드리는 이에게는 열릴 것이니라."

이 본문 속에서 주님은 무엇보다 첫 번째로 "내가 너희에게 이르노니"라고 말씀하십니다. 이것은 주님이 자기 자신의 권위를 강력하게 천명하심으로써 모든 난점들을 만족시키는 말씀입니다. 두 번째로 그분은 우리에게 "구하라 그러면 너희에게 주실 것이요"와 같은 약속을 주십니다. 세 번째로 그분은 "구하는 이마다 받을 것이요"라고 말씀하심으로써 그것이 논란의 여지가 전혀 없는 명백한 사실임을 우리에게 상기시키십니다. 하지만 바로 여기에 우리 그리스도인들이 기도에 관해 빠지는 세 가지 치명적인 의심이 내포되어 있습니다.

1. 그분의 권위

첫 번째로, 주님은 "내가 너희에게 이르노니"라고 말씀하심으로써 스스로의 권위를 우리에게 내세우십니다. 그리스도를 따르는 자의 첫 번째 표지는 그가 그의 주님을 믿는다는 것입니다. 만일 우리가 주님이 명백히 말씀하는 내용들에 대해 추호라도 의심이 있다면, 우리는 그분을 결코 따르지 못할 것입니다. 비록 어떤 교훈이 수많은 난점들로 둘러싸여 있다고 하더라도, 참된 그리스도인이라면 주 예수께서 말씀하셨다는 그것만으로 그 교훈에 대한 모든 의심에서 벗어나야 합니다. 우리 주님의 말씀은 우리가 왈가왈부하는 모든 논쟁을 종식시킵니다. "내가 너희에게 이르노니" — 이 말씀은 곧 우리의 최종적인 논거가 됩니다. 여러분은 예수 안에 있을 때 가장 지혜로운 자가 될 것입니다. 왜냐하면 그분은 하나님에 의해 우리에게 지혜가 되시는 분이기 때문입니다(고전 1:30). 그분은 오류를 범할 수 없습니다. 그분은 거짓을 말할 수 없습니다. 따라서 그분이 "내가 너희에게 이르노니"라고 말씀하시면, 그것으로 모든 논쟁은 끝납니다.

그러나 우리에게는 이에 관한 주님의 말씀을 더욱 신뢰하게 만드는 몇 가지 이유가 있습니다. 주 예수님의 모든 말씀에 능력이 있지만, 우리 앞에서 하시는 말씀은 더 특별한 능력이 있습니다. 자연법칙은 절대 불변의 법칙으로서 그것은 우리가 기도하든 안하든 진행되어야 하고 또 진행되기 때문에 기도가 응답되는 것은 불가능하다고 기도를 반대하는 의견이 있습니다. 그러나 그렇다고 해서 자연법칙이 그 법칙으로부터 벗어날 때도 있다는 것을 우리가 꼭 증명할 필요는 없다고 생각합니다.

하나님은 얼마든지 이적을 행하실 수도 있고, 또 오래 전에 행하셨던 일들을 똑같이 반복하실 수도 있습니다. 그러나 하나님이 자기 종들의 기도에 응답해 주기 위해서 꼭 이적을 행해야만 한다는 것은 기독교 신앙의 한 부분이 아닙니다. 사람이 어떤 약속을 지키기 위해 자신의 모든 행위들을 무시해야 할 때, 말하자면, 그때까지의 자신의 모든 행동법칙을 멈추어야 한다면, 그것은 그가 단순히 사람에 불과하다는 것과 그의 지혜와 능력은 한계가 있다는 것을 증명합니다. 그러나 하나님은 참으로 엔진을 역회전시키거나 바퀴로부터 단 하나의 이(cog)를 움직이지 않고서도, 그의 백성들이 그분 앞에 나아올 때 그들의 소원을 이루어 주시는 분이십니다.

주님은 자신이 정하신 법들을 전혀 변경시키지 않고서도 얼마든지 이적과 같은 일들을 행하실 수 있는 전능자이십니다. 옛날에 그분은 기도에 응답하시기 위해, 말하자면, 우주의 운행법칙을 멈추셨습니다(여호수아서 10:12-13을 보십시오). 하지만 지금도 동일한 신적 영광을 가지고, 믿음의 기도에 응답하시기 위해 자연법칙을 전혀 변경시키지 않고서도 얼마든지 사건들을 규율하십니다.

그러나 이것이 우리가 받는 유일한, 아니 핵심적인 위로가 아닙니다. 여기서 우리가 받는 핵심적인 위로는 문제에 대해 가장 권능 있는 말씀을 주시는 분의 음성을 우리가 듣는다는데 있습니다. 그분은 "내가 또 너희에게 이르노니 구하라 그러면 너희에게 주실 것이요"라고 말씀합니다. 자연법칙을 파기하든 파기하지 않든, "구하라 그러면 너희에게 주실 것이요 찾으라 그러면 찾아낼 것이요"라고 그분은 말씀합니다. 세상에 누가 과연 이렇게 말씀하신단 말입니까? 만물을 지으신 분 곧 "지은 것이 그가 없이는 된 것이 없는"(요 1:3) 오직 그분이 그렇게 말씀하셨습니다. 영원하신 말씀 곧 태초에 하나님과 함께 계시고(요 1:2), 하늘을 세우고 땅의 기초를 놓으신 분이 이렇게 말씀하실 수 없겠습니까? 그분은 자연법칙과 자연의 불변적 구조들이 어떠한지 잘 아십니다. 그런 분이 "구하라 그러면 너희에게 주실 것이요"라고 말한다면, 그것은 자연법칙이 어떻든 간에 확실히 그렇게 될 것입니다.

나아가 우리 주님은 만물의 유지자이십니다. 모든 자연법칙은 오직 그분의 권능을 통해서 조종되고 그분의 힘에 의해서 유지되기 때문에, 그분은 세상 속에 있는 모든 세력들의 작용에 대해 틀림없이 정통하십니다. 그러므로 그분이 "구하라 그러면 너희에게 주실 것이요"라고 말씀하신다면, 그분은 아무것도 모르고 그렇게 말씀하시는 것이 아니라 그 말씀의 의미를 분명히 알고 계시면서 그렇게 말씀하시는 것입니다. 그러기에 주님의 말씀대로 이루어지는 것을 방해할 세력은 전혀 없다는 것을 우리는 확신할 수 있습니다. 창조주이자 유지자이시기 때문에 "내가 너희에게 이르노니"라는 말씀은 모든 논쟁들을 영원히 멈추게 합니다.

그리고 참으로 아주 오랜 옛날부터 있어온 기도에 대한 해묵은 반론이 또 하나 있는데, 그것은 지금도 굉장한 힘을 갖고 있습니다. 그것은 진리 안에 있는 사람들보다는 무신론자들에 의해 제기된 반론으로 내용은 다음과 같습니다: "하나님의 작정들은 만사를 고정시키고, 이 작정들은 절대로 변경될 수 없는 것들이기 때문에, 기도에 응답이란 있을 수 없다." 여기서 저는 하나님의 작정들이 모든 사건들을 고정시킨다는 말을 부정할 마음은 없습니다. 확실히 하나님이 하늘 위에서와 땅 아래에서 일어나는 모든 일들을 미리 알고 계시고, 또 미리 정하셨다는 것을 우리는 확신합니다. 저는 강변에 있는 갈대들을 미리 알고 계시는 것과 왕의 신분을 미리 알고 계시는 것 사이에 차이가 없고, 키질하는 사람의 손에서 겨가 날리는 것과 별들의 운행을 조종하는 것 사이에 차이가 없다는 것을 확실히 믿습니다.

하나님의 예정은 크고 작은 모든 일들을 다 포함합니다. 그것은 만사에 미칩니다. 그런데도 문제는 '왜 기도하느냐?' 하는 것입니다. 이에 대해 우리는 만족할 만한 답변을 갖고 있습니다. 즉 우리의 기도는 예정 속에 포함되어 있다는 것이고, 하나님은 그의 백성들의 기도를 다른 예정된 일들과 똑같이 정하셨다는 것입니다. 따라서 기도할 때, 우리는 이미 정해진 일들의 범주 안에서 응답을 받습니다. 내가 기도해야 한다는 것, 그것은 하나님이 정해 놓으신 것입니다 — 그래서 나는 기도합니다. 그리고 이때 내가 응답받을 것도 정해진 사실입니다 — 그래서 응답이 내게 주어집니다.

그러나 우리는 지금까지 언급한 것보다 더 나은 답변을 갖고 있습니다. 주 예수 그리스도는 한 걸음 더 나아가 우리에게 "내 사랑하는 형제들아, 하나님이 정하신 법 때문에 너희가 혼란스러워 할 필요가 없다. 그 안에는 너희의 기도와 모순되는 것이 조금도 없기 때문이다. '내가 너희에게 이르노니 구하라 그러면 너희에게 주실 것이요'"라고 말씀하십니다.

그런데 이것을 말씀하시는 분이 누구십니까? 그야 당연히 그분은 태초부터 아버지와 함께 계시던 바로 그분이십니다. "그가 태초에 하나님과 함께 계셨고"(요 1:2). 그분은 아버지의 뜻을 알고 계시고, 아버지의 마음도 알고 계십니다. 왜냐하면 그분은 다른 곳에서 "아버지께서 친히 너희를 사랑하심이라"(요 16:27)고 말씀하셨기 때문입니다. 따라서 그분은 아버지의 뜻과 마음을 가장 잘 알고 계시기 때문에 친히 눈으로 본 것과 같은 절대적인 확실성을 가지고 이 진리와 모순되는 아버지의 영원하신 목적은 절대로 없다는 것과, 구하는 자는 받고, 찾는 자는 찾아낼 것이라는 것을 우리에게 말씀하실 수 있습니다. 그분은 하나님의 뜻을 처음부터 끝까지 다 이해하고 계시는 분입니다. 그분은 두루마리를 취해서 일곱 인을 떼시고(계 5:5), 천국의 계명을 선포하신 분이 아닙니까? 그분은 여러분이 꿇은 무릎과 흘리는 눈물과, 그리고 여러분이 구하는 축복을 내려 주시기 위해 하늘의 창문을 열어 놓으신 아버지와 모순되는 것은 아무것도 없다고 말씀하십니다.

더구나 기도에 응답하겠다고 약속하신 주님은 곧 하나님 자신입니다. 천국의 목적은 그분 자신의 목적입니다. 여기서 그 목적을 정하신 분이 기도의 능력을 방해하는 것은 아무것도 없다고 보증을 하십니다. "내가 너희에게 이르노니." 그분을 믿는 사람은 모든 의심이 바람 속으로 흩어지고, 그분이 기도를 들으시는 분임을 압니다.

　　그러나 때때로 우리의 마음속에서는 세 번째 어려움이 일어나게 됩니다. 그 어려움이란 우리 자신에 대한 우리 스스로의 판단과, 하나님에 대한 우리의 판단과 관련되어 있습니다. 우리는 하나님이 아주 위대하신 분임을 알고 있고, 그분의 엄위하신 임재 앞에서 두려움을 느낍니다. 우리는 우리 자신이 참으로 하찮고 아주 죄악된 존재라는 것을 알고 있습니다. 이같이 미천한 존재가 세계를 움직이는 팔을 움직이는 능력을 갖고 있다는 것은 믿을 수 없는 일처럼 생각됩니다. 그리고 그 두려움이 종종 우리의 기도를 방해한다고 해도 저는 놀라지 않습니다. 그러나 예수님은 아주 사랑스럽게 응답하십니다. 그분은 "내가 너희에게 이르노니 구하라 그러면 너희에게 주실 것이요"라고 말씀하십니다.

　　그러면 여러분에게 다시 한 번 묻겠습니다. "내가 너희에게 이르노니"라고 말씀하시는 분이 누구시라구요? 그야 당연히 그분은 하나님의 위대하심과 인간의 연약함을 모두 알고 계시는 분입니다. 그분은 하나님이시고, 따라서 그분은 탁월한 권능을 갖고 계시기 때문에 그분이 "내가 너희에게 이르노니 구하라 그러면 너희에게 주실 것이요"라고 말씀하시는 것을 저는 확실히 믿습니다. 그러나 그분은 또한 우리 자신과 같은 사람이시고, 그래서 그분은 "너희의 연약함을 두려워 말라. 왜냐하면 나는 너희의 뼈의 뼈요, 너희의 살의 살이기 때문에 하나님이 사람의 기도를 들으시는 것을 너희에게 보장하겠다"고 말씀하십니다.

　　다시 말해, 비록 죄에 대한 두려움이 우리를 괴롭히고, 슬픔이 우리를 억누른다고 해도, 예수 그리스도는 "내가 너희에게 이르노니"라고 말씀하실 때, 그분의 인격과 그분의 경험에서 오는 권위를 우리에게 부여하신다는 것을 상기시켜 드리고 싶습니다. 예수님은 기도하셨습니다. 그분만큼 많이 기도한 사람은 없었습니다. 그분은 밤에도 기도하셨고, 낮에도 종일토록 중보의 기도를 하신 적이 있습니다. 그렇게 하시면서 우리에게 "내가 너희에게 이르노니 구하라 그러면 너희에게 주실 것이요"라고 말씀하십니다. 밤이 새도록 무릎 꿇고 기도하셨던 산꼭대기에서 신선한 공기를 마시며 내려오면서 제자들에게 "나의 제자들아, 구하라 그러면 너희에게 주실 것이다. 왜냐하면 내가 기도해보니 나에게 그런 역사가 나타났기 때문이다.” 이렇게 말씀하시는 주님의 모습을 저는 상상해 봅니다.

그분은 “그의 경건하심으로 말미암아 들으심을 얻으셨고”(히 5:7), 그리하여 그분은 “내가 너희에게 이르노니 … 두드리라 그러면 너희에게 열릴 것이니”라고 우리에게 말씀하십니다. 또 주님이 최후의 순간까지 우리의 모든 슬픔을 담당하시고 “친히 나무에 달려 그 몸으로 우리 죄를 담당하신”(벧전 2:24) 후 첫새벽 햇빛을 받아 그 얼굴이 환한 모습으로 십자가로부터 이와 같이 말씀하시는 것을 듣습니다. 그분은 “나의 하나님 나의 하나님 어찌하여 나를 버리셨나이까”(마 27:46)라고 부르짖었습니다. 그러나 지금은 응답을 받아 “다 이루었다”(요 19:30)고 당당하게 선포하십니다. 그렇게 하셨기 때문에 그분은 또한 “구하라 그러면 [우리]에게 주실 것이요”라고 명령하시는 것입니다. 예수님은 기도의 능력을 몸소 보여주셨습니다. 또한 우리 주 예수님이 그토록 적극적으로 말씀하신 것 이상으로 지금 우리에게는 그분을 믿을 만한 훨씬 더 중요한 이유가 있음을 기억하십시오.

그분은 휘장 안에 들어가 계시고, 하나님 곧 아버지의 보좌 우편에 앉아 계십니다(히브리서 6:19-20; 10:12을 보십시오). 그 음성은 해진 옷을 입은 가난한 사람으로부터 힘없이 우리에게 다가오는 것이 아니라 허리에 금테를 두른 대제사장으로부터 들려오는 것입니다. “내가 너희에게 이르노니 구하라 그러면 너희에게 주실 것이요”라고 말씀하시는 분은 지금 하나님 보좌 우편에 앉아 계시는 분이십니다. 여러분은 그분의 이름을 믿으시지요? 그렇다면 여러분이 그 이름으로 진지하게 간구하는 기도가 어떻게 실패로 끝날 수가 있겠습니까? 여러분이 예수님의 이름으로 간구할 때(요 15:16; 16:23), 그 기도는 그분의 권능으로 채워질 것입니다. 만일 여러분의 기도가 거부된다면, 그리스도 역시 거부되는 것이며, 그때는 여러분도 그것을 믿을 수 없게 될 것입니다. 여러분이 그분을 신뢰한다면, 그분의 이름으로 하는 기도는 반드시 승리하고 또 승리할 수밖에 없다는 사실을 믿으시기 바랍니다.

우리가 이 점에 관해 더 이상 말하지 않아도 저는 성령이 여러분의 마음속에 그에 대한 감동을 주시리라 확신합니다.

2. 그분의 약속

두 번째로, 우리는 주님이 우리에게 주시는 약속을 기억해야 합니다. 그 약속은 다양한 기도의 종류에 적용된다는 것을 주목하기 바랍니다. "내가 너희에게 이르노니 구하라 그러면 너희에게 주실 것이요 찾으라 그러면 찾아낼 것이요 문을 두드리라 그러면 너희에게 열릴 것이니." 본문은 모든 형식의 참된 기도는 하나님이 들으신다는 것, 그것은 예수 그리스도를 통해 아버지께서 들으시게 된다는 것, 그리고 거기에는 약속된 축복이 있다는 것을 보여줍니다. 어떤 사람들은 입술로 소리 내어 기도를 합니다. 그들은 큰 소리로 간구합니다. 우리는 매일 기도할 때 입술로 기도할 필요가 있습니다. 왜냐하면 구하면 들으신다는 약속이 있기 때문입니다. 그러나 입술로 기도하는 것을 무시하지 않으면서, 훨씬 더 활력적인 기도를 드리는 사람들도 있습니다. 삶의 겸손과 근면이라는 수단을 사용하여 그들은 그들에게 필요한 축복을 구합니다. 그들의 마음은 간절함, 노력, 감정 그리고 수고를 통해 하나님께 말합니다. 그것들은 그들의 삶을 통해 쉬지 않고 찾는 기도가 되기 때문에 확실히 찾아낼 것입니다. 또 진지하게 말을 통해 구하는 기도와 삶을 통해 찾는 기도를 결합함으로써 기도하는 또 다른 사람들이 있습니다. 이것은 두드리는 것을 의미하는데, 이것은 가장 큰 소리로 구하는 기도의 형식이고, 가장 열렬하게 찾는 기도의 형식입니다.

따라서 기도는 말로 하는 구함에서 시작되어 간절히 추구하는 찾음으로, 그리고 그 다음에는 긴급 요청인 두드리는 것으로 나아갑니다. 이상과 같은 기도의 각 단계들은 거기에 해당되는 약속들이 따로 있습니다. 구하는 자는 받을 것입니다. 그러나 찾는 자는 더 앞으로 나아갑니다. 그는 찾아내 누리고, 붙잡고, 자기가 받은 것을 알게 됩니다. 그런데 두드리는 자는 더 앞으로 나아갑니다. 그는 이해할 것이고, 그에게는 엄청난 것이 열릴 것입니다. 그는 축복을 받고 그것을 누릴 뿐만 아니라 그것을 깨닫기까지 합니다. 그는 "능히 모든 성도와 함께 지식에 넘치는 것을 … 알 것"(엡 3:18)입니다.

그러나 저는 여러분이 이 모든 것 위에 다음과 같은 사실을 알기를 원합니다. 그것은 여러분이 어떤 형식으로 기도하든 그 기도는 반드시 성공할 것이라는 것입니다. 단지 구하기만 해도 여러분은 받을 것입니다. 여러분이 찾는다면 찾아낼 것입니다. 두드린다면 열릴 것입니다. 각각의 경우 "여러분의 믿음대로 될 것"(마 9:29)입니다. 우리에게 주어진 약속들은 일괄적인 약속이 아닙니다. 구하고 찾고 두드리는 자는 각기 얻을 것입니다. 약속들은 개별적으로 주어집니다. 구하는 자는 받을 것입니다. 찾는 자는 찾아낼 것입니다. 두드리는 자에게는 열릴 것입니다. 우리가 축복을 받을 때는 이 세 가지가 하나를 이루었을 때가 아닙니다. 우리가 이 세 가지의 기도를 한꺼번에 했다면, 당연히 약속된 응답도 한꺼번에 올 것입니다. 그러나 만일 우리가 이 세 가지 형식들 가운데 어느 하나만을 했다고 해도, 우리는 우리 영혼이 구하는 것을 얻게 될 것입니다.

이 세 가지 기도의 방법은 우리에게 다양하게 은총을 가져다줍니다. 이 구절을 주석하면서 우리 신앙의 선배들은 지적하기를, 믿음이 구하고, 소망이 찾고, 사랑이 두드린다고 했는데, 이것은 음미해 볼 가치가 충분히 있는 해석입니다. 하나님이 주실 것을 믿기 때문에 믿음이 구합니다. 소망은 구한 것을 기대하고, 그래서 축복을 찾아갑니다. 그리고 사랑은 더욱 가까이 나아가게 합니다. 사랑은 하나님으로부터 거절당하지 않고 그분의 집으로 들어가 그분과 함께 식탁에서 나누기를 원합니다. 그러므로 사랑은 그분의 문이 열릴 때까지 두드리는 것입니다.

우리는 우리에게 다가오는 다양한 고통의 순간에 이 세 가지 기도의 방식을 적절하게 써먹어야 합니다. 나는 자비의 문 앞에서 가난한 거지입니다. 거기서 나는 구하고 그러면 받습니다. 그러나 전에 나에게 크게 응답하셨던 그분을 찾을 수 없을 만큼 길을 잃어버린 존재라고 생각해 보십시오. 글쎄요, 그러면 나는 반드시 찾게 될 것이라는 확신을 가지고 찾을 것입니다. 그리고 이 세 단계의 마지막 단계에 도달하면 나는 가난하고 길을 잃은 데다 사람들로부터 배척당하는 나병환자처럼 하나님으로부터 완전히 떨어져 있음을 느낄 만큼 더러운 존재라면, 나는 두드리고, 그러면 문이 나에게 열릴 것입니다.

이 다양한 기도의 방식들은 각기 굉장히 단순합니다. 만일 어떤 사람이 "나는 구할 수 없다"고 말한다면, 저는 "당신은 아직 그 말을 이해하지 못하는군요"라고 말해 줄 것입니다. 분명히 말하지만 누구나 구할 수 있습니다. 작은 어린아이도 구할 수 있습니다. 아직 말을 못하는 갓난아기도 구할 수 있습니다. 그는 자기가 원하는 것을 구하기 위해 말을 사용할 필요가 없습니다. 우리들 가운데 어느 누구도 구할 능력이 없는 사람은 없습니다. 기도는 공상이 아닙니다. 저는 하나님이 공상적인 기도를 싫어하신다고 생각합니다. 우리가 기도할 때 기도는 단순할수록 좋습니다. 우리의 마음을 표현하는 가장 명백하고, 가장 겸손한 언어가 최고의 기도의 언어입니다.

그 다음 말은 찾으라는 말입니다. 분명히 말하지만 찾는 데에도 어려움은 없습니다. 찾아내는(find) 데에는 어려움이 있을 수 있지만 찾는(seek) 데에는 어려움이 없습니다. 잃은 드라크마를 찾은 여인의 비유에서 여인이 드라크마를 잃어버렸을 때, 그녀는 등불을 켜고 그것을 찾았습니다(눅 15:8-9). 저는 그녀가 대학을 나왔다거나 박사의 자격을 갖고 있다거나 고도의 지성을 소유한 자로서 대학 강단에 설 능력이 있는 여성이라고 보지 않습니다. 그녀는 그런 자격이 없어도 찾을 수 있었습니다. 그렇게 하기를 원하는 마음만 있으면 남자든 여자든 어린 아이든 누구든 찾을 수 있습니다. 찾으라는 약속은 특별히 어떤 철학적인 추구의 방법이 있어야 가능하도록 주어진 것이 아니라 다만 "찾는 이가 찾아낼 것입니다."

그 다음에는 두드리는 것입니다. 그런데 이것도 그리 큰 어려운 일은 아닙니다. 우리는 어렸을 때, 종종 이웃집이 귀찮아 할 정도로 문을 두드린 경험이 있습니다. 그때 두드리는 자는 아무리 키가 작아도 문을 노크하는 방법과 수단을 갖고 있었습니다. 돌멩이를 딛거나 발뒤꿈치를 들고서 문을 두드렸습니다. 문을 두드리는데 필요한 것이라면 무엇이든 사용했고, 수단이 없어서 두드리지 못하는 경우는 없었습니다. 그러므로 그리스도 자신이 다음과 같이 우리에게 말씀하신 것처럼 생각하면 되겠습니다: "너희는 기도할 때 특별히 학문, 훈련, 재능 또는 재주가 필요 없다. 구하고 찾고 두드리라 ― 그것이 전부다. 그리고 약속은 이렇게 기도하는 누구에게든 주어진 것이다."

여러분은 그 약속을 믿습니까? 그 약속을 주시는 분은 바로 그리스도이십니다. 그분의 입술에서 나오는 말씀은 절대로 거짓이 없습니다. 오, 그분을 의심하지 마십시오. 만일 여러분이 기도했다면 계속 기도하십시오. 또 전에 기도한 적이 없다면 오늘부터 시작하도록 하나님이 여러분을 도와주실 것입니다.

3. 그분의 증거

마지막 세 번째로, 예수님은 우리의 기도가 응답된다는 것을 친히 증거하신다는 것입니다. 그래서 그분은 이 약속을 주신 후 결과적으로 "내가 너희에게 그것을 말했기 때문에, 그리고 그것이 지금도 그러하고, 또 지금까지 항상 그래왔기 때문에, 이 약속은 반드시 성취될 것이라고 확신해도 된다"는 말씀을 덧붙이십니다. 어떤 사람이 해가 내일 아침에 동쪽에서 뜰 것이라고 말할 때, 우리는 그것이 항상 그렇게 됐기 때문에 그 사실을 믿습니다. 우리 주님은 다음과 같이 논란의 여지가 없는 확실한 사실을 우리에게 말씀하십니다: "모든 시대에 걸쳐 참된 기도가 응답되지 않은 적이 없었다." 그리고 이 사실을 말씀하신 분이 그것을 알고 계셨다는 것을 기억하십시오. 만일 여러분이 어떤 사실에 대해 말한다면, 여러분은 "예, 내가 눈으로 보니, 그게 사실이더군요"라고 말할 것입니다. 그러나 그리스도의 관찰하시는 눈은 한계가 없습니다. 참된 기도가 그분에게 알려지지 않는 경우는 한 번도 없었습니다. 지존자 곧 성부 하나님이 받아들일 수 있는 기도라면, 그리스도의 상처 때문에 반드시 그분에게 오도록 되어 있습니다. 그러므로 주 예수 그리스도는 인간적 지식을 통해 말씀하실 수 있고, 그분의 선언은, 기도는 반드시 성공한다는 것입니다. "구하는 이마다 받을 것이요 찾는 이는 찾아낼 것이요."

그런데 여기서 우리는 일반적인 상식에 의해 제기된 한계와 성경에 의해 주어진 한계를 받아들여야 합니다. 누구든 경솔하게 또는 악한 마음으로 구하는 자도 없고, 자기가 구하는 것을 하나님이 알고 있는지 짐짓 물어보는 자도 없습니다. 그렇다고 거듭나지 않은 영혼들이 아주 어리석고 무익하고 또는 무분별하게 구하는 것에 대해서까지 하나님이 응답하시는 것은 아닙니다. 절대로 그렇게 하시지 않습니다. 우리의 상식은 이같이 극단적인 기도를 인정하지 않습니다. 또 성경도 마찬가지입니다. "너희가 얻지 못함은 구하지 아니하기 때문이요 … 구하여도 받지 못함은 … 잘못 구하기 때문이라"(약 4:2-3). 응답이 없는 잘못된 기도가 있습니다. 그러나 이런 것들이 우리 주님의 진술 곧 "구하는 이마다 받을 것이요"라는 말씀에 어떤 제한을 가하는 것은 결코 아닙니다.

하지만 거듭나지 아니한 자와 악한 자들도 하나님께 기도할 때, 자주 응답을 받는다는 사실을 기억해야 합니다. 때때로 고통 속에 있을 때 그들은 하나님을 부르고, 그러면 그분은 그들에게 응답하십니다. 어떤 사람은 저에게 "당신이 정말 그렇게 말했습니까?" 하고 묻습니다. 그러면 저는 "아니요, 내가 그렇게 말한 것이 아니라 성경이 그렇게 말씀하고 있습니다"라고 말해 줍니다. 아합의 기도는 응답받았습니다. 그때 하나님께서 이렇게 말씀하셨습니다. "아합이 내 앞에서 겸비함을 네가 보느냐 그가 내 앞에서 겸비하므로 내가 재앙을 그의 시대에는 내리지 아니하고 그 아들의 시대에야 그의 집에 재앙을 내리리라"(왕상 21:29).

　　마찬가지로 하나님은 자신이 보시기에 참으로 악했던 왕인 예후의 아들 여호아하스의 기도도 들어주셨습니다(왕하 13:1-4을 참조하십시오). 이스라엘 백성들이 그 죄악으로 말미암아 그 대적들에게 멸망을 당했을 때, 그들은 하나님께 구원해 달라고 간절히 부르짖었고, 그 결과 그들은 응답받았습니다. 그러나 하나님은 그들이 단지 입으로 그에게 아첨했다고 말씀하셨습니다(시 78:34-36).

　　이것이 여러분을 놀라게 합니까? 하나님은 허탄한 패역자들이 부르짖을 때 그들의 기도를 듣지 않으십니까? 여러분은 하나님이 자신의 형상으로 지으신 사람의 요구를 듣지 않으실 것이라고 생각하십니까? 여러분은 그것을 의심하십니까? 아닙니다. 니느웨를 생각해 봅시다(욘 3:1-10을 보십시오). 니느웨 사람들이 부르짖은 기도가 영적 기도였을까요? 니느웨에 하나님의 교회가 있었다는 말을 들어보셨습니까? 저는 들어보지 못했습니다. 아니, 저는 니느웨 사람들이 회심의 은총을 받았다고 믿지 않습니다. 그러나 그들은 그들이 위험 속에 있다고 선포하는 요나의 설교를 통해 위대하신 하나님을 깨닫게 되었습니다. 그들은 금식을 선포하고 스스로를 겸비케 했고, 하나님은 그들의 기도를 들으셨으며, 그로 인해 니느웨는 상당 기간 보존을 받았습니다.

　　질병이나 고통 속에 있는 많은 경우에 하나님은 완악한 자들과 사악한 자들의 기도를 들어주셨습니다. 여러분은 하나님이 선한 자가 아닌 다른 자들에게는 아무것도 베푸시지 않는 분이라고 생각하십니까? 여러분은 시내 산 기슭에 거하며 공로의 율법에 따라 판단 받아도 합격할 만큼 거룩하게 산 적이 있었습니까? 여러분이 기도를 시작했을 때 그만한 자격이 있었습니까? 정말 선하고 의로운 사람이었습니까? 하나님은 여러분에게 원수를 사랑하라고 명령하시지 않았습니까?(마 5:44) 하나님이 자신이 실천하지도 않을 것을 여러분에게 명령하신 적이 있습니까? 그분은 "비를 의로운 자와 불의한 자에게 내려주신다"(마 5:45)고 말씀하셨고, 또 실제로 그렇게 하시지 않습니까? 그분은 자신을 저주하는 사람들에게 일상적인 축복을 베푸시고, 자기를 악의적으로 이용하는 사람들에게 선을 행하시지 않습니까? 이것은 하나님의 은혜의 영광 중의 하나입니다. 사람에게 선한 것이 하나도 없더라도 그의 마음속에서 일어나는 기도의 외침이 있다면, 주님은 은혜를 베푸시고 그를 고통으로부터 구원해 주십니다. 그렇다면 만일 하나님이 극히 부끄러운 모습으로 자기를 찾는 사람들에게까지 그 기도를 들으시고 그들의 부르짖음에 응답하여 구원을 베푸신다면, 그분의 눈앞에서 겸손하게 그분과의 화목을 구하는 마음으로 기도할 때, 어찌 그 기도를 들어주시지 않겠습니까?

그러나 참되고 영적인 기도에 관해 더욱 충분한 요점에 이르기 위해서는 "구하는 이마다 받을 것이요"라는 말씀에 아무런 제한이 없다는 것을 지적해야 합니다. 진실하게 하나님으로부터 영적 축복을 구하는 사람이 그 축복을 받지 못한 경우는 결단코 없었습니다. 세리는 멀리 서서 감히 눈을 들어 하늘을 쳐다 보지도 못하고 가슴을 치며 말도 제대로 못했지만, 하나님은 그를 긍휼히 여기 셨습니다(누가복음 18:13-14을 참조하십시오). 므낫세는 토굴감옥에 갇혀 있었 습니다. 그는 여호와를 경외하는 백성들을 잔인하게 학대했습니다. 그에게는 하 나님의 선대를 받을 만한 것이 아무것도 없었습니다. 그러나 하나님은 토굴감옥 에서 부르짖는 그의 기도를 들으셨고, 그에게 영혼의 자유를 허락하셨습니다(역 대하 33:1-13을 참조하십시오). 요나는 자신의 죄 때문에 고래 뱃속에 들어갔고, 그는 기껏해야 성질 급한 하나님의 종에 불과했습니다. 그러나 그는 그 지옥의 뱃속에서 부르짖었고, 하나님은 그의 기도를 들어주셨습니다(요나서 1:17~2:2을 참조하십시오).

"구하는 이마다 받을 것이요 찾는 이는 찾아낼 것이요 두드리는 이에게는 열릴 것이니라." 누구나 해당됩니다. 만일 이것이 사실이라는 증거를 찾고자 한 다면, 우리는 성도들 속에서 쉽게 찾을 수 있습니다. 저는 그리스도의 모든 제자 에게 하나님이 그의 기도를 들으신다는 증거를 갖게 해 달라고 기도합니다. 지 옥에 떨어질 자들이 하나님께 "나는 하나님을 구했지만 하나님은 나를 거부했습 니다"라고 감히 말할 수 있는 사람은 없다고 저는 믿습니다.

마지막 날 심판대 앞에서 "나는 자비의 문을 두드렸지만 하나님은 그 문을 결코 여시지 않았습니다"라고 말할 수 있는 영혼은 결코 발견할 수 없을 것입니 다. 하나님이 앉아 계신 대보좌 앞에 서서 "오 그리스도여, 나는 당신으로 말미 암아 구원 받기 원했지만 당신은 결코 나를 구원하시지 않았습니다. 당신의 손 에 나를 맡겼지만, 당신은 나를 거절했습니다. 나는 회개하며 당신의 자비를 구 했지만 당신은 결코 자비를 베푸시지 않았습니다" 하고 주장할 수 있는 영혼은 결코 없을 것입니다. "구하는 이마다 받을 것입니다." 지금까지도 그렇습니다. 그리스도께서 재림하실 때까지 그럴 것입니다. 만일 그것이 의심된다면 그것을 한 번 시험해 보십시오. 시험을 해 보았다면, 한 번 더 시험해 보십시오.

여러분이 누더기를 입고 있습니까? 그러나 그것도 문제는 아닙니다 — "구하는 이마다 받을 것이요." 여러분이 죄를 범했습니까? 그것도 별것 아닙니다 — "찾으라 그러면 찾아낼 것이요." 여러분은 자신이 하나님과 완전히 단절되어 있다고 느끼십니까? 그러나 그것도 문제는 아닙니다 — "문을 두드리라 그러면 너희에게 열릴 것이니라."

거기에 선별은 없습니까? 물론 있습니다. 그러나 그렇다고 해서 그것에 아무런 제한이 없다고 하는 진리 — 누구나 기도하면 응답받는다는 것 — 를 바꾸지는 못합니다. "구하는 이마다 받을 것이요." 얼마나 은혜로운 본문입니까!

주님은 이렇게 말씀하셨을 때, 자신의 삶을 증거로 직접 제시하실 수 있었습니다. 어쨌든 우리는 지금 그것을 성경의 기록으로부터 인용할 수 있고, 응답하시지 않는 그리스도에게 구하는 사람은 아무도 없다는 것을 보여줄 수 있습니다. 수로보니게 여인은 처음에는 주님이 개라고 부를 정도로 거절을 당했지만, 용기를 내어 "개들도 제 주인의 상에서 떨어지는 부스러기를 먹나이다"(마 15:27)라고 말했을 때, 그녀는 곧 "구하는 이마다 받을 것이요"라는 사실을 발견했습니다. 또한 무리들 틈에서 예수님 뒤에 다가와 그분의 옷을 만진 여인은 구하는 자가 아니라 찾는 자였고, 그 결과 그녀는 찾아냈습니다(마태복음 9:20-22을 참조하십시오).

제가 이렇게 말하면, "나는 오랫동안 구원을 위해 하나님께 부르짖었습니다. 나는 구했고, 찾았고, 두드렸지만, 아직 구원을 받지 못했습니다"라고 말하는 사람의 탄식소리가 들려오리라고 생각합니다. 그러나 사랑하는 형제들이여, 만일 제가 여러분과 하나님 가운데 진실하신 능력자가 누구냐고 질문을 받는다면, 저는 저를 진실로 도와줄 분을 알고 있고, 저는 여러분에게 여러분 자신을 믿기 전에 하나님을 믿으라고 충고할 것입니다. 하나님은 여러분의 기도를 들으실 것입니다. 그러나 여러분은 기도하기 전에 확인해야 할 한 가지 사실이 있다는 것을 알고 있습니까? 그것이 무엇일까요? 당연히 "기도하는 자가 구원받을 것이라는 것"은 복음이 아니라는 사실입니다. 그것은 복음이 아닙니다. 저는 그가 구원받게 될 것이라고 믿지만, 그렇게 설교하는 것은 복음이 아닙니다. "너희는 온 천하에 다니며 만민에게 복음을 전파하라 믿고 세례를 받는 사람은 구원을 얻을 것이요"(막 16:15-16). 그렇습니다. 이것이 바로 복음입니다.

그런데 여러분은 하나님께 구원해 달라고 기도했습니다. 여러분은 믿고 세례를 받지 않고 구원받기를 기대합니까? 확실히 말해 우리는 하나님께 그분 자신의 말씀을 공허하게 만들도록 기도하는 뻔뻔함은 없어야 할 것입니다. 그분은 여러분에게 "내가 말하는 대로 해라. 내 아들을 믿으라. 그를 믿는 자는 영생을 얻을 것이다"(요한복음 3:16을 보십시오). 이렇게 말씀하시지 않습니까? 여러분에게 한 번 묻겠습니다. 예수 그리스도를 믿습니까? 여러분은 그분을 신뢰합니까? "오, 저는 그분을 믿습니다. 저는 그분을 전적으로 신뢰합니다"라고 말하겠지요. 성도여, 그렇다면 이제는 더 이상 구원을 위해 기도하지 마십시오. 여러분은 이미 구원을 소유하고 있습니다. 여러분은 구원받았습니다. 만일 여러분이 예수님을 온 마음을 다해 신뢰한다면, 여러분의 죄는 사함받고 구원받은 것입니다. 그러므로 이제부터는 주님에게 나아갈 때 구원을 위한 기도 대신 찬양이 있는 기도를 드리시되, 그분의 이름을 찬송하고 찬미하십시오.

"그러나 내가 구원받았음을 어떻게 압니까?"라고 물을 것입니다. 하나님은 "믿고 세례를 받는 사람은 구원받을 것"이라고 말씀하십니다. 여러분은 믿었습니까? 그리고 세례를 받았습니까? 그렇게 했다면 여러분은 구원받은 것입니다. "내가 그것을 어떻게 압니까?" 이에 대한 최고의 증거를 든다면 그것은 하나님이 여러분이 그렇다고 말씀하시는 것 바로 그것입니다. 이것 외에 어떤 증거를 원하십니까? "나는 그것을 느끼기를 원합니다." 느낌? 좋지요. 그러나 여러분의 감정이 하나님의 증거보다 더 중요합니까? 여러분이 그분의 확실한 증거의 말씀보다 어떤 표적이나 징조를 더 구한다면 그것은 하나님을 거짓말쟁이로 만드는 것이 아니겠습니까? 저는 감히 말하지만, 지금 내가 오직 온 마음과 뜻과 힘을 다해 그리스도를 의지한다는 것 외에 내 자신이 구원받았음을 신뢰하도록 해주는 어떤 증거도 갖고 있지 않습니다. 저에게는 다른 증거는 없습니다. 만일 여러분이 그에 대한 증거를 갖고 있다면, 그것은 지금 여러분이 그것을 찾기를 원한다는 것, 그것이 전부입니다. 여러분의 마음속에 있는 하나님의 은혜의 다른 증거들은 곧 주어질 것이고, 여러분 주변에서 자주 일어날 것이고, 여러분이 믿는다고 고백하는 교훈으로 가득 찰 것입니다. 그러나 지금 여러분이 첫 번째로 할 일은 예수님을 믿는 것입니다.

"나는 믿음을 구했습니다"라고 말하는 사람도 있을 것입니다. 글쎄요, 그 말이 무슨 뜻입니까? 예수 그리스도를 믿는다는 것은 하나님의 선물이지만, 그것은 또한 여러분 자신의 행위가 필요합니다. 여러분은 하나님이 여러분 대신 믿으신다고 생각하십니까? 아니면 성령이 여러분을 대신해서 믿으신다고 생각하십니까? 성령이 무엇을 믿겠습니까? 여러분이 믿어야 합니다. 그렇지 아니하면 믿음을 잃게 됩니다. 그분은 거짓말을 못하십니다. 여러분은 그분을 못 믿겠습니까? 그분은 우리의 믿음의 대상이 될 충분한 자격이 있습니다. 그분을 믿으십시오. 그러면 여러분은 구원을 받으실 것입니다. 아울러 여러분의 기도도 응답될 것입니다.

저는 다른 사람들이 "나는 내가 구원받았다는 사실을 확신합니다. 그러나 나는 다른 사람들의 구원을 위해 기도하는 내 기도에 하나님이 응답해 주시기를 바랍니다"라고 말하는 것을 듣습니다. 사랑하는 형제들이여, 이런 기도는 반드시 응답받을 것입니다. "구하는 이마다 받을 것이요 찾는 이는 찾아낼 것이요 두드리는 이에게는 열릴 것이니라." "그러나 나는 아무개의 구원을 위해 오랫동안 기도를 많이 해왔습니다." 그 기도는 응답받을 것입니다. 만약에 그렇지 못하다면, 언젠가 그 기도가 왜 응답받지 못했는지 이유를 알게 되고, 그 기도가 응답되지 않은 사실에 대해 만족하실 때가 올 것입니다.

소망을 가지고 기도하십시오. 많은 사람이 다른 사람들을 위해 한 기도의 응답을 자기가 죽은 후에 받았습니다. 오랫동안 자신의 자녀들의 구원을 위해 기도해 온 한 아버지가 있었습니다. 그런데 자녀들은 회심하지 않고 지극히 세속적인 삶을 살았습니다. 아버지는 죽게 되었습니다. 그는 임종 직전에 침대 옆으로 자녀들을 불렀습니다. 그리고 자녀들이 회심하는 모습을 보는 것으로 그리스도에 대한 증거를 갖기를 원했습니다. 그러나 불행하게도 그의 영혼은 깊은 고뇌 속에 빠져들었고, 자신의 기도가 응답받지 못한 것에 대해 그리스도와의 관계까지 의심을 하게 되었습니다. 그는 어둠의 나락 속에 떨어져 버린 하나님의 자녀 가운데 하나였습니다. 무엇보다도 이것이 그에게는 가장 큰 두려움이었고, 그의 사랑하는 자녀들은 아버지로부터 이 고통을 보고, 종교에 대해 우울한 생각을 갖게 되었습니다. 결국 그 선한 아버지는 죽었고, 자녀들은 장례식을 치르게 되었습니다. 그리고 그가 죽은 바로 그날 하나님은 그 아버지의 기도를 들어주셨습니다.

장례를 치르고 장지에서 돌아오자 형제들은 서로 말했습니다. "형제들아, 아버지가 정말 불행하게 돌아가셨다." "형제들아, 우리 아버지처럼 좋은 사람이 그렇게 돌아가시는 것을 보고 난 정말 겁이 난다."

이윽고 장남이 말했습니다. "아, 우리 아버지처럼 경건한 사람에게도 죽는 것이 그토록 두려운 일이라면, 신앙이 없는 우리가 죽을 때에는 얼마나 더 두렵게 될까?" 이 생각이 그들 형제를 사로잡았고, 그들은 결국 십자가 앞으로 나아와 선한 아버지의 기도는 참으로 희한한 방법으로 그가 죽은 뒤에야 응답되었습니다. "천지는 없어질"(마 24:35) 것이지만 하나님은 영원히 살아계시고, 하나님이 살아계시는 한 기도는 응답될 것입니다. 하나님이 자신의 말씀에 대해 진실하신 한, 기도는 결코 헛되지 않을 것입니다. 주께서 여러분에게 계속 기도하는 자가 되도록 은혜 베푸시기를 기원합니다. 아멘.

제
41
장

—

바른 간구에 대한 바른 응답

—

"너희 중에 누가 아들이 빵을 구하는데 아버지가 되어 그에게 돌을 주겠느냐? 혹은 그가 생선을 구하는데 그에게 생선 대신 뱀을 주겠느냐? 혹은 그가 계란을 구하는데 그에게 전갈을 주겠느냐? 그런즉 너희가 악할지라도 너희 자녀들에게 좋은 선물들을 줄 줄 알거든 하물며 하늘에 계신 너희 아버지께서 자기에게 구하는 자들에게 성령을 얼마나 더 많이 주시겠느냐 하시니라." — 눅 11:11-13, KJV

오늘 본문으로 삼은 누가복음 11장에는 하나의 분명한 진행과정이 있습니다. 제자들이 주님에게 기도를 가르쳐 달라는 요구로 시작해서, 주님께서 이 요구에 대해 완전하고 충분한 대답을 해주시는 것으로 전개됩니다. 그분은 완벽한 기도가 어떠해야 하는지에 대한 개요를 마련해 주셨습니다. 사랑하는 성도 여러분, 우리 각자도 먼저 기도하는 법을 가르쳐 달라는 것으로 우리의 간구로 시작할 필요가 있습니다. 사람들이 우리에 대해서 "보라, 그가 기도하고 있느니라"(행 9:11, KJV)고 말할 때, 그것은 복된 징조일 것입니다. 우리가 기도하는 법을 배운 정도에 비례해서 우리는 좀 더 성숙한 기독교인으로 살아가는 증거를 보여 줄 수 있을 것입니다. 기도를 제대로 잘하는 사람이 은혜 안에서 최고로 성숙한 사람입니다. 이 사실에 입각해 본다면, 하나님께서 가장 받으실 만한 기도를 한다는 것은 하나님께서 가장 받으실 만한 마음상태를 가졌다는 증거라고 할 수 있습니다. 성숙한 기도를 드리는지의 여부는 다른 모든 면에서의 성숙도를 반영하는 우리의 시금석이 될 수도 있습니다. "주여, … 우리에게도 기도하는 것을 가르쳐 주옵소서"(눅 11:1, KJV)라는 이 요구는 젊은 초신자들이 드려야 할 기도일 뿐만 아니라, 한층 성숙한 제자들도 드려야 할 기도입니다. 이 기도는 우리 모두가 드려야 할 합당한 간구이기도 합니다. 왜냐하면 우리 가운데 누구도 아직까지 간구라는 거룩한 예술을 충분히 배우지 못했기 때문입니다.

이러한 요청이 있은 후에 누가복음 11장은 좀 더 나아가 그 질문에 대한 대답을 제시합니다. 그래서 우리는 기도하는 법을 보게 되었습니다. 그런데 정말 하나님은 우리에게 응답하실까요? 기도는 오직 간구하는 자에게만 유익한 일이지 않을까요? 기도는 그 행위 자체로 우리에게 유익을 주고 끝나는 것이지 않을까요? 기도가 정말로 하나님의 마음을 감동시킬까요? 하나님의 자녀들이 드리는 간구에 대해 하늘에서 정말 응답이 내려오는 것일까요? 이런 질문들에 대해 우리 주님께서 아주 분명하게 대답해 주셨습니다. 끈질기게 요구하면 분명히 사람의 마음을 감동시키는 것처럼, 끈질기게 기도하면 하나님에게서도 응답을 얻어낼 수 있습니다. 만약 끊임없이 진지하게 드리는 기도로 거듭거듭 그분께 나아가는 방법을 알기만 한다면, 하나님은 우리에게 필요한 것을 기꺼이 주신다는 사실을 보여주는 비유(눅 11:5-8에 나오는 '밤중에 친구를 찾아가 떡을 빌리는 사람의 비유'와 눅 18:2-8에 나오는 '억울한 과부와 불의한 재판관의 비유')도 우리는 알고 있습니다. 구하면 그 결과로 받게 되고, 찾으면 그 결과로 찾게 되고, 문을 두드리면 열리게 될 것입니다(마 7:7). 기도는 헛된 일이 아닙니다. 우리의 기도는 바람에 날려 사라지거나 혼자만의 헛수고로 끝나고 마는 것이 아닙니다. 기도와 은혜 사이에는, 즉 땅에서 올리는 기도와 하늘에서 내려오는 은혜 사이에는 하나님의 섭리로 확립된 어떤 연결이 존재한다는 사실을 우리는 확신하고 있습니다.

그러나 우리는 너무나 약한 피조물이기 때문에, 오늘 본문인 누가복음 11장은 기도와 관련해 걱정하는 마음에서 제기될 수 있는 중대한 의심을 계속해서 다루고 있습니다. 다음과 같은 의심 말입니다. "하나님이 우리의 기도를 들으시고 자비로 응답하시는 것은 보편 법칙일 수도 있습니다. 그러나 저는 그런 은혜를 받을 가치가 없는 사람입니다. 제가 드리는 기도에 주님께서 격분하셔서 사랑 대신에 진노로 응답하신다 해도, 저는 그런 대우를 받아 마땅한 사람입니다. 제가 신앙 고백을 했다고 해도, 그분은 제 입에서 나오는 말로 저를 심판하실 것이고, 그 때 거기서 저를 정죄하실 텐데, 제가 무슨 말을 할 수 있겠습니까?' 하나님께서 과연 평화의 응답을 해주실지, 그리고 우리에게 항상 좋은 것들을 주실지 묻는 질문에 구세주께서는 아주 분명하게 대답하십니다. 주님은 "너희 자녀들이 좋은 것을 요구하면, 너희는 그 요구를 들어준다. 너희는 자녀들이 요구한 것처럼 보이는 어떤 다른 것을 주면서 자녀를 기만하려고 하지 않을 것이다. 즉, 겉으로는 유익해 보이지만 실제로는 해로운 것을 주면서, 자녀들의 무지를 이용해 장난치거나 자녀들이 가진 신뢰를 조롱하지 않을 것이다. 자녀들이 바르게 기도한다면, 너희는 자녀들에게 응답한다"고 설명해 주십니다. 이렇게 악하고 타락한 피조물들인 여러분도 자녀들이 하는 바르고 적절한 요구에 응답한다면, 하늘에 계신 아버지는 여러분이 드리는 적합한 기도에 더욱더 응답하시고, 더 좋은 것들을 주시지 않겠습니까? 여러분이 좋은 것을 요구할 때, 그분께서는 나쁜 것으로 여러분을 애달프게 하지 않으실 것입니다. 오히려 여러분이 간구하고 있는 좋은 선물들을 진정으로 주실 것입니다.

우리가 좋은 것을 간구하려고 하면, 혹시나 하나님께서 나쁜 것을 주시면 어쩌나 하는 두려움이 우리에게 생깁니다. 이런 두려움은 죄책감으로 인해 우리 마음에 아주 자연스럽게 생기는 것이며, 우리가 받게 될 것이 좋은 것인지 나쁜 것인지를 판단할 수 없다는 생각 때문에, 이런 두려움은 우리 속에서 더욱더 커져만 갑니다. 우리는 하나님의 손길로부터 은혜로운 것을 받은 것 같지만 실상은 심판으로 내몰리지는 않을까 두려워 떨고 있습니다. 그러나 그분께서는 이렇게 말씀하십니다. "아니다. 너희 자녀들은 자기의 아버지를 믿는다. 그리고 그 아버지는 결코 자녀를 속이지 않는다. 너희는 너희의 하늘 아버지를 확실히 믿어도 좋다. 너희가 아버지께 좋은 것을 요구할 때, 아버지는 너희에게 좋은 것을 주시지, 절대 나쁜 것을 주시지 않는다. 이것은 아주 분명한 사실이다"라고 말입니다. 여러분은 자녀들에게 참되고 친절합니다. 그렇다면 하나님은 여러분에게 얼마나 더 선한 분이겠습니까? 그분께서는 "얼마나 더"(How much more, 눅 11:13, KJV)라고 말씀하시면서, 이루 다 대답할 수 없는 질문을 하십니다. 하나님께서는 하늘만큼이나 높이 우리 위에 계십니다. 우리가 우리 자녀들에게 좋은 것을 줄 확실성보다 하나님께서 우리에게 좋은 것을 주실 확실성이 그 하늘의 높이보다 더 높습니다. 그리고 우리는 자녀들을 놀려서는 안 된다는 강한 확신을 가지고 있습니다. 따라서 우리가 좋은 것을 하나님께 간구할 때는, 하나님도 절대로 우리를 놀리지 않고 우리에게 나쁜 것을 주지 않으신다는 사실을 강하게 확신하도록 합시다.

그런데 우리 구세주께서 말씀하신 오늘 본문에서 "너희가 악할지라도"라는 표현이 눈길을 끕니다. 이 표현은 분명히 우리의 타락한 상태와 인간의 부패에 대해 가르쳐 주고 있습니다. 그렇습니다. 사랑하는 성도 여러분, 여러분은 악합니다. 자녀를 가진 여러분, 다른 사람들이 여러분을 바르다고 평가하든 아니든 간에, 여러분은 모두 악합니다. 하지만 여러분이 악할지라도 여러분은 여전히 자녀들에게 좋은 선물을 주고 싶은 애정을 가지고 있으며, 또 좋은 선물을 줘야 한다고 판단하고 있습니다. 여러분도 그런데, 하물며 무한히 선하신 그분께서 여러분이 좋은 것들을 구할 때, 여러분에게 얼마나 더 좋은 것을 주시려고 하겠습니까?

저는 이 구절에 대해 많은 주석들을 살펴보았습니다. 어떤 책에서는 자녀들이 바람직하지 않은 것을 간구했다고, 즉 돌을 빵으로 만들어 줄 것을 원했다고 주장하기도 합니다. 그러나 오늘 본문에서는 그런 유의 암시가 전혀 없습니다. 자녀들은 돌을 구한 것이 아니라 자신들에게 가장 합당한 선물, 즉 빵을 구한 것으로 되어 있습니다. 자녀가 실수로 구한 것이 전혀 아니었습니다. 이 자녀의 기도는 마땅히 드려야 할 기도였습니다. 따라서 이 비유의 핵심은 바로 아버지의 대답에 있다고 할 수 있습니다. 오늘 본문이 가르치고 있는 진리는 만약 우리가 실수로 나쁜 것들을 간구한다면, 하나님께서 우리의 간구를 거부하신다는 것이 아닙니다. 물론 이 사실도 진리이긴 합니다. 하지만 오늘 본문이 암시하고 있는 바는 그것이 아닙니다. 이 구절에서 말하고자 하는 사실은, 선한 것들을 위한 기도들은 응답받을 것이며, 그 선한 것들은 단지 겉으로만 선해 보이는 선물로 응답되는 것이 아니라, 갈망하던 선한 것들이 실제로 선물로 응답된다는 것입니다. 저는 오늘 아침 설교에서 이 간단한 생각을 좀 더 자세히 설명해 보고자 합니다.

우리의 첫 번째 대지 제목은 바른 기도들과 바른 응답들로 하고, 두 번째 대지 제목은 가장 좋은 기도와 가장 확실한 응답으로 하면서, 마지막 대지 제목은 이렇게 잡으려고 합니다. 오늘 본문에 제시된 기도 안에는 모든 축복들이 다 들어 있기 때문에, 오늘 본문의 기도가 최고의 기도라고 말입니다.

1. 그럼 첫 번째로, 바른 기도들과 바른 응답들에 대해 살펴보겠습니다.

아들은 빵을 구합니다. 아버지는 자녀에게 돌을 주지 않습니다. 아들은 생선을 구합니다. 어떤 생선은 뱀과 아주 비슷하기도 합니다. 그러나 아버지는 아들에게 뱀을 주지 않습니다. 아들은 계란을 구합니다. 들은 바로는 어떤 전갈들은 몸을 구부리면 계란처럼 보이기도 한답니다. 아버지는 절대로 아들을 바보로 만들거나 아들에게 계란 대신 전갈을 주어 그에게 해를 끼치지 않습니다. 이 말씀에 대해 좀 다른 해석을 해도 된다면, 저는 이렇게 말하겠습니다. 설령 우리가 우리의 기도를 필수품인 빵을 구하는 기도로 시작한다고 해도, 즉 현세의 빵이든 생명의 빵이든 여하튼 빵을 구하는 기도로 시작한다 해도, 그분은 우리가 먹으면 이가 부러지는 쓸모없고 불만스러운 돌들을 우리에게 주지 않으실 것이라는 사실입니다. 우리가 필요한 것들을 위해서 기도할 때, 즉 그 자체로 실제 필요한 것들을 위해 기도할 때, 우리는 그 필요한 것의 모조품이 아닌 실제적인 축복들을 받게 될 것입니다. 그리고 우리의 믿음이 조금 강하게 성장해서 빵을 얻고 난 후에 절대적으로 필요한 것은 아니지만 있으면 우리에게 위로가 되고 색다른 맛을 주는 기호품인 생선을 구한다 해도, 다시 말해 우리가 구원받는데 있어 절대적으로 필요한 것은 아니지만 그것 이상의 무언가를 간구한다 해도, 즉 우리에게 위안을 주는 선물들과 우리를 품위 있게 해 주는 은혜들인 영적 위로들을 간구한다 해도, 우리 하늘 아버지께서는 우리에게 뱀처럼 해를 끼칠 수 있는 피상적인 위로를 주심으로써 우리를 결코 조롱하지 않으실 것입니다. 그분께서는 우리가 감당할 수 있을 만큼의 위로를 주실 것입니다. 이 위로는 순수하고 거룩하며 건전할 것입니다. 그리고 만약 더 큰 확신을 가지고 우리가 계란을 간구한다 해도, 계란은 예수님 당시에 아주 보기 드문 사치품이었다고 알고 있습니다만, 이런 귀한 것을 우리가 간구한다 해도, 하나님은 위조 계란을 주면서 우리를 속이려 하지 않으실 것입니다. 계란에 대해서는 오늘의 본문을 제외하고는 욥기에 딱 한 번 나옵니다. 욥은 부자였습니다. 우리는 성경 전체에서 계란을 먹는 것에 관한 기록을 읽은 적이 없습니다. 그리고 우리 구세주의 시대에 이르기까지 이런 가금(家禽)류에 대한 언급은 성경 전체에서 찾아보기 어렵습니다. 그 당시 닭은 너무 귀한 것이어서 계란은 고급스런 사치품으로 여겨졌습니다. 그래서 아무리 어린 자녀라 해도 설마 그것을 요구하리라고는 예상하기 어려운 것이었습니다. 그러나 어린 자녀가 이렇게 큰 호의를 요구할 정도로 담대해졌다 해도, 그의 아버지는 자녀의 손에 치명적인 전갈을 건네줌으로써 자기 자녀의 건방진 요구를 징벌하지 않으실 것입니다. 그러므로 우리가 최고의 기쁨과 풍성한 은혜와, 기독교인이 인간으로서 누릴 최고의 축복과 그리스도와의 가장 강렬하고 그지없는 기쁜 교제 등을 누릴 만한 믿음을 간구한다고 해도, 우리는 우리가 간구한 것 대신, 넋을 잃고 흥분하면서 헛소리를 하는 광신적인 행동이나 치명적이고 유해한 것들을 응답으로 받지는 않을 것입니다.

자, 보십시오. 그런데 이 진리는 첫 눈에 봐서는 전혀 유익한 것으로 보이지 않습니다. 그러나 저는 이 진리야말로 유익하다는 사실을 여러분에게 보여드릴 생각입니다. 섭리라는 일반적인 축복에 관한 내용으로 시작하겠습니다. 여러분은 자신의 상황을 하나님의 보좌 앞에 아주 진지하게 내놓고, 인생의 단계 단계마다 여러분을 안내하고 인도해 달라고 지금까지 기도해 왔습니다. 그런데 지금 이 순간에도 여러분은 걱정거리에 짓눌려 고통에 고통이 끊이지 않고 계속되고 있습니다. 자, 이런 현실 앞에 여러분은 하나님을 가혹하다고 판단하지 마십시오. 무엇보다도 여러분이 여러분 자신을 대하는 것보다 더 그분이 여러분에게 친절하지도 않고 온유하지도 않다는 식으로 가혹하게 그분을 판단하지 마십시오. 빵을 요구한 여러분의 자녀는 빵을 얻습니다. 여러분도 그분의 인도하심을 구했으니 그것을 받게 될 것입니다. 여러분은 섭리에 따른 돌보심을 요구했습니다. 그리고 여러분은 그것을 이미 받았습니다. 현재의 이 상황은 하나님께서 여러분에게 이미 정해 놓으신 것이며, 이 상황은 여러분이 요구한 것입니다. 현재 여러분이 처한 운명은 주님으로부터 온 것입니다. 주님께서는 여러분에게 돌을 주지 않으셨습니다. 그런데도 아마 딱딱하게 여겨질 것입니다. 아무리 딱딱해 보여도, 그것은 참된 빵의 껍질이지 않겠습니까? 그 딱딱한 것을 빵의 껍질로 믿으십시오. 그리고 주님께서 여러분을 부당하게 대하신다고 의심하지 마십시오. 만약 여러분이 그분의 참된 마음을 제대로 판단할 수 있었다면, 그분은 이미 여러분에게 지속적으로 선한 것을 내려 주셨으며, 여러분에게 가장 좋은 것을 정해 놓으셨다는 사실을 여러분이 알았을 것입니다. 현재 여러분이 받는 고통을 돌이나 뱀이나 전갈로 보지 마십시오. 만약 여러분의 고통을 이런 것들로 보게 된다면, 여러분은 은혜도 두려워하고 위로 앞에서도 떨게 될 것입니다. 여러분은 섭리적 사랑을 구했으므로, 여러 시련들이 여러분을 에워싼다 해도, 섭리적 사랑은 의심의 여지 없이 여러분의 것입니다. 이 모든 시련들로 인해 사람들은 살아가고 있는 것이며, 이 모든 시련들 안에 우리 영혼의 생명이 있기 때문입니다. 하나님은 외형적으로 나쁘게 보이는 그것으로부터 좋은 것을 이끌어 내실 것입니다. 진정으로 믿음의 눈이 열리기만 한다면, 그 시련들은 외형적으로 보기에도 나쁘지 않을 것이며, 지금도 분명히 좋게 보일 것입니다. 눈 먼 불신앙이 하나님이 하시는 일을 보지 못하게 합니다. 좀 더 맑은 믿음의 눈만이 진리를 분별할 수 있습니다. 하나님이 여러분에게 계란 대신 전갈을 주지 않을까 의심하지 마십시오. 여러분은 여기 이 땅에서 여러분이 하나님의 섭리로 현명하게 인도를 받아, 여러분으로 인해 하나님이 영광을 받으시기를 간구해 왔습니다. 그래서 무한하신 지혜로 바로 지금도 여러분의 그 거룩한 바람이 성취되고 있으며, 불 같은 시련 가운데서도 여러분의 믿음으로 하나님은 영광 받고 계십니다. 그리고 여러분이 고난 받는 모든 상황은 여러분의 영혼이 완전하게 되는데 도움을 주고 있습니다.

　　영적인 문제에서도 우리는 열심히 걱정하면서 다음과 같이 의심하는 것을 얼마나 자주 바른 것으로 여기는지 모릅니다. 우리가 받은 이 영적인 선물들이 과연 우리가 소망하던 것들인지, 또는 하나님의 은혜를 간구한 후에 결국에는 우리가 그 받은 은혜를 잃어버리지는 않을지 의심합니다. 예를 들어, 우리 대다수는 오늘날 주 예수 그리스도에 대한 믿음을 소유한 자들입니다. 실제로 그런 믿음을 우리 모두가 가지게 되는 것이 제 소망이기도 합니다. 이런 믿음을 가진 우리는 그분의 십자가를 바라볼 때 마음이 밝아지게 됩니다. 우리는 그분을 우리를 대신해 고통 받으신 대속물로 바라봅니다. 그래서 우리의 영혼은 이 믿음의 결과로 기쁨과 평안을 느낍니다. 우리의 믿음은 속죄 염소(레 16:10, KJV)이신 그분의 머리에 손을 얹습니다. 그러자 죄가 그분에 의해 망각의 광야로 사라져 버리는 것을 보게 됩니다. 그럼에도 불구하고 이런 의심이 찾아옵니다. 그것도 때로는 아주 극심하게 찾아옵니다. "이것이 정말 참된 믿음인가? 이것이 하나님의 택하심 받은 자들의 믿음인가? 내가 예수 그리스도 안에서 죄 용서받고 구원받았다고 말하고 믿는 것은 결국 모두 억측(臆測)이지는 않을까? 관념적인 믿음도 분명히 존재하는데, 내 믿음이 바로 그런 믿음이지 않는가? 귀신들에 대해서도 '믿고 떠느니라'(약 2:19)고 하신 말씀으로 보아, 귀신들의 믿음도 존재하는 것 같은데, 내 믿음도 그런 믿음이지는 않을까? 이것이 내가 기도 중에 간구했던 것, 즉 내가 기도의 응답으로 받은 믿음의 참된 은혜인가? 그게 아니라면, 결국 나는 나 자신을 속이고 있는 것은 아닌가?"라고 말입니다. 살펴보십시오. 사랑하는 성도 여러분, 여러분은 어디에서 이런 믿음을 간구했습니까? 여러분은 하늘 아버지에게 이 믿음을 달라고 간구하지 않았습니까? 여러분은 경건하게 간구하지 않았습니까? 그리고 여러분은 하나님께서 친히 창조하시는 믿음의 사역을 여러분 안에서 행하시기를 오늘도 여전히 눈물로 간구하고 있지 않습니까? 지금도 여러분은 그분께서 빵 대신에 돌을 주셨다고 생각하십니까? 그분께서 여러분의 마음에 육적인 억측을 집어넣으셨다고 생각하십니까? 또는 하나님의 친 백성들이 가지는 겸손하고 단순한 믿음을 여러분이 바라는 동안, 그분께서 그런 육적인 억측으로 여러분이 고통 받도록 하셨다고 생각하십니까? 나의 주님이시여, 저는 당신의 발치에서 이 겸손하고 단순한 믿음을 간구하였나이다. 그러다가 당신의 발치에서 저는 그 믿음을 찾았나이다. 제가 당신을 쳐다보았을 때 저는 선하고 참된 믿음 외에는 다른 것을 발견할 수 없었나이다. 확신을 가지십시오. 오, 염려하는 마음이여, 생명력 있는 믿음의 문제로 고민하는 참된 간구자들은 거짓 믿음을 버리게 될 것입니다.

이와 동일한 의문이 모든 영적 은혜에서도 똑같이 생길 것입니다. 회개를 예로 들어 살펴보겠습니다. 법적으로 속박되어 있는 노예상태와 복음으로 회개한 하나님의 자녀 간의 차이를 명확하게 구별해 주는 신학의 가치를 저는 조금도 과소평가하지 않습니다. 그러나 우리 중에는 그런 차이를 강조하는 유의 설교를 들으려는 성도들이 그리 많지 않으리라 생각합니다. 특히 둘 사이의 대단히 많은 차이점들을 멋지게 부각시키는 설교를 들은 성도들은 다음과 같은 생각이 들지 않을 수 없을 것입니다. "저는 몇 가지 점에서 부족한 게 있지 않을까 두렵습니다. 저의 회개가 나무랄 데 없이 만족할 만한 회개에 이르지 못한 것 같아 떨립니다. 이 선한 설교자가 말한 그 정도로, 제가 죄를 벗어버리고 미워하고 증오하고 그래서 영혼 아주 깊은 곳으로부터 죄를 혐오하고 있다고 분명히 말할 수 있을지, 저는 잘 모르겠습니다." 예, 어쨌든 그렇게라도 해서, 예수 그리스도로 말미암는 성령의 회개로 다시 돌아가게 된다면 좋은 일일 수도 있습니다. 바로 저는 예수 그리스도로 말미암는 성령의 회개를 간구하고 있습니다. 저는 아버지께 "오 하나님, 제 속에 새로운 마음을 창조해 주옵소서. 만약 제 마음이 깨지지 않고 뉘우치지 않는다면, 깨뜨려 주옵소서. 그리고 치유가 필요하다면 제 마음을 치유해 주옵소서"라고 말합니다. 주님께서 제게 부드러운 마음을 주시기를 저는 간절히 갈망하고 있습니다. 저는 주님께서 친히 역사하시는 그런 회개를 간절히 바라고 있습니다. 저는 제 자신을 마치 들판처럼 눕혀서라도, 그분께서 제 마음 밭을 쟁기질 해 주시기를 간구하고 있습니다. 환자가 자신의 팔 다리를 의사의 수술용 칼 앞에 드러내듯이, 저는 제 자신을 그분 앞에 내려놓습니다. 저의 바람은 그분께서 저를 가장 예리하게 가장 엄격한 방식으로 다루셔서 죄의 질병을 완전히 제거해 주시는 것입니다. 지금 여러분이 진심으로 이와 같이 행한다면, 여러분은 자신의 회개에 대해서 결코 속지 않으리라 저는 확신합니다. 그래서 여러분은 회개할 필요가 전혀 없는 회개를 받게 될 것입니다. 여러분은 여러분의 자녀에게 생선 대신 뱀을 주지 않을 것입니다. 이와 마찬가지로, 하나님께서도 자신이 친히 택한 자들의 독특한 표지와도 같은 이 복음적인 회개 대신 거짓 회개를 주어 여러분을 속이고 고통스럽게 하지 않으실 것입니다.

　자, 제가 이미 말씀드린 바와 같이, 우리가 받은 모든 은혜들에 대해서도 이와 동일한 의문이 제기될 수 있으며, 이 은혜에 대한 우리의 확신도 마찬가지 방식으로 다시 정립될 수 있습니다. 만약 여러분이 주님께 은혜를 간구하고서, 그분께서 주시는 것을, 좀 더 정확히 말해 그분께서 주시는 것만을 받기로 간절히 갈망하며 기다리고 있다면, 여러분은 절대로 속거나 절망하지 않을 것입니다. 여러분이 이러한 선물을 간구하는 대상이신 그분은 진리 그 자체이시며, 그분의 자녀들을 절대로 놀리지 않으십니다. 만약 여러분이 거짓 중보자들과 제사장들에게로 간다면, 여러분은 속을 것입니다. 그러나 유일한 중보자이신 예수 그리스도에게로 간다면, 여러분은 절대로 속지 않을 것입니다. 만약 여러분이, 영적 선물이 죽을 운명을 지닌 인간들의 손을 통해서 온다는 망상에 빠져 있다면, 오늘날에도 애굽의 제사장들인 얀네와 얌브레(딤후 3:8) 같은 제사장들이 존재하게 될 것입니다. 이들은 생선이 자기들의 손을 지나가는 동안 뱀으로 변하게 하였으며, 약간의 속임수로 계란을 전갈로 바꾸는 교활한 짓을 했던 자들입니다. 만약 저도 제 신앙을 다른 사람의 손을 통해 가졌던 것이라면, 저 또한 속았을 것입니다. 그러나 아버지 되신 하나님 그분께 간절하고도 끈질긴 기도로 나아가 그분의 아들과 그분의 성령님으로부터 이러한 축복들을 직접 받기를 갈망한다면, 그 어떠한 실수도 일어날 수 없을 것입니다. 저는 제가 간구했던 그 좋은 것을 받았음에 틀림없습니다.

　우리는 이제 한 가지 예를 더 들고자 합니다. 그리고 이 사례는 전체를 포괄하는 것이기도 합니다. 사랑하는 성도 여러분, 우리의 모든 체험들을 돌이켜 볼 때, 결국 이 모든 체험들이 오류이거나 망상이지 않았나 하는 의구심이 들기도 합니다. 저는 제가 어두운 데서 부르심을 받아 그의 기이한 빛에 들어가게(벧전 2:9) 된 것으로 생각했습니다. 저는 제가 주 안에서 기뻐하고(빌 4:4) 있는 줄로 생각했습니다. 저는 제가 드린 기도들이 응답받은 줄로 그렇게 생각해 왔습니다. 저는 그분의 성령으로 말미암아 은혜에서 은혜로 인도받고 있는 줄로 믿고 있었습니다. 그리고 끔찍하게 속지 않은 것이 사실이라면, 저는 지금까지 아버지와 아들과 교제를 나누었다고 생각해 왔습니다. 황홀한 체험까지는 아니더라도, 저는 많은 평화를 누리면서 살아왔습니다. 저는 하나님의 백성들이 겪는 서글픈 체험과 기쁜 체험을 모두 다 경험했습니다. 저는 이 모든 것을 다 겪어보았다고 생각합니다. 그러나 암울한 시기가 되면 우리는 "내가 겪은 것이 정말 사실인가? 최종적으로 나는 하나님의 참된 자녀인가? 부흥회나 열심 있는 목회자의 영향으로 내가 회심했다고 나 혼자 확신하고 있는 것은 아닌가? 그때 이후로 나는 기독교인들의 좋은 평가와 평판에 힘입어 이 기만적인 가정(假定)을 뒷받침해 왔던 것은 아닌가? 그래서 지금까지 나는 사기꾼이나 나 자신을 속이는 자로 살아온 것은 아닌가? 이 모든 것들이 하나의 끔찍한 사기로 드러나는 것은 아닌가?"라고 말합니다.

이런 경우에 우리는 다음과 같은 질문으로 다시 돌아가야 합니다. 나는 어디에서 이런 간구를 했고, 무엇을 간구했습니까? 나는 하나님께 나아가 단순히 입으로만 신앙 고백을 하려고 했습니까? 한 사람의 기독교인으로 신앙 고백을 함으로써 친구들로부터 존경을 받고 세속적인 지위를 얻고 싶은 것이 내 바람이었습니까? 아니면, 회심을 갈망하면서 구원의 사랑을 위해, 진실한 마음으로 주님께 나아갔습니까? 나는 하나님과 화해하고 싶고 나 자신이 거룩해지기 위해 구세주를 갈망했습니까? 그리고 그 때 이후로, 나는 그저 사람을 모방하는 것이 아니라, 하나님께서 주시는 은혜를 받고자 진실 되고 간절하게 갈망했습니까? 나는 하나님의 영을 내 영혼 안에 가지기를 열망하고, 이를 위해 지금도 진실 되고 간절하게 기도하고 있습니까? 만약 그렇다면, 나에게는 내가 속고 있다고 의심할 만한 권리가 없습니다. 나는 어린아이와 같이, 하늘 아버지께서 내가 구한 것을 나에게 주셨다고 믿습니다. 그렇게 믿는 것이 올바른 행동입니다. 왜냐하면 만약 내가 자녀에게 생선을 주었는데, 자녀가 그것은 생선이 아니라 뱀이라고 의심한다면, 그 자녀는 내게 크게 불의한 행동을 한 것이기 때문입니다. 이와 마찬가지로, 하나님께 예수 그리스도를 통해서 필요한 한 가지를 간구했다는 것을 내가 진심으로 알고서도, 그분이 다른 것으로 나를 속이셨다고 의심하는 것은 나 또한 하나님께 큰 불의를 행하는 것입니다. 절대로 의심해서는 안 됩니다. 만약 내가 하나님으로부터 받기를 간구했다면, 그것도 진심으로 간구했다면, 지금 나는 내가 갈망하던 그 좋은 것을 가지고 있는 것입니다(막 11:24).

　　자, 이 단순한 진리가 여러분에게 아주 도움이 될 것입니다. 왜냐하면 오늘날 많은 사람들이 우리의 믿음을 공격하고 있기 때문입니다. 우리 가운데 어떤 이들은 가르침을 위해 주님을 섬겼습니다. 그래서 지금 사람들이 낡아빠진 신조라고 비웃고 욕하는 이 옛 믿음을 수립할 수 있었습니다. 우리는 하나님의 성령님과 하나님의 말씀을 통해, 우리가 믿고 있는 대로 가르침을 받았습니다. 그런데 지금 이 진보되고 계몽된 세기는 옛 구식의 진리들이 비철학적이라는 것을 발견했다고 합니다. 이 발견 때문에 우리는 가르침을 받으러 하나님께 나아가서 빵을 받은 것이 아니라 돌을 받았다고 믿는 것입니까? 저는 그렇게 믿지 않습니다. 이 사람들이 이 빵을 돌이라고 부른다 해도, 저는 제가 지금까지 오랫동안 먹고 살았던 이 빵을 포기하지 않을 것입니다. 저는 이것을 여전히 붙잡을 것입니다. 이것은 저의 음식이며, 저는 이 음식으로 영원히 살아갈 것입니다. 어떤 사람은 자신이 불타는 스랍이 되기까지 자신을 열정으로 충만한 사람이 되게 해 달라고 하나님께 간구했지만, 다른 사람들은 그를 보고서, 당신은 완전히 도깨비불에 홀린 것처럼 주체할 수 없을 만큼 흥분한 상태이니, 좀 냉정해야 할 필요가 있다고 말할 것입니다. 사랑하는 성도 여러분, 만약 여러분이 여러분을 삼킬 정도로 하나님의 집을 향한 뜨거운 열정을 간구했다면, 하나님께서 여러분에게 주신 그 영은 도깨비불이 아니며, 죄인들의 회심을 위한 여러분의 열정은 광신이 아니라는 사실을 믿으십시오. 그것을 굳게 잡고, 그것을 더 많이 가지십시오. 여러분이 얻은 그 보물들로 인해 마귀가 여러분을 속이지 않도록 하십시오. 생선은 생선이지 뱀이 아닙니다. 계란은 계란이지 전갈이 아닙니다. 신자가 믿음에 굳게 서서 믿음을 저버리지 않을 때, 신자는 다음과 같은 말을 들을 수도 있습니다. "이것은 단지 당신의 타고난 고집일 뿐입니다. 당신 고집은 황소고집입니다. 당신은 뭘 하나 움켜잡으면, 다른 것은 거들떠보지도 않고 절대 그것을 포기하려고 하지도 않습니다." 지금까지 수많은 하나님의 사람들이 자신의 결심으로 인해 조롱을 받아왔습니다. "그에게는 참된 순교자의 정신이 있는 것이 아니라, 순전히 동물적인 고집만 있을 뿐이다." 오, 사랑하는 성도 여러분, 여러분은 어디서 이런 단호함을 갖게 되었는지 알고 있습니다. 만약 여러분이 주님을 섬기고, 또한 "나의 하나님이시여, 당신을 두려워함으로 저를 굳게 세워 주옵소서. 내 구세주께서 그리하셨던 것처럼, 나를 대적하는 죄인들의 반대를 참아낼 수 있도록 나를 도와주옵소서"라고 말한다면, 하나님께서는 여러분에게 조금도 나쁜 것을 주지 않으실 것입니다. 여러분에게 일어나는 모든 것을 감수하고 그대로 서서 끝까지 견디십시오. 그러면 여러분은 결코 시들지 아니하는(벧전 5:4) 생명의 면류관을 얻게 될 것입니다. 이것이 바로 우리가 첫 번째로 살펴본 내용입니다. 한 마디로, 좋은 것들을 위한 기도는 좋은 응답을 받는다는 것입니다.

사랑하는 성도 여러분, 이제 모든 마음에 이러한 의문이 생길 것입니다. "그렇다면 내 기도가 진정으로 좋은 것을 위한 기도라고 확신하기만 한다면, 나는 그것을 얻게 된다는 말입니까?"라고요. 정확히 그렇습니다.

2. 그래서 두 번째로, 가장 좋은 것을 위한 기도는 응답받는 가장 확실한 보증이라는 사실이 분명해집니다.

왜냐하면 오늘 본문이 "하물며 하늘에 계신 너희 아버지께서 자기에게 구하는 자들에게 성령을 얼마나 더 많이 주시겠느냐?"고 말하고 있기 때문입니다. 성령님이 좋은 것이 되신다는 사실에 대해서는 의심의 여지가 없습니다. 그러므로 우리가 그분을, 즉 그분의 신적 임재와 영향력을 간구한다면, 하나님께서 성령을 주실 것을 우리는 분명히 확신할 수 있습니다. 이 사실을 다음과 같은 제목으로 우리의 첫째 요지로 삼읍시다. 하나님께서는 그분에게 구하는 자들에게 성령을 주실 것입니다. 사랑하는 성도 여러분, 성령님은 때때로 바람으로(요 3:8), 또는 생명을 주시는 숨으로(요 6:63; 20:22)으로 묘사됩니다. 시체가 켜켜이 쌓인 계곡 위로 성령이 불어오면, 그 시체들은 생명을 얻어 소생하게 됩니다. 여러분과 저를 포함해 우리 모두는 비록 살아 있다고는 해도, 맥 빠진 듯, 거의 죽어가는 듯, 그렇게 살아가고 있다고 느낍니다. 성령 하나님은 그런 우리를 소생시키시고, 거룩한 생명의 불꽃을 우리 안에 살아나게 하시어 우리 마음속에 있는 하나님의 생명이 힘을 얻게 하십니다. 이 소생케 하시는 숨을 위해 기도하십시오. 사랑하는 성도 여러분, 하나님께서 그 숨을 여러분에게 주실 것입니다. 여러분이 확신을 갖고 진지하게 기도하는 정도에 따라 여러분은 다시 살아나게 될 것이며, 여러분 안에 생명이 있음도 느끼게 될 것입니다. 성령 하나님은 때로 물에 비유되기도 합니다. 예수님의 피를 우리에게 적용하고 우리를 성화시키는 분이 바로 성령님이십니다. 성령님은 우리를 깨끗하게 하시고 풍성하게 하십니다. 맞습니다. 그분께서는 이러한 능력으로 우리에게 다가오실 것입니다. 우리의 죄악이 우리에게 큰 힘을 휘두르고 있다고 느끼십니까? 오 성령 하나님이시여, 당신께서 우리 안에 있는 죄악을 멸하여 주시고 우리를 정결하게 해 주옵소서. 당신은 이미 물과 성령을 통해(요 3:5) 우리를 새로이 거듭나게 해 주셨습니다. 우리의 전 본성이 위대한 맏아들(롬 8:29)의 형상이 되기까지 당신의 사역을 지속하셔서 우리를 완전케 하옵소서. 만약 여러분이 이렇게 간구한다면, 여러분은 그렇게 될 것입니다. 만약 여러분이 이렇게 간구한다면, 하나님께서는 여러분에게 성령님을 주실 것입니다. 성령님은 우리에게 빛의 형상으로 계시됩니다. 성령님은 우리의 마음을 비추셔서 우리의 본성적인 어둠을 사라지게 하십니다. 오, 하나님의 자녀들이여, 성령님을 섬기십시오. 그러면 성령님께서 여러분을 모든 진리로 인도하실 것입니다. 지금 여러분을 혼란스럽게 하는 것들도 그분께서 분명하게 해 주실 것입니다. 지금 여러분이 도달하기에는 너무 높은 진리들에도 그분께서 이르도록 하실 것입니다. 성령님을 섬기십시오! 하나님의 자녀로서 하나님으로부터 배우기를 갈망하십시오. 우리에게 성령님을 주겠다고 약속하시는 하나님의 심오한 겸손에 대해 지금 제가 느끼고 있는 감정을 어떻게 표현해야 할지 잘 모르겠습니다. 하나님께서는 우리에게 그분의 아들을 주셨습니다. 그리고 지금 그 아들이 성령님을 약속하십니다. 바로 이 두 가지 선물은 이루 형언할 수 없을 정도로 귀한 것들입니다. 하나님께서 참으로 이 땅에서 인간과 함께 거하실까요? 하나님께서 인간 안에 거하실까요? 모든 것 위에 계신 하나님이시며 영원히 찬양받으시기에 합당하신 그 무한한 성령님께서 나 같이 불쌍한 인간의 마음속에 거하시고, 내 몸을 성령님의 거룩한 성전으로 삼아주시는 것(고전 6:19)이 과연 있을 수 있는 일일까요? 예, 분명히 그럴 수 있습니다. 하나님께서 좋은 것을 간구하는 자들에게 좋은 것을 주시는 것이 분명하듯, 위의 사실들도 마찬가지로 분명합니다. 성령을 구하는 자들에게 그분께서 성령을 주신다는 것은 모든 사실 가운데서 가장 분명한 사실일 것입니다. 그러므로 여러분이 간구하기만 한다면, 하나님의 빛이 여러분을 비출 것입니다. 그럼에도 불구하고 어둠 가운데 그냥 앉아 있지 마십시오.

성령님은 우리에게 불의 상징으로 제시되기도 합니다. 불 같은 능력으로 성령님은 하나님의 백성들의 영혼에 열정을 불붙이시고, 그 마음에 불타는 열심을 불붙이십니다. 불 같은 혀는 비길 데 없는 능력으로 말을 합니다. 불길 같은 마음은 사람의 아들들을 이깁니다. 오, 우리가 이런 불을 받았으면 좋겠습니다! 이 불을 꼭 받아야 합니다. 성령 하나님은 우리가 부르짖을 때 응답으로 다가오실 것입니다. 그분은 오셔서 교회에도 불을 붙이시고, 각 성도들에게도 불을 붙이실 것입니다. 성령 하나님은 종종 기름으로도 제시됩니다. 성령님을 통해 우리는 거룩한 기름 부음을 받게 됩니다. 목회자가 새로운 기름으로 기름 부음을 받도록 기도하는 것은 대단히 바람직합니다. 그러나 여러분도 마찬가지로 여러분의 등불에 기름을 공급받아, 그 등불이 꺼지지 않도록 하는 것이 필요합니다. 이런 소망은 성취될 것입니다. 하나님께서는 이런 식으로 자기에게 성령을 구하는 자들에게 성령을 주실 것입니다. 부드럽게 떨어지는 이슬은 풀잎에 힘을 주고 풀잎을 새롭게 합니다. 이와 마찬가지로 성령님께서는 이 세상에서 분주한 일상의 열기로 시험받고 걱정에 시달린 우리 영혼들을 위로해 주실 것입니다. 만약 우리가 그분을 간구하기만 한다면, 성령님은 우리를 이슬처럼 적셔 주실 것입니다. 성령님은 복된 비둘기처럼 자신의 두 날개에 평화를 싣고서 우리에게 다가오실 것입니다. 사실 우리가 성령님을 간구하기만 한다면, 성령님이 우리 안에서 할 수 없는 사역은 하나도 없을 것입니다. 만약 우리가 성령님을 간구하기만 한다면, 성령님께서는 우리를 위해 성령님의 모든 속성을 하나도 빠짐없이 다 보여주실 것입니다. 하나님께서는 성령님을 구하는 자들에게 성령님을 주실 것입니다.

오늘 본문과 관련하여 생각해 볼 때, 참으로 중요한 것은 성령이라는 말씀을 집중적으로 드리고자 합니다. 오늘 본문에 나오는 첫 번째 장면으로 돌아가 생각해 봅시다. 어린아이는 빵을 구하였고, 돌을 받지 않았습니다. 여러분도 성령을 구한다면, 성령을 받게 될 것입니다. 어떤 사람들은 악한 영의 인도를 잘못 받기도 했습니다. 수년 전에 그리스도 재림의 때와 알지 못하는 언어(고전 14:27, KJV)와 관련해서 상당한 물의를 일으켰던 시끄러운 소동들은 무슨 유익이 있었는지 모르겠습니다. 저는 이런 소동들이 악한 영에 이끌려 일어난 것으로 믿고 있습니다. 저는 묻고 싶습니다. 성령을 구하기 위해 하나님의 보좌 앞에 겸손하게 마음을 조아려 보았는지 말입니다. 혹시 성령을 받은 그 사람을 대단하게 부각시키는 어떤 것을 심히 갈망하고 또 그런 것을 가진 것에 대해 대단한 자부심을 느끼지는 않았는지 말입니다. 이런 것들로 인해 몇몇 설교자들은 헛된 망상과 광란의 소동으로 성도들을 인도하였습니다. 만약 여러분이 인내심을 가지고 겸손하게 지극히 높으신 분을 섬긴다면, 여러분은 선한 영을 받지, 결코 악한 영을 받지 않을 것입니다. 여러분은 망상에 빠져 잘못된 길로 가지도 않을 것입니다. 여러분이 최고의 기쁨과 심오한 체험들을 경험할 때, 사람들은 여러분이 속고 있다고 말할 수도 있습니다. 그러나 만약 여러분이 성령을 진심으로 강렬히 간구했다면, 하나님께서 여러분에게 주신 성령님이 여러분에게 이런 말을 해 주실 것입니다. 여러분이 예수님의 이름으로 여호와의 보좌 앞에서 경배하며 성령님을 간구할 때, 여러분은 아버지와 아들로부터 발출(proceed, 성령의 이중발출설로 성령이 성부 및 성자에게서 발출한다는 서방교회의 교리이다 — 역주)하시는 성령님을 받지 못하고 쫓겨날까봐 두려워할 필요가 없다고 말입니다.

　　그러나 오늘 본문에는 다음과 같은 사실은 분명히 드러나고 있습니다. 이 성령은 기도에 대한 응답으로 주어진다는 사실 말입니다. 우리는 얼마 전에 어떤 지혜 있는 형제가 성령을 간구하는 기도를 할 필요가 없다고 말하는 것을 듣지 않았습니까? "우리는 이미 성령을 소유하고 있기 때문에, 성령을 간구하는 기도를 할 필요가 없다"고 하는 말을 저도 들은 기억이 납니다. 이것은 마치 우리가 이미 가진 것을 달라고 기도하지 않는 것과 같습니다. 이렇게 말한 그 형제의 논리를 따른다면, 우리는 죄 용서를 이미 받았으니 죄 용서를 위해 기도할 필요가 없다고 주장할 수도 있지 않습니까! 우리가 생명을 가졌다 해도, 우리는 우리의 생명이 더욱 풍성해지도록 기도해야 합니다. 우리가 어떤 측면에서 용서를 받았다고 해도, 우리는 좀 더 충만한 의미에서 용서를 받기 위해 간구해야 합니다. 그리고 만약 우리가 성령을 받아 소생케 되어 구원을 얻었다면, 우리는 그분께 구원의 능력을 간구하는 것이 아니라, 그분의 능력이 다른 방향으로, 즉 그분의 은혜가 다른 형태로 나타나도록 간구해야 합니다. 저는 지금 하나님 앞에 가서 "주님이시여, 저는 죽을 죄인입니다. 당신의 성령으로 나를 소생시켜 주옵소서"라고 말하지 않습니다. 왜냐하면 이미 저는 그분의 성령으로 소생케 되었음을 확신하고 있기 때문입니다. 그래도 소생케 된 저는 지금 이렇게 울부짖습니다. "주님이시여, 제가 지극히 노쇠해질 때까지 당신께서 제게 주신 이 생명이 제게서 **빠져 나**

가지 않게 하옵소서. 제 안에 있는 이 생명이 강해지고 힘을 얻어 제 지체 안에 있는 사망의 모든 세력들을 물리쳐서 성령을 통해 당신께서 친히 주시는 활력과 에너지를 발할 수 있도록 저에게 성령을 주시옵소서"라고 말입니다. 오, 성령을 받은 여러분이여, 여러분은 비할 데 없는 그분의 사역과 은혜로운 영향력을 더 많이 체험하기 위해 기도하며, 그분께서 우리 속에 내주하시는 모든 겸손한 거룩함 가운데서 그분을 더욱더 많이 알기를 간구하는 바로 그런 사람들입니다. 하나님이 성령을 간구하는 자들에게 성령을 주실 것이라는 이 말씀을 여러분은 여러분에게 힘을 주는 말씀으로 삼고 있습니다. 어떤 형제들은 성령을 간구하기를 포기했기 때문에, 그들은 성령을 받지 못하고 많은 꾀들을(전 7:29) 좇아 그릇된 길로 가버렸습니다. 그들이 간구하지 않았다면 그들은 틀림없이 받지 못했을 것입니다. 그러나 인내심을 가지고 겸손하게 주님을 섬기는 일을 우리가 해야 할 일로 삼는다면, 주님께서는 날마다 우리에게 성령을 주실 것입니다.

저는 여러분이 우리 구세주께서 하신 말씀 가운데 단 한 말씀에 주목하기를 간절히 바랍니다. 그것은 바로 "너희가 악할지라도 너희 자녀들에게 좋은 선물들을 줄 줄 알거든"이란 말씀입니다. 이 말씀과 대비되는 말씀은 어떤 것이어야 할까요? "하늘에 계신 너희 아버지께서 자기에게 구하는 자들에게 성령을 얼마나 더 많이 줄 줄 알지 않겠느냐?"는 말씀일 것입니다. 이 말씀이 앞의 구절과 대비되는 병행구절이지 않겠습니까? 물론 그렇습니다. 하지만 주님께서는 그렇게 말씀하지 않으셨습니다. 주님께서는 아주 친절하게 표현하십니다. 먼저, "좋은 선물들을 줄 줄 아신다"라고 말씀하십니다. 왜냐하면 우리는 자녀들에게 좋은 것을 줄 줄 알지만, 줄 수 없는 때가 종종 있기 때문입니다. 아주 비통한 경우이기는 해도, 이럴 때가 가끔 있습니다. 자녀가 "아버지, 제게 빵을 주세요"라고 말하지만, 아버지는 찢어지는 마음으로 "내 아들아, 아무것도 없구나"라고 대답해야 할 때가 있습니다. 이런 경우는 인간이 살면서 겪는 시련들 중에 가장 가혹한 경우임에 틀림없습니다. 더구나 요즘 같은 시대에 이런 도시에서 "없단다. 내 아들을 위한 것은 빵 부스러기도 없단다"라고 말해야 하는 경우는 수만 배 더 고통스러운 시련일 것입니다. 여러분도 알고 있다시피, 그 아버지는 줄 줄 알고 있습니다. 하지만 그것을 줄 수가 없습니다. 그런데 오늘 본문은 하나님께서 성령을 줄 줄 안다고 말씀하지 않고, 그 이상을 말씀하고 계십니다. 즉, 하나님께서는 성령을 주신다고 선포하고 계신 것입니다. 왜냐하면 그분에게는 아는 것이 행하는 것과 동일하기 때문입니다. 그분은 성령을 구하는 자들에게 성령을 주십니다. 그분은 줄 줄 아실 뿐만 아니라, 실제로도 주십니다. 그분은 자녀에게 "내 아들아, 내가 할 수 없단다"라고 말씀할 수 없습니다. 불쌍한 죄인이 "주님, 회개하도록 저를 도와주옵소서"라고 말하는데, 주님은 "나는 너를 회개시킬 정도로 성령이 충분하지 않다"고 결코 말씀하지 않으십니다. 그의 자녀들 가운데 하나가 "주님, 나에게 성령의 기름 부음을 허락하시어 내가 당신의 복음을 좀 더 충분히 이해하도록 하옵소서"라고 부르짖을 때, 하늘 아버지는 "나는 그 정도로 그렇게 많은 성령을 너에게 줄 수 없다"고 결코 말씀하지 않으십니다. 믿음으로 입을 크게 열면(시 81:10), 그분은 풍족하게 주실 것입니다. 여러분은 그분 안에서 궁핍하지 않을 것입니다. 단지 여러분은 여러분 안에서 궁핍할 뿐입니다.

　사랑하는 형제자매 여러분, 저는 여러분에게 지금 새로운 것을 말하고 있지 않습니다. 단지 아주 간단한 진리를 말하고 있습니다. 아주 간단한데도 우리가 실행에 옮기지 않는 진리를 말하고 있을 뿐입니다. 스데반이 성령 충만한 사람이었듯, 우리도 그렇게 될 수 있습니다. 우리는 기적을 간구하고 있는 것이 아닙니다. 단지 성령님께서 옛 사람들에게 주셨던 그 모든 영적 고양(高揚)이 우리에게도 필요하며, 그분은 우리에게도 그것을 주실 수 있기 때문입니다. 성령님께서는 새로운 진리들을 계시하지 않습니다. 우리는 이미 계시된 완전한 복음을 가지고 있기 때문에, 성령님께 새로운 계시를 요구하지도 않습니다. 따라서 성령님은 옛 진리들을 우리의 영혼에 새기실 것이며, 그 새겨진 진리들이 우리의 양심과 삶에 능력을 행사할 것입니다. 이것이 바로 우리가 원하는 것입니다. 오, 여러분 가운데, 단지 기독교인이라는 이름만 달고서 하나님을 영화롭게도 하지 않고 그분 곁에서 살아가지도 않으며, 기도의 능력도 없고 성경도 배우려 하지 않으며 그것을 삶에 적용하지도 않는 사람이 있다면, 그런 사람들에게 간청합니다. 만약 여러분이 성령을 받지 못했다면, 그것은 여러분이 성령님을 끈질기게 간구하지 않고, 그분이 여러분에게 꼭 필요하다는 절실한 심정으로 간구하지 않은 까닭임을 꼭 명심하십시오. 여러분이 악할지라도 자녀들에게 좋은 선물들을 줄 줄 알거든, 하물며 하나님께서 여러분에게 성령을 얼마나 더 많이 주시겠습니까? 여러분이 악할지라도, 빵을 주지 않고 애달프게 하며 다른 것을 줌으로써, 여러분의 자녀를 조롱하지는 않습니다. 마찬가지로 하늘에 계신 여러분의 아버지도 그렇게 하지 않으실 것입니다. 하나님께서는 여러분에게 참된 성령을 주실 것입니다. 여러분을 그릇된 길로 인도할 열광이나 여러분에게 해를 끼칠 광신이 아니라, 하나님의 성품대로 온화하고 믿을 만하고 전혀 오류가 없으신 성령님을 하나님은 그 간구하는 자들에게 주실 것입니다. 이제 우리의 마지막 요지를 살펴보고자 합니다.

3. 반드시 응답받는 최고의 기도는 가장 포괄적인 기도이기도 하다는 사실입니다.

오늘 본문의 병행 구절인 마태복음 7장 11절을 살펴보겠습니다. 마태복음의 기자는 계란에 대해 아무 언급도 하지 않는다는 사실에 주목하십시오. 이제 11절을 읽어 보십시오. "그런즉 너희가 악할지라도 너희 자녀들에게 좋은 선물들을 줄 줄 알거든 하물며 하늘에 계신 너희 아버지께서 자기에게 구하는 자들에게 좋은 것들을 얼마나 더 많이 주시겠느냐?"(KJV)고 나옵니다. 반면에 오늘 본문은 "그런즉 너희가 악할지라도 너희 자녀들에게 좋은 선물들을 줄 줄 알거든 하물며 하늘에 계신 너희 아버지께서 자기에게 구하는 자들에게 **성령**을 얼마나 더 많이 주시겠느냐?"고 기록되어 있습니다. 두 본문을 비교해 볼 때, 성령이 "좋은 것들"에 해당된다고 할 수 있습니다. 그렇다면 주님께서 우리에게 성령을 주실 때, 그분은 우리에게 모든 "좋은 것들"을 주신다고 하는 사실이 분명해지지 않습니까? 그러므로 성령 하나님을 구하는 기도는 얼마나 포괄적인 기도인지 모릅니다! 사랑하는 성도 여러분, 연필을 손에 잡고서 여러분 앞에 놓인 흰 종이에 여러분에게 영적으로 부족한 것들을 모두 적어 보십시오. 저는 그 목록의 길이로써 여러분의 지혜를 판단할 것입니다. 왜냐하면 만약 여러분이 자신을 안다면, 여러분에게는 아직 완성되지 못한 부족한 것들이 어마어마하게 많음을 여러분이 알고 있을 것이기 때문입니다. 이 모든 것들에 대해 하나하나 개별적으로 기도한다는 것은 아주 오랜 시간을 필요로 합니다. 내 사랑하는 성도 여러분, 이제 연필을 잡고서 마치 학교에 다니는 소년들이 전체를 더하는 합산을 하듯이 그 목록의 결과를 내보십시오. 그 결과는 "성령님"으로 나올 것입니다. 즉, "나의 하나님, 나에게 당신의 성령을 주시옵소서. 그러면 저는 모든 것을 가지게 될 것입니다"로 말입니다. 어떤 사람은 "구세주도 우리에게 필요하지 않습니까?"라고 말합니다. 참으로 성령님은 그 오시는 곳에 "그리스도의 것들을 가지고 와서 그것들을 우리에게 보이실"(요 16:14, KJV) 것입니다. 이것이 바로 성령님의 위대한 가치입니다. "그분께서 나를 영화롭게 하시리니"(요 16:14, KJV)라는 주님의 말씀이 바로 그 뜻입니다. 성령 하나님께서 오시는 곳마다 대속의 피가 함께 오고, 우리는 그 피에 가까이 나아가게 되며, 그 핏값으로 산 모든 영적 축복들을 성령으로 말미암아 우리 영혼이 받게 됩니다. 만약 여러분이 성령을 받는다면, 성령님께서는 결코 빈손으로 오지 않으십니다. 그분은 언약의 모든 보물들과, 창세 전부터 미리(벧전 1:20) 여러분을 위해 정해 놓은 축복들과, 은혜 언약 안에서 여러분에게 이미 확보된 축복들과, 예수님의 보혈로 말미암아 여러분을 위해 핏값으로 산 축복들을 가득 싣고서 오십니다. 그러므로 여러분은 이렇게 기도하십시오. "오, 하나님, 나에게 당신의 성령을 주시옵소서."

　　나의 사랑하는 성도 여러분, 그러므로 여러분이 드리는 기도는 여러분 자신을 위한 기도일 뿐만 아니라, 다른 사람들을 위한 중보의 기도이기도 합니다. 여러분은 여러분의 자녀들을 위해, 아내를 위해, 이웃들을 위해, 친구들을 위해 기도하고 있습니다. 제 소망은 여러분의 중보기도 목록이 길어지는 것입니다. 만약 하나님께서 여러분이 드리는 기도로 다른 사람들을 축복할 수 있는 능력을 주신다면, 그 축복에만 머무르지 마십시오. 여러분이 다른 사람들을 위해 원하는 것이 무엇입니까? 한 마디로 말해, 그것은 성령님입니다. 여러분의 사랑스러운 아들이 성령을 받도록 하십시오. 그러면 그는 여러분이 바라던 대로 온유한 양심을 갖게 될 것입니다. 그는 그리스도를 닮으려는 열망을 가지고서 그리스도를 발견하고 온전한 기독교인이 될 것입니다. 여러분의 딸이 성령을 받도록 하십시오. 그녀는 하나님의 말씀에 대한 열망을 가지고서 은혜의 수단들을 사랑하게 될 것입니다. 그녀는 구세주를 발견하고서 쓸모 있는 한 사람의 그리스도인 여성이 될 것입니다. 여러분의 이웃에 대해서도 여러분은 그들이 여러분과 함께 복음을 듣게 되기를 기도했습니다. 여러분이 드린 이 기도도 아주 탁월한 기도입니다. 하지만 성령께서 그들을 방문해 주시기를 위해서 기도하는 것이 좀 더 완전한 기도일 것입니다. 어떤 사람들은 하나님의 집에 가본 적도 없는 데 성령의 방문을 받았습니다. 심지어 그들이 일을 하고 있을 때, 그들이 전혀 설명도 할 수 없을 거룩한 충동이 그들을 쫓았습니다. 사실 말씀을 듣는 것은 수단에 불과합니다. 능력은 성령 하나님께 있습니다. 그러므로 성령을 간구하는 기도야말로, 여러분이 이웃과 친척들을 위해 드리는 기도로 가장 적합하지 않느냐고 말씀드리는 것입니다.

나의 사랑하는 성도 여러분, 이제 제가 마지막으로 드릴 말씀은 여러분의 마음에 명심했으면 하는 바입니다. 내일은 기도의 날입니다. 제가 이미 말씀드린 바와 같이, 제 바람은 여러분이 모두 한마음이 되어 한 곳에서 기도를 드렸으면 좋겠습니다. 그런데 저는 겸손하게 여러분에게 한 가지를 제안하고자 합니다. 하나님께서 교회들에게 더욱더 성령을 부어 주시도록 우리 모두 이 날뿐만 아니라 앞으로도 계속해서 기도해 주십시오. 여러분은 지금 어떻게 느끼는지 모르겠지만, 사실 저는 마음이 아주 편치 않습니다. 왜냐하면 영국 국교회는 성례중시론(Sacramentarianism, 성례의 효능을 극단적으로 강조하는 입장을 가리키는 말)에 철저히 잠식돼 있기 때문입니다. 그 뿐만 아니라 비국교파(Nonconformity, 청교도파, 장로교파 등, 영국성공회에 들지 않는 기독교 신자를 총칭한다)는 철학적인 불신앙으로 가득 찬 것처럼 보입니다. 우리가 더 훌륭하다고 생각했던 사람들마저 근본주의 신앙에서 하나둘씩 변해 가고 있습니다. 그들은 처음에는 장래의 영원한 형벌이라는 교리를 포기하더니, 지금은 틀림없이 타락교리를 포기한 것처럼 보입니다. 처음에는 이런 교리를 포기하더니 시간이 지나면서 저런 교리를 포기하고 있습니다. 누구든 자기가 말하고 싶은 대로 말한다면, 말씀 속에 있는 모든 교리들은 분명히 아무 소용 없게 됩니다. 그들은 성경에 나타난 교리들이 마치 모두 반증(反證)되어 논박된 것처럼 여기고, 또 소수의 무식한 고집쟁이들만이 그런 교리들을 지지하는 것처럼 생각합니다. 영국의 심장이 혐오할 만한 불신앙으로 철저히 쑥대밭이 되어가고 있다고 저는 믿습니다. 그러면서도 여전히 그들은 강단에 올라가고, 스스로를 기독교인이라고 부르고 있습니다. 하나님께서 우리 교파만은 이들로부터 보호해 주시기를 저는 기도드리고 있습니다. 그러나 저의 기도는 하나님께 우리에게 성령을 주십사 하는 기도로 승화될 것입니다. 왜냐하면 성도들이 성령을 받는다면 결코 잘못된 길로 가지 않을 것이기 때문입니다. 성령님께서는 이들을 바르게 지키시고 모든 진리 가운데로 인도하실 것입니다(요 16:13). 건전한 교리는 하나님께서 교회 안에 살아서 내주하신 결과로 나왔을 때만 소유할 가치가 있습니다. 성령님께서 너무 멀리 떨어져 계시기 때문에, 전통 신앙이 포기되고 인간이 만든 고안물들이 그 자리를 대신 차지하고 있는 징조들을 보게 되는 것입니다.

때때로 저는 길을 걸으며 숨을 쉬면서, 이런 기도를 드립니다. 복음을 능력 있게 전하는 많은 목회자들을 하나님께서 세워 달라고 말입니다. 연약한 설교,

그저 쓸데없는 이야기나 하는 설교들은 너무 많지만, 복음을 능력 있게 선포하는 설교는 너무 적습니다. 제가 이런 기도를 다시 드리게 될지는 잘 모르겠지만, 어쨌든 저는 이렇게 기도드릴 것입니다. "주님, 당신의 성령을 여러 교회들에 보내 주옵소서"라고 말입니다. 그러면 목회자들이 나올 것이고, 그러고 나면 또 열심 있는 일꾼들이 나올 것입니다. 성령 하나님은 그들의 혀를 불로 어루만지실 것입니다. 그러면 그들은 "내가 여기 있나이다 나를 보내소서"(사 6:8)라고 말할 것입니다. 그러면 우리는 휫필드(George Whitefield, 1714-1770, 영국 성공회 성직자로서 영국 대각성운동의 주역), 에드워즈(Jonathan Edwards, 1703-1758, 미국 태생의 설교자, 신학자), 맥체인(Robert Murray McCheyne, 1813-1843, 스코틀랜드의 복음 설교자) 같은 설교자와 목회자들이 살았던 청교도 시대로 다시 한 번 거슬러 올라가게 될 것입니다. 성령 하나님은 교회의 능력이며, 교회 안에서 능력 있게 말씀하고 계십니다.

저는 교회들이 더욱더 거룩해지기를 갈망하고 있습니다. 교회들이 너무 세속적으로 순응하며(conformity, 국교신봉자) 살아가는 것을 볼 때, 너무 마음이 아픕니다. 부(富)가 얼마나 자주 사람들을 잘못된 길로 인도하는지 모릅니다! 얼마나 많은 기독교인들이 이 악한 세상의 모양을 따라가고 있는지 모릅니다. 그래도 저는 교회들이 거룩해지기 위해 기도할 것입니다. 하나님께서 교회에 성령을 주시도록 저는 간구할 것입니다. 성령님은 성결의 영(롬 1:4)이시므로, 성도들을 순종으로 인도하고, 죄에서 깨끗하게 하시며, 자기 백성을 하나님의 형상으로 창조하십니다.

여러분 모두 저와 같은 바람을 갖고 있을 것으로 생각합니다만, 저는 많은 교회들이 더욱더 하나 되는 모습을 보고 싶습니다. 교회들이 서로 불화하고 비난하고 싸우는 것은 안타까운 일입니다. 일반적으로 교회 간의 다툼은 다른 어떤 갈등보다도 더욱더 비통한 일입니다. 여러분은 하나됨을 위해 너무 많이 기도하기보다는 오히려 다음과 같이 온 힘을 다해 기도하십시오. "주님, 성령을 주시옵소서. 성령께서 우리 가운데 충만히 계신다면, 우리는 결코 분열하지 않을 것이며, 하나님의 교회는 생명의 하나됨을 느낄 것입니다." 하나님의 백성들 가운데 참된 하나됨을 창조하는 것은 바로 생명입니다.

제가 교회 안에서 보기를 갈망하는 또 다른 것이 있습니다. 솔직히 말씀드려서 수천 가지가 있지만, 그 중에서도 교회의 성도들이 양 떼들처럼 늘어나서,

그들이 은혜의 교리들을 지적으로 이해하는 가운데 세워져가고, 그리스도의 오심을 기대하며 그분의 재림을 준비하는 모습을 보는 것이 저의 간절한 바람입니다. 만약 우리가 이 모든 것을 보기 원한다면, 성령님이 더욱 풍성하게 임하시기를 간구합시다. 그리고 이 기도가 응답되었을 때, 사실 틀림없이 응답받을 것이지만, 그 때 우리는 우리 영혼이 바라던 모든 것들을 보게 될 것입니다.

그러므로 아주 진지하게 거듭거듭 여러분에게 부탁의 말씀을 드립니다. 내일을 진정한 기도의 날로 지켜 주시기 바랍니다. 그리고 만약 여러분의 육신이 내일 이 자리에 나오실 수 없다면, 하루 온종일 힘 있게 전능한 하나님이신 우리 아버지께 부르짖으십시오. 그분은 자기 아들을 아끼지 아니하시고 우리 모든 사람을 위하여 내주신 분(롬 8:32)이십니다. 만약 우리가 바르게 간구할 줄 알기만 한다면, 하나님은 자기 아들과 함께 모든 것을 우리에게 아낌없이 주실 분이십니다.

제
42
장

—

더 강한 자에게 쫓겨난 강한 자

—

"강한 자가 무장을 하고 자기 집을 지킬 때에는 그 소유가 안전하되 더 강한 자가 와서 그를 굴복시킬 때에는 그가 믿던 무장을 빼앗고 그의 재물을 나누느니라. 나와 함께 하지 아니하는 자는 나를 반대하는 자요 나와 함께 모으지 아니하는 자는 헤치는 자니라. 더러운 귀신이 사람에게서 나갔을 때에 물 없는 곳으로 다니며 쉬기를 구하되 얻지 못하고 이에 이르되 내가 나온 내 집으로 돌아가리라 하고 가서 보니 그 집이 청소되고 수리되었거늘 이에 가서 저보다 더 악한 귀신 일곱을 데리고 들어가서 거하니 그 사람의 나중 형편이 전보다 더 심하게 되느니라." — 눅 11:21-26

주 예수님은 항상 사탄과 직접적으로 그리고 공개적으로 적대관계를 이루십니다. "내가 너로 여자와 원수가 되게 하고 네 후손도 여자의 후손과 원수가 되게 하리니"(창 3:15)라고 하신 말씀이 지금까지 가장 강하게 성취되어 왔습니다. 그리스도께서는 지금까지 악한 자와의 협상이나 휴전을 용납하지 않으셨고, 앞으로도 전혀 용납하지 않으실 것입니다. 그리스도께서 사탄을 한 번씩 가격(加擊)하실 때마다 눈속임으로 하지 않고 실제로 강타하셨으며, 사탄을 개선시킨 것이 아니라 멸망시키셨습니다. 그리스도께서는 사탄을 정복하기 위해 결코 사탄의 도움을 요청하지 않았고, 악에 맞서 악으로 대항하지 않으셨습니다. 그분은 육적인 무기를 사용하지 않고도 강한 요새를 무너뜨릴 힘을 발휘하십니다. 그분은 항상 이 힘들을 사탄과 장난치려는 의도가 아니라 사탄의 나라와 뿌리와 가지들을 잘라내기 위한 의도로 사용하십니다. "하나님의 아들이 나타나신 목적은 이것이니 곧 그분께서 마귀의 일들을 멸하시려는 것입니다"(요일 3:8, KJV). 그리스도와 사탄으로 대표되는 죄악 사이에는 치명적이고 화해할 수 없을 정도의 무한하고 영원한 증오가 있습니다. 그 어떤 타협도 생각할 수 없고 조금의 사정도 봐줄 수 없습니다. 주님께서는 사탄을 그분의 발 아래에서 상하게 하시고(롬 16:20), 불 못에 던질(계 20:14) 목적을 절대로 철회하지 않으실 것입니다. 그럼에도 그리스도께서 살아계실 당시 바리새인들은 그분이 귀신의 왕 바알세불을 힘입지 않고는 귀신을 쫓아내지 못한다(마 12:24)고 말했습니다. 바리새인들의 이런 언급보다 더 모욕적인 비난은 없었습니다. 오, 영광의 주님께서 똥 더미 같은 귀신의 왕과 동맹을 맺다니, 이 얼마나 비루한 생각인지 모르겠습니다. 그분께서는 주님이 치러야 할 전투들을 귀신의 무기들을 가지고 절대 싸우지 않으십니다. 그분은 악과 전혀 관계가 없는 분이십니다. 평화를 위해서라면 오류에 대해서도 관용을 베푸는 그 거룩하지 않은 사랑의 정신과 그분이 친구이며 후원자가 된다는 것은 절대 불가능한 일입니다. 절대 그럴 수 없습니다. 그분은 하나님 나라를 발전시키기 위해 사탄과 결코 동맹을 맺지 않으십니다. 오히려 그분은 무장한 강한 사탄을 대적하여 최종 승리를 얻기까지 싸우기로 결심하셨습니다. 우리 앞에 놓인 오늘의 본문을 열어보면서, 이 점에 대해 더욱더 분명히 살펴보고자 합니다.

오늘 본문은 죄악의 상태에 있는 인간의 모습을 제시해 주고 있습니다. 그 다음으로, 잠시 동안 개선이 되었으나 결국 가장 나쁜 악의 형태에 굴복하게 된 인간의 모습을 보여주고 있으며, 위대한 구세주의 능력으로 말미암아 완전히 굴복된 인간의 모습도 생생하게 묘사하고 있습니다.

1. 첫 번째로, 우리는 자연 상태에 있는 인간의 모습을 주의 깊게 살펴볼 것입니다.

"강한 자가 무장을 하고 자기 집을 지킬 때에는 그 소유가 안전하되"라는 말씀을 중심으로 말입니다.

하나님의 보좌가 되려는 의도는 가졌지만, 지금은 사탄의 집이 되어버린 인간의 마음을 살펴봅시다. 아담은 지극히 높으신 분에게 순종하는 종이었고, 아담의 몸은 하나님께서 사랑을 베푸시는 성전이었습니다. 그러나 타락으로 말미암아 지금 우리는 죄의 종이 되었고, 우리의 몸은 사탄의 일터가 되어버렸습니다. "불순종의 아들들 가운데서 역사하는 영이라"(엡 2:2)는 말씀처럼 말입니다. 이 영은 오늘 본문에서 "강한 자"로 불리고 있습니다. 이 영은 실제로 강합니다. 누가 그를 대적할 수 있겠습니까? 욥기에 나오는 괴물 같은 그에 대해 우리는 이렇게 말할 수 있습니다. "네 손을 그에게 대어 본 뒤에 싸움을 기억하고 다시는 그리하지 말라. 보라, 그에 대한 소망은 헛되니 사람이 그를 보기만 해도 낙심하지 아니하겠느냐?"(욥 41:8-9, KJV)고 말입니다. 블레셋 사람 수천 명의 정강이와 넓적다리(삿 15:8)를 이스라엘의 보복자인 삼손이 크게 살육하였지만, 그 강한 삼손도 더 강한 악마 같은 자의 희생물로 전락하고 말았습니다. 그 강한 영웅도 사자는 찢어 죽였어도(삿 14:6), 자신을 수치와 상처로 제압한 지옥의 사자에게는 역부족이었습니다. 사람들 가운데 가장 지혜로웠던 솔로몬도 사탄에게 속았습니다. 솔로몬의 마음이 교활한 유혹자에게 미혹되었기 때문입니다. 인류의 조상이었던 자도 순수하고 지극한 복락의 태초 시대에 이 끔찍한 원수에게 고꾸라졌습니다. 사탄은 너무 강하기 때문에, 설령 우리 모두가 힘을 합쳐 그를 대적한다 해도, 마치 우리가 창을 흔드는 것도 비웃는 리워야단(욥 41:1)처럼, 사탄은 우리를 우스워할 것입니다. 사탄은 단순히 힘을 가지고 있다는 의미에서 강한 것이 아니라 교활하다는 의미에서 강합니다. 그는 우리가 빠지기 쉬운 죄에 맞춰서 우리를 유혹하는 방법을 알고 있습니다. 그는 우리를 공격할 적절한 시기를 찾고 있습니다. 그는 왕들도 전쟁하러 나갈 시간이 있다는 것을 알고서 언제라도 전쟁할 준비를 하며 항상 대기하고 있습니다. 그는 대단한 검객입니다. 그는 칼 휘두르는 법, 막는 법, 찌르는 법, 피하는 법 등 모든 것을 알고 있으며, 우리의 약점뿐만 아니라 우리가 입은 갑옷의 이음새가 어디에 있는지도 알고 있습니다. 한 번이라도 그와 맞붙어 본 그리스도인이라면 정말 그가 강하다는 사실을 인정할 것입니다. 언제든 한 번 자기 힘으로 맞서보겠다고 했던 불신자들도 자기 힘이 전적으로 약함을 바로 느꼈을 정도입니다. 그는 복수심에 불타는 강한 자입니다. 오, 그리스도인들이여! 다행한 것은, 여러분에게는 이 강한 자보다 더 강한 자가 있다는 사실입니다. 그리스도의 전능하신 힘이 오셔서 구해주지 않으신다면, 사탄의 힘은 여러분을 짓눌러 파멸시켰을 것입니다.

　　오늘 본문은 이 강한 자가 더 나아가 무장까지 하고 있다고 합니다. 진실로 공중의 권세 잡은 자(엡 2:2)치고 무기를 가지지 않은 경우는 없습니다. 그의 주력 무기는 거짓말입니다. 성령의 검(엡 6:17)은 진리이며, 악한 영의 검은 거짓말입니다. 그는 태초에 우리 인류를 거짓으로 넘어뜨리고 나서 우리를 완전히 망가뜨렸습니다. 그는 거짓으로 위조하고 거짓말을 사용해서 계속 인간의 영혼들을 멸망시키고 있습니다. 이 모든 것이 지속된 허위와 함께 합니다. 사탄은 때로, 너는 너무 어려서 죽음이나 영원한 것들을 생각할 수 없다고 죄인들에게 말할 것입니다. 그리고 거짓말이라는 이 무기가 힘을 잃게 될 때는, 은혜의 날은 이제 끝났기 때문에 너무 늦었다고 죄인들의 마음을 설득할 것입니다.

> "그는 공허한 꿈들을 우리의 소망으로 먹이고,
> 종의 두려움으로 우리의 소망을 죽이기도 합니다.
> 그리고 우리를 과격한 극단이나
> 억측이나 절망으로 고요히 몰고 갑니다.
>
> 지금 그는 '천국으로 가는 길은 굉장히 쉽다'고 설득합니다.
> 그러다가 우리의 죄를 부풀리고는
> '그 죄들은 용서받을 수 없다'며 소리칩니다.
>
> 이런 식으로 그는 해악과 사기로
> 자신의 무자비한 보좌를 유지하며,
> 아담의 아들들을
> 어둠과 구렁텅이로 끌어 내립니다."

(아이작 와츠의 「찬송과 영가」(Hymns and Spiritual Songs, 1707) 2권 156번에 실린 '나는 유혹자와 그 매력을 증오합니다'[I hate the tempter and his charms]란 찬송가의 2,3,6절 가사다).

그는 최악의 이유를 타당한 이유로 그럴듯하게 제시하는 방법을 가지고 있습니다. 그는 달콤한 것을 쓰게 만들고, 쓴 것을 달콤하게 만들 수 있습니다. 그는 또한 사람들을 영원한 멸망으로 인도할 행동을 인간 자신에게 유익한 행동인 것처럼 믿도록 하기도 합니다. 그는 사람들로 하여금 숯불을 가슴에 품고 다니면서도 그 숯불이 결코 타지는 않으리라 착각하게 만들 수도 있습니다. 그는 사람들로 하여금 지옥의 가장자리에서 춤추게 하면서도, 마치 천국의 가장자리에 있는 듯 느끼게 할 수 있습니다. 슬픈 일입니다! 우리는 모두 다 바보들입니다. 우리는 얼마나 쉽게 그의 거짓말에 속아 넘어가는지 모릅니다! 그는 아주 잘 꾸며진 쾌락이라는 화살들을 가지고 있습니다. 강한 자는 육체의 정욕으로 무장하고 있습니다. 그는 어떤 사람에게는 농탕(弄蕩)한 짓거리를 하게 만들고, 또 다른 사람들에게는 눈길을 사로잡는 넘쳐흐르는 술잔을 제시하기도 하며, 탐욕스러운 자들에게는 번쩍이는 재물을 주기도 하고, 또 어떤 자들에게는 최고의 명성과 박수갈채를 약속하기도 합니다. 바로 이런 것들이 사탄의 무기입니다! 도대체, 공중의 권세 잡은 자의 모든 전쟁 도구들을 어찌 다 언급할 수 있을까요. 그는 빽빽한 우박 같은 불화살(엡 6:16)을 던질 수도 있습니다. 그의 호흡은 숯불을 지피고 그의 입에서는 불꽃이 나옵니다(욥 41:21, KJV). 그가 일어설 때는 강한 자들도 무서워합니다(욥 41:25, KJV). 절반 정도는 영감을 받은 번연(John Bunyan)의 상상력은 그를 이렇게 그리고 있습니다. "그 괴물은 보기에도 섬뜩하였다. 괴물은 생선 같이 비늘로 덮여 있었으며(이것들은 괴물의 자랑거리였다), 용과 같이 날개가 있었고, 발은 곰의 발과 같았다. 괴물의 배에서는 불과 연기가 나왔으며, 그의 입은 사자의 입 같았다"(번연은 「천로역정」에서, 주인공 크리스챤이 겸손의 골짜기에서 만난 아볼루온[Apollyon]을 이렇게 묘사하였다 — 역주). 그는 모든 부분에서 잘 무장되어 있으며, 그의 종들, 즉 죄인들도 어떻게 무장시켜야 하는지 잘 알고 있습니다. 그는 죄인들을 머리부터 발끝까지 쇠사슬로 만든 갑옷을 입히고 손에는 무기들을 쥐어주고는, 복음 사역자들이나 인간의 양심이 지닌 미약한 힘이 결코 이길 수 없도록 대적하게 할 것입니다.

　이처럼 우리는 그가 무장하고 있다고 들었습니다. 그런데 오늘 본문을 보면, 더 강한 전사가 와서 "그가 믿던 무장을 빼앗고"라고 나옵니다. 확실히 악한 영은 이 땅의 모든 쇠를 막아낼 수 있는 갑옷을 입고 있습니다. 편견, 무지, 악한 교육 등, 이 모든 것들은 사탄이 자신의 허리를 동여매고 있는 쇠사슬의 갑옷입니다. 완고한 마음은 이 악한 영이 입고 있는 뚫을 수 없는 흉패입니다. 그의 화인(火印)맞은 양심(딤전 4:2)은 놋쇠를 얇게 펴 입혀 놓은 듯하고, 죄악의 습관은 철로 만든 투구와 같습니다. 오랜 세월 동안 악한 영이 잠복해 있었던 사람들은 입고 있는 갑옷의 이음새를 전혀 찾을 수 없는 경우도 있습니다. 이런 경우에는 그들의 마음을 움직이기보다는 차라리 화강암에서 피를 뽑아내는 것이 더 쉬울 것입니다. 이들을 사로잡고 있는 마귀는 우리의 공격에 상처를 받지 않습니다. "촘촘히 봉한 것처럼 서로 닫혀 있는 그의 비늘은 그의 자랑이로다. … 그의 심장은 돌처럼 단단하고 참으로 맷돌의 아래짝 같이 단단하도다"(욥 41:15, 24, KJV)라는 말씀처럼 말입니다. 우리는 그런 사람들에게 설교하였고, 그들을 위해 기도하였으며, 때로는 날카롭고 때로는 부드럽게, 온 사방에서 그들을 공격하기도 하고 거룩한 사랑으로 구애하기도 했으며, 하나님의 심판과 율법의 공포로 그들에게 천둥처럼 호통하기도 하였습니다. 그러나 그 강한 자는 너무 완벽히 무장하고 있어서, 지금까지도 그에게 아무런 영향을 끼치지 못하고 있습니다. 우리가 아무리 가격(加擊)해도 그는 그저 비틀거리기만 할 뿐, 그가 입은 갑옷은 치명적인 상처로부터 자신을 보호하기에 충분할 정도로 더 두텁게 되어버렸습니다. "그의 살 조각들은 서로 연결되고 자기들 속에서 단단하여 움직이지 아니하며, … 그에게 달려드는 자의 칼도 견디지 못하며 창이나 작은 창이나 사슬갑옷도 견디지 못하는도다. 그는 쇠를 지푸라기같이, 놋을 썩은 나무같이 여기나니, 화살이라도 그를 도망하게 할 수 없고 물맷돌도 그에게는 지푸라기가 되는도다"(욥 41: 23, 26-28, KJV)라는 말씀처럼 말입니다.

다시 한 번 이 강한 자를 눈여겨보십시오. 그는 무장을 하고 갑옷을 입은 것 외에도, 대단히 경계를 하고 있습니다. "자기 왕궁을 지킬 때에는"(눅 11:21, KJV)이라고 기록되어 있기 때문입니다. 즉, 그는 쉬지 않고 돌아다니며 잠도 자지 않고 뜬 눈으로 성벽을 지키는 신실한 파수꾼처럼 경계하고 있습니다. 그가 잠을 자려고 갑옷을 입은 것이 아닙니다. 여러분은 잠자고 있는 성도들은 볼 수 있을지 몰라도, 잠자고 있는 마귀들은 결코 보지 못할 것입니다. 타락한 천사들이 쉬지 않고 활동한다는 것은 생각만 해도 끔찍한 일입니다. "밤이나 낮이나 안식을 얻지 못하리라"(계 14:11, KJV)는 말씀 때문입니다. 그들은 굶주린 사자들처럼 먹이를 찾아 두루 다닙니다. 사탄이 사람의 마음에 들어가게 되면, 혹시라도 진리가 그 마음에 들어와 사탄의 보좌를 차지하지는 않을까 매순간 경계하고 있습니다. 그 사람이 하나님의 말씀을 듣고 있을 때 사탄은 두 배나 더 경계합니다. 사탄은 목회자가 양심을 공격하거나 죄에 대해 크게 호통치는 곳으로는 가게 하지 않을 것입니다. 왜냐하면 그런 곳에서는 사탄의 왕국이 공격을 받는다고 느끼기 때문입니다. 그러나 참된 복음이 설교되고 또 하나님의 능력이 선포되는 곳에는 틀림없이 수많은 마귀들이 모여들게 됩니다. 사탄은 이렇게 말합니다. "지금 내 영토에 위험이 감지되었다. 그러므로 하나님의 진리의 공격에 대항하고 내 성을 보호하기 위해 두 배의 수비대를 배치하겠다." 오, 사랑하는 성도 여러분, 주님이신 성령께서 역사하실 때도 조심하십시오. 왜냐하면 그런 때 저 큰 원수들은 분명히 두 배나 더 활동할 것이기 때문입니다. 마귀는 자기 재산을 지키고 있습니다. 제가 그 마귀를 쥐도 새도 모르게 잡을 수 있다면 얼마나 좋겠습니까! 그러나 이 리워야단은 갈고리로도 잡히지 않을 뿐 아니라, 가시로도 아가미를 꿸 수 없습니다(욥 41:1, 2). 우리는 이곳에서는 죄인들에게 경고할 수도 있고, 저곳에서는 지나가는 말로 권면을 할 수도 있습니다. 또 저쪽 거리 모퉁이에 서서 구원을 선포할 수도 있고 예수님의 이름으로 강단을 차지할 수도 있으며, 어떤 교묘한 장치를 고안해 내서 그 모든 수단들을 사용할 수도 있습니다. 그러나 사탄은 우리만큼이나 기민하여, 땅에 뿌려질 씨앗들을 실어 나르는 정결하지 않은 새들을 항상 준비시키고 있습니다. 그래서 사람들이 자고 있을 동안에도, 그 원수가 와서 가라지를 덧뿌립니다(마 13:25). 사탄은 절대로 졸지 않습니다. 휴 래티머 (Hugh Latimer, 1487-1555, 영국의 성직자로 메리 여왕 치하에서 순교한 3인의 옥스퍼드 순교자 중 한 사람 ― 역주)가 늘 말하듯, 사탄은 영국에서 가장 근면한 교구 감독입니다. 다른 감독들은 자기 관구 교인들에게 게으르지만, 사탄은 절대 그렇지 않습니다. 사탄은 항상 성도들을 심방하며, 자신의 검은 양 떼들을 돌보고, 자신의 악한 사역을 감당하기 위해 여기저기를 돌아다니고 있습니다. 따라서 폭풍이 휩쓸고 지나가듯 사탄은 죄인의 마음을 일순간에 사로잡을 것입니다. 왜냐하면 죄인의 마음에는 느닷없이 나타난 악한 영을 대적할 희망이 없기 때문입니다.

　오늘 본문에는 왜 사탄이 이처럼 자신이 거주하고 있는 죄인의 마음을 경계하고 있는지 그 이유에 대해 잘 말해주고 있습니다. 사탄은 그 사람을 자기 재산으로 여기고 있기 때문입니다. "그 소유가 안전하되"라고 말하고 있으니까요. 그러나 정당하게 말하자면, 사탄이 소유한 것은 사탄의 것이 아닙니다. 인간이라는 집 안에 있는 재산들은 무엇이든지 간에 마땅히 그 집을 만들고 그 집에 살고자 계획한 하나님께 속한 것들입니다. 그런데 사탄은 인간 안에 있는 모든 것을 자기의 소유라면서 소유권을 주장하고 있습니다. 사탄은 인간의 기억력을 자신의 나쁜 말과 악한 노래들을 저장할 창고로 만들고, 인간의 판단력을 왜곡시켜서 저울과 추를 거짓되게 만들었습니다. 인간의 사랑에는 지옥의 숯불을 피웠고, 인간의 상상력에는 더러운 망상을 심어 현혹시켰습니다. 사탄은 인간의 모든 능력들에 대해 소유권을 주장합니다. "나는 그 사람의 입을 가질 것이다. 그 사람은 나를 위해 맹세할 것이다. 나는 그 사람의 두 눈을 가질 것이다. 그의 두 눈은 허영을 쫓아 헤맬 것이다. 나는 그 사람의 두 발을 가질 것이다. 그 두 발은 그 사람을 사악한 쾌락의 장소로 데리고 갈 것이다. 나는 그 사람의 양 손을 가질 것이다. 그러면 그 사람은 나를 위해 일할 것이며, 또 내 종이 될 것이다"라고 말이지요. 따라서 그 마음은 완고해지고, 양심은 마비됩니다. 그래서,

> "죄악은 부싯돌 같은 보좌에 앉아 있는
> 격노한 폭군과 같다.
> 이 돌 같은 마음 아래에서는
> 모든 선한 것들이 짓눌려 죽게 된다."

(아이작 와츠의 「찬송과 영가」(Hymns and Spiritual Songs, 1707) 2권 98번에 실린 '내 마음이 얼마나 강퍅해졌는지 모릅니다! [My heart, how dreadful hard it is!]라는 찬송가의 2절 가사다).

사탄은 그 사람의 전 인격을 자신의 소유라고 주장합니다. 그런데 사탄의 이런 주장을 너무나 신속히 받아들이는 것에 놀랄 따름입니다. 사람들은 사탄이 묶어 놓은 쇠사슬 소리를 음악으로 착각하고, 사탄이 발에 끼워놓은 족쇄를 껴안기도 합니다. 사람들은 즐거운 마음으로 그 어둠의 통치자에게 순종합니다. 그러나 예수님을 따르는 자들이 자기 지체(肢體)를 굴복시켜서 전적으로 다정하신 평화의 통치자(사 9:6, KJV)에게 순종하도록 하는 것은 어려운 일입니다. 아, 정말 어려운 일입니다.

이것이 다가 아닙니다. 사탄은 소유권을 주장할 뿐만 아니라 주권까지도 주장합니다. 여러분은 "자기 왕궁"(눅 11:21, KJV)이라고 기록된 것을 보았을 것입니다. 왕궁은 일반적으로 왕이 거하는 곳입니다. 따라서 사탄은 자신을 위대한 왕으로, 즉 인간의 마음에 거주하는 왕으로 여기고 있음을 알 수 있습니다. 하나님의 주권은 지금까지 항상 사탄의 주요 공격 목표가 되어왔습니다. 왜냐하면 사탄은 지옥에 대한 주권을 수립하고자 갈망하기 때문입니다. 사람들에 대한 사탄의 통치는 제국주의적이며, 사탄의 통치형태는 전제주의적인 독재입니다. 사

탄이 사람의 마음을 사로잡고는 그의 종에게 "가라"고 말하면, 그는 가야 하고, 사탄이 "이것을 행하라"고 말하면, 그 사람은 그것을 행해야 합니다. 사탄은 이성적으로 통제하거나 통치하지 않을 것입니다. 오히려 모든 반역에 광기를 부리며 자신의 뜻에 복종하도록 만들 것입니다. 사탄의 선포는 위대하신 하나님을 원숭이처럼 흉내 내어 만들어진 것입니다. "내가 아무것도 내 뜻대로 할 수 없노라"("내가 아무것도 스스로 할 수 없노라"[요 5:30]는 말씀), "나는 존재하며, 나 외에 다른 이가 없나니"("나는 여호와라 나 외에 다른 이가 없나니"[사 45:5]는 말씀)라는 식으로 말입니다. 사탄은 사람들에게 얼마나 무절제한 주권을 행사하는지 모릅니다! 사탄은 사람들로 하여금 술에 취하도록 꼬일 것입니다. 그것으로도 충분치 않아서 정신을 완전히 잃고 헛소리를 할 지경에까지 가도록 재촉할 것입니다. 사탄은 사람들의 의식을 잃게 해서, 자신의 두 손으로 스스로를 자해하도록 이끌 것입니다. 아니 실제로 사탄은 자신의 희생물들이 흘린 피로 그 희생물들을 덮기도 합니다. 어떤 나이든 설교자는 설교 본문으로 "귀신들이 그 사람에게서 나와 돼지에게로 들어가니 그 떼가 비탈로 내리달아 호수에 들어가 몰사하거늘"(눅 8:33)이란 말씀을 정하고, 첫 번째 요지를 "귀신들의 계획은 실패했다"고 정했습니다. 다소 뭉뚱그려 표현한 것 같지만, 이 말에는 많은 진리가 들어 있습니다. 사탄이 사람들의 마음에 들어가 있으면, 사람들이 어디로 갈지 전혀 추측할 수가 없습니다. 또 다른 요지는 "돼지들은 귀신이 내 모는 대로 열심히 달려갔다"는 것입니다. 일단 사탄이 사람들을 사로잡으면, 그들은 주사(酒邪)를 부리거나 어리석은 짓을 하거나 잔인해지거나 스스로를 자해하는 등, 극단적인 행동들을 하지 않습니까? 바알의 선지자들처럼 칼로 자기 몸을 상하게 하기도 하고(왕상 18:28), 거라사의 귀신 들린 사람처럼 옷을 입지 않고 무덤 사이에 거하기도 하며(눅 8:27), 복음서에 나오는 어린아이처럼 불과 물에 자주 던져지기도(막 9:22) 합니다. 귀신이 사람들을 지배할 때 이런 사람들처럼 됩니다. 사탄은 인간의 마음을 거닐면서 교만하게 "이 모든 것이 나의 것이다"라고 말합니다. 하지만 세상의 그 어떤 왕도 자기 왕궁을 거닐면서 이처럼 교만하게 말할 수는 없었습니다. 사탄은 거만하게 이렇게 외칠 수도 있습니다. "이 사람은 엎드려서 나를 경배할 것이다. 이 사람은 자기의 안락과 생명까지도 나를 위해 희생할 것이다. 이 사람은 내가 마실 잔도 마다하지 않고 마실 것이며, 그 잔 밑에 가라앉은 독까지 한 방울도 남기지 않고 다 마실 것이다. 이 사람은 나를 섬기려고 할 것이며, 사망이 그 섬김의 영원한 삯인지를 절대 내게 묻지 않을 것이다." 오! 마귀에게 순종하는 이런 사람들처럼 그렇게 자원하는 종들과 그렇게 기쁜 마음으로 순교하는 자들이 하나님에게도 있었으면 얼마나 좋겠습니까! 술을 파는 모든 왕궁에서 여러분은 남루하고 야위고 병든 이 마귀의 순교자들을 볼 수 있을 것입니다. 또 다른 지옥의 술잔을 기울이게 되는 시간이 오기까지 이른 아침부터 떨고 있는 자들을 볼 수도 있을 것입니다. 달빛이 비치는 모든 거리에서 싸늘하고 축축한 밤안개를 기다리며, 매춘하듯 몸과 영혼 모두를 이 부정(不淨)한 숭배의 제단 위에 바치려는 자들도 볼 수 있을 것입니다. 모든 병원에서 질병으로 만신창이가 된 뼈와 역겨울 정도로 더럽게 오염된 피로 썩어가는 위독한 상황에 처한 자들도 볼 수 있을 것입니다. 또한 온 마음으로 사탄을 섬기기 위해 몸과 영혼 전체를 지옥불로 완전히 태워 번제가 되기를 간절히 원하는 자들도 볼 수 있을 것입니다. 오! 마귀의 종들이 마귀를 섬기는 그 신실함에 비하면, 하나님을 섬기는 우리의 신실함은 그 절반에도 이르지 못할 것입니다. 그런 마음은 아볼루온(계 9:11)의 왕궁이라 불려도 전혀 손색이 없습니다. 왜냐하면 그 마음 안에서 사탄은 절대적인 주권으로 다스리고 있기 때문입니다. 오, 영원하신 하나님이시여, 사탄을 쫓아내 주옵소서.

"자기 왕궁(KJV)을 지킬 때에는 그 소유가 안전하되"라고 하신 말씀을 여러분이 제대로 살펴보기 전까지 저는 이 장면을 떠나지 않겠습니다. 이것이 바로 모든 일들 가운데 가장 두려운 징조입니다. 이 사람은 전혀 괴롭지 않습니다. 그는 양심의 가책도 받지 않습니다. 왜 그렇습니까? 하나님도 그를 놀라게 하지 않습니다. 하나님이 어떤 분입니까? 당연히 그분의 음성에 순종해야 하지 않습니까? 지옥에 대한 생각도 그를 전혀 불안하게 하지 않습니다. 사탄은 "평강하다 평강하다"(렘 6:14)라고 하면서, "지금 네게는 모든 일이 다 잘 되어가고 있다. 그런 근거 없는 걱정들은 그것을 믿는 사람들이나 걱정하도록 내버려 두어라"고 말합니다. 그에게 머무르는 하나님의 진노조차도 그를 초조하게 하지 못합니다. 사람들이 죽어갈 때, 그 죽어가는 몸의 각 지체들은 전혀 고통을 느끼지 못합니다. 아편에 중독되어 감각이 마비된 사람들은 발가벗고 있어도 전혀 춥지 않습니다. 그들은 배가 텅 비어도 전혀 배고프지 않습니다. 몸에 병이 걸려도 전혀 고통을 느끼지 못합니다. 그들이 술에 취해도 자신의 비참함을 전혀 알지 못합니다. 가장 육적인 사람들이 바로 이와 같은 사람들입니다. 그 어떤 것도 이들을 일깨워

줄 수 없습니다. 설교를 듣긴 들어도, 설교자의 스타일에만 주목하지 진리는 간과합니다. 조종(弔鐘)이 울리며 심판이 다가와도, 한두 방울 눈물만 흘리다가, 곧 눈물을 훔치고는 자신들이 가던 길을 계속 갑니다. 그 사람들은 "개가 그 토하였던 것에 돌아가고 돼지가 씻었다가 더러운 구덩이에 도로 누웠다 하는 말"(벧후 2:22) 그대로 입니다. 어떤 사람은 "양심에 가책을 받는다는 것이 무엇인지 나는 전혀 모른다. 나는 아주 편안하다. 나는 오랜 세월 동안 즐거운 삶을 살아가고 있다"고 말합니다. 그런 사람들에게 제가 감히 말씀드립니다. 여러분의 상황은 정말 그렇습니다. 그러나 제 솔직한 심정은 여러분이 그런 상황이 아니기를 바랍니다. 만약 여러분이 여러분의 옛 주인에게 만족하지 못한다면, 여러분은 그를 떠나 아버지의 집으로 갈 소망이 있을지도 모릅니다. 그러나 여러분이 이 세상에 대해 그리고 이 세상을 다스리는 통치자에 대해 만족하는 한, 여러분은 계속해서 여전히 스스로 파멸의 길을 가게 될 것입니다. 사탄은 전설적인 사이렌(siren, 그리스 신화에 따르면 아름다운 노랫소리로 근처를 지나는 뱃사람을 유혹하여 파선시켰다는 바다의 요정이다 — 역주)들이 선원들을 유혹했던 것처럼 사람들을 유혹합니다. 사이렌들은 바위 위에 앉아서 매우 아름다운 노래들을 불렀고, 일단 그 음악을 듣게 된 뱃사람들은 사이렌들을 향해 자신의 배를 돌리고 싶은 충동을 억제할 수가 없었다고 합니다. 그래서 그 음악소리가 나는 바위 쪽으로 항해한 모든 배들은 비참하게도 바위에 부딪혀 난파되고 말았습니다. 혼을 빼놓는 매혹적인 노랫소리가 그 배를 끌어당긴 것입니다. 사탄의 음성도 이와 마찬가지입니다. 사탄은 지옥의 음유시인으로서 사람을 끌어당기는 달콤한 노랫소리로 유혹하여 사람들을 영원한 파멸로 이끕니다. 사탄은 화음으로 사람의 마음을 매혹시키는 아무도 흉내 낼 수 없는 소나타들을 연주할 수 있기 때문에, 성령 하나님의 도우심을 받지 못한 가련하고도 죽을 운명의 혈과 육을 지닌 자들은 사탄의 그 섬뜩한 마력에 감히 저항하지 못합니다. 그 감미로운 곡조가 바로 "평강하다, 평강하다, 평강하다, 평강하다"입니다. 오 죄인들이여, 만약 여러분이 바보가 아니라면, 여러분은 이 믿을 수 없는 거짓말에 발걸음을 멈추고서 귀를 기울이게 될 것입니다. 이 파괴자의 마법으로부터 우리를 구해 주신 주권적인 은혜는 영원히 찬송할 만합니다.

그 마음에 살고 있는 자는 "더러운 귀신"(KJV에는 "부정한 영"[눅 11:24]으로 나온다)이라고 불립니다. 그가 여러분에게 주는 모든 평강에도 불구하고, 그는 부정합니다(더럽습니다). 그가 이렇게 부정한 데도 불구하고, 여러분은 그가 준 평강을 대단한 것으로 여기고 우쭐해합니다. 여러분이 그러지 않기를 저는 하나님께 기도드리고 있습니다. 그는 항상 동일하고 변하지 않습니다. 아마도 여러분은 그 어떤 부정한 것에도 굴복하지 않는다고 말할 것입니다. 여러분은 술도 마시지 않고, 맹세도 하지 않으며, 거짓말도 하지 않습니다. 그러나 기억하십시오. 하나님과 불화한 것이 바로 부정한 것입니다. 그리스도와 낯선 것이 바로 부정한 것입니다. 여러분을 창조하신 하나님께 불순종하는 것이 바로 부정한 것입니다. 그리고 무엇보다도 가장 귀한 보혈로 죄로부터 자기 백성을 구원해 주신 구세주를 사랑하지 않는 것이 바로 부정한 것입니다. 아무리 잘해도 마귀는 마귀일 뿐입니다. 그리고 그가 살고 있는 마음은 기껏해야 반역자가 숨어 있는 소굴일 뿐입니다.

이것으로 오늘 본문에 대한 대략적인 해석을 여러분에게 해드렸다고 생각합니다. 이 해석들의 전체 의미를 충분히 말씀드리기에는 많은 시간이 필요할 줄로 압니다.

2. 이제 오늘 본문에 묘사되어 있는 부분적인 개선에 대해서 주목해 봅시다.

"더러운 귀신이 사람에게서 나갔을 때에 물 없는 곳으로 다니며 쉬기를 구하되 얻지 못하고 이에 이르되 내가 나온 내 집으로 돌아가리라 하고 가서 보니 그 집이 청소되고 수리되었거늘 이에 가서 저보다 더 악한 귀신 일곱을 데리고 들어가서 거하니 그 사람의 나중 형편이 전보다 더 심하게 되느니라"고 되어 있습니다.

우리 앞에 놓인 이 말씀에서 더러운 귀신이 자신의 자유 의지로 나갔다는 사실에 대해 살펴보겠습니다. 그는 내쫓긴 것이 아니었습니다. 싸움도 없었습니다. 그 집은 여전히 자신의 소유로 남아 있었습니다. 왜냐하면 24절 끝부분에 "내가 나온 내 집으로 돌아가리라"고 기록되어 있기 때문입니다. 그는 자유 의지로 자기 왕궁에서 나왔으나, 언제든 자기가 원할 때 쾌락과 즐거움으로 되돌아갈 의도를 가지고 있었습니다. 어떤 사람들은 회개한 것처럼 보입니다. 밖으로 드러난 이들의 삶은 아주 대단하고 주목할 만한 변화의 증거가 되기 때문에, 이들 스스로도 자신이 회개했다고 생각하고서 신앙 고백을 하며, 그리스도를 따르는 교회에서도 기꺼이 이들을 받아들입니다. 아주 슬픈 일이지만, 이제 저는 제가 눈물을 흘리며 살펴본 어떤 사람들을 묘사해 보려고 합니다. 이들은 한때 우리와 함께 있었지만, 결국은 "나중 형편이 전보다 더 심하게" 된지 오래된 사람들입니다. 더러운 귀신이 사람에게서 나가게 될 때, 그 사람은 예전과 전혀 다른 사람이 됩니다. 주일에도 문을 열던 상점을 이제는 닫습니다. 그러고는 하나님의 백성들이 예배하기 위해 모이는 장소로 발걸음을 옮깁니다. 그는 기도하기 시작합니다. 심지어는 가정 기도 시간도 정합니다. 그는 기도 모임에도 참석하고 신앙의 환희에서 오는 기쁨도 느낍니다. 그는 성도들이 가는 곳에 가며, 대체로 성도들이 하는 생활 방식대로 살아갑니다. 그를 보면 더러운 귀신이 완전히 나가서, 이제는 예수 그리스도 안에 있는 새로운 피조물(고후 5:17)까지는 아니라 해도 전혀 다른 사람이 된 것 같습니다. 그런데 이런 변화에 어떤 갈등도 없었다는 사실을 저는 이미 말씀드렸습니다. 이 변화는 귀신이 나가게 되면서 그 사람이 신앙 안으로 뛰어들게 된 갑작스러운 변화였습니다. 여기에는 회개도 없었고, 양심의 가책도 없었고, 타락과의 갈등도 없었고, 기도 가운데 주님 앞에서 울었던 적도 없었고, 십자가에 못 박히신 구세주를 쳐다보거나 그분의 상처에서 죄 용서를 깨달은 적도 없었고, 악과 씨름해 본 적도 없었습니다. 기쁨이 갑자기 찾아왔고, 그래서 그 사람은 자신이 구원받았다고 생각하게 되었습니다. 그 사람은 어제까지 죄인이었다가, 오늘 성도로 나타났습니다. 그에게 어떤 일이 일어났는지 아무도 알지 못합니다. 여러분은 그에게 그의 영혼에 행하신 성령님의 사역에 대해서, 죄에 대한 죄책감에 대해서, 율법의 망치나 십자가의 능력으로 그가 깨어지는 것에 대해서, 그 자신이 산산조각 부서지는 것에 대해서, 그의 의로움이 불결한 누더기 같다고 느낄 수밖에 없는 것 등에 대해서 설명하지만, 그 사람은 여러분이 하는 말을 이해하지 못합니다. 더러운 귀신이 그에게서 나갔다는 사실, 이것이 그에게 일어난 일의 전부입니다.

　악한 귀신은 왜 잠시 동안 그 사람을 떠났습니까? 그 악한 귀신은 어떤 몹쓸 계획을 염두에 두고 떠났던 것은 아닐까요? 틀림없이 그런 목적을 가지고 떠난 게 분명합니다. 만약 자의로 나가지 않았다면, 강제로 쫓겨날 것을 그 귀신이 알아차렸기 때문이라고 저는 생각합니다. 그래서 그 귀신은 잠시 동안 양보하고 그 사람의 양심을 만족시킨 다음, 그 양심을 진정시키고 달랜 후에 예전보다 더 신속히 양심을 잠재울 생각이었습니다. 그런 방식으로 그 귀신은 자기의 원수를 궁지에 몰아넣을 속셈으로 창피를 무릅쓰고 물러났던 것입니다. 그는 자신의 보좌가 흔들리는 것을 감안하면서까지 자기의 영역을 영원히 다시 수립하고자 했던 것입니다. 더 나아가 그는 잠시 동안 그 사람이 신앙에 빠지도록 허용했다가 그 후에 다시 돌아서게 할 생각이었습니다. 그래서 그 사람을 영원히 회의적인 사람으로 만들어, 불신앙이라는 쇠사슬로 그를 단단히 묶고 그 턱에 갈고리를 꿰어서 지옥에까지 끌고 내려갈 작정이었습니다.

그런데 잠시 후에 그 악한 귀신이 되돌아온 것으로 보입니다. 그는 사악한 자의 마음 외에는 편히 안식할 곳을 찾을 수 없었습니다. 그래서 다시 돌아왔습니다. 그가 그 마음에 들어오는 데는 아무런 반대도 없었고, 문도 잠겨 있지 않았습니다. 설령 문이 잠겨 있다 해도, 그는 빗장을 여는 열쇠를 가지고 있었습니다. 그는 들어왔습니다. 거기에는 살고 있는 사람도 없었고, 소유권을 주장하는 사람도 없었고, 다른 소유주도 없었습니다. 그는 여기저기를 둘러보고 이렇게 외쳤습니다. "여기가 바로 내 집이다. 나는 이 집을 떠나 여기저기를 돌아다녀 보았다. 그러다가 이제 다시 돌아왔다. 여기는 나를 위해 마련된 집이다"라고 말입니다. 이윽고 때가 되어, 개선되기는 했으나 다시 새롭게 되지는 않은 그런 사람들의 마음에 마귀는 다시 되돌아옵니다. 그들은 변화되었지만, 예수 그리스도 안에 있는 새로운 피조물(고후 5:17)은 아니었습니다. 그런데 마귀는 지금 무엇을 보고 있습니까? 무엇보다 먼저 그는 그곳이 텅 비어 있는 것을 봅니다. 만약 그곳이 가득 차 있었다면, 마귀는 다시 들어갈 수 없었을 것입니다. 만약 예수 그리스도께서 그 문 앞에 계셨더라면, 아마도 아주 격심한 전투가 잠시 동안 벌어졌을 것입니다. 물론 그 싸움은 수치스럽게도 사탄이 쫓겨나는 것으로 끝나게 되겠지만 말입니다. 그런데 그곳은 텅 비어 있었습니다. 그래서 마귀는 조용히 자신의 지배권을 되찾을 수 있었습니다. 마귀는 "거기 누가 있습니까?"라고 소리쳤습니다. 그러나 모든 방 안에는 울리는 소리만 있을 뿐, 아무도 나타나지 않았습니다. "여기에 그리스도가 계십니까?"라고 소리쳐도 아무런 대답이 없었습니다. 그는 문 밖으로 나가서 인방(引枋, 출 12:22)을 쳐다보았습니다. 만약 예수님이 안에 계시다면, 그리스도의 표가 틀림없이 그곳에 있었을 것이기 때문입니다. "기둥에 핏자국이 없다. 그리스도께서는 이곳에 계시지 않는다. 이곳은 비어 있다. 이제 나는 이곳에서 편히 지내고자 한다"고 그는 말했습니다. 만약 예수님께서 그곳에 계셨더라면, 마지못해 벽장에라도 숨어 계셨더라면, 마귀 앞에 나타나서서 소유권을 주장하고서는 그 배반자를 쫓아내시며, "썩 꺼져라, 이 녀석아!

이곳은 네가 있을 곳이 아니다. 나는 내 핏값으로 이곳을 샀다. 이곳은 영원토록 내 소유다"라고 말씀하셨을 것입니다. 그런데 이곳은 비어 있었습니다. 그래서 사탄은 이곳을 악한 비품들로 가득 채웠습니다. 이 원수가 알아차린 두 번째 사실은 그곳이 청소가 되었다는 것입니다. 어떤 사람은 "청소는 되었지만 결코 씻기지는 않았다"라고 말합니다. 청소는 더럽게 어질러진 것을 제거하는 것이고, 씻는 것은 모든 오물들을 말끔히 제거하는 것입니다. 오, 예수님의 보혈로 씻음 받는 것은 얼마나 대단한 일인지 모릅니다! 여기에 마음의 집이 청소된 한 사람이 있습니다. 그 어질러진 죄악들이 제거되었습니다. 그는 이제 술주정뱅이가 아닙니다. 벽난로 위에는 금주서약 증서도 있습니다. 그는 더 이상 음탕한 사람이 아니며, 마귀가 하라고 시킨 죄악을 이제는 증오하면서 입에 담기조차 싫어합니다. 그곳은 청소로 말쑥하게 정돈된 상태여서, 그 사람이 예전의 그 사람인지 알아보지도 못할 정도가 되었습니다. 그 사람은 스스로 자기 집을 깨끗하게 치웠다고 생각하며 자랑스러워합니다. 그는 문지방 위에 서서 마귀를 만나 "안녕하세요"라고 인사하며 이렇게 말합니다. "나는 이제 다른 사람들과 같지 않습니다. 나는 강탈자도 아니고 술주정뱅이도 아닙니다. 그리고 자기가 마땅히 해야 할 바를 절반도 하지 않는 저기 있는 저런 기독교인도 아닙니다. 나처럼 언행이 일치한 사람은 찾아보기 힘듭니다"라고 말이지요. 그러면 마귀는 주위를 둘러보고는 그 곳이 청소된 것을 확인합니다. 그 마귀는 청소뿐만 아니라 수리된(garnished, KJV에는 "꾸며진"으로 나온다) 것까지 확인하게 됩니다. 그 사람은 몇몇 그림들을 사 가지고 왔습니다. 그는 참된 믿음은 없었지만, 그 중에서 좋은 그림을 난로 위에 걸어두기도 했습니다. 그리스도의 십자가를 사랑하지는 않았지만, 그래도 아주 멋진 십자가 그림을 벽에 걸어놓기도 했습니다. 그는 성령의 은혜를 받지는 못했지만, 그래도 아름다운 꽃병을 식탁 위에 놓았습니다. 그 꽃들은 다른 사람들이 경험한 체험과 은혜들이었지만, 그래도 거기에서는 달콤하고 온화한 향기가 퍼졌습니다. 화로에는 불이 없었지만, 그래도 그 화로에는 돈을 주고 구입한 멋진 장식품 하나가 진열되어 있었습니다. 그곳은 청소되고 수리되었습니다. 오! 저는 이렇게 수리된 사람들을 만나 본 적이 있습니다! 자선으로 수리되고 어떤 때는 열띤 고백과 가장된 경건으로 수리된 사람들이었습니다! 여러분은 열심 있는 개신교도들을 보았을 것입니다. 오, 너무 열심이 있습니다! 그들은 십자가 성호만 봐도 기겁을 하면서, 다른 한편으로 간음을 합니다! 이런 일들이 불가능하다고 생각하십니까? 저는 이런 경우를 알고 있습니다. 여러분은 이런 사람들의 이야기를 들으면 아마 충격을 받을지도 모릅니다. 주일에는 찻주전자를 끓이거나 다른 사람의 생명보험을 들어주거나 바자회를 열어 돕는 자들이, 달랑 6펜스짜리 은화 하나를 얻기 위해 고아원 아이들을 속이기도 하고 그들의 이를 뽑기도 합니다. 이들의 마음은 청소되고 수리되었습니다. 신사 숙녀 여러분, 이들의 마음속으로 들어가 보십시오. 이처럼 멋지게 꾸며진 집을 본 적이 있습니까? 얼마나 우아하고 고상한 집인지 모릅니다! 정말 그렇습니다. 그러나 그런 사람들은 저속하고 방탕한 방식으로 저주를 받아 지옥에 갈 수 있을 뿐만 아니라, 고상하고 존경받으면서도 저주를 받아 지옥에 갈 수도 있습니다.

여러분은 이 이야기가 어떻게 끝나는지 그 전체를 보고 있습니다. 사탄은 그렇게 청소되고 수리된 곳을 찾게 되어 너무 기뻤습니다. 그래서 이곳이야말로 마귀들에게 아주 좋은 곳이라고 생각하고는 밖으로 나가서 자기 친구들 가운데 자기보다 더 악한 일곱 귀신들에게 요청하였습니다. 귀신들 가운데서도 더 악한 귀신들이 있습니다. 그래서 그들은 그 사람의 영혼에 들어와 최고의 휴가를 즐깁니다. 이 말이 무슨 뜻입니까? 우리가 생각하기에는, 이 사람이 예전에 기독교인으로 신앙 고백을 할 때보다 더욱 사악하고 완고하며 더욱 경건치 않은 사람이 되었다는 뜻으로 보입니다. 만약 여러분이 태어날 때부터 뼛속 깊이 범죄자인 사람을 찾는다면, 그 사람은 틀림없이 한때 신앙 고백을 했던 자일 것입니다. 이것은 정말 충격적인 일입니다. 사탄은 무슨 일이든 아무것도 묻지 않고 행하며, 하루살이는 걸러 내고 낙타는 삼키는(마 23:24) 그런 종을 원합니다. 그러다가 한 사람을 찾습니다. 그런데 알고 보니 그 사람은 한때 그리스도를 따르는 교회에서 높은 위치에 있던 자였습니다. 마귀를 찬양할 만한 목청을 가진 자를 찾다보면, 예전에 그리스도를 찬양하던 자를 찾게 될 것입니다. 마귀는 한때 성찬식 식탁에 앉았던 자를 찾아서는, "이 사람이 바로 내 연회(宴會)의 상석에 앉아 나를 위해 잔치를 진행할 사람이다"라고 말할 것입니다. 이들은 모두 변절자들이며, 배반자들이며, 아히도벨(다윗의 모사였지만 다윗을 배신하고 압살롬의 반역에 가담하여, 압살롬에게 아비의 후궁들을 백성들 앞에서 범하도록 제안한 자이다. 삼하 16:21)과 같은 자들이며, 가룟 유다와 같은 자들입니다. 이 사람들은 진리를 알았고 한 번 빛을 받고 하늘의 은사를 맛보았으며, 어떤 의미에서는 내세의 능력까지 맛보고도 타락한 자들(히 6:4-6)입니다. 이런 자들은 땅에도 소용없고 똥거름에도 소용없어 사람들이 내버릴 수밖에 없는 소금(마 5:13) 같은 자들입니다. 따라서 이들은 두 번 죽어 뿌리째 뽑힌 나무(유 1:12)들이며 떠돌아다니는 별들이니, 그들을 위해서는 칠흑 같은 어둠이 영원토록 예비되어 있을 것입니다(유 1:13). 이 자리에도 한때 청소되고 수리되었지만, 다시 사탄이 돌아온 그런 사람들이 있습니까?

  사랑하는 성도 여러분, 제 영혼으로부터 여러분에 대한 안타까운 마음을 표합니다. 여러분이 받을 분깃이 무엇이겠습니까? 여러분이 갈 지옥은 평범한 지옥이 아닐 것입니다. 기억하십시오. 무저갱에 여러분을 위한 자리가 마련되어 있을 것입니다. 여러 반역자들의 자리도 여러분과 같은 자리에 마련되어 있을 것입니다. 유다서의 편지를 읽어보십시오. 그러면 여러분은 그런 자들을 위해 "칠흑 같은 어둠이 영원토록 예비되어"(유 1:13) 있다는 사실을 알게 될 것입니다. 이것이 바로 여러분의 경우입니다. 그리고 이 경우는 더욱더 악화될 것입니다. 과거에 여러분은 주님의 식탁에 앉아 있었습니다. 하지만 지금 여러분은 진노의 잔을 마셔야 합니다. 여러분은 과거에 그리스도의 궁정에서 말씀을 전했습니다. 그러나 지금 여러분은 자신의 배교(背敎)에 대한 비통한 설교를 해야만 합니다. 한때 여러분은 하나님을 찬양하는 노래를 불렀습니다. 하지만 지금 여러분은 저주받은 자의 미제레레(Miserere, '미제레레 메이 데우스'[Miserere mei, Deus]로 시작하는 시편 51편의 라틴어 문구에서 유래된 참회의 기도로 가톨릭 미사 통상문에 들어있는 찬양곡이다)를 울부짖어야 합니다. 과거에 여러분은 천국을 얼핏 보았습니다. 그러나 지금은 지옥의 끔찍한 광경을 보아야 합니다. 여러분은 과거에 영원한 생명에 대해 말했지만, 지금 여러분은 영원한 죽음을 느껴야 합니다. 화염이 파도처럼 일렁이는 그곳에 뛰어들어 다시는 떠오르지 못하며, 거기에는 소망도 없고 심지어 죽음조차 없습니다. 거기서는 차라리 죽는 것이 큰 복이기 때문입니다. 여러분의 처지가 이렇게 되다니 얼마나 끔찍합니까! 이 세상에서는 여러분의 상황이 예전보다 일곱 배나 더 나빠진 것이며, 오는 세상에서는 저주를 받게 되는 것입니다. 평범한 죄인들은 절대 알 수 없을 정도로 엄청나게 무서운 그런 **저주를 받게 될 것입니다**. 이러한 진리들로 인해 우리가 위선자가 되거나 자기를 속이는 신앙 고백자들이 되지 않고, 깨어서 조심할 수 있는 자들이 되도록 저는 하나님께 기도드리고 있습니다.

3. 이제 저는 눈을 돌려 구세주께서 참된 회심에 대해 묘사하신 것,

즉 지금까지 말씀드린 것보다는 훨씬 더 기쁜 의무에 대해 말씀드리겠습니다.

"더 강한 자가 와서 그를 굴복시킬 때에는 그가 믿던 무장을 빼앗고 그의 재물을 나누느니라"는 말씀을 중심으로 말입니다.

자, 보십시오. 여기에 "더 강한 자"가 있다는 사실에 주목하십시오. "더 강한 자." 이 자는 사람 자체를 가리키는 것이 아닙니다. 사람의 마음은 집으로 묘사되고 있으며, 또한 그 사람은 귀신만큼 강하지도 않습니다. 그렇다면 "더 강한 자"는 도대체 누구입니까? 바로 예수 그리스도이십니다. 예수 그리스도는 성령으로 인간의 마음에 찾아오시며, 성령 하나님은 사탄의 능력보다 더 탁월하게 뛰어나십니다. 무한하신 창조주가 유한한 피조물보다 한층 더 뛰어난 것은 당연한 것입니다. 라합을 베시고 그 용을 상하게 하신 이(사 51:9, KJV)이며 사탄을 만드신 그분께서는 그분의 칼로 사탄을 공격할 방법도 알고 계십니다. 강한 자가 믿었던 무장을 빼앗기고 자기 재물이 나누어지는 것은 여러분도 알고 있듯이, 인간이 가진 자유 의지의 결과도 아니며, 그렇다고 해서 귀신이 가진 자유 의지의 결과도 아닙니다. 이것은 더 강한 자가 영혼 속에 들어옴으로써 비롯된 결과입니다. 더 강한 자가 영혼에 들어오자마자 싸움이 벌어집니다.

"와서"라는 말은 말하자면, 더 강한 자가 강한 자를 공격한다는 말입니다. 오, 그리스도께서 영혼의 그 큰 원수를 얼마나 맹렬히 공격하시는지요. 단칼에 교만의 깃털을 베어버리고, 내리치자 죄악이 주는 위로가 떨어져 나가고, 또 한 번 내리치자 죄악이 가진 지배력이 허물어집니다. 종종 성령님께서 인간에게 역사하실 때는 얼마나 많은 투쟁이 일어나는지 모릅니다. 불쌍한 영혼들은 기도의 모든 능력과 믿음의 모든 힘으로 사탄을 대적해 싸웁니다. 그리스도께서는 그분이 흘리신 보혈의 모든 능력과 성령의 축복으로 싸우십니다. 그래도 어떤 경우에는 그리스도께서 교활한 악마의 공격이 수 일, 수 주, 심지어 수 개월씩 계속되는 것을 용인하기도 하십니다. 왜냐하면 그 불쌍한 영혼의 불신앙 때문입니다. 주님이 "거기서 많은 능력을 행하지 아니하시는"(마 13:58) 이유는 "그들이 믿지 않음으로 말미암음"(마 13:58)이라고 기록되어 있습니다. 이 싸움은 때로 너무나 치열해서, 내 혼이 내 생명을 택하느니 차라리 숨이 막히는 것을 택할 정도까지(욥 7:15, KJV) 이르기도 합니다. 하지만 그 결과는 의심의 여지가 없습니다. 여러분도 눈치 채셨겠지만, 오늘 본문에는 결국 더 강한 자가 강한 자를 굴복시킨다고 말씀하고 있습니다.

　　오, 사탄보다 더 강한 자가 내 영혼 안에서 이긴 때를 저는 너무나 생생히 기억하고 있습니다. 얼추 오년 간의 투쟁이 있었습니다. 때로는 저의 교만한 마음이 주권적인 은혜에 굴복하지 않으려고도 했고, 또 어떤 때는 고집스런 영혼이 허영을 좇아 어긋난 길로 가려고도 했습니다. 하지만 결국 예수님께서 자신이 당하신 상처들을 제게 보여주시며 "땅의 모든 끝이여, 나를 바라보라. 그리하고 너희는 구원을 받을지어다"(사 45:22, KJV)라고 말씀하셨을 때, 저는 더 이상 버틸 수 없었고, 제 악한 영혼은 더 이상 반항할 수 없었습니다. 그리스도의 상처들이 옛 용의 몸에 상처를 입혔고, 구세주의 죽음이 죄악의 죽음이 되었습니다. 오! 우리 가운데 많은 이들이 자신의 능력이 아닌 어떤 다른 능력이 우리를 이기고 굴복시키는 것에 대해 알고 있으며, 또한 모든 경우에 있어서 이러한 체험은 반드시 있어야만 합니다. 그렇지 않으면 참된 생명이 없습니다. 사랑하는 성도 여러분, 만약 여러분의 신앙이 자신의 정원에서 자라나는 것이라면, 그 신앙은 잡초요 전혀 유익이 없을 것입니다. 만약 여러분이 받은 은혜가 자신의 의지와 행동과 자신이 찾은 결과로 주어진 것이라면, 이것 또한 전혀 유익이 없을 것입니다. 그리스도께서 여러분을 찾으셔야 합니다. 여러분을 여러분의 죄악에서 구원해 주셔야 할 분은 바로 여러분보다 훨씬 능력이 많으신 분, 여러분보다 더 힘이 많으신 분, 여러분과 귀신의 힘을 합친 것보다 훨씬 더 강하신 분이어야 마땅합니다.

　　더 강한 자가 원수를 굴복시키자마자, 그는 무엇을 하였습니까? 그는 이 반역자의 칼을 빼앗아 무릎을 구부려 그 칼을 부러뜨리고, 그 더러운 귀신이 무장한 갑옷을 등에서부터 벗겨 버렸습니다. 편견과 무지와 완고한 마음, 이 모든 것들이 그 옛 원수로부터 벗겨져 버렸습니다. 그 더러운 귀신이 눈에 선합니다. 구세주께서 그 귀신의 옷을 수치스럽게 벗기시고, 증오의 마음을 제거하시는 광경이 보이는 듯합니다. 자, 그 더러운 귀신을 더러운 곳들로 데리고 가서, 그 귀신이 다시 안식할 곳을 찾아도 절대로 찾지 못하게 합시다. 이 얼마나 기쁜 날입니까! 한때 더러운 귀신이 더럽혔던 왕궁이지만, 이제 귀신은 쫓겨났습니다. 그것도 영원히 쫓겨났습니다. 이 얼마나 기쁜 날입니까!

　　그러고 나서 예수 그리스도께서는 전리품들을 계속해서 나누십니다. 예수 그리스도께서는 "여기에 인간의 마음이 있구나. 내가 이 마음을 가지겠다. 이 마음은 내 면류관을 장식하는 한 보석이 될 것이다. 나는 그 사람의 사랑을 내 무기 위의 보석으로 영원히 장식하겠다. 그 사람의 기억, 판단, 사고력, 발언, 행동 등, 이 모든 것을 모두 내 것으로 삼겠다"라고 말씀하십니다. 그리스도께서 전리품들을 나누기 시작하십니다. 그리스도께서는 왕의 굵은 화살촉 문장(紋章, A broad arrow, 영국에서 전통적으로 왕이 통치하는 소유물을 표시하는 기호이다 — 역주)을 그 집에 있는 모든 방과 가구의 모든 부분마다 표시하십니다. 수리되고 꾸며진 것들을 떼어내시면서 "나는 이것보다 더 멋지게 장식할 것이다"라고 말씀하시고는, "믿음의 그림들은 다 치우고 믿음만 있게 할 것이다. 저기 벽난로 위에 있는 모든 장식품들을 다 치우고, 불꽃처럼 타오르는 열심만 장식할 것이다. 어디서 빌려온 꽃들도 다 치우고, 이 둥근 창은 마음의 사랑과 평화에서 피어나는 감미로운 장미와 재스민으로 꾸밀 것이다. 나는 청소된 것만 내 보혈로 씻어 희고 감미롭고 깨끗하게 할 것이다. 그리고 우슬초로 문 인방(引枋)과 좌우 설주에 뿌릴 것이다(출 12:22). 또한 피로 표시를 해 두어, 파멸의 천사가 휩쓸고 지나갈 때, 그의 칼을 칼집에 꽂게 할 것이다. 그리고 이 집에 들어오려던 검은 악마도 이 표시를 보고 두려워 떨면서 자기의 저주받은 소굴로 다시 되돌아가게 할 것이다"라고 말씀하실 것입니다. 이것이 바로 회심입니다. 이것 외의 다른 것들은 단지 죄를 깨닫는 것에 불과합니다. 이것이 바로 마음의 변화입니다. 이것 외의 다른 것들은 단지 생활의 변화일 뿐입니다. 저는 여러분을 믿습니다. 만약 여러분이 지금까지 마음의 변화에만 만족하셨다면, 지금 여러분은 각성하여 생활의 변화 없는 마음의 변화에 절대로 만족하지 마시기 바랍니다.

> "오, 주권적 은혜에 내 마음이 굴복하여,
> 　나 또한 승리로 인도되리
> 　옛 용을 그의 처소에서
> 　지옥의 패거리들과 함께 몰아내 주옵소서."

(아이작 와츠의 「찬송과 영가」[Hymns and Spiritual Songs, 1707] 2권 90번에 실린 '우리의 처지는 본성적으로 얼마나 서글픈지!'[How sad our state by nature is!]란 찬송가의 5절 가사다 — 역주).

죄인들이여, 여러분보다 더 강한 자에게 부르짖으십시오. 그분께 나아와 여러분을 도와달라고 간구하십시오. 여러분은 노예상태에서 신음하고 있습니다. 저는 여러분이 이런 신음 가운데 있게 된 것에 대해 감사하고 있습니다. 위대하신 구원자에게 울부짖으십시오. 그분은 다가오실 것입니다. 그분은 분명히 다가오실 것입니다. 여러분 안에서 싸움이 계속되고 있습니까? 기억하십시오. 믿음이 승리합니다. 예수님을 바라보십시오. 다시 말씀드립니다. 예수님을 바라보십시오. 그러면 그 전쟁은 이긴 전쟁입니다. 여러분의 불쌍한 영혼을 예수님께 내어 맡기십시오. 청소하려고 준비한 빗자루는 지금 태워 버리십시오. 계속 그렇게 청소해 봤자 아무 소용이 없습니다. 여러분에게는 씻음이 필요합니다. 보혈로 씻음이 필요합니다! 자, 나오십시오. 이제는 수리하고 꾸미는 일로 돈을 쓰지 마십시오. 그것들은 모두 쓸데없는 쓰레기입니다. 이제는 더 이상 그런 일에 돈을 쓰지 마십시오. 여러분에게 권고합니다. 불로 연단한(벧전 1:7) 금을 그분에게서 사십시오. 그분의 귀한 보혈로 나아오십시오. 그래서 참으로 정결하게 되십시오. 여러분이 교회에 가는 것, 여러분이 예배를 드리는 것, 여러분이 기도하는 것, 여러분이 구제하는 것, 여러분이 금식하는 것, 여러분이 느끼는 감정들, 여러분이 행하는 선행 등, 이 모든 것들은 아무것도 아닙니다. 쓸모없는 것들이요 배설물과 같습니다. 만약 여러분이 여러분의 집을 이러한 것들로 청소하고 꾸미고 수리하고 있다면, 이 모두를 싹 내버리십시오. 여러분이 악행으로부터 달아나듯이, 여러분은 여러분이 행하는 선행으로부터도 달아나십시오. 여러분이 악하다고 여기는 것으로 말미암아 여러분이 구원받기를 기대하지 않는 것처럼, 여러분이 선하다고 느끼는 것으로 말미암아 구원받기를 기대하지 마십시오.

> "오직 예수, 오직 예수,
> 　죄인들에게 도움을 주고 유익이 되는 분은
> 　오직 그분뿐이시네."

(영국의 칼빈파 목사인 조셉 하트[Joseph Hart, 1712-1768]가 쓴 찬송가인 '불쌍하고 가엾은 너희 죄인들아 나아오라' [Come, Ye Sinners, Poor and Wretched]의 6절 가사다 — 역주).

나의 주 예수님이시여, 만약 당신이 지나가신다면, 당신의 위대한 능력으로 운행하시는 가운데 우리에게 다가와 당신의 일상적인 용맹함을 우리에게 보여

주옵소서. 하늘의 삼손이신 주님이여, 당신의 발걸음을 돌리시어 이 포도원에 있는 사자를 찢어 주옵소서. 만약 당신께서 원수들의 피에 당신의 옷을 담그셨다면, 그 옷들은 내 잔인한 죄악의 피로 모두 다시 물들게 될 것입니다! 만약 당신이 여호와의 진노의 큰 포도주 틀(계 14:19)을 밟아 당신의 원수들을 짓눌렀다면, 여기에 저주받은 패거리들 중에 하나가 있습니다. 이리로 오시어 그를 끌어내시고 박살내 주옵소서! 여기 제 마음속에 아각(이스라엘 최초의 원수인 아말렉의 왕이었다[삼상 15:32])이 있습니다. 이리로 오시어 그를 쳐서 베어 주옵소서! 여기 제 영혼 안에 용이 있습니다. 쳐서 부수어 주옵소서. 오, 부수어 주옵소서. 그의 머리를 부수서서 옛 죄의 상태에서 저를 자유롭게 해 주옵소서! 저를 사나운 원수로부터 구원해 주시어 영원무궁토록 당신을 찬양하게 하옵소서. 아멘.

제
43
장
—

눈과 빛

—

"누구든지 등불을 켜서 움 속에나 말 아래에 두지 아니하고
등경 위에 두나니 이는 들어가는 자로 그 빛을 보게 하려 함
이라. 네 몸의 등불은 눈이라 네 눈이 성하면 온 몸이 밝을
것이요 만일 나쁘면 네 몸도 어두우리라. 그러므로 네 속에
있는 빛이 어둡지 아니한가 보라. 네 온 몸이 밝아 조금도 어
두운 데가 없으면 등불의 빛이 너를 비출 때와 같이 온전히
밝으리라 하시니라." — 눅 11:33-36

이 비유에서 우리 주 예수 그리스도는 빛으로 나타납니다. 어떤 사람들은
그분의 빛을 보았으며, 그 빛을 본 자들은 그 빛에 압도되기도 했습니다. "당신
을 밴 태와 당신을 먹인 젖이 복이 있나이다"(눅 11:27)라고 외친 여인도 마찬가
지였습니다. 악한 자들은 그분의 빛을 보지 못하였습니다. 그래서 그들은 감히
그분의 기적들을 어둠의 통치자가 행한 것으로 생각했습니다. 또 어떤 사람들은
그분에게서 아주 희미한 빛만 보았을 뿐이라고 고백하면서, 하늘로부터 오는 표
적(눅 11:16)을 요구하였습니다. 하지만 우리 주님의 한결같은 대답은 계속해서
빛을 발하라는 것이었습니다. 주님이 하신 말씀의 뜻은 등불의 빛이 환히 보이
는 것처럼, 우리가 밝히는 빛도 보이도록 하라는 것이었습니다. 등불은 움 속에
두거나 말 아래 숨겨두고 켜놓지 않습니다. 등불은 집에 들어오는 모든 사람들
이 불빛을 볼 수 있도록 하려고 켜 두는 것입니다. 이와 마찬가지로 우리 주 예수

그리스도도 숨겨질 수 없습니다. 성지(聖地)의 좁은 지역에서 그분은 매우 밝게 빛나셨기 때문에, 이방인들이 그분의 떠오르는 빛을 보고자 나아왔습니다. 그러나 그분을 세상 끝까지 보이도록 하기 위해서는 반드시 그분이 등대 위에 계셔야 할 필요가 있었습니다. 그분은 십자가에 못 박힘으로써 높임을 받으셨으며, 부활하자마자 더욱더 높아지셨습니다. 그분은 승천하시면서 땅에서 하늘로 높임을 받으셨습니다. 또 다른 의미에서 그분은 성령님의 강림과 그 종들의 광범위한 사역에 의해서 높은 곳에 서셨습니다. 그래서 우리 주님은 비천한 출신으로 태어나 아무도 알아주지 않던 상태인 말 아래에서 위로 올라가게 되었으며, 멸시받던 유대 민족이라는 어두운 움 속에서 나와, 헬라인이나 로마인이나 야만인이나 스구디아인이나(골 3:11) 모두 그분의 빛을 보고 기뻐할 만한 공개적인 장소에서 사역을 시작하셨습니다. 우리의 의무는 그분께서 영광의 보좌에 앉아 계시는 것을 모든 사람이 자신의 눈으로 볼 때를 기다리면서, 그분의 이름과 진리를 세상 앞에 영원토록 드러내는 것입니다.

우리 주님은 모든 사람들이 그분의 복음의 빛을 보기를 원하십니다. 왜냐하면 오늘 본문도 "들어가는 자로 그 빛을 보게 하려 함이라"고 말씀하기 때문입니다. 교회로 들어가는 자뿐만 아니라, 심지어 세상으로 들어가는 자라도 누구든지 이 등불을 만나야 합니다. 왜냐하면 이 복음은 하늘 아래 있는 모든 피조물들에게 전해져야 하기 때문입니다. 구원을 행하시는 그분의 강한 역사들은 구석에서 이뤄지지 않았습니다. 그 역사들은 온 세계가 볼 수 있도록 행해졌습니다. 눈을 가진 자라면 누구나 그분을 볼 수 있게 해야 합니다. 만약 여러분이 예수님을 보지 못한다면, 그것은 그분께서 자신을 어둠 가운데 숨기셨기 때문이 아니라, 여러분의 두 눈이 멀었기 때문입니다. 예수님의 얼굴에서 발해지는 그 빛은 인간의 두 눈을 위한 것입니다. 중보자의 영광이 비치는 이 차분한 밝은 빛은 그분을 보면 살리라(민 21:8 참조)고 명하신 그 명령을 받은 눈들을 위한 것입니다. 그 빛은 부자나 지혜로운 자나 힘 있는 자들을 위한 것이 아니라, 사람이라면 누구나 가능한 모든 사람을 위한 것입니다. 우리 주 예수 그리스도의 가르침은 소수의 학식 있는 박사들을 위한 독점물이 되어서는 안 됩니다. 이 가르침은 수고하고 무거운 짐 진(마 11:28) 자들을 위한 공동 유산입니다. 기다리며 지친 모든 눈들에게 새벽이 밝아오듯, 이 영광스러운 복음의 빛은 어둠에 앉아(눅 1:79, KJV) 하나님의 빛을 갈망하는 모든 자들을 비추고 있습니다.

사랑하는 성도 여러분, 가장 바람직한 것은 주 예수님으로 말미암아 값없이 비춰지는 이 빛이 우리 영혼의 빛이 되는 것입니다. 등불이 등경 위에 놓여 모든 사람들을 비추듯, 그렇게 그분은 저기에 서 계십니다. 그러나 우리에게 필요한 것은 방 안에서 밖을 향해 비추는 이 빛이 안을 향해 비추는 빛, 즉 우리 안의 영혼을 비추는 빛이 되는 것입니다. 우리의 속사람이야말로 그 어떤 것보다도 더욱 진실 되게 이 빛을 필요로 하고 있습니다. 우리는 본성적으로 불 꺼진 등과 같습니다. 우리가 이 사실을 믿든 안 믿든 간에, 우리는 본성적으로 애굽의 밤처럼 캄캄한 흑암(출 10:22)과 같습니다. 사도 바울도 "너희가 때로는 어둠이었으나"(엡 5:8, KJV)라고 말씀하셨습니다. 사람들은 양심의 빛에 대해서 많은 말들을 하고 있습니다. 하지만 많은 경우에 있어 이 빛은 "빛이 아니라, 보이는 어둠"(No light, but rather darkness visible. 밀턴의 실낙원(1.62f)에서 묘사한 지옥의 모습으로 빛과 가시성(可視性)의 필연적인 관계가 전도된 모습이다 — 역주)으로서 가물가물 꺼져가는 불빛일 뿐입니다. 본성의 빛은 수많은 환경들에 의해 희미해졌으며, 이 빛을 유지하기 위한 기름도 이제 거의 바닥난 상태입니다. 이 본성의 빛에 위로부터 비추는 빛, 즉 성령님의 밝은 빛이신 하나님의 은혜의 빛이 더해지지 않는다면, 이 본성의 빛은 사람을 영원한 생명으로 인도하지 못합니다.

빛은 영적인 생명에게 절대적으로 핵심적인 것입니다. 무지는 경건의 어머니가 아니라, 미신의 어머니입니다. 지식, 은혜, 진리 등은 참된 믿음의 유모(乳母)들입니다. 하나님의 빛은 하나님의 생명을 가진 자들에게 필수적입니다. 우리는 그리스도를 알아야 합니다. 우리는 그리스도의 성령님으로부터 조명을 받아야 합니다. 우리는 아버지의 진리와 교제를 나누어야 합니다. 그러지 않으면, 우리는 어둠 가운데 있게 될 뿐 아니라 죽게 될 것입니다. 우리는 우리 안에 빛을 가지고 있어야 합니다. 그러지 않으면, 우리 밖에 있는 빛들은 우리에게 아무 도움도 되지 않을 것입니다. 이 시간에 우리는 이 주제에 대해 말씀을 나누고자 합니다. 하나님께서 우리에게 성령의 빛을 내리시기를 기원합니다. 왜냐하면 우리 자신이 어둠 가운데 있으면서 빛의 역사에 대해 설명하려고 하는 것은 어리석은 일일 것이기 때문입니다. 오, 성령님이시여, 우리 마음속을 비추어 주옵소서. 그래서 우리가 이론을 말하지 않고, 실제적인 체험을 말하도록 하옵소서!

첫 번째로, "네 몸의 등불은 눈이라 네 눈이 성하면 온 몸이 밝을 것이요"라는 말씀을 가지고, 어떻게 빛이 들어오는지에 대해서 살펴보겠습니다. 두 번째로,

"만일 나쁘면 네 몸도 어두우리라. 그러므로 네 속에 있는 빛이 어둡지 아니한가 보라"는 말씀을 가지고 어떻게 이 빛이 왜곡되는지를 주목해 보고자 합니다. 결론적으로, "네 온 몸이 밝아 조금도 어두운 데가 없으면 등불의 빛이 너를 비출 때와 같이 온전히 밝으리라 하시니라"는 말씀을 가지고 어떻게 그 빛이 우리 속에서 역사하는지를 살펴보겠습니다.

1. 그럼 먼저, 어떻게 빛이 영혼에 들어오는지에 대해 생각해 봅시다.

빛은 눈을 통해 몸 속으로 들어갑니다. 눈이 없는 사람에게는 빛에 관한 한 해(태양)가 없는 것과 똑같습니다. 어두운 곳에서 보기 위해서는 등불이 필요한 것처럼, 일단 보기 위해서는 눈이 필수적입니다. 지금까지 발명되었거나 아니면 앞으로 발견될 수 있는 빛 중에서 가장 밝은 빛이라 해도, 눈이 없는 사람에게는 전혀 도움이 되지 않을 것입니다. 그러므로 "몸의 빛은 눈이니"(눅 11:34 KJV)라고 하신 말씀은 참된 말씀입니다. 속사람의 눈을 돌보는 것이 가장 중요한 일입니다. 왜냐하면 그리스도의 빛이 우리의 영혼에 들어올 수 없다면, 그리스도께서 친히 비추시는 빛도 우리에게는 아무런 소용이 없기 때문입니다. 우리의 마음이 지닌 눈의 조건이 가장 중요합니다. 우리의 빛이나 어둠은 이 눈의 조건에 의존할 것이기 때문입니다. 영혼의 눈은 이해력, 양심, 동기 혹은 마음이라 할 수 있습니다. 그러나 영혼의 눈을 이런 이름들 중의 하나로 제한하는 것은 불가능할 것입니다. 저는 감히 영혼의 눈을 "지성의 의도"라고 부르고자 합니다. 또는 "마음의 목적", 즉 정직한 이해력으로 불러도 좋을 것입니다. 하나님께서 사람에게 복음의 빛을 보려는 진실된 의도를 주셨을 때, 하나님은 그 정직한 의도 가운데 하늘의 빛을 볼 수 있는 눈도 그에게 구비해 주셨습니다. 우리가 진정으로 진리를 알고자 갈구하는 마음이 있다면, 그 마음은 성령님께서 주신 마음이며, 성령님께서 우리 정신의 눈을 깨끗하게 하신 것입니다. 최악의 경우는 사람들이 하나님의 빛을 볼 의지가 없는 것입니다. 그로 인해 사람들의 어리석은 마음이 어두워지고 이해하지 못하게 되어, 주 예수님의 가르침을 전적으로 잘못 말하고 있습니다. 하나님의 진리들에 대해 인간은 본성적으로 적대감을 가지고 있습니다. 이런 진리들을 의도적으로 보지 않으려는 마음이 바로 은혜의 전쟁에 숨은 적수(敵手)입니다. 사람이 정직한 진리를 보고서 스스로 성령님의 그 밝히 비추심에 굴복하고자 한다면, 그는 결코 어둠 가운데 방치되지 않을 것입니다. 사람이 보기를 원하지 않을 때, 그는 볼 수 없게 됩니다. 진리를 배우지 않으려고 작정할 때, 진리에 대해 불쾌하게 생각할 때, 의도적으로 진리의 의미를 왜곡할 때, 바로 그 때 그의 눈은 병들게 되고, 그래서 빛은 그 바람직한 결과를 낼 수 없게 됩니다.

많은 것들이 영혼의 눈을 어둡게 합니다. 그것들 중 가장 흔한 것 하나가 선입견입니다. 사람들은 자신이 이미 빛을 가지고 있다고 생각합니다. 자기 아버지, 자기 할아버지, 자기 증조할아버지와 앞선 세대들 모두가 한 종교 가운데서 양육을 받아왔습니다. 물론 그것은 틀림없이 바람직한 일임에 분명합니다. 하지만 그는 그 양육의 등불이 빛을 제공했는지 안 했는지의 여부를 문제 삼지 않습니다. 그 등불은 가정의 등불이었음에도 불구하고, 그 사람은 자신을 위한 다른 등불을 원하지도 않고, 질문하지도 않으며, 아주 확신에 차서 어떤 증거도 전혀 원하지 않습니다. 그래서 하나님의 빛이 그에게 다가왔을 때, 그는 그 빛을 즉시 거절합니다. 마음이 혼란스러워지는 것을 원치 않기에 그는 들으려고도 하지 않고, 읽으려고도 하지 않으며, 그 문제를 생각하려고도 하지 않습니다. 그는 현재 자신의 모든 일들이 그냥 그대로 유지되는 것에 만족합니다. 그는 자신이 잘못 생각하고 있을지도 모른다는 가정마저도 하나의 모욕으로, 즉 무자비한 어떤 마음이 악의적으로 고안해 낸 모욕으로 여깁니다. 그토록 맹목적으로 눈이 먼 사람에게 도대체 어떤 일이 일어나겠습니까? 이런 사람들이 많지 않습니까?

게으름 또한 아주 눈을 멀게 합니다. 게으름은 눈꺼풀을 끌어 내리고 잠 귀신이 되어 빛을 차단합니다. 이 사람은 복음이 어떤 것이어야 하는지 전혀 신경 쓰지 않습니다. 빌라도처럼 "진리가 무엇이냐?"(요 18:38)라고 묻지만, 결코 어떤 대답을 기다리는 법이 없습니다. 어떤 사람들에게는 성경에 대해 생각하고 연구하며 기도하는 것이 너무 큰 어려움입니다. 이들은 이렇게 성가신 과정들을 감당할 마음이 없습니다. 이 세속적인 사람들은 이렇게 말합니다. "아니, 저는 해야 할 다른 중대한 일이 있습니다. 농장을 살피고 매장을 돌보러 저는 가야만 합니다. 은혜 받지 못한 고집쟁이들이나 신조와 기타 그런 것들로 싸우도록 내버려 두십시오. 사람이 무엇을 믿는가 하는 문제는 조금도 중요한 게 아닙니다"라고 말입니다. 이런 식으로 많은 사람들은 가장 캄캄한 흑암 가운데 거합니다. 왜냐하면 두 눈의 눈꺼풀을 들어 올리고 장님들을 바로 서게 하는 것은 너무 힘든 일이기 때문입니다. 아, 너무 슬픈 일입니다! 하나님의 빛보다도 나태한 안락함을 더 좋아하는 이들은 얼마나 어두운 곳에 있는 자들인지 모릅니다!

빛은 큰 오류로 인해 종종 차단되기도 합니다. 지금 이 시간에 사람들 사이에 널리 선호되는 오류들을 제가 다 살펴볼 수는 없습니다. 왜냐하면 그 목록이 너무 많아서 하루 종일 읽기만 해도 시간이 모자라기 때문입니다. 그 오류들은 엄선된 문구로 특별하게 가르쳐지고, 꿈 같은 과학으로 교묘하게 지지를 받으며, 거창한 이름들로 꾸며져 현재 존경할 만한 사상의 형태로 우리에게 다가오고 있습니다. 우리가 어렸을 때 들었던 거짓들, 즉 가증스러운 이단사설(異端邪說)들로서 오래 전에 쇠퇴하여 아무짝에도 쓸모없고 해로워서 상상력의 림보(limbo. 가톨릭 사상으로 지옥과 천국 사이에 있으며 기독교를 믿을 기회를 얻지 못했던 착한 사람 또는 세례 받지 못한 어린아이 등의 영혼이 머무는 곳 — 역주)에 던져졌던 사상들이, 지금 새로운 모습으로 나타나 밝은 색깔로 채색되어 참신하고 진보적인 사상으로 부각되고 있습니다. 현재 흔히 일어나고 있듯이, 이런 것들 중의 하나가 지성을 장악하도록 허용되면, 옛 복음은 더 이상 보이지 않게 됩니다. 왜냐하면 눈을 자극하는 어떤 이물질이 눈에 들어와서 염증을 일으키기 때문입니다. 백 년 전에 참된 것이 지금은 참되지 않을 수 있겠습니까? 사도 시대에 영혼들을 구원했던 그 복음이 지금은 영혼들을 구원하지 못할 수 있겠습니까? 그럴 수 있다면, 하나님보다 더 현명하고, 또 선지자들과 예언자들을 심판할 수 있는 자리에 앉을 만한 사람들이 따로 있다는 말입니까? 틀림없는 사실은 눈이 멀어 맹목적으로 판단하는 일들이 이 세대에 일어났다는 것입니다. 그들의 어리석음이라는 티끌이 그들의 눈을 어둡게 하였습니다. 그래서 그리스도가 그들에게서 가려져 있는 것입니다.

다른 어떤 것보다도 더욱 눈을 어둡게 하는 한 가지가 있습니다. 그것은 죄악을 사랑하는 것입니다. 십중팔구 죄악은 정신의 눈을 어둡게 하고 혼탁하게 하는 백내장을 유발합니다. 사람들은 진리를 볼 수 없습니다. 왜냐하면 그들은 거짓을 사랑하기 때문입니다. 복음이 보이지도 않습니다. 왜냐하면 그들의 흐트러진 삶과 추잡한 생각들에 비하면, 복음은 매우 투명하기 때문입니다. 그리스도의 거룩한 모범은 세상적인 사람들에게는 너무 가혹합니다. 그분의 성령은 육체의 쾌락을 사랑하는 자들에게는 너무 순결합니다. 사람들이 복음의 가르침들을 거부하게 되면, 그들은 도덕적인 방종에 대해 관용하게 되고 세상의 관습들의 지배를 받게 됩니다. 죄악이 바로 그 지성의 눈동자를 정확히 찔렀는데, 어떻게 사람이 볼 수 있겠습니까! 그래서 그리스도께서도 "너희가 서로 영광을 취하고 … 어찌 나를 믿을 수 있느냐?"(요 5:44)라고 말씀하셨습니다. 세상에서 영광 받고자 하는 마음 때문에, 바리새인들은 겸손하신 메시야를 믿을 수 없었습니다. 죄악이 한 줌의 진흙처럼 눈을 가릴 때, 사람이 불가지론자나 회의론자나 트집쟁이가 되는 것을 여러분은 이상하게 여길 필요가 없습니다. 사람이 깨끗한 눈을 가지기 위해서는 깨끗한 마음을 지녀야 합니다. 마음이 청결한 자가 하나님을 볼 것(마 5:8)입니다. 그러므로 마음이 청결한 자들이 하나님의 진리를 보게 되며, 그 진리의 진가(眞價)를 알고서 그 진리를 기뻐하게 됩니다. 오, 성령 하나님께서 우리의 두 눈에 있는 오물들을 씻어내 주셔서, 하나님께서 빛 가운데 계신 것 같이 우리도 빛 가운데 행하도록(요일 1:7) 하옵소서.

교만도 영혼의 눈을 아주 어둡게 합니다. 사람이 자신을 자랑할 때는 결코 하나님을 찬양할 수 없습니다. 자신의 의를 생각하며 거기에 빠져 있는 사람은 그리스도의 의를 절대로 볼 수 없습니다. 만약 여러분이 스스로 청결하다고 믿는다면, 여러분은 모든 죄를 깨끗하게 하는 보혈을 결코 찬양하지 않을 것입니다. 만약 여러분이 스스로 이미 온전하다고 믿고 있다면, 여러분은 거룩하게 하시는 성령님을 절대로 찬양하지 않을 것입니다. 스스로 은혜의 필요성을 자각하기 전까지 사람은 절대로 은혜를 갈구하지 않을 것입니다. 그러므로 만약 우리가 부요하고 또 우리의 재산이 늘어간다는 생각으로 우쭐해 있다면, 우리는 예수 그리스도 안에 쌓여 있는 은혜의 부요함을 절대로 보지 못할 것입니다. 하나님의 빛은 인간의 자기 충족성과 함께 거하지 않으십니다. 너무나 자주 인간이 스스로 만든 자신의 그림자는 인간을 어둠 속에 거하게 하는 수단들이 되고 맙니다.

모든 형태의 이기심도 영혼의 빛을 흐리게 하는 슬픈 원인이 됩니다. 이런 이기심은 좀 더 일반적인 탐욕에도 사람들을 눈멀게 하여, 환한 낮에도 손으로 더듬거리며 가게 합니다. 황금의 반짝거리는 빛은 눈에 해롭습니다. 은 삼십이 귀하게 보인 유다가 어떻게 그리스도의 아름다움을 볼 수 있었겠습니까? 현재 자신이 가진 재산으로도 자신이 보기에 천국 같은 삶을 누리고 있는데, 그런 사람이 어떻게 미래의 천국을 중시할 수 있겠습니까? 맘몬은 자기 숭배자들의 눈을 맹목적으로 멀게 하는 것으로 보답합니다. 자아(自我)가 야망으로 나타나거나, 명예나 존경에 대한 욕망으로 나타나거나, 혹은 자신의 구원에 참견하고 싶은 바람으로 나타날 때는 자아도 이기심과 같은 짓을 합니다. 우리의 구원을 우리가 이루려는 영광과 값없는 은혜의 영광을 동일하게 공유하려는 교만한 욕망으로 인해 하나님의 빛은 들어오지 못하게 됩니다. 인간 본성의 고귀함을 과장하고, 평범한 인간성의 위대함을 칭송하는 형태를 지닌 자아는 우리 영혼의 눈을 심히 멀게 합니다. 자신의 눈으로 자아만을 보는 사람이 어떻게 예수님을 조금이라도 볼 수 있겠습니까? 모든 적그리스도들 가운데서 극복하기 가장 어려운 적그리스도가 바로 자아입니다. 성경은 "그분은 반드시 흥하여야 하되 나는 반드시 쇠하여야 하리라"(요 3:30, KJV)라고 기록하고 있습니다. 그런데 만약 교만한 자아가 쇠하는 것을 감당할 수 없다면, 어떻게 그리스도께서 흥하는 것을 볼 수 있겠습니까? 내 마음에는 그리스도를 위한 공간이 없습니다. 자아를 귀히 여기면 주 예수님을 천히 여기게 됩니다.

대다수의 사람들은 다른 사람들을 두려워해서 어둠 가운데 있게 됩니다. 이들은 감히 볼 엄두도 내지 못합니다. 유행이 그러하니 그렇게 생각할 수밖에 없다고 느낍니다. 코트나 모자가 유행이 있는 것처럼, 의견에도 유행이 있다고 생각하기 때문이지요. 만약 여러분이 예전 성도들에게 전해진 믿음을 굳게 붙잡고자 결심한다면, 여러분은 시대에 뒤처진 사람으로 비칠 것입니다. 여러분이 엘리자베스 여왕 치하 때의 복장을 입고 거리를 다니면 여러분이 입은 옷 때문에 다른 사람들의 시선을 끌게 되듯이, 여러분도 자신이 고수하려는 그 믿음 때문에 많은 손가락질을 받게 될 것입니다. 대다수의 사람들은 남과 달리 혼자가 되는 것(singular, "네 눈이 성하면"이란 구절을 KJV에서는 "네 눈이 싱글하면"[when your eye is single, KJV]으로 번역하고 있는데, 여기서 single은 '한결같은, 성실한'이라는 뜻 외에 '하나의, 단지, 홀로 서 있는'이란 뜻도 갖고 있다 — 역주)을 큰 죄악으로 여기고 있습니다. 이들은 결코 자기 스스로 생각하지 않습니다. 사실, 이들은 정신적으로 무기력한 사람들입니다. 이들은 자기보다 더 깊이 있어 보이는 사람에게 자신이 걸어가야 할 길을 묻습니다. 자신이 무엇을 믿어야 하고 믿지 말아야 할지, 무엇을 칭송하고 비난해야 할지를 묻습니다. 제가 잘 알고 있는 한 사람이 있습니다. 이 사람은 어떤 설교를 듣고는 그 설교가 좋은 설교인지 아닌지를 학식 있는 노신사에게 물어보고 나서야 비로소 그 설교를 좋아할지 말지를 결정하는 사람입니다. 그는 스스로 습득한 판단력도 없고, 다른 사람의 생각을 자기 생각으로 받아들입니다. 자기의 두뇌를 안전하게 지키기 위해서 다른 사람의 머릿속에 넣어둡니다.

이것은 매우 편리해서 자기가 골치 아픈 일을 생각하지 않아도 됩니다. 하지만 단점도 있습니다. 어떤 사람들은 자기의 생각들을 모두 끄집어 내놓고는, 그 모든 생각들을 다 실행하려고 애쓰기 때문입니다. 그러나 하나님의 빛을 받고자 하는 사람은, 그 빛이 죽을 인생들의 찌푸리는 눈살을 두려워하는 겁쟁이들이나 인간을 자기의 하나님으로 삼고자 하는 사람들에게는 비치지 않다는 사실을 알고 있습니다. 공통적인 상식적 판단을 제공한다거나 중심이 되는 어떤 권위에 의해 인도되는 것이 바른 일이라고 하나님께서 생각하셨다면, 하나님은 그렇게 하셨을 것입니다. 그러나 하나님은 각 개인들에게 이해력을 주셨고, 우리가 그 이해력을 사용하기를 기대하십니다. 그리고 그 이해력을 정직하게 개인적으로 사용하는 자들에게 하나님은 빛을 주십니다. 참새의 눈이나 개미의 눈은 아주 작습니다. 그래도 그 눈들이 성하고 분명한 눈이라면, 개미나 새들도 이 위대한 빛을 볼 것입니다. 그러므로 덫을 놓는 사람들을 두려워하지 말고 하나님의 진리를 스스로 찾아낼 수 있는 은혜를 달라고 기도하십시오. 우리는 "통치자들 가운데 누가 이렇게 믿었던가?"라고 절대로 묻지 맙시다. 통치자들이 지금까지 이렇게 믿었든 안 믿었든 간에, 우리는 어린 양이 가는 곳이면 어디든 따라가서 그에게서 발하는 그 순수한 빛 가운데 기뻐하도록 합시다.

　　사랑하는 성도 여러분, 하나님께서는 제가 이미 말씀드린 여러 해악들로부터 여러분의 눈이 해를 입지 않도록 구해 주고 계십니다. 이렇게 여러분의 눈을 멀게 하는 것들은 아주 많습니다. 은혜로 말미암아 여러분이 이런 것들로부터 보호받기를 기원합니다! 하나님께서는 여러분에게 "성한 눈"(single eye[외 눈, KJV])을 주십니다. 여기서 '외 눈'이란 한 번에 두 가지를 볼 수 없는 눈이라는 뜻이 아니라, 사악한 동기로부터 자유로운 마음, 다시 말해 진리보다 거짓을, 바른 것보다 틀린 것을 선택하게 만드는 어떤 것으로부터 자유로운 마음을 뜻합니다. 하나님께서 도우셔서 우리가 바르게 되려는 소망을 가지고, 예수님 안에 있는 하나님의 진리를 알고자 굳게 결심하며, 그 진리를 느끼고, 그 진리에 맞게 신실히 행동하게 하시기를 기원합니다! 오, 신실하고 단순한 마음으로 어린 아이처럼 참된 사람이 됩시다! 우리는 위대한 천재나 번득이는 재치를 원치 않습니다. 단지 우리에게는 현학적이지 않은 지성이 필요합니다. 왜냐하면 이러한 빛은 성령 하나님을 통해 영혼 속으로 들어오기 때문입니다.

2. 두 번째로, 어떻게 이 빛이 왜곡되는지에 대해 생각해 보겠습니다.

어떤 사람들은 충분한 빛을 가질 수 있음에도 불구하고, 그들의 눈이 어떤 악한 상태에 처해 있어서 빛이 어둠으로 변하는 경우가 있습니다. 자연 세계에서는 빛이 실제로 어둠으로 변할 수 없는 것으로 알고 있습니다. 그러나 영적인 나라에서는 이런 일이 충분히 일어날 수 있습니다. "네 눈이 악하면 네 몸도 어둠으로 가득하니라. 그런즉 네 안에 있는 빛이 어둡게 되지 않도록 주의하라"(눅 11:34-35, KJV)는 말씀처럼 말입니다. 사랑하는 성도 여러분, 제 말에 귀를 기울여주시고 주목해주십시오.

어떤 사람은 값없는 은혜와 목숨까지 버리는 사랑의 복음을 들었습니다. 그는 죄 사함과 피로 값 주고 사셨으나 믿는 자에게 거저 주시는 용서 등, 사랑으로 가득한 메시지를 들었습니다. 믿음으로 의롭게 된다는 이신칭의(以信稱義)의 교리도 그에게 분명히 설명되었습니다. 그는 이와 같은 위대한 복음의 진리들을 굳게 믿고, 이 진리들을 영광스럽고도 귀중한 것이라고 말했습니다. 그러나 그는 이러한 가르침으로부터 자기의 영혼을 파멸시키는 한 추론을 끌어냅니다. 그는 아무튼 하나님은 자비로우시며 은혜는 무한하기 때문에, 죄가 그리 치명적인 결과를 가져오지는 않는다고 생각하고서 아무런 거리낌 없이 죄에 탐닉합니다. 아무리 추잡한 허물을 범했다 해도, 언젠가는 회개하고서 예수님을 믿게 될 것이며, 그 때 다시 바로 서게 될 것이라고 그는 생각합니다. 하나님은 은혜로우시니 죄를 지어도 된다고 여깁니다. 하나님은 값없이 용서해 주시니 앞뒤 가리지 않고 범죄를 저질러도 된다고 받아들입니다. 이것이 바로 빛을 어둠으로 바꾸는 것입니다. 이렇게 하나님의 은혜를 선정적으로 바꾸는 것은 매우 파렴치한 일입니다. 이처럼 사악하고 배은망덕하게 타락한 논증은 이루 다 표현할 수 없을 정도입니다. 이렇게 빛을 어둠으로 바꾼 사람들에 대해서는 우리가 "그들은 정죄 받는 것이 마땅하니라"(롬 3:8)라고 당당히 말할 수 있을 것입니다. 그래도 마음속으로는 조용히 이 하나님의 선하심으로부터 죄를 지을 특권을 끌어내는 사람들이 틀림없이 많을 것입니다. 오, 사랑하는 성도 여러분! 만약 여러분의 눈이 이런 상태에 있다면, 우리가 하나님 은혜의 복음을 자유롭게 전하면 전할수록, 여러분은 이 죄에서 저 죄로 분명히 더 많은 죄를 짓게 될 것입니다. 이것은 끔찍한 일입니다. 오, 거짓된 마음들이여! 이런 여러분에게 제가 무엇을 해야 하겠습니까? 제가 하는 사역은 여러분이 정죄 받지 않도록 하는 것입니다. 이 사역이 여러분의 마음에 들지 않는다면, 차라리 제가 벙어리가 되기를 여러분이 바라십시오. 여러분은 지금 지옥의 가장 밑바닥에서 여러분 스스로 더 깊은 지옥을 파 들어가고 있는 중입니다. 여러분은 긍휼을 베푸시는 그 약속들을 자신을 파멸시키는 도구로 사용하고 있습니다. 도대체 이게 무슨 짓입니까! 십자가가 아닌 다른 어떤 곳에 자신을 매달려고 하는 것입니까? 실로암 못(요 9:7)이 아닌 다른 어떤 곳에 여러분을 담그려고 하는 것입니까? 생명이 약속된 복음에서 자신의 죽음을 찾는 이런 정신 나간 짓을 하고 있다니, 도대체 여러분에게 무슨 일이 일어난 것입니까?

저는 여러분 앞에 이렇게 악한 또 다른 형태를 제시해 보겠습니다. 어떤 사람은 은혜의 수단들이 지닌 크나큰 가치를 인식하고 있습니다. 그러나 그는 여기서 더 나아가 이 수단들을 오용합니다. 그는 신앙적으로 성장했기 때문에 하나님 집의 목회자들과 성소의 예배들과 특별히 그리스도께서 교회에 제정하신 두 가지 예식인 세례와 성찬을 존중합니다. 그는 안식일과 영감된 말씀과 교회 및 교회의 모든 거룩한 목회자들을 존경합니다. 그러나 그는 이 모든 것에 대한 합당한 존중에서 한 발 더 나아가 이 모든 것을 미신적으로 믿게 되어, 하나님이 전혀 의도하지 않은 것을 하나님이 만드신 것으로 생각해 버립니다. 그래서 그의 빛은 어둠이 되고 맙니다. 그는 공예배에 참석하는 것을 내적 경건의 대용품으로 여깁니다. 그는 교회의 일원이 된 교적부를 구원 증명서로 생각합니다. 그는 세례를 그리스도의 한 지체, 즉 하나님의 자녀가 되는 예식으로 여기며, 성찬을 구원을 주는 예식으로, 심지어는 산 자와 죽은 자를 위한 희생 제사로 여길 정도로 어리석게 되기도 합니다. 교육을 위한 여러 상징들이 성직자들의 술책으로 왜곡될 때, 빛은 어둠으로 변합니다. 오늘날 수많은 사람들에 의해 신앙에 도움을 주는 것들이 미신의 도구로 전락하고 있습니다. 우리의 어머니이자 유모인 교회가 적그리스도가 되었으며, 사람들은 구원을 위해 전적으로 오직 주 예수 그리스도만을 보는 것이 아니라 교회를 바라보고 있습니다. 예배와 교육을 위한 외적인 형식들은 매우 유익할 수 있습니다. 그러나 이런 외적인 형식들이 영혼의 신뢰를 침해한다면, 이 형식들은 그 영혼을 병들게 하고 죽게 할 것입니다. 한 사람의 신앙이 오히려 그 사람을 파멸시키게 될 때, 그 파멸은 얼마나 확실한 것이 되겠습니까!

저는 또 다른 길로 가고 있는 많은 사람들을 알고 있습니다. 그들은 "나는 신앙의 유형이나 형식에 대해서는 전혀 개의치 않습니다. 신실한 영혼인지의 여부가 가장 중요합니다. 자구(字句)는 죽이되 영은 생명을 주기(고후 3:6 KJV) 때문입니다"라고 말합니다. 그런 사람들은 자신이 모든 일의 핵심을 파악하려고 한다고 말합니다. 하지만 지금까지 저는 그런 사람들이 신조에 무관심하면서 생활에서 방탕해지는 것을 보아왔습니다. 그들은 모든 만물 안에는 어느 정도의 진리가 들어 있으며, 또 모든 악한 행동에는 그와 관련된 좋은 점도 있기 마련이라고 믿습니다. 이런 믿음은 숨쉬는 모든 사람에게 바로 독가스와 같은 생각입니다. 만약 여러분이 최악이 어떻게 최선으로 드러나게 되는지 보고 싶다면, 그들이 말하는 것을 들어보십시오. 그들에게는 확고한 진리도 없고, 확정된 올바름도 전혀 없습니다. 마치 카멜레온처럼 빛의 변화에 따라 자기 몸의 색깔을 바꿉니다. 그는 이것을 '자유'라고 부르지만, 분명한 사실은 이것은 그리스도께서 인간을 자유롭게 하신 그 자유가 아니라는 것입니다. 이런 자유는 사랑의 빛이 무관심이라는 어둠으로 변한 것입니다. 이 어둠은 얼마나 더 크겠습니까! 이 어둠에 얼마나 많은 사람들이 속았는지 모릅니다! 결론적으로 빛도 있고, 어둠도 있으며, 빛과 어둠은 결코 같은 것이 아닙니다. 하나님께서 가르쳐주신 진리도 있고, 마귀 자신이 가르쳐준 거짓말도 있습니다. 이 두 가지는 결코 같은 식탁에 함께 앉을 수 없습니다. 진리를 전하는 자들에게는 축복이 있습니다. 그러나 누구든지 다른 복음을 전하는 자는 그 누구도 파기할 수 없는 저주를 받게 될 것입니다(갈 1:8).

유식하다고 알려진 박학다식(博學多識)한 학자들의 경우에도 이 빛이 어둠으로 변하는 경우를 볼 수 있습니다. 그는 비평을 하기 시작합니다. 비평 때문에 그를 정죄하지는 마십시오. 그는 처음에 아주 적절한 판단을 하고 비평받아야 할 것들을 비평합니다. 그러나 그는 거기서 멈추지 않습니다. 일단 자기에게 비평적인 자질이 생기게 되자, 그는 새 칼을 가진 어린아이처럼 됩니다. 이것이든 저것이든 닥치는 대로 무언가를 베어야만 합니다. 그의 대상은 무엇보다도 먼저 성경이 됩니다. 그래서 그는 성경을 난도질해 댑니다. 그는 창세기를 조금씩 갈라내더니, 다음에 신명기에 깊은 상처를 내고, 이사야서를 반으로 뚝 잘라냅니다. 그는 복음서들을 얇게 베어내고 서신서들을 여러 조각으로 잘라냅니다. 여러분도 알다시피 그가 사용하는 칼은 틀림없이 아주 예리한 칼입니다. 결국 그는 비평가로 시작해서 불경스러운 결점을 찾는 사람으로 나아가 완전히 불신자가 되어 입에 재갈을 물려도 듣지 않고 목이 **뻣뻣한**(출 32:9) 백성이 되고 맙니다. 그의 빛이 눈을 멀게 한 것입니다. 그는 자기 눈을 알아보기 위해 해부하려다가 그 눈을 다 파헤쳐 버렸습니다. 따라서 죽은 사람에게 비취는 빛처럼 그 빛은 그에게 아무 소용도 없게 될 것입니다.

우리는 또 다른 의미에서 빛이 어둠으로 변하는 것을 봅니다. 듣고서 이해하시기 바랍니다. 믿음의 충만한 확신(히 10:22, KJV)이라 불리는 복된 빛이 있습니다. 이런 확신은 많이 가지면 가질수록 더욱더 좋습니다. 자기 하나님을 절대로 의심하지 않고 영원한 약속과 변함없는 언약에 대해 거룩한 신뢰를 하며, 불신앙으로 인해 절대로 흔들리지 않는 사람은 복된 사람입니다. 그는 하나님의 빛 가운데 거하며, 하나님과의 교제를 누립니다. 그러나 저는 이런 거룩한 확신과 아주 비슷해 보이나, 주님 앞에서는 전혀 다르게 보이는 그런 경우를 보았습니다. 스스로 착각해서 확신하는 줄로 속고 있는 경우가 바로 그것입니다. 그 사람은 실제로 하나님의 자녀가 아닌데도 불구하고, 당연히 자신은 하나님의 자녀라고 여기면서, 자신과는 아무런 상관 없는 특권들을 자기 것으로 전용(專用)합니다. 그는 실제로 언약과는 전혀 관계가 없는데도 불구하고, 자신이 언약 가운데 있다고 착각합니다. 그에게는 회개도 없고, 중생도 없고, 구원하는 믿음(saving faith, 눅 7:50)도 없으면서, 오직 그리스도 예수 안에서 거룩하게 된 은혜의 상속자들에게만 주어지는 분깃들을 감히 자랑합니다. 실제로는 경건하지 않은 삶을 살면서도 천국을 소망한다고 착각하는 사람들, 다시 말해 실제로는 자기에게 아무 소망이 없으면서도 모든 두려움으로부터 자유롭다고 자랑하는, 아주 끔찍한 경우입니다.

저는 이와는 전혀 다른 방식으로 빛이 어둠으로 변하는 경우도 보았습니다. 거룩한 두려움의 빛은 저녁노을처럼 감미롭고도 부드럽습니다. 인간이 죄를 두려워하고, 하나님의 성령을 근심하게 하지(엡 4:30)는 않을까 우려하며, 자기가 하는 일에서 하늘 아버지의 가르침을 범하지는 않을까 두려워할 때, 하나님은 이 거룩한 두려움의 빛을 내려주십니다. 그러나 그 때에도 이 빛은 종의 두려움, 의기소침, 절망 등으로 타락할 수 있습니다. 다시 말해, 내적인 자기반성, 즉 내면을 들여다보는 것도 일종의 병적인 습관으로 변질될 수 있다는 것입니다. 자기반성의 영향으로 그 영혼이 그리스도를 바라보길 거부하면서, 영혼 스스로 우울한 양심의 가책에 휩싸일 수 있습니다. 하나님의 진리라 하더라도 진리가 아주 놀랄 만한 모습을 띠기 전까지는 왜곡될 수 있으며, 영혼은 그 침울한 절망 가운데서 위로받기도 거부하고, 하나님의 아들을 믿기도 거부합니다.

"네 안에 있는 빛이 어둡게 되면 그 어둠이 얼마나 크겠느냐!"(마 6:23, KJV)라고 하신 우리 주님의 말씀은 마치 깜짝 놀라 두 손을 들면서 하신 것처럼 보입니다. 여러분은 그렇게 느끼지 않습니까? 여러분 안에 있는 빛이 어둡게 되어 오도된다면, 여러분은 얼마나 잘못된 길로 들어서게 되겠습니까! 여러분의 선한 부분마저도 악한 부분으로 드러나게 된다면, 여러분은 얼마나 더 악한 자가 될 수밖에 없겠습니까! 그러므로 사랑하는 성도 여러분, 살아 계신 하나님 앞에서 여러분이 밝은 눈을 가질 수 있도록 유의하십시오. 그리스도의 빛은 그 모든 영광스러운 순결함과 능력 가운데서 여러분의 영혼 속으로 흘러 들어옵니다. 저는 이제 세 번째이자 가장 중요한 요지를 말씀드리고 제 설교를 마치고자 합니다.

3. 우리 속에 들어온 그 빛이 어떻게 역사하는지에 대해 살펴보겠습니다.

눈이 올바르고 성하고 밝다면, 눈이 빛을 받아들이는 것은 전혀 어려운 일이 아닙니다. 해가 비칠 때 여러분이 그 빛을 받기 원한다면, 그저 여러분의 두 눈을 뜨면 됩니다. 그러면 여러분은 즉시 빛을 받게 됩니다. 여러분은 눈을 문지를 필요도 없고, 어떤 특별한 자세를 취할 필요도 없습니다. 외부의 빛이 눈에 닿기만 하면, 그 빛은 즉시 눈 안으로 들어와 어떤 상(象, 이미지)을 마음에 전달합니다. 눈 상태가 양호할 때는 빛을 기꺼이 받아들여서 외부 물체에 대한 이미지를 내면의 마음에 기쁨으로 전달합니다. 주님께서 위대하신 은혜로 여러분의 눈을 성하게 하시고, 여러분도 오직 그 진리를 인식하고자 하며 스스로 진실해지기를 갈망한다면, 여러분은 아무 수고를 하지 않아도 진리를 인식하게 될 것이며, 그 진리에 대한 이미지도 쉽게 여러분의 마음에 나타날 것입니다. 여러분의 영혼의 창이 그 빛이 들어오는 것을 허용할 때, 그 빛은 기꺼이 충분하게 들어옵니다. 그 빛이 들어올 때, 여러분은 빛이 들어오는 것을 알게 될 것입니다. 크나큰 변화가 일어났다는 사실을 알지 못하고서는 그 누구도 자신의 본성적인 어둠으로부터 하늘의 빛으로 들어가지 못합니다. 사랑하는 성도 여러분, 저는 이 거룩한 빛이 우리의 본성에 들어왔을 때 이 빛이 어떻게 역사하는지를 여러분에게 보여드리고자 노력할 것입니다.

빛이 처음으로 들어왔을 때, 빛은 우리가 예전에 느끼지 못했던 많은 것들을 드러내 보여줍니다. 만약 어떤 방이 오랫동안 닫혀져 있어서 어둠 속에 있었다면, 그 빛은 놀랄 만한 효과를 일으킬 것입니다. 여러분은 촛불을 켜서 그 방을 급하게 둘러보기는 했지만, 그 방에 머무르면서 살펴보지는 못했습니다. 그래서 여러분은 그 방의 여러 상태들을 제대로 알지 못했습니다. 그 방은 썩은 냄새와 곰팡이 냄새가 좀 나긴 했어도, 불쾌하게 느낄 그 정도로 그 방이 여러분에게 충격을 준 것은 아니었습니다. 그러나 이제 여러분이 그 문을 열어 제치고 가림막을 걷어 올리자, 그 빛은 곰팡이와 먼지를 아주 분명히 보여주었습니다. 검은 거미줄로 겹겹이 쳐진 거미집, 빛을 보고서 바삐 움직이는 벌레들, 자욱하게 덮인 먼지들, 이 모든 것들은 예전에는 잘 보이지 않던 것이었습니다. 그 방은 이제 예전의 그 상태 그대로 있을 수 없습니다. 대대적인 변화가 요구됩니다! 모든 일손들을 불러다가 그 밀실을 깨끗이 청소하여 사람이 거주하기에 적절한 위생적인 방으로 바꾸어야 합니다. 하늘의 빛은 수천 가지 죄악들을 드러내 보여줍니다. 그래서 그 죄악을 제거하도록 합니다. 영혼 속에 비쳐진 하나님의 빛의 첫 번째 효과는 여러분을 고통스럽고 불쾌하게 만듭니다. 그 빛은 자신을 증오하게 만들어서, 여러분이 태어나지 않았더라면 더 좋았을 것이라고 바랄 정도에까지 이르게 합니다. 이 빛이 우리의 양심에 많이 비치면 비칠수록, 우리의 양심은 더욱더 설상가상(雪上加霜)의 형국이 되어버립니다. 사랑하는 성도 여러분, 이런 일들이 우리에게 일어나기를 바랍니다. 아무것도 어둠 속에 그냥 남겨두어서는 안됩니다. 우리는 모든 우상들을 찾아내 깨뜨리고, 상상할 수 있는 우리의 모든 은밀한 방들을 햇빛에 노출시킨 후, 그것들을 파괴해야 합니다. 그렇지 않습니까? 여러분은 그 빛이 자기의 본성 중 어느 부분에는 비치지 않았으면 하고 바라고 있지는 않습니까? 오히려 여러분은 그 빛이 여러분을 철저히 살펴서 마음의 모든 사악함과 타락한 마음의 모든 거짓들이 적나라하게 드러나기를 원해야 하는 것 아닙니까?

그런 빛이 안으로 계속해서 들어오면서, 우리 마음의 각 능력들을 점차적으로 비추어줍니다. 의지(Will, 뜻)는 본성적으로 어둠을 더 좋아합니다. 인간은 자기가 하고 싶은 대로 행할 권리를 주장할 뿐만 아니라, 자신의 변덕에 대해 해명해야 할 의무가 없다는 사실까지 주장합니다. 그러나 하나님의 빛이 영혼에 비치고 주 예수님이 전적으로 사랑스러운 분으로 인식되자, 그 거룩한 빛이 인간의 교만한 의지를 비추게 되어 자신의 행동이 악하고 패역한 것인 줄 알고 이렇게 부르짖습니다. "오, 주 예수님, 내 뜻(Will, 의지)이 아니라 당신의 뜻이 이루어지게 하옵소서"라고 말입니다. 이와 동일한 빛은 의지에 지배를 받는 외적 생명에도 내립니다. 그러자 그 사람의 행동과 대화가 사랑의 빛으로 밝게 빛나게 됩니다. 판단력도 내적인 조명을 느끼고 진리와 의의 법에 따라 결심하게 됩니다. 판단력과 더불어 기쁨도 불타올라서, 마음은 주님의 법으로 기뻐하게 됩니다.

이 빛은 양심에도 쏟아 부어집니다. 그래서 불쌍하고 시력을 반쯤 잃은 것 같은 저 양심은 하나님의 계시에 따른 포고령(布告令)을 발하고 판결을 하게 됩니다. 본성적인 양심과, 하나님으로부터 가르침을 받고 또 그분의 말씀으로 조명을 받은 양심 간에는 얼마나 큰 차이가 있는지 모릅니다! 이 차이 사이에는, 대다수의 사람들이 생각하는 것보다 훨씬 더 많은 부분들에서 이루어져야 할 일들이 남아 있습니다. 우리는 지금 우리의 양심이 지금까지 한 번도 고발하지 않은 죄악들을 전혀 의식하지 못한 채 살아가고 있는지도 모릅니다. 옛날에는 경건한 사람들까지도 자신과 다른 사람들을 박해했습니다. 그렇게 하는 것이 자신의 의무라고 생각하고서 말입니다. 그들은 관용을 죄악이라고까지 칭했습니다. 가장 훌륭하다 칭송 받는 사람들도 흑인 노예들을 소유하고 있었으며, 그렇게 하는 것이 잘못인 줄 의식도 하지 못했습니다. 휫필드(George Whitefield)가 어떤 흑인들을 고아원(휫필드가 1740년 미국 사반나[Savannah] 인근에 세운 '벳새다 고아원'을 말한다)에 보냈을 때, 그는 자신이 흑인의 인권을 침해하고 있다고는 꿈에도 생각하지 않았습니다('흑인 소년 앤드류'[Andrew the negro boy] 사건을 일컫는 것으로, 휫필드는 1751년에 존 웨슬리에게 쓴 편지에서, 노예무역은 노예들을 참된 종교로 인도할 수 있다는 점에서 유익하다고 말하였다). 사실 휫필드는 흑인들의 현재와 미래의 복지를 위해 아주 많은 신경을 썼습니다. 그러나 오늘날의 양심은 노예를 허용하지 않습니다. 또 음주 문제에서도 큰 빛이 비추어졌다고 생각하지 않습니까? 전쟁문제뿐만 아니라, 임금 지급, 임금 소득과 기타 수천 가지 문제에도 이와 동일한 빛이 필요하지 않습니까? 점점 더 빛나 완전한 낮에 이르게(잠 4:18, KJV) 되는 빛을 우리가 받는 것은 기쁜 일입니다. 이 빛이 밝히 드러내지 못할 것은 아무것도 없으며, 우리 안에 있는 그 어떤 것도 숨겨지지 않습니다. 그로 인해 우리가 우리의 불완전한 것들을 하나하나 보게 되면서, 우리는 그 불완전한 것들을 제거할 은혜를 갈구하게 되어, 하나님 은혜로 말미암아 거룩 안에서 자라나게 될 것입니다.

이 동일한 빛은 우리의 기억을 비추어 우리의 허물들을 일깨우고 회개하게 하며 하나님의 선하심에 대해 감사하게 합니다. 그 빛은 우리의 생각을 비추어 그 생각들이 거룩한 아름다움으로 빛나게 하며, 우리의 감정을 비추어 그 감정들이 하나님과 천상의 것들을 사랑하여 반짝이며 불타오르게 합니다. 이처럼 빛이 비추어졌을 때 영혼은 아름다운 대상이 됩니다! 이 거룩한 빛은 우리의 동기들도 비추어, 우리의 모든 행동들 배후에 있는 은밀한 마음의 베일을 벗기기도 합니다. 여러분은 옳게 행동합니다. 그럴 때 이 빛은 여러분이 왜 옳게 행동하는지를 보여줍니다. 여러분은 여러 사람들의 친구입니다. 그런데 여러분은 어떤 동기로 왜 친구관계를 맺는 것입니까? 여러분은 신앙 고백을 한 그리스도인입니다. 그런데 여러분은 정말 신실한 그리스도인이 맞습니까? 그 빛은 순수한 동기에서 나오지 않은 것과 어울려서는 제대로 역사하지 않습니다. 이 빛은 어떤 행동이 일어나게 된 그 정신까지도 비춥니다. 그래서 전에는 보이지 않았던 것들이 드러나게 됩니다.

여러분의 상상력을 제압하는 하나님의 빛을 여러분은 가지고 있습니까? 상상력은 영혼의 놀이터입니다. 상상력이 펼쳐지는 이 영혼의 놀이터를 많은 사람들은 무법천지로 여기고 있습니다. 그런 사람은 "확실히 이곳에서는 마음대로 생각해도 된다"라고 말합니다. 그 사람은 이곳에서 자신이 두려워 범하지 못했던 죄악들을 흡족해하며 바라봅니다. 또한 자신의 상황 때문에 마지못해 피할 수밖에 없었던 정욕들을 생각하며 쾌락을 추구합니다. 상상이라는 이 어두운 방 안에서 마음은 간음, 살인, 도둑질, 그리고 온갖 파렴치한 짓들을 범합니다. 빛이 여기를 비추자, 그 사람은 자기가 마음으로 생각했던 모습이 바로 자신의 모습이라는 사실을 알게 되어 몸서리를 칩니다. 그는 죄악을 상상하기를 좋아하는 것도 죄라는 사실을 알고서 두려워하게 됩니다. 이제 상상의 무대는 깨끗이 제거되고, 더러운 먼지와 찌꺼기들은 불에 던져집니다. 그러면 공상은 하나님의 빛 가운데서 빛을 발하고, 놋으로 만든 물두멍(출 30:18)에서 씻긴 상상력은 현악기가 되어 구원의 하나님께 찬양을 드리게 됩니다. 그 구원의 하나님은 어둠으로부터 놀라운 빛으로 인도하신 분이십니다.

사랑하는 성도 여러분, 우리의 기질에도 빛이 비쳐져야 합니다. 우리에게는 그런 빛이 필요합니다. 자신이 가진 기질에 대해서 말도 꺼내지 못하게 하는 그리스도인이 있습니다. 우리는 그런 그리스도인을 알고 있습니다. 그는 "이것은 내 체질이 그래서 그렇다"라는 이유를 들면서 자기가 원하는 대로 오만해도 된다는 면허를 획득합니다. 그러면서 "아니, 나는 격렬한 사람이 되지 않을 수 없는 사람이에요. 내 어머니부터 대단히 급한 성질을 가진 여자였거든요. 그러니 저도 자연히 그런 성격을 가질 수밖에 없었고, 그러지 않을 수가 없었던 거죠"라고 말합니다. 보기 흉한 이 기질에도 빛이 비치게 하십시오. 만약 여러분이 말한 모든 것이 사실이라면, 여러분은 교정될 수 없을 정도로 심술궂은 사람이며 또 평생토록 분명히 그렇게 살아갈 수밖에 없다는 사실을 분명히 기록해 두십시오. 그런데 이게 무슨 말인가요? 여러분은 그렇게 하기를 원치 않는다니요? 그 마음이 사실이라면, 그 기질에도 빛이 비치도록 하십시오. 여러분은 미친 개이며, 여러분을 치료할 수 있는 약은 전혀 없다는 사실을 여러분도 알 뿐만 아니라 다른 사람들도 알게 하십시오. 이런 제안에 대해 화가 나십니까? 저는 지금 여러분이 말한 대로 여러분에게 말하고 있을 뿐입니다. "나는 나쁜 기질을 가질 수밖에 없다"라고 말하지 마십시오. 사랑하는 성도 여러분, 여러분의 나쁜 기질은 그럴 수밖에 없는 것이 아닙니다. 하나님의 도우심으로 여러분이 그 나쁜 기질을 이겨 내게 해 달라고 즉시 기도하십시오. 여러분이 그 나쁜 기질을 죽이지 않으면, 그 나쁜 기질이 여러분을 죽이는 상황이 벌어지기 때문입니다. 여러분은 나쁜 기질을 가지고 천국에 갈 수 없습니다. 위에 있는 아버지의 집에는 여러분이 가진 그런 성격을 가진 사람이 아무도 없을 것입니다. 그 성격 위에 그리스도의 빛이 비치도록 하십시오. 그러면 사악한 것들이 죽게 될 것입니다. 그 사악한 것들은 밤에 날아다니는 새와 같아서, 은혜와 사랑의 빛을 견디지 못합니다. 예수님과 가까이 살아가십시오. 그러면 그분의 긍휼로 여러분의 악한 성격이 사라지게 될 것입니다. 한번 해 보십시오.

여러분의 바람, 여러분의 소망, 여러분의 두려움, 여러분의 열망, 이 모든 것들도 빛을 받아야 합니다. 이 모든 것들이 빛을 받아 반짝일 때, 그 기쁨이 얼마나 크겠습니까! "조금도 어두운 데가 없으면", 이 얼마나 놀라운 상태이겠습니까! 신앙 고백을 한 사람들 중에는 다락방에서 흘러나오는 작은 불빛을 가진 것처럼 보이는 사람들이 있습니다. 이들은 머리로만 이해하고 혀로만 알고 있는 자들입니다! 슬픈 일입니다! 일층은 어둡습니다. 아주 어둡습니다. 이들의 일상 대화에서는 하나님의 빛이 전혀 없습니다. 문을 열고 들어가 보십시오. 그러면 통로나 계단으로 올라가는 길이 보이질 않습니다. 등불은 지붕 밑에 있는 방에만 높이 달려 있지, 사람이 사는 방에는 없습니다. 오, 마음 가까이에 빛이 비쳐지기를 사모하십시오! 오, 가족들의 대화와 사업상의 대화에도 빛이 비쳐지기를 사모하십시오! 다락방으로부터 지하실까지 우리의 인간성이라는 집안 곳곳에 불을 밝히십시오! 사람이 전인적으로 빛으로 인도되고 조금도 어두운 데에 남아 있지 않으려는 이것이야말로 은혜의 참된 사역입니다. 우리가 빛 가운데 거하고 어둠과 아무런 사귐도 갖지 않을 때, 바로 그 때 우리는 빛의 자녀들이 됩니다. 그리고 그 때, 이스라엘과 애굽 간의 차이가 드러나게 됩니다. 왜냐하면 모든 애굽이 어둠에 앉아 있는 동안, 고센 땅(출 8:22 참조)에는 빛이 있었기 때문입니다.

이 빛이 비쳐진 곳은 어디서든 확신이 생깁니다. 그래서 의심을 멈추고 우리가 믿고 있는 분이 누구인지를 알게 됩니다. 이 확신과 함께 **방향성**이 제시됩니다. 우리는 우리가 가야 할 길과 그 길을 어떻게 걸어가야 할지를 보게 됩니다. 우리는 분명한 길을 쫓아가며 더 이상 미로 가운데서 헤매지 않습니다. "이것이 길이니 너희는 그 길로 걸으라"(사 30:21, KJV)고 하시는 말씀은 우리 귀에 듣기 좋은 말씀입니다. 마치 그 빛이 우리에게 생명으로 인도하는 좁은 문(마 7:14)을 계시해 주듯 말입니다.

이 빛이 마음에 거하고 있을 때, 이 빛은 우리에게 유익한 쾌활함을 가져다줍니다. 어둠은 서글픔을 주고 빛은 기쁨을 줍니다. 여러분은 단 한 개의 등불도 없이 터널을 통과하는 기차를 타고 여행해 본 적이 있습니까? 누군가 성냥을 켜서 초에 불을 붙이자, 모든 승객들의 눈이 그 사람을 향했습니다. 그는 이 보잘것없는 방법으로 은혜를 베푼 자가 되었습니다. 모든 사람의 눈이 그 빛을 보고서 기뻐합니다. 오, 오랫동안 무지와 슬픔과 절망의 어둠 가운데 있던 사람들에게 성령의 빛은 얼마나 달콤한 것인지 모릅니다! 한 불쌍한 소년이 있었습니다. 그 소년은 석탄 운송 마차가 지나간 뒤, 탄광 문을 닫기 위해 탄광 안에 혼자 남아 어둠 속에서 몇 시간씩 있을 수밖에 없었습니다. 그 소년은 상냥한 아이였습니다. 누군가 소년에게 "그렇게 오랫동안 어둠 속에 앉아 있는데 외롭지 않니?"라고 물었습니다. 그러자 그 소년은 "예, 사실 지겨워요. 하지만 가끔 제게 초 몇 자루를 주고 가시는 분들이 있어요. 그래서 저는 빛을 밝혀 노래를 불러요"라고 말했습니다. 우리도 이와 마찬가지입니다. 우리도 빛을 밝혀 노래를 부르고 있습니다. 하나님께 영광을 돌려드리십시오. 그분은 우리의 빛이요 우리의 구원(시 27:1)이십니다. 그러므로 우리는 찬양합니다. 오, 하나님의 자녀들이여, 여러분의 눈이 성하고, 하나님의 빛이 여러분의 모든 부분에 충만히 비출 때, 여러분은 찬양하고 또 찬양하게 될 것입니다. 여러분이 천국에서 찬양을 시작하기 전까지는, 이 땅에서 결코 찬양을 중단할 수 없다고 느끼게 될 것입니다.

오늘의 본문은 지금까지 많은 유식한 독자들을 당황하게 하였습니다. 솔직히 말씀드리자면 저도 이 본문으로 인해 여러 번 당황했었고, 이 사실에 대해 이상하게 생각하지 않으실 것입니다. 본문이 전하는 바를 보십시오. "네 온 몸이 빛으로 가득하고 어두운 데가 없으면, 등잔불이 밝게 빛나 네게 빛을 주는 때와 같이, 전체가 빛으로 가득하리라"(눅 11:36, KJV)로 말씀합니다. 이 말씀은 같은 내용을 반복하고 있는 것처럼 보이지 않습니까? 성령님은 동어반복이나 진부하고 너무 당연한 이야기를 하시는 분이 아닙니다. 우리는 본문이 말씀하시는 것 이상으로 나아가서는 안 됩니다. 주님께서는 다음의 사실을 우리가 알기 원하신 것으로 보입니다. 즉, 한 영혼 안에 조금도 어두운 데가 없는 것을 칭찬하기 위해 "전체가 빛으로 가득하리라" 하신 말보다 더 좋은 표현을 할 수 없었다는 사실 말입니다. 어떤 사람들은 이 말씀에 대해서, 우리가 내면의 빛을 가지게 되면 다른 사람들에게까지 빛을 비출 수 있을 정도로 충만해진다는 것을 뜻한다고 주장합니다(스펄전 당시에 흥왕하던 조지 폭스[Fox, George 1624-1691]가 창시한 퀘이커교도의 '내면의 빛'[Lux Interna]을 염두에 두고 한 말이다 — 역주). 이 또한 위대한 진리입니다. 하지만 우리 주님은 여기서 그런 뜻으로 말씀하신 것이 아닙니다. 왜냐하면 주님께서는 내면의 빛을 우리 자신을 비추는 등잔불에 비유하고 계시기 때문입니다. "등잔불이 밝게 빛나 네게 빛을 주는 때와 같이"라는 말씀처럼 말입니다. 주님은 우리 자신의 개인적인 위로에 대해서 말씀하고 계십니다. 어떤 방이 구석구석 빈틈없이 훤히 밝혀 있을 때, 그 방은 기쁨의 광채를 발합니다. 사람들은 그런 방을 둘러보고서 만족감을 느끼고 흡족해합니다. 이와 마찬가지로 우리의 전체 본성이 하나님의 빛으로 가득할 때, 우리는 달콤함과 충만한 빛을 느끼고 천국이 이 땅에 임하기 시작한 것처럼 여깁니다. 그 어떤 것도 숨기지 않고 또 죄악을 전혀 사랑하지도 않으면서 하나님의 충만하신 빛 가운데 거하는 것은 말로 형언할 수 없을 정도로 기쁘고 즐거운 축복입니다. 그래서 언젠가 태양이 저를 가득 비출 때, 저는 여호수아처럼 이렇게 외칠 것입니다. "태양아, 너는 … 멈추어 서라!"(수 10:12, KJV)고 말입니다.

　　이 내적 빛은 우리로 하여금 다른 사람들 앞에서 빛나게 할 것입니다. 우리가 추구해야 할 것은 오직 이런 빛남뿐입니다. 그 안에 빛나는 초가 든 깨끗한 등불은 소음을 내지 않습니다. 그래도 다른 사람들의 시선을 끕니다. 밤이 어두우면 어두울수록 그 등불은 더욱더 가치를 발합니다. 참된 내적 빛이 지금보다 더 절실히 필요했던 적은 없었습니다. 주님께서 우리 각자에게 이 빛을 나누어 주시어, 우리가 이 세상에서 등불처럼 빛나게 되기를 기원합니다! 주 하나님께서 이 빛을 여러분에게 주시고, 또 그 빛이 여러분에게 충만하여 주님의 이름이 영광 받게 되기를 기원합니다! 여러분은 빛을 얻기 위해 수고할 필요가 없습니다. 여러분은 그 빛을 받기만 하면 됩니다. 이 빛이 먼저 여러분 자신의 인격에 유익이 될 때에야 비로소 여러분의 유익이 모든 사람들에게 알려지게 될 것입니다. 하나님께서 그리스도의 이름으로 여러분을 축복하십니다! 아멘.

제
44
장

—

적지만 사랑스러운

—

**"적은 양 무리여, 무서워 말라. 너희에게 그 나라를 주시는
것이 너희 아버지의 선한 기쁨이니라." ― 눅 12:32, KJV**

　　예수님께서는 그의 제자들에게 얼마나 친절하고 다정하셨는지 모릅니다!
예수님이 엄하게 말씀하셨을 때도 있지만, 그것은 밖의 군중들을 향해 하신 말
씀이었습니다. 여러 번 그분은 성령에 감동되어 군중들을 신랄하게 책망하기도
하셨지만, 그분의 주위에 가까이 다가와 그분을 흠모하며 따른 소수의 사람들,
즉 그분께서 택하신 자들이자 그분의 사랑을 입은 자들 앞에서는 아주 친밀하고
편안하게 대하셨습니다. 그들에게는 자신의 속마음을 털어놓기도 하시고, 아버
지로부터 받은 것들을 드러내 보이기도 하셨습니다. 그들의 행복과 관계된 것은
그 어떤 것도 그들에게 감추지 않으셨습니다. "그렇지 않으면 내가 너희에게 말
해 주었으리라"(요 14:2, KJV)와 같은 말씀은 적어도 한 번뿐이었으며, 그것도 그
분의 속마음을 털어놓는 표현이었습니다. 이렇게 그분은 한 사람의 친구로서,
한 사람의 큰 형으로서, 한 사람의 사랑하는 아버지로서 그들과 함께 거하셨습
니다. 그분께서 그들을 어느 정도로 생각하셨는지, 그분께서 그들에게 얼마나
완전히 공감하셨는지, 그분께서 그들을 얼마나 멸시하지 않으셨는지 등을 살펴
보는 것은 참으로 즐거운 일입니다. 이 땅의 위대한 자들은 나사렛에서 나온 선
지자(마 21:11) 주위에 모여든 가련하고 불쌍한 무리들을 향해 어깨를 으쓱하며
비웃었을 것입니다. 그러나 거룩하신 주님은 그러지 않으셨습니다. 주님을 따르

는 자들이 적은 양 무리라는 사실을 그분은 한순간도 숨기지 않으시고, 그들을 다정하게 바라보시며, 그들의 원수들이 불쾌하게 사용했을 법한 그 "적은"이라는 형용사를 유쾌한 방식으로 그들에게 적용하셨습니다. 그분께서는 "적은 양 무리여, 무서워 말라. 너희에게 그 나라를 주시는 것이 너희 아버지의 선한 기쁨이니라"고 말씀하셨습니다.

비록 그들의 수가 몇 명 되지는 않았지만, 그분께서는 그들을 양 무리라고 부르셨습니다. 그렇게 해서 그분은 스스로 목자라는 직분을 취하셨습니다. 이 직분이 암시하듯이 그분은 그들을 먹이고 키우고 위로하고 보호하겠다고 확증하셨습니다. 그리고 그분은 좋은 뜻으로 "적은"(little)이라고 말씀하셨습니다. 우리가 종종 사랑하는 자들을 부를 때 짧은(little) 이름으로 부르듯이, 그 사람에 대한 애정의 표현으로 지소사(指小辭, diminutive, 원래의 이름을 짧게 줄여서 애칭을 부르는 경우나, 단어 뒤에 작은 것을 의미하는 접미사로, 우리말의 '송아지, 강아지' 등에 해당하는 '~아지'나, 영어의 '돼지새끼'(piglet)나 '작은 부엌'(kitchenette) 등에 해당하는 '-let, -ette' 등을 말한다 — 역주)를 사용하기도 합니다. 이와 마찬가지로 구세주께서도 친히 사랑하는 자들이 적음에 대해 깊이 생각하신 것으로 보입니다. 원문의 단어는 "아주 적은"으로 번역해야 적절할 것 같습니다. 즉, "무서워 말라. 조그마한 양 무리여"라고 말입니다. 여기에는 이중의 지소사(指小辭)가 있습니다(영국 감리교 신학자이자 성경학자인 아담 클락[Adam Clarke, 1760 or 1762-1832]은 자신의 주석서[Clarke's Commentary on the Bible]에서 이 본문의 헬라어 원문인 '토 미크론 포임니온'을 '적고 적은 양 무리여'[little little flock]로 주석하였다 — 역주). 그분께서는 이 이중의 지소사로 주위에 기쁜 울림을 주는 하프를 타시는 듯합니다. 어머니들이 그 자그마한 피조물들에 대한 애정으로 자기의 어린아이들을 애칭으로 부르곤 하는 것과 마찬가지입니다. 하지만 우리 구세주의 강력한 사랑은 여인의 사랑을 훨씬 뛰어넘고, 본능적인 모든 모성애와 견주어 보아도 그와 상대가 될 만한 것이 없는 줄로 압니다. 그분께서는 온유한 마음을 강조하시면서 이렇게 말씀하시는 듯합니다. "너희들 수가 얼마나 적은지, 혹은 너희들이 얼마나 멸시를 받고 있는지 신경 쓰지 마라. 너희들의 연약함으로 인해 너희들은 내 심장 중에서도 더욱 따뜻한 곳을 차지하게 되고, 나는 너희들을 더 세게 내 가슴으로 꽉 껴안을 것이다. 쉿, 쉿, 가만히 있어라. 무서워 말라. 적은 양 무리여"라고 말입니다.

그리고 오! 그분께서는 언제나 그들의 신임을 받기에 합당한 이유를 충분히 가지고 계십니다. "이것이 너희 아버지의 선한 기쁨이니라"고 말씀하신 대로, 우리를 사랑하시는 주님은 자기 제자들과의 친밀한 관계를 친히 인식하고 계셨습니다. "이것이 너희 아버지의 선한 기쁨이니라"고 말씀하셨는데, 우리 주 예수 그리스도의 아버지이시며 하나님이신 그분 외에 도대체 누가 그 제자들의 아버지이겠습니까? 주님께서는 "이것이 내 아버지의 선한 기쁨이니라"고 말씀하실 수도 있었습니다. 그러나 "이것이 너희 아버지의 선한 기쁨이니라"고 말씀하심으로써, 우리 주님은 좀 더 아름답게 표현하셨습니다. 이렇게 주님께서 "너희 아버지"라고 말씀하셨을 때, 제자들은 자기들의 아버지가 주님의 아버지라는 사실을 알게 되었습니다. 그러나 만약 주님께서 "내 아버지"라고 말씀하셨더라면, 하나님이 그들의 아버지도 되신다는 사실을 즉시 깨닫지 못했을지도 모릅니다. 혹은 이 말을 곰곰이 생각해 보고서 이 주제에 대해 의심을 했을지도 모릅니다. 따라서 주님께서 그렇게 말씀하심으로써 결과적으로는 그들을 친히 형제로 칭하신 것이 되었습니다. 주님의 아버지가 제자들의 아버지와 같다면, 주님은 친히 제자들과 형제가 되는 것이 틀림없기 때문입니다. 제자들은 가까운 친족이 되었습니다.

주님께서 이 말씀을 하셨을 때, 주님은 친히 그들을 자신과 대등한 위치에 세우셨다고 할 수 있습니다. 주님은 자신을 그들의 위치로 내려가게 한 동시에 그들을 즉시 자신의 위치까지 높이셨던 것입니다. "너희에게 그 나라를 주시는 것이 너희 아버지의 선한 기쁨이니라." 주님께서 여기 이 땅에 성육신하셔서 인간이 그 복되신 생명의 주님과 이토록 다정한 관계를 맺게 된 것은 틀림없이 기뻐해야 할 일이지 않겠습니까? 요한이 "말씀이 육신이 되어 우리 가운데 거하시매 우리가 그의 영광을 보니 아버지의 독생자의 영광이요 은혜와 진리가 충만하더라"(요 1:14)고 말할 수 있었을 정도로 말입니다. 독생자께서 가지신 이런 특권을 우리가 가지지 않았다고 해서, 우리가 안달할 필요는 전혀 없습니다. 왜냐하면 "내가 떠나가는 것이 너희에게 유익이라 내가 떠나가지 아니하면 보혜사가 너희에게로 오시지 아니할 것이요"(요 16:7)라고 하신 예수님의 말씀처럼, 우리는 좀 더 높은 특권을 가지고 있기 때문입니다. 그러므로 예수님께서 떠나가는 것이 우리에게는 더 좋은 일입니다. 예수님이 떠나가셔야 성령님께서 우리에게 지속적으로 임재하십니다. 성령님께서는 우리와 함께 거하실 뿐만 아니라, 우리 속에 내주(內住)하기도 하십니다. 오! 이 시간에 보혜사의 임재를 우리가 인식하고 누릴 수 있기를 바랍니다! 성령님의 위로도 받지 못한 채 구세주와의 사귐을 놓치는 일은 우리에게 불행한 일일 것입니다. 주님의 육체적 임재도 갖지 못하고 성령님의 영적인 임재도 갖지 못한다면, 그것은 이중의 상실이 될 것입니다. 성령님께서 우리 안에 계시고, 우리와 영원히 함께 하실 것이라는 사실을 오히려 기뻐합시다. 보혜사의 임재 가운데서 우리는 인자(人子)와 누렸던 위안의 사귐보다도 더욱 고상한 수준으로 하나님과 교제하고 있습니다. 인자(人子)께서는 우리를 떠나 가셨습니다. 하지만 그분께서는 우리에게 힘을 주시기 위해 친히 위로의 여러 말씀들을 남기셨습니다. 그러므로 성령님의 능력 안에서 "적은 양 무리여, 무서워 말라. 너희에게 그 나라를 주시는 것이 너희 아버지의 선한 기쁨이니라"고 하신 이 말씀에 대해 서로 이야기를 나눠보도록 합시다.

우리는 여기서 먼저 적은 양 무리와 큰 목자(히 13:20)에 주목하고자 합니다. 그러고 나서는 여러 다양한 두려움들에 대해 말씀드리겠지만 그 중에서도 큰 두려움과 한층 더 큰 위로에 주목하고자 합니다.

1. 구세주께서 말씀하신 대상은 바로 적은 양 무리였습니다.

구세주께서 그들을 이렇게 지칭하신 것은 그들이 수적으로 소수였다는 사실을 언급하고자 했던 것일까요? 우리 구세주의 사역은 회심과 관련해서 즉각적으로 풍성한 열매를 맺는 결과와는 거리가 멀었습니다. 애석하게도 위대한 설교자의 열정은 청중들의 무관심과 대조를 이루었습니다. 선지자는 정신적 대기(大氣)에 감돌고 있는 아지랑이를 미리 내다보았습니다. 그래서 그는 "우리가 전한 것을 누가 믿었느냐?"(사 53:1)고 외쳤던 것입니다. 하나님이 말씀하지 않으시면 그 어떤 인간도 말할 수 없는 말들과, 하나님께서 행하지 않으시면 그 누구도 행할 수 없는 사역의 열매로 그분께 모여든 사람들의 숫자가 이스라엘 가운데 얼마나 적었는지 모릅니다! 우리 구세주께서 한번 말씀을 전하시자 그 말씀을 통해 삼천 명이 회심했다는 기록은 없습니다. 그분께서는 마치 "또한 그보다 큰 일도 하리니 이는 내가 아버지께로 감이라"(요 14:12)고 하신 말씀을 성취하기 위한 것처럼, 이런 회심의 사역을 제자들 중 한 사람에게 남겨 두셨습니다(행 2:41의 베드로 참조). 그분께서는 수치와 고통을 자신에게 돌리셨듯이, 그런 영광은 자기 종들에게 돌리시고 좌절은 자신이 감당하고자 하셨습니다. 이것이 항상 그분께서 행하시는 사랑의 방식입니다. 그분께서는 언덕의 황량한 비탈과 전쟁 중의 까다로운 임무는 자신이 맡고자 하십니다. 혹시라도 좀 더 완만한 길을 택할 수 있다거나 좀 더 고상한 명예를 얻을 수 있는 기회가 있다면, 그분은 그것들을 제자들에게 주실 것입니다. 그분께서 회심시킨 자들은 소수였습니다. 그들은 적은 양 무리였습니다. 여러분 가운데는 거의 소수의 신자들만 함께 모이는 그런 곳에 사는 이들도 있을 것입니다. 그런 지역에 사는 성도들은 서로 간의 교제가 약한 것 같습니다. 그런 곳에 거주하는 여러분을 위해 기도하겠습니다. 절대로 낙담하지 마십시오. 비록 여러분에게는 군중집회에서 오는 감격은 없을지 몰라도, 분명히 진실함과 신실함으로 하나님을 경배할 수 있을 것입니다. 어쩌면 너무 적은 소수의 신자들이 사는 지역에 살고 있어서, 회중으로 모이기가 거의 불가능할지도 모릅니다. 그분의 이름으로 함께 모인 사람의 숫자가 단 한두 명이라는 이유로, 왜 여러분은 그리스도와의 사귐이라는 특권을 거절하려고 생각하는 것입니까? 신자들이 지금까지 기억하고 있는 가장 행복했던 시절은 그리스도와 단 둘이 가졌던 시간이었습니다. 그리스도의 사랑도 지금까지 두세 사람이나 작은 가족 모임에서 가장 풍성하게 나타났습니다. 그분께서는 다음의 약속을 글자 그대로 지키셨습니다. "두세 사람이 내 이름으로 모인 곳에는 나도 그들 중에 있느니라"(마 18:20)고 말입니다. 여러분이 우연히 좀 더 큰 모임에 속해 있다고 해서, 소수에게 유언으로 약속하신 그 약속에서 여러분이 제외되는 것은 아닙니다. 다섯 명의 형제자매가 모인 교회나 오천 명의 형제자매가 모인 교회나 다 같이 적은 양 무리입니다. 바깥에 있는 무수한 불신자들의 수와 비교하자면, 신자들의 수는 틀림없이 극소수입니다. 하나님을 알지 못하는 수백만 명을 생각해 보십시오. 수억 명의 사람들이 자기 손으로 만든 우상(사 31:7) 신들을 숭배하며 만족해하고 있습니다. 전체 기독교인들의 수를 고려하고, 또 명목상의 신앙 고백자들까지 모두 잠정적인 참된 기독교 회심자로 친다 해도, 교회는 연약한 소수일 뿐이고, 적은 양 무리에 지나지 않을 것입니다. 주님께서 우리를 풍성하게 하고(고후 9:10), 또 현재의 모든 계산을 뛰어넘어 이 땅에서 우리의 수를 크게 더하시는 그 날이 온다 해도, 지금 이 시각까지는 하나님의 교회는 오직 적은 양 무리에 불과합니다. 이런 사실이 때로는 기독교를 불신하고 기독교 신앙을 우려하는 하나의 핑곗거리가 되기도 합니다.

우리 주님을 직접적으로 따랐던 자들은 숫자에 있어서만 적은 것이 아니었습니다. 그들은 이 세상의 재물을 대단하게 여기지도 않았습니다. 그들은 자신이 가진 모든 것을 버렸습니다. 그들이 가진 모든 것을 버렸다고는 해도, 그 가치가 그렇게 대단한 것은 아니었습니다. 호수 위에 떠 있는 낡은 배 한두 척, 약간의 그물들과 작은 낚시 도구 및 기타 물건 등, 사실 그들이 내버린 것이라고 해봐야 그리 대단한 것이 아니었습니다! 그들의 재산과 수입도 마찬가지로 얼마 되지 않았습니다. 제자들 가운데 회계를 맡은 자가 무거운 돈 궤를 들고 다닌 것도 아니었습니다. 그럼에도 그 제자는 그 안에 든 것을 자신을 위해 쓰고자 관심을 가졌지만 말입니다(요 12:6, 참조). 예수님의 제자들은 가난했습니다. 그것도 아주 가난했습니다. 그들은 머리 둘 곳이 없었던(마 8:20) 그들의 스승과 어느 정도 비슷했습니다.

그들은 자신들의 사회적 지위로도 많은 영향력을 발휘할 수가 없었습니다. 제자들의 대부분은 갈릴리 사람들이었습니다. 즉, 그들은 그 나라 전체에서 가장 뒤떨어진 시골 출신의 촌사람들이었으며, 따라서 당연히 무시를 받던 사람들이었습니다. 물론 그들은 각 지방의 사투리로 말을 했으며, 그들의 말을 들은 사람은 그들을 무식하고 무지한 사람들로 여겼습니다. 그러나 성령이 임하자 그들은 큰 권능으로 말했습니다. 그들 가운데는 명예로운 '신학박사' 학위를 받은 자도 없었으며, 대학 출신의 교수도 없었습니다. 앞에 내세울만한 독보적인 랍비가 있었던 것도 아니고, 다른 사람들이 랍비라고 부르기로 결정했다면 랍비라고 불릴 수도 있었을 만한 사람 하나 없었습니다. 그들에게는 그들이 가진 지위나 직함으로부터 오는 명성도 없었고, 그 어떤 혈통적인 귀족이나, 기사, 향사(esqures, 鄕士, 영국의 기사 계급 다음의 신분) 등의 직함도 없었습니다. 그들은 모두 평범한 농사꾼과 어부들이었습니다. 제가 감히 말씀드릴 수 있는 것은, 이들이 세상으로 나가라는 부르심을 받고서 그 낯선 모험을 생각했을 때, 그들의 마음에는 많은 두려움이 교차되고, 또한 많은 우울한 생각들이 떠나지 않았을 것이라는 점입니다. 그들은 하나님이신 그리스도를 전하고 세상을 그리스도께로 회심시켜야 했습니다. 그런데 그런 일을 해야 할 그들이 얼마나 비천했는지를 보십시오! 만약 그들이 철학자들의 학교에서 양육을 받았다거나, 왕족이나 귀족의 아들들이었다면, 또는 크로이소스(Croesus, BC 595-547?, BC 6세기에 있었던 리디아 [Lydia] 최후의 왕으로 큰 부자로 유명하다) 왕이 가졌던 부라도 수중에 갖고 있었다면, 그들은 "우리는 무언가를 할 수 있어"라고 말했을 것입니다. 그러나 가난과 무지와 세상에 알려지지 않은 무명(無名)한 상태 등이 한데 어우러져 그들은 동료들이 보기에도 적은 자 같았습니다. 그래서 구세주께서는 "적은 양 무리여, 무서워 말라!"고 말씀하셨습니다. 그리고 이 모든 불리한 환경에 대항해 실제적인 약속도 굳게 세워 주셨습니다. 다음의 사실을 확신하십시오. 즉, 하나님의 나라는 여러분의 것이며, 여러분은 그 날에 승리할 것이라는 사실 말입니다. 하늘에 계신 여러분의 아버지는 이 세상의 위엄이나 부나 학식 없이도 모든 것을 하실 수 있으며, 그분께서는 여러분에게 그 나라를 주시기로 이미 결심하셨습니다. 그러므로 여러분은 그 나라를 틀림없이 가지게 될 것입니다. 이런 측면에서 하나님의 교회는 지금도 더 나아진 것이 없습니다. 예수님 시대의 귀족들이나 그 당시 유명 인사들과, 재능이나 유행에서 최고의 자리를 주름잡던 자들은 예수님의 제자들을 무시하며 경멸하였습니다. 이런 사실에 대해 우리가 창피해할 필요는 없습니다. 육체를 따라(고전 1:26) 위대한 자가 많지 않으며, 택함을 받은 강한 자가 많지 아니함(고전 1:27)을 우리는 아주 잘 알고 있습니다. 여전히 변함없이 하나님께서는 이 세상의 가난한 자들을 택하셨습니다. 비록 순하고 비천한 사람들이지만, 하나님께서는 그들에게 하늘나라의 은사들로 풍성하게 하셨습니다. 전체 교회 또한 그 교회의 개별 성도들과 마찬가지로 작습니다. 그 수와 영향력도 적습니다. 한 마디로 "적은 양 무리"입니다.

그리스도를 따르는 자들 가운데 공통적인 또 다른 적음이 있습니다. 그들은 은혜의 문제에서도 아주 적은 자들입니다. 그들은 자신이 적은 자라는 점을 생각하고도 있고 알고도 있습니다. 보통은 그들 가운데서 가장 큰 자도 스스로 가장 작은 자라고 생각합니다. 가장 으뜸가는 사도들보다 조금도 뒤지지 않는 줄로(고후 11:5, KJV) 여기는 자도 스스로는 사도라 칭함 받기를 감당하지 못할 자(고전 15:9)로 생각하였습니다. 자신의 무가치함에 대한 인식이 그러하였습니다. 주님의 백성들은 스스로를 작고도 작은 사람으로 여깁니다. 그러나 그들 중에는 나이나 신앙의 성숙도나 체험 등에서 정말로 적은 자들이 있습니다. 그들은 최근에야 비로소 중생한 자들로서, 은혜에 있어서 어린아이라 할 수 있는 자들입니다. 그분께서 "적은 양 무리여, 무서워 말라. 너희에게 그 나라를 주시는 것이 너희 아버지의 선한 기쁨이니라"고 말씀하셨을 때, 적다는 의미에는 이런 뜻도 담겨 있었습니다. 그렇습니다. 중생한 아들딸인 여러분도 이와 마찬가지입니다. 최근에야 비로소 회심한 자들이 아니라 해도 적은 자들이 있습니다. 이들의 경우에는 믿음의 진전이 서서히 이루어졌기 때문입니다. 그들은 낙담하는 영혼의 소유자들로, 믿음이 아주 연약합니다. 아마도 그들은 살아가면서 하나님과 동행하지 않았을 것입니다. 그들이 마땅히 가져야 할 정도와 비교해 봤을 때, 그들은 정말 적은 믿음, 적은 소망, 적은 기쁨, 적은 쓸모, 적은 거룩 등을 가졌습니다. 그러나 그럼에도 불구하고 여전히 그들이 신자로서 그리스도의 음성을 듣고 목자를 따라간다면(요 10:27), 그분은 그런 자들에게도 "적은 양 무리여, 무서워 말라. 너희에게 그 나라를 주시는 것이 너희 아버지의 선한 기쁨이니라"고 말씀하십니다. 그분께서는 여러분이 마땅히 도달해야 할 지점에까지 이르지 못했다고 해서 여러분을 멸망시키는 분이 아닙니다. 여러분이 밝히 빛나는 등불이 되었어야 마땅하나 정작 연기만 나는 심지(사 42:3, KJV)가 되었다 해도, 그분께서는 여러분을 끄지 않으실 것입니다. 여러분이 크나큰 찬양을 쏟아 내기 위해 마땅히 강하고 큰 음향효과를 내도록 오르간의 모든 스톱(오르간에서 음관으로 들어가는 바람의 입구를 여닫는 장치 ─ 역주)을 동시에 열어야 할 순간에, 정작 여러분의 음악이 부러진 리드(reed, 클라리넷, 오보에, 오르간 등의 발음원도 '리드'이고, 이사야서에 나오는 '상한 갈대'[사 42:3]의 '갈대'도 '리드'다. '리드'라는 단어의 중의성[重義性]을 부각시킨 스펄전의 재담(才談)이다 ─ 역주)가 되었다 해도, 그분께서는 여러분을 부러뜨리지 않을 것입니다. 오히려 그분께서는 그런 여러분을 사용하셔서 무언가를 만들어 내실 것입니다. 여러분이 믿음이 있는지 없는지도 모를 정도로 그렇게 적은 믿음을 가지고 있다 해도, 그분은 여러분의 믿음을 알고 계십니다. 한 방울의 물도 바다에 있는 모든 물과 똑같이 물입니다. 한 조각의 은혜도 영원한 언약 가운데 그 큰 은혜의 곳간에 쌓여 있는 은혜와 참으로 같은 은혜입니다. 핀의 머리 부분만큼이나 작은 다이아몬드도 코이누르(Koh-i-noor, 페르시아어로 '빛의 산'이란 뜻을 가진 105캐럿 크기의 다이아몬드로, 스펄전 당시까지 세계에서 가장 큰 다이아몬드로 알려졌다) 다이아몬드와 전적으로 같은 다이아몬드입니다. 이와 마찬가지로, 겨자씨 한 알 같은 가장 작은 믿음이라 해도 그 믿음은 산을 옮길 수 있는 믿음(마 17:20)인 것입니다. 예수님은 이 사실을 아셨습니다. 그래서 아직까지도 믿음이 작은 자들에게 그분은 위로의 말씀을 해주셨던 것입니다. "적은 양 무리여, 무서워 말라. 너희에게 그 나라를 주시는 것이 너희 아버지의 선한 기쁨이니라."

자, 보십시오. 그 양 무리가 그렇게도 적은 데도 불구하고, 큰 목자(히 13:20)께서 그렇게 친절하게 "적은 양 무리여, 무서워 말라"라고 하신 이 말씀은 아주 귀한 말씀이지 않습니까? 그리고 오! 그렇게 말씀하시는 분의 크심은 그들에게 분명히 큰 충격을 주지 않았겠습니까! 그들은 그분을 쳐다보고서 그분은 결코 작은 분이 아니라는 것을 알게 되었습니다. 그분은 그들처럼 가난하고 세상에 알려지지 않은 무명인이 되셨습니다. 그러나 그럼에도 불구하고 그분의 인격에는 결코 가릴 수 없는 신성이 있었습니다. 그분은 태어나실 때부터 작은 분이 아니었습니다. 동방으로부터 온 박사들은 "유대인의 왕으로 나신 이가 어디 계시냐?"(마 2:2)라고 물었습니다. 그분은 지혜에 있어서도 결코 적은 분이 아니었습니다. 왜냐하면 그분께서 열두 살일 때 성전의 박사들도 그분의 이해력과 대답들을 놀랍게(눅 2:47) 여겼기 때문입니다. 그분은 능력에 있어서도 적은 분이 아니었습니다. 그분께서는 권위 있는 자와 같이(마 7:29) 가르치지 않으셨습니까? 그분 앞에서는 그 어떤 질병 증상도 그분의 치유솜씨에 반항하지 못하고 그분의 명령에 저항하지 못하는 것처럼, 그렇게 온갖 질환과 질병들을(마 10:1, KJV) 고쳐주지 않으셨습니까? 그분은 인간의 마음에 끼친 영향력에 있어서도 결코 작은 분이 아니었습니다. 그분은 인간의 현재 마음 상태를 큰 물줄기를 돌리듯 그분께서 원하시는 대로 바꾸실 수 있었습니다. 그들은 큰 목자를 갖게 되었습니다. 그분은 그들을 보호하시고, 그들에게 필요한 것을 공급하시고, 그들을 계속해서 인도하시고, 그들을 승리하게 하시고, 그들에게 약속하신 안식으로 그들을 틀림없이 인도하실 수 있었습니다.

바로 지금 저는 그 스승께서 우리 가운데 서 계시고, 우리는 그의 적은 양 무리인 것처럼 느낍니다. 그리고 우리가 그분을 떠나서는 아무것도 할 수 없고, 아무것도 생각할 수 없고, 아무것도 발전할 수 없다는 것을 깨닫습니다. 우리 앞에 하나님의 위대한 뜻이 놓여 있습니까? 세상이 회심할 수 있겠습니까? 틀림없이 우리 힘으로는 이 일을 성취할 수 없을 것입니다. 그분의 임재만이 우리의 힘이 됩니다. 바로 여기서 고개를 들어 바라보십시오. 그분께서 우리 가운데 서 계신 것을 보고, 그분의 몸과 피(고전 11:27)에 대한 이 상징들(성찬 제기들)을 보고서 마음을 강하게 하십시오. "하늘과 땅의 모든 권세를 내게 주셨으니 그러므로 너희는 가서 모든 민족을 제자로 삼아 아버지와 아들과 성령의 이름으로 세례를 베풀고"(마 28:18-19)라고 말씀하신 그분의 음성을 우리는 듣습니다. 세례를 받으신 그리스도께서 친히 세례를 베풀어 준 그의 제자들에게 자신의 사명을 명하시는 것을 보십시오. "모든 피조물에게 복음을 선포하라"(막 16:15, KJV)고 하십니다. 더 나아가 그분께서는 자신의 권위를 보여주셨습니다. "믿고 세례를 받는 사람은 구원을 얻을 것이요 믿지 않는 사람은 정죄를 받으리라"(막 16:16)고 말입니다. 그분은 세상의 종교에 순응하지 않는 비국교도(Nonconformist)들로 구성된 적은 군대에 총사령관이십니다. 다시 말해 어린양이 가는 곳이면 어디든 따라가고자 열망하며, 사악하고 비뚤어진 세대(신 32:5, KJV) 가운데서 그분의 책망을 부끄럽게 여기지 않고 그분의 이름을 즐거워하면서 그분의 십자가를 믿는 모든 자들의 주님이자 스승이신 그분을 따르려고 하는 적은 군단의 지도자이십니다. 주님께서 여러분에게 은혜를 베푸시어, 그분의 풀밭의 백성이며 그분의 손의 양들(시 95:7, KJV)인 여러분 모두의 가슴에 이 말씀이 아름답게 새겨지기를 원합니다. 이제 다음 말씀에 주목해 보겠습니다.

2. 오늘 본문인 "적은 양 무리여, 무서워 말라. 너희에게 그 나라를 주시는 것이 너희 아버지의 선한 기쁨이니라"고 하신 말씀 속에 함축된 큰 두려움과 큰 위로에 대해 살펴보고자 합니다.

하나님 종들의 마음을 종종 뒤흔들어 놓는 한 가지 두려움은 앞 단락에 암시되어 있습니다. 즉, 이 세상 것들에 대한 적절치 않은 염려입니다. 다시 말해, 한 개인의 마음을 흐트러트리고 하나님의 이름을 크게 더럽히는 초조함과 신실한 신자에게 전혀 걸맞지 않는 기분 등이 바로 그것입니다. 그리스도께서는 이 문제를 이런 말씀으로 처리하십니다. "너희는 무엇을 먹을까 무엇을 마실까 하여 구하지 말며 근심하지도 말라(눅 12:29). 너희들은 의심하는 마음도 갖지 말라. 애들아, 너희들에게 빵과 물뿐만 아니라, 그 나라까지 주는 것이 너희 아버지의 선한 기쁨인 줄 도대체 너희들은 왜 알지 못하느냐?'고 말입니다. 그러면 여러분은 이렇게 묻습니다. "그분의 자비하심으로 그분께서는 필요한 양식으로 저를 먹이시며(잠 30:8), 적절한 의복을 주신다는 말입니까?' 그것만이 아닙니다. 그런 양식과 의복이 문제가 아닙니다. 그분께서는 이런 식으로 여러분의 머리에 면류관을 씌워 주시고, 여러분을 위한 집을 천국에 마련해 주겠다는 약속까지 하셨기 때문입니다! 여러분에게 천국을 주기 위해 수고를 아끼지 않으신 분께서 여러분이 천국으로 가는 길에 굶어죽도록 하지 않으실 것입니다. 틀림없이 그렇게 하지 않으실 것입니다. 사울이 아버지의 나귀를 찾으러 갔을 때, 사무엘은 사울을 만나 그에게 기름을 부어 왕으로 삼았습니다(삼상 9장). 그런데 그 후에 사울은 아버지의 나귀를 찾는 문제로 더 이상 초조해하지 않았습니다. 지금 여러분 중에 자기가 끼친 손실에 대해 걱정하며, 그 손실을 회복할 최선의 방법을 모색 중인 사람이 있습니까? 여기에 여러분을 위한 기쁜 소식이 있습니다. 여러분에게 그 나라를 주시는 것이 여러분 아버지의 선한 기쁨입니다. 이 소식이 여러분의 가슴 속에 새롭고도 한층 숭고한 야망을 일깨워주지 않습니까? 이제 나귀는 더 이상 신경 쓰지 마십시오. 우리에게는 우리가 전적으로 생각해야 할 다른 목표와 비전들이 있습니다. 하찮은 일들에 마음을 뺏겼으나 이제는 고귀한 일들로 다시 마음을 잡습니다. 오, 하늘의 상속자들이여, 여러분은 이 덧없는 인생에서 벌어지는 작은 성가신 문제들로 한탄하거나 안달할 여유가 없습니다.

저는 천한 직업이라 할 수 있는 횡단보도 청소부로 아주 성실하게 일하고 있던 한 사람이 기억납니다. 그에게는 분실하거나 망가지면 매우 슬퍼할 만한 귀한 빗자루가 있었습니다. 그에게는 그 빗자루 가격에 해당하는 몇 펜스가 아주 귀한 돈이었을 것입니다. 그런데 그 도시의 법무관인 한 사람이 그의 어깨를 툭툭 치며 이렇게 말했습니다. "선한 친구여, 당신의 이름이 아무개입니까?" "예, 그렇습니다." "당신의 아버지께서 아무개 지역에 살지 않으셨나요?" "예, 거기에 사셨습니다." "당신의 형도 그곳에 살고 있지 않나요?" "예, 그곳에 살고 있습니다." "그렇군요. 당신에게 이런 소식을 알려드리게 되어 저도 기쁩니다. 당신은 매년 일 만 파운드를 받을 수 있는 값비싼 부동산을 상속받게 되었습니다." 그 말을 듣자 청소부는 자기 빗자루를 팽개쳐 버리고 걸어 나갔다는 이야기를 들었습니다. 그 청소부의 그런 행동이 제게는 당연해 보입니다. 왜냐하면 그런 일이 벌어진다면 저라도 그 빗자루를 어깨에 걸쳐 메고 나가리라고 생각하지 않기 때문입니다. 오! 그리스도인들이여, 저는 여러분의 옷소매라도 잡아당겨서, 여러분이 현재 하고 있는 하찮은 일들을 당연히 제쳐놓게 하는 그 귀족의 재산들에 대해 여러분에게 말하고 싶습니다. 여러분이 현재 하고 있는 일들과는 비교할 가치조차 없는 귀한 것들입니다. 예수 그리스도께서는 "이 세상의 모든 정금보다 한량없이 더욱 귀한 나라를 너희 아버지께서 주셨다"는 사실을 여러분에게 알려 주고 계십니다. 그것을 안다면, 여러분은 당연히 이렇게 말할 것입니다. "다른 사람들은 이 세상 것들에 대해 초조해하도록 내버려 두십시오. 하지만 저는 초조해하지 않을 것입니다. 저는 그 나라를 기다리고 있습니다. 저는 그 유산을 찾을 것이며, 그 유산을 기뻐할 것입니다"라고요. 이렇게 해서 그리스도께서는 자기 백성들이 갖는 두려움들 중 하나를 잠재우십니다!

    우리가 구름을 바라볼 때, 폭풍이 올 것을 예측하고 문제가 될 것을 예상함으로써 우리에게는 또 다른 두려움이 생겨납니다. 우리 가운데는 낙담하는 때가 있다는 사실을 분명히 고백해야 할 사람들이 있습니다. 어떤 사람은 자기가 하는 일이 점차 망하는 것을 보면서 초조해합니다. 그래서 "앞으로 뭘 해야 할까?"라고 걱정하며 묻기도 합니다. 자기가 거느려야 할 대가족이 딸린 어떤 사람은 "이 아들과 딸들에게 내가 무엇을 해 줄 수 있을까?"라고 물으며 어떻게 해야 좋을지 갈피를 못 잡기도 합니다. 그는 젊은 자녀들의 다양한 성향들을 보면서 이들이 어느 길로 가야 할지 걱정하며 초조해하기 시작합니다. 그는 자신의 문제를 하나님께 맡기지 않습니다. 그래서 쓸데없이 자신의 마음을 불안하게 만듭니다. 이런 행동은 현명하지 않은 행동입니다. 또 어떤 사람들은 자신의 건강이 좋지 않다는 것을 알게 됩니다. 폐병 증세나 또 다른 징후가 그들의 마음을 불안하고 놀라게 합니다. 그래서 그들은 "이 병이 더 악화되면 나는 어떻게 해야 하나?"라고 말합니다. "아마 나는 고통스러운 수술을 참아내야 할지도 모른다"라고 말하는 사람도 있고, "아마 일 년 내내 침대에 계속 누워 있기만 할지도 몰라. 어떻게 해야 하지? 아, 나는 어떻게 해야 하나?"라고 말하는 사람도 있습니다. 여기 우리 주 예수 그리스도께서 여러분이 무엇을 해야 할지를 충고해 주고 계십니다. 그분은 "너희는 마음에 근심하지 말라"(요 14:1)고 말씀하십니다. 두려워하지 마십시오. 지금까지 하나님께서 모든 서글픈 곤경의 상황에서 여러분을 도와주시고 구해 주셨다는 사실을 여러분은 알고 있지 않습니까? 여러분은 꿈에서라면 모를까 실제로는 여러분의 평화를 절대로 파괴하지 않는 수천 가지의 섬뜩한 질병들을 무서워할 만큼 그렇게 지금까지 어리석었습니다. 여러분은 어찌할 바를 알지 못하는 당황한 소년들 같습니다. 소년들이 그 공포의 대상에게 다가가기 전까지는, 자기들 눈앞에 마치 거대한 괴물이라도 나타날 것처럼 보입니다. 하지만 실제로 그 대상은 사람을 놀라게 하는 괴물이 아니라, 자신을 맞으러 나온 점잖은 친구들이라는 것을 알게 됩니다. 여러분은 과거에 자주 여러분이 만든 두려움에 속아서 스스로 맹신에 빠져 피해자가 되었습니다. 바로 지금 여러분의 우울한 상상이 가리키는 것도 이런 딜레마와 같은 것이지 않습니까? 저도 이것을 알고 있습니다. 우리가 바른 마음 상태일 때 우리는 우리의 염려를 하나님께 내어 맡깁니다. 주님께서 우리를 원하는 대로 하시도록 하십시오. 그분께서는 결코 우리에게 불친절하지 않으실 것입니다. 그분은 지금까지 항상 우리의 친구였습니다. 그분은 결코 우리의 원수가 되지 않으실 것입니다. 그분께서 우리 가운데 있는 찌꺼기를 제거하실 의도가 아니었다면, 그분은 우리를 풀무불 속에 집어넣지도 않으셨을 것입니다(겔 22:18). 그리고 그 풀무불은 절대적으로 필요한 온도 이상으로 조금도 더 뜨거워지지 않을 것입니다. 거기에는 항상 자비의 균형을 맞추는 긍휼이 있을 것이고, 무거운 짐을 견디도록(마 20:12, KJV) 도와줄 능력이 주어질 것입니다. 그러므로 힘을 내십시오. "적은 양 무리여, 무서워 말라"고 하십니다. 어쨌든 당분간은 이 모든 두려움을 떨쳐 버리고, 우리에게 그 나라를 주시는 것이 우리 아버지의 선한 기쁨이라는 사실을 즐거워합시다. 그 길이 험할 수도 있습니다. 그러나 그 끝은 분명히 있을 것입니다. 우리는 지금 그 나라를 향해 가고 있는 중입니다. 왕자인 남편과 결혼하기 위해 이 땅에 오는 외국의 왕비를 모시고 올 때, 배가 흔들리기도 하고 광풍이 몰아칠 수도 있습니다. 하지만 그 신부는 틀림없이 이렇게 말할 것입니다. "이런 약간의 불편함을 나는 마땅히 침착하게 견뎌야 한다. 나는 여왕이 되기 위해 지금 이 길을 가고 있는 중이다"라고 말입니다. 우리도 오늘 배를 타고 있습니다. 예수님을 믿는 자라면 모두 그러하듯이, 우리 모두는 왕자나 왕이 될 그 나라로 지금 가고 있는 중입니다. 나아오십시오. 우리 마음에 용기를 냅시다! 비록 편의시설도 불편하고 가는 길도 거칠며 바람도 사납게 불어대지만, 우리 앞에 그 나라가 있습니다. 그러므로 최선을 다해 항해하도록 합시다. 여러분 스스로도 용기를 잃지 말고, 다른 사람들도 힘을 얻도록 도와줍시다. 항해라기보다는 오히려 순례라는 관점을 갖고, 우리의 거룩한 시인은 자신의 찬송가로 우리의 환희를 북돋우어 줍니다. 그는 이렇게 노래합니다.

> "나는 등에 보따리를 짊어지고,
> 손에는 지팡이를 들고서,
> 급히 원수의 땅을 지나
> 계속해서 걸어갑니다.
> 그 길이 비록 험할지라도,
> 그리 멀지는 않습니다.
> 그래서 나는 그 길을 소망으로 평탄케 하면서,
> 그 길을 노래하며 즐거운 마음으로 지나가렵니다."

(영국의 성공회 성직자이자 찬송가 작사가인 헨리 프란시스 라이트[Henry Francis Lyte, 1793 · 1847]가 쓴 시집[Poems: chiefly religious, 1845, 98쪽]에 나오는 찬송시다 — 역주).

오늘 모인 회중들 가운데 어디에선가 낙담한 한 신자가 쉰 목소리로 이렇게 말하는 소리가 들리는 듯합니다. "아! 저는 세상일로 근심하지 않습니다. 하늘 아래 여기서 제가 어떤 시련을 겪게 될까 고민하는 것도 아닙니다. 제게는 저를 늘 따라다니며 괴롭히는 더 심각한 두려움이 있습니다. 저의 두려움은 극심한 공포입니다. 혹시라도 제가 완전히 그리스도 밖에 있는 것이 아닐까 하는 두려움 말입니다!" 내가 지금까지 실제로 예수님을 믿지 않고 있었던 것은 아닌지, 지금까지 내가 구원하는 회개를 체험하지 못한 것은 아닌지, 지금까지 내가 영생을 취하지 못한 것은 아닌지 하는 두려움이 마음을 괴롭히고 있는 것입니다. 물론 미리 조심하는 것이 미리 넘겨짚는 것보다 더 낫기는 합니다. 천국에 갈 줄로 미리 넘겨짚고 있다가 지옥에 가는 것보다는 천국에 과연 갈 수 있을까 두려워하면서 천국에 가는 것이 더 낫다는 말입니다. 일생 동안 겁도 없이 확신 가운데 우쭐하며 살아가다가 마지막에 외로운 공포 가운데 빛이 비쳐져 절망의 희생물로 속는 것보다는 차라리 일생 동안 늘 두려움 가운데 살아가다가 마지막에 그림자가 사라지면서(아 2:17) 하나님이 기뻐하시는 자들 가운데 있는 것이 훨씬 더 좋은 일일 것입니다.

사랑하는 성도 여러분, 여러분이 두려워하는 것이 무엇인지 저에게 말씀해 주십시오. 지옥을 두려워하고 있습니까? 제가 다른 질문을 해보겠습니다. 여러분은 죄를 두려워하고 있습니까? 만약 여러분이 죄를 두려워한다면 주님께서는 여러분을 기뻐하십니다. 주님께서는 주님을 두려워하는 자들과 자신의 긍휼에 소망을 두는 자들을 기뻐하시기 때문입니다(시 147:11, KJV). 여러분이 여러분의 의심들을 견뎌내기에는 틀림없이 아주 고통스러울 것입니다. 그러나 그런 의심들 때문에 일어나는 모든 괴로움에도 불구하고, 그 의심들은 여러분의 영혼을 절대로 파괴하지 못할 것입니다. 의심은 마치 치통(齒痛)과 같아서 위험하기보다는 오히려 괴로운 것입니다. 저는 지금까지 그러한 의심이 누구나에게 치명적인 것으로 입증되었다는 말을 들어본 적이 없습니다. 우리 몸에는 인체의 안전 장치 역할을 하는 체액들이 있습니다. 이 체액들은 나쁜 질병들을 막아냅니다. 우리는 여러분이 진정으로 하나님의 자녀인지 아닌지 하는 다소 걱정된 우려에서 가능한 한 빨리 분명하게 벗어나기를 바라지만, 여하튼 이러한 우려는 여러분의 마음에 유익한 결과를 초래합니다. 이러한 우려로 인해 여러분은 좀 더 신중하게 행동하고, 좀 더 열심히 기도하며, 하나님과의 교제를 갈망하는 자답게 좀 더 양심적으로 살아갈 것입니다. 하나님께서 자기 성도들을 자기에게로 모으실 때(시 50:5) 혹시 자신이 하나님의 오른편에 없지는 않을까 두려워 떨며 죄를 무서워하는 모든 이들에게 저는 이 말씀을 드려야 할 사명이 있다고 생각합니다. "적은 양 무리여, 무서워 말라. 너희에게 그 나라를 주시는 것이 너희 아버지의 선한 기쁨이니라."

만약 여러분이 여러분의 무가치함 때문에 두려워한다면, 그 두려움은 복된 것입니다. 그리스도의 가치를 신뢰하십시오. 그러면 여러분의 두려움은 믿음에 그 자리를 양보할 것입니다. 만약 여러분이 여러분의 연약함 때문에 두려워한다면, 저는 이에 대해 놀라지 않을 것입니다. 그리스도의 능력을 바라보십시오. 그러면 그분의 구원이 여러분의 위로가 될 것입니다. 하늘 아버지의 선하고 기쁘신 뜻대로(엡 1:5) 여러분에게 그 나라를 주실 것입니다. 저는 또 어떤 사람이 다음과 같이 말하는 것을 들었습니다. "좋습니다. 그런데 목사님, 저의 두려움은 현재 제가 고백하는 신앙의 진실성에 대한 것이 아닙니다. 저는 제가 기독교인이라는 사실을 신뢰하고 있습니다. 저는 지금까지 예수님을 믿어왔고, 지금도 그분을 믿고 있다는 사실을 알고 있습니다. 그러나 제가 심각하게 불안해하는 것은 제가 과연 끝까지 이 믿음을 계속 지키지 못하면 어떻게 될까 하는 것입니다." 사랑하는 성도 여러분, 이런 두려움은 여러분이 가져서는 안 될 두려움입니다. 이런 두려움은 여러분이 살아 있는 한 절대로 묵인해서는 안 될 두려움입니다. 성경이 우리에게 확실한 것으로 가르쳐주는 어떤 것이 있다면, 그것은 최종적으로 성도들의 견인이라는 교리입니다. 이 교리는 그리스도의 신성 교리만큼이나 성경이 분명히 가르쳐주는 교리라고 저는 확신합니다. 하나님께서 은혜롭게 계시하신 것 이상으로 말로써는 더 분명하게 설명할 수는 없습니다. 그리스도께서 하신 말씀을 들어보십시오. "내가 그들에게 영생을 주노니 영원히 멸망하지 아니할 것이요 또 그들을 내 손에서 빼앗을 자가 없느니라"(요 10:28)라고 하십니다. "너희 안에서 착한 일을 시작하신 이가 그리스도 예수의 날까지 이루실 줄을 우리는 확신하노라"(빌 1:6)고도 말씀하십니다. 제가 여러분에게 부탁드립니다. 우리 주님의 신실하심에 대해서는 절대로 의심하지 말아 주십시오. 이 사역이 우리 주님에 의해 시작되었는지에 대해서는 의문이 제기될 수도 있겠지만, 그래도 만약 주님께서 이 사역을 시작하셨다면, 그분께서 이 사역을 완성하실 것이라는 사실에 대해서는 의문의 여지가 없을 것입니다. 그분께서는 친히 자기 손으로 짓기 시작한 사역을 저버려서, 토대 위의 상부 구조를 지을 능력이 없다거나 지을 마음이 없는 것으로 알려지지 않을 것입니다. 그런 두려움은 옆으로 제쳐 놓고, 그런 두려움을 갖는 것을 어리석은 일로 여기십시오. 여러분은 지금 여러분이 구원을 받았는지, 여러분이 과연 끝까지 견뎌낼 수 있을지를 의심하고 있습니까? 그렇다면 제가 여러분에게 조언하고자 합니다. 십자가로 돌아가서 한 사람의 회개한 죄인으로서 다시 시작하십시오. 용서해 주신 구세주를 신뢰하십시오. 저도 아주 여러 번 그렇게 해야만 했었습니다. 저는 제 자신의 증거가 풀과 같이 베임을 당하고 건초 같이 시들며(사 15:6, KJV) 푸른 채소 같이 쇠잔해지는(시 37:2) 것을 봅니다. 그러면 제가 서둘러 십자가 밑으로 나아가 거기 서서 다음과 같이 말하는 것 외에 달리 무엇을 할 수 있겠습니까? "한 사람의 죄인인 제가 여기 왔나이다. 나의 주님, 당신으로부터 구원을 바라나이다. 예전에는 한 번도 당신에게 나온 적이 없는 것처럼 그렇게 새로운 마음으로 제가 나아왔나이다. 지금까지 당신이 저를 씻어 주신 적이 없다면, 지금 저를 씻어 주옵소서! 지금까지 제가 당신 안에서 안식을 누리지 못했다면, 여기 당신의 그늘 아래 눕겠나이다. 당신의 십자가에 매달리겠나이다." 여러분이 새로운 마음으로 십자가에 나아올 때, 여러분은 여러분의 두려움이 사라지는 것을 발견하게 될 것입니다. 사랑하는 성도 여러분, 저는 여러분을 위해 기도하겠습니다. 여러분이 어둠 가운데 있게 될 때마다 이렇게 행하십시오. 왜냐하면 이 모든 두려움에도 불구하고, 이와는 정반대로 "너희에게 그 나라를 주시는 것이 너희 아버지의 선한 기쁨이니라"고 하신 말씀은 진실된 말씀이기 때문입니다. 그 나라를 여러분이 수고해서나 혹은 공로의 상급으로 얻으려고 해서는 안 됩니다. 그렇게 해서 얻을 수 있다면, 여러분은 절망하거나 심지어 낙담까지 했을 것입니다. 이런 생각은 지금 적절치 않습니다. 그런 것은 상상도 못할 생각입니다. 왜냐하면 그분께서 그 나라를 그분의 은혜로 말미암아 무료로 여러분에게 주실 것이기 때문입니다. 그 나라를 여러분에게 주는 것은 재판장의 선한 기쁨이 아닙니다. "여러분에게 그 나라를 주시는 것은 여러분 아버지의 선한 기쁨"입니다. 그러므로 하나님의 은혜 안에 안식하고 그리스도의 귀한 보혈을 의지하면서 여러분의 두려움들을 바람에 날려 버리십시오.

제 귀에는 한숨 소리가 들리는 듯합니다. 이 한숨 소리는 병약한 생각에서 나오는, 병약한 체질을 가진 자에게서 나오는 소리입니다. "제 두려움은 죽음에 관한 것입니다. 이 삶을 떠나는 그 끔찍한 마지막 시간에 내가 어떻게 서 있을 수 있을까요? 연약한 내가 그 죽음의 고통을 어떻게 견뎌낼 수 있을까요? 아마도 결국 나는 싸움에서 완패한 자처럼 그렇게 가라앉게 될 것입니다"라고 하는 소리입니다. 사랑하는 성도 여러분, 죽음보다 더 위태로운 위험이 있습니다. 그것이 무엇이냐고 말하겠지요? 제가 그 답을 말씀드리겠습니다. 그것은 바로 생명입니다! 살아가는 것! 잘 살아가는 것! 잘 살아가는 것이 바로 핵심입니다. 만약 여러분이 잘 살아가는 문제에 있어서 성공한다면, 죽는다는 것은 여러분의 삶의 스토리를 단순히 마감한다는 것에 지나지 않음을 발견하게 될 것입니다. 명예롭게 인생행로를 살아가는 것이 여러분의 주요 관심사라면, 여러분은 자신의 생애를 기쁨으로 마칠 수 있을 것입니다. 여러분이 사는 시간이 지속되는 동안 그 삶을 바르게 보고자 한다면, 여러분은 죽음의 시간이 올 때까지 죽음을 떨쳐 버리게 될 것입니다. 오늘 지금 당장 우리에게 필요하지 않은 은혜가 하나 있습니다. 그것은 바로 죽는 은혜입니다. 우리가 떠나야 할 시간이 가까이 올 때까지, 우리는 때에 알맞은 시기적절한 죽음의 구원을 구하지 않았을 것입니다. 설령 우리가 갈망한다고 해도 우리는 그런 구원을 얻지 못했을 것입니다. 여러분 가운데 누구라도 자신이 상상하는 그 죽음의 고통을 제압하고자, 상상으로나마 죽음의 침상에 자신이 눕는 것을 생각해 보기도 합니다. 하지만 그런 일은 아주 어리석은 일입니다. 여러분의 육신의 장막(벧후 1:14)을 벗게 될 소환이 어떤 종류의 소환일지 여러분은 알 수 없습니다. 마음과 육신이 쇠잔해질 때, 여러분의 영혼을 강건케 할 수 있는 아름다운 위로를 받게 될지, 아니면 쓰라린 고통을 견뎌내도록 부름을 받게 될지 여러분은 알지 못합니다. 그러므로 지금 여러분의 온 힘을 다해 하나님을 섬기십시오. 지금 귀중한 보혈을 의지하십시오. 살아계셔서 여러분을 사랑하시는 주님과의 교제를 지금 간구하십시오. 여러분이 장래에 필요한 모든 것을 그분께서 은혜 가운데 여러분에게 공급해 주실 것이라는 사실을 의심하지 마십시오. 여러분은 그분께서 마련해 두신 좋은 것들을 알지 못합니다. 시간과 공간이 점점 좁아지면서 여러분의 마음은 점점 넓어져 저 너머의 영혼을 바라볼 수 있게 될 것입니다. 카메라의 필름이 이 무딘 시력 기관을 능가하듯이, 여러분이 지닌 이해력의 눈도 열리게 될 것입니다. 여러분이 요단 강 둑(왕하 2:13, KJV)에 가까이 다가가면서, 저 건너편에 있는 아름다운 들판이 여러분의 눈에 황홀한 경치로 들어올 것입니다. 그러나 아직까지 여러분은 이런 것들에 대해 아무것도 알지 못합니다. 이 땅의 소리에 대해 귀가 닫히기 전에, 오랫동안 천사들의 노랫소리를 듣다가 이 삶을 떠난 사람들에 대해 저는 아주 여러 번 여러분에게 말씀 드렸습니다. 오! 그들은 그리스도를 얼마나 귀한 분으로 알았는지 모릅니다! 우리는 그들의 얼굴이 영광으로 붉게 물드는 것을 보았습니다! 그들은 자신이 어느 순간에 천국으로 들어갔는지 알지 못했을 것이라고 생각합니다. 왜냐하면 그들은 이 땅을 떠나기 전부터, 그 밝은 빛이 영광된 모습으로 그들에게 비쳐졌기 때문입니다. 그들은 비스가 산 꼭대기에 올라가서(신 3:27) 이 불쌍한 땅을 내려다보았습니다. 우리는 여전히 이 계곡에 머무르면서 그 높은 곳을 크게 감탄하고 있습니다.

> "예수님은 죽음의 침상을
> 솜털같이 푹신한 베개처럼
> 만드실 수 있습니다.
> 그분의 가슴에 내 머리를 기대고 있는 동안에도,
> 내 생명은 거기서 달콤하게 숨을 쉬고 있습니다."
>
> (아이작 와츠의 「찬송과 영가」[Hymns and Spiritual Songs, 1707] 2권 31번에 실린 '그리스도의 임재는 죽음마저도 편안하게 만든다' [Christ's presence makes death easy]는 찬송가의 4절 가사다).

그런데 우리 가운데는 평생 두려워 떨며 살았지만, 그 생애의 마지막 순간에 승리한 신자들이 있습니다. 그들의 힘이 한창일 때 그들은 쥐 한 마리를 보고서도 놀랐습니다. 하지만 그들의 힘이 극도로 쇠하였을 때는 오히려 너무 강해져서 큰 무리의 원수들도 직면할 수 있었습니다. 그 어떤 것 앞에서도 당황하지 않고 말입니다. 지푸라기에도 걸려 넘어지던 두려움 씨(Mr. Fearing, 「천로역정」에 등장하는 순례자의 한 사람으로, 겁이 많고 모든 것을 염려하며 불신하는 인물로, 심약 씨(Mr. Feeble mind)의 삼촌이다 — 역주)는 자신은 절대로 천성에 도달하지 못할 것이라 말했습니다. 하지만 자신이 가진 온 힘을 다해 소리치고 노래하면서 거인처럼 죽은 사람이 바로 그였습니다. 하나님은 자기 종들 가운데 어떤 자들은 어둠 가운데 살다가 빛 가운데서 죽는 것을 기뻐하십니다. 제 생각에 우리 중에는 초저녁에 초에 불을 붙인 사람도 있고, 한밤중에 불을 붙인 사람도 있는 것 같습니다. 여러분의 영적 생활은 어둠 가운데서 시작했는지는 몰라도, 여러분의 영적 행로는 시간이 가면서 더욱더 밝아졌습니다. 아니면 빛 가운데 시작했지만, 어둠이 득세하는 시기를 지나왔을 수도 있고, 여러분의 발길을 인도하는 등불이 희미하게 타올랐을 수도 있습니다. 하나님께서는 그의 종들 가운데 가장 용감한 종들을 어둠 속의 침상에 눕히시기도 합니다. 왜냐하면 다른 종들은 이를 감당해 낼 수 없지만, 이 용감한 종들은 이를 감당해 낼 수 있기 때문입니다. 그 용감한 종들이 강을 건너면 천사들은 이들을 맞이하기 위해 나옵니다. 끔찍한 죽음이라는 비참한 망상으로 여러분의 날들을 어둡게 하지 마십시오. 어쩌면 여러분은 잠을 자다가 아무런 고통도 느끼지 않은 채 죽을 수도 있습니다. 아니면 여러분은 결코 죽지 않을 수도 있습니다. 그리스도께서 오셔서 여러분을 데려가실지도 모릅니다. 그래서 죽는다는 것이 영광스러운 일로 드러나기도 할 것입니다. 그 때 여러분은 할렐루야를 외치며 "이런 죽음을 주옵소서! 이런 식으로 죽는다면 이렇게 죽기 위해서라도 인생은 살 만한 가치가 있나이다!"라고 말할 것입니다. 죽음은 해체라고 번역되기보다는 더 많은 뜻으로 달리 번역될 수 있습니다. 지옥의 개들이 여러분을 보고 짖는다면 주둥이 닥치라고 명령하십시오. 여러분 아버지의 선한 기쁨은 결코 좌절되지 않을 것입니다. 여러분의 온당한 전망도 결코 여러분을 실망시키지 않을 것입니다. 만약 양심이 고발하여 여러분을 미끄러지게 하고 쓰러지게 한다면, 양심에게 귀중한 보혈에 대해 말해 주십시오. "내 아버지의 선한 기쁨은 그의 구속받은 자녀를 모든 죄로부터 건져내는 것이다"라고 말입니다. 의심과 두려움이 넘실거리는 급류처럼 올라오고 있습니까? 그렇다면 이 복된 확신으로 그 모든 것들을 막아 버리십시오. "나의 뜻이 설 것이니 내가 나의 모든 기뻐하는 것을 이루리라(사 46:10). 주 예수 그리스도를 신뢰하는 우리는 분명히 그 나라를 영원 무궁히 소유하게 될 것이다."

오! 저는 여러분이, 아니 여기 있는 여러분 모두가 그리스도의 양 떼의 숫자에 들기를 원합니다! 오! 여러분 각자가 그 나라에 대한 약속을 갖기를 원합니다! 주님께서 여러분을 예수님의 발치로 인도하시기를 기원합니다! 여러분이 어떤 죄인이고 주님은 어떤 구세주이신지를 주님께서 여러분에게 보여주시기를 기원합니다! 하나님께서 여러분을 도우서서 여러분 모두가 그분을 믿고 사망에서 생명으로(요 5:24) 옮겨지기를 바랍니다! 아무런 두려움도 없는 죄인은 아무런 도움도 받지 못하고 멸망할 것입니다. 반면에 두려워하는 제자는 아버지의 관심과 귀여움을 받게 될 것입니다. 여러분 적은 자들이여, 한 떼의 양 무리로 함께 모입시다. 그 유산이 여러분을 위해 예비되어 있습니다. "너희에게 그 나라를 주시는 것이 너희 아버지의 선한 기쁨이니라."

제
45
장

—

불 – 시대의 요구

—

**"내가 불을 땅에 던지러 왔노니 이 불이 이미 붙었으면 내가
무엇을 원하리요." — 눅 12:49**

우리 주님께서는 오늘 말씀을 통해 복음이 불러일으키는 반대와 박해를 분명히 암시하고 계십니다. 이런 암시는 주님의 제자들이 박해를 받을 수밖에 없을 것이라고 미리 주의를 주시면서, 주님 자신이 이 세상에 화평을 주러 온 줄로 생각하지 말라시며, 화평이 아닌 검을 주러 왔다(마 10:34)고 선포하신 다른 복음서의 병행 구절로부터도 분명히 알 수 있습니다. 비록 이 말씀이 구세주께서 생각하신 첫 번째 지침이었다 해도, 이 말씀을 통해 그분은 좀 더 광범위하게 적용할 수 있는 진리를 전해 주고 계시며, 또한 사람들로 하여금 복음에 반대하게 하는 복음의 위대한 독특성까지도 계시해 주고 계십니다. 그분은 복음이 열렬하고 뜨겁게 불타는 것이라는 사실을 증거하고 계십니다. 다시 말해 복음은 열정적인 주제이며, 강렬한 헌신의 제목이며, 인간의 영혼을 흥분시키고 인간 영혼의 가장 깊숙한 곳에 있는 그 무언가를 자극하는 문제입니다. 주로 이런 이유로 복음은 적대감을 불러일으키기도 합니다. 만약 복음이 어떤 예식들에 대한 예의범절을 갖추는 것에 불과했다면, 진리는 신조 가운데서 잠자고 있거나 뇌 속에 매장되어 있었을 것입니다. 만약 복음이 인간 본성의 가장 깊은 부분을 사로잡고 감정을 지배하며 애정을 불러일으키는 영적 원리가 아니었다면, 정말 복음이 전혀 이런 것이 아니었다면, 복음은 아무런 저항도 받지 않았을 것입니다. 하지

만 복음은 매우 사랑스러우면서도 강력한 원리이기 때문에, 악의 세력들이 무장하여 그 복음의 행로를 멈추게 하려고 합니다.

그러므로 오늘 이 아침에 묵상할 주제는 예수 그리스도를 따르는 종교의 불 같은 본성이 될 것입니다. 이 문제를 분명히 여러분 앞에 제시하기 위해 우리는 무엇보다 우선적으로 복음의 역사를 생각해 보고자 합니다.

1. 복음의 역사

복음이 우리 대다수와 관련된 경우를 생각해 볼 때, 실제적으로 복음은 바로 이 책에 포함된 계시로부터 시작됩니다. 그러므로 우리는 복음이 무엇인지를 알기 위해서 이 책으로 나아갑니다. 이 책의 페이지를 넘기면서 우리는 그 속에 계시된 비범한 교리들에 충격을 받습니다. 그 교리들은 호기심이나 철학적인 진리의 문제와는 거리가 멀고 오히려 일상생활을 다루며 일반적인 인간 본성에 영향을 끼치는 실제적인 진리들, 다시 말해 참으로 인성에 너무 강력하게 작용하기 때문에, 흔히 사람들이 허리춤에 차고 다니는 열쇠처럼 인간의 마음을 여는 열쇠로 지니고 다녀야 할 진리라는 사실을 우리는 발견하게 됩니다. 우리는 이 책에서 분명하게 반복해서 언급된 하나님의 사랑이라는 주된 진리를 발견합니다. "하나님이 세상을 이처럼 사랑하사 독생자를 주셨으니 이는 그를 믿는 자마다 멸망하지 않고 영생을 얻게 하려 하심이라"(요 3:16)는 이런 말씀은 순금 같은 말씀입니다. 하나님의 사랑은 아주 광대해서 우리가 다 이해할 수 없으며, 그 사랑의 놀라움은 우리가 영원히 찬양할 주제로 삼아도 될 만큼 아주 풍부합니다. 왜냐하면 아버지께서는 자기와 동등한 아들을 포기하셨고, 그래서 그 아들이 피 흘려 죽게 되었으며, 그로 인해 반항하며 자격도 없던 우리가 다시 살게 되었기 때문입니다. 이러한 하나님의 사랑이 우리에게 계시되었음을 우리는 이 책에서 보게 됩니다. 우리는 하나님의 사랑이라는 교리를 믿기 때문에, 이 교리야말로 영혼에 기쁨과 감사와 사랑의 불을 붙이는 진리라고 느끼고 있습니다. 우리는 복음을 음미(吟味)하면서, 하나님의 사랑이 죄에 대한 공의와 엄격함과 관련되어 아주 놀랄 정도로 묘사되고 명시(明示)되어 있음을 인식하게 됩니다. 하나님께서는 용서해 주고자 하시지만, 하나님의 율법이 수치스럽게 손상되는 것도 원치 않으시기에, 범해진 율법의 형벌이 공의롭게 되면서도 반역자들에게는 자비가 제시되도록 하기 위해, 자신의 독생자가 고통과 치욕의 죽음을 맞도록 포기하셨음을 우리는 보게 됩니다. 우리는 하나님의 사랑만큼이나 분명하게 공의를 보여주시는 나무 위에서 피 흘리는 구세주를 봅니다. 그리고 지금 우리는 우리의 가슴에 불을 떨어뜨려 우리로 하여금 죄에 대한 거룩한 혐오로 마음을 살피는(롬 8:27) 횃불을 들게 하고, 참된 사랑의 불길로 우리의 정욕들을 모두 태워 없애시는 우리 주님의 고난과 여러 생각들을 보고 있습니다. 그분께서 죽으셨습니다. 죄인들의 친구(눅 7:34)께서 죽으셨습니다. 인간의 죄로 말미암아 살해되신 것입니다. 그런데도 도대체 누가 이런 살인적인 죄를 좋아할 수 있겠습니까? 우리의 마음 안에 꺼지지 않는 불(눅 3:17) 같은 열정을 느끼지 않고서는, 진홍색 글씨로 인쇄되고 십자가로 장식된 이 책을 바르게 읽는다는 것은 불가능합니다.

우리가 우리 주 예수님의 복음을 좀 더 충분히 연구할 때, 우리는 십자가에 못 박히신 분의 죽음의 결과와 하나님의 사랑이라는 이유로, 은혜로 말미암는 영원한 구원이 그리스도를 믿는 모든 자들에게 값없이 선포되었다는 사실을 인식하게 됩니다. 바로 이 인식에서 우리의 불 같은 반대가 처음 시작됩니다. 즉, 이 구원이 우리의 의로운 행위로 주어지는 것이 아니라 하나님의 섭리에 따라 값없는 은혜로 주어진다는 교리에 대한 반대 말입니다. 왜냐하면 우리는 본성적으로 우리의 선함으로 인해 구원 받기를 원하며, 빌라도 계단 위의 루터처럼(로마의 라테란 성당 인근에 있는 계단으로, '거룩한 계단' 혹은 '빌라도의 계단'으로 알려져 있다. 루터는 주기도문을 외우고 계단마다 입을 맞추면서 손과 무릎으로 이 계단을 오르는 고행을 했지만 아무런 평화를 얻지 못했다고 전해진다) "율법의 행위로 그의 앞에 의롭다 하심을 얻을 육체가 없나니"(롬 3:20)라는 그 말씀에 순종하기보다는 오히려 굴욕적인 고행을 더 좋아하기 때문입니다. 오래지 않아 성령 하나님을 통해, 하나님께서 자기를 비워 인간과 언약을 맺으시고 화해할 수 있는 위대한 길로 예수님을 믿도록 정하신 것에 대한 감사가 또 다른 반대의 불이 되어 우리의 영혼 속에서 열렬히 타오릅니다. 사랑하는 성도 여러분, 하나님의 사랑, 그리스도의 대속적인 죽음, 믿음으로 의롭게 되는 이신칭의(以信稱義), 이 세 가지 진리는 잠잘 수 없는 교리들입니다. 이 교리들은 하나님의 칼과 같이 활동해야 하며 가만히 있을 수 없습니다. 이 진리는 자라나야 할 씨앗이고 부풀려져야 하는 누룩이며 영원토록 계속 불타올라야 할 불입니다.

복음의 진리 가운데 다른 진리들도 살펴보십시오. 그러면 여러분은 어떤 진리든 모두 이와 동일한 활동적인 특성을 지닌 것을 발견하게 될 것입니다. 예를 들어 보편적인 만인제사장의 진리도 이와 마찬가지입니다. 이 진리에 의해 사제들의 농간은 그 모든 영역에서 신랄한 증오를 불러일으키기도 하였습니다. 추기경과 주교들이 얼마나 이를 갈고 있는지 모릅니다! 사제들과 수도사들이 "너희는 왕 같은 제사장들이요"(벧전 2:9)라고 하신 이 가르침을 얼마나 매도했는지 모릅니다! 이 가르침은 사제의 사죄권과 고해성사라는 사제 계급의 교만을 타파하였습니다. 예수 그리스도를 믿는 사람이면 누구나 즉시 제사장이 됩니다. 다른 성도들도 마찬가지로 제사장이 됩니다. 그래서 그 누구도 제사장이라는 특별한 호칭을 스스로 부당하게 사칭할 권리가 없으며, 교회 내에서 예수 그리스도를 믿는 모든 신자들은 평등하지 않고 별도의 성직자 계급이 존재한다고 생각하거나 추정할 권리 또한 없습니다. 인간의 영혼 속에 들어온 이 진리도 사람에게 불을 붙이고 열심히 불타오르게 합니다. 나 자신이 하나님께 봉헌되고, 산 자와 죽은 자 가운데 성직을 받은 한 사람의 제사장으로 서 있으며, 예수 그리스도를 통해 받으실 만한 제물로 나 자신이 드려지고 있습니까? 그렇다면 나는 나 자신을 더러움으로부터 정결케 하고 부지런히 내 하나님을 섬길 것입니다. 신자들은 이렇게 말합니다. "나와 내 모든 형제들이 제사장들입니까? 그렇다면 사제들의 농간을 타도하십시오. 자신들이 은혜의 통로이며 하나님의 은총을 베풀어 주는 기름 부음 받은 자라고 주장하는 사람에게 우리는 이제 더 이상 속지 않을 것입니다"라고 말입니다. 만약 예수 그리스도의 복음이 신비주의적인 어떤 철학과 같은 것이어서 극소수의 사람들만이 이해할 수 있었다면, 이 복음은 불 같은 복음이 되지 못했을 것입니다. 또한 복음이 한갓 화려한 종교 예식과 같은 것이어서 사람들이 오로지 구경하고 감탄만 하는 것이었다면, 복음은 전혀 열정적인 영향을 끼치지 못했을 것입니다. 또한 복음이 한갓 정통적인 것이어서 이 복음에 대한 아무런 고려도 없이 일점일획 그대로 받아들이고 암기해야 하는 것이거나, 혹은 복음이 한갓 예의범절이나 준법정신이나 그저 교양 규범이나 규칙이나 규제였다면, 복음은 절대로 그리스도께서 말씀하신 대로 그렇게 되지 않았을 것입니다. 그러나 복음은 마음에 영향을 주고 우리의 전 인격을 사로잡아 우리를 변화시키고 새롭게 하고 고양시키고 영감을 줌으로써, 우리가 하나님을 닮게 하며 우리 속에 하나님의 충만하심을 가득하게 하는 하나의 원리이기 때문에, 복음은 이 세상에서 불타는 불꽃이 되어 승리의 길로 불타오르고 있습니다. "내가 불을 땅에 던지러 왔노니"라는 말씀처럼 말입니다.

저는 성경책과 함께 복음의 역사로 제 설교를 시작하였습니다. 그러나 기억하십시오. 복음은 그저 기록으로만 그렇게 오랫동안 유지된 것이 아니라는 사실을 말입니다. 복음을 철저히 읽고 파악하자마자, 복음을 읽은 사람은 자신의 능력에 따라 한 사람의 설교자가 됩니다. 우리 한번 가정해 봅시다. 이 사역을 위해 하나님께서 참으로 부르신 어떤 설교자가 복음을 선포할 때, 여러분은 복음이 불과 같은 어떤 것이라는 사실을 두 번째로 보게 될 것입니다. 그 설교자를 주목해 보십시오! 만약 그가 하나님께서 보내신 사람이라면, 그는 웅변술이 주는 우아함을 전혀 개의치 않을 것입니다. 하나님의 종들이 데모스테네스(Demosthenes, 고대 그리스의 정치가이자 웅변가)와 키케로(Cicero, 로마시대의 정치가, 웅변가, 문학가, 철학자)를 흉내 내는 것을 그는 더 없이 어리석은 일로 여깁니다. 그는 자기 스승의 메시지를 전할 방법을 다른 학교에서 배웁니다. 그는 말의 지혜(고전 1:17)가 아니라, 아주 분명한 어조로 신실하게 앞으로 나아가 사람들에게 하늘로부터 내려온 위대한 메시지를 말합니다. 그가 싫어하는 여러 가지 중에 하나는 매우 절제되고 세련된 억양으로 얼음처럼 차가운 입술에서 떨어져 나온 차갑고 냉기어린 문장으로 메시지를 전하는 것입니다. 그는 하나님께서 자신을 보냈다는 사실을 아는 사람처럼 말합니다. 즉, 자신이 하는 말을 믿으며, 더 나아가 자신이 전하는 메시지를 자기 영혼이 짊어진 짐으로 여기고, 이제는 다른 사람들에게도 전해야 할 짐처럼 느끼는 사람 말입니다. 만일 복음을 전하지 아니하면 내게 화가 있을 것이로다(고전 9:16)라는 말씀처럼, 그는 뼛속까지 맹렬한 불길로 가득해 늘 분출구를 찾아 넘실댑니다. 제가 일방적으로 매도하려는 것은 아니지만, 감히 말씀드리자면, 복음을 열정 없이 전하는 사람은 그 누구든 절대로 하나님께서 복음을 전하라고 보내신 사람이 아닙니다. 블레어(Hugh Blair, 1718-1800, 스코틀랜드 목회자로 수사학 이론서로 정평이 나 있는 여러 책들을 썼다)의 설교를 언급하자면, 그의 설교는 흠잡을 데 없지만 생명력이 없는 설교입니다. 과연 그런 설교를 듣고서도 회심한 영혼이 하나라도 있을지 저는 의심스럽습니다. 설교가 열정적이지 않다는 것은 치명적입니다. 그것은 설교의 본질적인 요소가 빠진 것으로서, 그저 단순한 수필의 수준을 넘어서야 하는 설교의 필수 요소를 잃은 것이 되고 맙니다. 휫필드(George Whitefield)의 설교를 대략 평해 보자면, 그에게는 그를 참된 보아너게(우레의 아들, 막 3:17)로 드러나게 하는 로뎀 나무 숯불(시 120:4)과 뜨거운 벼락(시 78:48, KJV)이 있음을 누구나 감지할 것입니다. 사랑하는 성도 여러분, 하나님께서 보내신 설교자의 불은 단순한 흥분의 불도 아니고, 지적인 판단력과는 상관 없이 열정적인 행동만을 의미하는 것도 아니라는 사실에 주목하십시오. 그런 게 아니라, 이 설교자에게는 하나님의 종들에게 있는 불가항력적인 신비로운 영향력이 있습니다. 성령님은 하늘에서 모든 참된 복음전도자들에게 기름을 부어 주십니다. 그것이 참된 능력이며 불입니다. 우리가 성령님의 임재와 능력을 믿으면 믿을수록, 우리는 우리 사역 가운데서 복음이 승리하는 것을 더욱더 많이 보게 될 것입니다. 사랑하는 성도 여러분, 성령 하나님이 없다면, 복음 속에는 사람을 얻을 수 있는 것이 아무것도 없습니다. 왜냐하면 사람들은 온 마음을 다해 복음을 싫어하기 때문입니다. 예수님의 복음이 지닌 합리성으로 인해 복음에 대한 믿음이 보편적인 것이 된다 해도, 인간의 죄를 노골적으로 다루는 복음은 치명적인 반발을 불러일으킵니다. 그러므로 하나님의 능력이 없었다면, 복음 그 자체로는 아무런 진전도 없었을 것입니다. 진리의 승리를 위해 단호하게 밀고 나아가는 눈에 보이지 않는 팔이 있습니다. 또한 인간의 연료로는 붙일 수 없는 불이 있습니다. 이 불이 있어야 예수 그리스도의 진리가 인간의 마음속에 들어갈 길을 마련해 줄 수 있습니다.

이렇게 복음의 역사를 추적하는 동안, 제가 이미 언급한 이러저러한 설교의 **효과**에 대해 여러분이 살펴보기를 바랍니다. 설교자가 십자가에 못 박히신 구세주의 진리를 전하고, 사람들에게 죄를 회개하고 그리스도를 믿으라고 명하며, 하늘에서 보냄을 받은 성령님과 더불어 변론하고 권면하는 동안, 여러분은 높은 곳에서부터 소나기처럼 내려오는 불티들을 보게 됩니다! 그 불티들 중의 하나가 바로 저기에 떨어지고, 또 지금까지 냉담하고 완악했던 마음에 떨어졌습니다. 완악하고 쇠처럼 단단했던 마음이 어떻게 녹아내리는지, 오랫동안 바싹 말라 있던 그 수로를 통해 어떻게 눈물이 흐르게 되는지를 살펴보십시오. 그녀가 자신의 죄악을 고백하고 주의 긍휼을 간구하며 마음 졸여 흐느껴 우는 소리가 들립니까? 죄에 대하여, 의에 대하여, 장차 올 심판에 대하여(요 16:8) 자각하고서 금방이라도 "내가 어떻게 하여야 구원을 받으리이까?"(행 16:30)라고 소리칠 것 같은 저기 저 청년의 내적 고뇌를 눈치 챘는지요? 여러분은 다른 한 쪽에서 일어나고 있는 상반된 결과에 대해서도 알고 있습니까? 저기 있는 죄인은 지금까지 예수님에 대해 들어왔습니다. 하지만 지금에서야 그는 그분을 믿게 되었습니다. 그가 지금 느끼고 있는 기쁨을 눈여겨보십시오! 그의 모습은 냉정하고 비감상적인 수학적 진리를 새롭게 배운 사람 같지 않습니다. 오히려 금방이라도 막 손뼉을 칠 것 같은 모습입니다. 그는 할 수 있는 한 최대로 자신을 억제하고 있지만 지금 아주 큰 기쁨에 사로잡혀 있습니다. 그러면 이제는 수개월 동안 복음을 들었던 사람에 대해 살펴볼까요? 복음의 불이 아직도 그 사람 속에 계속해서 불타고 있는 것이 보입니까? 남들에게는 분별없이 낭비하는 것으로 보이겠지만, 그는 하나님의 뜻을 위해 헌납합니다. 그는 다른 사람들이 생각하기에는 광신적인 일을 그리스도를 위해 행합니다. 그는 담대합니다. 그는 진지합니다. 그는 능력 있는 기도를 드립니다. 사실 그는 자신을 주님 앞에 봉헌했고, 포기했으며, 헌신했습니다. 시편 기자의 열심과 같이 주의 집을 위하는 열성이 그를 삼켰습니다(시 69:9). 그래서 그의 음료와 양식은 그를 보내신 이의 뜻을 행하는(요 4:34) 것이 되었습니다. 여기서 여러분은 복음의 참된 특성을 보게 됩니다. 복음은 불과 같아서 빙산같이 냉담한 가슴을 녹이고, 쇠를 녹여 거룩한 형태의 주물을 만들며, 희생 제물에 불을 붙여서, 인간의 전체 본성이 감사와 찬양의 거룩한 연기로 지극히 높으신 분을 향해 위로 올라가게 합니다.

이렇게 해서 하나님이 진리를 확실히 영광스럽게 하시고, 기독교인의 사역을 확실히 인(印)쳐 주시는 것과 마찬가지로, 이제 확실히 그에 대한 반대도 제기됩니다. 만약 이 복음의 설교자가 중세 시대에 살고 있었다면, 그 설교자의 역사는 간단하게 몇 마디로 요약될 수 있습니다. 그 설교자는 처음에 군중들에게 설교를 합니다. 회심자들이 생기고, 사제들은 그 소식을 듣게 됩니다. 그 설교자는 사제들로부터 증오를 받습니다. 그는 언덕에 있는 외딴 곳으로 피신을 합니다. 그는 오두막과 은밀하게 모인 모임에서 설교를 합니다. 여전히 회심자들이 생겨납니다. 사냥꾼들은 더 뜨겁게 달아오릅니다. 지옥의 개들이 나와서 피를 갈망합니다. 그러자 그 사람은 잠적합니다. 혀를 움직여 말할 수 없는 상황에서 그는 펜을 잡고 글을 씁니다. 마침내 그는 체포되고, 재판관들 앞에 끌려 나옵니다. 그는 재판관들 앞에서 거룩하고 유창하게 열변을 토합니다. 하지만 그는 사형 선고를 받습니다. 이제 그는 불타는 단 위에 섭니다. 불타는 장작들이 그의 주변을 모두 감쌉니다. 그는 단 한 마디의 말도 하지 않지만, 그의 죽음은 그 자체로 웅변이 됩니다. 그의 열심이라는 불은 박해자들의 악의(惡意)라는 불과 서로 만납니다. 우리는 이 두 가지 불 중에서 어느 불이 그 날에 승리할 것인지 알고 있습니다. 오늘날 우리는 사탄의 잔인한 박해로부터 은혜로운 섭리로 말미암아 보호를 받고 있습니다. 요즘은 사탄의 박해가 다른 형태를 띠고 있습니다. 설교자가 목회에 성공을 거두자마자, 그 설교자는 탐욕스럽다느니 야심적인 의도를 가졌다느니 하는 식으로 소문이 납니다. 그리고 이런저런 어리석은 말이나 하나님을 모독하는 말까지 했다는 소문이 퍼지기도 합니다. 정작 그 사람은 꿈에서도 생각해 보지 못한 것을 그에게서 직접 들었다고 하는 일이 일어나기도 하고, 그 거짓말의 증인이 될 준비가 되어 있다고 나서는 사람이 나타나기도 하며, 그들이 만들어낸 거짓말에 또 다른 말들이 보태지기도 합니다. 이렇게 중상모략은 널리 퍼져나가게 되고, 반대자들은 가시 돋친 말들이 매우 용맹스러운 투사들을 향해 날아가는 것을 보게 됩니다. 파당들이 만들어지고 양편으로 나뉘어져 서로 대립합니다. 이렇게 해서 주님께서 하신 말씀이 다시 성취됩니다. "내가 세상에 화평을 주러 온 줄로 생각하지 말라 화평이 아니요 검을 주러 왔노라. 내가 온 것은 사람이 그 아버지와, 딸이 어머니와, 며느리가 시어머니와 불화하게 하려 함이니, 사람의 원수가 자기 집안 식구리라"(마 10:34-36)는 말씀 말입니다. 만약 마귀가 으르렁거리지 않는다면, 거기에는 어떤 선한 행위도 없기 때문이라고 생각해도 됩니다. 마귀의 세력으로부터 어떤 반대도 없다면, 그것은 마귀가 반대할 일이 아무것도 없기 때문입니다. 사탄은 "그냥 내버려 두어라"라고 말합니다. "그냥 내버려 두어라. 편안한 회중, 냉랭한 목회자, 모두 다같이 잠자도록 그냥 내 버려 두어라! 계속 마차를 몰아라!"라고 사탄은 자기 마부(馬夫)에게 말합니다. "내가 여기에 내릴 필요는 없겠다. 여기도 적은 회중들이 모인 곳이고, 모인 성도들보다 빈자리가 더 많군. 게다가 앉아 있는 성도들마저 졸고 있군 그래. 그냥 계속해서 마차를 몰아라!"라고 사탄은 말합니다. "여기 있는 내 제국은 아무 문제가 없어. 계속해서 저쪽 집회장소로 가보자. 거기에는 열렬한 설교자와 기도를 많이 하는 성도들이 있다. 거기서 멈추어라. 나의 왕국을 침입하는 이런 공격을 막기 위해 나는 반드시 최선의 노력을 다할 것이다." 그러고 나서 사탄은 곧장 그리스도의 나라를 방해하기 위해 최선인지 최악인지 여하튼 있는 힘을 다합니다. 그러나 우리는 지옥의 반대 가운데서도 어떤 소망의 조짐을 보게 됩니다. 복음에 대항하는 적의(敵意)의 불길이 타오르는 곳, 바로 그곳에 하나님의 은혜의 불길도 타오르고 있기 때문입니다.

　회심의 불과 박해의 불이 서로 맞불로 붙었을 때, 비록 박해를 받는다 해도 그 박해를 받아들이는 것 자체로 회심의 불이 가진 무한한 에너지가 입증됩니다. 이스라엘의 유명한 선생이며 하나님의 종인 스위스의 거룩한 파렐(William Farel, 1489-1565, 프랑스 복음주의자로 제네바와 스위스 종교개혁을 주도했고, 평소에 불 같은 설교를 한 것으로 유명하다)도 파리 거리에서 어떤 순교자가 불에 타고 있는 것을 보고서 하나님께로 회심했습니다. 그 순교자가 죽음의 불길 가운데 서 있는 놀라운 모습은 이후에도 결코 흔들리지 않을 강한 인상을 파렐이라는 젊은 영혼에 심어 주었습니다. 지금까지 때때로 교회는 적의 반대를 통해서 아주 큰 발전을 해왔습니다. 그러므로 우리 주님께서 "이 불이 이미 붙었으면 내가 무엇을 원하리요?"(눅 12:49)라고 말씀하신 이유는 부분적으로 "설령 반대가 온다 해도, 나의 나라가 무엇을 염려하리요?"라고 말씀하시는 것 같기 때문입니다. 반대가 오도록 내버려 두십시오. 반대는 하나님의 교회에 매우 유익한 것입니다. 그러므로 반대가 빨리 오면 올수록 더욱더 좋은 것입니다. 오늘날 우리도 다음과 같이 말할 수 있을 것입니다. 박해로 인해 제기된 죄는 제외하고 과거의 박해로 다시 되돌아갈 수 있다면, 즉 그렇게 불이 이미 붙었다면 우리가 무엇을 원하겠냐고 말입니다. 중상모략과 반대를 당하는 기독교인은 그리스도의 복음에 대항하여 일어나는 모든 것에 대해 거룩한 경멸의 미소를 지을 수 있습니다. 교회의 구조를 한층 더 강하게 하고 더 돋보이게 했던 가장 큰 기둥 중 하나를 교회가 얻게 된 때는 바로 예루살렘 성도들에게 격분해서 일어났던 박해를 통해서였습니다. 저는 지금 사도 바울을 두고 말씀드리는 것입니다. 사도 바울은 하나님의 백성들을 위협하는데 혈안이 되어 다메섹으로 가는 도중이었습니다. 그때 하늘로부터 큰 빛의 광채로 말미암아 볼 수 없게 되어, 그는 땅에 쓰러졌습니다(행 22:11). 하지만 이후에 그는 높은 곳에 두는 표지등처럼 복음을 전하는 택한 그릇(행 9:15)이 되어 이 땅의 모든 민족들에 불을 지르는 불이 되었습니다. 사랑하는 성도 여러분, 저는 야비한 원수들로부터 하나님의 진리를 수호할 신병들을 찾고 있습니다. 절대로 절망하지 마십시오. 심지어 로마 가톨릭이나 영국 성공회의 사제들처럼 아주 초라한 원 재료로부터도 가장 멋진 그리스도의 설교자가 나올 수 있습니다. 정치 분야에서도 개혁적인 지도자가 적대적인 당파에서 나온 적이 있습니다. 그러므로 우리는 종교 문제에서도 이와 같은 것, 아니 이보다 더 놀라운 계몽적인 일들이 일어나리라 기대할 수 있습니다. 한 사람의 수도사(마르틴 루터를 가리킨다)가 독일을 개혁하였습니다. 한 사람의 교구 사제('종교개혁의 새벽별'이라는 별명을 가진 존 위클리프[John Wycliffe 1328-1384]를 가리킨다)가 영국의 빛의 날에 새벽

별이 되었습니다. 주님께서는 자신의 사령관을 파송하여 사탄 부대의 두목을 체포할 수도 있습니다. 그 파송 사령관을 통해 주님께서는 이렇게 말씀하십니다. "너희들은 이제부터 다시는 나를 대적할 수 없다. 너희들은 내 것이 되었다. 나의 깃발 아래로 편입된다. 바로 오늘부터 너희들은 너희들이 멸시하던 그 진리의 투사들이 되어라"고 말입니다. 우리는 절대로 두려워하지 맙시다. 그리스도께서 우리 가운데 던지신 하나님의 불은 계속해서 타오를 것입니다. 그 불을 끄려고 하는 자가 있다면, 그렇게 한번 해 보라고 내버려 두십시오.

이렇게 해서 저는 성경책과 인간으로부터 시작해서 회심과 박해를 거쳐, 반대에 의연(毅然)히 맞서 그 노획물을 빼앗아오기까지의 복음의 역사를 아주 간략히 추상적으로 말씀드렸습니다.

2. 두 번째 대지로, 불의 특성을 지닌 복음에 대해 좀 더 자세히 살펴봅시다.

첫째, 불과 복음은 둘 다 영적인 순수성으로 유명합니다. 지금까지 존재했던 불을 숭배하는 우상 숭배 가운데서 가장 세련된 형태는 배화교(拜火敎, Parsee, 조로아스터교. 빛과 어둠, 선과 악 등의 이원론을 배경으로 하며 인간의 도덕적 의로움을 강조한다)입니다. 빛과 불의 위대한 부모라 할 수 있는 태양과 관련된 감정이 있습니다. 즉, 태양은 절대 변명할 수 없는 오류 주위에 후광을 던져줍니다. 계몽의 불꽃을 보십시오. 전혀 물질적이지 않으며 너무 영적이고 영혼과 닮아 있습니다. 불을 주의해서 보시고 복음과 어떤 면에서 비교될 수 있을지 살펴보십시오! 하나님께서는 비록 이 땅에 있는 어떤 것과도 비슷하지 않으시지만, 하나님은 자신이 "소멸하는 불"(히 12:29)로 불리는 것을 기뻐하셨습니다. 이 땅에서 볼 수 있는 불은 하나님에 대한 교육적인 상징입니다. 복음은 불과 같습니다. 왜냐하면 복음은 아주 순수한 것이기 때문입니다. 복음 안에는 그 어떤 오류나 거룩하지 않은 것이 전혀 섞여 있지 않습니다. 불은 이 땅의 것을 거의 가지고 있지 않습니다. 불에는 불순물이 없으며, 불은 단순한 요소로 구성되어 있습니다. 제가 이런 말을 해도, 세상 사람들은 그것이 무엇인지 전혀 알지 못합니다. 우리는 불을 이 땅의 구성 물질 중 하나로 넣을 수 없습니다. 불은 너무 순수하며, 너무 영적입니다. 이와 마찬가지로 복음 또한 아주 순수합니다. 복음은 일곱 번 단련한 은(시 12:6)처럼 이 땅의 모든 것들로 합금되어 있지 않습니다. 더구나 복음은 너무 영적입니다. 너무 영적이어서 복음을 이해하는 사람은 거의 없습니다. 아니, 아버지께서 허락하신 자 외에는 아무도 복음을 이해할 수 없습니다. 하나님께 속한 것들을 받는 사람은 영적인 사람, 즉 성령 하나님에 의해 계몽된 사람뿐이며, 이외에는 아무도 받을 수 없습니다. 복음은 로마의 쓰레기와도 너무 다릅니다. 로마 가톨릭은 그리스도의 몸이 문자 그대로 떡과 잔에 거할 수 있다고 말하지만, 복음은 그리스도의 물질적인 몸에 대해서 전혀 말하고 있지 않습니다. 복음은 물방울이 떨어짐으로써 이루어지는 중생에 대해서도 전혀 말하고 있지 않습니다. 복음은 어떤 성지(聖地)를 거룩하게 말하거나 거룩함이 물질적인 실체로 전가된다고도 말하지 않습니다. 복음은 하나님은 영이시니 그분께 경배하는 자들은 반드시 영과 진리로 그분께 경배할지니라(요 4:24)고 선포하십니다. 기독교의 제단은 눈에 보이지 않는 구세주의 인격입니다. 기독교의 제사는 기도와 찬양입니다. 기독교의 예배는 마음을 드높이는 것입니다. 기독교의 예배는 눈이나 손이나 코와 관련된 그런 것이 아니라, 전적으로 영적이고 장엄하고 고귀하고 순수하고 하나님을 닮는 것입니다. 영적이며 온전한 복음을 받아들인 사람은 복된 자들입니다.

다시 말씀드립니다. 복음은 불과 같습니다. 왜냐하면 복음이 지닌 격려와 위로의 능력 때문에 그렇습니다. 복음의 이 능력을 받은 사람은 이 세상의 냉기가 자신을 더 이상 움츠러들게 하지 못한다는 사실을 알게 됩니다. 그는 가난한 사람일지도 모릅니다. 하지만 복음의 불은 그 가난의 냉기를 제거해 줍니다. 그는 아픈 사람일지도 모릅니다. 하지만 복음은 그 육체의 쇠약함 가운데서도 영혼에 기쁨을 가져다줍니다. 그는 중상모략을 당하고 무시를 받는 사람일지도 모릅니다. 하지만 복음은 그를 하나님이 보시는 앞에서 존귀하게 합니다. 가슴으로 전적으로 받아들여진 복음은 어디에도 비할 데 없는 위로의 거룩한 원천이 됩니다. 불은 그 따뜻한 온기 외에도, 빛을 제공해 줍니다. 등대의 불은 배의 선원들을 인도하거나 바다의 암초를 경고해 줍니다. 이처럼 복음은 마땅히 죽어야 할 이 삶의 모든 어둠 가운데서 우리를 인도해 줍니다. 비록 우리가 장래를 내다보지 못한다 해도, 또한 내일 우리에게 어떤 일이 일어날지 모른다 해도, 우리는 복음의 빛을 통해 현재 우리가 마땅히 감당해야 할 방향에서 우리의 길을 볼 수 있을 뿐만 아니라, 장래의 불멸과 축복 가운데 있는 우리의 종말을 볼 수 있습니다. 생명과 불멸은 예수 그리스도의 복음으로 말미암아 빛으로 인도됩니다. 사랑하는 남녀 성도 여러분, 저는 여기서 길게 말씀드릴 필요가 없을 것 같습니다. 왜냐하면 여러분의 인생 자체가 날마다 이 주제에 관한 설교이기 때문입니다. 여러분은 이러한 하늘의 불꽃을 몸소 지니고 있습니다. 여러분에게 힘을 주고 여러분을 인도하는 것이 바로 이것입니다. 여러분은 자족하는 마음이 있으면 경건은 큰 이익이 되느니라(딤전 6:6) 하신 말씀을 날마다 깨닫고 있습니다. 여러분은 이미 주 안에서 항상 기뻐하라(빌 4:4)는 말씀을 배웠고, 지극히 높으신 분의 은혜와 예수님의 구원과 복된 보혜사의 위로 가운데서 즐거워하는 법을 배웠습니다. 그러므로 여러분은 그리스도께서 불을 땅에 던지러 왔다는 사실을 다른 사람들에게 보여주도록 하십시오.

복음과 불이 함께 가진 세 번째 비슷한 점은 시험하는 특성입니다. 불처럼 시험하는 특성을 가진 것도 없습니다. 어떤 보석류들은 금처럼 보이기도 합니다. 그 보석이 띠는 빛은 금과 아주 똑같습니다. 여러분은 금과 똑같아 보이는 그 보석을 진짜 금이 아니라고 말하기가 어려울 것입니다. 그러나 금속을 녹이는 도가니는 그 모든 것을 말해줄 것입니다. 그것을 도가니에 넣어보면 곧 알게 될 테니 말입니다. 이와 마찬가지로 이 세상에는 반짝이는 것들이 많습니다. 즉, 박애주의나 철학 등의 이름으로 혹은 제가 잘 알지도 못하는 그럴듯한 미명(美名) 하에 주장되어 많은 추종자들을 만드는 것들이 수천 가지도 넘습니다. 그러나 정치가들의 음모와 지혜로운 자들의 계략 등이 일단 예수 그리스도의 복음이라는 정제하는 도가니에 들어가면, 얼마나 다르게 보이는지 그저 놀랄 따름입니다. 독재적인 통치자들과 왕들은 자신의 지배영역에서 복음을 배제하려고 하고, 복음이 배제된 그 상태를 유지하는데 너무나 지혜롭습니다. 왜냐하면 그들의 법령이 왜곡된 것을 복음이 분명히 드러내기 때문입니다. 만약 정부의 토대에 부패한 것이 있다면, 그 썩은 것을 찾아내고 드러내는 데는 복음을 설교하는 것 이상으로 좋은 것이 없습니다. 오늘날 이 나라에서 우리가 그토록 자유를 귀히 여기면서 누리는 이유가 무엇입니까? 자유는 하늘 아래 사람들이 가진 그 어떤 것보다도 뛰어난 것이라고 저는 감히 말씀드립니다. 그렇다면 우리가 가진 이 자유의 토대는 무엇이었습니까? 그것은 바로 항상 불처럼 우리 가운데서 설교된 복음이었습니다. 복음은 우리가 가진 제도에 나타나는 모든 것을 시험하고 조사하면서, 옳지 않은 것은 끝까지 추적해 틀림없이 굴복시키는 일을 해왔습니다. 지금은 아주 굳건히 서 있지만, 주님의 뜻에 맞지 않는 것이라면 분명히 불에 타 소멸됩니다. 그렇게 하시는 하나님께 감사를 드립니다. 구시대의 불의와 잘못을 타도함으로써 우리의 세상은 한층 더 좋아질 것입니다. 복음은 이 모든 것들을 입증하며, 옳고 그른 것을 분간하는 위대한 궁극적인 시험입니다. 그리고 복음의 불은 인간의 마음도 어떠한지를 시험할 것입니다. 많은 사람들은 자기 속에 선한 것이 있으며, 그것을 자신의 의로움이라는 겉옷으로 감싸고 다닌다고 생각합니다. 그러다가 복음이 다가오자, 비로소 그 사람은 자신이 벌거벗었으며 가련하고 비참하다는 것을 발견하게 됩니다. 신앙 고백을 한 많은 사람들은 복음의 불로 자신의 나무와 짚과 그루터기가 태워져 연기로 사라지기까지, 자신은 하나님을 섬기며 잘 행동을 하고 있다고 상상합니다. 복음은 우리가 살고 있는 이 세상에 있는 악한 모든 것을 꺼지지 않는 불로써 모두 태워 버릴 것이며, 공의롭고 진실된 것 외에는 아무것도 남겨두지 않을 것입니다. 하늘 아래 있는 모든 것들 가운데서 가장 아량을 베풀지 않는 것이 바로 예수 그리스도의 복음입니다. 여러분은 이렇게 말할 것입니다. "뭐라고요? 가장 아량을 베풀지 않는다고요?" 예, 맞습니다. 복음이 가장 아량을 베풀지 않는다고 제가 말했습니다. 복음은 우리로 하여금 모든 사람들에게 양심의 자유를 선포하도록 하였습니다. 복음은 절대로 이 세상의 칼을 휘두르지 않습니다. 복음은 복음 사역을 위해, 또는 한 나라의 문호를 개방시키기 위해 대포를 쏘는 등의 무력사용을 요구하지 않습니다. 참된 복음은 지하 감옥이나 고문대를 준비하지도 않습니다. 복음은 말고의 귀를 자른 베드로(요 18:10)의 칼을 요구하지 않습니다. 오직 복음은 모든 구속으로부터 벗어나도록 하는 반면, 복음 자체에 순종할 것을 요구합니다. 복음 그 자체의 영역 안에서 복음의 능력은 절대적입니다. 복음의 논증은 오류를 잘라내고 오류를 죽여 버립니다. 복음의 가르침은 모든 교만한 희망을 타도하고 모든 거짓된 길을 드러냅니다. 복음은 죄인에게는 자비를 베풀지만, 죄악에 대해서는 무자비합니다. 복음은 죄악을 참아낼 수가 없습니다. 그래서 죄악을 전복시키기 위해 전쟁을 하고, 바르게 통치하실 권리를 가진 그분을 위해 보좌를 세웁니다. 예수님의 복음은 불신앙과 교황주의자들과 결코 손잡지 않을 것입니다. 복음은 우상 숭배자들과도 결코 연합하지 않을 것입니다. 복음은 오류와도 결코 평화할 수 없습니다. 거짓 종교들은 서로 옆에 나란히 누울 수 있습니다. 왜냐하면 그 거짓 종교들 모두 똑같은 거짓말들이며, 이 거짓 종교들 사이에는 형제 관계가 있기 때문입니다. 하지만 참된 종교는 모든 미신들이 완전히 근절되며 영원하고 불멸하고 비가시적인 왕의 깃발이 모든 모스크와 미나렛(minaret, 이슬람 사원의 뾰족한 첨탑)과 신전과 사당 위에 펄럭일 때까지 결코 쉴 수 없을 것입니다. 불은 탈 수 있는 것에 대해서는 결코 아량을 베풀지 않습니다. 마지막 부스러기까지 모두 없어질 때까지 불은 그루터기를 태울 것입니다. 하나님의 진리 또한 이와 같습니다.

　　복음과 불이 공유한 또 다른 특성은 본질적인 공격성입니다. 불길이 살아 있는 몇 개의 석탄을 집어서 건초 더미나 곡식 단에 놓아 보십시오. 그리고 불에게 이렇게 말하십시오. "나는 네게 태울 수 있는 짚을 무더기로 주었다. 이제 태워라. 네 마음이 원하는 대로 마음껏 태워 버려라. 그 짚들은 너의 것이다. 그러나 내가 준 그 이상을 태워서는 안 된다. 적당히 한계 내에서만 태워라. 불티나 불꽃을 내어서는 안 된다. 왜냐하면 우리는 너의 맹렬한 공격을 원치 않기 때문이다" 라고 말입니다. 여러분이 이렇게 어리석은 방식으로 불에게 말하는 동안에도, 그 불은 맹렬하게 타올라서 주위에 있는 것들을 태워 버립니다. 만약 여러분이 부리나케 도망가지 않는다면, 여러분 자신도 아마 불에 타버릴 것입니다. 불에게 그런 식으로 말해서는 안 됩니다. 불은 적절하게 자제할 줄 모릅니다. 저는 다음과 같은 식으로 주장하는 이론을 한두 번 들은 것이 아닙니다. "종교인인 당신들은 당신들만의 자유를 가지고 있소. 당신들은 자신들이 존경받는데 신경 쓰면서 조용히 기뻐하며 살아가시오. 그러나 다른 사람들은 그냥 내버려 두시오. 개종자 한 사람을 얻기 위하여 바다와 육지를 두루 다니는 일은 당신들이 상관할 일이 아니오. 도대체 왜 광신주의에 빠져들려고 하오? 지금 그대로 가만히 앉아 있으시오. 당신들은 푹신한 의자를 가지고 있소. 그 의자에 편안하게 앉아 있으시오. 목회자는 사례비도 받고 있고 목회할 강단도 있소. 그러니 자기 회중들만 신경 쓰도록 하시오. 목회자가 자신의 제자들만 기쁘게 해줘도 괜찮은 일 아니겠소? 그런데 왜 선동하는 횃불이 되어 원하지도 않는 사람들에게 특정한 입장을 억지로 고집스럽게 주입하려고 하는 거요?" 예, 바로 이것이 그리스도께서 살아계실 당시 세상이 바라던 입장이었음에 틀림없습니다. 만약 기독교가 그리스도께서 모으셨던 그 소수의 제자들에게만 국한되어 있었다면, 우상 숭배자들은 흡족하게 생각했을 것입니다. 처음에는 기독교인들이 조롱을 받았을지 모르지만, 서서히 바리새인들과 사두개인들 같은 존경받는 종파로 자리를 잡기 시작했습니다. 특히 교육받지 못한 어부들이 죽어 사라진 후에, 예루살렘에 있던 몇몇 존경받는 사업가들과 아마도 시골의 대지주 쯤 되는 요단 강 너머에서 온 두 명의 사람들도 그 공동체에 참여하였습니다. 그러나 그 정도에서 곧 열기가 사라지는 일은 벌어지지 않았습니다. 예수님의 복음은 불 같은 것이었습니다. 예루살렘은 그 불길을 되돌릴 수 없었습니다. 온 유대와 갈릴리도 그 불길의 영역을 벗어날 수 없었습니다.

> "그 나라는 더욱더 성장하여,
> 더욱 강력한 위세를 떨치네."

(웨슬리[Charles Wesley]의 '그 불길이 얼마나 높이 솟아오르는지 보라' [See How Great A Flame Aspires]는 찬송가의 2절 가사다 — 역주).

소아시아는 열광적인 횃불인 다소의 사울에 의해 불이 붙었습니다. 하지만 그것으로 충분하지 않았습니다. 그 불은 아시아에서 매우 격렬하게 불타올랐기 때문에 그 불꽃은 보스포러스 해협(Bosphorus, '이스탄불 해협'이라고도 불리며 아시아와 유럽의 경계를 형성한다)을 건너갔습니다. 바울은 마게도냐에서 사역하고 있었으나, 아덴의 소식도 들었고, 고린도에 관해서도 말했습니다. 그러나 그 불길은 이것으로도 충분하지 않았습니다. 그 쉴 줄 모르는 영혼은 바다를 건너야 할 필요성을 느끼고서, 로마에 있는 가이사의 궁전 대문에서도 우레 같은 소리를 질렀습니다. 지체없이 곧 스페인에서도 새로운 종교의 기반이 마련되고 있었습니다. 로마의 지방 총독들이여, 당신들은 지금 뭐하고 있는 것입니까? 로마의 신들이 멀리 떨어진 스페인으로부터 도전받고 있지 않습니까? 그 뿐만이 아닙니다. 밀사(密使)들이 골(Gaul, 지금의 프랑스 지역) 지방을 가로질러 영국이라는 야만의 땅에 이르렀습니다. 이들은 감히 엘비언(Albion, 브리튼 섬을 지칭하는 명칭으로 '영국'[England]의 옛 이름이다)에 서서 십자가에 못 박히신 그분의 이름을 선포했습니다! 그리고도 그들이 편히 지낼 수 있었겠습니까? 우리는 그들을 괴롭히고 고문대에 묶어서 감옥에 처넣었습니다. 그러나 보십시오. 그들은 재판정에 나가기를 갈망하였으며, 재판정에 나와서도 자신들이 기독교인임을 열정적으로 고백하였습니다. 플리니우스(Gaius Plinius Secundus, 23-79, '대 플리니우스'[Pliny the Elder]라는 이름으로 널리 알려진 로마의 정치가, 역사가, 저술가)는 그토록 죽기를 바라던 이런 사람들에게 어떤 일이 일어났는지를 자세하게 기록하고 있습니다. 당연히 그들은 원형 극장에 집어넣어져 맹수들에게 던져졌고, 곰과 사자들이 그들을 어떻게 하는지 사람들로 하여금 보게 하였습니다. 로마의 귀부인들과 원로원 장로들이 외치는 가운데 그들을 마치 검투사처럼 죽게 했던 것입니다. 그러나 그들이 그렇게 끝난 것은 아니었습니다. 사랑하는 성도 여러분, 그들은 로마의 원로원으로도 들어갔습니다. 그들은 로마 귀족들 가운데서도 제자를 삼았습니다. 또 어떤 날에는 원로원 가운데서도 황제가 친히 보는 앞에서 그리스도의 이름이 전해지기도 하였습니다! 아! 지위가 높은 사람들과 황제의 혈통 가운데서도 십자가에 못 박히신 분을 경배하는 자들이 있다고 그들은 말하였습니다! 맞습니다. 세월이 흘러가면서, 로마의 최고신인 유피테르(Jupiter)와 농업의 신인 사투르누스(Saturn)의 제사장들도 그 말을 듣고서 놀랐습니다. 그들의 신은 신전에서 제거되었습니다. 최고 제사장(Pontifex Maximus)으로 불리는 이들도 모두 흔적 없이 쫓겨났으며, 그 신전들은 교회로 바뀌어 우상들이 최고의 권력으로 다스리던 장소가 살아계신 하나님의 성도들이 모이는 집회장소가 되었습니다. 그 손길이 장래에는 멈추게 될까요? 그 손길이 오늘 멈추게 될까요? 사랑하는 성도 여러분, 결코 그럴 수 없습니다. 그 손길은 멈추지도 않을 것이고 멈출 수도 없습니다. 예수 그리스도의 참된 종교는 본질적으로 전쟁과 같습니다. 이교도들이 제우스의 머리로부터 태어나 무장하고 날뛰는 아테나에 대해 말하듯이, 이와 마찬가지로 그리스도의 종교는 바로 예수 그리스도의 심장으로부터 태어나 무장하고 일어났습니다. 기독교는 모든 불의의 원수로, 모든 압제의 적수로, 가난한 자들과 궁핍한 자들의 친구로, 하나님을 대적하는 모든 것의 원수로 이 세상 한가운데 섰습니다. 만약 이러한 것이 여러분이 믿는 기독교가 아니라면, 여러분은 기독교인이 아닙니다. 왜냐하면 예수 그리스도께서는 잠자고 있는 신앙을 주신 것이 아니라, 불을 땅에 던지셨기 때문입니다.

우리의 종교는 불과 같습니다. 왜냐하면 불이 가진 거대한 에너지와 급속한 진전 때문입니다. 도대체 누가 불의 힘을 측량할 수 있겠습니까? 우리 조상들이 수년 전에 화염에 휩싸인 옛 런던 시를 강 이편에 서서 보았을 때, 오두막과 궁전과 교회와 큰 저택과 기념물들과 대성당 등, 이 모두가 불의 혀에 휘말리는 것을 보고는 틀림없이 더 크게 놀라 당황했을 것입니다. 만약 안전한 곳에서 대초원이 온통 불바다가 되어 계속해 타들어가는 것을 본다거나, 베수비오 산(Vesuvius, 이탈리아 나폴리만 동쪽의 활화산이다)이 최대의 폭발력으로 분출되어 터져 나오는 모습을 주시하는 것도 틀림없이 놀라운 광경일 것입니다. 불을 대할 때는 예측이 불가능합니다. 여러분은 헤아릴 수 없고 측량할 수 없는 것 사이에 있는 것입니다. 저는 우리가 종교에 대해 말할 때도, 이와 같은 생각을 했으면 좋겠습니다. 여러분은 종교의 파급 효과를 예측할 수 없습니다. "기독교가 세상을 회심시키는데 얼마나 많은 세월이 걸리겠습니까?"라고 묻는 사람이 있습니다. 사랑하는 성도 여러분, 만약 하나님께서 원하시면, 십 분도 채 걸리지 않을 것입니다. 왜냐하면 불은 때로 모든 예측을 넘어 적절한 환경만 되면 갑자기 타올라 번지기 때문입니다. 진리도 이와 마찬가지입니다. 진리는 기계 장치가 아닙니다. 따라서 어떤 기계적 조작에 의존하지 않습니다. 만약 한 사람의 마음에 어떤 생각이 있다면, 왜 오십 명의 마음에 그와 동일한 생각이 있을 수 없겠습니까? 또한 오십 명의 마음에 있는 생각이 왜 오만 명의 마음에는 있을 수 없겠습니까? 한 마을에 영향을 끼친 진리가 이쪽 끝에서 저쪽 끝까지 휘저어 놓았다면, 왜 한 성읍, 한 도시, 한 나라, 아니 모든 나라에 영향을 끼치지 못하겠습니까? 하나님께서 원하시는 때가 되면, 모든 인간들을 다음과 같은 유일한 성경 말씀대로의 마음 상태가 되게 하실 것입니다. "미쁘다 모든 사람이 받을 만한 이 말이여 그리스도 예수께서 죄인을 구원하시려고 세상에 임하셨다 하였도다"(딤전 1:15). 하나님께서는 이 말씀으로 모든 마음에 불을 붙이실 수 있습니다. 우리는 많은 비용을 들여서 선교사역을 준비해야 많은 선교사들을 파송할 수 있다고 생각합니다. 맞는 말일 수 있습니다. 하지만 하나님께서는 너무나 자주 가장 연약한 수단들을 통해서도 큰 일을 하시며, 때로는 눈에 보이는 모든 여건들을 다 갖춘 사람들도 이룰 수 없는 사역들을 가장 가난한 성도들을 통해 이루기도 하십니다. 아마도 지금까지 모라비아 신자들(Moravians, '보헤미아 형제단'[Bohemian Brethren]으로 알려져 있는 개신교의 한 교파이다. 1457년 보헤미아와 체코 등지에서 시작되었으며, 기독교인의 하나 됨, 개인적인 경건, 선교, 음악 등을 중심 가치로 삼고 있다)보다 더 유용한 사람들은 없을 것입니다. 모라비아 신자들은 늘 얼마나 가난한 사람들이었는지 모릅니다! 그들의 수단들은 너무나 부족했습니다. 하지만 그들은 예수님 안에 제시된 그대로의 진리를 모든 땅에 전하는 것을 그들의 평생 사명으로 삼았습니다. 하나님도 그들과 함께 하셨습니다. 주님께서는 영국 교회에 교회의 사명에 대한 적절한 의식을 불어넣어 주시고, 그리스도 안에서의 확신, 즉 하나님께서 이제 곧 영국 교회를 축복해 주실 것이며, 여러분과 제가 백발이 되기 전에 사람들이 말해도 우리가 믿지 못할 그런 광경들을 우리가 목도하게 될 것이라는 확신을 영국 교회에 심어 주셨습니다. 저는 불에 관한 것이면 무엇이든 믿을 수 있습니다. 어떤 사람이 제게 어떤 집안에서 한 무더기의 옷들이 한순간에 불타기 시작했다거나, 오 분만에 상점에 불이 번졌다거나, 혹은 오 분만에 더 많은 불이 번져 덧문 전체가 불타오른다거나 이층이 불타오른다거나 지붕까지 불타오르기 시작했다고 말해도, 저는 이 모든 이야기를 믿을 수밖에 없을 것입니다. 불은 무엇이든 할 수 있습니다. 예수님의 복음도 이와 같습니다. 진지한 설교자가 그 진리를 충실히 선포하고, 진지한 사람들이 그 복음을 전파하기로 결심만 한다면, 저는 한 나라가 하나님께로 회심하고, 이 땅의 모든 나라들이 위엄 있는 진리로 갑자기 흔들리게 된다는 사실을 이해할 수 있을 것입니다.

한 번 더 말씀드리겠습니다. 복음은 **궁극적으로 널리 퍼질 것**이라는 점에서 불과 닮았습니다. 세상이 예전에 물로 한 번 멸망했듯이, 두 번째는 불로 멸망할 것이라는 사실이 성경에 분명히 계시되어 있습니다(벧후 3:7). 아마도 지구의 중심부는 모두 불에 녹은 한 덩어리로 되어있고, 우리는 그 불덩어리가 식은 껍데기 위에 살고 있을 뿐이라고 말한 사람들의 이야기는 옳아 보입니다. 정말 그렇다면, 이렇게 거대한 화산폭발들은 땅 밑에 있는 불이 분출되는 것일 것입니다. 분명히 예정되어 있는 사실은, 땅과 그 중에 있는 모든 것들이 불에 풀어지고, 물질이 뜨거운 불에(벧후 3:10) 녹아내릴 것이라는 사실입니다. 그 날에는 불이 이길 것입니다. 옛 대양(大洋)아, 너는 너의 교만으로 굽이치고, 불을 비웃었을지 몰라도, 불은 화염의 혓바닥으로 너를 싹 핥을 것이다. 인간들이여, 너희는 너희의 도시들을 보호하기 위해 기계를 세우겠지만, 너희의 모든 도시에는 파괴된 흔적조차 하나 남지 않게 될 것이다. 오직 먼지와 잔해 더미만 남아 있는 옛 바벨탑처럼, 너희가 뽐내던 그 도시들은 완전히 사려져 버릴 것이다. 복음의 경우도 마찬가지입니다. 부정(不淨)한 바다들은 복음의 불이 널리 퍼지기 전 잠시 동안만 있을 뿐입니다. 그러나 그 바다도 거룩한 진리의 에너지로 말미암아 완전히 제거될 것입니다. 복음의 불이 온 세상을 가장 높으신 주님께 드려지는 번제로 만들어 버릴 그 날이 올 것입니다. 우리 함께 용기를 가집시다! 시간이 화살처럼 빨리 날아가기를 기대하면서, 우리 주님의 재림을 고대합시다. 그분께서 강에서부터 땅 저 끝까지, 바다와 육지에서, 산과 골짜기에 이르기까지 다스리실 그 때에, "할렐루야 주 우리 하나님 곧 전능하신 이가 통치하시도다"(계 19:6) 하는 찬양 소리가 온 우주에 울려 퍼질 것입니다.

3. 마지막으로, 이렇게 복음이 불과 같다면 우리는 그 불길을 붙잡읍시다.

만약 이 불이 참으로 우리 안에서 타오른다면, 바로 그 순간부터 우리는 모든 반대를 두려워하지 않게 될 것입니다. 은퇴한 자들도 자신의 혀를 묶고 있던 줄들을 풀 것입니다. 그는 하나님께서 명하신 것을 말해야만 한다고 느낄 것입니다. 만약 그렇게 말할 수 없다면, 그는 임마누엘이라는 이름의 향기를 널리 전하기 위해 있는 힘껏 다른 방식으로 행동할 것입니다. 고개를 숙이고 신앙 고백을 하지 않으려던 겁쟁이들도 불이 타오르기 시작하면, 반대들을 피하기보다는 오히려 직면하는 것이 더 낫다고 느낄 것입니다. 여기 있는 몇몇 젊은이들도 이제는 자기 십자가를 지려고 할 것입니다. 이제 자신이 어떻게 해야 할지 결단해야 할 시점에 이르렀기 때문입니다. 자신이 결단한 바를 아무 두려움 없이 행하십시오. 여러분이 섬기는 주님은 모든 반대에도 불구하고 여러분을 지켜주실 것입니다. 그리스도를 위한 우리의 결단으로 인해 잃을 수 있는 가장 사랑스러운 관계들도 예수님 자신과 우리가 하나로 굳게 결합됨으로써 그 이상으로 보상받게 될 것입니다. 우리가 지식을 뛰어넘는(엡 3:19, KJV) 하나님의 사랑을 잃는 것보다는 차라리 모든 친구와 모든 친척을 잃고 또 모든 이웃들로부터 나쁜 말을 듣는 것이 더 나을 것입니다. 사랑하는 성도 여러분, 여러분의 운명을 그리스도에게 맡기십시오. 그리고 세상에 도전하십시오. 세상 사람들이 신랄한 악평을 하고 소리를 지르며 물어뜯기까지 한다 해도, 그러도록 내버려 두십시오. 박해를 기쁨의 기회로 삼게 된 사람에게는 이 모든 것들이 전혀 문제되지 않을 것입니다. 왜냐하면 이제 그는 전에 있던 선지자들(마 5:12)과 같이 되었기 때문입니다.

만약 우리가 이 불을 잡는다면, 우리에게는 모든 반대들이 전혀 문제가 되지 않을 뿐 아니라, 그 이후에는 지금 이 순간에도 신앙세계 전체를 악몽처럼 짓누르고 있는 단순히 형식적인 신앙을 우리는 철저히 싫어하게 될 것입니다. 만약 예수 그리스도께서 이 세상에 오셔서 우리 중 90퍼센트가 믿고 있는 현대의 신앙을 보신다면, 이것이 친히 예수님 자신이 선포하신 기독교라고 말씀하실 것이라 여러분은 믿습니까? 예수님의 열심을 닮은 자들은 극소수이지 않을까요? 주일이면 자기가 가진 최고의 옷을 입고서 성경책이나 찬송가나 기도서를 가지고 예배 장소에 나가 점잖게 앉아서는 다른 사람들의 모자와 옷들을 쳐다보다가 다시 집으로 돌아오는 것이 기독교가 요구하는 신앙의 모든 것이라고 생각하는 사람들이 너무 많습니다! 또 어떤 사람들은 설교 내용에 별로 주목할 만한 것도 없고,

또 그것에 대해 언급할 만한 것도 전혀 없기 때문에, 딴 생각 하지 않고 그저 설교를 듣는 것으로 충분하다고 생각합니다! 신앙 고백을 한 많은 사람들의 신앙도 꼭 이와 같습니다. 아니, 이보다 못하기도 합니다. 신앙의 신조들을 믿고는 있지만, 이에 대해 전혀 생각해 본 적이 없기 때문에 신조들에 대해 조금의 의심도 해 보지 않은 사람들이 있다는 것을 여러분도 알고 있지 않습니까! 그들은 자신의 권리증서와 함께 이 신조들을 쇠 금고에 넣어 두었습니다. 그들은 신조에 대해 너무 확신하고 있기 때문에 이제는 그 신조들을 읽으며 그것이 무엇인지 신경조차 쓰지 않습니다. 그들은 정통주의자들입니다. 그러나 그들에게는 이 진리로 인해 생기는 영혼의 능력도 없고, 그 진리가 죄를 깨닫게 하는 데서 오는 침울함도 없으며, 진리가 그리스도 안에 있는 자신들의 안전을 보여주는 데서 오는 유쾌한 기분도 없습니다. 그들은 구원하는 믿음을 가지고 있다고 생각합니다. 하지만 많은 사람들이 거기서 더 이상 나아가지 못하고 있습니다. 그들 자신은 구원을 받았습니다. 그들이 신경 쓰는 것은 자신의 구원입니다. 그것이 전부인 것처럼 보입니다. 바로 옆 자리에 앉아 있는 이웃들이 저주를 받아도, 도대체 그들이 무슨 신경을 쓰고 있습니까! 그들이 살고 있는 거리의 모든 사람들이 예배에 참석하지 않는다 해도, 그 저주 받을 사람들의 일이 자신들과 도대체 무슨 상관이 있습니까? 그들은 가인 교파에 속한 자들입니다. 그들은 "내가 내 아우를 지키는 자니이까?"(창 4:9)라고 말합니다. 그런 사람들은 믿음을 부인한 사람들입니다. 그들을 강하게 다스리고 있는 이기심은 탐심이나 간음이나 살인만큼이나 적그리스도입니다. 왜냐하면 기독교의 정신은 이기적인 것이 아니며, 다른 사람들을 사랑하고 다른 사람들의 영혼에 관심을 가지며 주님의 나라가 확장되도록 헌신하는 것이기 때문입니다. 오, 사랑하는 성도 여러분, 여러분이 앉아 있는 푹신한 의자와 여러분이 부르는 찬송과 여러분의 성가와 여러분의 성가대와 여러분의 오르간과 여러분의 가운과 여러분의 악단과 그 외에도 제가 잘 알지 못하는 것들에 대해 생각하면 넌더리가 납니다. 이 모든 것들이 경건한 유흥거리가 되지 않으려면, 이 모두는 신앙을 더욱 돋보이게 하는 도구들이 되어야 합니다. 여러분은 예수님 안에 있는 진리를 전파하기 위해 거룩한 열심을 더욱더 불러일으킬 필요가 있습니다. 또 어떤 사람들은 그리스도께서 사람들에게 아편을 주거나, 잠자는 자들에게 자리를 마련해 주기 위해 이 땅에 오셨다고 생각합니다. 그러나 사실은 그렇지 않습니다. 그분은 불을 땅에 던지러 오셨습니다. 바로 그곳에 그분의 참된 복음이 있습니다. 그 불은 단순히 형식적인 공연만 반복하는 그런 곳에서 절대로 가만히 있거나 잠자코 있을 그런 불이 아닙니다.

만약 우리가 이 불을 잡는다면, 우리는 단순한 형식적인 것에 만족하지 않을 뿐 아니라, 모두가 즉시 기도하게 될 것입니다. 우리의 영혼은 밤낮으로 다음과 같이 울부짖고 신음하면서 하나님께로 올라갈 것입니다. "오, 하나님, 얼마나 더 기다려야 할까요? 얼마나 더 기다려야 할까요? 얼마나 더 기다려야 할까요? 당신은 당신께서 친히 택한 자들을 복수하지 않으시렵니까? 그리하여 당신의 복음이 힘을 얻게 하지 않으시렵니까? 당신의 병거들이 이르는 시간은 왜 이렇게도 오래 걸리는 것입니까? 왜 그리스도께서 다스리지 않으십니까? 왜 진리가 승리하지 못합니까? 왜 당신은 우상들이 통치하고 사제들의 농간이 일어나도록 허용하십니까? 오, 하나님이시여, 서두르십시오. 당신의 좌우에 날선 검을 잡고 내리치시어 오류가 죽고 진리가 승리하게 하옵소서!" 이러한 불이 우리의 영혼에 타오르도록 우리는 항상 탄원할 것입니다.

이 불은 또한 우리가 열심 있는 봉사를 하도록 이끌 것입니다. 우리 안에 이 불을 갖게 된다면, 우리는 우리가 그리스도를 위해 할 수 있는 일은 무엇이든 하려고 할 것입니다. 우리는 이미 충분히 해보았다는 생각은 절대로 하지 않을 것입니다. 한순간이라도 쉰다면, 우리는 쉽게 시작할 수 없을 것입니다. 영혼들을 불에서 건져낼 수만 있다면, 우리는 그리스도를 모르는 곳에 가서 그리스도를 전하여 그분의 면류관을 장식할 새로운 보석들을 그분께로 인도하려고 할 것입니다. 사랑하는 성도 여러분, 이 교회는 큰 교회입니다. 지금 거의 사천 명이나 되는 영혼들이 여기에 있습니다. 만약 여러분이 냉랭해지고 열심을 잃는다면, 저는 냉정한 여러분 전체의 무리들보다 차라리 마음이 따뜻한 사십 명의 성도들을 더 원할 것입니다. 냉담하고 무관심한 여러분이야말로 병거를 가지 못하게 막고 있는 방해물이 아니고 도대체 무엇이겠습니까? 여러분 같은 자들이 애굽에서 나온 수많은 잡족(출 12:38)이 아니고 도대체 무엇이겠습니까? 죄악은 바로 여러분 같은 사람들로부터 시작됩니다. 여러분은 주님의 군대에 도움이 되는 어떤 힘도 쓰지 않고 있습니다. 뜨거운 마음과 열심이 있는 철저한 기독교인이 바로 교회의 생명입니다. 만약 우리가 예전처럼 그렇게 될 수 없다면, 우리 가운데 있는 불같이 뜨거운 영혼들이라도 무기력한 자들에 의해 더 이상 방해를 받지 않았으면 좋겠습니다. 그들을 끌어내리려는 영향력들을 뛰어넘어서 그들이 살아갈 수 있기를 기원합니다! 우리는 다른 사람들만큼 행하고, 다른 사람들만큼 기도하고, 다른 사람들만큼 베푸는 것으로 만족하지 않았으면 좋겠습니다. 경쟁심이 동기가 되는 것이 아니라, 자기 백성인 우리를 위해 많은 것을 행하셨고 많은 것을 용서하셨고 많은 것을 보장해 주셨고 많은 것을 약속해 주신 그분에 대한 사랑이 동기가 되어, 우리가 모든 것을 넘어서려는 결심이 우리에게도 일어나기를 기원합니다!

오, 그리스도를 사랑하는 성도 여러분, 그분의 발치로 나아와 경배하며, 오늘 아침에 불과 함께 그분의 사랑을 우리에게 달라고 간구하십시오. 창에 찔리신 분께 나아오십시오. 가시 면류관을 뚫어지게 쳐다보십시오. 병사들의 창이 만든 구멍을 들여다보십시오. 못 자국을 자세히 보십시오. 그리고 여러분의 영혼에게 다음과 같이 말하십시오.

> "이제 그 사랑을 인하여 나는 그의 이름을 지니며,
> 내게 유익했던 것들도 해로 여깁니다.
> 이전의 나의 교만을 수치로 부르며,
> 나의 영광은 그의 십자가에 못 박겠나이다.
>
> 그렇습니다. 예수님을 위해 모든 것을 해로 여기는 것이
> 마땅하고 당연한 것입니다.
> 오, 내 영혼이 그 안에서 발견되고
> 그분의 의에 동참하기를 바라나이다."

예수 그리스도를 통해 하나님께서 여러분에게 복주시기를 기원합니다. 아멘.

제
46
장

—

징벌이 아닌 사고

—

"그 때 마침 두어 사람이 와서 빌라도가 어떤 갈릴리 사람들
의 피를 그들의 제물에 섞은 일로 예수께 아뢰니 대답하여
이르시되 너희는 이 갈릴리 사람들이 이같이 해 받으므로
다른 모든 갈릴리 사람보다 죄가 더 있는 줄 아느냐 너희에
게 이르노니 아니라 너희도 만일 회개하지 아니하면 다 이
와 같이 망하리라 또 실로암에서 망대가 무너져 치어 죽은
열여덟 사람이 예루살렘에 거한 다른 모든 사람보다 죄가
더 있는 줄 아느냐 너희에게 이르노니 아니라 너희도 만일
회개하지 아니하면 다 이와 같이 망하리라." — 눅 13:1-5

1861년 한 해는 여러 해 가운데서도 악명 높은 재난의 해가 될 것 같습니다.
이 땅의 추수할 곡식이 무르익고, 헛간에 햇곡식으로 가득차기 시작하며, 사람
들이 수고의 열매를 거두러 가는 바로 이 계절에, 강력한 추수 일꾼인 사망 또한
자기의 곡식을 베기 위해 나왔습니다. 알이 튼실한 곡식 단들이 사망의 곡식 창
고인 무덤으로 거두어들여졌습니다. 사망의 추수 찬송을 이루는 울부짖음은 끔
찍했습니다. 지난 두 주간 동안의 신문을 읽어보면서, 저는 그냥 아무 생각 없이
멍해지는 것도 아주 고통스러운 감정이라는 사실을 분명히 알게 되었습니다
(1861년 8월 25일 주일에 영국 서쪽해안에 있는 클레이턴 터널[Clayton Tunnel]에서 그 당시 영
국 철도사상 최악의 열차 사고가 발생했다. 터널 내부에서 두 객차가 충돌해 23명이 사망하고

176명이 부상을 당하였다. '주일'에 예배드리러 가기 위해 탑승한 성도들이 희생자 명단에 다수 포함된 것으로 본 설교에서는 암시되고 있다. 본 설교는 같은 해 9월 8일에 행해졌다 — 역주). 그 대참사(慘死)가 너무나 충격적이라 생각만 해도 등골이 오싹해질 정도입니다. 더구나 이 정도까지는 아니더라도 신문들마다 작은 재난들로 인한 충격적인 내용들로 채워지고 있습니다. 이 작은 재난들의 충격들도 모두 더해보면 최근에 인간에게 닥친 급사(急死)만큼이나 사람의 마음을 놀라게 하기에 충분합니다. 우리는 일주일에 매일 한 개의 사건을 겪었을 뿐 아니라 어떤 때는 두세 건을 겪을 때도 있었습니다. 우리는 차량이 충돌하는 굉음 소리에 한 번 놀라게 되자마자, 이런저런 다양한 사건들이 꼬리에 꼬리를 물고 연이어 터졌습니다. 마치 욥에게 사고 소식을 전했던 사람들처럼 말입니다. 그래서 그 끔찍한 참사의 소식을 듣기 위해서는 욥의 인내와 체념이 필요할 지경에까지 이르렀습니다.

자, 보십시오. 사랑하는 성도 여러분, 이러한 일들은 세상의 어느 시대에나 항상 일어났었습니다. 이와 같은 참사를 새로운 것이라고 생각하지 마십시오. 어떤 사람들이 생각하는 것처럼 이것은 과도한 문명의 산물이거나 과도한 현대화의 산물이거나 또는 가장 놀라운 증기기관의 발견 때문이라고 생각하지 마십시오. 비록 증기기관이 발견되지 않았다 해도, 그리고 철도가 건설되지 않았다 해도, 갑작스러운 죽음과 끔찍한 사고들은 어떤 상황에서도 항상 일어났을 것입니다. 우리의 선조들이 기록해 놓은 사고와 재난에 대한 옛 기록들을 살펴봐도, 옛날의 마차도 급속으로 달리는 기차만큼이나 대형 사고를 일으켜서 사망자가 생기기도 했다는 것을 알 수 있습니다. 그 당시에도 지금과 마찬가지로 하데스 (Hades, 히브리어 '스올'에 해당하는 헬라어로, '죽은 자들이 거하는 곳'을 말한다 — 역주)로 가는 문들은 많이 있었으며, 그 때도 죽음으로 가는 길은 우리가 사는 현재와 마찬가지로 가파르고 경사가 심했으며 수많은 무리들이 그 길을 따라 여행하였습니다. 여러분은 이 사실을 의심하고 계십니까? 그렇다면 제가 여러분 앞에 놓인 누가복음 13장의 내용을 말씀드려 보겠습니다. 실로암에서 망대가 무너져 치어 죽은 열여덟 사람을 생각해 보십시오. 만약 그러한 붕괴가 그들에게 닥치지 않았다면, 어떻게 되었겠습니까? 만약 그들이 궤도를 탈선하여 통제 불가능한 기관차에서 내리다가 죽지 않았다면, 어떻게 되었을까요? 부실하게 건설된 망대나 광풍의 타격을 받은 벽이 단번에 열여덟 사람을 덮쳐서 그들을 죽였을 수도 있습니다. 더 최악의 경우는 사람의 목숨을 자기 마음대로 다루는 독재적인 통치

자가 갑자기 성전에서 예배드리던 자들을 덮쳐서는, 그 사람들의 피를 방금 하늘의 하나님께 희생 제물로 드린 황소들의 피에다가 섞어 버릴 수도 있습니다. 그러므로 이 시대를 하나님께서 옛날보다 더 가혹하게 다룬다고 생각하지는 마십시오. 그리고 하나님의 섭리가 과거보다 더욱 느슨해졌다고도 생각하지 마십시오. 과거에도 항상 갑작스러운 죽음이 있었고, 앞으로도 계속해서 그럴 것입니다. 죽음의 여우들이 굶주린 채 떼 지어 몰려다니며 먹이를 찾을 때는 과거에도 항상 있어 왔으며, 아마도 이 시대가 끝날 때까지 마지막 원수(고전 15:26)는 자신의 정기적인 축제를 열 것이고, 인간 살갗의 벌레들(욥 19:26, KJV)로 배부를 것입니다. 그러므로 이런 갑작스러운 두려움으로 절대 낙담하지 마십시오. 이러한 재난으로 괴로워하지도 마십시오. 여러분이 지금 하고 있는 일을 열심히 하십시오. 만약 여러분의 직업이 여러분으로 하여금 죽음의 들판을 건너기를 요구한다면, 그렇게 하십시오. 그것도 용감하게 하십시오. 하나님께서 세상통치를 포기하지 않으셨습니다. 그분께서 그 큰 배의 키에서 두 손을 놓지 않으셨습니다. 여전히,

> "어디든 그분께서 다스리시네.
> 만물이 그분의 권능에 순종하네.
> 그분의 모든 행동은 순수한 축복이며,
> 그분의 길은 더럽혀지지 않은 빛이라네."

(독일 찬송가 작사자인 파울 게르하르트[Paul Gerhardt, 1607-1676]가 지은 '지금 당신의 모든 슬픔들을 내어맡기십시오' [Commit now all your griefs]라는 찬송가의 3절 가사다).

오직 그분을 신뢰하는 법을 배우십시오. 그러면 여러분은 갑작스러운 공포를 두려워하지 않게 될 것입니다. "그의 영혼은 평안히 살고 그의 자손은 땅을 상속하리로다"(시 25:13)라는 말씀처럼 말입니다.

그러므로 오늘 아침의 특별한 주제는 다음과 같습니다. 즉, 하나님께서 세계의 역사 위에 대문자로 쓰고 계시는 이 두려운 본문 말씀을 우리가 어떻게 이용해야 하는가 하는 것입니다. 하나님께서는 한 번만 말씀하신 것이 아니라 두 번까지 말씀하셨습니다. 그러니 인간이 그 말씀에 주의하지 않았다는 소리가 들리지 않게 하십시오. 우리는 이미 하나님 능력의 희미한 빛을 보았습니다. 그분

께서는 언제든 우리의 동료 피조물들을 멸망시킬 수 있는 분임을 우리는 이미 보았습니다. 다음의 말씀을 듣도록 합시다. "너희는 매(회초리) 소리를 들으며 그것을 정하신 이의 말을 들으라"(미 6:9, KJV)는 말씀 말입니다. 이 말씀을 듣고서 우리는 두 가지를 행해야 합니다. 첫째는, 미신적이고 무지한 사람들의 결론, 즉 오늘 본문에 암시된 바와 같이 우연히 멸망한 사람들은 이 땅에 있는 모든 죄인들보다 더 큰 죄인들이라는 결론에 동조할 만큼 우리는 어리석은 사람들이 되지 말아야 합니다. 그리고 둘째로, 우리는 정당하고 타당한 추론을 해야 합니다. 이 모든 사건들을 우리 자신의 개인적인 발전을 위해 실제적으로 사용합시다. "너희도 만일 회개하지 아니하면 다 이와 같이 망하리라"고 하신 주님의 음성을 우리는 들어야 합니다.

1. 그러면 첫 번째로 그런 끔찍한 사고를 보면서, 그런 사고를 당한 사람들은 그들이 지은 죄 때문에 그랬다는 성급하고도 조잡한 결론을 내리지 않도록 주의합시다.

한 주의 첫날인 주일에 여행을 하다가 사고를 당한 사람들은 예배를 드려야 할 주일을 범했기 때문에 하나님으로부터 심판을 받은 것으로 여겨야 한다고 말하는 것은 아주 어리석은 생각입니다. 경건한 목회자들까지도 최근에 있었던 통탄할 만한 충돌 사건은 대단히 놀랍고도 분명한 하나님의 진노이며, 클레이턴 터널에서 사고를 당한 불행한 사람들은 그것을 하나님의 벌로 여겨야 한다고들 말하고 있습니다. 저는 지금 제 자신의 이름으로가 아니라, 그리스도인의 주님이며 스승이신 그분의 이름으로 그와 같은 추론에 반대해 엄중하게 항의하는 바입니다. 저는 그 터널에서 압사(壓死)한 사람들에 대해 말씀을 드리고 있습니다. 여러분도 이들이 모든 죄인들보다 더 큰 죄인이라고 생각합니까? "너희에게 이르노니 아니라 너희도 만일 회개하지 아니하면 다 이와 같이 망하리라"고 주님은 말씀합니다. 혹은 지난 월요일에 죽은 사람들도 여러분은 런던에 있는 모든 죄인들보다 더 큰 죄인이라고 생각합니까? "너희에게 이르노니 아니라 너희도 만일 회개하지 아니하면 다 이와 같이 망하리라"고 주님은 말씀합니다. 자, 주목하십시오. 저 또한 하나님은 때로 죄를 지은 특별한 사람들을 심판하신다는 사실을 부인하지 않습니다. 그러나 저는 그런 일들은 가끔 일어나며, 특히 최근의 이런 경우는 아주 드물게 일어나는 경우라고 생각합니다. 우리 가운데 몇몇 사람들은 우리가 친히 체험한 사실, 즉 자신이 죽을 줄도 모르고 하나님을 모독하고 무시하다가 갑자기 쓰러져 죽은 어떤 사람에 대해서 이미 들은 적이 있습니다. 그런 경우에는 하나님을 모독한 것에 대한 징벌이 신속히 내려져서, 징벌을 내리시는 하나님의 손길을 느끼지 않을 수 없었습니다. 그 사람은 장난으로 하나님의 심판을 구했고, 그가 한 기도가 그 자리에서 응답되어 심판이 임했던 것입니다. 그리고 분명히 자연 심판이라 불리는 것도 있습니다. 여기 누더기 옷을 입고 다니는 가난하고 집 없는 사람이 있다고 합시다. 그 사람은 방탕했으며 술주정꾼이었고 자신의 인격을 잃어버렸습니다. 그가 그렇게 굶주리고 여러 사람들 가운데서 의지할 데 없는 사람이 된 것이 바로 그에게 내려진 하나님의 심판입니다. 여러분은 병원에서 더러운 질병에 걸린 기분 나쁜 임상환자들을 봅니다. 분명히 그런 경우는 하나님의 심판입니다. 결코 이를 부인할 수 없습니다. 죄에 대한 자연스러운 결과인 징벌입니다. 방탕과 경건하지 않은 정욕에 대한 하나님의 심판인 것입니다. 그러므로 죄악과 징벌 간에 너무나 분명한 연결고리가 있다는 사실을 보여주는 많은 경우들에 대해서도 이와 비슷하게 말할 수 있습니다. 하나님께서 비참함을 죄악의 자녀로 삼으셨다는 사실은 가장 눈먼 자라도 분간해낼 수 있습니다. 그러나 제가 앞서 언급했던 그런 식의 우발적인 사고나 갑작스럽고 즉각적인 죽음의 경우에 대해서는 다시 한 번 말씀드리겠습니다. 이와 같이 참사로 죽은 사람들은 무사히 살아남은 죄인들보다 더 큰 죄인들이라는 그 어리석고도 웃기는 생각에 대해 저는 아주 진지하게 항의하는 바입니다.

이제 저는 그리스도인 성도들과 함께 이 문제에 대해 이성적으로 판단해 보고자 합니다. 왜냐하면 몇몇 무지몽매한 그리스도인들이 제가 말씀드린 것에 대해 놀라움을 금치 못하고 있으며, 곡해하기를 잘하는 사람들은 제가 예배드리는 날을 범한 것에 대해 두둔하려고 한다고 생각할 수도 있기 때문입니다. 지금 저는 그러려고 하는 것이 아닙니다. 저는 죄에 대해서 변명하려고 하지 않습니다. 저는 사고들을 죄에 대한 징벌로 보아서는 안 된다는 사실을 검증하고 선포하고자 하려는 것뿐입니다. 왜냐하면 징벌은 이 세상에 속한 것이 아니라, 오는 세상에 속한 것이기 때문입니다. 저는 모든 재난이 일어나자마자 이것을 심판으로 간주하는 모든 자들의 시각을 바르게 교정시켜 주려는 진지한 소망에서 이런 말씀을 드리는 것입니다. 이제 말씀드리겠습니다. 사랑하는 성도 여러분, 여러분은 여러분이 말하는 것이 사실이 아니라는 것을 알지 못합니까? 여러분이 왜 그렇게 말해서는 안 되는지에 대한 여러 이유들 가운데 가장 큰 이유는, 여러분이 말하는 것이 사실이 아니라는 점에 있습니다. 여러분이 몸소 체험하고 겪은 바에 따르면, 어떤 사건이든 사건은 의인과 악인에게 공통으로 일어난다는 사실을 가르쳐 주지 않습니까? 그것은 사실입니다. 때로는 악한 사람이 길거리에서 쓰러져 죽기도 합니다. 그러나 목회자도 강단에서 쓰러져 죽지 않습니까? 주일에 쾌락을 좇던 사람들이 탄 유람선이 갑자기 침몰한 것은 사실입니다. 그러나 복음을 전할 목적으로 오직 경건한 사람들만 탄 배도 마찬가지로 침몰하지 않습니까? 눈에 보이는 하나님의 섭리는 사람을 차별하지 않습니다. 폭풍우는 떠들썩한 죄인들이 가득 탄 배 주변에도 몰아쳤고, 선교선(宣敎船)인 '존 윌리엄스'(John Williams, 런던선교회 소속의 296톤급의 선교용 선박이다. 남태평양에서 선교활동을 펼쳤던 존 윌리엄스(John Williams, 1796-1839) 선교사를 기념해 이름을 붙였다) 호 주변에도 몰아쳤습니다. 사실 하나님의 섭리는 밖으로 드러난 것을 보자면, 악한 사람보다 선한 사람들에게 더 가혹했다는 사실을 왜 여러분은 알지 못합니까? 사도 바울도 당대에 의인들의 비참함을 보고서 "만일 그리스도 안에서 우리가 바라는 것이 다만 이 세상의 삶뿐이면 모든 사람 가운데 우리가 더욱 불쌍한 자이리라"(고전 15:19)라고 말하지 않았습니까? 의의 길은 자주 사람들을 고문대, 감옥, 교수대, 화형대 등으로 인도했습니다. 반면에 죄의 길은 자주 사람들을 제국, 통치권, 동료들 가운데 가장 높은 자리 등으로 인도했습니다. 이 세상에서 하나님이 죄를 벌하시고, 선한 행동에 상을 주신다는 것은 사실이 아닙니다. 그래서 다윗도 "사악한 자가 큰 권능을 가지고 스스로 푸른 월계수같이 뻗어 나간 것을 내가 보았으나"(시 37:35, KJV)라고 말하지 않았습니까? 그리고 시편 기자는 이 문제로 당황하다가, 하나님의 성소에 들어갈 때에야 비로소 그들의 종말을 내가 깨달았다(시 73:17)고 말하고 있지 않습니까? 여러분이 지닌 믿음으로 인해서, 섭리의 궁극적인 결과는 하나님의 백성에게만 선하게 작용할 것이라는 사실을 여러분은 확신합니다. 하지만 역사라는 하나님의 드라마에 비하면 지극히 짧은 여러분의 인생을 통해서도, 여러분은 섭리는 의인과 악인을 외형적으로 구별하지 않는다는 사실을 틀림없이 배우게 될 것입니다. 다시 말해, 의인도 악인과 마찬가지로 갑작스럽게 망할 뿐만 아니라, 전염병도 죄인과 성도를 구분하지 않으며, 전쟁의 칼도 하나님의 자녀나 벨리알의 자녀나 모두에게 똑같이 무자비하다는 것입니다. 하나님께서 재앙을 내리시면, 그 재앙으로 인해 완악하고 완고한 사람들만 죽는 것이 아니라, 순결한 자들도 갑자기 죽게 됩니다. 자, 사랑하는 성도 여러분, 여러분이 생각하는 보복하고 보상하는 섭리가 사실이 아닌데도 불구하고, 여러분은 도대체 왜 그것을 사실처럼 말하는 것입니까? 그리고 그것이 보편법칙처럼 타당한 것이 아닌데도 불구하고, 왜 여러분은 어떤 특정한 하나의 사례를 들어 사실이라고 생각하려는 것입니까? 이런 생각을 여러분의 머리에서 끄집어내십시오. 왜냐하면 하나님의 복음으로 인해 여러분은 진리가 아닌 것을 믿을 필요가 전혀 없기 때문입니다.

그러나 둘째로 또 다른 이유가 있습니다. 사고가 일어날 때마다 그 사고를 하나님의 심판으로 보는 생각은 하나님의 섭리를 크고 깊은 바다가 아니라 아주 얕은 바다로 만드는 것입니다. 만약 철도 사고가 사람들이 주일에 여행을 했기 때문에 일어난 것이 사실이라고 한다면, 어린아이라도 하나님의 섭리를 분명하게 이해할 수 있을 것입니다. 제가 주일학교 어린이들 중에서도 가장 어린 유아반의 아이 한 명을 불러서 물어보아도, 그 어린이가 "예, 저도 알아요"라고 말할 정도로 하나님의 섭리가 그렇게 이해하기 쉬운 것이라면, 다시 말해 그러한 것이 섭리이고, 또 그렇게 쉽게 이해될 수 있는 것이 섭리라면, 그것은 분명히 성경에서 말하는 섭리와는 다른 것입니다. 왜냐하면 성경을 통해 우리는 항상 하나님의 섭리는 "크고도 깊다"(시 36:6, KJV)라고 배웠기 때문입니다. 그룹들의 날개를 가지고서 높이 날아갈 수 있었던 에스겔도 하나님의 섭리를 묘사한 큰 바퀴를 보았을 때, 그 바퀴들은 너무나 높고 끔찍하며 또 눈으로 가득(겔 10:12)했다고 밖에 말할 수 없었습니다. 그래서 그는 "오, 바퀴여!"(겔 10:13, KJV)라고 외쳤습니다. 저는 이 사실을 분명히 하기 위해 반복해서 말씀드리겠습니다. 만약 재난이 항상 어떤 죄악의 결과라면, 섭리는 이 곱하기 이는 사(2X2=4)처럼 아주 간단한 문제일 것입니다. 그래서 섭리는 어린아이들이 배우는 첫 교과과정 중의 하나가 될 것입니다. 그러나 성경은 우리에게, 섭리는 크고도 깊어서 그 안에 인간의 지성이 뛰어들어 헤엄칠 수 있을 뿐만 아니라, 그 깊이와 주변은 이루 알 수 없을 정도라고 가르치고 있습니다. 만약 여러분과 제가 섭리의 이유들을 발견할 수 있고 또 하나님의 다스리심을 우리의 손가락으로 돌려놓을 수 있다고 감히 생각한다면, 우리는 우리 자신의 어리석음만을 입증할 뿐, 우리가 하나님의 길을 이해하기 시작했음을 입증한 것은 아닐 것입니다. 자, 사랑하는 성도 여러분, 한 번 보십시오. 잠시 다음과 같이 가정해 봅시다. 어떤 큰 공연이 진행되고 있는데, 여러분이 그 공연 중간에 걸어 들어가서 어떤 배우를 잠시 동안 무대 위에서 봅니다. 그러고 나서는 "그래, 나는 이 공연을 이해했어"라고 말한다면, 여러분은 얼마나 바보 같은 사람이겠습니까! 여러분은 섭리라는 이 위대한 교류가 거의 육천 년 전에 시작되었다는 사실은 알지 못합니까? 여러분은 이 세상에 들어온 지 삼사십 년 되었을 뿐인데도, 무대에서 배우 한 사람을 보고는 모든 것을 다 이해했다고 말합니다. 쳇! 여러분은 모릅니다. 여러분은 이제 겨우 알기 시작했습니다. 오직 그분만이 처음부터 끝까지 알고 계십니다. 오직 그분만이 세상을 만드신 위대한 이유와 또 선한 일과 악한 일이 함께 일어나도록 허락하신 이유 등을 이해하고 계십니다. 여러분이 하나님의 길들을 안다고 생각하지 마십시오. 그런 생각은 섭리의 격을 떨어뜨리는 것이며, 하나님을 인간의 수준으로 끌어내리는 것입니다. 여러분이 이렇게 할 때가 바로 여러분이 이러한 재난들을 이해하고 지혜의 은밀한 목적들을 알아낼 수 있으리라 착각하는 때입니다.

이제 다음으로, 사고를 하나님의 심판으로 보는 이런 생각이 바리새주의에 힘을 실어줄 것이라는 사실을 여러분은 알지 못합니까? 압사하거나 화상을 입거나 객차 바퀴에 깔려 죽은 사람들은 우리보다 더 악한 죄인들입니까? 좋습니다. 만약 그렇다면, 우리는 어느 정도로 선한 사람이어야 하며, 또 어느 정도로 뛰어난 모범적인 미덕들을 가지고 있어야 하는 것입니까! 우리는 모두 그 정도의 일들을 하지 못합니다. 그래도 하나님께서는 우리가 가는 길을 순탄하게 하십니다. 우리가 여행을 했는데도, 심지어는 우리 가운데 주일마다 먼 길을 가는 사람이 있는데도, 지금까지 한 번도 사고로 몸이 산산조각 난 적이 없어서, 그런 전제를 가지고 우리 자신이 하나님의 은혜를 입고 있는 자라고 생각하기도 합니다. 그렇다면 사랑하는 성도 여러분, 여러분은 우리의 안전이 곧 우리가 기독교인이라는 주장의 근거가 된다고 생각하는 것입니까? 우리가 기차로 안전하게 여행한 것이 우리가 중생한 사람이라는 주장의 근거가 된다는 식으로 말입니다. 하지만 저는 지금까지 성경에서 "우리가 하루에 두 번씩이나 런던에서 브라이튼(Brighton, 런던 남쪽으로 70킬로미터 떨어진 해변의 휴양도시이다)까지 안전하게 여행함으로, 사망에서 생명으로 옮겨간 줄을 알거니와"(요일 3:14, KJV)라고 하신 말씀을 읽어보지 못했습니다. 저는 이와 비슷해 보이는 말씀도 찾아보지 못했습니다. 만약 가장 악한 죄인들이 사고를 당한다는 명제가 사실이라면, 이 명제의 반대 또한 자연스럽게 사실이 될 것입니다. 즉, 사고를 당하지 않은 사람들은 틀림없이 아주 선한 사람이라는 명제 말입니다. 이렇게 해서 우리는 바리새적인 견해를 낳고 기르게 됩니다. 그러나 저는 잠시도 그런 어리석음에 빠져있을 수 없습니다. 그렇게 갑작스런 죽음으로 만신창이가 되어 죽어가는 가련한 육체를 한 순간이라도 바라보게 되면, 제 두 눈에는 눈물이 고입니다. 그것을 보고 도저히 저는 자랑하는 마음이 들거나 비난하는 말을 뱉을 수가 없습니다. 저는 도저히 "하나님이여 나는 다른 사람들 … 과 같지 아니함을 감사하나이다"(눅 18:11)라고 떳떳하게 외치지 못합니다. 안 됩니다. 절대 그래선 안 됩니다. 그럴 수도 없습니다. 이것은 그리스도의 정신이 아닙니다. 기독교의 정신도 아닙니다. 우리가 보호를 받은 것에 대해 하나님께 감사를 드리면서, "주의 긍휼로 말미암아 우리가 소멸되지 아니하였나니"(애 3:22, KJV)라고 말할 수 있습니다. 따라서 우리는 이런 보호를 그분의 은혜로, 오직 그분의 은혜로 돌려야 합니다. 하지만 우리의 목숨이 그렇게 가까운 죽음으로부터 보전되었다고 해서, 우리 안에 선한 것이 있어서 그랬다고 생각할 수는 없습니다. 그분께서 이렇게 우리를 무덤에 내려가지 않게 지키시고 죽음으로부터 우리의 목숨을 지키시며, 또 우리가 멸망하기를 원하지 않고 회개하기를 원하시는 이유는, 오직 그분께서 우리에게 인자를 베푸시고 우리에 대해 아주 오래 참으시기 때문입니다.

그러므로 감히 여러분에게 말씀드립니다. 제가 지금 진지하게 주장하는 것에 반대되는 전제는 아주 잔인하고 무정한 것이라 할 수 있습니다. 만약 비정상적이고 끔찍한 방식으로 죽음을 맞이한 모든 사람들이 그렇게 죽지 않은 다른 사람들보다 더 큰 죄인이라고 할 경우, 이런 생각은 사별한 유가족들에게는 치명적인 타격이 되지 않겠습니까? 그리고 결정적인 이유를 내세워 이런 생각을 끔찍한 진리로 받아들이지 않고, 오히려 이런 생각에 빠져 있는 것이 과연 우리 입장에서 아량을 베푸는 일이겠습니까? 자, 이런 생각을 과부의 귀에다 대고 한번 말해 보십시오. 말도 안 되는 이야기입니다. 미망인의 집에 가서 "당신 남편은 다른 사람들보다 더 큰 죄인이었습니다. 그래서 당신 남편이 죽은 것입니다"라고 말해 보십시오. 여러분은 그렇게 말할 정도로 잔인하지는 않을 것입니다. 물론 타락한 아담의 유산을 받긴 했으나 지금까지 한 번도 죄를 지은 적이 없는 사리분별을 못하는 어린 아기들도 사고의 잔해들 가운데서 압사된 채로 발견되었습니다. 자, 잠시 생각해 봅시다. 이 아기들을 볼 때 죽은 자들이 그렇지 않은 자들보다 더 악한 자라는 전제는 얼마나 파렴치한 결론입니까? 사리분별도 하지 못하는 이 아기가, 여전히 목숨이 붙어있는 채로 악의 소굴에서 비행을 저지르는 많은 사람들보다 더 악한 죄인이었다는 사실을 여러분은 밝혀내야만 할 것입니다. 그래도 이것이 근본적으로 잘못되었다는 것을 깨닫지 못한다는 말입니까? 이런 사고가 언젠가는 여러분의 머리에도 떨어질 수 있다는 사실을 일깨워서라도, 저는 이런 생각이 불의하다는 것을 여러분에게 보여드리고자 합니다. 여러분이 만약 이런 식의 갑작스런 죽음을 맞게 된다 해도, 여러분은 그 죽음 때문에 기꺼이 그런 저주를 받아들일 수 있겠습니까? 그런 일은 하나님의 집에서도 일어날 수 있습니다. 저도 기억하고 있고 여러분에게도 슬픈 기억으로 남아 있을 사건을 말씀드리겠습니다. 그 일은 예전에 우리가 함께 만났을 때 일어난 일입니다. 우리는 하나님을 만난다는 목적 외에는 아무 다른 목적이 없었다고 정말 순수한 마음으로 말씀드릴 수 있습니다. 그리고 목회자 또한 그곳에 오지 않으면 하나님의 음성을 듣지 못할 많은 사람들에게 하나님의 음성을 전한다는 목적 외에는 아무 다른 목적이 없었습니다. 그런데 그러한 거룩한 열심의 결과로 장례식을 치르게 되었던 것입니다. 우리는 지금도 여전히 우리가 거기에 간 것은 거룩한 열심 때문이었다고 확언할 수 있으며, 나중에 하나님의 미소 역시 이를 증명해 주었습니다. 어쨌든 거기에 죽음이 있었습니다. 그것도 하나님의 백성들 가운데 죽음이 있었습니다. 저는 이렇게 말할 수밖에 없습니다. 그런 사고가 다른 사람들에게 일어나지 않고 하나님의 백성들에게 일어나서 기쁘다고 말입니다. 그 회중들은 두려운 공포에 휩싸여 모두 흩어져 버렸습니다. 만약 이 사고를 심판으로 여긴다면, 우리 모두는 거기서 죄를 짓고 있었다는 정당한 추론이 성립되지 않겠습니까? 이런 추론은 우리의 양심이 경멸하며 반박하는 것이지 않습니까? 설령 죄 때문에 사고를 당했다는 논리가 사실이라 해도, 이 논리로는 다른 사람들도 비판을 당할 뿐만 아니라 우리 자신도 비판을 받게 됩니다. 그곳에서 하나님께 경배하던 사람이 죄 때문에 부상당하고 다쳤다는 비판에 대해 여러분이 격분하며 반박하는 한, 여러분은 자신의 경우에만 그런 비판에 대해 반박해서는 안 되고 다른 사람의 경우에도 반박해야 하는 것입니다. 그러므로 지난 두 주간 동안 참사를 당한 사람들에 대해 행해진 비난, 즉 그들이 큰 죄를 지었기 때문에 그런 사고를 당했다는 식의 비난에 동조하지 마십시오!

여기서 저는 하나님의 궤로 인해 두려워 떨면서도 웃사의 손(삼하 6:6)처럼 하나님의 궤를 붙들고자 하는 신중하고도 열심 있는 사람들의 강력한 항의를 기대합니다. 어떤 사람은 이렇게 말합니다. "좋아요. 그래도 우리에게 이런 식으로 말할 필요는 없을 것 같습니다. 왜냐하면 주일에 기차를 안 타는 것은 아주 유용한 미신이기 때문이지요. 그로 인해 주일에 사고를 당하지 않으려고 여행을 자제하는 사람들이 얼마나 많은데요. 따라서 우리는 사람들에게 그 희생자들이 사고를 당한 것은 그들이 주일에 여행을 했기 때문이라고 말해야만 합니다." 사랑하는 성도 여러분, 저는 거짓말까지 해 가면서 영혼을 구원하고 싶지는 않습니다. 위에 인용한 저 사람의 말은 거짓말입니다. 그것은 사실이 아니기 때문입니다. 주일에 안식하게 하고 죄를 짓지 않게 하는 것이라면 저는 어떤 것이라도 하겠습니다. 그러나 그런 일을 하기 위해서 허위사실을 날조하지는 않겠습니다. 그 희생자들은 꼭 주일뿐 아니라 월요일에도 죽을 수 있었습니다. 하나님께서는 주중의 한 날을 특별한 예외의 날로 삼지 않으십니다. 사고는 언제든 어느 때라도 일어날 수 있습니다. 그리스도를 위한 재원(財源)을 마련하기 위해 사람들이 가진 미신을 이용하려고 하는 것은 단지 경건한 사기일 뿐입니다. 그런 주장은 로마 가톨릭의 사제들이 지속적으로 해왔던 것입니다. 그러나 그리스도의 종교는 그런 거짓말을 하지 않아도 스스로의 문제를 해결해 나갈 수 있다고 믿는 정직한 기독교인들은 이런 미신을 이용하는 것을 경멸합니다. 이 희생자들은 주일에 여행을 떠났기 때문에 죽은 것이 아닙니다. 어떤 사람들은 구제와 원조의 일로 파송을 받아 월요일에 여행을 하다가도 죽었다는 사실에 대해 증언하십시오. 저는 하나님께서 왜 어디에서 사고를 허용하시는지를 모르겠습니다. 하나님께서 자신의 이유를 우리에게 말씀하지 않으시는데, 우리는 자신의 이유를 제시해서야 되겠습니까? 결코 그래서는 안 됩니다. 또한 우리는 인간의 미신을 하나님의 영광을 드높이는 도구로 이용해서는 안 됩니다. 여러분은 개신교 신자들 가운데도 교황주의자들이 많이 있다는 것을 알고 있습니다. 저는 다음과 같은 평계를 대면서 유아 세례(스펄전은 유아세례를 인정하지 않는다 — 역주)를 주장하는 사람을 만난 적이 있습니다. 그는 "글쎄요. 유아세례는 아무런 해도 끼치지 않습니다. 유아세례에는 좋은 의도가 많을 뿐 아니라 유익도 있다고 생각해요. 심지어 견신례도 어떤 사람들에게는 축복이 될 수 있습니다. 그러므로 우리는 유아세례를 나쁘게 말해서는 안 됩니다"라고 말했습니다. 저는 그것이 해를 끼치는지 안 끼치는지에 대해서는 관심이 없습니다. 제가 관심을 갖는 모든 것은 그것이 과연 올바른 것인지, 그것이 성경적인지, 그것이 참된 것인지 하는 점입니다. 만약 그 진리가 조금이라도 해악을 끼친다면, 물론 절대 그럴 리가 없겠고 가정만 해본 것이지만, 여하튼 해악을 끼칠 여지가 있는 것은 우리 문에 엎드려 있어서는(창 4:7) 안 됩니다. 설령 하늘이 무너져도 우리는 진리만을 말해야 합니다.

제가 다시 말씀드립니다. 인간의 미신을 이용해 이루어진 복음의 진보는 잘못된 진보이며, 그것은 거룩하지 않은 무기를 사용한 사람들에게 장래에 부메랑이 되어 다시 되돌아오기 마련입니다. 우리는 인간의 판단력과 상식에 호소하는 종교를 가지고 있습니다. 그러나 인간의 판단력과 상식으로 잘 해결되지 않을 때는 다른 수단을 사용하면 된다는 주장에 대해서 저는 경멸합니다. 사랑하는 성도 여러분, 만약 어떤 사람이 마음을 강하게 하고서 "자, 저는 오늘이나 내일이나 항상 별 탈 없이 안전합니다"라고 아주 진심으로 말한다면, 저는 그에게 분명히 다음처럼 말해야만 합니다. "당신이 진리를 이런 식으로 이용하는 죄는 내 집 문 앞이 아니라, 당신 집 문 앞에 엎드려 있어야 하오. 만약 내가 당신 앞에 미신적인 내용들을 쭉 열거해서, 당신이 기독교인으로서 지켜야 할 안식일 규정을 범하지 않게 할 수 있다 해도, 나는 그렇게 하지 않을 것이오. 왜냐하면 내가 잠시 동안은 당신이 안식일을 지키지 않는 죄를 범하지 않게 할 수 있다고 해도, 앞으로 당신이 내 말에 속지 않을 정도로 점점 더 지성을 갖추게 되면, 당신은 나를 당신의 판단력에 호소하는 성직자가 아니라 당신의 두려움을 이용하는 성직자로 보게 될 것이기 때문이오." 오! 지금은 우리의 기독교가 무지몽매한 지성이 지닌 조잡한 미신적인 두려움에 호소하는 연약하고 흔들리는 종교가 아니라는 것을 알아야 할 때입니다. 우리의 기독교는 당당하고, 빛을 사랑하며, 자신을 변호하기 위해 다른 거룩한 속임수들을 필요로 하지 않는 종교입니다.

그렇습니다. 비평가들이여! 당신들의 불빛을 우리에게 비추어서 우리의 두 눈을 똑바로 살펴보십시오. 우리는 두려워하지 않습니다. 진리는 강하며, 진리는 모든 것을 이길 수 있습니다. 설령 진리가 한낮의 태양빛에는 이길 수 없다 해도, 진리가 이길 기회를 얻기 위해 태양이 저물도록 하는 것을 우리는 원하지 않습니다. 어떤 기독교인들은 일반적인 오류들을 사용하고자 하는 본성적인 바람을 갖고 있습니다. 저는 바로 이 본성적인 바람으로부터 그토록 많은 불신앙들이 생겨났다고 믿고 있습니다. 그들은 또 이렇게 말했습니다. "오, 이런 대중적인 오류는 아주 유익한 오류입니다. 왜냐하면 이 오류는 사람들을 바르게 하기 때문입니다. 우리는 이런 오류들이 계속되도록 해야 합니다. 왜냐하면 이런 오류들은 분명히 유익하기 때문입니다"라고 말이지요. 그러나 그 오류가 폭로되자, 불신자들은 "오, 여러분은 지금 이 기독교인들이 사용한 속임수들이 어떻게 폭로되었는지를 보고 계십니다"라고 말합니다. 사랑하는 성도 여러분, 우리는 속임수를 쓰지 맙시다. 우리는 성인들에게, 마치 귀신 얘기나 마녀 얘기에 무서워하는 어린아이에게 하듯 그렇게 말하지 맙시다. 사실 지금은 심판의 때가 아닙니다. 그런데도, 지금이 심판의 때라고 가르치는 것은 게으른 것보다 더 악한 일입니다.

이제 마지막 말씀을 드리고자 합니다. 이것으로 이 쟁점에 대한 말씀을 마치려고 합니다. 사람이 급사(急死)하는 것은 죄의 결과라고 하는 이 비기독교적이고 비성경적인 가정은 기독교가 지닌 가장 고귀한 주장인 영혼불멸성에 대한 근거를 기독교에서 제거한다는 사실을 여러분은 깨닫지 못합니까? 사랑하는 성도 여러분, 우리는 성경을 근거로 날마다 다음과 같이 주장합니다. 즉, 하나님은 공의롭기 때문에 그분은 틀림없이 죄를 벌하시고 의로운 자들에게 상을 주신다고 말입니다. 분명한 것은 이 세상에서는 하나님이 그렇게 하지 않으신다는 것입니다. 이 세상에서는 어떤 사건이 죄인과 의인에게 똑같이 일어난다는 사실을 여러분에게 확실히 보여드렸다고 생각합니다. 다시 말해, 의인도 악인과 마찬가지로 가난하며, 의인도 가장 은혜롭지 못한 자와 마찬가지로 갑자기 죽습니다. 그러므로 다음 세상에서는 이러한 것들을 반드시 바로잡아야 한다는 추론이 자연스럽고 분명하며 아주 당연한 것입니다. 만약 하나님이 존재하신다면, 그분은 반드시 공의로워야 합니다. 만약 그분이 공의롭다면, 그분은 반드시 죄를 벌해야 합니다. 그분께서 이 세상에서 그렇게 하지 않으시기 때문에, 다음 세상에서는 사람들이 자신이 행한 것에 대한 적당한 보상을 받게 될 것입니다. 자기 육신에게 심는 자는 육신으로부터 썩는 것을 거두되 성령에게 심는 자는 성령으로부터 영존하는 생명을 거둘 것입니다(갈 6:8, KJV). 이 세상을 뿌린 대로 거두는 수확의 장소로 여긴다면, 여러분은 죄의 쏘임(고전 15:56)을 받게 될 것입니다. 그렇게 된다면 죄인은 "오, 이 땅에서 인간들이 견뎌야 하는 슬픔이 인간이 받아야 할 징벌의 모든 것이라면, 우리는 탐욕스럽게 죄를 지을 것입니다"라고 말할 것입니다. 그러면 그들에게 이렇게 말하십시오. "그렇지 않습니다. 이곳은 징벌의 세상이 아니라 집행 유예의 세상입니다. 이곳은 공의의 법정이 아니라, 자비의 땅입니다. 이곳은 공포의 감옥이 아니라, 오래 참으심이 있는 집입니다"라고요.

이제 여러분은 눈앞에 펼쳐진 장래의 문들을 연 것입니다. 여러분은 그들의 눈으로 심판석을 보게 한 것입니다. 여러분은 그들에게 "복 받을 자들이여 나아와"(마 25:34)라는 말씀과 "저주를 받은 자들아 나를 떠나"(마 25:41)라고 하신 말씀을 기억나게 하였습니다. 여러분은 그들의 양심과 마음에 더욱 성경적이고 더욱 이성적인 근거로 호소를 한 것입니다.

경건하지 않은 자들 가운데 널리 퍼져 있는 생각이 있습니다. 그것은 우리 기독교인들이 모든 재난을 하나의 심판으로 여긴다는 사실입니다. 저는 이런 견해를 불식(拂拭)시키고자 지금까지 여러분에게 말씀드렸습니다. 이제 우리는 그렇게 생각하지 않습니다. 우리는 실로암에서 망대가 무너져 치어 죽은 열여덟 명의 사람이 예루살렘에 거한 다른 모든 사람보다 죄가 더 있는 줄로 믿지 않습니다. 이제 두 번째 쟁점을 말씀드리겠습니다.

2. 그렇다면 우리는 죽어가는 사람들의 비명과 신음 소리 가운데서 들리는 하나님의 음성을 어떻게 사용해야만 할까요?

두 가지 용도가 있습니다. 첫째는 질문의 용도이고, 둘째는 경고의 용도입니다.

첫째, 질문의 용도는 이런 것입니다. 우리는 다음과 같이 우리 자신에게 질문해야 합니다. "아주 급하게 그것도 갑작스럽게 내 목숨이 끊어지는 경우가 왜 나라고 해당되지 않겠는가? 나는 내 생명을 빌려 쓰고 있는 것이 아닌가? 나는 절대로 무덤 문을 갑작스럽게 통과하지 않을 것이라는 특별한 보증서라도 가지고 있단 말인가? 장수 허가증이라도 받았단 말인가? 아니면 죽음의 화살이라도 막아낼 수 있는 갑옷으로 무장하고 있단 말인가? 왜 나는 죽지 않으리라고 생각하는 것인가?"라고 말입니다. 그 다음 질문은 이렇게 해야 합니다. "나는 이미 죽은 자들만큼이나 큰 죄인이지 않는가? 주 나의 하나님을 거역하는 죄가 내게는 없는가? 정말 없는가? 밖으로 드러나는 죄는 다른 사람들보다 없다고 해도, 내 마음속에는 악한 생각들이 없는가? 그들을 저주한 동일한 율법이 나를 저주하고 있지는 않은가? 나는 율법 책에 기록된 대로 모든 일을 항상 행하지 아니하는 자(갈 3:10)이다. 그들과 마찬가지로 나 또한 나의 공로로 구원받는 것은 불가능하다. 나도 그들과 마찬가지로 본성상 율법 아래 있지 아니한가? 그러므로 그들과 마찬가지로 나도 저주 아래에 있지 아니한가? 이런 질문은 제기되어야만 한다.

나는 나를 교만하게 만드는 그들의 죄에 대해 생각하지 말고, 나를 겸손하게 만드는 나 자신의 죄에 대해 생각해야만 한다. 나는 나 자신과 전혀 상관 없는 그들의 허물에 대해 깊이 생각하는 대신, 나의 내부로 눈을 돌려 나 자신의 허물들을 생각해야만 한다. 이 허물들에 대해 나는 개인적으로 가장 높은 분이신 하나님 앞에서 대답해야만 한다"고 말입니다.

이제 다음 질문입니다. "나는 나의 죄를 회개하였는가? 그들이 회개를 했는지 안 했는지 나는 물을 필요가 없다. 내가 회개를 하였는가? 나도 그와 동일한 사고를 당할 수 있기 때문에, 나는 그것에 대처할 준비를 하고 있는가? 확신을 주시는 성령님의 능력으로 나는 내 마음에 있는 흑암과 타락을 느꼈는가? 나는 그분의 진노와 노여움을 받아 마땅하며, 해가 내게 내리쬐어도 마땅히 내가 받아야 할 몫이라는 사실을 하나님 앞에서 고백하였는가? 나는 죄를 미워하는가? 나는 죄를 미워하는 것을 배웠는가? 나는 성령님을 통해 마치 치명적인 독을 피하듯이 죄를 피하고, 이제는 나의 주님이신 그리스도를 영화롭게 하려고 노력하고 있는가? 나는 그분의 보혈의 피에 씻음을 받았는가? 나는 그분의 형상을 가지고 있는가? 나는 그분의 성품을 닮아가고 있는가? 나는 그분을 찬양하며 살아가고자 노력하고 있는가?"라고 말입니다. 만약 그렇지 않다면, 나도 그들과 마찬가지로 큰 위험에 처해 있는 것입니다. 그래서 아주 갑자기 목숨이 끊어질 수도 있습니다. 도대체 나는 지금 어디에 있습니까? 나는 그들이 어디에 있는지를 묻지 않을 것입니다. 그러므로 다시 말씀드립니다. 불행한 사람들의 미래 운명에 대해 캐묻지 말고, 우리 자신의 운명과 상태에 대해 묻는 것이 훨씬 더 좋습니다!

> "그렇다면 나는 무엇인가? 내 영혼아, 깨어라.
> 깨어나 공정하게 살펴보아라."
> (조나단 에드워즈의 후임으로 프린스턴 대학교의 학장이었던 사무엘 데이비스[Samuel Davies, 1723-1761]가 지은 찬송가로 '그렇다면 나는 무엇인가? 내 영혼아, 깨어라' [And what am I? — My soul, awake]의 1절 가사다).

나는 죽을 준비가 되어 있습니까? 만약 지금 지옥의 문이 열린다면, 나는 그리로 들어가게 되겠습니까? 지금 내 밑에서 죽음이 크게 입을 벌리고 있기는 하지만, 하나님께서 나와 함께 하시므로 아무런 두려움 없이 그 가운데로 걸어갈 확신을 나는 가지고 있습니까? 이것이 바로 이 사고들을 적절하게 사용하는 방법입니다. 이것이 바로 하나님의 심판을 우리 자신과 우리의 상황에 적용하는 가장 현명한 방법입니다. 오, 사랑하는 성도 여러분, 하나님께서는 지난 두 주 동안 런던에 살고 있는 모든 사람들에게 말씀하셨습니다. 그분께서는 제게도 말씀하셨습니다. 그분께서는 남자, 여자, 어린이, 여러분 모두에게 말씀하셨습니다. 하나님의 음성은 어두운 터널로부터 울려 퍼졌습니다. 하나님은 석양으로로부터, 남녀 시체들 주변을 밝힌 횃불로부터 말씀하셨습니다. 그분께서는 여러분에게 이렇게 말씀하셨습니다. "그러므로 너희도 준비하고 있으라 생각하지 않은 때에 인자가 오리라"(눅 12:40)고 말입니다. 이 말씀은 여러분에게 하신 말씀이기 때문에, 저는 여러분이 이렇게 자신에게 물어보기를 소망합니다. "나는 준비되어 있는가? 나는 준비하고 있는가? 나는 지금이라도 기꺼이 나의 재판장의 얼굴을 대하고, 또 내 영혼에 대해 내려지는 판결을 들을 수 있겠는가?"라고 말입니다.

이처럼 우리는 하나님의 음성을 질문의 용도로 사용했습니다. 이제 저는 하나님의 음성을 경고의 용도로도 사용해야 한다는 사실을 말씀드리고자 합니다. "너희도 만일 회개하지 아니하면 다 이와 같이 망하리라"고 하는 말씀처럼 말입니다. 어떤 사람은 "아닙니다. 그렇게 되지 않습니다. 우리는 모두 다 압사되지 않을 것입니다. 우리 대다수는 우리의 침상에서 죽게 될 것입니다. 우리는 모두 불에 타 죽지 않을 것입니다. 우리 대다수는 조용히 우리의 두 눈을 감게 될 것입니다"라고 말합니다. 그럴 수도 있습니다. 하지만 오늘 본문은 "다 이와 같이 망하리라"고 말씀합니다. 여러분 중의 어떤 이들은 이번 기차 사고와 똑같은 방식으로 죽게 될 것이라는 사실을 말씀드립니다. 여러분은 길거리를 걷다가 갑자기 자기 목숨이 끊어질 수도 있다는 사실을 믿지 못할 이유가 없습니다. 여러분은 식사를 하다가 쓰러져 죽을 수도 있습니다. 참으로 많은 사람들이 자기 손에 주식(主食)인 빵을 들고서 죽기도 합니다! 여러분은 여러분의 침상에 누워 있을 수도 있습니다. 하지만 여러분의 침상이 갑자기 여러분의 무덤이 될 수도 있습니다. 여러분은 강하고 정정하고 원기왕성하고 건강할 수도 있습니다. 그러나 어쩌면 사고나 심장마비로 갑자기 하나님 앞으로 불려갈 수도 있습니다. 오! 여러분의 갑작스러운 죽음이 갑작스러운 영광이 되기를 기원합니다!

그러나 우리 가운데는 어떤 이들은 다른 사람들이 죽은 것과 동일하게 갑작스러운 방식으로 죽는 일이 닥칠지도 모릅니다. 최근에 미국에서는 어떤 형제가 하나님의 말씀을 전하다가 자기의 몸과 짐을 즉시 내려놓은 일도 있었습니다. 여러분은 보몬트(James Beaumont, 영국의 저명한 설교자로 1750년 6월 17일 펨브록셔 [Pembrokeshire]를 방문해 마지막 설교를 한 후, 그 달 22일에 운명하였다) 박사의 죽음을 기억할 것입니다. 그는 그리스도의 복음을 전하다가 이 세상에 대해 두 눈을 감았습니다. 저는 이 나라에서 목회하던 한 사람의 죽음을 기억하고 있습니다. 그는 바로 다음과 같은 시를 남겼습니다.

> "아버지여, 당신이 거하시는 곳 보기를
> 나는 간절히 갈망하나이다.
> 나는 이 땅에 있는 당신의 궁정을 떠나
> 나의 하나님, 당신의 집으로 급히 올라가나이다."
> (아이작 와츠의 「찬송과 영가」[Hymns and Spiritual Songs, 1707] 2권 68번에 실린 '아버지여, 나는 보기를 간절히 갈망하나이다' [Father, I Long, I Faint To See]라는 찬송가의 1절 가사다).

그 마음의 소원을 하나님께서 기뻐 들으시어, 그가 아름다운 모습으로 왕 앞에 나타나게 될 때 이 얼마나 영광스러운 일이겠습니까! 만일 그렇다면 그러한 갑작스러운 죽음이 여러분과 저에게 일어나지 않아야 할 이유가 도대체 무엇이겠습니까?

그러나 다음 사실도 아주 분명합니다. 죽음이 원할 때 오도록 하십시오. 어떤 측면에서 보자면, 아주 최근에 서둘러 떠나게 된 사람들에게 일어났던 것과 똑같은 방식의 죽음이 우리에게도 임할 수 있습니다. 첫째, 죽음은 아주 확실히 찾아올 것입니다. 사람들이 온 힘을 다해 아무리 빨리 달려도 그 추적자를 피할 수는 없습니다. 나라 안이든 밖이든, 사람들이 어디로 떠나 있든지 간에, 찾아오는 시간의 화살을 피할 수는 없습니다. 그래서 우리는 모두 망하게 될 것입니다. 온 몸이 잔디로 뒤덮인 시체 위에 죽음이 자기 도장을 확실히 찍어 놓은 것처럼, 그렇게 아주 분명하게 죽음은 자기 도장을 우리에게 찍을 것입니다(주님께서 그 전에 재림하시지 않는 한 말입니다). 왜냐하면 "한번 죽는 것은 사람에게 정해진 것이요 그 후에는 심판이 있으리니"(히 9:27)라고 말씀하셨기 때문입니다. 이 길에는 예외가 없습니다. 어느 누구도 옆길로 피할 수 없습니다. 이 강에는 다리도 없습니다. 또 이 요단 강에는 신발을 적시지 않고 건너갈 수 있는 나룻배도 없습니다. 오, 강물이여, 당신의 그 차갑고 깊은 물속으로 우리 각자는 내려가야만 합니다. 우리의 피는 당신의 차가운 물결 속에서 틀림없이 얼고 말 것입니다. 우리의 머리도 물거품이 이는 당신의 굽이치는 파도 속으로 분명히 가라앉고 말 것입니다! 우리는 분명히 죽게 될 것입니다. 여러분은 "케케묵은 진부한 얘기다"라고 말할 것입니다. 죽음은 진부한 얘기입니다. 하지만 죽음은 우리에게 오직 단 한 번 닥칩니다. 한 번 죽는다는 사실이 우리의 마음에 영원히 남아 있도록 하나님이 도우시어, 우리가 날마다 죽고 또 마지막에 죽는 것이 그렇게 어려운 일이 아니란 것을 깨달았으면 좋겠습니다.

자, 이제 죽음이 그들과 우리에게 확실히 찾아오는 것과 마찬가지로, 죽음은 그들과 우리에게 아주 힘 있게 불가항력적으로 찾아올 것입니다. 죽음이 그들을 놀라게 하였을 때, 그 때 그들은 무슨 도움을 받았습니까? 어린이들이 카드로 지은 집도 쉽게 허물어지지만, 이 육중한 죽음의 마차 앞에서는 우리의 모든 것이 그 카드 집보다 더 쉽게 허물어집니다. 그들은 서로를 어떻게 도울 수 있었겠습니까? 그들은 서로 옆에 앉아서 이야기를 나누고 있었습니다. 갑자기 비명소리가 들려오고, 단 일초도 지나지 않아 울음소리가 터져 나왔습니다. 그들은 허물어졌고 결딴이 나 버렸습니다. 남편은 아내를 구해보려고 했지만, 육중한 나무들이 아내의 몸을 짓누르고 있었습니다. 그는 가까스로 아내의 가련한 머리만을 발견할 수 있었습니다. 그녀는 죽어 있었습니다. 남편은 슬픔에 잠겨 아내 옆에 앉아서, 아내의 몸이 차가운 돌처럼 굳어질 때까지 자기의 손을 아내의 이마에 얹고 있었습니다. 비록 그가 엉망진창이 된 아내의 몸덩어리 가운데서 부러진 뼈 몇 개를 건질 수는 있었지만, 그는 그녀의 몸을 거기에 놔둘 수밖에 없었습니다. 너무나 슬픈 일입니다! 그의 자녀들은 어머니를 잃었으며, 남편은 가슴의 짝을 잃었습니다. 그들은 저항할 수 없었습니다. 할 수 있는 일이 있었다면, 그들은 무슨 일이든 했을 것입니다. 그러나 그 순간이 갑자기 닥치자, 그들은 무용지물(無用之物)이었으며, 남은 것은 죽음이나 부러진 뼈들뿐이었습니다. 여러분과 저도 이와 마찬가지입니다. 의사에게 많은 돈을 준다 해도, 여러분의 혈관에 새로운 피를 넣어 줄 수는 없을 것입니다. 의사에게 금덩어리를 준다 해도, 심장을 뛰게 해 다시 맥박을 만들어 내지는 못할 것입니다. 죽음이여, 당신은 불가항력적으로 인간을 정복한 자입니다. 당신을 대적할 자 아무도 없습니다. 당신의 말은 법이고, 당신의 뜻은 운명입니다! 그래서 죽음은 다른 사람들에게도 찾아왔듯이 그렇게 우리에게도 찾아올 것입니다. 죽음은 권능을 갖고 찾아올 것입니다. 그래서 우리 가운데 아무도 저항할 수 없습니다.

죽음이 그들에게 찾아왔을 때, 죽음은 조금도 지체하지 않고 즉시 찾아왔습니다. 이렇게 죽음은 우리에게도 찾아올 것입니다. 우리가 그들보다 더 미리 통지를 받지는 않을 것입니다. 그 시각이 되면, 죽음은 결코 연기해 주지 않을 것입니다. 오, 원로들이여, 당신의 침상에서 발을 모으십시오. 당신은 죽어야 하며 이제 더 이상 살 수 없습니다! 십자가의 노병이여, 당신의 아내에게 마지막 입맞춤을 하십시오. 당신의 손을 자녀들의 머리 위에 얹고서 그들에게 최후의 축복을 하십시오. 왜냐하면 당신의 모든 기도들도 당신의 생명을 연장할 수 없으며, 당신이 흘린 모든 눈물도 당신 존재의 메마른 샘의 원천(源泉)에 단 한 방울도 더할 수 없기 때문입니다. 당신은 가야만 합니다. 주님께서 당신을 데려가려고 하십니다. 그분은 조금도 지체하지 않으십니다. 아니, 당신의 모든 가족이 당신의 생명을 단 한 시간만이라도 연장하기 위해 자기들의 목숨을 희생 제물로 바치려고 해도, 죽음은 틀림없이 조금도 지체하지 않습니다. 온 나라가 통치자의 통치 기간을 단 몇 주라도 더 연장하기 위해 국가적으로 대량학살을 벌인다 해도, 죽음은 틀림없이 조금도 지체하지 않습니다. 모든 양 떼들이 자기 목자의 생명을 단 몇 년이라도 연장하기 위해 모두 무덤이라는 어두운 지하 감옥으로 기꺼이 들어간다 해도, 죽음은 틀림없이 조금도 지체하지 않습니다. 죽음은 조금도 지체하려고 하지 않습니다. 시간이 되었고 괘종시계의 종은 울렸습니다. 모래시계의 모래 또한 다 내려왔습니다. 갑작스러운 사고의 현장에서 그들은 그들의 시간이 다 되어 죽은 것이 분명하듯, 이와 마찬가지로 우리도 분명히 죽게 될 것입니다.

다시 말씀드립니다. 죽음이 그들에게 공포와 함께 온 것처럼, 우리의 죽음도 공포와 함께 찾아올 것이라는 사실을 기억합시다. 통나무들이 부러지는 소리도 아니고, 터널의 어둠도 아니고, 연기와 증기도 아니고, 여자들의 비명소리와 죽어가는 남자들의 신음소리도 아니고, 오직 죽음은 공포와 함께 찾아옵니다. 만약 우리가 그리스도 안에 있지 않다면, 만약 목자의 지팡이와 막대기(시 23:4)가 우리를 위로해 주지 않는다면, 우리가 어디서 죽음을 만나게 되든지 간에, 죽는다는 것은 틀림없이 무섭고 두려운 것이 될 것입니다. 맞습니다. 오, 죄인인 성도 여러분, 솜털 같은 베개가 여러분의 머리를 감싸고, 아내의 부드러운 팔이 여러분을 안고, 부드러운 손길로 여러분의 축축한 땀을 닦아낸다 해도, 당신은 당신의 몸으로 그 괴물을 직면하고 죽음의 그 끔찍한 영역 안으로 들어가는 무서운 일을 경험하게 될 것입니다. 아무리 훌륭하고 최고로 안락한 상황이라 해도, 어느 때든지 모든 시간에 사람이 준비되지 않은 죽음을 맞는다는 것은 끔찍한 일입니다.

이제 저는 한 가지 생각만을 여러분에게 더 말씀드리고자 합니다. 저는 여러분이 이 생각을 꼭 기억하고서 집으로 돌아가기를 바랍니다. 우리는 살아가고 있는 피조물이 아니라, 죽어가고 있는 피조물입니다. 그리고 우리는 곧 가게 될 것입니다. 비록 저도 여기에 서서 이러한 신비로운 것들에 관해 무례하게 말씀드리고 있지만, 저 또한 곧 손이 뻣뻣해지고 입술이 굳어져 말을 더듬게 될 것입니다. 여러분도 그렇게 될 때, 탁월한 능력을 지니신 영원한 왕께서 오실 것입니다.

오! 시간을 낭비하고 있을 때, 당신께서 오지 마옵소서. 저의 위대한 창조주를 찬양하고 가난한 자들과 궁핍한 자들에게 자비를 베푸는 일들을 행하거나, 가련하고 외로운 양 떼들을 팔로 안으면서 제가 최고로 주님을 묵상할 때, 또는 슬픈 자들을 위로하고 듣지 못하는 자들의 귀와 죽어가는 영혼들에게 복음의 나팔을 불 때, 그때 저를 찾아오시옵소서! 제가 살아 있을 때 당신이 저와 함께 하신다면, 당신이 언제 오시든, 저는 죽음 가운데서도 당신을 만나는 게 결코 두렵지 않을 것입니다. 그러나 제 영혼이 결혼 예복을 준비하고 등불을 손질하여 불을 밝히며 주님을 맞을 준비를 하여 주인의 즐거움에 참여하도록 하옵소서!

사랑하는 성도 여러분, 여러분은 구원의 길을 알고 있습니다. 여러분은 그 길을 자주 들었습니다. 그래도 다시 들으십시오! "아들을 믿는 자에게는 영생이 있고"(요 3:36), "믿고 세례를 받는 사람은 구원을 얻을 것이요 믿지 않는 사람은 정죄를 받으리라"(막 16:16), "사람이 마음으로 믿어 의에 이르고 입으로 시인하여 구원에 이르느니라"(롬 10:10)는 말씀을 말입니다. 성령님께서 여러분으로 하여금 믿고 시인할 수 있는 은혜를 베푸시어 이 일을 여러분이 감당할 수 있기를 원합니다. 그래서 여러분이 이렇게 말하게 되기를 기원합니다.

"오라, 죽음이여,

그리고 천국의 무리들이여,
와서 내 영혼을 데려가라!"
(아이작 와츠의 「찬송과 영가」[Hymns and Spiritual Songs, 1707] 2권 52번에 실린 '죽음!
하나님이 없는 자들에게는 우울한 날이로다' [Death! 'tis a melancholy day To those that
have no God]라는 찬송가의 6절 가사다).

제
47
장

—

위협적인 심판과 자비로운 용서

—

"포도원지기에게 이르되 내가 삼 년을 와서 이 무화과나무
에서 열매를 구하되 얻지 못하니 찍어버리라 어찌 땅만 버
리게 하겠느냐 대답하여 이르되 주인이여 금년에도 그대로
두소서 내가 두루 파고 거름을 주리니." — 눅 13:7-8

　　사람을 나무에 비유하고, 사람의 행사들을 열매에 비유하는 것은 성경에서
아주 흔한 일입니다. 왜냐하면 그러한 비유법은 매우 암시적이고 자연스럽고 아
주 타당하기 때문입니다. 열매는 나무의 생명에서 나오는 산물이고 나무가 존재
하는 목적이듯이, 하나님의 뜻에 순종하고 주님께 성결한 것이야말로 사람의 생
명에서 나오는 산물이어야 합니다. 본래 하나님께서 사람을 그렇게 지으셨기 때
문입니다. 사람들이 포도원에 나무를 심을 때 그 나무로부터 열매를 얻을 것이
라 기대하는 것은 아주 자연스러운 일입니다. 시기가 지나고 나이가 되어서 그
나무에서 열매를 얻을 때가 되었는데 아무런 열매도 맺지 못한다면 자연히 그
나무를 심은 사람들은 낙심을 하게 됩니다. 그것은 매우 당연한 일입니다.
　　그런 경우와 같이 사람들의 방식대로 말하자면, 모든 이들을 지으신 조물주
께서 자신의 섭리적 배려를 받은 사람들로부터 순종과 사랑의 선한 열매를 기대
하셨는데, 아무런 열매도 얻지 못할 때 서글퍼하시는 것은 자연스런 일입니다.
포도원에 나무를 심은 사람이 그 나무에 대해서 가질 수 있는 소유권보다 하나
님은 사람에 대해서 더 큰 소유권을 가지고 계십니다. 농부가 나무를 심는 데 들

인 기술이나 지혜보다도 하나님께서 사람을 만드신 데 들어간 지혜와 기술이 훨씬 더 많으니, 하나님께서 자신의 피조물인 사람으로부터 열매를 기대하는 것은 그만큼 자연스럽고도 당연한 것입니다. 그러므로 하나님의 가장 의로운 요구들이 거절되지 않아야 하는 것은 그만큼 더 이치에 합당한 일입니다. 열매를 맺지 아니하는 나무는 찍어 버려야 합니다. 그와 마찬가지로 회개와 믿음과 성결의 열매를 맺지 아니하는 죄인은 죽어야 마땅합니다. 포도원에서 열매를 맺지 못하는 나무들은 포도원을 상하지 못하도록 제거해야 하는데, 이것은 단지 시간문제일 뿐입니다. 그와 마찬가지로 이 세상도 부담스런 존재들인 열매 없는 영혼들로부터 벗어나게 될 것인데, 그 역시 시간문제인 것입니다. 열매 없는 나무들은 금방 온갖 악행을 저지르는 자들의 소굴이 되어 그 포도원에 해를 끼치게 될 것이 당연합니다. 이와 같이 죄인들도 영원히 악한 영들의 거처가 되거나 불의의 소굴이 되지 못하도록 해야 하는 것이 마땅합니다. 썩은 나무를 철저하게 제거해야 하는 것처럼 회개하지 않는 죄인들도 그렇게 해야 합니다. 열매 없는 나무들을 베는 데는 시기가 있습니다. 그리고 쓸모 없는 죄인을 베어 내어 불 속에 집어던지는 데도 정해진 시간이 있습니다.

1. 베어 버려야 마땅한 사람들

우리는 오늘 아침 우리의 그 엄숙한 일을 시작하기 위해 서둘러야 할 것입니다. 왜냐하면 우리의 짐이 너무 무겁고, 그것을 빨리 제거하고 싶은 마음이 있기 때문입니다. 우리는 즉시 하나님 없이 그리스도 밖에서 살고 있는 사람들에게 말해야 할 것입니다. 여기 설교를 듣고 있는 이들 중에도 그런 사람들이 많이 있습니다. 우리는 구원받지 못한 사람들에게 말해야 할 것입니다. 믿음이 있다고 하면서 교회에 출석하는 사람들 중에도 구원받지 못한 사람들이 있습니다. 오! 하나님의 성령께서 우리가 전하는 말씀을 통해서 그들이 드러나게 하시고, 그들로 하여금 자기의 길을 정말 신중하게 생각하도록 인도하옵소서. 무익하고 열매 없는 죄인들에게 정말로 하기 어려운 말이지만, 그래도 다음과 같이 선언하지 않을 수 없습니다. 여러분을 베어 버리는 것이 이치에 옳고 합당합니다. 열매 없는 나무를 잘라내는 것이 이치에 옳고 합당하듯이, 무익하고 열매 없는 죄인을 베어 버리는 것도 이치에 옳고 합당한 것입니다.

1. 이런 말을 들으면 제일 먼저 이런 생각이 떠오를 것입니다. 여러분 같은 죄

인들을 다루는 가장 빠르고 확실한 방식은 그렇게 베어 버리는 것이라고 말입니다. 이 방식은 여러분이 유익보다는 해를 끼치는 그곳에서 여러분을 옮기려 할 때, 최소한의 비용으로 최고의 효과를 낼 수 있습니다. 포도원 주인이 포도원지기에게 그 나무에 관해 "찍어 버리라"고 말한다면, 그 처방은 매우 예리하기는 하지만, 매우 단순한 것이기도 합니다. 찍어 버리는 것은 금방 이루어지고, 철저하게 제거되는 방법입니다. 게다가 그 자리에 다른 나무를 심으면 틀림없이 이익을 얻을 수 있습니다. 나무를 심기 위해 땅을 파고 묻고 거름을 주고 뿌리를 쳐주고 물을 주는 이 모든 작업은 오랜 시간이 걸리고, 항상 수고와 관심을 요하는 일입니다. 그리고 그 모든 것을 다 했는데도 도중에 실패해서 그 사랑의 수고가 날아가 버릴 수 있습니다. 그런 나무를 남겨 두는 것은 어려운 일이고 많은 수고를 요구합니다. 그냥 찍어 버리는 것이 쉽고 효과적입니다.

회심하지 않고 이 설교를 듣고 있는 여러분이여, 여러분에게 복음을 전파하는 것, 회개하라고 촉구하는 것, 권하고 설득하고 경고하는 것은 수고로운 과정입니다. 또 그러한 모든 수고를 기울여도 나중에는 아무런 효과를 거두지 못할 수도 있습니다. 정말 이 일은 많은 생각을 요구합니다. 하나님이 섭리하신 여러 방편들이 지혜롭게 전달되어야 합니다. 즉, 성도들은 간절히 기도해야 하고, 목회자들도 눈물로 탄원해야 합니다. 그 일을 위해 성경이 기록되고, 그 성경이 강해되고 설명되어야 했습니다. 이 모든 것은 하나님께서 여러분에게 해주시리라 기대하는 여러분이 가진 자연권을 훨씬 넘어서는 일입니다. 하나님께서는 자기 손에 아주 간단한 처방전을 들고서, 그것으로 즉시 자신의 적을 제압하여 더 이상 여러분이 죄를 짓지 못하도록 막을 수도 있으십니다. 다시 말해, 하나님께서는 회개하지 않는 여러분의 호흡을 끊어 버리고 그 몸이 무덤으로 내려가도록 해서 여러분의 영혼을 지옥으로 처넣으면 됩니다. 그렇게 포도원을 깨끗하게 해서 다른 나무를 심을 공간을 마련하면 되는 것입니다.

이 예리하고 신속하며 간단한 과정은 나무들의 경우에서는 사람들에게 추천되는 방법입니다. 하지만 주님께서 회개하지 않는 죄인에 대해 그런 과정을 사용하지 않으시는 것은 정말로 천 번 만 번 놀라운 일입니다. 도끼로 내리치면 하나님을 모독하는 죄인인 여러분은 더 이상 존재하지 아니할 것입니다! 마지막 운명의 날이 이르면 하나님의 자비로운 약속의 말씀을 배척하는 일들도 없을 것이며, 안식일을 어기는 일도 없을 것이고, 성경을 멸시하는 일도 더 이상 존재하지 않을 것입니다. 죽음도 그 모든 가증스러운 일들을 영원히 끝내 버릴 것입니다. 죄인인 여러분에게 헛되게 간청하는 일도 더 이상 없을 것이고, 여러분의 완악한 마음 때문에 슬퍼 울 일도 더 이상 없을 것입니다. 여러분의 반론에 대처하기 위해서 더 이상 연구하는 일도 없을 것이고, 여러분의 부단한 대적을 바라보며 탄식하는 일도 더 이상 없을 것입니다. 지옥의 불길이 그 모든 것을 살라 버리고 여러분은 슬프고 무서운 대가를 치를 것입니다. 오래 인내하신 하나님께서 더 이상 여러분의 죄에 대해 근심하실 필요도 없을 것이며, 여러분의 부정한 행동 때문에 하나님께서 괴로워하실 일들도 없을 것입니다. 그분께서는 그 일을 단번에 정의롭게 끝내실 것이고, 그것도 아주 깨끗하게 끝내실 것입니다. 하나님께서는 멸망의 빗자루로 회개하지 않는 모든 죄인들을 다 쓸어 버릴 것이고, 여러분의 반역도 끝나고, 여러분이 행한 부정도 가장 확실하고 끔찍하게 그 대가를 치를 것입니다.

열매 없는 무화과나무여, 너는 더 이상 땅으로부터 지력을 빨아올리지도 못할 것이며, 네 옆에 있는 나무에게 악한 영향을 끼치는 그늘도 만들지 못할 것이다. 너는 단순한 쓰레기, 쓰레기보다 더 나쁜 것이 되었구나. 죄인이여, 저는 묻습니다. "찍어 버리라"는 본문의 말씀을 볼 때 여러분은 여러분을 제거하려는 계획이 이미 수립되었다는 생각이 들지 않습니까? 여러분 같으면 그런 나무에 대해서 그렇게 했을 것입니다. 그런데 무슨 이유로 주님께서는 회개하지 않는 여러분에 대해서 그런 식으로 다루지 않으셔야 한다는 말입니까?

나무보다는 여러분이 훨씬 더 중요하다고 반박하는 것입니까? 어떻게 그런 계산을 할 수 있습니까? 여러분이 무한하신 하나님께 중요한 존재가 될 가능성보다는 차라리 나무 하나가 여러분에게 중요한 존재일 가능성이 많습니다. 과원지기는 그 나무를 찍어 버림으로써 손해를 볼 수 있습니다. 그러나 여러분이 망한다고 해서 위대하신 하나님께 어떠한 해가 돌아올 것이라는 생각은 아예 하지 마십시오! 수만 평의 포도원을 가지고 있는 사람이 그 포도원 가운데 열매 맺지 않는 나무를 찍어 버린다고 해서 무슨 손해가 있겠습니까. 그것이 없더라도 다른 포도나무들이 즐비하기 때문입니다. 만일 하나님께서 오직 한 사람만 다스리고 계셨다면, 그 사람이 구원받느냐 구원받지 않느냐는 중요한 문제가 될 수 있습니다. 그러나 너무 사람이 많기 때문에, 설사 여러분을 잃어버린다 해도, 그것은 바닷가의 모래 알갱이 하나가 바람에 날려 가는 것이나 바닷물에서 한 방울을 퍼내는 것에도 미치지 못할 것입니다.

여러분은 정작 자신을 찍어 버린다 해도 별로 큰 불만이 없을 수 있습니다. 왜냐하면 자신의 영혼에 대해서 별 생각을 하지 않기 때문입니다. 영혼의 구원에 대해서는 관심이 없으니까요. 관심을 기울인다 해도 아주 형편없는 정도에 불과합니다. 그런데 왜 여러분은 여러분이 자신의 가치에 대해서 생각하는 것보다 다른 사람들이 여러분의 가치를 더 높게 평가해 주기를 기대하는 것입니까? 여러분은 영혼의 문제를 지나가는 기쁨 정도로 생각하고 있고, 그 위대한 구원을 무시하고 있으며, 매일 하나님께 불순종하며 살아가고 있습니다. 여러분에게 선을 베풀어 주실 수 있는 분은 하나님뿐이십니다. 복음을 설교하는 것마저, 즉 강력한 열정을 가지고 복음을 설교하는 것도 여러분에게 아무런 효력이 없는 것 같습니다. 왜냐하면 여러분은 자신의 영혼을 멸시하고 있기 때문입니다. 아, 그러니 하나님께서 여러분을 경멸하여 천사들에게 찍어 버리라 명하셨다 해도 여러분은 불만을 나타낼 수 없습니다. 하나님께서 여러분이 행한 일로 여러분을 평가하고 무게를 달아보는 것은 아주 합당한 일입니다. 여러분은 여러 차례 도끼가 여러분에게 놓여 있다는 경고를 들었습니다. 따라서 적격한 집행자가 그 도끼를 부지런히 사용하지 않아야 할 이유가 어디 있겠습니까?

어떤 사람들은 죄로 건강을 망칩니다. 그들은 자기의 뿌리를 거칠게 도끼로 내리칩니다. 그래서 무섭게 상처를 냅니다. 여러분은 자신의 영혼을 향해서 그 도끼를 부단히 사용하고 있습니다. 죄로 인해서 영혼에게 상처를 주고 어리석은 짓을 찾아 헤매며 저주받는 길을 가면서 구원받지 않으려고 기를 쓰고 있기 때문입니다. 그러므로 여러분은 불평할 수 없습니다. 회개하지 않는 여러분을 바스러뜨리는 일이 이 큰 우주에서 언덕에 있는 개미 한 마리를 죽이는 것보다 더 많은 변고를 가져올 것이라고 생각하지 마십시오. 여러분을 그렇게 처리한다 할지라도 하나도 문제될 것이 없습니다. 여러분은 자신에 대해 크게 생각할 수 있지만, 하나님의 위대한 우주와 비교해 볼 때, 여러분은 단순한 벌레에 불과합니다. 패역하고 회개하지 않는 죄인이여, 이것을 생각하고 정신을 차리십시오! 제게 있는 사랑은 여러분의 구원을 간절히 원합니다. 그러나 제게 있는 이성은 여러분의 파멸을 인정합니다. 저는 그 파멸을 내다보면서, 여러분이 주님께로 돌아서서 살아가지 않는 한 그 일이 속히 일어날 것이라 생각합니다.

2. 그 심판의 정당성을 매우 강력하게 뒷받침해 주는 또 다른 이유가 있습니

다. 즉, 회개할 수 있는 충분한 기회가 이미 여러분에게 주어졌다는 것입니다. 만일 여러분이 회개할 가망이라도 있었다면, 아마 오래 전에 회개하였을 것이라고 저는 생각합니다. 여러분을 위해서 했던 일들보다 더 무엇을 할 수 있을지 저는 잘 모르겠습니다. 여러분을 위해서 여러분의 주위를 두루 파 주었고, 그렇게 해서 땅에 뿌리가 견고히 내리도록 했습니다. 그런데 그것이 여러분에게는 고통이었고, 시련이었고, 걱정이었습니다. 마치 포도원지기가 큰 삽으로 흙을 팔 때 그 뿌리가 느꼈던 것처럼 말입니다. 이 세상에서 여러분을 떼어내고 여러분이 붙들고 있던 육신적인 것들을 놓게 하니 그랬을 것입니다. 여러분은 아프기도 했습니다. 그래서 고통의 침상에서 이리저리 구르며 괴로워했습니다. 여러분은 죽음의 입구까지 가기도 하였습니다. 무서운 지옥의 구덩이가 여러분을 향하여 입을 딱 벌리고 있는 것 같은 느낌이 들기도 했습니다. 그러나 이 모든 것이 여러분을 회개하게 하는 데는 아무 소용이 없었습니다. 어째서 여러분은 더 이상 아무 충격도 받지 않게 된 것입니까? 그러니 여러분은 더욱더 패역할 것입니다. 여러분 중에 어떤 이들은 이미 온 머리가 병들고 온 마음이 상할 정도로 얻어맞았습니다. 하지만 그런 채찍의 말씀을 들으려 하지 않습니다. 솔로몬은 상처 날 정도로 회초리를 맞으면 마음이 더 좋아진다고 말합니다. 그러나 여러분의 경우에는 그렇지 않았습니다. 여러분에게 상처가 나도록 회초리를 대었고, 크고 비통한 환난을 당하게도 하였습니다. 그런데 그것이 여러분의 마음을 정화시키지 못했습니다. 오히려 여러분은 계속 하나님을 대적했고, 지존자를 격동하게 하였습니다.

포도원지기는 두루 파주는 것뿐만 아니라 거름을 주는 것에 대해서도 말하였습니다. 여러분 중에 어떤 이들은 회개를 하도록 상당한 도움을 받았습니다. 여러분의 뿌리 근처에 수백 번이나 복음이 전파되었습니다. 여러분의 집에는 성경도 있었습니다. 또 어릴 때부터 경건한 훈련을 받는 좋은 자리에 있기도 하였습니다. 여러분은 거듭거듭 경고를 받기도 하였습니다. 때로는 엄숙하게, 때로는 자애롭게 경고를 받았습니다. 하나님의 자비를 받아들이라는 간절한 음성을 듣기도 했고, 하나님의 심판을 알리는 뇌성과 같은 말씀을 듣기도 하였습니다. 그럼에도 불구하고, 즉 예수 그리스도의 복음이 여러분의 뿌리에 그렇게 가까이 있었는데도 불구하고, 열매 없는 나무들인 여러분은 아직도 열매를 맺고 있지 못합니다. 그러니 여러분을 남겨 두어서 무슨 소용이 있겠습니까? 남겨 두기도 해보았습니다. 그러나 어떤 결과도 얻지 못했습니다. 따라서 다른 확실한 처방만이 남아 있습니다. 곧, "찍어 버리라"는 것입니다.

오! 하나님, 죄인을 찍어 버리지 마소서! 하나님이 죄인을 찍어 버린다고 해서 우리가 하나님의 행위를 감히 부당하다고 말할 수는 없습니다. 오히려 하나님의 자비를 무시한 것에 대한 가장 당연한 결과일 뿐입니다. 오! 죄인이여, 여러분이 다음과 같이 말한다면 잘하는 것입니다.

> "주님의 은혜를 오랫동안 망각하였고
> 주님의 면전을 향하여 오랫동안 노를 격동케 하였네.
> 주님의 부르심을 청종하지 않았고
> 수천 번 실족함으로 주님을 슬프게 하였네.
>
> 오, 긍휼의 깊이여!
> 저를 위해서 아직도 그 긍휼이 남아 있을 수 있나이까?
> 하나님께서 그 진노를 발하지 않고 참으실 수 있나이까?
> 오! 죄인 중 괴수인 제가
> 하나님이 남겨 두신 은혜를 받을 수 있나이까?'

3. 죄인이여! 여러분은 제가 여러분의 경우를 다소 과격하게 말하고 있다고 생각할 것입니다. 아! 저는 여러분의 생각대로 제가 너무 과격하게 여러분의 경우에 대해 말하고 있기를 바랍니다. 단, 여러분이 자신의 영혼을 불쌍하게 여기기만 한다면 말입니다. 왜냐하면 저의 과격한 말은 겉으로만 그러는 것이지 실제로는 과격한 것이 아니며, 여러분이 자신의 영혼에 대해 무관심한 것이 실제로 과격한 일이기 때문입니다. 여러분은 자신의 영혼을 돌보지 않고, 멀리 내던져 버려야 할 것처럼 취급하며, 자신의 영혼이 멸망하는 데도 비웃고 맙니다. 마치 자기 영혼을 경멸하듯이 말입니다. 그리고 그 동안 내내 여러분에게는 어떤 개선의 조짐도 전혀 보이지 않았습니다. 약간의 열매라도 있었더라면, 여러분의 눈에서 회개의 눈물이라도 나왔더라면, 그리스도를 찾는 일이라도 있었더라면, 여러분의 마음이 조금이라도 부드러워졌더라면, 예수님을 믿는 믿음을 조금이라도 가졌더라면, 그 믿음이 겨자씨만큼 작은 알갱이였다 해도, 정말로 여러분을 남겨둘 이유가 있었을 것입니다. 그러나 정말 서글프게도 여러분을 남겨둔 것이 오히려

여러분에게 악영향을 끼쳤습니다. 하나님께서 여러분을 벌하시지 않아서, 여러분은 점점 정의를 무시하고 뻔뻔해졌습니다. "하나님이 아신다고요? 지존자에게 지식이 있습니까?"라고 여러분은 말했습니다. 하나님도 완전히 여러분과 같은 그런 분이시기 때문에 그분께서는 여러분을 결코 심판하지 않을 것이라고 여러분은 생각합니다. 그분의 칼이 녹슬어 칼집에 꽂혀 있고, 그분의 팔은 점점 짧아지고 있다는 허망한 생각을 합니다. 여러분은 정말 이상하게 악한 미치광이 짓을 하고 있습니다. 여러분을 회개하게 하려고 오래 참으시는 그분의 은혜를 더 길게 죄를 지어도 좋은 이유로 왜곡시키다니! 여호와 하나님께서 여러분을 남겨 두신 것은 여러분을 하나님께로 돌아오게 하려 하심입니다. 그런데도 바로 그 남겨 두신 주님의 은혜를 이용하여 배역의 발꿈치를 들고 주님을 발로 차다니요. 그게 무슨 짓입니까? 그런데 그런 일이 일어났습니다. 지금까지 여러분은 마음을 부드럽게 하기는커녕 더 완악하게 먹었습니다. 나이는 더 들었는데 지혜는 더 늘어나지 않았습니다. 죄를 짓는 데 지혜로운 사탄의 교활함을 배우는 데는 더 익숙해졌지만 말입니다. 복음이 한때 여러분에게 효력을 가지는 때도 있었지만 지금은 전혀 효력이 없습니다. 복음의 음성을 듣게 되면 여러분의 영혼은 떨려야 하고 여러분의 피는 혈관 안에서 얼어붙어야 마땅합니다. 그러나 지금은 복음이 그러한 일을 할 수 없습니다. 때로 회개하지 않는 여러분을 주목하면서 사람들의 눈에는 마치 불꽃이 튀는 것 같았습니다. 그러나 지금은 흐릿한 눈으로 여러분을 바라봅니다. 한때 여러분에게 임박한 진노에 대해 말하면 여러분은 눈물을 흘리곤 하였습니다. 자신의 영혼에 대한 온유한 동정심에서 나온 눈물이었습니다. 그러나 아! 지금은 여러분에게 그러한 것이 없습니다. 여러분은 계속해서 여러분의 길을 갈 것이고, 우리가 아무리 간절한 어조로 말한다 해도 여러분은 그저 스쳐 지나가는 바람 소리처럼 들을 것입니다. 우리의 진심어린 간절한 탄원도 여러분은 어린아이들이 소꿉장난하면서 부르는 노래처럼 들을 것입니다. 오, 하나님! 주님께서 그 예리한 도끼를 들어서 "찍어 버리라"고 말씀하시는 것은 정말 이치에 합당하나이다. 주님께서 지금까지 남겨 두신 것이 효력을 나타내기보다는 오히려 여러분을 더 악하게 만들었고, 이렇게 여러 해 동안 기다렸음에도 불구하고 여러분에게서 개선의 징조가 전혀 보이지 않고 있으니, 이제 하나님께서 그 도끼를 사용하신다 하더라도, 하나님의 그런 과격한 행동은 아주 정당한 것이라고 저는 생각합니다. 그러므로 그분께서 "찍어 버리라"고 말씀하시면, 공의와 이성은 "아! 주여, 그렇게 하시는 것이 좋겠습니다"라고 말할 것입니다.

　　4. 그러나 "찍어 버리라"는 말씀이 정말 이치에 합당한 다른 이유들이 있습니다. 특히 우리가 그 포도원 주인과 다른 나무들에 대해 숙고할 때 그 점이 여실히 드러납니다. 첫째로, 아무리 잘해 주어도 전혀 열매를 맺지 못해서 전혀 소용이 없는 나무가 있습니다. 이것은 돈을 잘못 투자해서 아무런 이익도 얻지 못한 것과 같은 셈입니다. 이 나무는 주인에게 전혀 쓸모가 없습니다. 그 나무를 갖고 어디에 쓰겠습니까? 사용할 데도 없고 장식용으로도 쓰지 못합니다. 아무 도움도 안 되고 기쁨도 주지 못합니다. 그러니 반드시 찍어 버려야 합니다. 그리고 죄인들이여, 여러분도 그러합니다. 여러분은 무슨 소용이 있습니까? 여러분의 자녀나 가족에게는 소용이 있을 것입니다. 여러분이 하는 사업이 세상에 어떤 유익을 줄 수도 있습니다. 그렇다 해도, 세상이 여러분을 만든 것은 아닙니다. 여러분의 자녀나 가정이 여러분을 창조한 것도 아닙니다. 하나님께서 여러분을 만드셨고, 하나님께서 여러분을 심으셨고, 하나님께서 여러분의 주인이십니다. 그런데 여러분은 하나님을 위해 한 것이 아무것도 없습니다. 오늘 하나님의 집에 오면서도 여러분은 하나님을 영화롭게 해야겠다는 소망도 없이 그냥 나왔습니다. 그리고 내일 여러분이 불쌍한 사람에게 어떤 것을 줄 기회를 가진다 할지라도, 그 일은 그들이 하나님의 자녀들이기 때문에 하는 것도 아니고, 하나님을 사랑하는 마음에서 하는 것도 아닐 것입니다. 여러분은 하나님께 기도하지도 않고, 찬미하지도 않고, 하나님을 위해 살지도 않습니다. 여러분은 어떤 것을 위해, 중요한 것을 위해, 아무것도 아닌 것을 위해 살고 있지만, 정작 여러분을 지으신 하나님을 위해서는 살고 있지 않습니다. 그러니 하나님께 여러분이 무슨 소용이 있겠습니까? 하나님의 다른 모든 피조물들은 하나님을 찬미합니다. 이쪽에서 저쪽으로 거미줄을 이어 그물을 만드는 거미는 주님의 명하심을 따라서 그 일을 하고 있는 것입니다. "소는 그 임자를 알고 나귀는 그 주인의 구유를 알건마는"(사 1:3), 회개하지 않는 죄인인 여러분은 알지 못합니다. 여러분은 여러분에게 아무런 도움도 주지 않는 말을 집에 두려고 하겠습니까? 또 여러분을 따르지도 않고 손을 핥지도 않고 재롱을 떨지도 않는 개가 있다면, 그 개를 집에 두려고 하겠습니까? 아마 그럴 때 여러분은 "이 개가 무슨 유익이 있어? 내다 버려야지"라고 말할 것입니다. 또 내 집에 있는 내 종이 내 떡을 먹고 내가 주는 풍성한 것으로 옷을 입고

있는데, 나에게 복종하지 않고 내 정당한 명령들을 아무것도 아닌 것처럼 계속 어기면서 살아가고 있다면, 그러한 종들에게도 여러분은 "나가거라. 너는 내 종이 아니다"라고 말할 것입니다. 주님께서는 여러분에게 그렇게 말할 만하십니다. 항상 친절한 모습으로 주님께서는 여러 해 동안 과거의 잘못을 눈감아 주셨습니다. 여러분의 어리석음과 허물에 대해서도 오래 참으셨습니다. 그럼에도 이제는 더 이상 어찌할 수 없게 되었습니다. 왜냐하면 쓸모 없는 것이 항상 서 있어서는 안 된다고 이성이 요구하기 때문이고, "찍어 버리라"는 생각은 쓸모 없는 여러분의 삶에서 나올 수 있는 자연스런 결과이기 때문입니다. 그것만이 전부가 아닙니다.

여러분이 어떤 열매도 맺지 않은 채 그런 식으로 살아오는 동안, 여러분은 매우 비싼 나무였습니다. 포도원에 있는 그 나무가 비싼 나무가 아니라면 나무 주위를 파고 거름을 주고 가지를 쳐 줄 일이 없습니다. 물론 그 나무를 돌보아야 하는 포도원지기에게 필요한 품삯도 들어갑니다. 그러나 이 모든 비용은 아주 적은 것입니다. 여러분도 열매 없는 나무를 그냥 세워둬 보십시오. 그렇게 큰 비용이 들지 않으니까요. 그러나 여러분을 지키기 위해 들어가는 비용은 얼마인지 보십시오. 여러분은 매일 먹어야 합니다. 여러분의 코로 쉬는 숨은 매 순간 하나님에게서 나와야만 합니다. 시계의 초침이 움직일 때마다 전능하신 분에게서 생명의 힘이 여러분을 향해서 뿜어져 나와야 합니다. 그렇지 않으면 여러분은 생명을 부지할 수 없습니다. 복잡한 구조를 가진 인간의 몸이 적절하게 조화를 이루고 보존되기 위해서는 위대한 장인이신 하나님의 손길이 필요합니다. 그게 없으면, 오래지 않아 내장 기관들의 상호 작용은 멈출 것이고, 그 조직들이 파괴되어 몸 전체가 잘 돌아가지 않을 것입니다. 여러분의 몸은 수천 개의 줄로 연결된 하프와 같은데, 그중에 하나만 끊어져도 못쓰게 됩니다. 그러므로 훌륭한 하프 연주자는 줄이 끊어지는 것을 막으려고 무던히 신경을 써야 합니다. 여러분은 하나님께 비싼 사람들입니다. 왜냐하면 하나님의 많은 인내와 많은 혜택과 많은 기술과 많은 능력을 받고 있기 때문입니다. 그러니 왜 하나님께서 여러분을 남겨 둬야 하겠습니까? 하나님께서 여러분을 계속 그런 방식으로 대해야 할 이유가 무엇입니까? 만약 모기가 한 마리 있는데, 그 모기가 여러분을 항상 물고 얼굴 주위에서 윙윙거리며 매 순간 무례한 짓을 한다면, 여러분은 그 모기를 살려 두겠습니까? 그 형편없는 모기를 살려두기 위해 가난한 여러분이 많은 금을 지불

해야 한다면, 여러분은 그 모기에 대해 결코 오래 참지 않을 것입니다. 그 모기를 잡아 짓밟을 것입니다. 오! 여호와께서 여러분을 그런 식으로 다루지 않는 것이 놀라울 뿐입니다. 여러분은 그 모기보다 더 뻔뻔한 존재입니다. 죄인들이여, 하나님의 입장이 되어 보십시오. 주님께서 여러분에게 받은 대우처럼, 여러분이 여러분의 피조물에게서 나쁜 대우를 받고 있다면, 여러분은 완악한 마음과 반역으로 보답하는 그 피조물을 향해서 사랑과 친절을 베풀 수 있겠습니까? 절대 안 합니다. 그러므로 주님께서 "찍어 버리라"고 말씀하시는 것이 옳은지 아닌지 판단해 보십시오.

　　그러나 다음과 같이 생각해 보면 여러분의 경우는 더 나쁜 것이 됩니다. 즉, 여러분이 그렇게 공간을 차지하고 있던 동안, 여러분이 아닌 다른 누군가가 그 자리에 있었다면 하나님께 충만하게 영광을 돌릴 수도 있었을 것이라고 생각한다면 말입니다. 열매 없는 나무가 서 있는 자리에 열매 가득한 나무가 서 있을 수도 있었습니다. 오늘 본문이 말하고 있듯 여러분은 그저 땅만 쓸모 없게 만들고 있는 것입니다. 정확히 말하면, 여러분이 거추장스럽고 폐만 끼치는 존재에 지나지 않는다는 것입니다. 여러분이 아닌 다른 어머니는 자녀들을 위해 기도하고 그들을 위해 울며 그들에게 그리스도를 가르쳐 주려고 하지만, 여러분은 그런 일을 하지 않습니다. 또 여러분이 아닌 다른 사람은 돈을 가지고 하나님의 영광을 위해 사용하려고 하지만, 여러분은 자신의 기쁨을 위해 돈을 사용하고 여러분에게 돈을 주신 분이 하나님임을 잊어버립니다. 여러분이 차지하고 있는 그 자리에 만일 다른 사람이 있었다면, 그는 오래 전에 베옷과 재를 무릅쓰고 회개했을지도 모릅니다. 그러나 여러분은 가버나움 사람들처럼(마 11:23 참고) 복음을 듣고 마음이 부드러워지기는커녕 더욱 완악해졌습니다. 만일 감화력 있는 다른 사람이 여러분이 서 있는 바로 그 자리에 있었다면, 그는 수백 명의 사람을 옳은 길로 인도하였을지도 모릅니다. 그런데 그 자리에 서 있는 여러분은 그러한 일을 전혀 하지 못했습니다.

　　오! 다른 젊은 사람이 여러분이 가진 은사를 가지고 있었다면, 그는 친구들이 술집을 바라보고 미소짓게 만들지는 않았을 것입니다. 오히려 있는 힘을 다해서 예수님께 탄원의 기도를 드렸을 것입니다. 만일 다른 사람이 여러분처럼 말하는 은사를 가지고 있었다면, 그는 기도하고 가르칠 때 사용했을 것입니다. 지금 여러분이 농담을 하면서 어리석은 자들을 웃기기 위해 허비하고 있는 그 은사를 말입니다.

오! 만일 다른 사람이 지금까지 여러분이 살아온 시간을 가지고 있었다면, 그는 주님을 위해서 부지런히 살았을 것입니다. 만일 지난번 홍수에 떠내려간 젊은 성도가 여러분이 가진 건강과 활력을 가지고 있었다면, 얼마나 그가 이것들을 잘 사용하고 또 이것들이 잘 활용되었겠습니까! 저는 지금, 한 달란트밖에 갖고 있지 않았으나 풍성한 감동을 전해 주었던 어떤 그리스도의 사역자가 떠오릅니다. 이 사람이 이런 기도를 드린 것을 저는 기억합니다. "오! 하나님, 제가 열 달란트를 가지고 있었다면 지금보다 더 주님을 잘 섬길 수 있었을 것입니다. 제가 열 달란트를 가진 사람들을 생각해 볼 때, 그들 중에는 그 열 달란트로 주님을 섬기지 않는 사람들이 있습니다. 그래서 저는 이렇게 기도하지 않을 수 없습니다. 주여! 원하시면 열 달란트를 빼앗아 제게 맡기소서. 주님을 위해서 무엇인가 더 남기고 싶습니다."

자, 주목하십시오. 이 설교를 듣고 있는 사랑하는 죄인들이여, 주님께서 여러분을 황급히 제거하시고, 대신 그 자리에 주님의 뜻에 순종하는 사람들을 세우시지 않도록 조심하십시오.

더구나 악한 사람은 더 이상 악할 수 없는 정도까지 악해지고 있습니다. 왜냐하면 이 모든 날 동안 경건하지 않은 사람들은 악한 영향력을 확산시키고 있기 때문입니다. 우리가 늘 불러 왔던 찬송 가운데 두 소절을 다시 한 번 생각해 보십시오. 여러분 중 어떤 사람과 관련해서 그 찬송가 내용이 정말 그대로 해당된다는 생각을 하니, 저는 그 무서운 흑암에 대한 공포심을 가지지 않을 수 없습니다.

> "내가 하나님의 아들을 짓밟고
> 그 보배로운 피를 흘리게 했네.
> 말할 수 없는 고통으로 가득 찬 지옥에
> 아직도 내가 가 있지 않다니."

여러분은 다음과 같은 질문을 던지는 것이 좋습니다. "이 사랑의 낭비는 어디에서 오는 것인가?' 어떤 범죄자들을 그대로 남겨 두어 그들마저 놀라게 되는 것은 분명히 자비와 오래 참음의 낭비입니다. 자, 그 점을 생각해 보십시다. 저는 여러분이 그 점을 매우 분명하게 알 수 있을 것이라 생각합니다. 즉, 하나님께서 당장에 죄를 벌하지 않으신다는 바로 그 사실을 사람들은 악용하고 있다는 것입니다. 모든 세대의 사람들은 위대하신 재판장께서 오래 참으신다는 사실에서 사악한 결론을 끌어냈습니다. 전도자는 말합니다. "악한 일에 관한 징벌이 속히 실행되지 아니하므로 인생들이 악을 행하는 데에 마음이 담대하도다"(전 8:11). 아마 여러분도 이렇게 말할 것입니다. "어떤 사람은 술 마시고 욕하며 이제까지 살아왔는데도 아주 노익장을 과시하고 있어요. 그는 온갖 어리석음과 악행에 빠져 살아왔어요. 게다가 도둑질도 했고 다른 나쁜 일들도 다했습니다. 그럼에도 그는 세상에서 잘 나가고 부자로 살고 있어요. 하나님께서는 대번에 그런 사람을 지옥에 던져 버리지 않으시고, 오히려 그를 더 잘되게 하시고 푸른 풀밭에 있는 황소처럼 잘 지내게 하시네요." 또 세상에 속한 사람들은 이렇게 말할 것입니다. "하나님께는 공의가 없어요. 죄를 벌하지 않으니까요." 오! 죄인이여, 여러분이 아직 남아 있다는 그 사실 때문에 여러분은 이 세상에서 악행을 저지르고 있습니다. 알겠습니까? 이 세상에서 여러분의 존재는 단순히 다른 사람들에게 계속해서 죄를 짓게 만드는 미끼에 불과합니다. 여러분이 남아 있는 동안, 다른 사람들은 여러분을 보며 말합니다. "하나님은 저런 사람도 벌하지 않으셨네." 따라서 사람들은 하나님께서 전혀 죄를 벌하지 않으실 것이라는 결론을 내립니다.

　더구나 여러분 중에는 엄청난 전염력을 가지고 본을 보이는 사람들이 얼마나 많습니까. 여러분의 말과 삶은 여러분의 동료들로 하여금 하나님을 멀리 떠나게 만듭니다. 우리의 들판을 못쓰게 만들고 가축들을 죽게 하는 무서운 전염병이 돌았을 때, 농부들에게는 이런 지침이 내려진 바 있습니다. 소가 병에 걸리기만 하면 당장 죽이고 멀리 떨어진 곳에 1.5미터 깊이로 묻으라고 말입니다. 죄의 전염병은 가축들 사이에 일어나는 전염병보다 훨씬 더 강하고 치사율이 높다는 것을 생각하십시오. 그러므로 공의는 단호하게 외칩니다. "죄인은 불의의 전염병을 퍼뜨리지 못하는 곳에 단번에 보낼지어다. 그를 남겨둘 필요가 없다. 더 개선되지 않기 때문이다. 그는 모든 방도를 다 써 보아도 더 악해지기만 할 뿐이다. 다른 이들의 복락도 생각하지 않을 수 없으니, 그가 저지른 불의로 다른 사람들까지 벌 받게 해서는 안 된다. 그는 자기 자녀들에게 욕을 하도록 가르치고, 다른 사람들을 세상적인 사람이 되게 하고 있다. 그의 모든 삶의 방향은 사람들을 유인하여 하나님을 대적하게 하는 것에 있다. 그러니 그의 가망 없는 행로는 즉시 중단되어야 한다. 그는 나병환자처럼 접촉하는 것마다 모두 오염시키고 있다.

그러므로 고차원적인 위생원리에 따라 그는 제거되어야 한다." 많은 사람이 그한 사람 때문에 죽게 되느니 그 한 사람만 죽는 것이 낫다는 것입니다. 그러므로 보편적으로 인류의 선을 가장 고차원적으로 생각하게 되면 "찍어 버리라"는 명령을 내릴 수밖에 없습니다.

2. 우리가 두 번째로 엄숙하게 해야 할 일은 죄인인 여러분에게 다음의 사실을 상기시켜 주는 것입니다. 즉, 하나님께서 그처럼 오랫동안 여러분을 남겨 두신 것은 정말 놀라운 일이라는 사실 말입니다.

무한히 의롭고 거룩하신 하나님께서 여러분을, 즉 회심하지 않은 사람들을 지금까지 남겨 두셨다는 사실은 결코 작은 일이 아닙니다. 정말 숭앙하며 드높여 찬양할 일입니다.

저는 이 점도 여러분에게 제시해야겠습니다. 여러분을 남겨 두신 것에 대해 부정적으로 생각해 본다면, 하나님께서는 여러분의 죄에 대해 둔감하시기 때문에 여러분을 남겨 두신 것이 아니라는 점입니다. 그분은 항상 악인들을 보고 분노하시기 때문입니다. 만약 주 하나님께서 죄에 대해 무관심하고 그분의 거룩한 마음이 죄를 사소하게 여긴다고 한다면, 그분께서 범죄자를 살려 둔다고 해서 놀랄 일이 뭐가 있겠습니까. 그러나 그분께서는 불의를 참지 못하는 분입니다. 하루 종일 주님께서는 악에 대해서 분노하고 격노하십니다. 그럼에도 불구하고 그 분노를 뇌성벽력처럼 퍼붓지 않으시고, 죄 있는 자를 치지 않으십니다. 여러분이 30분 정도만 화를 냈다고 해도, 여러분은 아주 과격한 말을 하거나 상대방을 칠 정도로 화를 냈을 것입니다. 그러나 여기, 여러분의 죄악에 대해 20년, 30년, 40년, 50년, 60년, 70년, 80년을 매일같이 분노하고 계신 온 세상의 재판관이 계십니다. 하나님께서 그 죄인들을 치지 아니하시는 것은 그 죄가 주 하나님의 감찰하시는 눈에서 멀리 떨어져 있어 보이지 않기 때문이 아닙니다. 결코 그렇지 않습니다. 여러분의 죄는 주님의 코로 들어오는 연기 같아서 바로 감지됩니다. 여러분은 그분의 면전에서 그분을 격노하게 하고 있으며, 그분의 눈동자를 건드리고 있는 것입니다. 이 모든 것에도 불구하고, 또한 죄라 불리는 이 저주 받은 일이 매 순간 그분의 존전에서 벌어지고 있는데도 불구하고, 아직까지 그분께서는 여러분을 남겨 두고 계십니다.

죄인이여, 주목하십시오. 하나님께서 여러분을 남겨 두신 것은 여러분을 멸할 능력이 없어서가 아니었습니다. 그분께서는 지붕에 있는 기왓장이 여러분에게 떨어지도록 명령할 수도 있었고, 여러분이 열병에 걸려 길에서 죽게 할 수도 있었으며, 여러분의 폐에 공기가 들어가지 못하게 할 수도 있었고, 혈관이 막혀 피 순환이 되지 못하게 할 수도 있었습니다. 죽음으로 가는 문은 많습니다. 심판의 화살통에는 예리하고 뾰족한 화살들이 가득합니다. 주님께서 작정만 하시면, 여러분의 영혼은 그분께로 돌아갑니다. 주님께서는 어리석은 부자에게 말씀하셨습니다. "오늘 밤에 네 영혼을 도로 찾으리니"(눅 12:20). 그러면 그 부자는 결코 아침을 보지 못할 것입니다. 그분께서는 여러분에게도 똑같은 메시지를 아주 쉽게 보내실 수 있습니다. 그러면 어떻게 될까요?

제가 앞서 말한 대로, 주님께서는 여러분의 죄된 영혼을 위해서 이렇게 인내하고 계신 것이 아닙니다. 그분은 여러분에게 매여 있는 분이 아니십니다. 여러분이 살아 있다 해도 여러분은 주님의 영광에 보탬이 되지 않을 것이고, 죽는다 해도 주님의 영광에 악영향을 미치지 못할 것입니다. 그저 숲 속에서 나뭇잎이 하나 떨어지는 것에 불과할 것입니다. 또는 천 개의 유리잔 속에 이슬방울 하나가 떨어지는 것과 같을 것입니다. 가장 극렬한 복수로 심판하기 위해서는 그분의 말 한 마디면 됩니다. 그럼에도 불구하고, 여러분이 그렇게 하나님을 격노하게 하는데도 하나님께서 그 가혹한 심판을 그렇게 오랫동안 남겨 두고 계신다니, 정말 놀라운 일이 아닐 수 없습니다. 이 하나님의 오래 참으심에 감탄하고 놀라워하십시오.

하나님께서 여러분에게서 마땅히 받으셔야 하는 열매의 차원에서 생각해 볼 때 그 놀라움은 더 증가하게 됩니다. 하나님께서 그처럼 선하고 은혜로운 분이시니 마땅히 여러분은 그분을 사랑했어야 합니다. 그분께서 여러분을 그처럼 잘 대접하셨고, 그분을 기쁘게 할 수 있는 여러 재능들을 주셨으니, 여러분은 마땅히 그분을 섬겼어야 합니다. 그런데 여러분은 소가 주인에게 하는 것만큼도 하나님께 하지 못합니다. 여러분이 소를 기를 때는 풀과 지푸라기만 주면 됩니다. 그러면 끝입니다. 그러나 하나님께서는 여러분에게 매일 일용할 양식뿐 아니라 바로 여러분의 생명까지 주고 계십니다. 전적으로 하나님께 의존해 있는 존재가 바로 저와 여러분입니다. 여러분의 것은 하나도 없고 다 하나님의 것입니다. 그러니 마땅히 하나님을 섬겨야 하고, 그 섬김 속에서 기쁨을 얻어야 하며, 주님을 위해서 시간을 보내야 마땅합니다. 주 하나님께서는 마땅히 여러분에게 요구할 것이상을 요구하지 않으십니다. 그분의 요구는 온 마음과 뜻과 정성과 목숨과 힘을 다하여 주 너희 하나님을 사랑하라는 것입니다. 이것이 주님의 크고 첫째 되는 계명입니다. 이처럼 하나님은 여러분에게서 최상의 것들을 받으셔야 마땅합니다. 그러나 여러분은 부단히 지속적으로 그분의 계명을 어겨 왔습니다. 오! 그러니 여러분이 하나님께 배은망덕하게 굴었다는 것을 생각할 때, 여러분이 얼마나 하나님을 격노하게 했는지 알 수 있을 것입니다.

아! 이 설교를 듣는 여러분이여, 저는 이제 이 설교에서 가장 중요한 부분을 언급하려고 합니다. 여기 참석한 사람들 중에도 하나님을 매우 격노하게 하는 죄를 지은 사람들이 있을 것이라고 저는 다시 한 번 말씀드립니다. 어떤 범죄는 다른 범죄보다 하나님을 더 격노하게 합니다. 저주하는 것이 그러하다고 저는 믿습니다. 왜냐하면 그것은 오만무례한 행동이기 때문입니다. 그것을 통해서는 아무것도 얻을 것이 없습니다. 그것은 전적으로 불필요한 모욕입니다. 사람의 신체나 영혼에 대고 하나님의 저주를 퍼붓고 욕하는 것은 쓸데없고, 해서는 안 될 죄악입니다. 그렇게 맹세하면서 욕할 때 결코 즐거울 수 없습니다. 어떤 다른 형태로 말할 때보다 더더욱 그렇습니다. 그로 인해서 사람은 자기 조물주 되신 하나님을 미워할 것이고, 그분을 격노하게 할 것이기 때문입니다. 오! 죄인이여, 여러분은 하나님께 여러분을 저주하라고 말했는데, 하나님께서 그렇게 하시지 않아 놀라지 않은 적이 있습니까? 여러분은 한바탕의 돌풍이 여러분에게 몰아쳐야 한다고 했는데, 하나님께서 영원토록 여러분을 말려 버리시는 진노를 참으사 오랫동안 여러분을 쓸어 버리지 않고 계신 것에 대해 놀라지 않은 적이 있습니까? 저주는 지존자를 격동시키는 죄입니다. 오! 죄인이여, 악함 중에서 가장 악한 이 죄를 혐오하십시오.

불신앙도 하나님을 격노하게 하는 죄입니다. 얼마나 많은 사람들이 그 죄를 짓고 있습니까? 사람이 하나님의 존재 자체를 부인하는 것은 하나님을 얼마나 격노하게 하는지요. 스스로 하나님께서 주시는 공기를 마시고 하나님께서 주시는 생명을 의지하고 살아가고 있으면서도 하나님이 없다고 말하는 그 불신앙은 악한 것입니다. 하찮은 벌레 같은 존재가 그 무시무시한 심판으로 전능하신 하나님의 신성과 존재를 증명해 보라고 감히 도전하다니요. 그것은 정말 하나님을 격노하게 하는 죄악입니다.

또한 핍박도 그런 죄입니다. 그리스도를 따른다는 이유로 아내와 자녀들을 핍박하는 이들이 있고 지금 여기에도 있을 수 있습니다. 하나님이 말씀하십니다. "그들을 건드리는 자는 내 눈동자를 건드리는 것이다." 그러니 죄인이여, 주의하십시오. 여러분이 주님의 눈동자를 건드린다면, 그분의 무서운 손을 느끼지 않을 수 없을 것입니다. 만일 어떤 사람이 여러분의 자녀를 해롭게 한다면 여러분의 얼굴에는 대번에 핏기가 솟을 것입니다. 만일 여러분이 한 아버지로서 자기 자녀들을 보호하기 위해 자신을 강하게 보여야겠다고 느낀다면, 하늘에 계신 아버지께서는 자신이 선택한 백성들의 억울함을 반드시 신원하실 것입니다. 그러므로 이 하나님을 격노하게 하는 죄를 계속 범하지 않도록 조심하십시오.

그리고 **중상모략**도 그런 죄입니다. 하나님의 종들에 대해 거짓말을 하고, 하나님을 두려워하며 행하는 사람들을 괴롭히기 위해 사악한 이야기들을 꾸며서 퍼뜨리는 것 역시 하나님을 격노하게 하는 악입니다. 하나님께서는 그 죄를 지은 자에게 의로운 분노를 맹렬히 발하십니다. 그러니 조심하십시오! 정말 조심하십시오!

더러움, 즉 더러운 몸과 생활도 지존자를 격동시킬 죄입니다. 한때 이 죄로 말미암아 소돔은 하늘로부터 지옥 불을 받았습니다. 하나님께서는 소돔으로 하여금 그분의 코에 악취를 풍기게 한 육체의 정욕 때문에 불과 유황을 보내셨습니다. 창기, 음행하는 자, 간음하는 자들은 매우 끔찍하게 하나님의 노를 격발하는 죄를 짓고 있음을 알아야 합니다.

이제 여기 하나님을 격노하게 하는 죄악들 가운데에 하나를 더 첨가하겠습니다. 그것은 양심을 말살시키는 죄입니다. 여러분 중에도 이 죄를 지었던 사람들이 있습니다. 이 설교를 듣는 사랑하는 여러분이여, 여러분 중에는 제가 지금까지 쭉 말씀드린 그런 죄악들을 짓고 있는 자들이 그리 많지 않습니다. 제가 알기로 아주 극소수만이 그런 엄청난 죄에 빠져 있습니다. 그러나 또 다른 의미에서 여러분 중에는 아주 나쁜 사람들이 있습니다. 왜냐하면 여러분은 옳은 것을 알고도 틀린 것을 택하기 때문입니다. 여러분은 그리스도에 대해 들어 놓고도 그리스도께 마음을 드리지 않습니다. 여러분 중에 어떤 이들에 대해서 우리는 그들이 머지않아 주님을 두려워하는 사람이 될 것이라고 기대했었습니다. 그러나 그들은 여전히 그리스도를 모르고 있습니다. 여러분이 그렇게 그리스도에 대해 모르기는 정말 어려운 일이었을 것입니다. 틀림없이 여러분은 양심과 무서운 전투를 벌였을 것입니다. 그 결과 여러분은 많은 거룩한 열망들을 억눌렀으며, 하나님의 성령께서 여러분을 인도하려고 애쓰셨을 때 여러분은 필사적으로 악행을 저질러서 잘못된 길로 가고 말았습니다. 자, 이러한 죄악들이 하나님을 격노하게 합니다.

제가 이 강단에 서서 하나님의 이름으로 여러분에게 간청하고 나서, 저의 구주께 돌아가서, "그들의 마음이 완악하고 목이 뻣뻣해도 하나님이 노하지 아니하셨으므로 그들이 주님의 경고를 거절하습니다"라고 제가 주님께 말씀드릴 것이라 생각하지 않습니다. 우리가 평화를 맺으려고 외국에 사신을 보냈고, 그 사신이 정직하고 진지하게 평화를 위한 적절한 규정들을 제안했다고 합시다. 그런데 그 상대방이 그것을 거절했다면, 신문이나 여론은 분노로 들끓을 것입니다. "아니, 그 조건이 얼마나 합리적인데, 그 사람들은 평화를 원하지 않는 거야? 강한 군사들을 보내서 그들과 혈전을 벌이게 하자. 만일 그들이 합리적으로 나오지 않는다면, 우리는 분연히 떨치고 일어나 저 바다를 건너갈 것이다." 자, 여러분은 어떻게 생각합니까? 하나님께서는 항상 분노를 느끼셔야 합니까? 여러분에게 긍휼을 전파하는 것은 항상 소용없는 일이어야 합니까? 그리스도가 전파되는데도 항상 거절하고, 계속해서 하나님의 원수로 있기를 원하는데도, 하나님께서는 결코 여러분의 영혼을 향하여 선전 포고를 하지 않아야 합니까? 이것은 기이한 일입니다. 하나님을 격노하게 하는 이러한 죄들이 그처럼 오랫동안 징벌을 받지 않고 있으며, 그 죄를 지은 여러분이 아직도 남아 있다는 것은 참으로 놀라운 일입니다.

3. 이제 이렇게 오래 참으시는 이유가 무엇인지 알아봅시다.

어째서 땅만 버리는 이 나무는 아직도 남아 있는 것일까요? 그 대답은 죄인들을 위해서 탄원하시는 분이 계시기 때문입니다. 제가 앞서 여러분에게 제시한 내용들을 두고, 여러분 중에 어떤 이들은 제가 너무 가혹하게 말했다고 생각할 것입니다. 그러나 애석하게도 여러분을 찍어 버리는 것이 얼마나 합리적인지 모릅니다. 바라기는 여러분도 그렇게 느꼈으면 합니다. 왜냐하면 여러분이 하나님께서 여러분을 지옥에 보내셨어야 마땅하다고 느끼고 두려워 떨기 시작하면, 제가 볼 때는, 여러분에게도 소망이 있기 때문입니다. 여러분 중에 어떤 사람은 구원받지 못한 것이 얼마나 합당하고 공의롭고 필요한 일인지를 들었을 때, 그것으로 여러분이 두려워 떨게 되었다면 좋겠습니다. 저는 여러분이 자기 자신을 위해 두렵고 떨리는 마음을 가질 수 있도록 하나님께 기도합니다. 지금까지 여러분이 살아 있었던 그 비밀스런 이유는 무엇이었겠습니까? 그것은 바로 예수 그리스도께서 여러분을 위해서 간구하셨기 때문입니다. 십자가에서 못 박혀 죽으신 구주께서 여러분을 위해서 간구하셨습니다. 여러분이 저더러 "어째서 그러냐고" 묻는다면 저는 이렇게 대답하렵니다. "예수님께서는 여러분 모두에게 관심을 가지고 계시기 때문입니다." 물론 우리는 보편적인 구원을 믿지는 않습니다. 그러나 이 보배로운 성경에 나오는 모든 말씀들을 우리는 다 믿습니다. 그리고 성경에는 그리스도의 죽음이 인간의 아들들에게 보편적인 효력을 갖게 했음을 보여주는 것 같은 구절들이 많이 있습니다. 주님께서는 모든 각 사람을 위해서 죽음을 맛보셨다고 기록되었습니다. 그 말이 무슨 뜻입니까? 예수 그리스도께서 모든 사람을 구원하시기 위해서 죽으셨다는 의미입니까? 저는 그렇다고는 믿지 않습니다. 제가 볼 때는 그리스도께서 자신의 죽음을 통해 성취하기로 되어 있는 모든 것을 그분은 성취하셔야 했습니다. 그렇지 않으면 그분은 패배를 당할 것이고, 그것은 상상할 수 없는 일입니다. 그리스도께서 구원하기 위해 죽으신 그 사람들을 그분께서는 효과적으로 구원하실 것입니다. 그분의 대속적인 희생으로 말입니다. 그러나 어떤 다른 의미에서 볼 때 주님께서는 남은 인류를 위해서도 죽으셨던 것일까요? 예, 그렇습니다. 제가 볼 때, 예수 그리스도께서 죽으심으로 말미암아 모든 죄인들이 (찍히지 않고) 남아 있게 되었던 것입니다. 성경에 그것보다 더 분명하게 드러난 것은 없습니다. 사람들이 예수 그리스도의 피를 짓밟았다고 하는 말이 바로 그런 의미에서 나온 것입니다. 우리는 자기들을 사신 주님을 부인했던 사람들에 대해 읽을 수 있습니다. 영원한 구원을 위해서 피로 사신 자 중에서는 그리스도의 피를 짓밟은 사람이 하나도 없습니다. 그러나 나머지 사람들은 예수 그리스도께서 피를 흘리심으로 말미암아 집행유예를 선고 받은 셈이고, 그래서 살아 남은 것입니다. 물론 그들은 하나님께서 자기들을 남겨 두신 긍휼을 육신의 죄를 짓는 기회로 삼았고 예수 그리스도의 피를 짓밟아 버렸습니다. 보편 구원을 주장하지 않더라도, 또는 예수님께서 자기 양들을 위해서 목숨을 버리셨으며 헛되게 고난 받지 않으셨다는 의심할 여지 없는 진리와 충돌하지 않으면서도, 여러분은 그 교리를 견지할 수 있습니다.

자, 죄인이여! 여러분이 알든 모르든 나무에 달리신 그분에게 여러분은 빚을 지고 있습니다. 왜냐하면 지금 여러분이 호흡하고 있으니 말입니다. 고난 받아

상하신 그분이 아니라면 오늘 아침 여러분은 하나님께 기도하고 탄원할 근거나 이유를 전혀 갖지 못했을 것입니다. 우리가 다루는 본문에서는 포도원지기가 단순히 그 나무를 더 남겨 달라고 요청한 것으로만 나타나고 있습니다. 그러나 예수 그리스도께서는 요청한 것 이상으로 행하셨습니다. 그분께서는 입으로만 탄원하신 것이 아니라 찔린 손과 발, 그리고 창으로 찔린 옆구리를 가지고 탄원하셨습니다. 그 효력 있는 간청이 하나님의 마음을 움직였고, 여러분이 여전히 죄를 회개하지 않았음에도 불구하고 아직도 생명을 유지하고 있는 것입니다. 그렇다면 이제 제가 여러분에게 말해도 되겠습니까? 여러분이 사형 선고를 받았는데, 저의 중재로 여러분의 목숨을 건지게 되었다고 상상해 본다면, 여러분은 저를 멸시하겠습니까? 제가 왕실의 세력가였는데, 여러분이 사형 선고를 받았고, 그때 제가 여러분을 위해 간청해서 여러분이 사면을 받았다고 한다면, 여러분은 해가 거듭될수록 저를 미워하겠습니까? 저를 대적하는 말을 하겠습니까? 제 성격에 대해 악담을 하겠습니까? 제 친구들의 허물을 찾으려 하겠습니까? 그렇게 하지 않을 것입니다. 여러분은 저를 사랑할 것이고, 여러분의 목숨을 살려준 것에 대해 고마운 마음을 가질 것입니다.

오! 죄인이여, 저는 여러분이 주 예수 그리스도를 대할 때, 사람을 대하는 것만큼만 해도 좋겠습니다. 저는 여러분이 주 예수 그리스도를 생각할 때, 여러분을 죽음에서 건져 준 동료처럼만 생각해도 좋겠습니다. 여러분은 지금 지옥에 있지 않습니다. 만일 그리스도께서 여러분을 위해 탄원하지 않으셨다면 여러분은 이미 지옥에 가 있을 것입니다. 그러니 저는 여러분에게 간청합니다. 구원받지 못한 영혼들의 비참함을 생각해 보라고 말입니다. 그리고 그리스도께서 인간의 죄를 위하여 십자가에 달려 찔리시고 대속의 죽음을 죽지 않으셨다면, 오늘 아침 여러분 자신이 얼마나 끔찍한 자리에 들어가 있었을지 회상해 보십시오. 그곳에서는 불꽃도 꺼질 줄 모르고, 물 한 방울도 받아먹을 수 없습니다. 그곳은 완전히 소망이 배제되고 절망이 철 보좌 위에 앉아 있으며, 포로로 잡힌 영혼들을 영원한 족쇄로 채워 놓은 곳입니다. 그곳에는 "영원히!"란 말이 불 위에도 기록되어 있고, 사슬에도 찍혀 있습니다. 그리고 "영원히! 영원히! 영원히!"란 말이 소망과 안식 같은 모든 것이 다 죽어 버렸음을 알리는 장송곡처럼 울립니다. 여러분을 남겨 두신 그리스도의 은혜가 아니었다면 오늘 아침 여러분은 아마 그곳에 있었을 것입니다. 여러분의 동료들, 즉 여러분의 옛 동료들은 어디에 있습니까? 여러분과 함께 술집에 앉아 있었던 동료들 말입니다. 그들은 지금 지옥에 있습니다. 그러나 여러분은 아직 지옥에 가지는 않았습니다. 더 젊었을 때 여러분은 그들과 함께 죄를 지었는데, 지금 그들은 지옥에 가 있고 여러분은 지옥에 있지 않습니다. 무엇이 이런 차이를 만들었습니까? 어째서 그들은 지옥에 던져졌고 여러분은 남겨졌습니까? 그 이유는 오직 여호와 하나님의 은혜로운 오래 참으심에 있다고 할 수 있습니다.

오! 저는 여러분의 생명을 남겨 두신 그분을 여러분이 바라보기를 간청합니다. 여러분의 죄로 인해 애통해하십시오. 하나님의 성령께서 오늘 아침 여러분에게 임하시어, 여러분을 그분의 사랑하는 아들의 십자가 밑으로 인도하시길 바랍니다. 그리고 여러분의 피를 흘리지 않도록 해준 그 그리스도의 피를 바라보고, 여러분이 아직까지 살도록 한 그 그리스도의 죽음을 바라볼 때, 하나님의 성령께서 여러분을 굴복시키셔서, "오! 예수여 제가 당신을 어떻게 핍박할 수 있겠습니까? 어떻게 제가 당신을 거스를 수 있겠습니까? 저를 받아주소서. 긍휼을 베푸시어 저를 구원하소서"라고 말하게 하시길 원합니다.

앞서 저는 그리스도께서 여러분 모두에 대해 보편적인 관심을 갖고 있다고 말했지만, 저는 그리스도께서 여러분 중 어떤 이들에게 특별한 관심을 갖고 있다는 선한 소망도 갖고 있습니다. 그리스도께서는 사람들 가운데 어떤 이들을 특별하게 구속하셨고, 그런 이들을 은과 금으로 사지 아니하고 자신의 보배로우신 피로 사셨습니다. 그리고 그분의 영원한 사랑으로 여러분을 사랑하셨습니다. 저는 믿습니다. 그분께서는 그분의 친절이란 끈을 가지고 오늘 아침 여러분을 이끄실 의향이 있다고 말입니다. 어떤 사람은 "오! 그러한 일이 제 경우라고 생각할 수 없어요"라고 말합니다. 그러나 머지않아 여러분이 하나님의 택함을 받은 자요, 그리스도께 사랑을 입고 그리스도의 면류관에 영원토록 박혀 있는 보석과 같은 존재임을 발견했다고 가정해 보십시오. 그때 여러분은 자신에 대해서 뭐라고 하겠습니까? "나를 그처럼 사랑하신 분을 미워했다니 정말로 애통하구나! 오, 나를 구원하기로 작정하셨던 그분을 대적하여 이제까지 교만하게 서 있을 수 있었다니! 내 값을 지불하시고 그분의 은혜로 나를 선택하시고 영원토록 그분의 신부가 되도록 이끄신 그분과 내가 싸웠다니, 나는 얼마나 어리석은 존재였던고!"

하나님께서는 여러분을 용서하실 것입니다. 그러나 그처럼 오랫동안 버티고 저항하고 서 있었던 것을 생각하면 여러분은 결코 자신을 용서하지 못할 것입니다. 오! "찍어 버리라"고 말씀하지 않으시고 두루 파고 거름을 주어 열매를 맺도록 하라 하신 그 영원하신 긍휼이여! 그러므로 보배 피로써 우리를 영원한 진노에서 구원하신 그분께 모든 찬양을 돌려드려야 할 것입니다. 하나님이여, 제 어눌한 말을 복되게 하시옵소서. 하나님께서는 제가 어떠한 의도로 그런 말을 했는지 아십니다. 제가 그것들을 어떤 뜻으로 말했으며, 여러분을 위해서 얼마나 울었는지, 그리고 여러분의 회심을 위해 간절히 사모하는 심정으로 제 영혼이 얼마나 무거웠는지를 주님은 아십니다. 그러나 겉으로 드러나 보이는 것이 없다 하더라도, 저는 하나님께 기도하렵니다. 진리 자체가 저항할 수 없도록 임하시고, 하나님께서 스스로 승리를 쟁취하사, 영원토록 더욱더 찬양을 받으시길 기도하나이다. 아멘.

제
48
장

—

꼬부라진 것을 곧게 폄

—

"예수께서 안식일에 한 회당에서 가르치실 때에 열여덟 해
동안이나 귀신 들려 앓으며 꼬부라져 조금도 펴지 못하는
한 여자가 있더라 예수께서 보시고 불러 이르시되 여자여
네가 네 병에서 놓였다 하시고 안수하시니 여자가 곧 펴고
하나님께 영광을 돌리는지라." — 눅 13:10-13

이 여인은 신체적으로도 연약했을 뿐만 아니라 영적으로도 연약했었다고
저는 믿고 있습니다. 그녀의 외모는 깊고도 오랫동안 지속된 마음의 절망상태를
잘 보여주고 있습니다. 그녀는 육체뿐만 아니라 마음도 슬픔으로 꼬부라져 있
는, 이중으로 꼬부라진 상태에 있었습니다. 육체와 영혼 사이에는 항상 교감이
있습니다. 그러나 이 여인의 경우처럼 그것이 항상 분명하게 드러나는 것은 아
닙니다. 만약 그 관계가 분명하게 드러났다면, 우리는 많은 곳에서 슬픈 광경들
을 보게 되었을 것입니다. 우리의 외모가 우리의 내적인 상태를 설명해 준다면,
지금 이 자리에 있는 성도들의 경우는 과연 어떠할지, 잠시 동안 생각해 보시기
바랍니다. 만약 어떤 사람이 구세주의 눈과 같은 눈을 가지고서 지금의 우리를
자세히 바라본다면, 즉 우리의 외모에 비친 내면의 모습을 볼 수 있다고 한다면,
지금 이 자리에 모인 성도들의 모습은 도대체 어떤 모습일까요? 아마도 매우 개
탄스러운 광경들이 펼쳐질 것입니다. 많은 회중석에 죽은 사람들이 앉아 있을
것이기 때문입니다. 마치 죽은 사람처럼 생기 없는 흐리멍덩한 눈으로 바라보면

서 생명 비슷한 것을 가진 채, 살았다 하는 이름은 가졌으나 죽은 자(계 3:1) 같은 모습으로, 영적으로 살았으나 죽은(딤전 5:6) 그런 광경이 펼쳐질 것입니다. 사랑하는 성도 여러분, 여러분은 바로 자기 옆에 시체가 앉아 있는 것을 발견하고는 무서워 소름이 돋을 것입니다. 슬픈 일입니다. 그러나 시체들은 아무것도 두려워하지 않을 것입니다. 경건하지 않은 자들이 항상 그러한 것처럼, 무감각한 상태로 그냥 그대로 앉아 있을 것입니다. 복음의 그 귀한 진리가 그들의 귓가에 울려도 말입니다. 그들의 귀는 듣기는 들어도 헛되이 듣는 귀입니다. 수많은 영혼들이 그 모든 회중들 가운데서 "허물과 죄로 죽었던"(엡 2:1) 모습으로 발견될 것입니다. 그럼에도 그들은 여전히 하나님의 백성으로 앉아 있기 때문에, 시온에 살고 있는 자들과 전혀 구별되지 않을 것입니다. 심지어 영적인 생명을 가진 경우라 해도 그 모습은 전혀 사랑스럽지 않을 것입니다. 우리는 이쪽에서는 눈이 먼 사람을 보게 되고, 저쪽에서는 불구가 된 사람을 보게 되고, 또 다른 쪽에서는 완전히 꼬부라진 자들을 보게 될 것입니다. 영적인 기형의 모습은 너무나 많고, 각각의 모습은 보기만 해도 고통스럽습니다. 흔들리는 믿음을 가진 영적으로 마비된 사람은 몸을 심하게 떠는 사람으로 설명할 수 있는데, 이런 사람이 옆에 있으면 우리는 불쾌해질 수 있습니다. 열정이나 절망이라는 영적 발작 증세를 일으키는 사람은 그의 몸도 고통을 받게 되어, 몸과 영이 모두 건강하지 않은 상태일 수 있습니다. 우리 주위에도 열병이나 학질로 인해 몸이 떨리고, 수시로 몸이 뜨거워졌다가 차가워지기를 반복하는 그런 자들이 있습니다. 이들은 어느 순간에는 거의 광신자처럼 뜨거워졌다가도 또 어느 순간에는 철저한 무관심으로 북쪽에서 부는 바람처럼 싸늘해지는 그런 사람들입니다. 이 얼마나 슬픈 일인지 모릅니다. 저는 이 베데스다(요 5:2)에 모인, 많은 병자들, 맹인들, 다리 저는 사람들, 혈기 마른 사람들에 대해서는 더 상세한 설명하지 않으려고 합니다. 만약 육신이 영적 상태에 따라 그 모습을 드러낸다면, 우리 교회는 틀림없이 병원으로 변할 것이며, 각 사람은 옆 사람에게서도 도망치고 싶을 것이고, 그 자신도 자신의 상태에서 벗어나고 싶을 것입니다. 만약 우리의 내적 질병이 우리의 이마에 나타난다면, 우리는 틀림없이 오랫동안 거울을 쳐다보지도 않을 것이고, 두 눈으로 보게 된 그 흉측한 모습을 감히 머리에 담아 두려고도 하지 않을 것입니다. 이제 그런 상상은 그만 하고, 다음과 같이 우리에게 위로가 되는 생각들을 해봅시다. 즉, 예수님께서는 우리가 그렇게 병든 자들인데도 불구하고 우리 가운데 계시다는 생각 말입니다. 그분께서 율법에 따라 우리를 심판하신다면, 그분이 보시기에는 아무것도 기뻐할 것이 없겠지만, 그분은 율법이 아닌 긍휼로 인간이 비참한 상태에서 벗어나는 것을 보고 기뻐하십니다. 그래서 그분에게는 질병으로 앓고 있는 수천 명의 영혼들이 있는 바로 이곳이 자신의 능력을 풍성히 베풀 수 있는 곳이 됩니다.

오늘 본문에 묘사되어 있는 대로, 이 불쌍한 여인은 안식일에 회당에 모인 사람들 중에 가장 눈에 띄지 않는 사람이었을 것입니다. 그녀는 특별한 질병을 앓고 있었기 때문에 키가 아주 작았을 것입니다. 일반 사람들 키의 거의 절반밖에 되지 않는 난쟁이 키였습니다. 그래서 키가 작은 다른 사람들과 마찬가지로, 그녀가 다른 사람들 사이에 서 있을 때는 전혀 보이지 않았을 것입니다. 그녀처럼 꼬부라진 사람은 회당에 들어오거나 나갈 때도 회당 안에서 서 있는 사람들 때문에 눈에 잘 띄지 않았을 것입니다. 그런데 제 생각에 우리 주님께서는 무리들을 가르치실 때, 회당의 바닥보다는 다소 높은 곳에 서셨을 것 같습니다. 왜냐하면 많은 무리들이 그분의 모습을 보고 음성을 듣기 위해서는 그렇게 높은 곳에 서는 것이 훨씬 편리했을 것이기 때문입니다. 이런 여러 가지 사정으로 그분은 꼬부라진 그녀를 다른 사람들보다 더 잘 볼 수 있었을 것입니다. 예수님은 꼬부라진 사람들을 쉽게 찾아낼 수 있는 장소에 항상 계십니다. 그분의 재빠른 눈길은 그 목표물을 절대로 놓치지 않습니다. 불쌍한 영혼인 그녀는 자연히 그 곳에 모인 모든 사람들의 눈에는 거의 띄지 않았습니다. 그럼에도 불구하고 그분의 눈에는 그녀가 분명히 띄었던 것입니다. 우리 주님의 은혜로운 시선은 다른 모든 사람들을 바라보고 계셨지만, 그럼에도 그 눈빛은 그녀에게 고정된 채로 그녀를 비추고 계셨기 때문입니다. 그분의 부드러운 눈길은 그분께서 사랑의 역사를 이루시기까지 그녀에게 머물렀습니다. 혹시 이 아침에 여기 있는 사람들 가운데도 다른 사람들의 눈에는 거의 잘 띄지 않는 그런 사람이 있습니까? 그렇다면 그분은 구세주의 눈에는 잘 보일 것입니다. 왜냐하면 구세주께서는 사람들이 보는 것처럼 사람을 보지 않으시고, 사람들이 보지 않고 그냥 지나치는 자를 아주 자세하게 바라보시기 때문입니다. 아무도 여러분을 알지 못합니다. 아무도 여러분에게 관심이 없습니다. 여러분의 특별한 고민은 아무도 모르고 있고, 여러분은 그 고민을 세상에 드러내려고도 하지 않습니다. 여러분은 극심한 외로움을 느낍니다. 밀집한 군중들 사이에서 느끼는 외로움보다 더 심한 고독은 없습니다. 여러분은 지금 그런 고독 가운데 있습니다. 그러나 결코 절망하지 마십시오. 여러분에게는 함께 있는 친구가 있기 때문입니다. 설교자도 마음을 다해 여러분의 외로움을 쫓아가고 있기는 하지만, 그것이 여러분에게는 전혀 도움이 되지 않을 것입니다. 그러나 다음과 같은 사실이 우리에게는 아주 큰 기쁨이 됩니다. 즉, 우리 주님께서 안식일에 회당에서 가장 눈에 띄지 않는 자를 가장 유심히 살펴보셨듯이, 오늘도 그분께서 그렇게 행하시리라 우리는 믿고 있습니다. 그분의 시선은 여러분을, 바로 여러분을 향해 있습니다. 그분은 여러분을 그냥 지나치지 않으실 것입니다. 그분은 외로운 여러분의 마음에 특별한 안식일의 축복을 나누어 주실 것입니다. 여러분은 스스로 가장 나중 된 자들 틈에 있다고 여기겠지만, 여러분을 향해 주님께서 베푸시는 놀라운 사랑의 기적을 통해 여러분은 이제 먼저 된 자(마 19:30)가 될 것입니다. 이런 일이 실제로 일어나게 되기를 소망하는 마음으로, 우리는 성령님의 도우심으로 이 불쌍한 여인에게 일어난 그 은혜로운 사역을 계속해서 자세히 살펴보고자 합니다.

1. 우리가 살펴보고자 하는 첫 번째 주제는
고통 받는 자들의 꼬부라진 모습입니다.

우리는 이 여인에 대해서 "귀신 들려 앓으며 꼬부라져 조금도 펴지 못하는 한 여자"라고 기록된 것을 읽어볼 수 있습니다. 이에 대해 우리는 첫째로, 그녀는 타고난 자기의 모든 밝은 모습을 잃어버렸다라고 말할 수 있습니다. 그녀가 소녀였을 때는 그녀의 발걸음이 어린 노루처럼 가벼웠을 것이며, 그녀의 얼굴은 미소를 지을 때마다 보조개가 생겼을 것이고, 그녀의 눈 또한 어린아이처럼 밝게 빛났을 것으로 저는 상상합니다. 그녀도 밝고 아름답게 빛나는 청춘이 있었을 것이고, 그 시기에 그녀는 다른 사람들과 마찬가지로 똑바로 서서 걸으며, 낮에는 태양을 보고, 밤에는 반짝이는 별들을 쳐다보면서, 자기 주위에 있는 모든 것을 누리며 인생의 기쁨을 느꼈을 것입니다. 그러나 자신도 모르는 사이에 점차 연약해진 그녀는 이제 주저앉아 몸을 끌며 다니는 처지가 되었습니다. 아마도 척추가 약해서 그랬을 것 같습니다. 근육과 힘줄이 경직되기 시작하면서 이 둘이 서로 밀착되어 자기 몸 쪽으로, 땅 쪽으로 더욱더 당겨졌거나, 또는 근육들이 이완되기 시작하면서 몸이 더 이상 수직적인 자세를 유지할 수 없게 되어 점점 앞으로 구부러졌을지도 모릅니다. 이 두 가지 원인 중의 하나로 인해 그녀는 꼬부라졌을 것이며, 그로 인해 자기 몸을 조금도 곧추 세울 수 없었을 것입니다. 어쨌든 그녀는 열여덟 해 동안 태양을 바라보지 못했고, 열여덟 해 동안 밤하늘의 그 어떤 별도 그녀의 눈을 기쁘게 해주지 못했습니다. 그녀의 얼굴은 점점 더 땅의 티끌을 향해 아래로 숙여졌으며, 인생의 모든 빛은 희미해져가기만 했습니다. 그녀는 마치 자기 무덤을 찾고 있기라도 하는 것처럼 그렇게 걸어다녔습니다. 틀림없이 그녀는 그렇게 자기 무덤이라고 찾는 것이 더 기쁠 수도 있겠다고 느꼈을 것입니다. 그녀는 마치 쇠사슬에 묶인 것처럼 정말 속박된 상태에 있었고, 마치 돌로 만든 벽으로 둘러싸인 감옥에서 살아가는 것 같았습니다. 이 얼마나 슬픈 일입니까. 지금 이 순간에도 이와 똑같은 상태에서 살아가는 하나님의 자녀들이 있다는 것을 우리는 알고 있습니다. 이들은 계속해서 꼬부라져 있습니다. 그들에게도 행복했던 날들이 있었고 그런 날들을 기억하고 있지만, 오히려 그 기억들로 인해 현재 그들의 우울증은 더욱더 심해지고 있습니다. 그들은 때때로 다음과 같은 단조의 노래를 부르기도 합니다.

"내가 처음 주를 보았을 때,
내가 알았던 그 축복은 어디에 있나이까?
예수님과 그분의 말씀이 바라보던 그 시선,
내 영혼을 새롭게 해주던 그 시선은
어디에 있나이까?

그때 제가 누리던 시간이
얼마나 복된 시간인지 몰랐나이다!
그때의 기억이 지금도
얼마나 달콤한지 모릅니다!
그러나 그 기억들은 가슴 아픈
공허함으로 남아 있습니다.
세상은 그 공허함을 결코 채워줄 수 없나이다."

(영국의 시인이자 찬송가 작사가인 윌리엄 쿠퍼[William Cowper, 1731-1800]가 작사한 '오, 하나님과 가까이 동행했으면' [O for a closer walk with God]의 2,3절 가사다).

　　그들은 이제 하나님과 거의 교제하지 않습니다. 우리가 극진히 사랑하는 자(아 1:13, KJV)의 얼굴을 거의, 아니 전혀 보지도 않습니다. 그들은 믿음으로 살아가려고 노력도 해 보았습니다. 그래서 성공도 하였습니다. 그러나 그들에게는 평안도 없고, 위로도 없고, 기쁨도 없습니다. 아직 그들에게 영적 생명이 남아 있기는 해도, 그들은 영적 생명의 면류관과 꽃을 잃어버렸습니다. 저는 지금 이 순간 그런 곤경에 빠진 서너 사람들에게 이런 말을 하고 있다는 것을 확실히 느끼고 있습니다. 그래서 저는 보혜사 성령님께서 이들을 향한 저의 설교를 축복해 달라고 기도드리고 있습니다.

　　이 불쌍한 여인은 자기 자신에 대해서 그리고 자신을 절망하게 한 것에 대해서 꼬부라져 있었습니다. 그녀는 점점 더 아래로 꼬부라지는 것 같았습니다. 그녀의 인생도 앞으로 구부러져 가고 있었습니다. 그녀는 아래로, 아래로, 점점 더 아래로 구부러졌습니다. 마치 세월의 무게가 그녀를 짓누르는 듯 말입니다. 그녀의 시선은 전적으로 땅을 향해 있었습니다. 그녀는 전혀 하늘을 쳐다보지 못했기 때문에, 밝은 빛이 그녀의 눈으로 전혀 들어올 수 없었습니다. 그녀의 시선은 땅의 티끌과 무덤만 바라보는 것으로 좁혀졌습니다. 하나님의 백성들 가운데 어떤 이들도 이 여인과 마찬가지로 마치 납처럼 항상 가라앉는 것 같은 생각만 들고, 그들의 감정도 더 낮은 수로(水路)를 파고 들어가 항상 깊은 홈을 달리는 듯합니다. 여러분은 그들에게 기쁨을 줄 수 없습니다. 단지 그들을 놀라게 할 뿐입니다. 그들은 이상하게도 에스골 골짜기의 포도송이(민 13:24)에서도 슬픔의 주스를 짜냅니다. 다른 사람들은 기뻐 뛰는 곳에서도 그들은 극심한 슬픔으로 몸을 웅크립니다. 왜냐하면 그와 같이 기쁜 일들은 자신과 같은 사람들을 위한 것이 아니라는 불행한 추론을 하기 때문입니다. 강장제(强壯劑)는 애통하는 자들을 위해 분명히 예비된 것인데도 불구하고, 그들은 감히 그것을 받아들이려고 하지 않습니다. 그들은 위로를 받으면 받을수록 더욱더 두려워하며, 그 위로를 자기 것으로 받아들이지 못합니다. 혹시라도 하나님의 말씀 가운데 암울한 말씀이 있으면, 그들은 어떻게든 그 말씀은 읽고서, "이 말씀이야말로 내게 적용되는 말씀이다"라고 말합니다. 또한 설교 가운데 우레처럼 울리는 말씀이라도 있으면, 그들은 그 말씀을 한 마디 한 마디를 다 기억합니다. 그러고는 어떻게 그 설교자가 자기를 그렇게 잘 알고 있는지 궁금해하면서, 설교자가 자기를 염두에 두고 모든 말씀을 전했다고 확신합니다. 그들은 하나님의 섭리 가운데 일어난 일에 대해서도, 그것이 자신에게 유리하든 불리하든 간에, 그 일을 선(善)을 위한 표징으로 해석하지 않습니다. 그 일들에 대해 합리적으로 마땅한지 아닌지를 생각해 보지도 않고, 무조건 그것을 나쁜 징조로만 해석해 버립니다. 그래서 그들은 "이 모든 일들이 내게는 불리하기만 하다"라고 말합니다. 왜냐하면 그들은 땅 이외에는 전혀 볼 수 없으며, 두려움과 괴로움 이외에는 전혀 생각할 수 없는 사람들이기 때문입니다.

분별력이 있지만 다소 무정한 사람들은 이런 사람들을 비난하고, 이들이 기운 없이 의기소침해 있는 것을 질책하게 될 것입니다. 이런 사실로 인해 우리는 다음의 사실에 주목하게 됩니다. 그녀는 자신을 들어올릴 수가 없었습니다. 그녀를 비난해 봤자, 아무 소용이 없었습니다. 그녀에게 언니라도 있었다면, 그 언니는 아마 그녀에게 다음과 같이 말하기도 했을 것입니다. "얘야, 네가 네 자신을 똑바로 세워야지, 그렇게 어깨를 축 늘어뜨리고 있어서는 안 돼. 너는 점점 더 몰골이 흉측해져 가고 있어. 그러니 네 자신에게 좀 더 주의를 기울여야 한다. 그렇지 않으면, 네 몸은 기형이 되고 말거야." 자, 보십시오. 사람들은 얼마나 유익한 충고를 해주는지 모릅니다! 일반적으로 충고를 하는데 돈이 드는 것도 아니고, 대부분의 경우에서는 충고가 충분한 가치를 발하기 때문에 적절한 충고는 매우 유익한 것이기도 합니다. 그러나 영적으로 의기소침해 있는 사람들에게 충고를 한다는 것은 일반적으로 지혜롭지 못한 행동입니다. 왜냐하면 의기소침한 자들을 향한 충고는 그들의 영혼에 고통을 주며, 그들의 영적 상태를 악화시키기 때문입니다. 언제든 쉽게 충고를 하는 사람들을 보면, 저는 그들도 어느 정도는 고통을 좀 받아봤으면 하는 생각이 간간이 듭니다. 그래야 자신이 하고 싶은 말을 참을 수 있는 지혜를 갖게 되지 않을까 하는 생각이 들기 때문입니다. 맹인에게 보라고 하거나, 자기 몸을 가누어 들어올릴 수 없는 사람에게 너는 똑바로 서야 하고 이제는 더 이상 땅을 쳐다봐서는 안 된다고 말하는 것이 무슨 소용이 있겠습니까? 이런 말은 그 사람을 더 비참하게만 만들 뿐입니다. 위로해 주는 척만 하는 사람들은 고통을 주는 자로 분류되는 것이 더 합당할 것입니다. 영적인 연약함은 신체적인 연약함과 마찬가지로 실제적입니다. 사탄이 어떤 영혼을 결박할 때는, 사람이 소나 나귀를 결박했을 때와 마찬가지로 실제로 영혼이 속박됩니다. 그 결박에서는 벗어날 수도 없고, 필연적으로 속박을 당하게 됩니다. 그 상태가 바로 불쌍한 이 여인의 상태였습니다. 저는 자신의 영적 상태를 회복하고자 용감하게 여러 가지를 시도했던 사람들에 대해 말해 보려고 합니다. 이들은 상황을 변화시키고자 노력하였습니다. 그래서 경건한 무리들 가운데 나아가기도 했고, 그리스도인들로부터 위로를 청해보기도 했으며, 자주 하나님의 집에 가서 위안이 되는 책들을 읽기도 하였습니다. 그런데도 그들은 여전히 결박된 상태로 있고, 이에 대해서는 전혀 논란의 여지가 없이 분명합니다. 마음이 상한 자에게 노래하는 것은 소다 위에 식초를 붓는 것과 같습니다(잠 25:20). 아무리 정선된 기쁨이라 해도 그것을 상한 마음에 강요한다면, 그것은 적절하지 않은 행동입니다. 고통 받는 어떤 영혼들은 너무나 아파서 식음(食飮)을 전폐하고는, 죽음의 문으로 가까이 나아가기도 합니다. 만일 지금 이 설교를 듣고 있는 사람들 가운데서도 이런 곤경에 빠진 사람이 있다면, 절대로 절망하지 마십시오. 예수님은 심하게 꼬부라진 자들을 곧게 펴 줄 수 있는 분이시기 때문입니다.

이 불쌍한 여인의 경우에서 가장 최악의 고통은 그녀가 열여덟 해 동안 그 고통을 견뎌야만 했다는 사실입니다. 이 정도로 그녀의 질병은 고질적이었고, 그녀의 고통도 만성적인 것이었습니다. 열여덟 해 동안이나 지속되었으니 말입니다! 열여덟 해는 긴 시간입니다. 너무나 긴 시간입니다. 그와는 반대로, 열여덟 해 동안의 행복은 어떻습니까! 그런 행복한 시간은 열여덟 해가 아무리 긴 시간이라 해도, 마치 발뒤꿈치에 날개를 단 메르쿠리우스(Mercurius, 로마 신화에 나오는 상업의 신으로, 그리스 신화의 헤르메스에 해당하며, 제우스의 메신저[使臣] 역할을 한다)처럼 금방 날아가 버립니다. 다시 말해, 그런 행복한 시절이 왔는가 싶더니 곧 지나가 버리는 것입니다. 인생에서 행복한 시절이 열여덟 해라면, 그 얼마나 짧은 시간인지 모릅니다! 그러나, 고통의 시절이 열여덟 해입니다. 머리가 땅에 닿을 정도로 꼬부라져서 살았던 시간이 열여덟 해입니다. 사람의 모습이라기보다는 오히려 거의 짐승에 가까운 모습으로 살았던 열여덟 해입니다. 이 시간은 틀림없이 길고도 긴 시간이었을 것입니다! 열여덟 해라는 긴 시간 동안, 열여덟 번이나 그 끔찍스러운 열두 달이 마치 뒤에 질질 끌려오는 쇠사슬처럼 해마다 계속되었습니다! 그녀는 열여덟 해 동안 마귀의 속박 아래 있었습니다. 이 얼마나 엄청난 고통입니까! 하나님의 자녀가 열여덟 해 동안 낙심 가운데 있을 수 있겠습니까? 저는 "그럴 수 있다"라고 대답할 수밖에 없습니다. 한 예가 여기에 있습니다. 바로 티머시 로저스(Timothy Rogers, 1658-1728, 영국의 청교도로서, 1688년부터 1690년까지 극심한 우울증에 시달렸다. 하나님의 은혜로 우울증을 극복한 후 여생을 우울증과 관련된 글을 쓰고 설교를 하며 보냈다. 저서로는 '마음의 고통과 우울증 증세에 관한 고찰'[The Discourse on Trouble of Mind and the Disease of Melancholy, 1691] 등이 있다 — 역주)의 경우가 그렇습니다. 그는 종교적 우울증에 관한 아주 탁월한 책을 쓴 사람으로서, 제가 알기로는 그 자신이 이십 팔년 동안을 낙담한 상태로 지냈습니다. 따라서 그의 정확한 지적에 대해서는 이견이 있을 수 없을 것입니다. 이와 유사한 사례들은 우리가 익히 알고 있는 경건한 사람들의 여러 자서전에서도 쉽게 찾아볼 수 있습니다. 그들은 개인적으로 수년 동안 절망이라는 우울한 동굴에 갇혀 있다가, 결국에는 각자 독특한 방식으로 기쁨과 위로를 얻게 되었습니다. 열여덟 해 동안이나 절망 가운데 있었다는 것은 틀림없이 지독한 고통이었을 것입니다. 그러나 이러한 고통으로부터 벗어날 수 있는 출구가 존재합니다. 마귀가 쇠사슬을 만드는 데는 열여덟 해가 걸렸지만, 복되신 우리 주님께서 그 사슬을 부수는 데는 십팔 분도 채 걸리지 않기 때문입니다. 주님께서는 그 사로잡힌 자를 즉시 자유롭게 하실 수 있습니다. 지옥의 마귀야, 세워라, 너의 소굴들을 세워라. 깊이 기초를 놓고, 아주 단단한 것으로 모두 확고히 건축하여, 그 누구든 네가 세운 건물의 돌 하나도 흔들지 못하도록 하여라. 그러나 네가 수고한 모든 것을 파멸시킬 너의 주인인 그분께서 오셔서, 그분께서 말씀만 하시면, 네가 공들여 지은 그 바스티유 감옥(Bastille, 프랑스 혁명 때 파괴된 감옥으로, 죄수를 잔인하게 다루던 곳으로 유명하다)도 마치 상상 속에만 있는 실체 없는 건물처럼 흔적도 없이 사라져 버릴 것이다. 열여덟 해 동안 우울증을 앓았다고 해서, 예수님께서 그 사로잡힌 자들을 자유롭게 하실 능력이 없다고 입증되는 것은 아닙니다. 그분에게는 그 기간이 그분의 은혜로운 능력을 드러낼 수 있는 계기가 준비되는 기간일 따름입니다.

　이 불쌍한 여인에 대해 좀 더 살펴보겠습니다. 그녀는 육체적으로나 정신적으로 꼬부라져 있었지만, 그래도 자주 기도의 집에 나아왔습니다. 우리 주님께서는 회당에 계셨고, 그녀도 회당에 있었습니다. "내가 공개적인 장소에 가는 것은 매우 고통스러운 일이야. 내가 그런 곳에 가지 않는다 해도, 틀림없이 모두 이해해 줄 거야"라고 그녀가 혼잣말을 했다 해도 전혀 이상한 일이 아닙니다. 하지만 그녀는 그렇게 생각하지 않았습니다. 그녀는 그곳에 있었습니다. 하나님의 자녀이신 사랑하는 성도 여러분, 마귀는 때때로 여러분이 하나님의 말씀을 들으러 어디든 가는 것은 헛된 일이라고 여러분을 지금까지 꼬드겼습니다. 마귀가 아무리 꼬드겨도 여러분은 계속해서 같은 길로 나아가십시오. 여러분이 하나님의 말씀을 듣는 한, 여러분이 마귀의 수하에서 벗어날 수 있다는 것을 마귀도 알고 있습니다. 그러므로 마귀는 할 수만 있으면, 여러분이 하나님의 말씀에서 멀리 떨어져 있도록 할 것입니다. 그런데 이 여인이 자신의 자유를 발견한 때는 다른 때가 아니라, 바로 기도의 집에 있을 때였습니다. 여러분도 그 기도의 집에서 자유를 찾을 수 있습니다. 그러므로 어떤 일이 있더라도, 계속해서 주님의 집에 올라오도록 하십시오.

이 모든 것에도 불구하고, 그녀 역시 아브라함의 딸이었습니다. 마귀는 마치 소나 나귀처럼 그녀를 결박했습니다. 그러나 마귀는 그녀의 특권까지는 빼앗을 수 없었습니다. 그녀는 여전히 아브라함의 딸(눅 13:16)이었고, 여전히 겸손한 믿음으로 하나님을 신뢰하는 믿음의 영혼이었습니다. 구세주께서는 그녀를 낫게 하시면서, "네 죄 사함을 받았느니라"고 말씀하지 않으셨습니다. 이 여인의 경우에는 특별한 죄가 언급되지 않았습니다. 그분께서 죄로 인해 병약해진 사람들에게 하셨던 말씀을 이 여인에게는 하지 않으셨습니다. 왜냐하면 꼬부라져 조금도 펴지 못하는 이 여인에게 가장 필요한 것은 위로이지 책망이 아니었기 때문입니다. 그녀의 마음은 하나님과 바른 관계를 유지하고 있었습니다. 저는 그 사실을 알고 있습니다. 왜냐하면 그녀가 치료를 받자마자 하나님께 영광을 돌리기 시작했기 때문입니다. 이것은 그녀가 이미 하나님을 찬양할 준비가 되어 있었다는 것과 영으로 하나님을 기뻐하고 찬양할 기회를 기다리고 있었다는 것을 보여줍니다. 비록 열여덟 해 동안 꼬부라져 있었지만, 그래도 그녀는 하나님의 집으로 올라가면서 어느 정도 위로를 받았습니다. 그녀가 마땅히 가야 할 곳이 하나님의 집 외에 달리 어디이겠습니까? 또 그녀가 집에 머물러 있다 해서, 도대체 무슨 유익을 얻을 수 있겠습니까? 병든 어린아이는 아버지의 집에 머무르는 것이 가장 좋습니다. 따라서 기도하는 집으로 알려진 그곳에 있는 것이 그녀에게는 가장 좋은 일이었습니다.

사랑하는 성도 여러분, 이러한 이 여인의 모습은 일반 사람들에게서 발견될 수 있고, 어쩌면 여러분의 경우에도 발견될 수 있는 모습입니다. 제가 이 모습을 잘 설명하도록 성령 하나님께서 축복하셔서, 여러분의 마음에 큰 힘이 되기를 기원합니다.

2. 두 번째로, 저는 여러분이 이런 속박을 하는 사탄의 손길을

주목할 수 있도록 여러분을 초대하고자 합니다.

　이 불쌍한 여인을 열여덟 해 동안 결박한 것이 바로 사탄이었다는 사실을 주님께서 말씀해 주지 않으셨다면, 우리는 이 사실을 알지 못했을 것입니다. 사탄은 그 오랜 시간 동안 그 결박의 매듭이 풀리지 않도록 아주 교묘하게 속박한 것이 틀림없습니다. 그래도 사탄이 그 여인을 자기 소유물로 삼은 것 같지는 않아 보입니다. 여러분이 복음서들을 읽어보면, 우리 주님께서는 사탄의 소유가 된 자에게는 절대로 안수하지 않으셨다는 사실을 알 수 있을 것입니다. 사탄은 그녀를 결코 소유하지 못했습니다. 하지만 사탄은 언젠가 그녀를 덮치고는, 열여덟 해 동안이나 결박하였습니다. 마치 사람들이 맹수를 단단히 묶어 결박하듯 말입니다. 그래서 그녀는 그 열여덟 해 동안 자유로울 수 없었습니다. 여러분과 제가 열여덟 해 동안이나 풀 수 없을 그런 결박을 마귀는 한순간에 할 수 있습니다. 마귀는 이 여인을 희생물로 삼아, 너무나 확실히 단단하게 결박했기 때문에, 그녀 자신이나 다른 사람들이 가진 어떤 힘으로도 달리 어떻게 해 볼 수가 없었습니다. 이런 식으로 마귀는 기회만 있으면, 하나님의 백성 중 누구라도 그렇게 짧은 시간에 결박할 수 있습니다. 사탄은 어떤 수단을 사용해서라도 그렇게 할 수 있습니다. 슬픔을 끼칠 의도가 전혀 아니었다 해도, 설교자의 입에서 나온 한 마디 말이 성도들의 마음에 비참한 생각이 들게 할 수도 있고, 양서(良書)의 단 한 문장이나, 성경 말씀 가운데서 잘못 이해된 한 구절의 말씀이 사탄의 교묘한 손에 이용되어 하나님의 자녀를 오래도록 단단히 묶어 결박할 수 있는 충분한 도구가 될 수도 있습니다.

　사탄은 그 여인을 그녀 자신에게 결박했고 땅에 결박하였습니다. 이런 모습은 짐승을 묶어두는 잔인한 방식입니다. 저는 머리가 무릎이나 발에 묶인 어떤 불쌍한 동물을 본 적이 있습니다. 사탄은 이와 같은 방식으로 이 여인을 꼬부라지게 해서 그녀 자신에게도 결박하였습니다. 이와 마찬가지로, 생각이 온통 자신만을 향하고 있는 하나님의 자녀가 있습니다. 그들은 자신의 눈으로 자기 내부만 들여다봅니다. 그래서 자기 속에 있는 작은 세계에서 일어나는 일들만 바라봅니다. 그들은 항상 자신의 연약함을 한탄하고, 항상 자신의 타락을 애통해하며, 항상 자신의 감정에 치우칩니다. 그들이 생각하는 단 하나의 유일한 주제는 바로 자신의 상태입니다. 만약 그들이 시야를 돌려서 다른 주제를 바라본다 해도, 그들은 고작 자기 아래에 있는 땅을 바라보면서, 자신의 슬픔과 자신의 비참함과 자신의 죄악과 자신의 절망 등이 있는 이 처참한 세상에 대해 신음할 뿐입니다. 이렇게 해서 그들은 자기 자신에게 그리고 땅에 결박당합니다. 그래서 그들은 마땅히 바라보아야 할 그리스도를 바라보지 못할 뿐만 아니라, 그리스도께서 비추시는 사랑의 햇빛도 받지 못하게 됩니다. 그들은 해도 없는 가운데 애통하며, 걱정과 온갖 짐에 짓눌려 있습니다. 우리 주님께서는 그들을 매여 있는 소나 나귀에 비유하고 계시며, 주인이 소나 나귀를 풀어내어 이끌고 가서 물을 먹이는 (눅 13:15) 것이 합당하다고 말씀하십니다.

이 불쌍한 여인은 자기 영혼이 필요로 하는 것에서 격리되어 있었습니다. 그녀는 물을 마시기 위해 여물통으로 갈 수 없는 소나 나귀와 같았습니다. 그녀는 약속들을 알고 있었습니다. 안식일마다 읽혀지는 그 약속들을 들었기 때문입니다. 그녀는 회당에 가서 사로잡힌 자들을 풀어주기 위해 오신 그분에 관한 말씀도 들었습니다. 그러나 그녀는 그 약속을 기뻐할 수도 없었고 그 자유를 누릴 수도 없었습니다. 하나님께서 사랑하시는 백성들 가운데 많은 무리들이 이와 같이 결박되어 있습니다. 결박된 그들은 물가로 갈 수도 없고, 생명의 강에서 물을 마실 수도 없고, 성경 속에서 위로를 찾을 수도 없습니다. 그들은 복음이 얼마나 귀중한지를 알고 있습니다. 그리고 언약이 주는 축복들이 얼마나 큰 위로가 되는지도 알고 있습니다. 그럼에도 불구하고 그들은 그 위로나 축복을 누릴 수 없습니다. 오, 그들이 누릴 수만 있다면 얼마나 좋겠습니까! 그들은 탄식하며 울부짖지만, 자신이 결박되어 있다는 것을 느낄 뿐입니다.

바로 여기에 구원의 말씀이 있습니다. 사탄은 그 불쌍한 여인에게 많은 짓을 했습니다. 사탄은 자기가 할 수 있는 모든 것들을 다 했습니다. 사탄이 하나님의 자녀들을 칠 때는 한 번도 자기 힘을 아낀 적이 없다는 사실을 여러분은 아주 확실히 알고 있을 것입니다. 사탄은 자비에 대해서는 전혀 알지 못하며, 자신을 제어할 생각도 하는 법이 없습니다. 하나님께서 욥을 사탄의 손에 잠시 넘겨주셨을 때, 사탄은 욥의 재산을 얼마나 파괴하고 황폐하게 했는지 모릅니다. 사탄은 자녀, 양, 낙타, 소, 암나귀, 종, 그 어느 것도 살려 주지 않았습니다. 사탄은 욥을 좌우 가리지 않고 강타했습니다. 그래서 욥의 전 재산을 폐허로 만들어 버렸습니다. 사탄이 하나님으로부터 두 번째 허락을 받고서 욥의 뼈와 살을 건드리러 왔을 때, 사탄은 욥을 쳐서 그의 발바닥에서 정수리까지 종기가 나게(욥 2:7) 하였습니다. 그래도 사탄은 만족하지 못했습니다. 그래서 사탄은 욥의 몸의 일부

분에 고통을 가함으로써, 아주 충분히 욥을 고통스럽게 했습니다. 하지만 이것
으로도 사탄은 만족하지 못했습니다. 사탄은 복수로 자기의 주린 배를 채워야
했습니다. 사탄은 자기가 할 수 있는 모든 것을 하고자 했습니다. 그리하여 사탄
은 욥의 온 몸을 진물이 나는 종기로 뒤덮어 버렸습니다. 그럼에도 불구하고 욥
의 경우에서 한계가 있었던 것처럼, 오늘 본문에 나오는 이 여인의 경우에도 한
계가 있었습니다. 사탄은 이 여인을 결박하였습니다. 그러나 사탄은 그녀를 죽
이지는 않았습니다. 사탄은 그녀의 몸을 꼬부라지게 해서 무덤을 향하도록 했습
니다. 그러나 사탄은 그녀의 몸을 구부려서 무덤에 집어넣지는 못했습니다. 사
탄은 그녀가 완전히 반으로 접히기까지 그녀를 꼬부라지게 할 수는 있었어도,
그 연약한 생명을 없앨 수는 없었습니다. 사탄이 가진 모든 극악무도한 교활함
으로도, 그녀의 연수(年壽)가 다하기 전에는 그녀를 죽게 할 수 없었습니다. 게
다가 그녀는 여전히 여인이었습니다. 비록 그녀가 꼬부라져서 짐승의 모습을 하
고 있다 해도, 마귀는 그녀를 짐승으로 만들 수는 없었습니다. 오, 하나님의 자녀
들이여, 이처럼 마귀는 여러분을 멸망시킬 수 없습니다. 마귀는 여러분을 칠 수
는 있어도, 여러분을 죽일 수는 없습니다. 마귀는 자기가 멸망시킬 수 없는 자들
을 괴롭힙니다. 그렇게 괴롭히면서 마귀는 악의적인 기쁨을 누립니다. 마귀는
여러분을 멸망시킬 가망이 없다는 것을 알고 있습니다. 왜냐하면 여러분은 마귀
가 쏘는 총의 사정거리 밖에 있기 때문입니다. 마귀는 자기가 쏘는 총으로 여러
분에게 상처를 입힐 수 없다 해도, 할 수만 있다면 그 화약으로도 여러분을 놀라
게 하려고 할 것입니다. 우리를 죽일 수 없다 해도, 마귀는 자기가 마치 도살자인
것처럼 우리를 묶으려고 할 것입니다. 그렇습니다. 마귀는 어떻게 하면 불쌍한
영혼이 죽음의 공포 가운데서 불안해하며 죽어가게 하는지 그 방법을 알고 있습
니다. 그러나 이 모든 것에도 불구하고 사탄은 이 불쌍한 여인이 가진 참된 지위
를 전혀 건드릴 수가 없었습니다. 그녀는 마귀가 그녀를 처음으로 공격할 그 때
부터 열여덟 해 동안 줄곧 아브라함의 딸(눅 13:16)이었습니다. 그리고 마귀가
최악의 마지막 공격을 할 때인 열여덟 해 이후에도, 그녀는 여전히 아브라함의
딸이었습니다. 설령 여러분도 그녀처럼 주님이 주시는 그 사랑의 평안함을 열여
덟 해 동안 느껴보지 못했다 해도, 그분께서 마음으로 소중히 여기는 여러분 역
시 여전히 그분께서 사랑하는 자들입니다. 그리고 누구라도 느낄 수 있고 누릴
수 있을 정도로 그분께서 주시는 그분의 사랑의 징표를 어떤 형태로라도 여러분

이 한 번도 받지 못했다 해도, 다시 말해 여러분이 당황스럽고 마음이 산란해서 지금까지 온통 여러분을 괴롭힌 쓰라린 일들만 기록해 두었다 해도, 여러분의 이름은 아무도 지울 수 없는 그리스도의 손에 기록되어 있습니다. 여러분은 예수님에게 속해 있습니다. 그러므로 어느 누구도 여러분을 그분의 손에서 빼앗을 수 없습니다. 마귀는 여러분은 단단히 결박할 수 있습니다. 그러나 그리스도는 영원한 사랑의 줄로 여러분을 더 단단히 묶으셨습니다. 그 영원한 사랑의 줄이 틀림없이 여러분을 끝까지 붙잡아줄 것입니다.

이 불쌍한 여인은 심지어 마귀를 통해서도 하나님께 영광을 돌려드릴 준비를 하고 있었습니다. 그녀가 마침내 자유롭게 되었을 때, 그 회당에 있던 어느 누구도 그녀만큼 하나님께 영광을 돌려드릴 수 없었습니다. 한 해가 아니라, 열여덟 해의 속박에서 벗어났으므로, 그녀는 더욱 완전한 감사를 두드러지게 할 수 있었습니다. 그녀의 슬픔이 깊으면 깊을수록, 그녀의 찬송 또한 더욱더 감미로웠습니다. 저도 그 아침에 그녀와 함께 회당에 있어서, 하나님이신 그리스도의 해방시키시는 능력에 대해 그녀가 말하는 것을 들었다면 얼마나 좋았을까 하는 생각을 해 봅니다. 틀림없이 마귀는 자기의 모든 수고가 사라졌다는 것을 알았을 것이고, 자기가 열여덟 해 동안 그녀를 혼자 있게 내버려 두지 않았던 것을 후회했을 것입니다. 왜냐하면 마귀가 곁에서 그녀를 괴롭힘으로써, 결과적으로 그녀가 예수님의 기이한 능력에 대해 더욱 감미롭게 말할 수 있도록 해 주었기 때문입니다.

3. 세 번째로, 여러분은 그분이 활동하시는 해방자라는 사실에 주목했으면 좋겠습니다.

우리는 그 여인이 마귀에 의해 결박당한 것을 보았습니다. 그런데 거기에 해방자가 오셨습니다. 우리가 이 해방자에 대해 첫 번째로 읽어볼 수 있는 것은 그분이 그녀를 보셨다는 것입니다. 그분은 눈으로 주위를 둘러보셨습니다. 즉, 그분은 한 사람 한 사람을 바라보면서 그 마음들을 모두 읽으셨습니다. 그러다 마침내 그분은 그 여인을 보셨습니다. 그렇습니다. 그분이 찾고 있는 사람이 바로 그 여인이었습니다. 그분께서 그녀를 보신 것은 제가 여러분 가운데 한 사람을 보는 것과 동일하다고 생각해서는 안 됩니다. 그분은 그녀의 성격과 살아온 배경, 마음의 모든 생각과 영혼의 모든 소망 등 모든 면을 읽으셨습니다. 아무도 그분에게 그녀가 열여덟 해 동안 결박되어 있었다고 말해 주지 않았습니다. 그러나 그분은 그녀에 대한 모든 것을 알고 계셨습니다. 즉, 그녀가 어떻게 해서 결박당했는지, 그 시간 동안 어떻게 고통을 받았는지, 낫기 위해서 얼마나 기도를 했는지, 자기의 연약함 때문에 얼마나 억눌려 지내왔는지 등을 모두 알고 계셨습니다. 그분은 단 일 분만에 그녀가 지금까지 어떻게 지내왔는지, 그리고 그녀의 지금 상태가 어떠한지를 읽으셨습니다. 그분은 그녀를 보셨습니다. 오, 찾으시는 그분의 눈길에 얼마나 많은 의미가 들어 있는지 모릅니다. 우리 주님께서는 놀라운 눈을 가지고 계십니다. 세상에 있는 그 어떤 화가라도 그리스도를 만족하리만큼 그려내지 못할 것입니다. 왜냐하면 화가라 해도 그분이 지니신 그 풍부한 표정의 눈빛을 묘사할 수 없기 때문입니다. 그분의 눈은 고요하게 안식하고 있는 하늘을 머금고 있습니다. 그분의 두 눈은 밝게 빛나고 사물을 꿰뚫어 볼 뿐만 아니라, 완악한 마음을 녹이는 힘과 거역할 수 없는 부드러움과 확신을 가져다주는 능력으로 가득 차 있습니다. 우리 주님께서 이 불쌍한 여인을 보셨을 때, 그분의 두 눈에서는 눈물이 흐르기 시작했을 것이라고 저는 믿어 의심치 않습니다. 그런데 그 눈물은 슬픔의 눈물이 아니었습니다. 왜냐하면 그분께서는 자신이 그녀를 낫게 할 수 있다는 것을 아셨고, 그녀를 낫게 함으로써 얻게 될 기쁨을 기대하고 계셨기 때문입니다.

　그분께서는 그녀를 응시하시고는, 그녀를 자기에게로 부르셨습니다. 그분께서는 그녀의 이름을 알고 계셨을까요? 오, 그렇습니다. 그분은 우리의 모든 이름들을 알고 계십니다. 그러므로 그분의 부르심은 개별적이고, 전혀 실수가 없으십니다. 그분은 "내가 너를 네 이름으로 불렀나니 너는 내 것이니라"(사 43:1 KJV)고 말씀하십니다. 자, 보십시오. 그 불쌍한 피조물인 그녀가 통로로 올라오고 있습니다. 비록 땅에 닿을 만큼 몸은 꼬부라져 있지만, 슬픔투성이인 이 가련한 여인이 지금 움직이고 있습니다. 정말 그 여인이 맞습니까? 여러분에게는 그녀가 얼굴이 있는지도 잘 보이지 않을 것입니다. 그래도 그녀는 자신을 부르신 그분을 향해 지금 나아오고 있습니다. 그녀는 똑바로 설 수가 없습니다. 그래도 그녀는 구부러지고 연약한 있는 모습 그대로 나아옵니다. 저는 나의 주님이 사람들을 치료하신 그 방식을 좋아합니다. 그분은 아픈 환자들이 있는 그곳으로, 그들에게 다가가십니다. 그분은 그들에게 그들이 먼저 무언가를 하면, 그 나머지는 그분께서 할 것이라는 식으로 제안하지 않으십니다. 그분께서 먼저 시작하시고 그분께서 끝도 맺으십니다. 그분은 그들에게 있는 모습 그대로 나아오라고 명하십니다. 그분은 그들에게 무언가를 고치거나 준비하기를 요구하지 않으십니다. "이 설교자가 나를 염두에 두고 하는 말이구나. 이 설교자가 믿는 주님께서 나에게 하시는 말씀이구나"라고 여러분이 느낄 때까지, 복되신 주님께서 이 아침에 여러분을 바라보시기를 기원합니다. 그래서 "있는 모습 그대로 예수님께 나아오라"고 말씀하시는 음성이 여러분의 귓가에 울려 퍼지기를 기원합니다. 그때서야 비로소 여러분은 다음과 같이 대답하는 은혜를 갖게 될 것입니다.

> "내 모습 그대로 나아갑니다.
> 가난하든지, 비참하든지, 눈이 안 보이든지,
> 눈이 보이든지, 부하든지, 마음이 치유되었든지 말입니다.
> 그렇습니다. 내가 필요한 모든 것은
> 당신 안에 있습니다.
> 오, 하나님의 어린 양,
> 내가 당신께 나아갑니다."
> (영국의 여류시인이자 찬송가 작사가인 샬롯 엘리엇[Charlotte Elliott, 1789-1871], '내 모습 그대로, 아무 변명도 없이'[Just as I Am, Without One Plea], 4절 가사(큰 죄에 빠진 날 위해-찬 282장)).

그 여인이 나아왔을 때, 그 위대한 해방자께서는 그녀에게, "여자여 네가 네 병에서 놓였다"라고 말씀하셨습니다. 어떻게 해서 이 말씀이 사실일 수 있었을까요? 지금도 그녀는 여전히 예전처럼 꼬부라져 있었습니다. 사실, 그분께서 하신 이 말씀은 사탄의 저주가 그녀에게서 떠나갔다는 뜻으로, 즉 그녀를 지금까지 그렇게 꼬부라지게 만들었던 세력이 이제 꺾였다는 뜻으로 하신 말씀이었습니다. 예수님께서 이 말씀을 하셨을 때, 그녀의 외모는 예전 상태와 전혀 달라지지 않았지만, 그럼에도 불구하고 그녀는 영혼 가장 깊은 곳에서 그분의 말씀을 믿었습니다. 오, 하나님께서 사랑하시는 하나님의 백성들인 여러분이 이 아침에, 우울한 여러분의 마음 상태에 끝이 왔다는 사실, 즉 여러분에게 열여덟 해나 계속되던 그 시간이 이제 지나갔고, 여러분이 의심하고 낙담하던 그 시간도 이제 끝이 났다는 사실을 믿을 수 있는 능력을 가졌으면 좋겠습니다. 오늘 아침의 태양이 처음으로 동쪽을 금빛으로 물들일 때, 그 빛은 여러분을 위해 주어진 것이라는 사실을 아는 은혜를 하나님께서 여러분에게 주시기를 저는 기도하겠습니다. 보십시오. 저는 오늘도 주님께서 주신 그 기쁜 메시지를 선포하기 위해 나아왔습니다. 죄수인 여러분이여, 앞으로 나아오십시오. 사로잡힌 여러분이여, 기뻐 뛰십시오. 예수님께서 오늘 여러분을 해방시켜 주시기 위해 오셨습니다. 그 여인은 해방되었습니다. 그러나 그녀는 실제적으로 그 자유를 누릴 수 없었습니다. 이제 그 이유에 대해 직접 말씀드리겠습니다. 우리 주님께서는 고유한 방식으로 계속해서 그녀에게 최고의 선물을 주셨습니다. 그분은 손을 들어 그녀에게 안수하셨습니다. 그녀는 힘이 없어서 고통을 받았습니다. 그러나 그분께서 손으로 그녀에게 안수하심으로써, 그분의 생명이 그녀에게 부어졌다고 저는 생각합니다. 그분께서 친히 가지신 그 무한한 능력과 생명력의 따뜻한 흐름이 고통 받던 그녀의 무기력한 존재의 흐름과 맞닿게 되었습니다. 그로 인해 그 무기력한 흐름이 소생하여 그녀는 스스로 그 몸을 들어올리게 되었습니다. 이제 사랑의 행위가 완성되었던 것입니다. 예수님께서 친히 그 일을 행하셨습니다. 지금 애통하고 있는 사랑하는 성도 여러분, 이 아침에 전한 말씀으로 인해, 여러분이 여러분 자신에 대해 생각하던 것에서 떠나 우리 주 예수님에 대해 생각하게 되고, 또한 여러분의 걱정거리로 아래를 바라보던 여러분이 이제는 그분을 생각하게 되는 일이 일어난다면, 도대체 얼마나 큰 변화가 여러분에게 임하겠습니까! 만약 그분께서 자신의 손으로 여러분을 안수해 주실 수만 있다면, 다시 말해 여러분을 사신 그 못 박힌 귀하신 손, 여러분을 위해 하늘과 땅을 다스리시는 그 힘 있는 손, 죄인들을 탄원하기 위해 펼치신 그 복된 손, 영원토록 여러분을 그분의 품에 안아 주실 그 귀하신 손으로 여러분을 안수해 주실 수만 있다면 말입니다! 만약 여러분이 그분에 대한 생각으로 이 손길을 느낀다면, 그렇다면 여러분은 곧 이 땅에서 여러분의 기쁨을 회복하고, 영혼의 쾌활함을 다시 되찾게 되고, 꼬부라져 있던 영혼은 밤의 꿈과 같이 사라져, 영원히 잊힐 것입니다. 오, 주의 영이시여, 그렇게 되도록 인도해 주옵소서.

4. 저는 여기서 더 이상 지체하지 않겠습니다.
이제 풀린 결박에 대해 주목하도록 여러분을 초대하고자 합니다.
그녀는 펴졌다라고 우리는 들었습니다. 그것도 즉시 말입니다. 자, 제가 여러분에게 주목하라고 하는 부분은 바로 이 부분입니다. 즉, 그녀는 자신을 들어올려야만 했습니다. 이것은 자신이 해야 할 행동이요 행위였습니다. 그 어떤 압력이나 힘도 그녀에게 가해지지 않았습니다. 그리고 그녀가 자신을 들어올렸습니다. 오늘 본문에 "펴고" 하신 말씀이 바로 이 뜻입니다. 그녀에게 기적이 일어났다는 의미로만 본다면, 그녀는 수동적이었습니다. 그러나 그녀가 자신을 들어올렸기에, 그렇게 할 수 있었다는 의미에서 본다면, 그녀는 능동적이기도 했습니다. 여기에서 보는 것처럼, 인간의 구원에 있어서 능동적인 것과 수동적인 것이 얼마나 놀랍게 조화를 이루는지 모릅니다. 아르미니우스주의자들은 죄인에게 "자, 죄인들이여, 당신들은 책임 있는 존재들입니다. 그러므로 당신들은 이런저런 일을 해야만 합니다"라고 말합니다. 반면 칼빈주의자들은 죄인에게 "죄인들이여, 참으로 당신들은 충분히 책임질 수 있는 자들입니다. 그러나 동시에 당신들은 스스로 아무것도 할 수 없는 자들이기도 합니다. 하나님께서 여러분 안에서 역사하시어, 행하려는 의지와 행할 능력, 이 두 가지를 모두 주셔야만 합니다"라고 말합니다. 우리는 이 두 교사들에 대해 어떻게 해야 합니까? 이 두 교사들은 백 년 전부터 엄청나게 무서울 정도로 싸워왔습니다. 우리는 이제 이들이 서로 싸우지 않도록 해야 합니다. 그렇다면 우리는 이들에게 어떻게 해야 하겠습니까? 우리는 양쪽 다 말하도록 하고 나서, 그들의 두 가지 증거 가운데 참된 것을 믿을 것입니다. 아르미니우스주의자들의 주장, 즉 죄인의 편에서 어떤 노력이 반드시 있어야 하고, 그렇지 않으면 구원받지 못할 것이라는 주장은 참된 말이지 않습니까? 이 말에 대해서는 의심의 여지가 없습니다. 주님께서 영적인 생명을 주시자마자, 사람은 영적인 활동을 하기 마련입니다. 그 누구도 다른 사람의 귀를 잡아당겨서 억지로 천국으로 끌고 갈 수도 없고, 또한 편안한 깃털 침대에서 잠만 자고 있는 자를 천국으로 데리고 갈 수도 없습니다! 하나님께서는 우리를 책임 있는 존재, 지적인 존재로 대하십니다. 이것은 참된 말입니다. 이런 것을 부인해봤자 무슨 유익이 있습니까? 자, 그렇다면 칼빈주의자들은 무슨 말을 하겠습니까? 그들은 죄인은 죄라는 질병에 결박되어 있어서 자신을 들어올릴 수 없기 때문에, 죄인이 스스로 자신을 들어올리게 되었을 때는 하나님께서 이 모든 것을 행하신 것이라고 할 수 있으므로, 주님이 그 일에 대한 모든 영광을 받으셔야 마땅하다고 말합니다. 이 또한 참된 말이지 않습니까? 아르미니우스주의자들은 "오, 저는 주님께서 영광을 받으셔야 한다는 것을 절대로 부인하지 않습니다. 저는 당신과 함께 하나님께 영광을 돌려드리기 위해 찬송할 것입니다. 그리고 저는 하나님의 능력을 힘입기 위해 당신과 함께 당신이 드리는 기도와 동일한 기도를 드릴 것입니다"라고 말합니다. 성도들이 나아와 찬송하고 기도할 때 모든 기독교인들은 철저한 칼빈주의자들입니다. 하지만 우리가 우리의 무릎과 우리의 찬양으로 고백한 것을 교리 때문에 의심하는 것은 안타까운 일입니다. 홀로 예수님만이 죄인을 구원하신다는 것은 아주 참된 말입니다. 그와 동시에 죄인이 믿어서 구원을 받게 된다는 것도 똑같이 참된 말입니다. 성령님께서 어떤 다른 사람을 대신하여 믿어 주는 것이 아닙니다. 사람은 자신을 위해서 자신이 믿고 자신이 회개해야만 합니다. 그러지 않으면 구원을 받지 못합니다. 그러나 성령님의 역사 없이는 이 세상에서 참된 믿음이나 참된 회개가 손톱만큼도 있을 수 없습니다. 저는 이처럼 어려운 문제들에 대해서 더 이상 설명하지 않겠습니다. 왜냐하면 이런 문제들은 이론에서만 어려운 것이지, 실제로는 어려운 것이 아니기 때문입니다. 이 문제들은 실제 생활에서는 아주 분명합니다. 구원의 문제가 어떻든 간에, 이 불쌍한 여인은 자기가 어디에 면류관을 놓아야 할지 알고 있었습니다. 그녀는 "내 힘으로 폈다"라고 말하지 않았습니다. 절대로 그렇게 말하지 않았습니다. 도리어 그녀는 하나님께 영광을 돌려드리고, 자기에게 일어난 그 모든 일들을 그분의 은혜로운 능력으로 돌렸습니다.

가장 주목할 만한 사실은 그녀는 곧 펴게 되었다는 것입니다. 왜냐하면 그녀에게는 질병 외에도 극복되어야 할 어떤 것이 있었기 때문입니다. 어떤 사람이 척추나 신경이나 근육에 질병이 있어서 열여덟 해 동안 앓았다고 가정해 봅시다. 자신의 몸을 기형으로 만든 그 질병이 설령 완전히 나았다 해도, 그 결과는 실제로 어떻겠습니까? 그 질병의 후유증은 여전히 남아 있지 않겠습니까? 몸이 한 가지 자세로 그렇게 오랫동안 고정되어 있었으니 말입니다. 여러분은 인도의 고행승과 관련된 이야기들을 틀림없이 들어보았을 것입니다. 한 승려가 계(戒)를 유지하기 위해 수년간 손을 들고 있었습니다. 그러나 고행의 기간이 끝나자, 그는 자기 손을 다시 내릴 수 없었습니다. 그 손이 고착(固着)되어 움직일 수 없었기 때문입니다. 그런데 오늘 본문의 이 불쌍한 여인은 자기 몸을 꼬부라지게 했던 그 결박에서 풀려나자마자, 그와 동시에 질병의 결과로 경직되었던 것들마저 제거되어, 한순간에 똑바로 펴게 되었습니다. 이것은 기적적인 능력을 두 배로 보여주는 것이었습니다. 오, 고난 중에 있는 불쌍한 성도 여러분, 만약 주님께서 이 아침에 여러분을 찾아오신다면, 그분께서는 여러분이 슬퍼하게 된 그 첫 번째이자 가장 중요한 원인들을 제거해 주실 뿐만 아니라, 우울하게 만드는 바로 그 경향까지도 제거해 주실 것입니다. 그리하여 여러분이 오랫동안 지니고 있던 마음의 상처들도 매끈하게 아물 것이고, 그 슬픔 속에서 오랫동안 지속되었던 슬픔의 흔적들도 완전히 채워지고 복구될 것입니다. 여러분은 주님 안에서 그분의 능하신 권능으로 강해질 것입니다.

이처럼 완벽한 치료가 이뤄졌기 때문에, 그 여인은 일어나 하나님께 영광을 돌려드렸습니다. 저도 거기에 있었더라면 얼마나 좋았을까요. 저는 아침마다 그런 소망을 가져 보았습니다. 저는 그 위선적인 회당장이 분을 내어(눅 13:14) 말하는 모습도 보고, 그 회당장이 한 마디 말도 못하게 완전히 침묵하게 하신 주님의 모습도 보았으면 좋겠다는 생각을 했습니다. 그러나 뭐니 뭐니 해도 저는 곧게 편 채로 서 있는 이 불쌍한 여인의 모습을 보고, 주님을 찬양하는 그 여인의 찬송 소리를 듣고서 기뻐하고 싶었습니다. 그녀는 무슨 말을 했을까요? 비록 그 말은 기록되어 있지는 않지만, 우리는 충분히 상상해 볼 수 있습니다. 아마도 다음과 같이 말했을 것입니다. "저는 열여덟 해 동안 여러분 가운데 출입하였습니다. 여러분은 저를 보았고, 제가 얼마나 불쌍하고 비참하고 불행한 존재였는지 알고 있을 것입니다. 그런데 하나님께서 저를 단 한순간에 들어올려 주셨습니다. 그분의 이름을 찬양합니다. 저는 이제 곧게 펴졌습니다." 그녀가 입으로 말한 것은 자기가 표현하고 싶었던 것의 절반도 채 되지 않았습니다. 그 어떤 기자도 이 사건을 기록하지 않을 수 없었습니다. 그녀는 자신의 눈으로 말했고, 자기의 손으로 말했고, 자기 몸에 달린 사지(四肢)로 말했기 때문입니다. 제 생각에 그녀는 자기 몸이 정말 곧게 펴졌는지를 확인하기 위해 몸을 이리저리 움직여 보았을 것입니다. 그리고 이것이 완전히 꿈은 아닌지 확인하기 위해서라도 몸을 움직여 보았을 것입니다. 그녀는 틀림없이 전적으로 생생한 기쁨에 둘러싸여서, 매순간 발바닥부터 머리끝까지 하나님을 찬양했을 것입니다. 이 우주에서 그녀보다 더 유창한 사람은 결코 없었습니다. 그녀는 마치 새롭게 태어난 사람 같았습니다. 마치 오랫동안 죽었다 살아난 자처럼 새로운 생명의 모든 진기함에 기뻐했습니다. 그녀가 하나님께 영광을 돌려드린 일은 매우 당연한 것이었습니다.

그 치료가 행해진 방식을 전하는 일에서도 그녀는 전혀 실수하지 않았습니다. 그녀는 그것까지도 하나님의 능력으로 여기고, 그 하나님의 능력을 찬양했습니다. 사랑하는 성도 여러분, 여러분은 그리스도께서 여러분을 자유롭게 하신 것에 대해 이 아침에 그분께 영광 돌려드릴 수는 없습니까? 그렇게 오랫동안 결박당해 있었지만, 이제 여러분은 더 이상 결박되어 있을 필요가 없습니다. 그리스도께서는 여러분을 구해 주실 능력이 있는 분이십니다. 그분을 신뢰하십시오. 그분을 믿으십시오. 그래서 곧게 펴지십시오. 그러고 나서는 여러분의 친지나 지인들에게 가서 말하십시오. "내가 얼마나 우울했는지 여러분도 알고 있습니다. 왜냐하면 내가 슬픔에 빠져 있을 때, 여러분은 최선을 다해서 저를 격려해 주었기 때문입니다. 그런데 지금 제가 여러분에게 꼭 해야 할 말이 있습니다. 주님께서 내 영혼을 위해 이 모든 것들을 해 주셨습니다."

5. 다섯 번째로, 주 예수님께서는 천 팔백 년 훨씬 이전에 행하셨던 것을 오늘날에도 똑같이 행하실 것이라는 기대를 우리가 할 수 있는 이유에 대해 생각해 보도록 합시다.

그분께서 이 여인을 자유롭게 하신 이유가 무엇이었습니까? 그분께서 친히 하신 말씀에 따르면, 여러 이유 가운데 첫째 이유는 인간을 향한 사랑이었습니다. 그분은 다음과 같이 말씀하셨습니다. "너희는 너희 소나 나귀를 매어두었다가도, 이 가축들이 목말라하는 것을 보면, 묶었던 것을 풀어서 그 불쌍한 동물들을 강이나 수조(水槽)나 물가로 끌고 갈 것이다. 너희 가운데 아무도 소를 그냥 묶어 두고서 굶어죽도록 내버려 두지 않을 것이다." 이것은 합당한 추론이며, 이런 추론으로 인해 우리는 예수님께서 슬퍼하는 자들을 도우실 것이라고 믿게 됩니다. 시련을 당하고 있는 영혼들이여, 만약 여러분이 소나 나귀가 고통 받는 것을 본다면, 여러분은 그 동물들을 풀어주지 않겠습니까? 여러분은 "예, 풀어주겠습니다"라고 대답했습니다. 그렇다면, 주님께서도 여러분을 풀어주실 것이라고 생각하지 않습니까? 하나님이신 그리스도께서 여러분보다 긍휼히 여기는 마음이 덜하시겠습니까? 나아오십시오. 나아오십시오. 나의 주님을 그렇게 비열한 분으로 생각하지 마십시오. 여러분의 마음에도 나귀를 불쌍히 여기는 마음이 있다면, 그분의 마음에도 여러분을 불쌍히 여기는 마음이 있을 것이라고 여러분은 생각하지 않습니까? 그분은 지금까지 여러분을 잊지 않으셨습니다. 그분은 지금도 여전히 여러분을 기억하고 계십니다. 그분의 온유한 인성으로 인해 여러분은 자유롭게 되었습니다.

이외에도, 여기에는 **특별한 관계가** 있었습니다. 그분께서는 회당장에게 사람도 자기 소나 자기 나귀를 풀어줄 것이라고 말씀하셨습니다. 아마도 그분께서는 다른 사람에게 속한 것을 풀어주어 가게 하는 것은 자기 일이 아니라고 생각했을 것입니다. 그런데 그 가축은 자기 소유의 소이고, 자기 소유의 나귀였습니다. 그러니 그 동물들을 풀어주었을 것입니다. 사랑하는 성도 여러분, 주 예수님께서는 여러분을 풀어주지 않을 것이라고 생각합니까? 그분께서는 자기 피로 여러분을 사셨습니다. 그리하여 그분의 아버지께서 여러분을 그분에게 주셨습니다. 그분께서는 여러분을 영원한 사랑으로 사랑하셨습니다. 이래도 그분께서 여러분을 풀어주지 않으시겠습니까? 여러분은 그분의 재산입니다. 그분께서는 잃어버린 자기 동전을 찾기 위해 자기 집을 쓸고 계시며, 잃어버린 자기 양을 찾기 위해 산과 골짜기를 돌아다닌다는 사실을 여러분은 모릅니까? 그분께서는 묶여 있는 자기의 불쌍한 소나 나귀를 찾아서 풀어주지 않으시겠습니까? 또한 사로잡힌 자기 딸에게 자유를 주지 않으시겠습니까? 그분은 분명히 그렇게 하실 것입니다. 여러분은 아브라함의 딸(눅 13:16)이며, 믿음의 자녀입니다. 그런데도 그분께서 여러분을 자유롭게 해 주지 않으시겠습니까? 이 사실을 의지하십시오. 그분께서 그렇게 하실 것입니다.

다음으로, 구세주로 하여금 즉시 행동하게 하였던 요인으로는 약간의 적개심도 있었습니다. 구세주께서는 "사탄에게 매인 바 된 이 아브라함의 딸"(눅 13:16)이라고 말씀하셨습니다. 자, 만약 마귀가 어떤 것을 결박했다는 것을 내가 알게 되었다면, 나는 틀림없이 그것을 풀려고 했을 것입니다. 여러분은 그렇게 하지 않습니까? 마귀가 역사할 때는 틀림없이 어떤 해악이 빚어지고 있다는 것을 우리는 알고 있습니다. 그러므로 사탄의 역사를 되돌려놓는 것은 틀림없이 잘하는 일입니다. 그런데 예수 그리스도께서는 마귀의 역사를 종식시키기 위한 목적으로 이 세상에 오셨습니다. 그래서 주님께서는 그 여인이 마치 결박당한 소처럼 있는 것을 보고는 이렇게 말씀하셨습니다. "내가 할 유일한 일인, 마귀가 행한 일을 되돌려놓는 이 일을 위해서라도 나는 그녀를 풀어주어야겠다." 자, 시련 중에 있는 사랑하는 성도 여러분, 여러분의 슬픔은 사탄이 끼친 것이므로, 예수 그리스도께서는 여러분의 경우에도 틀림없이 마귀와 적수 그 이상의 관계를 갖고 계십니다. 그러므로 그분은 여러분을 자유롭게 해 주실 것입니다.

이제는 그녀의 슬픈 상황에 대해서도 생각해 봅시다. 물도 없는 여물통에 묶

여 있는 소나 나귀는 곧 아주 심한 슬픈 곤경에 빠지게 될 것입니다. 그 불쌍한
것을 측은히 여기십시오. 시간이 지나면서 갈증이 심해지는 그 소의 처절한 울
음소리를 한번 들어보십시오. 여러분은 그것을 불쌍히 여기지 않겠습니까? 그런
데 주님께서는 그의 가련하고, 시련 받고, 유혹 받고, 고통 받는 자녀들을 불쌍히
여기지 않는다고 여러분은 생각하는 것입니까? 이들이 흘리는 눈물은 그냥 흘리
는 눈물입니까? 잠 못 이루는 그 밤들은 그저 무시되어도 되는 것입니까? 약속들
을 믿고 싶지만 믿을 수 없을 정도로 상한 마음에서 부르짖는 그 소리는, 영원히
거부해도 되는 그런 소리입니까? 주님께서 자신이 은혜롭다는 사실을 잊어버리
셨습니까? 아니면 너무 분노하신 나머지 자신의 자비를 거두어 버리셨습니까?
아, 결코 그렇지 않습니다. 그분께서는 여러분의 슬픈 상태를 기억하시고, 여러
분이 신음하는 소리들을 들으실 것입니다. 왜냐하면 그분은 여러분의 눈물을 주
의 병에 담으시기(시 56:8) 때문입니다.

마지막으로, 그리스도의 마음을 움직이게 하는 다음과 같은 이유가 있습니
다. 그녀가 열여덟 해 동안이나 그 상태로 있었다는 사실 때문입니다. 그리스도께서
는 "이제, 그녀는 곧 풀려지게 될 것이다"라는 뜻으로 말씀하셨습니다. 그러나
회당장은 "그녀는 열여덟 해 동안 결박되어 있었으니, 내일까지 기다려도 괜찮
을 것이다. 왜냐하면 하루만 지나면 안식일이 지나기 때문이다"라는 뜻으로 말
했습니다. 그러자 그리스도께서는 "아니다. 그녀가 열여덟 해 동안 결박되어 있
었다 해도, 단 일 분도 그녀를 기다리게 할 수 없다. 그녀는 이미 너무나 오랫동
안 결박되어 있었으니, 즉시 자유롭게 될 것이다"라고 말씀하셨습니다. 그러므
로 여러분이 낙담한 오랜 기간으로 인해 그 시기가 결코 끝나지 않을 것이라고
주장하지 마십시오. 오히려 그 오랜 기간으로 인해 해방이 가까웠다는 사실을
주장하십시오. 밤은 너무나 길었습니다. 그러나 분명한 것은 그만큼 새벽이 가
까이 왔다는 것입니다. 여러분은 너무 오랫동안 징계를 받았습니다. 그러니 이
제는 마지막일 가능성이 아주 높습니다. 이것은 매우 틀림없는 사실입니다. 왜
냐하면 주님께서는 사람들을 고의로 괴롭히거나 슬프게 하지 않으시기 때문입
니다. 그러므로 마음을 굳게 먹고 선한 용기를 가지십시오. 오, 나의 거룩한 주님
께서 지금 오셔서, 내가 간절히 원하지만 할 수 없는 것들을 행하실 것이고, 그리
하여 여기 있는 모든 하나님의 자녀들이 기뻐 뛰도록 하실 것입니다.

사탄에 의해 이렇게 결박당한 것이 의미하는 바를 저는 알고 있습니다. 열

여덟 해라는 긴 시간 동안 계속해서 저를 묶어 둔 것은 마귀가 아닙니다. 저는 마귀가 과연 그렇게 할 수 있으리라 생각하지 않습니다. 단지 마귀는 저를 수도 없이 슬픈 속박으로 몰아넣었을 뿐입니다. 그러다가 나의 주님께서 오셔서, 저를 자유롭게 하시고, 저를 물가로 인도하셨습니다. 이때 저는 어떻게 물을 마시겠습니까? 저는 마치 그분께서 약속하신 요단 강가에서 물을 마시는 것처럼, 그렇게 그분의 달콤한 사랑을 가득 채워 벌컥벌컥 마실 것입니다. 이 결박으로 인해 그분께서는 다른 불쌍한 영혼들까지도 물가로 인도하실 것을 저는 알고 있습니다. 그러므로 그분께서 여기 있는 여러분 중 어떤 이들에게 그렇게 행하실 때, 여러분도 마치 안식일에 매였다 풀려난 소처럼 물을 마시게 되기를 저는 기도합니다. 여러분은 다시 결박당할 수도 있습니다. 그러므로 여러분은 최대한 많이 그분의 은혜를 마시고, 마음껏 그 은혜를 누리십시오. 너희가 좋은 것을 먹을 것이며, 너희 자신들이 기름진 것으로 즐거움을 얻으리라(사 55:2). 너희 의인들아 여호와를 기뻐하며 즐거워할지어다. 마음이 정직한 너희들아 다 즐거이 외칠지어다(시 32:11). 주께서 갇힌 자들을 놓아 주시는도다(시 146:7). 그분께서 지금도 많은 자들을 놓아 주시기를 기원합니다. 아멘.

스펄전설교전집
누가복음 I

초판 인쇄 2012년 12월 10일
초판 발행 2012년 12월 20일

발행처   크리스챤
발행인   박명곤
주소   경기도 고양시 일산동구 정발산동 1193-2
전화   031-911-9864, 070-7538-9864
팩스   031-911-9824
등록   제 396-1999-000038호
판권   ⓒ 크리스챤다이제스트 2012
총판   (주) 기독교출판유통
          전화 031-906-9191~4
          팩스 0505-365-9191